古文字詁林編纂委員會編纂

古文字詁林

修訂本

第四册

上海教育出版社

第一版出版工作人員

責任編輯　章　毅
封面設計　郭偉星
版式設計　侯雪康
審　　校　俞　良
責任校對　葛元駒
校　　對　王　瑩　劉順菊　蔡鑫龍
出版統籌　王爲松　談德生
出版指導　陳　和
印刷監製　周鎔鋼
總 監 製　包南麟

修訂本出版工作人員

責任編輯　徐川山　毛　浩
封面設計　陸　弦
責任校對　馬　蕾　魯　妤　陳　萍　何懿璐
　　　　　丁志洋　方文琳　任換迎　宋海云
印刷監製　葉　剛
技術支持　楊鉷應

封面題簽　王元化

上海市古籍整理出版規劃重點項目

古文字詁林學術顧問

以姓氏筆劃爲序

朱德熙　李學勤　胡厚宣　馬承源

張政烺　裘錫圭　戴家祥　顧廷龍

古文字詁林編纂委員會

資料工作人員

張春華

張友榮

袁根娣

凌玉泰

目録

第四冊檢字表

部首表

部首	頁碼	部首	頁碼
䀠	一	羽	五六
眉	五	隹	七八
盾	一三	奞	一二九
自	一六	萑	一三五
白	二三	𦫳	一四七
鼻	四六	𥄕	一四八
皕	四八	羊	一六三
習	五一	羴	一九四
瞿	一九五	𢆶	二九五
雔	一九七	叀	三〇三
雥	二〇〇	玄	三一五
鳥	二〇六	予	三一九
烏	二五五	放	三二二
𠦒	二六六	𠬪	三二七
冓	二八三	𣦼	三六五
幺	二九一	歺	三七二

部首檢字表

翭 翭 六五
翮 翮 六五
翑 翑 六六
羿 羿 六六
翥 翥 六六
翕 翕 六七
翾 翾 六七
翬 翬 六七
翏 翏 六八
翩 翩 六九
翜 翜 六九
翊 翊 六九
㬻 㬻 七三
[illegible] [illegible] 七三
翱 翺 七四

翔 翔 七四
翽 翽 七四
翯 翯 七四
翌 翌 七五
翇 翇 七五
翳 翿 七五
翳 翳 七六
翣 翣 七七
翻 翻 七八
翎 翎 七八
[illegible] [illegible] 七八

【隹部】

隹 隹 七八
雅 雅 八五
隻 隻 八六

雒 雒 八九
閵 閵 八九
巂 巂 九一
[illegible] [illegible] 九三
雀 雀 九三
[illegible] [illegible] 九六
雗 雗 九六
雉 雉 九七
雊 雊 一〇〇
雞 雞 一〇一
雛 雛 一〇三
雡 雡 一〇三
離 離 一〇四
雕 雕 一〇六
[illegible] 鷹 一〇六

雎 雎 一一〇
[illegible] [illegible] 一一〇
雃 雃 一一〇
雝 雝 一一〇
[illegible] [illegible] 一一七
雁 雁 一一七
[illegible] [illegible] 一一八
雐 雐 一一八
[illegible] [illegible] 一一八
雇 雇 一一九
[illegible] [illegible] 一二〇
[illegible] [illegible] 一二〇
[illegible] [illegible] 一二一
堆 堆 一二一
[illegible] [illegible] 一二三

鴈 二三三
鶩 二三三
鷖 二三三
鴺 二三四
鸊 二三四
鸏 二三四
鷸 二三四
鷿 二三五
鷈 二三五
鸕 二三六
鷀 二三六
鷧 二三七
鴔 二三七
鵖 二三七
鴇 二三七

鸈 二三七
鷗 二三八
⿰鳥犮 二三八
鷛 二三八
鶃 二三八
鳺 二三九
鴗 二三九
鶬 二三九
鴚 二四〇
鵁 二四〇
鶄 二四一
鴋 二四一
⿰鳥箴 二四一
鴜 二四一
⿰鳥敝 二四一

蔦 二四二
⿰門鳥 二四三
鵭 二四三
鷹 二四三
鴡 二四三
鸛 二四四
鸇 二四四
⿰鳥鳥 二四五
鷙 二四五
鴥 二四六
鶯 二四六
鴶 二四六
鵒 二四六
鷩 二四七
鵔 二四七

鸃 二四七
⿰商鳥 二四七
鵴 二四八
⿰几鳥 二四八
鸚 二四九
䳇 二四九
鵤 二四九
鷕 二四九
鸓 二四九
鶾 二五〇
⿰女鳥 二五一
⿰火鳥 二五一
鷇 二五一
鳴 二五二
鶱 二五四

【肉部】

胤	胄	肎	膻	⿰月襄	⿰月皆	臞	脱	脙	臠	臍	⿱齊月	胗	腄	胝
四四九	四五一	四五二	四五三	四五三	四五四	四五四	四五四	四五四	四五五	四五七	四五八	四五八	四五九	四五九
肬	肒	腫	胅	脪	⿰月引	臘	膢	脁	胙	隋	膳	腬	肴	腆
四五九	四五九	四五九	四六〇	四六〇	四六一	四六一	四六二	四六三	四六三	四六三	四六四	四六五	四六五	四六六
腯	⿰月必	胡	胘	膍	脛	膘	⿱㕣月	膫	脯	脩	⿰月奚	⿰月兩	膞	脘
四六七	四六七	四六七	四七六	四七六	四七七	四七七	四七七	四七八	四七八	四七八	四七九	四八〇	四八〇	四八〇
朐	膴	胥	腒	肍	⿰月肅	腝	脡	⿰月咅	胹	⿰月員	胜	臊	膮	腥
四八一	四八一	四八一	四八二	四八二	四八三	四八三	四八三	四八三	四八三	四八四	四八四	四八五	四八五	四八五

篹	篹	六三六
笢	笢	六三六
笨	笨	六三六
⿱⺮翁	⿱⺮翁	六三六
篸	篸	六三六
篆	篆	六三七
籒	籀	六三七
篇	篇	六三七
籍	籍	六三七
篁	篁	六三八
⿱⺮將	⿱⺮將	六三八
䈎	䈎	六三八
籥	籥	六三八
⿱⺮劉	⿱⺮劉	六三九
簡	簡	六三九
笐	笐	六四〇
篰	篰	六四〇
等	等	六四〇
笵	笵	六四二
箋	箋	六四二
符	符	六四三
筮	筮	六四四
笄	笄	六四五
⿱⺮匠	⿱⺮匠	六四六
籆	籆	六四六
筳	筳	六四七
筦	筦	六四七
筟	筟	六四七
笮	笮	六四七
簾	簾	六四八
簀	簀	六四九
第	第	六四九
筵	筵	六四九
簟	簟	六四九
籧	籧	六五〇
篨	篨	六五〇
籭	籭	六五一
籓	籓	六五一
籅	籅	六五一
籔	籔	六五一
箅	箅	六五一
⿱⺮稍	⿱⺮稍	六五二
⿱⺮輎	⿱⺮輎	六五二
筥	筥	六五二
笥	笥	六五四
簞	簞	六五四
簁	簁	六五五
箄	箄	六五五
篿	篿	六五五
箸	箸	六五五
簍	簍	六五六
筤	筤	六五六
籃	籃	六五六
篝	篝	六五六
笿	笿	六五七
箤	箤	六五七
籢	籢	六五八
籫	籫	六五八
籯	籯	六五九
⿱⺮⿰冊力	⿱⺮⿰冊力	六五九

簋 簋 六五九
簠 簠 六六五
籩 籩 六六八
笔 笔 六六九
篅 篅 六六九
簏 簏 六七〇
⿱竹昜 ⿱竹昜 六七〇
筩 筩 六七一
箯 箯 六七一
⿱竹⿰交攴 ⿱竹⿰交攴 六七一
竿 竿 六七一
籱 籱 六七二
箇 箇 六七二
筊 筊 六七四
筰 筰 六七四

箈 箈 六七五
箠 箠 六七五
籠 籠 六七五
⿱竹襄 ⿱竹襄 六七六
⿱竹互 ⿱竹互 六七六
簝 簝 六七七
⿱竹象 ⿱竹象 六七七
⿱竹免 ⿱竹免 六七七
籚 籚 六七七
⿱竹⿰缶甫 ⿱竹⿰缶甫 六七八
籋 籋 六七八
簦 簦 六七八
笠 笠 六八〇
箱 箱 六八〇
⿱竹⿺𠃊隹 ⿱竹⿺𠃊隹 六八〇

笒 笒 六八一
篘 篘 六八一
策 策 六八二
⿱竹坙 ⿱竹坙 六八三
筞 筞 六八三
笍 笍 六八三
籣 籣 六八三
箙 箙 六八四
筞 筞 六八六
笘 笘 六八七
笪 笪 六八七
筈 筈 六八七
籤 籤 六八七
⿱竹殿 ⿱竹殿 六八八
箴 箴 六八八

箾 箾 六八九
竽 竽 六八九
笙 笙 六八九
簧 簧 六九〇
⿱竹是 ⿱竹是 六九〇
簫 簫 六九〇
筒 筒 六九一
籟 籟 六九一
箹 箹 六九二
管 管 六九二
篎 篎 六九三
笛 笛 六九三
筑 筑 六九三
箏 箏 六九四
箛 箛 六九五

筆劃檢字表

字	隸定	頁碼
【二劃】		
刀	刀	五一六
【三劃】		
幺	幺	二九一
刃	刃	五八〇
丌	丌	七一二
工	工	七四二
【四劃】		
予	予	三一九
幻	幻	三一三
歺	歺	三七二
切	切	五五一
刅	刅	五八〇
丰	丰	五八五
巨	巨	七五五
【五劃】		
白	自	三
丫	丫	一四七
幼	幼	二九四
玄	玄	三一五
予	予	三一九
幻	幻	三一三
歺	歹	三七二
冎	冎	四〇〇
肊	肊	四二七
扨	扨	五五一
刉	刉	五五四
刊	刊	五六〇
左	左	七一三
巧	巧	七五五
巨	巨	七五五
甘	甘	七六五
【六劃】		
自	自	一六
自	白	三
百	百	四〇
羽	羽	五六
芇	芇	一四八
羊	羊	一六三
再	再	二八六
丝	丝	二九五
𠬪	𠬪	三三七
歹丂	歹丂	三八三
死	死	三八八
冎	冎	四〇〇
肉	肉	四一三
肌	肌	四一四
肋	肋	四二九

背	背	四二七
胂	胂	四二九
胠	胠	四三一
胕	胕	四三三
胑	胑	四四一
肻	肖	四四一
胤	胤	四四九
胄	胄	四五一
胗	胗	四五八
胝	胝	四五九
肬	肬	四五九
肒	肒	四五九
胅	胅	四六〇
胙	胙	四六三
㱯	㱯	四六七
胡	胡	四六七
胘	胘	四七六
胊	胊	四八一
胥	胥	四八一
胜	胜	四八四
脏	脏	四九九
胆	胆	五〇七
肙	肙	五〇七
削	削	五二一
則	則	五二二
刻	刻	五五五
刪	刪	五六〇
剮	剮	五六四
刮	刮	五六五
剉	剉	五六六
剄	剄	五七七
剝	剝	五七九
觓	觓	六〇六
竿	竿	六七一
竽	竽	六八九
笑	笑	六九九
差	差	七三九
甚	甚	七七三

【十劃】

䀠	䀠	一
翁	翁	六四
翍	翍	六四
䎘	䎘	七三
𦐂	𦐂	七三
翌	翌	七五
隻	隻	八六
羔	羔	一七〇
羍	羍	一七五
羒	羒	一七七
牂	牂	一七七
羖	羖	一七八
美	美	一八三
羑	羑	一九三
烏	烏	二五五
畢	畢	二六八
冓	冓	二八三
茲	茲	三一七
敖	敖	三三四
爭	爭	三五三
殊	殊	三七八

【十一劃】

翏	翏	六八
翊	翊	六九
翇	翇	七五
翎	翎	七八
翁	翁	七八
雀	雀	九三
猚	猚	九六
琟	琟	一二一
惟	惟	一二四
奞	奞	一二九
美	羔	一七〇
羜	羜	一七五
羝	羝	一七六
羒	羒	一七七
牂	牂	一七七
羖	羖	一七八
烏	烏	二〇六
焉	焉	二六四
畢	畢	二六八
[illegible]	旅	三三九
敢	敢	三六一
叡	叡	三七一
殊	殊	三七八
[illegible]	[illegible]	三八七
脣	脣	四一八
脰	脰	四一九
肺	肺	四二〇
脬	脬	四二四
背	背	四二七
脟	脟	四二八
脢	脢	四二九
胠	胠	四三一
脚	腳	四三九
脛	脛	四三九
胑	胑	四四一
胤	胤	四四九
胄	胄	四五一
脫	脫	四五四
脉	脉	四五四
胗	胗	四五八
胝	胝	四五九
脪	脪	四六〇
胅	胅	四六七
胡	胡	四六七
胘	胘	四七六
脯	脯	四七八
脘	脘	四八〇
朐	朐	四八一
胥	胥	四八一
胜	胜	四八四
肶	肶	四九九
胆	胆	五〇七
朘	朘	五一四
膃	膃	五一五
筋	筋	五一六
劀	劀	五二〇
削	削	五二一
前	前	五二三
剛	剛	五四〇
制	制	五四七

副	副	五五六
劇	劇	五五八
剝	剥	五六一
剮	削	五六四
牑	牖	六〇六
舩	舩	六〇九
笢	笢	六三六
笨	笨	六三六
笵	笵	六四二
符	符	六四三
笮	笮	六四七
第	第	六四九
笥	笥	六五四
筊	筊	六七一
笠	笠	六八〇
笭	笭	六八一
笘	笘	六八七
笪	笪	六八七
答	答	六八七
笙	笙	六八九
笛	笛	六九三
巽	巽	七二三
甛	甜	七六八

【十二劃】

眉	眉	五
者	者	二九
暠	[illegible]	三六
智	[illegible]	三七
皕	皕	四八
翁	翁	六四
翕	翕	六七
[illegible]	[illegible]	七三
翔	翔	七四
翌	翌	七五
雅	雅	八五
旌	旌	九三
焳	猚	九六
雃	雃	一一〇
[illegible]	[illegible]	一一七
雁	雁	一一七
雇	雇	一一九
[illegible]	[illegible]	一三一
雄	雄	一三四
雋	雋	一三六
萑	萑	一三五
莫	莫	一五四
[illegible]	[illegible]	一七五
[illegible]	[illegible]	一七六
羝	羝	一七六
羠	羠	一七九
[illegible]	[illegible]	一八二
集	雧	二〇一
舄	舄	二六一
棄	棄	二七九
幾	幾	三〇二
惠	惠	三一八
舒	舒	三三〇
[illegible]	[illegible]	三四二
叡	叡	三七一
[illegible]	[illegible]	三七六

字頭	隸定	頁碼
𣨛	⿰歺卒	三七七
殛	⿰歺亟	三八一
殔	⿰歺隶	三八二
殘	⿰歺戔	三八五
殖	⿰歺直	三八七
⿰歹奇	⿰歺奇	三八八
⿰歹欮	⿰歺欮	四〇〇
骨	骨	四〇五
骭	骭	四〇九
骫	骫	四一二
腎	腎	四二〇
脾	脾	四二一
脅	脅	四二八
胳	胳	四三〇
腴	腴	四三七
脽	脽	四三七
⿰月叏	⿰月夬	四三八
胯	胯	四三九
胻	胻	四四〇
腓	腓	四四〇
腞	⿰月求	四五四
腄	腄	四五九
胅	胅	四六〇
脁	脁	四六三
隋	隋	四六三
腆	腆	四六六
胵	胵	四七七
⿰月兩	⿰月兩	四八〇
腒	腒	四八二
脡	脡	四八三
⿰月咅	⿰月咅	四八三
胹	胹	四八三
胾	胾	四九〇
腌	腌	四九五
脃	脃	四九五
散	散	四九六
腏	腏	四九八
⿰月臽	⿰月臽	五〇〇
胥	胥	五一三
腔	腔	五一四
朐	朐	五一四
筋	筋	五一五
⿰豈力	剴	五二二
⿰歬刀	剪	五二三
割	割	五六二
⿰臬刀	劓	五七五
劵	券	五七八
契	契	五八五
耕	耕	五九〇
⿰耒圭	⿰耒圭	六〇〇
⿰爿角	⿰爿角	六〇六
⿰角公	⿰角公	六〇九
觛	觛	六一八
觚	觚	六二一
⿰角弱	⿰角弱	六二三
笱	笱	六三一
等	等	六四〇
笄	笄	六四五
笸	笸	六四六
筳	筳	六四七

篴 篴 六四九
筥 筥 六五二
笿 笿 六五七
[?] 六五七
筊 筊 六七四
筰 筰 六七四
策 策 六八二
筞 筞 六八三
箂 箂 六八六
筒 筒 六九一
筑 筑 六九三
巽 巽 七二三
奠 奠 七二五
珏 珏 七五八
猒 猒 七七二

【十三劃】

㗊 㗊 三
爽 爽 三
習 習 五一
翍 翍 六四
翑 翑 六六
翏 翏 六八
翜 翜 六九
翊 翊 六九
翦 翦 七三
翇 翇 七五
雉 雉 九七
雊 雊 一〇〇
睢 睢 一一〇
翟 翟 一一八

雄 雄 一二一
翟 翟 一二五
蒦 蒦 一三八
莧 莧 一五四
䍧 䍧 一七六
羠 羠 一七九
羥 羥 一八〇
羣 羣 一八一
𦍩 𦍩 一八二
鳩 鳩 二二〇
惠 惠 三一八
舒 舒 三三〇
㱿 㱿 三三六
殙 殙 三七六
𣧛 𣧛 三七七

殟 殟 三八〇
殔 殔 三八二
殆 殆 三八四
殘 殘 三八五
殖 殖 三八七
𣧑 𣧑 三八八
髀 髀 四〇五
腜 腜 四一三
脣 脣 四一八
脰 脰 四一九
脬 脬 四二四
腸 腸 四二四
脟 脟 四二八
腹 腹 四三五
脛 脛 四三九

字	頁
翕	六七
翜	七七
雒	八九
雅	二一〇
雐	二一八
雌	二二五
翟	二二五
奪	二三〇
蒦	二三八
蔑	二五五
羥	一八〇
䍴	一八一
羣	一八一
鳳	二〇八
鳴	二五二

字	頁
麼	二九五
疐	三一一
敖	三二四
叡	三六八
𣦼	三六九
殙	三七六
殛	三八一
薨	三八二
殠	三八三
殪	三八六
𣧑	四〇〇
髀	四〇五
骼	四一四
腎	四二〇
脾	四二一

字	頁
膏	四二五
膀	四二八
胂	四二九
脢	四二九
脽	四三七
腓	四四〇
膌	四五七
膍	四七六
膎	四七九
脼	四八〇
膊	四八〇
腒	四八二
腤	四八三
𦝍	四八四
膭	四八八

字	頁
膜	四八八
𦢊	四八九
䐁	四八九
腏	四九八
䏣	五〇〇
膹	五〇二
腐	五〇八
膂	五一三
腔	五一四
腮	五一五
筋	五一五
剸	五二〇
劃	五六三
劀	五六四
㓞	五六八

罰 五七三
剸 五七七
劇 五七九
耤 五九三
𦓵 六〇〇
𦣻 六〇四
觟 六一二
觡 六一三
觜 六一三
解 六一三
觬 六二三
箘 六二八
箁 六二三
箬 六二三
箕 六二八

等 六四〇
箋 六四二
箅 六五一
箄 六五五
箸 六五五
箇 六七二
箬 六七五
箑 六七五
箱 六七八
箠 六八三
箙 六八四
箸 六八七
管 六九二
箏 六九四
箛 六九五

筡 六九五
箋 六九七
算 六九八
箕 七〇二
差 七三九
覞 七六四

【十五劃】

麩 一六
鼻 二一
魯 二五
奭 四九
瓡 五六
翟 五九
翦 六三
翰 六四

猴 六五
翬 六七
翩 六九
翜 六九
翔 七四
翎 七八
雁 一〇六
曹 一五三
蔑 一五五
犖 一七五
羭 一七八
羯 一七九
羥 一八二
鴂 二三五
魴 二三五

字頭	楷書	頁
鴃	鴃	二一六
鴈	鴈	二一三
鴔	鴔	二一七
[illegible]	[illegible]	二一七
鳽	鳽	二四一
[illegible]	[illegible]	二四八
[illegible]	[illegible]	二五一
鳻	鳻	二五四
[illegible]	棄	二七九
疐	疐	三三一
[illegible]	[illegible]	三四二
[illegible]	[illegible]	三八〇
殤	殤	三八〇
殣	殣	三八三
[illegible]	殠	三八三
殪	殪	三八六
骿	骿	四〇七
[illegible]	[illegible]	四〇九
骹	骹	四〇九
骭	骭	四〇九
骸	骸	四〇九
骼	骼	四一一
骴	骴	四一二
骫	骫	四一二
腜	腜	四一三
[illegible]	胃	四一三
腸	腸	四二四
腴	腴	四三七
腨	腨	四四一
[illegible]	[illegible]	四五四
膢	膢	四六二
腬	腬	四六五
腯	腯	四六七
膘	膘	四七七
[illegible]	[illegible]	四七七
[illegible]	[illegible]	四八三
腥	腥	四八五
[illegible]	[illegible]	四九五
膊	膊	四九八
膠	膠	五〇三
筋	筋	五一六
劊	劊	五五一
劇	劇	五五四
劈	劈	五六一
剝	剝	五六六
劓	劓	五七七
[illegible]	[illegible]	五七八
[illegible]	[illegible]	五七九
耦	耦	五九一
耡	耡	六〇一
[illegible]	[illegible]	六〇四
觭	觭	六〇六
觰	觰	六一二
觛	觛	六二三
箭	箭	六二八
[illegible]	[illegible]	六三三
篆	篆	六三七
篇	篇	六三七
篁	篁	六三八
[illegible]	[illegible]	六三八

⿰月幾	⿰月幾	四一八
膏	膏	四二五
腹	腹	四三五
膌	膌	四五八
膳	膳	四六四
腆	腆	四六六
膍	膍	四七六
膫	膫	四七八
膎	膎	四七九
膞	膞	四八〇
膴	膴	四八一
⿰月員	⿰月員	四八四
膮	膮	四八五
⿰月⿱⺌貝	⿰月⿱⺌貝	四八八
膩	膩	四八八

⿰月雈	⿰月雈	四八九
⿰月賣	⿰月賣	四八九
⿰月禹	⿰月禹	四八九
腌	腌	四九五
⿰月⿱𠂉毛	⿰月⿱𠂉毛	四九六
⿰月眞	⿰月眞	五〇二
脧	脧	五一四
劂	劂	五二三
辨	辨	五五七
劈	劈	五六一
劃	劃	五六三
劑	劑	五六四
劓	劓	五七五
劒	劒	五八二
耦	耦	五九一

⿰耒員	⿰耒員	六〇〇
⿰角思	⿰角思	六〇四
觬	觬	六〇四
觭	觭	六〇六
⿰角畏	⿰角畏	六〇六
衡	衡	六〇九
⿰角耑	⿰角耑	六一二
觤	觤	六一二
⿰角酋	⿰角酋	六一三
⿱竹翁	⿱竹翁	六三六
篁	篁	六三八
篗	篗	六四六
篠	篠	六五〇
⿱竹⿰耒肖	⿱竹⿰耒肖	六五二
篿	篿	六五五

⿱竹匽	⿱竹匽	六五六
篝	篝	六五六
⿱竹⿰氵古	⿱竹⿰氵古	六七五
⿱竹抽	⿱竹抽	六七八
篚	篚	六八〇
⿱竹⿰豕刂	⿱竹⿰豕刂	六八一
篳	篳	六九六
簃	簃	七〇一
篦	篦	七〇一
篙	篙	七〇二
曆	曆	七六九

【十七劃】

鼾	鼾	四八
⿰豩瓦	⿰豩瓦	五六
翨	翨	五九

翱	翱	六四
猴	猴	六五
翬	翬	六七
翳	翳	七六
萑	萑	一四〇
舊	舊	一四四
摯	摯	一八〇
羵	羵	一八一
鵃	鵃	二三三
鴿	鴿	二三三
⿺走鳥	⿺走鳥	二三五
⿰蚩鳥	⿰玉鳥	二二九
⿰臼鳥	⿰臼鳥	二三〇
⿰召鳥	⿰召鳥	二三〇
鴻	鴻	二三一

樢	樢	二三三
鶇	鶇	二三九
⿰石鳥	⿰石鳥	二四〇
駮	駮	二四〇
⿰飛鳥	⿰飛鳥	二四一
⿱此鳥	⿱此鳥	二四一
鳶	鳶	二四二
⿰女鳥	⿰女鳥	二五一
⿺弋鳥	⿺弋鳥	二五五
龔	龔	二七七
⿰片單	⿰片單	三八六
殬	殬	三八六
髀	髀	四〇八
髁	髁	四〇八
⿰骨易	⿰骨易	四一〇

膽	膽	四二三
膺	膺	四二六
臂	臂	四三三
腳	脚	四三九
膻	膻	四五三
膢	膢	四六二
⿰月肅	⿰月肅	四八三
臊	臊	四八五
膾	膾	四九五
罸	罰	五七三
⿰角虒	⿰角虒	六〇五
觲	觲	六〇八
衡	衡	六〇九
⿰角耑	⿰角耑	六一二
⿰角酋	⿰角酋	六二三

觳	觳	六二三
箸	箸	六三三
節	節	六三三
篸	篸	六三六
篇	篇	六三七
⿱竹將	⿱竹將	六三八
篰	篰	六四〇
⿱竹賁	⿱竹賁	六四九
⿱竹延	⿱竹延	六五五
⿱竹尊	⿱竹尊	六五五
簍	簍	六五六
篕	篕	六五九
簏	簏	六七〇
⿱竹復	⿱竹復	六七一
箟	箟	六七七

【二十一劃】

珠564 　565 　徵11·138 【續甲骨文編】

䀠 䀠父丁簋 　且癸鼎 　䀠卣 　䀠罍 　䀠鼎 　䀠爵 【金文編】

3261 漢簡瞿字如此。【古璽文編】

䀠【汗簡】

汗簡【古文四聲韻】

◉許　慎　䀠左右視也。从二目。凡䀠之屬皆从䀠。讀若拘。又若良士瞿瞿。九遇切。【說文解字卷四】

◉方濬益　(瞿父癸鼎)說文部首䀠。左右視也。从二目。讀若拘。又若良士瞿瞿。瞿。鷹隼之視也。从隹从䀠。䀠亦聲。讀若章句之句。按古瞿但作䀠。本一字。烏程嚴鐵橋孝廉可均孜倪氏所藏。瞿。其文作　。合之亦瞿字。可互證也。【綴遺齋彝器款識考釋卷三】

◉方濬益　(重目爵)重目亦古瞿字也。汗簡有瞿字。作　。云瞿。見周易。【綴遺齋彝器款識考釋卷十九】

◉高田忠周　舊釋作瞿。斷非。⊘然鳥曰瞿。人曰䀠。二字自別。【古籀篇四十七】

◉孫海波　䀠父丁㱿　䀠鼎　按此亦象形字也。目象一目。䀠象二目。【甲骨金文研究】

◉郭沫若　「丙子卜㱿貞：勿萠酒汅。(右行)

丙子卜㱿貞：乎呼言酒汅,㚔三犬、三羊,卯五牛……」右行

萠字舊釋為羊,揆以文義,無一可通。案此當是䀠若瞿之古文,象鷹瞵鶚視之形。此二辭以「勿萠酒汅」及「乎言酒汅」為對貞。細案其意,蓋萠與言均當為虛辭,萠用為遽,言讀為爰也。【殷契粹編考釋】

◉馬叙倫　王筠曰。篆當作　。不如是。不足見左右視之意。博古圖瞿字正作　。倫按䀠父丁㱿作　。䀠鼎作　。䀠鼎為得。故誤為从二臣相背。此與亞一字見亞字下。彼訓乖視也。即此左右視義。然人部。僕。左右視也。目部。睽。目不相聽也。睽實左右視之本字。癸䀠音同見紐。故借䀠為睽。目䀠當為一字。人皆二目。鳥獸亦多然。作目者省耳。故下文䀠訓目圍。　訓衺視。而趯字毛公鼎作趯。睽字大㲉作　也。讀若拘又若良士瞿瞿者。劉秀生曰。拘从句聲。瞿部。瞿。从隹。从䀠。䀠亦

聲。讀若章句之句。走部。趯。从走。瞿聲。讀若劬。是从䀠得聲之字皆有句音。良士瞿瞿見詩唐風蟋蟀。此从本字得聲之字。讀本字也。詳二篇趯下。倫謂目音轉為眼。眼拘瞿皆舌根音。故音轉如拘。或如瞿。【説文解字六書疏證卷七】

◉陸懋德　瞿亦作戵，皆是後人所改，而其古文當作䀠，説文本有此字。考偽孔傳云：「瞿，戟屬。」鄭注云：「瞿，蓋今三鋒矛。」然「戟非矛也，矛非戟也」(見呂氏春秋離俗篇)。戟之與矛，相差甚遠。此因孔鄭二氏皆未得見真器，故言之相背如此。又按古人之䀠，既非戟類，亦非矛屬。至於䀠之為物，自漢以來，殆無人加以注意，更無人知其形似。考䀠字在鐘鼎文內，如䀠鼎作，䀠父丁簋作，正象二目形。由此可知䀠之為器，必與具有二目形之器有關聯也。余謂最初發現此類武器者，當是前清之嚴鐵橋。嚴氏初得此器，其刃如戈而無胡，其體無內而有銎，且其後端兩面各有一橫目字形，合而觀之，是即䀠字，而此器之為䀠，從可知矣。嚴氏因此即定為顧命篇之䀠，並為之題記(見鄦氏周金文存卷六第六六葉)，其説已為吾國考古家所承認。嚴氏所得之古䀠，當為吾國第一次見於著録之䀠。其䀠圖初摹刻於百二蘭亭齋金石記，而又轉載於兩罍軒彝器圖釋，再後又影印於周金文存，世之學者翕然宗之，已無異説矣。余前在西安，亦曾得古䀠一具，其體前有刃，中有銎，後端兩面各有橫目形，與嚴氏所見者正同。余又考西周古器中有大簋，其銘文內有「癸䀠」二字，前人多謂為合文，因釋為睽，並以為是一人之名。實則在此銘文內之「癸䀠」二字，不一定是合文，亦可作為分寫，而以為是二人之名。此蓋銘文內記王廷之侍臣，有一人執癸，一人執䀠，以衛天子者，而因以為名。此猶堯典篇所記王臣人名之有殳與斨也。殳與斨本是二種兵器，當時蓋因二人執此已久，遂以為名也。前言䀠既是無內而有銎，則其裝置之法，自當是套在柲上，與癸之有內而可以穿在柲中者不同。然則癸之與䀠，其外形亦大略相似，不過癸有內而䀠有銎而已。如後第六圖。

第六圖　戵

照原器縮小三分之一

【書經顧命篇侍臣所執兵器考　燕京學報第三十八期】

◉許　慎　𥄎目圍也。从䀠丿。讀若書卷之卷。古文以為醜字。居倦切。【說文解字卷四】

◉馬叙倫　許梈曰。本書䤈部奭下曰。召公名醜。此𥄎字與奭相似。古文以為醜字。是也。奭。古文作奭。承培元曰。古文以為醜字。當是奭篆下錯簡。翟雲昇曰。醜字玉篇引同。王筠曰。奭下云。此燕召公名。史篇名醜。或古文以𥄎為奭。吳善述曰。本作䀠。古䀠字。象兩目圍之形。倫按䀠乙㗊字。楊訢孫説丿象眉骨形。倫疑㗊即𥄎字。此篆作𥄎。明不可通。又字从二目。丿象目圍。今杭縣謂眼圈者是此字。當入目部。篆當作䀠。説解當曰。目圍也。从䀠。象形。然倫謂目圍實不可以象形造字。如从䀠而以丿象形。則為指事。然丿非事也。違於大例。疑䀠仍是目字。𥄎字本書大部𥄎字从之得聲。而篆作𥄎。倫謂乚即乚字所从之乚。即十一篇部首之乚。音姑泣切者也。巜水實一字。今く訓小流也者。乃涓字義。詳く巜二字下。此从䀠。乚聲。為形聲字。甲文涉字或作𣥠。此篆作丿。即其反也。讀若書卷之卷者。劉秀生曰。𥄎本音即如卷。大部。𡚁。大兒。从大。𥄎聲。或曰。拳勇字。讀若嫣。手部。捲。气埶也。从手。卷聲。國語曰。有捲勇。拳勇即捲勇。或曰。拳勇者蓋或借𡚁為捲也。女部。嬛。好也。从女。𡚁聲。詩齊風。還。揖我謂我嬛兮。釋文。儇。韓詩作婘。好兒。澤陂。碩大且卷。毛傳。卷。好兒。釋文。卷。本作婘。女部無婘字。當即嬛之或體。並其證。古文以為醜字者。錯本醜字作䰫。䰫卷聲近。似䰫為長。然醜从酉得聲。酉音喻四。為喉音。𥄎音見紐。為舌根音。喉與舌根最近。則醜字亦可。承以為當是奭下錯簡。奭奭形相似。故許兩存之。倫謂奭音審紐。醜音穿紐。古讀審穿皆歸於透。又醜从酉得聲。酉音喻四。酉為酒之初文。詳酉字下。酒音心紐。心審喻四皆摩擦次清音也。則古文以奭為醜字。於音為近。且奭下曰。此燕召公名。讀若郝。史篇名醜。史篇名醜後人校語。謂史篇記燕召公名醜也。然今無可證。而五篇匋下曰。史篇讀與缶同。十三篇姚下曰。史篇以為姚易也。皆以聲借為説。則奭下宜同。承以為史篇名醜當作史篇以為醜字。其説是矣。然則果錯簡耶。或彼自作史篇以為醜。此自作古文以為䰫耶。然皆校語。【説文解字六書疏證卷七】

◉楊樹達　䀠為基字，丿示目圍之所在，指事也。目圍為確定有形之物。【文字形義學】

◉許　慎　𡚁目衺也。从䀠从大。大。人也。舉朱切。【説文解字卷四】

◉馬叙倫　鈕樹玉曰。廣韻引衺作邪。翟雲昇曰。當入大部。倫按九經字樣作怒皃也。桂馥謂怒而衺視也。倫謂十篇。界。目驚界然也。界字與此形相似。此訓目衺而从大。大即人也。則將謂人目之衺耶。目部諸文皆不別人物。而義都主人事。未有从大者也。且目衺即脩眣義也。倫以為奭界一字。此為界之省體也。玉篇作奭。則此篆蓋本作𡚁。尤可證奭界同字。

界。从夰。䀠聲。詳界字下。亦可證也。今訓目衺者。由許既以奭屬䀠部。故以左右視之引申義為說耳。或非本訓。大人也校語。又疑此字非許書本有也。【說文解字六書疏證卷七】

◉張政烺　甲骨文及殷周金文中有奭字，從大從䀠，象一人挾二物於腋下。金文不多見，甲骨文中則數累千百，所見既繁，形體詭變亦甚至，腋下所持又作凵凵、吅等形，蓋取二物相儷為偶，故不拘泥于形體也。向來考釋紛紜莫衷一是，⊘今考即說文奭字。

《說文解字》䀠部：「奭，目衺也。從䀠從大，大人也。」按依許君之說奭是會意字，而大象人體，二目雖不正不宜橫出腋下。竊意奭即奭之變體，本不從䀠。蓋奭字今所見者皆殷周時書，偏旁猶變化無定，春秋已降迄于後漢年代尚遠，形體演變自所不免也。

奭字除《說文》外未見經典有用之者。其音大徐本舉朱切，小徐本卷于切，《篆隸萬象名義》居虞反（當本原本《玉篇》，今本《玉篇》居于切），《新加九經字樣》（雜辨部）云：「《說文》音拘，目邪也。」按此皆自《說文》䀠「讀若拘，又若良士瞿瞿」一語推演以出，未必古音如此。《說文》諧奭聲者斗部有斞字，云「挹也，從斗奭聲」。各家之音與上舉音奭同，殆亦連類而得之，非別有所本也。

《毛詩·小雅·賓之初筵》：「賓載手仇，室人入又。酌彼康爵，以奏爾時。」鄭氏箋云：「仇讀曰斞。」⊘無論詩義是否如此，仇讀曰斞必其音同可知，此斞字漢讀之足徵者。段玉裁云：「古音蓋在三部，故鄭得以易仇字。」其說是矣。奭字古音當即讀仇，在三部，而䀠讀若拘在四部，又若瞿在五部，古音三四五部亦不甚遠。且仇拘瞿系雙聲（見母或溪母），尤覺音近。以故疑奭本即奭字，不從䀠，許君以與䀠聲同韵近，遂定著為從大從䀠也。

甲骨金文中無仇字，其奭字之用法約可分為數類，而皆當讀為毛詩中之仇字。疑仇即奭之後起形聲字，從人與從大同義，形體雖異聲韻相符，固可代易，寫詩者遂概以仇字為之，并斞字亦書作仇矣。【奭字說　歷史語言研究所集刊第十三本】

◉朱芳圃　□珠五六四　□珠五六五

上揭奇字，从𦣠，从人。說文臣部：「𦣠，乖也。从二臣相違。讀若誑。」霍世休曰：「𦣠為䀠之形譌，金文作□。」其說是也。說文䀠部：「䀠，左右視也。从二目。讀若拘，又讀若良士瞿瞿。」桉𦣠訓乖，即左右視引申之義。䀠與𦣠，古讀見紐雙聲，魚陽對轉。形音義三者皆合，其為一字明矣。審是□从𦣠从人，當即篆文奭之異形。䀠部：「奭，目衺也。从䀠，从大；大，人

也。」从䀠與从臦同，从大象人正立之形與从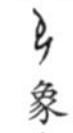象人席地而坐之形同，是甲文之，即篆文之奭，碻無可疑。

䀠若奭孶乳為懼，説文心部：「懼，恐也。从心，瞿聲。愳，古文。」蓋心懷恐懼，則瞿然左右視也。為趯，走部：「趯，走顧皃。从走，瞿聲。讀若劬。」為顧，頁部：「顧，還視也。从頁，雇聲。」為虩，虎部：「虩，易『履虎尾虩虩』，恐懼也。一曰，『蠅虎也』。从虎，𡧍聲。」為狜，犬部：「狜，多畏也。从犬，去聲。」又孶乳為瞿，瞿部：「瞿，䧹隼之視也。从隹从䀠，䀠亦聲。讀若章句之句。」䧹隼求狐兔，左右顧盼。為矍，瞿部：「矍，隹欲逸走也。从又持之，矍矍也。讀若詩云『穬彼淮夷』之穬。一曰，視遽皃。」隹欲逸走，必左右視也。懼對轉陽，變易為惶，心部：「惶，恐也。从心，皇聲。」為恇，心部：「恇，狜也。从心，匡聲。」旁轉東，變易為恐，心部：「恐，懼也。从心，巩聲。𢖶古文。」為㤨，心部：「㤨，戰慄也。从心，共聲。」

説文夰部：「𥄎，目驚𥄎然也。今本目上有舉字，兹依廣韻九遇𥄎下引埤蒼删。从夰，从䀠；䀠亦聲。」按䀠、奭、𥄎蓋纍增字。目驚𥄎然，即左右視引伸之義。經傳作瞿，禮記檀弓上：「曾子聞之，瞿然曰：呼！」孔疏：「聞童子之言，乃便驚駭。」又「瞿瞿如有求而弗得」，孔疏：「瞿瞿，眼目速瞻之貌。」

説文夰部：「臩，驚走也。一曰，往來也。从夰，臦聲。」按臦與䀠同，是臩𥄎實為一字，許君訓驚走，一訓往來，二義相因，蓋人遇意外，左右顧盼，倉皇逃避也。孶乳為遽，説文辵部：「遽，傳也。一曰，窘也。从辵，豦聲。」【殷周文字釋叢卷下】

◉楊樹達　䀠从二目，訓左右視。此謂人以二目左右視，故訓目衺，實謂其衺視也。大為主名，二目為官名。【文字形義學】

◉朱歧祥　295.   从臦卩。隸作奭。臦，《説文》：「乖也，从二臣相違，讀若誑。」二目相向，左右而視，當即奭字初文，《説文》：「目邪也。从䀠从大。大，人也。」卜辭屬祭祀地名。

《簠雜138》☐賓于。【殷墟甲骨文字通釋稿】

 鐵七三·一  拾一四·三  前六·五〇·六  後二·二五·七  後二·三一·四  戩一七·一七  佚四八四  佚五八七  福二二  簠典一一四 地名  京津二〇八二 人名 子眉 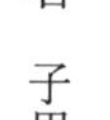 明一八五四 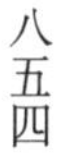 乙四六二三 或从頁 與金文散盤眉字同  前六·七·四  後二·三二·一八  京津六七四  京津二〇八一 子眉  庫一六四四  京都一五四一 【甲骨文編】

甲653　福21　佚587　續4·29·1　徵8·113　新2082【續甲骨文編】

眉　小臣逋簋　周𡩜鼎　周𡩜簋　芇伯簋　九年衛鼎　散盤

頌鼎　萬年釁壽　詩七月以介眉壽作眉　頌簋　頌壺　追簋　翏生盨　伯侯父盤

趨鼎　琱伐父簋　殳季良父壺　召弔山父匜　沙其鼎　此鼎　此簋　封仲簋

秦公簋　曾伯霥匜　考弔誑父匜　邵鐘　魯邍父簋　王中媯匜　王婦匜

樂子敬豧匜　王孫壽甗　褱鼎　王子午鼎　陳侯匜　蔡大師鼎　曾孟嬭諫盆　子仲匜

厚氏圃　邾公釛鐘　王孫鐘　王子申盞盂　鑄公匜　邾公華鐘　牆盤　蔡姞簋　曼龏父盨二

芮伯多父簋　姬鼎　善夫克鼎　大師子大孟姜匜　㕓弔多父盤　般中束盤　不𡢁簋　不𡢁簋二

虞司寇壺　鄀公鼎　鄀公匜　陳公子甗　陳公孫寣父甗　欒書缶　孫弔師父壺　仲師父鼎

眉脒鼎　仲枏父簋　伯沙其盨　畢鮮簋　毳盤　鼄季鼎　諆鼎　伯公父匜

番君匜　蒿君鉦　寡兒鼎　長子□臣匜　余卑盤　商獻簋　交君匜　買簋　師奎父鼎

封孫宅盤　鑄子匜　鑄弔匜　杞伯壺　員伯盨　魯伯匜　魯伯大父簋

魯司徒仲齊簋　邾友父鬲　邾□伯鼎　郜伯祀鼎　簷平鐘　無去魯鼎　伯康簋

歸父盤　國差𦉜　齊侯敦　齊侯盤　齊縈姬之嬗盤　毛弔盤　囂伯作眉盤假借為顯　薛侯盤

晋壺　庚兒鼎　鬻兑簋　毳簋　陳逆簋　德簋　伯其父匜　仲枏父鬲

對罍　伯家父簋　無叀鼎　沃伯寺簋　杞伯壺　曾仲大父螽簋　曾伯文簋　【金文編】

眉　【汗簡】

演說文　【古文四聲韻】

◉許　慎　眉目上毛也。从目。象眉之形。上象頟理也。凡眉之屬皆从眉。武悲切。【說文解字卷四】

◉吳式芬　（齊國差𦉜）許印林說⊘眉作。見齊侯鎛孟姜匜杞矦匜。孫釋釁。阮釋眉。其上从釁省。下从湏。湏。沬之古文。沬眉聲同。故為眉也。【攈古録卷三之一】

◉吳大澂　同散氏槃。原書從舊釋以為竟字。案當是眉。⊘眉與湄通。此曰田眉。曰眉道。蓋皆湄之通用字也。許氏說水草交曰湄。沃白敢以簋為眉。鼎彝中眉簋頪貴四文往往一形而異用。

眉　象眉目形。戎都鼎。【說文古籀補卷四】

◉孫詒讓　　金文「眉壽」字常見，眉皆作，齊侯甔又作，此當為𣶃之異文，非从須也。蓋从頁从釁省。古音釁與㪚音相近，周禮釁人，鄭注釁讀為黴，黴从微省聲。而微、眉音同，春秋莊廿八年經「築郿」，公羊作「築微」。故金文眉通作。⊘金文戎都鼎「用妥眉彔」作，此上从即，與鼎文同，所謂象眉形與頟理也。从者，即从頁。古文「頁」「百」「首」皆从目，意略同，此蓋即从亹省聲。㫄皆箸兩點者，金文亹字或作頌鼎，作魯大司徒匜。左右注兩點或四點，此並兩點箸之右㫄，意亦略同，非重文也。陳逆敢「眉壽」字作，蓋亹之省，偏㫄亦與此形相近。「田眉」「眉田」「正眉」，當讀為「堳埒」之堳，堳埒見周禮大司徒封人鄭注。說文土部云：「埒，庳垣也。」無堳字，古蓋亦通用眉。謂於竟上築短垣為畺界。國語齊語云：「渠弭于有渚。」周禮典瑞云：「駔圭璋璧琮琥璜之渠眉。」眉弭並與堳同。蓋掘地為溝渠，封土為堳埒，咸所以辨區域。盤文皆紀散與夨兩邑分田定界之事，故云用田眉矣。【名原卷下】

◉王國維　眉舊釋竟。瑞安孫仲容比部釋為眉。於字形甚合。然讀為堳埒之堳則非也。眉亦地名。吳縣潘氏所藏羌伯敦有字。其銘曰。惟王九年九月甲寅。王命益公征寇。益公至告。一月。寇至見獻帛云云。余案字从目。字从頁。其意相同。當是一字。羌伯敦寇連言。亦土地或種族之名。與此盤之當是一地。即古文眉字。篆文作眉。从即之變。亦眉之異文。古器眉壽字多作等形。即古釁字之省。殷虛卜辭有字。即釁字。說文失收。與𥄕聲陰陽對轉。〓字即以之為聲。然則〓〓亦同字。〓〓者象形字。〓者形聲字也。𥄕者矢所與散地之大名。此目下文曰。迺即散用田𥄕。後結上文曰。正𥄕矢舍散田。知此盤所載諸地皆𥄕地也。古𥄕微二字又通用。少牢饋食禮𥄕壽萬年注。古文𥄕為微。春秋左氏莊廿八年傳築郿。公穀二傳作築微。由是觀之。𥄕當即周初之微。【毛公鼎銘考釋　王國維遺書】

◉余永梁　从水之眉(〓)，與陳逆簠陳逆敦公孫班鐘眉壽字从水同。爾雅釋水「水草交曰湄」，釋名「湄，眉也」，是矣。卜辭文曰「王其田眉」，莊二十八年左傳「築郿」，公穀二傳郿作微，今山東壽張縣西。【殷虚文字考　國學論叢一卷一號】

◉徐協貞　〓與〓相似。諸家誤為一字。然此作〓與〓異。為眉之初文。小篆作〓。〓之形猶存。後人加邑為郿。詩大雅申伯。信邁王餞于眉。毛傳作郿。【殷契通釋卷二】

◉孫海波　說文別出苜字，解云「目不正也，从𦫳从目」，苜無不正之義，從从則義更晦。按此即眉字之別體，从〓，殆由〓〓諸形變出。篆文之眉从〓。其形由〓〓諸形變出。【甲骨金文研究】

◉強運開　若〓則〓象兩鬢。〓象頷理。〓即二𥄕。〓為人面與須之形。其為古𥄕字可以無疑。蓋人老則有長𥄕。故豳風小雅皆言𥄕壽。士冠禮𥄕麋壽。少牢饋食禮古文𥄕微。漢禮器碑永享牟壽𥄕牟。皆同音叚借字也。【說文古籀三補卷四】

◉馬叙倫　孔廣居謂眉當作〓。況祥麟謂眉當作〓。王國維謂𦱤伯毀。王命□公征〓。〓為眉之初文。即微盧彭濮之微。亦即散盤之〓。倫謂初文蓋止作〓。象形。後以疑於他字。乃增目以別之。如今文。當作从目〓聲。或者鼎作〓。【說文解字六書疏證卷七】

◉徐中舒　眉作〓。寏鼎作〓。羌伯敦作〓。均象眉目之形。殷虛骨刻及銅器中獸頭紋飾畫眉目形正與此同。此即篆書𥄕字所從出。眉壽之眉。銅器皆作𥄕。【𨙶敦考釋　歷史語言研究所集刊第三本第三分】

◉陳夢家　海眉即海隅、海濱。廣雅釋詁：「澳、濱、湄，厓也。」⊘海眉之眉與湄微皆指水邊的通谷或崖岸，海眉亦即海隅。廣雅釋丘：「隅，隈也。」說文：「隈，水曲隩也。」而隩(澳)與湄皆訓厓。【西周銅器斷代(一)　考古學報第九册】

◉高鴻縉　静安先生又曰。古器𥄕壽字多作〓〓等形。〓即古亹字之省。殷虛卜辭有〓字即亹字。說文失收。與𥄕聲陰陽對轉。〓即以之為聲。然則〓〓亦同字。〓〓者象形字。〓者形聲字也。縉按。此說非也。金文〓壽之〓與

眚

□。變形甚多。而均有說。⊘金文之□與□，乃塗牲血於新鑄器。欲其經久耐用。从鑄省。沐聲之字。本銘之□。乃眢目之眢之異文。下著兩點。為重文符。此為絶不相涉之兩字。只古音相同耳。則王先生云□□同字者。實千慮之失矣。【散盤集釋】

◉高鴻縉　清人說金者或以□即眉字之古形。非也。眉字甲文作□。金文作□。作□。而絶不作□。說經者或以眉長為壽徵。眉壽即長壽。亦非也。有壽者其眉不必長也。【頌器考釋】

◉夏　淥　楊樹達《卜辭求義》：「湄蓋假為彌，彌日謂終日。」（44頁）其説至確。⊘今觀卜辭：「于壬田，湄日亡災？」（佚444）「今日戊，王其田，湄日亡災，不……？」（寧滬1・101）「翌日戊，王其田，湄日亡災？」（甲1656）「王狂（往）田，湄日不遘大風？」（甲615）「惠成犬扞从，湄日亡災？旅王？」（京津4310）「戊，王其射門豚，湄日亡災，擒？」（後2・41・13）等文例，顯然是指出巡、出獵的整個白天，而不是只卜旦昧。

彌，《周禮・春官・大祝》「彌祀社稷禱」注：「彌，猶徧也。」《玉篇》：「彌，偏也。」《詩・大雅・生民》「誕彌厥月」傳：「彌，終也。」《類篇》：「彌，終也。」金文「彌」也有類似文例。《蔡姞簋》：「用祈丐眉壽綽綰，永命彌厥生，霝終。」《齊鎛》：「用求考命彌生。」《叔便孫父簋》：「綰綽眉壽，永命彌厥生，萬年無疆。」以上「彌」，訓終、偏、滿，均可。⊘所以「眉壽」即「瀰壽」，是「滿壽」「全壽」「終壽」的意思，和《詩經》「誕彌厥月」的「滿月」「終月」用法一致，也和卜辭的「湄日」或「眉日」一致。把「眉壽」的「眉」釋作「豪眉」或「秀眉」，以眉毛有長豪附會「眉壽」的說法，首先就講不通上舉的多種同音通假字。「眉日」和「湄日」、「誕彌厥月」，訓滿、訓終，皆與眉毛無關。【「眉壽」釋義商榷　中國語文一九八四年第四期】

□ 甲五卜辭用眚為省重見眚下【甲骨文編】

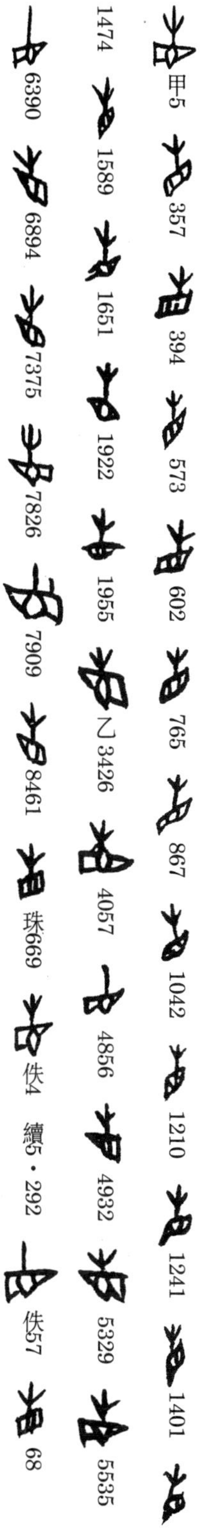
甲5　357　394　573　602　765　867　1042　1210　1241　1401　1474　1589　1651　1922　1955　乙3426　4057　4856　4932　5329　5535　6390　6894　7375　7826　7909　8461　珠669　佚4　續5・292　佚57　68

111　247　295　382　佚532　續3·14·2　佚558　800　901　951　續3·25·6　3·32·3　3·34·6　3·36·6　4·18·6　5·6·2　5·15·9　掇401　549　徵4·35　10·7　10·11　京2·23·2　摭80　81　東方82　六東107　六清2　外241　龜卜32　續存66　645　1970　2210　外35　48　74　書1·3·E　摭續3　粹610　914　915　929　966　967　989　990　994　1013　1033　1045　新3812　4567　4579　【續甲骨文編】

省　从目从中　與眚為一字　敦煌本尚書說命　惟干戈眚厥躬　今本作省　戍甬鼎　小子省卣　省觚　天亡簋　不顯王作省視也　臣卿鼎　臣卿簋　盂鼎　鼀鼎　触省簋　散盤　鬲攸比鼎　㝬鐘　中山王譽鼎　假借為生　曶鼎　既眚霸　揚簋　豆閉簋　【金文編】

省　雜一七　二例　雜二二　【睡虎地秦簡文字編】

3265　與散盤省字形近。【古璽文編】

徐省　【漢印文字徵】

天璽紀功碑　發刻廣省　【石刻篆文編】

省王庶子碑　省竝見說文　省見說文　【汗簡】

王庶子碑　說文　同上　【古文四聲韻】

◉許　慎　□視也。从眉省。从屮。臣鉉等曰。屮通識也。所景切。□古文从少。从囧。【說文解字卷四】

◉劉心源　省。舊釋相。案。揚敼。九月既□霸。豆閉敼。三月既□霸。曶鼎。四月既□霸。稍敹。皆與此同形。蓋眚字用為生。从生故得通叚也。若是相。豈得用為生霸。且木字下體从□。象根。篆法不得作十。凡作□者直筆。中注形即是橫筆。詳康戾鼎。亦非□也。此銘□即眚即省。說文目部。眚。目生翳也。眉部省作□。云。視也。从眉媘。从屮。案宗周鐘。王肇遹□文武。盂鼎。雩我其遹□。先王中鼎。先□南國。麦鼎。先□野居。𩰫鼎。□于厥身。友史鼎。辰□北田四品。文義皆省字。从□者。與眚霸字同。从屮者媘一筆。古刻眚省為一字。小篆分為二。其實从□即□□之變耳。攷古者凡遇□□字。㠯眚霸叚借推之。則決知非相字矣。若薛尚功引尚書召作□。其謬更不必論。【奇觚室吉金文述卷二】

◉吳大澂　□曶鼎。隹王四月既生霸。借省為生。原書以為古相字。謂从□十目所視也。是直以□為直。又□省。案直省為相。古無是說。□省作□□。亦殊奇異。愚意以釋省為安。省。視也。見亦訓視。凡曰哉□霸既□霸者。解為初見既見。【說文古籀補卷四】

◉孫詒讓　「貝參乎禼□田」，百十四之四。「□」當是「省」字。《說文・眉部》「省，視也，从眉省，从屮」，此从屮、从目，與从眉省同。金文盂鼎省作□，且子鼎作□，舊釋為「相」，誤。《古籀餘論》。並與此同，可以互證。【栔文舉例卷下】

◉林義光　从眉非義。从□即□省。與眚同字。古眚或作□豆閉敦。生亦省。静或作□冘敦。是生亦省作□也。【文源卷十一】

◉葉玉森　□　孫氏釋省是也。他辭云「□牛」卷三第二十三葉之三即省牛。乃省牲之誼。「□田」後下第二十葉之四即省田。乃省耕或觀獵之誼。如言「王往□西」後上第二十九葉之十二即王往省西方也。孫氏又釋□為百之古文。與首同。栔文舉例。予按仍□之變體。如他辭云貞「□牛百」。卷三第廿三葉之三。□牛即省牛。又云「壬午卜𠂤貞王令多□御方于□」。後下第四十二葉。則命省方且祭。謂□為□省。□不可謂□省也。殷契鉤沈。陳邦懷氏曰卜辭言省田者五。如曰「貞□㞢□省田」。藏龜第百十四葉。曰「辛王弜省田其敏」。後上第三十葉。曰「壬王弜省田」。又下第二十葉。曰「于壬王□省田」。同上。此上省田者。為王弜及王□也。而卜辭有云「王其省田昃不雨」。殷虛卜辭第八十一葉。則王親省田也。又按。庚午鼎亦有王令𡨦農省北田語。可為卜辭左證。殷室重農于此可知之矣。陳氏又謂予舊說省田即省耕。甚是。惟謂或為觀獵之誼。則轉失之。殷契拾遺十八葉。【殷虛書契前編集釋卷一】

◉商承祚　説文「省。古文□。从少囧。」案囧當作□。少用目力意也。从囧則與義乖。汗簡引作□。从目是。而形小誤。古有眚無省。省由眚生。金文揚𣪘等作□。多借為生。鬲攸从鼎作□。又或省作□聃𣪘公違鼎等。甲骨文同。小篆之□乃由□引長其横筆而變。書洪範。「王省為歲。」史記宋世家作眚。公羊莊二十二年。「春。王正月。肆大省。」左氏穀梁作眚。書説命。「惟干戈省厥躬。」敦煌本作眚。宗周鐘。「王遹□文武。」即省。經典雖眚省通叚。要皆先有眚而後有省也。甲骨文省牛省田。皆作□。【説文中之古文攷】

◉吳闓生（盂鼎）相本作□。舊皆釋相。孫據揚敦既□霸之文定以為省。謂相為誤。然此字實有兩讀。蓋省本作□。相本作□。其省文皆作□。又德之省文亦作□。如卿鼎。公違相自東。㚤鼎。相于厥身。鬲比鼎。王命相。史南𡚸鼎。先相楚居。皆不可以為省。大豐敦。丕顯王作德。德或讀相。亦決不可以為省者也。【吉金文録卷一】

◉強運開　□　薛趙均作首。鄭漁仲楊升庵作茜。云即輶字。吳東發云。漢綏和壺銘省作□。與此同。運開按。吳釋省是也。古省字从目从生。與眚為一字。敦煌本尚書説命。惟干戈眚厥躬。省作眚。金文中省觚作□。鬲攸比鼎作□。□省敔作□。與鼓文同。田獵之有省車。蓋以省察不安。亦猶警蹕之意也。【石鼓釋文】

◉郭沫若　省當讀為獮。禮明堂位「春社秋省」，注云「省讀為獮，獮，秋田名也。」又玉藻「唯君有黼裘以誓省」，注亦云「省當為獮，獮，秋田也。」【殷契粹編考釋】

◉聞一多　今案□从目从丨，丨象目光所注，煩其筆畫則為□，確係省視字。然卜辭凡言省似皆謂周行而省視之，觀諸辭言「往省」「出省」之多可知。故字又作□，从□，示行而視之之意。此字以今隸定之，當書作𢓊，若嫌今無此字，則如王氏逕書作省，亦無不可。𢓊，後變作巡。禮記祭義「君巡牲」，即周禮之「省牲」，説文「巡，視行皃。」有説別詳。蓋以字體演進之程序言之，𢓊誠為省之孳乳，若以卜辭文義觀之，則毋寧謂省為𢓊之婚也。至卜辭此二字之義訓，雖皆導源於省視，然亦有去本義略遠者，諸家未之深究，故其説此字，多未得其環中。⊘如上所述，則巡視，田獵，征伐三者皆謂之省或𢓊，三事而總為一字。【釋省𢓊　古典新義下】

◉馬叙倫　□省古文。从少从囧。鍇本作古文省从少囧。沈濤曰。汗簡上之二引作□。是古文篆體从古文目非从囧也。商承祚曰。囧當作□。少用目力義也。倫按見省下矣。此校者依石經增也。【説文解字六書疏證卷七】

◉楊樹達　郭君讀省為獮，是也。然鄭訓獮為秋田，施之甲文，頗覺不安。何則，甲文田字皆作動字田獵義用。本書前片玖陸伍云：「壬辰卜貞：王其田，亡□？」本片亦云「弜弗田」，皆其證也。甲文云「叀盂田省。」如省讀獮訓為秋田，則與田字義複，文不可通。余謂獮者殺也。爾雅釋詁云：「獮，殺也。」周禮大司馬注云「秋田為獮，獮，殺也。」然則卜辭蓋問：王當田于盂與宮，大殺獸，有無巛害也。本書壹零壹玖片云：「叀斿田，射。」此文言殺，猶彼文言射也。本書玖捌柒片云：「辛酉，卜，王其田，叀省虎。」郭君云：「省讀為獮。」考釋壹貳玖。按郭君之讀是也。此獮亦當訓殺，叀省虎即叀殺虎也。此諸辭郭君讀皆得之，惟偶遺獮殺之訓，今為補明云爾。【釋省　積微居甲文説】

◉陳夢家　不顯王乍省，説武王以文王為典型。大誥曰：「爾克遠省，爾知文王若勤哉。」大盂鼎曰：「雩我其遹省先王。」㝬鐘曰：「王肇遹省文武。」凡此省或遹省，義為遵循。【西周銅器斷代（二）　考古學報第九册】

◉于省吾　聞一多訓省為循，也非本義。省與監、臨每同訓。説文「省，視也」，又「監，臨下也」，又「臨，監臨也」。詩節南山傳，「監，視也」，爾雅釋詁「臨，視也」。詩經中省字的訓解往往與監、臨同義。皇矣「帝省高山」之「省」，大明「天監在下」之「監」，又「上帝臨女」之「臨」，都應訓作「視」。天神下視含有眷顧之意。詩皇矣先言「上帝」，後言「乃眷西顧」，指眷懷顧視「有周」言之。「不顯王作省」是説文王在天之神能夠照顧的意思。【關于「天亡簋」銘文的幾點論證　考古一九六一年第八期】

盾

盾　五年師旋簋　盾生皇畫內

从中豚聲中象盾形　戜簋　俘戎兵盾矛戈弓【金文編】

獨字【古陶文字徵】

盾　效三　十七例

秦一七八　十五例

效九　二十四例【睡虎地秦簡文字編】

盾【汗簡】

【古文四聲韻】

◉許　慎　盾，瞂也。所以扞身蔽目。象形。凡盾之屬皆从盾。食閏切。【説文解字卷四】

◉劉心源　盾余釋節非攼。釋名釋兵。盾。遯也。跪其後避刃㠯隱遯也。又云。㠯絡編板謂之木絡。説文。盾。所㠯扞身蔽目。象形。此从人伏𠂢後。𠂢象編板明是盾字。且説文从𠂆即𠂊之反形。从目即𠂢之豎形。益信為盾。明堂位注。朱干赤大楯也。即此銘赤盾矣。【奇觚室吉金文述卷十六】

◉林義光　盾者循之古文。見盾字條。𠂆象盾形。盾聲。【文源卷一】

◉馬叙倫　古所謂盾。即清代之籐牌。所以扞身前犯者也。父辛爵有。他金文有作者。與山海經外南經羿與鑿齒戰華之野。羿持弓矢。鑿齒揚盾戟者同。皆戈戟。即盾也。盾从厈。目象盾形。非耳目字也。然盾為兵器。有形可象。此从厈者。蓋圖畫性之象形文變為田目。嫌與田目日月字同。乃加厈以定之。此後起字也。如今文當入干部。从厈目聲。所以六字校語。字見急就篇。玉海本作楯。蓋楯之譌。【説文解字六書疏證卷七】

◉李亞農　就的形態而論，雖有蔽目之象，終苦於缺乏旁證，遂没有人敢於貿然确定其為盾字。我偶見下引辭例：

庚寅卜，貞：三千人伐……（存・九八二・存，殷契佚存之簡稱，下並同。）

始恍然大悟在此地，借用為登。試觀下引諸辭，即可瞭然。

……登人三千乎伐……（前六・三四・二）

庚子卜，㱿貞：勿登人三千乎伐(稽)方，弗(受)出又。（龜・二・二七・六）

登是登庸的意思，登盾因為同聲，殷人就寫了别字，把「登人三千」寫成「盾人三千」了。

貞：勿盾人。（龜一・二五）

即不登用人的意思。

貞：盾牛百。（前三・二三・三）

也即用牛一百的意思。【殷契雜釋　考古學報第五册】

◉朱芳圃　藏二七・三上揭奇字，从中，从。唐蘭謂為「古字之原始型式，从，毌聲」，古文字學導論下四。其説非也。余謂中即盾之初文，象形，説文盾部：「盾，瞂也。所以扞身蔽目。象形。」考金文有奇字作左揭形者：

爵文

象戈盾並列，字雖不識，形固瞭然，偏旁之盾，正作中形，是其證矣。在卜辭中為卜人之名，故增以别於本字，例與相同。

小臣宅毁銘云：「白昜小臣宅畫戈九，昜金，車馬兩。」羅振玉釋為象形盾字，謂「畫殆即畫盾」遼居乙稿二六。其説是也。中與，一空廓，一填實，例與口之作，之作相同。詩秦風小戎「龍盾之合」，毛傳：「龍盾，畫龍其盾也。」是即所謂畫盾矣。【殷周文字釋叢卷上】

◉于省吾　甲骨文的盾字作，均作長方形或方形。商代金文的字習見（《金文編》附録），象一手持戈、一手持盾形。

其所持之盾作[illegible]等形。商代金文和西周早期金文的盾字作[illegible]……等形,《金文編》均誤入于附録。以上所引早期古文字中盾字的形體和前引安陽出土的實物相驗證,脗合無間。

《説文》:「盾,瞂也,所以扞身蔽目,象形。」《説文繫傳》:「厈象盾形,厂聲。」《説文》段注:「用扞身,故謂之干。毛傳曰,干,扞也。用蔽目,故字从目。」孔廣居《説文疑疑》:「厈象盾之體,目象盾之用,兼形與意而成文也。」王筠《説文句讀》:「《釋名》,盾,今謂之曰露見,與蔽目合。」按許説既誤,而諸家又曲加阿傅,都是肊説。下文所引西周中葉師旋簋的「盾」字作[illegible],乃盾字構形的初文。以《説文》為例,則應釋為:「[illegible],所以扞身,从人甴,甴亦聲。甴象盾有[illegible]有文理形,(並非从目)。」盾乃會意兼形聲字。【釋盾 古文字研究第三輯】

◉楊樹達 徐鍇曰:「厈,象盾形。」徐灝曰:「外象盾脊,内象手所握[illegible],側視形也。」樹達按:厈為本形,目為表體他形。【文字形義學】

◉戴家祥 商周金文録遺第七十四葉祖丙觚[illegible]字,象人右執戈,左執[illegible]。夏官司戈盾:「掌戈盾之物而頒之。祭祀授旅賁殳,故士戈盾,授舞者兵,亦如之。」旅賁氏:「掌執戈盾,夾王車而趨。」戈之與盾,猶人體之有左右手然。然則[illegible]字左手所執之[illegible]。非盾將焉屬哉。盾聲亦轉為干。故戈盾亦作干戈。虞彝銘文「錫甲冑干戈」,大雅公劉「干戈戚揚」,孟子萬章下「干戈朕」,皆干戈並提。【金文大字典中】

瞂

[illegible] 乙5798【續甲骨文編】

◉許 慎 瞂,盾也。从盾。犮聲。扶發切。【説文解字卷四】

◉馬叙倫 方言九。盾。自關而東或謂之瞂。瞂音奉紐。古讀歸並。盾音牀紐。古讀歸定。並定同為破裂濁音。盾犮又聲同脂類。故盾轉注為瞂。【説文解字六書疏證卷七】

◉李孝定 説文「瞂。盾也。从盾犮聲。」詩秦風「蒙伐有苑」。毛曰「伐中干也。」是以伐為瞂也。方言「盾自關而東謂之㦻。或謂之干。關西謂之盾。」是字又作㦻。玉篇瞂又作㦻。通作伐。覈之卜辭當以㦻為正字。瞂為後起形聲字。伐則叚借字也。契文象一人左持干而右執戈。篆文省去人形耳。釋為瞂應可从。辭云「癸酉卜㱿貞雀于翌甲戌㦻」。乙五七九八。㦻於此為動詞。其義不詳。疑或叚為伐。【甲骨文字集釋第四】

⿰盾圭

◉許慎 ⿰盾圭盾握也。从盾。圭聲。苦圭切。【說文解字卷四】

◉馬叙倫 段玉裁曰。盾背之隆處曰瓦。見左傳。承培元曰。⿰盾圭是正字。瓦是聲近通借。【說文解字六書疏證卷七】

◉戴家祥 字从戈中聲。字應釋⿰盾戈。中古文盾。廣韻入聲。十月「瞂，盾也。或作⿰盾戈。」集韻「瞂、⿰盾戈、⿰口犮同字，通作伐。」按瞂為盾之注音加旁字，⿰盾戈為盾之形義加旁字。盾之作⿰盾戈，亦猶矛之古文作𢦏。聲符更旁，字亦作⿰旱戈。說文十二篇⿰旱戈盾也。从戈旱聲。⿰盾戈聲有旱，亦猶盾聲有干也。形義更旁字或作⿰盾攴。山海經海內西經「鳳凰鸞鳥皆戴⿰盾攴」，郭璞注：「音戈盾也。」⿰盾戈之或體作⿰盾攴，亦猶啓之或體作啓、肇之或體作肈也。攴義同手。說文十二篇：「揗，摩也。」史記晉世家：「子反收餘兵，拊揗欲復戰。」即許氏所謂摩也。字當作循，許氏訓摩乃假借義。揗之本義當亦⿰盾攴也。⿰盾攴之作揗，亦猶播之古文作𢿎，揚之古文作敭也。【金文大字典中】

自

甲一九二 甲三九二 甲五〇五 甲六三二 甲八四一 甲二三三九 甲二四一八 乙一八 乙四〇 乙六〇 乙六三四 乙九二 乙一一二六 乙一一六一 河五六三背 河六一六背 河六七八 鐵一八二·三 鐵二四三·二 拾一·二 前二·一一·三 前二·二四·八 前二·二五·一 前三·二五·四 前三·二七·七 前五·二八·一 前六·三七·三 前六·五八·一 前七·一五·三 前七·一七·一 前七·四三·二 後一·九·九 後一·一三·二 後一·二九·五 後二·二二·一〇 後二·二三·一四 後二·二六·五 後二·二九·一五 菁五·一 林一·二〇·一二 林一·二四·一九 林二·七七 戩二·七 戩三七·一〇 戩四九·一 佚一四五 佚四三〇 佚九一一 福三六 燕五 粹一〇三 粹一〇六 粹一〇九 粹二一八 粹二五九 珠

五六九背 珠六〇三 京津二一一五 京津二二二二 乙二五九二 摭續二八四 乙二二七自壬見合文三〇

甲骨文編

甲192 392 505 633 657 690 712 764 772 949 1131

1203 1618 2103 2123 2282 2339 2772 2878 2917 3588 乙921

947 1010 6378 6385 6401 6418 6670 6692 6723 6740 6746

6748 6951 7258 7312 7425 7683 7750 乙7795 6702 乙8499 8503

8510 8519 8809 8858 珠16 23 113 175 328 346 458

481 603 616 620 630 珠631 佚131 珠654 862 878 1059 1141

1182 1399 卜564 零45 佚7 115 120 131 140 155 187

271 277 388 415 430 531 726 781 875 884 905 906

911 926 986 續1·4·1 1·35·9 1·36·4 1·44·5 2·1·3 4·11·3

4·31·3 4·31·4 4·32·2 4·33·2 4·34·1 5·8·4 5·10·4 5·22·5

6·9·5 6·19·4 掇395 413 420 549 徵2·32 2·33 3·11 3·13

3·20 4·21 4·106 4·107 4·109 4·110 8·38 8·46 8·98

10·58 11·61 京3·10·4 3·11·1 3·27·4 4·6·3 凡2·1 12·1 14·4

古2·6　2·7　2·9　録132　573　703　鄴336　天31　44　誠61　龜卜3

東方1298　書1·3·G　東方S·11　大中34　36　六清106　外351　六束138　續存72　78

83　186　1434　1786　書1·8·A　1·10·D　摭續3　164　284　粹81

736　838　980　1117　1119　1184　1185　乙2592　【續甲骨文編】

自　臣卿簋　宰峀簋　德方鼎　令鼎　小臣遽簋　強伯自為簋　鄂侯厷厝季簋　沈子它簋

師𬀪鼎　彔簋　楚公鐘　矢尊　召卣　彔伯簋　姑氏簋　伯𩏂盉　趩亥鼎

圅皇父簋　散盤　毛公㢟鼎　曾伯霥匠　曾伯陭壺　余卑盤　右走馬嘉壺　黃韋俞父

盤　大司馬匠　鄀公鼎　走鐘　考弔𧧻父匠　沇兒鐘　𡩜兒鐘　褱鼎　者旨𦿎盤

𢆶訇君鼎　戈弔鼎　姑□句鑃　曾孫無𦤎鼎　攻敔王光劍　攻吳王監　酓章作曾侯乙鎛　鄂君

啟舟節　中子化盤　曾子仲謱鼎　縣妃簋　伯家父簋　番伯酓匜　王子午鼎　攻敔王光戈　吳

王光𧼈戈　越王欲淺劍　越王劍　越王州句劍　越王州句矛　新弨戈　【金文編】

3·695　薛☒自析　4·110　𠂇亡匋自☒　5·384　瓦書「四年周天子使卿大夫……」共一百十八字　9·61　𠂇不自入

九族子　【古陶文字徵】

一五六：二〇　三十九例　委質類　自質于君所　內室類　自今以往　一五六：一九　二十六例　六七：二一　一五

六：二六　【侯馬盟書字表】

232 246【包山楚簡文字編】

自 效一八 二十五例 法七七 二十一例【睡虎地秦簡文字編】

出—黃泉(甲7—8)、出—☐霊(乙1—8)【長沙子彈庫帛書文字編】

4656 4657 4658【古璽文編】

自何齊 自當時印 自為救印【漢印文字徵】

石碣霝雨□□自鄜  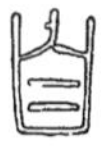石經僖公公至自齊【石刻篆文編】

自 自 見說文 自立義雲章【汗簡】

古孝經 天台經幢 汗簡 說文【古文四聲韻】

◉許　慎　自鼻也。象鼻形。凡自之屬皆从自。疾二切。𦣹古文自。【說文解字卷四】

◉林義光　說文云。白此亦自字也。省自者。詈言之气从鼻出。與口相助。按自字中畫象鼻上腠理。本無定數。古有白字。王子吴鼎。亦與自同用。然則白即自之異體。者𦣻等字皆為詈言。篆从白。古並从口。【文源卷二】

◉高田忠周　自白同字。而𦣻自為別字。許氏分別誤混矣。但𦣻自音義相近通用。或作白亦然。又小變作𦣻作𦣻。又叚借發聲之詞。廣雅釋詁。自從也。易大有。自天右之。詩文王。自西自東。箋由也。又書召誥。自服于土中。鄭注用也。皋陶謨。自我五禮。傳用。凡金文自作某器。亦同意也。又禮記大學。毋自欺也。方梁益之間。謂鼻為初。說文皇篆下云。自始也。後人所謂自他之義出于此耳。【古籀篇四十七】

◉羅振玉　許既以自白為一字而分為二部者。以各部皆有所隸之字故也。卜辭中自字作𦣻或作𦣻。可為許書之證。但白部諸字以古文考之。多非从白。魯字者字均从𠙵。或从曰。智字等亦然。許君生炎漢之季。所見古文舍壁中書而外。固不能如今日之博。自不能無疏失矣。【殷虛書契考釋卷中】

◉商承祚　金文公違鼎作自。已稍變其形。後作自(毛公鼎等)。則于鼻形不類。而與小篆同矣。【甲骨文字研究】

◉強運開　説文鼻也。象鼻形。𦣹古文。自之本義為鼻。從也己也自然也皆引伸之義。【石鼓釋文】

◉馬叙倫　𦣹自。古文自。李杲曰。書契作𦣹。中子化盤作㠯。與此相似。倫按甲文自有作𦣹者。此其變也。【説文解字六書疏證卷七】

◉裘錫圭　在不久前出土的孟簋的銘文裏，有「毛公昜(錫)朕文考臣自氏(厥)工」之語。

我認為，「自厥工」這個詞組所説明的不是臣的等級，而是臣的來源。「毛公錫朕文考臣自厥工」的意思，就是毛公从他自己的工奴中拿出臣來賞賜給孟的父親。如果按字直譯，則是毛公賞賜孟的父親以出自他的工奴的臣。

我們提出這樣的看法，是有其它西周銅器銘文做根據的。中觶銘説：王昜(錫)中馬自𨸏侯四𩡧(薛氏鐘鼎彝器款識卷十一)；御正衛簋銘説：懋父賁(賞)邾(御)正衛馬匹自王(三代吉金文存6・49)。這兩條銘文裏的自□侯和自王，顯然都是説明所賞賜的馬的來源的。大概王賜給中的馬是□侯進貢的四匹𩡧，懋父賞給衛的，則是王賜給懋父的一匹馬。上引孟簋銘文語例和這兩條銘文全同，自厥工當然應該和自□侯自王一樣，是説明處在它前面的那個詞所代表的事物的來源的。

自字的這種用法，在甲骨卜辭和典籍裏有時也能見到(戰後京津新獲甲骨集)。1176著録的一條卜辭説：貞其㞢(有)嬉(艱)自南，有艱自南的意思就是有从南方來的壞事情。詩大雅大明説有命自天、命此文王，有命自天的意思就是有从天上來的大命。這兩個自字的用法和上引諸銘中的自字基本上是相同的。【錫朕文考臣自厥工解　考古一九六三年第五期】

◉高鴻縉　徐灝曰。自即古鼻字。𠃌象鼻形。中畫。其分理也。⊘因為語詞所專。復从畀聲為鼻。今自與鼻不同音者。聲變之異也。是也。所謂語詞者即借為從為己也。卜辭曰。

貞有疾𦣹隹(其)有壱(害)。(院・乙・六三八五)

貞有疾𦣹不隹有壱。(院・乙・六三八五)

均用本意。【中國字例二篇】

◉李　瑾　許君在《説文》中分析「自」象鼻之形，語音讀若鼻，二者音義全同。今以殷周古文字之形體所提供之句例證之，固知其説不謬。茲將本文所論各點歸納如下：

1.卜辭「疾自」即「疾鼻」，直接用自為鼻之句例雖不多，但確有文獻可據。

2.甲骨文「𠟭」即篆書及經傳之「劓」，此即自乃鼻字直接證據之二。

3.殷周古文及篆書「百」字，乃借「自」之形與音以造字，將「自」形古文上部圓點變為一横以造形，其音雖稍變而猶存重唇聲母，此即自為鼻字間接證據之一。

4.殷周古文字及篆書从「自」之字多有鼻義，如臭、息、鼻等字即其例，此乃自系鼻字間接證據之二。

5.上古漢語「自」字系複輔音聲母〔bdzi〕，後來在元音後退同化作用下分化為〔bi—dzi〕兩個音節，前者用為「鼻」〔bi〕，後者為自身代詞及前置詞〔dzi〕，為便專任分工各司其職，故增加[glyph]（畀）以為聲符而形成新字[glyph]（鼻）；聲符[glyph]象「庳矢」之形，其鋒鏑廣長而薄鐮，篆書訛變為「畀」，其下所從之丌，乃庳矢尾部之形變，此種形變之轉折時代約在東漢開國以後、許氏《説文解字》著書之前。許君「引氣自畀」之解析，蓋據訛體立説，將形聲結構説為會意字，雖不無謬誤，然此乃受時代之局限，難以為怪也。

6.上古漢語不僅有唇音與齒頭擦音相結合之濁複輔音聲母〔bdz〕，還有一套清複輔音聲母〔pts〕與之對立；「苴」之上古漢語當讀作「巴子」二聲即其證。常璩「巴子」之名源于「巴國子爵」之説，實屬牽強附會，不足取信。【釋自——論「自」與「鼻」之音義關係及其語音發展　華夏考古一九九四年第一期】

[glyph] 𦤎

[glyph] 後下22·16　【續甲骨文編】

◉許　慎　𦤎宫不見也。闕。武延切。【説文解字卷四】

◉陳邦懷　[glyph] 箋曰。此即説文解字𦤎之古文。從[glyph]與從自同。許君説[glyph]字曰。此亦自字也。可證也。篆文從[glyph]於[glyph]下增[glyph]。竊疑其為譌衍。故許君不得其解。許君説𦤎字曰。宫不見也。闕。段注上從自下不知其何意故云闕。此條新補當附考釋幽字條後。【殷虚書契考釋小箋】

◉馬叙倫　徐謂𦤎為邊陲本字。是也。邊字从此得聲。而金文邊字散盤作[glyph]。盂鼎作[glyph]。其𦤎字均不从[glyph]。然亦有作[glyph]者。秦詛楚文邊字从此。又作[glyph]。則[glyph]之變也。倫謂其所从之[glyph]。即五篇之冘。冘央一字。皆兵之異文。為防備之防本字詳冘字下。冘央皆从冂。冂象遠界也。倫以為𦤎从冂。自聲。五篇冂下曰。邑外謂之郊。郊外謂之野。野外謂之林。林外謂之冂。古者樹木以為界。今所謂境界林者也。界之外即邊地。故林外謂之冂。𦤎則冂之盡處。故字从冂。今作[glyph]者。[glyph]之譌也。【説文解字六書疏證卷七】

◉唐桂馨　𦤎即邊之本字。屋南北向者之東西兩邉也。全部象形。自象屋頂。[glyph]象東西邉之牆窗。今世畫山水作屋形者常作[glyph]形是也。人之視屋者由正面視之即[glyph]。由兩旁視之即為𦤎。故無所見。【説文識小録　古學叢刊第二期】

白

白 此亦自字 番君鬲

白者君盤

番仲𢍰匜

白者君匜

司壺

彝公劍 【金文編】

考古1965:5 白章

三代上8:33 白松堂 【古陶文字徵】

〔二〇〕

〔二五〕

〔六六〕

〔三九〕

〔一六〕

〔二二〕

〔五二〕

〔二〕

〔二五〕

〔二〕

〔三九〕

〔六七〕

〔六七〕

〔四七〕

〔四二〕

〔二二〕【先秦貨幣文編】

白【汗簡】

◉許　慎　白此亦自字也。省自者。詞言之气从鼻出。與口相助也。凡白之屬皆从白。疾二切。【說文解字卷四】

◉馬叙倫　王筠曰。部中字無一與部首相合者。此又許君無如何也。饒炯曰。省自者云云。蓋望文生訓。非許書原文。不知白亦鼻之古文。倫按此即甲文、金文白家父𣪘見貞松堂集古遺文五之變也。許不知皆魯者𦣻智五字皆不从白。而百又為一白之合文。故立白部而以皆魯等字屬之。其實王筠所謂部中字無一與部首合者是也。校者欲明以白領皆魯諸文之意。故為此省自云云。委曲之辭耳。其實此亦字也以下二十字皆校語。本作鼻也。或自也。象形。番君𣪘作白。【說文解字六書疏證卷七】

◉李孝定　高田氏說白白皆从省、从口，說非。字皆獨體象形，同為一字，書法小異，且象形字無从某从某之理，高田氏以會意說象形，又以同字為正借，謬矣。【金文詁林讀後記卷四】

◉洪家義　白是霸的初文，霸是白的後起字。白，甲骨文作、、、，金文作、。此字外框本應作正圓形，其作、、者，只是為了契刻的方便。⊘外框作正圓形者是正體，其餘各形，都是變體。白字外框作○者，是像月亮的整體；中作橫劃「一」者，表示把整體一分為二；上部中間之）或人者，表示上部是半明半暗體，亦即此字命意之所在；下部空白者，表示下部是全明體。全明體是明顯可見的月亮，半明半暗體就是隱約可見的月魄。在甲骨文中，表示全明體的字作或，而表示半明半暗的白字卻被借為伯或百。行之既久，白字的本義反被湮沒。後來，干脆造一霸字代之（後來霸又被借為王霸之霸，遂又造魄字代之）。

白、霸同屬雙唇聲，又同在鐸部，本義也相同。《說文·月部》：「霸，月始生霸然也，承大月二日；承小月三日。」這個「霸

皆 

然」並不是形容初生的月芽，而是形容與月芽並存的半明半暗體。孟康注《漢書・律曆志》「旁死霸」云：「魄(霸)，月質也。」「月質」就是月的質地，即尚未顯現為月的部分。《增韻》：「月體黑者謂之霸。」所謂黑，實際是暗，「黑者」就是指半明半暗的部分。

⊘霸也可通礴。《荀子・性惡》「雜能旁魄而無用」，《集解》引郝懿行曰：「旁魄即旁薄，皆謂大也。」魄通薄(礴)，魄又通霸，可知霸也可通薄(礴)。由此可知《説文》所説的「霸然」，也就是「礴然」，形容月魄的龐大。

因為白、霸的本義是礴，而礴又有大義，所以白、霸都可以引申為伯。《禮記・王制》《正義》引《元命苞》云：「伯之為言白也。」可證伯是从白引申出來的。《荀子・王霸》：「威動天下，五伯是也。」注：「伯，讀若霸。」可證霸也可引申為伯。《説文・人部》：「伯，長也。」長與大義相近。追本求源，伯實受義於礴，而礴正是白、霸的本義。【白字新解　南京大學學報一九八二年第二期】

◉楊樹達　自字龜甲作，象人鼻上鋭，下有二孔之形是也，今篆文失之。【文字形義學】

皆　从从　皆壺　从虍　秦殘陶量皆明壹之之皆字作　从𪊽與从虍同　中山王譽鼎　𢚩𢗊虐從　中山王譽壺　諸侯虐賀

【金文編】

5・395　秦詔版殘存「壹歉疑者皆明壹」七字　5・398　秦詔版「廿六年皇帝盡並兼天下諸侯……」共四十字　秦1598　秦詔版殘存「疑☐皆☐」二字【古陶文字徵】

16　273　【包山楚簡文字編】

皆　雜三三　五十六例　通偕　不—居　日甲八八背　秦八一　二十六例　封八〇　三例　日甲一〇六背　二例

【睡虎地秦簡文字編】

巴納德隸定為㿧，字从虎从曰，與中山王譽方壺銘皆字略同，應釋為皆　冐〃—矚(甲7—24)　【長沙子彈庫帛書文字編】

皆 詔權皆明壹之 【石刻篆文編】

皆 古孝經並王庶子碑 皆 道德經 皆 同上 【古文四聲韻】

●許　慎　皆俱詞也。从比从白。古諧切。【説文解字卷四】

●林義光　从白非義。皆。二人合一口。僉同之象。从口之字古多變从曰。秦權量皆亦作皆。【文源卷六】

●高田忠周　説文皆俱詞也。从白从比。比者親密也。即坿隨于他也。白與自同。然白為詞言之氣。從鼻出與口相助也。即知俱詞也者坿和合同之言也。小爾雅廣言。皆同也。是也。【古籀篇四十七】

●馬叙倫　蓋許意將隸皆於比部。比易解。白難解。故不得已入之白部。而以詞説之。翟云升曰。从比。比亦聲。霍世休曰。从比。甘聲。甘誤為白。甘皆雙聲。皆為偕之初文。當入比部。倫按下文魯者智金文皆从口。或从白。無从白者。霍謂从比甘聲。為偕之初文。其説長矣。然倫謂比聲也。比音幫紐。皆音見紐。同為破裂清音。又聲同脂類也。皆从比得聲。猶階陛之為轉注字矣。皆為諧之初文。白是口字。許譌為此亦自也之白。俱詞也當作俱也詞也。俱也者偕字義。此校語。當入口部。或立白部而屬之字見急就篇。【説文解字六書疏證卷七】

●楊樹達　比下云：「二人為从，反从為比。」又匕下云：「匕从反人。」按析言之，匕謂女人，渾言之，匕亦為人。比从二匕，猶二人也。白即自字，自者，鼻也。皆字从比从白，謂二人共自，即今語言兩人同一鼻孔出氣也。二人二口相合為僉，二人共一自為皆，字義同由於字形之構造同也。【字義同緣於語源同續證　積微居小學述林】

●高　明　「日月虘亂，星辰不同」　虘字乃皆字之别體，曾見於中山三器，如《中山王嚳方壺》銘云「諸侯皆賀」，《中山王嚳鼎》銘云「諸虘皆從」，皆均寫作虘。【楚繒書研究　古文字研究第十二輯】

●劉彬徽等　皆，簡文作皆，竹牘上此字作皆。【包山楚簡】

●商承祚　第六十二行　甲骨文有皆，每體各三見（《甲骨文編》卷二第五十頁），過去以為不識之字，自從發現秦二十六年故道殘詔版「皆明壹之」，皆作皆（《秦漢金文録》卷四第二頁），然後證實此為皆字。此壺第三十一行「諸侯皆賀」之皆亦作皆，與甲骨文同，從知為皆之初文，而皆為後起字。【中山王嚳鼎壺銘文芻議　古文字研究第七輯】

甲三〇〇〇　从口　乙七七八一　乙七七八二反　餘一一・一　餘一一・二　後一・三一・二
佚五三一　佚六九三　佚七九五　燕七二三　零五五　續六・二七・五　存五二六　存下五一
二　乙二九五七反　清暉七　【甲骨文編】

甲3000　乙7781　7782　零55　佚531　續4・25・2　佚693　佚795　續5・6・10　6・
8・7　6・27・5　京3・16・1　續存526　六清7　外285　【續甲骨文編】

魯　从口　國名　姬姓侯爵　周公旦所封　為楚所滅　井侯簋　魯侯爵　魯侯尊　明公尊　魯姬鬲　啟卣
𪊨盤　師奎父鼎　虢弔鐘　師虎簋　或者鼎　㝬簋　南宮乎鐘　克鼎　克盨
善夫克鼎　畢鮮簋　元年師兌簋　康生鼎　無㠱簋　善鼎　無叀鼎　魯遼鐘
魯遼父簋　頌簋　頌鼎　从甘　井人鐘　𢍰伯簋　士父鐘
䴡伯簋　魯伯愈父鬲　魯侯鬲　魯侯壺　魯伯匜　魯伯愈父盤　鄦去魯鼎　秦公鎛　秦
公簋　魯司徒仲齊簋　魯司徒仲齊盤　魯伯厚父盤　魯士匿　厚氏匵　魯大司徒元盂　封孫
宅盤　【金文編】

3・1145　獨字　【古陶文字徵】

2　176　【包山楚簡文字編】

2392　1591　1592　1593　1595　1594　或从邑　【古璽文編】

魯共鄉　魯墮　魯明　魯君侶　魯平　魯奉印　魯柳　魯巷夫印　魯廣之印　魯脩之印　魯丞之印　許魯　魯竟私印　【漢印文字徵】

漢東安漢里禺石　魏孔子廟碑領　祀三公山碑　長史魯國顏　【石刻篆文編】

魯見石經文亦作旅　【汗簡】

石經　【古文四聲韻】

◉許　慎　鈍詞也。从白。鮺省聲。論語曰。參也魯。郎古切。【説文解字卷四】

◉薛尚功　（魯公鼎）鹵字。許慎説文云从西省。象鹽形。即魯字也。古之文字形聲假借。如鄦作許咎作臯繆作穆之類是也。【歷代鐘鼎彝器款識法帖卷九】

◉劉心源　説文旅古文作。解云古文吕為魯衛之魯。書序旅天子之命。傳訓旅為陳。史記周本紀作魯天子之命。魯周公世家作嘉天子之命。是魯旅嘉皆通也。詩假樂亦作嘉。故古文屯魯即純嘏。【奇觚室吉金文述卷二】

◉羅振玉　齊子仲姜鎛。僕虘兄弟。虘。吳中丞釋魯。與此同。兮田盤亦有虘字。【殷虛書契考釋卷中】

◉林義光　説文云。魯。鈍詞也。從白魚聲。按魯非詞。古作克剛彝。从口不从白。彝器每言魯休純魯。阮氏元云魯即嘏字。史記周本紀魯天子之命。魯世家作嘉天子命。魯嘏嘉同音通用。魯本義蓋為嘉。从魚入口。嘉美也。魯模韻嘉歌韻雙聲旁轉。【文源卷六】

◉高田忠周　論語曰。參也魯。卜辭省作。即存之下形也。朱駿聲云。按魚聲似是。禮檀弓。容居魯人也。本義。叚借為鹵。詩閟宮乃命魯公。金文皆作鹵。【古籀篇四十七】

◉徐協貞　田　古魯字。説文鈍詞也為後起誼。原為鹵之初文。廣韻鹽澤也。天生曰鹵。人造曰鹽。鹽為後起字。猶從鹵。田方必因産鹽而得名。後譌變為魯。曰人民魯鈍故曰魯。其説大謬。前漢地理志。周興。以少昊之墟曲阜封周公子伯禽為魯侯。以為周公主。按周之國名除楚外悉為殷之方名。前已述之。魯應為田方之故址。戰國時魯仲連。東漢魯恭。吳魯肅。殆皆為魯方後也。【殷契通釋卷一】

◉于省吾　卜辭魯作魯。象魚在器皿之上。下不从白。與金文同。佚存五三一。乙丑卜。㞢貞。帚姘魯于黍年。又六九三。□□卜。王隹正商。允魯。商承祚攷釋以魯為漁而卜。非是。魯旅為雙聲疊韻字。故相通借。書序嘉禾篇。旅天子之命。旅字史記周本紀作魯。魯世家作嘉。魯旅均應訓嘉。故魯世家以嘉代詁也。書召誥。拜手稽首。旅王若公。即嘉王及公也。邢侯毁。拜䭬首。魯天子。即嘉天子。亦猶效父毁休王錫效父貝三之休王也。臣卣。尹其亙萬年。受乓永魯。永魯者。永嘉永休也。然則帚姘魯于黍年者。婦姘嘉于黍年也。允魯者。允嘉也。【釋魯　雙劍誃殷栔駢枝】

◉唐　蘭　𠙵凵是容易殽亂的，𠙵象人口，問启名鳴等字所從都是。凵是象凵盧，在古文字多作𠙵，和人口無別，曹、魯、古、喜、合等字所從都是。說文把古、喜、合當做從人口的口，曹字變做曹，所從曰字，也從口，魯字變做魯，從白，都錯了。【古文字學導論】

◉唐桂馨　此字（魯）从白魚聲。鈍之義不可見。鈍乃後起義。竊謂當是櫓之本字。說文櫓。大盾也。段注。釋名。盾大而平者曰吴魁。隆者曰須盾。鍾鼎文魯。[glyph][glyph][glyph]。上顯作鷹鳥形。非魚形。當是盾上所繪者。如歐洲英法王家世傳之盾繪獅鷹形意者。成王以周公有大功。俾侯於魯。以繪形大盾錫封敷。又盾大而隆。非時輒動用之。動必有以承之者。白承盾之具。盾形魯鈍。猶言椎魯。故引伸訓為盾。後人區別。乃加木作櫓耳。【說文識小録　古學叢刊第四期】

◉馬叙倫　克鼎魯字作[glyph]。井人鐘虢叔鐘魯邍父毁㝬生鼎師虎毁周公毁亦並从口。魯侯鬲作[glyph]。頌鼎頌毁魯士簠秦公毁許大魯鼎亦並从𠙵。𠙵𠙵同字。惟魯侯壺作[glyph]。其所从之白。形與白近。倫謂白與𠙵同。其上端作人。象人中之下端。正上脣之中形也。魯訓鈍詞也者。當作鈍也。詞也。鈍也者錭字義。校者所加。詞也者。魯為者之轉注字。者从米得聲。左隱元年傳。有文在手為魯夫人。蓋手文如米或如米耳。米為社之初文。米魯聲同魚類。古音蓋同。故以此為魯夫人之祥。是其證也。从口。魚聲。故甲文亦作魯。而借為盧。當入口部。引論語校者加之。以證鈍義也。魯者為轉注字。者為諸之初文。言部。諸。辯也。則魯即今謂咕嚕囉嗦之本字也。字見急就篇。【說文解字六書疏證卷七】

◉郭沫若　「拜䭬首魯天子[glyph]乓[glyph]福」。魯字動詞。史記周本紀：「周公受禾東土，魯天子之命。」魯世家言：「周公既受命禾，嘉天子命作嘉禾。」書序作「旅天子之命」。旅古訓陳，本銘之魯當是嘉意，言慶喜也。【周公毁釋文·器銘考釋　金文叢考】

◉朱　活　魯字，甲骨文作[glyph]，早期金文魯下从𠙵，西周中期以後，魯字所从𠙵，譌變作甘。⊘𠙵字實為城堡的形狀，也就是邑字的省寫或古體，而魯字和魚字不僅其音同在模部，與旅字陰陽對轉，而且它們原來就是一個字。魚字加上邑傍，實際上等於後來加邑的意思一樣。商代甲骨文不乏有關子漁氏的卜辭，如「貞：禦子漁於父乙」（《鐵云藏龜》124·2）。「貞：子漁亡其從」

《殷虛書契後編》上·27·2)。前人考證認為子漁是商王小乙的兒子，子漁的後代，稱為漁氏，或作魚氏。〇周初封齊燕時，住在渤海沿岸的魚族不免淪為齊燕境內的「殷遺」。不过魚族在商王朝未灭亡以前，就早有一支南下經山東半島到達今曲阜境內，并且不再從事漁業，而定居下來，從事農耕。因為他們本是魚族，所以仍稱魚，又因為他們建筑起城堡，於是在族徽下增一個城堡的象形「ㅂ」字，表示魚族建立起來的城邦，後來譌變為魯。由此可見，伯禽到曲阜後，建國而稱魯，也跟太公望到營丘建國而稱齊，均系沿其舊稱。【齊魯考辨 齊魯學刊一九八〇年第五期】

◉胡澱咸 「魯」義實為厚為多。《士父鐘》：

「作朕皇考叔氏寶薔鐘，用喜侃皇考。其嚴在上，數之㚇㚇，降余魯多福亡彊。」《井人妄鐘》：

「用作龢父大薔鐘，用追考侃前文人。前文人其嚴在上，數數㚇，降余厚多福無彊。」又《芾伯簋》：

「降余魯多福亡彊」，「降余厚多福無彊」，語例辭意完全一樣，可知「魯」義必與「厚」相同。

「用旗屯彔，永命魯壽。」

「魯壽」意非為多壽不可。可知「魯」也必有多義。

銅器銘辭習見「魯休」，「魯休令」，「魯令」。如《克盨》：「克敢對揚天子不顯魯休。」《無㠱簋》：「敢對揚天子魯休令。」《鮒簋》：「對揚天子魯令。」「休」字過去訓美，或訓慶，或訓福祿。以這些訓釋解釋銅器銘辭，都覺得不十分切當，《師望鼎》：「王弗望聖人之後，多蔑曆，易休。」《曶鼎》：「井叔易曶赤金，曶受休。」《獻彝》：「在畢公家，受天子休。」如訓「休」為美或慶或福，這些銘辭便难解釋，至少不貼切，不暢達。我以為「休」義當為恩。「休」訓恩，則這些銘辭辭意便非常明白。「易休」就是賜恩。「受休」就是受恩。「受天子休」就是受天子之恩。銅器銘辭每云「對揚王休」、「對揚不顯休」、「對揚皇休」、「對揚休命」。「休」義也都是恩。「王休」就是王恩。「不顯休」、「皇休」就是大恩。「休命」就是恩命。「休」義為恩。「魯休」即是厚恩。「魯休令」就是恩厚的任命。「魯命」即是厚命。《召誥》和《嘉禾序》之「旅」字，《周本紀》和《邢侯簋》之「魯」字義也都為厚。這都是感謝厚恩之意。卜辭「帚妌魯於黍年」，「魯」義也為厚，意為豐厚。這是説帚妌黍的歲豐稔。又卜辭：「丁巳卜，㱿貞，黍田年魯。王固曰：吉，魯。」（乙七七八一·七七八二）這也是卜黍的年歲收成是否豐稔。

魯本就是「魚」字，其義為厚乃是假借義。《説文》云：「魯，鈍詞也。」「魯」義為鈍蓋是引申。即由「魯」義為引申的。人質實敦厚稱為魯。《論語》云：「參也魯。」人敦厚就不免顯得呆板，因此又引申為愚鈍。【甲骨文字考釋二則 古文字研究第六輯】

皆

◉彭静中　此字見《三代吉金文存》十六・二十。羅振玉隸作魚。今謂此乃魯字之或體也。《金文編》第四篇收魯字形體凡四十六個，容庚《金文編》第193頁至第194頁。均系魚字在上。口或曰字在下。按古文字例，口在上在下，本不别義，均為魯字。若此字口在魚下，則人人得識；小有移易，則未知矣。【金文新釋（九則）　四川大學學報一九八三年第一期】

◉戴家祥　魯之本義當為祭名，儀禮聘禮「膚鮮魚鮮腊」，鄭注：「膚，豕肉也。唯燖者有膚。此饌先陳其位，後言其次，重大禮詳其事也。」郊祀之禮，禮之至大者也，祭品之豐當不減聘禮。魯字从魚，臚字从肉，與祭字「从手持肉」同一義也。論語八佾「季氏旅於泰山」，何平叔集解引馬云「旅祭名也」。大禮先陳其位，故旅之引伸義又可訓「陳」。爾雅釋詁「旅陳也」。秋官司儀「皆旅擯」，康成「讀為鴻臚之臚，臚陳也」，是其確詁。餘如魯衛之魯，鈍魯之魯，以及金文祝願詞「魯休」、「魯福」，魯當讀旅，旅衆也。「屯魯」皆字之假義也。【金文大字典中】

者　伯者父簋　从口　者女觥　者姛爵　者姛罍　者兕觶　或者鼎　或者尊　斉者君尊　喬君鉦　者減鐘　白者君鼎　白者君盤　白者君匜　者旨𣄰盤　越王者旨於賜矛　者沪鐘　越王者旨於賜戈　越王者旨於賜劍　越王者旨於賜劍　中山王礐鼎　𧊒壺　中山王礐兆域圖　不行王命者　孳乳為諸　矢方彝　諸侯　𪗃簋　𢓊伯簋　仲儀簋　兮甲盤　伯公父匿　駒父盨　𢓊弔多父盤　殳季良父壺　曾子中宣鼎　邾公𨱇鐘　王孫鐘　𠂤君壺　陳侯午錞　陳侯因資錞　子璋鐘　子禾子釜　中山王礐壺　不奪諸侯　中山王礐兆域圖　有事諸官圖之　孳乳為書　免簠　王受作册尹書俾册命免　衛盉　書其鄉　五祀衛鼎　九年衛鼎　【金文編】

5・395　秦詔版殘存「壹歉疑者皆明」六字　5・398　秦詔版「廿六年皇帝盡並兼天下諸矦……」共四十字　秦1600　秦詔版殘存「壹歉疑者皆明」六字　3・168　蒦圆南里　匋者　朱德熙釋　3・409　塙閭豆里　匋者曰酉　3・448　酷里人　匋者記

3·270 杏蔓圖 匋者乙 3·269 杏蔓圖 里匋者𢿱 3·274 杏蔓圖 匋者忞 3·273 杏蔓圖 匋者☐
3·280 杏蔓圖 匋者或 3·164 蔓圖南里 匋者埅 3·1348 獨字 【古陶文字徵】

一五六：二 三百六十例 宗盟類 不守二宮者 宗盟委質類 于晉邦之地者及羣嘑盟者 內室類 而尚敢或內室者 一五六：六
八十六例 九三：三 四十六例 一五六：七 十八例 一九五：一 四十三例 一：一 十三例 一：三〇
三例 八五：二八 八五：一二 九八：一〇 一五六：一 四例 七五：二 十例 一九四：八 九例
九二：一四 二例 八八：三 三例 九一：五 一：四五 二〇〇：一〇 九八：一三 二
例 一：一〇一 三例 一五六：一 五例 一九八：一二 六例 一九四：四 九二：一三 二例 二
〇〇：三八 二例 一：四〇 四例 一五二：二 一：六四 【侯馬盟書字表】

27 113 227 249 250 【包山楚簡文字編】

者 雜四一 四百二十八例 通諸—侯 法一七九 雜三三 效二〇 【睡虎地秦簡文字編】

齊宦者丞 宦者丞印 左河堤謁者印 李段者印 【漢印文字徵】

少室石闕 天璽紀功碑 解者十二字 祀三公山碑 存之者難 詔權 歉疑者 禪國山碑 者三者八
【石刻篆文編】

古孝經 古老子 同上 雲臺碑 【古文四聲韻】

◉許　慎　别事詞也。从白。𠂒聲。𠂒。古文旅字。之也切。【說文解字卷四】

◉劉心源　𣎴諸舊釋七月二字。引龔氏説云。七段黍為之。月象哉生明之形。案此字从𣎴从口。即𣅀。𣎴為古文。旅者字所从也。黍篆作𥝢。与此別。此者省白作口。亦非月字。者用為諸。并侯尊。侯錫諸虎臣百家。篆作𣅀。邾公望鐘。吕豈諸士。篆作𣅀。竝可證。續山東考古録諸城縣下引春秋莊二十九年城諸及防。漢書地理志琅邪郡有諸縣。姓觿云。路史大彭之裔封諸。因氏。諸為魯邑。今案姓考云。越王無諸之後。則諸氏有二也。【古文審卷八】

◉林義光　古作𣅀允敦。从口𣎴聲。𣎴非旅字。古文見𣎴字條。變作𣅀兮甲盤。【文源卷十一】

◉高田忠周　説文。𣅀別事詞也。从白𣎴聲。𣎴古文旅字。然旅下古文作𣎴。無此𣎴篆。許氏此説甚非。𣎴實黍字異文。𣎴家父簠文作𣎴。為正形也。黍旅音通。故或用黍為旅。許氏未詳此理。直以𣎴為旅字。誤矣。書洪範曰。時五者來備。又諸辯也。从言者聲。蒼頡篇。諸非一也。聲類。諸詞之總也。爾雅釋訓。諸諸便便辯也。又辯者治也。治者理也。順理分別。多多益可辯矣。者諸元同字也。白為詞言之气。與言同意。又从言作諸為複。【古籀篇四十七】

◉馬叙倫　者字見於金文者。用為諸字。即諸字初文。然邾公牼鐘。台喜諸士。諸字作𣅀。兮甲盤作𣅀。殳季良父壺作𣅀。諸女觥作𣅀𣅀。𣎴伯段作𣅀。或者尊作𣅀。者沪鐘作𣅀。皆不从白。蓋从口。故為別事詞也。其所从得聲之字。形與旅下古文作𣎴者不同。而與諸金文之𣎴𣎴者為近。倫謂𣎴古文旅字者。非許語。𣎴即諸金文之𣎴。而整齊之。觀者沪鐘可證也。𣎴即社之初文。或者尊作𣅀。可證也。𣎴𣎴𣎴皆其變也。社者聲同魚類。故者从社得聲而入魚類。社音禪紐。者音照三。禪與照三皆舌面前音。書洪範。五者來備。後漢書李雲傳作五氏來備。荀爽傳作五韙來備。李賢注引史記作五是來備。氏是音同禪紐。韙音喻三。同為摩擦次濁音。亦可為者从社得聲之證。金文多从口。當入口部。別事詞即辯也。故諸下曰。辯也。然許本訓詞也。校者加之。本訓轉被刪矣。餘詳社下。字見急就篇。【説文解字六書疏證卷七】

◉朱芳圃　者，金文从口，从𣎴。口，附加之形符也。𣎴象樹枝舒展，子實蕃衍之形。從聲類求之，當為櫧之初文。山海經中山經：「前山，其木多櫧。」郭注：「似柞，子可食，冬夏生。作屋柱難腐。音諸。或作儲。」郝懿行曰：「桉上林賦云：『沙棠櫟櫧。』郭注云：『櫧似柃，葉冬不落。』漢書音義云：『櫧似樜，葉冬不落也。』玉篇亦云：『櫧，木名，冬不凋。』郭云『或作儲』者，聲近假借字。」其説是也。【殷周文字釋叢卷下】

◉朱德熙　匋文習見𣅀字。這個字經常出現在「匋」字之後。下邊舉幾個例子做代表：

(1)𠫑蒦圆匋步（遯1・11）

(2)𠫑蒦圆匋甚（瓦9）

(3)𠫑蒦圆里匋䀉（鐵6下）

(4)𠫑蒦圆里匋敚（鐵5上）

(5)𠫑蒦圆里匋繆（鐵25下）

(6)𠫑蒦圆匋乙（鐵114下）

(7)蒦圆南里匋□（塤室）

(8)酷里人匋□（鐵82下）

最後二例字形略有變化，但根據辭例可以斷定是同一個字。

此字過去或釋「向」，《續齊魯古印攈》宋書升序。或釋「尚」。顧廷龍《古匋文舂録》。按戰國時期「向」和「尚」的寫法和春秋以至西周時期都没有多大差别。「向」字从，「尚」字上端左右兩筆寫作「八」字形，與不同。而且無論釋「向」釋「尚」，都無法讀通匋文，二説不可信。

我們認為這個字應釋為「者」。⊘嬗變的痕迹可以從下引古璽「書」字所从「者」字偏旁上看得很清楚：

簠49上　徵3・4

第一體上側作V，和匋文字相同。如果像第二體那樣在右側加一垂筆，就跟匋文的寫法非常相似了。此外，子禾子釜「者」字作：，跟匋文的寫法也是一致的。以上説的是字形。從文義上看，把字釋為「者」，有關的匋文就都讀通了。「匋者」就是匋工。《莊子・馬蹄》：「陶者曰我善為埴。」《韓非子・難一》：「東夷之陶者器苦窳，舜往陶焉，朞年而器牢。」

《簠齋手拓古印集》11下著録一紐戰國官璽。第一字不識，當是地名。第二字亦是「者」字。「者巿」當讀為「褚師」。《左傳・昭公二年》「請以印為褚師」，杜注：「褚師，市官。」《魏策》：「樂羊為魏將而攻中山。其子在中山，中山之君烹其子而遺之

羹。樂羊坐於幕下而啜之，盡一杯。文侯謂覩師贊曰：樂羊以我之故食其子之肉。贊對曰：其子之肉尚食之，誰不食？」《韓非·說林下》記同一事，「覩」作「堵」。「覩師」當即《左傳》之褚師，不過《魏策》覩師贊的「覩師」大概是姓氏而非官名。【戰國匋文和璽印文字中的「者」字　古文字研究第一輯】

◉許學仁　繒書「會者医」，讀為「諸侯」，金文「諸侯」則均作「者侯」。⊘後世歧分為二，但別嫌疑耳。戰國晚期之黃帝四經。稱「諸陽者法天」作：

諸陽者法天（一六六上）

蓋秦世一文字，者諸為別嫌故，始寖歧分；漢人寫卷，乃趨固定。【楚文字考釋　中國文字新七期】

◉劉　釗　把「今者」、「來者」中的「者」字解釋成「春」、「秋」、「載」、「世」中的任何一字，都是與實際不符的。這是因為：

1.卜辭已有「春」、「秋」二字，「者」字形體與「春」、「秋」二字無關，不可能是「春」、「秋」二字的異體，也不大可能是「春」、「秋」二字的假借。

2.卜辭「今者」辭末系有三、四、五、十一、十二、十三諸月數，可見「者」這一「時間概念」在一年中是不定的，既不指「春」，也不指「秋」。

3.卜辭中相當於一年的時間概念是「祀」，代表一個祭祀周期，凡系以「王幾祀」的卜辭，所卜內容皆與祭祀有關。卜辭「歲」是指一個收穫季節而言。其時間的長短當與氣候有關，很可能相當於後世的半年。卜辭凡稱「今歲」、「來歲」，多為卜受年、受禾、田猎、農作之辭，而凡稱「今者」、「來者」之辭，則幾乎都為征伐或方出的占卜，二者的占卜內容大相徑庭。可見「者」既不同於代表一年的「祀」的概念，也不同於代表半年的「歲」的概念。

4.卜辭於卜征伐，方出之辭，不同於卜受年、受禾之辭，多為短時間內的占卜，其範圍一般不超過一個月。凡稱「今者」、「來者」之辭，從占卜內容來看，不大可能是超過一個月的時間概念。

通過比較可以發現，「者」字與金文「者」字存在着形體近似的關係。試舉金文「者」字形體如次：

1.者 鬳簋　2.者 戜者尊　3.者 者姛爵

兩字的區別是：卜辭「者」字上部多作彎曲狀，而金文者字則不具备這一特徵。但上舉「者」字中的6—9式形體，其上部也不作彎曲狀，同金文者字極近，很可能是由甲骨文發展到金文的過渡形态，金文者字上部增加了若干裝飾點劃。這種增加飾筆的現象，在甲骨文發展到金文後的形體中屢見不鮮。⊘這種由審美意識趨使而在文字的空隙處添加的裝飾筆劃，只是為了追求一種字形上的美感，同文字的音義無任何關係。說文：「者，別事詞也，从白𣥂聲，𣥂，古文旅。」從古文字形體看，者本从口，謂者「从白」是錯誤的，謂「𣥂，古文旅」，也令人迷惑不解。以往對者字本形本義的解釋皆不可信。這一問題尚需探討。

通過以上的比較分析，可見釋「□」為「者」，比諸家釋其為「春」、「秋」、「載」、「世」等字，在形體上更有根據，更能令人信服。其實「□」字與金文「者」字存在的相似關係，諸家不會沒有看到，只是由於認定「□」字必為時間副詞這一先入為主的觀念，阻礙了人們的深入思考。

卜辭「今者」、「來者」中之「者」，我們認為不是時間副詞，而是系於時間副詞下的助詞。

者字作為助詞，常常接在時間副詞下，或為湊成音節以便誦讀，或為加強狀語的作用。楊伯峻：《古漢語虛詞》335頁。試舉典籍中的例子如下：

1.不念昔者，伊余來塈　《詩·邶風·谷風》
2.昔者子貢問於孔子曰　《孟子·公孫丑上》
3.今者不樂，逝者其耋　《詩·秦風·車鄰》
4.今者臣來　《戰國策·魏策》
5.來者猶可追　《論語·微子》
6.往者不悔，來者不豫　《禮記·儒行》

以上所列典籍中時代最早的是周代作品《詩經》。金文中者字多用作數量形容詞，还不見有明確用作助詞的例子。《尚書》中的者字似乎都用作代詞。然而這些並不能成為用詩經的語法同卜辭的語法進行比較的可能性的反證。雖然詩經代表的語言現象距商代已有一段距离，但以往研究的結果表明，卜辭中許多詞（包括虛詞）的用法，皆可以在《詩經》中得到印證。商代的語法現象保留到周代，是不足為奇的。【釋□　考古與文物一九八七年第四期】

◉連劭名　商代青銅器銘文中的「者」字寫作□，見於著名的亞醜青銅器羣，其字上半部分與甲骨文□字完全相同。所以甲骨文中的□、□應是者字的初文，《說文解字》認為者从𣥂聲，又認為此是旅字的古文，這種說法似乎缺之明確的證據，也許漢代已經不太明了者字的字形結構了。

另外，卜辭中的文字往往贅加「口」字，如族字作□。又作□，戠字作□又作□，劦字作□又作□，啟字作□又作□，司字作□又作□，□字作□又作□，吾字作□又作□。所以，□即□，當釋為者。商代者字从口，到了兩周金文中，者字一律變為从日。

卜辭中的者字多用作地名人名。例如：

丁卯卜：王?在者卜。《文録》557 【甲骨文字考釋 考古與文物一九八八年第四期】

◉何琳儀 《璽彙》五五三六著録圓形私璽，印文二字：

□ □

釋文誤以為一字而闕釋。

首字參見《古文四聲韻》引《古孝經》「箸」作：

□ 四・十

此字形體奇譎，其上部與戰國文字「者」作：

□ 配兒鉤鑃 □ 陳侯午錞

相近，其下部則殊不可解。疑為「者」之變體。《古文四聲韻》以「者」為「箸」屬假借。璽文「者」為姓氏，雲南苗族有者氏，見《姓氏考略》。者姓出現較晚，與古璽無涉。越國銅器「者旨於睗」器甚多，其中「者旨」讀「諸稽」，為越國古姓（曹錦炎《越王姓氏新考》，《中華文史論叢》一九八三年第三期）。可證「者」應讀「諸」。關於諸姓來源向有二説：

一、春秋魯有諸邑，大夫食采於其地者子孫以為氏。（見《姓苑》）

二、越大夫諸稽郢之後（見《尚友録》）。其實二説並不矛盾。諸姓源於魯邑，衍為複姓諸稽，則屬越方言之變。此與越民族源於北來説，亦十分吻合。璽文「者」讀「諸」，似仍為單姓，與諸邑有關。如果考慮「者」之變體又來源於魯壁中書《古孝經》，該璽屬齊系之可能性較大。

第二字从「言」，从「户」，可隸定為「⿰言户」，字書所無，璽文中為人名。【古璽雜釋再續 中國文字新十七期】

◉陳偉武 《陶彙》3・1040獨字作□，《陶文编》附録22引《季木藏陶》13・9、13・12亦有此體。《文字徵》者字下未收，而入於附録（第340頁），當即者字反書。【《古陶文字徵》訂補 中山大學學報一九九五年第一期】

◉戴家祥 集韻上聲八語依魯炔同字。金文魯作□或作□，者作□或作□，其下皆作□或□，象承盤形。許云从□非是。以形聲推之，□□殆凵之繁寫，説文五篇：「凵盧，飯器，以柳為之，象形。笭凵或从竹，去聲。」唐韻魯讀郎古切，來母，魚部。旅讀力舉切，不但同部而且同母。凵讀「去魚切」，溪母魚部。三字都讀魚部，其為一詞無疑。魯字从魚會意兼諧聲。更旁作者，从凵旅聲，聲義不變。秋官司儀「皆旅擯」，鄭玄謂：「旅，讀為鴻臚之臚，臚陳之也。」考漢書叙傳「大夫臚岱」，集注引鄭氏曰：「臚岱，季氏旅於泰山是也。」師古曰：旅，陳也。臚亦陳也，臚旅聲相近，其義一耳。」表義更旁，字亦从示，集韻祣，祭名，或作𥜽。天官掌次：「王大旅上帝，則張氈案。」鄭玄注：「大旅上帝祭於圜丘，國有大故而祭，亦曰旅。」東周以後列國各自為政，文字異形，則有旅、者、魯、臚、祣、𥜽諸體雜然並行。而且言語異聲。旅魯古讀舌音來母，者从旅聲，讀「之也切」，變為齒音照母，流俗借用為這，即許氏所謂「別詞也」。同聲通假，字亦讀諸。金文「諸侯」、「諸老」、「諸士」，皆作者。又讀知母，其聲如豬。禹貢「被孟豬」，夏官職方氏作「望諸」，又讀為都，舌音端母。金文晉邦盦都啚作米者省否。禹貢「大野既豬」、「彭蠡既豬」、「至於豬野」，史記夏本紀豬皆作都。職方氏「滎波既都」，釋文「都本作豬」。是皆同部通假之證。朱芳圃釋者為櫧，謂𣎵象樹枝舒展子實蕃衍之形。𠙵，附加之形符也。殷周文字釋叢第一四一葉。按今本説文無櫧字，樹枝舒展子實蕃衍，非櫧之特點，凡木皆然，櫧字何以附加形符𠙵，亦未作約略説明，故綴學之士弗心許也。

説文四篇：「者別事詞也。从白米者，米，古文旅字。」金文兮甲盤銘：「其隹我者侯百生。」詛楚文：「衛者侯之兵。」秦泰山刻石：「者產得宜。」皆以者為諸。墨子尚賢中「傾者民之死也」，孫詒讓閒詁云：「者當讀為諸之省也。」漢書田蚡傳「欲以傾諸將相」。廣韻上聲三十五馬者音「章也切」，諸音「之也切」，不但同母而且同部。説文七篇㫃部：「旅从㫃，从从。㫊，古文旅，古文以為魯衛之魯。」三體石經僖公殘石「遂會㫊侯圍許」，汗簡引尚書作㫊。玉篇六十二「㫊，古文諸」，郭煌寫本禹貢作㫊，日本唐寫本説命上作㫊。並以旅為諸。㫊讀力舉切，同部假借。【金文大字典中】

𣅀 𣅀

◉許　慎　𣅀詞也。从白。𢎘聲。𢎘與疇同。虞書。帝曰。𠷎咨。直由切。【説文解字卷四】

◉林義光　从𢎘之字古多从口。𠷎古作𣅀豆閉敦。變作𣅀魯大司徒匜壽字偏旁。【文源卷十一】

◉馬叙倫　桂馥曰。詞也上有闕文。段玉裁曰。許書之例。云某詞。如欥為詮詞。矣為語已詞。矤為況詞。曶為出气詞。各為異詞。粤為驚詞。尒。詞之必然也。曾。詞之舒也。皆是。然則此詞也二字非例。當作誰詞也。錢坫曰。𢎘與疇同四字繫傳無之。不似許文。鈕樹玉曰。蓋後人增。倫按王引之曰。疇誰一聲之轉。故疇昔又為誰昔。爾雅曰。誰昔。昔也。郭云。誰。發語聲。是也。倫謂𠷎𠷎一字。井人鐘。祈年釁𣅀。借𠷎為壽。其从白與魯侯壺之𣅀同。亦从白。不从白。此為發語詞。今人所謂誰何之誰本字。口部。𠷎下曰。誰也。乃以假借字為訓釋。此則詞也上當有發語二字。然以上文魯下皆下止訓詞也。知許本訓如此。無所闕奪。當為𠷎字重文。引經亦校語。【説文解字六書疏證卷七】

前五一七・三 不从白 地名 【甲骨文編】

前5・17・3 【續甲骨文編】

智 不从白 冉宮鼎 从甘 毛公䀇鼎 智君子鑑 篖平鐘 魚顛匕 中山王嚳鼎 中山王嚳壺

【金文編】

〔六八〕 〔六二〕 〔五三〕 〔五〇〕 〔二〇〕 〔一九〕 〔二〕 〔六二〕 〔四〕

〔三六〕 〔三六〕 〔六二〕 〔二〇〕 〔一〕 〔三六〕 〔二〇〕 〔二〕 〔一九〕 〔六六〕

〔三二〕 〔三二〕 〔三六〕 〔三五〕 〔六六〕 〔一九〕 〔二〕 〔六三〕 【先秦貨幣文編】

布空大 豫伊 布空大 典七九九 仝上 典八〇〇 仝上 典八〇一 布空大 歷博 仝上 亞二・一

一〇 仝上 布空大 亞二・一一 仝上 展 啚版拾壹2 【古幣文編】

137 137 【包山楚簡文字編】

智 法一一 三十三例 通知 令吏民皆明—之 語五 秦一七五 五例 語五 五例 【睡虎地秦簡文字編】

讀為知 恭民未—(甲8—14) 民人弗—哉(甲12—20) 【長沙子彈庫帛書文字編】

智瘨 霍毋智 王毋智 李毋智印 張臨智 智寅 胥于無智 白毋智印 王智言事

王智 【漢印文字徵】

石經君奭 我亦不敢智曰 今本作知 説文古文作𥎿 汗簡引天台碑作又一體作 【石刻篆文編】

□智 □智 天臺碑文【汗簡】

□天臺經幢 □義雲章 □天臺經幢 □□□□ 竝崔希裕纂古【古文四聲韻】

◉許　慎　□識詞也。从白。从亏。从知。知義切。□古文𣉻。【説文解字卷四】

◉林義光　智為詞非本義。當為知之或體。古作□毛公鼎。从甘即从口。轉注。从知于。于。曲也。見亐字條。【文源卷十】

◉高田忠周　段氏云。此與矢部知字音義皆同。故二字多通用。徐鍇曰。亏亦气也。按从知會意。知亦聲。知義切。□依鍇本。匠即口。矩即知也。省□。蓋段説未矣。朱駿聲云。知詞也。按識也。憭于心疾于口。智則為識詞。莊子外物篇。心徹為知。荀子王制篇。草木有生而無知。注謂性識。是知字本義也。荀子注引孟子。然後智生于憂患。或借知字。呂覽自知。知于顏色。注猶見也。公羊宣六年傳。趙盾知之。注由人曰知之。自己知曰覺。是智義本義也。此攷詳悉。然則性得曰知。學得曰智。而智之體。見於其言語气聲。故已作知。又从□亏。以重會意。□字解曰。此亦自字也。省自者。詞言之气。從鼻出。與口相助也。亏。於詞也。象气之舒亏。从□亏者。智者之言。利而舒暢之意也。忠於許氏者固當如此矣。唯愚竊謂。三代古文。有𣉻無知。𣉻知元同字。𣉻正文當作智。下見大梁鼎文可證矣。从白又从口。實為重複。𣉻亦可作智。而省則為知而已。然則段説亦可。經傳知𣉻兩文通用不分。固當然而已。【古籀篇四十七】

◉馬叙倫　鈕樹玉曰。韻會作从白亏知。朱駿聲曰。知亦聲。徐灝曰。知𣉻本一字。倫按毛公鼎智字作□。魚匕作□。甲文作□。則亦从□不从白也。倫以金甲文及此古文小徐作□。證知此从知吁聲。實知之轉注字。知从矢得聲。矢音審紐。吁音曉紐。同為摩擦次清音也。書堯典。帝曰。俞哉。俞哉。猶今言知道了。俞音喻四。亦摩擦次清音。𣉻即俞哉之俞本字。當入知部。書言吁。即借吁為𣉻。識詞也當作識也。詞也。識也校語。从白从亏从知校者改之。字見急就篇顏師古本。皇象作知。

□朱駿聲曰。□字誤。李杲曰。石經作□。蓋譌。倫按王筠據鍇本篆與鉉本同。以魯矦壺魯字作□。叔氏鐘作□證之。則□乃□之直書者。非與之切之臣也。□又□之譌也。七篇疾下古文作□。从口與从□同。猶曶或作□也。然如鍇本。則从知。于聲。于音喻三。然吁亦从于得聲也。【説文解字六書疏證卷七】

◉嚴一萍　□智。毛公鼎作□。智君子鑑作□。魚鼎匕作□。繒書則省口。説文古文作□與石經□，皆有譌訛。智與知，經典多通用。徐灝説文箋曰：「知𣉻本一字，𣉻隸省作智。智慧者，知識之謂也。」古書多以知為智，又或以智為知。王氏念孫曰：廣雅覺敿聞曉哲，智也。敿哲為智慧之智，覺聞曉為知識之知。墨子經説篇：逃臣不智其處，吠狗不智其名。耕柱篇：

豈能智數百歲之後哉。呂氏春秋至忠篇：若此人者，固難得其患，雖得之有不智。秦策曰：楚智橫門君之善用兵。智皆與知同。」繒書言「恭民未智」，猶左僖二十七年傳：「民未知禮，未生其恭。」【楚繒書新考 中國文字第二十六册】

◉許學仁 後世知字、智字皆从矢。孫子兵法：「四五者一不智，非王霸之兵也。」(105簡)作□，又「臣冀功數戰故為智」，字作□(134簡)，皆其例也。

簡文(1·7)與長沙繒書皆省口，簡文(1·3)所从之口移置大下，與尊古齋古鉥集林第二集著録私印作□(5·5)同。說文古文作□，石經作□，皆有譌。知與智音義皆同，故經典亦多通用。繒書「恭民未智」(甲8·11~14)，猶左傳僖公二十七年「民未知禮，未生其恭」；又繒書云「民人弗智」(甲12·20)，與魚鼎匕云「下民無智」當是一語，猶今言民智未開也。

簡文「智」字，史氏疑為地名；饒氏分析字形云：「□，从□从甘，一作□，殆即谷之異形。說文，谷或體作□，或从肉从豦作𦢊」，訓為「䶗」。謂「新谷」猶卜辭之「新醴」，「一蒠銈纕」為一甌之切肉充滿也。均非。智屨當讀作鞮屨，禮記王制：「五方之民，言語不同，嗜欲不同，達其志，通其欲，東方曰寄，南方曰象，西方曰狄鞮，北方曰譯。」鄭注：「鞮之言知也，今冀部有言狄鞮者。」孔疏：「鞮與知相近，故鞮為知也。」廣雅釋詁：「鞮，智也。」(王念孫疏證：「知與智通，智即今智字也。說文『智，識詞也』。隸省作智，各本智字分為于智二字，雙行並列，今訂正。」(卷三上)鞮，都兮切，知，陟离切，古讀並端系支部(段氏第十六部)字。簡文蓋借智為鞮。說文革部：「鞮，革屨也。」方言四：「屝、屨、麤，屨也……禪者謂之鞮。」郭璞注：「今韋鞮也。」急就篇：「靸鞮卬角褐韤巾。」師古注：「鞮，薄革小履也。」凡此並以鞮為革履。【楚文字考釋 中國文字第七册】

◉戴家祥 三體石經君奭殘石「我亦不敢智」。古文作□，下从皿。金文魯字从□，或从□，眉敖段作盦，从皿。以是知許書所謂从□者，實為盛器，非自之省文。智字从□，殆即⿱智酉之本字，說文十四篇：「⿱𣉻酉，酒也。从酉，𣉻省聲。」玉篇五三九：「醍，他禮切，酒紅色。又音提，重文作⿱智酉。」酉為盛酒器，義近皿□，故⿱智酉亦可更旁作⿱𣉻皿或⿱𣉻日。同聲通假，讀為智識之智。

□ 字从反人从矢从口，容庚金文編附録云：「舊釋㑛」。按釋㑛聲義可通。說文人部無㑛字，四篇□部：「𣉻，識詞也。从□从亏从知。𣉻，古文𣉻。」又五篇矢部：「知，詞也。从口从矢。」唐韻智讀「知義切」，知母歌部，知讀「陟離切」，不但同母，而且同部，同聲必然同義。荀子脩身篇「是是非非曰智」，又正名篇「知有所合者謂之智」，白虎通情性篇云：「智者，知也，獨見前聞不惑於事，見微知著也。」釋名釋言語：「智，知也。無所不知也。」卣銘「白㑛」當讀伯智，古文以人表義者，其偏旁人或增或省每每無定，尤其是歷史人物，屢有所見。說文八篇人部：「偰，高辛氏之子，堯司徒，殷之先，从人契聲。」今尚書堯典及孟子滕文公上「偰」皆作契。說文又云：「伉人名。从人，亢聲。論語有陳伉。」今本論語季氏篇作陳亢，是其證。【金文大字典中】

百

甲八七八 甲一一三三 甲三〇一七反 甲三二七五 甲三八三二 乙六二八〇 乙六三七四反
乙六八六三反 乙六八九七反 乙七一三一反 乙七一七二反 鐵六五·一 鐵一四一·四 拾一
四·一四 前二·三三·二 前六·四二·八 後二·一四 林一·一一四 林一·八·一三 佚四三
佚五七〇 佚八〇一 燕五七九 燕七八七 京津二一 京津一九三 京津一〇八八 乙七五
四反 二百 見合文一六 甲三五七六 三百 見合一七 乙五三三九反 四百 見合文一七 乙四五一九反 五百 見合文
一七 後二·四三·九 六百 見合文一七 粹一〇七九 八百 見合文一七 庫一五六 九百 見合文一七 【甲骨文編】

甲3017 3518 乙764 965 2684 5405 6374 7131 7172 7491 佚
43 413 512 543 510 801 873 續1·10·8 1·44·4 1·46·10 2·
17·3 2·29·3 3·24·2 徵3·26 10·100 11·47 京1·26·2 1·32·4 録307
誠278 六清8 續存1289 2009 外365 446 摭續87 161 粹190 528
757 1150 新21 1047 2340 2675 3032 4065 4066 【續甲骨文編】

百 矢方彝 令簋 矢簋 臣辰盉 𠦪伯簋 弔䟒簋 免盤 伊簋 寧簋 賢簋
方彝 曶鼎 㝬鐘 史頌鼎 史頌簋 禹鼎 沙其簋 翏生盨 翏
生盨二 伯百父鎣 多友鼎 兮甲盤 曾子斿鼎 秦公鎛 沇兒鐘 說文 古文百从自 中山王
譽鼎 盗壺 枋譽百里即中山王譽鼎之方譽百里 又冢一石三百卌九刀之冢 中山王譽兆域圖 小子壽簋

卿吏錫小子𣪘貝百 𢦏方鼎 𤔲商又正𢦏嬰貝才穆朋百 𢍰弔多父盤 百子千孫 禹鼎 多友鼎 庚壺

𦅫鎛 侯氏錫之邑百又九十又九邑 二百二字合文 矢簋 師旂鼎 𠑇匜 五百二字合文 𠑇匜 虢季子白盤

六百二字合文 盂鼎 矢簋 【金文編】

秦1144 獨字 秦1147 同上 秦1142 同上 鐵雲 41:4 百羊 中山王墓出土兆域圖百字與此同 【古陶文字徵】

〔二五〕〔六二〕〔三六〕〔三六〕【先秦貨幣文編】

138 【包山楚簡文字編】

百 效九 九十三例 效五六 二例 為三八 日甲一五九背 【睡虎地秦簡文字編】

—神是亯(甲9—17)、民勿用卲—神(甲11—13)、千又—戢(乙4—33)、毋思—神(乙7—22) 【長沙子彈庫帛書文字編】

4735 【古璽文編】

募五百將 百何之印 外營百長 【漢印文字徵】

甘泉山題字 開母廟石闕 鄗防百川 禪國山碑 幽荒百蠻 【石刻篆文編】

百 【汗簡】

石經 古老子 【古文四聲韻】

◉許 慎 百十十也。从一白。數。十百為一貫。相章也。博陌切。古文百从自。【説文解字卷四】

◉孫詒讓 (齊侯鎛鐘)即一百二字合文。説文百古文從自作百。此可目證之。【古籀拾遺卷上】

◉羅振玉 卜辭中記數一百作百。其二百以上則加畫於百上而合書之。二百作。三百作。五百作。六百作。與古

金文同。【殷虛書契考釋卷中】

◉林義光　从一非百之義。古作百伊刜彝。當為白之或體。∩∧皆象薄膜虛起形。變作百史頌刜彝。作百多父盤。【文源卷三】

◉高田忠周　説文百。十十也。从一白。數。十十為一百。百白也。十百為一貫。貫章也。此段氏依韻會引所訂。古文作𦣻。又白下曰。此亦自字也。省自者。詞言之气从鼻出。與口相助。又自下曰。鼻也。象鼻形。又鼻下曰。所以引气自畀也。从自畀。又皇下曰。大也。从自。自。始也。始王者三皇。大君也。自讀若鼻。今俗始生子為鼻子。今依金文。百字有三形。一作百。又一作百。並與許説相合。而又有作百百者。此不从自白而从百省也。百即首字也。因謂百字元由始義而成者也。从一。一者。數之首也。从自白。與皇字同意。亦始義也。故或从百作百。亦於會意無異也。然則此白叚借為自者也。詩天保。羣黎百姓。傳。百官族姓也。羣黎即黎首也。姓下曰人所生也。禮記大傳注。姓。正姓也。始祖為正姓。又書堯典。平章百姓。傳。百官。鄭注。羣臣之父子兄弟。然則百姓者。始祖同一。蕃孳而成之謂也。一增為十。十增為百。故叚借為十十之義也。萬為蟲名。叚借為十千之偁。皆同一例證也。許氏謂一白為十十。百。白也。語意不可解耳。又一百為貫。貫。章也。亦不當為字形之説。周禮鬱人。和鬱鬯。司農注。十葉為貫。許氏鬱下云。十葉為貫。説與鄭合。而與百下不合。段氏云。十葉當作千葉。未詳。蓋數十而層者聯者。皆謂此貫。亦字之叚借者。不可以為字形之證也矣。後又按。前攷未是。百千亦以紀數為義原。抑數始於一終於十。又始於百終於千。百之於千猶一之於十。故百从一。千从十。百者。十後之初一也。故从一从首。又或从白从自。而自為叚借。如前説。然則紀數字始於一畢於千。而萬億以上皆為叚借字。再攷如此。【古籀篇四十七】

◉郭沫若　十之倍數古文多合書。⊘百與千之倍數亦合書，蓋百千之倍數均十之倍數也。二百、三百、四百、五百、六百、九百諸例卜辭均有之(「二百」前·二·三○·四「三百」前·四·四·二「四百」前·二·三一·二「五百」明·一五一七「六百」前·七·九·二「九百」後下四三·九)，七百、八百之例未見。九百，明第八三二片有之，作九百。【釋五十　甲骨文字研究】

◉陳邦福　卜辭百百百象系貨貝形，∧象貝幕格界，或从一為一百合文，略言之即為百也。一百示百，與它辭一千表千，正為同例。【殷契瑣言】

◉馬叙倫　戴侗曰。鐘鼎文凡百皆直作白。翟云升曰。六書故引貫作毌。倫按十十為百。而字从一白。不能見義。金甲文中記數字凡一百作百。二百以上則加畫於百作二百。五百作五百。六百作六百。是古借白為十十之數名。而加所欲識之數於其上。百乃一白之合文耳。今以為數名。如今篆當作从一白聲。數字以下校語也。玄應一切經音義引三倉。百。數之總名也。字見急就篇。曶鼎作□。宗周鐘作□。甲文作□□□。

□ 鍇本無从自二字。是也。此二字校者加之。【說文解字六書疏證卷七】

◉唐桂馨 鐘鼎文百作□。又作□。似是錢袋之形。古人約以十十之數成。則以一袋盛之。故定名為百。當時人以□示人。則人皆知其中積有十十之錢數也。許但以後起義說之。而又云百。白也。原未了解造百字之本義。後人又以从自从白未決發生疑問。乃秦篆制作之誤人也。【說文識小録 古學叢刊第四期】

◉周法高 銘文三百作「□」。郭于讀為「三百」。吳其昌容庚Loehr讀為「二百」。數字和下面的名詞(或單位詞)為合文與否。原没有很嚴格的規律。有時要由它的筆畫和下一字密合的程度以及在文中所佔的格數而定。像師旂鼎的「唯三月」。「三」和「月」分開。各佔一格。便從未有「四月」的讀法。而呂行壺的「□」雖然也是三横。可是因為和「月」字密合。所以現代諸家都釋為「四月」。是正確的。本銘的「□」字形密合。也當釋為「三百」。【師旂鼎考釋 金文零釋】

◉張秉權 甲骨文中的「自」作□,「百」作□,是「一百」的合文,所以「百」字所从的「自」(即楷寫的白字)當作□,也是鼻的象形字,許氏知道這二字的音義相同,而對於由來已久的形體上的差别,無法解説,只好把「百」字所从的「白」(即自),認為「自」字的「省體」或「亦體」,而將它們分為二部。其實,在古文字中,同樣的一個字,有好幾種不同的寫法,也是常事。「百」字所从的「白」(即自),既為鼻的象形字,那末「百」字的起源,當象以指指鼻之形。馬薇廎説「伸拇指為百」,恐未可信。⊘在甲骨文中,「百」的紀數,除了「七百」未見之外,其他的如「一百」至「六百」「八百」「九百」等,都見紀録。尤其是「百」字,有時作「□」形(乙編965、5405、前6·42·8),「六百」作「□」(後下43·9),「八百」作「□」(粹1079),「九百」作「□」(虚832),都没有上面的一横,這可以證明「百」並不「从一」,它的原形當作「□」,是鼻的象形字,而作「□」的百,是「一百」的合文。【甲骨文字中所見的數 歷史語言研究所集刊第四十六本第三分】

◉朱德熙 裘錫圭 圓壺銘29行「方數□里」一句,鼎銘49至50行作「方數百里」,可見□是「百」字。⊘平山出土的許多記重量的銅器銘文裡,「百」字都這樣寫。兆域圖的「百」字寫作□,亦與□形近。此外□字又見於戰國吉語印中,例如:

□牛(《古璽文字徵》2·1下)

千□牛(同上3·1上)

千牛□羊(《簠齋古印集》46上)

[glyph]年《印揭》

宜又(有)[glyph]萬《古璽文字徵》14・4上)

宜又(有)[glyph]金(同上14・1上)

這些印文本來十分費解，現在知道[glyph]是「百」字，就全都讀通了。下引四種類型的魏國的布幣銘文裡也有[glyph]字：

(1)㮚(梁)夸釿五十尚(當)寽

(2)㮚(梁)夸釿[glyph]尚(當)寽

(3)㮚(梁)正尚[glyph]尚(當)寽

(4)㮚(梁)兯(半)尚二[glyph]尚(當)寽

過去誤認[glyph]是「金」字，銘文一直不得其解。現在認出[glyph]是「百」字，我們就知道(1)是五十當寽，(2)和(3)是一百當寽，(4)是二百當寽。(1)(2)(3)(4)四種布幣實測重量的整數比正好是4:2:2:1，與銘文所記相符。【平山中山王墓銅器銘文的初步研究 文物一九七九年第一期】

◉于省吾 百字从一白，已與初文相背。戴侗六書故：「百也當以白為聲。」林義光文源：「古作[glyph]，當為白之或體，[glyph]皆象薄膜虛起形。」戴説較舊解為優，但誤認為形聲，與造字本義不符。林説殊誤。甲骨文第一期早期的百字作[glyph]，稍後又孳乳作[glyph]，也省作[glyph]。此外，甲骨文還有借白為百者，如「三白羌」(燕二四五)即三百羌。百字的造字本義，係[glyph]字中部附加一個折角形的曲劃，作為指事字的標志，以別于白，而仍因白字以為聲。【釋古文字中附劃因聲指事字的一例 甲骨文字釋林】

◉曾憲通 [glyph]黨燹百燹 甲三・一八 此字嚴一萍氏釋再，選堂先生初據仰天湖楚簡金字偏旁釋作金，李零改釋為害，今按望山楚簡害字作[glyph]，上體與此形不類，中山王譽器百字或作[glyph]，與此極近。帛文[glyph]下有短橫乃衍畫，與[glyph]、[glyph]、[glyph]等同例。選堂先生謂黨燹(氣)指陽，百燹(氣)指陰，二氣為萬物之源。百字作[glyph]、[glyph]，猶四字作[glyph]、[glyph]，可字作[glyph]、[glyph]，皆帛文異寫之例。【長沙楚帛書文字編】

◉湯餘惠 (4)戰國吉語印有文字為

(4919—4922)

的五面印，舊釋「千秋萬世昌」，還有人釋作「千百萬秋昌」。按下面一字釋「百」是正確的，晚周百字異文作□（兆域圖），古璽又作□、□、□等形，所以橫劃多寡不一，□是最簡的一體。《鐵云》41·1收有

陶文戳記，《陶文編》收入附録，實即「百羊」二字。古吉語印有「千羊」、「千百牛」，以牛羊蕃盛為吉祥、富有的象徵。古人的這種觀念在人名中也有所體現，私名璽有「犀百羊」，用「百羊」為人名就是一例。⊘我們的看法，此璽應讀為「千秋百萬昌」，即从千字起始作順時針旋讀，最後再讀中間昌字，這樣不僅文字的方向、順序一致，而且可以和一鈕作對讀的同文璽印

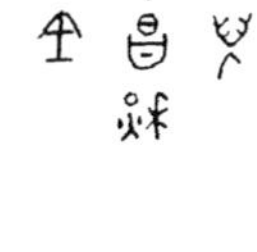

（《铁云藏印初集》）

相互印證。「千秋」、「百萬」、「昌」均係晚周通行吉語，屢見吉語印。「千秋百萬昌」應是薈萃三者于一璽的一方多面印。【略論戰國文字形體研究中的幾個問題　古文字研究第十五輯】

◉戴家祥　段玉裁曰：「自白同。白告白也。此説从白之意，數長於百，可以詈言白人也。」按段釋許書从白之義甚辨，而實非也。古文白伯一字。百从一从白，白亦聲，乃形聲字。段氏謂數長於百，可以詈言白人，豈許氏从一白之本旨乎？竊引卜辭金文以證之。卜辭「百」作□殷墟書契前編卷三第二十三葉，作□龜甲獸骨文字卷二第十四葉，金文作□，各以一白相連而成百。夫世無衡量籌算，人之紀數，固以指爾，上古遺言，數止三五而已。略本章炳麟正義雜義説。百千萬義，本無專字，其數不過賅括言之。「百辟」、「百禮」、「百工」、「百貨」、「百姓」俱不能以百數泥也。迨後文教開明，始定其數，十十為百，十百為千，十千為萬，十萬為億，其數皆以十進矣。於是加一於白而成百。卜辭二百作□，齊子仲姜鎛作□。三百，卜辭作□；五百，虢季子白盤作□；六百，卜辭作□，盂鼎作□。古文本無百字，叚白為百。見於卜辭者有□前編卷六第十三葉，有□後編卷下第四十三葉。盂鼎「百」作□。白即伯之初文，禮記王制正義引春秋元命苞云：「伯之為言白也。明白於德也。」故古書多以伯為百。孟子「百里奚」，韓非子難言作「伯里奚」。史記秦始皇本紀「崛起於什伯之中」，賈誼過秦論「起於仟佰之中」。史記索隱「以為千人百人之長」，荀子王制篇「司馬知師旅甲兵乘白之數」，楊倞注：「或曰白當為百，百人也。」王引之曰「白與伯同。」逸周書武順篇「四卒成衛曰伯」，是百人為伯也。唐韻白讀「旁陌切」，並母魚部，伯百俱讀「博陌切」，幫母魚部，韻同聲近。知白、百、伯、佰，同聲同義之證也。國學論叢一卷四期釋百申説文義。【金文大字典上】

 鼻

自之重文　【續甲骨文編】

鼻　法八三　九例　日甲七〇背　日甲一五八背　封七〇　三例　【睡虎地秦簡文字編】

2555　唐蘭釋鼻　【古璽文編】

唐鼻　兕鼻　辥鼻　【漢印文字徵】

鼻　鼻出摭古文　【汗簡】

汗簡　【古文四聲韻】

◉許　慎　引气自畀也。从自畀。凡鼻之屬皆从鼻。父二切。【説文解字卷四】

◉吳大澂　古鉢。牛鼻。古匋。鼻□。【説文古籀補卷四】

◉高田忠周　説文。鼻引气自畀也。从自畀。葢畀亦聲也。老子。天食人以五氣。從鼻入。地食人以五味。從口入。易噬膚。滅鼻。皆本字本義。轉為凡前出者之名。方言。鼻始也。嘼之初生謂之鼻。梁益之閒謂鼻為初或謂之祖。又考工記玉人。鼻寸。注。勺流也。廣雅釋器。鈕謂之鼻。【古籀篇四十七】

◉馬叙倫　鈕樹玉曰。廣韻引畀作卑。非。王筠曰。自畀皆聲而不言聲者。自乃鼻之古文。世變音轉。遂增畀字。不可云聲也。朱駿聲曰。从自。畀聲。張文虎曰。从自畀下疑奪亦聲二字。畀音必至切。俞樾曰。自白並即古文鼻字。鼻下曰。引气自畀也。从自。从畀。是許以鼻為會意字。然引气自畀。義甚迂曲。其實从自。畀聲。形聲字也。姚氏文田説文聲系隸鼻字於畀聲下。得之矣。口耳目皆象形字。何以鼻獨為形聲字。蓋古文止作自。或作白。皆象形。與耳目口一例。小篆从畀作鼻。猶齒字古文作。亦象形字。而小篆作齒。又从止聲也。倫按俞先生説是也。蓋説解本作畀也。以聲為訓。校者以引气自畀注之。然鼻是體之官具。若訓引气自畀。則為動詞矣。此是自之轉注字。自聲脂類。鼻从畀得聲。畀从由得聲。由聲之類。之脂通轉。畀音幫紐。而百為一白之合文。見百字下。音實得聲於白。皕讀若祕。百皕音亦幫紐。今山西有讀百如逼者。亦脣音也。然則自之古音當與鼻同。後世轉入從紐耳。字見急就篇。古鉩作。【説文解字六書疏證卷七】

◉陳漢平　甲骨文有字，當釋自。卜辭曰：

齅 齅

貞㞢疾自隹㞢害。　《乙》6385

貞㞢疾自不隹㞢害。　《乙》6385

《説文》:「自,鼻也。象鼻形。凡自之屬皆从自。」卜辭貞「疾自」,即因鼻有疾而貞問也。

甲骨文有□字,字从自从肉。肉旁有二點。卜辭曰:

貞帚好□隹出疾。　《前》6·8·5

此辭與《續》5·6·9「己酉卜賓貞㞢疾匃出」一辭辭例略同,俱有「疾」字「出」字。此辭言□復言疾,知字所指當為身體之某一部位,而與鼻有關。又息國銅器息伯鬲息字作:□、□(《金文編》附録952頁),从自从點而不从肉,與甲骨文此字形近,故知此字當釋為息,蓋卜貞鼻生息肉之疾,或气息之疾。又疑此字或當釋鼻。【古文字釋叢　出土文獻研究】

◉許　慎　齅以鼻就臭也。从鼻。从臭。臭亦聲。讀若畜牲之畜。許救切。【説文解字卷四】

◉馬叙倫　嚴可均曰。但當作臭聲。劉秀生曰。田部。畜。田畜也。嘼部。嘼。犍也。爾雅釋畜釋文引説文。嘼。牲也。畜牲之畜正當作嘼。此作畜。音借也。臭聲古在透紐。畜聲古亦在透紐。故齅从臭聲得讀若畜。漢書叙傳。上不齅驕君之餌。應劭曰。齅音亦畜之畜。是其證。米部。糗。从米。臭聲。牛部。⿰牜𠷎。从牛。𠷎聲。讀若糗糧之糗。土部。⿰土𠷎。从土。𠷎聲。讀若毒。艸部。薵。从艸。从水。毒聲。詩衛風淇奧。緑竹猗猗。釋文。韓詩竹作薵。爾雅釋艸。竹。萹蓄。陶弘景云。萹畜亦呼為萹竹。臭聲如𠷎。𠷎聲如毒。毒聲如竹。竹聲如畜。亦其證。倫按論語鄉黨。三嗅而作。玉篇引作齅。皇侃曰。齅謂鼻歆翕其气也。倫謂此⿱亯自之轉注字。五篇。⿱亯自。用也。从亯。从自。自知香臭所食也。實从自。亯聲。詳⿱亯自字下。亯音曉紐。與齅正雙聲也。亦臭之遞增字。十篇。臭。禽走。臭而知其迹者犬也。从犬。从自。倫謂實从自。狩省聲。或狻省聲。詳臭字下。臭音穿三。⿱亯自从亯得聲。亯為𦎫之初文。𦎫音禪紐。穿三與禪同為舌面前音也。説解蓋作臭也。今捝。所存者校語耳。从鼻。臭聲。【説文解字六書疏證卷七】

鼾 鼾

◉許　慎　鼾卧息也。从鼻。干聲。讀若汗。侯幹切。【說文解字卷四】

◉馬叙倫　沈濤曰。一切經音義十一及十四五十七十九皆引作卧息聲也。蓋古本如此。今本奪聲字。今人猶言睡鼾聲。丁福保曰。慧琳音義五十二五十六五十八七十五引卧息聲。廣韻作卧气激聲。集韻。吴人謂鼻聲曰鼾。可證許書原有聲字。今奪。倫按八篇。眉。卧息也。此下文。齂。卧息也。與眉雙聲。即眉之轉注字。眉齂音並曉紐。鼾音匣紐。曉匣皆舌根摩擦音。是鼾亦眉之轉注字。然眉鼾齂三字均本訓息也。蓋鼻息不限於卧時有之。特發聲有洪有細。以人體質而異。卧時其聲易聞。故此下校者注卧息聲也。字當次鼽後。【說文解字六書疏證卷七】

鼽 鼽

◉許　慎　鼽病寒鼻窒也。从鼻。九聲。巨鳩切。【說文解字卷四】

◉馬叙倫　沈濤曰。篇韻引窒皆作塞。義得兩通。龍龕手鑑引作寒病也。乃傳寫譌奪。鈕樹玉曰。廣韻引脱病字。倫按本訓鼻病也。今捝。所存校語耳。【說文解字六書疏證卷七】

齂 齂

◉許　慎　齂卧息也。从鼻。隶聲。讀若虺。許介切。【說文解字卷四】

◉馬叙倫　葉德輝曰。書仲虺之誥。史記殷本紀作仲䴙。大戴禮虞戴德作仲傀。荀子堯問作仲蘬。古音皆同部。本書。隶从又。从尾省。犀。从牛。尾聲。是隶从尾省兼聲。故隶聲若虺。劉秀生曰。朱駿聲謂隶从尾省聲。尾聲在灰部。虺从兀聲在没部。灰没對轉。故齂从隶聲得讀若虺。書仲虺之誥。荀子堯問作仲蘬。艸部。蘬。从艸。歸聲。止部。歸。从止。从歸省。𠂤聲帀部。師。从帀。𠂤聲。今本作从帀从𠂤。嚴可均朱駿聲並謂𠂤亦聲。按師形聲字。當作从帀𠂤聲。穀梁文十六年。盟于師丘。公羊作犀丘。犀亦从尾聲。是其證。倫按爾雅釋詁。齂。息也。玉篇。鼻息也。據此。知本訓息也。卧息也校語。虺从兀得聲。兀音疑紐。隶从尾得聲。尾音微紐。微疑皆鼻音次濁音。故齂讀若虺。【說文解字六書疏證卷七】

皕 皕

皕【汗簡】

汗簡【古文四聲韻】

奭 

◉許　慎　皕二百也。凡皕之屬皆从皕。讀若祕。彼力切。【說文解字卷四】

◉馬叙倫　劉秀生曰。章敦彝謂皕。百聲。百聲在邦紐。祕从必聲。必聲亦在邦紐。故皕得讀若祕。倫按金甲文二百皆作皕。無作皕者。惟叔髙鼎有皕字。吳大澂釋皕。倫謂皕从二百乃頭之異文。非皕字也。許不知何據而列為部首。豈徒以奭字故耶。説解僅曰二百也。不言所从。則與叕下曰二余也同例。即古有此字。亦百之重文。以金甲文證之。百為一白二字合文。又無皕字。奭復不从皕。則此部可删。亦或此部非許書本有也。【說文解字六書疏證卷七】

 3·436　東酷里　鄒奭　 鐵雲98·1　獨字　【古陶文字徵】

 2680　【古璽文編】

 奭應　【漢印文字徵】

  石經君奭　【石刻篆文編】

 奭見尚書　【汗簡】

 古尚書　 崔希裕纂古　【古文四聲韻】

◉許　慎　奭盛也。从大。从皕。皕亦聲。此燕召公名。讀若郝。史篇名醜。徐鍇曰。史篇謂所作倉頡十五篇也。詩亦切。奭古文奭。【說文解字卷四】

◉孫詒讓　「壬申戈貝立奭隹之旡。」六之三。「奭」當即「奭」字，《說文・皕部》：「奭，盛也。从大从皕，皕亦聲。此燕召公名。讀若郝。」即此字。【栔文舉例卷下】

◉王國維　説文解字皕部奭下云。此燕召公名。史篇名醜。是史篇有醜字。案奭與醜形聲迥異。無由得其歧出之由。然䀠部䀠下云。目圍也。从䀠丿。讀若書卷之卷。古文以為醜字。小徐本醜作靦。今从大徐。又介部奰。大皃。从大䀠聲。或曰拳勇字。一曰讀若傿。蓋史篇醜字本以䀠為之。與古文同。他書亦然。一譌為奰。再譌為奭。經典相承。遂為奭字矣。許君於䀠下云。古文以為醜字。不云籀文。因籀文同於古文。故猶壁中書有雱字。許君於霰下云。雱籀文省。不云古文或舉籀文或舉古文。非徒互見。古人著書亦不如後世之密故也。奭下云。史篇名醜不云名𡔷者。以今字易古字也。其所以知𡔷即醜字者蓋由其韻得之。【史籀篇疏證　王國維遺書】

◉馬叙倫　桂馥曰。讀若郝者。郝疑當作赫。七畧。郝赫子。五臣文選注引作鄒奭子。漢書藝文志亦作奭。史篇名醜者。漢官儀。能通倉頡史篇補蘭臺令史。漢書平帝紀。元始五年。徵天下通知小學史篇者。王莽傳。奏徵天下通史篇文字者。孟康注。史籀所作十五篇古文書也。揚雄傳。史篇莫善於倉頡。作訓纂。法言吾子篇。或欲學倉頡史篇。馥案李斯改史籀大篆作倉頡篇。故雄謂史今莫善於倉頡。嚴可均曰。缶部。匋。史篇讀與缶同。女部。姚。史篇以為姚易也。今此史篇語例當同。名醜則轉寫有誤耳。錢坫曰。詩。路車有奭。毛傳。奭。赤皃。史記。兩宮螫將軍。漢書作奭。又漢元帝名奭。荀悦曰。諱奭之字曰盛。按此與赫字亦同。爾雅。赫赫。盛也。舍人本作奭。翟雲昇曰。醜。𡔷之譌也。𡔷下曰。古文以為醜字。蓋召公名奭。傳寫史篇者譌奭為𡔷。又誤𡔷為醜耳。王筠曰。此字當依集韻引作北。讀若郝句當在皕亦聲之下。朱駿聲曰。醜疑魄字之誤。承培元曰。史篇名醜。當作史篇以為醜字。召公名醜。古無此說。章敦彝曰。古書名同字異。音理必通。此何乖異。釋訓。郝郝。耕也。疏引詩。其耕澤澤。又曰。澤郝並音釋。抑醜乃醳字之譌歟。羅振玉曰。甲文□字即赫也。从大从二火。省二大為一。誼已明也。爾雅釋訓。奭奭。釋文本作赫赫。是奭赫一字。奭乃□之譌。从皕即从□之譌。又方言。焃。赫也。廣雅釋器。焃。赤也。焃即爽。寫法畧殊耳。是魏晉閒尚有爽字。但不知其為赫字矣。⊘此燕召公名者。校者注於皕聲下。傳寫誤為正文。⊘倫謂一本説文。讀者於凡字為古聖賢名者蓋皆舉注於旁。獨此傳寫誤為正文。校者删彼旁注。不敢删此正文。故獨留此耳。觀史篇名醜。名字之譌蓋可見矣。史篇名醜者。承謂當作史篇以為醜。是也。奭赤一字。赤醜音同穿三。奭音審三。同為摩擦次清音。故史篇以奭為醜。史籀十五篇中無醜字。借奭為醜耳。

□　古匋器有□字。倫謂此从大从百。百乃九篇百頭也之百。非古文百字也。百頁一字。二百即九篇頭之異文。音在𤖅二。然頭□一字。□从弜得聲。音入心紐。奭音審二。心審同為摩擦次清音。是此从大頭聲也。其義亡矣。古文經傳借以為奭。或亦□之譌。或曰。此奭之譌。古文以此為奭。史篇以奭為醜。醜聲幽類。斗部。斢。从奭得聲。詩小雅賓之初筵。賓載手仇。九聲亦幽類。而春秋繁露引仇作斢。可證也。【説文解字六書疏證卷七】

◉陳夢家　商人致祭先王的配偶，其稱上一代為母如母甲，稱上二代或二代以上為妣或高妣如妣己、高妣己。其稱先王的配偶關係則曰「妻」「妾」「母」和「奭」。後者自羅振玉以來有種種的解釋而不甚令人滿意。諸説見羅振玉殷虛書契考釋中51頁，郭沫若卜辭通纂60片考釋，于省吾雙劍誃殷契駢枝I:41，唐蘭天壤閣甲骨文存考釋37頁，張政烺奭字説載集刊十三本。今以為仍當釋奭。此字廣韻昔部與

「郝」「夾」俱作「施隻切」。説文説奭「讀若郝」，又説「夾，盜竊物也，從亦有所持」，而卜辭奭字正象人腋下有所持之形，所以奭、夾其實是一個字。廣韻「郝」另一讀作「呵各切」，在鐸部，和「臛」同切，而屋部「毓」和「萑」同作「余六切」，似乎在上古「郝」和「毓」是音近的。卜辭假「毓」為「後」，義為先後之後；因此我們疑心卜辭的奭（假設與郝之又讀音近，則與毓亦音近）假作后妃之后。中古音「后」與「仇」「逑」音近義同，都是舌根音。到了漢代，這些舌根音可能變為硬顎音，所以説文説「奭，此燕召公名，讀若郝，史篇名醜」，奭之所以變為醜，可能因為「奭」在上古讀作近乎「仇」或「后」的聲音。以上所述，只是一種推測。

卜辭的奭，無論它是否假借為后妃之后，它必然代表一種特殊身分的配偶關係。【殷虛卜辭綜述】

習 

 甲九二〇 从日不从白 文云習一卜  粹一五五〇 卜龜習一卜五□  寧滬一・五一八 三辭 習二卜 習三卜 習四卜  摭續六一 習二卜  明七一五 習龜卜 又來執其用□   佚二二〇 習一卜 習二卜  京都二二二六 【甲骨文編】

 甲920  佚220  摭續61  粹1550 【續甲骨文編】

 223 【包山楚簡文字編】

 習 為四〇 【睡虎地秦簡文字編】

 2425  2181 【古璽文編】

 習封之印  成習私印 【漢印文字徵】

 石經論語學而 學而時習之 【石刻篆文編】

 習  習 【汗簡】

習 義雲章【古文四聲韻】

◉許　慎　習數飛也。从羽。从白。凡習之屬皆从習。似入切。【說文解字卷四】

◉郭沫若　習羅釋翯甚是。疑許謂習為習亦是。然謂習為古文友字，則蛇足也。此字分明从羽从日，蓋謂禽鳥於晴日學飛。許之誤在譌日為白，而云「白聲」。聲紐俱不合。古文友字就見於金文者而言乃作友（毛公旅鼎「鬯其用㕛」）若友（歷鼎「孝友隹井」），乃从甘友聲。殆侑之初字。毛公旅鼎文正用為侑。用為朋友字者乃假借也。字亦省从□，如農卣「𠬪友」字作友，大史友甗作友是也。說文則譌變為習，羅又因此譌形而誤習為友矣。【卜辭通纂】

◉唐　蘭　習佚二二〇片　右習字，舊不識。商承祚謂當非習字，佚存考釋三四。蓋受羅振玉以習為友字之影響也。羅說詳翯下。郭沫若訂正羅說，釋為習是矣，然謂「此字分明從羽從日，蓋謂禽鳥於晴日學飛」，通纂考釋一五六。則誤彐彐為羽，與說文同。說文：「習數飛也。從羽，從白。」小徐本作白聲，誤。白非聲，或讀為脂部之自，以轉入侵部，更非。今按卜辭從彐彐從日，既不從白，亦不從羽。蓋羽彐彐本殊，後世誤以彐彐為羽字，遂又誤謂習為從羽耳。羽當作羽，已詳上文。古日或作日，與白白相近，故又譌從白。

以聲類求之，習字當從日彐彐聲，彐彐今彗字也。古緝部字每變入脂部，金文「即立」、「朕立」之立，今作位，是其證，則習可從彐彐聲也。說文彗古文作篲，從竹從習，今按當作從竹習聲，然則彗之古音本若習，習從彐彐聲，可無疑焉。

習既從日彐彐聲，則「鳥數飛也」，非其本義也。賈誼傳云：「日中必熭。」說文「熭，暴乾也」，按暴曬者日之事，作熭者特叚借字耳。疑習之本訓當為暴乾矣。玉篇：「暳，呼惠切，衆星皃。」萬象名義目。則叚借為「有暳其星」、「暳彼小星」之暳，彗引申之，當為搖動皃，舊說微皃，非。其字則即習之後起字，猶彐彐之為彗矣。習聲與疊襲相近，故有重義、慣義，引申之乃有學義，本無飛義也。月令「鷹乃學習」，始有飛義，蓋誤彐彐為羽，始自戰國也。

卜辭云「習一卜」、「習龜卜」者，習重也。金縢云：「一習吉。」左襄十三傳云：「先王卜征五年而歲習其祥，祥習則行，不習則增，修德而改卜。」皆其證。【殷虛文字記】

◉馬叙倫　鈕樹玉曰。廣韻引同。文選左太沖詩注引作習習數飛也。據此。則注中當有習字。連上讀也。段玉裁曰。鍇本作从羽。白聲。是也。此合韻也。又部。彗。古文作篲。亦是从習聲。合韻。倫按習音邪紐。白音從紐。同為舌尖前音。白為鼻之初文。鼻音奉紐。奉邪皆摩擦次濁音。是習从白得聲也。選注引多一習字者。隸書複舉字也。【說文解字六書疏證卷七】

◉楊樹達　戰後寧滬新獲甲骨集伍壹捌片云：「習二卜，習三卜，習四卜。」樹達按：習與易坎卦習坎之習義同，重也。余疑卜辭於辭外往往記一二三四等數字，皆記卜數，與此辭所記「習二卜」、「習三卜」、「習四卜」義蓋同。特此片詳言之，彼文止記數字略言之耳。【卜辭瑣記】

◉饒宗頤　習，即襲，重也。習卜非吉，易蒙卦所謂「再三瀆，瀆則不告」，詩小旻所謂「我龜既厭，不我告猶」是也。卜辭恒見「習卜」語。

癸未卜：習一卜，習二卜，王其鄉在𠂤，弜鄉。佚存二二〇，通纂別何一·八·三。

習二卜，習三卜，習四卜。寧滬一·五一八。【殷代貞卜人物通考卷二】

◉裘錫圭　卜辭所見「習一卜」、「習二卜」之「習」，我以為當與禮記曲禮上「卜筮不相襲」之「襲」同義。襲、習古通。周禮地官小胥「襲其不正者」，鄭注「故書襲為習」；左傳襄公十三年「歲習其祥」，禮記表記「天子無筮」，鄭注及周禮春官大卜正義引傳文，「習」皆作「襲」；文選齊竟陵文宣王行狀「龜謀襲吉」，李善注「襲與習通」，皆其證。鄭玄注「卜筮不相襲」曰：「卜不吉則又筮，筮不吉則又卜，是瀆龜筮也。」可知用不同的方法同卜一事可以叫「襲」。【讀安陽新出土的牛胛骨及其刻辭　考古一九七二年第五期】

◉柳曾符　曲禮說：「卜筮不過三」，那也許是以後才趨向于每卜三龜。如用這種解釋來看上文所引「龜謀襲吉」等語，辭意也更能一致。尤其再讀左傳襄十三年的傳和注，似更可了解「習卜」一辭所指具體情況，其文為：

石臭言于子囊曰：先王卜征五年（杜預注：先征五年而卜凶吉也），而歲習其祥。祥習則行（杜預注：五年五卜皆同吉，乃巡狩）。不習則增修德而改卜（杜預注：不習，謂卜不吉）。

杜預注「不習，謂卜不吉」，明白說出了「習」字是形容吉的連續。「習」即「習吉」一語的減省。⊘可知殷人卜法之大概。其一事常多卜，但常卜于同版。【釋「習卜」　中國語文一九八一年第四期】

◉宋鎮豪　「習卜」僅僅是具體的占卜手段，在不同時間上對同一事情進行因襲占卜，用以達到人神間交流的目的。因此所謂「習一卜」、「習二卜」，其真正意義在于因襲前事作再度或三度占卜，「習三卜」、「習四卜」則因襲前事作四度以至五度的占卜，三番五次的因襲占卜，其實並沒有增用新卜骨，只是利用原骨進行，最先用三骨，其後也用此三骨，故「習四卜」不会用至十二骨。三四期卜骨的卜數沒有超过「三」者，以及同版同事異日卜而卜數全一致，即是最好的證明。

當然偶爾也有起用新的占卜材料的，如原先用龜卜，因襲占卜時換用骨卜，出現這一情況時往往在後卜的一套卜骨上兼記

「習龜卜」或「習黿一卜」，以作申明，但這樣的情況畢竟是不常見的。⊘甲骨文「習卜」強調占卜事情前後的因襲關係，是不同時間上對同一事情進行若干回合的占卜。【殷代「習卜」和有關占卜制度的研究　中國史研究一九八七年第四期】

◉胡厚宣　宋鎮豪

50

50.習二卜，册至。

……父……正……。

這是三期廩辛、康丁時卜骨。

我們認為，「卜用三骨」的占卜制度形成于晚殷時代，但與「習卜」在意義上是不同的，「習卜」只是殷人具體的占卜手段。據張秉權先生研究，殷武丁時往往卜用五龜。因此「三龜為習」也就鑿空。以龜甲和獸骨輪換相襲進行占卜，在甲骨文中也難見其例，殷人為某一件事情進行占卜，往往是在幾塊相同龜甲或獸骨材料上施行的，其形式主要有正反對貞、同事異卜、異版同事、異日同事等等。提出習卜為骨卜和龜卜相襲的說法，主要是見到三、四期卜骨上有言「習龜卜」者，但是我們想提出下面的反證：

□□卜，習黿一卜，五……　（《粹》1550）

□□卜，習黿一卜，五……　（《合集》31670）

這兩片均是牛胛骨卜辭，均刻在骨的左側邊沿，風格相同，字體對應，其中「一卜」的卜字分別寫作卜、卜，顯然是同一次占卜的一對骨。前者今藏北京圖書館，《甲骨文合集》的著録號是31669；後者今藏山東省博物館。黿是指龜種，「習黿一卜」的「習」如按骨卜和龜卜輪換相襲來解釋，那麼這兩片之中就要有一片是龜甲，可是事實恰非如此，它們均是牛胛骨，因此這種說法也就必須重加考慮了。

那麼「習卜」是否就是連吉意義的兆辭呢？所謂兆辭是視兆坼定吉凶的簡單判斷語，如「大吉」「小吉」「吉」之類，它是占卜的結果，與所卜事情本身沒有直接關係，一般在不出現卜辭的命辭之中。但我們通檢全部有關習卜的刻辭，都是在命辭之中，如：

癸未卜，習一卜。

習二卜。　（《佚》220）

己□□，圖曰囙。

習二卜。

習三卜。

習四卜。　（《合集》31674）

顯然，它們只是一個占卜用語，是對某次貞卜的再貞問，與判斷兆象的兆辭是不相干的，也看不出有什麽連吉的意義。

「習卜」的習有前後重複因襲的意義，《書·大禹謨》云，「昆命于元龜，朕志先定；詢謀僉同，鬼神其依，龜策協从，卜不習吉」，⊘楊伯峻先生訓習為重複，認為這是説五年之中每年卜徵都吉，有一年卜徵不吉，即不習而重新起卜。這是習卜的時間間隔長達一年的説法。在甲骨文中也有為某一事情前後相隔數天或幾十天進行再貞的，如：

壬辰卜，钔于土。

癸巳卜，钔于土。　（《摭續》91）

戊辰卜，旅，貞王其田于隕，亡𡿧。一

戊寅卜，圂，貞王其画囝隕，亡𡿧。在四月。一

戊午卜，旅，貞王其田于隕，亡𡿧。一　（《臨淄》圖二·2）

前者壬辰到癸巳卜日相連；後者戊辰到戊寅11天，戊寅到戊午41天，前後就有51天了，51天中為「田于隕」重複因襲占卜了三次。這些同版異日同事的占卜是與文獻「習卜」的意義相一致的。異日同事卜存在着「後因前」的重複因襲關係，大概就是甲骨文「習卜」的實例。

必須指出的是，殷人每一次占卜往往同時用幾塊甲骨貞問同一件事情，又往往從幾個不同角度反復貞問，上舉「田于隕」一骨恐怕就不止用了一块牛胛骨，這看骨上卜數「一」可知。這種異版同事同日的貞卜，以及同事同日異辭的貞卜，它們之間的關係不是「後因前」的「習卜」關係，而是所謂「成套卜辭」的關係，在甲骨文中稱作「兹卜」，即此一次的占卜，如：

乙丑卜……

弜又。

翫

羽

又妣辛湢。
弜又。
其用兹卜。
叀兹卜用。
乙丑卜，叀。〔省去了「兹卜用」〕　（《合集》31678）

這是在乙丑日為妣辛祭事反復貞問了七次，但都是「兹卜」。由此推測，「習卜」與卜用甲骨的數量和每次貞卜的次數没有直接關系，它僅僅指不同時間上重複因襲以前某一具體事情的貞卜，它可以在原先的甲骨材料上再貞卜，也可以改用新的甲骨材料。【蘇聯國立愛米塔什博物館所藏甲骨文字考釋　出土文獻研究續集】

◉黄錫全　《玉篇》「戳，古襲字」。《一切經音義一》「襲，古文戳褶二形。」戳从戈，蓋襲字異體，猶如中山王壺誅字作。習、襲古音同屬邪紐緝部，音同可通。鄭珍認為戳字「从戈，習聲，是後世别造侵襲人國字」。【汗簡注釋卷五】

◉劉彬徽等　(445)從簡文分析，用同一方法貞問同一事，如超過三次，第四次就稱作「習」。《禮記·曲禮》的「卜筮不過三」，説的就是這種情況。包山二號墓中有三筮二卜之例，卜與筮分别稱作「貞」，不稱作「習」，這大概是《曲禮》所説的「卜筮不相襲」。卜與筮作為兩種獨立的貞問方式是同時並用的，各自計算卜和筮的次數。【包山楚簡】

◉許　慎　翫習猒也。从習。元聲。春秋傳曰。翫歲而愒日。五换切。【説文解字卷四】

◉馬叙倫　鈕樹玉曰。左傳昭元年釋文引猒作厭。丁福保曰。慧琳音義十八引習也。增韻有厭也一訓。習也猒也顯然二義。今本習下奪也字。倫按丁説是也。廣雅及左僖五年傳。寇不可翫。杜注皆曰。翫。習也。習元聲同脂類。轉注字也。猒也校者加之。習聲脂類。然从習得聲之字皆應在談類。猒聲亦談類。是古或借猒為習。今杭縣謂為事繼續生倦曰厭倦。曰厭煩。正翫字義。可證也。【説文解字六書疏證卷七】

鐵六〇·四　習字从此　舊釋雪非　鐵八二·一　前二·二一·四　前四·二九·六　前五·三八·三　前六·一七·七　菁一一·七　林一·七·二一　林二·二〇·二　林二·二〇·四　乙一九七二反　乙

二六九四反　乙三三三二反　乙七六四七　粹八六三　地名　粹一五九五　簠地三　掇一・四三一

明藏四一八　明藏四七二　人名　京津一一八一　京津一六七五　京津三四八一　存一二八六　明一七

二一　金五二二　七卩二一　京津四七六二　京都三六七B　佚二七〇　此亦羽字　象羽翼之形　卜辭借用為翌

昱字从此　佚一九九　佚二六六　佚二二六背　佚五一九　佚五四二　佚四二八

佚八七五　福二〇　鐵三・二　鐵七三・三　鐵九八・三　鐵一〇〇・二　鐵一一四・三　鐵

一一五・一　鐵一二九・四　鐵一六二・一　拾三・四　拾八・一四　前一・三・七　前一・一一・七

前一・一五・四　前一・三七・四　前四・三・二　前四・六・五　前五・四・四　前五・四・

七　前五・二九・一　前六・八・七　前六・一三・三　前七・三一・一　前七・四四・一　前

八・一二・六　後一・一・七　後一・二・一〇　後一・四・一〇　後一・八・八　後一・一

七・一　後一・二〇・一三　後一・二四・三　後一・三二・一　後二・二・八　後二・二・一〇　後

二・二三・五　後二・三三・一　後二・三九・一七　菁一〇・二　林一・二・四　林一・二・一二　林

一・一一・一五　林一・一三・五　林二・二五・一一　林二・二七・二　戩五・五　戩二六・三　戩四

七・五　燕一九四　燕二〇　燕六三五　燕二二　燕二一一　燕二三〇

燕二三一　甲六〇　甲八二　甲一〇一　甲一二三六　甲二三七一　甲二四一六　甲

二五〇二　甲二七六五　甲二七九九　甲二八三一　甲三一七一　乙一六三　乙七七八朱書　乙一

一五二  乙一九〇八  乙一九五二  乙七五七七  乙七七六六  乙八六三八  京津四八五〇  粹八

四  粹一〇八  粹一八一  粹一九〇  粹四〇二  河一二五  珠六一  珠二四四  安三・二二

 京都三二一五 【甲骨文編】

  羽 五音宮商角徵羽 从羽于聲 羿說文以為雩之或體 曾侯乙鐘 【金文編】

 布空大 豫伊  布空大 典六四七 【古幣文編】

 269 【包山楚簡文字編】

 羽 為二六  日甲二八背 二例 【睡虎地秦簡文字編】

 羽憙之印  徐羽  羽子豪 【漢印文字徵】

 羽 【汗簡】

 汗簡 【古文四聲韻】

◉許　慎　鳥長毛也。象形。凡羽之屬皆从羽。王矩切。【說文解字卷四】

◉林義光　古作邾公華鐘鏐字偏旁。作右濯戈濯字偏旁。【文源卷一】

◉唐　蘭　羽字所象，則鳥羽之形也。作、作，猶可見其髣髴。余嚮者謬謂羽象羽翼之形，乃翼之本字，殷栔卜辭釋文二葉。今乃悟其非是。蓋毛羽皮革，咸共日用，而其形可象，故原始文字已可有之。若翼字則用既不繁，形復難象，古初殆借異字以為之，蓋異象人舉兩手，有類夫翼也。形聲字興，乃製𩙪翼兩字。則翼不當有象形字也。

羽字見于卜辭者，凡有二義，皆叚借也，曰「羽丁丑」、「羽辛巳」云者，紀時之稱，猶言「來」也。尚書作翼字，羽翼聲相近，故得通用也。曰：「羽日大甲」、「羽示王」者，祭名，殆即肜日，羽肜聲亦相近也。【殷虛文字記】

◉董作賓　羽為舞名。所謂翌祭。乃舞羽而祭。周禮地官「舞師掌教兵舞。帥而舞。山川之祭祀。教帗舞帥而舞。社稷之祭

翨

祀。教羽舞帥而舞。四方之祭祀。教皇舞帥而舞。旱暵之事。」注云。「羽。析白羽為之。形如帗也。」又引「鄭司農云。『皇舞蒙羽舞。書或為䍿。或為義。』玄謂皇析五采羽為之。亦如帗。」可知持羽以舞古有其制。又羽舞亦即後代之佾。佾與䍿同為喻母字。得相通轉。春秋隱公五年左氏傳云。「九月考仲子之宮將萬焉。公問羽數于衆仲。對曰『天子用八。諸侯用六。大夫四。士二。夫舞所以節八音而行八風。故自八以下。』公從之。於是初獻六羽。始用六佾也。」説文佾。舞行列也。」漢書樂志匡衡更定詩「千童羅舞成八溢。」師古曰「溢與佾同列也。」䍿祭為持羽而舞之祭。即春秋時之「佾」漢時之「溢」矣。彡與䍿連續舉行。彡祭重在鼓樂。䍿祭重在舞羽。而同時皆奠以酒。故卜辭中又常偁之為「酒彡」「酒䍿」也。【殷曆譜上編】

◉馬叙倫　金甲文皆作彡彡。乃象形。羽為翄之初文。字見急就篇。【説文解字六書疏證卷七】

◉張秉權　羽字　在第一期卜辭中，羽字祇被用來紀時的，在極大多數的卜辭中，都作「羽辛巳」「羽甲子」這一類的形式，祇有在極少數的卜辭中，省略一干支字而作「羽甲」「羽乙」的。在第二期中，羽字作為紀時之用的，都是承襲着第一期的作風，不過還未發現有省略干支的例子，它有時也被用為祭名，但是羽字之後，一定緊跟着一個日字，而作「羽日」連文的，在第二期卜辭中，這種用法，從無例外。到了第三期，情形又不同了，羽和羽日都可以被用來紀時，而且羽日又可以被用作祭名，所以羽日一詞，就有二種不同的用法了。在第四期卜辭中，羽日之名未見，而羽字也被用來紀時的，但它却祇承襲了第一期的省略干支的辦法，而作「羽庚」「羽辛」，在第五期卜辭中，羽和羽日都可以用作祭名，而羽日似乎有時也用來紀時的。【殷虚文字劄記　歷史語言研究所集刊第二十五本】

◉李孝定　該辭云。「乙亥卜宾貞羽乙亥酒緣易日乙亥酒允易日。」偁昱乙亥。辭例與昱日同。昱日為第二日。昱乙亥則為第二乙亥也。雖遠在六十日後。然其間不得更有一乙亥。故亦偁昱。猶今日與明日間別無另一日也。然則此所以偁羽乙亥者。必為同一干支。非數十日後之任何一日均得偁昱也。至用羽為祭名者。當即舞羽而祭。董先生之説是也。【甲骨文字集釋第四】

◉許　慎　翨鳥之彊羽猛者。从羽。是聲。俱豉切。【説文解字卷四】

◉馬叙倫　桂馥曰。鳥之彊羽猛者。疑言鳥羽之彊猛者。周禮翨氏。掌攻猛鳥。以時獻其羽翮。注云。翨。鳥翮也。鄭司農云。翨讀為翄翼之翄。段玉裁曰。鄭讀翨為翄翼之翄。以是支聲皆十六部。翨當即翄之奇字。王筠曰。二鄭皆謂翨翄一字。鳥之彊羽猛者。當作鳥羽之彊猛者。徐灝曰。如鄭讀。翨即翄字。爾雅釋文。翄。本或作翅。又作翨。一切經音義三云。

 翰

翅。古文翨翄二形同。倫按羽為鳥長毛。即翄也。翨為羽之轉注字。羽音喻三。翨从是得聲。是音禪紐。禪與喻三皆摩擦次濁音也。鳥之彊羽猛者正謂翄也。然此蓋校者所增。本訓挩矣。翨亦為翄之轉注字。翄下曰。翼也。翄从支得聲。支音照三。與禪同舌面前音。又聲同支類也。國語晉語。以鼓子苑支來。左傳作鳶鞮。翄之或體作羝。古書是氏通假。易。祇既平。釋文。祇。京作禔。又無祇悔。王肅作禔。皆其例證。【說文解字六書疏證卷七】

 楨翰寍部司馬【漢印文字徵】

 石碣遳水　四𩙲霚霚　翰从飛亦猶翼之作𩙣【石刻篆文編】

 翰戶丹切出古爾雅【汗簡】

 古爾雅  古爾雅【古文四聲韻】

●許　慎 天雞赤羽也。从羽。倝聲。逸周書曰。大翰若翬雉。一名鷐風。周成王時蜀人獻之。侯幹切。【說文解字卷四】

●羅振玉　𩙲　音訓。鄭氏曰。籀文翰从飛。尹氏彭壽曰。翰从飛。猶翼字。亦作𩙣。【石鼓文考釋】

●強運開  郭云。籀文翰从飛。張德容云。說文𩙣。籀文翼。篆文从羽作翼。此籀文翰从飛之證。運開按。張說是也。吳窓齋說文古籀補以為古飛字。非是。又按。集韻翥或作𩙭翻或作𩙢。皆可證从羽之字古多从飛也。【石鼓釋文】

●馬叙倫　邵瑛曰。鳥部。鶾。雉肥鶾音者也。从鳥。倝聲。魯郊以丹雞。祝曰。以斯鶾音赤羽。去魯侯之咎。按此與鶾似屬一字。然詳許義。天雞赤羽作翰。雉肥鶾音作鶾。今經典多混用。說文又有雗字。隹部。雗。鷽也。从隹。倝聲。與翰鶾同音。爾雅釋鳥以為雗雉鶾雉。王筠曰。翰即爾雅釋鳥之鶾。既屬羽翰之翰。何緣更入釋蟲。翰即曲禮之翰。⊘然則雗是天雞本字。異文則作鶾。雉羽赤而有彩。故魯郊以丹雞祝曰。以斯鶾音赤羽。去魯侯之咎。翰者當如朱說。字故从羽。倝聲。此訓天雞赤羽也者。蓋本訓羽也。校者輒加天雞赤羽也。唐人刪羽也本訓耳。【說文解字六書疏證卷七】

●黃錫全 鄭珍云:「乾字也。今《爾雅》『鶾,天雞』。釋文云『鶾,本又作翰』,不作乾。按《說文》『乾,獸豪也』。『翰,天雞赤羽』。引《逸周書》曰『文翰若翬雉,周成王時蜀人獻之』。鶾雉肥翰音者也,三字不同。《爾雅》之鶾,宜以作翰,本為正字。郭所

見作乾者，翰又訓『鳥豪翰』。與『獸豪』之乾義相似，故可通用。此體从籀文𠦝，則郭所為，更篆。」夏韻翰韻録《古爾雅》作，與此小異。【汗簡注釋卷三】

◉戴家祥　从鳥之字金文或从隹，如鶾字歸父盤作雗。由此可證，雗即鶾，鶾乃翰字異體。説文羽部「翰，天鷄赤羽也」，玉篇「飛也」。易中孚「翰音登于天」，注：「翰，高飛也。」銘文「晉邦隹雗」，以雗形容晉國的強大昌盛。【金文大字典下】

翟 

 翟　史喜鼎　史喜作朕文考翟祭　【金文編】

 193　【包山楚簡文字編】

 陽翟丞印　 翟仁　 翟婢　 翟縮　 翟未央　 翟益壽印　 翟買臣印　【漢印文字徵】

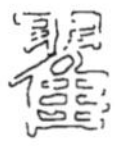 祀三公山碑　户曹史翟福　【石刻篆文編】

 翟　【汗簡】

 汗簡　 義雲章　【古文四聲韻】

◉許　慎　山雉尾長者。从羽从隹。徒歷切。【説文解字卷四】

◉林義光　古作姑馮句鑃鑃字偏旁。【文源卷十】

◉馬叙倫　倫謂翟从羽。非鳥名也。翟山雉者。借翟為鸐。翟卓旁紐雙聲。徐鍇曰。漢書有言翟方進姓本音狄。後人姓乃音澤也。雉下曰。翰雉卓雉。卓雉即澤雉。澤雉見莊子養生主。翟澤音同。是翟雉即卓雉也。山海經西山經。嶓冢之山。鳥多白翰。注。白鵫也。亦名鵫雞。是雗鵫皆山雉。許不知翟與鸐非一物。故此本釋鳥為説耳。或本訓挩失。所存者校語。翟蓋翨之轉注字。从羽。隹聲。隹音照三。翨从是得聲。是音禪紐。同為舌面前音也。古讀照歸端。端定皆舌尖前破裂音。故翟音轉入定紐。或曰。从雉省得聲。雉音澄紐。亦舌面前音。古讀澄歸定也。詩簡兮。右手秉翟。毛傳。翟。翟羽也。亦由毛時已誤翟為山雉之名耳。然猶知所秉為羽。詩正義引異義。韓詩説樂萬舞以夷狄大鳥羽。公羊説以鴻羽。取其輕勁。一舉千里。韓詩説以夷狄大鳥羽者。蓋韓詩字作狄。不作翟也。然亦以樂舞之羽不定取於雉。故公羊有鴻羽之説。以此相

證。益明翟之為羽名而非鳥名矣。字見急就篇。史喜鼎作。【說文解字六書疏證卷七】

◉楊樹達　于思泊《吉金文選》上貳卷伍頁上據商錫永藏拓片載史喜鼎，銘文云：「史喜作朕文考翟祭，氒日唯乙。」按文云翟祭，則翟為祭名可知，然古祭無名翟者，余謂蓋假為禴也。詩小雅天保云：「禴祠烝嘗，于公先王。」周禮大宗伯云：「以禴夏享先王。」易升九二云：「孚乃利用禴。」釋文云：「禴蜀才作躍。」躍从翟聲，與禴通，知翟亦可與禴通矣。【史喜鼎跋　積微居金文說】

翡

翡　翡雲私印　【漢印文字徵】

◉許　慎　翡赤羽雀也。出鬱林。从羽。非聲。房味切。【說文解字卷四】

◉馬叙倫　嚴可均曰。非聲下有脱文。蓺文類聚九十二引。有周書曰。成王時。蒼梧獻翡翠。按蒼梧王會篇作倉梧。許既引周書。則此及下文翠字所云出鬱林。似皆後人羼補。又此但稱周書。知唐初本尚未加逸字。沈濤曰。蓺文類聚九十二引。翡。赤雀。翠。青雀也。周書曰。成王時。蒼梧獻翡翠。御覽九百廿四引。翡翠。青赤雀也。止觀輔行傳四之三引。赤雀。形如天燕。翅羽碧色。皆與今本異。蓋翡翠本一鳥。古本當作翡翠。青赤雀。形如大燕。翅羽碧色。出鬱林。翠翡也。周書曰。成王時。蒼梧獻翡翠。乃合全書通例。倫按徐灝曰。爾雅。翠鷸。鷸即翡翠鳥也。許羽部別出翡翠。當指鳥羽而言。詳鷸字下。倫謂徐說是也。翡翠疊韻。翡翠鷸亦疊韻。故其鳥名鷸。其羽名翡翠。蓋許本作赤雀羽也。青雀羽也。後人以鷸為鷸蚌之鷸。因以翡翠為鷸。廣韻引字林。翠。青羽雀。則青羽雀者。字林訓。且鳥羽之色赤或青者。不但鷸然也。是許本作羽也。翡音奉紐。羽音喻三。同為摩擦次濁音。則翡為羽之轉注字。亦翨翅之轉注字。非聲脂類。支是聲。皆支類。支脂近轉也。出鬱林及類聚等引皆校語。或字林文。字林每言出也。嚴據類聚引作周書曰。以證唐初本尚未加逸字。然類聚引古書。每多節删。不可盡據。且即然。仍是校者所加。【說文解字六書疏證卷七】

翠

翠　臧加翠　翠　棘翠　【漢印文字徵】

◉許　慎　翠青羽雀也。出鬱林。从羽。卒聲。七醉切。【說文解字卷四】

◉馬叙倫　翠　王筠曰。蓺文類聚引無羽字。字林有。以此推之。翡下云。赤羽雀也。亦校者以字林改說文。倫按翠為翡之聲同脂類轉注字。出鬱林校語。或字林文。餘見翡下。字見急就篇。【說文解字六書疏證卷七】

翦

◉劉彬徽等 䎃，字從羽從首從辛。天星觀一號墓遣策中，此字從羽從自從辛。古文字中從自與從首往往相通。䎃也作䎃，讀作翠。「翠之首」指絑旌上裝飾的翠鳥羽毛。【包山楚簡】

◉莊淑慧 䴘字从鳥臯聲，另有作「䎃」形者，从羽而不从鳥，見於「湖北江陵天星觀M1」、「江陵望山M2」、「荊」等墓所出竹簡。「䴘」、「䎃」兩字皆為翡翠之「翠」之異體。【曾侯乙墓出土竹簡考 臺灣師範大學國文研究所集刊第四十號】

3·1371 獨字 【古陶文字徵】

臣翦 【漢印文字徵】

翦　翦並出義雲章　翦 【汗簡】

古尚書　義雲章　古史記　籀韻　裴光遠集綴　並崔希裕纂古 【古文四聲韻】

◉許　慎 𦐑羽生也。一曰美羽。从羽。前聲。即淺切。【說文解字卷四】

◉馬叙倫 桂馥曰。矢俗矢字。釋器。金鏃翦羽謂之鍭。釋名。鏃。其旁曰。羽。如鳥羽也。鳥須羽而飛。矢須羽而前也。王筠曰。矢有翦羽。即其借名以證本義。則翦者謂新生之羽。承培元曰。矢即失之篆體。羽初生如翦之齊。故曰羽生。翦而去。之故曰失羽。翟雲昇曰。類篇引作失羽。矢羽之譌也。徐灝曰。翦本鳥羽之名。倫按羽生謂之翦。無證。且羽生也亦不成義。必非本義。亦非本訓。倫謂本訓羽也。校者注。新生羽也。傳寫如今文。翦𣄴聲同元類。翦蓋翰之轉注字。一曰矢羽。亦校語。【說文解字六書疏證卷七】

◉黃錫全 翦並出義雲章 鄭珍云：「从贊从刀，劗字也。《前漢·嚴助傳》『劗髮文身』，晉灼曰『越人劗髮』，『劗與翦同』。左當从，與上『則』旁同謬。」【汗簡注釋卷四】

◉黃錫全 翦 《說文》「揃，搣也。」《左成二年傳》：「余姑翦滅此而朝食。」鄭珍認為「借『翦滅』作『揃搣』，因以揃為翦古文。揃俗作㨵。」揃作揃，如同古璽謭作（璽彙2007）。前字古本作（兮仲鐘）、（三體石經），後來增从刀作前，如古匋文翦作（字表4·5）。【汗簡注釋卷五】

翁

翁陳翁　翁紀翁兜　翁翁哉　翁蔿翁叔　翁徐翁伯　翁周翁中　翁翁城　翁張翁孺　翁薛仲翁印　翁燕次翁　翁魏翁卿　翁丁翁孺印　翁翁孫　翁駟長翁　翁潘翁壹　翁徐翁孫　翁上官翁孫　翁韓翁【漢印文字徵】

◉許　慎　翁頸毛也。从羽。公聲。烏紅切。【説文解字卷四】

◉馬叙倫　徐鍇曰。爾雅多謂草華莖細葉叢出為翁臺。取名於此也。鈕樹玉曰。韻會引作鳥頸毛也。桂馥曰。韻會引作鳥頭毛也。一切經音義十六。鳥頭上毛曰翁。一身之最上。倫按頁部。頸。頭莖也。項。頭後也。頸音見紐。項音匣紐。皆舌根音也。巛部巠之重文作巠。則項頸為轉注字。翁音影紐。而从公得聲。公音見紐。艸部。莖。枝柱也。木部。根。木株也。株。木根也。莖音匣紐。根音見紐。是古語謂凡根柱音皆如翁。故廣雅釋親。頷。項也。項為頭頸。頷即項頸之轉注字。然則頸毛曰翁。草華莖細葉叢出為翁臺。皆以生於莖故也。唐寫本切韻殘卷一東引與此同。頸毛上當依韻會引有鳥字。然是校語。本訓羽也。今捝。字見急就篇。【説文解字六書疏證卷七】

翍

◉許　慎　翍翼也。从羽。支聲。施智切。翄翍或从氏。【説文解字卷四】

◉馬叙倫　桂馥曰。文選鸚鵡賦注引同。翟雲昇曰。文選魏都賦注引作翼翍也。丁福保曰。慧琳音義六及三十一。三十八及九十皆引作鳥翼也。倫按選注引多翍字者。隸書複舉字之乙於下者也。慧琳引多鳥字者。本翁字説解中字。寫譌入翍下也。

翄段玉裁曰。文選魏都賦李注。説文翄亦翅字。支氏同部。倫按支音照三。氏音禪紐。同為舌面前音。故翍轉注為翄。翄翟亦音同禪紐轉注字。翄羽則同摩擦次濁音轉注字。玄應一切經音義引古文官書翅翄二形同。施致反。【説文解字六書疏證卷七】

𦐛

◉許　慎　𦐛翅也。从羽。革聲。古翮切。【説文解字卷四】

◉馬叙倫　𦐛聲之類。翍翟聲皆支類。之支近轉。是𦐛翍翟為轉注字也。𦐛音見紐。翰音匣紐。同為舌根音轉注字也。【説文解字六書疏證卷七】

◉楊樹達　革乃⿰革羽之初文。古文革象兩翅，廿象鳥口及身尾，許説誤，⿰革羽加義旁羽耳。説詳余釋革篇。【文字形義學】

翹 冷子翹　翹 殷翹之印　翹 秘翹【漢印文字徵】

◉許　慎　翹尾長毛也。从羽。堯聲。渠遙切。【説文解字卷四】

◉馬叙倫　沈濤曰。文選射雉賦注引。翹。尾之長毛也。是古本有之字。今奪。倫按玉篇作尾長羽也。本部字惟部首羽下曰。鳥長毛也。此外無言毛者。作羽字是。然尾上宜有鳥字。此校語也。羽本是鳥之長毛。長毛固不別翼尾也。而翹音羣紐。與翟翰⿰革羽同為舌根音。與翟同為濁破裂音。實轉注字也。楚詞招魂。砥室翠翹。王注。翹。羽也。字見急就篇。【説文解字六書疏證卷七】

◉許　慎　翭羽本也。一曰羽初生皃。从羽。矦聲。乎溝切。【説文解字卷四】

◉馬叙倫　鈕樹玉曰。韻會引無从羽矦聲。倫按續漢書禮儀志注引通俗文。細毛曰翭。則似羽初生者。即謂細毛也。然此是㕘字義。翭音曉紐。㕘从彡得聲。彡音審紐。同為摩擦次清音。故古或借翭為㕘。翭為羽本。即毛所附之莖。或曰。羽初生皃。即謂羽本。未見羽時止有本耳。然此是校者加之。皃當作也。【説文解字六書疏證卷七】

◉商承祚　(第九簡)翭，本字。通鏃，又作鍭、翭，《集韻》卷八侯韻鍭、翭引《爾雅》：「金鏃翦羽，謂之鍭。或从翭。」徐灝《説文解字注箋》：「箭以羽為用，古矢亦名翭，又因金鏃而改从金旁作鍭。」《儀禮・既夕禮》作翭，「翭矢一乘，骨鏃短衛」，則惟喪禮用之，故鄭注：「骨鏃短衛，亦示不用也。生時翭矢金鏃。」翭為八矢之一，《周禮・夏官・司弓矢》：「殺矢鍭矢，用諸近射田獵。」《方言》卷九：箭「江淮之間謂之鍭。」【江陵望山二號楚墓竹簡遣策考釋　戰國楚竹簡匯編】

◉許　慎　翮羽莖也。从羽。鬲聲。下革切。【説文解字卷四】

◉馬叙倫　爾雅釋器。羽本謂之翭。是羽莖即羽本。翮為翭之同舌根摩擦音轉注字。説解當作翭也。又疑此本訓羽也。翮翭同舌根音轉注字。故韓詩外傳。夫鴻鵠一舉千里。所恃者六翮耳。六翮謂翍翼也。古或借翮為翭耳。翭下曰。羽本也。此作羽莖。莖字後人加之。【説文解字六書疏證卷七】

翑

◉許　慎　羽曲也。从羽。句聲。其俱切。【説文解字卷四】

◉馬叙倫　段玉裁曰。凡从句者皆訓曲。倫按句从丩得聲。丩為語原也。今杭縣謂物縮曲者。其音如此。【説文解字六書疏證卷七】

羿

古尚書【古文四聲韻】

◉許　慎　羿羽之羿風。亦古諸侯也。一曰射師。从羽。幵聲。五計切。【説文解字卷四】

◉馬叙倫　説文作𢎱。經典借羿為之。隸俗作羿。亦古下九字謂借羿為𢎱也。⊘倫按羽之羿風經傳無徵。惠棟沙木亦並謂羿𢎱一字。王鳴盛非之。謂射官之字不合从羽。射官字乃𢎱。而非羿。此説解羽之羿風不可解。而亦古諸侯九字。黄公紹以為徐鍇增。是也。尚書左傳正義兩引皆弓部𢎱注。而不引羽部羿注。知唐初猶未有是矣。羿蓋言鳥飛乘風而疾。倫謂𢎱在弓部之末。説解曰。帝嚳射官也。夏少康滅之。帝嚳射官者。蓋帝嚳時始置射官。即書之伯益。汪中據賈誼新書連語。故上主者堯舜是。夏禹羿后稷與之為善則行。淮南子。堯時十日並出。堯使羿射九日而落之。楚辭天問。羿焉彈日烏解羽。謂羿即伯益。益為虞官。佐禹治水。⊘故淮南有是言。倫謂汪説是。史記夏本紀。禹乃遂與益后稷奉帝命。命諸侯百姓與人徒以傅土行山表木。定高山大川。新書。禹羿稷並舉。則益羿是一人矣。益音影紐。支類。羿音疑紐脂類。羿从幵得聲。幵音見紐。見影同為破裂清音。支脂亦近轉。故益羿通借。伯益為舜虞。虞本仁獸。此以雙聲借為𢎱。故招虞人以弓也。然則𢎱是正字。弓部𢎱次發下。發訓射發。𢎱為發之轉注字。詳𢎱字下。此曰帝嚳射官者。謂𢎱即益。此一曰射師者。亦即射官。此曰亦古諸侯。謂有窮后羿。故𢎱下曰。夏少康滅之。蓋羿以善射為名。而世掌射事。有窮后羿在少康時者。此益之子孫。【説文解字六書疏證卷七】

翥

◉許　慎　飛舉也。从羽。者聲。章庶切。【説文解字卷四】

◉馬叙倫　飛舉也舉字。盖校者注以釋翥字之音者。或舉也飛也為二訓。今捝一也字。舉也校者依方言加之。【説文解字六書疏證卷七】

翕 語翕私印 翕 己翕私印 翕 忌翕 翕 文翕私印 翕 封翕 【漢印文字徵】

◉許　慎　翕起也。从羽。合聲。許及切。【説文解字卷四】

◉馬叙倫　翟雲昇曰。文選思玄賦注引作熾也。别義。見廣雅釋詁。朱駿聲曰。飛起也。徐灝曰。翕字从羽。本義謂鳥之斂翼。許訓為起者。蓋鳥之將飛。必先斂其翼。然後舒張而起也。倫按翕為翾之音同曉紐轉注字。起也者本作初起也。乃翾下説解。為字林訓。見文選笙賦李注引。或字林翕下亦訓初起也。傳寫捝初字。選注所引熾也。亦校者據方言加之。見方言十二。字或出字林。【説文解字六書疏證卷七】

◉許　慎　翾小飛也。从羽。睘聲。許緣切。【説文解字卷四】

◉馬叙倫　桂馥曰。文選笙賦李注引字林。翾翾。初起也。倫按疑本作初起小飛也。【説文解字六書疏證卷七】

◉許　慎　翬大飛也。从羽。軍聲。一曰。伊雒而南。雉五采皆備曰翬。詩曰。如翬斯飛。臣鉉等曰。當从揮省。許歸切。【説文解字卷四】

◉强運開　翬 古鉢。畋翬。从羽从車。蓋即翬之省文。【説文古籀三補卷四】

◉馬叙倫　鈕樹玉曰。鍇本如作有。然舊本繫傳及韻會引皆作如。韻會引一曰下有雉名。五采上有素質。恐非。倫按一曰伊雒而南雉五采皆備曰翬者。釋鳥文。郭璞注。翬亦雉屬。言其毛色光鮮。孫炎曰。翬雉。白質五采為文也。本書。雉有十四種。伊洛而南曰翬。不言有五采。上文翰下引逸周書。文翰若翬雉。則翬雉有文。如郭説。則翬借為煇。俗以翬字从羽。羽為鳥長毛。故習用翬字。本書。暉。大口也。睴。大目出也。則翬之本義是大飛。然許本止訓飛也。方言廣雅皆止訓飛可證。爾雅釋鳥。鷹。隼醜。其飛也翬。郭注。鼓翅翬翬然疾。則郭以疾飛為翬。可知翬不必定為大飛。廣雅亦本許書。其訓與本書同者。往往皆不如本書今文之詳。故倫以為今本許書説解加詳者。皆校者增之耳。上文翾訓小飛。蓋吕忱别之。下文翏高飛翩疾飛者。亦吕忱加之。翬翾翕音同曉紐。是轉注字。飛音非紐。翩音敷紐。翏音審紐。翊音喻四。非敷審曉喻四同為摩擦次清音。亦轉注字。飛為初文。一曰以下皆校語。引經亦以證翬雉也。古鉩翬字。强運開釋。【説文解字六書疏證卷七】

翏

翏 翏生盨 此鼎 王乎史翏册令此 此簋 無叀鼎 王乎史翏册令無叀 𡥜乳為鏐 敖戈 玄鏐戈 蔡戈 【金文編】

秦1229 臨晉翏 秦1233 同上 【古陶文字徵】

169 193 【包山楚簡文字編】

翏 日乙一五七 二十三例 通戮 —者可如 法五一 法五一 二例 法五一 二例 【睡虎地秦簡文字編】

3040 3041 3459 2839 【古璽文編】

翏況之印 翏臣君印 翏成 【漢印文字徵】

◉許 慎 高飛也。从羽。从㐱。力救切。【説文解字卷四】

◉柯昌濟 翏字從交羽之形。當為古誼。小篆从羽从㐱。非古誼。【無專鼎 韡華閣集古録跋尾】

◉林義光 古作郘鐘鏐字偏旁。作邾公華鐘鏐字偏旁。象鳥羽毛豐滿欲飛形。【文源卷四】

◉馬叙倫 嚴可均曰。㐱當作㐱。倫按鍇本作从羽㐱。蓋㐱下奪聲字。或鍇本有聲字。鉉以㐱聲不近。故删聲字。而改為从羽从㐱。後人轉依鉉本去聲字。翏為之後起字。篆當依鍇本作。从羽。聲。蓋於初文復加形旁者。背於六書大例。本是俗字。故止可附於形聲之例耳。餘見㐱下。【説文解字六書疏證卷七】

◉楊樹達 三篇下几部云:「㐱,新生羽而飛也」,翏字从之。今書皆與㐱字同,誤。【文字形義學】

◉黄錫全 根據字形及文中省視南國的路綫,我們認為這個應是翏字,金文作

翏生盨 此鼎 此𣪘 夫鋁戈

這個翏就是古蓼(鄝)國。按傳統説法,古鄝國有二:一為己姓,即古飂國,在今河南唐河,一為姬姓,相傳為庭堅之後,在今河南固始。【湖北出土商周文字輯證】

◉戴家祥 兩家之説(柯昌濟林義光)有待商榷。説文三篇:「㐱,新生羽而飛也。从几从彡。」㐱本有羽義,加羽旁為形符偏旁的並

重字。這類字的意義往往是本字意義的疊加，如「磊，衆石也」，「淼，大水也」，「毳，獸細毛」，「品，衆庶也」，「麤，行超遠也」等等。参有飛意，故三参並重，會意為高飛。金文用作人名。【金文大字典中】

翩 

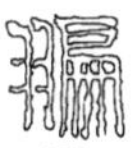 開母廟石闕　翩彼飛雉　【石刻篆文編】

 籀韻　【古文四聲韻】

◉許　慎　疾飛也。从羽。扁聲。芳連切。【説文解字卷四】

◉馬叙倫　沈濤曰。文選王仲宣贈文叔良詩注引。翩翩。疾飛皃。盖古本如此。今本為二徐删改。任大椿曰。文選鵾鷄賦注引字林。翩。疾飛也。倫按選注引複一翩字。乃隸書複舉字也。翩音敷紐。飛音非紐。同為脣齒摩擦次清音。轉注字也。疾飛也者。字林訓。本訓飛也。【説文解字六書疏證卷七】

翜 

◉許　慎　捷也。飛之疾也。从羽。夾聲。讀若濇。一曰俠也。山洽切。【説文解字卷四】

◉馬叙倫　桂馥曰。捷也者釋詁文。翜捷聲相近。飛之疾也者。晉書音義引字林同。任大椿曰。晉書音義引字林。翜。捷也。飛之疾也。朱駿聲曰。一曰俠也者。借為俠。劉秀生曰。鍇本濇作澀。夾聲歰聲皆在合部。故翜从夾聲得讀若歰。儀禮鄉射禮。兼挾乘矢。注。古文挾作接。荀子解蔽。雖億萬已不足以浹萬物之變。注。浹或當為接。左襄二十五年傳。四翣不蹕。周禮天官縫人注作四歰不蹕。是其證。倫按翜為翩之轉注字。翩音敷紐。翜音審紐。敷審皆摩擦次清音也。本訓飛也。今捝。捷也飛之疾也者。吕忱增入本書也。一曰俠也亦校語。讀若濇者。濇翜雙聲。本書澀濇音義皆同。是讀若濇者亦得作讀若歰。故鍇本作歰。此字或出字林。【説文解字六書疏證卷七】

翊 

 京津四三四六　 京津四三六五　 京津四四二三　 京津四五三四　 京津四五八一　 京津四五八二　 京津四六〇五　 京津四九六七　 京津四九六九　 京津五二九一　 京津五三一〇　 京津五三一一　 甲五五九

甲五七八　甲五八〇　甲六三二　甲六六〇　甲六七二　甲七八三　甲八二三　甲一二三三

甲一二五八　甲一二六七　甲一四〇六　甲一四九八　甲一五六五　甲一六五〇　甲一八八五

甲一九四二　甲二五五四　甲三五八六　甲三五九三　甲三六二〇　甲三六五二　甲三七四九

前一・二〇・七　前二・二・六　前二・二〇・五　前二・二三・一　前三・一七・五　前四・四・五

前四・二七・三　前八・九・四　後一・一二・三　後一・一四・八　後一・一四・九　後一・二〇・一

林一・一三・一八　後二・二・六　後二・二三・一三　後二・四二・一二　菁一〇・一八　戩九・一七

戩一〇・二　戩一三・八　戩一三・一〇　戩三六・六　粹一二一　佚二四七　佚二六二

佚二七七　佚二九三　佚三一五　佚四二〇　佚七六五　佚九〇一　福八　束藏一四六

甲二〇七四　翌日見合文二七　乙一五八　翌日庚見合文二七　【甲骨文編】

甲3　60　82　91　180　465　526　564　578　672　857　886

907　1233　1236　1267　1656　1675　1885　1967　1991　2105　2123

2648　2799　2875　3128　3620　N420　1152　1473　3274　4692　4814

5394　6385　6692　6696　6751　6752　6776　6947　6962　7094　7128

7258　7577　7766　7889　8406　8687　8862　珠4　244　341　343

348　393　442　642　644　677　790　1027　1143　1189　乚279

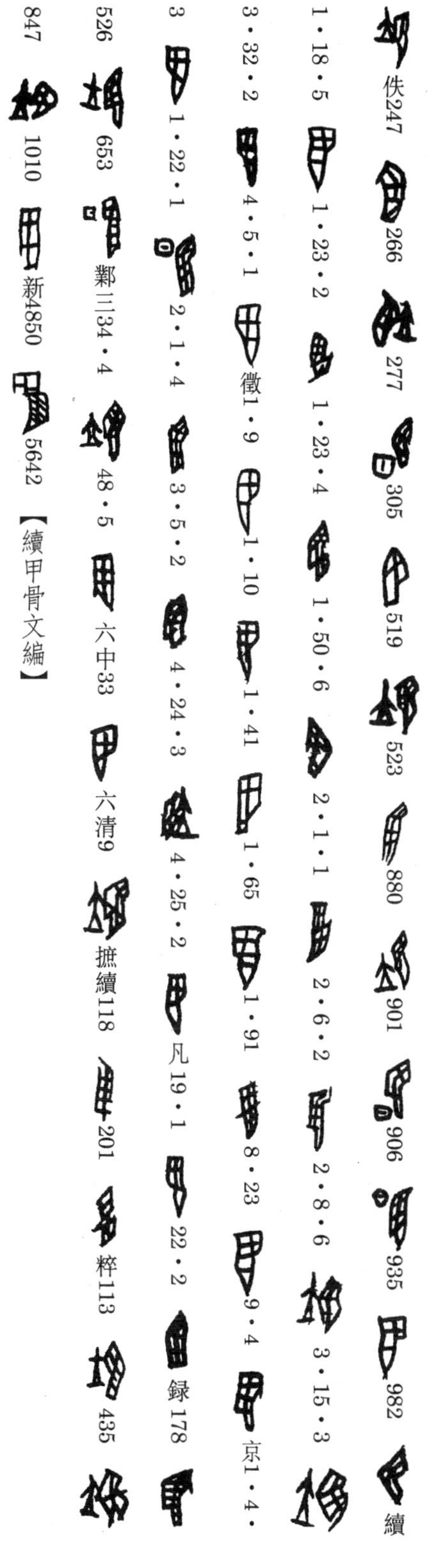

佚247 266 277 305 519 523 880 901 906 935 982 續
1·18·5 1·23·2 1·23·4 1·50·6 2·1·1 2·6·2 2·8·6 3·15·3
3·32·2 4·5·1 徵1·9 1·10 1·41 1·65 1·91 8·23 9·4 京1·4·
3 1·22·1 2·1·4 3·5·2 4·24·3 4·25·2 凡19·1 22·2 録178
526 653 鄴三34·4 48·5 六中33 六清9 摭續118 201 粹113 435
847 1010 新4850 5642

【續甲骨文編】

左馮翊丞 左馮翊印章 左奉翊掾王訢印 張翊

【漢印文字徵】

裴光遠集綴 碧落文 古尚書

【古文四聲韻】

◉許　慎　□飛皃。从羽。立聲。與職切。【説文解字卷四】

◉唐　蘭　右翊字，從立，從羽，本甚易明，王國維既誤釋□為䶂，遂謂□為□省，立䶂皆聲，蓋雖賢者亦不能無蔽也。葉玉森謂「似象一人立於異側，其會意為輔翼」，則以意附會，不足辨已。

説文：「翊，飛皃，從羽立聲。」廣雅釋詁「翋飛也」，爾雅釋言「翌明也」。翊、翋、翌同字，古文字偏旁本無固定位置，上下左右，隨時制宜，故也。然卜辭正有翊翋二形，而無翌者，則其羽形不宜於上下作也。作翌字，其在羽作习形之後乎？

説文謂翊從立聲者誤也。以近世音言之，翌與翼同，立與邑近，本自有殊。自卜辭觀之，則羽、翊、□三字，同作翼日用，惟同聲母，始相叚借，則翊□同從羽聲無疑。羽翌一聲之轉，則翊字正應從羽聲耳。翊字本義今不可知，許慎殆以訓飛之故，誤以為從羽。卜辭用為翼日，與爾雅同，則叚借義也。【殷虚文字記】

◉明義士　□　説文解字四上一〇八羽部二三字「□，飛皃。从羽立聲」。按□象羽翼形，卽翼之本字。假為昱。又七上二三一日部五二字「□明日也」。卜辭昱字，含義有二：一明日也，此昱日在卜辭上，其範圍較寬，凡旬日內之數日，皆可稱翌，但不能越旬日，如越旬日則稱「來」，前旬日則稱昔，證例頗多，不能遍舉也。二祭名，前編卷一第一葉二片「壬戌卜貞王賓示壬翌日亡尤」，後編卷下第二葉八片「……在十月甲午翌日犾甲」等，則為祭名矣。【柏根氏舊藏甲骨文字考釋】

◉馬叙倫　皃當作也。廣雅釋詁三。翋。飛也。可證。鍇本作飛皃也。本書説解中也皃二字多互譌。此本作飛也。一本譌為飛皃。校者改為飛皃也。翊音喻四。翕音曉紐。同為摩擦次清音聲同談類轉注字。字見急就篇。【説文解字六書疏證卷七】

◉李孝定　蓋明日之義初但叚羽為之。後乃增日為偏旁。變叚借為形聲。後更增立為聲符。如小盂鼎之⿰日翊。卜辭雖未見作⿰日翊形者。然不可遂斷為必無。復省日作翊。或省羽作昱。至説文遂歧為二字。以從日立聲者為明日之專字。實則⿰日羽昱並為「明日」專字。以作翊者為訓飛之專字。故以為从羽耳。實則卜辭之「翊」。其義既為明日。未見有用為「飛皃」或與「立」義有關之義者。則羽立二字皆聲符甚明。王氏之説正未可議也。⊘此字之衍變當如下表。

羽叚為明日之義→⿰日羽明日義之後起形聲專字→⿰日翊一形二聲→翊省形符但存二聲符。其義仍為明日。經史及卜辭均同。説文訓「飛皃」乃後起之義

↳昱从日立聲為許書訓明日之專字

此字與羽⿰日羽二字卜辭同誼。前人多視為一字。今本唐氏之説分收為羽翊昱三字。亦所以崇許例也。【甲骨文字集釋第四】

◉朱歧祥　901. 

《粹605》乙酉卜，賓貞：丁亥不其暘日。

《存1·614》癸巳卜，賓貞：丙申用寇。

有指五六日後。

《合307》乙未卜，爭貞，庚子王步。

《掇2·136》戊戌卜貞，甲辰酢河。

復有特例，翌言五十二日、六十日後事者。

《人341》丁卯卜，賓貞：己未令多射罘☐。

《前7·4·1》乙亥卜，賓貞：乙亥酢茲暘日。乙亥酢，允暘日。

晚期卜辭中，翌作作。

《掇1·415》癸酉貞：乙亥，𠦪于大乙。

⿱冃羽 □

《後上20・1》甲辰卜貞：□乙王其俎于𦎫。衣不遘雨。

翌又用為祭名，持羽而舞祭，與無字持牛尾舞祭相類。或即春秋時獻羽而舞之佾，見《左傳》隱公五年。翌祀屬殷五常祀典之首，次交疊進行祭、耆、𦎫三祀，次肜祀。

《存2・606》丁酉卜，行貞：翌戊戌□于大戊，亡巷。在四月。

《南明629》于既彭父丁，翌日、𦎫日、肜日，王迺賓。

《金743》癸未卜，□貞：王旬亡畎。在十月。甲申□小甲。

《存1856》☐饗☐翌日、𦎫、肜日，王弗每。【殷墟甲骨文字通釋稿】

◉許　慎　□飛盛皃。从羽。从冃。臣鉉等曰。犯冒而飛是盛也。土盍切。【説文解字卷四】

◉林義光　羽冃非義。冃古作□陳曼匿曼字偏旁。象鳥頭。□兩翅後揭。象飛形。【文源卷四】

◉馬叙倫　嚴可均曰。飛盛恐誤。玉篇。高飛皃。廣韻。飛皃。據上文翊篆飛皃。則廣韻得之。倫按嚴説是也。从羽。凡聲。凡散盤作□。鬲比簋作□。凡作卣□□□。傳寫譌為冃。同从凡聲。詳同字下。音在定紐。蹋从⿱冃羽聲。音亦定紐。蓋⿱冃羽音本與蹋同。轉入透紐耳。龔之轉注字。龔音喻四。古讀歸定也。亦翕之聲同談類轉注字。飛皃當作飛也。廣雅釋詁。𤢹𤢵。飛也。段玉裁謂𤢹𤢵即翊⿱冃羽。是也。可證盛字涉下文⿱之羽字説解而羨。【説文解字六書疏證卷七】

◉周名煇　(師寰段)銘文云。余用作後男□尊段。丁氏所定。葢本諸孫詒讓。説見古籀拾遺卷下。近人以殷虛卜辭證之。知此文从□从□。而□即羽翼之羽字。説參見上卷翼字條。⊘故余采□為象冕之冃字古文。説文冃部。冒。古文作□。从□。疑即□□之譌。而冃部字如冕古金文作□公伐郤鼎銘文。容庚釋。胄古金文作□盂鼎。其□□形。與□□□冃。皆取象于頭上冠冕。即今之帽字也。从冃从羽。即⿱冃羽字。説文羽部云。⿱冃羽飛盛皃。从羽从冃。此銘云。余用作後男⿱冃羽尊段者。後男其爵。⿱冃羽其名也。則近人已有明之者。不煩重述也。【新定説文古籀考】

⿱之羽 □

◉許　慎　□飛盛皃。从羽。之聲。侍之切。【説文解字卷四】

◉馬叙倫　嚴可均曰。鍇本作羽盛皃。羽字是。桂馥曰。玉篇廣韻並作羽盛。倫按字失次。【説文解字六書疏證卷七】

翱

商翱印信【漢印文字徵】

◉許 慎 翱翱翔也。从羽。皐聲。五牢切。【說文解字卷四】

翔

董翔印信【漢印文字徵】

◉許 慎 翔回飛也。从羽。羊聲。似羊切。【說文解字卷四】

◉馬叙倫 鈕樹玉曰。韻會引同。繫傳回作迴。倫按翔音邪紐陽類。翱音疑紐宵類。不得為連緜詞。或轉注字。疑翱古音如豪。豪音匣紐。與邪同為摩擦次濁音矣。回字校者加之。【說文解字六書疏證卷七】

翽

翽【汗簡】

義雲章【古文四聲韻】

◉許 慎 翽飛聲也。从羽。歲聲。詩曰。鳳皇于飛。翽翽其羽。呼會切。【說文解字卷四】

◉馬叙倫 嚴可均曰。詩卷阿釋文引作羽聲也。別引字林作飛聲也。按鄭箋玉篇皆云羽聲。疑此涉字林改。倫按唐人删本訓耳。然上文諸字義皆為飛。廣雅釋訓。翽翽。飛也。疑本訓飛也。字林作飛聲也者。蓋以詩卷阿鄭箋訓羽聲而加聲字。詩釋文引作羽聲者。校者據鄭箋加之。引詩校者加之。【說文解字六書疏證卷七】

翯

◉許 慎 翯鳥白肥澤皃。从羽。高聲。詩曰。白鳥翯翯。胡角切。【說文解字卷四】

◉馬叙倫 段玉裁曰。詩靈臺。毛傳。翯翯。肥澤也。釋文引字林。亦云。鳥白肥澤曰翯。白部。皠。鳥之白也。翯與皠音義皆同。賈誼書作皜皜。孟子作鶴鶴。趙注。肥澤也。與毛傳合。王筠曰。朱筠本皃字下空白一格。倫按。皠从白隺聲。故孟子作鶴鶴。皠無鳥義。此从羽高聲。無白義。倫謂皠自為白義。詳皠字下。此自為羽義。今此說解蓋字林訓。字林蓋捏皠翯為一字。此本訓捝矣。或此字出字林也。【說文解字六書疏證卷七】

翌　翇　翿

翌 187 【包山楚簡文字編】

◉許　慎　翌樂舞。以羽翿自翳其首。以祀星辰也。从羽。王聲。讀若皇。胡光切。【說文解字卷四】

◉吳大澂　古鉨文从工。⊘陳介祺說此齊掌車翾之鉨。【說文古籀補卷四】

◉馬叙倫　鈕樹玉曰。猲當作翳。韻會引作翿。段玉裁曰。此等字小篆皆未必有之。專釋古經古文也。倫按翌翇二字說解疑捝本訓。所存皆校語。或此二字皆非許書本有。出字林也。翳不可翳首。說詳翳字下。翳字或涉翳字而譌羨。以羽翳首說與周禮樂師注引鄭司農說翌以羽冒覆頭上者合。下文。翇。執全羽。亦同可證也。【說文解字六書疏證卷七】

◉陳夢家　(周禮)求雨之祭有雩皇兩名樂師。注:「古書皇作翌。」⊘雩與皇之分別當在其舞具之不同,卜辭舞字象兩手持牛尾。《呂氏春秋·古樂篇》:「昔葛天氏之樂,三人操牛尾投足以歌八闋。」《周禮·旄人》:「掌教舞散樂夷樂。」《序官》注云:「旄,旄牛尾。舞者所持以麾。」說文:「氂,犛牛尾也。」皇舞如鄭衆許慎所注,乃蒙羽於首以舞。說文:「鷸,知天將雨鳥,故舞旱暵則冠之以禱焉。」卜辭的䨓字从雨从[illegible],此字近於西周初。或殷。⊘後世求雨之舞常用羽毛為舞具,所以說文雩的或體作䨁,猶卜辭之䨓,文獻作皇,而說文作翌。此處所釋之䨓亦可能是靈。【殷虛卜辭綜述】

◉許　慎　翇樂舞。執全羽以祀社稷也。从羽。犮聲。讀若紱。分勿切。【說文解字卷四】

◉馬叙倫　嚴可均曰。許書無紱字。當作韍。嚴章福曰。周禮樂師。凡舞有帗舞。鄭司農曰。帗舞者。全羽。則此當作讀若帗。倫按讀若紱。或校者加之。餘見翌下。【說文解字六書疏證卷七】

古尚書 【古文四聲韻】

◉許　慎　翿翳也。所以舞也。从羽。𣪊聲。詩曰。左執翿。徒到切。【說文解字卷四】

◉馬叙倫　鈕樹玉曰。翿當作翳。桂馥曰。羅有高曰。翳。說文翳也。所以舞也。詩曰。左執翳。今本作翿。毛傳曰。翿。纛也。翳也。陸釋文俗作纛。攷周禮鄉師。執纛以與匠師御柩而治役。鄭注引雜記匠人執羽葆御柩之文。作執翿以御柩。又引鄭司農云。翿。羽葆幢也。然則翳之為翿。翿之為纛。俗師妄變。無可疑者。又按爾雅釋言。翿。纛也。纛。翳也。⊘倫按翳。翳也。翳。華蓋也。於例似轉注。然聲不近。倫亦嘗疑之。羅謂翳翳義異。是也。爾雅釋言。翢纛也。纛。翳也。詩王風毛傳。翿。纛也。翳也。或翳為翳譌。詩爾雅固多以雅名釋俗名也。或為翳之引申義。呂氏春秋仲夏紀。執干戚戈羽。高注。羽以為翿。舞者執之以指麾也。倫謂武从止戈。舞之初文。而舞之或體作翌。从羽。羽即高所謂羽以為翿。舞者執之以指麾者也。⊘倫謂古謂凡所以指撝者為翳。其物皆以羽毛為之。故用於旌旗者則為旄。七篇。旄。幢也。从㫃。毛聲。本書無幢字。廣雅曰。幢謂之翿。是幢即翳。旄翳異物而同為指撝者。故旄訓翳也。俗作纛字。然今之纛則旄之變象。其旁制布帛猶作垂毛形。釋名釋兵。翳。陶也。其皃陶陶下垂也。是其證。羅知別翳翳。又知纛或為旄譌。或混於翳。其識卓矣猶未審於此耳。說解挩本訓。翳也校者以譌本詩傳加之。或翳字乃翳之譌。而翳為隸書複舉字也。上挩一字耳。所以舞也及引詩。校者加之。【說文解字六書疏證卷七】

翳

中翳之印　程翳【漢印文字徵】

翳並見古爾雅【汗簡】

古爾雅【古文四聲韻】

◉許　慎　華蓋也。从羽。殹聲。於計切。【說文解字卷四】

◉馬叙倫　徐灝曰。翳者。羽蓋之名。以羽蓋覆蔽則謂之翳。方言曰。翳。掩也。廣雅曰。翳。障也。乃其本義。今訓華蓋。非是。倫按玄應一切經音義引三倉解詁。翳。目病也。郭璞注作瞖。華蓋也。校語。本訓挩矣。字失次。其義蓋如徐說。翳羿轉注字。方言六。翳。薆也。薆當為[⿱⺮愛]。翳[⿱⺮愛]語原皆出於会。字見急就篇。【說文解字六書疏證卷七】

◉楊樹達　詩大雅皇矣篇云:「其菑其翳。」爾雅以菑翳連言,蓋釋詩此文也。翳韓詩作殪,王氏謂翳為假字,是也。後漢書光武紀注曰:「殪,仆也。」【字義同緣於語源同例證　積微居小學金石論叢】

◉黃錫全　翳並見古爾雅　夏韻霽韻録作，是。此脱一畫。殹字古作、(格伯𣪘)、(石鼓文),医作(前2·23·1)、(璽彙0323)。《說文》正篆作医,「盛弓弩矢器也。从匸从矢。《國語》曰『兵不解医』。」鄭珍認為:「與翳不同。翳一訓『華蓋』,蓋可翳人,故得『蔽翳』義,經典通用之。《爾雅》『纛,翳也』。注『舞者所持以自蔽翳』,是用本字。郭所見作医。医从匸亦有隱蔽意,故得通翳。今齊語医即作翳。」【汗簡注釋卷五】

 2228 【古璽文編】

◉許　慎　棺羽飾也。天子八。諸侯六。大夫四。士二。下垂。从羽。妾聲。山洽切。【說文解字卷四】

◉馬叙倫　段玉裁曰。羽字衍。棺飾本周禮。桂馥曰。一切經音義十九。翣。羽飾也。下垂。从羽。妾聲。錢坫曰。此字後人所加。本書有萐莆。後人作翣脯。萐者。扇也。高誘曰。畫黼黻之狀。如扇。扇于僂邊。天子八。諸侯六。大夫四。釋名。齊人謂扇為翣。徐灝曰。少儀曰。侍坐不翣。釋文引盧注。翣。扇也。呂氏春秋有度篇。冬不用篓。高注。篓。扇也。是篓之本義為羽扇之名。假借為棺飾之稱。所謂翣柳是也。倫按徐説是也。淮南氾論高注。周人兼用棺槨。故牆置翣。如今要扇。畫文。插置棺車箱以為飾。多少之差。各從其爵命之數。蓋始以翣引柩為飾。後乃彌文。用畫布。⊘倫謂朱駿聲謂形如今之掌扇。是也。玄應音義雖不引本書。然與此合。則翣本為羽飾。天子以下十三字校語。【說文解字六書疏證卷七】

◉商承祚　翣，或从竹作篓。⊘《小爾雅・廣服》：「大扇謂之翣。」可見翣是生死兼用物。此組簡所記翣有三種：羽翣、翋翣和竹篓。⊘漢代雖稱扇，不稱翣，但對照實物和文獻資料，篓確即後代的羽扇。篓= 乃竹篓二字合文。【信陽長臺關一號楚墓竹簡第二組遺策考釋　戰國楚竹簡匯編】

◉唐　蘭　𦒱字从羽从歮，今字所無，余以為此翣之本字也。周禮縫人：「衣翣柳之材。」注：「故書翣柳作接櫝。鄭司農云：『接讀為𦒱，櫝讀為柳，皆棺飾。』檀弓曰：『周人牆置𦒱。』春秋傳曰：『四𦒱不蹕。』」又喪祝：「除飾。」注：「鄭司農云：『除飾，去棺飾也，四𦒱之屬。』玄謂除飾便其窆爾。周人之葬牆置𦒱。」按今檀弓及左襄二十五年傳，𦒱並作翣，與二鄭所見異，𦒱翣蓋古今字也。説文：「翣，棺羽飾也，天子八，諸侯六，大夫四，士二，下垂，從羽。妾聲。」然則翣本羽飾，故从羽。卜辭𦒱字當从羽歮聲，歮即𦒱字。乃其正字。檀弓左傳叚𦒱為之，後世或叚妾聲為之，因為翣字，而𦒱字晦矣。周禮故書翣作接，釋文翣本又作篓，明堂位釋文，少儀釋文均云：翣又作萋，可見本叚妾聲為之，無定字。説文以篓篓為箑之重文，扇也。蓋以竹為之，則為篓，以羽為之，則為翣矣。説文：「翣棺羽飾也。」段玉裁謂翣無用羽明文，以説文羽字為衍，當為棺飾。今按：段説非也。⊘翣與羽蓋相近，則本乃緝羽以為扇，後世固或以布衣木，然不能謂翣不用羽也。卜辭本作𦒱字，從羽從歮，羽者所以蔽障，歮象徒衆，然則𦒱本象意字而衍變為形聲字者，亦聲化象意字之一也。【殷虛文字記】

◉李孝定　契文作𦒱。商釋䢇。是仍承孫王兩氏釋為䢇之誤。即羽字。已見上引唐説。則商氏之誤可以不辨自明。葉

釋能。引爾雅鼈三足能為説尤荒誕不經。既云鼈伏不見首足尾。則字已是鼈之全形。足亦當在其中。何以於體外更着三足。又何以此鼈形必反置而三足則前向。其説之支離滅裂已不攻自破。且能字金文作毛公鼎番生簋。自象熊形。國語「晉侯夢黄能入於寢門」是其本義。鼈三足能之説於動物學中已屬無徵。葉氏乃據此肊説以釋本字。不足取也。唐氏隸定為翜。謂即説文之翣。其説是也。大扇曰翣。乘車者用之以蔽風塵。不必棺飾。棺飾亦謂之翣耳。卜辭字从羽歮聲與篆文从羽妾聲相通。蓋歮妾二者聲韻並近也。歮古音在弋部緝韻。妾則在八部葉韻。二者本自相近也。字作翜作翣並無棺車之象義。止是扇一人足以舉之。何煩徒衆。唐氏「歮象徒衆獵本象意」之説實為蛇足。蓋从歮祇是聲符。別無意義。誠如唐氏之言不將以「姬妾掌扇」解翣字乎。【甲骨文字集釋第四】

翻

◉徐鉉 翻飛也。从羽。番聲。或从飛。孚袁切。【説文解字卷四新附】

翎

◉徐鉉 翎羽也。从羽。令聲。郎丁切。【説文解字卷四新附】

0259【古璽文編】

翃

◉徐鉉 翃飛聲。从羽。工聲。户公切。【説文解字卷四新附】

隹

甲四 隹用為唯 經典亦以惟維字為之 甲一一一 甲一五七 甲五六二 甲五七二 甲八二八
甲八五五 甲九三六 甲一一五一 甲一四九六 甲一七二六 甲二〇三二 甲二七六四 甲二一九
四八反 乙一八 乙一六三 乙三二七 乙六四三 乙六六〇 乙六九七反 乙七二八反 乙
七三三 乙六六六四 乙六六七二 乙六七〇一反 乙七一七一 乙七四五七反 乙八〇一四反
河九四 鐵五·二 鐵七·三 鐵一〇·三 鐵七〇·一 鐵九二·三 鐵一一五·二 鐵一三

八・二 鐵二三八・三 鐵二四九・一 餘一六・一 前一・四六・二 前二・一五・五 前三・二一・
三 前三・二四・三 前三・二七・七 前五・二八・二 前六・三六・八 後一・一八・六
後二・三・一二 後二・三六・六 後二・三八・六 菁一一・一九 林一・二・一四 林一・二六・七
林二・八・一四 戩四五・四 戩四九・二 佚一〇一 佚一八六 佚二七六 佚五一八背
佚九二七 存一四六二 存一四六四 前二・四一・一 甲三九四一 鹿頭骨刻辭 【甲骨文編】

甲4 51 111 157 219 225 562 637 799 828 1496 1540
1709 1726 2263 2386 2418 2595 2602 2609 2764 2840 2902
2925 2965 3686 3914 3941 乙1201 1353 4519 4960 5178
6215 6299 6310 6371 6385 6396 6408 6469 6524 6533 6549
6638 6664 6690 6700 6723 6727 6774 6896 7130 7143 7150
7183 7171 7204 7231 7246 7289 7304 7311 7357 7425 7482
7495 7569 7647 7673 7731 7797 7799 7809 7818 7828 7845
7868 7966 8014 8068 8072 8417 珠32 172 182 185 271
391 466 470 481 599 620 623 879 956 1144 1199 卜
259 福6 佚18 24 67 70 98 113 186 198 276 374

405 518 545 597 707 860 888 927 續1·4·1 1·5·1 1·23·5

1·25·9 1·29·3 1·31·5 1·34·2 1·49·3 1·51·2 2·1·3 2·6·2

2·31·6 3·3·2 3·8·5 3·10·1 3·10·2 3·28·1 3·29·6 4·5·2

4·21·10 4·25·1 4·29·1 4·29·3 4·32·5 5·2·1 5·3·3 5·5·4

5·9·2 6·7·10 6·23·8 徵1·1 1·37 1·83 2·28 2·35 2·48

3·13 3·115 3·150 3·177 3·182 4·6 4·32 4·67 4·111

8·23 8·99 8·100 8·115 8·117 9·15 9·16 9·18 9·19 9·23

9·30 10·29 10·32 10·50 10·116 10·129 11·60 11·62 11·71

11·72 11·86 11·88 11·108 11·109 京1·23·1 1·32·3 2·5·4 2·

17·4 2·21·4 2·31·4 3·23·1 4·6·1 凡11·4 13·4 24·4 録824

天22 31 97 六中137 146 六清2 外241 續存1458 2276 書1·9·A 粹55

61 107 778 896 新4012 【續甲骨文編】

隹 說文鳥之短尾總名也 象形 段玉裁云 按經傳多用為發語之詞 毛詩皆作維 尚書皆作惟 今文尚書皆作維 金文孳乳為唯為惟為

維 辛椃角 隹王廿祀 戍甬鼎 艅尊 乙亥鼎 小臣邑斝 貝隹爵 隹父己尊 我鼎 井侯

簋 麥鼎 天亡簋 何尊 隹壺爵 䣄卣 臣辰盉 宅簋 次卣 斱尊

榮簋 作册大鼎 趞卣 盂鼎 商卣 䆞鼎 公貿鼎 沈子它簋 亘尊 伯中父簋 曆鼎 猷伯簋 班簋 鄘伯馭簋 師遽方彝 師遽簋 趞鼎 遹甗 牆盤 伯㛸鼎 敚弔簋 縣妃簋 師奎父鼎 向䝨簋 師嫠簋 同卣 曶鼎 曶壺 師趛鼎 大鼎 鬲攸比鼎 格伯簋 格伯作晉姬簋 弔皮父簋 㝬鐘 克鐘 師克盨 弭伯簋 頌簋 史頌簋 事族簋 宴簋 善夫克鼎 無㠱簋 無叀鼎 鄭虢仲簋 弔專父盨 仲枏父簋 元年師兑簋 王中嬀匠 麓伯簋 虢季子白盤 蔡大師鼎 曾伯陭壺 弔上匜 陳公子甗 陳子＝匜 戈弔鼎 邾公華鐘 殷㲃盤 歸父盤 黝鎛 鄦侯簋 拍敦蓋 樂子敬豧匠 禾簋 子璋鐘 庚兒鼎 𩰫兒鼎

沇兒鐘 郤王義楚耑 黃韋俞父盤 番伯酓匜 哀成弔鼎 酓章作曾侯乙鎛 姑□句鑃 者汈鐘 陳侯午錞 陳章壺 𨟭篙鐘 曾姬無卹壺 中山王譽鼎 中山王譽壺 蛮壺 王子午鼎 盂爵 楚嬴匜 公孫𤔲父匜 子㝬盆 般中束盤 白者君盤 白者君匜 番君鬲 光伯簋 者減鐘 其次句鑃【金文編】

季木2·12【古陶文字徵】

朱德熙《壽縣出土楚器銘文研究》釋隹讀惟

—□□四月(甲1—1)、—邦所囚宎之行(甲5—19)、—惪匿之戢(甲6—10)、—孛惪(?)匿(甲7—3)、—天乍福(甲10—5)、—天乍宎(甲10—13)、欽敬—備(甲10—23)、戚—天囚(甲10—30)、是—四寺(乙4—9)、又讀為唯—十又二月(甲6—32)

【長沙子彈庫帛書文字編】

 3693  3846 【古璽文編】

 石碣汧殹 隹楊及柳 【石刻篆文編】

 隹 【汗簡】

 汗簡  王存乂切韻 【古文四聲韻】

◉許 慎 隹鳥之短尾總名也。象形。凡隹之屬皆从隹。職追切。【說文解字卷四】

◉孫詒讓 龜甲文隹字恆見，皆作，或作，金文弭中簠糞字偏旁隹作，與此相佀。雀作，或作，萑作，隻作，皆略同。偏旁从鳥者，則唯字或作，又作，上佀从辛，下形佀隹，而尤緐縟，當即从鳥。以形聲求之，說文言部「言，从口辛聲」。此辛疑當為言之省，亦為䜌之省，甲文簡省或有如是者，猶竊省从𢇇，竊字从之，直省為口也。詳說文補闕。即鸞字也。又有，亦即此字，而文略省變。从即辛之異文，甲文商字亦作可證。甲文从鳥者，僅見於此，而隹字百餘，咸不作此形，其非从隹之緐縟文，可無疑也。金文貝鳥易爵鳥字作與甲文略同。舊釋烏亦通，或釋朋則未塙。

甲文隹作，鳥作，葢从原始象形而敓省。其鳥上从，象鳥首，與隹同，而下象兩翄，作形，則特緐縟，葢鳥之翄較隹大，而文尤蔚。二文本不甚相遠，而足皆作，則兩形所同。小篆沿襲省變，隹鳥始判然不同。而許以尾之長短為「隹」「鳥」之別，殆非其本恉。其謂「鳥足佀匕，从匕」，則尤沿附會近佀字之謬說，不知象形本不成字也。石鼓文隹字作，鳥則字偏旁作，竝已與小篆同，皆後定象形字也。【名原卷上】

◉丁佛言 聃敢。隹。短尾鳥長尾並一類。而尾有殊耳。尾短者足隱。故隹篆不見足。然古器刻往往見足。疑隹鳥古為一字。後乃別而為二。【說文古籀補補卷四】

◉高田忠周 段氏云。短尾名隹。別於長尾名鳥。云總名者取數多也。亦鳥名。翩翩者鵻。夫不也。本又作隹。又朱駿聲云。叚借為鵻。爾雅釋鳥。隹其。鳺鴀。又為雛。廣雅。隹。鶵也。雛隹一聲之轉。又疊韻連語。莊子山林之畏隹與嵬崔同。葢許意實如朱說。然許氏未通宷古文字也。今依殷周古文真迹。隹鳥元同字。例多見下。許氏云。隹者短尾之總名。而隹部中字。雉雞皆長尾者也。鳥者長尾之總名。而鳥部中字鶡鴈。皆短尾者也。此為自家矛盾也。然隹鳥同字。其音元同。若夫雖字。从隹从鳥。實與作雊作鴝無異。段云隹即鵻。是。又按經傳發聲之語用唯惟維字。而三代遺文多皆以隹為之。又或閒用唯字。而唯誰讎皆元同字。唯訓諾也。其義取于字音。以叚借也。誰為何義。以敦訶為正字。又或以孰為之。讎訓應也當也對也。以雔為正字。古音十八部說。雔讎孰同部。鳥亦同部中字。又隹唯誰同部。似有分別者。而其實相通。寂古字音隹鳥亦同可知矣。後人隹鳥分部。其音亦自異。人世之變遷。萬事皆當有此理耳。【古籀篇九十四】

◉羅振玉　卜辭中語詞之惟唯諾之唯。與短尾之隹同為一字。古金文亦然。然卜辭中已有从口之唯。亦僅一見耳。又卜辭中隹許訓短尾鳥者與鳥不分。故隹字多作鳥形。許書隹部諸字亦多云籀文从鳥。蓋隹鳥古本一字。筆畫有繁簡耳。許以隹為短尾鳥之總名。鳥為長尾禽之總名。然鳥尾長者莫如雉與雞。而並从隹。尾之短者莫如鶴鷺鳧鴻。而均从鳥。可知強分之之未為得矣。【殷虛書契考釋卷中】

◉商承祚　金文周彝作[字形]。乙亥鼎作[字形]。伯中父毀作[字形]。善夫克鼎作[字形]。黃韋俞父盤作[字形]。□□伯毀作[字形]。或象其飛。或象其立。隹鳥二字在古文無別。緐之其成鳥。簡之則為隹。說文訓隹「為短鳥之總名」。鳥「為長尾禽之總名」。而隹部諸字亦多云籀文从鳥。可知強分之未為得也。甲骨文中已用為語詞之惟。知此字在商時亦存其形而異其義。有从口作者三。亦用為惟。【甲骨文字研究下編】

◉葉玉森　[字形]羅振玉氏釋隹。增訂書契考釋中卅一。王襄氏釋鳥。類纂。森按本辭之[字形]雖似鳥形。然塙為隹字。曰「隹癸」與他辭言「隹庚」「隹丙」卷七第四十二葉之二例同。【殷虛書契前編集釋卷三】

◉強運開　[字形]章云通作維。張德容云。按古今各書中維惟唯皆通用。至古鐘鼎則多作隹。蓋古文也。運開按。說文隹。鳥之短尾總名也。象形。維惟唯皆從隹得聲。古金文用字多婼去偏旁。蓋叚借字。非古唯字如此也。【石鼓釋文】

◉馬叙倫　徐鍇曰。李陽冰云。鳥之總稱。爾雅。雉。長尾。而從隹。知非短尾之稱。雉字原捝今補。鍇以為本注當言亦總名。脫一亦字爾。不然。許慎豈如此之疏乎。鈕樹玉曰。廣韵引作鳥之短尾者總名。嚴章福曰。短當作長。此與鳥下互誤。鳥下云。長尾禽總名也。釋鳥釋文引作短尾。按鳥為短尾。則隹為長尾可知。宜改復。桂馥曰。左傳襄二年正義引鳥之短尾者總名為隹。李陽冰曰。雉長尾而從隹。知非短尾之稱。徐鍇曰。隹。鳥名也。隹為鳥短尾。亦總名也。當脫亦字。馥按左傳正義引有者字。言凡短尾者總名為隹也。非謂字之从隹者皆短尾也。盖析言之。則隹鳥異類。合言之則隹鳥通稱。故雞雛雕雇籀文皆从鳥。鶪鷽鶇鶬或皆从隹。雝雞一名。字兼隹鳥。王筠曰。篆當作[字形]。今本以其目連下直書非也。而鐘鼎亦多作。省其目。饒炯曰。隹與鳥同為禽之總名。非有短尾長尾之別。故从鳥之字。其禽有短尾。从隹之字。其禽有長尾。且部屬諸字从隹者而重文亦从鳥。然多籀篆。無古文。从鳥者而重文亦从隹。然多古文。無籀篆。可知古以隹為短尾禽之總名。而後以鳥為長尾禽之總名也。商承祚曰。卜辭中隹鳥不分。故隹字多鳥形。許書隹部諸字亦多云。籀文从鳥。蓋隹鳥古本一字。筆畫有繁簡耳。倫按金文甲文多隹字。如師奎父鼎作。趞卣作。甲文作。皆象形。亦與鳥篆形極近。金甲文皆少鳥字。則知二形本一也。隹音照紐。鳥音端紐。古讀照歸端。是二音本一也。以形音言。二字無別。本書本部諸文或从鳥者多籀文。鳥部諸文或从隹者多古文。王國維謂秦用籀文。六國用古文。然王所謂籀文指史籀篇而言。史籀篇用大篆。而大篆實李斯未省改為小篆以前通用文字。不獨秦用之也。今見周代金器。非秦器者篆相同者多。甲文亦多與大篆相同。而本部屬字多有見於金甲文者。獨鳥部屬字今竟尚無一見於金甲文。殊可怪也。鳥部鸛字。金文从隹。而雍竪尊彝鳥字偏傍作。鵜侯尊彝鳥字偏傍作並見林義光引。無論其器真偽何如。而形與金器之艅尊甲文之相違不遠。若石鼓文王孫鐘鳴字所从之鳥。則又與本書鳥字金甲文隹字不同。蓋鳴之初文。本是从隹象張口而鳴。詳鳴字下。然則鳥隹之異形蓋晚矣。象形字不能虛構。必有所象之物。其始以常見之一鳥就其形而畫之。猶中木之止象一種樹之形也。則隹鳥必無長尾短尾之別。此及鳥下説解皆後人就本書隹鳥二篆之形而妄説之。本訓轉失矣。唐寫本切韻殘卷六脂引作鳥之短尾揔名。矩為短之譌。石鼓作。周公敦作。【説文解字六書疏證卷七】

◉吳其昌　「隹」者，在卜辭中，雖大都用發語之詞，如「隹王□祀」、「隹王來正□方」等是。但亦有少數處按考其上下文意，必須以祭名解之乃通，如云：「乙亥貞，隹大庚……」後・一・二二・五。「貞，隹南庚。」林・二・二七・一三。「貞，隹般庚。」林・二・八・一四。「隹妣癸、隹兄丁」。前・一・三八・二。不以祭大庚、南庚、般庚……等解之，不可也，與本片例類尤近者，如云：「隹妣己，壱。」鐵・一五四・四。「丁未卜，隹伊，壱雨。」後・二・三八・六。「伊」，即伊尹。此殆祭伊尹以卜雨矣。此外又有「又隹」連文。「又」即侑也。又有「彡隹」連文，前・六・三三・一。彡，亦祭也。詳下第一七〇片疏。「又隹」見前・六・五・七。以此類旁證之，則「隹」字之義可概見矣。【殷虛書契解詁】

◉高鴻縉　隹字全象鳥側立形。上古之時隹與鳥非二字。東周時乃漸分化。

甲文有隹字。無鳥字。今人認卜辭中有鳥字。實皆非鳥字。乃雞鳩等字之象形者也。鳥為隹之分化字始于東周之春秋時。徐王孫遺諸鐘鳴字偏旁作。乃雞旁之變。戰國秦石鼓鳴字偏旁作。亦雞旁之變。皆非鳥字。隹古音讀若堆。則與都了切為一聲之轉。其為一字之變無疑。【中國字例二篇】

◉嚴一萍 隹舊時摹本皆譌作。李棪齋先生所攝照片作，較都城博物館照片尤為清晰。其形體並未譌變。【楚繒書新考　中國文字第二十六册】

◉高鴻縉 隹本鳥之初文。至戰國時始分化為隹與鳥。隹自甲文以來即借用為在。如卜辭隹王二十祀是也。周人沿用。習為故常。後或以唯惟維等字代之。書顧命惟四月。洪範惟十有三祀是也。【頌器考釋】

◉徐中舒　伍仕謙　(4)「隹」在中山諸器中，或讀為惟，或讀為誰，或讀為雖，此則當讀為罹(音離)，遭也。古代象形字字少，只要聲同義近，即可相互借用。【中山三器釋文及宮室圖説明　中國史研究一九七九年第四期】

 雅　法二二【睡虎地秦簡文字編】

 徐雅子印【漢印文字徵】

 雅【汗簡】

 古孝經　 裴光遠集綴【古文四聲韻】

◉許　慎 楚烏也。一名鸒。一名卑。居秦謂之雅。从隹。牙聲。臣鉉等曰。今俗别作鴉。非是。五下切。又烏加切。【説文解字卷四】

◉馬叙倫 鈕樹玉曰。韻會引烏作鳥。一名鸒。一名卑居。唐韻引同。韻會廿一馬作一名卑。一名鸒居。六麻引作从隹。牙聲。一名鸒。一名卑居。沈濤曰。爾雅釋鳥釋文引作秦云。雅烏。詩小弁釋文引同今本。朱駿聲曰。開口為雅。閉口為烏。倫按小爾雅。純黑反哺。謂之慈烏。小而腹下白。不反哺者。謂之雅烏。白脰而羣飛者。謂之燕烏。大而白脰者。謂之蒼烏。是雅為烏之一種。故謂之楚烏。張行孚謂即今江東麥下種時成羣而來啄麥子者是也。然韻會引作鳥。疑不譌。蓋許本訓鳥。校者加楚字耳。又疑本是校者所注。秦謂之雅。楚謂之烏。今有捝耳。烏雅聲同魚類轉注字。鸒居聲亦魚類。一名以下七字亦校語。【説文解字六書疏證卷七】

◉黄錫全  曾侯乙墓竹簡牙作，《説文》古文作。此从古牙，移于隹下。夏韻録此字下从是，本書齒旁則一律作。古當有此形，而鄭珍則認為「因牙增齒，俗妄字」。【汗簡注釋卷二】

隻

甲九〇 說文隻鳥一枚也 卜辭隻字象以手捕鳥 用為獲得之獲 甲二三二 甲二六五 甲四七八 甲一七〇九 甲二九五七 乙四三 乙一四〇 乙一八四 乙二二八 乙三〇一 乙三六八 乙八四二二 乙八五九〇 乙九〇〇三 乙九〇二〇 河三九八 地名 在自隻卜 鐵一四五・二 鐵一七五・一 鐵一八二・一 鐵一九一・一 拾九・一五 前二・一三・四 前二・二六・五 前二・三一・五 前二・三四・六 前二・三五・四 前二・四四・七 前三・三三・六 前四・四七・六 前六・二六・一 前八・一二・五 前八・一四・四 後二・六・一三 後二・一二・一八 後二・一二・一〇 後二・二〇・一 後二・四二・一六 戩四三・一一 佚四一九 佚四二六 佚四二七 佚五一八背 雕骨刻辭 佚九四三 燕四一一 粹五五四 粹一三〇七 粹一三三二 粹一五五三 續一・三五・九 珠一一〇 珠一二一 珠四二一 通別二・四・一四 鄴三下・五〇・一六 京津四五六六 京津四八三三 存二三二八 甲二九三九 牛頭骨刻辭 前五・一・四 隻字倒書 寧滬一六五一 京都二一九九

【甲骨文編】

甲90 232 265 309 2418 2957 3112 3113 3346 3635 3919 3939 乙184 316 861 4949 5217 6400 6404 6696 6702 6728 6966 7041 7647 7648 7680 7795 7859 8186 8422 8722 8728 8806 8873 8897 9003 9020 珠103 104 110 121 419 421

422 599 758 760 900 919 乚749 福5 佚224 350 426

427 505 518 547 702 943 990 續1·35·9 3·16·10 3·18·1

3·18·3 3·24·2 3·24·5 3·30·2 3·31·6 3·42·3 3·42·6 3·42·7

5·19·6 6·19·7 徵10·77 10·86 10·100 10·108 10·109 10·110 10·121

10·127 10·128 10·131 10·132 10·133 10·134 11·134 京1·22·2

2·8·1 2·21·2 3·19·2 4·16·3 凡21·3 録398 737 739 750 天76

80 82 83 摭79 龜乚20 六清105 外360 六清113 續存705 摭續135

141 粹554 947 951 955 1332 新1059 3433 3483 【續甲骨文編】

隻 从又持隹 父癸爵 矢伯隻卣 爵文 卣文 師隻卣 丂隻鼎 敷鼎 敷作且丁盟隻

孳乳為獲 或簋 獲馘首 禹鼎 獲氒君馭方 工獻大子劍 陳章壺 上官登 會志鼎 戰獲兵

銅 會志盤 【金文編】

3·128 蒦圆南里隻 3·129 同上 3·315 易里人隻 3·316 易里人隻 3·414 塙閲隻 3·450

同上 【古陶文字徵】

◉許慎 鳥一枚也。从又持隹。持一隹曰隻。二隹曰雙。之石切。【説文解字卷四】

◉孫詒讓 「隹允」、七之三。「乙丑卜斤舁羌□月」、卅一之三。「不馬□」、四十五之四。「貝我弗其舁昌」、百三之二。「寅卜殻貝」、百三之三。「己亥卜斤舁」、百四十之四。「桒馬丁豕」、百五十五之三。「辛未卜殻貝我如」、百九十七之三。「允」、二百廿九之四。「貝羌」、二百卅之二。「□子卜亩獲兔」。二百卅之四。「乎啬䠶□似獸形于□」、二百四十二之二。「不其

[glyph]羌」「貝巨不其[glyph]羌」「貝巨[glyph]羌」，二百四十四之一。諸文从隹，从又，當為「隻」字。《說文·隹部》云：「隻，鳥一枚也。从又持隹」。【栔文舉例卷下】

◉羅振玉　說文解字。獲。獵所獲也。从犬蒦聲。此从隹从又。象捕鳥在手之形。與許書訓鳥一枚之隻字同形。得鳥曰隻。失鳥曰奪。奪从大从隻謂鳥已隻而飛去。隻象鳥初持在手形。大象鳥逸後飛至空際之形。非大小之大字。許君云从又从奞。失之矣。茲因釋獲字而附及之。【殷虛書契考釋卷中】

◉強運開　[glyph]季隻𣪊从隹从攴。以敏作[glyph]敃作[glyph]从攴之字或从又例之。當即古文隻字。【說文古籀三補卷四】

◉馬叙倫　段玉裁曰。當依韻會作持一隹曰隻。持二隹曰雙。王筠曰。當依集韻二隹上補持字。翟雲昇曰。當入又部。羅振玉曰。此即獲字。倫按翟羅二説是也。十篇。獲。獵所獲也。是此字義。獲音匣紐。隻雙一字。雙。从雔得聲。雔音禪紐。禪匣皆摩擦次濁音。是其證也。獲从蒦得聲。蒦从萑得聲。萑音匣紐。而蒦轉入影紐。隻音照三。盖从又。隹聲。隹音照三。故隻音亦照三。古讀照歸端。端影同為破裂清音。亦可證也。陳騂壺。子陳𩢲内伐匽□□之隻。隻即獲也。本書鑊字。甲文作[glyph]。从隻得聲。甲文有[glyph]。亦作[glyph]。亦作[glyph]。或从隻。或从隹。甲文又有[glyph]字。羅振玉依辭義釋濩。字从水。隹聲。虢季子白盤。經縷四方。劉心源釋維。盖从糸隻聲。由隻亦从隹得聲也。又可證也。鳥一枚也鍇本作鳥一枚曰隻也。蓋皆挩失本訓。存者校語耳。从又持隹。校者改之。持一隹以下九字亦校語。字失次。當入又部。餘詳雙下。季隻段作[glyph]。【說文解字六書疏證卷七】

◉楊樹達　殷虛書契前編卷貳廿陸之柒云：「壬子，卜貞：王田于斿，往來亡巛？兹御。隻鹿十一。」卜辭通纂陸肆壹片云：「丁亥，卜，貞：王田𡆥，往來亡巛？禽？原釋畢，非。隻鹿八，兔二，雉五。」金文楚王酓忎鼎云：「楚王酓忎戰隻兵銅。」此皆用隻為後世之獲字。說文十篇上犬部云：「獲，獵所獲也。从犬，蒦聲。」胡伯切。甲文記殷王田獵隻鹿兔雉，隻字正用獵所獲之義，而説文訓隻為鳥一枚，全失其初義，廣韻之石切之音亦失其音。向非甲文銘刻，則隻字之初義亦終不可知。【隻獲　積微居小學述林】

◉高田忠周　[glyph]按此甚似爵字古文。然銘云。矢白[glyph]作父癸彝。與他器謂由觶爵數器並作者自異。且古文形似叚借亦多。此字若為爵古文。亦當叚借為隻字。最古鳥隹同字耳。故今从原釋云。吳式芬引許印林説云。説文。[glyph]鳥一枚也。从又持隹。持一隹曰隻。二隹曰雙。要隻雙雔雄字皆从隹。若有鳥隹分別乎。鳥部亦不能無𩿿鸔嶋鴂字。不然者隹鳥同故也。又隻本義元謂鳥。轉謂凡物。與雌雄字同。【古籀篇九十四】

雒　高景成釋　周雒盨　【金文編】

雒陽宮丞　
雒功私印　【漢印文字徵】

雒朱育集字　【汗簡】

朱育集字　【古文四聲韻】

◉許　慎　雒鵋鶀也。从隹。各聲。盧各切。　【說文解字卷四】

◉馬叙倫　鈕樹玉曰。說文無鵋鶀。釋鳥釋文云。本亦作忌欺。桂馥曰。廣韻引字林。雒。鵋鶀。鳥。倫按鵋鶀者。雒之俗名。許本訓鳥也。唐人删省耳。字見急就篇。顔師古本作絡。　【說文解字六書疏證卷七】

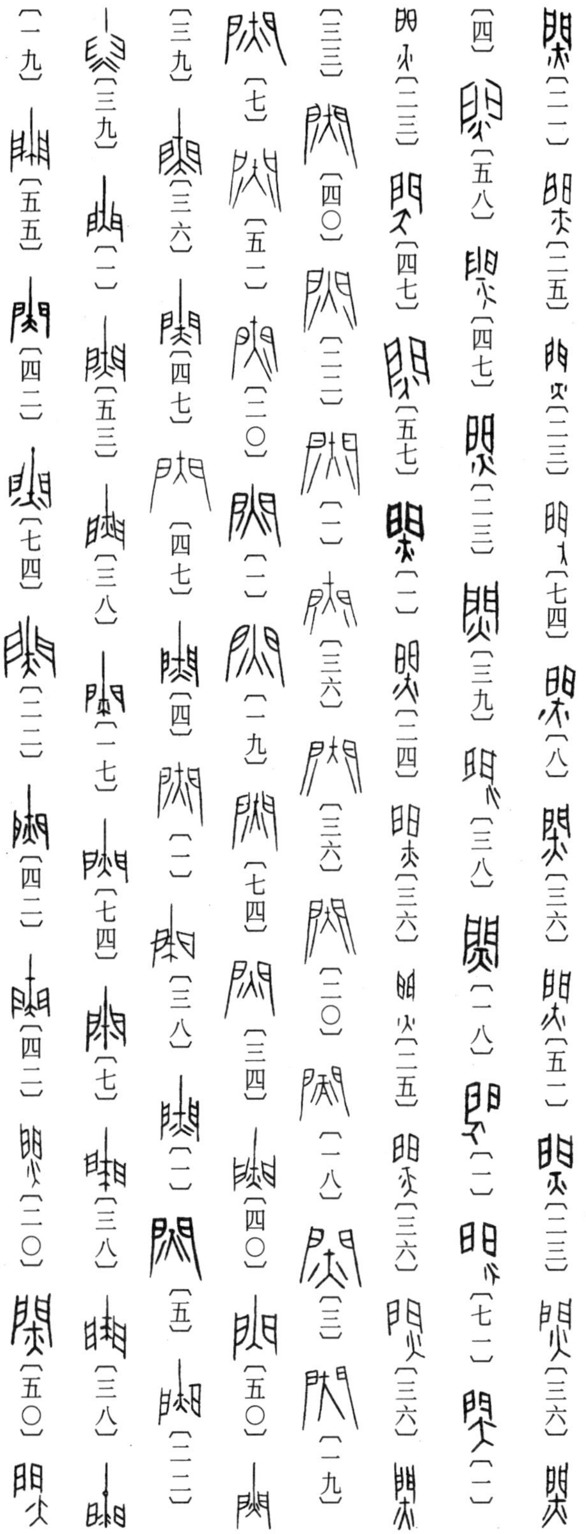

〔三六〕〔五二〕〔四二〕〔四二〕〔三八〕〔四二〕〔二二〕〔三六〕〔四〕〔三六〕

〔三〕〔四二〕〔七四〕〔一九〕〔一九〕〔三六〕〔一〕〔二〇〕〔一九〕

〔五〕〔四二〕〔四七〕〔三〕〔一〕〔四七〕〔二五〕〔四二〕【先秦貨幣文編】

閵　為二三　通藺　檜—環殳　為二三　通吝　結日作事　不成以祭—　日甲二　日甲二　【睡虎地秦簡文字編】

閵廣利印　閵衰　閵中　【漢印文字徵】

汗簡　【古文四聲韻】

◉許　慎　今閵。似鴝鵒而黃。从隹。𠕀省聲。良刃切。籀文不省。【說文解字卷四】

◉馬叙倫　桂馥曰。今閵。玉篇作含閵。倫按含亦从今得聲也。今閵當作雂也。轉寫譌耳。雂閵轉注字。今音見紐。然从今得聲之字多在羣紐。吟从今得聲。音在疑紐。皆舌根音也。念从今得聲。音在泥紐。疑泥皆鼻音次濁音也。疑古讀入疑紐。閵。从隹。門聲。門音明紐。明亦鼻音次濁音也。許謂𠕀省聲。故今讀來紐。古讀來歸泥。似雊雒而黃校語。

王筠曰。篆當作。倫按嚴可均高田忠周以此證𠕀篆當从二。朱孔彰以為當从一。皆非。詳𠕀字下。然𠕀亦从門得聲。故閵之籀文作。籀文下當依鍇本有閵字。不省二字校者加之。【說文解字六書疏證卷七】

◉張秉權　，乃閵字。說文四上，隹部：「閵，今閵，佀鴝鵒而黃，从隹𠕀省聲。良㓨切。，籀文不省。」按籀文與此形近，丙編二八四「閵（考釋作藺，傳寫之誤，當改為閵）赤𡳿雙」係鳥名。乙編二一一二「今閵☐雖☐」與此版之閵同，似為人或族名。【殷虛文字丙編考釋】

◉睡虎地秦墓竹簡整理小組　〔一〕閵，讀為吝。今本《周易》悔吝之吝字，馬王堆帛書《周易》均作閵。吝，小不利。《周易·繫辭》：「悔吝者，言乎其小疵也。」【睡虎地秦墓竹簡】

[古文字形] 巂 日甲五六 四例 [古文字形]日甲五三 三例 【睡虎地秦簡文字編】

[古文字形] 越巂太守 [古文字形] 越巂都尉章 【漢印文字徵】

◉許 慎 巂周燕也。从隹。屮象其冠也。冏聲。一曰蜀王望帝婬其相妻。慙。亡去。為子巂鳥。故蜀人聞子巂鳴皆起云望帝。户圭切。【説文解字卷四】

◉林義光 冏非聲。冂蓋象枝尾形。古内冏同字。見冏字條。冂形近内。因亦譌从冏。猶嚚或體作[古文字形]交彝。冂象獸尻。亦或譌作[古文字形]王母鬲。為或體作[古文字形]周客敦。冂象尻。而亦譌作[古文字形]師寰敦譌字偏旁也。【文源卷一】

◉馬叙倫 鈕樹玉曰。繫傳婬作媱。譌。嚴章福曰。釋鳥疏韻會四支引並為上有化字。沈濤曰。爾雅釋文引末句作皆起曰是望帝也。蓋古本如是。今本奪是也二字。辭氣不完。鄧廷楨曰。一曰以下非許語。朱駿聲曰。周曰燕。越曰巂。猶雅者楚曰烏秦曰雅也。章炳麟曰。乙泰部。旁轉隊為巂。此乙燕之後起字。林義光曰。冏非聲。為冂之譌。冂象枝尾形。夏敬觀曰。冏聲脂類。支脂通轉。故巂从冏聲入支類。倫按甲文有[古文字形]字。蓋巂之初文。象形。後以鳥之有冠者不止巂也。且由圖畫性之象形文變為篆文。尤易相掍。乃加冏為聲。此為食蚌之鷸本字。食蚌之巂正有冠也。巂䴇聲同脂類。故或借巂為䴇。䴇者。乙之後起字。燕乙則異文也。故爾雅釋鳥。燕䴇。其言巂周燕者。本當是巂燕。借巂為燕也。今作巂周燕者作雅者。譌以雋巂為一字。周者。雋字訓也。知者。禮記曲禮。立視五巂。注。巂猶規也。釋文。車輪轉一周為規。以周釋規。周音照紐。古讀歸端。規音見紐。端見同為破裂清音。又周从口得聲。口音溪紐。見溪又同為舌根破裂音。故以周訓規。然規矩之規本字為㐅。變為[古文字形]。見畫字下。巂規雖支脂近轉可通借。而倫以為借為㐅字者。本作雋。从隹。冂聲。乃子規鳥本字。冂即㐅之變也。巂雋形近。故雋誤為巂矣。文選七命李注引呂氏春秋本味。巂燕之腴。今本作雋觽之翠。乃觽燕誤為雋觽也。雋雋巂形並相近。亦可證其相誤之由矣。此訓周燕。由許不明巂為食蚌之鷸本字。而本雅文為釋。或捝本訓。而校者據雅文補之。一曰以下校語。餘詳鷸下。【説文解字六書疏證卷七】

◉譚戒甫 令毁、令彝和後面大鼎三銘末尾的鳥形巂字就是這個虔地。據音讀，虔字从虍，文聲，屬「痕部」；巂是「周燕」，字从隹，山象其冠，冏聲，屬「没部」。二部只是平入之分，古音例得通假，所以虔即是巂。

《春秋經》，莊公三年：「秋，紀季以酅入于齊」。《釋文》「酅，本又作攜」。杜注：「酅，紀邑，在齊國東安平縣」。按齊都營丘，東為酅邑，相去頗近，今山東省臨淄縣東即是。又《左傳》隱公元年《正義》引《世族譜》：「紀，姜姓，侯爵」。按紀故城在今山東省壽光縣南，縣有紀侯臺，其下曾出有很多青銅器，中有「己侯貉子分己姜寶作毁」的「銘文」，紀只作己，則「姜姓侯爵」可信。這就是丁公的酅，也就是虔公父丁的虔。但何以涉及紀侯呢？這部歷史說來複雜，當另作詳考。卻有一事，以前我們對於紀侯與齊同姓，地又與齊都相鄰，總不知其祖所自出；今據本「銘」，才知己國原出于齊之丁公了。

西邊的巂呢？考《左傳》僖公二十六年：「公追齊師至酅」。《釋文》：「酅，本又作巂」。按《公羊傳》也作巂，地在今山東省東阿縣西南。這就是夨令的巂，也就是虔侯夨公矜的虔。但這個巂的設置，可能和紀侯的祖先有關係。【周初夨器銘文綜合研究　武漢大學學報一九五六年第一期】

◎羅福頤　跋巂太守(《封》卷三，頁五四)(圖版伍：23)　跋巂太守章(《封》卷三，頁五五)(圖版伍：24)　跋巂都尉章(《封》卷四，頁三五)(圖版伍：25)

《漢書》卷二八上《地理志》有越巂郡。注：武帝元鼎六年開。莽曰集巂，屬益州。應劭曰：故邛都國也，有巂水，言越此水以章休盛也。師古曰：巂音先蘂反。《後漢書》卷三三《郡國志》同。《晉書》卷一四《地理志》益州有越巂郡。《宋書》卷三八《州郡志》益州有越巂太守。注：漢武帝元鼎六年立，故邛都國。《南齊書》卷一五《州郡志》益州有越巂獠郡。案《漢書》越巂郡，今見封泥，首字皆作跋，无作越者。考《說文解字》段注，越、跋均作王伐反，古音同在十五部，是二字可相通假，跋殆其本字矣。巂字，《晉書》、《宋書》如此作，二《漢書》、《南齊書》均作巂。考《說文解字》隹部：巂，周燕也，从隹，屮象其冠也，冏聲，户圭切。雋，肥肉也，从弓，所以射隹，長沙有下雋縣，徂沇切。由是知巂、雋實二字。然漢人石刻中多混用。如《隸辨》載擕字，楊統碑作攜，造橋碑作攜，張壽碑、張公神碑、三公山碑均作攜可證也。巂字實不見于《說文解字》，殆由巂而誤者耶？【封泥證史録舉隅　文物一九八二年第三期】

◎朱德熙　裘錫圭　47號簡「鯖離巂一貼」，48號簡「鯉離巂一貼」。《考釋》認為「離字應作『兩』解」，又解釋「巂」字說：「漢時巂雋不分，此即雋字，亦即鐫字，借為篴。」(135頁)其說不可信。

「巂」、「雋」不同音。遣策中既有「巂」字，又有「雋」字(看上文「鹿雋」條)，怎麼能說「巂雋不分」呢？「巂」與「膎」古音同聲同部，簡文「巂」似應讀為「膎」。《說文・肉部》：「膎，脯也。」徐鍇《繫傳》：「古謂脯之屬為膎，因通謂儲蓄食味為膎，故《南史》孔靖飲宋高祖無膎取伏雞卵為肴，又王儉云庾郎食膎有二十七種，是也。」揚雄《太玄・逃・次六》「費我膎功」，范望注「孰食為膎」。《廣雅・釋器》「肌、膚、肴、脥、膎、脯……肉也」，王氏《疏證》：「焦仲卿妻詩：交廣市鮭珍。鮭與膎通。《說文》：脯，膎肉也。《集韻》：吳人謂腌魚為膎脯。亦儲蓄之名也。」簡文的「巂」(膎)用鯖、鯉制作，應是一種乾魚。

「離」當指將魚肉割開。【馬王堆一號漢墓遣策考釋補正 文史第十輯】

◉石志廉 楊桂榮 商《[鳥/冈](雋)父丁鼎》

此鼎是文化部文物局于1958年撥交我館的。傳河南安陽出土。⊘內壁一側有鑄銘陰文「[鳥形]父丁」三字，其[鳥形]字上从一鳥，下从冈，隸定作[鳥/冈]實為[鳥/冈]字，亦可書作雋，即後來的鷸字，它與我館所藏的商《[鳥形]父己觶》的[鳥形]字最為相似。商周青銅器銘文中有很多作此類鳥形銘文者，如《[鳥/冈]父癸爵》《[鳥/冈]作册大鼎》《[鳥/冈]矢尊》《[鳥/冈]㚔妻子鼎》《[鳥/冈]矢方彝》等，此外我館尚藏有未發表過的商《[鳥/冈]癸爵》和商《[鳥/冈]斝》(殘)各一件。有人認為鳥下之冈無用，等于虛設或裝飾，也有人將這些銘文一律釋為鳥字，我們認為此字當釋作[鳥/冈](雋)。馬叙倫謂此字即《説文》之雋字，亦即戰國鷸蚌之鷸的本字，其説是。這件銅鼎不見著録，從其形制、紋飾、銘文來看，應是商代晚期的銅器。【中國歷史博物館所藏部分商代青銅器 中國歷史博物館館刊一九八二年第四期】

◉許慎 䧚鳥也。从隹。方聲。讀若方。府良切。【説文解字卷四】

◉馬叙倫 嚴可均曰。讀若方。蓋校者所加。朱駿聲曰。疑與魴同字。【説文解字六書疏證卷七】

甲三九四二 筆畫殘泐 甲一七九 甲一八三 亞雀 甲二二九 甲八三二 甲二九〇二

甲三五九〇 乙八一二反 乙八一八 乙八四〇 乙六三一〇 乙六六三七 乙六七〇四反 乙七

○五○反 鐵八・二 鐵八九・一 鐵九二・二 鐵一七九・一 鐵一八一・三 前六・五九・五 前七・三九・二 前八・九・三 前八・一三・二 後二・一九・三 林二・二三・一二 戩四七・七 戩四七・八 佚六○四 佚七五八 佚九六一 燕一八二 粹一二九三 粹一五五三 鄴初下三三・一二 京津二二三四 無想三三九 京都三七九 【甲骨文編】

甲179 183 229 447 2902 2996 3590 乙1046 3418 4693 5798 6310 6692 6702 6709 7123 7153 7172 7491 7662 7674 7795 7960 8935 珠459 559 佚132 484 604 758 961 續1・9・9 2・31・4 3・34・1 4・11・1 5・34・2 6・9・8 6・26・1 徵4・40 4・41 10・118 1166 11・97 京3・21・4 凡9・4 録647 鄴32・6 天80 98 摭86 東方1295 六中164 六淒1 六清10 外290 六清62 84 110 續存384 609 638 717 外58 354 摭續180 粹1167 1293 1553 新1843 【續甲骨文編】

202 【包山楚簡文字編】

禪國山碑 赤雀 【石刻篆文編】

◉許 慎 雀依人小鳥也。从小隹。讀與爵同。即略切。【説文解字卷四】

◉孫詒讓 「卜嗀貝古其戋」、一之二。「酉卜貝」、八之一。「乙□其网下半闕」、八之二。「甲申囗父□□羌一宰」、卅五之四。「乙酉卜貝弗其囙」、五十一之一。「季嗀□」、七十九之三。「□立□」、八十九之一。「□申卜□弗」、九十二之二。「日雀□」、百六之三。「壬戌貝雀禽不」、百十七之四。「丙申卜㐱𢆶雀于兄丁」、百四十五之三。「己酉卜貝雀亯𢍏豕弗其禽□」、百八十一之三。「癸□卜□貝雀來」、二百廿五之一，印本誤到。「戊申卜令止父尚雀戊𠂤」、二百廿六之一。「壬辰雀」又云「雀其」、二百四十之二。「庚女貝雀弗其」。二百四十八之四。諸文皆从隹，从小，當是「雀」字。《說文·隹部》：「雀，依人小鳥也，从小隹。讀與爵同。」此文似即借為「爵」字，故多與「牲牢」及禽並舉。「㐱𢆶雀于兄丁」謂告詔爵于兄丁，即獻酒也。【契文舉例卷下】

◉葉玉森　□□□㱿貞雀亡囚　雀孫詒讓氏釋雀。說文隹部。雀。依人小鳥也。从小隹。讀與爵同。契文舉例下葉四。森按。雀為國名。疑即史記五帝本紀之鳥夷。其國殆多鳥雀。故曰雀或鳥。猶羊方馬方例。殷契鉤沈。本辭云。「貞雀亡囚」。他辭亦云。「貞雀弗其囚」。藏龜第五十一葉之一。【殷虛書契前編集釋卷五】

◉郭沫若　𩛥字字書所無，疑是雀之古字，用為酒尊之爵。【通段　兩周金文辭大系考釋】

◉馬叙倫　劉秀生曰。甲文有雀字。或謂雀即由雀誤分為二。苗夔江沅則謂雀从隹。从小。小亦聲。雀讀若爵者。蓋同音也。禮記三年問。小者至盡雀。釋文。雀本亦作爵。月令。爵入大水為蛤。淮南時則訓作雀入大水為蛤。孟子離婁。為叢驅爵者。晉書段灼傳作為藪驅雀者。莊子在宥。方將柎髀雀躍而遊。釋文。雀本作爵。並其證。尹桐陽曰。雀爵疊韻。倫按依人小鳥也者。此附會小隹為說。校者加之。許本訓鳥也。从隹。小聲。小爵並舌尖前音。又聲同宵類。故雀讀若爵也。然讀與四字校語。急就篇以爵為雀。則倉頡無雀字。蓋出字林。非許書本有也。【說文解字六書疏證卷七】

◉丁　山　雀入十。𡕒。林·1·14·12甲翼。

雀入二百五十。院·十三次·甲翼。

雀入百五十。院·十三次·甲翼。

雀氏，見于卜辭者，或曰雀侯：

辛丑卜，勿乎雀取匚雀侯〇㬱。鄴·初·下·32·6。

乎侯雀。殷虛文字甲編·440。

甲辰卜，雀受侯又。戩·47·7。

或曰雀男：

□□卜，貞，□□雀男□受又。林·2·22·12。

或曰亞雀：

辛巳卜，貞，𡨦亞雀𢦏余勹，若。前·8·13·2。

蓋其時代不同，爵號因之而異，稱「雀侯」者，殆武丁時代紀事；稱「雀男」者，或馮辛武乙時代紀事；在文丁帝乙時則稱「亞雀」也。雀侯既死，王朝祀典，常以之陪享小乙武丁：

戊子卜，禦雀于父乙。文録·314。按父乙即小乙。

丙午卜，勿禦雀于兄丁，三□。鐵·145·3。按兄丁即武丁。武丁死，其弟某攝位，殷本紀脱此一世。

則「雀侯」必小乙之子，亦武丁之弟兄行也。雀侯為武丁懿親，故卜辭所見其事亦較繁。【雀侯 殷商氏族方國志】

◉朱歧祥 𠂤从隹，或雀字之省。卜辭用為地名。

《摭續180》☐其☐于𠂤☐斫。【殷虚甲骨文字通釋稿】

猚

臣猚【漢印文字徵】

◉許 慎 猚鳥也。从隹。犬聲。睢陽有猚水。五加切。【説文解字卷四】

◉馬叙倫 鈕樹玉曰。廣韻引作鳥名。又水名。在睢陽。沈濤曰。以本部雁雅諸字例之。當作也。不當作名。孔廣居曰。犬。苦玄切。苦五皆喉音。故猚諧犬聲。王紹蘭曰。玉篇五佳切。古音近獲。呂氏春秋本味篇。貛貛之炙。高誘注。貛貛。鳥名。其形未聞。畢沅云。舊校曰。貛一作獲。今按南山經。青丘之山有鳥焉。其狀如鳩。其音若呵。名曰灌灌。郭注。或作濩濩。今作貛。从豸。當是獸名。而注云鳥名。則當如山海經所説也。紹蘭以為獲濩皆猚之借字。此言猚水。漢書地理志正作獲水。其證也。貛貛又聲轉耳。許所見山海經呂氏春秋蓋作猚字。倫按睢陽五字校語。又疑此字出字林。【説文解字六書疏證卷七】

雗

◉許 慎 雗雗鷽也。从隹。倝聲。侯榦切。【説文解字卷四】

◉馬叙倫 鈕樹玉曰。繫傳鷽作鸒。段玉裁曰。此與鳥部鶾各物。鳥部曰。鶾鷽。山鵲。知來事鳥也。王筠曰。鷽下亦云。雗鷽。知雗非衍字。釋鳥鶾天雞鷽山鵲連文。天雞之字許作翰。恐釋鳥之文本作雗鷽。山鵲。今本沿上文而誤去之。倫按翰是羽之轉注字。天雞字即雗也。天雞即卓雉。故爾雅釋鳥。雗雉。鶾雉。郭注。今白鶾也。江東呼白雗。玉篇亦訓白雗

雉

也。釋鳥又曰。鶾。天雞者。雅文非一人所記。故複出也。本書鳥部亦有鶾字者。後人加之。詳翰字下。此訓翰鷽也者。翰字是隸書複舉之未删者。鷽也則校者據玉篇加之。本訓鳥也。今捝矣。或曰。淮南氾論。鳱鴠知來。吴麦雲謂鳱鴠即説文之翰鷽。吴所據者本儀禮大射禮鄭注。今淮南作乾鵠。檢本書告之轉注字作嚳。从告。學省聲。則鵠可借為鷽也。翰鷽以雙聲為詞。非鳱鵁鶄鵠鴻鵠之鳱鵠。是翰非雉也。倫謂知來之鳥。乃下文之雁鷽。鳥部之鷽古書或借翰為之。淮南之乾。即翰之借。而淮南以翰鵠為鷽。翰鵠以雙聲連緜為詞。非天雞之翰鴻鵠之鵠也。【説文解字六書疏證卷七】

◉丁佛言 古匋翰。鷽也。或从車。車蓋𦬁之譌。【説文古籀補補卷四】

乙五四〇三 乙八七五一 前二・三一・五 前七・二四・一 掇二・一六八 不雉衆 古雉夷通用 夷古訓傷不雉衆猶言不傷衆也 鄴三下四四・五 从鳥 癸于旦迺伐戋不雉人 粹一一五三 伐衛不雉衆 京津二六〇〇 京津四四〇〇 弗雉王衆 京津四四〇一 其雉衆 京津四九一一 存下八〇五 寧滬一・五一一 通别二・四・一 二 獲三鹿雉十五 輔仁一〇六 佚五 佚九二三 佚九九〇 前二・一一・六或从矢 羅振玉説象以繩繫矢而射 所謂矰繳者也 獲口一芘二雉二 前二・三〇・一獲雉卌八 前二・三〇・四 前二・三四・六 前四・四四・一 後一・一四・一〇 後二・六・四 掇二・二〇三 掇二・二一六 續三・一七・三 續三・一八・一 坊間一・一〇〇 存二三七〇 庫一五三六 明九九 陳八六 京都五〇 甲二五六二 或从至聲 不雉衆 前二・八・五雉衆 前二・一八・二 前五・六・一 林一・二四・一六 京都二一二九 京都二一四六 鄴三下・三八・二 或从雉从土 其義與雉同 今列為雉字別體 六辭 伐屰弗⿱雉土王衆 伐□弗⿱雉土王衆 伐㠯弗⿱雉土王衆 伐逐弗⿱雉土王衆 伐□弗⿱雉土王衆 五族其⿱雉土王衆 鄴三下・三九・一〇 □丑卜五族伐弗⿱雉土王衆 【甲骨文編】

乙8751　珠422　佚5　粹1153　佚922　佚990　續3·43·6　天76　鄴三38·2　44·5

續存2370　粹1158　1568　新4400　【續甲骨文編】

雉崇私印　【漢印文字徵】

開母廟石闕　猵彼飛雉　石碣田車　麀鹿雉兔　【石刻篆文編】

雉竝說文　【汗簡】

說文　證俗古文　崔希裕纂古　【古文四聲韻】

◉許　慎　雉有十四種。盧諸雉。喬雉。鳪雉。鷩雉。秩秩海雉。翟山雉。翰雉。卓雉。伊洛而南曰翬。江淮而南曰搖。南方曰𠷎。東方曰甾。北方曰稀。西方曰蹲。从隹。矢聲。直几切。古文雉从弟。【說文解字卷四】

◉羅振玉　說文解字。雉。古文作。从弟。今以卜辭考之。古文乃从。蓋象以繩繫矢而射。所謂矰繳者也。雉不可生得。必射而後可致之。所謂一生一死者是也。許言从弟殆失之。【殷虛書契考釋卷中】

◉高田忠周　晉矦奮。余雉今小子。敢帥井先王秉德。又曰。雉今小子整辪爾家。拓本。按字明从隹从午。然隹鳥兩部無午聲字。且銘以為隹。經傳之唯惟維也。因謂此午即矢。省文。古音矢隹同部。故借雉為隹。與唯惟維用為隹同例也。【古籀篇九十四】

◉陳邦懷　前編卷二弟十一葉　前編卷二弟三十四葉　前編卷四弟四十四葉　前編卷二弟三十一葉　前編卷七弟二十四葉。

卜辭雉字皆從夷。第一字從即說文解字之夷。第三字從則夷之反文也。段注說文雉字云。雉古音同夷。周禮雉氏掌殺艸。故書作夷氏。大鄭從夷。後鄭從雉而讀如鬀。今本周禮作薙者。俗製也。又按段先生周禮漢讀考卷二云。雉氏注。故書雉或作夷。夏日至而夷之。月令注引夏日至而雉之。然則夷即雉字。邦懷按。段云雉古音同夷。夷即雉字。皆足證卜辭雉字塙是從夷。說文解字古文雉從弟。蓋亦為從夷之譌。段云弟聲。恐不然矣。卜辭第二第四字所從則為夷字之變體。卜辭第五字所從之夷省作。而與矢形近者。是小篆雉字從矢所由出與。【殷虛書契考釋小箋】

◉商承祚　說文「。古文雉。从弟。」案段氏云。「雉。古音同夷。周禮雉氏掌殺艸。故書作夷氏。大鄭从夷。後鄭从雉。

而讀如鬀。今本周禮作薙。俗製也。左傳。『五雉為五工。正夷民者也。』揚雄賦。辛雉即辛夷。」甲骨作[illegible][illegible]从[illegible][illegible]。殆象矰繳之形。後世以為从夷。非也。或省繩作[illegible]。从矢。與篆文同。汗簡引作[illegible]。是也。右弟不應同篆文石經弟之古文作[illegible]。可證。此形當是[illegible]之寫誤。誤[illegible]為[illegible]也。【說文中之古文攷】

◉強運開　張德容云。按周禮薙氏鄭君讀如鬀小兒頭之鬀。經籍中惟周禮所存籀文字為多。如媦遷之類皆是。此雉字當亦籀文。運開按。說文段注云。古音同夷。周禮雉氏掌殺艸。故書作夷氏。大鄭从夷。後鄭从雉而讀如鬀。今本周禮作薙者俗製也。據此。則周禮本作雉字。張氏雉為籀文之說較為可信。【石鼓釋文】

◉于省吾　佚五。伐衛不雉衆。九二二。受不雉衆。其雉衆。鄴三下三八・二。伐弁弗⿱雉土王衆。伐[illegible]弗⿱雉土王衆。伐[illegible]弗⿱雉土王衆。伐逐弗⿱雉土王衆。伐尧弗⿱雉土王衆。五族其⿱雉土王衆。三下三九・十。五族伐。弗⿱雉土王□衆。三下四四・五。癸。于昌迺伐戈。不雉人。按雉从矢。作[illegible]者變體也。或从土作⿱雉土者繁文也。栔文雉兕之雉亦作[illegible][illegible]。从矢从寅一也。上文所舉諸雉字。均應讀為夷。周禮薙氏注。夏日至而夷之。月令注引作夏日至而雉之。爾雅釋詁。雉陳也。樊注。雉夷也。楚辭東方朔七諫自悲。列新夷與椒楨。漢書揚雄傳。列新雉於林薄。集注引服虔。雉夷聲相近。是雉夷字通之證。左襄一十六年傳。王夷師熸注。夷傷也。荀子君子。故一人有罪而三族皆夷注。夷滅也。傷與滅義相因。要之。栔文雉衆雉人相屬為文。均就征伐言之。雉字應讀為夷。夷謂夷滅。其言衆者謂衆人。語之省。猶之不䖒衆亦作不䖒衆人也。【釋雉　雙劍誃殷栔駢枝三編】

◉馬叙倫　鈕樹玉曰。韻會引作鳥名。从隹。矢聲。在有十四種上。鳪作鴩。伊洛而南作伊洛以南。說文無鳪鴩。當不誤。然無別證。又翬注作伊雒。此亦當然。桂馥曰。有十四種者。闕雉之正訓。玉篇。雉。野雞也。廣雅。野雞。雉也。倫按說解當依韻會所引。蓋小徐原本如此。但鳥名為字林訓。倫謂有十四種以下。蓋庾注或亦字林文也。爾雅釋鳥雉十四種。有搖雉。無盧諸。盧諸別出。此蓋以搖雉與江淮而南名搖者同。故加入盧諸以足十四之數。或所見爾雅不同今本。故據之如此也。盧諸疊韻連緜詞。古謂黑者曰盧。故黑水曰盧龍。黑弓曰盧弓。目精黑曰盧童子。則盧諸雉為黑雉矣。喬雉者。鳥部。鷮。走鳴長尾雉也。鳪雉者。韻會引作鴩。卜𠦝皆脣音也。𠦝卓一字。詳𠦝字下。疑鴩雉即鵫雉。鷩雉者。鳥部。鷩。赤雉也。秩秩海雉者。釋鳥。郭注謂如雉而黑。在海中山上。尋秩音澄紐。翟音透紐。卓音知紐。古讀知歸端。是秩雉翟雉卓雉皆以同舌尖前音而異。翟山雉者。詳在翟下。翰雉者。鍇本翰作韓。韓鶾一字。鳥部。鶾。雉也。又見翰下。卓雉者。亦見翰下。伊洛而南曰翬者。見翬下。江淮而南曰搖者。釋鳥作鷂。彼文曰。江淮而南五彩皆備成章曰鷂。鳥部。鷂。鷙鳥也。非此義。搖音喻紐。與軍雙聲。翬从軍得聲。是搖為翬之轉音也。南方曰翯者。釋鳥文。翯亦搖之聲轉也。搖翯聲同幽類。東方曰甾者。此十二篇。東魯名缶曰甾之甾字。甾由一字。詳甾字下。粤从由得聲。音在喻紐。是甾亦搖之音轉也。北方曰稀者。稀音曉紐。與喻四皆摩擦次清音也。則稀亦搖之轉也。西方曰蹲者。尊軍聲同真類。是蹲為翬之轉。又尊音精紐。甾音照紐。精照皆破裂摩擦音。則蹲又甾之轉也。以此證之。伊洛而南曰翬以下。皆一雉而因方音不同有此異名。然則雉非有十四種。愈知非許文矣。爾雅本非一人所作。故每重出。而校者不知。謬計之為十四種而注之此下耳。説解蓋本作鳥也。今捝。字見急就篇。

𨿉 王筠曰。汲古閣初印本篆作𨿉。五音韻譜同。是也。□乃古文弟。𨿉既古文。宜从古文弟也。周禮薙氏。鄭讀如鬀小兒頭之鬀。宋保曰。弟聲。弟矢同部。史記曹叔世家。惠伯兕立。孫檢曰。曹惠伯或名雉。或名弟。或復名弟兕也。弟即𨿉之借字。商承祚曰。汗簡引作𨿉。是也。古文𨿉不應从篆文弟。倫按雉从矢得聲。矢音審紐。古文雉从弟得聲。弟夷一字。夷音喻四。同為摩擦次清音也。甲文有□□□□諸文。羅振玉釋雉。倫謂□即雉字。餘三字皆从夷聲。雉或从弟聲。或从夷聲。猶鶇或作鵜矣。周禮雉氏注。故書雉或作夷。一篇。薙。除艸也。二篇癹下引春秋傳。癹夷蘊崇之。癹夷即癹薙。左昭十七年傳。五雉為五工正。夷民者也。服虔曰。雉者。夷也。亦雉得从夷聲作雉之證。从弟二字校者加之。玄應一切經音義引古文官書。雉雉。直理反。則此字字林依官書加之。汗簡引雉字指有□。即雋。其隹字作□。與此同。字指蓋本官書。亦可證也。【説文解字六書疏證卷七】

◉李孝定　卜辭多以雉衆連文。于省吾陳夢家兩氏之説均可通。而以陳説為長。蓋鄴三數辭于氏引作「伐」者。字均作□。當釋「戉」。言戉於某地。其陳王衆否也。于氏釋伐故訓雉為夷。蓋偶未察耳。雉有夷義已見周禮注。惟似與卜辭辭意不合。王衆當為時王之直屬部曲。左傳成十六年「苗賁皇言於晉侯曰。『楚之良在其中軍王族而已』」。王族當與卜辭王衆義同。【甲骨文字集釋第四】

雊

□□ 品式石經　高宗肜日　越有雊雉　【石刻篆文編】

◉許　慎　雊雄雌鳴也。雷始動。雉鳴而雊其頸。从隹。从句。句亦聲。古候切。【説文解字卷四】

◉馬叙倫　鈕樹玉曰。韻會作雌雉鳴也。沈濤曰。書高宗肜日正義詩小弁正義。皆引作雄雉鳴也。文選長笛賦注引雄雉之鳴

雞

為雊。一切經音義十引雄雉鳴為雊。蓋古本如是。今本雌字誤。小徐本作雌雉鳴也。更誤。書正義作雉乃鳴而雊其頸。今本亦奪乃字。嚴可均曰。類篇亦引作雄雉。小徐韻會引作雌雉。則誤涉鷕字。段玉裁曰。言雄雉鳴者。别於鷕之為雌雉鳴。詩小雅。雉之朝雊。尚求其雌。邶風有鷕雉鳴。又云。雉鳴求其牡。按鄭月令注云。雊雉鳴也。是雊不必系雄。鷕則毛公系諸雌。亦望文為訓耳。王筠曰。詩小弁疏引雊其頸作句其頸。是。于鬯曰。雊疑从叫不从句。丁福保曰。慧琳音義四十九引作雄之鳴雊也。今本雉誤作雌。倫按从隹。句聲。句為丩之轉注字。句曲者。丩之引申義。造字不从引申義。故知从句得聲。雄雉鳴也者。段說是。本書口部文有訓雞鳴豕呼鳥鳴者。實非本義。亦非本訓。惟虎部犬部多有狀虎狗之鳴字。然字皆从虎从犬。此與鷕為雄雉鳴雌雉鳴特造之字耶。字當从雉省矣。不然。則是僅鳥鳴之聲耳。本非雉鳴專字。若雄鳴為雊。雌鳴為鷕。止見詩毛傳。而詩字或本作句作唯。僅借以狀聲。故毛各依文訓釋。後人加隹於句加鳥於唯耳。而此往作雊鷕。遂為專字矣。倫疑雊鴝實一字。本訓鳥也。校者依毛傳加雄雉鳴也。鷕或雊之異文。亦本訓鳥也。校者依毛傳加雌雉鳴也。詩則借字耳。雷始以下九字亦校語。【說文解字六書疏證卷七】

甲四七八　地名　前二·二八·五　前二·三六·七　前二·三七·一　前二·三七·二　簠游七七　粹九七六　粹一五六二　佚五四七　佚七四〇　佚九九五　京津四四五五　明藏七八七　京都二〇一八　京都二二一六【甲骨文編】

甲1909　佚547　740　佚995　新5283　續3·18·3　新4455　徵10·77　粹976　粹1562新4456　粹1563【續甲骨文編】

3·306　中蔞圖里雞昜【古陶文字徵】

257　258【包山楚簡文字編】

雞　秦六三　七例　日乙七六　四例【睡虎地秦簡文字編】

雞【汗簡】

道德經　裴光遠集綴【古文四聲韻】

●許　慎　雞知時畜也。从隹。奚聲。古兮切。籀文雞从鳥。【説文解字卷四】

●薛尚功　兄丁尊

蓋　兄丁大雞

器　同前

右銘曰。兄丁大。下一字作鷄形。當是其弟為兄丁作此尊也。⊘銘鷄者。周官司尊彝六彝有鷄。六尊無雞。此尊也而以鷄銘之者。恐商之世。其制未分耳。周之禮樂庶事備。則於是尊彝析而為二焉。【歷代鐘鼎彝器款識法帖卷二】

●林義光　古作史頌將彝彝字偏旁。象形。系聲。古系只作系。見孫字條。系與奚古同音。或作庚贏尊彝彝字偏旁。變為。猶孫字古亦从幺也。見孫字條。又作戒尊彝彝字偏旁。以在乂中故變為。或作父丁彝借為彝字。象形。系雖諧聲。亦疑象縛雞形。雞常係縛之鳥也。【文源卷一】

●商承祚　金文雞魚彝作。皆象雞形。高冠修尾。引吭長鳴。一望而可知其與他禽不同矣。【甲骨文字研究下編】

●馬叙倫　知時畜也校語。許本作鳥也。牛羊之字皆不以畜訓。且鷂下曰。知雨鳥也。仍言鳥也。字見急就篇。甲文作。

羅振玉曰。甲文雞字作。皆象雞形。高冠修尾。一見可別于他禽。或增奚聲。然其他半仍是雞形。非鳥字也。説文作雞。从隹。籀文从鳥。均失之。倫按羅説是也。金文彝字皆从収持雞。伯雍毁作。公史毁作。其皆象雞形甚明。可證也。象形之雞變為篆文。與鳥易掍。乃增奚為聲。與初文為轉注字。更从鳥或从隹作耳。从鳥二字校者加之。【説文解字六書疏證卷七】

雛

 乙1052 【續甲骨文編】

 雛盧徒丞印 【漢印文字徵】

◉許　慎　雛雞子也。从隹。芻聲。士于切。籀文雛从鳥。【説文解字卷四】

◉馬叙倫　桂馥曰。雞子也字林同。倫按雞子也當作鳥子也。此字林訓。雛為鷇之聲同侯類轉注字。餘詳雡字下。字見急就篇。

倫按从鳥校者加之。【説文解字六書疏證卷七】

◉李孝定　乙・一〇五二　金祥恒續文編四卷十葉上收此作雛。其説未聞。按説文。「雛。雞子也。从隹。芻聲。」此从鳥从芻。古文从鳥从隹無别。金收作雛可从。辭云。「孚取生雛。」「勿取生雛。」同版它辭云。「辛丑卜。貞。其于六月娩。」「貞。今五月娩。」乃貞婦人免乳之事。此言生雛。未知與之有關否。若果有關。則其義當為初生兒。幼鳥之引申義也。存以待考。【甲骨文字集釋第四】

雡

◉許　慎　鳥大雛也。从隹。翏聲。一曰。雉之莫子為雡。力救切。【説文解字卷四】

◉馬叙倫　席世昌曰。鳥大雛也。鍇本作天鸙也。鍇引爾雅注。鷚。天鸙云云。昌按吳都賦注引説文云。鷚。鳥大雛也。此即雡字注。鳥隹義近而亂耳。鍇本當以李引正之。姚文田曰。小徐天鸙也。與鳥部鷚字説解同。疑後人誤改。桂馥曰。爾雅釋鳥釋文引作鳥弋。雛也。鳥弋當作鳥鳶。倫按沙木及俞先生樾皆以為雡鷚一字。倫謂隹鳥一字。則雡鷚自為一字。玄應一切經音義引通俗文。暮子曰鷚。鷚下曰。天鸙也者。本釋鳥文。然本書無鸙字。倫謂翏龠幽宵近轉。方言借鷚為鸙。爾雅以正名釋借名。故曰。鷚天鸙。本書無鸙字。故雡鷚異部。而以鷚為天龠耳。其實雡為雛之轉注字。淮南時則。天子以雛嘗黍。高注。雛。春鷚也。春鷚即天鸙。淮南以雛為鷚者。翏音來紐。古讀歸泥。芻音穿紐。古讀歸透。皆舌尖前音。芻翏侯幽近轉。故以雛為鷚。此可證之音者也。廣雅。雡。少也。少小一字。雛下曰。雞子也。雞子俗呼小雞。是雡訓少者。即謂小鳥。雛亦鳥子。非獨雞子也。此可證之義者也。又疑説解本作雛也。一曰。天龠也。一曰天龠也校者據爾雅加之。大雛為雡。他無可證。雛字此本原作舞。大舞蓋即天龠之譌。鳥字涉上文雛下説解而譌羨。傳寫奪譌。遂如今文。後人乃據爾雅增鷚字於鳥部耳。一曰雉之莫子為鷚者。本釋鳥文。莫子猶季子。亦小子也。此與雛非二義。校者以爾雅有此

離

文。故載之耳。【說文解字六書疏證卷七】

前六・四五・四从𡳾从隹說文所無 疑離字初文 前六・四五・五 前六・四五・六 後一・一二・一一 後二・三七・六 河七四四 佚五一九 佚五七二 甲二二七〇 乙七五九〇反 掇二・三九九 掇二・三九九背 辛巳卜在其今日往逐兕隻允隻十兕 乙八一七二 貞人名 【甲骨文編】

布尖 蔺石 按通離字 晉原 仝上 冀靈 布尖 离石 典四五二 仝上 典四五三 圜 离石 典三二六頁 圜 离石 典三二六頁 仝上 亞六・二六 仝上 圜 离石 亞六・二六 布尖 离石 亞三・三二 仝上 布 园大 离石 亞四・六八 仝上 布园大 离石 亞四・六九 仝上 布园大 离石 典五〇一 仝上 亞四・六八 布园 离石 亞四・六八 仝上 典四九六 仝上 典四九七 布园 离石 典五〇二 布园大 石离 典五〇三 【古幣文編】

離 效二八 十二例 通籬 興徒以斬垣─散及補繕之 秦一一七 【睡虎地秦簡文字編】

3119 2608 與貨幣文離石離字同 【古璽文編】

符離丞印 正離平 鐘離□ 鐘離公孫 【漢印文字徵】

禪國山碑 壁流離 祀三公山碑 遭離羌寇 【石刻篆文編】

離 【汗簡】

古孝經　道德經　義雲章　古孝經　【古文四聲韻】

◉許　慎　䍦黄倉庚也。鳴則蠶生。从隹。离聲。吕支切。【説文解字卷四】

◉羅振玉　説文解字。羅。以絲罟鳥也。从网从維。卜辭从隹在畢中。與网同。篆書增維於誼轉晦。又古羅離為一字。離从隹离聲。古金文禽作王伐鄦侯鼎。下从。知即。而移中之隹於旁。又於上加。許君遂以為离聲。方言離謂之羅。始以羅離為二字。後人遂以為黄倉庚之名及别離字。而離之本誼晦矣。【殷虚書契考釋卷中】

◉陳夢家　貞勿……□⿰隹畢(前六・四五・四)

貞弗其⿰隹畢。(前六・四五・五)

出⿰隹畢不隹……(前六・四五・六)

庚寅卜畢弗其⿰隹畢□。(上十二・十一)

貞弗其⿰隹畢土方。(下三七・六)

以上諸字皆離字也，羅氏不知卜辭另有羅字，故于增訂殷虚攷釋中四九頁遂謂古羅離一字。案羅離雙聲義同，方言曰「羅謂之離，離謂之羅」，然其結形有别，卜辭云「弗其離土方」者謂弗其遭土方也。金文善齋所藏畢鐃字作，亦離字。【史字新釋補正　考古社刊第五期】

◉丁福保　尖足布有作者，古泉匯釋作萬石，非是，為离之古文，象獸之兩角，小篆省作，隸書變為離，离離為古今字，江氏尚書集注，歐陽書今文，如豻如离，史記周本紀，作如豻如離，又易離卦本作离，自後儒以离卦之离為離，而古文亡矣，今見此布尚作，此古文之僅存者，甚可寶貴，攷離石在山西汾陽縣西北百七十里，戰國趙邑。戰國策曰，秦攻趙離石，拔之，北有離石水，故名，今仍名離石縣，屬山西省政府。【古泉學綱要　説文月刊二卷一期】

◉馬叙倫　鈕樹玉曰。繫傳倉作蒼。朱文藻曰。黄上當有離字。桂馥曰。爾雅釋文御覽集韻六書故引皆作離黄。王筠曰。當依埶文類聚引補離字。倫按離黄倉庚也者。本釋鳥。彼作倉庚鵹黄也。鵹即此下文⿰黎隹字。彼以雅名釋俗名。此以俗名釋雅名也。然下文。⿰黎隹。⿰黎隹黄也。是離⿰黎隹一字。音同來紐轉注。鳥名⿰黎隹黄者。本以鳥色黑黄。古謂黑如盧。十篇。黸。齊謂黑為黸。盧利雙聲。故今通作黧字。⿰黎隹从黎得聲。黎从利得聲。爾雅作鵹。亦利聲也。然疑本作鳥也。黄倉以下八字均校語。或字林之訓。唐人删本訓矣。字見急就篇。【説文解字六書疏證卷七】

◉李孝定　前六・四五・四、前六・四五・五、前六・四五・六、後上・十二・十一、後下・三七・六

雕 雕

說文「離離黄从段說黄上補離字倉庚也。鳴則蠶生。从隹离聲。」栔文作上出諸形。羅氏謂是離之本字。是也。謂離羅同字則非。蓋二者祇是同義字。其構造之意亦同。然謂即是一字則誤。一从网。一从离。其用雖同。其物各別。羅更增系。以文字衍變之例推之。例當後起。至羅氏説離字字形衍變之故。則説不可易也。【甲骨文字集釋第四】

◉黄錫全 離 此形當是麗字譌誤。與上諸麗字類似。麗與離古字通。【汗簡注釋卷六】

◉許 慎 雕鷻也。从隹。周聲。都僚切。鵰籀文雕从鳥。【説文解字卷四】

◉馬叙倫 沈濤曰。史記李將軍傳索隱引。雕似鷲。黑色多子。一名鷲。與今本不同。黑色多子乃鷲字之解。且既云似鷲。又云一名鷲。恐傳寫有誤。惟御覽九百二十六引鷲字解。有一曰雕三字。則雕鷲實一物。玉篇亦云。雕。鷲也。倫按鳥部。鷻。雕也。雕音端紐。鷻音定紐。同為舌尖前破裂音。是雕即鷻之轉注字。故急就篇鷹鷂鴇鴰翳雕尾。顔注曰。雕一名鷻。史記索隱引文與今本完全不同。錢坫謂似非許語。未可據。御覽引鷲字注一曰雕者。雕鷲聲同幽類。古或借鷲為雕。或借雕為鷲。如以鸈為鷂也。故曰一曰雕。一曰乃別義。非別名也。然是校者加之。故今不存矣。玄應一切經音義引三倉。雕。飾也。字見急就篇。顔師古本。玉海皇象本作鵰。玉海碑本作貂。譌。【説文解字六書疏證卷七】

雁 雁

雁 説文从隹瘖省聲 或从人人亦聲 其云从隹瘖省聲者 當作雁 其云或从人人亦聲者 當作倠 即此字少異 今篆文作雁 知今本譌奪 將雁倠二篆合而為一矣 孳乳為應國名 姬姓 左僖廿四年傳 邘晉應韓武之穆也 杜注 應國在襄陽城父縣西南 應公簋 應公觶 應公方鼎 應公鼎 應公尊 應公壺 應弔鼎 應侯簋 應侯鐘 應監甗 大鼎 走馬雁人名 師湯父鼎 宰雁人名 孳乳為膺 毛公𢉖鼎 膺受大命 又云金膺 詩小戎傳 膺馬帶也 師𣪕鼎 苶伯簋 師克盨 秦公鎛 【金文編】

◉許 慎 雁鳥也。从隹。瘖省聲。或从人。人亦聲。徐鍇曰。鷹隨人所指蹤。故从人。於凌切。鷹籀文雁从鳥。【説文解字卷四】

◉薛尚功　鷹父癸彝

右銘前一字正作鷹之狀。象形篆也。乃作器者之名氏耳。【歷代鐘鼎彝器款識法帖卷二】

◉劉心源　(痽公鼎)雁。説文作雁。云从隹瘖省聲。或从人。人亦聲。鷹。籀文雁从鳥。案據説解。知今二徐本有奪譌。其云从隹瘖省聲者。則為痽。其云或从人。人亦聲者。則為雁。是痽為正篆。雁為或字。今本奪痽。吕雁為正篆。遂使説解不憭。段氏據韻會訂之。云从隹从人瘖省聲。憭則憭矣。於説解尚未協也。今於此鼎得之。此字上體𠂆即疒。是痽字也。銘云痽公。則不取于鷹。當讀為應。左傳。邘晉應韓。武之穆也。是也。路史國名紀亦吕雁為應。【古文審卷二】

◉王國維　鷹字既从隹又从鳥。自是後起字。即雁字亦甚可異。瘖人二聲既不同部。又均不與雁同部。案毛公鼎益公敦。膺受大命之膺作[古文]。應公鼎作[古文]。从隹从[古文]。考古腋字作[古文]。象兩腋之形。[古文]从人从|。當象一腋之形。[古文]从隹在腋下。殆會意字。非形聲字也。雁常在人臂。故字如此作。並知臂雁之俗上古已有之矣。籀篆从疒並誤。【史籀篇疏證　王國維遺書】

◉林義光　疒為瘖省不顯。古作[古文]雁叔簋。从人。[古文]人之反文。从隹。不从疒。从人者。人所畜也。或作[古文]毛公鼎。作[古文]雁公器。作[古文]大鼎。今字作鷹。【文源卷六】

◉方濬益　(應公鼎)左僖公二十四年傳曰。邘晉應韓。武之穆也。杜注。應國在襄陽城父縣西。按今之應城是其地也。水經滍水注。應城故應鄉也。應矦之國。博古圖有應矦敢。釋應為雍。云周室武王弟四子曰雍矦。其後乃有雍姓。薛氏款識從其説殊誤。説文雁。雁鳥也。从隹从人。瘖省聲。籀文雁从鳥作鷹。爾雅釋鳥。鷹隼醜。釋文鷹字或作應。是鷹應一字。今以彝器銘證之。古應字俱从隹从ト從|。ト為厂岸之形。與[illegible]字同意。説詳後䰜鼎銘釋。説文鳥在木上曰巢。在穴曰窠。鷹之窠多在山石巖穴閒。非林木之鳥。故古文以从[古文]見義。ト象厂岸。|則象山石墜落之形。篆文變體為从人瘖省聲。小徐謂鷹隨人所指蹤故从人。説雖通。然非古義也。按後世鼓吹曲有鷗鶚爭石墜崖之名。疑其取義於此。見新唐書唐臨孫紹傳。【綴遺齋彝器款識考釋卷四】

◉馬叙倫　嚴可均曰。據説解則篆體當作雁。其雁體僅於説解中及之。許書實有此例。然雁取人聲。容屬聲轉。韻會十蒸引作从隹。从人。瘖省聲。則與雁鴈二篆語相合。似韻會得之。承培元曰。此注為竄改之譌。當作从隹。从疾省。从人。或曰。人亦聲。从疾者。雁飛迅疾。王筠曰。此字説解有四疑。从疒之字多矣。何由定為从瘖省。一也。字本从人。而説加或字。似篆體本作雁。不从人。而別有一字从人。為其重文。二也。亦有一字从兩聲者。然曰人與瘖省可矣。何必分之。成騎牆之見。三也。形聲字亦有省者。从其義也。雁能鳴不可謂之瘖。安得从瘖。四也。竊謂雁字當是从隹。从疒从人。會意字也。疒蓋疾病之正字。而借為疾速之義。鳥莫速於鷹。故从之也。其从人則如徐鍇説。雁隨人所指蹤也。苗夔曰。从隹。疒。儋省聲。翟雲昇曰。或人亦聲四字衍。韻會引正作从隹。从人。或曰。癭省聲。徐灝曰。瘖聲不諧。戴仲逵謂雁从仄隹。此亦當然。蓋雁飛欹衺成列。故从仄隹。雁則獨飛。亦有欹衺之勢而加疾焉。故从疒。其文相疊而省也。孫詒讓曰。苗説是。此注譌捝不可讀。瘖人兩聲亦並與古音不合。劉心源曰。據説解知今本奪譌。其云。从隹瘖省聲者。則為□。其云。或从人人亦聲者。則為□。是今本奪□篆也。雁為鷹古文。从疒取其迅疾。非瘖省聲。雁非侵覃部中字。何取瘖聲。雁鼎作□。即説文之正篆也。謝彥華曰。从隹。斤聲。鼎彝文作□。可證也。王國維曰。瘖人二聲既不同部。又與雁不同部。毛公鼎益公毁膺受大命之膺作□。應公鼎作□。从隹。从□。考古腋字作□。象兩腋之形。□从く从丨。當象一腋之形。雁从隹在腋下。殆會意字。非形聲字。雁常在人臂。故字如此作。今篆作疒。誤。容庚曰。瘖省聲者。當作雁。其云。或从人人亦聲者。當作隹。應公毁之□即隹字。今篆乃作□。知今本譌奪。將雁隹二字合而為一矣。丁福保曰。慧琳音義二十九引。鷙鳥也。蓋古本如此。倫按諸家説从疒从人者皆鑿。容謂篆誤合雁隹為一。而以應公毁之□字當隹字。然雁字於金甲文無徵。而□不从人甚明。則其説亦不能立也。倫謂毛公鼎。膺受大命。其字作□。為雁字。最可據之。篆實从隹。斤聲。謝説是也。散盤新字。其斤字偏傍作□。齊侯壺折字偏傍作□。鬲攸比鼎誓字偏傍作□。比合觀之。知□即斤也。雁。从隹。斤聲。斤音見紐。雁音影紐。皆破裂清音。舌根與喉又最近也。或从所作雁。斤所一字。詳所字下。斤篆或作□天君鼎斤字如此。叔碩父鼎新字偏傍亦如此。因誤為□。二斤皆譌。遂為□矣。

□　倫按隹鳥一字。而形小異。雁从隹而鷹復从鳥。於義複矣。應公觶作□。倫謂籀文本作鴈。傳寫誤也。从鳥二字校者加之。字見急就篇。蓋急就本作雁。傳寫易之也。【説文解字六書疏證卷七】

◉丁　山　庚子卜，在㠱貞，王步于𠂤，亡𡿧。續・3・30・6。

隹入十。善齋藏甲翼。

隹，卜辭一作□云，「甴𠂤堲。」後・下・20・11。甲骨文編隹部所謂「説文所無」也。實則此字演而為周代金文的□應叔鼎□毛公鼎，直接變為説文的雁字，今讀為應，編甲骨文編者特不能自文字形體察其古今之變，而失之眉睫耳。水經滍水注：「滍水左合橋水。橋水，出魯陽北恃山東南，逕應山北，又南，逕應城西。地理志曰，故父城縣之應鄉也。周武王當為成王封其弟為應侯。……汲郡古文，殷時已有應國，戰國范睢所封邑也。謂之應水。」殷時應國，不意于甲翼刻辭中得之。由翼辭證之，殷時應國，殆受封于武丁之世矣。【雁　殷商氏族方國志】

◉李孝定　續三・一・二　金祥恆續文編四卷十一葉上收此。與後下二十、十一之為同文。並以為説文所無字。

按説文。「雁鳥也。从隹。瘖省聲。或从人。人亦聲。籀文雁从鳥。」後下二十、十一之丁山以為雁字非是。字當隸定作隹匕。从隹从匕。此从倒人之匕。説文所無。與此非一字。此从隹从。與金文雁字所從相同。當為雁字無疑。【甲骨文字集釋第四】

◉李孝定　方濬益氏謂鷹从「」象厂坼，「丨」則象山石墜落之形，其説待商，於文厂坼古但作「」或「」，未見作「」者，説文以為或从人，較為近之。劉心源氏謂當有「疒」篆，乃就許書立説，非古誼，又謂古文从疒，取其迅疾，亦未安，疒字古作，有疾病義，無迅疾義，況「雁」字古文亦不从「疒」乎？孫詒讓氏从苗夔説，謂金文「雁」字从「十」（定按本書所收鷹字無从「十」者），从「丨」者，殆皆从㫃省聲，其説雖新而實不可據，高田氏辨之是也。許書言省聲之字，多莫可究詰，余所見惟「家」字古文，有从豭不省者外，自餘省聲之字，不省即不成字，許君不得其解，輒云「某省聲」耳，吾人解字，當據古文字形為言，不宜以肊必説之也。王國維氏謂从「」，乃「」之側視形，古人養鷹，常在臂腋間，故从此會意云云，此説甚有新意，然之為，殊乏他證；且養鷹之法與鷹之制字孰先乎？倘能證制此字在養鷹之後，則王説或可成立，否則仍為肊必之詞耳。高鴻縉氏以為「亦聲」，當先證「」之必為「」字，「人」「大」固可互通，然从「」从「丨」，未必即「」字也。【金文詁林讀後記卷四】

◉郝本性　106號　107號　為雁字，此字又見于九年成丘令□雁戟（《三代》20・22）。《説文》雁字云：「雁，鳥也。从隹，瘖省聲，或从人，人亦聲。」此即雁字，應字从此。

140號，為瘦，古文字中有的字增加又（手）旁仍為該字，如組又作綅，故疑此與上一條的雁字為一字。【新鄭出土戰國銅兵器部分銘文考釋　古文字研究第十九輯】

◉戴家祥　二　爯作曰乙彝　隹生蔑爯曆　鳧叔盨　鳧叔盨　隹叔作中姬旅盨

隹，舊釋鳧，于字形不合。説文三篇「鳧，舒鳧鶩也。从鳥几聲。」几，説文三篇訓「鳥之短羽飛几几也，象形。」鳧，从鳥从几，几亦聲，顯也。此隹亻結構，當隸定為倠。説文四篇「雁，鳥也，从隹瘖省聲，或从人，人亦聲。」徐鍇曰：「鷹隨人所指蹤，故从人。」可見隹乃鷹之初文雁之别構。金文象鷹亭立于人之上，乃鷹犬之鷹的象形，供打獵時追捕禽獸之用，後漢書楊賜傳：「觀鷹犬之勢，極槃遊之荒。」引申為爪牙幫兇。金文借作「應」，與應公尊的□、曾侯乙鐘的「鄘」通。水經注滍水：「應城，故應鄉也，應侯之國。」再乍曰乙彝之隹生，當為應生，㒸叔盨當為應叔盨。【金文大字典上】

⿰氐隹

鴟【汗簡】

◉許　慎　⿰氐隹，⿰垂隹也。从隹。氐聲。處脂切。鴟，籀文⿰氐隹从鳥。【説文解字卷四】

◉馬叙倫　鈕樹玉曰。韻會引⿰垂隹作⿰垂隹。非。桂馥曰。一切經音義九引字林。鴟鵂也。鴟　倫按从鳥二字。校者加之。字見急就篇。疑傳寫易之。本作⿰氐隹也。【説文解字六書疏證卷七】

⿰垂隹

◉許　慎　⿰垂隹，⿰氐隹也。从隹。垂聲。是偽切。【説文解字卷四】

◉馬叙倫　⿰垂隹音禪紐。⿰氐隹音穿三。皆舌面前音。垂聲歌類。氐从氏得聲。氏聲亦歌類。轉注字也。【説文解字六書疏證卷七】

雃

◉許　慎　雃，石鳥。一名雝⿰鳥渠。一曰。精刿。从隹幵聲。春秋傳。秦有士雃。苦堅切。【説文解字卷四】

◉馬叙倫　鈕樹玉曰。韻會⿰鳥渠作渠。段玉裁曰。一曰精列者。詩毛傳曰。脊令。雝渠也。爾雅釋鳥作鵬鴒。俗字也。精列者。脊令之轉語。王筠曰。鳥部有⿰鳥渠。但兩字為名之鳥。不必俱有偏傍。恐鍇本作渠為是。一名當作一曰。倫按石鳥無徵。廣雅作碣鳥。下文。雝。雝渠也。韵會引作雝渠鳥名。鈕樹玉以為非。倫謂石鳥乃鳥名之誤乙。而名又譌為石者。然本部屬字説解有鳥也。無鳥名。則鳥名為字林訓。字林艸部字每作艸名。可證也。本訓捝矣。疑雃鳽一字。一名以下八字及春秋以下皆校語。或此字出字林。【説文解字六書疏證卷七】

雝

前二·三五·五　前二·三五·六　前二·三六·一　前二·三六·三　林二·二〇·一〇

福九 燕四一九 續三・二二・七 續三・二二・九 明藏七九一 戩二・一 雍己見合文六 乙七八五 或省水 乙八〇八 乙一〇八八 乙二六四三 乙四五〇二 天四六 存下八〇九 林二・四・一九 河六八四 或从8 8古邕字 前二・二八・七 前四・二九・四 後二・二一・二 佚五二五 佚六八四 京津一八七七 【甲骨文編】

乙785 808 1088 1668 2111 2484 3185 4502 4969 5224 7137 7168 天46 佚525 684 徵11・111 録684 續1・39・3 4・46・5 新1877 續存1315 外145 【續甲骨文編】

雍 雍叚簋 彔簋 遇甗 甗鼎 伯雍父盤 或方鼎 雍母乙鼎 國名 左僖廿四年傳 管蔡郕霍魯衛毛聃郜雍曹滕畢原酆郇 文王之昭也 雍伯原鼎 㝬鐘 秦公鎛 簷平鐘 或从殳 毛公𢟮鼎 㝬簋 省水盂鼎 辛鼎 雍伯鼎 孚尊 从㭰遹盂 孳乳為饔 郘王鼎 用饔賓客 【金文編】

5・374 祉里雝 【古陶文字徵】

〔二〇〕 〔三五〕 〔七〕 〔一〕 〔二二〕 〔一九〕 〔三九〕 〔二〇〕 〔二二〕 〔一九〕 〔三八〕 〔二二〕 〔五〇〕 〔三六〕 〔二二〕 〔四七〕 〔三六〕 〔三六〕 〔七〕 〔五〇〕 〔三六〕 〔二〕 〔三八〕 〔一〕 〔三六〕 〔四二〕 〔三六〕 〔三八〕 〔四〕 〔一二〕 〔三六〕 〔一〕 〔二二〕 〔二八〕 〔三五〕 〔三九〕 〔五〕 【先秦貨

幣文編】

布方馬雝　晉高　仝上　仝上　晉襄　布方馬雝　冀靈　仝上　晉祁　仝上　晉祁　布方馬雝
晉高　仝上　晉高　仝上　晉祁　布方馬雝　晉祁　仝上　晉高　仝上　布方馬雝　晉祁　仝上
仝上　晉高　布方馬雝　晉祁　仝上　仝上　晉高　布方馬雝　晉祁　仝上　仝上　晉高　布
方馬雝　晉芮　仝上　晉浮　仝上　晉左　布方馬雝　晉高　布方馬雝　典二三二　仝上　典二三三　仝
上　典二三四　布方馬雝　典二三五　仝上　典二三六　仝上　典二三七　布方馬雝　亞四·三一　仝上
仝上　布方馬雝　亞四·三一　仝上　仝上　雝馬　布方馬雝　史第八圖6　【古幣文編】

雍　秦四　通壅　毋敢伐材木山林及—隄水　【睡虎地秦簡文字編】

1517　璽文癰字作，所从偏旁同此，又貨幣文雝字亦同此。　3189　3188　1508　3118　0863
2183　2182　或从邑　【古璽文編】

雝奴左尉　雝令之印　雝丘徒丞印　趙雝節印　雝睦男家丞　雝賀　雝根私印　雝彭私印
雝福私印　雝武私印　雝元君印願君自發封完印信　樊雝　雝游　【漢印文字徵】

開母廟石闕　【石刻篆文編】

竝崔希裕纂古　【古文四聲韻】

◉許　慎　雝雝鸔也。从隹。邕聲。於容切。【説文解字卷四】

◉孫詒讓　當為雝。説文川部邕从川从邑。籀文作。此从攴从隹从吕。即从籀文邕也。毛公鼎。雝我邑小大猷。雝作

。與此正同。惟彼增水形。則借灉為雝。二字聲同。【古籀餘論卷三】

●劉心源　雝或釋舊。或釋奮。皆不合篆形。晉姜鼎巠　明德。毛公鼎　我邦小大猷。說文雝从邕。邕下云。四方有水。自邕成池者。从巛从邑。　籀文邕。案邕即壅之正字。○○象池形。巛即川。古刻從水。與川同意。此銘省水。仍是雝字。小篆从隹。古刻从　。與虢季子白盤維字同。【奇觚室吉金文述卷二】

●劉心源　　从　。古泉匯尖足布有　　字。近人釋藺。心源釋雚。雖各不同。然皆目　為隹。此即當日之俗省者也。　即雝。古刻雝皆从○○。地名加邑。古刻常例。【奇觚室吉金文述卷十】

●方濬益　　阮録釋為滑。按此字从隹从㠯。自是雝字。【綴遺齋彝器款識考釋卷十八】

●羅振玉　　　　从巛。即水字。从口从隹。古辟雝字如此。辟雍有環流。故从巛。或从乁乃巛省也。口象圜土形。外為環流。中斯為圜土矣。或从日與口誼同。盤卣毁尊亦均从回。古辟雍有囿。鳥之所止。故从隹。說文訓為雍渠。非初誼矣。伯雝父鼎作　。與此同。他金文或增口作吕。後又譌吕為邑。初形益不復可見矣。【殷虛書契考釋卷中】

●丁佛言　　盂鼎。原書以為奮之象形字。案當是雝。毛公鼎作　。此省水移○○於　內。曰召艾敬雝。於文義亦順。　古鉢。原書謂說文無。案　　為　之異。古鉢中屢見。雝與邕雍並同。籀文作　。古州名。故从邑。　古鉢。孫雝。此省邑。【說文古籀補補卷四】

●陳邦懷　說文解字邕下曰。邑。四方有水。自邕成池者是也。从巛邑。讀若雝。出籀文　。竊疑　从宮省。巛象宮外有水。从宮省聲。故讀若雝。乃辟　之本字。羅參事謂雝為古辟雝字。又謂許訓雍渠非初誼。胥失之矣。【殷虛書契考釋小箋】

●葉玉森　予舊釋卜辭之　同卷第二十八葉之七　卷四第二十九葉之四　卷六第五十四葉之五　後下第二十一葉之十一為雝。卜辭宮作　　　　　　。竝象列屋參差或銜接形。　其別構。非玄字。王襄氏釋　為　。謂取玄鳥之誼。類纂第十三第五十四葉。似未塙。殷契鉤沈。復按本辭之　增水省□□作□。當為一字。卜辭別有□□字。商承祚氏釋吕。類編第十四葉。予按□□即宮字所从之偏旁。聲與宮近。故宮雝竝由□□得聲。非吕字。且疑許書之躳亦从□□。非从吕。鉢文公亦作　。竝同。【殷虛書契前編集釋卷二】

●郭沫若　師椎父自即甗鼎遇甗之師雒父，均雝字之異文。椎與淮字全同，然有它器為證，不得釋為淮字。【穆卣　兩周金文辭大系攷釋】

●郭沫若　（第二〇九片）以上自二〇三至此，共七片，有一王名作□作□若□，吳其昌釋為雍己，其說可從。「殷虛書契解詁」六七五頁。卜祀此王之日辰，凡可考者多以己日，則此王號為己與吕若□之合文可知，吕若□者邕若雝之省。說文邕籀文作□。卜辭多見雝字。作□前二・二八・七。若□同・三五・六。【殷契粹編考釋】

●馬叙倫　鈕樹玉曰。韻會引作雝渠。鳥名。商承祚曰。雝从巛。即水字。从○。从隹。古辟雝字。辟雝有環流。故从巛。甲文作□。从□。乃巛省也。口象圜土形。外為環流。中斯為圜土矣。甲文亦作□。从□與口誼同。古辟雝有囿。鳥之所止。故从隹。說文訓為雍渠。非初誼矣。倫按金甲文雝字無从邑者。甲文或作□。金文彔毀作□。與甲文一體同。宗周鐘作□。毛公鼎作□。其□旁即本書十一篇邕之籀文作□者。邕从巛。吕聲。吕為宮之初文。邕即壅之本字。故春秋傳曰。川雝為澤。凶也。然則雝自从隹。邕聲。辟雍者。雍借為宮。詳宮字下。宰辟父毀。王在辟宮。是其證。雝渠也校語。本訓鳥也。今捝。韻會引作鳥名者。字林訓。字見急就篇。【說文解字六書疏證卷七】

●于省吾　第一期卜辭有「□」字，也作「□」，在偏旁中或省作「口」，它是「雝」（說文訛作雝，隸變作雍）的原始字；第一期卜辭有「□□」字，它是說文「吕」字的初文。後來「□」字在偏旁中多變作「□□」，與「吕」字的初文混淆不分，學者往往莫之能辨，今列四證以明之。卜辭中的「□」字多作為祭名的「饔」字用，如「氏□眔奠」，「酌□伐」。卜辭中的□□（吕）字多用作地名或方國名。這是第一個證據。西周穆王時器「班簋」有「吳伯」、「吕伯」，當即「靜簋」的「吳來吕剛」。金文有「吕王鬲」和「吕王壺」。以「吕」為「國」或「氏」，晚期金文也作「郘」，但从無作「□」者。這是第二個證據。金文中常見的金屬名稱「鏞吕」之「吕」，未有作「□」者。這是第三個證據。西周金文中「赤□市」習見，「□」應讀作「雝」，舊釋為環為合為蛤為房為紑，并誤，說詳拙著《古文雜釋・釋赤□市》。「赤□市」之「□」从無作「□□」者。這是第四個證據。以上是說明□、□□二字的形音義本來有別。至于卜辭作方形，是由于鍥刻的緣故。

卜辭中的「雝」字，早期省「水」作「□」，西周金文作「□」，由从「□」變作从「□□」。卜辭中的「宮」字作「□」也作「□」，商器「洛于宮尊」作「□」，西周金文作「□」，也均由从□變作「□□」。與「吕」字初文作「□□」者，源異而流混。《史記・殷本紀》殷代先王中的「雝己」，吳其昌《殷虛書契解詁》以為晚期卜辭合文作「□」或「□」，其說精確不磨，已為研契諸家所公認。其作「□」所从「□」，象兩環相連形；其作「□」所从「□□」、「□□」系由「□」形所分化。總之，自商代末期以來，「□」字在偏旁或合文中多訛變作「□□」，與「吕」字形混。這是需要加以辨別的。

據我一時的推測，「□」字本象連環形，孳乳為「雝」。「雝」與从「雝」的字如饔、饔、癰、廱、灉、擁等，均有「合和」相貫之義，是由連環本義所引伸的。至于「吕」字初文作「○○」,象兩環相偶,當系「伴侶」之「侶」的初文。

說文謂「邕,从巛邑,讀若雝」,籀文作「𡿧」。按古文字的「雝」字均作「雒」,从「水」與从「巛」(川)同。說文「邕」字所从的「邑」乃「□□」形之訛,而「□□」又系「⚭」形之變。說文籀文「𡿧」从「□□」,正與古文字合。

說文訓「吕」為「脊骨」,篆文作「膂」。許氏據小篆為說,完全出于肊測,因為「脊骨」本非圓形,造字之初,決不會作兩環形以象之,並且,古文字的「吕」字均作「○○」,中間從來没有相連的直劃,漢印中的「吕」字中間無直劃者習見。如系「脊骨」,則不應作斷梁形。可見許氏之說,不攻自破。「脊骨」之訓,當以說文所引篆文「膂」為其本字。

說文釋「躳」為「从吕从身」,俗作「躬」,是許氏以「躳」為會意字。其實,「躳」字習見于古鉨文,右从「□□」不从「吕」。「□□」字既然本來不象「脊骨」形,而「躳」字从之以會意,便毫無道理了。「躳」字應以「身」字為形符,以「⚭」之變作「○○」為音符,本系形聲字。說文釋「宮」為「从宀躳省聲」,殊不知早期古文字的「宮」字本从「⊙」聲,後來訛變从「□□」。許氏既誤釋「躳」字為會意,又誤以「躳省聲」當作「宮」字的音符,所謂一錯再錯。這一點卻是自古以來無人道破的。

說文釋「竆」為「从邑竆省聲」,以為「夏后時諸侯夷羿國」。按「竆」字从「䢼」,「䢼」字所从的「邑」乃「□□」形之訛,猶「邕」之本應作「𡿧」。戰國時古文字中的宮、躳二字所从的「□□」,往往不謀而合,同變作「▽▽」,同時「邑」字多變作「▽▽」,因此,小篆「竆」字所从的「躳」遂訛作「䢼」。

總起來說,說文「躳」字應改為「从身吕聲」。「宮」字應改為「从□□聲」,非从「躳省聲」。「竆」即「窮」之訛,「从穴躳聲」。說文「邕」字應改為「从巛□□聲」,从「𡿧聲」所孳乳的字,如雝、饔、[illegible]、[illegible]、[illegible]、灉、[illegible]等,應一律改為从「𡿧」。凡以上諸文所从的「□□」,均系由「⚭」形所訛變。此外,說文从「吕聲」的字,如莒、筥、梠、閭等,應一律改為从「吕」,讀如「旅」。自从「⚭」形訛變作「○○」,與「吕國」「吕氏」以及金屬名稱之「吕」源異而流混,一向糾結莫辨。今以古文字作為依據,溯源尋流,已經考出它們的演變規律,因而糾正了說文中一系列的訛形誤字。【釋⚭、○○兼論古韻部東、冬的分合　吉林大學社會科學學報一九六二年第一期】

◉朱芳圃　按羅(振玉)說(見前引)非也。字从隹,𡿧聲。𡿧一作𡿧,與說文邕下所載籀文相同。說文川部:「邕,邑四方有水,自邕成池者是也。从川,从邑。讀若雝。𡿧,籀文邕。」今以甲文、金文證之,𡿧實从水,□聲。篆文从邑,即□□之譌變。

金文又有作左列形者:

辛鼎　毛公鼎　盂鼎

从隹，□聲。□一作□，或增水作□。象手持勹向○。勹、挹器，所以出納於瓮中者。字之結構，與□象手持勹向□相同，亦○之繁文也。【殷周文字釋叢卷中】

◉李孝定 阮氏説誤，不待辨。徐説近之，方氏釋雍，是已，而未有説。吳大澂窓齋四册之説新異可喜，誠如其言，亦當釋「奪」，惟闕「大」聲，後贅「水」形耳，其後吳氏已改釋雍。劉心源氏釋雍，甚是，而以○○象池形，則泥許之過也。徐同柏氏與高田氏並釋擁，於字形甚合，而字義仍是雍字，張之綱氏辨之是也。朱芳圃氏謂邕實从水、口聲，已較衆説為優，惟不言「○」是何字，作何音讀，今按此字金甲文，从「○○」者多，从「○」者少，「○○」甲文又多作「□」，實「宮」之古象形文，雍字从之為聲耳，非圜土或池形也。【金文詁林讀後記卷四】

◉湯餘惠 (8)晚周官璽又有

□飤之鉨(0212，見圖版叁8)

四十年代初，曾經有人釋首字為「隆」，于字形不類，恐非是。按甲骨文雍字作□、□、□等形(參看《甲骨文編》)，西周金文作□(毛公鼎)、□(伯雍父簋)，戰國文字或作□(《古大》234)，水、○○兩旁均可有不同程度的省略。《説文》的「邕」為「雍」之省形分化字，籀文省隹旁變為□。以此例之，上揭璽文首字所从的□，很可能也是「雍」之省，至于右面的「蚩」當即「蟲」形省作。雍、蟲古音近(同屬東部)，其字或即加注蟲省聲的雍字繁構。

璽文「雍飤」疑當讀為「饔食」。《周禮・天官》：「內饔掌王及后、世子膳羞割亨(烹)煎和之事。」又「外饔掌外祭祀之割烹……凡賓客之飧饔饗食之事亦如之。」《左傳・昭公二十五年》：「季姒與饔人檀通。」杜注：「饔人，食官。」「饔食之鉨」當是食官的印信。

戰國時代，食官名稱不一而足。除「饔食」而外尚有「王飤」、「太飤」和「飤」等名目。《古璽匯編》0217著録的「戠飤之鉨」，或讀為「職飤」可从，疑「職飤」亦屬同類職官。

晚周私名璽又有□(3200)、□(3201)兩例舊所不識的字，疑即前考雍字遞省之形，似當同釋。【略論戰國文字形體研究中的幾個問題 古文字研究第十五輯】

◉徐中舒 (雝)從隹從ㄖ，或又從巛水旁。ㄖ本作○，即環形，或作□，即連環形。甲骨文雝象鳥足為繯絡所羈絆不能飛逸之形，故從雝之字皆含有阻塞、壅蔽、擁抱、旋繞之義。【甲骨文字典卷四】

雗 雗

◉許　慎　雗鳥也。从隹。今聲。春秋傳有公子苦雗。巨淹切。【說文解字卷四】

◉馬叙倫　鈕樹玉曰。繫傳雗譌鴿。桂馥曰。釋鳥釋文引字林。句喙鳥。倫按鍇本苦字作若。譌也。莊子天下篇有苦獲。蓋苦雗之後。雗為閹之轉注字。春秋以下八字校語。【說文解字六書疏證卷七】

◉于省吾　雂即雗字,《說文》:「雗,鳥也,从隹今聲。《春秋傳》有公子苦雗。」甲骨文以雂為天氣陰晴之陰,不作雗鳥字用。⊘《說文》訓陰為闇,以為陰陽之陰。陰晴之陰《說文》作霠,並謂:「霠,雲覆日也,从雲今聲。」以甲骨文驗之,則霠為後起字,初文本作雂。【釋雂　甲骨文字釋林】

雁 雁

◉許　慎　雁鳥也。从隹。从人。厂聲。讀若鴈。臣鉉等曰。雁。知時鳥。大夫以為摯。昏禮用之。故从人。五晏切。【說文解字卷四】

雁 91　雁 91　雁 165【包山楚簡文字編】

◉劉心源　雁。膺省。金膺。馬大帶。㠯金飾之。【奇觚室吉金文述卷二】

◉馬叙倫　劉秀生曰。俞樾曰。雁鴈一字。小篆从隹之字。籀文多从鳥。蓋鴈亦雁之籀文也。按俞說是。此不當有讀若鴈三字。倫按諸家說从人之義皆鑿。雁鴻一字。戴侗謂唐本說文鴈字从仄鳥。臧琳謂詩匏有苦葉。雝雝鳴雁。鹽鐵論結和引作雝雝鳴鳱。儀禮大射注引淮南子鳱鵠知來。釋文。鳱音干。劉音岸。又音鴈。說文雁鴈皆从厂聲。厂即厈字。故劉昌宗鳱音岸。又音鴈也。蓋毛詩古文作鴈。三家詩今文作鳱。因聲近。故文異。王煦謂禽經。鳱以水言。自北而南。鳫以山言。自南而北。張華注鳱鳫並音鴈。則知鴈篆本作鳫。从鳥。厈聲。倫謂王說是也。史記秦本紀孝公二十四年。與晉戰雁門。索隱。紀年云。與魏戰岸門。亦可證也。岸从干得聲。故雁或作鳱。而劉昌宗音岸也。厈。从厂。干聲。干為倒大。篆當作屰。本書十篇仄之籀文作仄。是鳫篆本作鳫。亦或作鳫。甲文每有此例。見三篇干字下。因譌為鳫。校者以仄聲不近。而音與厂同。改為从鳥从人厂聲耳。【說文解字六書疏證卷七】

◉銀雀山漢墓竹簡整理小組　此諸臣之不宵也智不足以智君之不善勇不足不以犯君之⿰彥隹　「⿰彥隹」疑是「雁」之異體,借為「顏」。【銀雀山漢墓竹簡】

◉戴家祥　說文四篇「雁,鳥也,从隹从人厂聲,讀若鴈。」静安先生認為:鼎文膺作雁,即說文雁字。其字从仄下隹,仄从人从一，亦之側視形也……雁从亦下隹，古人養雁常在臂亦間，按慧琳一切經音義二十九卷十五葉膺注引說文「鷹鳥也。」故从此會意。且亦雁雙聲字，謂之亦亦聲亦可。毛公鼎考釋，觀堂集林一九九二葉至一九九四葉。毛公鼎乖伯簋「雁受大命」，雁借為應。爾雅釋樂「應，承也。」毛公鼎「金雁」，雁字借為膺，徐同柏釋作鏤膺，詩小戎傳「膺，馬帶也。」雁公尊的雁字借作地名，左傳僖公二十四年「邘晋應韓，武之穆也。」注：「應國在襄陽城父縣西南。」【金文大字典下】

䨼　雐　雓

◉許　慎　䨼黃也。从隹。黎聲。一曰楚雀也。其色黎黑而黃。郎兮切。【說文解字卷四】

◉馬叙倫　説文疑曰。本部既有離字訓離黃。何得再有䨼字。段玉裁曰。字林省作稚。稚黃即離黃。但二字不類則。其說未聞。一曰謂一名也。朱駿聲曰。䨼即離之異體。倫按此字出字林也。一曰以下校語。【說文解字六書疏證卷七】

◉許　慎　雐鳥也。从隹。虍聲。荒烏切。【說文解字卷四】

◉馬叙倫　桂馥曰。玉篇無。廣韻。鳥名。倫按鳥名蓋本字林也。或此字出字林。【說文解字六書疏證卷七】

◉許　慎　雓牟母也。从隹。奴聲。人諸切。鴽雓或从鳥。【說文解字卷四】

◉馬叙倫　説文疑曰。字當从隹。从如。説文多从奴。應考。鈕樹玉曰。五音韻譜母作毋。韻會引作雓。奴聲作如聲。嚴章福曰。御覽九百廿四引。鴽下有一曰牟母。一名雓。月令疏引爾雅李巡注。亦作鴾毋。則此母字恐譌。王筠曰。此與或體各本皆从奴。惟説文韻譜从如。集韻引同。韻會六魚下云。説文本作雓。牟母也。从隹。如聲。經典字書韻書皆作雓。且唐韻人諸切。亦是如音。从奴則當乃都切。倫按奴如皆从女得聲。詳如奴二字下。故从奴之字亦或从如。亦或為字林字也。毋母一字。詳母字下。牟毋雓之俗名。緩言之也。一名雓。實當曰一作雓。謂字亦作雓也。此七字皆校語。本訓鳥也。今捝。此字或出字林。

鴽　鈕樹玉曰。玉篇廣韻韻會並作鴽。王筠曰。説文韻譜作鴽。【說文解字六書疏證卷七】

乙八八七二 地名 前二・四・八 前二・六・六 後一・一三・二 林一・九・一二 佚五二四 佚七五六 粹三〇〇 師友一・八〇 貞乎取雇伯 金四四八 乙二一〇一 【甲骨文編】

乙8872 佚524 續1・38・6 佚756 外141 粹300 新3282 粹1553 【續甲骨文編】

121 123 【包山楚簡文字編】

◉許　慎　九雇。農桑候鳥。扈民不婬者也。从隹。户聲。春雇鳻盾。夏雇竊玄。秋雇竊藍。冬雇竊黄。棘雇竊丹。行雇唶唶。宵雇嘖嘖。桑雇竊脂。老雇鷃也。侯古切。雇或从雩。籀文雇从鳥。【説文解字卷四】

◉羅振玉　説文解字。雇。籀文从鳥作。卜辭地名中有字。从鳥户聲。與籀文合。【殷虚書契考釋卷中】

◉葉玉森　考甘後上・十二・四扈後上・四・八又十三・二二地竝見卜辭。惟扈作雇。説文。雇。九雇。農桑候鳥。扈民不婬者也。从隹。户聲。左昭十七年傳作九扈。知雇為扈之正字。雇地當即有扈。【殷虚書契前編集釋卷二】

◉郭沫若　雇，王國維釋扈。謂「雇字古書多作扈，詩小雅桑扈，左傳及爾雅之九扈，皆借扈為雇。然則春秋莊二十三年『盟扈』之扈殆本作雇。杜預云：『滎陽卷縣西北有扈亭(今懷慶府原武縣)。』觀堂別補四。今案此説不確。上第五六九片及五七〇片屢言「征夷方在雇」，又第五七三片言「在齊餗，隹王來征夷方」，則雇地當於山東求之。余謂此古顧國也。商頌長發「韋顧既伐」，王應麟云「郡縣志『顧城在濮州范縣東二十八里。(原注)寰宇記『在縣東南』。夏之顧國』(原注)古今人表『韋鼓、鼓即顧』。」見詩地理考。左傳哀二十一年「公及齊侯邾子盟于顧」，杜預云「齊地」者即此。今山東范縣東南五十里有顧城，是也。【卜辭通纂】

◉孫海波　鳥也，从隹户聲，卜辭以為地名字。前二・六・六文云：「癸亥卜，貞：王旬亡畎，在九月，正人方在雇。」【甲骨金文研究】

◉馬叙倫　鈕樹玉曰。繫傳及集韻引婬作嫿。韻會引盾作鶥。皆非。廣韻引鷃作鴳。是也。韻會引鷃下無也字。嚴可均曰。説文無鷃字。廣韻十姥引。老雇。鴳也。與鳥部合。沈濤曰。御覽九百廿一引。鳸。鷃也。从鳥。户聲。蓋本籀文。爾雅釋鳥釋文云。説文作雇。籀文也。桂馥曰。籀文上脱鳸字。蓋言説文篆文作雇。爾雅作鳸。籀文也。倫按甲文作。説解惟从隹户聲是許文。餘均校語。本訓捝矣。

桂馥曰。不言从鳥。則當為雗。王筠曰。不言从鳥者。蓋當依小徐先鳸後鶚。倫按户雩聲同魚類轉注字也。

𩀨 𩀨

【說文解字六書疏證卷七】

𩀨 雜　吳買作雜鼎【金文編】

◉許　慎　𩀨雓屬。从隹。𦎧聲。常倫切。【說文解字卷四】

◉高田忠周　𩀨 干殆干字。然此用為羊省。說文。𩀨雓屬。从隹𦎧聲。朱氏駿聲云。字亦作鶉。按翟鶉同類。而鵪大于鶉。鵪黃色。鶉黃黑褵色。蓋訓鵰也。鷻字亦省作鶉。而說文鵻下云。隼或體。一曰鶉字是也。愚竊謂。最初古文雜雓屬。字或作鷻。亦省作鶉。从鳥者籀文也。又隼訓雕也。或借雜為之。同音通用。又鵻訓祝鳩也。或借隼為之。古音轉通耳。但周末文字混亂互相褵柔耳。爾雅釋鳥。鷯鶉。其雄鶛。其牝庳。又鶉子鳼。鴽子鸋。列子天瑞。田鼠之為鶉也。又託名幖識字。左僖五年傳。鶉之奔奔。周語。歲在鶉火。即星名也。此等字並皆从鳥。猶上文翟鴽雇鳸之類。雜鶉古今字耳。【古籀篇九十四】

◉楊樹達　𩀨字吳式芬及孫詒讓古籀餘論並無説。余謂字从隹，𦎧聲，蓋假為𦎧。說文五篇下亯部云：「𦎧，孰也，从亯羊，讀若純。」按字从亯羊者，亯字後或變作亯，字从亯羊，故其義為孰也(説詳余釋𦎧篇)。𩀨鼎謂𦎧鼎，言孰物之鼎也。【吳買鼎跋　積微居金文説】

◉馬叙倫　鈕樹玉曰。繫傳韻會作雓屬。一切經音義十五及列子釋文云。鵪。鶉屬。鶉。說文作𩀨。邵瑛曰。廣韻云。鶉。字林作雜。倫按廣韻謂字林作雜。蓋所據本題字林者也。列子釋文引說文作雜者。所據本題說文者也。段玉裁以訓雓屬為疑。不悟本非許訓也。字見急就篇。作鶉蓋傳寫易之。𩀨鼎作𩀨。【說文解字六書疏證卷七】

雓 雓

◉許　慎　雓𩀨屬。从隹。酓聲。恩含切。鶕籀文雓从鳥。【說文解字卷四】

◉王國維　雓說文解字隹部。雓。𩀨屬。从隹。酓聲。鶕籀文雓从鳥。案以上七字皆篆文从隹。籀文从鳥。其中雞雇二字見於殷虛卜辭者亦从鳥。羅參事謂古隹鳥不分是也。【史籀篇疏證　王國維遺書第六册】

◉馬叙倫　嚴可均曰。御覽九百廿四引雜屬下有一曰牟母。一名翟。按月令疏引李巡爾雅注。翟。雓。一名鴾母。沈濤曰。御覽引者當是庾注。桂馥曰。廣韻。鵪鶉。字林作雓雜。倫按言屬者。一為大名。屬之者為小名也。雜下言雓屬。此又言雜屬。究何屬耶。玄應音義十五及列子釋文引皆作雜也。而玉燭寶典三注引倉頡篇。鶬。鵲屬也。然則許書鳥部本有鷬字。訓鳥也。又有鶬字。訓鶉屬也。亦或倉頡本作鷬鶬。傳寫者易之。鶉屬也或作鳥也。或鶉也。許訓不盡同倉頡也。廣韻謂鶬鶉字林作雒雜。乃所據本題為字林者也。【說文解字六書疏證卷七】

䧅

◉許　慎　䧅鳥也。从隹。支聲。一曰雉度。章移切。【說文解字卷四】

◉馬叙倫　段玉裁曰。一曰雉度。未聞。翟雲昇曰。玉篇。雉。鳥也。度也。倫按一曰四字校語。【說文解字六書疏證卷七】

䧆

 前二・九・六　地名　 後一・九・一二　 續三・三一・七【甲骨文編】

  䧆　散盤【金文編】

 畢䧆私印　 䧆居　 䧆與光印　 司䧆建　 䧆幸　 趙䧆　 䧆竝【漢印文字徵】

◉許　慎　䧆鳥肥大䧆䧆也。从隹。工聲。戶工切。鳿䧆或从鳥。【說文解字卷四】

◉吳大澂　䧆。地名。疑古邛字。散氏盤至于䧆莫。䧆莫。疑即邛都靡莫。自滇以北君長以十數。邛都最大。自嶲以東北君長以十數。莋都最大。漢時地名當仍秦楚之舊。【說文古籀補附録】

◉羅振玉　說文解字。䧆。鳥肥大䧆䧆也。或从鳥作。與此同。疑此字與鴻雁之鴻古為一字。惜卜辭之䧆為地名。末由徵吾說矣。【殷虛書契考釋卷中】

◉高鴻縉　按殷與西周均有隹。無鳥。鳥由隹字分化。約在戰國之時。工聲與江聲同。故漢以後有䧆與鳿與鴻。而三字實一字也。羅說甚允。【散盤集釋】

◉馬叙倫　段玉裁曰。當依韻會作鳥肥大䧆䧆然也。王筠曰。漢書司馬相如傳。鳿鷫鵠鴇。張揖曰。鳿。大鳥也。玄應曰。鳿。古文䧆。聲類以為鴻鵠之或字。羅振玉曰。疑䧆與鴻古為一字。倫按鳥肥大䧆䧆也。當為鳥也。肥大也。肥大也者。仜字義。譌為鳥肥大也。校者又加䧆䧆然。故韻會有然字。金甲文皆有䧆字。羅說可從。散盤作。甲文作。

鳿　倫按玄應一切經音義引古文官書。鳿。古文琟。則此字呂忱依官書加之。甲文作[glyph]。【説文解字六書疏證卷七】

◉黄盛璋　三　鴻叔簋(長花M17)

唯九月琟(鴻)叔从王員征楚荆，在成周，誨作寶簋。

同人所作之鬲(鼎)，北宋時已經出土。首稱琟叔，末又稱誨，與此簋同，必為同人，或系一名一字。兩銘彼此相關，今録于下：

琟(鴻)叔從王南征，唯歸，唯八月在皕应，誨作寶鬲鼎。

此器見于宋代以及近代著録多種，皆稱為「唯叔鼎」或「唯叔鬲鼎」，列于鼎類。其實器形是鬲非鼎，説詳後解。唯叔應釋鴻叔，「琟」字與「唯」字形近而實為兩字，兩銘前後皆有「唯」字，與「琟」並不同作。「琟」从工从隹，「隹」為形旁，象鳥之形，故與从「鳥」同意。从隹，工聲，音讀如「工」，凡从「工」聲多含有大意。此字即鴻之本字，原為鳥名，今稱大雁，古稱鴻鵠，或訓為大鳥，而鴻也有大意。原只在隹或鳥旁加工，加水旁顯為孳乳字。

「琟」字見于甲文，為征人方所經，商承祚《殷虚文字類編》收之，已疑此字與鴻雁之鴻古為一字，但因皆為地名，未由驗證其説。西周銅器矢人盤有「琟莫」與「琟有司」，一般皆依樣隸定為「琟」，吳大澂始考釋為「玒」，在蜀，顯為誤釋。羅振玉亦疑此字與鴻雁之鴻為一字，高鴻縉《集釋》从之。「鳿」字見于天門所出春秋鼎：「鼎之戎鳿」，銘文奇特。1973年初獲其拓本，請教于郭沫若同志，復書「第四字疑是鳿字」。然也無説。《説文》隹部有「琟」、「鳿」，鳥部又有「鴻，鵠也，从鳥，江聲」。「鴻」既為鴻鵠字，从江聲，則與「琟」非為一字。後代不明與混亂皆肇因于此。《説文》鳥部「鴻」字下段注已指出「字當作鳿而假借也」，「此複舉字之未删者」。《説文》隹部：「琟，鳥肥大琟琟然也，从隹，工聲。鳿，或从鳥。」段注引「玄應曰：鳿古文琟，《聲類》以為鴻鵠之或字」。司馬相如賦「鳿鸘鵠鴇」，與「鵠」同列而寫作「鳿」，則西漢初尚用為「鴻」字。桂馥《説文解字義證》也以為通作「鴻」。唯朱駿聲《説文通訓定聲》以為「與鴻形别」，呂登《聲類》尚知為鴻鵠之或字，其時「鴻」已通行，而「鳿」未全廢。加水旁許慎時代已有，《説文》兩字並收，從説解上看來不是後人增改，「琟」字下僅説解為「鳥肥大琟琟然也」，乃狀鳥之貌，未説為鳥之專名，更未指其為鴻鵠或鴻雁字。即使「鴻，鵠也」為後人所增，但「琟」字解説非後人所能想象出來。這説明許慎對于「琟」、「鳿」本義已經不明。

最早見于甲文之琟，為征人方路次之地，距亳僅一程，從地名亦可證其地為鴻。據陳夢家《殷虚卜辭綜述》與李學勤《殷代

𩁻

地理簡論》所排征人方歷程表可知：

十月又一 癸丑正人方 在亳 前2・2・5

甲寅在亳 步于𨾴 後上9・12 續3・13・7

甲寅在𨾴 續3・31・7

乙卯在𨾴 步于鳿 前2・9・6

亳在商丘附近，由亳步𨾴僅一日行程。董作賓、陳夢家均讀鳿(𨾴)為鴻，陳並引《左傳》昭二十一年「齊師、宋師敗吳師于鴻口」，杜注「梁國睢陽縣東有鴻口亭」，《水經・梁水注》：「梁國睢縣東有鴻口亭，……蓋春秋之所謂紅澤矣。」睢陽來自古商丘，而鴻口正在其東，與征人方自亳步于鳿方位、距離皆合。鴻口應得名于鴻溝之渡口，古代的鴻溝正是經睢陽流往東南，鴻溝、鴻口得名均和𨾴即鴻有關。討論至此，「𨾴」、「鳿」為「鴻」之本字，「鴻」為後起字，完全可以論定。【長安鎬京地區西周墓新出銅器羣初探 文物一九八六年第一期】

◉許 慎 𩁻繳𩁻也。从隹。㪚聲。一曰飛𩁻也。臣鉉等曰。繳。之若切。晉繳以取鳥也。穌旰切。【說文解字卷四】

◉馬叙倫 桂馥曰。繳𩁻當為繳㪚。謂繳已射高㪚開以網鳥。曹植羅繳雁賦。望范氏之發機兮。播纖繳以凌雲。播即播㪚。朱駿聲曰。一曰飛㪚者。㪚字義。㪚下曰。分離也。倫按金器仲戲父㪚戲字。劉心源謂即𩁻之所从。許書奪戲字。或云。隻字。是也。如劉說則从隻。林聲。倫謂𩁻隿二字皆為取鳥之義。隿下曰。繳射飛鳥也。猶見从隹之義。然已不見繳射之義。此僅曰繳㪚也。从隹。與用繳之義皆不見。字蓋从離省。說解疑有奪譌。𩁻音心紐。隿音喻四。同為摩擦次清音。蓋轉注字也。詩盧令序毛傳。女曰雞鳴箋。易小過虞注。皆以繳射訓隿。則此本作𩁻。繳射也。𩁻乃隸書複舉字。誤乙於下。捝射字。一曰五字校語。蓋本是下文隿字說解中字。隿本訓𩁻也。校者加繳射飛鳥也。傳寫致譌耳。餘詳隿下。【說文解字六書疏證卷七】

◉李孝定 說文「𩁻。繳𩁻也。从隹。㪚聲。一曰飛𩁻也」。契文从隹从攴。當為𩁻之初文。字實从攴隹會意。鳥遇攴則飛𩁻。許君𩁻下說解。「一曰飛𩁻也」。當是初誼。繳𩁻也之誼當是其引申誼。卜辭用此或為人名。或方國名。辭云。「貞𢼸弗其𠂤𠙵」。前・一・四六・一。「貞𢼸𠂤省伯𠙵三月」。前一・四六・三。是也。又或當讀為霰。辭云。「貞其有降𢼸」「貞☐𢼸」。甲・二・二二・三。「貞今秋其有降𢼸」。甲二・二六・十三。疑當釋𩁻。讀為霰。楊氏讀為罪似有未安。此字本為會意。以唐蘭氏象意字聲化例之説推之。後乃衍變為小篆之从隹棭聲耳。金文季做簋有此字作[glyph]。銘云。「季做作旅毁隹子孫作寶」。窓齋八冊十一葉上。做為人名。無義可説。【甲骨文字集釋第四】

◉徐中舒　[glyph]一期　京一九七〇　從隹從[glyph]攴，疑為《説文》𢿌字。【甲骨文字典卷四】

隿

◉許　慎　隿繳射飛鳥也。从隹。弋聲。與職切。【説文解字卷四】

◉馬叙倫　朱駿聲曰。經典無作隿者。隿即鳶字。倫按皇侃論語義疏曰。鄭注司弓矢云。結繳於矢謂之矰。矰。高也。矰矢不在箙者。為其相繞亂。將用乃共之也。侃按鄭意。則繳射是細繩系箭而射也。倫謂七篇。矰。隿射矢也。是矰非常矢。共隿射者。隿則以繳系箭而射也。倫幼時猶見捕鳥者如此。但用一長竿而非矢耳。隿。从隹。弋聲。不見繳射之義。隿與夷音皆喻紐四等。十篇。夷。平也。从大。从弓。東方之人也。檢平也乃侇字。義師𩕄鐘夷則字作[glyph]。使夷𣪘夷字作[glyph]。亦均不从弓。上文雉字古文作䏡。从隹。弟聲。甲文作[glyph][glyph][glyph]。从隹。夷聲。其[glyph]之偏傍[glyph]字。與夷𩕄鐘同。然則夷所从之[glyph]象矰繳之形。亦非弓字。夷是隿之本字。六篇。竆夏后時諸侯夷羿之國。羿當作𢏚。十三篇。𢏚。帝嚳射官也。然𢏚為發之轉注字。發訓射發。則夷羿連文。夷為隿之本字無疑矣。雉為夷之後起字。或夷是初文。雉是後起字。隿又雉之後起轉注字。古或借雉為隿鳥字。朱説亦可從。此字疑出字林。【説文解字六書疏證卷七】

◉朱歧祥　786.[glyph]　象弋射獲隹鳥。隸作隿。《説文》：「徼射飛鳥也。从隹弋聲。」卜辭用本義。

《存1·705》☐𡆥貞：呼多射[glyph]，獲。【殷墟甲骨文字通釋稿】

雄

[glyph]雄　日甲七〇　二例　【睡虎地秦簡文字編】

[glyph]紀雄私印　[glyph]雄平安　【漢印文字徵】

[glyph]道德經　【古文四聲韻】

◉許　慎　雄鳥父也。从隹。厷聲。羽弓切。【説文解字卷四】

◉楊樹達　説文四篇上隹部云：「雄，鳥父也。从隹，厷聲。」按厷聲字多含大義。爾雅釋詁云：「弘，大也。」説文弘从厶聲，厶厷字同。又云：「宏，大也。」文選羽獵賦云：「涉三皇之登閎。」注引韋昭云：「閎，大也。」又笙賦云：「泓宏融裔。」注云：「泓宏，聲大貌。」然則雄之受名蓋以其大也。【字義同緣於語源同例證　積微居小學金石論叢】

◉馬叙倫　翟雲昇曰。韻會引作羽屬之父。倫按王國維謂牡古音在尤部。嚴可均收尤部字入之類。之蒸對轉。雄聲蒸類。故鳥父曰雄。韻會引者校語。字見急就篇。【説文解字六書疏證卷七】

雌 雌

 臣區雌　 任區雌　【漢印文字徵】

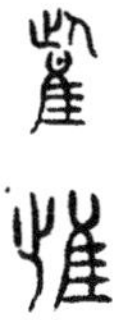 竝道德經【古文四聲韻】

◉許　慎　雌鳥母也。从隹。此聲。此移切。【説文解字卷四】

◉余永梁　此字从隹从匕，疑雌字。【朱芳圃甲骨學文字編卷四引】

◉楊樹達　説文四篇上隹部云：「雌，鳥母也。从隹，此聲。」今按此聲字多含小義。爾雅釋訓云：「佌佌，小也。」説文六篇上木部云：「柴，小木散材。从木，此聲。」六篇下貝部云：「貲，小罰以財自贖也。从貝，此聲。」十二篇下女部云：「𡜵，婦人小物也。从女，此聲。」二篇上走部云：「𧺹，淺渡也。从走，此聲。」方言十云：「呰，短也。凡物生而不長大謂之呰。」説文九篇上須部云：「頾，口上須也。从須，此聲。」按人之於須口上須視頤下須為短。然則雌之受名，蓋以其小也。【字義同緣於語源同例證　積微居小學金石論叢】

◉馬叙倫　此从止匕聲。則雌字亦得匕聲。當作𨾑。與牝麀一例。甲文有字。余永梁謂即雌字。是也。雄雌二字當在雚上。字見急就篇。【説文解字六書疏證卷七】

䍜 䍜

◉許　慎　䍜覆鳥令不飛走也。从网隹。讀若到。都校切。【説文解字卷四】

◉馬叙倫　鈕樹玉曰。玉篇引無走字。韻會引作覆鳥令不能飛。玉篇网部引作覆鳥令不得飛也。沈濤曰。廣韻三十六效引作不得飛走。蓋古本如是。玉篇网部引亦有得字。錢坫曰。此籗罩也。劉秀生曰。䍜與罩同音。家語王言。田獵罩弋。注。掩罩。即䍜之音借。詩小雅甫田。倬彼甫田。釋文。倬。韓詩作箌。音同。是䍜讀若到之證。倫按此䍜之轉注字。當入网部。字从网。隹聲。隹音照紐。古讀歸端也。説解疑捝本訓。所存者校語耳。或此字出字林。【説文解字六書疏證卷七】

雋

◉李孝定 甲編・三一一二、乙・四五〇二、乙・五三九五

按說文。「䍜。覆鳥令不飛走也。从网隹。讀若到。」段注云。「网部有罩。捕魚器。此與罩不獨魚鳥異用。亦且䍜非网罟之類。謂家禽及生獲之禽。慮其飛走而籠䍜之。故其字不入网部。今則罩行而䍜廢矣。」考甲編三一一二辭云。「甲寅卜屰鳴䍜隻獲。」䍜是動詞。當是以罕畢之屬网鳥之義。今吾湘以罩取魚即謂之罩魚。與卜辭語法相同。段說似有可商也。它辭䍜為方國之名。【甲骨文字集釋第四】

◉朱歧祥 从入隹，示納獲隹鳥，隸作隺。相當於䍜字，《說文》：「覆鳥。令不得飛走也。」引申有網羅、捕獲意。卜辭言「隺奴」，即捕獲奴隸。

《乙307》丙辰卜，丁巳其奴。允。【殷墟甲骨文字通釋稿】

5・309雋亭 此从鳥从弓即雋字 說文雋从弓 所以射隹 睡虎地秦簡弩作 所从弓字與此同 【古陶文字徵】

雋得 雋之壽印 雋□印 【漢印文字徵】

◉許 慎 雋肥肉也。从弓。所以射隹。長沙有下雋縣。徂沇切。【說文解字卷四】

◉柯昌濟 字又見再彝。作隽。或釋皀。案當即古雋字。說文。雋。肥也。从弓。所以射。此文从人。疑古會意字。隽蓋國族之稱。考姓氏漢有雋不疑。左傳有鄰魁累。鄰隽字。以疑古為一氏也。【雋叔簋 韡華閣集古録跋尾】

◉馬叙倫 徐灝曰。从弓从隹。尚未見肥意。廣韻引作鳥肥也。較優。倫按肥肉也者。臇字義也。肉部。臇。臛也。乃腪字義。詳臇字下。雋即法言問明弋人何篡焉之篡。儀禮大射儀注。齊魯之閒名題肩為正。正。鳥之捷黠者。射之難中。以中為雋。是雋有射義。故字次䍜下。九篇。篡。屰而奪取曰篡。从厶。算聲。然从厶無逆取之義。蓋即雋字義也。詳篡字下。臇。从肉。雋聲讀若纂。纂亦从算得聲。是其證也。取鳥皆屰射之。故曰。屰取曰雋。字从雋在冂上。正會意。然徒弓不能取鳥。皇侃論語義疏曰。解繳射多家。一云。古人以細繩系丸而彈。本書。彈。行丸也。汗簡引說文作。甲文作。雋蓋从彈之初文不从弓也。雋為夷之異文。以臇讀若纂而雋即弋人何篡之篡證之。則雋古音當如算。算音心紐。心與喻四同為摩擦次清音也。說解言从弓所以射鳥。則不得訓肥肉也。蓋肥肉是校者所加。本訓捝矣。然从弓所以射隹亦校者改之。或校語。本文當作从弓从隹。長沙六字亦校語。或此字出字林也。【說文解字六書疏證卷七】

◉朱德熙　裘錫圭　3號簡：「鹿𩵋一鼎」，第二字「考釋」未釋。這個字應該釋作「雋」，下半部是橫寫的「弓」，馬王堆帛書、銀雀山竹簡「弩」字所从的「弓」都如此寫（參看《文物》1974年9期52頁）。「鹿雋」應讀為「鹿臇」，臇是一種汁比較少的肉羹（參看《廣雅疏證》卷八上「臇膹𦚫臛也」條）。【馬王堆一號漢墓遣策考釋補正　文史第十輯】

◉殷滌非　《說文》雋「從弓所以射隹」。觀鼓座周壁上沿銘「鼓」上一字，上從隹，下從[glyph]，正是張弓引弦發矢之形，矢頭上有倒刺，考古發掘中常見有帶倒刺矢頭的實物，說它從土，則非是。金文弓字象形如「[glyph]」（父癸觶），加矢於弓上，拉緊弦橫着發射，恰與其下部形體結構相似。戰國弋射圖，一人張弓引弦發矢，對准飛鳥或大雁弋射（圖三），去其人形，即「雋」字象形。小篆以弓變為「[glyph]」，亦由金文弓作「[glyph]」（師湯父鼎）橫書而來，故釋「雋」是對的。然說它從冂、從土，乃坰字之變體，並以此否定許書雋字說解，又差誤甚矣。

圖三

【九里墩墓的青銅鼓座　古文字研究第十四輯】

◉劉樂賢　《秦代陶文》拓片1305號「[glyph]亭」，前一字袁釋為焦。按此字下部所从之[glyph]為弓字之橫書而非火字，釋焦是錯誤的。此即見于《說文》的雋字，漢印作[glyph]（《漢印文字徵》卷四·七）可以參證。【秦漢文字釋叢　考古與文物一九九一年第六期】

◉葛英會　《秦代陶文》中篇陶文拓片1305、1307（圖1、2），為臨潼上焦村秦代墓葬及馬廄出土陶燈上的印文，原釋焦亭。按亭上一字釋焦不確。此字上部从隹，下部所从不是火，是橫置的弓字。見于湖北雲夢睡虎地秦墓竹簡以及山東臨沂銀雀山漢墓竹簡的弩字（圖3、4），弓字置于下部，亦橫書，其形體與此陶文所从弓字同。因此，此陶文應隸作雋字。《說文》雋，鳥肥也，从弓隹。其正篆如圖5所揭，下置橫書弓字亦與此陶文所从大體一致。

經典雋亦借為儁，《玉篇》：「儁同俊，俗作儁。」雋俗从乃，系隸寫之訛變。這種訛變是由弓、乃二字形體近似造成的。出土所見先秦文字資料中，弓字或弓字偏旁不少已與乃字或乃字偏旁無多大差別。其縱書者，金文弓或作圖6、7所揭之形，弓字偏旁或作圖8、9、10所出諸形。陶文乃字或作圖11、12所揭之形，金文乃字或作圖13、14所出之形。其中8與13、9與11、10與14之弓

䳏 䳏

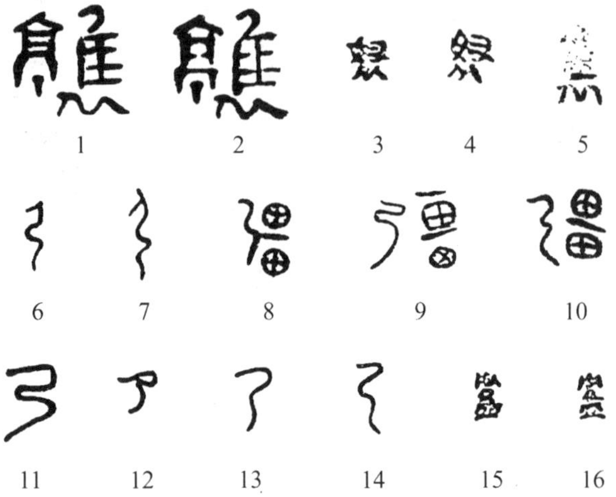

與乃字(或偏旁)已到了不易區分的程度。其橫書者如睡虎地秦簡盈字(圖15、16)所从乃字與此陶文雋字及簡書弩字所从弓字亦十分接近。這應是俗體雋字所以从乃的原因所在。

1、2、11、12.《秦代陶文》1305、1307、1652、1610　3、15、16.《睡虎地秦墓竹簡》效律　4.《銀雀山漢墓竹簡》孫子兵法　5.《説文》隹部　6.裁簋　7.趞曹鼎　8.不嬰簋　9.庚兒鼎　10.散盤　13.尹父簋　14.師𩛥簋

【古陶文研習札記　考古學研究(一)】

◉許　慎　䳏飛也。从隹。隓聲。山垂切。【説文解字卷四】

◉馬叙倫　桂馥曰。篇海引作鳥飛也。倫按今杭縣謂鳥飛有此音。音如墮落之墮。然論實鳥方飛聲如此。蓋飛聲也。字失次。或此字出字林。【説文解字六書疏證卷七】

奞 奞

奞 奞 鄂季奞父簋 【金文編】

奞 奞苦規切 【汗簡】

奞 汗簡 【古文四聲韻】

◉許　慎　奞鳥張毛羽自奮也。从大。从隹。凡奞之屬皆从奞。讀若睢。息遺切。【説文解字卷四】

◉林義光　古作奞諆田鼎奮字偏旁。从衣不从大。衣者。張毛羽象也。【文源卷八】

◉馬叙倫　沈濤曰。廣韻六脂引奮下有奞字。玉篇亦云。鳥張毛羽自奮奞也。蓋古本如此。奮奞連文當是古語。莊有可曰。俗卂字。嚴可均曰。廣韻一本引作自奞奞也。王筠曰。説解加自字者甚少。徐灝曰。戴侗曰。象鳥將飛頸項毛羽先奮張之形。灝按壺蓋从大。象器之蓋。奞从大。象毛羽奮張。皆似大而非大字。亦猶鳥足似匕而非匕也。宋育仁曰。奞即古文奮字。林義光曰。諆田鼎奮字作奮。从衣。不从大。衣者。象毛羽張也。倫按隹鳥皆象戢羽而立之形。鳥之張毛羽自奮即飛也。可以象形。故飛篆文作飛。實由象鳥飛奮張兩羽而舒其足之形而譌變。非亦為正視飛形而省。今奞篆从大得義。固可決定其不然。即如諆田鼎之从衣。以他金文證之。塙似八篇之衣字。徐林皆謂大衣象毛羽奮張之形。則必大非十篇之大。衣非八篇之衣。若王筠所謂非字者。而奮當為指事矣。然指事字如夭。即大而象趨走之形。曰刃則就口刀而以為標幟之一一明其意。鳥之奮飛固不需乎隹之外復以他形或為標幟以明之。況衣在隹外。而隹仍自為戢羽而立之形。即強附於察而見意之例。在本書指事字中殊罕為倫者。倫謂衣非八篇之衣字。乃大字之變譌。奞之所從得聲者也。大睢聲同脂類。此奞所以讀若睢也。或奞有轉注異文。从隹。衣聲。衣聲亦脂類也。然奞音入心紐。則以大聲為長。大音定紐。由定入喻四而轉心。喻四古讀歸定。心與喻四皆摩擦次清音也。飛音非紐。心非同為摩擦次清音。是奞實非之轉注字。本訓奮也。今捝。所存者校語。莊説亦是。然非俗字。卂之轉注字。卂奞音同心紐。讀若睢當在凡奞之屬皆从奞上。【説文解字六書疏證卷七】

◉馬承源　第三字(奞)即《説文》奞字,「隹,鳥張毛羽自奮也,从大从隹」。徐灝《説文解字注箋》云「按壺蓋从大象器之蓋,奞从大,象毛羽奮張,皆似大而非大,字亦猶鳥足似匕而非匕字也,段説非是。」今此字上部非作大,而作蓋形,徐説可取。

奪 

噩季奞父簋銘文拓本(原大)

【記上海博物館新收集的青銅器 文物一九六四年第七期】

奪 奪簋 奪壺 多友鼎 【金文編】

奪 雜三七 四例 日乙一七 【睡虎地秦簡文字編】

奪古論語 【汗簡】

◉許 慎 手持隹失之也。从又。从奞。徒活切。 【説文解字卷四】

◉吳大澂 (奪敨)字从雀从衣从又。疑巧奪字異文。小篆从大从隹从寸。許書云。手持奞失之也。此从雀从衣从又持之。亦奪字之意。 【愙齋集古録第八册】

◉柯昌濟 从衣从隹从又。象以手奪隹於衣中也。古文奮亦从衣字。見籍田鼎。與奪同誼。 【奪敨 韡華閣集古録跋尾】

◉林義光 古作奪敦。从。鳥張毛羽之象。見奞字條。手持小隹。一奮而失也。 【文源卷八】

◉郭沫若 襄卽奪字,令鼎奮字作可證,牧㪉复省又作褰。 【𥃝盨 兩周金文辭大系攷釋】

◉馬叙倫 莊有可曰。大亦聲。嚴可均曰。奞亦聲。翟雲昇曰。當入又部。倫按奞為形聲字無疑也。許書九千餘文無以形聲字會意者。許自叙舉武信為會意之例。其實信从言人聲。形聲字也。見信字下。此乃敓之雙聲轉注字。故經典用為奪取字。正其本義也。从又。奞聲。奞聲脂類。奞从大得聲。故奪亦徒活切。聲亦脂類也。嚴謂奞亦聲。是知奪之得聲於奞。不知奞不兼義耳。今訓手持隹失之者。以字从奞。奞為鳥飛。因有手持隹失之之説矣。然此校者之詞。本訓捝矣。字見急就篇。【説文解字六書疏證卷七】

◉商承祚　𠂤丌古敓之，寶禱於楚☐　敓，古奪字，後世經史又以脱字代之。《公羊傳·昭公十九年》：「復加一飯，則脱然愈；復損一飯，則脱然愈；復加一衣，則脱然愈；復損一衣，則脱然愈。」注：「脱然，疾除貌也。」《漢書·枚乘傳》：「能聽忠臣之言，百舉必脱。」顔師古曰：「脱者，免於禍也。」此言𠂤亓古敓之，意謂設祭卜問吉凶，以其病情禱告先君神祇，使疾病得早日解脱也。【江陵望山一號楚墓竹簡疾病雜事劄記考釋　戰國楚竹簡匯編】

◉黄盛璋　（四）𢽨（奪）：「𢽨桴（俘）晨鐸」，諸家皆釋「奮」，唯張釋「獲」，《説文》「奮，從奞在田上」，細審此字左邊所從實是從隹在甲上，並不是「田」。如此釋奮即失去依據，義也難通。「俘」不應與「奮」連用，此字從「隹」從「甲」從「攴」，又與「俘」連，當是「奪」字。《説文》：「奪，手持隹失之也，從又從奞」，「隹」為短尾鳥，手持鳥而失去，則是「脱」字，而奪取之奪，《説文》作「敓」：彊取也，周書曰「敓攘矯虔」，今《尚書·吕刑》有此句，正作「奪攘」，後代皆作「奪」。「奪」何以有奪取意，舊不能明，銘文此字從「甲」，從而啟示「奪」有奪取意，當與争戰有關。「晨鐸」即「振鐸」，為軍中用器，所以振軍旅。《説文》：「鐸，大鈴也。軍法：五人為伍，五伍為兩，兩司馬執鐸。」《周禮·鼓人》「以金鐸通鼓」，注：「振之以通鼓。」王𰯼墓2號車馬坑陪葬為戰車，「車上有箭箙和箭鏃，有的車還放置弩機，北部二輛車的後部，插有四個銅鐃，在衡的飾件上，有『十四年厶庫嗇夫……』刻銘」（《簡報》）。證明十四年鼎及方壺皆同年所作。在破燕之後不久，此四銅鐃不知是否即振鐸俘燕之戰利品。【中山國銘刻在古文字、語言上若干研究　古文字研究第七輯】

◉陳連慶　褏（奪）孚（俘）人三（四）百，𣄰（稟）于熒（榮）白（伯）之所，於烒衣，諱（肆）復付𢀛君。

褏字從衣從雀，舊釋褉。二吴及郭均釋奪，今按《令鼎》奮字作𡙸，《多友鼎》奪字作褏，從衣從又持雀，則以釋奪為是。【敔毁銘文淺釋　古文字研究第九輯】

◉杜忠誥　《説文解字》四上奞部：「奪，手持隹失之也。从又从奞。」「奪」字未見於甲骨文。根據金文，字本从又从衣从雀會意，不从奞。白川静認為「奪」、「奮」二字，都是與古代招魂禮儀有關所造的字。以鳥雀之形，表示被奪去之靈魂。置鳥雀於衣中，則表示死者之魂，雖如鳥之脱去，而期待其有再歸來之時的意思。參見白川静《字統》，頁五七八。

「多友鼎」之「奪」字，上部雖已稍有譌變，而其从衣从雀之構形，仍可就其他金文字例而推索論定，且其銘文中「奪京𠂤(師)之孚(俘)」的句式，與「敔簋」「奪孚(俘)人四百」之文例相同。「多友鼎」見《商周青銅器銘文選》(一)，頁二五三。「敔簋」見同書，頁二五五。「奪俘」一詞，金文中多見，「奪」字於此，有擄獲之意，此字釋「奪」，應無可疑。

睡虎地秦簡「奪」字四個字例中，有三個仍存古形。惟衣旁之衣襟部分(ㄔ)，金文置於「雀」之兩旁，秦簡則由於簡幅太小(寬度在〇・五到〇・七公分之間)，乃左右拼合，壓縮而作「ㄨ」，移寫在「雀」之下方，「又」亦增點作「寸」(寸)。另一個為「日書乙種」第十七簡之字例，其上部之「雀」作「隹」，「隹」下衣襟部分之「ㄔ」也已消失。

漢以後之字例，如湖南長沙馬王堆帛書「老子甲本」、「老子乙本」、「易经」、山東銀雀山「孫臏兵法」簡以及「北海相景君碑」等，「奪」字上部雖出現各式各樣的形體，而原本寫在「雀」下之衣襟部分，則與「日書乙種」同樣，多被略去。

試將這些出土文字資料排比並觀，而此字孳乳譌變之過程，大致可作如下之推索：

起先，「雀」字上半之「小」，左右兩筆既被横向地寫長，與上方「衣」之上部繫連而成「夊」(秦漢簡牘中，凡从大之字均如此作)，再與「雀」字下半所从之「隹」合併，則成為「奞」形。此字上部既已譌成从大从隹之「奞」，原本置於雀下之衣襟之殘留部分(ㄨ)，便無所附麗而成多餘，殆已不明其為何物矣。最後，乾脆將此贅形也一並捨棄，這或即今日吾人所行用之「奪」字形體演變的由來。

「奞」，說文四上訓為「鳥張毛羽，自奮奞也。从大隹。」對於這個字，白川静說：「這是一個聲義都有疑問的字。」見白川静《文字逍遥》一書，頁一〇三。一九八七年四月，東京，平凡社出版。在甲文、金文與秦漢文字資料裡，尚未發現有「奞」字之用例，倘若再與前述關於「奪」字形體演變之推析合參，則在許慎《說文解字》成書前，漢字中是否有「奞」字之存在都成問題。且說文从「奞」之字，唯「奪」、「奮」二字，竊疑「奞」部乃許慎為此形體早已譌變的兩個字，所特別擬列出來的一個部首。

秦簡中之「奪」字，由於「衣」之上部與「雀」之上部筆畫近密，致與「亦」(亦)形酷似，時代稍後的西漢帛書及簡牘文字，「奪」字上部寫作从「亦」(亦)的字例屢見，這也是漢隸與秦隸一脈相承關係的一個例證。像這種从「小」與从「火」形體互譌的現象，也是秦漢簡牘文字的常例。如「尉」字左旁下方與「寮」字最下面，篆文本當作「火」，隸變後卻都譌為从「小」。

後漢「北海相景君碑」有二「奪」字，中間仍从「雀」形。白川静説：「那（指雀字上部之『小』）是衣襟之形的殘物。」實則，那並非衣襟之形的殘餘，碑文作「雀」，正是古形之保存。真正衣襟之形的殘留部分，如同秦簡，乃置於「雀」下之「丷」形，「北海相景君碑」之「奪」字，此一部分已被捨去。清人顧藹吉《隷辨》書中，根據説文之誤説，而謂「碑變奞為雀」，見該書卷五，入聲，末第十三。一九六一年九月，臺北，世界書局出版。文獻不足，以致倒果為因，亦時代限之也。

秦簡之外，足以作為此事旁證的是「奮」字。此字未見於秦簡簡文，卻見於時代早於秦簡的「令鼎」、「中山王壺」張政烺《中山王𰯌壺及鼎銘考釋》文中，以「中山王壺」之「𢿢」字為「奮之異體」。文載《古文字研究》第一輯，頁二〇八至二三二。一九七九年八月，北京，中華書局出版及「詛楚文」。

依「令鼎」字例，「奮」乃从衣从隹以田會意，與説文「以奞在田上」之訓解不同。其衣襟部分（乜），與「奪」字的金文寫法同，均被安置在字的兩側。到了「詛楚文」與漢代帛書、印文等，已被移置在「隹」下「田」上。白川静以「田」為象鳥籠之形，非田地之田。銀雀山「孫臏兵法」第一五九簡有二「奮」字，所从之「亽」（衣）則整體寫在字的最上面，這倒是難得一見的特殊字例。此字由於中間偏右處簡面不甚平整，書寫時筆毫受阻，積墨稍多，又忽地變少，筆畫稍有變動。惟據文物出版社「線裝本」（一九七五年版），此字上方衣部篆形筆勢仍甚清晰。

從「詛楚文」所述內容及文字形體分析，此刻石當是戰國時代之秦物。「詛楚文」之製作時代，各家説法不一，至有疑其偽作者。就中以近人唐蘭與郭沫若之説較為可信。唐説定為秦武王元年（西元前三一〇年），説見《石鼓年代考》，載東京平凡社《中國書道全集》第一卷，頁一四六至一六〇。郭云作於秦惠文王十三年（西元前三一二年），與唐説只差兩年。説見《詛楚文考釋》。觀此刻文字之形體結構，與戰國晚期之秦地文字頗有相合者，其中有不少且是説文篆文形體已譌，而「詛楚文」仍存甲、金文之古真者，如「則」字詛文作「鼎刂」，从鼎，正與甲金文合，秦權量銘尚多有不誤者，説文已誤作从貝；「章」字詛文作「章」，同於甲、金文及秦漢簡帛文字，而異於「十音為章」之説文篆文；「甲」字詛文作「甲」（中間作「十」），同於秦漢文字而異於説文之作「𠇻」（中間作「丅」）；他如「質」之作「斦」、「壹」之作「𡔫」等，均為戰國乃至秦代秦地文字之特殊寫法。凡此亦絶非唐宋以下人之所能偽作得了，即使仿刻，也必有所依據。在此之前，从雀的「奮」字字例未見，多衹从隹。就「詛楚文」以後的文字資料看來，「奮」字上半部的寫法和各式各樣的形體，幾與「奪」字相同。特別是新莽時代「奮武中士印」之「奮」字，見羅福頤主編《秦漢南北朝官印徵存》，頁九六。其所从之「雀」形尤為顯豁。雀為小鳥，隹、雀義近可通。儘管秦簡「奪」字从雀與从隹已互見，然「奪」、「奮」二字的隷、楷書形體，其為由从雀之字形演化而來，則確然可知。究竟「奮」字的此種形體結構，是否係因受到「奪」字寫法之類化影響而然，在从「雀」構形的更早期「奮」字字例未出現之前，對於此一問題，只有闕疑。

然而，「舊」字之古形本為从萑臼聲，顯然與「奪」、「奮」兩字之上部構形不同，而漢碑中不少「舊」字上部的寫法，則與「奪」、「奮」二字上部之寫法相近，甚或完全相同（見表十一）。由此看來，「奮」字之形體結構，其受到「奪」字上部寫法的類化之影響，也並非全無可能。【古文字形體研究五則　國文學報第二十期】

◉戴家祥　字从雀从衣从又，多友鼎「復　京自之孚」，義即奪。說文四篇：「奪，手持隹失之也。从又从奞。」奪从奞，「奞，鳥張毛羽自奮也。从大从隹。」說文从奞之字僅有二個，除奪之外就是奮，而金文奮作　，亦从衣，知說文奞字从大為从衣之誤。金文奪或作人名。【金文大字典上】

奮

奮　从衣　令鼎　【金文編】

奮　日甲三二背　【睡虎地秦簡文字編】

奮武中士印　虎奮將軍章　夏奮　賈奮　【漢印文字徵】

詛楚文　奮士盛師　【石刻篆文編】

◉許慎　翬也。从奞在田上。詩曰。不能奮飛。方問切。【說文解字卷四】

◉柯昌濟　卜詞曰。丁丑子卜隹　。　从田从隹。當即奮字。象雀在田中奮飛也。諆田鼎奮字作　。从隹从田从衣。从衣。从雀在衣下奮起誼。說文从奞誤也。【殷虛書契補釋】

◉馬叙倫　桂馥曰。一切經音義六。廣雅。奮。振也。鳥之奮迅。即毛起而身大。故字从奞在田上。苗夔曰。田亦聲。倫按奮為翬之轉注字。翬从軍得聲。在真類。奮从田得聲。古音田與陳同。故奮音方問切。田聲亦真類也。从奞在田上。當作从奞。田聲。此校者改之。奮亦飛奞之轉注字。奮音非紐。與飛雙聲。與奞同為摩擦次清音也。令鼎作　。秦詛楚文作　。【說文解字六書疏證卷七】

◉高鴻縉　說文。　翬也。从奞在田上。詩曰不能奮飛。方問切。按翬。大飛也。故奮从奞在田上。會意。並列外命。副詞。疑此字周時作　。見令鼎。篆文變作　也。鳥由田起飛。如人振衣曰奮。意順。【中國字例四篇】

◉張政烺　　⿰⿱隹田攴，从攴，⿱隹田聲。⿱隹田，从隹在田上。令鼎有　，从衣⿱隹田聲，舊皆釋奮，按馬王堆帛書奮皆从衣，知釋奮不誤。⿰⿱隹田攴蓋奮

雈

之異體。《廣雅釋詁》：「奮，動也。」【中山王礜壺及鼎銘考釋　古文字研究第一輯】

甲四四四　陳夢家讀為收穫之穫　丁亥吏雈　甲一三六九　甲二八四七　甲二九〇二用　為灌祭之灌　甲三〇〇一　婦姘田雈　甲三四二〇王往雈　甲三五三六　乙五三三　乙六〇三　乙七七五一　河三六六　鐵一二一・二　鐵二六二・一　前四・一八・六　前四・四三・五　前八・三・二　後二・三三・一　林二・一三・一一　林二・一六二〇　林二・二七・一二　鄴三下・四六・一〇　祭大乙其用雈　燕七八九　【甲骨文編】

3・317　昜里女雈　說文篆作雈　鴟屬　从隹从丫　有毛角　【古陶文字徵】

雈胡官切　【汗簡】

汗簡　汗簡　【古文四聲韻】

◉許　慎　雈鴟屬。从隹。从丫。有毛角。所鳴。其民有旤。凡雈之屬皆从雈。讀若和。胡官切。【說文解字卷四】

◉孫詒讓　「☐」，百廿一之二。「癸☐㱿貝于京」，二百六十二之一。此即「雈」字。《說文・雈部》：「雈，雖屬，从隹、从丫。有毛、角。所鳴其民有旤。讀若和」。是也。【栔文舉例卷下】

◉明義士　說文解字四上一一雈部一字「雈鴟屬。从隹从丫。有毛角，所鳴，其民有旤」。又仝部四字「雚小爵也。从雈吅聲」〇按又作，以卜辭句法證之，知為同字，疑說文之雈與雚原亦同字，後乃分為二字耳。象鴟屬之毛角，吅象大目，其體也。卜辭字，多假為觀。【柏根氏舊藏甲骨文字考釋】

◉林義光　按丫象角形。爾雅雈老鵵。注。木兔也。似鴟鵂而小。兔頭。有角。毛脚。夜飛。好食雞。【文源卷一】

◉陳獨秀　雈　雚　說文云：雈，鴟屬，从隹，从丫，有毛角，讀若和，今音歡。雚，从雈，吅聲，詩曰：雚鳴於垤。按今詩豳風作鸛鳴于垤，釋文云：本又作雚。甲骨文觀字作或，即雈，雚也，雈即雚之省吅者，非二字。丫象雚之冠毛，如人總角之丱，與羊之角有别，非从丫，更非从艸；吅象雙目，鴟雚之目恆從高處下視，故孳乳為觀看、臺觀字。觀之从雚，猶顧之从雇，雚雇蓋一物也，甲骨文即以雚為觀字。說文云：𥈛古文觀。从囧與从見同義。後加鳥作鸛，說文謂鸛如誰，短尾，射之，銜矢射人；古金器文雚字有作[glyph]者，此丨正象銜矢。歡字从雚者，取雚之呼笑聲，猶哭之从犬，鳥獸字多因毛角爪牙耳目蹄嘴等之特徵以為之别，如牛羊以角為特徵，象以長鼻為特徵，魚燕以闊尾為特徵，鳩類以勾喙為特徵，鴟類則以冠毛大目為特徵，鴟類見於古書者有五：萑見說文，鴟鴞見詩及爾雅說文，狂茅鴟、怪鴟、梟鴟，均見爾雅。茅鴟、怪鴟，均有大目之稱。莊子：鴟鵂夜撮蚤察毫末，亦謂其目之明也。鴟鵂或作鴟舊，說文云：舊或作鵂。即怪鴟，說文謂萑為鴟舊頭上角萑，舊从萑，正象其毛角與目。鴟之从氏，亦謂其目常下低以覓取鼠蚤也。【小學識字教本】

◉楊樹達　後編下卷廿八葉之十六云：「庚子卜，貞，王其萑耤，叀往？」羅振玉云：說文解字：「雚，小雀也，從萑，吅聲。」卜辭或省吅，借為觀字。此字之形與許書訓雖屬之萑字相似，然由其文辭觀之，則否矣。考釋中三三。樹達按：吅萑雚三文音並相近，余疑萑雚一字，雚於萑加注聲符吅，如厂加干為厈，网加亡為罔之比。萑觀音近，故假萑為觀耳。羅不知萑雚一字，乃云雚省吅而假為觀，似嫌繳繞。【卜辭求義】

◉陳夢家　王其穫耤，叀往，十二月

王往穫耤，祉往　甲3420＋下28・16

穫耤　前6・17・6

王往穫　林2・16・20

邛方出，王穫，五月　師友1・62

王勿穫　庫1685

王穫河，若　河366

王往穫☐[glyph]，三月　續5・19・7

穫禾[glyph]　燕789

帚井黍，其穫—帚井黍，不其穫　下40・15

帚井黍，穫　下6・9

帚井年，穫　林2・13・12

帚姘田，穫　甲3001
帚井田不其穫　殷虚書契四編
子隹弗穫　前6・4・4
年不其穫　珠1175
年穫　前4・43・5
黍穫　前4・39・4
穫芻　前8・3・2,8・4・5
乎……穫芻，七月　佚570
才衛穫　明682
于京穫　鐵262・3
乎□毋穫　續5・17・7
不其穫　林2・13・10

以上都是武丁卜辭。穫作萑，舊無説。説文曰「萑，鴟屬，从隹……有毛角……讀若和」；又曰「蒦，規蒦商也，从又持萑」；「穫，刈穀也，从禾蒦聲」。卜辭之萑即穫之初文，古音和與擭、護相同，所以萑讀若和猶存「穫」的古讀。卜辭「毋穫」「其穫」「不其穫」之「穫」都是動詞，與詩七月「八月其穫」同。卜辭萑、隻有别：萑是説文的穫，是刈穀；隻是説文的「獲」，是田獵所得。【殷虚卜辭綜述】

◉馬叙倫　嚴可均曰。當作雖屬。説解中尠用古籀文。惟引古則用之。惠棟曰。古和桓同。今人讀萑為桓。古人讀萑為和。王煦曰。尚書和夷。釋文云。和。鄭讀作洹。如淳曰。漢書注云。陳宋之俗言桓表聲如和。今猶謂之和表。知桓和古音通。劉秀生曰。萑从隹。丫象毛角。指事字。所鳴其民有旤。萑旤以聲為訓。旤从咼聲。在匣紐。歌部。和从禾聲。亦匣紐歌部。故萑音同旤。得讀若和。淮南説山訓。咼氏之璧。注。咼。古和字。女部。婐。从女。果聲。讀若騧。或若委。騧从咼聲。委亦从禾聲。並其證。儀禮公食大夫禮。加萑席尋。注。今文萑皆為莞。按萑當作萑艸部萑薍也从艸萑聲。左傳。管仲。淮南子説苑漢書藝文志並作筦仲。女部。婠。从女。官聲。讀若楚卻宛。目部。眢。从目。夗聲。讀若委。亦其證。倫按嚴以鴟屬字作鴟為疑。是也。許當本訓鳥也。此蓋字林訓。字林每析言之。或以俗名為釋。萑。从隹。丫象毛角。甲文有。孫詒讓釋雀。羅振玉釋雚。以借為觀也。然甲文舊字作。可證即雈字。即之變也。說解當曰。从隹。有角。其實此類本自象形。變為篆文如此耳。角形校者改之。讀若和三字當在有角下。今本為校者所改。所鳴其民有旤即校語也。【說文解字六書疏證卷七】

◉饒宗頤　癸亥[卜]，㱿貞：于京雈。（鐵二六二·一）

按雈舊以為觀字。說文：「雈，鴟屬，讀若和。」蒦即从又持雈。刈穀之穫，即从禾蒦聲，陳夢家謂雈即穫之初文。按他辭云：「庚子卜貞：王其雈耤，叀往。十二月。」（後編下二八·一六）「其雈耤」此猶詩七月之言「其穫。」又「帚井黍雈。」（後編下六·九）胡厚宣訓「雈」為茂盛。惟「雈」無「茂」義。此賓詞位前，「黍雈」即穫黍也。【殷代貞卜人物通考卷三】

◉李孝定　說文。「雈鴟屬。从隹。从𦫳。有毛角。所鳴其民有旤。讀若和。」又同部。「雚小爵也。从雈。吅聲。詩曰。雚鳴于垤。」栔文有二文。其辭例多同。除雈或為人名或為地名。雚或叚為風雈似亦有叚為風者外。自餘諸辭二者均假為觀。是則二者當為一字。楊氏之言是也。蓋卜辭雖有从吅與否之別。一為原始象形字。一為後起形聲字。下逮小篆。始衍為二。一訓鴟屬。讀胡官切。一訓小爵。讀工奐切。音義仍相近也。陳氏謂雈為穫之初文。說非。雈在十四部寒韻。穫在五部遇韻。二者聲韻並相遠也。【甲骨文字集釋第四】

蒦

蒦　中山王𰯌鼎　蒦其汋於人施寧汋於𣶒　哀成弔鼎　同銘鑊字所从與此相同故隸於此　【金文編】

3·124　蒦圖南里㝵　說文所無　集韻蒦草名　3·128　蒦圖南里叟　3·126　蒦圖南里賹　3·141　蒦圖南里　3·142　蒦圖南里　3·165　蒦圖南里匋者　3·167　蒦圖南里匋者　3·168　蒦圖南里匋者　3·172　蒦圖匋里曰成　3·179　蒦圖匋里□　3·183　蒦圖匋里人豆　3·186　蒦圖匋里□□　3·185　蒦圖匋里□□　3·209　蒦圖匋里人乘　3·201　蒦圖匋里人丹　3·207　蒦圖匋里人乘　3·237　蒦圖匋里人學　3·227　蒦圖匋里人弄　3·233　蒦圖匋里人艸　3·261　夻蒦圖里匋化　3·263　夻蒦圖里匋　3·265　夻蒦圖里遊

3・281 中蒦圖里東方□ □3・282 中蒦圖里人□ □3・283 中蒦圖里人鬆 □3・284 中蒦圖里匋貿 □3・287 中蒦圖里匋漸 □3・288 中蒦圖里□ □3・289 中蒦圖里貞 □3・290 中蒦圖里□ □3・299 東蒦圖□ □3・300 東蒦圖□ □3・318 蒦圖魚里人貴 □3・127 蒦圖南里□ □3・131 蒦圖南里□【古陶文字徵】

◉許　慎　蒦規蒦。商也。从又持萑。一曰視遽皃。一曰蒦度也。徐鍇曰。商。度也。萑善度人禍福也。乙虢切。□蒦或从尋。尋亦度也。楚詞曰。求矩彠之所同。【説文解字卷四】

◉林義光　□按即獲之古文。與彠不同字。手持萑。鴟屬。獲之也。【文源卷六】

◉馬叙倫　桂馥曰。類篇引作一曰遽視皃。段玉裁曰。規蒦二字蓋古語。釋之曰商也。一曰視遽皃。蒦矍形聲皆相似。一曰蒦度也者。漢志曰。寸者。忖也。尺者。蒦也。故蒦為五度之度。朱駿聲曰。此字實从萑聲。萑短之即蒦。以雙聲得聲也。故篗字或體亦从閒。翟雲昇曰。當入又部。倫按从又萑聲。度之疊韻轉注字。一曰蒦度也是本義。校者記異本也。規蒦即規度。亦即規畫。規蒦商也校語。一本挩本訓。但存校語耳。一曰視遽皃者。與矍下同。實瞏字義。目部。瞏。驚視也。瞏音群紐。古讀歸見。見影同為破裂清音。故古或借蒦為瞏。此亦校語。廣韻引博雅。蒦。度也。而不引本書。倫謂廣韻引字林博雅等書。其訓同本書而不引本書者。蓋所引適在殘簡之中。未必如王紹蘭謂未檢説文也。觀此文一曰蒦度。即校者補拾於異本。而原文則挩本訓。但存校語。彼時校語蓋猶未誤為正文也。可證當入又部。石鼓作□。叔蒦父鬲□。吴大澂釋蒦。古匋有□。丁佛言釋蒦。

□　鈕樹玉曰。韻會引詞作辭。矩作榘。桂馥曰。求矩彠之所同離騷文。彼作矱。王注。矱。度也。淮南氾論訓。有本主於中而以知矩彠之所同者也。高注。彠音約。度法也。倫按从尋。蒦聲。此俗字。後人加之。重文下亦例不引書。況所引為離騷文。蓋又後校者語也。【説文解字六書疏證卷七】

◉饒宗頤　戊午卜，㱿貞：我狩□。□(禽)。之日，狩，允□。隻虎一，鹿卌，犷一百六十四，麑一百五十九，雚赤㞢双二，赤八十……(屯乙二九〇八)

按□，地名，即□。左桓十二年：「會宋公于□。」杜注：「□，宋地。」雚字从萑从井。井，陷阱也。蒦古鉢古匋皆从艸，與此同。雚殆蒦字，廣雅：「蒦，持也。」林義光謂即獲之古文。此作雚，與「隻」同文異寫。【殷代貞卜人物通考卷三】

◉黄盛璋　(一)蒦(惟)：「蒦其溺於人也，寧溺於淵」，此兩句實本《大戴禮記・武王踐阼》盤銘：「與其溺於人，寧溺於淵」，《太平御覽》引此以為晉隨武子盤銘，李文已經指出，武王盤顯屬附會，當以後者為是。朱、裘讀「蝬」，指尺蝬掉在人身上，又讀「獲」，直譯為「從人那裡得到他的沉溺」。張釋「獲」，即以「獲得」為解。顯然皆迂曲難通。李、于皆釋「蒦」讀「與」，用陰入對轉通假。「蒦其」即「與其」，正為明確所争論者「蒦」究為何字，我以為蒦從隹聲，乃是「惟」、「唯」等一類虚辭，「惟」可通「與」，不必從經典找尋，中山銅器銘文中就有例證：如壺銘，「以憂其民之隹不辜」，「隹」即「惟」，此處用同「與」，「蒦其」即「惟其」，用於讓步句，經典皆用「與其」，「惟其」未見。今據銘文獲知，除「與其」外，還有「惟其」用作讓步句之連辭。從古語法上説，也是中山銅器銘文一個有價值之處。如用通假，即被埋没。【中山國銘刻在古文字、語言上若干研究　古文字研究第七輯】

雚

甲一八五〇　雚用為觀　鐵三〇·一　前四·四三·四　後二·六·五　後二·六·七　後二·六·八　佚二二九　佚四三一　佚五八三　佚六八〇　寧滬一·二八六　京津五一八一　粹一四七　雚大乙雚是祭名當讀為灌祭之灌　粹四三四　[酉彡]雚　粹四五二　[酉彡]雚　後二·六·六　庫一六七二　明藏五四三【甲骨文編】

甲444　1369　1850　2847　2902　3001　3420　乙533　603　1719　2728　4509　7751　零45　74　佚229　381　431　570　583　680　續1·33·4　5·19·7　掇390　徵3·192　京3·17·1　録366　539　548　708　773　誠457　外1　103　書1·5·D　粹147　434　452　517　摭續93　新3981　4289　5182【續甲骨文編】

雚　御尊　王在圃雚京　雚女觶　王人甗　孳乳為觀　效卣　王觀于嘗【金文編】

1342　0432　0431　0230　2291【古璽文編】

雚參私印【漢印文字徵】

◉許　慎　雚小爵也。从萑。吅聲。詩曰。雚鳴于垤。工奐切。【說文解字卷四】

◉劉心源　雚。觀省。【奇觚室吉金文述卷六】

◉羅振玉　說文解字。雚。小爵也。从萑。吅聲。卜辭或省吅借為觀字。此字之形與許書訓鴟屬之萑字相似。然由其文辭觀之則否矣。【殷虛書契考釋卷中】

◉林義光　按鸛非鴟屬。不當从萑。當為讙之古文。鴟梟鳴聲讙也。从萑上二口。古作效尊彝。【文源卷四】

◉方濬益　(寳甗)　說文。雚。小爵也。从萑。吅聲。詩曰。雚鳴于垤。此文正雚爵之象形。【綴遺齋彝器款識考釋卷九】

◉丁佛言　王人甗俗作鸛。案雚觀鸛古為一字。說文。鸛專畐鶔。如鵲短尾。射之。銜矢射人。此象銜矢形。與許氏說合。【說文古籀補補卷四】

◉高田忠周　說文。雚小爵也。从萑吅聲。詩曰。雚鳴于垤。段氏意作雚雀云。今字作鸛。鸛雀乃大鳥。各本作小爵誤。今依太平御覽正。陸疏云。鸛。鸛雀也。亦可證。陸云似鴻而大。莊子作觀雀。愚謂此文義。疑叚借為觀。左襄十一傳。觀兵于南門。是也。觀雚互通耳。又按鳥部。鸛。鸛專畐鶔也。从鳥雚聲。萑隹固同意。已从萑又从鳥。亦猶雁鷹隺鶴之類。雚鸛古今字無疑矣。【古籀篇九十四】

◉胡光煒　周禮大宗師風師作飌師。飌本止作雚。傳者恐人不識。故于其旁注風。後寫者誤將注文與本字合書。遂成飌字。今以卜辭證之。古本有以雚為風之例也。【說文古文考】

◉強運開　御尊。王在圃雚京。即詩祼將于京也。此叚雚為灌。吳書以為觀字非是。效卣。王雚于嘗。亦叚雚為灌也。【說文古籀三補卷四】

◉葉玉森　胡氏謂卜辭之雚為風。似塙。本辭釋風至亦可通。惟卜辭屢言「年雚」「雚芻」「黍雚」「王其雚」。如竝釋風仍未安耳。【殷虛書契前編集釋卷一】

◉吳其昌　雚者,在卜辭中,本義、引申共有四訓。其一,原始本義乃象一雚鳥之形。摹繪惟肖,不煩言詮。或省其雙目形之吅，則為。其在説文，於「雈」字解云：「鴟屬，从隹，从丫，有毛角。所鳴其民有旤……」於「雚」字解云：「小爵也。从雈，吅聲。詩云：雚鳴于垤。」在殷代卜辭時，雈雚殆為一字矣。卜辭云：「己巳卜，其遘雚。」後・二・六・七。則似亦以雚為不吉之鳥然。又云：「□丑……用王□大巳酉二牢，叀雈。」後・二・三四・八。則雈鳥亦有時可叀酉以為祭盲之品也。其二，則引伸以為地名。或以其地因産雚著聞故，而即以為名也。如卜辭云：「戊午，王囙圓，田狃雈……」前二・二六・一是也。詳彼片疏。其三，則引伸假借以為「觀」字。

此殆因雚鳥雙睛炯然，視察鋭利，故凡以目炯灼視察者，遂以雚形容之，就以「觀」呼之也。其在卜辭，如云：「己亥卜，雈耤。」前・六・一七・六。「庚子卜貞，王其雈耤。叀生往，十二月。」後・二・二八・一六。此言王觀于耕耤也。如云：「其雈黍，不帚歸井。」後・二・四〇・一五。「受……雈𢍰……七月。」佚五七〇。此記述觀黍與觀𢍰也。是皆假「雈」為「觀」之證。其四，則以「雚」為祭名之一種。蓋既有「酉義同殺二牢，叀雈」之詞，「雚」與「牢」可以同時刑宰以供祭，則有時如特以「雚」為祭品，宜名其祭為「雈」矣。卜辭中如云：「乙丑卜……宑雚……」後・二・六・五。此「雚」為祭名，無可疑耳。更如上列丁片文云：「㞢母□，父□雈。」此「雈」義亦為祭，明甚。乙、丙二片及本片，皆以「酒雈……」連文，明「酒雈……」實同為祭義，殆其祭須祼酒而獻雚矣。是故雚有四義，而本片之「雚」，則義為祭也。【殷虛書契解詁】

◉楊樹達　粹編四五二片云：「乙酉，酒雚，其受又？」樹達按：雚為飌之省文。周官大宗伯云：「以槱燎祀司中司命飌師雨師」，卜辭以酒祀飌，殷先周而有此祀矣。【卜辭求義】

◉馬叙倫　鈕樹玉曰。小當是水。玉篇訓水鳥。嚴可均曰。小爵當作雚爵。後漢書班固傳上注引鸛。鸛雀也。御覽九百廿五引作雚雀也。據此。可知小爵必雚爵之誤。陸璣義疏以為似鴻而大。明非小雀。詩東山箋。水鳥也。文選張茂先情詩注引韓詩亦云。水鳥。計説文舊本或有作水字者。水小形近。轉寫因譌為小耳。倫按詩東山文。今本作鸛。釋文曰。鸛本又作雚。鸛字鳥部作鱹。説解曰。鱹專畐柔。如誰。短尾。射之銜矢射人。則後漢書注及御覽所引作雚雀者。皆鳥部鱹字義。雚从雈。必為有角之鳥。小爵與似鴻之鳥皆不得从雈。雚實雈之同舌根音兼疊韻轉注字。甲文皆用為觀字。可證也。倫謂或許本訓雈也。雈誤為雀耳。雚則隸書複舉字也。雈誤為雀後。傳寫又或誤雀為爵。或小字為雀字之爛文。校者因加爵字或水爵字為鸛。此从吅雈聲。為吅之轉注字。讙之初文也。字見急就篇。效卣。王雚于嘗作。王人甗作。【説文解字六書疏證卷七】

◉金祥恆　甲骨文之，孫詒讓釋為雈云：「説文雈，鴟屬，從丫有毛角，所鳴其民有旤。讀若和是也。」（契文舉例四五葉）郭沫若从之，卜辭雚假為禍，均似不吉之意。(卜辭通纂九五葉)羅振玉釋為雚云「説文解字，雚，小爵也。从萑吅聲。卜辭或省吅，借為觀字。此字之形與許書訓鴟屬之萑字相似，然由其文辭觀之則否矣」。(殷虛書契考釋中三十三葉)楊樹達從之。「按吅萑雚三文音並相近，余疑萑雚一字，雚於萑加注聲符吅。如厂加干為厈，网加亡為罔之比。萑觀音近，故假萑為觀也。」(卜辭求義十九頁)孫海波甲骨文編釋為萑，為雚。今以甲骨卜辭考之，羅氏釋為雚是，孫海波釋非也。卜辭「酒雚」之詞，其雚作者如：

癸亥卜，酒？粹四三四

乙酉酒，其冓□　粹四五二

▨福大乙，酒，王每？甲一八五〇

其雚作者如：

酒，至邟父庚▨

續一・三三・四

乙未卜，爭貞：來辛亥酒，匚於且辛？乙二七二八

酒，至邟小辛，三牢又𢦏二？　前一・一六・五

蓋其證也。後世經典如儀禮特牲饋食禮：

「盛兩敦，陳於西堂，藉用萑，几席陳於西堂。」

之藉用萑，阮元校勘記云「萑唐石經初刻作雚」。新近出土之武威漢簡甲本亦然。萑作雚，究其原，萑雚為一字。借萑雚為萑，説文「萑，薍也，从艸萑聲」。萑為後起之分別字。故經典「萑(與説文艸多皃从艸隹聲别。後世隸楷形同。)雚、萑」三字混書。如：

儀禮公食大夫禮「加萑席尋」，鄭注云「今文萑為莞」。蓋莞與萑同切胡官。借萑為莞也。

夏小正七月秀雚葦。

詩豳風七月「八月萑葦。」毛傳「薍為萑。」衛風碩人，正義所引陸璣云「薍或謂之荻，至秋堅成則謂之萑」。

穆天子傳「天子射獸，休于深雚」，注「雚，葦之聚」。

周禮巾車「駹車雚蔽。」阮元校勘記「唐石經原刻雚，後磨改萑。釋文雚，葉鈔本作萑。」

劉子新論辯施第三十七「執萑求火，而人不恡」。日本寶曆本萑作雚。

萑即萑葦也。雚，工奂切，段玉裁六書音均表入十四部，與萑同。故以音讀言之，亦知其為一字。至於一書　，一書　。或多吅，或者省之。許慎釋吅之為吅（說文吅，驚嘑也，从二口，讀若讙，況袁切），並為聲符。其實乃其目也。鵂梟，其睛異於他禽，醒則瞋目怒視，其狀甚惡，瞑則其目不注，毛角特顯，故不書之。夜鳴，其聲雚雚然。人聞之，必厭惡也。許氏所謂「所鳴其民有旤」，迄今民間尚有此習俗耳。【釋　　 中國文字第二十四冊】

舊 舊

前四・一五・四　後二・二・五　後二・六・一〇　林二・二六・七　甲一五七七　甲二三八六　乙未娟歲于祖乙牡卅宰惟舊歲　甲二四三七　甲二五二六　乙五四〇五　粹二三二　粹四九四　明藏四五四　明藏四八四　明藏六二五　掇一・三九〇　祖甲舊宗　寧滬一・三一四　存一七九三　庫一五一六　昔我舊臣　京都二〇六二　京都二二二七　前二・五・一或从隹　地名　前二・八・六　續五・一四・五　明藏八二八　存下九四七　通別二・四・二五　金五七四　京都一八七八舊冊　【甲骨文編】

甲1577　2386　2437　珠318　466　655　佚441　續5・14・5　徵4・34　粹232　494　517　續存1793　【續甲骨文編】

舊　盠駒尊　　師嫠簋　兮甲盤　邾公華鐘　【金文編】

135反　236　242　247　【包山楚簡文字編】

石舊私印　【漢印文字徵】

舊出華岳碑臣忠恕　【汗簡】

義雲章　　　並籀韻　　並部昭卿字指　　並籀韻　【古文四聲韻】

◉許　慎　雖舊。舊畱也。从萑。臼聲。巨救切。舊或从鳥。休聲。【說文解字卷四】

◉鄭　珍　此文本無注。夏亦無此文。據李建中題此書有云原闕著撰人名氏。因請見徐騎省。云是郭忠恕製。復舊臼字部末字注腳趙字下俱有臣忠恕字。是西臺于宋初見舊本元無上舊字。上注乃此文之注。英公所見則止有上舊字。故不載此文。後人以西臺之題增入此字。不知于所云注腳宜改舊為。始合元文也。至臣忠恕下必本有按語。失去久矣。審此形。蓋舊之或體鵂字。其中休也。兩翼是鳥省。仿鳥古文之意。省存臼形。【汗簡箋正卷三】

◉羅振玉　說文解字。舊。鴟舊。舊留也。从萑。臼聲。或作鵂。此从。古文臼字多如此作。【殷虛書契考釋卷中】

◉聞一多　北户録一引淮南萬畢術曰：

鵄鵂致鳥，取鵄鵂，折其大羽，絆其兩足，以為媒，張羅其旁，衆鳥聚矣。

案說文「舊，鴟舊，舊留也。」重文作鵂，廣韻鴟鵄同，字鏡，萬象名義並鵄鵄同，鵄俗鴟字，是鵄鵂即鴟鵂，亦即鴟舊也。卜辭舊或作⿱艹⿶凵隹後下二・五、後下六・一〇。與䴢作⿸鹿凵同意，卜辭从凵之字，或於凵中著數點，即臼之所從出。卜辭舊或作舊，麀亦或作麔，故知二字必係同義。是小篆舊從臼與䴢從幽者，義亦不殊，䴢為⿴囗繇鹿專字，舊亦⿴囗繇萑專字矣。金文小篆舊並從臼聲，以舀亦從臼聲而音以周切證之，知臼古讀亦或歸喻母，然則舊與⿴囗繇古亦同音，故兮甲盤「淮尸舊我員畮人」，師寰𣪘作「繇我員畮臣」。王氏以為舊繇音近相假，實則音同義通耳。對將被誘捕之新鳥言之，則已捕而嘗經馴擾，可用為媒之鳥謂之舊是新舊之舊，本與⿴囗繇義相通。金文以繇為舊，非無故也。爾雅釋鳥「怪鴟」，郭注「即鴟鵂也，見廣雅，今江東通呼此屬為怪鳥。」篇海有雟字，音休，云「怪鳥。」案雟亦鵂字，鵂為舊之重文，而舊⿴囗繇音義同，鵂一作雟，猶⿴囗繇一作囮矣。要之，舊為置媒以捕鴟鵂之專字。古人視鴟鵂為美饌，貪其味，故求之數，求之數，故需別制專字以名其事也。【釋⿴囗繇　聞一多全集】

◉馬叙倫　鈕樹玉曰。韻會不重留字。倫按雖舊。舊之俗名。許本訓鳥也。今捝。此校語。或字林訓。兮甲盤作。師嫠𣪘作。甲文作。

桂馥曰。白帖引文選鵩鳥賦。其字作⿰伏鳥。漢舊儀。賈誼在湖南。六月上庚日。有鵂鳥來。馥疑鵂為⿰伏鳥誤。舊伏聲相近。故从伏聲。伏服聲相近。故或作鵩。伏休形相近而誤也。許槤曰。俗作鵂。玉篇在注下重出。疑此後人所加。倫按莊子秋水。鴟鵂夜撮蚤。字如此。鵂為舊之旁紐雙聲兼疊韻轉注字。鵩字本書所無。然賈誼書。楚命鴞曰鵩。鴞音喻三。鵩音奉紐。同為摩擦次清音。是轉注字也。鴞聲宵類。報為𠬝之異文。而報聲幽類。幽宵近轉。古實為一類。是轉注字也。

服从艮得聲。服伏聲同之類。故文選字或作傷。然舊鵂聲皆幽類。鴞从号得聲。号音匣紐。舊音羣紐。同為舌根音。休音曉紐。匣曉同為舌根摩擦音。鳥部。鴞。寧鴂也。爾雅釋鳥。鴟鴞。寧鴂。寧鴂方言謂之桑飛。亦謂之工雀。陸璣謂似黃雀而小。則非惡聲怪鳥。賈誼何以為賦。蓋古今所惡之鴞。皆莊子所謂鴟鵂。即此舊也。鴞亦借字。楚謂鴞曰鵩。即謂舊曰鵩也。然則舊儀作鵂。賈書作鵩。皆不譌。白帖引作傷。則鵩之異文。【說文解字六書疏證卷七】

◉李孝定　說文「舊。雖舊。舊留也。从萑臼聲。[glyph]舊或从鳥。休聲。」絜文亦从萑臼聲。卜辭均用為新舊字。或亦為地名。許書字或作鵂者蓋以舊之叚借義既行而初義轉晦。於是別製鵂為鳥名專字。而聲亦稍異矣。【甲骨文字集釋第四】

◉李孝定　許君以為臼聲，不誤，聞氏乃混卜辭[glyph][glyph]二字言之，謂其下或从[glyph]，增之四點，即臼所从出，其說未安，舊字本當以臼為聲，不取其義，或从「凵」者，特从省略，舊留固不能設阱捕取也。[glyph]字象以阱捕獸，从凵取義，或增四點，則象其塵土，非臼字，蓋臼字作[glyph]，四點象臼齒，[glyph]之四點，則塵土耳，不能與臼混為一談也。又謂舊繇音同義通，亦不如王說音近相假為長。【金文詁林讀後記卷四】

◉何琳儀　三、釋匶　中山王方壺「倘（適）曹（遭）郾（燕）君子徻（噲），不顧（顧）大宜（義），不匶（舊）者（諸）医（侯）。」（《中山》一一二）

「匶」，與《汗簡》「柩」作「匶」吻合，應釋「舊」。關于「舊」的釋讀，已有釋「救」、「告」、「友」、「忌」、「就」等說。其共同特點都是把「舊」做為假借字處理，改讀他字。其實用先秦語法分析，「舊」應讀本字，不必「乞靈聲韻」即可得到合理解釋。

按，《公羊傳》莊公廿九年「修，舊也。」注「舊，故也。」《論語·泰伯》「故舊不遺。」「故舊」乃典籍恒詁。中山王方壺銘「舊」即此義之活用。「舊」本名詞，因其所處謂語位置，只能用如動詞。檢《韓詩外傳》「不臣天子，不友諸侯。」其中「友」與「舊」音義均近，辭例若出一轍。「不舊諸侯」意謂「不以諸侯為故舊」。本銘「舊」系指齊和中山等諸侯。燕君子噲不以齊和中山等國為故舊，故中山王痛斥之。「舊」的這種用法清代學者稱「實字活用」，俞樾《古書疑義舉例》卷三。中華書局，一九六三年。現代語法家稱「名詞意動用法。」【戰國文字通論】

◉朱歧祥　219.[glyph]，从隹止棲於臼巢上，隸作舊。字與舊（[glyph]）同，見於晚期卜辭，並用為殷東的地名，與人方同辭。

前2·5·1：癸未王卜貞：旬☐畎？在十月又二☐征人方。在[glyph]。

前2·26·1：戊午王卜在[glyph]貞：田[glyph]，往來亡災☐邗，獲鹿、狼☐。

[glyph]，為殷東地名，與人方同辭，是知舊字當為殷東邊地，與[glyph]屬同文異構。【甲骨學論叢】

文字4·93　玄□□子里𦫳【古陶文字徵】

〔二二〕〔三六〕〔七二〕【先秦貨幣文編】

刀直　甘丹背　冀靈【古幣文編】

𦫳【汗簡】

汗簡【古文四聲韻】

◉許　慎　𦫳羊角也。象形。凡𦫳之屬皆从𦫳。讀若乖。工瓦切。【說文解字卷四】

◉馬叙倫　莊述祖曰。𦫳為羊省。非部首。徐灝曰。𦫳乖蓋本一字。工瓦古懷二切亦一聲之轉也。章炳麟曰。乖从𦫳。訓戾也。首从𦫳。訓目不正。則𦫳本義為角。引申義為不正。乖即其孳乳字矣。饒炯曰。當云。从羊省。象角之形。羊篆形象頭角足尾。𦫳从羊省。僅去其四足。若云象形。則其脊尾猶存。豈止為角。倫按此羊之最初文。甲文羊字有作者。金文羊段作。此即之變。工瓦切即象羊之鳴聲也。讀若乖者。乖从𦫳得聲也。父辛觶作。曶鼎作。【說文解字六書疏證卷七】

◉許　慎　乖戾也。从𦫳而兆。兆。古文別。臣鉉等曰。兆。兵列切。篆文分別字也。古懷切。【說文解字卷四】

◉強運開　乖乖伯敢。丁書入附録。疑為古世字。運開按。乖隸變从北作乖。𦫳本讀若乖。八八形近。乖當即古乖字也。乖白乃人名。【說文古籀三補卷四】

◉馬叙倫　嚴可均曰。𦫳亦聲。兆古文別校語。鈕樹玉曰。韻會引無此四字。嚴章福曰。篆體當作乖。說解當作从𦫳而北。兆古文別乃校語。北下曰。乖也。从二人相背。乖訓戾。故字从北。北猶背也。桂馥曰。戾也當作盭也。經典用戾字。王筠曰。鮑本繫傳二兆字作兆兆。段玉裁謂宋本亦如此。張文虎曰。从𦫳从北。玉篇正作乖。倫按从北。𦫳聲。以雙聲為聲也。北之轉注字。北音幫紐。𦫳音見紐。幫見皆破裂清音也。當入北部。【說文解字六書疏證卷七】

◉劉樂賢　26.釋漢印乖字　《漢印文字徵補遺》附録一：。按此字當釋為乖，銀雀山漢簡《孫子兵法》「乖(乖)將不勝」之乖作

芇 芇

[字形]，與印文此字正同。【秦漢文字釋叢 考古與文物一九九一年第六期】

◉許 慎 芇相當也。闕。讀若宀。母官切。【説文解字卷四】

◉林義光 按古作[字形]歸夆敦。从廿。廿即ㄩ之變。⊘象物形。見品字條。巾象[字形]相值于丨。與帀同意。【文源卷三】

◉陳獨秀 説文丫部云：芇，相當也，闕，讀若宀。按芇為初形，後加糸虫作蠠，疑説文芇篆下缺字，本謂形聲義皆闕，如[字形]之例。相當也，讀若宀，六字皆後人所加。糸部：[字形]，蠶衣也，从糸，从虫，芇省。按集韻引説文作芇聲，六書故引説文作从芇，一切經音義引倉頡解詁曰：蠠，未繰也，字从虫，从糸，芇聲；唐以前許氏説文蠠从芇，芇蓋象蠶蠠形也。【小學識字教本】

◉馬叙倫 嚴可均曰。闕讀若宀四字。疑當作从丫宀聲。朱駿聲曰。此字不从羊角之丫。疑从廿从再。會意。王筠曰。从丫已不可解。八尤不可知也。倫按此字不見經傳。然䒽蠠皆从之得聲。詳䒽字蠠字下。音與䒽同。相當也即䒽字義。讀若宀。宀音明紐。蓋即从宀得聲。疑為芊之雙聲轉注字。芊音微紐。古讀歸明。説解盡捝。所存者校語。或字出字林也。【説文解字六書疏證卷七】

◉于省吾 （羌伯𣪘銘）有芇于大命 説文。芇。相當也。讀若宀。母官切。即芇字之譌。朱駿聲謂不从羊角之丫。疑从廿。是矣。言有當于大命也。【雙劍誃吉金文選卷上之三】

苜 苜

[字形] 苜【汗簡】

[字形] 汗簡【古文四聲韻】

◉許 慎 苜目不正也。从丫。从目。凡苜之屬皆从苜。莧从此。讀若末。徐鍇曰。丫。角戾也。徒結切。【説文解字卷四】

◉林義光 按古作[字形]庚嬴尊彝。作[字形]叉彝並蔑字偏旁。丫為乖省。目乖為苜。【文源卷一】

◉孫詒讓 「辰卜𣪘貝[字形]禾十豚美卯」、八十六之三。「辛子卜𣪘貝令[字形]之于」、百八十九之一。「丁亥㐱[字形]□人」、百九十四之三。「貝立㐱[字形]出□服」、二百廿四之一。「壬戌卜亘貝[字形]其㚇之舁」、二百五十八之三。此當為「苜」字。《説文・苜部》：「苜，目不正也。从丫目，讀若末。」此[字形]即丫，下从[字形]者，目之異文。金文公違鼎省字作[字形]，从[字形]，與此相近。【栔文舉例卷下】

◉楊樹達 徐鍇曰：「丫，角戾也」。樹達按：丫訓羊角，乖字从丫而訓為戾，是丫實有戾義，徐説是也。苜字以角之戾喻目之不

正。目為本名。𠂉為喻名。【文字形義學】

◉馬叙倫　嚴章福曰。莧从此當非許語。王筠曰。莧下云。苜聲矣。於此復言莧从此。是為贅。且莧字當依大徐説。通體象形。若如許説。从兔足苜聲。亦未安也。馮振心曰。苜殆今所謂射睩眼。目既不正。而又數搖不定。其不明必矣。倫按目不正者。當作目不明。所屬諸字皆訓不明。其證一也。讀若末。目部。眜。目不明也。是苜為眜之轉注字。故音與眜所从得聲之字同。其證二也。蓋从目。𦫳省聲。古當為雙脣音。鍇本作名噎切。毛本作模結切。此作徒結切。徒字或譌。讀若末者。劉秀生曰。下文。莫。从火。苜聲。讀與蔑同。左隱九年傳。公及邾儀父盟于蔑。公羊作眜。又七年經。晉先蔑奔秦。公羊作先眜。眜从末聲。是其證。當在凡苜之屬皆从苜上。甲文有。蓋即苜字。【説文解字六書疏證卷七】

◉朱芳圃　林一・九・二　戩一・九　乇乙八六〇九

説文苜部：「苜，目不正也。从𠂉，从目。讀若末。」一作眜，説文目部：「眜，目不正也。正，今本誤作明。兹依廣韻十三末眜下注校改。从目，末聲。」目不正則視不明，孳乳為蔑，苜部：「蔑，目勞無精也。从苜，从戍。人勞則蔑然也。」為䁾，目部：「䁾，䁾兜，目眵也。从目，蔑省聲。」轉脂為眛，目部：「眛，目不明也。从目，未聲。」為眇，目部：「眇，目冥遠視也。从目，勿聲。」轉幽為瞀，目部：「瞀，低目謹視也。从目，敄聲。」玉篇目部：「瞀，目不明兒。」為眊，目部：「眊，氐目視也。从目，冒聲。」轉宵為眊，目部：「眊，目少精也。从目，毛聲。」玉篇目部：「眊，不明兒。」

苜又孳乳為莫，説文苜部：「莫，火不明也。从苜，从火，苜亦聲。」為烕，火部：「烕，滅也。从火戍。火死於戌，陽氣至戌而盡。」

苜戈為卜辭習見之成語，饒宗頤釋為蔑戈，謂「如連讀可解為羊災，言五行者有羊禍之語」，並引漢書五行志羊旤為證。巴黎所見甲骨録三一。按饒説非也。苜戈猶言無戈。經傳作蔑，詩大雅板：「喪亂蔑資」，毛傳：「蔑，無也」；論語雍也篇：「亡之命矣夫」，漢書宣元六王傳引作「蔑之命矣夫」，顏注：「蔑，無也。」

甲文又有作左列形者：

前・二八・五　前四・一八・一　前四・三七・五　林二・二五・六

苜下增，乃晚期文字，義與苜同。【殷周文字釋叢卷中】

◉連劭名　翻開著録甲骨刻辭的書籍，經常可以看到這樣一個字，寫法很多，現在選擇其典型寫法，舉例如下：

一、甲一四　粹四七　後二・三〇・七　乙四七八

二、續五・三四・三　掇一・三八一　佚五二八　甲二二六五

三、前四・四九・四　粹四四〇

四、前六・五・六

這個字⊘就是後世的「苜」字。

甲骨文中的苜，讀為「蔑」，訓「無」，訓「不」，是一個表示否定概念的詞。⊘「苜」字在甲骨文絶大多數的情況中，是與另外一個否定間相結合，構成一種否定之否定的句式。最多見的句式是「勿苜……」相當于今天我們所説的「不要不……」其次是「不苜……」相當于「不會不……」

甲三五一〇：「丁丑卜、賓貞：出于丁，勿苜牢用？」這是武丁時貞人賓貞問：「要對丁舉行出祭，不能不用牢作祭品吧？」

後下三七・八：「乙亥卜、賓貞：勿苜用百羌？」這條卜辭大意是説：「乙亥日占卜，貞人賓貞問，不能不用一百個羌奴祭祀吧？」

甲骨卜辭中使用「不苜……」的句式比較少。

前四・四九・一〇：「己巳卜王：壬申不苜雨？二月。」這是在己巳日，商王親自占卜，問「壬申日不會不下雨吧？」

掇一・三八：「……亥卜，王貞：余……麋，不苜擒？」這條卜辭殘缺過甚，但仍然可以知其大意。這是一條由商王親自卜問關于狩獵的卜辭，「不苜擒」就是説「不會没有擒獲吧？」

在帝乙、帝辛時代的戰爭卜辭中，有一句常語「不苜捷」，苜字寫作。注意這一點很為重要，説明苜字發展到商末，已經完全簡化為从目了。

「不苜捷」一語，也是于武丁時代的戰爭卜辭之中。

大意為「不會不勝利吧？」

「苜」字在祖庚、祖甲時期的卜辭中省掉了「目」，只剩了「丫」，檢查它的用法，仍然與苜相同。

掇二・二〇七：「辛□貞：且辛……丫延？」「丫延」與卜辭中習見的「不延」、「勿延」等含義相近。「延」訓為「續」。這是在卜問對于且辛的某一祭祀不再繼續進行下去是否合適。

河四四三：「……大……歲，弜丫延？一月。」這是一條關于歲祭的卜辭。裘錫圭老師指出「弜」的含義近于「勿」，也是「不要……」的意思，「弜丫延」就是説「不要不繼續」進行下去。

「丫」字在祖庚、祖甲時期還寫作□，凡一見。甲骨文編把它收在「羊」字下面，是不正確的。

河三八六〇：「甲寅卜……燕……□吉？」這一條卜辭殘缺過甚，不知其卜問的具體內容，「丫吉」猶言「不吉」。

值得説明的是「丫」字的這個特殊寫法，還經常見于商代銅器上的氏族徽號之中。這批氏族徽號《金文編》一律釋為「羊」字，現在看來並不一定妥當，似也當改釋為「丫」字。【甲骨文「苜」「丫」及相關的問題　北京大學學報一九八一年第六期】

◉張政烺　甲骨文有□，又作□、□、□等形（見《甲骨文編》一六一頁，字號〇四七二）。

□从羊有二目，是會意字，其目的在説明像羊的眼睛，故有時也寫作□，僅用一目。

□和□肯定是一個字。可見䀠在字中衹表示眼睛，和目相同，決不是聲符，□不讀䀠音，也不得備用為遽。

孫詒讓《契文舉例》（卷下，九葉下）釋□謂：

此當為苜字，《説文・苜部》：「苜，目不正也，从丫目，讀若末。」此丫即丫，下从□者目之異文。

其説質樸可信，即以上舉苜日一詞言之，苜蓋讀為眛，眛日即眛，是日光不明之義，《周禮・春官・眂祲》：

眂祲掌十煇之法，以觀妖祥，辨吉凶。（鄭司農云：煇，謂日光氣也。）

六曰瞢。（鄭司農云：瞢，日月瞢瞢無光也。）

卜辭的苜日和《周禮》的瞢當是一回事，故言「苜日大啟」。《説文・苜部》：

蔑，勞目無精也。（段玉裁注：目勞則精光茫然，通作眛。引申之義為細，如木細枝謂之蔑，是也。徐灝箋：按《方言》云：小，江淮陳楚之内謂之蔑。心部曰：懱，輕易也；即蔑視意也。）从苜，人勞則蔑然，从戍。

苜和蔑讀音相同，義亦相近，卜辭中的苜字可讀為蔑。蔑是細小，是輕易即蔑視，都不是好字眼，故卜辭所見絶大多數是勿苜二字連結成一個詞，有時則不苜二字連結成一個詞，「勿」是不要，「不」是不曾，用否定詞「勿」或「不」擺在苜前，否定的否定而產生積極的意思。

苜有目不明，視不審諦之義，勿苜是不要模糊，不要忽視，作為一個詞就會有認真、注意之意。

蔑有輕易、怠慢之義，勿苜就會有重視、尊敬、嚴肅對待之意。

蔑有細心、拭滅之義，勿苜就會有不要減少、不要取消、保證質量之意。

卜辭中勿苜二字常在動詞之前，自是副詞，説明動作的情狀，偶然有勿苜後不連動詞的，多是對貞之詞，前一條中有動詞，後一條便把動詞省略了，如：

丁酉卜，殻，貞：王勿苜曰：父乙……　後下四〇·六

王是殷王武丁。父乙是武丁之父小乙。這裏用勿苜表示殷王所説的這段話是認真的、嚴肅的。

卜辭的祭祀記録中勿苜二字出現的次數最多，選引如下：

壬戌卜，爭，貞：勿苜告於上甲，三月。　存下一八六

勿苜告吕方于唐。　燕七六

告是祝告。上甲和唐(湯)是殷王的已經神化了的祖宗，對之十分崇敬，從不苟且。

己亥卜，穷，㞢于上甲五牛。㞢于上甲五牛。十牛。

勿苜十牛。　津六四八

丁丑卜，穷，貞：㞢于丁，勿苜宰用。　甲三五一〇

㞢讀為侑，是一種具備食品的祭祀。宰讀如庠，是養羊之舍，猶牛之稱牢。一宰大約是兩頭羊。用是採用作犧牲。這幾條㞢祭卜辭關於祭祀所用牲種和數量都十分注意。

苜也有在弜字後的，如：

王申卜，王，貞：用一卜，弜苜。辛卯，不□□至。　乙九〇七四

丁亥貞：弜苜酒乂伐。丁亥貞：于甲酒伐。　粹四四〇

弜苜[illegible]，乙巳……　林一·九·二

卜辭中弜勿二字義近(參考裘錫圭同志《説弜》，見《古文字研究》第一輯一二一——一二五頁)，弜苜和勿苜語意相同，當是一個詞的不同寫法。

卜辭又見不苜連文，不也是否定詞，但和勿、弜有區別。苜讀為蔑，不苜是不削減、不停止之意，如：

壬寅卜，殻，貞：自今至於甲辰，子商戈基方。

壬寅卜，殻，貞：子商不苜戈基方。

貞：亩不苜戈猼。

基方和猼是殷的敵人，是征伐對象。戈讀為搏，是撲伐之意。不苜戈是不斷攻打。

丁未□，□，貞：余不苜隻猼。六月。　集六九四三

 瞢

隻義為獲。隻㺟猶他辭隻羌，是捉來充奴隸。不苜隻言不停地捉得。

壬午卜，𡧊，貞：伲不苜卒多臣垂羌。 粹一一六九

貞：卓不苜卒。 前四・五〇・三

卓和伲是人名，都是時常帶兵的人，不苜卒是不停地捕捉逃亡的奴隸。

己巳卜，王。壬申不苜雨。二月。 前四・四九・一

雨也是動詞，其主格是上帝，習慣上都省略了。不苜雨是不斷地下雨。此外，卜辭還有：

……弗苜…… 明一九一六

弗也是否定詞，因係殘辭，可不深論。

苜字不是一個好字眼，它在卜辭中出現，其前常有否定詞勿或不，這在上文已作解釋，僅見到一條完整的卜辭卻屬例外：

〔庚〕戌卜，出，貞：苜㞢于且辛，二月。 録二九四

這是第二期卜辭，同期卜辭有：

庚戌卜，貞：㞢于且辛。 録二九五

兩相對照可見「㞢于且辛」是占卜的目的，這類卜辭如：

壬戌卜，爭，貞：翌乙丑㞢伐于唐，用。

貞：翌乙丑勿苜㞢伐于唐。 乙七五三

貞：㞢于父戊。

勿苜㞢于父戊。 合一九四

皆於對貞之辭的㞢字前加勿苜二字，以說明㞢祭的程度。因此推想，録二九四片當係苜字前脫漏一勿字。【殷契苜字說 古文字研究第十輯】

 瞢 日甲四四背 通夢 人有惡｜ 日甲一三背  日甲一三背 二例  日甲 四〇背 【睡虎地秦簡文字編】

 1079 【古璽文編】

[glyph] 𥉂

◉許　慎　瞢目不明也。从苜。从旬。旬。目數搖也。木空切。【說文解字卷四】

◉葉玉森　卜辭數見不[glyph]戈語。[glyph]似从苗从口。疑即許書訓目不明之瞢。卜辭叚作蒙。不[glyph]戈即不蒙戈也。【殷虛書契前編集釋卷二】

◉馬叙倫　沈濤曰。文選月賦注引說文。懵。目不明也。懵即瞢字。非古本別有懵字也。江文通雜賦注引埤蒼。瞢。視不審諦也。一切經音義四引三蒼。瞢。目不明也。宋保曰。瞢。从苜。旬聲。猶郇讀若泓。从旬聲也。李賡芸曰。廣韻。莫中切。玉篇有莫登莫中二切。莫登切為正音。當从目夢省聲。倫按旬音匣紐。从瞢得聲之字皆為脣音。而薨音則在曉紐。曉匣皆舌根摩擦音也。本書旻从攴得聲而讀若颭。音入曉紐。古書借旬為旻。蓋旬以从勻得聲。勻从二得聲。二音日紐。古讀歸泥。明泥皆鼻音次濁音。故瞢音入明紐。是瞢从旬得聲為苜之轉注字。旬目數搖也五字乃校語。李說亦通。【說文解字六書疏證卷七】

◉朱芳圃　[glyph]前四・二九・五　[glyph]前七・一七・二　[glyph]後下二三・一五　[glyph]燕七四九

說文苜部：「瞢，目不明也。从苜从旬。旬，目數搖也。」按瞢，甲文作苋，从苜，从人，謂目不正，視不明之人也。篆文增目，乃附加之義符，許君云「从旬」，失之。孳乳為夢，說文夕部：「夢，不明也。从夕，瞢省聲。」為懜，心部：「懜，不明也。从心，夢聲。」為薨，死部：「薨，公侯卒也。从死，瞢省聲。」為儚，人部：「儚，惛也。从人，薨聲」。旁轉東，孳乳為矇，目部：「矇，童蒙也。从目，蒙聲。一曰，不明也。」【殷周文字釋叢卷中】

◉許　慎　𥉂火不明也。从苜。从火。苜亦聲。周書曰。布重𥉂席。織蒻席也。讀與蔑同。莫結切。【說文解字卷四】

◉孫詒讓　「[glyph]□」字从[glyph]，增八，疑𥉂之省。猶芙作[glyph]也。詳後。《說文》：「𥉂，火不明也。从苜、从火，苜亦聲，讀與蔑同。」金文可侯彝𥉂字作[glyph]，此與彼字形異而意同。【栔文舉例卷下】

◉馬叙倫　段玉裁曰。火當作目。假令火不明。則當入火部矣。从火者。火易眩。翟雲昇曰。當以入火部。徐灝曰。段說非也。若為目不明。何得从火為義。段謂火易眩。亦穿鑿之說耳。玉篇入火部是也。劉秀生曰。𥉂。从火。苜聲。苜聲明紐。蔑聲亦明紐。故𥉂从苜聲得讀若蔑。說解引周書布重𥉂席。今書顧命作敷重蔑席。是其證。倫按劉說是也。古謂不明者音皆為脣音。故苜眛皆為目不明。眛亦為目不明。夢為目不明。普為日無光。莫為日且冥。凡不明者有所蔽。故矇為童蒙。冂為覆。火不明則謂之𥉂。其从苜得聲甚明。讀與蔑同。蔑。从苜。伐聲。詳蔑字下。伐音奉紐。古讀歸並。明並旁紐雙聲。

蔑

亦可證蔑从苜得聲也。或謂會意。蓋苜本義為目不明也。然如此類者。必以其字本義直接可會合為衡耳。明語原則不以為會意。蓋使易蔑為烕。从火。末聲。亦為火不明也。周書以下校語。【說文解字六書疏證卷七】

甲八八三 說文蔑 勞目無精也 从苜从戍 按甲骨金文蔑字并从苜 苜古眉字 苜苜形近 故說文誤以為从苜 卜辭用為人名 前一・四九・二 前一・四九・三 前一・四九・四 前五・三九・二 珠三四四 京津一六三〇 佚七七七 佚八二八 【甲骨文編】

甲883 乙4330 7799 8810 珠344 佚327 續1・47・6 續1・51・4 徵4・28 續1・51・6 徵4・27 續2・24・5 3・29・2 外230 甲3115 3938 佚885 續5・30・12 徵9・39 續6・248 六中101 續存634 新1333 1334 【續甲骨文編】

蔑 畬卣 保卣 小臣謎簋 沈子它簋 彔卣 彔簋 遇甗 𢿦鼎 競卣 競簋 長由盉 免卣 尹姞鼎 嬴氏鼎 屯鼎 趩簋 師遽方彝 𪓐盤 師㮚簋 王蔑鼎 从禾 庚嬴卣 友簋 免盤 再簋 大作大仲簋 辛伯鼎 段簋 師𩛥鼎 次卣 封簋 孚尊 【金文編】

1515 【古璽文編】

詛楚文 求蔑灋皇天上帝 【石刻篆文編】

蔑出周書大傳 【汗簡】

◉許　慎　𦳝勞目無精也。从苜。人勞則蔑然。从戍。莫結切。【説文解字卷四】

◉阮　元　(臤尊)古器銘每言蔑歷。按其文皆勉力之義。是蔑歷即爾雅所謂蠠沒。後轉為密勿。又轉為黽勉。小雅十月之交云。黽勉從事。漢書劉向傳作密勿從事是也。【積古齋鐘鼎彝器款識卷五】

◉吳　雲　(庚贏卣)説文禾部有穖禾也。甘部有㽕和也。从甘从厤。厤調也。甘亦聲。讀若函。按周禮。凡會膳食之宜。牛宜稌。羊宜黍。豕宜稷。犬宜粱。鴈宜麥。魚宜苽。鄭注。會。成也。謂其味相成也。古文義簡。言穖則凡黍稷麥粱皆該之矣。厤則調和膳食之宜也。詳繹銘文。上言王格于庚羆宮。下言王穖。當是王所御之食也。庚羆厤則庚羆調和膳羞以進獻也。【兩罍軒彝器圖釋卷六】

◉徐同柏　(周敔鼎)穖。古文蔑。讀若懱。厤通歷。試也。謂所試之事也。博古圖敔敦云。王蔑敔厤事。箸一事字。義更明晰。王蔑敔歷。即東晉古文尚書予懋乃德之意。【從古堂款識學卷六】

◉孫詒讓　(臤尊)蔑曆之文。金刻常見。其訓義則古經注字書皆未載。阮云蔑曆即爾雅所謂蠠沒。復轉為密勿。又轉為黽勉。小雅十月之交云。黽勉从事。漢書劉向傳作密勿从事是也。案阮説似是而實非也。凡古書雙聲疊韻連語之字。並以兩字聯屬為文。不以它字參厠其閒。如云黽勉。不云黽某勉。云蠠某沒。云密勿。不云密某勿也。金刻蔑曆兩字連文者固多。然間有作蔑某曆者。如敔敦云。王蔑敔曆。畢中孫子敦云。王蔑段曆。見吴録。並以作器者之名著于蔑曆兩字間。若釋為黽勉。則敔敦乃云。王黽敔勉。畢中孫子敦亦云。王黽段勉。其不辭甚矣。竊謂此二字當各有本義。不必以連語釋之。蔑。勞也。説文苜部。蔑。目勞則無精也。从苜。人勞則蔑然。从戍。曆即歷之藉字。薛阮吴並讀為歷是也。歷。行也。廣雅釋詁。凡云某蔑曆者。猶言某勞于行也。云王蔑某曆者。猶言王勞某之行也。各如其字釋之。則古金所謂蔑曆蔑某曆者。不至鉏鋙而不合矣。【古籀拾遺卷中】

◉劉心源　蔑厤屢見於鐘鼎文中。阮氏釋般尊吕蔑厤為勉力之義。謂即爾雅之蠠沒。後轉為密勿。又轉為黽勉。今案般尊叉尊皆蔑厤連文。而敔敦云。王蔑敔厤。友敦云。王蔑友厤。畢段敦云。王蔑段厤。伯䧹父敦云。蔑彔厤。與此鼎文竝不連用。知阮説亦未協也。攷説文。蔑。勞目無精也。歷。過也。合參諸器。其文意似謂視其所經歷有功行賞。故下文有錫予之事。是蔑段為脈也。【古文審卷一】

◉于省吾　(師望鼎)按蔑係勉勵之意。免盉。免穖靜女王休。靜其女之名。言免以王之所休錫者勉勵其靜女也。曆即歷。尚書優賢揚歷。歷謂經歷試驗之意。太史公謂。以言曰勞。用力曰功。明其等曰伐。積日曰閲。蔑謂勉勵。曆謂勞績。庚贏卣王穠庚贏曆。言王勉勵庚贏之勞績。㝬鼎其父蔑㝬曆。彔毁蔑彔曆。競毁伯屖父蔑御史競曆。免觶王蔑免曆。敔毁王蔑敔曆。此例甚多。且凡言某蔑某曆。皆有所驅使。皆有所錫予。尤可為酬庸之證。凡自言蔑曆者。亦係勉勵勤勞之意。師艅毁艅其蔑曆。言艅其勉勵勤勞。下接以日錫魯休。詞義甚顯。此銘云多蔑曆錫休。言多勉其勞績而錫之以休美也。【雙劍誃吉金文選卷上之二】

◉強運開　彔敔。蔑彔曆。運開按。說文。蔑。勞目無精也。从苜从戍。人勞則蔑然也。孫詒讓云。蔑。勞也。曆即歷之藉字。薛阮吳並讀為歷是也。廣雅釋詁。歷。行也。凡言某蔑曆者。猶言某勞于行也。云王蔑某曆者。猶言王勞某之行也。其說精塙可从。又蔑或从禾。乃叚穠為之。【說文古籀三補卷四】

◉陳小松　竊以為蔑字應讀如伐，說文以為「从苜，从戍」，朱駿聲說文通訓定聲謂，「許說此字誤，當云，从苜，伐聲。」按朱說極確。今檢金文及甲骨文字形，有从女者，為人之變，从号者，為戈之變，但多从伐而無从戍之作，可證朱說之精。史記高祖功臣侯年表，「明其等曰伐，積日曰閱」，字亦作閥。說文新附，「閥自序也」；小爾雅廣詁，「伐美也」；左傳莊廿八傳，「且旌君伐」；成十六傳，「驟稱其伐」；晉語，「軍伐有賞」，注，「功也」；左襄十二傳，「小人伐其技以馮君子」，注，「自稱其能為伐」；伐可施之於稱人，亦可施之於叙己。曆即歷字，亦即厤字。說文，「厤治也」，東京賦，「歷世彌光」，注，「經也」，即劉說所謂「即所行之事」，可訓為經歷，亦可訓為治績，蔑曆連用，施之於稱人，則為叙功，施之於叙己，則為叙績，其間字用者，則為叙某之功績，若美某之功歷也。【釋古銘辭蔑曆為叙勳之專用辭　中和月刊第三卷第十二期】

◉郭沫若　蔑曆二字蓋自商代以來之古語。統觀二十六例之銘文，其明記軍事者凡九例，且多係功成受賞。又競毁與競卣，敔毁二與敔毁一，均係一人之器。師遽方彝與師望鼎，係官為師，乃師氏之屬。有關軍事之例為數已半。是則蔑曆二字蓋帶軍事性質。二字均見於說文。蔑當即苜部蔑字，云「蔑勞目無精也，从苜从戍，人勞則蔑然也」，从戍乃形近而譌。其作穠者，當是米部之穠字。「穠末也，从米蔑聲」，从禾與从米同意。曆在甘部，云，「和也，从甘从厤，厤調也。甘亦聲，讀若函。」作𤯍若曆者，文之省。然諸義均不適。由有軍事性質以推之，余疑曆當即讀為函甲之函，蔑若穠則當讀為免。免函猶言解甲，引伸之則為免除征役，師望鼎癹毁趩尊諸文，以後義為近。金文中非無免字，如免觶免簠免毁諸器，其字作，乃冕之初字也，象人著冕之形，用為免脫字者寔出於假借。蔑本訓無訓滅，與免脫義轉相近，疑免脫字古本作蔑，後得陽聲，聲隨之收鼻音，始假免字為之也。金文中亦有函字，見函皇父毁不𡢁毁及毛公鼎，其字均作，象括囊中含倒矢形，當以包含為其本義，不𡢁毁與毛公鼎假為陷。用為函舌函甲字者亦假借也。說文「函，舌也，象形」，乃沿譌字以說假借之義，非是。然則免函均係假借，古文乃以蔑為免，以

厤為𠧪，故字有出入耳。【小臣謎𣪘銘考釋・器銘考釋　金文叢考】

◉馬叙倫　鈕樹玉曰。韻會引作从苜。从戍。人勞則蔑然。廣韻引作从苜戍。人勞則蔑然也。朱駿聲曰。許説此字誤也。當曰。从苜。伐聲。結字似戍耳。徐灝曰。六書故引作目勞無精也。是也。此誤例。倫按金文彔𣪘作□。趩尊作□。甲文作□□。以不嬰𣪘伐字作□，甲文伐字作□證之。朱説是也。伐音奉紐。故蔑與莧同音。此亦苜之音同明紐聲同脂類轉注字。説解亦當作目不明也。勞目無精也疑本作勞也。目無精也。此及人勞則蔑然五字校語。【説文解字六書疏證卷七】

◉張筱衡　□釋作蔑，蔑滅疊韻通用。周易剥卦：「初六，剥牀以足，蔑貞凶。」蔑字，釋文説荀本作滅，更足為二字通用的確證。

又考蔑字，説文从戍，器文从伐，當以器文為正。朱駿聲説蔑字説解當云：「从苜，伐聲。」甚是。我以為想要削滅某國，必先攻伐，則蔑字實為滅字的正字，而所从的伐字，便是聲兼義，説解也當説：「从苜，伐亦聲。」許氏「勞目無精」之義，有瞢字足以該之。【井伯盉考釋　人文雜誌一九五七年第一期】

◉饒宗頤　己卯卜，㱿貞：嬰(蔑)雨。我不其受(年)？(屯乙五一九)右對貞辭缺。

按「嬰雨」亦作「𪍑雨」(前六・七・六)，即「蔑雨」。他辭云：「止𪍑勿雨」(屯乙六三八六)。後漢書張衡傳：「浮蔑蒙而上征。」注云：「蔑蒙，氣也。」漢書揚雄傳字作「蠛」，皆異文。故蔑雨之蔑，猶濛氣也。説詳卜辭義證。

辛亥卜，㱿貞：㞢(侑)于戩(蔑)。召(招)……犬，𠭰五牛。(續編二・二四・五)

丁亥卜，㱿貞：□□(享)□(蔑)于雇(顧，地名)。(佚存五二四，續編一・二八・六，南北師友二・五三重)

貞：王㞢□于蔑。隹之㞢又(祐)(屯乙七七九九)。背云：「丙子卜，㱿」(屯乙七八〇〇)

按卜辭「蔑」字，異形頗繁。或从𠱼从免从嬰，又益戈或丂諸偏旁，隸定可有𧀬、𡤼、𧁎、嬰諸體，皆蔑之別構(説詳卜辭義證)。他辭亦稱「嬰介(宗)」(京都大學藏龜一五〇)。蔑為何人，郭氏初以山海經寒荒之國有女蔑説之。今按「蔑」當為「昧」或「冥」，左昭元年傳：「金天氏有裔子曰昧，為玄冥師。」服虔云：「金天，少昊也。玄冥水官也，師，長也。昧為水官之長。」是玄冥乃官名，漢書人表作「帥昧」，當是「師昧」之形訛。古「昧」「蔑」二字通。左隱元年「盟于蔑」，公穀作「眛」。文七年「先蔑」，公穀作「先眛」。是卜辭之蔑，即水官之昧也。説文：「莧，火不明也。讀與蔑同。」蔑又通作冥。爾雅釋草「菥蓂」，本草一名「蔑析」。又釋詁「覭髳」，郝氏云：「字亦變作溟沐，及蠛蠓。」是皆同聲通用之證。魯語上：「冥勤其官而水死。」又：「商人郊冥而宗湯。」禮記祭法：「殷人禘嚳而郊冥。」左昭二十九年：「水正曰玄冥。」今本竹書：「商侯冥死于河。」是冥亦為水官也。召讀為「招」。周禮男巫「招弭」，女祝「招梗」。亦作祒。莊子天運：「巫咸祒曰。」楚辭招魂：「巫陽焉乃下招曰。」「招」「祝」可通。鄭注：「招，招福也。」他辭云：「貞：召河，朿于蚰，㞢雨。」謂祒于河。此云「于蔑召」，言侑于蔑以招福也。

◉嚴一萍　金文之蔑歷即尚書盤庚之揚歷，亦即後世之伐閱若閥閱。上有所承，下有所延，特以字形譌誤，朔誼遂湮，蓋亡其所本者，將二千餘年矣！試證之：

蔑字甲骨已見著録。乃人名，每與先臣同祭。而字或作諸形。一期三期四期皆有，惟二期五期則未見。

其辭如：

一、己亥卜，㱿貞：㞢伐于黄尹，亦㞢于　前一·五二·三續一·四七·五同

二、貞㞢于盡戊。貞：勿酉　前一·四四·七

三、辛亥卜，㱿貞㞢于　續二·二四·五

四、戊午雨　佚三二七

五、己未卜，穷貞：雨，隹㞢壱！　前六·七·六

六、丙申卜，爭貞：勿見不雨，受年！　前六·七·四

七、戊寅卜，爭貞：雨其　後下三七·七（島邦男引誤後上）

八、貞于㞢　外二三〇

九、辛酉卜穷貞：㞢于　貞：㞢于十羌羊　續一·五一·四

十、☐㞢于　續一五一·六

十一、勿衮于，卅牛于黄尹㞢于　乙四三三〇（白川引誤作乙五四〇五）

十二、辛酉卜，王衮于　前六·七·五

十三、貞：王㞢于隹止，㞢祭？　乙七七九九

十四、其又眔伊尹　甲八三三

十五、己卯卜，余求于三牛允足　前六·七·七

十六、勿羊，㞢于　珠三四四

十七、叀　乙八八一〇

諸形結體雖小異，其為同一人名，則無可疑。島邦男氏據前六七七：「貞：[glyph]雨，隹㞢壱」之辭與前六・一八・三殘辭：「貞：……[glyph]……雨」相比擬，而定兩者為一字（所引佚七七七殘辭以「[glyph]方」連文亦非），不特形體相去甚遠，而用法亦各有所專，未可牽合為一。卜辭通纂二六三片（即前一五二三）考釋謂：

蔑名屢見或作蔑，山海經：「有寒荒之國，有二人女祭女薎」（大荒西經）。女薎恐即此人。

案女祭女薎，亦見海外西經：「女祭女戚，在其北，居兩水間，戚操魚䱇，祭操俎。」郝懿行曰：「女戚一曰女薎，見大荒西經。」又曰：「薎當為蔑之譌。海外西經云女祭女戚，戚即蔑也。」案歐纈芳山海經校證以戚字係涉上文干戚之戚而譌。郭氏以「女薎」當卜辭蔑。甚確。乙七七九九有辭曰：

貞：王㞢[glyph]于蔑，隹止，㞢祭。

可能為女薎與女祭並祀。大荒西經次女祭女薎於夏后啟北，其為夏世人物可知，宜其與伊尹盡戊等先臣同見於一版也。

郝懿行謂：「薎當為蔑字之譌」，正不知蔑為薎字之譌。惟朱駿聲通訓定聲謂說文之蔑當从伐聲，可謂卓識。淮南子人間訓「夫鴻鵠之未孚卵也，一指篾之，則靡而無形矣」，尚从伐聲，意林引之作「一指蔑之」則訛矣。唐柳宗元集乞兩河效用狀「薎爾小醜」，尚知蔑之當作薎也。說文苜下引周書曰：「布重莧席。」今書顧命作「敷重蔑席」。衛包又改作篾，以淮南之作「篾」，三國志諸葛恪傳亦有「篾束其胥」之篾，則衛包所改，亦有所本。特不知俗書之訛在「笍」而非「伐」聲也。說文莧訓「火不明」，正有滅、昧、無、少諸義。經典訓滅之蔑，實即莧之叚字。許氏說文誤从伐為从戍。（但姑鼎作[glyph]，或為許氏作蔑所从出，詛楚文作[glyph]，則小篆从伐甚明，似許氏不當有訛為今本傳寫所譌，亦未可知。）經典遂多譌體之蔑，而字書無薎字矣。

金文之薎有加禾作[glyph]庚嬴卣[glyph]友𣪕諸形。此禾字殆與甲文之[glyph]所从者同義。（見後下二九・一七，又三二・五同一版。）楊樹達釋龢，謂「此軍門曰和之本字」。周禮夏官大司馬：「遂以狩田，以旌為左右門之和。」鄭注云：「軍門曰和，今謂之壘門，立兩旌以為之。」孫詒讓曰：「以旌為左右和之門者，謂於前教戰之頃，內別為軍舍，使全軍盡舍其中，乃樹旌為門，分別左右。」則薎字所加之[glyph]乃象和門之旌，明此薎字亦含軍門之義。大司馬又云：「羣吏各帥其車徒，以叙和出。」賈疏云：「以教戰處內，故以田處出。」田狩必有獲，獲獸有小大，獲之有多寡。故大司馬又曰：「大獸公之，小禽私之，獲者取左耳。」別其大小計其多寡，必在田畢以後，則返和門而稱其所獲，蓋即穖薎之所取誼也。經典省作伐。左莊廿八年「且旌君伐」，注：「伐，功也。」成十六年「驟稱其伐」，注：「功也。」襄十二年傳：「小人伐其技，以馮君子。」注：「自稱其能為伐。」國語周語「郤至見其語伐」，韋注：「伐，好伐其功也。」周語又曰「伐則掩人」，韋注：「掩人之美。」掩人之美則自稱其能。皆薎之本義也。後世加門作閥，即薎之加禾作穖，猶含軍門之意。說文十二上門部新附收之，訓「閥閱自序也」。當承師說。徐灝說文箋以為「今字閥从門者，蓋因閱而增之」，乃不知閥有所承之故。三千年字形之演變，今可見其源流矣。系之如左：

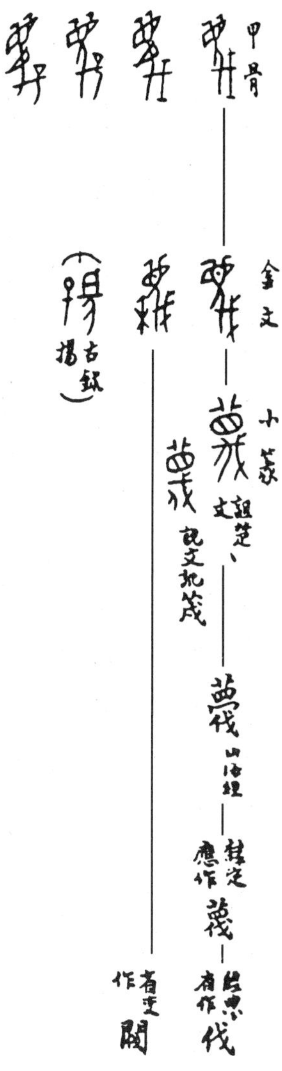

厤、諸家謂即歷，甚是，甲骨之歷作□□，人名為多。羅振玉曰：

說文解字歷，過也。从止厤聲，此从止从秝，足行所至皆禾也。以象經歷之意。或从林，足所經皆木，亦得示歷意也。

金文蔑曆之曆，上从秝，或从林，與甲骨同，下从口从甘而不从止，則羅說為可商也。如□友殷或加厂作□彔殷□趩殷□大作大仲殷□尹姞鼎諸形則非「足行」甚明。竊意此秝與穖字所加之禾同意，即和門之兩旌，非禾黍也。故亦从林。甲骨从止者，示「次第出和門」(大司馬鄭注)，故說文訓「過也」，乃得其朔誼。金文之从甘从口一也，示在和門之前有所述說，故蔑歷之詞後世轉為伐閱。說文：「閱，其數於門中也。」周禮大司馬「中冬大閱」，注：「具數一一視之也。」春秋桓六年「大閱」，賈逵云：「簡車馬於廟也。」左襄九年傳「商人閱其禍敗之釁必始於火」，杜注：「閱，猶數也。商人數所更歷，恆多火災。」金文歷之从口从甘者，本有「數所更歷」之誼。閱即歷也。漢書孔光傳「旬歲間閱三相」，師古注曰：「閱，猶歷也。」爾雅釋宮「桶直而遂謂之閱。」郝氏義疏：「閱，歷也。」閱歷一聲之轉，故可相通。上加厂者。象軍壘之上有覆蓋可以舍也。𩰫鼎保卣秝中加土作□者，蓋示樹旌於野，必不如郭說之「懸崖壓於野上」也。【蔑曆古義上　中國文字第十册】

◉徐中舒　蔑歷，金文屢見，蔑歷即閱歷也。此數千年相沿之成語，過去學者迄未得出適當的解答，則求之過深，反而失于眉睫。蔑與伐同，《左傳》襄公十九年：「夫銘，天子令(命)德，諸侯言時計功，大夫稱伐。」此言古代作銘通例，只天子命之以德，不計功伐，諸侯言時計功，大夫稱伐，則互文見意，計功即稱伐也。《漢書·車千秋傳》：千秋「無他材能學術，又無伐閱功勞」，李注：「伐積功也，閱經歷也。」蔑伐古入聲月韻，閱祭韻，月祭古去入合韻，故蔑伐又作閱。蔑歷，閱歷，只是古今語的不同。《左傳》桓公六年：「大閲，簡車馬也。」《周禮・小宰》「聽師田以簡稽」，鄭司農注：「簡閲也，稽計也，合也，合計其士之卒伍，閲其兵器，為之要簿也。」孫詒讓釋云：「凡士卒姓名、部份、兵器種物，凡數皆著于簿書，謂之簡稽」。據此，知蔑、伐、閲皆有簡閲合計之義，蔑歷即簡閲其所經歷之功伐也。【西周墻盤銘文箋釋　考古學報一九七八年第二期】

◉于省吾　甲骨文𡟰字作□，蔑字作□，薎字作□。前兩個字只是从女不从女之別，第三個字从夸，和前兩個字迥然不同，雖然也作為祭祀對象，但不與伊尹或黃尹並祭。又第一期甲骨文有「雨其薎」和「我其㞢薎」，薎字也沒有作蔑或𡟰的。足徵薎是另一個人，不應與𡟰蔑混同。

郭沫若同志謂：「山海經有寒荒之國，有二人，女祭、女薎，女薎恐即此人」（通考二六三）。按郭說是對的。但是以「恐即此人」為言，並非決定之詞。山海經大荒西經郝氏義疏：「薎當為蔑字之譌。」按山海經海外西經：「女祭、女戚在其北，居兩水間，戚操魚䱇（觛），祭操俎」。郝氏義疏：「女戚一曰女薎」。按薎乃蔑的別體字。史記司馬相如列傳的「薎蒙」，文選陸韓卿答希叔詩的「寂薎」，是并以薎為蔑之證。今用甲骨文以糾正山海經，則戚乃蔑字的形譌；再用山海經以驗證甲骨文，則甲骨文的𡟰乃女蔑二字的合文。甲骨文祭祀先公先王和先妣先母的廟號，作合文者習見繁出。前引第六條以黃尹和女蔑并祭。甲骨文的女蔑也省稱為蔑。前引第七條以蔑和伊尹并祭。可見女蔑和黃尹或伊尹的地位相仿。女蔑之女并非女子之女，乃古代女稱姓、男稱氏之氏。史記殷本紀引商書佚篇有女鳩、女房，以女為氏，是其證。【釋女𡟰　甲骨文字釋林】

◉唐　蘭　正如孫詒讓所說的，「各如其字釋之，則古金所謂蔑曆蔑某曆者，不致鉏鋙而不合矣。」蔑讀為伐，曆讀如歷，蔑曆是伐其經歷，蔑×曆，是伐×的經歷，用以解釋所有銅器銘文中這一慣語，文从字順，本是十分簡單的。有的人過于求深，就把自己陷入迷魂陣中去了。所有舊說中只有《釋古銘辭蔑曆為叙勳的專用辭》一文讀蔑為伐是對的，但跟着朱駿聲說蔑从伐聲是錯的，作者受朱駿聲所引了《説文・新附》「閥自序也」的影響，把蔑當作叙。説「蔑曆連用，施之于稱人，則為叙功，施之于叙己，則為叙績，其間字用者則為叙某之功績，若美某之功績也」。从詞例看，基本上是對的。但一則朱駿聲所引《新附》脱了一字，原作「閥閲，自序也」，是唐代人的慣語，用以解釋金文的蔑，是錯的。二則人的經歷，不一定都是有功績的。尤其在奴隸制社會裏，只要他出身于某一高貴的奴隸主貴族家庭的經歷，就是可以稱美或誇美的。段簋說「王蔑段曆念畢中孫子」；師望鼎說「王用弗謹（忘）聖人之後，多蔑曆錫休」，都是明顯的例子。所以把蔑曆說成叙功叙績，甚至于說是「叙勳的專用詞」，那就是錯誤的。

【「蔑曆」新詁　文物一九七九年第五期】

◉伍仕謙　為什麼蔑字可以作伐字用呢？原來二字本來就是一字的異形。不必引證多端，即可解釋。至於蔑字以後的許多意義，那是逐漸分化引申出來的，是後起的，但已與原意不同。唐先生又説：「此字戈或變作□，也是一種兵器。」這從我們所引的例句中，□和□通用，已經得到證明。他又説「伐是斬首，卜辭説伐多少人就是殺多少人。而蔑字則象用戈斫盲瞽者的脛，字或从□，這是由於盲者瞽者男女都有。伐和蔑的不同，正由于伐是斬首，在戰功中殺敵是很重要的，所以伐有誇大功勞的意思，而蔑只是對盲者瞽者傷其足脛。」這個説法，似乎近于穿鑿。盲者瞽者怎樣能上戰場，被人傷其足脛呢？其實蔑伐都是一字，都是功伐之意，殺一人，斬一首就是立一功，這在戰國時候秦趙諸國還實行這種考功制度。所以蔑字本義還是殺人頭。

【甲骨文考釋六例　四川大學學報叢刊第十輯】

羊 羊

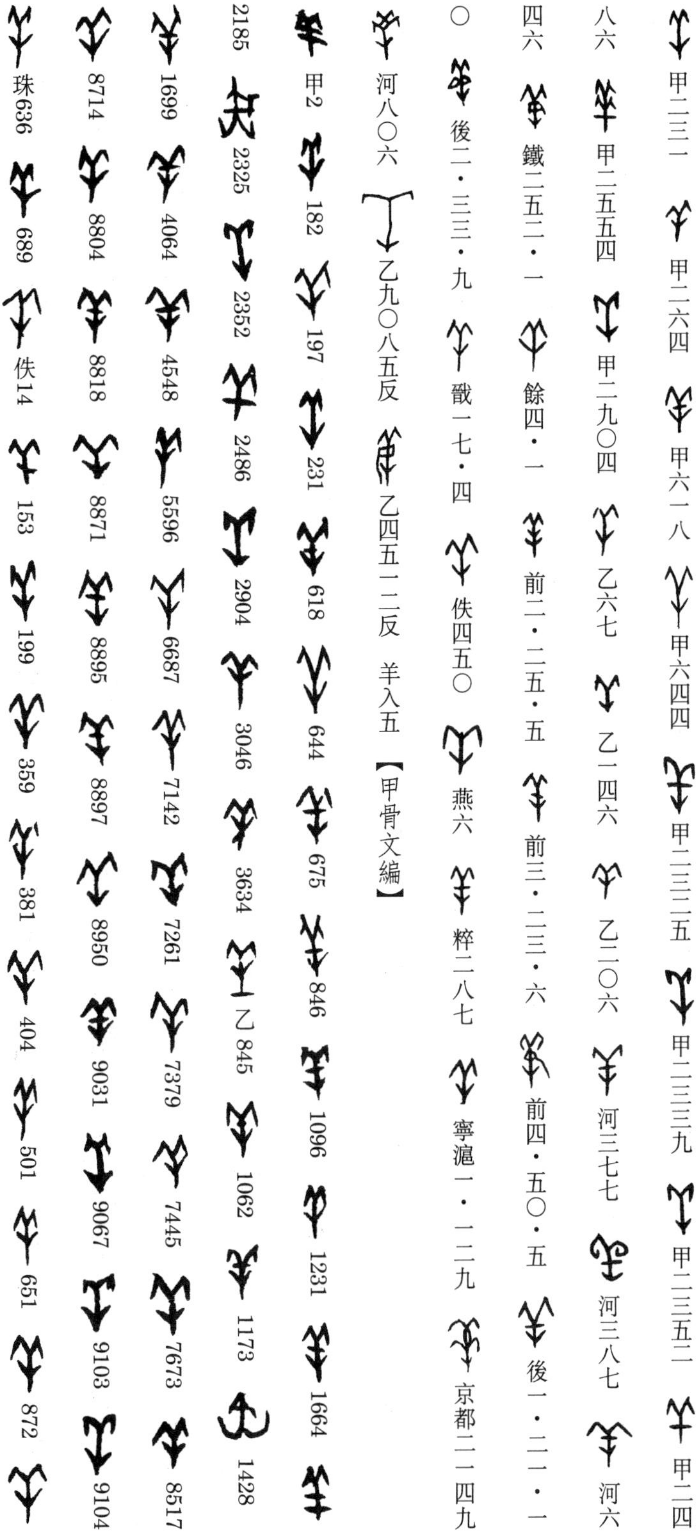

甲二三一　甲二六四　甲六一八　甲六四四　甲二三二五　甲二三三九　甲二三五二　甲二四八六　甲二五五四　甲二九〇四　乙六七　乙一四六　乙二〇六　河三七七　河三八七　河六四六　鐵二五二·一　餘四·一　前二·二五·五　前三·二三·六　前四·五〇·五　後一·二一·一〇　後二·三三·九　戩一七·四　佚四五〇　燕六　粹二八七　寧滬一·一二九　京都二一四九　河八〇六　乙九〇八五反　乙四五一二反　羊入五　【甲骨文編】

甲2　182　197　231　618　644　675　846　1096　1231　1664　2185　2325　2352　2486　2904　3046　3634　乙845　1062　1173　1428　1699　4064　4548　5596　6687　7142　7261　7379　7445　7673　8517　8714　8804　8818　8871　8895　8897　8950　9031　9067　9103　9104　珠636　689　佚14　153　199　359　381　404　501　651　872

884 續1·4·1 1·35·3 1·39·3 1·43·4 1·51·4 1·52·6 1·53·1 2·15·3 2·26·2 2·31·5 4·16·3 5·12·5 6·249 掇233 徵3·239 4·28

8·16 8·17 8·18 8·21 8·52 8·56 京1·22·1 1·23·3 1·25·4

凡10·2 10·3 14·1 録377 443 鄴458 新615 天34 39 51 東方10

六中2 續存451 1785 外139 粹10 287 1283 甲3510 3610 乙478

572 729 753 870 1027 1098 1941 1957 1983 2045 2181

2915 3334 3346 3384 3393 3616 3963 4000 4236 4509 5033

5794 5983 6265 6546 6703 6713 7030 7122 7167 7233 7431

7750 7919 7925 7975 9074 珠9 34 179 344 575 1374

1431 佚513 528 571 884 續1·15·1 1·41·8 2·27·1 4·27·7

5·18·8 5·34·3 6·7·10 6·9·1 6·23·6 掇223 381 徵9·30 11·46

京2·24·3 凡9·1 録254 294 335 387 498 龜1124 六中252 六清

112 六束58 六雙1 續存572 外352 摭續108 粹47 48 440 新747

4548 【續甲骨文編】

羊　象羊首形羊卣　𢍉羊簋　丁𢍉羊鼎　鼎文　𢍉羊爵　㱿簋　爵文　父庚鼎

父辛觶 羊父癸觶 甚鼎 盂卣 弔德簋 盂鼎二 師寰簋 舀鼎 羊子戈 鄂君啟舟節 羊卽車觚 孳乳為祥 中山王嚳壺 不祥莫大焉 【金文編】

鐵雲 41:1 百羊 【古陶文字徵】

〔三七〕 〔四〕 〔七〕 【先秦貨幣文編】

刀弧背 冀滄 與甲骨文𦍌金文𦍌羊形皆近 刀弧背 冀滄 與鄭羌伯鬲羌字所从形同 刀尖 亞五・一八 仝上 亞五・一九 布空大 亞二・九六 布空大 亞二・九六 【古幣文編】

181 275 【包山楚簡文字編】

羊 雜三一 三十三例 通祥 不— 日甲五 法二一〇 三例 【睡虎地秦簡文字編】

讀為詳 四興失—（甲9—8）【長沙子彈庫帛書文字編】

2277 4463 4464 4465 5302 4462 4461 【古璽文編】

羊福之印 羊信之印 羊咸之印 羊真 羊讓 羊瞿印信 羊公子日利 羊舌處 羊長孺 羊舜印 羊蒦之印 羊利 【漢印文字徵】

羊 【汗簡】

汗簡 祝尚丘碑 【古文四聲韻】

◉許 慎 羊祥也。从𦍌。象頭角足尾之形。孔子曰。牛羊之字以形舉也。凡羊之屬皆从羊。與章切。【說文解字

卷四】

◉孫詒讓　□當為象形「羊」字，羊皮亦有文采，故象之也。【契文舉例卷下】

◉羅振玉　羊字變體最多。然皆為象形。其作□者象牽之以索也。索在後不在前者。羊行每居人先也。作□者側視形。作□者亦象帶索從側視之之狀也。【殷虛書契考釋卷中】

◉林義光　古作□曶鼎。□象角。十體旁四注。以象四足。下其尾形。亦作□羊字父庚器。象尻著地形。又變作□師寰敦。作□羊子戈。說文云。𦍋。羊角也。象形。讀若乖。按即羊之偏旁。不為字。【文源卷一】

◉王　襄　契文羊之初字象角尾四足之形。後省變為羊角之正面形，更衍為羊首而略其目作□□。與小篆近。然不論其省變如何，其角始終存在。【古文流變臆說】

◉商承祚

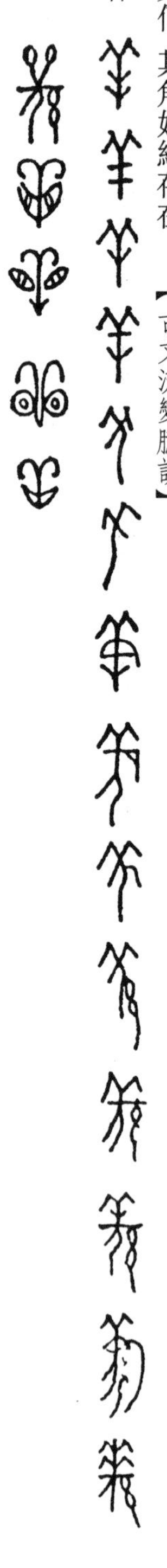

其變體之多至四十許。或繪羊頭。或自後視。或由側觀。或牽之以索。然一望即知其為羊也。金文亦多與甲骨文同。如師寰毁作□。羊鼎作□。父庚鼎作□。羊卣作□。羊毁作□。甚諆鼎作□。羊爵作□。【甲骨文字研究下編】

◉明義士　□象羊頭部正視形，與牛字同，其角為牛羊之特徵，故古人造字，即以其頭象之，吾人苟於□字外作輪括，則羊頭頗顯。【柏根氏舊藏甲骨文字考釋】

◉強運開　□古匋。運開按。殷契文羊字有作□□□□諸形者。是此篆亦為古羊字。正如羅氏振玉所云。均象其環角廣額之形。【說文古籀三補卷四】

◉馬叙倫　鈕樹玉曰。初學記引作詳也。譱。韻會引作从𦍋。象頭角。下象足尾之形。沈濤曰。類聚九十四御覽九百二皆引作象四足角尾之形。五經文字作象四足尾之形。古本當如五經文字所引。蓋羊字从𦍋。𦍋為羊角。已象頭角矣。又云。象四足尾之形。專指下半體而言。類聚諸書傳寫多一角字。今本更誤。王筠曰。小徐作从𦍋。象四足尾之形。五經文字類聚御覽引並同。此許原文。大徐本乃後人增補。然下文云。牛羊之字以形舉也。既以形舉。何為又兼會意。且有羊而後有羊角。乃羊字反後羊角以成字。何顛倒也。苟不論事實而但論文義。則小徐本為妥。倫按羊祥以疊韻為訓。羊為𦍋之異形。金甲文象形字繁簡不一。故簡則為□羊毁。為□甚諆鼎。為□羊卣。為□甲文。繁則為□。為□。為□。為□亦甲文。

許誤分為二字。不悟羊角有與牛角同者。有與鹿角同者。而角之初文作角角甲文。固象一切獸角。故角下曰。獸角也。以此知羊角不作專字矣。此說解當作祥也。象形。今文非許舊。孔子以下十一字校者所加。字見急就篇。【說文解字六書疏證卷七】

◉金祥恆　羊　羊。說文：「羊，祥也，从𦍌，象四足尾之形。孔子曰：牛羊之字，以形舉之。」簡文作羊，與「右方卵羊兔昔笥三」之𦍌同，居延漢簡第二七四頁一七三・三〇簡「土(土)吏弘羊」之羊異，此乃今日楷書之所從出。然居延漢簡从羊之恙、詳二字，第四四五頁：「事毋恙寒時□進」及四五九頁八一・五B：「誼叩頭言洊居客萬年毋恙」，其「恙」一作恙，一作恙。第四十六頁五〇四・一二：「都尉詳□□」，其詳作詳。亦見其羊無固定書體，要言之皆由小篆「𦍌」而來。【長沙漢簡零釋(二)中國文字第四十七册】

◉周鳳五　祥恆師近作長沙漢簡零釋一文

祥恆師釋第一簡文作：

右方卵、羊、兔昔笥三。

簡報記出土隨葬物云：

出土竹笥共四十八件，多數出西「邊箱」……食品是笥內隨葬品的主要部份，達三十七笥……從殘存骸骨及遺迹判斷，肉食品有牛、鹿、豬、狗、兔、鷄和鳥類、魚類。其他食品有豆類、水果、蔬菜和蛋類。

墓中女屍，頭北腳南，是其「右方」即簡報所謂「西邊箱」無疑。祥恆師釋卵、兔二字，與墓葬實況吻合。羊之釋「羊」，或以出土殘骸無羊骨為疑。今案，釋羊是也。同墓所出另簡有「羹」字，所从之羊即作羊形。此證一。羊字作此形，就楷書觀之，頗有與訓「物中分」之半字相淆亂之可能。然漢隸半字，下體所从，或作𠀤，或作十，小有變異。而上部所从，則必為八字，絕無例外，此可於傳世漢金文中見之。故羊、半二字，形雖相近，其實判然有別。此證二。儀禮既夕記葬日陳大遣之禮云：

厥明，陳鼎五于門外，如初。其實：羊左胖……

又，上文陳器一節，鄭注「苞二」為：

所以裹奠羊、豕之肉。

知葬禮必用羊。此證三。出土殘骸雖不見羊骨，然準此三證觀之，此簡所記之羊，必屬羊字無疑。祥恆師云：

雖無羊骨，恐骨之未易辨也。

其說良是！復次，此簡□字稍殘泐，似□ □ 二形，以「羹」字例之，其直畫當連貫也。【讀馬王堆漢簡　中國文字第四十八册】

◉于省吾　第一期甲骨文的⿱亡見羊也作⿳亡目𡈼⿱羊丰，凡五見，今録之于下：

一、癸子卜，㱿貞，乎雀伐⿱亡見羊(掇二五二)。

二、貞，⿱亡見⿱羊丰启(啟)雀〇貞，⿱亡見⿱羊丰弗其启雀(乙四六九三)。

三、令⿳亡目𡈼⿱羊丰歸〇貞，弜令⿳亡目𡈼⿱羊丰歸(綴合二六〇)。

按⿱亡見即⿳亡目𡈼字，周代金文多作朢，也作⿳亡目𡈼或望。說文朢之古文作⿳亡目𡈼，又誤分朢望為二字。第一條羊字作□，與⿱羊丰通用。⿱亡見羊即古代的汪芒氏，⿱亡見羊和汪芒均屬疊韻謰語，故相通借。國語魯語：「仲尼曰，丘聞之，昔禹致羣神於會稽之山，防風氏後至，禹殺而戮之，其骨節專車，此為大矣……客曰，防風氏何守也？仲尼曰，汪芒氏之君也，守封隅之山者也，為漆姓。在虞夏商為汪芒氏，於周為長翟，今為大人。」說文：「鄋，北方長狄國也，在夏為防風氏，在殷為汪芒氏，从邑叜聲。春秋傳曰，鄋瞞侵齊。」按長狄之長是指其人之長大言之，而孔丘以為骨節專車，這和穀梁傳(文十一年)的長狄「身横九畝」，皆失之于誇誕。至于鄋瞞的地域舊説不一。説文段注引顧祖禹説，以為「鄋瞞在山東濟南府北境」，較為可信。【釋⿱亡見羊　甲骨文字釋林】

◉王志俊　「□」種刻符疑其為羊字。甲骨文中羊字有作「□」(河826)、「□」(京都2149)寫法，兩種羊字寫法近似仰韶刻符中「□」的寫法。半坡遺址發現有羊的骨骼，另外半坡還發現有似彎角羊頭正面形象的彩繪圖案；姜寨遺址現有比半坡多而完整的羊骨標本，另外姜寨仰韶文化層還出有陶塑羊頭一件，陶塑作正面形，似為綿羊，形象逼真而生動。這些都能證實羊對當時人們生活的重要以及人們對羊認識的深度，在此基礎上羊的繪畫品、雕塑品以及反映羊的文字才能產生。【關中地區仰韶文化刻劃符號綜述　考古與文物一九八〇年第三期】

◉林清源　080.羊子戈(邱集8278嚴集7422)第一字邱德修先生釋為「羌」(邱釋8278)，然「羌」字甲骨文作「□」(前1·9·6)，金文作「□」(厵羌鐘)，或「□」(鄭羌伯鬲)，上从羊，下从人，而戈銘此字未見从人之形，仍以釋「羊」為是。或謂，羊字之中畫直而不曲，與戈銘異，然金文羊字碻有中畫斜曲者，如中山王嚳鼎：「不羊(祥)莫大焉」，羊字即作「□」可證。本戈之「羊子」，猶例079之「叔孫」，皆姓氏之謂也。【兩周青銅句兵銘文匯考】

甲二六二 方國名 戊戌卜有伐芈 明藏四九三 前五·四七·一 京都七六二 【甲骨文編】

大芈家印 芈長公印 大芈之印 【漢印文字徵】

◉許慎 芈羊鳴也。从羊。象聲气上出。與牟同意。緜婢切。【説文解字卷四】

◉董作賓 説文羊部。「芈。羊鳴也。从羊。象聲气上出。與牟同意。」又牛部。「牟。牛鳴也。从牛。厶象其聲气從口出。」此作∨(芈)與厶小異。要皆象鳴時气从口出之形。卜辭中當為國名。文曰「又伐芈。」【新獲卜辭寫本後記】

◉楊樹達 芈以羊為基字，丨表羊出氣之事。【文字形義學】

◉馬叙倫 鈕樹玉曰。韻會無聲字。桂馥曰。周禮職方氏注引國語。閩芈蠻矣。釋文。芈。劉音如羊鳴。近米。沈濤曰。五經文字上引作芈。蓋古本篆法如此。一切經音義十五。咩。説文。羊呼也。類聚獸部亦引作咩。疑古本有重文。王筠曰。此篆五音韻譜作芈。是也。與牟同意。謂乚也。不出者。嫌於姑泫切之乚也。指事。董作賓曰。卜辭之芈即芈字也。倫按牟為牛鳴。而字實从厷之初文作厶者得聲。見牟字下。則芈為羊鳴。亦非指事矣。蓋牛羊之鳴非可以象形指事會意之法造字也。如今篆則从米省聲。故楚國芈姓而左傳作嬭。嬭正从米得聲也。如五經文字及五音韻譜與甲文作芈者。疑亦从厶得聲。道光象山縣志。呼羊曰嘪。嘪亦曰芈。芈音乜。焦竑筆乘謂諸韻書乜芈字同意。皆訓羊出聲。倫謂乜即厷之譌字。亦可證芈之从羊厶聲也。厶音見紐。丫羊一字。而丫音亦見紐。凡牛羊之名本各如其自呼。此亦可證羊芈之从厶得聲矣。牟音明紐。芈音微紐。所異者此。亦可知其同从厶聲矣。玄應引作咩者。即芈之異文。猶雄之譌為雄矣。【説文解字六書疏證卷七】

◉戴家祥 静安先生曰：嬭者楚姓，即芈之正字。考古圖載楚邛中嬭鐘銘曰：「楚王賸邛中嬭南龢鐘。」邛中嬭者，猶云「宋伯姬」「紀叔姬」耳。此與王子申盞蓋亦皆為嘉嬭作媵器者。王子申蓋即楚令尹子西也。古人凡姓皆从女作，則嬭為芈字無疑。静安別集卷二第四葉王子申盞跋。按玉篇三十五，嬭妳同字，音女蟹切，泥母脂部。唐韻芈讀緜婢切，明母支部。支脂韻近，古多通韻。王説可從。【金文大字典上】

美

甲六四九 甲六五一 鐵二三・一 鐵一七四・四 後二・三八・六 鐵二六七・四 前四・三三・一
前四・三九・二 前六・四九・八 前六・六七・八 後一・二〇・一〇 林二・二一・二 戩三四・八
佚七四 福三〇 續一・四八・八 粹二六 甲七七九或从羊 甲九〇九 甲一六七一 甲二〇
二九 甲二五五〇 甲三三三〇 甲三三三二 乙四六四一 鐵二三四・一 拾八・一三 前一・五
〇・二 前一・五〇・四 前五・三・四 後二・三六・三 菁一〇・八 林一・一八・一六 林二・二〇・
一六 戩九・七 戩四七・一 佚四〇 佚一六一 燕六八六 續一・四九・二 粹二七 粹七
三 粹七九一 存下五四 乙七五〇六 後二・一五・六 京都八〇九B 【甲骨文編】

甲262 527 649 1671 2029 2121 2334 2550 2585 3002 3330
3331 3365 3651 乙740 3449 3471 5271 6881 7292 7506
7779 7953 8672 珠3 144 667 107 846 1037 福36 零44 佚40
66 74 83 146 159 161 375 708 841 855 891 972
999 續1・1・3 1・48・7 1・48・8 1・49・1 1・49・2 1・50・1 5・11・3
5・11・7 5・23・9 6・7・2 6・10・10 6・18・8 掇341 355 410 411
549 550 徵1・26 4・21 4・22 4・23 4・24 8・37 8・40 8・
43 8・47 京1・16・2 凡8・1 録367 375 天42 誠178 六中138 六清74

六束48　六曾4　24　續存117　181　215　216　217　1776　1777　外11

388　書1·3·D　1·9·A　摭續2　3　14　19　92　粹23　24　26

27　28　29　30　31　32　33　34　35　36　51　56　61

73　197　198　724　791　792　852　新4374【續甲骨文編】

羔　从羊在火上　說文从羊照省聲　非　索諆爵　訇伯達簋　訇伯達作寶羔簋　三年瘐壺　羔俎【金文編】

〔三六〕　〔七四〕　〔七四〕　〔六七〕　〔六七〕【先秦貨幣文編】

布空大　歷博　布空大　典七五三【古幣文編】

3091　5322【古璽文編】

崔希裕纂古【古文四聲韻】

◉許　慎　羔羊子也。从羊。照省聲。古牢切。【說文解字卷四】

◉孫詒讓　「□辰卜𣪘貝□禾十卯」，八十六之三。「」从羊而箸∴∵，疑當為「美」之變體。《說文·羊部》：「美，羊子也。从羊，照省聲。」此从羊，从灬，即火形也。【栔文舉例卷下】

◉羅振玉　从羊。从火。殆即羔字。卜辭又有作者。殆亦羔字。【殷虛書契考釋卷中】

◉林義光　火為照省不顯。羔小可炰。象羊在火上形。【文源卷六】

◉丁佛言　古鉥。羔疲。古鉥。羔矕羊子也。古於羔兔等小矕多用炮。炮者以泥塗其外。用火炙之也。故从火从土。篆文作。許氏謂从羊照省聲。恐非古義。【說文古籀補補卷四】

◉商承祚　作亦羔字。∧象露頂。【殷虛文字類編卷四】

◉聞一多

右一字舊釋羔,或釋岳或釋茬。案審形,釋羔為是。說文羔從照省聲,照從昭聲,是羔古音當讀如昭。羔即昭明也。其字從火,與昭明之義合。書傳言昭明者,或為星名:

史記封禪書:「昭明星,大而白,無角,乍上乍下,所出國起兵多變。」索隱引春秋合誠圖「赤帝之精,象如太白,七芒。」

或為殷之先祖:

荀子成相篇:「契玄王,生昭明,居於砥石,遷于商。」

史記殷本紀:「契子昭明。」

或為古天子:

史記封禪書「豐鎬有昭明天子辟池」,索隱引樂彥引河圖,「熒惑星散為昭明。」案昭明天子似即始皇本紀之鎬池君。羔鎬聲近,羔一曰昭明,蓋猶鎬池君一曰昭明天子邪?

案卜辭祀羔十九用尞祭,用禘者纔一見。

丙尞羔矢[glyph]……戩二一・八

辛亥卜又尞于羔。戩九・七

癸巳貞:既尞于河,于羔?佚一四六

癸酉卜貞:尞于羔三小宰?卯三宰?前七・二六・一

……羔,尞五宰,卯五牛?佚一四六

尞于羔?佚八五四;又八四一;前一・五一・一略同

尞于羔,從才雨?後上二二・二

庚午尞于羔,又從才雨?後上二二・三

丙辰卜[glyph]貞:帝于羔?纂別二田中之二

而尞祭例皆用於天帝及自然勢力之神,是卜辭之羔當係星名。羔昭一字,本訓光明,此星「大而白」,故曰羔,又曰昭明。傳說中殷人所祭之自然神多變為殷之先祖,故昭明又為契子。既為殷之先祖,其人之身分必為帝王,故昭明又為古天子。雖然河圖猶稱昭明為熒惑所化,可見既經人格化後,其自然勢力之本然身分,猶未可泯也。

或問羔從羊。何所取義?曰:字本不從羊。[glyph]當分為二,上[glyph]與[glyph]同意,象火燄炎上之形,下[glyph]即草。全字隸定之可作𦬁若⿰虫炎。燒草之光不能大,故昭之為明本訓小明,而假為星名,尤為切合。[glyph]之結體既易誤認為[glyph],昭之音讀復與羙同,故字遂譌為羔,而義則訓為小羊也。【釋羔 中國文字第四十九冊】

◉楊樹達 前編卷柒之辭以羔河夒三人為連文,河與夒今雖不能確知其為何人,然皆有高祖之稱,則羔當為殷之遠祖,蓋可推概得之矣。

羌字甲文从羊从火，詳見孫海波甲骨文編卷肆拾肆葉下。惟有作□或□者，于思泊乃有此字決不从羊，並非羌字之説。見于君所著殷契駢枝三編捌葉下，余謂于説誤也。

殷虚書契前編陸卷貳拾葉貳版凡絜五辭，乙辭云：「舞羌貞𤈦。」丁辭云：「壬申卜，㱿貞：舞羌。」戊辭云：「舞羌。」此三辭文同，羌字丁、戊二辭皆作□，乙辭作□，知从□與从□者為同字，于君之誤説明矣。【釋羌 積微居甲文説】

◉馬叙倫 王筠曰。照省聲與熊下炎省聲為一類。蓋二字之从火不可考矣。徐灝曰。照省聲似未確。疑羌之本義為羊炙。故从火。吳國傑曰。羊子也乃羙字義。羌从火从羊。即今人於冬時煮羊極爛而剔去其骨。以木板両之。使成餅形。名曰羊餻之餻。倫按本書省聲之字。頗有省其所从得聲之字之聲旁而存其形旁者。如茸从聰省聲。家从豭省聲。□从疏省聲。監从峪省聲。䫉从翩省聲。炊从吹省聲。㜁从好省聲。取从耴省聲。皆非有相傳之音不能讀。其實造字之時。固未嘗如此省法也。乃傳寫如此耳。許言某省聲者。由有所受之也。蓋从照省聲。音不在照紐而在見紐者。古讀照歸端。見端皆破裂清音也。徐吳二説存考。字見急就篇。索諆角作□。𣪘伯毁作□。甲文作□□。【説文解字六書疏證卷七】

◉朱芳圃 按馬(叙倫)説近是，林(義光)説非也。余謂羌古讀複音kàu tàu，故其所从得聲之字分為二系：一讀kàu，説文禾部：「𥝈禾皮也。从禾，羌聲」，是也。一讀tàu，説文穴部：「窯，燒瓦竈也。从穴，羌聲」，是也。羌有tàu音，是即照省聲之確證矣。孳乳為羙，説文羊部：「羙，羊未卒歲也。从羊，兆聲。」轉魚為羜，羊部：「羜，五月生羔也。从羊，宁聲。」轉月為䍨，羊部：「䍨，小羊也。从羊，大聲。讀若達。羍，䍨或省。」

又按羌上所从之羊，或作□□諸形，其義未詳。【殷周文字釋叢卷上】

◉孫稚雛 《文物》一九七八年第三期報導陝西扶風莊白一號西周青銅器窖藏所出銅器，有三年瘐壺，銘文見同刊第十一頁圖一六，第四行「召瘐，易□俎」，易下一字頗難識(圖二)。原報道隸定作羌，于豪亮先生新作《説俎字》一文隸定作𦍒，謂「𦍒俎的𦍒字為字書所無，此字從化得聲，當以音近讀為鵝，因為化字與鵝字同為歌部字，兩者可以通假。在古代，不僅牲類和魚類的肉可以登於俎，就是鳥類的肉也是要登於俎的。《左傳·隱公五年》：『鳥獸之肉，不登於俎，皮革齒牙骨角毛羽，不登于器，則公不射。』註：『俎，祭宗廟器，切肉之薦亦曰俎。』既然鳥類的肉可以登於俎，那麼，把𦍒俎讀為鵝俎，也還是妥當的。」(香港中文大學《中國語文研究》第二期四九頁)

圖二

按：于先生讀作「鷟」的這個字是三年痶壺六十字銘文中目前唯一未識之字，我們仔細地觀察銘拓，發現這個字下部隸定

圖三

作「玉」是没有根據的，其字下部當從火，金文中從「玉」與從「火」的字，寫法有明顯的區别，見圖三。用這些例子與三年痶壺銘文比較，可以看出，字的下部應從「火」而不是「玉」。確定了字的下部不從「玉」，那麽上面就不能隸定作「化」了。因為如果認為是「化」，這個字中間的兩横一竪筆就無法交待，而且「鷟」為什麽要從「玉」呢？從字理上也難于講通。

我以為字的上部當從「羊」，由於「羊」的右上部筆劃略有缺損，所以不易為人們所辨識。金文中某些字偶有缺筆，是由於鑄範、書寫或其它原因所致，例子頗多，不一一列舉。從本銘看，字的上部從「羊」，還是比較明顯的，所以這個字應釋作羔。《金文編》四・一三羔字下收二例，九年裘衛鼎有「羔裘」（《文物》一九七六年第五期三九頁圖一六第十六行），羔字皆與此略同，可以為證。

認出了「羔」字以後，三年痶壺整篇銘文就暢通無阻了。故全銘應釋作：「隹（惟）三年九月丁巳（子），王才（在）奠（鄭），卿（饗）醴，乎（呼）虢弔（叔）召痶，易（錫）羔俎。己丑，王才（在）句陵，卿（饗）逆酉（酒），乎（呼）師壽召痶，易（錫）彘俎。拜䭫（稽）首敢對[glyph]（揚）天子休，用乍（作）皇且（祖）文考尊壺，痶其萬年永寶。」

羊俎和豕俎，如于先生所説，在典籍中常見，所以銘文中出現羔俎和彘俎也就不足為奇了，似乎不必以「從化得聲，當以音近讀為鷟」而把羔俎釋作「鷟俎」。【金文釋讀中一些問題的探討（續）　古文字研究第九輯】

◉施謝捷　甲骨文中有辭稱：

勿舞[glyph]？　（《佚》83）

辭中末一字，商錫永先生《殷契佚存考釋》未釋，《甲骨文編》以為不識字入于附録。附録上一〇七，4781號。

我們認為此字即甲骨文中習見的「[glyph]」字異構。上從「[glyph]」或即「[glyph]」形之刻誤。字或作[glyph]、[glyph]、[glyph]等形，舊釋為「羔」字，《甲骨文編》卷四・一三，0512號。當可從。現多釋此字為「岳」，于字形結構不符，應誤。甲骨文中有一字作「[glyph]」形，《乙》5842。當即羊字之全體象形，可作釋「羔」之證。

又甲骨文中習見「舞羔」、「勿舞羔」之辭例，與前引之辭文例完全相同。舞，祭名。羔，或為殷之先祖或殷人崇尚的神人「帝嚳」。【甲骨文字考釋十篇 考古與文物一九八九年第六期】

◉徐中舒 羔一期 鐵八六·三 羔一期 後下四一·五 從羊從⺌，⺌即小，以小羊會意為羔。《說文》：「羔，羊子也。從羊，照省聲。」疑非從照省聲，篆文所從之火，乃甲骨文所從⺌之譌變。

𦍋一期 存一·一〇七〇 𦍋三期 鄴三·四二·九 從二羊從⺌，《說文》所無。舊釋為洋，不確，疑為羔羔之異構。【甲骨文字典卷四】

羜 羜

◉許　慎 羜五月生羔也。从羊。宁聲。讀若貯。直呂切。【說文解字卷四】

◉馬叙倫 劉秀生曰。宁聲在模部。煑从者聲亦在模部。故羜从宁聲得讀若煑。本書木部。柠。从木。宁聲。或从者聲作楮。是其證。倫按爾雅釋畜。未成羊。羜。詩伐木。既有肥羜。毛傳。羜。未成羊也。夏小正初俊羔。助厥母粥。傳曰。羔。羊腹時也。是羔羜皆為未成羊。未成羊者。謂未長成。羔羜之於羊。猶雛之於鳥耳。然則是羔之轉注字。故廣雅釋畜曰。羜。羔也。羔从照省得聲。本音在照三。羜音澄紐。皆舌面前音也。羜讀若煑。煑音照三。亦可證也。説解本作羊子也。爾雅釋畜釋文引字林。五月生羔。然則此字林訓。唐人删本訓。或字出字林。【說文解字六書疏證卷七】

𦏧 𦏧

◉許　慎 𦏧六月生羔也。从羊。敄聲。讀若霧。已遇切。又亡遇切。【說文解字卷四】

◉馬叙倫 嚴可均曰。説文無霧字。當作霚。倫按六月生羔也字林訓。羔𦏧音同見紐。羔聲宵類。𦏧聲幽類。幽宵近轉。則語原同也。廣雅。𦏧。羔也。或本轉注字。後人分別之。讀若霧校者加之。【說文解字六書疏證卷七】

羍 羍

◉許　慎 羍小羊也。从羊。大聲。讀若達。他末切。𦍒羍或省。【說文解字卷四】

◉孫詒讓 「□羍□酉其貝立□于□」、九十五之一。「癸卯于雀鹵令羍□」、百七十九之一。「□卜羍禽」、二百之一。「□□羍于𢍏」、二百八之四。「辛丑□羍□」，二百六十四之四。此諸文上从大，下似从「豕」，字書所無。竊疑「豕」當為「羊」，與前象形「羊」、「豕」字別，偏旁省變不嫌略同也。《説文·羊部》：「羍，小羊也。从羊，大聲。」讀與「達」之古文。【栔文舉例卷下】

◉馬叙倫 沈濤曰。初學記二十九引七月生羔也。以上文羜五月生羔。𦏧六月生羔。例之。古本當如是。類聚九十四御覽九百二皆引作七月生羊也。羊乃羔字之誤。詩生民釋文正義皆引同今本。是古本亦有如是作者。或陸孔隱括其詞。後人即據以改許書耳。倫按詩生民箋。達。羊子也。是本訓亦當作羊子也。類聚引作七月生羔也。字林訓。小羊也蓋校語。本訓捝矣。羜音澄紐。羍从大得聲。大音定紐。同為破裂濁音。是語原同也。或轉注字。【說文解字六書疏證卷七】

䍦 

◉許　慎　羊未卒歲也。从羊。兆聲。或曰。夷羊百斤左右為䍦。讀若春秋盟于洮。治小切。【說文解字卷四】

◉馬叙倫　嚴可均曰。夷羊即羠。左右似非語例。當考。嚴章福曰。疑或曰以下十字皆校語。王筠曰。集韻引無左右二字。倫按䍦音澄紐。古讀歸定。與羜羍皆雙聲。與羔則疊韻。詩伐木正義引薛琮答韋昭曰。羊子初生名達。小名羔。未成羊曰羜。大曰羊。長幼之異名。是羔至䍦皆為未成羊之名。語原同也。或亦羜之音同澄紐轉注字。本訓羊子也。今捝。所存校語也。或曰以下皆校者加之。字見急就篇。【說文解字六書疏證卷七】

◉朱歧祥　118. 

示獸四足垂尾之形，角向外彎，與羊首的字相類。象羊。唯其身修長，當為大羊專稱，相當《說文》䍦字：「羠羊百斤左右為䍦。」卜辭有連稱「䍦羊」。公䍦曰「䍦𦍋」，均為殷人的祭牲。

《合173反》叀乙亥羊。

《續1·51·4》貞：屮于：十𦍋。

《乙7137》貞：雍芻于。

《乙6705》貞：方勿于。【殷虛甲骨文字通釋稿】

字又用作為邊地名。

羝 

 羝　从羊氐　九年衛鼎　【金文編】

 剛羝道長　 剛羝右尉　 秦中羝　【漢印文字徵】

◉許　慎　羝牡羊也。从羊。氐聲。都兮切。【說文解字卷四】

◉馬叙倫　桂馥曰。爾雅釋畜釋文引字林。羝。牂羊也。翟云升曰。集韻引無牡字。非。倫按玄應一切經音義引三倉解詁。

羝。牡羊也。見任大椿引。馬國翰引牡作特。其十四引字林。牂。牝羊也。則呂忱亦以羝為牡羊。詩生民。取羝以軷。傳。羝羊。牝羊也。史記封禪書索隱。牴。牝羊。蓋本詩傳。然廣雅釋獸。羝。雄也。漢書江都易王傳。與羝羊及狗交。蘇武傳。使牧羝。羝乳乃得歸。顔注。羝。牡羊也。羝不當産乳。故謂此言示絶。是羝墑為牡羊。倫謂羝从氏得聲。氏从氏得聲。氏聲歌類。而氏音端紐。今俗呼父為爹。从多得聲。多聲音亦端紐。而聲亦歌類。然則羝自為牡羊。然氏音禪紐。古讀歸定。牂从爿得聲。爿為牀之初文。古讀亦歸定。則羝可為牂之轉注字。此自古所以有歧説也。其實父母之音本於牝牡。牝牡之聲所差亦殊。見牡字牝字父字下。其初固無甚異之分界。故方言各以其土之音。而記録者則依其音為名。故不易定其是非。而讀古書者當依文審義也。字見急就篇。【説文解字六書疏證卷七】

羒

◉許　慎　羒牂羊也。从羊。分聲。符分切。【説文解字卷四】

◉馬叙倫　徐鍇曰。爾雅。羊。牡羒。注曰。吳羊白羝也。段玉裁曰。牂當作牡。當依初學記正。鈕樹玉曰。釋畜釋文引字林。羒。牂羊。姚文田曰。初學記廿九引作牡羊也。御覽九百二引作牡羊也。按爾雅。羊。牡羒。牝牂。詩苕之華傳。牂。牝羊也。是二徐本皆誤。倫按牂羊字林訓。本訓捝矣。羒當為牝羊。以从分得聲可知也。牝音竝紐。羒音奉紐。古讀歸竝。語原同也。實即轉注字。【説文解字六書疏證卷七】

◉楊樹達　羒　釋畜又云：「羊牡，羒。」按分聲字多含大義。説文七篇上巾部云：「楚謂大巾曰帉。从巾，分聲。」九篇上頁部云：「頒，大頭也。从頁，分聲。」十三篇下土部云：「坋，大防也。从土，分聲。」詩大雅韓奕云：「汾王之甥。」毛傳云：「汾，大也。」書大傳云：「天子賁庸。」鄭注云：「賁，大也。」爾雅釋詁云：「墳，大也。」釋丘云：「墳，大防。」禮記内則云：「菽麥蕡。」釋文云：「蕡字又作黂，大麻子。」爾雅釋樂云：「大鼓謂之鼖」。説文鼖或作韇，分賁古音同。然則羒之受名亦得義於大矣。【字義同緣於語源同例證　積微居小學金石論叢】

牂

◉許　慎　牂牡羊也。从羊。爿聲。則郎切。【説文解字卷四】

◉馬叙倫　鈕樹玉曰。初學記集韻韻會引皆作牝羊也。是也。韻會引作牀省聲。桂馥曰。後漢書注亦引作牝羊也。沈濤曰。初學記廿九御覽九百二皆引作牝羊也。蓋古本如是。爾雅釋畜。羊。牝牂。角部。觟。牝牂。羊生角者也。詩苕之華傳。牂。牝羊也。一切經音義十四引字林。牂。牝羊也。是古無以牂為牡羊者。王筠曰。説文韻譜作牝羊。倫按韻會引作牀省聲者。由徐鍇謂當言牀省聲而改也。牂為羒之轉注字。羒音奉紐。古讀歸竝。牂从爿得聲。爿為牀之初文。古讀牀紐歸定。竝定同為破裂濁音也。玄應音義引三倉解詁。牂。吳羊也。字見急就篇。【説文解字六書疏證卷七】

◉劉彬徽等　𦍩，疑讀作牂，《廣雅・釋獸》：「吳羊……其牝一歲曰牸挑，三歲曰牂。」【包山楚簡】

羭　羭

◉許　慎　羭夏羊牡曰羭。从羊。俞聲。羊朱切。【説文解字卷四】

◉馬叙倫　嚴章福曰。牡當作牝。下文。羖。衆本及孟子疏廣韻集韻類篇韻會引皆作夏羊。牡曰羖。則羭自為牝矣。列子天瑞篇。老羭。張注作牝羊。急就篇顔注。羭。夏羊之牝也。羖。夏羊之牡也。鈕樹玉曰。韻會引牡作牝。程瑤田通藝録云。釋畜本是牝羭牡羖。引證極博。樹玉謂韻會引釋畜夏羊牝羭牡羖。獨不誤。倫按以役從殳得聲而音入喻四證之。則羖羭實聲同矦類轉注字。説解捝本訓。所存者字林訓。釋畜夏羊牝羭牡羖者。借羭為牂或羒也。羒从分得聲。分音非紐。羭音喻四。同為摩擦次清音也。餘詳羖下。字見急就篇。【説文解字六書疏證卷七】

羖　羖

◉許　慎　羖夏羊牡曰羖。从羊。殳聲。公户切。【説文解字卷四】

◉馬叙倫　嚴可均曰。釋畜。夏羊。牡羭。牝羖。賓之初筵箋。羖羊之性。牝牡有角。釋畜釋文。羖。字林。夏羊牝。是羖為牝也。郭注牡羭云。黑羝也。羝牡則羖牝矣。惟列子天瑞篇。老羭。張湛注作牝羊為異。沈濤曰。爾雅釋畜。夏羊。牡羭。牝羖。乃傳寫羭羖二字互易。列子天瑞。老羭。張注。羭。牝羊也。顔師古急就篇注。羭。夏羊之牝也。羖。夏羊之牡也。是其所見説文尚不譌。羭為牝羊。則羖為牡羊。馬瑞辰曰。下篆羯。羊犗也。一切經音義引三倉。羖。夏羊羖攊也。亦羯也。必牡乃可為犗。其説甚確。王筠曰。宋版爾雅釋文引字林。夏羊牡。通志堂本作牝。桂馥謂羯曰羖。犗何得為牝。筠按今畜犬豕者。牝牡皆犗。不得以此定之。倫按羖聲矦類。而音在禪紐。古讀禪歸定。今牡字从土得聲。土聲魚類而音透紐。透定同為舌尖前破裂音。魚矦聲又通轉。則羖自為牡羊。爾雅釋文引字林。羖。夏羊牡者。桂馥王筠引釋文牝作牡。則作牝者誤本耳。知者。此訓夏羊牡曰羖。本是字林説。許本訓牡羊也。今捝矣。玄應一切經音義引三倉解詁。羖。夏羊。羖攊也。字見急就篇。【説文解字六書疏證卷七】

◉楊樹達　羖　爾雅釋畜云：「夏羊，牝羭。牡羖。」郭璞注本牝牡互誤。段氏玉裁據説文羯下訓羊羖犗，謂羖若為牝羊，不得云犗，訂正郭本之誤，其説是矣。今按羖與股為同音字，人膝以上為股，膝以下為脛。股大於脛，知羖亦當受義於大，義當為牡，不得為牝，一也。羖古音與假同，羖為牡羊，與麚為牡鹿豭為牡豕一律。若麚豭為牡而羖為牝，理不可通，二也。【字義同緣於語源同例證　積微居小學金石論叢】

◉徐中舒　(羖)從羊從𠬝殳。《說文》：「羖，夏羊牡曰羖。从羊，殳聲。」甲骨文殳攴每通用，故羖與從牛從攴之牧亦可通。《說文》：「牧，養也。」養字古文作𦍌，與甲骨文羖形同。故甲骨文羖亦有牧養之意。【甲骨文字典卷四】

◉劉彬徽等　[羊古]，讀作羖，《說文》：「夏羊牡曰羖。」《廣雅·釋獸》：「……白或通稱為羘，黑或通稱為羖。」【包山楚簡】

羯　羯見石經【汗簡】

羯　石經【古文四聲韻】

◉許　慎　羯羊羖犗也。从羊。曷聲。居謁切。【說文解字卷四】

◉馬叙倫　鈕樹玉曰。玉篇正作[羊匈]。羖犗羊也。段玉裁曰。羊羖當作羖羊。廣雅。羖羊犗曰羯。倫按急就篇顔注。羖之犗者為羯。謂劇之也。黃注。羯羊去勢。本書。犗。騬牛也。騬。犗馬也。檢牛曰犗。羊曰羯。是語原同也。害曷聲同脂類。書湯誓。時日曷喪。孟子梁惠王作害喪。此曷害聲通之證矣。許本訓犗也。羊羖二字蓋涉上文羖下說解而誤衍。或校者引廣雅為注。今有捝譌耳。字見急就篇。【說文解字六書疏證卷七】

◉許　慎　羠騬羊也。从羊。夷聲。徐姊切。【說文解字卷四】

◉馬叙倫　桂馥曰。一切經音義五引聲類同。鈕樹玉曰。初學記引作乘羊也。倫按夷曷聲同脂類。是羯羠為轉注也。騬羊也者。疑字林訓。字林多本聲類。作異訓。本訓蓋捝矣。字見急就篇。【說文解字六書疏證卷七】

◉許　慎　羳黃腹羊。从羊。番聲。附袁切。【說文解字卷四】

◉馬叙倫　本作羊也。校者加黃腹二字。【說文解字六書疏證卷七】

羥 羥

羥 秦800 大羥 羥 秦811 同上 羥3·752 右羥【古陶文字徵】

◉許　慎　羥羊名。从羊。巠聲。口莖切。【説文解字卷四】

◉馬叙倫　王筠曰。當作羊也。倫按王説是。羊名蓋字林訓。【説文解字六書疏證卷七】

𦏁 𦏁

◉許　慎　𦏁羊名。从羊。執聲。汝南平輿有摯亭。讀若晉。臣鉉曰。執非聲。未詳。即刃切。【説文解字卷四】

◉馬叙倫　王筠曰。當作羊也。劉秀生曰。段玉裁疑讀若晉為有譌。非也。執聲古在端紐。晉从臸聲。依小徐本。臸从二至。亦取至聲。至聲古亦在端紐。故摯从執聲得讀若晉。書舜典。贄。鄭注。贄之言至。所以自致也。西伯戡黎。大命不摯。史記殷本紀作大命胡不至。周禮大宗伯。以禽作六摯。注。摯之言至。所執以自致。淮南人間訓。置之前而不摯。後漢書。居前不能令人輊。輊即摯也。並其證。至部。臸讀若摯。與此同。倫按執晉聲本皆脂類也。汝南七字校語。或此字出字林。【説文解字六書疏證卷七】

羸 羸

羸 羸 秦一九四　通纍　石— 秦一九四　通裸　鬼恒—入人宮　日甲五〇背　羸 法一四六　羸 效一　四例【睡虎地秦簡文字編】

羸 陰羸　羸 李羸私印　羸 鄧都羸印【漢印文字徵】

羸 詛楚文　唯是秦邦羸衆敝賦【石刻篆文編】

羸 古老子【古文四聲韻】

◉許　慎　羸瘦也。从羊。𣎆聲。臣鉉等曰。羊主給膳。以瘦為病。故从羊。力為切。【説文解字卷四】

◉馬叙倫　鈕樹玉曰。韻會引作羸省聲。嚴章福曰。御覽三百七十八引作委也。三百八十六引作痿也。按痿。痹也。痹。溼病也。羸為羊病。疑痿字長。形與瘦近。故譌為瘦。立部。𥫂。痿也。則不專謂羊矣。嚴可均曰。委痿皆矮之譌。丁福保曰。慧琳音義二引。瘦也。弱也。蓋古本尚有弱也一訓。今奪。又四引。羸。瘦也。倫按當作羊痿也。慧琳引弱也

羠 羵 羣

者。校者據國語韋昭注左桓六年傳杜預注加之。字見急就篇。秦詛楚文作。【説文解字六書疏證卷七】

◉許　慎　羊相羵也。从羊。委聲。於僞切。【説文解字卷四】

◉馬叙倫　桂馥曰。玉篇。羠。羊相羠羵也。集韵。羠羵。羊疫。馥按羊病相染。羣死殆盡。北方謂之倒圈。王筠曰。羠羵蓋與委積同意。羊性。寒散而煖聚。憚暑則互相登陟。如積薪然。集韵謂之羊疫。殆不知物理而肊為之説。倫按集韻疫字或瘦之譌。羠為羸之轉注字。蓋本訓羸也。今挩。羊相羵蓋字林訓。或校者以玉篇加也。【説文解字六書疏證卷七】

◉許　慎　羠羵也。从羊。責聲。子賜切。【説文解字卷四】

◉馬叙倫　羠音影紐。羵从責得聲。責音照紐。古讀歸端。端影同為破裂清音。是羠羵為轉注字也。説解羵字蓋隸書複舉字之誤乙於下者也。【説文解字六書疏證卷七】

羣　子璋鐘　陳侯午錞　中山王嚳鼎　【金文編】

〔五〇〕〔三六〕〔一二〕〔四〕〔一九〕〔一九〕【先秦貨幣文編】

布空大　典八〇九　布空大　亞二・九六　【古幣文編】

三：二　一百五十三例　宗盟委質類羣嘑盟者　三：一〇　九例　九二：一　四例　一五六：二一　十六例　一五六：一　三十八例　三：一一　三例　一六：三三　二例　三：一五　九二：一七　一九八：二一　三例　八八：一　三：一六　九二：三三　一：三〇　二例　一：九八　君　【侯馬盟書】

羣　法一一三　六例　效三四　秦一七四　五例　日甲三　日甲四〇　【睡虎地秦簡文字編】

—民吕⧄(甲8—21)、—神五正(甲9—1)、—神乃惪(甲9—25)　【長沙子彈庫帛書文字編】

0160【古璽文編】

漢保塞近羣邑長 漢匈奴呼立居訾成羣【漢印文字徵】

羣臣上醻題字【石刻篆文編】

裴光遠集綴 牧子文 王存乂切韻【古文四聲韻】

◉許 慎 羣輩也。从羊。君聲。臣鉉等曰。羊性好羣。故从羊。渠云切。【說文解字卷四】

◉高田忠周 說文。羣。輩也。从羊君聲。周語。獸三為羣。詩無羊。三百維羣。此為字本義也。白虎通。君。羣也。羣下之所歸心也。周書謚法。從之為羣曰君。此羣字形聲中兼會意。【古籀篇八十九】

◉馬叙倫 羴之轉注字。詳羴字下。字見急就篇。陳矦午敦作𡱒。【說文解字六書疏證卷七】

◉許 慎 䍧羣羊相積也。一曰黑羊。从羊。垔聲。烏閑切。【說文解字卷四】

◉馬叙倫 段玉裁曰。積當依玉篇作羵。字林有黫字。黑色也。桂馥曰。一曰黑羊者。一切經音義十二引字書同。廣雅釋器。黫。黑也。錢坫曰。史記。黫然黑色。即此字。朱駿聲曰。字林。一曰羊羴相厠也。倫按羣羊相羵也當作羴羊相厠也。羣即羴之轉注字。或羣字蓋涉上文羣篆下隸書複出字之未删者而錯衍。羊相厠也者。字林訓。今厠譌為羵耳。本訓捝矣。疑此字出字林。以音求之。黫為黳之雙聲轉注字。一曰黑羊者。玄應引字書。則非許書本有之證。校者據玉篇加之。【說文解字六書疏證卷七】

𦍩 雜二九 通觜 膚吏乘馬篤— 雜二九 為三五【睡虎地秦簡文字編】

□𦍩【漢印文字徵】

◉許 慎 𦍩羊名。蹏皮可以割桼。从羊。此聲。此思切。【說文解字卷四】

◉馬叙倫 邵瑛曰。孔子弟子有高柴。字子羔。見論語先進篇。何晏注。古人名字義相比附。子羔名柴無義。疑當是𦍩字。

美

王筠曰。名當作也。倫按䖵皮六字校語。然疑此字出字林。故不與羴羥相次而訓羊名也。【說文解字六書疏證卷七】

甲六八六 人名 甲一二六九 甲三九一八 乙三四一五反 乙五三二七 地名 在美 前一・二九・二 前二・一八・二 前五・一八・五 前七・二八・二 後二・一四・九 林一・一四・一 林二・一三・九 戩三七・八 粹二八二 摭續一四一 摭續一六 明藏三五一 明藏六八四 京津四一〇五 存下四五七 存一三六四 京都九八一 【甲骨文編】

甲686 3・918 粹282 新4105 【續甲骨文編】

美 美爵 中山王譽壺 因載所美 【金文編】

5・184 美陽工▢ 5・310 美亭 5・311 同上 5・312 同上 【古陶文字徵】

美 秦六五 二例 日甲三二 九例 日甲一五七 二例 【睡虎地秦簡文字編】

5320 與美爵美字形近 5319 【古璽文編】

美陽丞印 顯美里附城 【漢印文字徵】

美竝見尚書 【汗簡】

竝古孝經 古老子 同上 義雲章 古尚書 籀韻 【古文四聲韻】

◉許 慎 甘也。从羊。从大。羊在六畜主給膳也。美與善同意。臣鉉等曰。羊大則美。故从大。無鄙切。【說文解字卷四】

◉商承祚 美角作與此畧同。象角敄敲之形。【殷虛文字類編卷四】

◉高田忠周　易甘節。虞注坎為美。管子五行篇。然後天地之美生。注謂甘露醴泉之類也。然則美元係于肉味之義。轉謂凡食味之美。又為佳善之偁。【古籀篇八十】

◉魯實先　□是美之繁文，乃方名。方名而从重口，乃卜辭通例。从人作□者，以人女互通也。【姓氏通釋　幼獅學報第二卷第一期】

◉王獻唐　以毛羽飾加於女首為每，加於男首則為美。卜辭美作□前七·八二，作□前一二九二，作□後下十四九，金文美爵作□，下從大為人，上亦毛羽飾也。女飾為單，故□□諸形祇象一首偃仰。男飾為雙，故□□諸形象兩首分披，判然有別。卜辭字亦省作□甲二十三九，或加笄作□前二十·八二，與每字省加者正同條共貫，其毛羽多少偃仰亦都相合。説文：「美，甘也，從羊從大，羊在六畜主給膳也。」小篆作□，上從羊，乃由□體譌變，晚周鉨文作□已然，契金固不爾也。所云大義，段王皆謂「羊大則肥美」，其實羔羊尤美。周禮膳夫「膳用六牲」，亦無羊為主膳之説，蓋據譌體解説，致生窒礙。商錫永謂美字□象羊角攴攲之形。殷虚文字類編。攴攲誠有之，但未見羊生四角上下排列如此狀也。【釋每、美　中國文字第三十五册】

◉馬叙倫　鈕樹玉曰。繫傳脱意字。韻會有。倫按甘為含之初文。詳甘字下。甘苦字當作香。然美从羊大而訓為含為香。義自何出。徐鉉謂羊大則美。亦附會耳。倫謂字蓋从大。𦍌聲。𦍌音微紐。故美音無鄙切。周禮美惡字皆作媺。本書。媄。色好也。是媺為媄之轉注異體。媄轉注為媺。媺。从女。敚聲。亦可證美之从𦍌得聲也。𦍌芊形近。故譌為羊。或羊古音本如芈。故美从之得聲。當入大部。蓋媄之初文。从大猶从女也。羊在以下校語。字見急就篇。甲文作□□。【説文解字六書疏證卷七】

◉于省吾　《説文》：「美，甘也，从羊从大。羊在六畜主給膳也，美與善同意。」徐鉉云：「羊大則美。」又《説文》：「媄，色好也，从女美聲。」許氏以美為甘美，以媄為色好，按媄為美的後起孳乳字，今則美行而媄廢。

卜辭早期美字作□、□、□等形，以後逐漸演變作□、□，也間作□或□，繁簡無定。商代金文《美爵》作□。从卜辭美字的演化規律來看，早期美字象「大」上戴四個羊角形，「大」象人之正立形。美字本系獨體象形字，早期美字的上部没有一個从羊者。後來美字上部由四角形訛變為从羊，但仍有从兩角六角而不从羊形者。

卜辭□字象人戴有羊角形的帽子，金文□字所从之矛作□，即由□所演化，詳拙著《駢枝續編·釋□》。羌字象人側立戴兩角形，美字象人正立戴四角形。

現在世界各少數民族，有的仍然保持着戴兩角或四角的風尚。⊘因此，可以考索出古文字中美字的起源系取象於當時視為美觀的外族戴角形是没有疑問的。

商代金文有下列四個字：

《父己簋》(《三代吉金文存》6・15)

《美鼎》一 (《商周金文録遺》27)

《美鼎》二 (吉林大學博物室藏器)

《寰卣》 (《商周金文録遺》271)

上列四個字舊均不識，第一個字象人戴鹿角，角形歧出，第二、三兩個字象戴羊角形(牛角上仰，羊角下彎，二者有别)。總之，戴鹿角或羊角都系美字的初文。第四字从宀从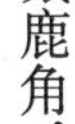，已不見于後世字書。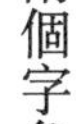象人正立頂側戴四角形，頂上中央還插羽為飾。插羽為飾系原始民族的習見風尚，例如「印第安人的年老人的帽子上裝飾着鷹的羽毛或貂皮，還常常加上一雙野牛角」(切博克沙羅夫講義第八章第五節)，是其證。

上面所列美與從美的四個字都系保存于商代金文中的早期象形文字。這種文字在時間上約當于契文的晚期。因為早期契文的美字都象戴四角形，以後才有戴兩角形者。而上面所列前三個美字雖系早期象形文字，但由其戴兩角來考察，已經趨于簡易。

商代金文中帶有圖繪性的早期象形文字，每一銘文最多不過幾個字。這種文字在表達形象上很突出，而且很美觀，所以商人在陶鑄彝器時喜用之。至于契文用字較多，還需鍥刻，所以應用比較簡化的文字。由此可見商代在應用比較簡化的文字的同時，也沿用着傳統更遠的早期象形文字，但也有所簡化。這與漢代隸書已經通行的同時，亦不廢掉篆書的情況有相類似之處。

卜辭人名有子美，又以美為地名，為俘虜。⊘其言「執美」與「取美」，則美為商人俘掠的對象；其言「宀方美□罾于□□」，則美為宀方之戴角而被俘以為人牲者，其言「史(使)人于美」與「貞羌于美」，則以美為地名。總之，美為商人西方的少數民族而時常被俘者，美字構形的取象同于羌，系依據少數民族裝飾上的特徵而創造出來的。【釋羌、笱、敬、美　吉林大學社會科學學報一九六三年第一期】

◉李孝定　美字金文及卜辭，不盡从「羊」，王獻唐氏此説，與予曩在集釋(卷四第一三二三頁)所採相同，惟金甲文「美」字，未見用本義者，金文多用𦤎為美，或亦借「眉」為之，則不可解耳。【金文詁林讀後記卷四】

羌

甲一一九 羌甲 郭沫若釋芍 甲二一二三 甲二四一五 乙六六七二 乙六九九六 鐵一二一・三
前四・五〇・七 前六・二・二 前六・一・五 前六・三〇・三 後一・三〇・一四 自獲羌 後二・
一二・一三氏羌 明藏一三〇 明藏一七二 存六〇三 存六〇六 後一・三・一六 佚三八六
河三六九 羌甲 見合文五 甲三九二 或从 甲四四三 甲二三二六 甲二五〇四 後一・二一・一三 于
上甲九羌 後一・二七・一〇 後二・一三・五羌方 戩一・一 戩二三・六 佚一六二 佚一
六五 佚二二九 粹八〇 明藏四七七 大乙羌五 京津四一二五 燕一一一 掇二・一三一 掇
二・一八三 戩二五・三 京都二三二四 甲二四五八 廪辛康丁以後或从糸作繞 佚二二五 佚四九九
存一八八四 餘七・一 前一・四一・七 前一・四二・一 前一・四二・二 前二・二六・一
前二・三五・四 前四・三七・一 後二・六・七 簠帝一四八 簠帝一五〇 粹一一九五 佚六七三
或从壬 前八・八・二 林二・一四・八 燕六四六 【甲骨文編】

甲37 379 443 507 525 555 574 583 635 795 854
884 896 1094 1351 1411 1481 1601 1848 1909 1948 2002
2027 2082 2123 2177 2197 2415 2423 2458 2464 2491 2809
3361 3363 3510 3941 乙5327 5393 5399 6373 6400 6410
6446 6672 6719 6742 6746 6876 6883 7163 7201 7509 7810

7925 8014 8028 8649 8650 8691 8722 8852 8880 9071 珠
110 243 349 355 395 423 426 465 613 620 621 631
665 758 864 1055 佚80 131 154 162 165 199 201
225 351 386 413 499 543 566 570 673 718 873 875
897 982 993 續1·2·1 1·12·8 1·14·4 1·19·3 1·19·4 1·23·2
1·23·3 1·23·4 1·30·3 1·34·2 1·38·2 1·47·4 1·51·5 1·52·4
2·17·7 2·18·7 2·19·3 2·20·6 2·21·1 2·23·4 2·27·8 2·29·3
3·40·4 3·41·7 3·43·2 3·46·2 4·29·2 5·11·11 5·22·4 5·25·9
6·9·3 6·16·3 6·17·5 掇195 412 456 550 ㄙ530 徵3·26
3·85 3·86 3·150 3·208 4·18 4·30 4·59 8·48 10·131 10·132
10·133 10·134 11·46 11·47 11·54 11·59 11·61 12·37 京1·4·3
1·26·2 1·33·4 2·6·1 2·22·4 2·26·2 2·31·2 3·5·2 凡10·4
古2·8 録432 511 鄴39·3 40·3 鄴三40·1 天32 36 81 92
誠255 摭79 96 六中90 六清105 外360 書1·8·A 1·12·E 續存240 603
1605 1794 外20 摭續2 91 粹10 17 18 80 144 151 152

190　246　411　414　434　462　536　540　1167　1195　1554

新3092　4126　4379　4381　4383　4579　4626【續甲骨文編】

羌　厵羌鐘　鄭羌伯鬲　鄭義羌父盨　从糸羌尊【金文編】

5·448　獨字　6·22　☐羌　6·122　羌亳【古陶文字徵】

0413【古璽文編】

新安外右西千羌小國制伯長　征羌國丞　魏率善羌佰長　王羌私印【漢印文字徵】

祀三公山碑　遭離羌寇【石刻篆文編】

羌見說文【汗簡】

說文　立崔希裕纂古【古文四聲韻】

◉許　慎　羌西戎牧羊人也。从人。从羊。羊亦聲。南方蠻閩从虫。北方狄从犬。東方貉从豸。西方羌从羊。此六種也。西南僰人僬僥从人。蓋在坤地。頗有順理之性。唯東夷从大。大。人也。夷俗仁。仁者壽。有君子不死之國。孔子曰。道不行。欲之九夷。乘桴浮於海。有以也。去羊切。古文羌如此。【說文解字卷四】

◉孫詒讓　「乙丑卜斤隻舁羌」、卅一之三。「甲申□雀父□羌□一上闕似三字牢」、卅五之四。「□羌殸之奴」、七十六之一。「貝□我羌」、百一之四。「貝哭弗其𢦔羌□□」、百五之三。「立□弗羌𡆥又」、百五之四。「甲申卜𣪊貝㕘殸羌百十三月」、百七十六之一。「貝立佂于羌□」、二百卅一之四。「羌」字皆作「」。《說文·羊部》云：「羌，西戎羊種也。从羊人，羊亦聲。」此从，从人，即从羊省也。金文鄭羌伯鬲作、羌鼎作。此與彼同，唯省中畫耳。《詩·商頌·殷武》：「自彼氐羌，莫敢不來享，莫敢不來王。」《鄭箋》云：「氐、羌、夷、狄，皆在西方。」則商時西羌種族甚盛，故亦見于龜文。「斤隻舁羌」當讀為「祈奪圍羌」，蓋其時羌有內犯者，圍之而被奪逸，卜于神求必獲之也。「伐羌」、「羌𡚭」者謂征伐羌人得順服之，猶前云「伐昌方昌方𡚭」、「伐攺攺𡚭」也。唯別

有云「羌甲」、「羌庚」者為人號，與氏、羌異。詳《釋鬼神篇》。【契文舉例卷上】

◉商承祚　□說文「□」。古文羌如此。」案甲骨文作□□。繫之以索。示其性猛也。又作□□。即此所本。因省畧太甚。遂不得其解。【簠室殷契徵文考釋】

◉王　襄　□古羌字。國名。【說文中之古文考】

◉葉玉森　□　商承祚氏釋甲骨文字卷二第十四葉八版之□為羌。類編。森按此與□當為一字。商氏類編漏載其字。从羊从土或為羌之别構。猶金文陳亦增土作塦。表示為國名也。【殷虚書契前編集釋卷八】

◉明義士　□象人飾羊首之形。古人於舞時，首着羊首面具而舞，今蒙古西藏人於祭祀時，仍有是風，蓋古俗至今之僅存者。郭沫若釋苟，非。【柏根氏舊藏甲骨文字考釋】

◉吴其昌　□乃「羌」字也。「羌」之本義，當為羊之一種。以墨經之科言之，「羊」為類名，「羌」為私名矣。為羊類之一種，故得斧戉斯之以供祭，是用有「戠羌」「𡧊羌」之文矣。其有族非華夏，而自奉羊以為其圖騰者，則夏人指目之曰「羌」矣。書牧誓有「庸蜀羌髳」之名，詩殷武云：「自彼氐羌」，鄭箋：「氐羌，夷狄國在西方者也。」說文羊部：「□，西戎，从羊人也。段玉裁改本云：『羊種也。』从羊儿。從段本。南方蠻閩从虫，北方狄从犬，東方貉从豸，西方羌从羊。」更以地下契文證之，則卜辭固已有「王叀擊也北羌，伐」前・四・三七・一之語，足以見殷商之世「羌」族之名，確已立矣。

又卜辭云：「丙寅卜□貞。㞢于寅，爽，二羌。」續・二・一九・一。云「爽二羌」，則必娶羌之二女以為爽，正如後世晉公子重耳之納赤狄二女叔媿季媿矣。左僖二十三年。則在殷時，華羌且已有通婚者矣。更以聲音之軌推之：□即羌，亦即芍，故知芍實音羌。从芍得聲之「苟」，疑古讀實亦若「強」，故得上承「羌」聲，下啓「敬」音。以義言之，「苟」之義與「強」亦相若，孟子「苟為後義而先利」，意即「強為後義而先利」。儀禮燕禮及聘禮記，兩見「賓為苟敬」語，鄭注前者以「假敬」釋之，後者以「小敬」釋之，皆未安；「苟敬」之義，當亦為「強敬」。至于从「苟」得聲之「敬」，更顯與「羌」音相貫。古韻陽唐部與庚耕部有相互通協者，吴語至今讀庚在陽部。且周頌閔予小子之詩，明以庭、敬、王、忘為韻，更可瞼實。由是亦可瞭□、苟、敬聲系相承之故矣。又華羌異族，寇擾不免，斯乃有「北羌」之伐，故引申之義，得為「戒敬」，為「警勑」矣。此殆自「羌」至「敬」，誼系相承之故矣。是故□實為「羌」字，不復有疑。羅郭之說，互有是非，今通其郵，疏所未備而義乃具足。始義本為羊類之一種，後乃轉為人類之一族。而在契文時期，固尚多數指羊而言也。故知「三羌用于且乙」，當以「刑三羊以祭祖乙」為釋矣。【殷虚書契解詁】

◉李亞農　契文□字，郭沫若先生釋芍，孫詒讓釋芍亦釋羌，其餘諸家均釋羌。□與小篆□(苟)所从之□，完全相同。從字形上來說，不得不承認[glyph]為丂字。又殷帝中有名[glyph]甲者，就其位次而論，當即沃甲，而古音丂、沃相通，說見拙著鐵雲藏龜零拾。就字義而論，如「甲申……雈父……一[glyph]一宰」(鐵・三五・四)之[glyph]，決非羌字，亦非羊字。假使是羊字，則不得稱「一[glyph]一宰」，而應稱為二宰。從這一點說起來，我們也必須釋[glyph]為丂，才能解決問題。釋[glyph]為羌，是沒有辦法來說明許多刻辭的辭義和[glyph]甲的位次的。但是另一方面，「撻[glyph]」、「撻[glyph]」若干人，或伐[glyph]方的辭例亦至多，若定要把[glyph]字考釋為丂，實嫌勉強。而且殷人之一大敵國——羌人，將不見於卜辭，這也是說不通的。故我們認為[glyph]字也是一字兩用，可釋丂，亦可釋羌。【殷契雜釋　考古學報第五册】

◉馬叙倫　鈕樹玉曰此六種也句當在順理之性下。說文無僬。人部。僥。注作焦僥。沈濤曰。御覽七百九十二引作西婼羌戎牧羊人。莊有可曰。六種止得五數。不知所脱。詞意尤欠醇妥。引論語亦非古文。莊述祖曰。南方云云似後人所加。王筠曰。西戎牧羊人也。各本同。鈕樹玉據鍇本牧作從。非也。从人。从羊。當依御覽引改作從人牧羊。徐灝曰。戴侗曰。戎狄之人生於深山貙虎之鄉。故狄貊玁狁从犬从豸。蠻越之人生蟲蛇之鄉。故閩蠻巴蜀从虫。灝按羌之从羊亦猶是矣。羅振玉曰。鄭羌伯鬲有[glyph]字。實乃羊字。象羊之側視形。劉師培曰。羌字由姜而起。姜為神農後。四嶽之裔。皆姜姓。史記齊世家索隱引焦周說。太公姓姜。炎帝之裔。伯夷之後。掌四岳。有功。封之於呂。而山海經海內經亦以氐羌為伯夷之後。是羌與姜同。考左襄十四年傳。戎子駒支對晉人。謂諸戎為四岳裔胄。證以下文禦秦事。知戎即姜戎。本居瓜州。則羌名實出姜戎。碻然可徵。陳啟彤曰。此六種也句。當移大人也下。葉玉森曰。羌為羊人合文。即卜辭所云。羊人陟令羊人之羊人。倫按甲文羊字有作[glyph][glyph]者。其[glyph]旁與鬲文同。似可為羅說之證。倫謂羌即姜字。羌為西戎牧羊之族。始即以羊為其族號。後乃加女為姜。以為族姓。故其音仍依羊聲也。異文為羌耳。字見急就篇。甲文作[glyph]。鄭羌伯鬲作[glyph]。

[glyph]　鈕樹玉曰。玉篇無。嚴可均曰。未詳。嚴章福曰。疑校者所加。商承祚曰。甲骨文作[glyph][glyph]。又作[glyph]。即此所本也。倫按嚴說是也。故有如此二字。甲文有[glyph]。所从之[glyph]與此同。【說文解字六書疏證卷七】

◉饒宗頤　羌或釋丂。又有證其即羊字。然卜辭羊羌二字屢見于同版者，實明為異文。舉例言之，拾掇二・二二一：「其又于[glyph](羌甲)[glyph](羌)。」京都大學藏甲一九五一：「朿五犬一[glyph](羊)于[glyph](羌)……」足證羌與羊别。

乙亥卜，殻貞：乎(呼)商从差貝。貞：乎商从差貝。(前編七・十九・四)

按差為羌之繁形。如舞之作䍩。【殷代貞卜人物通考卷四】

◉于省吾　卜辭早期羌字通作[glyph]、[glyph]，又漸孳乳作[glyph]、[glyph]，孫詒讓釋「羌」，以為「从丫从人即从羊省也」(《舉例》上38)。羅振玉釋

「羊」(《增考》上4，又中28)。郭沫若先生釋「[字形]」，以為訛作苟(《通纂考釋》140片，又《粹考》250片)。按孫詒讓釋羌是對的，但以卜辭羌从丫為从羊省，不可據。孫氏《甲骨文編》羌字注：「此象人飾羊首之形，蓋羌族人民之标幟也。」說得頗合理，但用「蓋」字作疑詞，究不知其飾羊首之由來。卜辭早期羌字作[字形]或[字形]，係獨體象形字，決非合體形聲字。如果以羌字上从羊角為从羊之省那就錯了，因為[字形]字只象人戴羊角形，本不從羊，所以就不能認為從羊省。卜辭偏旁有從羊省者，如「宰」字作[字形]，又如「義京」合文作[字形]，但通常「宰」字都从羊不省，其从羊省者為變例。「義京」合文凡十餘見，因為筆劃繁多，所以義字上半多从羊省，但也有从[字形](《粹》415)不省者。至于早期卜辭，尤其是第一期的早期的羌字是習見的，都作[字形]或[字形]，从沒有从羊不省而作[字形]或[字形]者，第五期卜辭羌甲之羌訛變作[字形](《前》1·41·7)，上从羊不省，乖于初形，已開金文之先河。金文羌字習見，《羌尊》作[字形]，《屬羌鐘》作[字形]，為小篆所本。《說文》以羌為「从人从羊，羊亦聲」，是以羌字為會意兼形聲，誤以獨體為合體。追溯羌字構形的由來，因為羌族有戴羊角的習俗，造字者遂取以為象。⊘在[字形](人)字上部加以羊角形便構成[字形]字。因為羌人經常被中原部落所俘掠，所以又繫索于頸作[字形]形。晚期卜辭和金文中的羌字上部所从的羊角形訛變為从羊，小篆因襲未變，許氏遂根據已經訛變的羌字誤解為「从人从羊，羊亦聲」的合體形聲字。【釋羌、苟、敬、美　吉林大學社會科學學報一九六三年第一期】

◉丁　驌　(四)羌(山羊)[字形]，此字通釋羌。余竊疑之或未必盡指羌人也。字亦作绕、羝、羖、羗、羝等形。偶有繩套半之狀。殷人用羌為犧，俘羌用為犧有百數十人者。卜辭及羌字時之動詞，有追獲、執、挈、𠩺、出、用、邻、伐、𠕋、𤃤、卯、副、俎、殛、𢦏、𥂝等，無一不從惡意出。如羌果是人，殷人之遇羌可謂殘酷之至矣。詳見李氏集釋。

京津二二四五辭，胡厚宣釋為「羌叶朕事」。大誤。此辭下殘，似應讀「壬戌𡆥王，姜□叶朕事三月」。否則以殷人視羌如豕犬，而能叶王事，誠大革命矣！胡氏之釋是偶爾疏虞，抑應聲而發，則不可知矣。惟曲解[字形]字為羌，則不可不於此說之。此字殘。就形視之可為姜、晦等字之漫患者，但以余度之，殆仍是祥字。叶朕事之人名在缺文之處，非此字也。粹一九〇之辭，郭氏釋羌「百羌卯十宰」後人沿引，似更未有所疑也。余細讀拓本，似覺原辭中釋文有誤，應作「內卜羽甲寅酒𠬝邻十犬、十羌、百羌，卯十宰」，郭之「大甲」拓本為「[字形]—」乃「犬[字形]」二字，「[字形]」二羌字不同，前是「羌」後是「羌」，百字疑是白，然無關重要，白羌、百羌皆可。余所據者為拓本，故存疑於此。【契文獸類及獸形字釋　中國文字第二十一册】

◉湯餘惠　(17)鄭州商城東北隅出土的戰國陶文有：

[字形]亳(《文物參考資料》1956年第3期第85頁)

又作：

□亳(《中原文物》1983年第3期第40頁圖四)

有的論者釋首字為「丘」，恐有可商，高明先生《類編》將前例首字摹作□，釋為「羌」(第190頁)，摹寫恐有未的，但釋字卻是對的。

古文字寫在下面的人旁，有時會變作「壬」，前文業已指出，不過衍化的情況並不完全一樣，如：

□(《粹》1113)——□(保卣)——□(《説文》)

□(《乙》5161)——□(師望鼎)——□(齊侯鎛)

都是由于下面增土旁(甲骨文「叏」或作□《寧滬》2·48)而成的。但也有先繁化後訛變的，如：

□(《佚》54)——□(頌鼎)——□(王孫鐘)

陶文羌字的變化和兒字有可能是一致的：

□(《後》上283)——□——□

□(余義鐘)——□(鄦伯鬲)——□(《璽》2127)

字下人旁增「土」變為「壬」，但也可能是先增繁(加一横劃)而後訛為「壬」的。不管是哪一種情況，兩例羌字均由□形衍化，从古文字實際看，也許不會大錯，至于陶文的「羌亳」究指何地，是否就是古書上的「景亳」，尚有待進一步證明。【略論戰國文字形體研究中的幾個問題　古文字研究第十五輯】

◉施謝捷　甲骨文中有辭稱：

壬辰卜，乙其焚，又□十，風，印小風？(《乙》194)

辭中「□」字，《甲骨文編》以為不識字而歸入附録。附録上四七，3754號。此字上从羊，下从二人。我們認為當是「羌」字的繁文。从二人與从一人相同，猶如史字作□、□；正字作□、□；商字作□、□等，單復無别。習見之「羌」字从羊从人，羊亦聲。从字形結構的規律來看，釋「□」為羌字，是可以説得通的。我們再看有關用「羌」作祭牲的甲骨刻辭，因其數量很大，僅録與上引文例相似者，如：

貞：翌辛亥㞢于父辛箙，㞢羌十？(《前》5·9·6)

……牢，㞢羌十，在襄？(《甲》3534)

貞：㞢羌十？(《存》2·107)

癸亥卜，宗成又羌卅，歲十牢？(《掇》1·412)

 羑

「㞢」、「又」用同，祭名。又有辭稱：

癸卯卜，㱿貞：……王固曰：㞢求（咎，從裘錫圭說）……（大）掫（驟）風，之夕……（又）羌五……（《佚》386）

此辭「又羌五」與「大驟風」並見，與前引之「又羌十」跟「風印小風」並見辭相似，足可證我們釋從羊從二人之字「□」為羌字繁文在甲骨文中是有根據的。

前引卜辭「壬辰卜，乙其焚，又羌十，風，印小風？」「乙」，為壬辰後三日乙未；「焚」祭名。「印」，「抑」之初文，在此用為表示選擇關係的詞，現在所謂「抑或」者也。詳拙文《釋甲骨文「印」字》，未刊。「風，抑小風？」意謂是會有風還是有小風，指風之大小而言。【甲骨文字考釋十篇　考古與文物一九八九年第六期】

◉曹錦炎　甲骨文有地名「羌」，是個田獵地：

(57)癸亥子卜，多臣人呼田羌。（合21532）

(58)戊午王卜，在羌貞，田舊，往來亡災。

茲御。獲鹿、狐。（合37434）

「⿱羌山」也是个田獵地：

(59)□卯卜，王其田⿱羌山☐。（合29310）

(60)戊戌王卜貞，田⿱羌山，往來亡災。王占曰：吉。茲御。獲鹿八。（合37405）

(61)辛，王叀⿱羌山田，亡𢦏，擒。（屯3011）

可見「羌」與「⿱羌山」是同地。顯然「⿱羌山」是「羌」字增加山傍後的繁構，仍應釋「羌」。【甲骨文地名構形試析　殷都學刊一九九〇年第三期】

 羑出林罕集綴【汗簡】

 義雲章【古文四聲韻】

◉許　慎　羑進善也。从羊。久聲。文王拘羑里。在湯陰。與久切。【說文解字卷四】

◉馬叙倫　翟雲昇曰。韻會引从羊作从善省。王筠曰。湯當依集韻引作蕩。倫按从羊久聲而訓進善。義自何生。倫謂進善

羴 羴

當作進膳。羑為羞之譌文。十四篇。羞。進膳也。進膳與進獻同矣。羞音息流切在心紐。羑在喻四。喻四與心皆摩擦次清音。羞轉為羑。由喉而至舌尖前耳。甲文羞字作□、□。此作久。即□之譌。从又。羊聲。故音入喻四。文王拘羑里在湯陰七字後人所加。兩漢志。蕩陰屬河內郡。以蕩水得名。本書水部亦作蕩陰。唐貞觀元年始改湯陰。其為後人所加無疑。凡此皆讀者附記。傳寫譌為正文也。【說文解字六書疏證卷七】

鐵一八・一　人名　拾五・三　前一・三五・一　前四・三五・二　前四・三五・四　前四・三五・六　後二・二二・四　林二・一三・一〇　林二・三〇・七　河五七九　粹一三〇七　掇一・一一六　簠文五二　明藏一七三　京津一三三八　燕一二八　存六三七　金六六三　七S一二七　前四・三五・五　或从四羊　乙四五三一　或从二羊　乙五七四四　师友二・一八〇　貞人名亦有从水作洋者見水部洋下　餘六・一　【甲骨文編】

乙4531　5744　續5・26・1　6・19・3　掇116　徵12・52　録579　續存637　粹1307　新1337　1338　【續甲骨文編】

羴　从二羊與甲骨文同　爵文　鼎文　鼎文　羴父辛斝　【金文編】

羴　【汗簡】

汗簡　【古文四聲韻】

◉許　慎　羴羊臭也。从三羊。凡羴之屬皆从羴。式連切。羶羴或从亶。【說文解字卷四】

◉羅振玉　□卷四第三十五葉从四羊。與羴同誼。【殷虛書契考釋卷中】

羴 羴

◉商承祚 此或从四羊，誼與三羊同。如豩甲骨文从三豕作豩，麤从二鹿作䴡，祇求達意不拘一形也。【甲骨文字研究下編】

◉馬叙倫 承培元曰。小徐凡羴之屬皆从羴下有相羵則臭。禮月令。其臭羴。會意。十三字。蓋是傳文。奪臣鍇曰三字耳。俞樾曰。説文建首之字凡累三字為一字者。皆無重文。又如各部所屬累三字為一字者。亦皆無重文。惟女部姦重文作㤈。蓋心部忓之重文。然則羴下不當有重文羶字。周禮庖人禮記月令。其臭羶。字並作羶。無作羴者。則羴羶非一字。蓋羶為羊臭。羴為羣羊。羼字从羴。義亦相近。故曰羊相厠也。倫按羴當訓相厠也。羊臭也者羶字義。蓋羶字本在羊部之末。傳寫譌為羴之重文。今音式連切。亦羶字音。羴即國語周語密康公之母所謂獸三為羣之羣本字。甲文作羴𦍋羴。正象羊羣。蓋會意字。亦圖畫性者也。今羊相厠也之義譌入羼下。而羴字之義與音皆為羶字之音與義矣。今於羣字可以知羴字之音。蓋羣為羴之轉注字。

羶 宋保曰。羴聲亶聲同部相近。倫按羶字蓋本在羊部之末。訓羊臭也。傳寫錯亂。後人以為羴之重文矣。从羊。亶聲。【説文解字六書疏證卷七】

◉許 慎 羼羊相厠也。从羴在尸下。尸。屋也。一曰相出前也。初限切。【説文解字卷四】

◉馬叙倫 徐鍇曰。俗言相爭出前為相羼。嚴可均曰。厠當作廁。錢坫曰。小徐本有屋在初三字。當有誤。倫按一曰相出前也是本義也。此校者據未譌本注之也。羊相出前。尸以阻之。故从羴在人後。尸當作人。非八篇部首象卧形之尸也。从羴在尸下。當作从人从羴。校者改之。尸屋也亦校語。餘見羴下。【説文解字六書疏證卷七】

瞿 瞿

瞿 瞿賢 瞿 瞿根 瞿 瞿連友 瞿 瞿長樂印 【漢印文字徵】

瞿 瞿見周易 瞿 瞿 【汗簡】

瞿 汗簡 瞿 古周易 瞿 崔希裕纂古 【古文四聲韻】

◉許 慎 瞿鷹隼之視也。从隹。从䀠。䀠亦聲。凡瞿之屬皆从瞿。讀若章句之句。九遇切。又音衢。【説文解字卷四】

◉薛尚功 瞿父鼎 瞿 瞿父

商器以父銘者多矣。瞿則未詳其為誰。然瞿作兩目。與商瞿祖丁卣兩目相似。固未易以名氏攷也。【歷代鐘鼎彝器款識法帖卷二】

◉郭沫若　「丙子卜殻貞：勿葡酒汚。

丙子卜殻貞：乎呼言酒汚，奠三犬、三羊，卯五牛……」

葡字舊釋為羊，揆以文義，無一可通。案此當是眀若瞿之古文，象鷹隼瞵鶚視之形。此二辭以「勿葡酒汚」及「乎言酒汚」為對貞。細審其意，蓋葡與言均當為虛辭，葡用為遽，言讀為爰也。【殷契粹編考釋】

◉馬叙倫　鈕樹玉曰。韻會引作从隹眀聲。葉德輝曰。眀讀若拘。又若良士瞿瞿。是瞿句音同也。淮南修務訓。攫援摽拂。高注。攫讀屈直木令句欲句此木之句。倫按為鷹隼之視而造此字。恐無是理。此説解或非本訓。且鷹隼之視者。蓋謂鷹隼每左右視以取食物。而此字从眀。眀訓左右視也。然眀目實一字。而鷹隼之視亦非以一目視左一目視右。乃向左視後。復向右視。其實鳥類皆然。即人亦然。兩目為眀。絶不能表一目視左一目視右。或兩目忽左視忽右視也。故知瞿者實从隹眀聲。為鴝之轉注字。故讀若章句之句。今字作鸜。則後起字也。鍇本作从隹眀亦聲。明鍇本正作从隹眀聲。後人據鉉本加亦字耳。餘詳眀下。【説文解字六書疏證卷七】

◉黄錫全　眀瞿見周易　馮本注「見古周易」，此脱「古」字。《説文》「眀，讀若拘，又若良士瞿瞿」。「良士瞿瞿」乃《詩·唐風·蟋蟀》文，郭誤《詩》為《易》。眀即古瞿字，《説文》懼字古文作，後瞿行而眀廢。古璽眀作（璽彙3261），此形類同。【汗簡注釋卷二】

矍

58　【包山楚簡文字編】

矍出古周易　【汗簡】

◉許　慎　矍隹欲逸走也。从又持之。矍矍也。讀若詩云穬彼淮夷之穬。一曰視遽皃。九縛切。【説文解字卷四】

◉馬叙倫　鈕樹玉曰。韻會引走下無也字。矍矍上有从二目三字。恐非。後漢書班固傳注引作視遽之皃。文選東都賦引作驚視皃也。嚴可均曰。又持之上脱瞿字。沈濤曰。史記吳王濞傳索隱引作遠視也。宋保曰。瞿亦聲。翟雲昇曰。當入又部。徐灝曰。戴氏侗曰。矍。孥奪也。从又。瞿聲。別作攫。引説文曰。隹欲逸走而又持之。灝按手部。攫。扟也。扟。從上

雔 雔

拪也。正合从又持之之義。又曰。擭。摮擭也。與此形聲義皆相近。矍當讀古虢切與穬之古猛切為雙聲。今音九縛切。則與憬為雙聲也。劉秀生曰。矍當入隹部。从又持隹䀠聲。䀠部。䀠。讀若拘。又若良士瞿瞿。部首。瞿。从隹。从䀠。䀠亦聲。讀若章句之句。淮南修務訓。攫援摽拂。注。攫讀如屈直木令句欲句此木之句。説林訓。則推車至今無蟬匷。注。匷讀如孔子射於矍相之矍。知䀠瞿矍古同音。䀠聲在見紐模部。穬彼淮夷。今詩泮水作憬。釋文引説文作獷。音獷。今心部懬下不引詩。憬下引詩。亦作憬。文選安陸昭王碑注引韓詩作獷。穬懬獷並从廣聲。廣从黃聲。憬从景聲。並在見紐唐部。模唐對轉。故矍从䀠聲得讀若穬。人部。佝。務也。从人。句聲。子部。㝅。乳也。从子。㱿聲。一曰。㝅。瞀也。㝅務即佝務。弓部。彀。張弓也。从弓㱿聲。彉。弩滿也。从弓。黃聲。讀若郭。彀彉轉注。矍聲如句。句聲如㱿。㱿聲如黃。是其證。倫按矍蓋隻之轉注字。从隻。䀠聲。䀠音見紐。隻音照紐。古讀歸端。端見皆破裂清音也。䀠聲當入魚類。讀若穬。由魚轉陽。魚陽對轉也。隹欲逸走即隻之引申義。隻為獲之本字也。當立隻部而屬之。从又持之矍矍也蓋校者所改竄也。篆从瞿而説解不及。韻會引亦止多从二目三字。則挩譌明矣。讀若疑亦校者所加。許書引經皆言曰。不言云也。戴謂矍為攫之初文。从又。瞿聲。亦通。則當入又部。一曰視遽皃者。文選東都賦注引作驚視皃。史記吳王濞傳索隱引作遠視皃。玉篇作遽視皃。嚴可均謂矍遽以同聲為義。則遽視為長。王筠謂遠視即遽視之譌。倫謂合而校之。則本作遽視皃。遽視即驚視之義。然寧是瞿字義。目部。瞿。驚視也。瞿音羣紐。古讀歸見。故古書借矍為瞿。此亦校語。

倫按矍當入又部。瞿可入隹部。瞿部可删也。【説文解字六書疏證卷七】

雔 父癸爵

夗卬甗

父丁觶

父辛觶

趠罍　【金文編】

雔上牛切　【汗簡】

◉許　慎　雔雙鳥也。从二隹。凡雔之屬皆从雔。讀若醻。市流切。【説文解字卷四】

◉柯昌濟　　雔字象兩鳥相對形。説文。雔。雙鳥也。从二隹。凡雔之屬皆从雔。讀若醻。段注。案釋詁仇讎敵妃。知儀匹也。此讎字作雔則義尤切近。若應也當也醻物價也怨也寇也此等義則當作讎。古書蓋有用雔者。其後讎行而雔廢矣。此銘作兩鳥對形。有儔匹之義。殆匹儔之最初字。【雔父辛觶　韡華閣集古録跋尾】

◉馬叙倫　劉秀生曰。雔會意字。本音盖即如醻。醻即醻字。酉部。醻。从酉。𠷎聲。或从州聲作酬。書召誥。讎民。釋文。

靃 靃

雔。字或作醻。詩大雅抑。無言不讎。韓詩外傳作無言不醻。言部。讎。从言。雔聲。是其證。倫按雔即二枚為雙之雙本字。章炳麟謂雔次對轉東為雙。倫檢雙實从雔得聲。詳雙字下。故古書多以雙為雔。然以二山為屾二余為叅等例之。隹雔當為一字。隹音照三。雔音禪紐。同為舌面前音。一證也。讎今或作售字。二證也。下文靃从雔。甲文作靃。从三隹。三證也。凡二物為雙者。本字即玨。玨王一字。王甲文亦作工。以系貫二璧也。即借為單雙字。玨之重文作瑴。聲在矦類。瑴雙東矦對轉。雙从雔得聲。雔聲幽類。幽矦近轉也。故得借雔或雙為玨。若必以二隹為示物之二枚。則蚰㹜何不可以為示物二枚乎。故知隹雔實一字音轉耳。雙鳥也依形為說。或非本訓。讀若醻當在二隹下。此校語。餘詳雙下。【說文解字六書疏證卷七】

前二・一五・七 从雥 地名 前五・三五・五 菁一〇・五 簠帝一四六 簠地九 珠四九三 佚五五九 乙七七四六 或从隻 伐霍 存一四五八 或从隹 【甲骨文編】

珠493 佚559 續3・29・3 3・29・4 4・14・8 徵2・9 3・146 【續甲骨文編】

霍 从雔 弔男父匜 霍鼎 【金文編】

靃君實印 靃武 靃拾之印 靃㝨 靃守印 霍寬 霍禹 霍竕 【漢印文字徵】

霍公神道闕 陽識 【石刻篆文編】

霍見古爾雅 【汗簡】

古爾雅 【古文四聲韻】

◉許　慎　靃飛聲也。雨而雙飛者。其聲靃然。呼郭切。【說文解字卷四】

◉林義光　象羣隹在雨中。其飛如疾。故聲霍然。古作叔男父匜。【文源卷六】

◉高田忠周　今依此篆解當云。雨而羣鳥飛。其聲靃然。从雨从雥。作靃从雔者。實省文也。許氏依小篆以為說。故誤云

雙

雙飛耳。【古籀篇九十四】

◉馬叙倫　鈕樹玉曰。繫傳韻會雨作兩。誤。段玉裁曰。飛聲也下少从雨雔三字。宋保曰。雨聲。王先生曰。左氏春秋僖二十一年。會于盂。公羊作靃。盂靃聲相近。保按靃从雨聲。猶矍从瞿聲也。倫按甲文作。叔男父匜作。是不从雔。蓋為羣鳥之飛聲。譣實亦然也。則雨而雙飛者云云説不能立矣。宋謂雨聲。是也。雨音喻四。靃音曉紐。曉與喻四皆摩擦次清音也。史記樊噲傳。霍人。注作葰人。霍即靃之省文。葰音心紐。心亦摩擦次清音。亦可證也。説解為校者删去。从雔。雨聲。或傳寫捝失。後校者乃注雨而以下九字。字見急就篇。【説文解字六書疏證卷七】

關中上　1·49　□雙【古陶文字徵】

陳雙堅印【漢印文字徵】

祀三公山碑　雙闕夾門【石刻篆文編】

◉許　慎　雙隹二枚也。从雔。又持之。所江切。【説文解字卷四】

◉馬叙倫　翟雲昇曰。當入又部。沈乾一曰。雙古音竦。倫按隹二枚也與雔下曰雙鳥也。意義全同。且鳥二枚何必从又。是知此非本義。亦非本訓也。羅振玉謂隻即獲字。甲文以為獲字。是也。隻从隹得聲。雙从雔得聲。隹雔同為舌面前音。穆天子傳。乃獻白玉□隻。郭無注。傳又曰。于是載玉萬隻。注。隻玉為瑴。見左氏傳。檢僖公三十年傳。皆十瑴。注。雙玉曰瑴。本書。珏。二玉相合為一珏。或从玉㱿聲作瑴。是穆傳之隻即雙。而借為雔也。十一篇。愯。从心。雙省聲。春秋傳曰。駟氏愯。今本即作雙。其實愯从隻得聲。許以音與愯不近。故曰。雙省聲。或本作隻聲。校者改之耳。今雙音入審二。為舌尖後音。蓋非古音。知者。愯从雙省聲而音息拱切。漢書刑法志注引晉灼曰。愯。古竦字。是古讀愯如竦。竦从束得聲。束音在審三也。審三與照三及禪同為舌面前音。可證隻从隹得聲。愯音如竦。竦聲矦類。雙聲東類。東矦對轉。矦幽近轉。而雔聲在幽類。亦可證也。隹雔一字。則隻雙亦一字也。字見急就篇。【説文解字六書疏證卷七】

續一·七·六【甲骨文編】

續1·7·6【續甲骨文編】

182【包山楚簡文字編】

雥音雜【汗簡】

汗簡【古文四聲韻】

◉許　慎　雥羣鳥也。从三隹。凡雥之屬皆从雥。徂合切。【説文解字卷四】

◉馬叙倫　徐鍇曰。獸三為羣。人三為衆。女三為粲。然則鳥三為雥。錢坫曰。此雜字。國語。民神不雜。注。雜會也。呂氏春秋。四方來雜。廣雅。雜。集也。皆當用此。朱駿聲曰。六書故疑从雔得聲。倫按趙宧光以此為集字。楊慎非之。倫謂以靃甲文作靃證之。則雥雔一字。以雧或省作集䨇甲文作雧證之。則雥隹一字。倫謂雥雔隹一字。猶卉屮中蟲䖵虫矣。雥音從紐。雔音禪紐。古讀並歸於定。隹音照紐三等。照三與禪同為舌面前音。古讀歸端。鳥隹一字。鳥音端紐。端定同為舌尖前破裂音。其轉變之蹟可尋也。羣鳥也似依篆為説。或非本訓。此音徂合切。蓋附會雜字之音耳。【説文解字六書疏證卷七】

◉李孝定　説文「雥。羣鳥也。从三隹」。栔文正从三隹。金收作雥可从。字从三隹會意。與羴同例。音義與雜並相近。音同。義近。集字从此而音義並遠。蓋雥象羣鳥並飛𨗈午紛沓。雧象羣鳥在木上有棲止之象。雖同从三隹而動静各殊也。續一·七·六辭云。「叀武唐用王受又。叀唐雥王受又。」雥與用對舉。當與祭祀之事有關。而其義不可確知。【甲骨文字集釋第四】

甲2810 2903 前6·46·1【續甲骨文編】

◉許　慎　䨇鳥羣也。从雥。𣶒聲。烏玄切。【説文解字卷四】

◉葉玉森　羅振玉氏釋䨇。説文解字。䨇。鳥羣也。从雥。𣶒聲。卜辭从鳥在𣶒上。增訂書契考釋中七十八葉。森桉。此字

雧

在卜辭似為地名。上為鳥。形身有斑點。疑鶉之象形文。下為泉字。其地或名鶉泉。此乃鶉泉二字合文。【殷虛書契前編集釋卷六】

◉馬叙倫　甲文有字。从鳥。泉聲。則疑此篆誤泉為㲋。泉音從紐。與雥雙聲。轉注字也。鳥羣也非本義。亦非本訓。玉篇訓羣鳥。與雥下今訓同。雥訓羣鳥。已似附會。此為形聲字。此訓更不安矣。則說解有譌明矣。倫疑雧是鳥名。【說文解字六書疏證卷七】

◉李孝定　葉謂字从鶉。無據。仍以羅釋為是。古㲋泉同。文王孫鐘肅字作。沈子簋淵字作。所从㲋字均與卜辭泉字作者形近也。【甲骨文字集釋第四】

前五·三七·一　从隹　與說文集字或體同　後二·六·三　佚九一四　續一·四五·三　粹一五九一　乙一九五六【甲骨文編】

佚914　續1·45·3　粹1591【續甲骨文編】

雧　說文羣鳥在木上也　或省作集　小集母乙觶　作父癸卣　父癸爵　集咎簋　毛公厝鼎【金文編】

228　234　234　268【包山楚簡文字編】

集　法一九三【睡虎地秦簡文字編】

集降尹中後侯　新成順得單右集之印【漢印文字徵】

集【汗簡】

雲臺碑　竝南嶽碑　崔希裕纂古【古文四聲韻】

◉許　慎　雧羣鳥在木上也。从雥。从木。秦入切。□雧或省。【說文解字卷四】

◉劉心源　□集字从□。案説文爵古文作□。汗簡入部爵从□。此从爵在木上。爵。雀也。與隹在木上同意。是集字也。

【奇觚室吉金文述卷四】

◉羅振玉　□　説文解字。雧。羣鳥在木上。从雥从木。或省作集。毛公鼎作集。从隹在木上。與此同。【殷虛書契考釋卷中】

◉孫海波　□前五・三七・一　□後下・六・三　□集俗毁　□毛公鼎　説文云：「雧，羣鳥在木上也，从雥从木。□雧或省。」

按甲骨金文皆象鳥止木上之形，集之意也。【甲骨金文研究】

◉郭沫若　（第一五九一片）□集字。于木上契一飛鳥形，示鳥之將止息也。【殷契粹編考釋】

◉馬叙倫　鈕樹玉曰。韻會引無羣字。廣韻引字林。羣鳥駐木上。翟雲昇曰。雥亦聲。夏敬觀曰。當為雥亦聲。嗅讀若集。以嗅為訓。廣韻入雥字於廿七合。雥為焦字所从得聲。當是漢以後雥亦讀短聲也。倫按雧从雥得聲。錢大昕亦言然。錢引詩是用不集。韓詩集作就。尚書顧命。克達殷集大命。漢石經集作就。吳越春秋集與救留韻為證。倫謂雧為去就之就本字。言鳥不飛而就於木上也。雥隹一字。蓋鳥之就木。本不必三鳥也。會意。廣韻引字林。雧。羣鳥駐木上。然則此在字為住字之譌。此乃字林訓也。本訓為唐人删之矣。然倫又疑集為樵之異文。从木。雥聲。

□　倫按字見急就篇。疑本作雧。傳寫省之。毛公鼎作□。集俗毁作□。【説文解字六書疏證卷七】

◉朱德熙　酓肯鼎（《三代吉金文存》三・四三，以下簡稱《三代》）和酓忎鼎（《三代》四・一七）的銘文裡有「□脰」兩個字。「□」字的形體很奇怪，容庚氏根據鑄客盤（《三代》一七・三）的或體作：

□

釋為郐（見《金文編》，附録下□字注；又《商周彝器通考》各器釋文）。「余」字金文屢見，從來没有从木的，其説不可信。

在進一步分析□字之前，我們先來研究一下戰國時代隹字的寫法。

從甲骨文、兩周金文到小篆，隹字的形體一直没有甚麽大變化。早期文字的例子不必舉了，就拿戰國時齊威王的銅器陳侯午敦（《三代》八・四二）來看，隹字寫作：

□

匋器（《古匋文香録》四・一）的隻字寫作：

這跟兩周金文和小篆的寫法沒有甚麼不同。但是在戰國時代的印璽、貨幣及楚國的銅器上曾經出現過兩種變體。這兩種變體跟戰國時代許多別的變體字一樣，很快就消滅了。除了在古器物銘中偶爾出現之外，沒有留下任何痕跡。第一種變體大部分見於印璽文字，貨幣文字中也間或出現，寫作、、等形，有時在下方加一個口字，例如：

（《古璽文字徵》附録一一，以下簡稱《徵》）　⿰車隹

（《徵》附二）　蒦

（《徵》附一）　雚

（《徵》附九）　雝

這一系列的字以前是不認識的，羅福頤的《古璽文字徵》把它們收在附録裡，但現在排比在一處，就很容易認出來了。第二種變體僅見於楚國文字，特點是隹字左右兩部分寫得分開了。例如酓忎鼎銘中的隻（獲）字：

蓋銘　器銘

這兩個隻（獲）字只是把隹字的左右兩部分略略拉開了一點，整個字還沒有走樣，所以很容易認識。但是這種趨勢繼續發展下去，就產生了一種奇譎的形體，例如長沙出土帛書（見蔣玄佁：《長沙——楚民族及其藝術》，第二卷，圖版二七；又蔡季襄：《長沙繒書考》）有字，一共出現了十一次（根據兩書摹本，原物現在美國），歸納起來有下面三種形體：

蔡季襄把這個字釋作邦（見所著《長沙繒書考》）。字形雖有點像，但是用來讀帛書文辭，卻無法可通。這個字實際上是酓忎鼎隻（獲）字所從的隹字的繼續發展，只是左邊一部分譌變為或罷了。我們引帛書原文來看：

1.「□□□月　隹（維）某年某月」

2.「四月五月　其隹（維）四月五月」

3.「天乍福神□各止天乍災□則惠止　隹（維）天作福，神圓格之；隹（維）天作災，神則惠之。」

釋作隹字，不僅字形上有根據，而且以之讀帛書，也文從字順。之為隹，決無可疑（詳見拙著《長沙帛書釋文》）。

現在我們再回到字來。這個字的變體大致有下面六種：

（《三代》三・一三鑄客鼎三）

（《三代》鑄客鼎二之蓋）

（《三代》三・一二鑄客鼎二之器）

（《三代》二・五五脰太子鼎一）

（《三代》三・四三酓肯鼎）

（《三代》三・二六鑄客鼎）

這六體又可以分為兩大類：A類（包括1 2 3三體）木字都寫在右下方；B類（包括4 5 6三體）木字都移到左下方去了。我們若把上面所从的∧或亼和下面的木去掉，把當中的一部分拿來跟酓忎鼎的隻字、長沙帛書的隹字比較，清清楚楚地是個隹字。這個字不容易認識有兩個原因：第一，隹字左右兩部分離得太遠了，使人誤會為兩個獨立的部分；第二，B類的隹字的左邊一部分和木字疊在一起，當中的一豎算是公用。一筆兩用原是戰國時期簡筆字結構方式之一，例如：

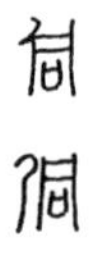　侗

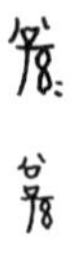　公孫

同樣：

所以嚴格地說，B類三體是簡筆字。

由此我們可以確定字从亼从隹从木，隸定作雧，就是現在的集字。

上端為甚麼从亼呢？《說文解字》卷五亼部：

「亼三合也。从入一，象三合之形。……讀若集。」

「集」與「合」古音同部，所以許慎用聲訓的辦法來解釋。他說亼从入一，又說「象三合之形」，自然是附會之辭（從古文字看，亼恐怕是象器物之蓋），不過他說「讀若集」卻是有根據的，這在古文字的諧聲系統裡可以找到許多證明。這裡不細說了。

根據《說文解字》，我們知道亼是雧的聲符部分。我們把釋作集，除了字形的根據之外，這個證據也是很有力的。

上面說過，A B兩類的不同只是木字左右部位不同，這和楷書雜字比較一下也是很有趣的。雜字从衣集聲，應該寫作「褋」，但楷書把木字移到左方衣字之下，寫成「雜」，和集字A B兩類情形如出一轍。【壽縣出土楚器銘文研究　歷史研究一九五四年第一期】

◉高鴻縉 （雧）字原意為棲。从隹棲木上。並列。外命動詞。後世通叚以代雥或聚。故有聚集之意。乃另造棲字以還其原。後又有俗字栖。雧為籀文。許採以為正字。故説義微舛。【中國字例四篇】

◉李孝定 雧 甲骨金文集字，均从一鳥在木上，甲文且多作一飛鳥形，象鳥之將止息也，無从雥者，高鴻縉氏以此為「棲」之本字，近之。【金文詁林讀後記卷四】

◉許學仁 □，字从隹从木亼聲。隸定為雧，即今之集字。據説文（五上）亼部：「亼，三合也，从亼一，象三合之形。讀若集。」知亼為集之聲。復驗諸説文（八上）衣部雜字作雜，叔重謂「从衣，集聲」。當書為褋，而書作雜，移木字於衣字之下，段氏解釋此現象為：「此篆蓋本从衣雧，故篆者以木移左衣下作䙴，久之，改雥為隹，而仍作雜也。」與集字變體，如出一轍。

集字於楚器銘文中，除與「脰」字連文作「集脰」外，尚見於：

鑄客為集醻為之（三代三·十三　小校二·四十七下）。

鑄客為集粧為之（三代三·十二　小校二·四十七下）。

鑄客為集勝鎬□勝鎬□□勝鎬為之（三代三·二六·一）。

集下「脰」字，乃廚字，早經周法高氏所證。見金文零釋頁一四七「釋侃帀。」集脰，即「集廚」，王鼎附記「集脰」，係表鼎為集廚掌管；其有繫以「太子」字樣者，係表明該器為太子御用之廚具，由集脰掌管。集脰舊釋為人名，以集為姓，又以「集脰」為「哀王猶」之非，朱德熙「壽縣出土楚器銘文研究」。灼然明矣！考集下連文諸字，「脰」訓「饌食」，「勝」訓「酒食」，並為廚官；而醻，粧字雖不能確指，周法高亦釋醻為廚，見金文零釋頁一四七「釋侃帀」一文。一从酉，一从米，皆與「酒食」相涉。復考凡載「集」字之彝器，多為鼎、盤、鎬，炭爐之屬，鎬見近歲楚王墓所見王子齊鼎，銘曰：「秦客王子齊之戢，大府為王僉晉鎬。集脰」（器銘見一九八〇年第八期文物，頁二十八）。又壽縣所出銅器，舊有不知名者，據江陵望山一號所出同形制銅炭爐，爐上有炭火遺跡。信陽長臺關一號戰國楚墓亦有之，置未燃之木炭。非烹飪器，即温器；而河南信陽楚墓出土銅匕木柄及木飾，其上亦有「集」字。銅匕圖版見「河南信陽楚墓出土文物圖録」頁六十四，七十三。匕之器用，或別牲體，或匕黍稷，據儀禮少牢饋食禮：「雍人摡鼎、匕、俎于雍爨……廩人摡甗、甑、匕與敦于廩爨。」鄭注：「雍人掌割亨之事者」，又「廩人掌未入之藏者……匕所以匕黍稷者」。雍人掌烹割肉類，附于鼎之匕用以匕牲體，廩人掌蒸飯，附于甗之匕用以匕黍稷。設屬後者，則又與「食」義相關，惜未睹原器，無由詳考。至安徽壽縣出土鄂君啓節，節文載「集尹」官名，諸家並語焉不詳。

節文云：「大攻尹脽台以王命命集尹悊䊪，裁尹逆，裁敀令阢，為鄂君啓之𪇴，賡鑄金節」，載參與冶鑄者三：裁尹，于省吾考為織尹，職司精密設計，並疑集尹為主管鑄造之官。按：于氏曲説旁通，反不達也。楚地冶鑄工業，自有其體系，大攻尹，掌百工之官，左傳文公十年：「楚子使子西為工尹。」杜注：「(工尹)掌百工之官。」其職高於工師，其下屬官有冶、冶師，專司冶鑄，無庸別設集尹。復徵諸楚器銘文有集脰、集𦡞、集糈、集醻，並與飲食相關，集尹蓋主饍食之官名，其職當高于前述諸有司。節文述冶鑄金節，而命及集尹、裁尹，亦略有可說。蓋集尹主饍食，裁尹主文織，雖未躬親冶鑄，亦有助於斯役也。秦漢以降，猶能目史籍中窺其遺緒焉。漢書百官公卿表載「少府，秦官，掌山海地澤之稅，以給共養。」其屬官有「符節」，掌符璽；「太官」，主饍食；「湯官」，主餅餌；「導官」，主擇米；「東藏」、「西藏」主織事；「東園匠」主作陵内器物。驗諸節文，東園匠相當大工尹；而「東織」、「西織」，相當於裁尹，大官則集尹之屬。

【楚文字考釋　中國文字第七册】

◉劉彬徽等　(401)集歲，集，簡文作，从亼，《説文》：「三合也……讀若集。」集歲即三歲，簡209有「三歲無咎」可證。【包山楚簡】

鳥

甲八〇六　甲一九六一　甲二八八一　甲三一一二　甲三四七五　乙一〇五二　乙六六六四

鳥星　乙六六七二　鳥星　乙七九九一　續一·四五·三　鐵四三·三　前四·四二·五　前四·四三·二　前七·二三·二　後二·一八·七　林二·一六·一九　掇二·五九　京津二一二四　京津二八五九

前四·一七·五　京津四五五九　甲二六二四　明七三八　明二一六六　甲二九〇二　拾一三·七

後一·一二·一二　簠游一〇〇　掇二·一二四　庫六五五　金七四二　佚一五七　佚九一四

【甲骨文編】

甲1558　1961　2415　2624　2881　3475　乙317　1201　5483　6664　7991　佚157　323　914　續1·45·3　2·16·4　6·10·6　徵12·39　京4·19·2　凡20·3　録740　新2859　4559　【續甲骨文編】

鳥 鳥壬㑹鼎　鳥且癸簋　子□弄鳥尊　【金文編】

5·185 鳥氏工昌　【古陶文字徵】

鳥 日甲五九背　日甲三一背 二例　日甲四九背　【睡虎地秦簡文字編】

侯屋鳥　【漢印文字徵】

鳥　【汗簡】

古老子　汗簡　【古文四聲韻】

◉許　慎　長尾禽總名也。象形。鳥之足似匕。从匕。凡鳥之屬皆从鳥。都了切。【説文解字卷四】

◉林義光　匕象鳥足形，非匕箸字。【文源卷五】

◉馬叙倫　鈕樹玉曰。玉篇韻會引無也字。王筠曰。爾雅釋文引作短尾羽衆禽總名也。短乃長字傳寫之譌。否則所引者隹下説也。集韻引从匕上有故字。象形是通體象形也。又云。鳥之足似匕从匕誤也。烏下不言从匕是也。翟雲昇曰。爾雅釋鳥疏引作鳥者。羽禽之總名。倫按長尾禽總名也。及鳥之足似匕七字。非許語。餘見隹下矣。【説文解字六書疏證卷七】

◉劉華瑞　今幸得發見亞鳥觚。又經研究所得。遂知鳥字即夏字。且有夏一代用鳥為象徵代表之古籀文隹字作（見祖乙觶侯叔敨）。又按。隹惟鳥三字相通。雞形字亦相通。説文。隹（）。鳥之短尾之總名也。故雀與隹鳥二字亦相通。推而至雅隹二字相通。雅又與鴉字通。而雅字與夏字古文相通。荀子儒效篇居夏而夏之夏。即榮辱篇君子安雅之雅。左氏傳。齊大夫子雅。韓非子外儲篇作子夏。據此則鳥字與隹字通。隹字與雅字通。雅字與夏字通矣。易言之。鳥字即隹字。即雅字。亦即夏字也。【亞鳥觚考　髙室舊藏夏商周漢彝器考釋】

◉李孝定　説文「鳥。長尾禽總名也。象形。鳥之足似匕。从匕。」栔文正象鳥形。楊氏釋咮者乃乙·六六六四之。實仍是鳥字。楊氏以其口形特顯。遂釋為咮。是亦猶鼺字所从之前·六·四六·一。身有斑點。葉氏遂釋為鵫。上出前四·四三·二及前七·二三·二兩鳥字。高冠距足。羅振玉氏遂釋為雞也。蓋商時文字猶未完全定型。尤以象形文字為然。作書者於偏旁位置。筆畫多少。形態動静。花紋繁簡。每多任意為之。不拘一格。固不可以其形似而臆説之也。楊氏謂咮注噣

音近字通。均為星名是也。然此辭祇是鳥字。釋咮殊覺無據。鳥為星名。它辭或為人名。或為地名。【甲骨文字集釋第四】

鳳

拾七·九　鳳用為風　前二·三〇·六　前三·二九·一　前三·二九·二　前四·四二·六
後一·一四·八　佚六八　佚七一　佚八五六　甲六一五　甲二二二四　粹八二八　粹八二九
粹八三九　粹八三〇　粹八四四　粹八三一　存下七三六　簠天七　續四·二三·七　乙五六九七　風雨　見合文二五　鐵五五·三　不从凡　象形　鐵九七·一　前二·一九·六　前四·四三·一　前四·四三·三　後一·三一·一四　後二·三五·三　後二·三九·一〇　後二·四二·二　菁五·一
佚七〇　佚二二七　佚二九八　佚三八八　燕五五八　粹八三六　甲六三七　掇二·一五八
京津二九一五　京津三八八七　乙一八　乙一八六　乙一八九　存下八八　存下七三六　續二·一五·三　京都三〇三二　【甲骨文編】

甲615　637　1340　2224　2369　2999　3113　3442　3918　乙18　186
188　194　478　727　888　1375　1391　1956　2452　4548　4874
5697　6752　7126　7390　7521　8642　珠444　669　693　694　935
1169　卜398　佚55　68　71　73　佚110　續4·6·2　佚227　298　386
388　479　856　續2·15·3　3·25·1　4·7·1　4·8·1　4·22·7　4·23·7

徵1·5 1·6 1·7 1·8 1·10 1·12 8·16 10·130 京2·2·2 録9·4 鄴327 續存1 2 4 5 外220 摭續199 217 粹628 823 825 826 827 828 831 832 834 835 836 840 841 842 844 945 974 1182 1417 1557 新518 520 2915 3036 3862 3886 3887 3890 4209 4491 4946 甲777 粹191 【續甲骨文編】

朋 說文 古文鳳 容庚謂 古者貨貝 五貝為朋 說文以為鳳之古文 誤也 故改附于貝下 日甲六五背 【睡虎地秦簡文字編】

麗鳳 向鳳私印 紀鳳 蘇鳳 周鳳私印 石鳳私印 毛鳳私印 夏鳳私印 【漢印文字徵】

漢鳳圖刻石 【石刻篆文編】

鳳見說文 鳳 【汗簡】

說文 汗簡 說文 【古文四聲韻】

◉許　慎　神鳥也。天老曰。鳳之象也。鴻前麐後。蛇頸魚尾。鸛顙鴛思。龍文虎背。燕頷雞喙。五色備舉。出於東方君子之國。翱翔四海之外。過崐崘。飲砥柱。濯羽弱水。莫宿風穴。見則天下大安寧。从鳥。凡聲。馮貢切。古文鳳。象形。鳳飛羣鳥從以萬數。故以為朋黨字。亦古文鳳。【說文解字卷四】

◉薛尚功　鳳棲鐸

右銘一字作鳳棲木之狀。是器鐸也。周官鼓人以金鐸通鼓。凡樂舞必振鐸以為之節。此銘以鳳。亦取其鳳皇來儀之象。而為棲木形者。詩所謂鳳皇鳴矣。于彼高崗。梧桐生矣。于彼朝陽。蓋鐸者樂之節。取其樂調而物以類應之也。【歷代鐘

鼎彝器款識法帖卷十六】

●劉心源 （陳壽卿器）此敢朋字象兩鳥對峙形。即許書第一古文也。其第二古文即鵬。宋玉對楚王問。言鳳鯤之狀與莊子逍遙遊言鵬鯤相合。知鳳鵬實一字。非鳳外別有大鵬也。後人昧其原。分鳳鵬朋為三非也。說文又有倗。古刻作□□。亦與此敢肖。詳師寰鼎。或曰□即為之古文作□者。見說文。【奇觚室吉金文述卷三】

●孫詒讓 「且□□于」、百十之一。「□右半微闕□」、二百六十之四。「□」字似从隹、从冂，字書未見，或即「鳳」字。古从鳥从隹字多互易，如《說文·隹部》雞、鷄，雛、鶵之類恆見，不足異也。冂與月亦相近，鳳从凡聲，凡古文作月。詳《釋地篇》。但與《說文》古文正合耳。【栔文舉例卷下】

●孫詒讓 說文鳥部「鳳，神鳥也。」从鳥凡聲，古文作□，象形。又作鵬，亦古文也。今審定甲文鳥字作□，與□下半形頗相類，蓋皆象羽毛豐縟形，而乙首特屈曲上出，則猶燕之為乙，亦與天老說鳳形蛇頸相應。說文鳳字注引。疑古文鳳字，本从鳥而首小異，猶「焉」「舄」之與烏，亦𢦚足同，而首小異也。二字說文皆屬烏部。篆籀變易鳥之本為□，人不復知，而□之為朋，遂與鳥絕不相涉，或復增鳥為鵬，益成複贅矣。

說文□字注云：「鳳飛，羣鳥從以萬數，故以為朋黨字。」此說「朋」即鳳之叚借也。然金文「朋友」字如多父盤作□，豐姞敢作□。先獸鼎作□。金文此字甚多，其無「朋友」明文者，今悉不箸。其貝朋字則遽伯還彝作□，且子鼎作□，戊午鼎作□，二形絕異。竊疑古自有□□兩字，與鳳古文竝不同。貝朋字象連貝形，漢書食貨志蘇林注云：「兩貝曰朋。」毛詩小雅菁菁者莪鄭箋云：「五貝為朋。」二數不同。以字形推之，疑古貝以兩貫為朋，而一貫則或兩貝，或多貝不定也。互詳後。金文子荷貝形有省作□子女鼎□且癸卣、子荷貝觶者，朋之為□，即从彼省，子荷貝有連四貝者亦詳後。與「王」象三玉相連形，例同。豐姞敢从玨，與二玉字同。朋友字上从□□，疑即勹形之變，下从□，即□之省。蓋从勹□聲，「朋黨」字亦此字叚借。□字與古文鳳形𢦚相類，故古書多譌掍。實則鳳象羽毛形，與□字略同，而貝朋字則象連貝形，象義固渺不相涉。許君不審，既昧鳳鳥之形，復失□□之字，小學專家，有斯巨謬，良足異已！【名原卷上】

●羅振玉 說文解字。鳳古文作□□二形。卜辭从□與□畧同。从□。即凡字。古金文作□。與此小異。與篆文同。惟从□或省作□。與許書篆古二文不合耳。龍字从□。鳳字所從亦與龍同。此於古必有說。今無由知之矣。王氏國維曰。卜辭中屢云其遘大鳳。即其遘大風。周禮大宗伯風師作飌師。从雚。而卜辭作鳳。二字甚相似。予案此說是也。考卜辭中諸鳳字誼均為風。古金文不見風字。周禮之飌乃卜辭中鳳字之傳譌。蓋譌□為□。譌凡為風耳。據此知古者假鳳為風矣。

【殷虛書契考釋卷中】

◉陳邦懷　卜辭鳳字所從之[glyph]即説文解字之丵字。其作[glyph]者。省文也。許君説丵字曰。叢生艸也。象丵嶽相並出也。段注云。吳語不經見者。謂丵嶽。考卜辭中鳳與龍字有從丵者。蓋以鳳龍為不經見之物與。【殷虛書契考釋小箋】

◉商承祚　龍鳳皆从[glyph][glyph]，殆象冠也。⊘鳳飛羣鳥從以萬數，有習習風聲，故借為風。【甲骨文字研究下編】

◉郭沫若　第三九八片田中慶太郎氏藏，同氏拓贈「于帝史鳳，二犬」。

卜辭以鳳為風。⊘鵬鳳為一字。莊子逍遥遊「北冥有魚，其名為鯤，鯤之大不知其幾千里也。化而為鳥，其名為鵬，鵬之背不知其幾千里也。怒而飛，其翼若垂天之雲。是鳥也，海運則將徙於南冥，南冥者天池也。齊諧者志怪者也，諧之言曰：『鵬之徙於南冥也，水擊三千里，摶扶搖而上者九萬里，去以六月息者也。』」是古人蓋以鳳為風神。淮南本經訓云「堯之時大風為民害，堯乃使羿繳大風於青丘之澤。」大風與封豨脩蛇等並列而言繳，則即大鳳若大鵬矣。鳳或為神鳥，或為鷙鳥者，文選劉孝標辨命論注引高誘注云「大風，鷙鳥。」乃傳説之變異性如是。蓋風可以為利，可以為害也。此言「于帝史鳳」者，蓋視鳳為天帝之使，而祀之以二犬。荀子解惑篇引詩曰：「有鳳有凰，樂帝之心。」段玉裁云「當作『有皇有鳳』，與心為韻。」蓋言鳳凰在帝之左右。今得此片，足知鳳鳥傳説自殷代以來矣。案「帝史」之稱亦見下别録之二，「河井大龜。」【卜辭通纂】

◉郭沫若　「中乎歸生鳳玗王」，語乃被動調。言王呼饋中以生鳳也。鳳字諸刻詭變亦甚劇，僅嘯堂第二器作[glyph]，尚存其形似。案此與卜辭風字之作[glyph]「通纂」四〇九片者同，乃从奇鳥形，凡聲，本即鳳字，卜辭叚為風，本銘言「生鳳」自是活物。或説古人所謂鳳即南洋之極樂鳥，土名為Banlock，鳳即Ban之對音，似近是。【中齋　兩周金文辭大系攷釋】

◉商承祚　[glyph][glyph]　鳳羽長而美。故甲骨文作[glyph][glyph]以象之。此作[glyph]。省其冠。遂象半翼。甲骨文又作[glyph]。象鳳始飛。塵土起揚。故商人叚為風字。此从鳥作者。嫌其重複。且形與小篆同。汗簡引作[glyph]。或是。後以[glyph]為朋。乃用[glyph]為鵬鳥字。後世朋友之朋。甲骨文金文作[glyph]。朋黨之朋。即古朋貝之朋。甲骨文金文作[glyph][glyph]。【説文中之古文攷】

◉明義士　羅王二氏之説是也。鳳字所以之[glyph][glyph]，與[glyph][glyph]龍所以從[glyph]，同象冠冕，古人尊視龍鳳，故加冠形以别於他獸歟？[glyph]則象其全體，且具長尾，或翔或立，儀態萬方。嘗見孔雀，棲於木間，大風吹來，長尾飄然，與[glyph]字形全同。以鳳表風，不盡同音假借也。或从[glyph]凡，則加聲符耳。【柏根氏舊藏甲骨文字考釋】

◉陳夢家　卜辭鳳字象長尾之雉而頭有冠作辛及丵形，余謂辛即冠也，故卜辭僕字象頭戴辛而系尾，猶漢侍中之冠鵔鸃而飾貂尾（後漢書輿服志），史記佞幸列傳「故孝惠時郎侍中皆冠鵔鸃貝帶」，索隱引淮南子主術曰「趙武靈王服貝鵔鸃」，又引漢官儀曰「秦破趙，以其冠賜侍中」，説文亦曰「秦漢之初侍中冠鵕鸃」，侍中者太僕之屬也；又史記仲尼弟子列傳「子路性鄙好勇力，志伉直，冠雄雞佩猳豚陵暴孔子」，東京賦「虎夫戴鶡」，續漢書輿服志「虎賁羽林皆鶡冠」，説文「鶡似雉，出上黨」。是以鳳屬之羽為冠者乃僕侍武夫之流，故童妾等字亦從辛。又以鳳冠為祭服，司服曰「享先公饗射則鷩冕」；又以為求雨舞之冠，舞師「教皇舞，帥而舞旱暵之事」，皇舞者蒙皇羽于頭而舞也(此合二鄭説)，東京賦「冠華秉翟，列舞八佾」，注引獨斷曰「大樂郊祀，舞者冠建華冠」，而注以華冠為「以翟雉尾飾之，舞人頭戴」，案爾雅釋言「華，皇也」，是華冠即皇冠。獨斷及續漢書輿服志並以建華冠為鷸冠，説文「鷸，知天時將雨鳥也，禮記曰知天文者冠鷸」，郭注爾雅鷸似燕，案鷸之知天時將雨者，亦猶鳳之知天時，鳳為大鵬之鳥，風不大不足以舉，見鳳即知風之將來，故叚鳳為風，風來知將雨矣。是求雨而冠鳳羽，正是一種感應巫術，以為藉鳳羽之力可以興雨；萬舞本是求雨之舞，故詩簡兮之萬秉翟而舞。由求雨而舞之冠，漸又進為知天時者之冠。【商代的神話與巫術　燕京學報第二十期】

◉郭沫若　「弔觀伊奭」　以上第二五五片「于妣庚艿甲奭」及戊辰彝「遘于妣戊武乙奭」例之，足證殷人以觀鳳為伊尹之配。它辭言「剛于伊奭」，通二五九片、後上二二・四。同是祭鳳之辭。鳳又稱帝史，曰于「帝史鳳二犬」，通・三九八。又「王宜帝史」。通・六四。此蓋殷人神話，或者以伊尹之配死而為風師也。咢風之事，卜辭尚有之，曰「甲戌卜其咢風三羊三犬三豕」，簠・典禮一六。曰「辛酉卜咢風，□九犬」，庫・九九二。曰「癸酉卜□咢風」。後下・四二・四。【殷契粹編考釋】

◉馬叙倫　鈕樹玉曰。説文無鸛。疑鶴之譌。虎背釋鳥釋文及初學記引皆作龜背。韻會引無出於東方至大安寧卅五字。嚴可均曰。説文無崐崘字。沈濤曰。爾雅釋鳥釋文詩卷阿正義初學記卅御覽九百十五引。鴻前麐後。皆作麟前鹿後。無鸛鷄鴛思四字。蓋古本如此。鴻前麟後見韓詩外傳及説苑等書。義亦可通。而鸛鷄鴛思四字他書罕見。左莊廿二年正義引有此四字。則唐時本已有之。段先生謂所據非善本耳。御覽燕頷作鸞額。亦恐傳寫之誤。風穴左莊二十二年正義御覽皆引作丹穴。初學記三十引作丹宮。宮乃穴之誤字。爾雅釋地有丹穴。山海經南山經。丹穴之山有鳥焉。名曰鳳皇。則今本作風穴者誤。御覽地部引仍作風穴。乃後人據改。顧廣圻曰。説文無鸛。韓詩外傳亦無此四字。説苑辨物有而鸛鷄作鶴植。翟雲昇曰。初學記引象作像。四海作四國。莫作暮。王筠曰。初學記引。鳳之象也無之也二字。倫按濯羽弱水莫宿風穴二語。亦見淮南覽冥訓。文選注引許慎曰。風穴。風所從出也。此許注淮南語。然則風穴字當不誤。鳳字甲文作□□□。金文鳥且癸段□字當釋為鳳。甲文又有作□□□者。倫謂□為从水□聲。□□□□皆象鳳鳥之形。鳳鳥之本字也。□則从凡□聲。即周禮大宗伯風師字作飌者之本字。飌其形譌者。由□譌為飌。後又增虫。或以風易日耳。乃凡之轉注字。音同奉紐也。□□為□□之轉注字。从隹。冂聲。或日聲。冂音明紐。轉入並紐。又轉奉紐。故鳳音馮貢切。此作鳳者。

蓋□之譌。或後起字。亦得从鳥凡聲也。甲文鳳鳥字作□□二形者。蓋雌雄之異。今呼鳳之雌者為凰。古止作皇。皇音匣紐。鳳音奉紐。同為摩擦次濁音。亦小以音別之耳。神鳥也本作鳥也。校者加神字。而注以天老至安寧。或字林訓也。字見急就篇。

□　沈濤曰。左傳正義引作鳳飛則羣鳥從之以萬數。桂馥曰。莊子釋文引字林。朋。朋黨也。翟雲昇曰。一切經音義廿五引。同門曰朋。同志曰友。乃友字注文。王筠曰。鳳飛云云。漢宣帝詔詞也。見漢書。許承用之。商承祚曰。朋友之朋。甲骨金文作□。朋黨之朋。即古朋貝之朋甲骨文金文作□。倫按此即甲文□之省□者。象形。故以為朋黨字者。謂古書借□為倗也。然象形以下皆校語。據莊子釋文引字林。則鳳飛以下乃字林釋朋黨之義者也。亦重文為呂忱所加之證也。字見急就篇。然朋友字實由□譌。即本書之倗也。非古文鳳也。蓋急就字本作倗。倗即□之變譌。傳寫者省之。

□　顧廣圻曰。宋本及五音韻譜作□。繫傳作□。毛斧季以錯本改鉉本也。沈濤曰。汗簡上之二□鳳見說文。是古本篆體如此。今本誤。倫按鳥下有古文作□。與五音韻譜及汗簡所記古文鳳字偏傍頗合。然此由以□為朋友字後。俗加鳥作也。【說文解字六書疏證卷七】

◉楊樹達　前編二卷三十葉之六云：「其遘大鳳？」王國維云：卜辭中屢云其遘大鳳，即其遘大風。周禮大宗伯風師作飌師，从雚，而卜辭作鳳，二字甚相似。羅振玉云：案此說是也。考卜辭中諸鳳字誼均為風，古金文不見風字。周禮之飌乃卜辭中鳳字之傳譌，蓋譌□為□，譌凡為風耳。考釋中三二。樹達按：後編下卷六葉之七云：「己巳，卜，其遘雚？」與「其遘大風」語例同；又同卷六葉之八云：「其征雚？」與藏龜一二〇葉之二云：「貞不其征凡風」語例同，知卜辭之雚乃飌之省作。然則羅王二氏並云飌為卜辭鳳之譌字者，非也。王說飌為卜辭鳳之謁舛，見戩壽堂攷釋六十葉下。【卜辭求義】

◉張秉權　□，上從凡，下象鳥雀之形，疑亦鳳字。霰鳳是人名。【殷虛文字丙編考釋】

◉金祥恆　二、我國最古的鳳字

圖一採自劉體智小校經閣金石文字卷一第八八頁周旅鐘（虢叔旅鐘）上的圖畫，虢叔旅鐘經郭沫若兩周金文大系考證為周景王時之器。圖二採自小校經閣卷一第十五頁楚公豙鐘上的圖畫，經郭氏考證，公豙即熊竿之子熊儀。為周幽王時之物。圖三採自小校經閣觑作釐白鐘，第一卷二十三頁上的圖畫，其文為「敢對揚天子丕顯朕文考釐白龢棽鐘休用作觑衆龙姬永寶。」以上三器雖屬春秋時代，但所繪之圖畫，酷似鳳凰華冠長頸，尾有斑眼，龍文其身這種象形的圖畫，是我國最古的文字，所謂圖畫文字。

圖一

圖二

圖三

三、殷代甲骨文中的鳳字

殷商甲骨文中的鳳字，都不做鳳講，叚借為風。

殷虛文字外編之□，正像楚公冡鐘等器上的圖畫華冠彩羽，與鳥且癸簋上□相似，所不同者，一則省其尾羽上的斑眼，僅契刻其豐潤的羽毛如□。像説文古文之鳳作□，這是甚麽原因呢？契刻以刀，不如以筆書畫圓形之容易，所以省簡了，但亦有契刻者，如新五一八之□、乙一八□，斑眼畫在末尾，栩栩如生。

卜辭中叚鳳為風，而鳳之書體有繁簡之不同，亦有益聲符而為形聲的。其簡體僅繪華冠作□，猶如小篆中龍妾童等所从之辛。身作□（隹）形。到了第三期廩辛康丁時，冠上加以文飾作□，而尾着以斑眼作□，宛然如鳳。這種繁體，都是在第三期之後才看到的。鳳字益聲符□（凡）為形聲字作□，在卜辭中早期已有。各期亦都沿用。但是到了第三期廩辛康丁時改凡為戌。如殷契遺珠六六九、殷契佚存六九：

弜省田，

其鳳吉，

省叀宮吉，

省盂舊大吉

之鳳作□。如戰後京津新獲甲骨集四九四六作□（下殘）。

簠室殷契徵文游田一三〇：

不其獲，

乎多射鳳

之鳳作□，又益兄作□，从兄聲。如甲三九一八（卜辭見前）。因為貞人狄是廩辛康丁時的史官，所以知道到第三期才有這種寫法。

从兄之字，如金文王孫遺者鐘「余函（宏）韔恭㝬屖」之韔作□（郭沫若兩周金文大系考釋為春秋時徐器），魏正始三體石經，春秋文公龔古文作□，皆从龍兄聲。龍與龏通叚，而龏與鳳一在送韻一在宋韻。古韻送與宋相通。由此可知从鳳兄聲的甲骨文颱，當讀若鳳，得叚借為風。秦公簋「嚴韔夤天命」作□（郭沫若考為秦穆公時之器），从韔共聲。

至第四期，第五期，武乙、文武丁到帝乙帝辛時，又易戌兄而从凡聲的鳳字了。

甲骨文中鳳字从凡聲，或从戌聲，或从兄聲。凡，胡安切。戌，莫侯切。兄，胡光切。鳳，馮貢切。都屬雙唇音莫聲，古音相通。

四、周代金文中之鳳字

到了周代，不但禮制有所因襲，就是文字也多所沿用，如成王時的中甗「中乎歸生鳳于王」之鳳作□（疑有譌），又作□（見兩周金文大系圖録七頁，及宋謝氏鐘鼎彝器款識），與殷商晚期甲骨文字之鳳無異，後簡省為□（見張伯鼎），與説文古文鳳作□合。説文云：「象形，鳳飛羣鳥從以萬數，故以為朋黨字。」觀其字形，僅繪其身省其華冠，而孳乳為朋者，與金文从人从朋之□及甲文朋貝之朋作□相混。

假定説文所録的古文是春秋或戰國時的文字，那麽説文「□亦古文鳳」是周代末年的文字，所以附益鳥字者，變為鵬鳥之鵬，鵬鳥之鵬根據説文五音韻譜作□，汗簡上作□，从古文於（烏），而毛公鼎烏乎之烏作□，首从□，即甲文□凶，□□之亾，寡子卣作□亦然。烏所从□與鳳从□同是其聲，石經訛□為□作□。周禮大宗伯：「以槱燎祀司中司命飌師雨師」，飌从雚風聲，作□。玉篇云：「古文風。」又易鳳為雚。

五、秦漢魏晉小篆隸草中之鳳字

秦小篆鳳，易鳳為鳥从凡聲而為鳳鳥之專名。别造从虫凡聲之風字。□，説文：「八風也，東方曰明庶風，東南曰清明風，南方曰景風，西南曰涼風，西方曰閶闔風，西北曰不周風，北方曰廣莫風，東北曰融風，風動蟲生，故蟲八日而化，□古文風。」从此以後，不再叚鳳為風了。

至漢隸書如光武建武泉範作鳳，居延漢簡譌變鳥足成四點為火，若馬足魚尾之譌變成火等一樣。而隸書之行草，變火為一作鳳，晉太亨年間的爨寶子碑作鳳，簡省从几，懷素艸書作鳳，唐文宗開成石經爾雅鳳作鳳，直至今日不變。

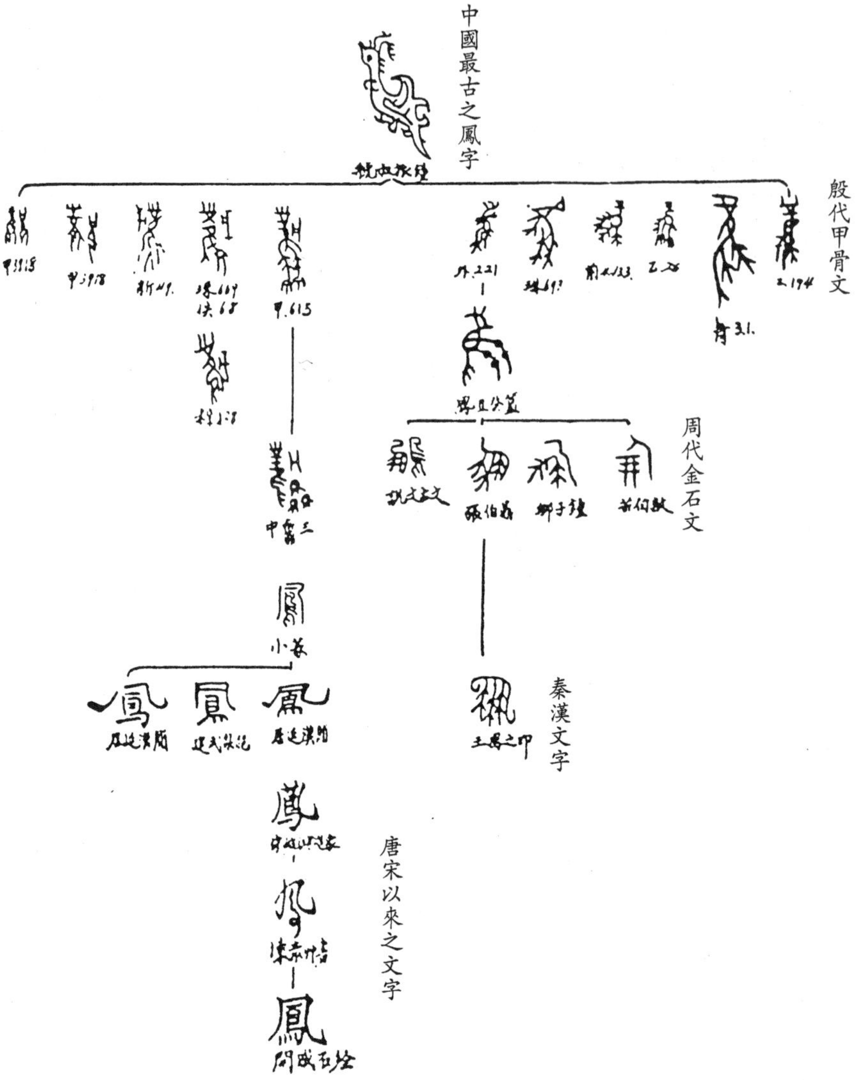

六總結

現就鳳字之演變，列表於此：【釋鳳　中國文字第三冊】

◉朱芳圃　鳳，象側立之鳥，昂首修尾，羽毛繽紛之形。山海經南山經云：「丹穴之山……有鳥焉，其狀如雞，五采而文，名曰鳳皇……自歌自舞。見則天下安寧。」余謂鳳，神化之雉也。廣雅釋鳥：「野雞，雉也。」玉篇隹部：「雉，野雞也。」雉為習見之鳥，羽毛華麗，古代東夷部族用以為圖騰。由於社會制度之演進，原始意義，漸次消亡，因轉化為神鳥。天老云「出於東方君子之國」，是其遺痕猶殘存於後世傳説之中矣。頭上戴□，義與龍同，或增'，'，象其光芒四射也。

象形兼注□為聲符，後世文字日趨簡易，因演化為从鳥凡聲之鳳矣。頭上戴□；□象辛燃燒時光芒上射之形。古讀複音t'zɔ̂k mgɔ̂k，聲轉為鷟鸑，古讀t'ûk mgûk。倒之為鸑鷟，説文鳥部：「鸑，鸑鷟，鳳屬，神鳥也。从鳥，獄聲。」又「鷟，鸑鷟也。从鳥，族聲。」考國語周語云：「周之興也，鸑鷟鳴於岐山。」韋注引三君云：「鸑鷟，鳳之別名也。」河圖括地象作「周之興也，鳳鳴於岐山。」是鸑鷟即鳳之異名，意謂靈光焕發之神鳥也。

説文鳥部：「鵔，鵔鸃，鷩也。从鳥，夋聲。」又「鸃，鵔鸃也。从鳥，義聲。」按鵔鸃即鷟鸑之轉音，古讀siwən mgiwən或sia mgia。所謂鷩即丹雉，爾雅釋鳥：「鷩，雉」，樊光曰：「丹雉也。」左傳昭公十七年孔疏引。説文鳥部：「鷩，赤雉也。从鳥，敝聲。」丹雉與赤雉同，義為靈光焕發之雉，可證雉即鳳鳥。惟自神化之後，無有識之者矣。論語述而篇：「鳳鳥不至，河不出圖，吾已矣乎！」孔子因鳳鳥不至而興歎，實則鳳鳥仍在人寰，人習見之而不察耳。

山海經西山經：「女牀之山……有鳥焉，其狀如翟而五采文，名曰鸞鳥。見則天下安寧。」説文鳥部：「鸞，亦神靈之精也。赤色，五采，雞形。鳴中五音。頌聲作則至。从鳥，䜌聲。」按鸞鳥之形狀瑞應與南山經所載之鳳鳥悉合，當即鳳鳥之異名。蓋鳳之言蓬也，其飛蓬蓬然，故謂之鳳。鸞之言玲瓏也，其鳴玲瓏然，故謂之鸞。

甲文又有作左列形者：

□ 佚六甲一一九　□ 同上一二〇

或从□作，與龍之異體相同。

漢書宣帝紀元康三年詔曰：「今春五色鳥以萬數，飛過屬縣。」神爵三年詔曰：「迺者正月乙丑，鳳皇、甘露降集京師，羣鳥從以萬數。」許君云「鳳飛，羣鳥從以萬數，故以為朋黨字」，即本此為説。考朋黨之名，起於晚周，非造字時所有，且經傳朋字甚多，與鳳了不相涉，亦絕無通用者。蓋朋字隸書作□，與古文□形相近似，故後人誤為一字，遂牽合附會而為是説，疏謬甚矣。

【殷周文字釋叢卷上】

◉于省吾　甲骨文的雚即古鳳字。甲骨文以雚為風，係造字假借。因為風無形可象，故借用音近相通的雚字。第三期甲骨文稱：「甲寅卜，乎鳴□，隻雚。丙辰隻五。」（甲三一一二）雚字作□。甲骨文雚作本字用者只此一見。鳴為習見的人名。□即翟字，从鳥从隹古同用。〇前引一段甲骨文是説，商王令鳴用網捕鳥，丙辰這天捕獲五隻雈鳥。由于用網捕之，故所獲自是生雈。甲骨文有「其隻生鹿」(粹九五一)之貞。因為甲骨文有時用網捕鹿——「乎多犬网鹿于楙」(乙五三二九)，故獲生鹿。周初器卓鼎的「卓乎歸(魄)生觀于王」，郭沫若同志謂「生鳳自是活物」(系考一八)，可以與甲骨文互相證明。【釋雈 甲骨文字釋林】

◉姚孝遂 按：合集二四三六九辭云：「癸卯卜，行貞，日叀壱?」謂風將為禍患，乃「鳳」之異構。【甲骨文字詁林】

鸞

◉許 慎 鸞亦神靈之精也。赤色五采。雞形。鳴中五音。頌聲作則至。从鳥。䜌聲。周成王時氐羌獻鸞鳥。洛官切。【説文解字卷四】

司國鸞 潘鸞 【漢印文字徵】

◉孫詒讓 「」字亦从隹，上似與「癸□」、四十之五。「止」、五十五之三。「貝其」、九十七之一。「曰」，百六之二。此字亦似从隹而文特緐縟，疑即鳥之象形字。《説文·鳥部》：「鳥，長尾禽總名也，象形，鳥之足似匕，从匕。」此文鳥之羽尾、足咸備，疑最初象形字本如是，與隹小異。上似从辛，疑當為「鸞」之省。《説文》：「鸞，赤神靈之精也。赤色五采，鳴中五音，頌聲作則至。从鳥䜌聲。周成王時氐、羌獻鸞鳥」，即此。「鸞止」猶言鸞鳥來集也。又案：《説文》鳳古文象形作，即朋字。與此亦相近。「鸞」為鳳之屬，或本从朋。此肊説，無左證。附識以備攷。【栔文舉例卷下】

◉馬叙倫 鈕樹玉曰。韻會引亦作赤。無頌聲句。亦無周成王句。段玉裁曰。類聚埤雅集韻類篇並作赤。嚴可均曰。御覽九百十六引周下有書字。沈濤曰。藝文類聚九十九御覽九百十六引亦作赤。廣韻引瑞應圖。鸞。赤神之精也。正本許書。倫按説解本作鳥也。从鳥。䜌聲。廣雅釋鳥。鸞鳥。鳳皇屬也。今捝本訓。所存者校語耳。【説文解字六書疏證卷七】

◉陳漢平 金文有字作(弔㝵父毁)，《金文編》釋鵜，未確。按此字聲傍从䜌省，不从茲，字當釋鸞。【屠龍絶緒】

鸑

◉許 慎 鸑鸑鷟。鳳屬。神鳥也。从鳥。獄聲。春秋國語曰。周之興也。鸑鷟鳴於岐山。江中有鸑鷟。似鳧而大。赤目。五角切。【説文解字卷四】

◉馬叙倫 鈕樹玉曰。韻會引國語以下在鷟字下。段玉裁曰。江中鸑鷟別是一物。或許所記。或後人所增。不可定也。上林賦屬玉。吳都賦作鸀鳿。郭璞曰。屬玉似鴨而大。長頸。赤目。紫紺色。劉逵曰。如鷺而大。長頸。赤目。其毛辟水毒。倫

鷟

按許止作鳥也。鸑鷟鳳屬神鳥也及春秋以下皆校語。【說文解字六書疏證卷七】

◉許　慎　鸑鷟也。从鳥。族聲。士角切。【說文解字卷四】

◉馬叙倫　段玉裁曰。周之興也。鸑鷟鳴於岐山。韋昭曰。三君云。鸑鷟。鳳之别名也。三君者。侍中賈逵侍御史虞翻尚書僕射唐固也。許云鳳屬與賈小異。倫按河圖括地象。周之興也。鳳鳴於岐山。是鸑鷟為鳳别名之證也。鸑鷟為聲同矦類連緜詞。然張説握乾符頌。鳴鸑改號。禽經。紫鳳曰鷟。則鸑鷟亦可為轉注字。賈等以為鳳之别名者。鳳从冂得聲。冂音明紐。鸑音疑紐。同為鼻音次濁音也。陳邦懷謂甲文字从丵。即本書之丵。吉城謂从丵者。即鳳屬之鸑鷟。鸑鷟即嶽丵。則不悟丵本是誤篆也。見丵字下。餘見鳳下。【說文解字六書疏證卷七】

鷫

鷫出李尚隱集字【汗簡】

字略　説文【古文四聲韻】

◉許　慎　鷫鷞也。五方神鳥也。東方發明。南方焦明。西方鷫鷞。北方幽昌。中央鳳皇。从鳥。肅聲。息逐切。司馬相如説从叜聲。【說文解字卷四】

◉馬叙倫　沈濤曰。後漢書五行志注引神鳥下無也字。方字央字下各有曰字。蓋古本如此。今本誤衍誤奪。王筠曰。後漢書注引鷫作鸘。俗。沈雲青曰。唐寫本唐韻一屋引五方皆神鳥。東方曰發明。西方曰鷫鸘。南方曰鷦鵬。北方曰幽昌。中央曰鳳皇。倫按鍇本从鳥肅聲在五方神鳥也上。是也。五方神鳥以下乃後人增入。五方神鳥之説出圖緯。益可明許必不引也。

倫按叜肅音並心紐。鷫鷞轉注字。【說文解字六書疏證卷七】

◉黄錫全　甲骨文有字作，《甲骨文编》列入附録上四八。僅一條殘辭：

《粹》1563　……田…………王……

此字下部應是鳥形，如甲骨文的鳥作、等。上部的與西周牆盤「𢡎康王」之形同。牆盤之目前有兩種釋讀，一釋淵，一釋肅。（釋淵者見《文物》1978年3期唐蘭、裘錫圭文，《考古學報》1978年2期李學勤文。釋肅者見《考古學報》1978年2期徐中舒文。）本應是肅字，金文中可與肅字通用。如𦂐鎛「肅肅義政」之肅就作，王孫遺者鐘的「肅哲聖武」即與牆盤的「𢡎康王」類同。「肅哲」為周人常用語，典籍習見。如《尚書・洪範》：「曰肅，時雨若。……曰哲，時燠若。」《詩・小旻》：「或哲或謀，或肅或艾。」牆盤當釋為「肅哲」。上列甲骨文當隸作鷫，釋讀為鷫。

《説文》鷫，「鷫鷞也。五方神鳥也。東方發明，南方焦明，西方鷫鷞，北方幽昌，中央鳳凰。」馬融説：「鷫爽，雁也。其羽如練，高首而脩頸，馬似之，天下稀有。」高誘注《淮南》云：「鷫鷞，長頸，緑色，似鴈。」(參段玉裁注。)

上列殘辭，當是貞問王去田猎，捕獲鷫鷞之事。【甲骨文字釋叢　考古與文物一九九二年第六期】

鷞

◉許　慎　鷫鷞也。从鳥。爽聲。所莊切。【説文解字卷四】

◉馬叙倫　鈕樹玉曰。韻會引作鷫鸘也。下有西方神鳥至中央鳳皇二十一字。即用鷫注。説文無鸘字。倫按鷫鷞連緜詞。鷫音心紐。鷞音審紐。心審皆摩擦次清音。然本訓鳥也。【説文解字六書疏證卷七】

鳩

◉許　慎　鶻鵃也。从鳥。九聲。居求切。【説文解字卷四】

◉馬叙倫　桂馥曰。詩小宛傳。鳴鳩。鶻雕也。釋文。雕。字林作鵃云。骨鵃。小種鳩也。倫按本訓鳥也。鶻鵃也字林訓。字見急就篇。【説文解字六書疏證卷七】

◉戴家祥　越王劍　邚王鳩淺自作用劍

說文四篇「鳩，鶻鵃也，从鳥九聲」。按金文越王劍作人名，鳩淺即越王勾踐。鳩勾古音同屬見母，韻為幽侯相通。淺踐由同一聲源戔得音。鳩淺、勾踐為同一人無疑。【金文大字典下】

鶌

◉許　慎　鶌鳩也。从鳥。屈聲。九勿切。【説文解字卷四】

◉馬叙倫　本訓鳥也。鶌鳩也校語。或字林訓。【説文解字六書疏證卷七】

鵻

 4・45　左宮巨隼【古陶文字徵】

◉許　慎　祝鳩也。从鳥。隹聲。思允切。隼鵻或从隹一。一曰鶉字。【説文解字卷四】

◉劉心源　隼从□。象鳥形。又从✕。蓋文及後器如此。即說文鵻重文作□者也。隼為祝鳩。俗呼架烈。✕象其尾兩岐形。

【奇觚室吉金文述卷三】

◉馬叙倫　鈕樹玉曰。玉篇作鶽。思尹切。廣韻上聲。準。作鵻。引說文。又收平聲。訓鳥名。嚴章福曰。篆體當作鶽。一切經音義十五引作鶽。六書故十九引唐本从鳥从隼。玉篇亦作鶽。且大徐引唐韻思允切。不云職追切。是大徐本亦本不作鵻也。說解當作鷙鳥也。采芑疏釋鳥疏引說文。隼。鷙鳥也。廣韻十七準同。六朝唐人書往往引重文用正篆說解。左昭十七年傳。祝鳩氏司徒也。杜云。祝鳩。鵻鳩也。則此校者依杜改。隹聲當作隼聲。許書正篆例得以重文為聲。或曰。然則訓祝鳩者為何字。且此訓鷙鳥。何不列鷙鳥類而跳在此。余謂四牡釋文。鵻。本又作隹。釋鳥釋文。隹旁或加鳥。非也。據此知說文無鵻。其不列鷙鳥類者。後人改鶽作鵻。改鷙鳥作祝鳩。不得不移於此。沈濤曰。六書故云。唐本鶽。从鳥。从隼。隼。从隹从卂省聲。則古本鶽隼非一字。鶽从隼不从隹。隼从卂省不从一。詩采芑正義引說文。隼。鷙鳥也。則古本隼訓鷙鳥。不為鵻之重文。玉篇鶽在鳥部。隼在隹部。古本說文當如是。玉篇鶽字注云。或作隼。隼字注云。祝鳩也。蓋宋以後據二徐本所改矣。廣韻十七準。鵻。說文曰。祝鳩也。隼。鷙鳥也。說文同上。以鵻隼為一字。蓋亦宋後人據今本說文改。段玉裁曰。鶻鵃二篆宜蒙鶌篆。今中隔以祝鳩。豈傳寫倒譌與。張文虎曰。段說是。鍇本鵻下注古滑反。正鶻字之音。倫按杜預以鵻鳩訓祝鳩。不譌。祝鳩為鵻之俗名。鵻从隹得聲。祝隹音同照紐也。四牡釋文鵻本又作隹者。明或用省形存聲字。故但作隹也。釋鳥釋文謂隹旁或加鳥非也者。就雅文為言也。嚴據以證許書無鵻字。亦可成。蓋或鵻字出字林。故不訓鳥也。而訓祝鳩也。且鵻獨隔於鶌鶻之間。亦非次也。然鵻亦鳩也。以物類言。當在此處。鶻為鶌之轉注字。詩小宛釋文引字林。鵃。骨鵃。則鵃字出字林。而字林鶻字作骨。無鳥旁。則許更無鶻字。鶻鵃二字非許本有。則鵻字於次不隔矣。獨隼字跳次於鵻下。今且為鵻之重文。則實譌甚。蓋本鵻鶽二文。隼為鶽之重文。校寫者謬以鶽鵻為一字。故删鶽篆。而以隼為鵻之重文耳。本訓鳥也。廣韻引作鳥名者。字林訓。祝鳩也者校語。或字林作鳥名。祝鳩也。餘詳隼下。

□　錢坫曰。詩釋文引本書。隼。鷙鳥也。唐本說文。鵻。从鳥。从焦。焦。从隹。从卂省。與陸德明合。鶉應作鷙。國語。有隼集于陳侯之庭而死。韋昭曰。隼。鷙鳥。今之鶚也。是應為鷙之證。桂馥曰。詩采芑正義引。隼。鷙鳥也。九家易云。隼。鷙鳥也。其性疾害。韋注國語。隼。鷙鳥。今之鶚也。鄭注月令。鷹隼早鷙。云。得疾厲之氣也。諸書皆以隼為鷙鳥。杜預謂祝鳩孝。故為司徒。主教民。鷙鳥不得稱孝。不可以教民。禽經。鵻上無尋。言不能高飛。隼與祝鳩不同物。本書為人所亂。一曰鶉字者。集韻引作鶉子。顏師古亦作子。廣雅。隼。鶉也。鵻隼判然兩物。不知何時傳寫者脱漏鵯字。後人乃以隼為雗之或文。而以鵯所遺之一曰鷻子附之隼下。思允切繫之雗下。宋保曰。卂省聲。徐灝曰。雗為祝鳩。職追切。隼為鷙鳥。思允切。二字音義懸絶。李善注文選秋興賦。鷙擊之鳥。通呼曰隼。是也。今本説文以隼為雗之或體。其誤顯然。蓋説文本有鵻篆。音思允切。其古文作隼。鵻與雗形極相似。傳寫脱去鵻篆。遂誤合雗隼為一。删職追切之音。而以思允切綴於雗下。大戴禮曾子疾病山海經海內西經穆天子傳皆有鵻字。六書故引唐本説文。鵻。从鳥。从隼。是舊本有鵻篆也。林義光曰。隼有爪芒。一名題肩。御覽引春秋考異郵云。陰陽貪故題肩擊。宋均注云。題肩有爪芒。是也。隼下於爪處加一。示其有芒。與刃字同意。倫按徐説是也。李富孫邵瑛宋保皆疑雗隼同字為有奪誤。倫以張文虎據鍇本雗下注古滑反。證知傳寫有倒易。則隼之為雗重文。亦傳寫之誤也。隼為鷙鳥。可以瞿下言鷹隼之視證之。則雗隼必非一字。今合為一者。一由鵻雗形近。鵻隼一字。二由音近。周禮司尊彝。祼用虎彝蜼彝。注。蜼讀為蛇虺之虺。或讀為公用射隼之隼。隼音心紐。蜼音喻四。同為摩擦次清音。雗音當職追切。在審紐。亦摩擦次清音也。雗蜼同从隹得聲。隹音照三。隼。从隹。十聲。十音禪紐。而汁从十得聲。音入照三。同為舌面前音也。禪或轉邪而入心。或轉審而入心。隼音入心紐。卂省聲亦通。當删此隼篆。而補鵻篆於鷙篆之前或後。以隼篆為之重文。然鵻為隼之後起字。實當列隼篆於隹部。而以鵻為其或體也。隼為鷙之轉注字。鷙音照三也。一曰鶉字者。本書無鶉字。當作鷻。得聲於𦎧。𦎧音亦禪紐。故得借隼為鷻。此校語。【説文解字六書疏證卷七】

◉莊淑慧　46號簡：「雗旃，墨毛之首。」86號簡：「雗旃，朱毛之首。」

簡文「雗」字乃「雗」字之異體。《説文・鳥部》云：「雗，祝鳩也。从鳥隹聲。隼，雗或从隹一。一曰鶉字。」古之旌旗多畫有鳥，如《周禮・春官・司常》：「鳥隼為旟。」此謂畫隼於旟之上。又《禮記・曲禮》：「前有水，則載青旌；前有塵埃，則載鳴鳶；前有車騎，則載飛鴻。」此則説明旌旗上繪有各種鳥類，車隊前進時遭遇何種情況，即舉何種旗幟以告示衆人。由此可知，簡文之「雗旃」亦當指畫有隼之「旃旗」。「湖北江陵望山M2」竹簡有「隼(雗)署(旌)」一詞，所指則為畫有隼之「旌旗」。簡文「雗」字應為「雗」字之繁化，上述「鴡」字即「鴚」字增繁「口」形而成；「雗」字則為「雗」字增繁「土」形而成。【曾侯乙墓出土竹簡考　臺灣師範大學國文研究所集刊第四十號】

鶻

◉許　慎　鶻鶻鵃也。从鳥。骨聲。古忽切。【說文解字卷四】

◉馬叙倫　段玉裁云。小宛釋文云。雗。字林作鶻云。骨鵃。小種鳩也。不云說文作鶻。而係字林。且字林鶻作骨。豈鶻鵃說文本無。而後人益之與。王筠曰。爾雅釋文引字林作鶻鵃。倫按鶻為鷗之轉注字。音皆見紐。聲同脂類。國語周語。鄭武公名滑突。史記鄭世家作掘突。是其例證。鶻鵃為連緜詞者。皆破裂清音也。本訓鳥也。鶻鵃也校語。如段說。則字林訓耳。【說文解字六書疏證卷七】

鵃

◉許　慎　鵃鶻鵃也。从鳥。舟聲。張流切。【說文解字卷四】

◉馬叙倫　鵃為鳩之轉注字。鳩音見紐。鵃音知紐。皆破裂清音也。聲亦同幽類。【說文解字六書疏證卷七】

鷑

◉許　慎　鷑秸鷑。尸鳩。从鳥。䇉聲。臣鉉等曰。䇉。居六切。與鞠同。居六切。【說文解字卷四】

◉馬叙倫　鈕樹玉曰。說文無秸。韻會引尸作鳲。說文無鳲。倫按當作秸鞠。雙聲連緜詞。此鷑之俗名。許蓋本訓鳥也。尸鳩下當有也字。此五字校語也。【說文解字六書疏證卷七】

鴿

◉許　慎　鴿鳩屬。从鳥。合聲。古沓切。【說文解字卷四】

◉馬叙倫　鈕樹玉曰。宋本作聲古从鳥合鳩屬沓切。蓋修板錯亂。倫按本訓鳥也。鳩屬校語。或字林訓。字見急就篇。【說文解字六書疏證卷七】

鴠

◉許　慎　鴠渴鴠也。从鳥。旦聲。得案切。【說文解字卷四】

◉馬叙倫　段玉裁曰。月令作曷旦。坊記作盍旦。鄭云。夜鳴求旦之鳥。此淺人改之。王筠曰。段疑注。吾并疑篆。月令作盍旦。言何不旦也。篆作鴠。直與莄風鵅婦同謬矣。倫按本訓鳥也。渴鴠也校語。然王說可從。或此字非許書本有。【說文解字六書疏證卷七】

鵙

鵙【汗簡】

汗簡【古文四聲韻】

◉許　慎　鵙伯勞也。从鳥。狊聲。古闃切。䴢鵙或从隹。【說文解字卷四】

◉馬叙倫　鈕樹玉曰。玉篇引同。韻會引伯作博。倫按本作鳥也。伯勞也校語。【說文解字六書疏證卷七】

鷚

◉許　慎　鷚天龠也。从鳥。翏聲。力救切。【說文解字卷四】

◉馬叙倫　沈濤曰。爾雅釋文引龠作蘥。此其省。倫按本訓鳥也。天龠也校語。鍇本龠作鸙。王廷鼎謂俗加鳥旁。然爾雅已有鸙字。餘見雡下。【說文解字六書疏證卷七】

鸒

◉許　慎　鸒卑居也。从鳥。與聲。羊茹切。【說文解字卷四】

◉馬叙倫　鈕樹玉曰韻會作鷽。翟雲昇曰。爾雅釋鳥釋文引作楚烏也。倫按鸒為雅之轉注字。聲同魚類。然本訓鳥也。卑居楚烏皆校語。【說文解字六書疏證卷七】

鷽

◉許　慎　鷽雗鷽。山鵲。知來事鳥也。从鳥。學省聲。胡角切。䳽鷽或从隹。【說文解字卷四】

◉馬叙倫　段玉裁曰。釋鳥。鷽。山鵲。未嘗云雗鷽也。高許注淮南皆曰。鵲也。未嘗云山鵲也。廣雅亦云。鳱鵲。鵲也。不云山鵲。然則釋鳥鷽山鵲為一物。說文當云。雗。鷽。雗也。為一物。今本山字淺人依爾雅增之。桂馥曰。詩賓之初筵。釋文。鵠。鴿也。鴿為鵲誤。說文云。即鵲也。小而難中。馥謂所引說文。當云。即山鵲也。毛嶽生曰。爾雅之鷽。一名雗鷽。淮南說文皆指此。山字亦非妄增。倫按詩釋文引即鵲也。小而難中。蓋本書鵠下說解中之校語。省文自明。鷽即淮南氾論乾鵠知來之本字。雗鵲即鷽之切音也。蓋俗名每為連緜詞。此本訓鳥也。今作雗鷽山鵲知來事鳥也者。校者加之。或字林訓。唐人因删本訓耳。校者或呂忱知鷽之或呼雗鷽。而爾雅有鷽山鵲之文。淮南有知來之說。因為之說矣。【說文解字六書疏證卷七】

鷲

◉許　慎　鷲鳥黑色。多子。師曠曰。南方有鳥。名曰羌鷲。黃頭赤目。五色皆備。从鳥。就聲。疾僦切。【說文解字卷四】

◉馬叙倫　鈕樹玉曰。韻會引作鷲。與繫傳同。師曠曰作師曠禽經。一切經音義六引曰作云。沈濤曰。御覽九百二十六引。皆備下。有一曰雕三字。蓋古本如此。一切經音義六引赤目作赤咽。段玉裁曰。藝文志小說家有師曠六篇。豈許所稱與。倫按音義又曰。西域多此鳥。蒼黃赤目。則目字是。說解鳥下捝也字。黑色以下至皆備是校語。此字或出字林。【說文解字六書疏證卷七】

鴞

◉許　慎　鴞鴟鴞。寧鴂也。从鳥。号聲。于嬌切。【說文解字卷四】

◉馬叙倫　嚴可均曰。鴟當作雖。說解中鮮用古籀文。桂馥曰。一切經音義十九引字林。鴞。寧鴂也。王筠曰。文選注引字林。鸋鴂。鴞也。獨不連言鴟鴞。倫按本訓鳥也。鴟鴞五字校者依爾雅釋鳥加之。或寧鴂也字林訓。校者依雅文加鴟鴞二字。【說文解字六書疏證卷七】

鴂

◉許　慎　鴂寧鴂也。从鳥。夬聲。古穴切。【說文解字卷四】

◉馬叙倫　鈕樹玉曰。韻會引作鸋鴂。蓋因釋鳥改。說文無鸋。倫按本訓鳥也。寧鴂也校語。【說文解字六書疏證卷七】

⿰崇鳥　鴋

◉許　慎　⿰崇鳥鳥也。从鳥。崇聲。辛聿切。【說文解字卷四】

◉許　慎　鴋澤虞也。从鳥。方聲。分兩切。【說文解字卷四】

◉馬叙倫　本訓鳥也。澤虞也校語。【說文解字六書疏證卷七】

⿰截鳥

◉許　慎　⿰截鳥鳥也。从鳥。截聲。子結切。【說文解字卷四】

⿰桼鳥 ⿰桼鳥

◉許　慎　⿰桼鳥鳥也。从鳥。桼聲。親吉切。【説文解字卷四】

◉馬叙倫　⿰桼鳥蓋鸛之雙聲轉注字。【説文解字六書疏證卷七】

鴩 鴩

◉許　慎　鴩鋪豉也。从鳥。失聲。臣鉉等曰。鋪豉。鳥名。徒結切。【説文解字卷四】

◉馬叙倫　鈕樹玉曰。繫傳作鋪鼓也。鼓字譌。倫按爾雅釋鳥。鴩。鋪叔。本書七篇。豉。俗叔从豆。本書所録俗字。皆後人加之。則此本作鳥也。校者依一本爾雅加之。爾雅之例。正俗皆有也。或此字出字林。【説文解字六書疏證卷七】

鶤 鶤

◉許　慎　鶤鶤鷄也。从鳥。軍聲。讀若運。古渾切。【説文解字卷四】

◉馬叙倫　鈕樹玉曰。韻會鷄作雞。錢坫曰。此昆雞字。倫按本訓鳥也。鶤雞也校語。或此字出字林。【説文解字六書疏證卷七】

⿰芺鳥 ⿰芺鳥

◉許　慎　⿰芺鳥鳥也。从鳥。芺聲。烏浩切。【説文解字卷四】

◉馬叙倫　段玉裁曰。疑即釋鳥之鴢頭。【説文解字六書疏證卷七】

⿱臼鳥 ⿱臼鳥

◉許　慎　⿱臼鳥鳥也。从鳥。臼聲。居玉切。【説文解字卷四】

◉馬叙倫　依篆蓋臼聲也。故音居玉切。【説文解字六書疏證卷七】

鷦 鷦

◉許　慎　鷦鷦䳄。桃蟲也。从鳥。焦聲。即消切。【説文解字卷四】

◉馬叙倫　鈕樹玉曰。繫傳蟲作虫。倫按本訓鳥也。鷦䳄桃蟲也校語。【説文解字六書疏證卷七】

◉楊樹達　説文四篇上鳥部云：「鷦，鷦䳄，桃蟲也。从鳥，焦聲。」鷦鷦字同。按焦聲及同音之字多含小義。説文九篇上面部云：「⿰面焦，面焦枯小也。」七篇上米部云：「⿰米焦，小也。」二篇上口部云：「啾，小兒聲也。」【字義同緣於語源同例證　積微居小學金石論叢】

鷍

◉許　慎　鷦鷍也。从鳥。眇聲。亡沼切。【説文解字卷四】

◉馬叙倫　鷦鷍疊韻連緜詞。【説文解字六書疏證卷七】

◉楊樹達　鳥部又云：「鷍，鷦鷍也。从鳥，眇聲。」按眇聲之字亦多含小義。説文四篇上目部云：「眇，小目也。」五篇上竹部云：「篎，小管謂之篎。从竹，眇聲。」説詳説少篇。【字義同緣於語源同例證　積微居小學金石論叢】

◉劉彬徽等　⿰鳥少，簡文作⿰⿱目隹少，左部從目從隹，作鳥形。⿰鳥少，讀如鷍。《説文》：「鷦鷍也……即桃蟲，亦曰鷦鷯。」【包山楚簡】

鶹

◉許　慎　鳥少美長醜為鶹離。从鳥。畱聲。力求切。【説文解字卷四】

◉馬叙倫　鶹離雙聲連緜詞。爾雅釋鳥作鶹鷅。鳥下挩也字。少美七字校語。【説文解字六書疏證卷七】

鷬

鷬　説文或从隹　歸父盤　殳季良父壺　中山王嚳鼎【金文編】

236【包山楚簡文字編】

難　封九四　為四　三例　封九一　三例　日甲一六【睡虎地秦簡文字編】

三曰習黃—（乙4—25）【長沙子彈庫帛書文字編】

傳難私印　楊難　霍難　召君難印　邯鄲難【漢印文字徵】

石經君奭　天難忱【石刻篆文編】

難　難　難見尚書【汗簡】

古老子　説文　古尚書　王庶子碑　同上　竝籀韻　竝王存乂切韻　古老子【古文四聲韻】

鶨

◉許　慎　鸛鳥也。从鳥。堇聲。那干切。難鸛或从隹。難古文鸛。難古文鸛。𨾊古文鸛。【說文解字卷四】

◉孫海波　難　說文云：「鳥也，从鳥，堇聲。」今讀那干切，旁轉入元部，寖假以為難易字。歸父盤：「霝命難老。」殳季良父壺：「其萬年霝終難老。」【甲骨金文研究】

◉商承祚　難難𨾊案說文均注古文。鸛汗簡引作難。僅一字。疑一三文乃續添。金文歸父盤作𪃈。石經古文作𩁹。【說文中之古文考】

◉馬叙倫　難　倫按齊太僕歸父盤作𪃈。殳季良父壺作𪃈。

難　王紹蘭曰。小徐本無此字。古文四聲韻引說文作難。明當有此古文。汗簡作難。王筠曰。顧廣圻本繫傳作難。从堇之古文𡎸。倫按本書十三篇堇之古文有𡎸。是此从𡎸而增土也。鍇篆作難。與殳季良父壺作𪃈者同。然亦增土。

難　王紹蘭曰。齊侯鎛鐘銘。霝命難老。校此古文而省矣。商承祚曰。汗簡引作難。僅一字。疑第一第三兩重文乃續添。金文歸父盤作𪃈。石經古文作𩁹。倫按。金文堇字頗多異體。此獨難徵。王筠謂蓋當作難。此鳥蓋如雈。有毛角。𠆢乃角形。亦無徵信。

𨾊　王紹蘭曰。古文四聲韻引古老子作𨾊。王存乂切韻作𨾊。又作𨾊。與此略同。倫按十三篇艱之籀文从喜作囏。毛公鼎作𪃈。甲文作𡎸。甲文鼓之偏傍有作壴者。然則此字不从堇聲而从豈聲也。豈音知紐。堇音羣紐。古讀歸見。見知同為破裂清音。乃鸛之轉注字。鸛轉注為𨾊。猶艱轉注為囏矣。魏石經古文作𩁹。又與上三文不同。【說文解字六書疏證卷七】

◉商承祚　饉，即難。金文歸父盤作𪃈，此易位，義同。【信陽長臺關一號楚墓竹簡第一組文章考釋　戰國楚竹簡匯編】

◉曾憲通　𪃈三曰習黃難　甲四・二五　難字从黃，齊太僕歸父盤作𪃈，者減鐘作𪃈，選堂先生認為，𪃈見者減鐘，乃是然字，疑此帛文當讀為橪。《說文》橪訓酸小棗，《廣韻》「橪，棗木名。」是難為棗木。並釋忍黃𪃈為翟皇橪，即白色的大棗木，亦四神以木為名之一證。【長沙楚帛書文字編】

◉許　慎　鶨欺老也。从鳥。彖聲。丑絹切。【說文解字卷四】

◉馬叙倫　桂馥曰。爾雅釋鳥郭注。鴮鶨也。釋文引字林。鴮。句喙鳥。本書彖讀若弛。喙字本从此。誤从易彖辭之彖。此鳥句喙。則鶨亦从彖聲。吕郭音丑絹反。似誤。徐灝曰。當讀許穢切。倫按欺老也校語。本訓鳥也。或此字出字林。【說

文解字六書疏證卷七】

⿰兄鳥

◉許　慎　⿰兄鳥鳥也。从鳥。説省聲。弋雪切。【説文解字卷四】

◉馬叙倫　王筠曰。小徐作兑聲。是也。説亦兑聲。倫按⿰兄鳥為鶨之疊韻轉注字也。【説文解字六書疏證卷七】

鴸

◉許　慎　鴸鳥也。从鳥。主聲。天口切。【説文解字卷四】

⿰昏鳥

◉許　慎　⿰昏鳥鳥也。从鳥。昏聲。武巾切。【説文解字卷四】

◉馬叙倫　錢坫曰。山海經。符禺之山鳥多鴖。即此字。鈕樹玉曰。類篇引作鴖。廣韻作⿰昬鳥。倫按當如廣韻作⿰昬鳥。昏聲當作昬聲。【説文解字六書疏證卷七】

鷯

◉許　慎　鷯刀鷯。剖葦食其中蟲。从鳥。尞聲。洛簫切。【説文解字卷四】

◉馬叙倫　鈕樹玉曰。韵會引刀作⿰石鳥。葦下有皮字。説文無⿰石鳥。翟雲昇曰。食其中蟲四字。後人以爾雅釋鳥郭注增入。倫按刀鷯疊韵連緜詞。本訓鳥也。刀鷯以下八字校語。【説文解字六書疏證卷七】

鷯 籒韻。【古文四聲韻】

鶠

◉許　慎　鶠鳥也。其雌皇。从鳥。匽聲。一曰鳳皇也。於幰切。【説文解字卷四】

◉馬叙倫　沈濤曰。御覽九百十五引作一曰即鳳皇也。蓋古本如是。桂馥曰。五經文字。鶠。鳳也。顔注急就篇。鳳。神鳥也。一名鶠。詩卷阿。鳳皇于飛。陸璣疏。雄曰鳳。雌曰皇。一名鶠。王筠曰。説文韻譜作鳳也。廣韻同。一曰云云。校者詞也。蓋鳥也本作鳳也。承用爾雅。既譌之後。校者見一本不譌而未敢直改。乃記於下。又因其雌皇句。遂連鳳言皇也。韵會無一曰句。倫按其雌皇及一曰五字皆校語。然疑此字出字林。【説文解字六書疏證卷七】

鶬

◉許　慎　鶬瞑鶬也。从鳥。旨聲。旨夷切。【説文解字卷四】

◉馬叙倫　瞑鶬也校語。本訓鳥也。【説文解字六書疏證卷七】

鴼

◉許　慎　鴼烏鸔也。从鳥。各聲。盧各切。【説文解字卷四】

◉戴家祥　周鴼盨　周鴼作旅盨

鴼，説文四篇訓「烏鸔也，从鳥各聲」。爾雅釋鳥「鴼，烏鸔」。郭注：「水鳥也，似鶂而短頸，腹翅紫白，背上緑色。江東呼烏鸔。」金文作人名。【金文大字典下】

鸔

◉許　慎　鸔烏鸔也。从鳥。暴聲。蒲木切。【説文解字卷四】

◉馬叙倫　依篆當暴聲。鸔鴼轉注。鸔音並紐。然从暴得聲。暴从㬥省聲。詳㬥字下。㬥从米得聲。詳㬥字下。米音明紐。是暴之本音在明紐。鴼音來紐。古讀歸泥。明泥皆鼻音次濁音。本訓鳥也。烏鸔也校語。【説文解字六書疏證卷七】

鶴

高鶴印信【漢印文字徵】

鶴【汗簡】

義雲章【古文四聲韻】

◉許　慎　鶴鳴九皐。聲聞于天。从鳥。隺聲。下各切。【説文解字卷四】

◉馬叙倫　鈕樹玉曰。類篇引鳴上有鶴字。韵會引鳴上有鳥名二字。惠棟曰。皋字疑本作臭。後人改之。李賡芸曰。太玄上次五。鳴鶴升自深澤。據此。九皋當作九澤。説文。臭。古文以為澤字。毛詩必本作臭字。與皋相似。因而致譌。王筠曰。説解有闕脱。連篆文讀鶴鳴九皋為句。許乃如此苟且可笑乎。必先加訓義而後引詩耳。玉篇。水鳥也。廣韻似鵠長喙。宜據補。倫按説解鳥也。韻會引鳥名者字林訓。鳴九皋七字校者據詩加之。或亦字林所引也。字見急就篇。【説文解字六書疏證卷七】

鷺

◉許　慎　鷺白鷺也。从鳥。路聲。洛故切。【説文解字卷四】

◉馬叙倫　段玉裁曰。當作白鳥也。漢人謂鷺為白鳥。故周頌魯頌毛傳並云。鷺。白鳥也。王筠曰。釋鳥。鷺舂鋤。郭注。白鷺也。然則晉人呼為白鷺。或字林亦然。校者即以之改説文。倫按此字出字林。集韻引字林。鷺。鳥名。白鷺也。亦字林文。【説文解字六書疏證卷七】

鵠

◉許　慎　鵠鴻鵠也。从鳥。告聲。胡沃切。【説文解字卷四】

◉馬叙倫　沈濤曰。文選西都賦注一切經音義四皆引作黄鵠。蓋古本如是。戰國策齊策。黄鵠游於江海。賈誼惜誓。黄鵠一舉兮。皆作黄鵠。是今本作鴻者誤。翟雲昇曰。詩賓之初筵釋文引即鵠也。小而難中。倫按黄鵠俗名也。此校語。本訓鳥也。詩釋文引者亦校語。字見急就篇。【説文解字六書疏證卷七】

鴻

福9　續3·20·5　3·22·7　3·22·9　3·23·1　3·23·2　徵10·43　10·44　11·45　京2·7·3　2·17·3　2·19·4　續3·22·10　【續甲骨文編】

大鴻臚丞　鴻符世子印　李鴻私印　焦鴻私印　田鴻私印　孔鴻　【漢印文字徵】

南嶽碑　【古文四聲韻】

◉許　慎　鴻鴻鵠也。从鳥。江聲。户工切。【説文解字卷四】

◉馬叙倫　鈕樹玉曰。韻會集韻引鴻鵠也下有大曰鴻小曰鴈六字。段玉裁曰。鴻乃複舉字之未删者。桂馥曰。鴻鵠也者。白者為鴻鵠。别於黄鵠。急就篇。鳳爵鴻鵠鴈鶩雉。顔注。鴻。水鳥。其色正白。莊子天運篇。鴻不日浴而白。朱駿聲曰。鴻鵠雙聲連語。倫按疑此挩本訓。鴻鵠也校語。鴻鵠蓋轉注字。然據玄應一切經音義引聲類。鳿。或鴻字。同胡公反。鴻鵠也。則此訓盖出字林。字林多本聲類。故此訓與聲類同。字見急就篇。【説文解字六書疏證卷七】

鶖

◉許　慎　秃鶖也。从鳥。赤聲。臣鉉等曰。赤非聲。未詳。七由切。鶖或从秋。【説文解字卷四】

◉馬叙倫　丁福保曰。慧琳音義四及卅二引。從鳥。秋聲。或作鶖。考玉篇與音義同。今本正體與或體誤倒。倫按本作秃秋也。鶖字乃隸書複舉之誤乙者。轉失秋字。秃秋也校語。本訓鳥也。【説文解字六書疏證卷七】

鴛

◉許　慎　鴛鴦也。从鳥。夗聲。於袁切。【説文解字卷四】

鴦

◉許　慎　鴛鴦也。从鳥。央聲。於良切。【説文解字卷四】

◉郭沫若　雵字原作，舊釋為雄字，字形不類。號季子白盤有央字作，與此左旁形近，故余釋為雵，即鴛鴦之鴦。釋雵則「倉倉悤悤，雵雵雝雝」八字雙聲疊韻互相經緯，音調極諧適。【宗周鐘　兩周金文辭大系考釋】

◉馬叙倫　朱駿聲曰。鴛鴦雙聲連語。倫按本訓鳥也。鴛鴦也校語。字見急就篇。【説文解字六書疏證卷七】

◉戴家祥　宗周鐘雵雵雝雝　郭釋文辭雖通，于字形仍不類。有待再考。【金文大字典下】

鵽

◉許　慎　鵽鳩也。从鳥。叕聲。丁刮切。【説文解字卷四】

◉馬叙倫　本訓鳥也。鵽鳩也校語。【説文解字六書疏證卷七】

鵱

◉許　慎　鵱蔞鵝也。从鳥。坴聲。力竹切。【説文解字卷四】

◉馬叙倫　沈濤曰。齊民要術六引。鵱鷜。野鵝也。蓋古本如是。爾雅。鷜鵱。鵝。郭注曰。今之野鵝。鵱鷜二字連讀。故郭云野鵝。以别於舒鴈之鵝。玉篇亦云。鵱鷜。野鵝。倫按此本訓鳥也。今捝。所存者校者據一本爾雅作鵱蔞鵝者加之。今又捝鵱字耳。或此字出字林。【説文解字六書疏證卷七】

鴚

◉許　慎　鴚鵝也。从鳥。可聲。古俄切。【説文解字卷四】

◉馬叙倫　鴚鵝疊韻連緜詞。方言八。鴈。自關而東謂之鴚鵝。此下文。鴈。鵝也。鴈鴚同舌根音。則鴚為鴈之轉注字。然疑此本訓鵝也。鴚鵝轉注字。校者依方言加鴚字。【説文解字六書疏證卷七】

䳘

碧落文【古文四聲韻】

◉許　慎　䳘鴚鵝也。从鳥。我聲。五何切。【說文解字卷四】

◉馬叙倫　本作鳥也。今捝。存校語耳。【說文解字六書疏證卷七】

鴈

臣鴈【漢印文字徵】

鴈　上同【汗簡】

義雲章　同上　雲臺碑【古文四聲韻】

◉許　慎　鴈䳘也。从鳥人。厂聲。臣鉉等曰。从人从厂。義無所取。當从雁省聲。五晏切。【說文解字卷四】

◉柯昌濟　卜詞曰。子卜翌辛丑逐□。其字象鴈形。疑即鴈之本字。朋伯敦从厂从鳫。乃後出字也。【殷虚書契補釋】

◉林義光　按从人者。人所畜。與鳧鷹同意。【文源卷六】

◉馬叙倫　詳雁字下矣。鴈䳘雙聲轉注字。字見急就篇。疑急就本作雁。傳寫易之。【說文解字六書疏證卷七】

鶩

◉許　慎　鶩舒鳧也。从鳥。敄聲。莫卜切。【說文解字卷四】

◉馬叙倫　沈濤曰。藝文類聚九十一御覽九百十九皆引作野鳧。蓋古本如是。禮記曲禮正義引舍人李巡云。鳧。家鴨名也。鶩。野鴨名也。正本許書。倫按舒野形近而譌。野从里。予聲。詳里字下。故野鳧謂之鶩。然此本訓鳥也。今捝。所存者校者據譌本爾雅所加之詞。字見急就篇。【說文解字六書疏證卷七】

鷖

◉許　慎　鷖鳧屬。从鳥。殹聲。詩曰。鳧鷖在梁。烏雞切。【說文解字卷四】

◉馬叙倫　梁玉繩曰。大雅鳧鷖篇言在涇。在沙。在渚。在潨。在亹。各用以為韵。不應有別本作梁。小雅鴛鴦在梁。曹風。維鵜在梁。又不應引於鷖之下。梁字必譌。倫按引詩校者加之。本訓鳥也。鳧屬校語。或字林訓。字林每言屬。或此字出字林也。【說文解字六書疏證卷七】

䳗 [seal]

◉許　慎　[seal]䳗䴈。鳬屬。从鳥。契聲。古節切。【説文解字卷四】

◉馬叙倫　嚴可均曰。小徐無鳬屬二字。文選南都賦注引與大徐同。翟雲昇曰。文選南都賦注引作䳗鴶。王筠曰。朱鈔鍇本作䳗。徐灝曰。小徐引字書。鳬屬也。大徐以之混入説解。倫按本訓鳥也。今挩。但存校語。亦或䳗䴈二字出字林也。【説文解字六書疏證卷七】

䴈 [seal]

◉許　慎　[seal]䳗䴈也。从鳥。辥聲。魚列切。【説文解字卷四】

◉馬叙倫　朱駿聲曰。䳗䴈。疊韵連語。【説文解字六書疏證卷七】

鸏 [seal]

◉許　慎　[seal]水鳥也。从鳥。蒙聲。莫紅切。【説文解字卷四】

◉馬叙倫　水字校者加之。亦或此字出字林也。【説文解字六書疏證卷七】

鷸 [seal]

◉許　慎　[seal]知天將雨鳥也。从鳥。矞聲。禮記曰。知天文者冠鷸。余律切。[seal]鷸或从遹。【説文解字卷四】

◉唐　蘭　[seal]鐵一三四·四片

右椎字，孫詒讓釋雄，誤。舉例下三五。孫海波入附録。今按當是从隹尤聲。説文無椎字，疑與鷸同。爾雅釋言：「遹述也。」釋訓：「不遹不蹟也。」詩日月「報我不述」，不遹即不述。是矞尤聲近得通。【殷虛文字記】

◉馬叙倫　嚴可均曰。韻會四質引禮記作逸周書。蓋據漢書注改。今周書無此語也。五行志中之上師古引逸周書。知天文者冠鷸。匡謬正俗四又引以為逸禮記。續漢書輿服志下引記曰。知天者冠述。則少一禮字。沈濤曰。止觀輔行傳五之四引水鳥能知天雨。蓋古本作水鳥能知天雨者也。徐灝曰。戴侗引説文曰。知雨鳥也。記曰。知天時者冠鷸。與此小異。灝按爾雅翠鷸。即翡翠也。今嶺南最多此鳥。毛羽青翠可愛。故古人用以飾冠。此鳥自惜毛羽。天將雨。則深藏不出。故曰。知雨鳥也。許於羽部別出翡翠。當指鳥羽而言。若戰國策所稱啄蚌之鷸。乃別一物矣。倫按昔人以燕策蚌方出曝而鷸啄其肉。蚌合而箝其喙。鷸曰。今日不雨。明日不雨。即有死蚌。以證鷸為知雨鳥者。非是。詳鷸謂蚌者。意是蚌不得去水。使連日不雨。蚌將死也。非謂鷸知今日明日皆不雨也。啄蚌之鷸。倫謂是巂。鷸字如徐説是也。藝文類聚九十二引倉頡解詁。鷸。翠。別名也。蓋後世名鷸為翠耳。説解本訓挩失。今所存者校語耳。禮記以下亦校者加之。餘見翠字巂字下。【説文

解字六書疏證卷七】

◉楊樹達　藏龜一三四葉之四云：「貞……其𩿧……」𩿧字从隹从朮，乃鷸字也。說文四篇上鳥部云：「鷸，知天將雨鳥也，从鳥，矞聲。禮記曰：知天文者冠鷸。」今禮記無此語。甲文字从隹从朮，隹鳥義同，不待論矣。說文作矞，甲文作者，矞朮古音同故也。爾雅釋詁云：「遹，自也。」孫炎云：「遹，古述字。」說文二篇上走部趫从矞聲，訓狂走，而七篇下疒部𤸎从朮聲，亦訓狂走，二文實一字也。此从矞之字與从朮之字同文之證也。遹述同字，故鷸字从矞，亦有述音。莊子天地篇云：「皮弁鷸冠搢笏紳修以約其外。」釋文云：「鷸音述，本又作鷸。」說文引禮記曰「知天文者冠鷸」，而說苑修文篇則云「知天文者冠鉥」，字作鉥。司馬彪續漢書輿服志引記曰「知天文者冠述」，字又作述。匡謬正俗云：「左傳僖公二十四年，鄭子華之弟子臧好聚鷸冠，鷸字音聿，亦有述音，故禮之衣服圖及蔡邕獨斷謂為術氏冠，亦音鷸，音轉為術字耳，非道術之謂也。」樹達按：玉篇鳥部云：「鷸，餘律時律二切。」餘律切者，聿字之音，時律切則述字之音也。蓋鷸有述音，故古書字或作鷸，假借字或作鉥，或作述，或作術，而甲文亦从朮作椎也。【卜辭求義】

◉李孝定　說文「鷸。知天將雨鳥也。从鳥。矞聲。禮記曰『知天文者冠鷸。』𩿧鷸。或从遹。」絜文从隹朮聲。隹鳥同物。朮矞音通。當即鷸字。楊氏之說是也。卜辭僅餘殘文「其鷸」二字。不詳其義。【甲骨文字集釋第四】

鸊 𩿧　鷉 𩿧

◉許　慎　𩿧鸊鷉也。从鳥。辟聲。普擊切。【說文解字卷四】

◉馬叙倫　王筠曰。小徐作鸊鳥也。倫按本作鳥也。鸊鷉也校語。【說文解字六書疏證卷七】

◉許　慎　𩿧鸊鷉也。从鳥。虒聲。土雞切。【說文解字卷四】

◉高田忠周　余謂此（𩿧）鷉字。說文𠩺字。金文作𠩺𠩺𠩺。此左旁為𠩺省。說文。𩿧。鸊鷉也。从鳥。虒聲。虒下曰。从虍。厂聲。厂音余制切。厂未一聲之轉耳。𠩺字說文从厂未攴。而未其聲。未來古音亦通。故金文𠩺多作𠩺。然則此虩即虒。代厂聲以𠩺聲。即籀文增繁。當有如此者耳。【古籀篇九十五】

◉馬叙倫　段玉裁曰。鸊鷉疊韻。倫按鸊音滂紐。鷉音透紐。滂透皆破裂次清音。故為連緜詞。然爾雅。鷉。須鸁。則亦可單名鷉。【說文解字六書疏證卷七】

鸕

◉許　慎　鸕鷀也。从鳥。盧聲。洛乎切。【説文解字卷四】

◉馬叙倫　沈濤曰。一切經音義引。鸕鷀。水鳥也。蓋古本如是。今本奪水鳥二字。許以水鳥釋鸕鷀。以鸕鷀釋鷀。全書通例。玉篇亦云。鸕鷀。水鳥。當本許書。王筠曰。此字當删。後人增也。爾雅釋鳥曰。鷀。鷧。知古名鷀。不連鸕。漢書司馬相如傳。箴疵鵁盧。郭璞曰。盧。盧鷀也。知漢即有盧鷀之名。而字作盧。不从鳥也。下文。鷀。鸕鷀也。蓋本作盧鷀也。盧者。黑也。鷀之色黑也。後人乃加鳥旁。且釋鳥不連言鸕。而郭注始言鸕鷀。彼增此者。即據郭注。不知正文自有鸕字。為鸕諸雉也。倫按王説是也。鸕當作盧。盧者。黑也。鷧下曰。鷀也。不連言鸕鷀。爾雅釋鳥。鶿。鷧皆可證也。盧得聲於虍。兹得聲於丝。虍音曉紐。丝音心紐。同為摩擦次清音。則相如借盧為鷀。今呼鸕鷀。則為連緜詞。【説文解字六書疏證卷七】

鷀

鷀　弔咢父簋　【金文編】

◉許　慎　鸕鷀也。从鳥。兹聲。疾之切。【説文解字卷四】

◉強運開　叔器父敢作。姬旅敢从隹。與从鳥同。疑即古文鶿字。【説文古籀三補卷四】

◉馬叙倫　王筠曰。釋鳥釋文。鶿音慈。字林云。似鶂而黑。按此。則字林尚不連言鸕鷀。錢坫曰。蒼頡篇。鸕鷀似鶂而黑。倫按篆當作。文選南都賦注引倉頡解詁。鸕鷀似鶂而黑。鷀音滋。不為鸕字作音。亦可為王説助證。本訓鳥也。今捝。但存校語耳。【説文解字六書疏證卷七】

◉楊樹達　吳大澂於字無釋。羅振玉貞松堂集古遺文伍卷叁拾肆葉下釋為鷥，吳闓生吉金文録叁卷叁拾弍葉上于思泊吉金文選下弍卷廿陸葉下劉體智小校經閣金文捌卷弍拾葉並從其釋。余謂此乃鷀字，羅釋非也。説文四篇上鳥部云：「鷀，鸕鷀也，从鳥，兹聲。」按甲文金文皆用88為兹，88即絲字，古文絲兹二字無别。88孳乳為兹，故从絲之鷥亦變而从兹作鷀。然則鷥為鷀之初形，二文形體雖異，實一字也。羅氏不能據説文之鷀字為釋，而依字書之，殆非好學深思心知其意者矣。【叔噩父毁跋　積微居金文説】

鷧

◉許　慎　鷧鷀也。从鳥。壹聲。乙冀切。【說文解字卷四】

◉馬叙倫　徐鍇曰。盧鷀也。倫按爾雅釋鳥。鷀。鷧。然鶂下引春秋傳曰。六鶂退飛。今傳作鷁。釋文。鷁。本作鶂。賈逵曰。鷁。水鳥。本書無鷁。益壹音同影紐。鷧即鷁也。則鷁是水鳥。而為鶂之轉注字。益鶂聲同支類。倉頡篇。鸕鷀似鶂而黑。則鷧非鷁也。爾雅蓋以相似而名。或俗呼如此。或許訓鳥也。校者以雅文易之。【說文解字六書疏證卷七】

鴔

◉許　慎　鴔鵖也。从鳥。乏聲。平立切。【說文解字卷四】

◉馬叙倫　本訓鳥也。鴔鵖也校語。【說文解字六書疏證卷七】

鵖

◉許　慎　鵖鴔鵖也。从鳥。皀聲。彼及切。【說文解字卷四】

◉馬叙倫　鴔鵖同雙脣音連緜詞。【說文解字六書疏證卷七】

鴇

◉許　慎　鴇鳥也。肉出尺胾。从鳥。𠦒聲。博好切。鳵鴇或从包。【說文解字卷四】

◉馬叙倫　孫詒讓曰。肉出尺胾。謅舛難通。審校文義。疑當作肉中炙胾。鴇鳥又供膳羞。見內則。詩陳風墓門孔疏引陸璣艸木疏說鴇云。其肉甚美。又為羹臛。又可為炙。周禮射鳥氏。掌射鳥。鄭注云。鳥謂中膳羞者。鳥雁鴇鴞之屬。是鄭以鴇與鴞同為中膳羞之鳥。故許云。肉中炙胾。倫按此四字校語。字見急就篇。【說文解字六書疏證卷七】

◉戴家祥　大鼎　令取雓鴄卅二匹賜大　雓疑為鴇之異文。說文鴇之或體為鳵，包缶古音同母同部，常作聲符交換構成異體字。如集韵号部槀，或體作橐，即為此證。故雓即雓，金文从隹从鳥同義，雓亦即鳵。大鼎作馬的類名。【金文大字典下】

鸈

◉許　慎　鸈雝鸈也。从鳥。渠聲。强魚切。【說文解字卷四】

◉馬叙倫　鈕樹玉曰。隹部。鳽雝。注中並作雝渠。釋文本作雝渠。釋文云。渠字或作鸈。五經文字亦作雝渠。疑鸈為後人增。王筠曰。篆當从巨。巨則非字。此篆當在鷛下。說當曰。鷛鸈也。若夫雝渠。則今爾雅不誤。隹部說中兩見雝渠。與小雅常棣毛傳同。大徐作鸈。即依此譌文改之。非也。否則鸈篆係後增。倫按凡物名連緜詞。皆以聲位或發聲方法相同之字相連緜。在俗名則連緜詞皆假借。亦可。在正名則必有一字為物之本名。而與之為連緜字者則不拘也。後人乃於其字以正名所從之物類之名增之。如鳥則增鳥。魚則增魚。是也。雝渠者雝為正名。後人於渠旁增鳥。而雝渠非二鳥也。許時已有鸈字。如盧鷲之作鸕。然。故許著之。鈕疑後人增入或然也。【説文解字六書疏證卷七】

鷗

◉許　慎　鷗水鴞也。从鳥。區聲。烏侯切。【説文解字卷四】

◉馬叙倫　鈕樹玉曰。韻會作鷗。玉篇亦作鷗。水鳥也。桂馥曰。水鴞也者。一切經音義十九引字林同。王筠曰。蒼頡解詁。鷖。鷗也。字林。水縛也。大如鳩。出沛。按縛字誤。一作鴞。許列兩處。似鷗鷖非一物。丁福保曰。慧琳音義九十九引水鴞也。一名鷖也。从鳥。區聲。考蒼頡解詁。鷖。鷗也。今本奪。宜補。倫按鷖下曰。鳧屬。蒼頡解詁以鷗訓鷖。鷗鷖音同影紐轉注字也。鷗不似鴞。不得名水鴞。玉篇作水鳥。是也。然許本訓鳥也。今此作水鴞者。字林訓也。文選注引蒼頡解詁。鷗大如鳩。【説文解字六書疏證卷七】

䳊

◉許　慎　䳊鳥也。从鳥。犮聲。讀若撥。蒲達切。【説文解字卷四】

◉馬叙倫　劉秀生曰。犮聲在並紐。曷部。撥从發聲。在幫紐曷部。幫並皆脣音。故䳊从犮聲得讀若撥。詩衛風碩人。鱣鮪發發。魚部鮁下引作鱣鮪鮁鮁。豳風。七月。一之日觱發。仌部炦下引作一之日熚炦。禮記檀弓。公叔文子卒。注。衛公子名拔。或作發。並其證。巾部。帗。从巾。犮聲。讀若撥。與此同。【説文解字六書疏證卷七】

鷛

◉許　慎　鷛鳥也。从鳥。庸聲。余封切。【説文解字卷四】

◉馬叙倫　鈕樹玉曰。宋本篆作鷛。韻會引作鷛渠。移徐諧説入正文耳。【説文解字六書疏證卷七】

鶃

雉【汗簡】

義雲章【古文四聲韻】

◉許　慎　鶃鳥也。从鳥。兒聲。春秋傳曰。六鶃退飛。五歷切。鷊鶃或从鬲。䴜司馬相如説鶃从赤。【説文解字卷四】

◉馬叙倫　鈕樹玉曰。韻會玉篇並作鶂。左傳僖十六年作鷁。釋文云。鷁。本或作鶂。桂馥曰。一切經音義十九。説文鶂或作鷊。字書作鷁。莊子天運釋文引三蒼。鶂。蒼鶂也。王筠曰。顧本繫傳作鶂。而注中六鶂字同各本。倫按據陸德明玄應引。則古自作鶂。引經校者加之。白孔六帖引三蒼解詁。鶂鳥高飛。似雁。目相擊而孕。吐而生子。其色蒼白。【説文解字六書疏證卷七】

◉黃錫全 ⿰弟隹 《説文》鶂字或體作䳲，此鳥形同部首。楚帛書赤作灷，此赤形類同。夏韻錫韻注出《義雲章》鶂，此脱注，「⿰弟隹」當作「鶂」。【汗簡注釋卷二】

鴺

◉許　慎　鴺胡。污澤也。从鳥。夷聲。杜兮切。鵜鴺或从弟。【説文解字卷四】

◉馬叙倫　桂馥曰。御覽引許慎曰。鵜鶘也。一名淘河。王筠曰。毛詩及傳爾雅皆名為鵜。莊子鄭注表記郭注五行志皆名為鵜胡。倫按鴺胡汙澤皆俗名。詩候人傳。鵜。洿澤鳥也。爾雅釋鳥。鵜。鴮鸅。雅多俗字。鴮鸅即洿澤。故此作洿澤也。洿字傳寫為汙。或後人改之。然鴺胡五字校者所加。許止訓鳥也。今捝。【説文解字六書疏證卷七】

鴗

3·210　蒦圆匋里人敳鴗【古陶文字徵】

◉許　慎　鴗天狗也。从鳥。立聲。力入切。【説文解字卷四】

◉馬叙倫　天狗俗名。此校語。本訓鳥也。今捝。或此字出字林。【説文解字六書疏證卷七】

鶬

◉許　慎　鶬麋鴰也。从鳥。倉聲。七岡切。䳾鶬或从隹。【説文解字卷四】

◉馬叙倫　桂馥曰。麋鴰也者。釋鳥文。彼釋文云。麋音眉。字林作鶥。音同。按玉篇亦作鶥。司馬相如傳。雙鶬下。顔注。鶬。鴰也。今關西呼為鴰。鹿。山東通謂之鶬。鄙俗名為錯落者。亦言其聲之急耳。又謂鴰捋。鴰鹿鴰捋皆象其鳴聲也。匡謬正俗問曰。俗謂鶬為骨鹿。此語有何典故。答曰。爾雅云。鶬。麋鴰。然則鶬一名鴰。今人言骨鹿者。是鴰鹿耳。以鹿配鴰者。蓋象其鳴聲以呼之。亦由子規鴟鵂鶩鴨鳩鴿之類也。今山東俗謂之鴰。此亦象其鳴聲。因知字並為鴰。不得呼為骨傍輒加鳥者。此字乃鶻鶥。不關鶬事也。朱駿聲曰。爾雅。鶬。麋鴰。按當作麋鴰。與釋草蕻麋舌同名。麋鴰雙聲連語。倫按字林作鶥鴰。則麋字不得如朱説作麋也。釋草之蕻麋舌。麋為麋謞耳。麋昏雙聲而麋昏則疊韻。是又不必改麋為麋之證也。凡鳥獸之名。多如其自呼。其自呼或單聲。或連聲。或雙聲。或疊韻。而雅名每約其聲。如下文鵁鶄之為鳽也。俗名每似其聲。故鳽呼交精。今作鵁鶄。依聲安形。以此類推。則麋鴰亦當作鹿鳥鴰。或如字林作鵬鴰。而今獨鴰字从鳥者。蓋本作麋舌。猶落之為麋舌矣。後人妄加鳥旁。而麋字蓋以筆畫既多。字又从鹿。故不加耳。顏謂又作鴰捋鴰鹿者。倒其聲耳。鳥鳴每然。捋鹿音皆來紐。麋鹿雖異而相似。故即以鹿名之。聲轉如米。則造麋字以名之。米音微紐。鹿音来紐。古讀歸泥。微泥同為鼻音次濁音也。顏謂山東謂之鶬。鄙俗呼錯落者。錯鶬落鹿皆雙聲。俗名骨鹿者。骨昏雙聲。亦疊韻也。惟鶬之俗名為麋鴰或骨鹿。循之音理。不得其故。或爾雅鶬麋鴰者。本是鴰麋舌。猶菭麋舌也。鶬下有捝文。今誤并為鶬麋鴰耳。西都賦鶬鴰鴇鶂四物平列。亦鶬鴰異物之證。或謂鶬从倉得聲。創之初文為刅。而刅之轉注字或作𠜏。从井得聲。井音精紐。倉音清紐。同為舌尖前破裂摩擦音。而耕从井得聲。音入見紐。鴰音亦見紐。自是音轉耳。倫謂若是音轉。則由錯落轉耳。莊子釋文引三倉解詁。鶬鴰也。此本訓鳥也。後人以誤本爾雅作鶬麋鴰者加麋鴰也。唐人刪本訓。【說文解字六書疏證卷七】

鴰 　鵁 

◉許　慎　麋鴰也。从鳥。昏聲。古活切。【說文解字卷四】

◉馬叙倫　本訓鳥也。今捝。所存者校語。字見急就篇。【說文解字六書疏證卷七】

◉許　慎　鵁鶄也。从鳥。交聲。一曰鵁鱸也。古肴切。【說文解字卷四】

◉馬叙倫　沈濤曰。一切經音義十三引。鵁鶄也下有羣飛。尾如雅。鷄鳴呼。食之治風也。是古本尚有此十三字。今本奪。藝文類聚引。鵁鶄。鳽也。下文。鳽。鵁鶄也。正互訓之例。是今本尚奪鳽字。桂馥曰。一切經音義三。鵁鶄。鳥名也。一名鵁鸕。倫按鵁鶄蓋本作交精。漢書司馬相如傳。交精旋目。可證也。鵁鶄為鳽之長言。即鳽之俗名也。合如類聚引補鳽字。然本訓鳥也。鵁鶄及一曰五字。校語。玄應所引羣飛十三字若是許書。亦校語也。倫疑鵁鶄二字不出說文。【說文解字六書疏證卷七】

鶄

◉許　慎　鶄鵁鶄也。从鳥。青聲。子盈切。【説文解字卷四】

◉馬叙倫　翟雲昇曰。廣韻引作鵁鳽也。當作鵁鶄也。倫按鳽也乃鵁下訓。【説文解字六書疏證卷七】

◉郭沫若　鴅字説文所無，余謂當是鶄之省，假為倩。方言「東齊之閒壻謂之倩」。説文倩字注亦云然。「乃倩」對「[illegible]考」，則[illegible]殆又假為舅矣。鴅字漢晉人有用為驩兜字者，尚書大傳鄭注驩兜作鴅吺。鄭季宣殘碑亦云「虞放鴅□」。韓愈遠遊聯句「開弓射鴅吺」，孫注：「史記鴅吺即驩兜字，古文尚書亦作驩兜為鴅吺。」案今史記無鴅吺字。古文尚書乃晉人所偽，不能據為典要。鄭注與殘碑之鴅字不知何所據，乃讀為从鳥丹聲。丹聲之字無可與考為對者，殆不足信也。【沈子簋銘考釋　金文叢考】

鳽

◉許　慎　鳽鵁鶄也。从鳥。幵聲。古賢切。【説文解字卷四】

◉馬叙倫　沈濤曰。御覽九百廿五引有一曰鵁⿱盧鳥。許書無⿱盧鳥字。上文鵁下一曰鵁鸕。則⿱盧鳥乃鸕之譌。倫按鳽。鵁鶄。爾雅釋鳥文。許本訓鳥也。御覽所引是校語。⿱盧鳥字不譌。鵁下鸕字乃譌耳。【説文解字六書疏證卷七】

⿰鳥箴　鴜

◉許　慎　⿰鳥箴⿰鳥箴鴜也。从鳥。箴聲。職深切。【説文解字卷四】

◉許　慎　鴜⿰鳥箴鴜也。从鳥。此聲。即夷切。【説文解字卷四】

◉馬叙倫　箴音照紐。鴜音精紐。皆破裂摩擦音。故為連緜詞。然許本訓鳥也。【説文解字六書疏證卷七】

鷻

◉許　慎　鷻雕也。从鳥。敦聲。詩曰。匪鷻匪鳶。度官切。【説文解字卷四】

◉馬叙倫　鈕樹玉曰。韻會雕作鵰。詩四月正義引亦作鵰。而鷻省作鶉。鳶繫傳韻會作鳶。倫按許引詩四月文。今詩鳶作鳶。自徐鉉以鳶字為屰非聲。王念孫桂馥嚴可均徐灝據四月正義引説文云。鳶。鷙鳥也。以證許本有鳶篆。鳶音與專切。即鳶之音也。傳寫脱去鳶篆。遂以與專切之音綴於鳶下。而鷻下引詩匪鷻匪鳶。亦改為匪鷻匪鳶。正與前脱鶽篆而以思沇切之音綴於雕下同也。似為得之。餘見雕下。【説文解字六書疏證卷七】

鳶 

 鳶 日甲三〇背 通弋 為鴉矢以—之 日甲二四背  日甲二四 【睡虎地秦簡文字編】

◉許 慎 鷙鳥也。从鳥。屰聲。臣鉉等曰。屰非聲。一本从屮。疑从萑省。今俗別作鳶。非是。與專切。【說文解字卷四】

◉馬叙倫 段玉裁曰。此今之鴞字也。咢。說文作罬。廣雅作鸈。古音罬聲屰聲皆在五部。王念孫曰。說文鷻下當有鳶篆。从鳥。戈聲。鬥部閺讀若縣。广部庋讀若環。故鳶音與專切。或體作鳶。隸加十。其作鳶者誤省丿也。如武字从戈。書勢亦近弋也。宋保曰。戴侗云。鳶非與專切。此即鴞字。孫音誤也。戴說是也。桂馥曰。集韻鴞或作鳶。馥按本書蛂即蟳。詩四月正義引本書。鳶。鷙鳥也。馥謂此鷙鳥也者。本鳶字訓。脱去鳶字。以鳶當之。又失鳶之本訓。後漢書注引倉頡篇。鳶。鴟也。玉篇。鳶。與專切。鴟類也。山海經西山經。欽䲹化為大鶚。其狀如雕而黑文。白首赤喙而虎爪。其音如晨鵠。注。鶚。雕屬也。漢書鄒陽傳。臣聞鷙鳥累百不如一鶚。孟注。鶚。大雕。文選鷦鷯賦李注引本書。鶚。雕也。廣雅。鶚。雕也。王筠曰。玉篇已以鳶鳶為一字。說文韻譜本於李舟切韻。亦收鳶於三宣與專反內。朱駿聲曰。倉頡解詁。鶚。喙鳥也。陶方琦曰。王說是也。戈聲故音與專切。屰戈篆文形近而譌。倫按與專切當作五各切。徐謂一本作屮者。倫謂此屮字之譌。干屰本一字也。見屰字下。本書自挩鳶篆。急就篇。鳶雗鴟梟驚相視。顏師古本鳶作鳶。尤可為本書有鳶之證。急就皆倉頡中正字也。鳶。从鳥。弋聲。弋音喻四。故音與專切。下文鷂訓鷙鳥。今杭縣謂紙鳶曰鷂兒。鷂音亦喻四。是鳶鷂為轉注字。亦可證鳶从弋得聲。鷙字校者加之。或鷙鳥也是鳶下說解中之校語。或字林訓也。鳶下亦當訓鳥也。選注引作雕也者。或亦字林訓。其字作鶚者。當時體也。或鶚雕也皆出字林。倉頡解詁字作鶚者。傳寫者以字林易之。【說文解字六書疏證卷七】

◉于省吾 且辛卣有字。又觶文有字。舊不識。金文編入於坿録。按鳥之頭上為戈形。从鳥。戈聲。當即鳶字。廣雅釋鳥。鴞。鵰也。王氏疏證云。其鳶字。說文未載。以諧聲之例求之。則當从鳥戈聲。而書作鳶。鳶字古音在元部。古从戈聲之字多有讀入此部者。故說文閺從戈聲。而讀若縣。庋從戈聲。而讀若環。鳶之從戈聲。而音與專切。亦猶是也。此聲之相合者也。鳶字上半與武字上半同體。故隸書減之則譌為鳶。增之則又譌為鳶。又云後人以鳶為鳶。失之遠矣。按王說是也。惟謂隸書譌戈為弋。亦有未當。古文偏旁中戈弋每互作。如契文武字作。金文肇字作。或字作。即其例也。【釋鳶 雙劍誃古文雜釋】

●許　慎　鴟也。从鳥。閒聲。户閒切。【説文解字卷四】

●馬叙倫　錢坫曰。白鷴也。凡水鳥能捕魚者亦謂之鴟。朱駿聲曰。按即爾雅之雚。倫按後漢書班固傳。招白閑。注。本或作鷴。謂鳥也。鷴即鷴之異文。倫謂鷴若是鴟。招之何意乎。然則鷴自是鳥名而非鴟也。此訓鴟者。或曰。鷴為鳶之重文。鴟也。即鳶字訓。詩正義引倉頡解詁。鳶即鴟也。詩。鳶飛戾天。箋。鳶。鴟之類。倫疑鳶篆捝失。而其一訓譌入鳶下。一訓又譌入鷴下。而鷴訓轉失。蓋校者以鷴鳶聲近而謬以鷴當鳶耳。許本訓鳥也。今捝矣。廣雅釋鳥。鷴。鴟。老鵵也。爾雅釋鳥。雚。老兔。則廣雅以鷴為雚。或鷴為雚之聲同元類轉注字。鴟也者。校者據廣雅加之。【説文解字六書疏證卷七】

●許　慎　鷙鳥也。从鳥。䍃聲。弋笑切。【説文解字卷四】

崔希裕纂古【古文四聲韻】

●馬叙倫　桂馥曰。鷙鳥也字林同。倫按本訓鳥也。今捝。所存者字林訓。字見急就篇。【説文解字六書疏證卷七】

●許　慎　白鷢。王鵙也。从鳥。厥聲。居月切。【説文解字卷四】

●馬叙倫　沈濤曰。御覽九百二十六引王雎作玉雎。蓋古本如是。御覽又引廣雅。白鷢。鷹也。古今注曰。似鷹而尾上白。亦號為印尾鷹。則鷢乃鷹類。不得為王雎。爾雅。雎。雄自名王雎。鸛自名白鷢。明非一物。王雎玉雎形近而誤。桂馥曰。白鷢王雎也者。字林同。王筠曰。字林禽經並同此。許君所用者舊説。蔡南問。詩關雎是今何鳥。董勛答曰。舊説云。關雎。白鷢。釋鳥。雎鳩。王雎。楊鳥。白鷢。兩文相去甚遠。詩關雎疏爾雅釋鳥疏引王雎也下有似鷹尾上白五字。倫按許止訓鳥也。白鷢十字字林訓也。然王雎乃涉下文雎字説解而譌羨。蓋字林亦鷢雎二字相次。仍許次也。【説文解字六書疏證卷七】

0617【古璽文編】

睢 楊睢 睢 張睢 【漢印文字徵】

◉許 慎 鴡王鴡也。从鳥。且聲。七余切。【說文解字卷四】

◉馬叙倫 本作鳥也。王睢校者加之。或字林訓。古鉨作睢。【說文解字六書疏證卷七】

鸛 驩

驩 【汗簡】

◉許 慎 驩驩專。畐蹂。如誰。短尾。射之。銜矢射人。从鳥。雚聲。呼官切。【說文解字卷四】

◉馬叙倫 段玉裁曰。驩專十四部疊韻。沈濤曰。廣韻兩引作鸛鷒。蓋古本有鷒篆。王筠曰。鍇本作驩鷒鶝鵦。大徐作驩專畐柔。或所據者善本。抑以說文所無而改之耶。倫按爾雅釋鳥作鸛鷒鶝鶔。倫謂雅文本與此同。作鷒鶝鶔者後人加鳥旁。此驩專以下十五字皆校語。本訓鳥也。或此字出字林。【說文解字六書疏證卷七】

◉戴家祥 鴅 闟丘戈 闟丘隹鴅造 集韻二十六桓「鴅，鳥名，人面鳥喙。音呼官切，通作驩。」方成珪集韻考證謂鴅字廣韻作鴅，从𠂈，不从月。𠂈，古文丹字，隸作鴅。鄭季宣殘碑「虞放鴅□兜」，驩作鴅，與類編合。按古音丹、驩、歡、鸛都隸元部，月讀魚厥切，音在祭部，祭元陰陽對轉，故鴅亦同作鴅。管子侈靡篇「鴅然若謞之静」，尹知章注：「鴅然，和順貌。」是古代確有此字。鴅為鳥名，字亦从鳥，應該釋鸛，同聲通叚，則讀為驩或歡。【金文大字典下】

鸇 鸇

◉許 慎 鸇鷐風也。从鳥。亶聲。諸延切。鸇籀文鸇从廛。【說文解字卷四】

◉王國維 鸇說文解字鳥部。鸇。晨風也。从鳥。亶聲。鸇。籀文鸇。从廛。【史籀篇疏證 王國維遺書】

◉馬叙倫 桂馥曰。爾雅釋鳥。晨風。鸇。郭云。鷂屬。孫奕示兒編引字林。鸇。鷂屬。王筠曰。鸇下總以鷐鷙鴥三字。鴥下引詩。鴥彼晨風。羽部翰下云。一名鷐風。御覽引作晨風。案秦風晨風釋文亦作晨。不云說文作晨。而云鴥說文作鴪。則說文鴥篆誤。而引詩作晨不誤。釋鳥。晨風。鸇。釋文。晨。本或作鷐。亦不云說文作鷐。則說文無鷐字。可知也。倫按鷐當作晨。晨風。鸇之俗名也。晨風為連緜詞者。晨音禪紐。風从凡得聲。凡音奉紐。奉禪皆摩擦次濁音也。鸇俗名晨風者。鸇音照三。晨音禪紐。同為舌面前音也。然晨風也校語。本訓鳥也。左文十八年傳釋文。說文止仙反。字林巳仙反。疑鸇字出字林。【說文解字六書疏證卷七】

鷐

◉許　慎　鷐風也。从鳥。晨聲。植鄰切。【說文解字卷四】

◉馬叙倫　王筠謂鷐風字當作晨。鷐字當删。是也。此字蓋出字林。晨風為鸇之俗名。非鸇之轉注字。今作鷐者。如上文𪇟專。畐柔。畐柔亦𪇟之俗名。不从鳥。而爾雅則作鸛鷒鶝鶔矣。【說文解字六書疏證卷七】

◉蕭　璋　爾雅釋鳥：「晨風，鸇。」郭注云：「鷂屬。」又古多以鷹鸇連文，見山海經及王逸離騷注。知鸇與鷐風為鷹鷂之類。鸇鷐聲近義同，當為轉語。準之觶之或體為觗，見說文，單亶古音極近可轉移。如說文作癉，爾雅作瘧，郝懿行義疏以瘧為癉之或體是也。襌衣之為裖，說文：「袗，襌衣也，或體作裖。」皆足比附耳。又郝氏以鸇隼聲相轉，并言詩「鴥彼飛隼」、「鴥彼晨風」，獨此二文言鴥。說文：「鴥，鸇飛貌。」可知鸇即隼矣。爾雅義疏釋鳥：「晨風鸇。」又云：「廣雅云：鵗鷉、鷂子、籠脱，鷂也。」鷂與鷤鷂俱聲相轉，鷂子即鷂子也。爾雅義疏釋鳥：「鷤負雀。」如郝氏之言，則鸇鷐互轉之外，尚可與隼鷂鷤鷂諸字相轉矣。謹按：說文所載鷹隼類諸字，多聲紐相近，除鷐鸇、雗雉、雕𩿐說文已明示為聲轉外，餘字亦間可尋其語轉之迹。【釋至　國立浙江大學文學院集刊第三集】

鷙

◉許　慎　鷙擊殺鳥也。从鳥。執聲。脂利切。【說文解字卷四】

◉馬叙倫　王筠曰。禮記儒行。鷙蟲攫搏。注。鷙蟲。猛鳥猛獸也。字从鳥鷙省聲也。佩觿引作从鳥。墊省聲。郭云。今作鷙省非也。說文云。从執聲。案正義曰。蟲是鳥獸通名。故為猛鳥猛獸。云是从鳥鷙省聲也者。言鷙蟲既是猛鳥猛獸。但獸摯从執下著手。鳥鷙从執下著鳥。今一鷙包兩義。以獸鷙从鳥。故云省也。執下着手。俱是執聲。故云聲也。據此知正義本作从鳥摯省聲。故云。執下着手。釋文云。鷙與摯同音至。可證今本作鷙省。是涉正文而誤也。佩觿作墊省亦非。倫按擊殺鳥也不可通。即以鷙為鳥之善於擊搏者。亦不得如此訓。疑擊為摯之譌。本是摯省聲。此字譌乙於上。校者改為執聲。其訓則又挩譌矣。或是摯字乃校者注以釋鷙字之音者。摯誤為擊。後人加殺字。以擊鳥嫌於毆鳥也。失次。【說文解字六書疏證卷七】

◉蕭　璋　夏小正：「鷹始摯。」摯與鷙通。月令：「鷹隼蚤鷙。」皆謂擊殺鳥也。月令又云：「鷹乃祭鳥。」亦謂鳥被鷹擊殺而食之也。鷹之殺鳥，必先攫搏之。本段注。故儒行曰：「鷙蟲攫搏。」所謂擊殺，必先擊而後殺之，鄭玄謂「烏鳶善鈔盜」。見鄭注周禮夏官射鳥氏。說文：「鈔，叉也。」蓋叉咮之利，籍刺即得也。又按，鷙，鄭玄以為从墊省聲。郭忠恕佩觿云「鄭注儒行：鷙从墊省聲。」按今本鄭注皆作鷙省聲，誤。說文無墊，段氏以六月毛傳云「輊，摯也」，士喪禮注云「輖，墊也」，考工記注云「摯，輖也」證明墊即摯之或體。（詳鷙字注。）按阮元禮記校勘記五十九於「字從鳥鷙省聲也」條下引盧文弨云：「似當作摯省，足利古本鷙下有摯字。」知段說不誤。又按說文訓摯為握持，是墊當从執至聲。蓋摯有屑部之音，故有或體之蟄也。古亦有屑部之音，其例即如摯之或體作蟄也。【釋至　國立浙江大學文學院集刊第三集】

鴥

◉許　慎　鸇飛皃。从鳥。穴聲。詩曰。鴥彼晨風。余律切。【說文解字卷四】

◉馬叙倫　沈濤曰。詩晨風釋文引鴥作鴪。鸇飛作疾飛。盖古本如是。凡鳥之疾飛皆為鴪。不必晨風也。詩傳正訓疾飛。乃許所本。鈕樹玉曰。詩釋文所引當不誤。蓋說文鳥部字形及注多經後人改移。王筠曰。鸇飛皃字林同。倫按鸇字必誤。疾飛皃本詩晨風毛傳。毛因詩為釋其實疾飛皃字當作卂。或作⿺辶⺮。鴪音喻四。卂音心紐。⿺辶⺮音審紐。同為摩擦次清音也。鴪為借字。鴪當為鳥名。疑鷸之轉注字。此字蓋出字林。【說文解字六書疏證卷七】

鶯

◉許　慎　鳥也。从鳥。榮省聲。詩曰。有鶯其羽。烏莖切。【說文解字卷四】

◉馬叙倫　段玉裁曰。鳥也必淺人所改。當作鳥有文章皃。毛詩交交桑扈。有鶯其羽。有鶯其領。傳曰。鶯鶯然有文章皃。鶯鶯猶熒熒也。皃其光采不定。故从熒省。會意兼聲。桂馥曰。鳥也疑有闕譌。鶯非鳥名。廣韵。鶯。鳥羽文也。倫按詩之鶯字或為熒之借字。鶯自从熒省得聲。然不兼義。鶯為鳥名。吕氏春秋高注。含桃以鸎鳥所含。故名含桃。又名鸎桃。其注淮南時則訓曰。含桃。鶯桃。是鶯為鳥名之證。鸎蓋鶯之轉注字。字或出字林。【說文解字六書疏證卷七】

鴝

◉許　慎　鴝鵒也。从鳥。句聲。其俱切。【說文解字卷四】

◉馬叙倫　王筠曰。本草綱目引。鴝鵒也下有似鵙而有幘五字。倫按似鵙五字校語。【說文解字六書疏證卷七】

鵒

◉許　慎　鴝鵒也。从鳥。谷聲。古者鴝鵒不踰泲。余蜀切。鵒或从隹从臾。【說文解字卷四】

◉馬叙倫　段玉裁曰。古者云云見考工記。不言周禮曰而言古者。此以釋左氏書所無之恉也。鈕樹玉曰。韵會引古者作周禮。蓋意改。倫按句谷雙聲。故鴝鵒為連緜詞。本訓鳥也。鴝鵒也及古者以下校者加之。【說文解字六書疏證卷七】

鷩　鵔　鸃　鷸

◉許　慎　鷩赤雉也。从鳥。敝聲。周禮曰。孤服鷩冕。并列切。【説文解字卷四】

◉馬叙倫　嚴可均曰。孤當作公。司服。矦伯之服自鷩冕以下如公之服。孤之服自希冕以下如子男之服。倫按本訓鳥也。赤雉也及引經校者加之。或字出字林。【説文解字六書疏證卷七】

◉許　慎　鵔鵔鸃。鷩也。从鳥。夋聲。私閏切。【説文解字卷四】

◉馬叙倫　沈濤曰。史記司馬相如傳佞幸傳索隱皆引作鵔鸃。鷩鳥也。桂馥曰。文選吴都賦李注引許慎淮南注。鵕鸃。鷩雉也。翟云升曰。廣韻引無鵔鸃二字。倫按本訓鳥也。鵔鸃鷩也校者據淮南許注加之。【説文解字六書疏證卷七】

◉許　慎　鸃鵔鸃也。从鳥。義聲。秦漢之初。侍中冠鵔鸃冠。魚羈切。【説文解字卷四】

◉馬叙倫　鈕樹玉曰。廣韻引此文。作漢初侍中服鵔鸃冠。當非脱文。秦漢不應兼言初也。玉篇亦有秦漢之初侍中冠之。恐亦非原本。沈濤曰。觀廣韻所引漢初句當在鵔字下。今在鸃字解下。亦誤。倫按御覽九百十五引倉頡解詁。鵔鸃。神鳥。飛竟天。漢以為侍中冠。通典五十六引倉頡解詁。鵕鸃。鷩。即以翟山雞之屬。尾彩鮮明。是將鵕冠以代貂。此與御覽引不同者。一出張揖。一出郭璞耳。史記佞幸傳。侍中皆冠鵔鸃。蓋趙武靈冠鵕鸃。秦破趙。以其冠賜侍中。漢始為侍中冠定制耳。秦漢以下校語也。鵔鸃為鷩之俗名。鵔从夋得聲。夋从允得聲。允義雙聲。故鵔鸃為連緜詞。鷩俗名鵔鸃者。鷩音非紐。鵔音心紐。非心皆摩擦次清音也。然鵔鸃不必有正字。淮南注。鵕鸃讀曰私伙。然則作私伙亦可也。此亦交青為鴖之例也。許注淮南鵔鸃鷩雉也者。許本淮南作解。非説文有鵔鸃鷩雉也之文也。史記索隱引本書者。蓋字林文也。【説文解字六書疏證卷七】

◉許　慎　鷸雉屬。戇鳥也。从鳥。適省聲。都歷切。【説文解字卷四】

◉馬叙倫　錢坫曰。此爾雅寇雉泆泆之泆字。孔廣居曰。適本啇聲。鷸亦啇聲可也。倫按許本訓鳥也。今捝。所存者校語。亦或此字出字林也。【説文解字六書疏證卷七】

鶡

◉許　慎　似雉。出上黨。从鳥。曷聲。胡割切。【説文解字卷四】

◉馬叙倫　本訓鳥也。似雉五字校者加之。續漢書輿服志注引徐廣曰。鶡似黑雉。出於上黨。不引本書可證也。或此字出字林。【説文解字六書疏證卷七】

鴧

◉許　慎　鴧鳥。似鶡而青。出羌中。从鳥。介聲。古拜切。【説文解字卷四】

◉馬叙倫　沈濤曰。顔氏家訓勉學篇。竇如同從河州來。得一青鳥。舉俗呼之為鶡。吾曰。鶡出上黨。數處見之。色並黄黑。無駁雜也。試檢説文。鳻雀似鶡而青。出羌中。韵集音分。此疑頓釋。漢書黄霸傳注亦云。鳻雀大而色青。玉篇。鳻。扶云切。鳻雀似鶡。蓋古本作鳻不作鴧。作分聲不作介聲。段玉裁曰。漢書循吏傳。張敞舍鳻雀飛集丞相府。蘇林曰。今虎賁所著鶡也。師古曰。蘇説非也。鴧音芥。或作鶡。此通用耳。鴧大而色青。出羌中。非武賁所著也。武賁鶡者。色黑。出上黨。今時俗人所謂鶡雞。音曷。非此鴧雀。按二書今本舛譌。介誤分。芥誤芬。鴧誤鶡。誤鳻。不可讀。桂馥曰。困學紀聞。黄霸傳。鶡雀。顔注。當為鳻。徐楚金攷説文當為鴧。馥按徐氏韻譜。鴧音古拜切。鳥名。宋景文筆記。漢書黄霸傳。鶡雀。師古曰。此鶡音介。字當作鴧。此通用耳。今官本介字誤作分。鴧字作鳻。鳻是鳥聚皃。非鳥名也。余見徐鍇本亦如此改定。甕牖閒評。以余觀之。恐非官本之譌。何以知其然。蓋玉篇鶡音河葛切。鳥似雉而大。青色。有毛角。鬥死而止。又云。鳻。扶云切。鳻雀似鶡。玉篇見漢書注有此鳻字。故出此鳻字。玉篇蓋唐人作。以是推之。則自唐以來已自作鳻矣。非官本之譌也。馥按玉篇經宋人重修。據誤本漢書。非顧氏原本。玉篇鴧音介。鳥也。是原本有鴧字矣。王筠曰。廣韵十六怪。鴧。鴧雀也。今説文挩誤當依此補之。似鶡而青。出羌中。二十文鳻下引説文。則是分為兩字。案介曷古音同部。分聲則遠矣。分介二字形似易譌。顔注音芬。本作鳻。當作音介。本作鴧。故云。通用。若聲不通。豈得通用。玉篇蓋亦誤合之也。倫按介分隸書不别。介聲脂類。分聲真類。脂真對轉。聲亦可通。惟鶡鴧聲同脂類。鴧似鶡而名鴧。此語源同也。唐人未明對轉。顔謂此通用耳。是謂介曷聲近通用。徐鍇引家訓作鴧。所據非譌本。據韻譜言鳥名。則此鳥下脱名字。然本部皆言鳥也。無言鳥名者。則韻譜非自為説解。即字林訓也。家訓及漢書注作鳻雀。或異本或校者所增也。似鶡而青出羌中亦字林説。疑此字出字林。【説文解字六書疏證卷七】

鸚 鸚

◉許慎 鸚鸚䳇。能言鳥也。从鳥。嬰聲。烏莖切。【説文解字卷四】

◉馬叙倫 鸚䳇為連緜詞者。朗嬰一字。詳嬰字下。嬰从女得聲。女音娘紐。䳇音微紐。同為鼻音次濁音。或嬰倗一字。詳嬰字下。倗音竝紐。母音明紐。同為雙脣音也。毛本無能言鳥也四字。鍇本此四字在䳇字説解母聲下。明此四字乃校語。足證本書此類皆校者所增。毛本有此四字。鈕樹玉不出校語。豈所據鍇本四字亦在此下耶。【説文解字六書疏證卷七】

䳇 䳇

◉許慎 䳇鸚䳇也。从鳥。母聲。文甫切。【説文解字卷四】

◉馬叙倫 邵瑛曰。北户録云。字林鵡作䳇。倫按三國志注引江表傳。諸葛恪呼殿前鳥為白頭翁。張昭欲使恪復求白頭母。恪亦以鳥名鸚母未有鸚父相難。然則漢前皆作鸚母無鳥旁也。故禮記曲禮亦止作嬰母。然此二字非許書原有也。【説文解字六書疏證卷七】

鷮 鷮

◉許慎 鷮走鳴長尾雉也。乘輿以為防釳。著馬頭上。从鳥。喬聲。巨嬌切。【説文解字卷四】

◉馬叙倫 王筠曰。釋鳥疏引乘輿以尾為防釳。翟云升曰。詩車舝疏引作長尾雉。走鳴。乘輿尾為防釳。著馬頭上。韻會引作長尾雉走且鳴也。倫按説解脱鳥也二字。走鳴以下十六字校語。字或出字林。【説文解字六書疏證卷七】

鷕 鷕

◉許慎 鷕雌雉鳴也。从鳥。唯聲。詩曰。有鷕雉鳴。以沼切。【説文解字卷四】

◉馬叙倫 鈕樹玉曰。詩匏有苦葉釋文。鷕。説文以水反。字林于水反。廣韻鷕收小韵。以沼切。又羊水切。倫按鷕蓋雗之異文。餘見雗下。字或出字林。【説文解字六書疏證卷七】

鸓 鸓

◉許慎 鸓鼠形。飛走且乳之鳥也。从鳥。畾聲。力軌切。鸓籀文鸓。【説文解字卷四】

◉馬叙倫 段玉裁曰。走字疑衍。錢坫曰。山海經。翠山。鳥多鸓。狀如雀。赤黑而兩手四足。倫按本訓鳥也。今為校者所改矣。亦或此字出字林也。

鸓王煦曰。古文雷省聲。【説文解字六書疏證卷七】

鶾

□ 前六・三六・二　鶾　卜辭从隹　【甲骨文編】

□ 前6・36・2　【續甲骨文編】

◉許　慎　□雉肥鶾音者也。从鳥。倝聲。魯郊以丹雞祝曰。以斯鶾音赤羽。去魯侯之咎。侯幹切。【說文解字卷四】

◉郭沫若　「中韓戲𦎷」語亦見下王孫遺者鐘及許子𤼈𠂤鐘，金石索所録徐王子旃鐘亦有此語，但彼乃偽刻。韓字遺者鐘作𩐍，許子鐘作鶾，鶾字見說文，曰「雞肥翰音者也，从鳥倝聲，魯郊目丹雞祝曰，目斯翰音赤羽去魯侯之咎。」是知韓𩐍均鶾之異。即翰與韓在初亦當同是一物，說文分鶾翰韓為三字者，後起之歧異也。又此語徐中舒曰「與詩『終風且暴』、『終温且惠』、『終寠且貧』、『終和且平』、『終善且有』，語法全同。」𠫑氏編鐘考釋三葉。甚是。詩之終，王引之訓為既，此亦然，謂既高且颺也。【沇兒鐘　兩周金文辭大系考釋】

◉郭沫若　無子𤼈師鐘「無子𤼈師䍙其吉金，自作鈴鐘，中□戲𦎷，元鳴孔煌」，中下一文，宋人釋為縣。案其字形雖稍稍譌變，確是鶾字。說文「鶾，雉肥鶾音者也，从鳥倝聲；魯郊目丹雞祝曰，目斯鶾音赤羽，去魯侯之咎」。此字正从鳥倝聲也。字或从音，沇兒鐘「郤王庚之㥯子沇兒䍙其吉金，自作龢鐘：中□虘𦎷，元鳴孔皇」；蓋以雉肥鶾音故从音也。一或从言，王孫鐘「王孫遺者䍙其吉金，自作龢鐘，中□虘𦎷，元鳴孔皇」。三器出處具詳大系索引。爾雅釋樂「大簫謂之言」，从言从音，其義一也。故韓與𩐍均是鶾之異文。

鶾讀為翰，高也，又高飛也。戲若虘，與虡同部。𦎷當是颺之古字，楚王酓章鐘「徙自西𦎷」，又「寘之西𦎷」，即西陽。𦎷言飛揚，亦高舉之義也。故「中鶾戲𦎷」決當讀為「樅翰虡揚」。此四字形容鐘之外貌，其次之「元鳴孔皇」則形容鐘之聲也。【釋中鶾戲𦎷・金文餘釋　金文叢考】

◉馬叙倫　鈕樹玉曰。繫傳丹雞作丹鷄。桂馥曰。六書故引鶾音作翰音。段玉裁曰。此引魯郊禮文。五經異義曰。魯郊禮祝延帝尸。風俗通亦言。魯郊禮常以丹雞祝曰。以斯翰聲赤羽。去魯侯之咎。惠棟曰。魯郊禮漢時尚存。故春秋繁露風俗通皆引之。嚴可均曰。依田部畜下引魯郊禮。此當補禮字。王筠曰。上鶾音六書故引作翰音。丹雞集韻引作丹雉。筠按釋鳥之鶾天雞。說文作翰。中孚曲禮之翰。說文作鶾。此如童僮醋酢之互易。其音義衹當隨文說之。小雅。翰飛戾天。傳曰。翰。高也。此即鶾字之義。雉肥鶾音者。謂雉肥而高音者也。倫按雉肥鶾音者也不可通。此有校語譌入。故有者也二字。鶾韓一字。見韓下矣。此曰雉肥鶾音者也。當作雉也。肥而翰音者也。校語。翰音謂高音。翰高同舌根音。蓋借為高。故詩傳亦以高訓翰也。魯郊以丹雞祝者，實非用鶾以郊。丹雞謂雄雞。雄雞色丹而聲高。故曰。以斯翰音。今俗祀神率以公雞。亦古之遺風矣。魯郊以下校者依風俗通增。畜下引魯郊禮亦校語。詳雝字下。倫疑此字後人增入。或出字林。甲文从隹卜聲。隹即雌字。待考。餘見翰下。【說文解字六書疏證卷七】

◉徐中舒 [甲骨文] 一期 前六・三六・二 從[甲骨文]𠃲從[甲骨文]隹從[甲骨文]匕，古𠃲𠃪為一字。《說文》：「鶾，雉肥鶾音者也。从鳥，𠃪聲。」《說文・隹部》有𩀱字，說解云：「𩀱，𩀱鷽也。」與甲骨文字形亦合。【甲骨文字典卷四】

鴳 【汗簡】

◉許　慎　鴳雇也。从鳥。安聲。烏諫切。【說文解字卷四】

◉馬叙倫　雇音匣紐。鴳音影紐。匣轉曉入影。故雇鴳得轉注也。字見急就篇。【說文解字六書疏證卷七】

◉許　慎　鴆毒鳥也。从鳥。冘聲。一名運日。直禁切。【說文解字卷四】

◉馬叙倫　鈕樹玉曰。繫傳日作目。廣韻韻會竝引廣志。雄名運目。倫按毒字及一曰運日校語。或毒鳥也校語。本訓鳥也。脫矣。或此字出字林。【說文解字六書疏證卷七】

◉蕭　璋　鴆訓毒鳥，羽可殺人。王逸離騷注云：「鴆，運日也。羽有毒可殺人。」按鴆羽擽酒，飲之則死。事見莊三十二年左傳。則亦含刺義，故鴆之為言抌也，以其羽毒可抌殺人也。廣雅釋詁：「抌，刺也。」【釋至　國立浙江大學文學院集刊第三集】

鷇 鷇 秦四 【睡虎地秦簡文字編】

◉許　慎　鷇鳥子生哺者。从鳥。㱿聲。口豆切。【說文解字卷四】

◉馬叙倫　桂馥曰。鳥子生哺者。晉書音義引字林同。倫按爾雅釋鳥。生哺鷇。方言八。爵子及雞雛皆謂之鷇。是鷇與雛為轉注字也。芻㱿聲同侯類。本訓鳥子。校者據爾雅加生哺者三字。或此字林訓。本訓脫矣。【說文解字六書疏證卷七】

鳴

前五・四六・四 人名 前五・四六・五 前五・四六・六 前八・五・三 後二・六・一 後二・六・一三 戩四二・一〇 戩四二・一一 甲九五六 甲二四一五 甲二八一四 甲三一一二 甲三六二二 乙五四〇五 庚戌卜耳鳴 簠人七〇 京津二一三六 京津二一七三 鄴初下三三・五 京津四〇一二 粹一二五六 珠五七八 庫一二一八 金五九〇 金七三二 明一四三三 佚五八〇 存六一六 人名 【甲骨文編】

甲956 2415 2814 3112 3622 乙5405 珠578 佚580 655 續6・20・8 徵4・70 録660 鄴33・5 新2220 續存616 粹1256 新2136 2173 2220 4012 4860 甲2903 乙1052 新2122 【續甲骨文編】

鳴 王孫鐘 蔡侯𪊨鐘 蔡侯𪊨殘鐘 王孫𦣻鐘 【金文編】

鳴 日甲四七背 【睡虎地秦簡文字編】

0404 3063 1976 【古璽文編】

張鳴 吕鳴 寇鳴 衛鳴 【漢印文字徵】

石碣 乍邍𦥯=鳴□ 【石刻篆文編】

◉許 慎 鳥聲也。从鳥。从口。武兵切。【説文解字卷四】

◉商承祚 説文鳴。「鳥聲也。从鳥口。」甲骨文多作鷄形。鷄司晨者也。應時而鳴。引申而為凡鳥之鳴。金文王孫鐘作。石鼓文作。【甲骨文字研究下編】

◉葉玉森 商承祚氏釋豚。類編第九第六葉。柯昌濟氏釋鶉。補箋。森按此字象鳥形而有喙羽尾爪。似非獸形。不能以腹內从而即認為豚。亦不能以腹內从而即認為多肉之鶉。卜辭鳴一作卷五第四十六葉之七。疑此仍鳴之別構。从為口。乃鳴之幖識。栔于鳥之身上或身外固無異也。【殷虛書契後編集釋卷三】

◉強運開 王孫鐘。元鳴孔皇作。與此近似。所謂筆跡小變之類耳。【石鼓釋文】

◉馬叙倫 子雞爵 舊作子孫爵。倫按舊釋子下之文為孫。非也。此明是正立振翄長鳴之鳥。即說文之鳴字。甲文作。鳴本從雞之象形文而張其口。指事。說文譌為口旁鳥。則不得其象。亦不得其意矣。爵文作此者。蓋子以雞鳴時生者也。即以為名。故書於所作之器。或此為燕之象形初文。燕即玄鳥。則此為孔姓之族徽。【讀金器刻詞卷上】

◉李孝定 說文「鳴。鳥聲也。从鳥。从口。」栔文同。羅氏謂从雞。非是。魯氏謂鳴為唯之異體。亦有未安。卜辭唯均叚隹為之。亦有从口作唯者。惟極少見。蓋以隹唯音近也。至偏旁中鳥隹每互用者。以其物類相同也。鳥之與唯。聲韵懸隔。唯之異體似不當作鳴也。金文鳴作王孫鐘。與卜辭略同。【甲骨文字集釋第四】

◉于省吾 甲骨文耳鳴之占屢見，文多殘缺，其比較完整的為：「庚戌卜，朕耳鳴，㞢钔于且庚，羊百㞢□五十八……」（乙五四〇五）今將典籍中關于耳鳴之書和耳鳴的事例，择要加以引述。姚振宗所輯七略數術略佚文，有「嚏、耳鳴雜占十六卷」，漢書藝文志同。又姚氏漢書藝文志條理：「隋書五行家梁有嚏書、耳鳴書、目瞤書各一卷，亡。」姚氏依据陸賈之說，謂「是類之書在漢初已有之矣」。楚辭九歎遠逝「耳聊啾而戃慌」，王注：「聊啾耳鳴也。」說文：「聊，耳鳴也。从耳卯聲。」蔡邕廣連珠：「目瞤耳鳴，近夫小戒也。」又居延漢簡甲編一四一三，有「耳鳴得事」和「耳鳴望行事」的記載。【釋耳鳴 甲骨文字釋林】

◉胡厚宣 又或以「不于一人禍」和「其于一人禍」正反兩面相对貞，如說：

□□卜，貞□鳴，不□一人禍。

□□一人□。六月。（安明一四〇）

商族在原始社會，是以鳥為圖騰的。所以殷人迷信，以鳥鳴為不祥。武丁時卜辭說，「庚申亦㞢酘，㞢鳴雉。」（甲二四〇〇＋二四一五）又說，「之日夕，㞢鳴雉。」（海外一・一）尚書高宗肜日說，「高宗肜日，越有雊雉。」史記殷本記說，「帝武丁祭成湯，明日，有飛雉登鼎耳而呴，武丁懼。」漢書五行志說，「書序又曰，高宗祭成湯，有蜚雉登鼎耳而雊。劉歆以為羽蟲之孽。野鳥自外來，入為宗廟器主，是繼嗣將易也。一曰，野鳥居鼎耳，小人將居公位，敗宗廟之祀。武丁恐駭，謀于忠賢，修德而正事。」現在這兩條卜辭也是說，有鳥在鳴，乃反复卜問，這对于殷王武丁這一個人，是有什麼禍患呢？还是没有什麼禍患呢？左傳襄公三十年說，「鳥鳴于亳社，如曰譆譆，甲午，宋大災。」亳社見于卜辭，宋為殷人之后，可見直到春秋時期，殷人的后代，仍然还保存有以鳥鳴為灾禍的宗教信仰。【重論「余一人」問題　古文字研究第六輯】

◉曾憲通　□　包山「疋獄」簡云，邵無谻之州人某控告郘之□⿰鼠瓜邑人某某殺人。□字右旁似鳥形，从鳥从口乃鳴字；⿰鼠瓜字从鼠从瓜聲，楚簡偏旁每以鼠代豸或犬，故⿰鼠瓜當是狐字。鳴狐為楚之邑名，地望待考。簡194「集脰(廚)鳴夜」之鳴字作□乃此字之反書，簡文在此用作人名。【楚文字釋叢　中山大學學報一九九六年第三期】

鷽

鷽 李鷽【漢印文字徵】

◉許　慎　鷽飛皃。从鳥。寒省聲。虛言切。【說文解字卷四】

鴍

◉許　慎　鴍鳥聚皃。一曰飛皃。从鳥。分聲。府文切。【說文解字卷四】

◉馬叙倫　一曰飛皃。蓋本義也。莊子山木。翂翂翐翐。音義引司馬彪曰。舒遲皃。一曰。飛不高皃。鴍音非紐。鷽音曉紐。非曉皆摩擦次清音。是轉注字也。今作一曰者。校者記異本也。鳥聚皃未詳。或本作鳥聚飛皃。翂字義正如此。疑鷽鴍二字皆出字林。【說文解字六書疏證卷七】

◉趙　誠　⿰鳥寡，从鳥寡聲，寡字兩器均用作寡。此借為顧。顧寡雙聲故可通假。張政烺同志以為⿰鳥寡所从的寡，即从頁分聲的頒字，而⿰鳥寡字當是說文鴍字的異體，在此借為辨。不顧大義是明知故犯，不辨大義是是非不分。兩者雖有差別，從上下文義來看均可通。【中山壺中山鼎銘文試釋　古文字研究第一輯】

鷓鴣

◉徐　鉉　鷓鷓鴣。鳥名。从鳥。庶聲。之夜切。【說文解字卷四新附】

◉徐　鉉　鴣鷓鴣也。从鳥。古聲。古乎切。【說文解字卷四新附】

鴨出郭顯卿字指後人轉音於檢切 【汗簡】

郭昭卿字指 【古文四聲韻】

◉徐　鉉　鴨鶩也。俗謂之鴨。从鳥。甲聲。烏狎切。【説文解字卷四新附】

◉黄錫全　鴨出郭顯卿字指後人轉音於檢切　此形是鶴字，鳥同部首。《玉篇》鴨，或作鵯、䳈，古文作鶴。鄭珍云：「《説文》鴨徐鉉新附，鶴亦非古。《説文》雁在隹部，鳥也。是鴻雁字，鴈在鳥部，鵝也，是鵝鴨字。鴨大於鳧小於鶩，故鶩名舒鳧，鵝名舒鴈。舒者展大之意，某氏解《爾雅》為在野翼舒飛遠，是鶩鶩非家畜之名，顯與經背矣。許君以鶩鴈是大類，故即以鵝訓鴈。自漢後雁鴈皆作鳥名，直成一字，俗求鶩鴨字不得，因有从甲从奄从邑之字。此形後更以為鶴鶉。」【汗簡注釋卷二】

◉徐　鉉　谿鴪。水鳥。从鳥。式聲。恥力切。【説文解字卷四新附】

烏　何尊　烏虘　沈子它簋　班簋　𢦏鼎　效卣　寡子卣　弔趯父卣　毛公㾓鼎　禹鼎

説文古文作䃔作於　黏鎛　𠑹兒鐘　於嘑敬哉　越王者旨於睗矛　越王者旨於睗戈　越王者旨於睗劍

越王者旨於睗劍　𨟻篙鐘　救戎於楚競　中山王譽鼎　中山王譽壺　𧊒壺　鄂君啟舟節　【金文編】

〔三八〕〔二一〕〔三六〕〔三五〕〔二八〕〔三八〕〔五〇〕〔二一〕〔二一〕

〔七〕〔三九〕〔五〇〕〔三八〕〔二〇〕〔三八〕〔一三〕〔一八〕〔七八〕

〔三六〕〔三〕〔二一〕〔二〇〕〔一九〕〔一九〕〔一九〕〔二八〕〔三六〕

〔三七〕〔三九〕〔二五〕〔一九〕〔一九〕〔三六〕〔三〕〔三六〕〔三六〕〔七〕

〔二二〕 〔七八〕 〔三八〕 〔七八〕 〔三六〕 〔三六〕 〔三七〕 〔二〇〕 〔三六〕 〔四二〕 〔四七〕 〔三六〕 〔四〕 〔四二〕 〔五五〕 〔二二〕 〔二〇〕 〔三六〕 〔二八〕 〔一九〕 〔三六〕 〔五二〕 八〔三六〕 〔三六〕【先秦貨幣文編】

布方 烏邘 晉高 仝上 布方 烏丕 晉祁 布方 烏丕 晉祁 仝上 布方 邘烏 典補一二一八

布方 烏邘 亞四・二四 布方 邘烏 亞四・二五 布方 烏邘 亞四・二五 按此字在古幣中多為烏邘之字。以往錢幣並録中有與鄔字相混者。或將鄔字相分為二以為烏邑之字者。皆非。 布方 亞四・二三 仝上 金文中烏字有作(寡子卣)，(禹鼎)諸者。可相參。【古幣文編】

八五：二二 宗盟類參盟人名【侯馬盟書字表】

158 162 216 229【包山楚簡文字編】

於 秦七六 二十二例 效五八 日甲六九背 十一例 語一 六例 日乙一八七 五例【睡虎地秦簡文字編】

是—乃取虞☐□子之子(乙1—34)【長沙子彈庫帛書文字編】

2346【古璽文編】

烏国右尉 烏傷空丞印 漢保塞烏丸率衆長 漢保塞烏桓率衆長 魏烏桓率善佰長 於□丞印 於陵丞印 徐於陵 紀於次 於王孫印 於丘賔印 於禹私印【漢印文字徵】

石經君奭　烏虖君已曰　説文古文作【石刻篆文編】

於　烏　烏　　上同竝出碧落文　於竝碧落文　於王存乂切韻　於見碧落文【汗簡】

汗簡　雲臺碑　同上　　竝道德經　義雲章　　竝朱育集字　碧落文　同上

雲臺碑　同上　　竝華嶽碑　　　　　竝王存乂切韻　道德經　同上

竝碧落文　　　竝王存乂切韻【古文四聲韻】

◉許　慎　孝鳥也。象形。孔子曰。烏。盱呼也。取其助气。故以為烏呼。凡烏之屬皆从烏。哀都切。臣鉉等曰。今俗作嗚。非是。古文烏。象形。象古文烏省。【説文解字卷四】

◉劉心源　於或釋永。説文烏古文作。云烏盱呼也。取其助气。故㠯為烏呼。此即。説文古文加。即烏字。【奇觚室吉金文述卷二】

◉方濬益　（諸尚盤）説文。烏。孝鳥也。象形。孔子曰。烏盱。呼也。取其助气。故以為烏呼。古文烏。象形。象古文烏省。此文作。與古幣文鄔字偏旁作相近。幣文為刀書。點畫或多不備。或作。秦二世權量刻左詔之右偏下作二横畫。與許君所録省文同。並為漢隸書於字之所本。【綴遺齋彝器款識考釋卷七】

◉孫詒讓　説文烏部「，孝鳥也。象形。孔子曰：『烏亏呼也，取其助气，故以為烏呼。』」古文作，象形，又作，象古文烏省。攷金文毛公鼎作，效卣作，晉公盦作，寡子卣作，散省。若然，烏亦與隹古文略同，但上為開口盱呼形，小篆殊失其本意也。「於」僕兒鐘作，又編鐘作，今本説文作，似涉㫃而誤。【名原卷上】

◉陳獨秀　烏　於　説文云：，孝鳥也，象形，孔子曰：烏盱，呼也，取其助气，故以為烏呼。按後加口作嗚呼。古文作，象古文烏省。許氏謂為象古文烏省，當為籀文或篆文，隸變作於。按已象烏形，右旁，當為毛羽，毛公鼎烏呼字作，説文所謂古文，當由此而譌變。古言烏呼，今音阿哈，皆讀喉聲麻韻，故孳乳為雅，與烏之古音同。説文云：雅，楚烏也，秦謂之雅。大小雅者，即史記李斯傳所謂秦人「歌呼烏烏」之音。漢書楊惲傳：「仰天拊缶而呼烏烏」；師古注曰：「烏烏，秦聲，關中舊有此曲。」今樂劇秦腔猶如此，周京本秦地，故以雅為中原正音，後專以雅為雅正字，乃作鴉或鵶以别之，今語曰烏鴉。烏

色純黑，故淤瘀从於，淤泥黑色，血瘀亦黑也。【小學識字教本】

◉高田忠周　說文。孝烏也。象形。孔子曰。烏于呼也。取其助气。故以為烏呼。古文烏。一本作。亦云象形。又載云。象古文烏省。今以秦刻石文證之。秦篆如此也。抑烏字象形。然亦鳥字之系也。段氏云。鳥字點睛。烏則不以純黑。故不見其睛也。小爾雅曰。純黑而反哺者謂之烏。此說為是。然此篆變為。小篆整齊作。又為助語詞者作以分別。三代無其別也。凡烏之屬皆从烏。又隸作於。出于篆。周禮羅氏掌羅烏鳥。注謂卑居鵲之屬。射烏氏。以弓矢敺烏鳶。此為字本義。【古籀篇九十六】

◉商承祚　說文。古文烏。象形。象此字疑衍古文烏省。案。今用為於是。不用為烏鳥字。石經古文烏作。金文余義鐘省作。【說文中之古文攷】

◉馬叙倫　鈕樹玉曰。繫傳烏作鳥。廣韻引及玉篇注並作孝烏也。繫傳盱作盻。譌。沈濤曰。御覽九百二十廣韻十一模皆引作孝烏也。是今本鳥字誤。孝烏即慈烏。前漢志。王莽改烏傷縣為孝烏。古稱烏為孝烏。可證。初學記三十六引作孝烏也。下奪象形二字。盱呼作嘔呼。烏乎下有烏為日中之禽故為象形也十一字。嘔疑當作傴。春秋元命苞。烏者陽精。其言僂呼。俗人見僂呼似烏。故以名之。傴僂義相近。許稱孔子曰。皆出緯書。今本盱字衍。倫按烏之篆形異於鳥者僅無目精。昔人謂烏黑。故不見其精也。然毛公鼎烏乎字作。有精。首上有。寡子卣作。效卣作。亦然。倫謂烏固可圖。變為篆文。則不可辨。故奪其目為烏。當為指事。然以金文斠之。實从鳥。聲。即十二篇之亾。詳亾字下。烏蓋其傳寫之譌。亦或原始烏字變為篆文。傳寫成。而其轉注字也。孝字及孔子曰以下十六字校者加之。緯書中多俗說。不可據。當入鳥部。字見急就篇。

商承祚曰。石經古文作。金文余義鐘作。倫按甲文鳳字有作者。象形。此亦然也。象首。象兩翼。象兩足也。篆取整齊。遂如此耳。象形二字校語。汗簡引雜字指。鵃字作。乙字作。蓋即鳦字。其鳥旁與此篆近似。字指蓋本古文官書。官書本魏石經及汲冢竹書古文。則此篆呂忱依官書加之。

朱孔彰曰。汗簡二字云。出碧落碑。倫按魏石經一篆文作。一篆文作。此言象古文烏省。本書既無此例。且曰。象古文烏省。則非古文。然則為籀文耶。或此本作篆文烏象古文烏省。傳寫挩篆文二字。呂忱據石經加也。金甲文中皆不見如此作者。匡謬正俗二引本書及聲類。於。古烏字。急就篇于於並在一章。蓋本作烏。傳寫易之。烏邑幣作。从隹。亡聲。【說文解字六書疏證卷七】

◉高鴻縉　毛公鼎□字。近人馬氏以為从烏亡聲。吾友李敬齋以為从烏口。取其善呼。余則以為烏上有冠毛之形。於為烏之異體。烏側立。於則飛也。兩形均可上溯至周。戰國中葉以後。於又通以代于。而烏(俗別作嗚非)除用為嘆詞烏乎外。又借為烏黑之意。兩字遂分化。清人沈濤著說文古本攷。烏下云。許君所稱孔子曰皆出緯書。【中國字例二篇】

◉朱德熙　簡文凡七字(見附圖)。

第三字李釋刉，非是。案是於字，長沙帛書、信陽竹簡、秦權量詔文以及某些漢印上的於字皆與此相似，可證。

上引漢印於字與簡文最相似，這是很可注意的現象。【戰國文字研究(六種)　考古學報一九七二年第二期】

◉李孝定　「烏」字亦作「於」，乃文字之自然演變，非為助語詞更作一「於」字也，高田氏說非。高鴻縉氏論毛公鼎烏字，以為上象冠毛，未安，烏未見有冠毛者；李敘齋氏以為从口，亦誤，从口則為鳴字矣；馬氏以為「亡」聲，甚新異可喜，以之讀他銘烏字，亦近是，惟形聲字聲旁，多與形旁分立，而此則相屬，疑此上作「□」者，實象烏引吭而鳴之形，烏於烏最為善鳴也；然烏頭左側，又突出咮形，似又不得作此解，古文字形，有不得審諦者，每類此也。【金文詁林讀後記卷四】

◉許學仁　繒書乙篇第一行句末云：「風雨是□」，諸家考釋聚訟紛紜，或釋於，或釋烏，或釋乍。與信陽簡、鄂君啓節、秦權量詔文略同，蓋亦「於」字也。溯其字源，皆出於烏字古文。說文(四上)烏：「孝烏也。孔子曰：烏亏，呼也。取其助气，故目為烏呼。□，古文烏，象形。□(說文繫傳作□)，象古文烏省。」段玉裁注：「即今之於也，象古文烏而省之。」引匡謬正俗曰：「今文尚書悉為『於戲』字，古文悉為『烏呼』字，而詩皆云『於乎』，中古以來文籍皆為『烏呼』字。」觀夫三體石經書無逸：「烏虖繼自今嗣王。」君奭：「其崇出於不祥。」烏於古文同。是「於」「烏」古本一字，小篆始別二字。拾遺釋為「乍」，蓋審之未諦。而釋「於」「烏」皆是也。此外，饒氏讀「於」為「呼」，謂「風雨是呼(嘑)」一類句法。見於大荒北經：「風雨是謁。」郭璞注：「言能請致風雨。」【楚文字考釋　中國文字新七期】

◉湯餘惠　《說文》云：「烏，孝烏也，象形。」由上舉時代較早的毛公鼎一例可以證明《說文》釋形可信。金文烏字身、首均和烏字相似，惟張大其口，以突出烏鴉喙鉅聲宏的特點，其後口部右方「[字形]」形析出，演化為[字形]、[字形]、[字形]、[字形]等形。又于字下加「二」以填補空位，於是分化為烏、於二字。【略論戰國文字形體研究中的幾個問題　古文字研究第十五輯】

◉何琳儀　長沙帛書《乙篇》「曰故黃能（熊）雹（伏）虘（犧）……風雨是於」。其中「於」，或釋「語助詞」，或釋「居」。

按，「於」可讀「遏」，二者均屬影紐，典籍往往可以通假。例如，《書·舜典》「遏密八音」，《春秋繁露》引「遏」作「閼」。《左傳》襄公廿五年「虞閼父」，《史記·陳杞世家》索隱則作「遏父」。《呂氏春秋·古樂》「民氣鬱閼而滯者」，注「閼讀遏止之遏」。《一切經音義》二「遏，古文閼同」。「遏」或作「謁」。《春秋》襄公廿五年「吳子遏」，《公羊傳》、《穀梁傳》均作「謁」。凡此，均「於」、「遏」、「謁」相通之證。

檢《山海經·大荒北經》「不食不寢不息，風雨是謁」，郭注「言能請致風雨」。按，郭注非是。「風雨是謁」即帛書「風雨是於」。「於」讀「嗚」，即「歍」。《說文》「歍，一曰口相就也」。亦作「喝」。《素問·生氣通天論》「炊則喘喝」，注：「大呵出聲也。」一作嗚。」總之，「於」、「嗚」、「歍」、「喝」、「謁」均一音之轉。「風雨是於」與「風雨是謁」辭例吻合無間。前者指伏犧，後者指燭龍，均有呼風喚雨之神力。【戰國文字通論】

◉徐寶貴　《古璽彙編·姓名私璽》第一三二二頁：

[字形]三五二五

釋文作「□卑」。

案《古璽彙編·複姓私璽》第二頁編號為三七九四的「司馬慾」的「慾」字作[字形]。金文𨱌篙鐘「救戎於楚競」的「於」字作[字形]，和古璽文的「慾」字所從的「於」字相同。古璽文的「慾」與金文的「於」，所從的[字形]、[字形]和被考釋的古璽文[字形]字所從之[字形]相同。金文余義鐘的「於」字作[字形]與此古璽文的形體相近，應是一個字。「於」字就是《說文》「烏」字的古文。《說文》「烏」字古文有兩個形體，作[字形]、[字形]所從的[字形]也和此古璽文[字形]字所從的[字形]完全相同。《說文》：「烏，孝烏也，象形。孔子曰，烏盱呼也，取其助气，故以為烏呼。」金文禹鼎「烏虖哀哉」、余義鐘「烏嘑敬哉」也用為語氣詞。古貨幣文「烏」字作[字形]，與此古璽文[字形]，形體完全相同。「鄔」字古貨幣文作[字形]、[字形]、[字形]，所從的「烏」字作[字形]、[字形]，與此古璽文尤為相同。以上有關古文字資料已經證實古璽文[字形]是「烏」字，在此璽中用為姓氏字。

「烏」，出自姬姓，黃帝之後。少昊氏以烏鳥為官，有烏鳥氏，其後為烏氏。春秋時莒國有大夫「烏存」，說明「烏」姓是個較古姓氏。【戰國璽印文字考釋　中國文字新十五期】

舄

◉黄錫全　據云「望山二號墓的棺板上有十六處烙印文字」(《楚文化考古大事記》55頁)，見於正式報導者有下列兩種烙印：

(1)於王既正

第一字即於字，其形與吳王夫差矛(鉘)字右形相同。湯餘惠同志認為，「於王」疑即「越王」，因古於越音近字通。「正」讀為「征」。其義是越王被征服以後。墓主很可能是參加了楚征越而戰死沙場的楚貴族。二號墓的年代應在楚懷王二十二年滅越之後不久。此說如果能夠成立，望山M1的年代及所出勾踐劍的原因就比較清楚了。【湖北出土商周文字輯證】

◉曾憲通　風雨是於　甲一・三四　《說文》烏字古文作，望山楚簡省作，帛文之，乃偏旁連筆為，嬗變之迹可尋。「風雨是於」猶《山海經・大荒北經》之「風雨是謁」，於、謁音近可通，意謂能請致風雨(詳饒文)。釋乍、釋放皆誤。【長沙楚帛書文字編】

◉何大定　說解曰：孝鳥也，象形。下屬字僅有、二字。烏，金文作(毛公鼎)(效卣)，而鳴金文作，可知鳥與烏于金文篆文皆甚相近，且舄與焉亦屬鳥類，(舄下曰雒也，焉下曰焉鳥。)均可皈入鳥部，而烏不應立為部首矣。【說文解字部首刪正　中山大學語言歷史研究所周刊第五册】

◉戴家祥　按金文烏字象一長尾鳥昂首張口盱呼之形。這與善鳴長尾的鳳鳥相近。說文鳳古文作，从烏。疑古代鳳烏當為同類之鳥，只是文采不同而已。金文烏早期用作歎詞「烏虖」，後期又用作介詞。【金文大字典下】

舄　盂鼎　九年衛鼎　吳方彝　師虎簋　師晨鼎　十三年𤼈壺　元年師兑簋　師嫠簋
弭伯簋　弭弔簋　伯晨鼎　幽亢赤舄　【金文編】

雒　日甲一一九　【睡虎地秦簡文字編】

◉許　慎　雒也。象形。七雀切。篆文舄。从隹昔。【說文解字卷四】

◉吳式芬　許印林說⊘舄作。象雒飛之形。彪敦作。薛氏廣鐘鼎韻篆入象形類是也。【攈古録金文卷三之二】

◉馬叙倫　嚴可均曰。雒即舄而云雒也。必有脫文。孫星海云。舄在烏部。疑當作烏雒也。段玉裁曰。舄。雒也。此以今字釋古字之例。王筠曰。說文之例。同字而在兩部者。用為說解。同字而同部而用以為說解者。無此例。亦無此理。倫按吳尊。衰衣赤舄。舄字作。師晨鼎作。盂鼎作。師虎毁作。其皆象鳥形。疑初文齒字。从鳥。聲。隹鳥一字。甲文隹有作者。此傳寫少譌變耳。齒音穿紐。舄音清紐。穿清皆破裂摩擦次清音也。本訓鳥也。䧿者校者注於下。謂此即䧿字。或校者以後起字釋其音也。傳寫挩鳥字。當入隹部。字見急就篇。

䧿沈濤曰。初學記三十引篆文从隹昔聲。是古本有聲字。今奪。任大椿曰。詩鵲巢釋文云。鵲字林作䧿。廣韻同。而禮記中庸釋文云。字林作鵲。說文作䧿。又不同。王筠曰。表記釋文云。字林作鵲。說文作䧿。倫按舄音清紐。昔音心紐。心清皆舌尖前音。故舄轉注為䧿。从隹昔三字校語。然舄本是篆文。安得復出篆文作䧿。況許書本無重文。而廣韻鵲字林作䧿。然則此是字林字。蓋呂忱取於魏石經。故曰篆文。禮記釋文引字林作鵲。說文作䧿。疑鵲䧿二字互譌。鵲則舄之今字。說文作鵲當作說文作舄。或陸據字林有三本。一本作䧿。一本作鵲。而一本則題為說文者也。急就篇有舄字。又有鵲字。豈鵲為譌字耶。依義似當為䧿。【說文解字六書疏證卷七】

◉楊樹達　䧿　按：䧿从昔聲，舄與昔古音同在鐸部。又按說文往往以後起字訓初字，如以抱訓了，以䧿訓舄是也。今分舄䧿為二音，不以為一字矣。【文字形義學】

◉高鴻縉　林義光曰。按古作。象張兩翼形。按林說是也。形似烏而羽旁有白絛。疑周人始造此字。吳彝變作。石鼓寫字偏旁作。小篆乃變其上作。其形遂不可說。鵲从昔聲。昔聲與舄聲同。舄古亦通叚以代屧。金文赤舄。即赤屧也。【中國字例二篇】

◉嚴一萍　卜辭有及字，孫海波甲骨文編隸定為雀，附録於止後。葉葓漁前編集釋引余永梁殷虛文字考釋「進」。字，余永梁釋進，葉氏从之。孫海波未釋音義。今細審之當即說文之舄若䧿。試證之。說文曰：「舄，䧿也。象形。七雀切。䧿，篆文舄从隹昔。」初學記卷卅引「从隹昔」下有「聲」字，則䧿為形聲字。段氏說文解字注曰：「謂舄即䧿字，此以今字釋古字之例。古文作舄，小篆作䧿。……言其物，此云舄，䧿也。言其字，舄本䧿字。自經典借為履舄字，而本義廢矣。」揆段氏之意，舄即䧿字，惟有古文與小篆之別。案今傳世銅器銘文所見，凡言「舄」者，多與赤字連文，蓋均借為「履舄」字。據金文編所録諸舄字凡七器，除𨋫侯鼎作訛變太甚，與他器之字形殊不類。餘六器為：盂鼎、師虎簋、吳方彝、師嫠簋、師晨鼎、師兑簋。所作諸舄字，形體大致不殊。⊘今以字形之演變而論，則西周年曆譜所推定者，上承甲骨之，下啟小篆之譌，秩然有序。兹據以排此，以見其遞嬗。

甲骨文武丁時　　西元前一三〇〇左右

盂鼎 九九九

師虎簋 九七六

師嫠簋 九五六

元年師兑簋 九二四

師晨鼎 八七六

吴方彝 七八〇

小篆 秦始皇廿六年書同文時西元前二二一年 許慎成説文解字漢安帝建光元年西元一二一年

以盂鼎之相較，下半之隹，訛變已多，上半止字，尚存三歧。師虎簋師嫠簋則最為形似，从止从隹，宛然可辨。至師兑簋以下之器，上半譌作形，即為小篆作所从出，下半之隹，微有訛變，乃截取烏之下半，遂成今形作。許君謂：「象形，雖也。」既識其音義。乃昧於初文。段氏知舄與雖為古今字，可謂卓識。然無緣知是雀之譌也。古音止在之部，昔入支部，之支聲近相通，故古字从隹止聲之雀，可隸變而為今字从隹昔聲之雖。儻無卜辭之雀，則所謂古今字者，終難通其郵。今山海經南山經之首曰雖山。與卜辭毗鄰東夷之雀皆在殷都之南，地望相若逆臆之，或即殷商雀侯之故治則地亦可徵焉。案文選注王巾頭陁寺碑引南山經作雖山，經典雖鵲每同用。詩雖巢釋文云：「鵲，字林作雖。」廣韻同。禮記中庸表記釋文均云：「字林作鵲，説文作雖。」其實一也。鵲山有二，魏書地形志：「臨邑有鵲山。」臨邑於明清皆屬山東濟南府。鵲山在歷城縣北濼口鎮。齊乘引李白詩注云：「扁鵲煉丹於此，故名。」其名之晚起可知。足與相當者，莫若安徽之鵲頭山。明一統志：「鵲頭山在池州府銅陵縣北一十里，其山高聳，宛若鵲頭。今廬江西岸有鵲尾渚，與此為匹。」按鵲頭山在安徽省銅陵縣北長江東南岸亦曰鵲頭鎮。元和郡縣志：「鵲頭鎮即春秋時鵲岸。沿流八十里有鵲尾洲，吴時屯兵處。」清一統志引胡三省通鑑注「鵲頭在銅陵，鵲尾在舒城。鵲尾洲者，江中之洲也。」左昭公五年傳曰：「楚伐吴，吴人敗諸鵲岸。」注：「廬江舒縣有鵲尾渚。」春秋地理考實引彙纂曰：「繁昌縣西南大江中有鵲州。蓋銅陵鵲頭山至三山為鵲尾，故江曰鵲江，岸曰鵲岸。」當塗縣志亦曰：「鵲江在縣北五十里，逶出蕪湖。蓋自銅陵鵲頭山為鵲頭，至三山為鵲尾。故江曰鵲江，岸曰鵲岸。繁昌諸水皆注，西對無為州，乃江流險要處。」諸鵲地皆因鵲山得名，必其淵源甚久。謂即南山經之雖山，卜辭雀地之所在，似可信也。【釋 中國文字第三册】

◉李孝定 説文「舄。雖也。象形。。篆文舄。从隹昔。」絜文之。嚴氏釋舄可从。惟疑字上从。象舄之毛冠。偶與止字相類。非从止聲。亦猶鳳上从。偶與丵字相似。實非从丵也。嚴氏以為止聲。似有可商。【甲骨文字集釋第四】

焉

◉朱德熙　金文舄字寫作：

吴方彝　師虎簋　師晨鼎　盂鼎　師嫠簋

簡文舄字當是從這一類形體演化而來的。《説文》舄字篆文作䧿，《釋名·釋衣服》：「舄，腊也。行禮久立，地或泥濕，故複其末下，使乾腊也。」舄與昔都是魚部入聲心母字，音近相通。簡文舄字當讀為錯。《説文》金部「錯，金涂也。」《漢書·食貨志》：「又造契刀、錯刀。契刀其環如大錢，身形如刀，長二寸，文曰契刀五百。錯刀以黄金錯其文曰一刀直五千。」張晏曰：「錯刀則刻之作字也，以黄金填其文。」「黄金與白金之舄」是説以金銀為嵌飾。今傳世戰國帶鉤多有錯金銀的。《河南信陽楚墓出土文物圖録》説：「鐵帶鉤共發現五件，其中錯金嵌玉的兩件極為精緻，帶鉤邊沿錯有金銀絲的雲雷紋，中部嵌有金質龍形浮雕四枚和碧玉三塊。」所記可以與簡文互證。【信陽楚簡考釋（五篇）　朱德熙古文字論集】

焉　中山王嚳壺　不祥莫大焉　【金文編】

焉　雜一一　十例　法一六八　八例　封九一　四例　日甲六九背　二例　日甲七一背　日乙四二　二例

秦四八　秦一九五　【睡虎地秦簡文字編】

趙焉　吴焉　【漢印文字徵】

祀三公山碑　刊石紀焉　詛楚文　而質焉　【石刻篆文編】

焉出華岳碑　【汗簡】

古孝經　華嶽碑　雲臺碑　【古文四聲韻】

◉許　慎　焉焉鳥。黄色。出於江淮。象形。凡字。朋者。羽蟲之屬。烏者。日中之禽。舄者。知太歲之所在。燕者。請子之候。作巢避戊己。所貿者。故皆象形。焉亦是也。有乾切。【説文解字卷四】

◉陳獨秀　説文云：焉，鳥黄色，出於江淮，象形。自來釋之者，皆不知焉為何鳥。周伯琦謂焉為鳶，按鳶説文作鳶，訓鷙鳥，玉篇云：鴟類。訓美之嫣，不應取義於鸞鳥。焉當即白項烏。爾雅云：燕白脰烏。小爾雅云：純黑而反哺者謂之烏，小而腹下白不反哺者謂之雅烏，白項而羣飛者謂之燕烏；項白故有美義，焉亦烏，焉亦用為於也，字形與毛公鼎烏字極近。宣六年公羊傳何注：焉者，於也。孟子：人莫大焉無親戚君臣上下，即人莫大於無親戚君臣上下；此皆可證焉即於，亦即烏。焉訓何訓安者，安之同音假借，用為語已詞者，也、矣之假借。【小學識字教本】

◉馬叙倫　鈕樹玉曰。廣韻引作鳥黄色。出江淮閒。韻會引作鳥黄色。無下文。繫傳蟲作虫。王筠曰。舄焉隸鳥部。而皆不云从鳥。皆云象形。五百四十部中獨此為變例。故以凡字云云發明之。沈濤曰。龍龕手鑑引所在下尚有巢常背之一名乾鵲八字。章炳麟曰。焉鳥今不可知。鄧廷楨謂江淮多倉庚。以為蠶候。故貴之。尋焉字旁轉清即為鸎。説文無鸎。其鶯字訓鳥。詩有鶯其羽。傳。鶯然有文章。倉庚于飛。熠燿其羽。則得名鶯也。焉黄而倉庚亦雜黄黑。鄧説最合。奚世榦曰。焉鳥疑即正也。儀禮大射儀鄭注。正亦鳥名。齊魯之閒名題肩為正。正鵠皆鳥之捷黠者。禮記月令。征鳥厲疾。鄭注。征鳥。題肩也。疑禮之正。即焉之半。實非之盛切之正字。當讀有乾切。題肩急讀之即為焉。倫按焉蓋从隹正省聲。正音照紐。古讀歸端。焉音見紐。皆破裂清音。焉即題肩。奚説是也。題肩即焉之緩言也。説解焉字乃隸書複舉字。鳥下捝也字。黄色出於江淮及凡字以下云云皆校語也。當入隹部。字見急就篇。【説文解字六書疏證卷七】

◉白玉峥　[glyph]：籀廎先生釋翟，又疑與[glyph]為一字。見文字篇。羅振玉氏作書契考釋，列入待問編。四九。孫海波氏作文編，亦列為不識之字。附録十四。李孝定先生作集釋，未予收録。葉玉森氏作前編集釋，或釋鳳。二·三五。又或隸定為風。五·十一及六·六。張秉權先生作丙編考釋，曰：「[glyph]，象鳥頂有叢毛，疑是鳳字之别體。鳳為地名，在殷之東南，與攸相距大約有五六天路程。」丙釋上二·一二七。彦堂先生隸作𨿅。殷曆譜下九·四九。峥按：葉氏釋鳳或隸作風，非是。張先生作考釋，未能深究，冒然从之，亦非。就字之構形審之，疑即今隸焉字之初文。其與鳳字之異，不僅頭飾；即其隹字之構形與修飾亦異。鳳身之隹，必以斑羽為飾，與隹之構形，截然有别，明白清楚；而焉身則與隹字全同，不僅無斑羽，且無歧羽。又焉字僅見於第一期及第五期之卜辭，且皆寥寥數字。至其在卜辭中之為用，就第一期言，在極少之數字中，又半為地名，餘則以辭殘有閒，字意難予肯定。再就見於第五期者言之，均為地名，無一例外。而鳳字則否。就甲文以證甲文，二字之構形，與在卜辭中之為用，迥異其趣，是必為二字無疑。再就小篆之作[glyph]、詛楚文之作[glyph]言，其構形仍與甲文相同。是[glyph]之釋焉，殆無疑也。至甲文中地名之焉，當即今隸之鄢字。疑即春秋隱公元年：「夏五月，鄭伯克段於鄢」之鄢。杜預注：「鄢，今潁川鄢陵縣。」字又作傿，後漢書郡國志：「傿陵，屬潁川郡，春秋時曰傿。」潁川之傿陵或鄢陵，即今河南省之鄢陵縣，地在殷虚之南，與商近也。【契文舉例校讀

華

（十一）中國文字第四十三册】

◉黄錫全　𢎭焉出華岳碑　此即安字，與(侯盟)、(璽彙1226)、(古貨文)等形類同。林義光認為安字「从女在宀下有藉之，與保从同意」(文源)。焉、安典籍通用。【汗簡注釋卷五】

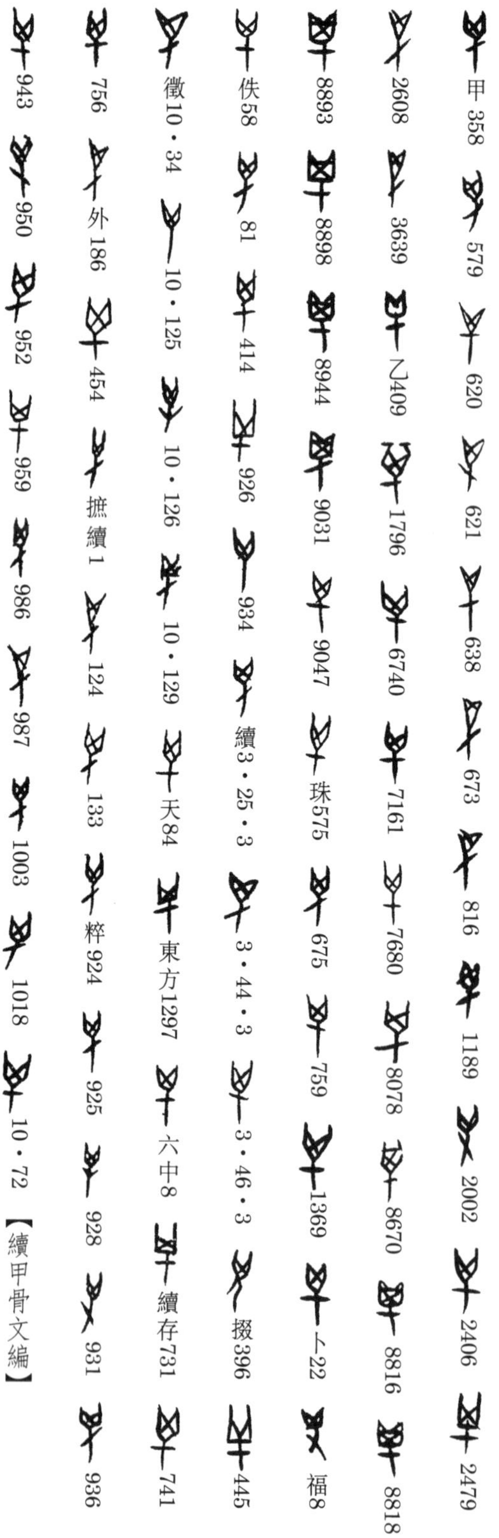

【續甲骨文編】

華方安切【汗簡】

◉許　慎　華箕屬。所以推棄之器也。象形。凡華之屬皆从華。官溥説。北潘切。【説文解字卷四】

◉孫詒讓　説文華部「華，箕屬。所以推糞之器也。象形。」又云：「畢，田网也。象畢形散也。」段本改「从華象形。或曰田聲」。依許説「華」蓋與箕相似，而有柄。故箕古文作説文箕部。金文作邵鐘。龜甲文作，而華則以象其柄，故文特異。畢則本非箕華同類物，因其形散象箕，而亦有柄，故象華而以「田」象网箸其上，此許書説解之恉也。金文無華字，而有畢字。畢鮮敢作，伯郘父鼎作，又鬲作，塱敢作，畢中孫子敢作，此後定象形字，與小篆略同。甲文有云：「左角散闕于父乙」當作，即畢字，亦象華，有兩耳而無田。古𠭯文有字，似亦其變體，舊釋為千非。此蓋原始象形畢字。其有耳者，畢星象畢，史記天官書謂畢有附耳，是畢有耳之證。若箕𦍌則不聞有耳，知非𦍌字也。畢最初古文本如是作，後世省變增田，而去其耳，則似著网於𦍌，不及古文之精矣。

甲文又有□字，从□从又，鼎文有□字略同。舊釋手持干非。攷說文攴部「𢿨，盡也。从攴畢聲。」金文𢿨狄鐘作□，亦與小篆同。甲文□當即𢿨之省，右省攴為又，左則直从□，無田亦無兩耳，於形尤簡省。鼎文□上□中箸一小鳥張翼形，尤足為畢用羅鳥之證。由是知□之是畢非𦍌，可以無疑矣。

金文又有𦤎字，从収从畢，說文所無，疑即𢿨之異文。𦤎字鼄公𠷎鐘作□，鼄公牼鐘作□，邵鐘作□，舊釋為巽或為戴並誤。偏旁所从畢字作□、□原文有闕以意補足之、□三形，亦有田而旁有耳形，與小篆散異，蓋其左右為兩耳者，自是畢之特象，𦍌本無是，故小篆𦍌畢皆無耳也。金文从𦍌之字，又有□字，散氏盤作□，其𦍌形作□，即𦍌之省，下从廾，似并上半為冓形。非兩耳也。篆文𦍌與冓上半同，甲文冓皆作□，金文棄字偏旁正與彼相類，足證有耳者是畢，而非𦍌也。金文又有召字亦从𦤎，詳後奇字發敚。

金文𦤎字又有無田者，如陳昉𣪘𦤎作□是也。其字上从廿，省其柄而箸儿，與諸鐘文特異，疑古𦍌字有省柄者，與箕作𠁁略同。攷薛尚功鐘鼎款識齊侯鎛鐘有□字，博古圖作□敚異。左从土，右从攴，𢍜下亦箸儿，與𣪘文𦤎字同。兩文皆从攴，當亦𢿨之異文，此可證䡆𢿨字同。原始象形畢字當如甲文作𦍌，唯有耳，後乃益田形，或增或省，不害其為一字也。尗妊盤有□字亦即此字，从□與𦍌亦同，而形尤省。散氏盤又作□，即土之省，迻箸卄上，餘竝同，亦皆一字也。此字說文未見，據齊鎛云：「□公之𡛦」，則當是國名，疑即畢公國之異文，故从土。散盤□字，亦似周畿內國邑名，但卄下箸兒，究不知何義耳。【名原卷上】

◉林義光　按古作□段敦畢字偏旁。□檀伯器乙畢字偏旁。【文源卷一】

◉商承祚　說文𦍌。「箕屬，所以推棄之器也，象形。」證以漢畫象刻石，凡捕兔之具作□，與說文訓「田网」之畢用同。許君謂畢「从𦍌，象畢形」，則𦍌為本字。後因𦍌為田网，乃加田作「畢」，變體行，而本字之字誼反晦，遂改訓為「推棄之器」矣。金文畢字亦从□(召卣)□(畢鮮𣪘)。其作□□者(段𣪘伯㝨父鬲)，即小篆所本矣。【甲骨文字研究下編】

◉馬叙倫　段玉裁曰。官溥者。博採通人之一也。王筠曰。棄當作弃。汪本作棄。倫按𦍌者。以字形而言。當為今農家所用以推除艸葉之器。以竹為之。其形為□。篆文變為𦍌耳。然則非箕屬也。集韻二十六桓。𦍌。𥳑。引本書。箕屬。所以推棄之器也。官溥說。吕静作𥳑。然則箕屬以下十二字乃吕忱本聲類加之。忱弟静作韻集即本聲類。本書說解中每有同聲類之文可證也。官溥説三字今誤在從華下耳。亦疑此三字本下文糞字説解而誤羨。華非箕也。不得言箕屬。吕静作籓。則為籓之初文。然疑籓是簸之轉注字也。【説文解字六書疏證卷八】

◉徐中舒 三期粹九三五象長柄有網以覆鳥獸之狩獵工具，即《説文》畢之初文。《説文》：「畢，田网也。从田，从華，象形。」从田者乃表示施用於田，而《説文》謂：「華，箕屬，所㠯推糞之器也。」誤分華畢為二字，不確。【甲骨文字典卷四】

畢 畢

華之重文【續甲骨文編】

畢 段簋 永盂 伯夏父鼎 伯夏父鬲 倗仲鼎 史𩛥簋 𠭯伯簋 召卣 畢鮮簋 从廾 邵鐘 畢公之孫 邾公華鐘 余畢龏威忌 陳𣄰簋 畢龏愧忌【金文編】

3·673 右敀𨚕衢尚畢里季踞 3·674 同上【古陶文字徵】

畢 為一二 五例【睡虎地秦簡文字編】

畢延壽印 畢當 張畢 畢當昌 畢安家 畢弘之印 畢光之印 畢𩿨私印【漢印文字徵】

泰山刻石 遠近畢理 禪國山碑 今眾瑞畢至【石刻篆文編】

◉許 慎 畢田罔也。从華。象畢形。微也。或曰由聲。臣鉉等曰。由音弗。卑吉切。【説文解字卷四】

◉孫詒讓 「于父乙」，百五十七之二。「」當為「華」字。《説文·華部》：「華，箕屬，所以推糞之器也，象形。」金文从華之字如竈公華鐘畢作，舊釋畏或釋冀，並誤。散氏盤作。此上有兩耳與鼎耳同，鼎作見前。即金文之也。古箕華蓋交午竹木為之，本有耳，此象形較葡，可與金文互證。又云「之□□兆」，二百廿七之二。此即「𢿳」之省。《説文·攴部》：「𢿳，盡也。从攴，畢聲。」此作「」即从為形而省兩耳及田。「華」、「𢿳」疑並「畢」之叚借字。【栔文舉例卷下】

◉羅振玉　▢▢▢▢卜辭諸字正象网形。下有柄。或增又持之。即許書所謂象畢形之華也。但篆文改交錯之網為平直相當。於初形已失。後人又加田。於是象形遂為會意。漢畫象刻石凡捕兔之畢尚與▢字形同。是田網之制漢時尚然也。又許書隸畢字於華部。于畢注云。从華。象畢形。而於華注乃曰。箕屬。所以推棄之器也。象形。一若華。既象田網之畢。又象推棄之箕者。許君又謂糞棄二字皆从華。今證之卜辭。則糞字作▢。乃从甾。不从華。糞除以箕。古今所同。不聞別用它器。其在古文。畢即畢字。糞棄固無用畢之理也。此亦因形失而致歧者。【殷虛書契考釋卷中】

◉林義光　按田非聲。▢象畢形。在田閒。古作▢段敦。作▢櫨伯器乙。【文源卷六】

◉王國維　銘中畢公。舊釋戴公。或釋翼公。然其字作▢。與畢仲敦之▢槗伯敦之▢正同。其从廾者。殷虛卜辭畢字或从又作▢殷虛書契前編卷五第十四葉。从廾與从又同意。說文𦌢𦌢二字皆从廾。知華可作𦎧矣。以人地二名互證。則邵為呂錡之呂無疑。【邵鐘跋　觀堂集林】

◉高田忠周　蓋華為箕屬。所以推棄之器也。象形。故與箕字或作▢同。而華有長柄。畢之形與華相似。故借華字為畢。象形也。小篆作▢。亦小異耳。又按詩鴛鴦。畢之羅之。禮記月令。田獵。罝罘羅綱畢翳。皆本義也。【古籀篇二十二】

◉丁　山　甲骨文所見▢字甚衆，其辭多與田獵有關。自來皆釋為華，而以為畢字省形。按說文云：「華，箕屬，所以推糞之器也，象形。」又云：「畢，田網也，从田，从華，象形。」是華象箕形，又象田網，一字兩象，無是理也，實則▢即畢之初文，象「形小而柄長」的捕鳥獸之網，以此網掩捕鳥獸者，皆謂之畢。由𢆉所孳生的字，如：▢▢▢▢所从不同。我認為以𢆉捕鳥獸之誼則一，宜是禽之初文。【亞𢆉　甲骨文所見氏族及其制度】

◉葉玉森　▢之異體作▢▢▢▢▢▢▢等形。羅氏釋畢至塙。惟畢之為用不僅網鳥。卜辭或云「畢鹿」。卷五第十四葉之五。或云「畢虎」。拾遺第六葉之十三。「狐畢」。後下第卅一葉之十三。或以畢馬。如云「□□卜在潢貞王其▢大▢□獁罘騽亡巛畢」。卷二第五葉之七。似馬亦用畢也。考畢之初製。蓋僅用以網鳥。觀从手持可證。厥後擴而大之。乃如網羅。殷人仍謂之畢耳。本辭云。「狩亳魚漁畢。」疑畢為地名。殆言狩于亳漁于畢也。【殷墟書契前編集釋卷一】

◉吳其昌　「▢」者，其字或作▢（後・二・八・一一）▢（續三・四一・二）▢（鋏六〇・四）▢（續三・四九・二）▢（戩一一・四）▢（鋏一三四・三）▢（續六・二六・一一）……諸形，即說文訓田網之「畢」，▢，亦或增手形以持之，作▢（鋏一八三・二）▢（鋏二二七・二）▢（前二・三〇・一）▢（前五・一四・三）▢（前五・一四・四）……諸形，在卜辭則與不增「又」者實無分別，在說文則即為訓「盡也」之「斁」也，說文所云：「畢，田網也」者，謂狃獵時所用之網，非謂施于田間之網也。卜辭此字，正像狃獸時所執之網，故下施長竿為柄，以便及遠，又或增从手以持之矣。羅振玉曰：「漢畫像刻石，凡捕兔之畢，尚與字形同，是田網之制，漢時尚然也」（釋二・四八）。今以殷代卜文考之，或「獸畢……」連文（鐵五・一，鐵三四・一又一二〇・一，續三・四一・一等），言狩時用畢也。或其字作（前六・四五・四）（前六・四五・五）（前六・四五・六）（後一・一二・一一）（後二・三七・六）……諸形。謂取畢以網得鳥也。或其字作（前六・四八・一）（前七・一六・三）謂持畢以網得豕也，或更作（續三・四五・九）（鐵四三・四）（鐵一五二・一）（前七・一二・一）……諸形，謂倒持畢而網得豕也。或卜文云：「罕犬，罕三百又卌八」（後二・四一・一二）。謂以畢網得犬，其數或多至三四八也。或卜文云：「」（鐵一九四・四），「壬申卜，敝貞，〔在〕甾，。丙子〔阱〕允二百㞢九」（前四・四・二）。謂以畢網得麋（或阱得），其數或多至二〇九也。或卜文云：「……鹿弗，□（其）射」（續三・四四・六）。謂以畢網得鹿，……或卜文云：「逐六兕，」（後一・三〇・一〇），謂以畢網得兕六也。或卜文云：「王其罕虎」（拾遺六・一三）。謂王舉畢以網虎也。又或云「王乎獸，廼鄉（饗），又（有）鹿」（拾遺六・八）。謂王因狩而設饗，示其所網得者有鹿也。至若所罕獲者，不為物而為人，則以「」从「人」，而為形（卜辭多不勝舉），即「禽」（擒）字矣。是故，若以為名詞而釋之，則「畢」之義為田獵時主要之工具，所謂「田網」者也。若以為動詞而釋之，則「畢」之義，乃為持此工具以網獵百獸之動作，是即所謂「禽」矣。及其既已擒獲，則此田狩之事已畢，故引申之義，又得通假為「畢竟」、「完畢」之「畢」，此引申義，在殷時即已有之，故卜辭屢見「亡巛（災）畢」（前二・五七，又前二・一一・一）或「亡𢦏（災）畢」（前八・九・四，後一・一四・五，又一・一四・一一，又二・二三・一三，又二・三六・八，又二・四一・一三，又二・四一・一五，戩一一・四）之語可證也（謂安全畢事）。卜辭又有「王痡𢿢」語（前五・一四・四），謂王之病止也。是則說文「𢿢，盡也」之訓，蓋亦有所受之矣。此畢字形義之源委本末也。至于本片（前一・二九・四片）云「王獸亳，魚，畢」者，乃謂王田狩于亳都，又漁且網也。【殷虛書契解詁】

◉郭豫才　儀禮特牲禮。宗人執畢。鄭注。畢狀如叉。禮記雜記。畢用桑長三尺。刊其柄與末。三禮圖。畢似天畢。以載牲體。又葉博三寸。長八寸。柄長二尺四寸。丹漆兩頭。據三禮舊說。引申更詳。詩大東曰。有捄天畢。箋曰畢所以助載鼎實。藉此可知。畢者。古代助食之器也。其有待考者。畢多與匕混用。儀禮主人執匕。禮記匕以桑長三尺。或曰五尺。刊其柄與末。三禮圖匕以載牲體。長二尺四寸。葉博三寸。長八寸。漆丹柄頭。詩曰有饛簋飧。有捄棘匕。箋云。匕所以載鼎實也。按詩禮文義。與器物之用途推之。畢匕似同一物。畢匕音同。故又多互假。畢匕是否一物。及其形製與用途究屬若何。秦漢以下。多承襲舊說。鮮有澈言之者。去年秋。發掘輝縣二墓。於甲墓鼎壺之間。獲一銅勺。有柄。柄中尚有木屑。勺底有三角孔。共六列。列共九空。想係古時漏器。陳之館中。數月未能定名。余思久之。恍然而言曰。是古之畢歟。今特引而證之。并別畢匕之分。以證禮注之譌。畢。説文田罔也。从華。象畢形微也。或曰由聲。徐鉉曰。由音弗。卑吉切。詩鴛鴦于飛傳。所以掩兔。許於率下曰。捕鳥畢也。是畢乃掩物之網。捕鳥獸皆用之。齊語韋注曰。掩雉兔之網。則已集古注而併引之矣。網既有孔。捕魚亦為適宜。恐與網罟同制。月令注曰。罔小而柄長。謂之畢。與單罕相同。是言畢之形製。有別於它網。上从田會意。言網乃施於田獵之器。从由聲者誤。説文有華字。推棄之器。象形。北潘切。篇韻皆音畢。甲文作□（殷虚文字卷一第二十九頁）。作□（鐵雲藏龜二百二十七頁）。金文作□（善齋吉金録畢鏡銘）。與華字無別。是畢華古今字。糞棄從之。畢本捕鳥獸魚類之網。創製甚早。後人因其製而異其用者。共得三事。（一）仍用為網者。器長尺餘。以荆條為圈。以線繫之。作方孔。後有柄。鄉里多以為捕鳥獸蟲魚之器。今朔方用之者仍多。（二）糞器。説文糞。棄除也。上象糞形。从手持以棄之。北方轢禾。恐牲畜溺糞于場中。猶以此器斂之而棄諸外。今多以竹編之。形雖似畢。而形製稍大。柄亦漸長。棄者上从逆子。从手持華會意。與糞義同。（三）食器。即今所言之畢也。儀禮特牲饋食禮。宗人執畢先入。當阼階南面。鄭註。畢狀如叉。蓋為其似畢星取名焉。此乃漢人傅會之説。實則星名乃起於有畢之後。禮記雜記曰。枇用桑長三尺。畢用桑長三尺。刊其本與末。同書又引舊説云。畢似御他神物。禮記註。枇所以載牲體者，畢所以助主人載者，是畢匕本二物。匕。朼。枇。古今字。但禮注。畢則以助主人舉物。而枇所以載牲體。從鑊以升於鼎。由鼎以升於俎。如此言之。畢似專為舉物。而枇反為載物之器。實則不然。是説之誤。皆據鄭注畢形似叉而致。器形如叉。則利於舉也。朱豐芑曰。畢蓋助載鼎實之器。亦象網形。其説甚是。然釋匕字曰。象形。據比下古文作□。知匕古文作□。從倒干。當補。匕者撓鼎之器。如今飯操。有淺斗狀。其柄有刻飾者曰疏匕。按其説前半稍確。後半言匕如飯操。有淺斗。則仍未脱三禮注疏之誤。今考儀禮士昏禮。匕俎從設。注。匕所以別出牲體也。是匕乃叉狀。專為舉肉之用者。妣辛𣪘。匕作□。木工鼎妣戊作□。象形字。金文編收相似字多至四十餘。形稍異作□。見邾公釛鐘。作□。見頌𣪘。劉節吳其昌唐蘭徐中舒郭沫若諸家皆有釋文。唐劉二家□（即氒）□（即氏）互釋。郭沫若釋氒氏一文中。攻其非。並判氒氏為二字。氒為橛。氏為匙。匙者即匕後起字。然匕之古文□。與氒之古文□。並無區別。余意氏氒皆匕之古文。今匕字亦正象其形也。由匕為氏。為是。為匙。其演化之跡甚顯。按其形。首作兩叉者。乃其身。後曳者。其柄也。郭氏以上端有枝者為末。乃以挂於鼎脣以防其墜。其論亦未碻。然匕之應用甚廣，故其形制，當亦隨時隨地而異。匕之作□。一端可刺取。一端可勾攫。□者。○亦柄端之環也。由氏而為氒。正乃由□而為□。十者乃□之蜕變也。金文編卷十二有□字（魚匕）。容庚以為民之初文。與氏無別。故民亦乃氏相似之器也。今河南俗有肉叉。頭作兩叉。柄末有環。亦有無環者。其形正同。但柄稍長。已為鐵製。畢形似網而有柄。古者或以木製。日後始用銅。今北方以木條或鐵絲編者。曰罩籬。以鐵製者曰漏勺。自釜中取物藉孔以漏汁。皆畢之遺制也。今此畢。前廣一一・五公分。後廣一〇・五公分。身長一三・五公分。柄長一三・五公分。柄圍九公分。柄厚〇・四公分。深一・五公分。銅質。無銘詞。亦無紋飾。底漏孔共六列。每列皆九孔。器後端近柄處有六孔。兩旁各三。孔皆三尖形。與網罟甚似，器之前端已平齊。非叉狀。故知此器之年代稍晚，然其為畢則無疑。博古圖卷二十。載漢冰斗一。高一寸六分。深一寸五分。闊六寸二分。有柄可持。柄曲向後。不似輝縣出土者作直上狀。底夔紋。有鏤空。因不得而考。故以冰斗名之。實則亦畢也。以柄之型制及器底之花紋考之。知較輝縣出土者更晚。博古圖定為漢器。其說甚是。古代之畢。亦用以取肉。自鑊至鼎。自鼎至俎。所言載者。蓋指此。是畢匕二器。形製與用途均異。今習用之而不察。至言畢匕皆叉狀。似是而非。畢之初形。前端雖有叉。而其中實繫以網也。言罩籬者。乃畢之複音。說文。箄。簁落也。與罩籬同係一音之衍。方言曰。匕謂之匙。今曰調羹。上言亦匕之遺制。說文。柶。匕也。所以取飯。士冠禮之角柶。士喪禮之木柶。皆酌醴之用。似與今之匙相似。今言匕曰匙者。因匕古制為叉形。亦有作刺狀者。就今日言之。其同為肉叉。形制即隨地有別。匕之端。薄而銳。故後世名劍曰匕首。以其端稍曲作凹陷狀。故為匙。釁胅鼎。斗字作□。秦公敦作□。升作□。與氏之古文作□作□亦相同。是斗升之制，亦匕匙之沿化也。【說畢　河南博物館館刊第九集】

◉馬叙倫　鈕樹玉曰。韻會引作從田從華象畢形。沈濤曰。御覽八百卅二引。罼。罔也。罼即畢之別體。是古本無田字。羅振玉曰。卜辭□□□諸字。正象罔形。下有柄。即許所云象畢形之華也。但篆文改交錯之網為平直相當。于初形已失。後人又加田。于是象形又為會意。漢畫象刻石凡捕兔之畢。尚與□字形同。是田罔之制。漢時尚然也。許隸畢字於華部。注云。從華象畢形。而于華注乃曰。箕屬。所以推棄之器也。象形。一若華既象田罔之畢。又象推棄之箕者。許又謂糞棄二字皆從華。今證之卜辭。則糞字作□。乃從□不從華。糞除以箕。古今所同。不聞別用他器。其在古文。華即畢字。與□不同。糞棄固無用畢之理。此亦因形失而致歧者。倫按華畢自是二字。而畢為田罔。其象形文為□□。篆文變譌。乃與華混。畢不從華。許據譌篆入之華部耳。畢字金文如召尊作□。畢鮮敦作□。皆與此篆相似。段敢之□。則相同矣。倫謂□非田畝字。亦罔形也。畢為捕獸之器。不得從田畝字也。金文旗單卣有□。其□即此畢字。中間之□為手與鳥。蓋此古之圖語。明以畢捕鳥而獲之也。□則二畢上下掩之。手執干鼎有文為□。與卣文實明一事。但省一□。其□即□也。然則畢為卣鼎二文之省。或為□□之茂文。甲文之□□。蓋本書之□字。是動詞而非名詞矣。說解當作微也象形。微也以聲訓。今作田罔也者蓋字林文。或曰四字校語。當自為部首。字見急就篇。【說文解字六書疏證卷八】

◉周名煇　□歸夆𣪘。益公。□益公鐘吳氏定為益字古文。今考定為畢字古文。

名烜案。說文皿部云。益。饒也。从水皿。皿益之意也。此兩文作[illegible]。而畢鮮毀字作[illegible]。分明从八。从血。或从八。从皿。八[illegible]不同。當非一字。吳定之誤。不辨可知。惜近日容庚作重定本金文編。猶承吳說。定為益字。惑不可解。豈所謂目能見千里。而失之眉睫者乎。

吳子馨作金文世族譜。推定益益即畢字古文。固可由畢鮮之祖稱益公。有此實證。足以堅樹此義。尋說文八部云。必分極也。从八从弋。而周禮考工記弓人云。天子圭中必。鄭注組約其中也。讀如鹿車縪之縪。八畢必古音同在至部。詩七月篇云。一之日觱發。說文[illegible]部云。滭。泼風寒也。从仌畢聲。又云泼。一之日滭泼。是今本詩經觱或本作觱誤發。許慎據本作滭泼。觱字从角从誖字籀文為聲。而誖字从孛聲。孛字从八聲。是八畢同聲同義。求諸說文。得其碻證者也。然益之後為畢者。殆益為周初始封之地名。其後流分。子孫遂以畢字為之。猶陳國本字作敶。後在齊國。別其字作墜。又轉為田氏。字形雖易。而聲義不變。此當與之同例歟。周書克殷篇云。乃命召公釋箕子之囚。命畢公衛叔出百姓之囚。春秋僖公二十四年傳云。畢原。酆。郇。文之昭也。而其封國地望。在今咸陽之北。乃宗周王畿近郊地也。【新定說文古籀考】

◉楊樹達　畢字金文畢段毀伯要父鬲皆作[illegible]，猶鐘斁字所从之畢亦同，其字皆从華，下不从収，與此器[illegible]字形體殊異，則此銘之字自不得釋為畢也。邾公牼鐘云：「余[illegible]龔威畏忌」，字作[illegible]。邾公華鐘云：「[illegible]龔威忌」，字又作[illegible]。按此二亦異字，亦當讀為翼。爾雅釋詁云：「翼，敬也。」翼龔即敬恭，文義諧適。此銘之[illegible]與邾公二鐘之文為一字，彼文釋畢，文不可通，亦足證此銘之非畢字矣。【邵鐘跋　積微居金文說】

◉高鴻縉　按徐(灝)羅(振玉)之說均是[illegible]字。象形。周人加田般周間田獵字均借用田為意符。作[illegible]。[illegible]與[illegible]兩字並傳。後人不知其為一字。許誤以[illegible]為[illegible]。故為歧說。羅氏剖析。蹤跡顯然。秦漢以後畢行而華廢。余又疑卜辭之畢。加又者皆動詞。當从又畢會意。畢亦聲。卜辭。貞王夢[illegible]不隹(通為)咎(前五・一四・四)。是問王夢畢捕禽獸不為咎否也。詩曰。鴛鴦于飛。畢之羅之。則又通叚畢以代斁。於是斁字廢矣。【中國字例二篇】

◉張　哲　畢之用途，由捕捉而推廣至於盛舉撈載。安陽西北岡出土之石毀，有銘辭作：「辛丑小臣兹入，𢦏俎，在㝬目用毀。」意謂：「辛丑日小臣兹入祭，畢俎——持畢取胙以升於俎，在㝬用毀——言其胙之所自出。」儀禮特牲饋食禮：「宗人執畢先入，當阼階南面。」禮記雜記：「畢用桑長三尺，刊其本與末。」禮記注：「畢則以助主人舉物，從鑊以升於鼎，由鼎以升於俎。」三禮圖：「畢似天畢，以載牲體。」詩小雅大東：「有饛簋毀飧，有捄棘匕。」「有捄天畢」箋曰：「畢所以助載鼎實。」據此可知畢已推廣為助食器。祭祀大典用以撈載盛舉鼎內之胙，以升於俎。河南博物館於民國二十五年秋發掘輝縣周墓，在墓穴之間，獲一青銅質漏勺，柄木已腐朽，經考證即儀禮特牲饋食禮「宗人執畢」之畢。見後圖：

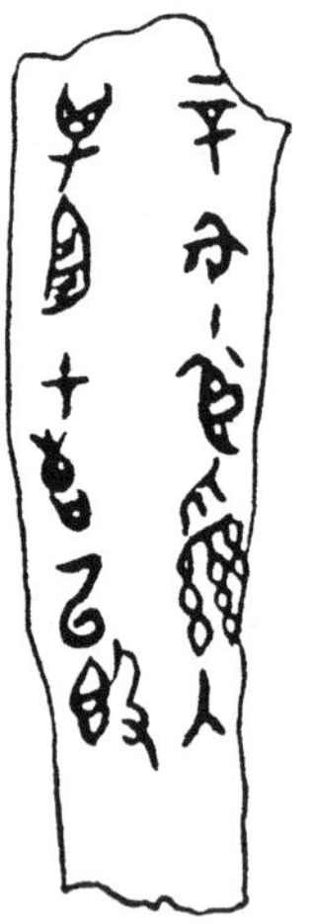

箕屬之類畢者亦曰畢。說文：「𠦒箕屬，所以推糞之器也，象形。」山形之如堂者亦稱畢，爾雅釋丘：「山形如堂者曰畢。」簡札亦曰畢，爾雅釋器：「簡札謂之畢。」畢為二十八宿之一，畢宿八星，二星直上如柄，六星曲為兩行如勺。晉書天文志：「畢八星，主邊兵，主弋獵。」晚出之書，不無所本。書有畢命，以命畢公高。書序云：「康王命作册畢，分居里，成周郊，作畢命。」傳：「命為册書，以命畢公。」畢公高為周文王十五子，武王封之於畢，在陝西長安咸陽二縣之北。畢萬即其後裔，事晉獻公為大夫，封於魏，戰國時為七雄之一。唐書世系表所列畢姓，謂為畢公高之後也。【釋畢　中國文字第十册】

◉劉樂賢　《漢印文字徵》附録二「⿱田戈殤」、「疾⿱田戈」，羅福頤先生隸定為⿱田戈。按此字乃畢字異体。睡虎地秦簡五二·一二「遠近畢理」之畢作⿱田共，金文郘鐘之畢作⿱田戈，郲公華鐘之畢作⿱田𠦒皆可為證。【秦漢文字釋叢　考古與文物一九九一年第六期】

◉李孝定　孫詒讓氏析畢字偏旁，說是。上从田，所謂「象畢形微也」，段注說文改此五字，作「从𠦒象形」四形，失其恉矣。楊樹達氏釋⿱田戈⿱田戈二文為翼，非是，金文翼敬字但作異，不作翼，亦不作此形，作此形者，仍是畢之繁文，孫氏以為戦之異構者是也。林義光氏謂在田間，故从田；高鴻縉氏謂畢用於田獵，故周人加田為意符，恐均未安，仍以孫説為長，羅振玉所舉形，見於漢畫象，契文亦有之，字作，乃罕字，卜辭多讀為禽，罕為田網，與畢相類，故字形亦相近也。【金文詁林讀後記卷四】

◉温少峰　袁庭棟　下列卜辭，就是關于畢宿的記録：

(114)丙申卜：今月(夕)方雨，畢，不鳳(風)？允不。六月。(《乙》一八)

此辭之「方」讀為「滂」。《説文》：「滂，沛也。」即雨盛之貌。「方雨」，即「滂雨」，今称「滂沱大雨」。此辭是卜問：「今晚下了大雨，月望在畢，还會不會起風？」驗辭是「允不」。即「果然没有起風」。

為什麽我們要釋此辭之「畢」為「畢宿」呢？主要是因為它與「方雨」即「滂雨」相連。《詩・小雅・漸漸之石》：「月离于畢，俾滂沱矣。」《尚書・洪範》：「庶民惟星，星有好風，星有好雨。日月之行，則有冬有夏。月之从星，則以風雨。」這表明我國先民以「月望在畢」來推測雨季的到來。竺可楨先生指出：「箕星好風，畢星好雨的道理，乃我國古代秋初月望時，月在畢，春分月望時，月在箕，而春月多風，秋初多雨之故。」他还指出，這種以「月望在畢」來判斷雨季來臨，起源很早。「按畢之赤經現時為四時二十三分，故小雪月望在畢，六千餘年前，處暑月望在畢矣」（《二十八宿起源之時代與地点》，載《竺可楨文集》）。可見「月望在畢」而大雨滂沱，是六千年前的天象經验，成為「天氣諺語」而流傳下來，在卜辭中就記録為「今夕，方雨，畢」。到了西周，就記録為「月离于畢，俾滂沱矣」。

由于此辭末記「六月」可供验核。那麽，上面的解釋是否合于殷代天象呢？為此，我們向張培瑜同志請教，他回信説：「『月离于畢，俾滂沱矣。』有兩種説法：1.新月時，月在畢。2.滿月時，月在畢。新月時月在畢，在殷商時基本上屬春分——穀雨時節。滿月時月在畢，在殷商時基本上屬秋分——霜降時節。它們其時雖然都屬春雨或秋雨連綿之際，但却都並非正值中原地區滂沱大雨，降雨量比較集中的時節（大暑——處暑），相差約二月。」「我基本上傾向竺老、錢老『月望在畢』之説。但與殷商、西周天象近兩個月之差，不大好解釋。准確地説，殷商時期，月望在畢的季節為寒露、霜降。它很可能是更古老的天氣諺語，在殷商还流傳。望日前後各兩天，月相变化是不大的。殷商和西周初期，處暑、白露前后那幾天，月亮走到畢宿或其附近時，的確仍可能出現滂沱大雨的。」

張培瑜同志上面的細致分析，使我們对(114)辭的解釋得到了天象測算的支持。因為殷商時期在處暑、白露前幾天，月亮走到畢宿或其附近時，可能出現滂沱大雨。這就與此辭記時之「六月」基本相符。雖然卜辭中的月分記録由于置閏的關係有前後推移之可能，但前後相差不会超過三個月。所以，殷商的六月，正是處暑、白露前後，月望在畢，而又有大雨，這是完全可能的。

【殷墟卜辭研究——科學技術篇】

◉曹錦炎 《彙》著録如下一方齊璽：

圖7

(1) [glyph]俸左敁(圖7) 《彙》0195

璽文首字是一個从[glyph]从攴的字，《彙》缺釋。此字又見下揭齊璽：

(2) 陳高[glyph]鉩(圖8) 《彙》1479

(3) 輔曲[glyph]封(2)(圖9) 《彙》5706

(4) 馬奔[glyph](圖10) 《彙》3081

(5) □[glyph](圖11) 《彙》5706

(6) 瘟[glyph](圖12) 《彙》2654

盡管構形及章法上有所變化，但是同一字是没有問題的。此字或从糸旁。如：

圖8

圖9

圖10

圖11

圖12

(6)印將此字上部所从的「田」寫成[glyph]((3)印寫作[glyph])，但仍為同字無疑。這些字《彙》均缺釋。

我們認為，(1)(2)(3)印的這個字當隸作斁，(4)(5)(6)印的這個字當隸作縪，均从畢旁。《説文》：「畢，田罔也，从華，象畢形。」甲骨文畢字作[glyph]，正象田網之形，小篆作畢，上增「田」，即表示田獵之意，而璽文寫作[glyph]，其構形正好處于中間環節。至于表示

⿱畢廾

田網柄部之「十」，璽文作𠦒，實際上增「又」作手持柄形，這種構形是齊璽文字的一個特點，如卑字寫作（《彙》0234），是其例。緷、𩊠應該是畢字之繁構，畢是田網，所以可增糸旁表其質地；畢為田獵工具，田獵是一種行動，所以可添表動態的攴旁。

(1)印文為「畢倕左敀」，「倕」本是堯時巧工名，後引申為巧工之意。在燕國陶文中，「倕」是機構名，屬陶尹管轄，可見是陶器製作機構，其下為「敀」。敀讀為栗，《考工記》作「栗氏」，職司量器製造。本璽「敀」也在「倕」之下，與燕國製度同。所以，此印中的「畢」，當是一種組織名稱。此璽為畢下所屬的陶量器製作機構所用之印。

《管子·乘馬》：「方六里命之曰暴，五暴命之曰部，五部命之曰聚，聚者有市，無市則民乏，五聚命之曰某鄉，四鄉命之曰方。」頗疑《管子》文中的「暴」字為「畢」字之訛，暴、畢二字在秦漢簡牘文字中分別寫作：

暴　帛書《老子》乙本　睡虎地秦簡

畢　睡虎地秦簡　銀雀山漢簡《五教法》

構形甚近，很容易在傳抄過程中出現訛誤。如此推測若不誤的話，則(1)印文中的「畢」是方六里之基層組織。

又(2)印中的「畢」也相同于(1)印，至于(3)—(6)印中的「畢」是否如此，尚需進一步研究。【戰國古璽考釋　第二屆國際中國文字研討會論文集】

◉戴家祥　邾公華鐘　余⿱畢廾龏威忌　⿱畢廾，乃畢之別構。說文四篇：「畢，田罔也。从華。象畢形微也。或曰由聲。」按金文畢象田獵用器，并不从由得聲。此字畢下添廾，象兩手持畢，同是畢字，與字義無妨。或曰：銘辭「⿱畢廾龏威忌」，龏从廾，故畢因此類化，从廾。【金文大字典下】

佚269　摭續125　161　甲3690　乙906　2065　2108　5582　5760　6692

7981　珠463　佚125　354　續5·26·2　掇253　續存628　粹1174　【續甲骨文編】

糞　秦八六　六例　日甲六九背　二例　【睡虎地秦簡文字編】

5290　【古璽文編】

□古老子 □唐韻 【古文四聲韻】

◉許　慎　□棄除也。从廾。推華棄釆也。官溥説。似米而非米者。矢字。方問切。【説文解字卷四】

◉孫詒讓　説文華部糞字从釆，云「官溥説似米而非米者，矢字。」又艸部云「菌，糞也。从艸胃省。」又肉部「胃，穀府也。从肉囟，象形。」攷菌即矢正字，小篆糞上从釆，與菌殊不類，胃从囟，象穀化形，與菌同，即象米午交而衺書之。糞上或當从菌，省作㐅，乃與字例符合。然石鼓文謂作□。仍从□不衺書。竊疑古文米象聚細米，本不午交，午交者，或正或衺，皆菌字之省，石鼓謂字其證也。古文糞上正當从米，小篆既變□為米，而又變糞為从釆，則似誤依釆字為之，説文釆部：「釆，辨别也。象獸指爪分别也。」金文番改鬲番字偏旁作□。非古文之舊也。【名原卷上】

◉羅振玉　□　□　□　□　説文解字。糞。棄除也。从廾推華。棄釆也。官溥説。似米非米者矢字。今卜辭之□。即糞字。从□。象糞薉形。即官溥所謂似米非米者。从甾即許書所从之華。華象田網。非箕屬。説詳下畢字注。廾以推棄之。埽糞薉於甾中。而推棄之。糞之誼瞭然矣。其省廾从土从甾者。从∴且旁加帚者。殆亦糞字。【殷虛書契考釋卷中】

◉馬叙倫　鈕樹玉曰。一切經音義十六引作糞除埽棄也。釆作米。段玉裁曰。棄為糞之譌。複舉字之未删者。羅振玉曰。卜辭之□即糞字。從□象糞薉形。即官溥所謂似米而非米者。從□。即許書之華。華象田罔。非箕屬。廾以推棄之。埽糞薉於其中而推棄之。糞之誼也。其作□者殆亦糞字。倫按甲文又有作□者。從土在□中。□是本書五篇箕字之初文。非即此部首之華。□從土在□中。明箕中之土乃所棄也。會意。作□者。從彗從土從□會意。益明此篆之譌矣。糞蓋□或□之譌。抑或□乃從□省釆聲。為□之轉注字。唐蘭釋□為棊。弈具豈已行於殷世邪。或□為杞之轉注字。從木。其聲。棄除也。玄應引作糞除埽棄也。蓋本作棄也埽除也。疑許以聲訓。此蓋字林文或校語。從収以下亦呂忱或校者增改之。釆非矢字。官以為矢者。今人謂穀道所洩之物為矢。而字當作菌。菌即糞田之糞本字。特音轉耳。然糞菌皆非即穀道所洩之物。以菌乃腐艸。可為治田之物。而穀道所洩之物。亦可以治田。故謂之菌。官溥蓋以釆為菌中之㐅。則或糞本作□乎。餘詳棄下。字見急就篇。【説文解字六書疏證卷八】

◉陳夢家　坙象壅土之形，疑即糞字。周禮草人「凡糞種」，釋文作坌。説文：「坌埽除也……讀若糞。」坌是坙的譌形，即坌字。月令季夏「可以糞田疇」，正義云：「糞壅苗之根也。」坙从収，即共，音與壅同。【殷墟卜辭綜述】

◉李孝定　上出諸形(見罗振玉條)羅釋糞可从。其从𢇍者。唐謂為掃之異構。按掃之於糞事類相近。𢇍字釋糞釋掃均可通。而字在卜辭為地名。其音義無由確知。如以形言。糞字固不從帚。然掃字亦不當從甾。唐氏執此以非羅説。實自為矛盾。𢇍之與糞祇多一帚字偏旁。於掃則多甾又二偏旁。以字形言固仍以釋糞為近也。字在卜辭為地名。辭云「貞甾方凡」。「貞甾方不其凡」。前・五・十二・五。「乙酉卜内貞子㫃戈甾方」。「丙戌卜内貞哉作甾方作四月」。前・五・十三・一。「䝲」後・下・八・十四僅餘殘文。「于多□御䝲□」。後下・八・十五。䝲字殘泐。是也。【甲骨文字集釋第四】

◉徐中舒 [glyph]一期人二六三象雙手執箕棄除穢物之形。《説文》:「糞，棄除也。從廾推𠦒糞采也。官溥説似米而非米者矢字。」甲骨文[glyph]上所從之[glyph]，小篆譌為米，乃表示穢物，非必為矢也。【甲骨文字典卷四】

後二・二一・一四 羅振玉釋棄 後二・七・一三 或从𡕥 【甲骨文編】

後下7・13 21・14 甲1070 1147 1492 2121 2123 2815 3338 3479
乙1010 3403 4055 6548 7661 9023 珠338 423 702 1051 1368
佚17 151 320 549 572 862 980 續1・38・2 3・6・4 3・36・4
3・40・2 4・5・2 4・15・1 4・32・1 5・13・2 6・22・9 掇343 徵3・205
3・206 4・73 4・74 4・92 11・139 京2・30・3 3・32・4 4・6・2 4・6・3
4・6・4 録537 637 650 744 天84 101 誠330 續存56 580 855
書1・3・B 粹249 508 533 915 1082 1096 1124 1137 1178
新685 甲525 545 562 607 878 896 2956 乙3960 4951 5783
佚250 926 續5・21・2 6・12・7 掇428 429 徵9・38 書1・10・E 摭續1
144 粹914 946 1049 1059 1129 【續甲骨文編】

棄　散盤　說文古文棄作　中山王䀇鼎　㬎弃羣臣　【金文編】

〔六八〕〔六八〕〔六八〕【先秦貨幣文編】

布空大豫伊　按說文棄古文作中山王鼎作　仝上　【古幣文編】

121　179　【包山楚簡文字編】

棄　法一六七　十六例　法七一　日甲五八背　【睡虎地秦簡文字編】

1428　1485　【古璽文編】

棄竝見說文　【汗簡】

竝天台經幢　徐邈集　說文　【古文四聲韻】

◉許　慎　捐也。从廾推𠦒棄之。从𠫓。𠫓。逆子也。臣鉉等曰。𠫓。他忽切。詰利切。古文棄。籒文棄。　【說文解字卷四】

◉羅振玉　說文解字。。从廾推𠦒棄之。从𠫓。𠫓。逆子也。古文作。籒文作。此从在中。許書从𠦒。即甘也。廾棄之。殆即棄字。【殷虛書契考釋卷中】

◉林義光　按即子字倒文。子。說文或作。象子在箕上推棄之形。古作散氏器。【文源卷六】

◉高田忠周　此篆作。為𠦒字變。畢字从𠦒。金文或有作者。省緐雖異。𠦒有變體。可相證矣。阮氏釋徹。徹。古文徹字。又萃編云。即誥字。說文誥古文作。然宋本說文作。二家說字形不合也。唯古籒補釋棄。形義並是。今從之。朱氏駿聲云。按許意謂逆子人所棄。義甚迂曲。疑从艸推𠦒。又从疏省。會意。疏者遠也。徹也。外也。此亦一說。【古籒篇二十二】

◉商承祚　說文。「弃。古文棄。」案甲骨文作。金文散盤作。非子字。乃糞棄之鏟鏄。別體必有作者。寫失為。而不得其解。遂有「从㐬。㐬逆子」之訓。段氏復曲為之說曰。「㐬者不孝子。人所棄也。」尤為可笑。此省。意不顯。

鉢文與此同。【説文中之古文考】

◉馬叙倫　鈕樹玉曰。韵會引之作也。從云則篆當作棄。與從云合。顧廣圻曰。繫傳及韵會引作𠫓。毛斧季本改也。俞樾曰。云非逆子。朱氏駿聲曰。子生。首先出乃順。故育字流字皆從之會意。然則棄字從云。不當如許説矣。棄蓋高陽氏為后稷特製之名。置云華上而推棄之。則其為初生之子可知矣。云象子初生之形。非逆子也。倫按散盤棄字作棄。棄鼎作棄。皆從皿。甲文作棄。則此棄亦棄之譌。金文從皿者。皿𠙹皆所以盛物者也。後漢書元后傳。羌胡殺首子以盪腸正世。韓非十過二柄竝言。易牙蒸其首子以進桓公。蓋齊為姜姓。本羌俗也。可證。載子以箕。明棄之也。蓋上古襍婚。生子屬母。及制為嫁娶。乃重父系。而亂交之俗。未盡去也。疑首子非己生。故棄首子。今江西某縣以呼阿大為醜。阿大。俗呼首子也。杭縣首子生彌月。母携之歸甯。母家以新箕覆祆。迎子置其中。反之竈之灰倉中。少時而出之。此蓋古遺俗。其意即謂此棄子耳。然則棄為以時空關係而特製之字。云為子初生者。即育之初文。本書云之古文作𠫓。𠫓由⺍而變。⺍則初生子所沾之血也。故甲文棄作棄。會意。而聲即得於云。云育一字。育音喻紐四等。而云聲則在脂類。糞音非紐而聲真類。非與喻四同為摩擦次清音。脂真則對轉。然則其語原蓋同也。字見急就篇。捐也以下疑非許文。

𠫓商承祚曰。甲文作棄。𠫓非子字。乃糞棄之鏟鏄。倫按見棄下矣。此蓋省也。

棄鈕樹玉曰。繫傳作古文棄。玉篇廣韻竝無。按正文本當與此同。則籀文疑後人增。鍇本作古文是也。【説文解字六書疏證卷八】

◉高鴻縉　棄後下廿一十四古有棄嬰之惡習。此倚雙手持箕。畫其棄子與渣土之形。由文𠬞𠙹𠫓生意。故託以寄捐棄之棄。動詞。所棄者嬰與渣土。並非逆子。且逆子亦未可以手持箕棄之也。徐灝曰。逆子説未確。周文散盤棄字變子為倒形。又變箕形。致不可識。小篆存渣土為三點。又沿倒子形。又譌𠙹為𠦒。故許説構造違於事理。【中國字例二篇】

◉田倩君　從甲骨文字裏看棄字的構造，如下：

棄後下・七・十三　棄下・二一・十四

彦堂師説：「前一個棄字是將將生下來的孩子，被他父或别人用棍子打死，以兩手捧着簸箕除出去。後一個棄字，是被打死的孩子身上還帶着衣胞裏的血漿，放在盛垃圾的簸箕裏，兩手捧着送出去的樣子。」(口授)

以上兩個棄字象形兼會意，是當時造字者清楚地描繪出殷代社會棄嬰的風俗。説文云：

棄捐也。从廾推𠦒棄之，从云，云逆子也。

弃古文棄。

棄籀文棄。

小篆棄字和甲文後下二一・十四棄字其構造意義相同。唯小篆棄中的「子」，其頭部向下；甲文棄中的「子」，其頭部向上，子字以下兩手托甾是一樣的。□（摭續一二五）□（摭續一六一），此二箕字較甾更為明確。

棄字：甲骨文編裏没有收，續編裏只收有兩個，即後下七・十三和下・二一・十四。在殘缺的原片上，也讀不出它的意義。然則何以會知道它是遺棄的「棄」呢？這是一步步推證出來的。因為棄字的中間是個甾字。説文謂：「甾箕屬，以推棄之器也。官溥説。北潘切。」再看糞字，箕中盛有木屑垃圾等穢物。如下例：

殷虚書契考釋云：

糞　□　□　□　□

説文解字𦥛棄除也。从廾推𦥛棄采也。官溥説：似米非米者，矢字。今卜辭之□即糞字。从□象糞薉形，即官溥所謂似米非米者。从甾即許書所从之𦥛，廾以推棄之，掃糞薉於甾中而推棄之，糞之誼瞭然矣。其省廾从土从甾者，从⺌，且旁加帚者殆亦糞字。

棄字即是以小孩代替了垃圾。小孩、垃圾在簸箕裏都是掃除棄掉的東西。義證謂：「棄，從㐬，㐬，逆子也。逆當作屰。本書云，不孝子突出，不容於内也。」義證引錢大昭説：「孝經五刑之屬三千，罪莫大於不孝。」如湻曰：「焚，如炇、如棄、如者，謂不孝子也。」按「孝」是禀諸天性，但是需要表現在行為上始能顯出。初生之子怎能知道他將來孝與不孝呢？這種説法過於牽強，若謂其頭向下為逆生。朱駿聲氏説：「子生首先出，惟倒為順，故育字流字皆從之會意。」兒笘録謂：「㐬象子初生之形，非逆子也。古人因事製字往往有之。棄為后稷名，蓋高辛氏為后稷特製此字以名之也。古小學家所説六書之外自有此例。棄字首見於舜典即為后稷名，亦無更在其前者，則以為高辛所製。」後世亦有此種例子，句讀注謂：「借逆為屰者，以見篆有别隸則通逆也。以糞下从廾推𦥛棄采倒之，此當云從廾推𦥛棄㐬，而不然者，逆子可棄，而非可以𦥛棄之，故分别説之，此亦借其意也。勿泥。」【説棄　中國文字第十三册】

◉李孝定　説文「棄籀文棄」。字象納子甾中棄之之形。古代傳説中常有棄嬰之記載。故制棄字象之。卜辭云「☐傳氏□此字漫漶不明☐𠭁聖聞曰棄子」。後・下・七・十三。辭義不詳。曰棄子當即捐棄之義。「☐不若棄方」。後下・二一・十四。乃方國之名。金文作□散盤。【甲骨文字集釋第四】

◉徐中舒 一期 後下二一・一四象雙手執箕，推棄箕中之之形。與小篆所從之實同，即倒子形。《說文》：「棄。捐也。从収推苹，棄也。从㐬，㐬，逆子也。」【甲骨文字典卷四】

◉蘇寶榮 甲骨文「棄」象雙手持箕中嬰兒拋棄之，與《說文》字形相合。然而，所棄何以為「逆子」？《說文》之意仍不可解。這也需从古代文化背景上去考察。《列子・湯問》：「越之東有輒木之國，其長子生，則鮮（杜預注左傳云：人不以壽死曰鮮，謂少也）而食之，謂之宜弟。」這種記載，正是反映了父系氏族社會形成過程中，在婚姻關係尚處混亂的情況下，為了保证家族財産繼承權而形成的婚後遺棄長子的風俗。「棄」字以棄子表「拋棄」之義，顯然與這種古代的風俗有密切聯繫。【文字學掇英——兼論文字的動態考釋方法 河北師范大學學報一九九三年第二期】

◉戴家祥 矢人盤僮棄之按字形象箕中裝有「逆子」而雙手持而拋棄之。此為正文。中山王嚳鼎棄作，為古文。【金文大字典中】

◉姚孝遂 按：釋棄可從。段玉裁、桂馥、王筠等均以逆子為不孝子說从㐬之意。唯朱駿聲以為「許意謂逆子人所棄，義甚紆曲」。甲骨文即从子，不从逆子。左傳襄二十六年：「宋芮司徒生女子赤而毛，棄諸堤下，其姬之妾取以入，名之曰棄。」宋為殷後，是殷人有棄嬰之習俗。周祖后稷初生即遭遺棄，故亦名棄。詩生民即叙其事。卜辭棄或从系聲，文辭均殘，用義不詳。集釋以「棄子」、「棄方」連讀，非是。【甲骨文字詁林】

鐵一二・二 冓用為遘 鐵七四三 鐵七七・一 拾八・一 前一・四〇・五 前四・三・八 前四・五一・一 前五・四三・一 後一・二六六 後一・三一・一 林一・二〇・八 林一・二〇・一二 林一・一六・二三 戩一七・一三 戩四一・一 甲三八一 甲七五〇 甲一三六一 甲二四〇八 甲二五九六 甲二七六四 粹八〇 粹九七 粹一七四 粹五一一 粹七三三 佚四八 佚一六四 佚三九一 存一七三九 存一七四一 存一七四五 燕五〇〇 燕五〇四 燕六五一 寧滬一・八五 明藏四三三 明藏五二二 師友一・一二〇 掇二・二九一 河七六一 京津

四八一四　京都一七八【甲骨文編】

甲57　381　540　615　750　904　1558　2693　2764　乙4375　5470　7311　8682　珠6　149　304　438　579　674　687　691　693　1151　1387　零53　佚13　48　71　73　149　164　391　834　864　續1·17·1　4·11·5　4·14·7　4·20·9　6·22·4　掇463　徵1·7　1·11　1·80　1·81　4·46　10·132　京2·1·2　2·21·2　2·25·2　4·10·1　4·10·2　凡23·1　録114　451　鄴40·1　續存66　238　外112　摭續196　202　粹101　174　422　431　695　835　991　996　1160　新2214　3852　4029【續甲骨文編】

冓　冓斝　孳乳為媾　匽弔多父盤　婚媾【金文編】

冓古候切【汗簡】

汗簡　竝籀韻【古文四聲韻】

◉許　慎　冓交積材也。象對交之形。凡冓之屬皆从冓。古候切。【說文解字卷四】

◉林義光　按古作寰盤。作肆害彝乙遘字偏旁。作克盨遘字偏旁。【文源卷三】

◉高田忠周　說文。冓。交積材也。象對交之形。冓。即古文構字也。構下云。蓋也。交積材木以為屋室。蓋覆固有之。即一義之轉也。王筠說文句讀云。交者。屋材結構必相交者也。積者架屋必積衆材而成也。此字乃五架之形。但未作棟耳。四横。屋之前後四橑也。四直。椽也。中丨以見屋之前後相牽連。非其數止於一也。漢書梁孝王傳。聽聞中冓之言。應劭曰。中冓。材構在堂之中也。按構者。冓之累增字也。木部構。蓋也。大誥之肯構。鄭君以構立屋説之。象對交之形者。對謂廿冄兩相對也。交謂丨以連其廿冄也。五經文字。冓。象上下相對形。不但遺丨未説。且屋之構架在上不在下。張參不知此字當平看。用此彌知許説之精。此説近是。但今依篆形。對交者二冄或二□相對。即□之言也。其上加棟即為□形。此冓架屋字之始也。言對交。作□為正。而二□一丨不成字形。故作□。以便結體也。【古籀篇八】

◉馬叙倫　承培元曰。鍇本小也象三字乃涉下幺篆而誤羡。王筠曰。此字乃建屋五架之形。龔橙曰。當作□。篆譌。章炳麟曰。此本謂宫室冓架。尹桐陽曰。淮南本經訓。大夏曾加。注。材木相乘架也。架即冓字。冓加雙聲。倫按本作□。象形。政齊轉變為□見寰盤及太保彝遘字偏傍。復變為□。金甲文或作□□。又其變也。本訓交也。以聲為義。吕忱或校者加交積材也。象對交之形為所改矣。許當止作象形。交冓同語原。【説文解字六書疏證卷八】

◉高鴻縉　□字之□。為物向下之動象。□為物向上之動象。今兩動象相遇作□形。故有遘遇之意。指事字。動詞。後加一横畫於其中。所以誌其相遇之界也。後又加止。(止為足。有行走意。)或加辵。(辵即疾走意。)以示人行走而相遘遇也。其意無别。故冓與遘為古今字。冓非交積材也。後世又有逅覯等字。皆同意。交積材應為構字意。與此别。【中國字例三篇】

◉李孝定　卜辭□均用為遘遇字。疑象二魚相遇之形。為遘遇之本字。从辵作遘者。其繁文也。惟此説殊無左證。姑妄説之以俟考。唐蘭郭沫若於此字均别有説。見再字條。然亦未足以厭人意。字是冓字無疑。然冓字何以如此作。則殊難碻指。余所為二魚相遇之説。於前·一·四十·五版一文雖亦逼肖。於它文亦差相類。然於再字爯字从冓之半體。則無由索解。則亦惟不知蓋闕已耳。許君交積材之訓。乃就篆體為言。非朔誼也。金文作□冓斝□㕓弔多父盤。弟二器冓字孳乳為婚媾字。亦由遘遇之義所引申。【甲骨文字集釋第四】

◉李孝定　高田氏據冓字小篆形體為言，可備一説，惟以説金甲文，則殊不類。【金文詁林讀後記卷四】

◉蔡運章　太保冓戈、戟上的「冓」字作□形，各家解釋並不一致。美國學者R·J·格特恩斯等誤釋為「侯」字，馮蒸先生認為是「嵛」字。此字的構形與「侯」、「嵛」二字顯然有别，上述二説都難成立。太保遘鼎的遘字作□形，阮元釋為予，薛尚功釋為恭，許印林釋為遘，馬叙倫贊同許説，並加以伸述，陳壽亦從許説。我們也認為許説較為可信。因□與遘字的左旁相近，當是「冓」字。冓、遘古音相同，可以通用，如卜辭中的「其冓大風」(《粹》九二六)，亦作「其遘大風」(《前》三·二九·一)；《詩·鄘風·牆有茨》鄭箋「冓，本又作遘」可以為證。「冓」或「遘」當是作器者的名字。因此太保冓戈、戟和太保遘鼎當為一人所作無疑。

【太保冓戈跋　考古與文物一九八二年第一期】

◉徐中舒　四期寧一・八五象兩魚相遇之形，以會遘遇之意。或增止、彳、辵等為形符，以明與行義有關。《說文》：「冓，交積材也。象對交之形。」不確。　【甲骨文字典卷四】

再　再

前七・一三　【甲骨文編】

前7・1・3　【續甲骨文編】

再　𠫑羌鐘　唯廿又再祀　陳章壺　陳𡉅再立事歲　陳喜壺　【金文編】

3・12　王孫陳棱再左里故亳區　3・9　華門陳棱再左里□□□　【古陶文字徵】

再　封六五　二例　為二二　【睡虎地秦簡文字編】

再　【汗簡】

◉許慎　再一舉而二也。从冓省。作代切。　【說文解字卷四】

◉林義光　按重複也。从一在冓構上。　【文源卷五】

◉馬叙倫　鈕樹玉曰。五音韻譜作從一冓省。朱士端曰。汪刻有一字。六書故引從一從冓。倫按一舉而二也非本義。亦非許文。再為層疊之層初文。再聲之類。層聲蒸類。之蒸對轉。故再轉注為層。亦同為舌尖前破裂摩擦音轉注。廣雅。再。二也。古讀再音當如仍。仍從乃得聲。乃再聲同之類。莊子德充符。子無乃稱。猶言子無再說也。爾雅。仍。再也。然則再從冓省。一聲。一為地之初文。即本書十二篇部首二之異文。　【說文解字六書疏證卷八】

◉郭沫若　唯廿又啇祀

啇字劉釋二。吳謂「啇者商之異文，啇祀者三祀也，啇即參。」案當是再之異文，从二从商省，蓋取再思之意。叔夷鐘：「夷用或敢再拜頧首。」再字宋刊作，即此字之誤摹。蓋宋人罕見啇字，誤認為商，故變二為口也。「廿又再祀」者，廿有二祀。大戴記朝事儀「樊纓十有再就」，儀禮覲禮注引作「十有二就」，即其例。

頃得見北平圖書館館刊六卷一號有唐蘭屭羌鐘攷釋一文，其説解有先得鄙意之處。如□釋為再，□從馬衡説釋為䡄，讀為韓，又説張孫為長孫之類是也。奈余前文已影就，不便改作，今僅為追記數則如次。

唐氏釋□為再，其説云：

「□字最奇古難仞，蘭按當是从二从□，再之變體也。殷虚卜辭有□字，羅氏誤釋為冓，又有□字，商氏入之待問編，實皆再字。再象覆甾之形，甾再聲之轉，説文以為冓省非是。冓象兩甾背疊之形，爯象以手舉覆甾之形，卜辭爯字作□□等諸體，冓作□□□等體，金文叔多父盤冓作□，又召白𣪕有□字，鄘侯𣪕有□字，余均考定為冓字，詳近箸名始。據此諸字推校其形，知□即再字之變，其上疊為重畫者，古文字之例致多矣。再又从二者，或以再有二義，或為繁飾，未之能詳，然其字要當讀再無疑也。薛氏款識載齊侯鎛云，『弓案當作夷用或敢□捧頣首。』舊釋□為商，字形頗相混，然商捧無義，且商字上當從辛若辛，與此實非一字，今謂當亦再字。古人多再拜，玉藻『酒肉之賜弗再拜』可證。則□即再之變，復緟益口字耳。此云『廿有再祀』者，周禮巾車云：『玉路，錫樊纓，十有再就，建大常，十有二斿，以祀。』鄭注：『十二就，就，成也。』則再即二，屬詞之偶變。『廿有再祀』之即『廿二祀』，猶『十有再就』之即『十二就』矣。」

今案説□為再之變體，甚是。足正余「从商省」之説之非。然謂「再象覆甾之形，甾再聲之轉，説文以為冓省非是」，非也。甾乃古文由字□，若□等形之隸變，前人以與甾字形近，誤讀如甾音。王國維釋由論之甚詳，其説無可易。由與再形音俱乖，無由牽合。謂「冓象兩甾背疊之形，爯象以手舉覆甾之形」，亦非是。冓字除唐所舉卜辭及叔多父盤諸文之外，金文中有从冓聲之字如遘與覯者，今揭其文如下：

□戊辰彝。 □棈伯𣪕。 □芇伯𣪕。 □克盨。 □殳季良父盤。

凡此上下與□形絶不類。古从□作之字亦無如是作者也。余謂冓乃篝之初文，象竹篝之形，上體為篝，下體為座脚，今俗所謂「高脚篼」也。下體之形正是再字，説文説再从冓省，不誤。座再一聲之轉，蓋篝籠之座古謂之再。引伸之義為二，蓋篝形上體與下體相同，上為一，下為二也。今鐘銘作□，則是从二再，再亦聲。又為再二字之本字矣。

知再之本義為器之座，金文中有左列一圖形文字屢見不鮮者，均象器座之形，余謂亦即再字也。

□□匜 □□鼎 □叔宿𣪕 □員尊 □祖丁解 □□丙爵 □丁□盤

爯字當云从爪再聲或再省聲。冉即古再字。鬣髯字當作□，後人誤作為冉，今已不可挽救矣。再與爯，之蒸對轉也。

召伯毀之「又𠦝又成」，郾侯毀之「𠦝敬禘祀」，字確「象兩甾背疊之形」，然非冓字。正始石經君奭篇殘字「祗若茲」祗之古文作，即此字之稍稍譌變者。郾侯毀文正當為祗，「祗敬」連文乃古人恆語。尚書臯陶謨「祗敬六德」，月令「祗敬必飭」，離騷「禹湯嚴而祗敬」，荀子非十二子篇「案飾其辭而祗敬之」，均其例證。召伯毀文則當讀為底。底者定也，故「有底」與「有成」對文。依字形而言，疑是抵之初文，象兩甾相抵，祗底均假借也。

「廿有再祀」自即「廿有二祀」，然唐謂為「周靈王之廿二年，晉平公之八年」，則非也。說詳前攷。【𠫑羌鐘銘考釋·器銘考釋　金文叢考】

◉郭沫若　再字作，與𠫑羌鐘「廿又再祀」同。言「再立事」，蓋國復之後重任舊職也。【陳騂壺·金文續考　金文叢考】

◉高鴻縉　為向上之動象。茲作。動力下有一橫畫。而其上復有橫畫。象動力已過一關又遇一關也。故有再二之意。副詞。金文字見陳騂壺（舊稱奠壺）。於甲文原字下又加二為意符作。則再二之意益顯。說解之誤由於未見古文也。【中國字例三篇】

◉李孝定　說文「再一舉而二也。从冓省。」絜文亦从冓省。辭云「囗爯再允囗」。其義不詳。唐謂象覆甾形。絜文甾作等形。與此不類。郭謂象篝形。以說篆文尚不相遠。於卜辭之形殊不類。且器之與座必脗合無間。一凹則必一凸。必不如之以兩端相對也。唐說謂兩甾背疊。亦與字形不合。金文作𠫑羌鐘「唯廿又再祀」。作齊侯鎛「再拜䭫首」。弟二文譌變殊甚。與卜辭小篆均不類。【甲骨文字集釋第四】

◉嚴一萍　𠫑羌鐘唯廿又再祀之再作，陳璋壺再立事歲之再作，與此字形近，疑即再字。【楚繒書新考　中國文字第二十六冊】

爯

鐵一〇二·二　鐵一六五·三　前四·三七·六　前五·二一·五　前五·二三·二　前六·二一·五　前七·三九·一　前七·一八·四　甲一〇〇八　乙一七一〇　乙一七一二　乙一九八一反　佚一三九　佚五三七　佚六五九　粹一〇九七　鄴三下·四五·一二　乙三四一二　存二〇一七　京津二三九五　【甲骨文編】

乙1710　1712　1981　3412　5296　7739　7799　珠479　佚131　537　659　續3·5·5　3·10·2　5·23·1　掇428　454　徵2·54　8·33　9·3　9·36　11·116　京3·11·1　4·1·3　摭續141　古2·8　外156　452　龜卜117　續存655　683　1192　1367　粹1090　1097　1325　新1384　佚576　【續甲骨文編】

爯　爯簋　爯罍　仲爯簋　衛盉　榮又司　爯鬲　㝬簋　【金文編】

244　【包山楚簡文字編】

◉許　慎　并舉也。从爪。冓省。處陵切。【説文解字卷四】

◉孫詒讓　「貝□」、百二之二。「冊立□」，百六十五之三。此即「爯」字。《説文·冓部》：「爯，并舉也。从爪冓省。」次字从者，爪之變體。【契文舉例卷下】

◉林義光　按權輕重也。从爪持冓。冓所稱之物與權衡交構也。古作兔生器乙。【文源卷六】

◉陳邦懷　前編卷五弟二十一葉　同上　箋曰。古彝文有作者。薛尚功謂李公麟得古爵於壽陽紫金山腹。有二字曰己舉。王玠獲古爵於洛。亦有二字曰丁舉。字體與此正同。見歷代鐘鼎彝器款識卷二。知卜辭爯字所從之皆古舉字。象下而上舉。象上而下承。並舉之誼昭然。小篆爯字從冉。蓋由形近而譌。許君不得其解。乃曰冓省。曲為之説耳。然許君並舉之説。則必有所受之也。卜辭第二文即古舉字。羅參事以為省爪。恐不然矣。【殷虛書契考釋小箋】

◉馬叙倫　郭沫若曰。從爪。再聲。或再省聲。再與爯。之蒸對轉也。倫按郭説是也。大戴禮保傅。再為義主。賈誼書再作稱。文王官人。敬再其説。逸周書作亟稱其説。可證也。爯之本義當為執也。故書牧誓曰。稱爾戈。儀禮士相見禮曰。聞吾子稱贄。左襄八年傳。汝何故稱兵。稱皆當作此爯。義皆為執。字故從爪。冓省者當為再省聲。蓋冓為宮室之架。不可覆手執之也。并舉也玉篇止作舉也。疑并下捝也字。並也乃再字下説解中之一訓也。舉也亦偁字義。或偁為爯之後起字。

舉也引申義。字當入爪部。爯敨作[字形]。甲文作[字形][字形]。【説文解字六書疏證卷八】

◉于省吾　武丁時卜辭於征伐方國每先叙「沚戠爯册」。「沚戠爯册𠕋呂」。前七・二五・一。「□沚戠爯册王从伐呂□方」。續・三・五・五。「□卯卜曳貞沚戠爯册王从伐土方受㞢又」。續三・十・二。沚戠為人名。爯稱古今字。册經典通用策。爯册之義舊無釋。按稱謂述説也。册謂册命也。國語晉語「其知不足稱也」。注「稱述也」。禮記射義「旄期稱道不亂者」。注「稱猶言也」。頌鼎「王乎史虢生册命頌」。克鼎「王乎尹氏册命善夫克」。此例金文習見。周禮內史「則策命之」。注「鄭司農云『策謂以簡策書王命』」。左昭三年傳「授之以策」。注「策賜命之書」。詩出車「畏此簡書」。傳「簡書戒命也」。按簡書即策命之書也。按振旅出師必有册命。沚戠為武丁時主册命之臣。故征伐方國沚戠必先爯述册命也。【釋爯册　殷契駢枝續編】

◉李孝定　説文「爯。并舉也。从爪冓省」。絜文同。陳邦懷氏引薛尚功説釋[字形][字形]為舉。謂「[字形]象下而上舉。[字形]象上而下承」。語意曖昧。薛説尤不足徵。許書舉从手與聲實為後起。疑舁舉為古今字。[字形]字何緣而有「象下而上舉」之誼。更何緣而得為舉字乎。栔文[字形]字象以手挈物之形。自有舉義。但不能確言所挈何物耳。于氏謂爯稱古今字是也。其釋爯册之義亦確不可易。爯偁稱並可通叚。徐灝段注箋爯下已言之。段氏謂「凡手舉字當作爯。凡偁揚當作偁。凡銓衡當作稱」。是分別言之。各有專字也。【甲骨文字集釋第四】

◉裘錫圭　信安君鼎銘「十二年」下一字，羅文釋「受」。從銘文拓片看，此字似非「受」字，而實與「郢爰」金版印文「郢」下一字以及下引金村所出各器銘中置于所記重量之上的那個字相似：

十九，[字形]四冢廿九冢　（左酒壺一，《三代》12・15。冢字从李家浩同志釋）

[字形]三冢七冢　（公左私官鼎，《洛陽古城古墓考》圖版187・9）

[字形]四兩半□分二，中府　（甘孝子銀制小像，同上33頁圖18・2）

此字舊多釋「爰」，日本學者林巳奈夫改釋為「爯」，其説可从（參看安志敏《金版與金餅》，《考古學報》1973年2期70至71頁）。信安君鼎銘「十二年」下一字，也應釋作「爯」。

信安君鼎蓋銘記「十二年爯二益六釿」，器銘記「十二年爯九益」。雖然「二益六釿」和「九益」都另起一行，但在文義上與前一行的「十二年爯」應該是相接的。這兩個「爯」字都置于所記重量之上，與金村諸器同例。此類「爯」字似應讀為「稱」，當「稱量輕重」或「所稱量的輕重」講。【《武功縣出土平安君鼎》記後記　考古與文物一九八二年第二期】

◉徐中舒　[字形]一期前七・一九・一從[字形]爪從[字形]，象以手提魚之形，故有升舉之義。【甲骨文字典卷四】

◉徐中舒 □一期南師二·四八從舟從□爯,《說文》所無。同爯。【甲骨文字典卷八】

◉劉彬徽等 (481)爯,簡文作□,讀作稱。《左傳·閔公二年》「祭服五稱」,注:「衣單複具曰稱。」【包山楚簡】

◉戴家祥 說文四篇冓部「爯,并舉也」。七篇人部「偁,揚也」。又禾部「稱,銓也」。爾雅釋言「偁,舉也」。釋訓「偁偁、格格,舉也」。玉篇二百二十「爯,齒陵切,舉也。又尺證切,與稱同」。卜辭金文皆作抓物形,此即故訓學者所謂舉也。加旁作偁,或作稱,乃後起字。商書湯誓「非台小子敢行稱亂」。史記殷本紀作「敢行舉亂」。周書牧誓「稱爾戈」,謂舉汝戈也。左傳襄公八年「女汝何故稱兵于蔡」。又二十七年「弭兵以召諸侯,而稱兵以害我」。皆謂舉兵為稱兵。古人又謂借債曰稱責債。周官天官小宰「四曰聽稱責以傅別」。亦曰稱貸。孟子滕文公上「又稱貸而益之」。漢書食貨志「亡無者取倍稱之息」,顔師古云「今俗謂之舉錢」。此又一義也。稱亦訓揚,今人謂稱人之善曰表揚。因表揚而提升者為抬舉。禮記表記「君子稱人之善則爵之」,左傳襄公十三年「君子稱其功以加小人」,此即許氏所謂揚也。揚,亦舉也。易大有象曰「君子以遏惡揚善」。虞翻注「揚,舉也」。廣雅釋詁「揚,舉也」。

古又謂銓衡曰稱。集韻去聲四十七證「稱,權衡也。分寸起於秒。秒,禾芒也。故程器字皆从禾,俗書作秤非」。易謙象曰「君子以裒多益寡,稱物平施」。禮記月令季春之月「蠶事既登,分繭稱絲」。淮南子泰族訓「稱薪而爨,數米而炊」。是皆銓衡之義也。小爾雅云:「斤十謂之衡,衡有半謂之鈞。兩有半曰捷,倍捷曰舉。」銓,衡也。衡,平也。故稱又有均平對稱之義。舉與衡又可作為計量單位名。【金文大字典中】

幺

幺 父癸爵 孳乳為玄 吳方彝 玄衮衣 師𩛥鼎 師奎父鼎 伯晨鼎 敔簋 休盤 同簋 寰盤 呂壺 無叀鼎 頌鼎 頌簋 頌壺 𨱆簋 此鼎 伯公父匡 邾公華鐘 𥫔平鐘 邾公牼鐘 吳王光鑑 邵鐘 吉日壬午劍 敹□戈 玄鏐戈 玄鏐戈二 蔡□戈 【金文編】

5·453獨字 【古陶文字徵】

〔六七〕 〔六七〕【先秦貨幣文編】

幺【汗簡】

汗簡 同上【古文四聲韻】

◉許　慎　小也。象子初生之形。凡幺之屬皆从幺。於堯切。【説文解字卷四】

◉林義光　説文云。幽遠也。象幽而人覆之也。黑而有赤色者曰玄。按古作伯晨鼎。作郘公華鐘。象絲形。本義當為懸。釋名。玄。縣也。如縣物在上也。釋天。縣之義為虚。故引伸為玄妙空虚之處。色黯然而幽。故引伸為黝黑。左傳室如讀為而縣罄。僖二十六。縣當為玄之借字。亦空虚幽黑之義也。説文云。小也。象子初生之形。按與子初生形不類。古玄字。凡幺麿字疑本借幽為之。省作幺。遂與玄相混。【文源卷三】

◉陳獨秀　説文云：「(幺)，小也，象子初生之形；(丝)，微也，从二幺。」漢書叙傳：「又況幺麿尚不及數子」，鄭氏云：「麿，音麼，小也。」通俗文曰：「不長曰幺，細小曰麼。」説文新附麼亦訓細。幺麼今譌作么麼，俗謂一為么，晚生之子亦曰么。幺孳乳為幼，丝孳乳為幽，其義皆為微小。幺何以訓小，何以象初生子形，説在玄。説文申玄二字之古文均作，申下之古文當為傳寫之譌；説文虹篆下云：「籀文虹作，从申。申，電也」；陳篆下云：「从𨸏，从木，申聲，古文陳」，皆可證。甲文金文申字皆與類似，無作者；偏旁申字作者，惟於漢鑑漢碑中見之。玄下之古文，乃象殼内含藏種子，由植物而推及人獸，故孳乳為玆，為畜，畜或从玆作𤲬。為孳，為慈。植物種子色多黑，故玄有黑義；種子微小，生殖萬物，此道家説玄之原始義，眩、炫諸字又由此引伸。司馬相如封禪書：「采色玄耀」，注云：「玄，讀曰炫。」幺字玄字，甲文金文均作諸形，二幺之丝，二玄之玆，甲文金文均作，此可證幺玄一字、丝玆亦一字也。畜字秦公簋作；説文引魯郊禮畜从田从玆作𤲬。毛公鼎「錫女弁」，丝弁即玄弁也。丝加艸為玆，彔伯簋玆不加艸。艸木之孳生也；玆加水為滋，水之增益而混濁也。説文玆篆下引春秋傳曰：「何故使吾水玆」，今本哀公八年左傳作「滋」，杜注云：「滋，濁也」；釋文云：「滋音玄，本亦作玆，子絲反」，字林云：「黑也。」段玉裁不知丝玆一字同為種子孳生之義，凡説文从玆之字如等均改作从；説文謂玆字从艸，玆省聲，已謬，段氏改為絲省聲，尤謬。爾雅：「鯤，魚子。」鯤為鮌之借字，猶之莊子、列子之鯤，玉篇訓大魚，乃鯨之借字也。莊子釋文引崔譔云「鯤當為鯨」。昆訓同不訓大，亦非種子，惟鮌从玄，義當為魚子，鯀義亦為魚子，乃鮌之譌；鯀禹吴語作鮌禹，注云：「鮌即鯀字。」蓋以玄之古文作，除説文外，惟見於者沪鐘作𢆶，碧落碑亦作𢆶。其餘省●之𢆶或𢆶，遂與系之古文相混，如井之例，故从玆之孳，籀文譌作从絲。从𢆶之字，率字甲文金文从幺或幺，說文謂象絲罔；弦字篆文作𢆶，說文謂象絲軫之形；皆不云从玄，惟於牽字云玄聲，實則牽與率弦之玄同象繩索，非絲亦非種子。【小學識字教本】

◉高田忠周　按說文。幺小也。象子初生之形。朱駿聲云。此字當从半糸。糸者絲之半。幺者糸之半。細小幽隱之誼。玄从此會染絲意。叀从此會細繩意。許君蓋從幼字生訓。然幼會細小意。不必子也。據文實無子初生形。此攷為創見也。但謂幺字从玄省。玄从糸為義。以何知之。曰幽字溼字皆从丝。丝从二幺。此幺亦以幽玄為義。故字从玄省也。然則幺字解當曰小也。从古文玄省。象子初生之形。子初生之形者。此為叚借。生者。包下曰。元氣。起於子之意。非產出之謂也。形者與云意同。包下又曰。象人褢妊。巳在中象子未成形也。即知幺者小於巳也。蓋元氣初生之時。未可有可見者。猶幽闇隱微也。故以玄省為義。省此者即少之也。通俗文曰。不長曰幺。細小曰麽。說文無麽字。不長者。遂不可見之意。亦字之一轉義耳。幺訓初生。此謂義之叚借。【古籀篇七十】

◉郭沫若　第八一六片「不雨　乙，幺雨，少。」

說文云「幺，古文糸。細絲也。讀若覛。」幺雨，斯為細雨，微雨。詩信南山「益之以霢霂」，爾雅釋天：「小雨謂之霢霂。」霢霂即幺雨，乃後起之專字。今俗稱「毛毛雨」。【殷契粹編考釋】

◉馬叙倫　鈕樹玉曰。六書故引蜀本曰。㚄。重厶為幺。幺象日昧也。亦象子初成之形。以象也。林罕引說文與蜀本同。徐灝曰。幺為象子初生之形。實不相類。此緣幼從幺而為是說耳。灝謂丝從絲省。而幺從丝省。丝訓微。析之則其形愈微。故凡物之小者皆謂之幺。因之初生子亦曰幺也。丝。於虯切。幺。於堯切。亦一聲之轉也。章炳麟曰。幺之為小。猶幺之為細絲。古文絕字作𢇍。其中象絲。正作四幺。幺蓋束絲。而引申為子初生。然胤字從幺已取斯誼。其後字即由幺取聲義。幺重之則為丝。微也。馮振心曰。糸絲同字。糸省則為幺。絲省則為丝。故幺丝絲糸實為同字。故幺於堯切丝伊虯切也。疑糸絲用其本義。㬎用其引申之義耳。容庚曰。幺與玄為一字。師奎敢。幺衣。倫按象子初生之形。蓋本作象形。校者改之。許以幼字而立幺部。其實幼從力幺聲也。胤字後字皆從幺得聲。蓋幺即十二篇糸下之古文作幺者耳。王筠謂系絲一字。徐灝謂系即孫子算經蠶吐絲為忽之忽。詳系字下。倫檢忽字從心。勿聲。而讀呼骨切。音屬曉紐。絲音心紐。同為摩擦次清音。是系絲一字無疑也。絲小音同心紐。宋史岳飛傳。楊幺本名楊太。太年幼。楚人謂小曰幺。故曰楊幺。然則此說解曰小也者。於今為疊韻。於古為雙聲。今幺音於堯切。屬影紐。古讀曉歸影。故音轉如此耳。爾雅釋獸釋文引字林。幺。

小豚。頌鼎作□。邾公華鐘作□。【説文解字六書疏證卷八】

◉楊樹達　粹編八一六片云：「不雨？乙，幺雨，小。」⊘樹達按：郭（沫若）説煞見苦心，然實非是。辭云「幺雨，小」，豈有上文既云細雨微雨，下文復云小者，其不可通明矣。小，郭釋少，非也。甲文小少同字。余謂本書七六六片云：「不雨，丝雨。」此辭云「不雨幺雨」。然則幺雨乃丝雨之省寫，猶𢼸省作户，逐省作豕耳。丝雨小，文乃無病而可通矣。【卜辭求義】

◉高鴻縉　按□即繩之初文。象形。籀文複體作□。見石鼓文。用為弓弦字。玄之為繩。牽字从之得意可證也。自玄借為幽玄。為玄黑。為玄妙。於是乃另造繩字。小爾雅。大者謂之索。小者謂之繩。顔注急就篇麻絲曰繩。草謂之索。老子。繩繩兮不可名。即玄玄兮不可名。【中國字例二篇】

◉高鴻縉　説文。□小也。象子初生之形。於堯切。

按此字本意為細小。从糸省。説文。丝。微也。从二幺。幺丝為一字。亦猶之糸絲為一字。幺从糸省。丝从絲省。糸或絲可謂細小矣。而又省之。故更細微也。狀詞。麽字从之得意。【中國字例四篇】

◉高鴻縉　□本繩索之繩之初文。象形。借用為玄黑之玄。其形由□變為□。小篆作□。隸楷作玄。【頌器考釋】

◉戴家祥　金文「幺衣」、「幺銑」、「幺鏐」、「幺琱戈」之幺都是形容詞，意義即後來的玄。説文四篇云：「玄，幽遠也。黑而有赤色者為玄，象幽而入覆之也。」【金文大字典上】

幼

□ 後二·三五·一　□ 庫一八七〇　□ 明三四五　【甲骨文編】

□ 後下351　【續甲骨文編】

□ 幼　禹鼎　勿遺壽幼　□ 从子幽聲　中山王礨鼎　寡人幼童未用智　【金文編】

□ 【包山楚簡文字編】

□ 幼　日甲五〇背　【睡虎地秦簡文字編】

□ 沈幼之印　□ 秦幼君印　□ 秦幼印　□ 郭幼印　□ 李幼孟　□ 李幼文　□ 王幼闌印　□ 任幼公印　□ 杜幼

子 宛幼卿印 【漢印文字徵】

古孝經 【古文四聲韻】

◉許　慎　少也。从幺。从力。伊謬切。【説文解字卷四】

◉林義光　按幺字説解未可據。見幺字條。从力。幽省聲。【文源卷十一】

◉馬叙倫　沈濤曰。御覽三百八十四韻會廿六宥引作小也。倫按幼當為力少也。从力。幺聲。引申為凡小之義。其實語原然耳。幼字出蒼頡篇。見本書自叙引。亦見急就篇。甲文作。　倫按幼當入力部。幺即糸字。可為糸之重文。幺部可删也。【説文解字六書疏證卷八】

◉李孝定　後下·三五·一　按聞宥曰。「字當釋功。集韻功或作紉。所从之實午字孳乳為系。」見殷虚文字孳乳研究。載東方雜志廿五卷三號五十四葉。按説文「幼。少也。从幺。从力。」絜文正从幺力會意。非功字也。辭云「𡆥貞幼鮰漁在☐」。幼似為人名。【甲骨文字集釋第四】

◉張政烺　中山王礜鼎　寡人學𡥈未甬智　學，从子，幽聲，讀為幼。老子道經第二十一章「窈兮冥兮，其中有精」。窈，馬王堆帛書老子甲本作㴱，知學幼音同。⊘幽𡥈踵言少年即位。【中山王礜壺及鼎銘考釋　古文字研究第一輯】

◉戴家祥　禹鼎　勿遺壽幼　説文四篇「幼，少也。从幺从力。」幼字以幺取義。幺者小也，古文小少通。禹鼎幼字从幺从丿，丿即力之省。毛公鼎有此例，勅字作。銘文「壽幼」即今言之「老少」、「童叟」也。【金文大字典上】

◉徐　鉉　麼細也。从幺。麻聲。亡果切。【説文解字卷四新附】

鐵一七八·二　丝用為兹　拾七·三　前七·一九·一　前七·二四·一　林二·一三·二　戩六·一三　戩三二·一　戩三二·二　甲二二〇二　甲二三〇七　甲三〇九三　乙一四五　乙九七一　乙一〇五〇　粹五八　粹一六三　粹一六四　粹四四五　粹七三〇　佚三五〇　福八　燕二

燕二六四　燕二七七　粹七七六　兹雨　見合文二六　甲三九二　兹用　見合文二五　【甲骨文編】

甲2　20　30　397　530　1243　2307　2416　3366　乙2327　4729

6594　6723　6750　6794　6958　7171　7311　7799　7818　7819　珠66

391　620　ㄥ64　佚86　148　241　547　894　974　981　987　續

1・24・8　1・25・6　1・32・5　1・39・3　2・16・6　3・16・10　3・17・4　3・18・3

3・21・9　3・40・4　4・9・2　4・13・3　4・28・4　4・34・1　6・9・5　徵1・37　2・28

2・47　2・51　3・91　3・92　3・111　3・132　8・53　8・72　8・79　9・52

10・49　10・70　10・109　10・126　10・129　11・59　11・76　11・102　京1・

25・4　2・14・4　凡7・1　12・1　古2・8　録555　573　687　天81　摭16

六中41　204　續存807　1594　1644　摭續109　168　粹680　750　765　粹816

新2908　粹1551　新4012　【續甲骨文編】

丝　孳乳為兹為兹此也　何尊　王受兹大令　又　余其宅兹中或　大保簋　沈子它簋　畬父盤　孟簋　㦰

方鼎　彔伯簋　弔趞父卣　伯康簋　㽙鼎　萬尊　公臣簋　虢仲盨　丝大子鼎　毛公層

鼎　叀弔多父盤　南宮乎鐘　㪤兒鐘　陳猷釜　陳肪簋　曾姬無卹壺　者沪鐘　假借作絲　商

尊　戉絲廿寽　【金文編】

 3·622 丘齊辛里王汩𢆶☐【古陶文字徵】

 67【包山楚簡文字編】

 一六：三 二例 通兹 宗盟類序篇 余不敢惕𢆶【侯馬盟書字表】

 石經多士 古文兹兹𢆶同字【石刻篆文編】

 幽𢆶見石經【汗簡】

◉許慎 𢆶微也。从二幺。凡𢆶之屬皆从𢆶。於虬切。【説文解字卷四】

◉吳式芬 許印林説∅説文𢆶微也。唐韻於虬切。於韻當屬幽部。此借作兹。兹。兹省聲。唐韻子之切。當屬之部。之幽音近。得通假。薛書女乙觚南宮中鼎兹皆作𢆶。【攈古録金文卷三之一】

◉羅振玉 𢆶 𢆶 𢆶 𢆶説文解字「𢆶。微也。从二幺。」古金文用為訓此之兹。與卜辭同。【殷虚書契考釋卷中】

◉高田忠周 説文。𢆶微也。从二幺。段氏注云。微當作𢼸。人部曰𢼸眇也。小之又小則曰𢼸。二幺者幺之甚也。此攷為是。但篆形與絲省文多作𢆶者相同而實非是。此𢆶實𢆶之省也。夫省𢆶。𢆶益幽微也。𢆶从𢆶。不从幺少之幺。此篆當與玄相次。而不敢肊定。存疑云。然則𢆶从二幺。幺者古玄字。而玄實从系从𢆶。故兹亦省作𢆶。與絲不分别也。【古籀篇七十】

◉商承祚 金文陳眆𣪘作𢆶。陳猷釜作𢆶。大保𣪘作𢆶。説文𢆶。「微也。从二幺。」孳乳為兹。【甲骨文字研究下篇】

◉馬叙倫 鈕樹玉曰。六書故引蜀本曰。隱微意也。從重幺者。微之至也。與幺下説恐竝非許説。段玉裁曰。微當作𢼸。羅振玉曰。卜辭與金文皆用為訓此之兹。容庚曰。彔伯𢾊。子孫其帥刑受𢆶休。與易晉受兹介福同義。倫按𢆶即絲之異文。十三篇。糸。細絲也。細下曰。微也。細絲音同心紐。物之細者莫如絲。古即以絲為粗細之細。後造細字。以微訓細。猶以細訓絲矣。幺音影紐。蓋最初之音。由喉而舌根。則轉入曉紐為忽。糸絲幺𢆶皆一字。徐灝謂糸即蠶吐絲為忽之忽。是也。由舌根而舌尖前。故轉入心紐為絲。此讀伊虬切。猶與幺同音也。又忽從勿得聲。勿音微紐。微音亦微紐。而徽從微得聲。音入曉紐。則凡微細小之語原可知矣。微也非本訓。陳眆𢾊作𢆶。毛公鼎作𢆶。太保𢾊作𢆶。【説

文解字六書疏證卷八】

◉胡厚宣　卜辭無「茲」字，而「丝」字無慮數十百見，無一不讀為「茲此」爾雅釋詁「茲，此也」或「茲今」廣雅釋言「茲，今也」之「茲」者。除本文前後所舉「丝用」「丝不用」「丝母用」「丝御」以及「用丝卜」「用丝二卜」諸例之外，卜辭中或言「丝鳳」：

(1)貞丝鳳(風)　不隹辥(孽)。(前6·4·1)

此武丁時卜辭也。或言「丝雨」：

(2)貞丝雨隹辥。(甲1·25·16)

此亦武丁時卜辭也。或言「丝云」：

(3)貞丝云(雲)其戠。

(4)貞丝云囲戠。(前1·38·6)

(5)貞丝云其戠。(前1·38·5)

(6)貞今丝云雨。(前6·43·4)

此亦武丁時卜辭也。或言「丝邑」：

(7)貞丝邑其㞢(有)辰(震)。(拾4·9)

(8)貞我𢦏自丝邑，若。(戩37·13)

(9)□□卜，王□眔(暨)□丝邑□反。(藏69·4)

此亦武丁時卜辭也。或言「丝某地」：

(10)貞于𣥚用，貞才(在)丝𣥚用。(前1·51·1)

此亦武丁時卜辭也。

(11)庚寅，王卜，才𡆥，貞余其𠂤(次)才丝上𩰤，今𢦏其，其𦎫乎(呼)𣪊于商正，余受又＝(有祐)，王叺(占)曰吉。(前2·5·3)

此帝乙帝辛時卜辭也。或言「丝邑某」：

(12)甲戌卜，𣪊，貞我勿𢦏自丝邑𩰫，𠆢已乍(則)若。一(粹1117)

(13)甲戌卜，𣪊，貞我勿𢦏自丝邑𩰫，𠆢已乍若。五(粹1116)

(14)甲戌卜，𣪊，貞我勿𢦏自丝邑𩰫，𠆢已乍若。三(續6·9·5)

(15)甲戌卜，㱿，貞我勿[illegible][自]丝邑𨓚，囧巳乍[若]。□（前4·4·3）以上四版，乃同事異卜，看拙著卜辭同文例一文。

此武丁時卜辭也。凡此諸「丝」字，其用為「兹此」之「兹」，皆至為明顯。此外或言「丝夕」：

(16)癸未卜，[貞]丝夕又(有)大雨。丝御。夕雨。

于之夕亡大雨。（後下18·13）

此武乙文丁時卜辭也。

(17)及丝夕又大雨。（粹765）

(18)丝夕亡大雨。（院616）

此帝乙帝辛時卜辭也。或言「丝月」：

(19)壬戌卜，貞才獄天邑商公宮，衣。丝月亡畎(冎：禍)寧。

(20)甲午卜，貞才獄天邑商皿宮，衣。丝月亡畎，寧。

(21)乙丑卜，貞才獄天邑商公宮，衣。丝月亡畎，寧。才九月。

(22)□□卜，貞才[獄][天]邑商公[宮]，[衣]。丝月亡[畎]，[寧]。

(23)辛□𡆥，[貞][才][獄]天邑[商][公][宮]，衣。丝[月][亡][畎]，[寧]。

(24)□□卜，貞才[獄]天邑商[公]宮，衣。丝月亡畎，寧。

(25)癸巳卜，貞才獄天邑商公宮，衣。丝月亡畎，寧。（H.621　前4·15·2　前2·3·7　甲1·27·8　菁10·1合）看明義士表較殷虛書契前編並記所得之新材料，刊齊大季刊二期；董彦堂先生五等爵在殷商刊中央研究院歷史語言研究所集刊六本三分。

此亦帝乙帝辛時卜辭也。或言「丝二月」：

(26)乙酉卜，大，貞及丝二月㞢大雨。（前3·19·2）

此祖庚祖甲時卜辭也。以上諸「丝」字則皆讀為「兹今」之「兹」。(16)辭以「又大雨」與「亡大雨」對貞，而一言「丝夕」，一言「之夕」，之兹音近古通，看拙著第十三次發掘殷虛所得龜甲文字舉列考釋第五版①辭「之夕」條。尤可證「丝」之必有「今」義。此外又有單言「丝」者，如：

(27)貞曰𠂤(師)母(毋)才丝祉(延)。（前1·9·7）

(28)庚辰卜，貞寧叀𩵦帚𠂤才丝。（前4·33·7）

(29)貞今日其雨？王𠧧(占)曰，𡚬(疑)𢆶三雨。之日允雨。三月。(前7·19·1)

(30)癸未卜，㱿，貞旬亡𡆥(冎，禍)。王𠧧曰，㞢(往)乃𢆶㞢希(祟)。

六日戊子，子弢𣦼(死)。一月。(菁3·1)

(31)癸巳卜，㱿，貞旬亡𡆥。王𠧧曰，乃𢆶亦㞢希。若偁，甲午王㞢𨒫(逐)𧰲，小臣甾(叶)車馬硪𩣡王車，子央亦阢(顛)。

(菁3·1)

此武丁時卜辭也。

(32)丁酉卜，兄，貞其品后才𢆶。(後下9·13)

(33)丁酉卜，兄，貞其品后才𢆶。(後下10·1)

此祖庚祖甲時卜辭也。其「𢆶」字之義，或為「今」，或為「此」，總之皆讀為「兹」，亦曾無一例可以微小之義解之者。

不但卜辭如此，即周金文字亦莫不皆然，如：

彔伯𢦚毀：「子子孫孫，其帥井受𢆶休。」

毛公鼎：「錫汝𢆶关(贈)，用歲用政(征)。」

舀鼎：「以舀酒級(及)羊，𢆶三寽，用到(致)𢆶人。」

又：「用𢆶四夫䭫(稽)首。」

沈子也毀：「作𢆶毀用𩱠鄉(饗)己(姬)公，用絡多公。」

陳昉毀：「作𢆶寶毀，用追孝我皇毀(舅)𢈇(姑)。」

諸「𢆶」字亦無一不讀為「兹此」之「兹」者。【釋𢆶用𢆶御 歷史語言研究所集刊第八本第四分】

◉李孝定 象絲二束之形。卜辭金文皆假此為訓「此」之「兹」。兹絲音韻並同。故得通假。至許書之𢆶訓微。乃絲義之引申。讀於虯切。音義並後起。如古即讀於虯切則無由假為兹字矣。糸之為幺。亦猶絲之為𢆶。幺之讀於堯切。亦猶𢆶之讀於虯切也。【甲骨文字集釋第四】

◉戴家祥 按古文偏旁並重者，其意義都是偏旁意義的疊加。偏旁含小義的就更小，大義的就更大，快義的就更快，慢義的則更慢。如說文四篇「羽，鳥長毛也。」「𢎘，草木𢎘盛也。」「𣏟，𣏟之為言微也」等等。金文𢆶通兹，用作此義。【金文大字典下】

後二·九·五 从𢆶从火 古文火山二字形近 故説文誤以為从山 乙七一二二 叀幽牛 幽牛 黑色牛也 粹五四九 幽牛

粹五五〇 叀幽牛吉 【甲骨文編】

乙7122 粹549 新4187 粹552 【續甲骨文編】

幽 盠司土尊 𪕁盤 召伯簋 伯𩛥簋 伊簋 盠方彝 寓卣 康鼎 柳鼎 伯𡨦簋 趩簋 伯晨鼎 禹鼎 師臾鐘 弔向簋 【金文編】

1149 【古璽文編】

幽州刺史 白所幽記 【漢印文字徵】

朱龜碑頟 禪國山碑 幽荒百蠻 詛楚文 幽刺敘戚 祀三公山碑 處幽道艱 【石刻篆文編】

汗簡 古文 竝崔希裕纂古 【古文四聲韻】

◉許　慎　幽隱也。从山中𢆶。𢆶亦聲。於虯切。【説文解字卷四】

◉羅振玉　説文解字。幽。隱也。从山中𢆶。𢆶亦聲。古金文幽字皆从火从𢆶。與此同。隱不可見者得火而顯。【殷虚書契考釋卷中】

◉林義光　按古作寓尊彝。作召伯虎敦。8古玄字。从山玄。从二玄猶从玄也。玄。黝黑也。幽从二玄。與奭从二白同意。【文源卷十】

◉商承祚　金文召伯𣪘作。伯𩛥𣪘作。𤰈矦鼎作。伯□𣪘作。叔向𣪘作。説文幽。「隱也。从山从𢆶。𢆶亦聲。」𢆶者黑也。以火燭幽隱也。後世將形寫誤。許君遂有从山之訓矣。【甲骨文字研究下編】

◉郭沫若　幽通黝，黑也。禮玉藻「再命赤韍幽衡」，鄭注：「幽讀為黝。」周官牧人「陰祀用黝牲毛之」，先鄭注云：「黝黑也。」【殷契粹編考釋】

◉馬叙倫　孫詒讓曰。古文幽字皆不從山。疑從古文火省。倫按幽隱以雙聲為訓。召伯敢幽字作□。甲文作□。竝從火。義當為火微也。今杭縣謂火微音正為幽。引申為凡微之偁。爾雅釋詁。幽。微也。是也。火微則不明。故易困入于幽谷。注。不明之辭也。離騷。路幽昧以險隘。注。不明也。從火。𢆶聲。金器以幽為玄。可證也。幽幼語原同。當入火部。

【説文解字六書疏證卷八】

◉金祥恒　金器以幽為玄。金文如趞簋：「易女赤市幽□(黄)䜌旂用事。」麥鼎：「易女赤市幽黄攸勒。」玉藻：「再命赤韍幽衡。」鄭注：「幽讀為黝」，正暗黑色也。故幽牛者黝牛也。周官牧人：「陰祀用黝牲毛之」，先鄭注云：「黝黑也。」説文：「黝，微青黑色」，是也。青黑色，今言灰黑色也。馬氏云：「𢆶非許書所謂从二幺，即絲之異文。十三篇糸，細絲也，細下曰微也。細絲音同心紐。細者莫如絲，古即以絲為粗細之細。」故雨小曰雨絲絲，火微或火小杭州人曰幽火也。故幽从𢆶(絲)火，與赤从大火，同為會意。説文从山，蓋火之譌誤也。如金文弔向簋「赤市幽黄」作幽，與説文同。唯伯□簋「乍白幽寶簋」作□，連其上，則从𢆶□，譌變尤甚矣。【釋赤與幽　中國文字第八册】

◉李孝定　幽字許君以為从山中𢆶，字實从𢆶(絲)从火，絲之微眇，得火始顯，此與㬎字从日下絲同意，而訓解相反者，亦猶治之與亂也。高田氏謂㬎字从幽省，説殊支離。　【金文詁林讀後記卷四】

幾 □

□ 幾　芇伯簋　□　□ 幾父壺　【金文編】

□ 幾　法一三五　五例　通機　口關也舌|也　為二九　□ 為一三　二例　□ 封六九　□ 封一四　二例　【睡虎地秦簡文字編】

□ 幾繚　□ 幾昌　【漢印文字徵】

□ 詛楚文　幾靈德賜　【石刻篆文編】

□ 幾義雲章　□ 幾碧落文　【汗簡】

叀　叀

幾道德經　幾義雲章　幾　幾竝碧落文　幾王存乂切韻　幾古老子　【古文四聲韻】

◉許　慎　幾微也。殆也。从𢆶。从戍。戍。兵守也。𢆶而兵守者。危也。居衣切。【説文解字卷四】

◉林義光　按从𢆶。轉注。𢆶者。幽省。幽處多危。人持戈以備之。危象也。古作[古文字形]歸夆敦。【文源卷六】

◉馬叙倫　鈕樹玉曰。韻會引不重戍字。倫按幾義為微。從𢆶。戍聲。𢆶之轉注字也。鍇本作從𢆶戍。捝聲字。或為校者所删耳。此作從戍。校者改之。殆也及戍兵以下十一字亦校語。此類疑為字統之文𢆶絲一字。絲音心紐。戍音審紐。同為摩擦次清音。今音入見紐者。由戍轉入曉紐。又轉入見與。芇伯敦作[古文字形]。【説文解字六書疏證卷八】

◉李旦丘　[古文字形]實應隸定為⿱𢆶又。今字書無此字，却有⿱𢆶夊字。我們知道甲骨文受字作[古文字形]，金文作[古文字形]，又變成了爪。此可證又爪相通，不過，若把[古文字形]字寫成⿱𢆶又的樣子，實在是和把受字寫成⿱爫夊的樣子一樣的難看，為維持字體的均衡的美感起見，才將又字移到下面來，寫作⿱𢆶夊，故⿱𢆶又⿱𢆶夊實為一字。集韻云：「幾古作⿱𢆶夊。」玉篇云：「幾，期也。」詩小雅：「卜爾百福，如幾如式。」疏云：「所以與汝者百種之福，其來早晚如有期節矣。」如幾為如有期節的意思。【釋⿱𢆶又　金文研究】

◉饒宗頤　[古文字形]字从戍[古文字形]，象束絲形，殆「幾」之本字。幾原从糸，後乃从𢆶，如畜之作⿱𢆶田，是其比，隸定應作「⿰糹戍」，此字習見，為用牲名，即⿱幾皿也。周禮犬人「凡幾珥沈辜」，字亦作「⿱幾皿」及「祈」。【殷代貞卜人物通考卷四】

◉徐中舒　伍仕謙　⿺辶𢆶，即幾之異文。幾，及也。幾、及並羣母字，故⿺辶𢆶得用為及。【中山三器釋文及宮圖説明　中國史研究一九七九年第四期】

◉李孝定　戴侗六書故曰：「幾从戍，疑本為幾察之幾，絲省聲，謂戍守者當察於物色幾微之間也。周禮曰：『幾其出入。』又曰：『幾酒、謹酒。』此幾之本義也，因之為幾微、幾近、庶幾、幾希之義，借為幾何之幾。」較許説為長。金文幾王、幾父均為名詞，無義。【金文詁林讀後記卷四】

叀鐵一二・一　唐蘭説叀古讀當如惠　惠字古用為語辭　其義當與惟字同　書堯典　亮采惠疇　猶云亮采惟疇　咎繇謨　朕言惠可底行　猶云朕言惟可底行　叀鐵一〇四・一　叀拾二・一二　叀拾五・七　叀拾五・一四　叀前一・一八・一　叀前二・一八・二　叀後一・五・九　叀後一・一三・一〇　叀後一・一九・七　叀後一・二五・二　叀後一・二五・七　叀　叀

後二・三六・六　戩六・一一　戩九・二　甲五一九　甲五二〇　甲二三九五　甲二四〇七　甲二四九六　乙二二九六　乙二三〇五　乙二四七〇　粹七九　粹四一七　粹四六七　粹五一七　福二九　佚四八　佚一八六　佚三九三　佚六五一　燕一三九　燕三六四　燕二六七　鄴三下・三六五　鄴三下・三六・七　京津三八四四　京津三八七三　京津三九六一　明藏四四七　前五・一・五　甲五七四　京都三〇四九　後二・九・七　或作　與金文無叀鼎叀字同　餘二・一　前四・一二・六　前七・一〇・三　佚七一一　簠游六七　鄴三下・四三・四　鄴三下・四三・七　掇一・四三六　□卜寧叀幣叀令□　同辭　佚九二八　明三〇五　庫一〇九三　七七三　前一・一八・四　乙一三九

二【甲骨文編】

甲2　20　34　108　112　127　206　207　284　298　519　520

556　574　589　592　658　1147　1516　1631　2606　3366　3536

3593　3621　3915　乙77　1470　1956　4299　5296　5403　6402　6410

6692　6696　6698　7122　7190　7208　7261　7342　7359　7379　7441

7531　7750　7793　7794　7808　7977　8462　8676　8685　8691　8712

8880　9071　珠15　144　182　277　279　293　320　363　532

572　625　636　669　848　954　1096　1433　ㄥ63　64　福29　佚1

5 20 48 56 68 95 166 187 203 213 233 249
273 279 314 352 375 393 422 502 519 527 529 544
560 580 617 651 652 726 873 874 878 883 900 928
931 951 959 970 974 續1·24·10 1·25·7 1·32·6 1·39·9
1·41·5 2·16·0 2·25·11 2·31·2 2·31·7 3·7·9 3·9·1 3·12·4 3·
25·6 3·26·3 3·29·6 4·15·3 4·33·6 5·3·2 5·4·1 5·26·5 6·
20·12 掇420 434 436 462 徵1·11 1·81 2·20 2·28 3·34 3·
199 3·214 3·225 3·239 4·4 4·5 4·23 4·47 4·74 7·6
8·52 8·53 8·55 8·58 8·61 8·63 9·24 11·65 11·67 12·66
京1·23·3 1·25·4 1·34·1 2·19·2 3·14·2 3·26·2 3·28·2 3·30·4
3·31·4 凡7·3 10·1 10·2 12·1 18·3 18·4 19·3 20·2
23·2 録94 539 542 557 608 天30 47 67 龜卜21 續存4 摭
續184 粹456 980 1081 新4316 【續甲骨文編】

叀 叀卣 叀父戊簋 何尊 九年衛鼎 無叀鼎 禹鼎 戈叀爵 牆盤 師𩛥鼎

哀成弔鼎 孳乳為惠 彔伯簋 惠圉天命 毛公厝鼎 虔夙夕惠我一人 仲叀父簋 諫簋 蔡姞簋

鬲攸比鼎 虢弔鐘 克鼎 惠于萬民 亩甽罍 同簋 鬲比盨 【金文編】

扶叀丞印 【漢印文字徵】

叀上絹切亦古專字 【汗簡】

汗簡 竝說文 籀韻 【古文四聲韻】

◉許 慎 專。小謹也。从幺省。中。財見也。中亦聲。凡叀之屬皆从叀。職緣切。古文叀。亦古文叀。【說文解字卷四】

◉阮 元 (東䀠尊)叀。說文云。專。小謹也。或曰。叀。古專省。通摶。摶義為聚。訓見管子注。【積古齋鐘鼎彝器款識卷五】

◉方濬益 (惠卣)說文。惠。仁也。从心。从叀。古文从芔。作。此省文。亦古文惠。與毛公厝鼎惠我一人字正同。亦見焦山無惠鼎。積古齋款識釋為無專。誤也。按文選甘泉賦。發蘭蕙與芎藭。羽獵賦。蹂蕙圃。漢書楊雄傳皆作惠。是蕙即說文之古文字也。【綴遺齋彝器款識考釋卷十一】

◉劉心源 从三屮。說文惠。古文作。蕙即此。正从此。是古文叀字也。而彔伯戎敢宏天命。仍是惠矣。【奇觚室吉金文述卷二】

◉孫詒讓 「貝立彡令□」,百九十之四。《說文·叀部》:「叀,古文作。」此形與彼合,但龜文自有叀字。詳後。與此字異同未詳。

「丙戌卜己丑」,百卅八之三。「」當即「叀」字。後「叀」字亦从,可證。《說文·叀部》:「叀,小謹也。从幺省,从中。中,財見也。田象謹形,中亦聲。」金文尹叔敢、中惠父敢並作,讀為惠。此或當為䴗叀聲、專聲字之省。

「貝今禾甲申□」,十三之四。又十六之二有「貝」二字,十五之二亦有「」字,上下文並不可辨。「□酉卜□□隻」,卅八之一。「癸酉卜□□馬」,卅八之三。「戈□□」,四十二之三。「丁丑卜之兄丁羊□」,五十四之二。「于□平田服」,五十九之二。

「百人或叀」，六十三之四。「𠂤令貝叀」、六十八之一。「□大戊叀于𠈌」，八十之四。「貝叀立正昌方」，百十八之二。「己酉叀乎」，百廿九之三。「它叀」，百五十一之二。「申□㱿卜立父叀」，百五十三之三。「昌叀」，百五十九之四。「叀鼠告于□□」，百七十九之三。「貝叀豈乎」，百八十四之四。「□□立臣□叀」，二百五之二。「貝叀豕令」，二百十三之二。「□叀□」，二百廿五之四。「子□甲□叀豕」，二百卅六之三。「丁酉卜叀立正昌方𢀛□又」，二百四十四之二。「□卜㱿方戠叀立□丁□」，二百六十二之三。「貝□叀□妾□于□」，二百六十九之四。此諸文恆見，或作「叀」、或作「叀」，疑亦皆為「叀」之省，與「叀」略同，又疑為「甫」之變體。依字例，叀聲所孳生為專聲之屬，甫聲所孳生為専聲之屬，文義咸迥異，而金文兩聲類字形並略同，此文亦未能塙定其為何字。以「甴馬」、「甴服」、「甴豕」、「甴獵」、「甴壴」讀為持，詳前諸文推之，似當為搏執之義，但文多殘闕無完全文義可尋繹，未敢決定也。

「完貝甴甲□」，百十二之四。「丙申甴豈□象形獸□」，百四十一之三。「甴不□」，百四十四之二。「丁未卜㱿貝甴同」，百六十三之一。「辛子卜立㐱□甴□□馬令□」，百七十二之二。「辛子卜亘貝甴豈□□三象形獸不其」，百九十三之一，與百四十一之三文略同。「□子卜甴獲隻兔」，二百卅之四。此亦「甴」字而作「叀」，下半為方形似與「甴」小異，但以「甴壴」、「甴獲」諸文推之，似亦「搏」之省叚字。【栔文舉例卷下】

◉孫詒讓　説文叀部「叀，小謹也。从幺省，中財見也。」段校增「田，象謹形」四字。「惠，仁也。从心叀。」古文作「𢡱」，从芔。金文叀字號尗鐘作叀，與小篆同。「惠」字則𪓐大宰簠作惠，毛公鼎作叀，無惠鼎、彔伯㪟作惠，雖散有省變，大致與古文同。惟毛公鼎惠从芔，形小異。龜甲文則有甴叀兩文，形皆略省，此或兼有專専諸文之省。甲文多漫闕，文義難通，未能決定也。而「惠」字兩見，皆作𢡱，則為从𥝌从惠省，與許書惠古文絶異。攷説文𥝌部「𥝌，禾麥吐穗上平也。象形。」又禾部「采，禾成秀，人所收者也。从爪禾。穗，俗从禾，惠聲。」依甲文叀从芔，則正从禾麥穗上平之形，當為「采」之異文。竊疑古文叀本从中，取財見之義，為會意兼象形。采别體本作𢡱，取禾麥秀之形，為象形兼諧聲，兩文迥别。後人傳寫，增叀為从芔，而从𥝌从田字，不復沿用。「采」俗書又别為从禾惠聲，實古𢡱字之流變，俗書雖後出，殆亦本於古與。甲文下从田，疑象采含米形。

金文凡專、傳、疐諸文从叀者，咸不从芔。从芔者唯𧅫，𢡱兩文，明𢡱為惠之省，不得通於叀。依甲文則𢡱又為采之别，古文或叚為惠者，以聲類相近，實非一字，而亦不得通於叀。葢古文本分别如是，後人既不見𢡱字。而叀、𢡱復多殽掍，此不可不辯也。【名原卷上】

◉王　襄　叀古叀字。叚為𢡱。殷契𢡱之異文作叀。形近相假。【簠室殷契徵文考釋】

◉王　襄　卜辭習見叀牛叀羊叀物叀羍叀𩵦叀兕之文。説文解字。叀。小謹也。下疐字。許説礙不行也。从叀而止之。叀者如叀馬之鼻。段注馬當作牛。牛鼻有秦。所以叀牛也。叀之誼引伸之。讀同羈。羈。縮也。有所牽掣之謂。按卜辭叀字有牽縮之誼。殆即周禮肆師展犧牲繫子牢之禮。漢書陳遵傳引楊雄酒箴。一旦叀礙。師古曰。叀。懸也。或即爾雅釋天祭山曰庪懸之禮歟。存之以備一説。【簠室殷契徵文考釋】

◉唐桂馨　此字朱氏通訓定聲引證最詳。其結論以為叀與牽字同意。按叀即縻牛馬之具。△象末端締結形。象具首之飾。許訓小謹。疑是嫥字下註誤迻寫於此。至云⊕象謹形尤謬。鐘鼎文作。全象形。又按叀有二種。一叀牛馬之鼻所用。一汲井機。見楊雄酒箴。總之叀之為具。以一端穿入物孔。其末結如車轄之轄。使不得脱。皆可謂叀。【説文識小録　古學叢刊第二期】

◉丁佛言　鬲攸比鼎原書釋惠。案是古專字。【説文古籀補補卷四】

◉余永梁　書契後編上二十四葉　書契卷一五葉　同上卷五九葉　鐵雲藏龜二百六十八葉

此疑叀字，同剸。與鬯字未可合為一字也。卜辭作者，鬯字也。作者，叀字也。字形顯别。其義亦有分。作鬯者曰「鬯于且乙」，曰「貞寮十物牛之五鬯」，曰羊鬯，曰百鬯百牢，曰「廿鬯卅牢。」作叀者曰「叀羊」，曰「叀九牢耏大甲」，曰「之于南庚叀小牢」，曰「貞之于王亥，叀三百牢」，曰「貞叀子漁，登于大示。」而書契卷五一葉文曰「貞不叀鬯用。」叀鬯二字連文，尤為異字之證也。疑叀為用牲之法。與卯寮沈殺同例。後編卷上二十二葉一骨上曰「叀□」，曰「卯牛」，是其明證矣。卯古劉字。與干支之卯之異。音讀如劉。散氏盤柳字从卯，可證也。寮以火，沈以土，卯以刀。殺，余曩考後借為蔡字。另一殺字从殳，蓋即周禮所謂椎牛之法矣。説文叀下云：「古叀。」斤部斷，古文作，叀專古一字，猶道導古一字矣。然則叀牢者，剸牢也。本字為叀，剸則後起形聲字。集韻剸通作叀專是也。説文「𣃔，截首也。从𣃔首。剸或从刀，專聲。」𣃔亦後起之篆。【殷虚文字續考　國學論叢一卷四號】

◉余永梁　逸周書世俘解云。「越五日乙卯。武王乃以庶國祀馘於周廟。翼予沖子。斷牛六斷羊二。」斷乃𣃔之叚借。然則叀羊叀牢叀牛能非斷羊斷牢斷牛乎。【與徐中舒書】

◉葉玉森　十之五　九大甲　上二辭言「叀十宰之五」「叀九宰」。叀字竝為動詞。如讀為鬯。洵于文例不洽。余(永梁)氏謂叀鬯字别是也。惟釋叀為專。即剸。即許書之𣃔。逸周書之斷。持解叀牛叀㲋叀羊叀鹿叀犬叀豕叀兕叀豚叀牝叀牡叀物叀牢叀羊叀龜諸辭似適。至若「貞叀令冬甲子寮」。藏龜第十三葉之四。「叀苦」。又第百五十九葉之四。「貞叀　五月」。又第二百二十五葉之四。「叀」。卷三第二十四葉之一。「乙酉卜兄貞叀今月告于南室」。又第三十三葉之七。「乙酉卜叀今日耏鼓于父□」。卷四第一葉之三。「庚申卜㱿貞叀今乙□酌」。又第三葉之一。「庚寅卜貞叀[字形]人令省在南啚鄙」。又第十一葉之五。「癸巳卜賓□叀今二月宅東寢」。又第十五葉之一。「貞叀鬼」。又第十八葉之五。「己丑貞叀王祝」。又第十八葉之七。「己酉卜㱿　王叀北羊伐」。又第三十七葉之一。「癸未卜賓貞叀𦍒往追羊」。卷五第二十七葉之一。「貞叀珍令」。卷六第三十三葉之一。「貞叀吉燕」。又第四十四葉之五。「貞叀雨」。同上。「⊠翼丁亥叀上甲祝用⊠」。卷七第三十一葉之一。「叀月酌」。後上第五葉之十二。「貞叀母己十⊠」。又第六葉之十四。「乙巳卜𢦏貞叀王往伐苦方受之又祐」。又第十七葉之二。「丙寅貞叀丁卯酌于兕」。又第二十二葉之三。「⊠賓貞叀今夏⊠」。後下第十二葉之十四。「癸丑卜賓貞叀珍令臣𦍒亏」。又第三十四葉之五。「貞叀王往」。甲骨文字一第八葉之三。「貞今春王叀下[字形]」。又二第九葉之一。「壬寅卜貞其又侑母辛叀」。殷虛卜辭第十三版。「丁巳卜□。貞叀王畀方」。又第二百九版。「壬寅貞其[字形]叀翼⊠」。又第三百二十六版。「□卯卜大□示癸[字形]叀蓐酌」。又第三百二版。「貞中丁[字形]叀蓐」。又第六百六十八版。「□未啓叀祼叀夙」。又第七百十版。「叀栅」。又第二千一百九十五版。「乙卯卜㱿貞王叀土方征」。又第二千三百三十八版。「叀庚」。又二百十六。「叀辛」。徵文帝系之二百十四。「叀龍叀豕」。藏龜拾遺第一葉之五。「辛酉卜叀西方征」。又第五葉之六。各辭中之叀字。似非䡅誼。孫氏釋叀。王氏復援許書疐下訓叀而止之。謂即周禮展牲繫牢之禮。證之「叀羊𢆶用」卜辭不一見「⊠物叀用」甲骨文字二第三十葉等辭。似卜辭云叀某牲。竝涵繫而備用之誼。惟叀字除訓繫外。似又別涵數誼。或為祭名。如「叀今冬𡖊」。「叀[字形]」。「叀今月告」。「叀今日酌」。「叀今乙酌」。「叀鬼」。「叀王祝」。「叀吉燕」。「叀雨」。「叀翼」。「叀上甲」。「叀母己」。「叀漁」。「叀蓐」。「叀珍」。「叀庚叀辛」。「叀祼叀夙」。「叀栅」。「叀龍叀豕」諸辭。則叀字竝為祭名。或用如專。如「叀𦍒往追羊」。即專命𦍒往追羊方人也。「叀[字形]人令省在南啚」。即專命[字形]人省視南鄙也。或依孫説釋摶。則「叀苦」。「叀下[字形]」。即摶苦方下[字形]也。「貞叀王往伐苦方」。貞叀即貞摶。讀斷。則其他「貞叀」之單辭亦為貞摶。「叀西方征」。「叀土方征」。即摶征西方土方也。益此三誼持解各辭或較順耳。【殷虛書契前編集釋卷一】

◉郭沫若　金文中多見叀字。鬲攸从鼎「文考叀公」作[字形]，盨作[字形]，虢叔旅鐘「皇考叀叔」作[字形]，蔡姞𣪘「叀姬」作[字形]，仲叀父𣪘作[字形]。字又作𤰈。毛公鼎「虔夙夕[字形]我一人」，彔伯𢦚𣪘「[字形][字形]弘天命」，又無叀鼎作[字形]，叀卣作[字形]。

凡此大抵均用為惠字，而以毛公鼎及彔𣪘二例為尤著。從此作之惠字，王孫鐘「惠于政德」作[字形]，邾大宰簠「讓龏孔惠」作[字形]，沇兒鐘「惠于明祀」作[字形]，此字原銘稍泐。綸鎛「又成惠叔」作[字形]，惠蓋从心叀聲也。

説文：「[字形]小謹也。从幺省，从中，中財見也。中亦聲。[字形]古文叀，[字形]亦古文叀。」又，「[字形]仁也。从心叀。[字形]古文惠从卉。」

今案許書叀若惠之篆文及古文較之金文均稍有譌變。金文諸叀字均當為象形文，而許以形聲字說之，殊屬不合。又音亦有異，金文既多用叀為惠，則叀當讀如惠。許云「屮亦聲」，又「屮讀若徹」，則是讀叀如專，蓋徹專同紐，且屬對轉，祭元陰陽對轉。案此即因專音而誤者也。專字金文未見，有从專聲之字，如傳尊作□，傳卣作□，散氏盤「傳棄之」作□。卜辭有專字三例，作□若□若□。具見前編卷五·一二。揆其字形乃以手執叀之形，蓋摶之初文，非必从叀聲。許未識叀專字之初義，誤謂專从叀聲，故又誤謂叀从屮聲耳。又斷之古文作㡭若㫁，金文量侯𣪘作□，似从叀聲。案此乃剸字之異，實從專省聲也。要之叀音當讀如惠，讀如專者乃後人之誤會也。

準上叀字之形與其聲，余敢斷言，叀者瞂之古字也。惠音兼攝喉脣，與瞂音相近。而惠在脂部。瞂在祭部，亦相通韻。如大雅瞻仰首章，惠、厲、瘵、届，為韻。惠、届在脂部，厲、瘵在祭部，即其證。故叀音轉為瞂也。古盾、干鹵均象形文，曩已由余證明。唯中干之瞂乃形聲字，例當後起，經典乃假伐為之。今得明此叀字，則知瞂古亦有象形文，而其形與干鹵亦稍異矣。觀其形制乃橢圓，亦上有文飾而下有蹲，讀詩「蒙伐有苑」語，可無閒然矣。瞂制蓋傳自殷人，卜辭有專有傳，亦有叀字，作□若□，屢言「𢆶用叀羊」，蓋假借為維字也。李亞農說。羅振玉釋為𢀛，失之。又或作□後編下七·一一，花紋與鹵同。大盾為鹵，中盾為叀，小盾為干，叀有定制，干鹵各有方圓之異，蓋周官所謂「五盾」矣。

叀為古瞂字，于古文獻中有僅見之一例。尚書顧命：「二人雀弁執惠，立于畢門之內。」與下「執戈」、「執鉞」、「執劉」、「執戣」、「執鋭」為對文，惠自是兵器無疑。余謂惠即是叀，謂執瞂也。偽孔傳說惠為「三隅矛」，鄭玄謂「惠狀蓋斜刃宜芟刈」，書疏所引。更出以蓋然之辭，均不足信。【釋叀·金文餘釋之餘　金文叢考】

◉商承祚　□王靜安先生釋專。謂即剸字是也。卜辭習見叀牛叀羊叀物叀羊叀犯諸文。其義即殺牲而祭也。又有「叀鄹罘小鴹亡用」。曰「叀鄹罘小鴹亡用」。⊘與此「叀犅」。其字雖不識。其意殆皆指馬名或色而言。【福氏所藏甲骨文字釋文】

◉郭沫若　叀乃中干之伐之本字。羊字羅釋騂騂，叀羊殆謂伐騂也。【卜辭通纂】

◉吳其昌　「叀」者，先師王先生及忠縣余永梁紹孟並以為「叀」即「專」，亦即「剸」，亦即「𣃔」，誼為斷首，是矣。見余氏殷虛文字續考。而論證則頗未盡也，今為之編考絜文，上下究極，貫澈本末而疏通之。「叀」者乃斷牲首囊懸以祭之義，故引申之又得轉衍為「伐」、為「懸」、為「傳」矣。其字最初之形，乃象牲首囊括之狀。卜辭中「叀」字或作□明·二三六八，或作□前·六·六二·七，或作□前·六·六二·五，或作□，或作□本片，或作□佚·二七，或作□後·一·五·一二，或作□續·一·二四·八等，或作□續·二·一五·三。囊形如繪，其證一矣。牲首在囊，先必截斷，故叀字引申之義，為刑斷牲首。

以卜辭考之，或云「叀牛」，前・二・七・六、續・三・三〇・一、明・七五。或云「叀羊」，前・一・四〇・三、後・二・三九・一六、續・一・四〇・八等。或云「叀犬」，前・六・二三・一。或云「叀豚」，後一・二四・八、前・四・四二・六。或云「叀彘」，林・二・一五・一三、明・一三。或云「叀宰」，續・一・三二・六等。或云「叀羊」，多不勝舉。或云「叀物」，續・二・一六・五・等。或云「叀牝」，後・二・二二・八、續二・二五・九。或云「叀鼉」，佚・三一四。謂宰割牛羊，屠誅犬豚，斬戮鼂鼉以祭享也。或云「叀犬叀羊」，後・一・五・四。或云「叀一牛叀一宰」，佚・九。或云「叀一牛，㸚宰」，鋏・二・六五・一。或云「叀牛一，犬☒」，謂所宰戮以祭者兼及于牛犬羊也。或云「叀三宰」，續・一・四五・五。或云「叀九宰，叀十宰㞢五」，本片。或云「叀百羊」，續・二・二〇・一一。或云「叀百牡」，後・二・五・七。或云「叀百鼠」，後・一・二五・二。或云「叀三百牛」，後・一・二八・一。或云「叀牛三百」，前・四・八・四、續・一・一〇・七，文同片異。謂刑牲之數，自或三或九，乃至于或百或三百也。

或云「叀小宰」，前・一・一四・一、又・四・四二・六、續・二・一六・八。或云「叀小牝」，後・一・二五・一二。或云「叀勿牛」，續・一・二八・一。謂所戮之羊牛，或小、或牝、或雜色者也。

以上「叀」字，無一不當以誅戮刑殺為訓，斷截牲首，義正相符，其證二矣。

且卜辭中「獲叀」連文，如云「隻象，叀象」，前・四・四四・二。謂既獲而隨戮之也；「沈叀」連文，如云「叀牛，沈」，後・二・二〇・九。謂既戮而隨沈之也；「戉叀」連文，明・八四七。如云「戉叀羊」，前・一・二三・二、後・一・五・一二、佚・五六〇。「戉」，謂斷以戉也；詳前。「卯叀」連文，如云「卯叀勿牛」，後・二・二三・一八。「卯叀羊」，燕・六。「卯」，謂飲以刀也；見金文名象疏證。而「叀㸚」相聯，鋏・二・六五・一。㸚之義殺；「叀伐」為比，續・六・二五・五、後・二・二二・五。伐之誼斫，並詳下，及殷代人祭考。「叀」乃惟與「㸚」、「伐」、「戉」、「卯」為類，則其賦訓亦可以推見，宜其為斷首之意，其證三矣。其字可作□，亦可作□。在卜辭中，或作□林・一・二八・七，或作□後・二・一五・一八，又如「其叀」亦作「其□」，燕・四三。人名之「医叀」，亦作「医□」，前・五・九・二。亦作「医□」，鋏・四・一三三・四。乃至有作「医□」鋏・六・二六八・四者，凡以象囊括牲首之狀而已。或不以手奉，或以手奉，或以兩手奉，略取會意云爾。故在說文，亦以「專」釋「叀」，而云「□專專小謹也」。從桂馥義證。「叀」、「專」無別，其證四矣。

以是更可與經傳互證。儀禮士虞禮記云：「用專膚為折俎，取諸頭嗌。」鄭注：「折俎……折骨以為之。」按折其頭嗌以為俎，而名以「專膚」，則「專」字之義為斷首，其證五矣。

「專」，又通「剸」，故「專諸」或作「剸諸」，「專屬」亦通「剸屬。」史記吳泰伯世家：「乃求勇士專諸」，索隱：「專一作剸。」漢書蕭何傳：「上以此剸屬任何以關中事。」顔注：「剸，讀與專同。」「專」「剸」無别，其證六矣。

「剸」之義為截為斷。文選聖主得賢臣頌李善注引呂忱字林：「剸截也。」一切經音義卷十四引通俗文：「截斷曰剸。」説文首部：「□，截也。从首从斷。」一作「剸，或从刀專聲。」可證。惟「叀」之本義為斷牲首囊括之形，故其後身之「剸」，義亦為截，為斷也。其證七矣。

「叀羊」「叀牛」之語，經典中亦曾見之，但作「□羊」、「□牛」，而「□」又省作「斷」，逸周書世俘解之「斷牛」、「斷羊」是也。余永梁曰：「逸周書世俘解云：『越五日乙卯，武王乃以庶國祀馘於周廟，翼予沖子，斷牛六斷羊二。』『斷』乃『□』之假借，然則『叀羊』、『叀牢』、『叀牛』，非即『斷羊』、『斷牢』、『斷牛』乎。按余説是也。但「□」之作「斷」，蓋省攷，非假借耳。其證八矣。

「叀」之義既為斷截牲首，故引而申之，遂與「擊」、「伐」、「誅」、「戮」之義為類。是故卜辭有云「王叀北羌伐」，前・四・三七・一。謂王擊北羌討伐之也。云「王叀下旨，伐」。林・二・九・一、續・三・九・一・同。云「貞叀□，衍伐」。其意並同。云「貞叀，王往伐□……」云「貞叀□方，□伐戈」。上，後・一・一六・一。下，續・三・七・九。蓋記貞卜擊伐□方之辭也。叀伐誼相類近可見。有云「貞叀，王征□方」，鐵・三・一一八・二。「王叀土方征」，明・二三三八。則直以「叀」代「伐」，故與「征」為類矣。有云「王叀盂」，續・三・二五・六。謂王伐盂方也。有云「東叀」，續・三・二九・六，而其文乃記「王征夷方」事，謂東伐也。有云「叀北獲人、叀西獲人」，後・二・三六・六，謂伐北、伐西也。「叀」「伐」同義，因其同為刑戮斷截矣。其證九矣。

「叀」「伐」同義，「伐」之義，得轉衍之為伐牲以祭之祭名，故「叀」之義，亦得轉衍之，為剸牲以祭之祭名。卜辭中如「帝叀，亡巛」，前・四・二七・三，叀與禘連文。如「貞、叀、叙、祝」，商・六四二，叀與叙、祝連文，斯「叀」字之義，必為祭名。此蓋可以王引之經文上下平列二字同義之定律推之而決知。其證十矣。

此「叀」之一字，其正幹直系之義、之形、之引申、之變化也。更以枝義言之，囊牲首以祭饗，或以手奉，則其字又繁而作專□。其不以手奉之者，則或為庋懸以獻，若爾雅釋天祭名所謂「祭山曰庋懸」也者。則「叀」之義，又得引申而為「懸」。漢書游俠列傳陳遵傳引揚雄酒箴「一旦叀礙」，顔籀注：「叀，懸也。」斯其證也。此「叀」字旁衍之義也。【殷虚書契解詁】

◉金祖同　叀即惠字。書經顧命。執惠立于雀門之内。注曰。三間茅。郭沫若以為兵器。我以為是一種三叉的茅草。卜辭中常同龜卜的卜字通叚。所以我認為蓍艸。【殷虚卜辭講話】

◉孫海波　説文四部「叀。專，小謹也。从幺省。中，財見也。中亦聲。」按从中財見非義，中亦非聲，甲骨文叀作□□諸形，並不从幺，知許訓非初誼也。竊謂叀之本字當訓象紡專之形，引申之則訓小謹，何以證之。説文寸部專下云：「專，六寸簿也，一曰：專紡專。」王紹蘭段注訂補云：「理董云：『此即蓴字所从也，簙乃箄字之譌。楚人折竹六寸以下謂之筳篿，故曰六寸篿。』姚嚴校議云：『説文無簙字，當作六寸專也。隸俗作蓴，與簙形近因誤。後漢書方術傳序有挺專之術，離騷經作筳篿，即算籌，竹部算長六寸計歷數者是也。』紹蘭按二説皆是，校議六寸之證尤確，方術傳注引楚詞注云，筳篿段竹也。蓋筳篿之法，每段皆六寸，每一營用二段，八段則四營即揲蓍四營成易之遺意較為簡便耳。」按王氏之説，則專為挺篿之嫥字，一曰紡專之義無所附麗，是則紡專者，即叀之本形。紡專為收絲之器，其形圓，可以圜轉，廣韻鏄紡錘是也。其字作□，象紡絲器之形，中作□者，象其有軸可以圜轉也。故史記賈生傳云「大專槃物兮」，言天道運行，如紡叀旋轉也。詩豳風：「有敦苦爪。」傳：「敦猶專專也。」箋：「專專如瓜之繫綴也。」此言瓜之繫綴，猶紡專之網絲，比況其綿聯，故以喻之。諸書所用叀字，皆依紡叀之義為説，知叀之本字，象紡叀之形也。

許君訓小謹者，蓋引申之義，絲本易紊，網之不專則亂，言司其事者，皆當小心謹慎而專一者也，故有專謹之意，引申之則訓小謹。卜辭習見叀字，其文則叀牛叀羊並用，無專謹之意，此則又假為剸殺之剸。説文：「𩠐截也，从首从斷。或从刀專作剸。」廣雅釋詁：「剸，斷也。」禮記文王世子「其形罪則纖剸」，注「割也」，是剸有割殺之意。卜辭云叀牛叀羊，蓋殷代祭祀之禮，割牛割羊以祀先王也。剸專古本通，史記吳世家「勇士專諸」，索隱曰：「專一作剸。」又漢書蕭何傳「上以此剸屬任何關中事」，注：「剸讀與專同。」皆其證。【卜辭文字小記續　考古社刊第五期】

◉唐　蘭　□或作□。卜辭習見。後期卜辭中以□□等形為之。孫釋叀。又疑為甫之變。羅釋㽞。余永梁以釋㽞為非。仍釋為叀。近人皆从之。余按□□非一字。□當為甫。□當為叀。金文皆如此。本極易别。而諸家混之者。以羅振玉釋卜辭之□為圃。遂謂已有甫字。而卜辭□□二字用法相同。遂誤認為一字耳。卜辭从□之字。有□或作□。从□之字有□。王襄分釋為專專二字。類纂正編十四。甚是。⊘早期卜辭中。□作□□□□等形。學者亦多誤依羅氏釋為㽞。不知□之為□。猶□之為□。□之為□也。且金文叀字固多作□。尤可為證。今檢前編七·十·二一辭云。□□令取䠶。則甴叀為二字無可疑也。余謂早期卜辭用甴字。後期卜辭用叀字。辭例相同而用字各異者。聲有變轉。則所叚之字不同。猶秦漢以後以叔易弔。以巳易子之類。又如卜辭中之西字。早期叚甾為之。後期叚甴為之。災字或作巛䄉。或作𢦔𢦏。則甴叀不必認為一字也。叀古讀當與惠相近。甫聲得轉如叀。與卜之讀為外如卜丙即外丙略近似。叀之用法。舊説極紛錯。孫詒讓謂似當為搏執之義。王襄謂叀為庪縣之禮。余永梁讀叀為剸。吳其昌襲余王之説辭。極繁冗。⊘殷虛書契解詁三七片。葉玉森則謂甴義為剸為繫為專為搏。郭沫若謂叀乃中干之伐之本字。叀羊殆謂伐騂。通攷十四。餘釋之餘釋叀。而謂「叀册用」

「叀祝用」等辭之叀字習見。義未能明。粹編考釋一。余按卜辭習見之叀早期或叀字晚期均為語詞。即叀牛叀羊諸辭。亦非用牲之名也。凡卜辭之言叀某者。多與其牢同見。如云「甲子卜貞武且乙升旦其牢丝用」。其同片之辭即云「叀羊丝用」。前・一・十・四。是叀羊與其牢之辭例相同也。如云「其又父乙叀宰用」。戩・六・十一。叀宰與其牢尤相近。則叀之義當與其略同。讀叀訓伐固不當。即讀搏訓繫亦不能合。蓋家畜本無需搏卜。用何牲尚未定。亦無從繫之也。若叀叀字下不繫牲名而繫他辭者。尤非訓為語詞不可。「王叀北羌伐」如讀為王擊北羌伐。「貞叀王征盂方」如讀為貞伐王征盂方。則於一辭疊出擊伐或伐征兩同意之字。「貞叀今來甲光朿」「貞叀今月告于南室」諸叀字如以為祭名。則於一辭中疊出叀朿或叀告等兩同意之字。於文法皆不能合也。叀或叀之得為語詞者。叀古讀當如惠。故金文多以叀為惠。而惠從叀聲。惠字古用為語辭。左傳襄二十六年「寺人惠牆伊戾」。服注。「惠伊皆發聲」。其義當與惟字同。書洛誥云「予不惟若兹多誥」。多方「予不惟多誥」。君奭云「予不惠若兹多誥」。句例全同。不惠即不惟也。偽孔傳訓為不順。江聲讀為不慧。俱失之。今人楊筠如尚書覈詁謂「惠疑當作惟」。又引左傳服注謂「古書惟與伊同用為發聲。不見惠字。則惠亦惟之假也」。覈詁九六。洛誥曰「惠篤敘無有遘自疾」。楊氏亦云。惠與惟聲近相通。而謂左傳之惠亦當為惟。覈詁八五。按楊氏讀惠為惟甚是。其謂惠為惟之假則誤。語詞豈有正字。作惠作惟同是假借。寧有更假惠為惟哉。余謂堯典「亮采惠疇」猶云亮采惟疇。咎繇謨「朕言惠可底行」猶云朕言惟可底行。多方云「爾曷不惠王熙天之命」。王疑借為徍。猶云爾曷不惟徍熙天之命。文矦之命云「惠康小民無荒寧」。荒讀為妄。猶云惟康小民無妄寧。此諸惠字。前人訓為順若仁愛者均誤。然則惠之用為語詞者甚多。不僅楊所舉二處也。知叀與惠同。讀若惟。則見於千百卜辭中之叀若叀字。罔不迎刃而解。⊘凡卜辭有此一字而致文義不明者。讀為惟未有不文從字順者。然則叀牛叀羊者。詩之「維牛維羊」也。叀物者。詩之「維物」也。卜辭以叀羊叀物與其牢對。正猶詩之以「九十其犉」與「三十維物」為對矣。【天壤閣甲骨文存考釋】

◉李旦丘　叀字涵義極為複雜。欲求一義以貫之實不可能。而諸家所釋均能得其一面。故並存諸説以解卜辭似較順適。惟諸家所釋均遺説文「叀小謹也」之誼。余以為説文之誼亦不可廢。不但不可廢。且為貫通於諸釋者。叀之每一訓釋均暗含此誼。如訓叀為搏。即有謹搏之誼。如訓叀為專命。即有謹專命之意。試觀使用叀字之卜辭。無不與祭祀或征伐或王命有關。此皆為古人不得不謹慎將事者可以知之矣。【鐵雲藏龜零拾考釋】

◉楊樹達　銘文又云：「右闢四方，叀囩弘天命，女肇不家隊。」叀疑與惟同。知者，甲文叀與隹二字皆用為語首助詞，用法全同，隹惟古今字。左傳襄公二十六年有寺人惠牆伊戾。服虔云：「惠伊皆發聲。」叀與惠同，文云叀弘天命，即惟弘天命也。【彔伯

𢦏毁再跋　積微居金文説】

◉高鴻縉　徐（灝）謂叀即紡塼之象形文。極是。至專則轉動之初字。甲文作□作□。均象手轉紡塼之形。故為旋轉。後字形變為專。又借用為專志專權之專。乃復加車旁。車旁取其旋轉。作轉。動詞也。而名詞紡塼之字。則由篆形文□變為形聲塼或磚或甎。浸假而砌牆之土石瓦塊亦曰塼曰磚曰甎。不知其初源于紡叀也。叀古音與惠同。故惠从心叀聲。叀聲之諧惠。亦猶耑聲之諧瑞也。小謹。近人馬氏以為戴侗引無小字。謹應是顓字義。是也。至六寸簿。則應為篿字之別訓。【中國字例二篇】

◉朱芳圃　按叀即篿之初文。説文竹部：「篿，圜竹器也。从竹，專聲。」篿為竹器之圜者。□象系，○象腹，凵象座，十象織文。甲文或省座，亦為一字。金文或增□，象文飾也。孳乳為箪，説文竹部：「箪，笥也。从竹，單聲。」禮記曲禮上：「凡以苞苴箪笥問人者」，鄭注：「箪、笥，盛飯食者。圜曰箪，方曰笥。」為篅，竹部：「篅，判竹圜以盛穀者。从竹，耑聲。」倉頡篇：「篅，圓倉也。」衆經音義四引。轉文為笹，竹部：「笹，篅也。从竹，屯聲。」廣雅釋器：「笹謂之篅。」為帾，巾部：「帾，載米㡀也。从巾，盾聲。讀若易屯卦之屯。」廣韻十八諄：「帾布貯。」於宫室為圌，為囤，釋名釋宫室：「圌以草作之，團團然也。」又「囤，屯也，屯聚之也」。一作庉，廣雅釋宫：「庉，舍也。」於草為蓴，艸部：「蓴，蒲叢也。从艸，專聲。」廣雅釋草：「蒲穗謂之蓴。」王念孫曰：「蒲穗形圓，故謂之蓴。蓴之為言團團然叢聚也。説文云『蓴，蒲叢也』，蒲草叢生於水則謂之蓴，蒲穗叢生莖末亦謂之蓴，訓雖各異，義實相近也。」於水為湍，水部：「湍，疾瀨也。从水，耑聲。」孟子告子上：「性猶湍水也」，趙注：「湍，水圜也。」於形體為膞，釋名釋形體：「膝頭曰膞。膞，團也，因形團而名之也。」於形狀為團，説文口部：「團，圜也。从口，專聲。」轉文為敦，詩豳風東山：「有敦瓜苦」，毛傳：「敦猶專專也。」專與團同。於動作為摶，説文手部：「摶，圜也。从手，專聲。」為轉，車部：「轉，運也。从車，專聲。」【殷周文字釋叢卷中】

◉李孝定　説文。叀。小謹也。从幺省。中从中。中。財見也。中亦聲。□古文叀。□亦古文叀。絜文作上出諸形。卜辭中此字無慮數百見。各家説者紛紜。然均莫能貫通諸辭辭意。惟唐氏讀叀為惠。清儒已有此説。並引楊筠如氏之説。以明惠為語詞。與經籍中語詞之惟同。以讀卜辭諸辭。無不豁然貫通。意義允洽。其説塙不可易。他家之説亦可以無辨矣。惟唐氏謂□為甫□為叀。二者非一字。又謂□與□□□則為一字。其説似均有可商。按□□之為一字。不惟字形相同。僅繁簡小異。且二者所見諸辭辭例及詞性均全同。可為明證。【甲骨文字集釋第四】

◉嚴一萍　吳子馨殷虚書契解詁本王静安余永梁「叀即專，亦即剸，亦即𩠐，誼為斷首」之説，舉十證以明「叀者乃斷牲首囊懸以祭之義」，舉證雖多，尚非全部，故欲貫通無礙，殊嫌牽強。葉淇漁以為一義不足以概全體，於是益以三誼。其一，本王襄之説訓繫，即周禮展牲繫牢之禮。其二，為祭名，或用為專命義。其三，則依孫詒讓之說釋摶（見前編集釋卷一·頁四十五）。雖葉氏自詡「持解各辭或較順」，然如「叀土方征」之訓摶，「叀𠦪往追羊」之訓專等等，皆難順適。至唐立厂以叀為語詞，乃真能暢通全部卜辭矣。⊘唐氏之說至塙，卜辭固有最明確之例證，佚三七五片曰：

勿☒

貞勿隹沚𢦏

貞求年于岳

貞叀沚𢦏

于河求年

貞勿隹侯虎从

勿求

貞叀侯虎从

辭係對貞，一者用隹，一者用叀，同為語詞。其為同音同義之字，無可置疑也。

叀為紡專之象形，紡專下垂，故得引申而為懸。漢書遊俠列傳陳遵傳引楊雄酒箴「一旦叀礙」，顏注「叀，縣也」是其證。專者會意，以手運「叀」，即使紡專旋轉，故引申為圜轉之義。史記賈生傳「大專槃物兮」，漢書作「大鈞」。史記鄒陽傳集解引漢書音義曰：「陶家名模下圓轉者為鈞。言其能制器大小，以比之於天。」朱錦綬曰：「案專之與鈞，聲形各別。漢書作鈞，此作專者，漢書五行志注：『專有員義。』故大鈞可作大專，猶言大圜耳」（讀史記漢書日記）。陶者運鈞與紡專之旋轉相類，是其明證也。徐灝以「叀為專之古文象形」（段注箋），蓋不知甲骨叀之外別有叀字也。【美國納爾森藝術館甲骨卜辭考釋　中國文字第二十二册】

◉王獻唐　紡塼之塼為後起字。初本作專。專之初文為叀。小篆作叀。金文作叀。鬲攸比鼎虢叔鐘等。契文作叀鐵雲藏龜十二·一叀殷虛書契前編二·十八·二叀同上一·五叀後編下·三六·六諸體。先後相承為一字。正象線錘形。上作丫為絲繫。中作⊕為線穗。下作㇎為線錘。僅象一錘。其形不顯。且易與他體混淆。故作全形。說文古文叀作叀。減書穗中絲纏之形。因事無二致。玉篇。𢆉。古文叀字。又少譌變矣。絲繫形作丫。如𢇁為絲。後下八。樂為樂。樂鼎。索為索。例證甚多。因其繫而撻線也。故引申有懸繫意。漢書陳遵傳注。叀。懸也。詩東山有敦瓜苦箋。專專如瓜之繫綴。專叀通假。皆是也。

叀為紡塼。說文不如此釋。許曰。叀。小謹也。從幺省。中。財見也。中亦聲。詞旨澀晦。自李陽冰以下。說者紛紛。皆難當人意。許訓小謹。必叀字舊有此解。據而求形。乃有幺省諸說。案即後出惴字之假借也。詩小宛。惴惴小心。莊子齊物論。小恐惴惴。引申意猶小謹。列女傳序。專專小心。引詩又作專專。專之古文作叀。集韻專古作𠀐。𠀐即叀。見前。蓋此惴字故書有作叀者。訓為小謹。許據入録。實借字借義。惴從耑聲。讀團。同音假專。亦假為叀。非叀之本誼如此也。國策齊策。安平君以惴惴之即墨。潛夫論救邊篇作慱慱。與惴一字異體。

契文有□字。後下・七・十一。亦省作□前七・十・三。用與叀叀字同。讀為對。金文通假作惠。彔白毀□□弘天命。毛公鼎虔夙夕□我一人。皆可證。亦見無叀鼎叀鼎諸器。字從叀。又加二□者。說文惠下。□。古文惠。從廾。知所加者為廾。從廾正為其聲。廾本作□。以中間□形與□首□形合寫。左右各配一□。即成契金諸體。蓋叀轉讀對。加廾所以注聲。迨後汗簡及薛本古文尚書惠字。皆同說文一系相承。淵源於殷商。此一字也。叀轉對音。可加廾注聲。叀轉團音。為別於團音。亦可加廾注聲。集韻有𢡐字。謂與惠同。實亦惠字。其篆文當作□。契金文凡從廾各體。其線穗皆為斜纏絲形。說文古文惠字以下。則皆橫纏。疑有改變。雖不見於契金文字。必於古有本。字從叀聲。初不須注音。恐與轉讀之團聲相混。特為標明。凡古文字有於本字外別加本音之諧聲者。驟視似重複。大抵亦由是起。此二字也。【說文揵線　中國文字第三十四册】

◉徐中舒　□(前一・八・二)：此字象紡輪，上部□象三股綫擰在一起。加手為□(前六・五・四)，乃用手使紡輪轉動之意，《說文》「專，小謹也」，這就違背了原義。專，即轉動的轉。又其上部由三股綫擰成，故又為繐，假為穗，即□(前七・一〇・三)□(無叀鼎)。【怎樣研究中國古代文字　古文字研究第十五輯】

◉朱歧祥　□□象紡車下垂之形，□為絲繫，□屬線穗，□是線錘。為專字古文。《說文》：「專，一曰紡專。」前期卜辭作□，後期者多作□。隸作叀。卜辭用為助詞、發語詞：唯。肯定式用叀，否定式用「勿隹」。

□字亦隸作叀，象紡車之形。《說文》：「小謹也。」卜辭用為殷邊地名，始見第一期甲骨文，與□方、召族等同辭，當位於殷西北。

□□□□字當亦隸作叀。因區別義而與□、□諸形稍異。卜辭用為地名、族稱和人名。【殷墟甲骨文字通釋稿】

惠

徵10·61 【續甲骨文編】

惠 衛盉 㝬簋 沙其簋 曾子斿鼎 邾大宰匠 𩓬鎛 王孫鐘 王子午鼎

中山王譽壺 慈孝寰惠 王孫真鐘 【金文編】

1·46 惠中 曰惠多咸友 【古陶文字徵】

惠 為二 【睡虎地秦簡文字編】

神則—之(甲10—19) 【長沙子彈庫帛書文字編】

孝惠寖丞 齊悼惠寖 王惠 孫惠印 惠㤹之印 惠殷之印 田惠丞印 相惠 惠隆私印 【漢印文字徵】

漢惠安西表 、石經無逸 胥保惠 汗簡引裴光遠集字同 品式石經咎繇謨 朕言惠可底行 【石刻篆文編】

惠樊先生碑 惠 惠 【汗簡】

古老子 碧落文 樊先生碑 裴光遠集綴 竝崔希裕纂古 【古文四聲韻】

◉許 慎 仁也。从心。从叀。徐鍇曰。為惠者心專也。胡桂切。古文惠。从芔。【說文解字卷四】

◉林義光 按叀叀同字。見叀字條。惠从心叀聲。惠聲轉如叀。猶攸聲如條也。古作邾太宰匠。或作毛公鼎。作𢇍姑。㓞彝。以叀為之。井人鐘憲聖爽。借叀字為之。【文源卷十一】

◉陳邦懷 前編卷二弟十八葉 此字亦見古金文。吳中丞大澂以為穗敦穗尊者其文作敦文尊文。與此殆一字。吳釋穗未安。

箋曰。此蓋古文惠字或體。羅參事以吳釋穗未安是也。考山海經中山經。白石之山惠水出于其陽。畢氏沅曰。山在今

河南澠池縣東北三十三里。【殷虚書契考釋小箋】

◉高田忠周　説文。□。仁也。从心。从叀。古文作□。諸家云□疑籀文。似是實非。卜辭已有□□二形也。【古籀篇七十】

◉商承祚　□　案金文毛公鼎作□。彔伯𣪘。無叀鼎。叀卣同。皆省心。石經古文作□。【説文中之古文考】

◉馬叙倫　嚴可均曰。叀亦聲。李枝青曰。疑從叀省聲。翟雲昇曰。當入心部。倫按鍇本作從心叀。蓋奪聲字耳。叀為穿鑿之穿本字。聲在真類。叀聲脂類。脂真對轉也。當入心部。字見急就篇。邾大宰簠作□。王孫鐘作□。齊鎛作□。□李杲曰。石經作□。與此異。毛公鼎作□。此從心。必後人妄加。注以為從卉更誤。倫按以金甲文證之。非從卉也。從卉二字蓋校者加之。毛公鼎借叀為惠。此從心不譌。餘詳叀下㥁下。【説文解字六書疏證卷八】

◉陳夢家　(一)第三十片釋惠字，至確。甲骨文此字從惠而省心，實是惠的初文，唐氏以為讀若惟，語詞，又舉尚書君奭「予不惠若茲多誥」，洛誥同，惠作惟。洛誥「惠篤叙，無有遘自疾」，堯典「亮采惠疇」，皋陶謨「朕言惠可底行」，多方「爾曷不惠王熙天之命」，文侯之命「惠康小民，無荒寧」等之惠皆假多語詞之惟，甚確。又説卜辭「惠牛」「惠羊」即詩之「維牛維羊」，「惠物」即詩之「維物」，皆不刊之論。夢案：卜辭説「王惠北羌伐」，「惠王征邛方」，「惠今來甲子𤑔」，「惠今月告于南室」，這些惠都與隹相通。卜辭説「隹王來征夷方」，「隹王幾祀」，金文説「隹周公于征伐東夷豐白蒲姑」，「隹王伐東夷」，「隹幾年幾月」等隹字皆與卜辭惠同。以上所引卜辭惠字，都不從心。【讀天壤閣甲骨文存　圖書季刊新一卷三期】

◉陸懋德　此篇以惠為兵器之名，甚為新異。鄭注云：「惠，狀，蓋斜刃，宜芟刈。」偽孔傳云：「惠，三隅矛。」此二説之不同，相去甚遠。蓋如鄭氏之説，則是考工記所謂「句兵」。如孔氏之説，則是考工記所謂「刺兵」。二説既大不統一，可知其必有一誤也。余謂此惠字是後人所改，而古文當作叀字。甲骨文有□字，從手執叀(見羅氏殷虚書契前編卷五第十二葉)，由此可知叀為上古之兵器無疑。更由此而知殷商時代已有此器矣。俞曲園稱「説文有□字，疑是惠之本字，從□者象三隅之形」(見俞氏羣經平議卷六)。余謂説文之□字，亦是後人所改，而古文當作□字。鐘鼎文如毛公鼎作□，彔伯簋作□，皆可為吾説之左證。至于俞氏所謂「象三隅之形」，證之地下發現之古矛，其形式多是如此，故其説可從也。由是而知鄭注之説誠為大誤，而偽孔傳之説猶為近是。矛字已見周書牧誓篇，原是周初武器之一。所謂惠者，證之地下所出古器，當即矛頭之作三隅者也。然則謂惠為三隅矛，當是可信。余又考近時地下發現之古矛，其形式甚為繁多，有兩翼者，有四棱者，而以頭作三隅者為衆。余在河南曾得一古矛頭，通體作棱錐形，但非四棱而作三棱，此或亦是三隅之又一解。如是，則知所謂三隅矛者，究竟是指其體作三棱者而言，抑或是指其頭作三隅者而言，又成為不易解決之問題矣。然而地下發現之古矛，其大者仍以頭作三隅者為最多。例如羅氏夢郼草堂吉金圖卷中第二二葉之矛，與余所藏者正同，即是此類之代表也。如圖。

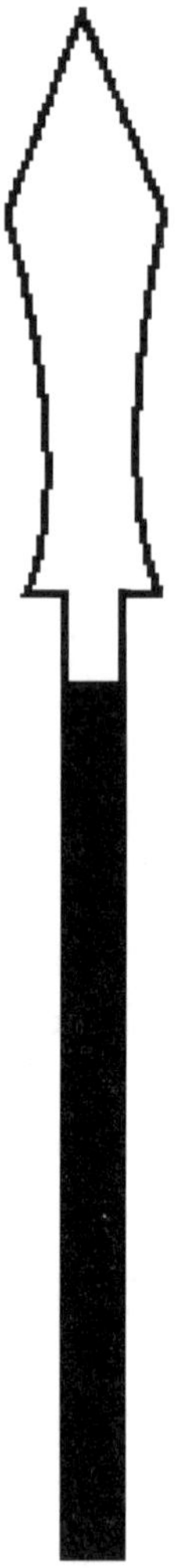

照原器縮小約四分之一

【書經顧命篇侍臣所執兵器考 燕京學報第三十八期】

◉譚戒甫 敼鋒，當即惠鋒。《尚書顧命篇》：「二人雀弁執惠，立于畢門之內。」《孔傳》：「惠，三隅矛。」又《廣韻》：「鏸，鋭也；一曰矛三隅謂之鏸。」按《説文》叀部有古文惠从芔作□，金文惠字多作□或□，象三鋒形。惟此鏸作「敼」从攴，鋒作「夆」从矢為異。【周初矢器銘文綜合研究 武漢大學學報一九五六年第一期】

◉李孝定 □ 方濬益氏讀此為惠，引毛公鼎銘「惠我一人」為證，是也。彔伯簋：「叀弘天命」，禹鼎：「叀西六𠂤殷八𠂤，代噩侯馭方」，則為發語詞，古籍多用惟字，甲文發語辭「隹」「叀」通用，説詳集釋。⊘許君讀職緣切之專，其音當屬後起。郭氏釋惠，謂是敼之古字，稍有可商，余於集釋已言之。惠之為敼，乃假借，非本字，甲文敼作□，可證。馬敘倫氏謂叀穿牽一字，其説牽附殊甚，不可从。楊樹達氏謂叀疑與惟同，是也。高鴻縉氏引徐灝説職緣切之叀為紡專，又謂專為轉動之初字，皆是；惟是初讀「惠」之叀，何以又有職緣切一讀，義亦隨之而變，則終不可解。予嘗謂文字變化，有未可以六書之常理衡之者，此其類也。朱芳圃氏説从專得聲之字，皆有圜義，甚是，此皆由紡專一義所引申，無與於字之本義也。王獻唐氏謂職緣切之叀，訓紡專，為初形朔誼，而讀「惠」則為後起，以此字卜辭讀「惠」證之，王説恐未然也。【金文詁林讀後記卷四】

◉高 明 「隹天作福，神則各之；隹天作宎，神則惠之」，各當假為恪，敬也。惠字《爾雅·釋言》：「惠，順也。」繒書則謂：惟天賜福於民，則羣神謹天命，亦予福於民；惟天降禍於民，羣神亦順從天命，賜民以災。故得罪於天則羣神惡，天神意願一致。【楚繒書研究 古文字研究第十二輯】

◉曾憲通 □神則惠之 乙一〇一九 此字諸家皆釋作惠。惟嚴一萍氏从董作賓説擊而釋作斲，謂帛書作□乃省殳，而《説文》斲所从之叀，當是□之譌。今按楚王酓志鼎志字作□，所从心旁左右上揚，與帛文□字所从全同，而與口旁或作廿者大別，且□與車亦不類，嚴釋未可信。【長沙楚帛書文字編】

疐

◉戴家祥　説文四篇「惠，仁也。从心，从叀。」孟子滕文公上「分人以財謂之惠」，禮記月令「行慶施惠」，惠即賜義可見。惠字仁的含義本指分人以財，書臯陶謨「安民則惠」。惠用於政事，則表現為王道之仁政。故王子午鼎等銘曰：「惠于政德」，「惠于明祀。」即左傳「犧牲玉帛，弗敢專也」之義。惠施於人，人必从之，故惠又引申出順從之義。爾雅釋言「惠順也」，詩邶風「惠然肯來」，毛傳「時有順心也」，邾大宰簠「余諾龏孔惠」，惠即順義。【金文大字典上】

前二·二七·八　地名　前二·三〇·一　前二·三〇·二　前二·三〇·六　前二·三四·三　前二·三八·七　前二·三九·五　前二·三九·七　前二·四一·六　甲三一八　續三·一六·九　續三·一七·七　佚四三四　粹一一九六　京津五二八四　珠一二五　京都一九五七　存二二三六　或省止　前二·三二·七　菁九·一五　【甲骨文編】

甲318　珠123　125　133　1127　佚434　續3·17·9　3·18·2　3·18·3　徵10·87　10·88　10·89　10·90　京2·4·4　續存2236　2368　2374　摭續136　粹1196　新4473　4829　5284　【續甲骨文編】

疐　㝬簋　畯在位作疐在下　楚簋　疐揚天子不顯休　讀為對　秦公簋　畯疐在天　讀為惠　井人妄鐘　疐處宗室　【金文編】

5·20　咸鄜里疐　秦公簋疐字寫作　與此同　【古陶文字徵】

疐　封五三　通嚏　刺其鼻不—　【睡虎地秦簡文字編】

◉許慎　礙不行也。从叀。引而止之也。叀者。如叀馬之鼻。从此與牽同意。陟利切。【説文解字卷四】

◉吳　雲　□積古齋釋為疐。作器者名。一釋作惠。古文惠从芔。薛氏款識盄和鐘晉姜鼎兩惠字篆文。一作□。一作□。鐘銘云。畯惠在位。鼎銘云。眉壽作惠。𣅀文義繹之。當釋作惠。斷不能作疐。此卣□為作器者名。無文義可攷。援薛氏兩惠字𣅀為證。則此□亦當斷為惠字。【兩罍軒彝器圖釋卷六】

◉吳大澂　□古疐字。小篆作𤰈。許氏說。礙不行也。从叀。引而止之也。古文不从叀。疐卣蓋文。【說文古籀補補遺】

◉劉心源　疐或釋道。阮釋惠。案道从𩠐从貨不得从□。惠又不得从行从止。阮書彙敢作□。釋彙即此。說文叀部。𤰈礙不行也。从叀。引而止之。叀者如叀馬之鼻。从此者與牽同意。詩曰。載疐其尾。許於足部引此句作躓。是滯礙不行為疐。从行止意更明。此讀彙。謂總貨一棓也。【奇觚室吉金文述卷十一】

◉方濬益　□阮文達公謂疐字。或釋為惠。按。此自是疐字。禮記大學作懥。為俗字。雷浚之曰。說文無懥字。至部。𦤶。忿戾也。讀若摯。為忿懥之本字。亦尚書叨懫之本字。鄭大學注。懥。怒貌也。或作懫。或作疐。案大戴禮武王踐阼篇。惡乎危于忿疐。後人加偏旁作懥。而𦤶字廢矣。【綴遺齋彝器款識考釋卷十七】

◉羅振玉　□□□□□□

說文解字。疐。礙不行也。从叀。引而止之也。古金文有□字。疐卣。前人釋疐。與卜辭文正同。【殷虛書契考釋卷中】

◉林義光　按古作□疐彝丁作□疐尊彝。田象車輪。見車字條。□象有物礙之。从止。轉注。又變作□井人鐘。說文云。□專小謹也。从幺省。中財纔見也。中亦聲。按从田之義未說。財見與顓謹義隔。中非聲。亦非財見形。古作□𢉅姞鬲彝作□無叀鼎。作□毛公鼎。皆以為惠字。惠與疐疊韻。古亦以疐為惠。井人鐘憲聖𠭯疐。即顯聖爽惠。則叀即疐之或體。从疐省止。凵象車軸端。揚雄酒箴云。一旦叀礙。叀訓為礙。正與疐義合。【文源卷五】

◉高田忠周　按說文。𤰈。礙不行也。从叀。引而止之也。叀者如叀馬之鼻。从此。與牽同意。此者謂冂也。此篆作□作□。亦同意。指事也。此从止。止為轉義之會意也。字亦作躓。作蟄。又作駤。廣雅。駤。止也。【古籀篇七十】

◉郭沫若　「乍疐為亟。」疐即疐字。禮曲禮上「士疐之」，疏云：「疐謂脫華處。」今此上从𠂹(花)省，下从止，即古文趾。則疏說最為得之，中之田形蓋即蒂之象，非田字。【晉姜鼎　兩周金文辭大系考釋】

◉徐中舒　金文言畯疐，猶詩言駿極。見崧高。晉姜鼎「用旂綽綰眉壽，作疐為亟」，疐亟對文，皆形容老壽之長。詩狼跋「載疐其尾」，說文引詩作躓。一切經音義四，疐古文有懫𢜣二形，古從質執字皆有至意。爾雅釋木「棗李曰疐之」，孫炎注：「疐之，去柢也。」凡言柢，亦有至意。亟極古通用，極亦至也，長與至義亦相近，凡長之至，遠之至，則曰極。如爾雅釋地有四極，淮南地形訓

有八極，皆指絶遠之地言。晄疐駿極連言，皆有加重其辭之意。【金文嘏辭釋例　歷史語言研究所集刊第六本第一分】

◉強運開　□邦人鐘喪疐處。按疐與躓音義皆同。喪疐。蓋即顛躓之謂。【説文古籀三補卷四】

◉馬叙倫　嚴可均曰。當作從冂。與牽同意。鈕樹玉曰。爾雅釋文引礙下有足字。恐非。韻會引作叀如叀馬之叀。無從此二字。顧廣圻曰。鼻字句絶。从字衍。段玉裁曰。馬當作牛。牛鼻有桊。所以叀也。倫按礙不行也錢坫以為礙字當連篆讀。王筠謂袪妄篇引作閡也。今繫傳亦作礙也。乃後人以大徐本改之也。倫以為爾雅釋言以跲訓疐。本書躓跲轉注。詩豳風。載疐其尾。本書躓下引作載躓其尾。則疐躓為轉注字。易訟卦。有孚。窒。馬讀窒為躓。猶止也。本書。座。礙也。止也。座疐聲同。座下言礙也止也。則此當作礙也不行也。不行也即止也。然皆非本訓。字或出字林。疐。從止。叀聲。叀音照紐三等。疐音知紐。同為舌面前音。古讀亦竝歸端也。從叀引而止之也疑為校者所改。叀者以下明是校語。當入止部。疐卣作□。秦公敢作□。【説文解字六書疏證卷八】

◉于省吾　「疐」字《説文》作「疐」，訓為「疐礙不行也，从叀引而止之也」。郭沫若《兩周金文辭大系圖録考釋》于晉姜鼎下説：「乍□為亟，□即疐字，禮曲禮上士疐之，疏云疐謂脱華處，今此上從□(花)省，下从止，即古文趾，則疏説最為得之。中之⊕形蓋即蒂之象，非田字。」按疐字卜辭作□，商代金文作□，上非从□省，則其中之⊕也無由象蒂形。疐字的造字本義只有待考。至于《曲禮》孔疏謂「疐」為「脱華處」也誤。《説文》無「蒂」字，本作「蔕」，訓為「瓜當」，「瓜當」謂瓜之底與蔓相結處，王筠《説文句讀》也疑孔疏謂之「脱華處」為非。《爾雅·釋木》：「棗李曰疐之」，孫炎注謂「疐，去其柢也」，此與《曲禮》言削瓜「士疐之」的「疐」字都由名詞轉作動詞用，是「去疐」之義。《説文》訓「蔕」為「瓜當，从艸帶聲」，乃「疐」之借字。段玉裁注：「聲類曰：蔕，果鼻也，瓜當、果鼻正同類。老子深根固柢，柢亦作蔕。西京賦蔕倒茄于藻井，皆假借為柢字。」《説文》：「柢，木根也，从木氐聲。」段玉裁注謂「柢或借蔕字為之」。《爾雅·釋言》：「柢，本也。」總之，由於疐、柢、蔕系雙聲疊韻字，故古多通用。蒂字與以上三字為雙聲，它是後起字。疐、柢、蔕、蒂四個字均指草木或果實之根與蒂言之，引申之則為凡物本根的通義。

金文中的「疐」字屢見，除用作人名外，均應讀作柢，訓為「根柢」或「本柢」。井人鐘稱「妄憲聖趮(讀為爽)，疐處宗室」，《禮記·中庸》稱「憲憲令德」，鄭注謂：「憲憲，興盛之貌。」《詩·采蘋》篇稱「于以奠之，宗室牖下」，毛傳謂：「宗室，大宗之廟也。」鐘銘是説，妄之所以能夠興盛聖明者，由于血緣根柢處於大宗之廟。晉姜鼎先言「余唯司(嗣)朕先姑君晉邦」，這是説，晉姜嗣續他的先姑為晉邦的母后；銘文末段稱晉姜「作疐為亟(極)」，「極」應訓為「標准」(見劉臺拱「荀子補注」王霸篇)。這是説，晉姜既然為晉邦的根柢又為之准極。秦公簋先言作宗彝以祭祀皇祖，後言「晄疐在天」。「晄疐」應讀作「駿柢」，《爾雅·釋詁》訓「駿」為

「大」,《釋言》訓「柢」為「本」,然則「駿柢」猶言「大本」。這是說,秦公之大本皇祖處在上天,所以上句以「高弘有慶(慶)」下句以「竈囿四方」為説,即「自天佑之」之意。

綜上所述,則此詩之「駿惠我文王,曾孫篤之」,「駿惠」本應作「畯疐」。「畯」與「駿」系古今字,「惠」乃「疐」字的形訛,「疐」與「柢」古通用。駿訓大,柢訓本,是典籍中的通詁。《荀子·禮論》和《大戴記·禮三本》均稱「先祖者,類之本也」,類謂族類。文王為周家創業之祖,又為血緣之宗,故詩人歌頌之以「大本」為言。「本」即《文王》篇「文王孫子,本支百世」之「本」,毛傳訓「本」為「本宗」是對的。其言「曾孫篤之」者,「篤」字應依《爾雅·釋詁》訓為「固」,傳箋訓為「厚」或「厚行」是錯誤的。詩人之意,謂周家後世子孫應該鞏固其「大本」,故言「曾孫篤之」,「之」字系「指示代詞」,指「大本」為言。這不過是想要長久維持他們的統治地位而已。秦公鐘的「畯疐在立」應依秦公簋改為「畯疐在天」。《詩經》的「駿惠我文王」應改為「駿疐我文王」。舊誤訓「駿惠」為「大順」,應改訓為「大本」。由于典籍與地下文字資料得到了交驗互證,因而金文中的「疐處宗室」和「作疐為極」的解釋,過去一直是懸而未決的問題,現在也可以迎刃而解了。【詩「駿惠我文王」解　吉林大學社會科學學報一九六二年第三期】

◉李孝定　字在卜辭為地名。無義可說。字不从叀。許君云叀。就篆形為説也。金文作□疐卣□□疐尊□疐甗□秦公簋。與絜文同。與篆文均小異。秦公簋一文與篆文近。其衍變之迹可尋也。【甲骨文字集釋第四】

◉張亞初　「疐」字早期作□,是「脱華(花)」後的象形字。後來才在下面加意符作□,「止」表示「疐」為花的下基、底座。《禮記曲禮》「士疐之」,疏云「疐謂脱華處」。該字初文作□(這種較古的字形保存在金文的族氏徽號中),下部的⊞、⊗、○,都是花的底座即花托之象形,兩側的□,是包裹在花托周圍的緑葉瓣,即花萼的萼片。上面的□為花蕊之形。□字正是「脱華」後的象形字。後來才在下面加「止」作意符,《説文》止謂「下基」。疐從止表示這是花的下基或底座。花開總有花落時,唯有花托常在。所以,「疐」有鞏固、常在和根本的意思。秦公毁「畯疐才天」,就是永遠牢固地在天上。井人妄鐘「疐處宗室」,就是常處宗室。楚毁「疐揚天子丕顯休」,就是常揚天子丕顯休(即敳毁的「永揚公休」)。晉姜鼎的「乍疐為亟(極)」,就是作根本以為則效。㝬毁的「乍疐才下」,就是作固在下,「在下」對上帝和陟降在帝庭的祖先講,意即在上帝和祖先的保佑下,統治鞏固、長久。這與毛公鼎的「丕鞏先王配命」,《詩大雅皇矣》「天立厥配,受命既固」,在意思上是相近的。【周厲王所作祭器㝬簋考——兼論與之相關的幾個問題　古文字研究第五輯】

◉李孝定　徐中舒氏説秦公簋銘「畯疐」為「畯極」,甚是。卜辭疐作□、□、□、□,與金文均不从叀,莫解其誼。許訓礙,與躓㙈音近義同,許訓第就小篆為言,亦不足以説古文也。【金文詁林讀後記卷四】

◉徐中舒　□五期前二·三〇·六從□從□止,□所象形不明,且多變形。此字與金文□疐尊形同,故釋疐。《説文》:「疐,礙不

玄 

行也。从叀，引而止之也，叀者如叀馬之鼻；从冂，此與牽同意。」【甲骨文字典卷四】

◉戴家祥　説文四篇叀部：「疐，礙不行也。以叀引而止之也。叀者如叀馬之鼻，从此與牽同意。」金文作，不从叀。一切經音義四：「疐，古文有懫䡬二形。」宋時出土晉姜鼎云：「用斬綽綰眉壽作。」秦盄和鐘云：「畯疐在位。」秦公𣪘云：「畯疐在天。」井人鐘云：「疐處宗室。」以聲義推之，皆應讀帝。帝蒂褅同字。禮記曲禮上「士疐之」，孔穎達正義云：「疐，謂脱華處。」爾雅釋木「棗曰疐之」，初學記引孫炎曰：「疐之，去其柢也。」老子云「是謂深根固柢」，釋文：「柢亦作蒂。」爾雅釋言：「柢，本也。」文選吳都賦「抗白蔕」，劉注：「蔕，華本也。」國王身故，「告喪曰天王登假。措之廟立之主曰帝。」曲禮下。帝字象形，加旁从艸則為蒂，在六書為形聲。蔕柢則注音更旁字也。同聲通假字亦作疐。唐韻疐讀「涉利切」。禪母至部。帝讀「都計切」。端母至部。古代正齒音禪母，在諧聲字之聲系中，每有混入舌音端紐者，例如單，讀都寒切，又音善，常演切。故疐亦通帝。商頌烈祖「古帝命武湯」，鄭箋：「帝，天也。」「畯帝在位」指現實君王而言，「畯帝在天」則指君王死後升級為靈魂世界之最高主宰而言者也。

宋時出土秦盄和鐘「畯在立位」，近世發現之秦公𣪘「畯在天」，字同秦鐘。金文惠作，或省心作，與不同。自是疐字。説文四篇「疐，礙不行也」，在器銘當讀為傑。孟子公孫丑上「尊賢使能，俊傑在位」句例正同。疐，讀陟利切。傑，讀渠利切。古音均在至部。故疐得借為傑。「俊傑在位」亦猶尚書皋陶謨「俊乂在官」也。古乂彦同用。僞古文太甲「旁求俊彦」，僞説命作俊乂。爾雅釋詁「艾，長也。」孫詒讓釋畯疐為畯惠，「畯惠在位言長順在位也」，古籀拾遺上第二十一葉晉姜鼎。非是。【金文大字典中】

 玄　不从入　師奎父鼎　幺字重見　【金文編】

 布空大玄全　晉矦　説文玄古文作　邾公華鐘作　説文或以為古文系　 布空大　歷博　【古幣文編】

 —司昧(丙9：目1)、—(丙9：1—2)　【長沙子彈庫帛書文字編】

 玄司秋　丙九·一　 曰玄　丙九·二　【長沙楚帛書文字編】

玄 玄 日甲五八 十二例 【睡虎地秦簡文字編】

高玄私印 左玄私印 玄史虎 玄勝 【漢印文字徵】

開母廟石闕 疏河寫玄 漢婁壽碑額 禪國山碑 天道玄嘿 【石刻篆文編】

玄 玄碧落文 玄華嶽碑 【汗簡】

汗簡 同上 古老子 碧落文 華嶽碑亦古甲子 【古文四聲韻】

◉許　慎 幽遠也。黑而有赤色者為玄。象幽而入覆之也。凡玄之屬皆从玄。胡涓切。古文玄。【説文解字卷四】

◉馬叙倫 桂馥曰。幽遠也當作幽也遠也。王筠曰。玄字之在經文者。祇天玄而地黄一義。許書於字形不能得此義。乃以後世幽深玄遠之義冠之。而其解字形也。第曰象幽而入覆之。作仿佛之詞。蓋幽從丝。丝從二幺。展轉以通其義。甚迂曲也。古義失傳。當從蓋闕。于鬯曰。玄。古文作。按象兩鼓縣系之形。本部。欒。象鼓鞞。欒字兩旁之。即此玄字。玄本止作。觀古文可知也。嚴可均謂當作。則正與欒字中之同。林義光曰。玄伯晨鼎作。邾公華鐘作象絲形。本義當為縣。釋名。玄。縣也。如縣物在上也。倫按邾公鐘玄鏐字作。無叀鼎玄衣作。與此古文作者同。幺音影紐。轉曉為忽。由曉以同舌根摩擦音轉匣為玄。其實幺玄糸丝絲皆是一字。音轉而形亦變。今遂各為義訓。繫縣二字未造之時。即借幺糸為之。幽遠也當作幽也遠也。幽也者即幽字。吕忱或校者加之。遠也以聲訓。黑而以下十五字。亦忱或校者改之矣。

王筠曰。五音韻譜作。是也。金刻言玄衣者有二體。倫按邾公牼鐘玄鏐字作。則此即之稍變耳。王筠據鍇本篆同此也。【説文解字六書疏證卷八】

◉周谷城 我們若把玄字解成懸字，則形音義三方面都很暢通。就形來講：就是懸起的東西，如樹上結的果子之類。説文云：小也，象子初生之形。這話是不錯的。但學者誤以子為人的兒子，認為兒子並不像。其實若以子為樹上新結的果子，那就很像了，不獨如此，而且小的意義、縣的意義都一齊湧現出來，至於大概就是果子上面覆着的兩片樹葉，就是果子縣掛之處，兩者合起來就成了或或。玄字的縣義，最初大概是從果子縣掛在樹上的縣義來的，後來引申，凡縣都用玄

𢆶 茲

來表達。再就音來講，玄與縣完全相同，聲與韻都一致。更就義來講，玄字就是縣字。釋名裏釋天釋親都還保存了這個意義：天謂之玄，意思就是說有物縣在上面；玄孫謂之玄，意思就是說上縣於高祖，本身排在最下。【古代對天地的認識 古史零證】

◉嚴一萍 𢆯𢆯𢆯 玄 與金文同。說文玄部，玄之古文作𢆯，與繒書異。而與申部申之古文同。申之作𢆯誤，玄之作𢆯，恐亦譌誤。爾雅釋天：「九月為玄。」郝氏義疏云：「玄者，懸也。陰遂在上也，詩何草不黃，正義引李巡曰：九月萬物畢盡陰氣侵寒其色皆黑。孫炎曰：物衰而色玄也。引詩曰何草不玄。（按詩言春非秋也，正義已駁之。）郭引越語云：『至於玄月。』韋昭注引爾雅謂魯哀十六年九月也。」【楚繒書新考 中國文字第二十六册】

◉李孝定 玄字金文作𢆯，與幺字無別，說見前幺字條。玄字許君說解支離，固不可信，周谷城氏從林義光氏說，謂𢆯是懸之本字，實為無據，縣从系从到首會意，即懸之本字；𢆯之為玄，似以假借說之為優也。周氏又謂許君幺下說解「象子初生之形」之「子」，為果子，說尤新異，果子未聞有但稱「子」者，且「𢆯」字舍葫蘆外，實無他果足以當之也。【金文詁林讀後記卷四】

𢆶 茲 與茲為一字 彔伯簋 丝字重見【金文編】

𢆶 布尖大茲氏 典四六九 𢆶 布尖茲氏伞 典四六三 𢆶 布尖茲氏伞 典四六四 𢆶 仝上 典四六五 𢆶 布尖大茲氏 展啚版貳壹 𢆶 布尖茲氏伞 典四六七 𢆶 仝上 典四六八 𢆶 布尖北茲釿 典四二五 𢆶 仝上 典四二六 𢆶 布尖大茲氏 亞三・一八 𢆶 布尖大茲氏 亞三・一七 𢆶 布尖茲氏伞 亞三・一八 𢆶 布尖茲氏伞 亞三・一九 𢆶 仝上 𢆶 布尖茲氏伞 亞三・一九 𢆶 仝上 𢆶 布尖茲氏伞 亞三・二〇 𢆶 仝上 亞三・二一 𢆶 布尖茲氏伞 亞三・二二 𢆶 仝上 𢆶 布尖茲氏 亞三・二二 𢆶 布尖茲氏 亞三・二二 𢆶 布尖 亞三・二三 𢆶 布尖北茲釿 亞三・二三 𢆶 布尖北茲釿 亞三・二三 𢆶 布尖茲氏 晉太 按茲字省体 石鼓文作𢆶 金文玄鏐之字作𢆯 有別于茲字 𢆶 布尖大 晉原 𢆶字省 𢆶 布尖茲氏伞 晉原 𢆶 布方茲氏伞 晉高 𢆶 布尖茲氏伞 晉盂 𢆶 布尖茲氏伞 晉盂 𢆶 仝上 晉原 𢆶 布方小茲氏伞 晉

原 布尖北茲釿 晉原 仝上 布尖茲氏斗 晉高 布尖北茲釿 京朝 布尖茲氏斗 晉高 布尖北茲釿

晉高 仝上 布尖茲氏斗 晉高 仝上 布尖茲氏斗 晉盂 布尖茲氏斗 晉定 布尖大 典四七五

布尖茲氏 典四七〇 布尖茲氏 左讀 典四七一 布尖 典四七二 仝上 典四七三 布尖茲氏斗 典四六六

【古幣文編】

茲 為五一 五例 通慈 —下勿陵 為一五 【睡虎地秦簡文字編】

麗茲則宰印 【漢印文字徵】

石碣避車 弓茲㠯寺 石經多士 降若茲大喪 泰山刻石 登茲泰山 【石刻篆文編】

王存乂切韻 【古文四聲韻】

◉許　慎　玆黑也。从二玄。春秋傳曰。何故使吾水玆。子之切。【説文解字卷四】

◉劉心源　或釋絲。案古刻玄衣字作。此从二。即玆也。説文玆。黑也。从二玄。春秋傳曰。何故使吾水玆。大徐作子之切。段注云。左傳釋文玆音玄。本亦作滋。子絲反。此俗誤為滋益字。凡滋孳鶿皆㠯茲為聲。而玆滋衹當音懸。大徐於徧篆作布玆切。是玆音玄。不音孜也。古刻多用為玆。亦用為幽。蓋既不从艸㠯為别。即當随文義讀之。非如小篆之有部首也。【奇觚室吉金文述卷二】

◉强運開　運開按。説文。玆黑也。从二玄。春秋傳曰。何故使吾水玆。段注云。胡涓切。十二部。今本子之切非也。按左傳。何故使吾水玆。釋文曰。玆音玄。此古音相傳在十二部也。又曰本亦作滋。子絲反。此俗加水作滋。因誤為滋益字。而入之之韻也。艸部茲从絲省聲。凡水部之滋。子部之孳。鳥部之鶿。皆以茲為聲。而玆滋字衹當音懸。不當音孜。廣韻七之作滋。一先作滋。音義各不同為是也。且訓此本叚借从艸之茲。而不當用二玄之玆。蔡邕石經見於隸釋漢隸字原者。尚書茲字五見。皆从艸。則唐石經皆作玆者非矣。今本説文篆體皆誤从玆等語。鼓文塙係二玄相並。不當作為此訓。又按。説文玄下云黑而有赤色者為玄。古文作。與玆之訓黑音義皆同。竊疑弓玆以持者。玆即弦之叚字。弦篆作。蓋从古

玈

文玄。古同音俱可通叚。籀文緐重。故叚茲為弦也。【石鼓釋文】

◉馬叙倫　倫按何故使吾水茲。依文當作玆。今二徐本竝作茲。非也。玆字石鼓文同此。唯作𢆶小異。毛公鼎錫女𢆶弁。丝弁即玄弁。則玄玆一字。玆丝亦一字。今玆音子之切。從絲得聲之音也。當為玄之重文。【說文解字六書疏證卷八】

◉鄭家相　（玆）𢆶

右布文曰玆，見魏策，今山西汾陽縣治，戰國屬趙，按玆即春秋之瓜衍，至戰國趙始改曰玆，然則凡此種大尖足布，皆戰國時所鑄，非春秋時物也。【上古貨幣推究　泉幣第二十一期】

◉于省吾　十一年鼎有𢆶字。舊不識。金文編入於坿録。按古化玆氏習見。玆作𢆶或作𢆶。是玆之作𢆶者。乃周季之異文也。【釋𢆶　雙劍誃古文雜釋】

◉沈兼士　段氏狃于習俗，校改古籍，其要點：⑴𢆶與玆為二字，形音義根本不同。⑵宋本《說文》玆从玆省聲及从玆之字皆作玆為誤。宋本《說文》玆下子之切，亦為胡涓切之訛。⑶《左傳釋文》滋音玄，本亦作玆，子絲反，滋玆二字應互易，《唐石經》玆皆誤作玆，《五經文字》云「孳从玆，非也」。然據余研究之結果，與之殊異其趣。⑴玆玆于古實為一文之小變，上述段氏以為誤者，殆古文真相僅存之遺迹。⑵𢆶字《說文》篆作艸下𢆶，實分析之誤。⑶玄，《說文》云「象幽而入覆之」，殊為費解。蓋𢆶象束絲之形，玆為其疊文，故均有絲義。單之為𢆯，重之為𢆶，倒之為𢆶，叀之古文稍變為𢆶，或𢆶玄，略省為𢆶，玄之古文，小徐作𢆯，大徐作𢆯，弦字从之。《說文》謂象絲軫之形。或𢆶，𢆶倒之為𢆶玆，稍變為𢆶，或𢆶玆，要皆不離乎束絲轉之形。【金石考古・石鼓文研究三事質疑　故宮博物院七十年論文選】

◉徐　鉉　玈黑色也。从玄。旅省聲。義當用驢。洛乎切。【說文解字卷四新附】

予

 獸2・7・9【續甲骨文編】

 田予之印　 韓予仁印【漢印文字徵】

天璽紀功碑　予人人元　石經多士　予其曰　汗簡引石經作　隸續與此同　【石刻篆文編】

予　予　【汗簡】

竝汗簡　竝王存乂切韻　【古文四聲韻】

◉許　慎　推予也。象相予之形。凡予之屬皆从予。余呂切。【說文解字卷四】

◉林義光　按輾轉推予。如環相連。古環字。丿引之。以示相推無窮也。【文源卷三】

◉孫海波　說文：「予，推予也，象相予之形。」宋育仁說文解字部首箋正，吳錦章讀篆臆存雜說並云予上之，當為古文環字。从丨推正，取持環相外之象，故訓為推予。龜甲獸骨文字卷二第七葉九版，「□貞丨」，字正象从丨推之形，羅振玉釋宮，商先生釋環，容先生曰非環字，即古文予字。人名，目地名，貞見猶言余見，亦用為代名詞，借其聲而不取其義之例也。【卜辭文字小記　考古社刊第三期】

◉馬叙倫　鈕樹玉曰。玉篇引作推予前人也。沈濤曰。匡謬正俗三引。予。相推予也。以本部幻相詐惑也例之。則有相字者是。翟雲昇曰。爾雅釋詁疏引作推予前人也。象兩手相與之形。吳錦章曰。從手省。從。為環之象形文。謝彥華曰。此為機杼之杼本字。象杼。下垂者象緯。倫按蓋從手省。聲。予幻實一字。推予即幻之引申義。幻為奂換之轉注字。環聲故幻音胡辯切。轉入喻紐三等。古讀予當如于。今音入喻紐四等耳。推予也蓋本作予。與也。相推與前人也。予為隸書複舉字。與也以聲訓。相推與前人也。字林文。或校者所加也。玄應一切經音義引三倉。予。此亦與字。字見急就篇。【說文解字六書疏證卷八】

舒

辛長舒印　橋舒之印　蒲舒私印　馬温舒印　【漢印文字徵】

舒出楊大夫碑　【汗簡】

樊先生碑　楊大夫集　王存乂切韻　【古文四聲韻】

◉許　慎　伸也。从舍。从予。予亦聲。一曰。舒。緩也。傷魚切。【說文解字卷四】

◉潘祖蔭　張孝達説。左夫右舍當是舒字。右畔上从余。鐘鼎余皆如此。舍余古同聲。古音余讀如書。如讀荼為舒之比。舍有除義。聲義皆从余無疑。此右下从口。小篆从口。上从佘者。籀篆省變耳。説文於此字不詳其得聲之由。恐許氏説或未盡也。左畔从夫者。舒从予聲。予夫同部聲近。或亦可从夫聲。春秋名舒者六人。鄦舒。叔孫舒。魏舒。鄭公子舒。楚公子追舒。夏徵舒。

【攀古樓彝器款識卷一】

◉徐同柏　舒左旁象兩舍相對形。右旁从夫。夫予音義相近。蓋舒之異文。春秋僖三年徐人取舒注。舒國。今廬江縣。玉篇引作郐。説文。郐。地名。今按。古國邑字每省邑旁。玉篇㠯郐為舒。近是。【從古堂款識學卷十五】

◉林義光　按舍予皆聲也。【文源卷十二】

◉吳大澂　䣄古舒字。从夫从舍。伯雝父敦。【説文古籀補卷四】

◉郭沫若　䣄國之名屢見。當即荆舒之舒。亦即徐楚之徐。南國中徐楚為大邦。自殷亡以來纍世與周為敵。周人忌其名。則稱之為荆舒。春秋僖三年言徐人取舒。徐舒為二者。乃徐人疊受周人逼迫。由其淮水流域之故居已移植至江水以南。徐器多出今江西西北部。其殘留於舊地臣服於周之部落。後乃沿用周人所呼之名。故徐舒遂判為二耳。舊稱徐為盈姓。羣舒為偃姓。盈偃均嬴聲之轉也。【𢿢鼎　兩周金文辭大系考釋】

◉陳　槃　舒或作郐，或作荼，或作舍，或作鈇、作鈇、作鋘、作飫。金文有䣄字，周法高讀作舒。亦或作徐、作俆、作余。并詳上陸玖徐國。

案舒與徐雖可通作，然春秋時代已有舒復有徐亦是史實。僖三年經徐人取舒，舒在今安徽舒城縣。又有舒蓼、舒庸、舒鳩、舒龔、舒鮑、舒龍之屬號，為羣舒，文十二年左傳注疏。衆舒，宣八年傳疏。是其證。舒之與徐蓋本同而末異。【春秋大事表列國爵姓及存滅撰異】

◉馬叙倫　鈕樹玉曰。韻會作從舍予聲。段玉裁曰。一曰紓緩也者。與糸部紓音義皆同。翟雲昇曰。文選七命注六書故引。伸也作申也。王筠曰。字在予部。蓋從予。舍聲。小徐本誤倒。大徐循例增補。而不思房舍之義與伸無當也。詩何人斯。舍與車盱為韻。則舍字古讀如舒。可知大徐誤也。倫按舍聲也。禮記射義。序點揚觶而語。注。序或為徐。史記齊世家。田常執簡公於徐州。左傳徐作舒。明舒自從舍得聲也。舒為予之轉注字。從舍得聲者。余予音同喻紐四等。聲同魚類。又予音喻四。舍音審紐。皆摩擦次清音也。書周書。有疾不豫。本書悆下引作不悆。是其例證。魏石經予之古文作[古文]。蓋無古文予字。故以舍為予。是魏人尚知舒從舍得聲也。伸也者。以雙聲為訓。今言舒服者。即申也義。其本字為疏。舒為借

字。一曰緩也者。紓字義。此校語。字見急就篇。【説文解字六書疏證卷八】

◉周法高　此字(按見吴大澂條)當從害夫聲。金文或作⿰害丮。從害丮聲。小篆作。説文四下予部。舒伸也。从舍从予。予亦聲。舍可能是害的譌變。予聲。夫丮予都隸古音魚部。所以能夠相通。【金文詁林卷四】

◉徐在國　簡一三七反有字作，原書未釋。白于藍《包山楚簡文字編》(吉林大學碩士論文油印本，一九九五年)隸作「⿰害余」，放在卷七「害」字後。

今按：此字隸作⿰害余是正確的。因為與簡二一九中的「(害)」形體完全相同。但⿰害余究竟是何字，還需要作進一步探求。我們認為此字應分析為從害余聲，讀作舒姓之「舒」。與簡文中的(舒)字是一字異體。古音余、舒都是魚部字，聲紐均屬舌音，⿰害余可以讀作舒。驗之于辭例，可證明我們所釋不誤。簡一三一、一三九反記叙的是舒慶殺人案。下面是我們從中所選的三條辭例。

1.秦競夫人之人⿰害余慶坦處郚鄝之東蔡之里，敢告見曰：郚人苛冒、⿺走亘(宣)卯以宋客盛公鸚之歲，刑层之月，癸巳之日，殺僕之⿰虫兄(兄)昒。　簡一三二、一三三

2.……皆言曰：荷冒、⿰亻亘(宣)卯殺⿰害余(舒)昒。　簡一三六

3.……⿰害余(舒)慶告謂：苛冒、宣卯殺其⿰虫兄(兄)昒。　簡一三五反

從上述所舉辭例看，毫無疑問，⿰害余慶就是舒慶。⿰害余就是舒的異體字。這和簡文中的「宣」字又寫作「⿰亻亘」(簡一三六)、「⿺走亘」(簡一三二)；邵⿰骨它的「⿰骨它」字又寫作「⿰骨戈」(簡二六七)、「愲」(牘一)屬于同類現象。也由此可見，戰國時期即使在同一個國家內「文字異形」的現象也是非常嚴重的。【包山楚簡文字考釋四則　于省吾教授百年誕辰紀念文集】

 幻　孟倓父簋　【金文編】

3·782幻貯　9·58司馬幻　【古陶文字徵】

0391　孟弢父殷幻作與璽文合。　2289　2925　3373　1969　0748　【古璽文編】

幻户慣切見尚書　【汗簡】

放

古尚書【古文四聲韻】

◉許　慎　𢆶相詐惑也。从反予。周書曰。無或譸張為幻。胡辦切。【說文解字卷四】

◉林義光　按反予非義。𢆶象變幻無窮如環相連之形。𠃌與予从丿同意。予者莫知所終極。故丿在下。幻者莫知所自來。故𠃌在上。【文源卷三】

◉馬叙倫　𢆶桂馥曰。御覽引作相詐幻惑人。倫按本作惑也。以聲訓。古或借幻為惑也。惑也之義。字當為諼。諼從爰得聲。爰為幻之轉注字。猶瑗環之轉注矣。相詐幻惑人也。蓋字林文。或校語。凡本書說解中言相某某也者皆然也。廣韻引修續譜。幻。相誑也。而不引本書。周書以下校者加之。王筠據鍇本篆同此。餘見予下。【說文解字六書疏證卷八】

放　孳乳為倣　中山王譽壺　隹朕所倣　多友鼎　用嚴倣放𢐗　讀為方【金文編】

傅胡放印　周毋放　徐放印信　留放私印　放青臂【漢印文字徵】

放【汗簡】

汗簡【古文四聲韻】

◉許　慎　逐也。从攴。方聲。凡放之屬皆从放。甫妄切。【說文解字卷四】

◉楊樹達　說文四篇下放部云：「放，逐也。从攴，方聲。」按說文方訓併船，與放逐義無涉。放从方聲者。說文旁亦从方聲，實假方為旁耳。蓋古方旁音同，故二字多通用。書堯典篇云：「共工方鳩僝功。」方史記五帝紀及說文二篇下辵部逑下八篇下人部僝下並作旁。又益稷篇云：「方施象刑惟明。」方白虎通聖人篇新序節士篇並作旁。又呂刑篇云：「方告無辜于上。」方論衡變動篇作旁。論語憲問篇云：「子貢方人。」釋文云：「方鄭本作謗。」是其證也。覈之造文條例，亦二文無別。說文十一篇下魚部云：「魴，赤尾魚也。从魚，方聲。」籀文从旁作鰟。此一事也。又十二篇上户部云：「房，室在旁也。从户，方聲。」此二事也。又四篇上肉部云：「肪，肥也。从肉，方聲。」許訓肪為肥，旁義不顯。然文選與鍾大理書注引通俗文云：「脂在腰曰肪。」按腰在旁，故謂其脂肥曰肪。此三事也。又一篇上示部。𥛱或作祊。解云：「門内祭先祖，所以旁皇也。」此四事也。放訓逐所以从方

聲者，謂屏之於四方，實則謂屏諸四旁耳。禮記王制曰：「是故公家不畜刑人，大夫弗養，士遇之塗，弗與言也。屏之四方，唯其所之，不及以政。」此屏之四方之說也。書堯典篇云：「流共工于幽州，放驩兜於崇山，竄三苗於三危，殛鯀于羽山。」史記五帝紀集解引馬融注釋幽州為北裔，崇山為南裔，三危為西裔，羽山為東裔，而左傳文公十八年載季文子稱舜去四凶族之事，亦曰投諸四裔以禦魑魅。按裔説文訓衣裾，引申訓為邊。淮南子原道篇云：江潯海裔。高注云：裔，邊也。廣雅釋言同。投諸四裔，正謂屏諸四旁耳。旁亦稱邊：釋名釋道路云：「在邊曰旁」是也。史記商君傳云：「秦民初言令不便者有來言令便者。衛鞅曰：此皆亂化之民也。盡遷之於邊城。」案遷之於邊城，正所謂放也。左傳昭公元年記鄭放游楚於吳，子産數楚曰：「君曰：余不女忍殺，宥女以遠，勉速行乎！」又莊公六年云：「放公子黔牟於周。」宣公六年春秋經云：「晉放其大夫胥甲父於衛。」襄公二十九年傳云：「齊公孫蠆公孫竈放其大夫高止於北燕。」杜預注並云：「放者，宥之以遠。」吾國歷代流放之刑，皆置罪人於邊遠之地，即歐洲他國亦然。俄帝政時代，罪人多流西伯利亞。古今中外政俗略同，造文者固早揭櫫此義於文字中矣。

按：草此文竟，檢閲説文繫傳，云：「古者臣有罪，宥之於遠。方亦聲。」説與余略同。惟徐以方為遠方，與余云假方為旁者異，故仍存此文不削云。【釋放　積微居小學金石論叢】

◉馬叙倫　倫按逐也蓋當為敎也。放為搒之初文。書太甲。伊尹放諸相。字借為彶。經傳言放棄者。字借為糞。【説文解字六書疏證卷八】

◉戴家祥　[glyph]中山王嚳方壺　用隹朕所放　玉篇「放，比也」，類篇「效也」，書堯典「曰若稽古帝堯曰放勳」，疏：「能放效上世之功。」經籍的放字用義與壺銘全相同。【金文大字典中】

敫 [glyph]

[glyph] 敫　𠦪伯簋　王命益公征眉敫　[glyph] 九年衛鼎　眉敫者膚為使見于王　[glyph] [glyph] 屖敫簋　【金文編】

[glyph] 5·384　瓦書「四年周天子使卿大夫……」共一百十八字　【古陶文字徵】

[glyph] 敫　雜三二　三例　通傲　見民臬丨　為一九　[glyph] 法一六五　[glyph] 為一九　【睡虎地秦簡文字編】

[glyph] 公陽敫印　[glyph] 李敫之印　[glyph] 李敫　【漢印文字徵】

敖見石經　【汗簡】

石經　【古文四聲韻】

◉許　慎　出游也。从出。从放。五牢切。【說文解字卷四】

◉林義光　按古作。兮熬壺熬字偏旁。不从放。从攴轉注从人出。象人形。亦人字。寇字古亦从。出之變。【文源卷十】

◉馬叙倫　鈕樹玉曰。從出。篆當作。嚴章福曰。與出部重出。宋本部末云。文二。不云文三。知舊本敖在出部。倫按放為撈之初文。出為艸之異文。詳出字下。從出從放無出遊義。且放為形聲字也。出遊之義。字當為遨。本書無遨字。倫謂出游也當作出也游也。出也以聲訓。敖從放出聲。出艸一字。艸聲幽類。故敖聲亦幽類。出卉亦一字。卉音曉紐。以同舌根音轉疑。故從出得聲之貀入疑紐。而敖音亦疑紐也。手部。摮。擊也。從手。敫聲。而敫從敖得聲。是敖為摮之初文也。亦放之轉注字。放音非紐。非曉同為摩擦次清音也。㳅伯敦作。【說文解字六書疏證卷八】

◉蔡鏡浩　敖童　《秦律雜抄・傅律》:「匿敖童,乃占瘁(癃)不審,典、老贖耐。」注:「敖童,見《新書・春秋》:『敖童不謳歌。』古時男子十五以上未冠,稱為成童。據《編年紀》,秦當時十七歲傅籍,年齡還屬於成童的範圍」(《睡虎地秦墓竹簡》143頁)。

又,《法律答問》:「可(何)謂『匿戶』及『敖童弗傅』?匿戶弗繇,使弗令出戶賦之謂殹(也)」(222頁)。

按:注文所引例證與文義不合。《新書・春秋》云:「穆公死,鄒之百姓若失慈父……酤家不雠其酒,屠者罷列而歸,敖(《四部叢刊》本作「傲」)童不謳歌,舂築者不相杵……」綜觀上下文可知「敖童不謳歌」者,謂游嬉之童因哀痛穆公之死而不唱歌。《說文》:「敖,出遊也。」《廣雅・釋詁三》:「敖,戲也。」《詩・小雅・鹿鳴》:「嘉賓以燕以敖。」毛傳:「敖,遊也。」《新書》中之「敖」字正用此義。而簡文中的「敖童」之「敖」則與此義無涉,當訓為長、大。《詩・衛風・碩人》「碩人敖敖」,毛傳:「敖敖,長貌。」又,《莊子・天下》:「圖敖乎救世之士哉。」成玄英疏:「圖敖,高大之貌也。」且從「敖」得聲的孳乳字亦往往有高、大之義。如《正字通》:「敖,蟹大足有毛似鉞,或作螯,俗作鰲。」《集韻》:「聱,蟹大足者,或從蟲。」《爾雅・釋畜》:「狗四尺為獒。」《左傳・宣公二年》:「公嗾夫獒焉。」《經典釋文》云:「尚書傳云:大犬也。」而《史記・晉世家》述此事時,「獒」作「敖」。《說文》:「贅,頭高也。」《廣韻》云:「頭長。」《楚辭・天問》:「鼇戴山抃。」王逸注:「鼇,大龜也。」《韻會》:「謷,大貌。」《莊子・德充符》:「謷乎大哉,獨成其天。」成玄英疏:「謷,高大貌也。」

古代區分兒童與成人常常以身高為標準。如《論語・泰伯》:「曾子曰:『可以託六尺之孤,可以寄百里之命。』」邢昺疏引鄭玄注云：「六尺之孤，年十五以下。」《管子・乘馬》：「童五尺一犂。」《周禮・地官司徒・鄉大夫》：「國中自七尺以及六十，野自六尺以及六十有五，皆徵之。」賈公彥疏：「七尺謂年二十」，「六尺謂年十五。」

因此，簡文中所說的「敖童」應為秦代法律中的專門術語，用現代語來說，即是身材已長高的青少年，更明確一點說，就是指身高已達到服役標準的青少年。達到身高標準而不及時向官府申報、登記，就叫「匿敖童。」【《睡虎地秦墓竹簡》注釋補正（二） 文史第二十九輯】

◉睡虎地秦墓竹簡整理小組　敖，讀為豪。古書豪帥同義連用，如《史記・韓長孺列傳》集解引張晏云：「豪，猶帥也。」當時以鄉里中豪强有力的人為里正，如《公羊傳》宣公十五年注：「一里八十户，……選其耆老有高德者，名為父老；其有辯護伉健者為里正，皆受倍田，得乘馬。」【睡虎地秦墓竹簡】

◉劉彬徽等　(196)敖，簡文作[illegible]，讀如敖。《說文》：「敖，出游也」。【包山楚簡】

◉楊樹達　眉敖者，微國之君也。眉微二字古通。儀禮・少牢饋食禮云：「眉壽萬年」，鄭注云：「古文……眉為微。」左氏莊公二十八年經云：「冬……，築郿」，公穀二家經作「築微」，是其證也。微國之君何以稱敖？柯昌濟云：「左傳楚有莫敖……考是器文誼，乃為國君之稱，殆非官名。左傳載楚之君亦稱敖，如若敖、霄敖、堵敖、郟敖是也。疑敖為古蠻夷之君稱，楚从夷俗，不定為楚之專法矣。」韡華閣集古録跋尾丙編三十四葉下。吳闓生亦云：「敖者，外國君長之號。」吉金文録叁卷柒葉下。今按柯吳二說是也。然有異說焉。左傳昭公十三年云：「棄疾即位，名曰熊居。葬子干于訾，實訾敖。」杜注云：「不成君無號謚者，楚皆謂之敖。」又莊公十三年釋文引杜云：「楚人謂未成君為敖。」⊘然莊敖在位五年，郟敖在位四年，史家不得以為未成君也，此杜預之說不可信也。書牧誓記從武王伐紂者有「戎蜀羌髳微盧彭濮人」，微即此眉。此銘之眉敖，即武王時微國之後世子孫也。【卝伯毀再跋 積微居金文說】

敫

敫　日乙三六　二十二例　通儌　有丨　日甲三七　通徼　可以丨人攻讎　日甲八七　日甲一四三背　【睡虎地秦簡文字編】

敫弋勺切義雲章　【汗簡】

籀韻　【古文四聲韻】

◉許　慎　光景流也。从白。从放。讀若龠。以灼切。【説文解字卷四】

◉馬叙倫　翟雲昇曰。當入白部。俞樾曰。敫字當隸白部。從白。敖省聲。為皦古文。手部。擊。旁擊也。从手。敫聲。而公羊宣六年傳。以斗摮而殺之。則作摮。蓋敫本從敖得聲故也。劉秀生曰。俞説是。敖聲在豪部。龠聲在沃部。沃豪對轉。故敫從敖省聲得讀若龠。史記建元以來王子侯者年表敫侯劉越。索隱。漢表作敫侯。説文云。敫讀為躍。田敬仲完世家。為莒太史敫家庸。徐廣曰。敫音躍。釋名釋樂器。籥。躍也。氣躍出也。敫聲龠聲古并為躍。是其證。倫按從白。放聲。放音非紐。敫音喻紐四等。同為摩擦次清音也。俞先生説亦通。敖敫聲同宵類。光景流也非本義本訓。疑文二。

王筠曰。文二。孫鮑二本同。他本作文三。足徵敖字在出部為本文。本部則後人增也。倫按敖字當在此部。出部重出耳。【説文解字六書疏證卷八】

◉楊樹達　光景流也。从白，从放。讀若龠。以灼切。四下放部。按：白謂光也，名字。放為動字。【文字形義學】

𠬪

𠬪【汗簡】

◉許　慎　物落。上下相付也。从爪。从又。凡𠬪之屬皆从𠬪。讀若詩摽有梅。平小切。【説文解字卷四】

◉林義光　象兩人手相付形。本義為付。𠬪付雙聲旁轉。引伸為落。落猶從上付於下也。【文源卷六】

◉馬叙倫　鈕樹玉曰。韻會引落下有也字。苗夔曰。爪亦聲。林義光曰。象兩人手相付形。𠬪之本義為付。𠬪付雙聲旁轉。饒炯曰。説解當云相付也。劉秀生曰。苗説是也。爪聲蕭部。摽從票聲在豪部。蕭豪旁轉。故𠬪從爪聲得讀若摽。詩召南。摽有梅。孟子梁惠王。野有餓莩。趙注引詩作莩有梅。漢書食貨志引孟子野有餓芆。鄭德曰。芆音蔈有梅之蔈。是其證。倫按以甲文受字作　爰字作　證之。則此篆不從覆手之爪。乃從兩手。　為甲人之左手。　為乙人之右手。此实朋友之友本字。三篇之　。乃　之異文。朋友之友即交易之本字。交易者。甲以其所有。易乙之所有。故從　會意。説解物落上下相付也本作付也。以轉注字釋本字。吕忱或校者加此文。相付即交易之義。𠬪音奉紐。友音喻紐三等。同為摩擦次濁音。蓋𠬪之音亦受於友。形音皆近。故古書皆以友為𠬪。今人言交易亦曰調換。倫謂調換即𠬪爰也。讀若六字校者加之。【説文解字六書疏證卷八】

◉楊樹達　按：爪下云：「覆手曰爪。」段氏云：「付，與也。以覆手與之，以手受之。」樹達按：在上者以物與下，必覆手，故从爪。在下受上者，必竪其手，故从又。古人制字之精，於此可見一斑矣。【文字形義學】

爰

◉郭沫若　𠬪字原銘作𠬪若𠬪。與小篆稍異。與文意推之當是𠬪。説文「𠬪，上下相付也，讀若詩『摽有梅』。」字在此即是付義。【格伯𣪕　兩周金文辭大系考釋】

甲二七五四　人名　甲三九一五　乙三七八七　乙三七八八反　乙四六九九　乙七〇四一反　乙八七三〇　乙八八九六　河五七九　後二・三〇・一六　簠人八五　京津四八九四　師友二・七七　爰伯　摭續二七〇　燕三〇　燕六二五　珠三九五　明藏二二四　京都二二一五　【甲骨文編】

甲27・54　3915　乙3328　4770　7818　8730　佚577　徵3・55　4・85　凡26・1　摭91　摭續270　【續甲骨文編】

爰　辛伯鼎　室絲五十爰　虢季子白盤　鄂君啟舟節　爰陵　【金文編】

3・1153　獨字　【古陶文字徵】

〔二五〕　〔五二〕　〔五二〕　〔五二〕　〔三五〕　〔二三〕　〔二三〕　〔五二〕　〔七四〕　〔四〕　〔五三〕　〔三五〕　〔五〇〕　〔五〇〕　〔一九〕　〔二五〕　〔二三〕　〔二〇〕　〔四〕　〔一九〕　〔二三〕　〔五四〕　〔七九〕　〔七八〕　〔八二〕　〔三二〕　〔七七〕　〔七八〕　〔五六〕　〔七八〕　〔三二〕　〔六二〕　〔六二〕　【先秦貨幣文編】

鉼金　郢爰　鄂宜　鉼金　陳爰　皖臨　鉼金　郢爰　皖阜　鉼金　郢爰　皖六　仝上　鉼金　陳爰　陝咸　鉼金　郢爰　鄂宜　【古幣文編】

147【包山楚簡文字編】

爰 日甲五〇背　封八四　六例　封九五【睡虎地秦簡文字編】

3769【古璽文編】

爰得徒丞印　爰輔之印　爰當户印　爰良私印　爰世私印　爰壽　爰印　爰齊

【漢印文字徵】

開母廟石闕　爰納塗山【石刻篆文編】

爰竝義雲切韻【汗簡】

王存乂切韻　義雲章【古文四聲韻】

◉許　慎　爰引也。从𠬪。从于。籀文以為車轅字。羽元切。【説文解字卷四】

◉吳大澂　（虢季子白盤）舊釋受非。古文受从舟皆作。此當爰。經典傳注多訓爰為于。亦訓于。【愙齋集古録第十六册】

◉羅振玉　瑗為大孔璧。可容兩人手。人君上除陛。防傾跌失容。故君持瑗。臣亦執瑗在前以牽引之。必以瑗者。臣賤。不敢以手親君也。於文从。象臣手在前。象君手在後。丨者象瑗之形。瑗形圜。今作丨者。正視之為○。側視之則成丨矣。瑗以引君上除陛。故許君於爰援均訓引。荀子性惡篇注訓援為牽引。禮記中庸注訓援為牽持之。並與許書瑗注義同。知古瑗援爰為一字。後人加玉加手以示別。其於初形初義反晦矣。古罰鍰之鍰。古亦作爰。梁尚幣作作。毛公鼎作。變丨為一為／形。又失矣。吳縣潘氏滂喜齋藏一卣。其文曰。與卜辭正同。蓋亦瑗字。【殷虚書契考釋卷中】

◉王國維　説文解字𠬪部。爰引也。从𠬪从于。籀文以為車轅字。案此亦籀篆同字。但史篇假借用之。【史籀篇疏證　王國維遺書】

◉林義光　按即援之古文。猶取也。古作曶鼎。作毛公鼎。象兩手有所引取形。或作虢季子白盤。象所引之端。或

作□散氏器。下从攴。或作□揚敦。與取相混。【文源卷六】

◉吳大澂　□古文鋝鍰為一字。許氏説十銖二十五分之十三也。从金後人所加。散氏盤。【説文古籀補卷四】

◉叶玉森　森按。卜辭諸謝字為地名。本辭之□象兩手攀一物形。疑與□爰為一字。爰舟即援舟。乃引舟之誼。【殷虛書契前編集釋卷二】

◉馬叙倫　□鈕樹玉曰。韵會作從又于。王筠曰。爰與手部援同義。援者。累增字也。蓋爰從于。故爾雅訓為于。借義奪之。乃加手為別耳。宋保曰。爰。于聲。爰于一聲之轉。羅振玉曰。瑗字注。大孔璧。人君上除階以相引。桂氏曰。大孔璧者。孔大能容手。又曰。漢書五行志。宮門銅瑗。亦取孔大能容手。以便開閉。而于人君上階除以瑗相引之説亦無證。蓋古誼之僅存於許書中者也。卜辭爰字作□□□。／者。○之側視形。古爰瑗援為一字。倫按爰瑗援非一字。甲文之□為𠬪之異文。從乂。從□。從○。○即璧。亦即環瑗也。梁當鍰幣作□。㫚鼎作□。一●亦皆璧之初文。古以璧為交易之媒介物。璧即幣也。□從一。正明以幣相交易也。會意。爰為𠬪之轉注字。從𠬪。于聲。故得借爰為于。𠬪為朋友之友本字。友于音皆喻紐三等。左僖十五年傳。晉於是乎作爰田。服虔孔晁皆訓爰為易。可證爰為𠬪之轉注字。𠬪亦即交易之易本字也。引也者。援字義。此非本訓。鍇本作從𠬪于者。捝聲字。籀文以為車轅字。籀篇借爰為轅。左傳之爰田。國語魯語亦作轅田。然此校語。明籀篇無轅字。轅字出倉頡矣。字見急就篇。散盤作□。番生敢作□。容庚釋寽。蓋從𠬪從工。工為玉之異文。從玉猶從璧矣。【説文解字六書疏證卷八】

◉李裕民　二十、□《侯馬盟書・委質》類一七九：一五。

《侯馬盟書字表》釋寽，非。盟書寽作□、□，金文作□（《毛公鼎》），均與此形不同。字應釋爰，《虢季子白盤》作□，楚金幣郢爰之爰作□（《考古》一九七三年三期一六三頁圖二），陳爰之爰作□（同上一六七頁圖一），盟書一七九：五轅字偏旁作□，均與此字相同。盟書兟爰即委質類被誅討對象兟寽，此人亦稱兟捋、兟𢓜、兟𤞷。此處疑係筆誤。【侯馬盟書疑難字考　古文字研究第五輯】

◉唐　蘭　爰字本作□，像兩手交付銅餅的形狀，兩隻手代表兩個人，象徵兩個人在做交易，所以爰字有交換的意義。爰是鍰的原始圖畫字，後來圓形變為小的橫畫，因而和寽字相亂。又或變從巿，韋字變為韋，其中的圖形變成巿一樣，□字也變為受，《説文》就誤認為是從𠬪從于了。正由於爰字中本從圓形，所以如環的玉瑗，從爰聲，又引申為門環的銅瑗，羅振玉以爰字解為瑗，附會《説文》解瑗為大孔璧，人君上除陛以相引的説法是很荒謬的。古代人民製造文字時豈能專為奴隸主上階陛而特別造一字呢。⊘其實爰和寽本是兩個字，爰本作，寽本作，羅振玉把它都釋成爰是錯的。錫爰、罰爰的爰，本與寽無關，只由於變成，與寽形近而混。【論周昭王時代的青銅器銘刻上編　古文字研究第一輯】

◉祝瑞開　古代貨幣所以称作「爰」，乃是「爰」字義之引申。《管子》載：「先王……以珠玉為上幣，以黄金為中幣，以刀布為下幣。」説明古代璧玉本身即是貨幣。戰國時三晉兩周等國都出現圜錢，多象璧玉的形狀；貨幣單位有稱為「環」的，即與璧和圜錢有關。所以（爰）（寽）字不作任何變动，即可象貨幣或以貨幣進行交换的行為。⊘約在西周中晚期，爰字開始有寫作寽的。如《毛公鼎》作；戰國時，梁尚幣作、，變一、●為一、／，和原形稍不同，然而仍應是「爰」字。春秋戰國時，楚國的貨幣稱為「楚爰」「郢爰」，各國罰金都稱為「罰鍰」。足證此時爰字雖已有寫成寽的，但這只是字形稍有變化，當時人仍應認梁尚幣等「寽」字為「爰」。⊘實際爰、寽（）本為一字，本有援引之義，字是由之孳乳、演變而來。又認為古代貨幣稱作寽，鍰係字誤；如上所説，恰恰相反，古代貨幣本作「爰」「暖（鍰）」，而寽乃爰字形、聲之變、誤。

綜上所説，爰的本義是指璧玉和借助璧玉進行牽引，後來即指貨幣、借助貨币進行交换的行為，以及貨幣的單位。周谷城同志把楚爰、郢爰之爰字解釋為「猿」字，似非周代以至戰國的本來意義。【釋「爰」「寽」　人文雜志一九八一年第五期】

◉黄德馨　我認為，上述兩器銘文中的，不是「爯」，而是「爰」。有的學者把偿公銅鈁銘文釋為「十九爰四寽廿九□」，朱活：《古錢新探·郢爰新探》。是恰當的。

「爰」與「爯」不但音義皆異，字形也根本不同。「爯」甲骨文作（鐵一〇二·二）、（佚一三九），金文作（爯簋）、（爯罍），在字的形体結構方面與「爰」有兩点不同：

1.「爰」字的，左右兩端長短不齊，即使有的印文左右長度相等，也是由「爰」字的基本形体結構、工式寫法左短右長發展而來。而「爯」字的左右兩端長短相同，在甲骨、金文中「爯」或其他以「冉」作部件之字，完全不見左右兩端長度不齊者。《説文解字段注》解釋説「稱，舉也，……凡佺衡當作稱。」天平是衡器，左右重量必須相等，所以長度也應相同。

2.「爯」从爪从冉。「冉」，甲骨文作或，金文作，是衡器與所称物交叉的圖像文字；「爰」則无此交叉圖像。

【「郢爰」新解　湖北大學學報一九八六年六期】

◉戴家祥　矢人盤爰千罰千高鴻縉曰：「象二手執繩牽引，倚兩手畫其執繩牽引之形。由文兩手生意，故託引繩之形，以寄援引之意，動詞。後借用為虚字。如虢季子白盤「宣榭爰饗」，詩「爰有寒泉」、「爰伐琴瑟」，皆借用為接續字「於是」意。周時繩尾有端緒可見，秦時繩尾形變為于聲，即唐立庵所謂象意聲化也。自借用為虚字，秦人乃又加手為意符，作援，援行而爰之本義亡。中國字例二篇第二九零葉。矢人盤之爰讀為鍰。小爾雅「二十四銖曰兩,兩有半曰捷,倍捷曰舉,倍舉曰鋝,鋝謂之鍰。」書呂刑「其罰千鍰」,鄭康成曰「鍰,六兩也。」【金文大字典中】

𤔔 

 𤔔　番生簋　朱𤔔𩎟靳　 从吅　毛公㫃鼎　 孳乳為亂　召伯簋　余弗敢亂　【金文編】

 𤔔　日甲七八背　【睡虎地秦簡文字編】

 石經無逸　說文古文作　亂字重文　【石刻篆文編】

◉許　慎　治也。幺子相亂。𠬪治之也。讀若亂同。一曰。理也。徐鍇曰。冂。坰也。界也。郎段切。古文𤔔。【說文解字卷四】

◉高田忠周　古文𤔔。徐鍇曰冂坰字是。冂者介也。幺子爭于冂介。即兄弟鬩于牆之意也。然則𠬪者旁人之手。又按。一曰理也者當衍文。【古籀篇六十一】

◉商承祚　說文「𤔔。古文𤔔。」案金文作嗣字偏旁。同篆文。玉篇作孚。此與亂為一字。石經無逸。「乃變亂先王之正刑。」亂之古文作。毛公鼎作。即石經所本。【說文中之古文攷】

◉郭沫若　番生毀「朱𤔔𩎟靳」,毛公鼎作「朱𤕌𩎟靳」。𤔔與𤕌自係一字。說文云「𤔔治也。幺子相亂,𠬪治之也。讀若亂同。」許所云「幺子」,以字形推之似即蠶繭之意。𤔔本象治絲之形,治絲時其聲囂騷,故字復从吅。惟「朱𤔔」,它器作「朱虢」。牧毀𡐦還云「朱虢𩎟靳」,彔伯㦛毀吳彝云「𠦪𩎟朱虢靳」,師兑毀云「朱虢靳」。大雅韓奕則言「鞹鞃」。鞃𩎟一字,虢即鞹之叚,靳者靳之古字也。靳字說詳後出毛公鼎之年代。「朱虢𩎟靳」者言鞃與靳以朱色之鞹為之也,則𤔔若𤕌亦當與鞹同意,疑讀為鞎,說文云「鞎柔皮也」,又「鞹皮也」。

𤕌字鼎文本作,下从止,金文又字每與止形相紊,不足為異。魏正始石經以此為亂字。新出君奭篇殘石「乃變亂先王之政刑」,又「亂罰無辠」,亂之古文作,即此字之稍訛變者。古文四聲韻引石經作,更訛變左右之二口而為幺。說文言部「古文䜌」,又𠬪部「古文𤔔」,其古文䜌亦當从吅作,乃傳刻之訛也。許以其从吅,故以屬於言部為䜌之重文耳。容庚以此訛字證明卣之系為䜌,得此尤足以斷言其誤矣。又日本未改字本尚書盤庚篇中「亂政同位」作𤔔,敦煌本亂亦作𤔔,是又以左右之

□□形與中央之□形互訛者矣。

「朱𤔔㠯𣃔」——「朱𤔔」，它器作「朱虢」，番生𣪘作「朱𤔔」，此𤔔與彼𤔔自係一字。説文云「𤔔，治也。幺子相亂，𤓰治之也。讀若亂同。」案𤔔本象緐絲之形，許所謂「幺子」似指蠶繭，緐絲時其聲囂騷，故字復从㗊，新出魏正始石經君奭篇亂字古文作□，即此字之稍稍譌變者。説文以為䜌字，其言部䜌之古文作□者亦即此字之譌變，蓋譌㗊而為丝也。本銘𤔔字𤔔下从止，此亦古金文之變例。金文从止从又之字每相亂，此不足異。𤔔聲讀如亂，而與虢字義近，殆叚為鞃。【釋𤔔　金文餘釋　金文叢考】

◉馬叙倫　段玉裁曰。一曰理也與治無二義。當由唐人避諱。致此妄增。王筠曰。玉篇但云理也。此校者詞也。唐人避高宗諱。改治為理。刻本未改。故校者記其異。徐灝曰。幺子相亂。其義難通。戴侗謂𤔔與𤔱同。是也。灝按䜌之古文作𤔱。象手治絲形。其兩旁幺省為二垂。則成𤔔。中加横畫者。系聯之也。倫按𤔔即絡絲之絡本字。義當為治絲也。從爪。從又。從幺。從工。工者。治絲之具。檷爾之初文作□者之省。木部。檷。絡絲檷也。今杭縣絡絲之具。以竹為四柱。以木為×形者上下各一。持之。而×中為孔。安長柄於孔中。如輪之軸。爾下之𠈇。金文或作□。即其象形文也。見爾字下。頌壺有□字。其□即𤔔字而省其幺。猶魯司徒白吳𠮛𣪘𤔲字作□。其𤔔旁但作□。省□及□。□即□省。𤔔從兩手。不從𤓰。𤔔音來紐。古讀歸泥。爾音泥紐。𤔔即得聲於爾。爾以治絲。故𤔔即為治絲。語原然也。吳都賦。嗟難得而覶縷。王孫賦作𤔔縷。類篇謂覶俗從爾。覶實為𤔔之轉注字。是其證。凡從兩手而不從□者。皆從古文為。實即友字。當立友部而屬之。説解盡非許文。或字出字林也。番生𣪘作□。【説文解字六書疏證卷八】

◉楊樹達　湘潭郭晉稀⊘曰：「按幺子相亂𤓰治之，説殊牽強。徐段以工為同界，亦與治理之訓不相附合。竊疑□為□字之誤文，下三畫誤為工爾。蓋絲為最易紛亂之物，故𤔔字从之。説文言部䜌訓治，字从言絲，重文作□，𤔔䜌二字音義全同，殆一字也。□字从爪，从𢆶，从又，亦與𤔔字形近。許誤以為从訓小之幺，徐段又誤以工為同界之同，字義遂不可尋矣。」余曰：善哉，君之説字也！𤔔䜌同字，説無可疑者。䜌从絲，知重文𤔱字之从𢆶為象絲也；𢆶象絲，知𤔔之从幺亦象絲也。異者，幺象絲一束，□象三束耳。至謂从工為□字下三畫之誤文，則位置上下不同，無緣致誤；中畫一縱一横，形又不相近也。余謂糸古文作□，𤔔字所从之幺，乃古文糸之省作，許君以為从幺者，違誤甚明。工位幺字之中，蓋象用器收絲之形。説文竹部云：「笠，可以收繩也，」古文作互，工乃象互形也。絲繩同類之物，互可以收繩，亦可以收絲矣。又許君解字从𤓰，説為𤓰治，説亦非是。余謂字當从爪从又，爪又皆謂手也。𤔔从爪从又者，人以一手持絲，又一手持互以收之，絲易亂，以互收之，則有條不紊，故字訓治訓理也。如此則形義密合無間，許君之誤説顯然矣。【釋𤔔　积微居小學述林】

◉周谷城　番生𣪘之𤔔，其形為□。毛公鼎之𤔔，其形為□。三體石經書君奭亂之古文作□。説文䜌之古文作□。這四個形式中以□為最像打結或結合，為最少譌變。䜌字裏的言，我頗以為是□與□之譌變，□寫成□寫成□是很容易的，□寫成□寫成□寫成□也是很容易的。偶閲鳴沙石室佚書隸古定尚書，其中亂字有作䜌的。如：

亂其紀綱的亂字作䜌；

廢時亂日的亂字作䜌；

沈亂于酒的亂字作䜌；

也有作𤔔的。如：

惟以亂民的亂字作𤔔；

禮煩則亂的亂字作𤔔；

亂正四方的亂字作𤔔。

照這樣看起來，吕 8 實在就是 8。因此我以為：

□是省去左右兩旁之 8 者；

□即□是省去上面之□者；

□即□是什麼也未省去者。

亂即䜌字，即□字。就形音義三方面講，都祇好解為結，是結散絲之義，而不是理亂絲之義。【亂為樂之結　古史零證】

◉丁　山　䜌甲骨文作□，金文作□，皆象以手結合絲縷形，實即孿字本字。孿，許書訓係也，不碻。孿字本誼即糸部所謂纂，似組而赤也。似組而赤即毛公鼎番生𣪘朱𤔔的碻解。組字本誼許書以為綬屬，又説其小者以為冠纓，左傳又有所謂組甲者，虢季子組𣪘組特从又作□，與□从𠬪从糸之誼相應。弟意朱𤔔之𤔔或為綬屬，或為冠纓，或為組甲，必於此三誼中占其一，而其語根則為組合，可為尊説作旁證。甲骨文似尚未見□或□字，此字則已盛行西周。如𪓐卣之□，貉子卣作□，毛公鼎作□，孫仲容始釋為緟。弟意即𤔔字繁文，必讀為纂。纂者繼也，雖於組合之誼未符，而仍涵有繩繩不斷之理。意者關雎之亂，亂，碻如今語的結束，猶元曲的尾聲。□所以从工，與□□□諸字相同。碻有束縛的涵意，貴省方言的䜌麻，敝縣稱為搓麻，搓正組字的音轉，䜌則孿字古意的遺存。要而言之，□實紡塼發明以前孿麻績線的原始紡績技術之遺存。紡塼見於仰韶文化，故云原始。倘自紡績技術的發展論𤔔組纂諸字的通訓，尤見尊説之不可易矣。【周谷城《古史零證》「亂為樂之結」後附】

受

◉高鴻縉　按𤔔既為治理。故字倚爪與又(手)。畫其清理架上之絲之形。由爪與又生意。故託治絲之形。以寄治理之意。動詞。說文讀若亂同者。擬其音也。論語泰伯。予有亂臣十人。亂通𤔔。即予有治臣十人也。至於淆亂之亂。叛亂之亂。金文原作䜌。謂多言之惑如絲之淆也。虢季盤。錫用戉用政䜌方。即錫以鉞以征亂國也。三體石經亂字古文作　。即䜌字之變。秦人又造亂字以代䜌。形復譌為　。故後世有亂字。亂又通叚以代𤔔。故亂兼有治意。於是𤔔字廢矣。【中國字例二篇】

◉李孝定　　釋「𤔔」者是也，他說並誤。〇毛公鼎文从四口，乃88形之譌，簋文从冂，則88形之省也。卜辭有系作　、　、　諸形，與此相較，則𤔔从受，而系从爪，相去甚微，而分別較然，不容相混。〇𤔔之與　，其形雖僅从爪从受之殊，而意則有別，古文偏旁从爪从受，固每得通，然於此二字，則不容淆混，蓋系象手持絲，乃懸持之象，故从一手，而義已顯，𤔔(　)象絲棼而手治之，必从二手而義始顯，倘但从一手，將治絲而益棼矣，古文製字之妙，其意常別於幾微之間，此其例也。【金文詁林讀後記卷四】

◉睡虎地秦墓竹簡整理小組　𤔔，讀為巒，瘦。《說文》：「巒，臞也。」【睡虎地秦墓竹簡】

前五·二三·二　後一·一八·三　燕一三〇　甲三六一二　後二·六·一六　戩四七·七　餘一一·二　佚六五三　燕一三二　鐵二八·三　鐵一四八·一　鐵二三五·四　鐵二四一·一

鐵二四八·一　鐵二四九·二　前三·一·二　前三·二九·四　前三·三〇·六　前七·三八·一

前七·四二·一　前七·四三·一　前八·一〇·三　乙七六七二　粹五八九　存一八五四　存下二〇六　京津四三七一　京津四三七九　京津四四九七　寧滬一·一　寧滬一·二〇五　拾三·一四

拾一四·一九　乙四五一八　前四·三八·五　前五·一七·三　前六·四六·八　後一·五·一二

後二·四二·一　戩五·一二　戩二二·一　戩二二·二　戩四九·九　佚七二　佚八六〇

佚三一五 佚四三二 甲二七五二 甲三六五九 甲三五八七 受年 見合文二四 續一・五〇・四 受禾 見合文二四 明藏七六五 受祐 見合文二四 【甲骨文編】

甲101 261 279 379 494 507 534 538 651 792 808

1061 1230 1231 1245 1276 1386 2761 2827 2866 2903 3430

3587 3612 乙52 98 745 745 766 1201 4857 6275 6422

6519 6528 6578 6725 6753 6876 6881 6888 6964 7009 7205

7207 7246 7348 7672 7750 7764 7811 7826 7923 8812 8835

8896 珠168 456 457 624 625 626 702 857 936 1188

卜460 佚20 54 120 380 432 519 541 653 762 860 922

956 979 續1・33・1 1・49・2 1・50・4 2・29・2 2・29・7 2・31・4 2・31・6 3・12・4 4・9・3 4・17・6 4・25・3 5・6・4 5・6・10 掇396 457

徵5・1 5・2 5・4 5・5 5・6 5・9 5・10 5・11 5・12 5・13

5・14 5・16 9・1 9・3 9・4 9・5 9・8 9・9 9・15 9・24

9・26 9・27 9・34 9・40 9・49 10・3 11・66 12・30 京1・23・1

3・17・3 3・17・4 3・18・1 3・18・2 4・11・2 4・13・1 凡10・1 録547

786　天55　56　60　67　104　摭2　龜卜6　外141　摭續88　144
271　粹8　140　589　907　1129　1198　新5612　【續甲骨文編】

受　从受从舟　尊文　簋文　父乙卣　受且丁尊　受父乙觶　亞中若癸簋　何尊
盂鼎　矢方彝　楠伯簋　沈子它簋　辛伯鼎　伯康簋　免簋　彔伯簋　𬽦伯簋
衛盉　九年衛鼎　牆盤　晉鼎　𤼈鐘　寰盤　頌鼎　頌簋
頌壺　師克盨　善夫山鼎　毛公厝鼎　曾伯陭壺　屖甬多父盤　齊甬姬盤　秦公簋
秦公鎛　牧馬受簋　簷平鐘　國差鑰　蔡侯𬭚盤　王子午鼎　中山王嚳壺　命瓜君壺
者沪鐘　从口亘尊　鄀伯受匜　【金文編】

3·1350　獨字　【古陶文字徵】

25　54　128反　277　【包山楚簡文字編】

受　秦一八四　二十一例　通授　—衣者夏衣以四月盡六月稟之　秦九〇　為二二　四例　日乙二一〇　四例　日乙二
一六　二例　日乙二〇六　三例　日甲一〇七　【睡虎地秦簡文字編】

王受之印　臣受　李受　王受　李受　郭受私印　【漢印文字徵】

石碣　吳人曾受其章　石經君奭　我有周既受　汗簡引尚書同　引石經作　有挩畫　祀三公山碑　户曹史紀受
禪國山碑　□受祇𥙊　【石刻篆文編】

□受見尚書 □受見石經 【汗簡】

□古孝經 □古尚書 □石經 【古文四聲韻】

◉許 慎 □相付也。从受舟省聲。殖酉切。【說文解字卷四】

◉徐同柏 (周楚公鐘)□字从爪从家。或是受之變文。【從古堂款識學卷十三】

◉劉心源 受丁亦人名。說文□部。□。从□。舟省聲。古刻作□盂鼎受天有大命□頌鼎受册佩㠯出。从舟不省。此从□即□。从□即舟也。【奇觚室吉金文述卷一】

◉羅振玉 □□說文解字。受相付也。从受。舟省聲。古金文皆从舟不省。與此同。象授受之形。與與同意。□或作□。或作□。皆手形。非訓覆手之爪。【殷虛書契考釋卷中】

◉林義光 按古作□盂鼎。象相授受形。舟聲。授受二字。古皆作受。盂鼎。今余其遹率循先王。授民授疆土。授皆作受。【文源卷六】

◉葉玉森 詩大雅雲漢。周禮籥章。竝著祈年之文。卜辭亦屢云□年。當即祈年之卜。如「貞昜□年于□土」。前編卷四第十七葉。「貞于王亥□年」。後編卷上第一葉。「癸丑卜㱿貞□年于大甲十牢且乙十牢」。又第二十七葉。「壬申卜貞□年于岳」。「貞于匕乙□年」。「貞□年於且戊」。以上竝見藏龜。「于大乙祖乙□□年王受缺」。殷虛文字第二葉。□土。王亥。大甲。且乙。岳。匕乙。且戊。大乙。竝殷之祖妣名謚。是殷人惟祈年于祖妣也。卜而得吉。則曰受年。否則曰不受年。而所受之年。又有受禾受黍受酉之別。【說契 學衡第三十一期】

◉商承祚 金文受尊作□。父乙卣作□□。盂鼎作□。說文受。「相付也。从受舟省聲」。此从舟不省。會意字。非形聲也。【甲骨文字研究下編】

◉鮑 鼎 亞形母癸鼎 □即受字。本書受鐸可證。釋文云兩手奉舟形蓋誤。母癸方尊母癸尊同。賸稿有考釋。本書未寫入。【愙齋集古録校勘記】

◉郭沫若 受字原作□，中央之□形與下□字緊接，幾至不可識。舊多釋為為，不知古篆乃从爪象，與此並不類也。受者授省，言經界既定，誓要既立，乃授其疆里之圖于矢王。【矢人盤 兩周金文辭大系考釋】

◉強運開 □按古華山農石鼓文定本誤釋作爰。並將會字倒置。且於其字下添一式字。讀作爰曾其式廓五字成句。非特其誤。實甚所謂強古人以就我者。惡足稱為定本與。又按。頌壺作。毛公鼎作。秦公敢作。均與鼓文同。可證實為受字無疑。【石鼓釋文】

◉明義士　按从受从舟不省。象一人以手付盤盂，一人以手承授之形。受授之義，描畫頗切，於此可是古人在心理學上，早已注意及之。又按上之，或作作作，皆象手形，説文誤為覆手之爪。金文毛公鼎「雁受大命」，曶鼎「曶受休」，盂鼎「受天有大命……受民受疆土」，國差𦉜「侯氏受福」等，亦從受從舟不省，與甲骨文同，其意義亦同也。厥後受授之意不明，乃加一手旁作授，而以承受字作受，付予字作授。其始受授固一字也。【柏根氏舊藏甲骨文字考釋】

◉馬叙倫　王紹蘭曰。辥氏欵識盄和鐘銘。天命。以屯魯。受正從舟。虢姜敦。福無疆。師俖敢。庶天命。尹卣銘。乃永魯。阮氏欵識頌壺銘。尹氏王命書。頌拜稽首命。頌敢銘同。天錫簋銘。帝元命。張仲簠銘。無疆福。諸受字皆從舟。篆變為。故許云舟省聲。翟雲昇曰。省聲。漢史晨碑不省。吳大澂曰。舟者。承尊之器。兩手持舟。上下相付也。倫按父乙卣受字作。甲文作諸形為多。新嘉量作。則受從𠬪聲。象舟形者。非舟車之舟。乃槃之初文。槃音竝紐。受音禪紐。古讀禪歸定。此破裂濁音也。受為𠬪之轉注字。𠬪音章紐。古讀歸竝。授受初止一字。猶買賣貰貸之初亦為一字也。二人交易相為授受矣。字見急就篇。【説文解字六書疏證卷八】

◉周名煇　宀部周公彝从省。古潮字。丁氏定為廟字。今考定為受字。

名煇案彝銘云。揨䭬首魯天子。厥瀕福。其文从宀从从丿。而丿當為飾文。閒宥甲文㐌飾初論條次飾文已詳。可參證。故余撰周金文研究癸集。即論定其文為从宀舟聲。當為古文受字。説文𠬪部云。受相付也。从𠬪舟省聲。此文作。从宀舟聲者。當為屋下受授之意。而與廟字遠不相及。此不過就形聲言之耳。

復由金文文法比較推證之。此銘云。寏厥瀕福。按𧺝仲簠銘云。𧺝中受無疆福。虢姜𣪘銘云。虢姜其萬年眉壽。受福無疆。曾伯陭壺銘云。子孫用受大福無疆。秦公鐘銘云。虔敬朕祀。以受多福。此四受字用法。與寏字用法全同。寏厥瀕福者。瀕亦為多大之義。與諸器銘言大福多福無疆福者同意。説詳癸集。可參證也。若如丁説為廟字。廟厥瀕福。不通甚矣。而詩桑扈篇云受福不那。假樂篇云。受福無疆。諸受字用法。與彝銘寏字用法。亦相契合。故論定其文如此。【新定説文古籀考】

◉楊樹達　卜辭受字作。从二又从舟。蓋象甲以一手授舟，乙以一手受之，故字兼授受二義。龜甲獸骨文字卷壹壹壹之壹貳云：「伐𢀛方，帝受我又？」此受謂授予也。殷契粹編八九一片云：「我弗其受黍年？」此受謂承受也。古人以一字兼授受兩方

之義，金文時猶然。後人加手旁於受為授字，表明授予之義，手旁與二又字重複矣。【卜辭瑣記】

◉李孝定　受字說文云：「从受，舟省聲。」金文皆从舟不省，吳大澂氏謂舟為承尊之器，是也；惟未知舟實槃之象形，周禮司尊彝云：「皆有舟」，舟實凡（槃之古文）字，古文家誤讀耳。契文受字，已多誤為从舟，與金文同，故許君云爾。者沪鐘作□，為小篆所自昉，許君未見金文，而云舟省聲者，蓋有所受之也。受象授受之形，古但有受字，增手作授乃後起。【金文詁林讀後記卷四】

◉朱德熙　□前人無釋，今案是「受」字。此字寫法與㫚鼎受字極相似：

□

特點是把爪和舟連在一起寫，不過㫚鼎爪字的三橫和舟字的三橫是分開寫的，所以略有參差，不像重金罍那樣連成一筆罷了。

認出了重金罍的受字，就知道下邊兩個見於印鉢文的字也是受字：

□徵附四六下　□簠五六下　【古文字考釋四篇　古文字研究第八輯】

◉銀雀山漢墓竹簡整理小組　簡文「紂」皆作「受」。《尚書・西伯戡黎》：「奔告於受」，偽孔傳：「受，紂也。」二字音近相通。【銀雀山漢墓竹簡】

◉吳振武　「受」字甲骨文作□，西周金文作□，小篆作□。《說文・受部》謂：「受，相付也。从受，舟省聲。」可知「受」字本从「舟」得聲。「受」字作「□」雖有簡省，但仍保留了聲符「舟」。古文字中的形聲字形體省化往往衹省形符而不省聲符。跟「□」字類似的省化現象在古文字中是很常見的。二十八年、三十二年平安君鼎銘文「單父上官冢子憙所受坪（平）安君者也」一語中的「受」字作□，也同樣是从「又」（實際上是从「受」省）从「舟」聲。這是我們釋□為「受」的最好證明。

上揭古璽中的□字均用作人名。漢印中有「李受」、「王受」、「郭受私印」、「臣受」等印，可見古人有以「受」為名的。【釋「受」并論盱眙南窖銅壺和重金方壺的國別　古文字研究第十四輯】

◉朱歧祥　165.□　象人跪以受奉，或即「受」字別構。屬名詞。晚期卜辭借用為方國名；與馬方對文。馬方見於殷的西北。

《前4・46・1》☐□貞：允唯余受馬方又，弗其受□方又。二月。【殷墟甲骨文字通釋稿】

◉袁國華　「□」字見「包山楚簡」第147簡，《釋文》與《字表》均誤釋為「爰」字。「鄂君啟舟節」「爰」作□，「包山楚簡」有「媛」、「緩」兩字，所从「爰」通作□，字形與「□」有相當差別，因此「□」不是「爰」字。从字形分式，字从「□」从「□」从「□」，與古文字的「受」字的組合部件相同。「受」甲骨文作□甲二七五二，西周金文作□牆盤，戰國文字作□秦公鐘□石鼓文，又「包山楚簡」簡277的「□」字，更是一個極佳的例證，因此將「□」釋作「受」是沒有問題的。

簡147句云：「受屯二儋之飤。」由於《包山楚簡·釋文》過去將「受」誤認作「爰」字，既令斷句有問題，而文句亦無法通讀。今改讀為「受屯二儋之飤」，則文从字順。大意是說：「給予駐紮所需的糧食二擔。」陲慼與宋獻因替楚王責盐於海，故得支領糧食，簡文所記如此。【包山楚簡文字考釋 第二屆國際中國文字學研討會論文集】

◉許 慎 𤔰撮也。从受从己。臣鉉等曰。己者。物也。又爪掫取之。指事。力輟切。【說文解字卷四】

◉馬叙倫 徐鉉曰。乙者。物也。又爪撮存之。指事。徐鍇曰。乙音甲乙之乙。倫按言𤔰字者。或從鉉說。或從鍇說。或自為說者。皆未得也。倫謂撮也非本訓。撮為爪之轉注字。撮義之字不當從受。蓋撮不必用兩人之手也。𤔰當是今杭縣謂兩手持物而直之曰勒之勒本字。從古文為。乙聲。乙即十二篇之乙。乙為流之初文。詳乙字下。流音來紐。故𤔰音力輟切。當入友部。字或出字林。【說文解字六書疏證卷八】

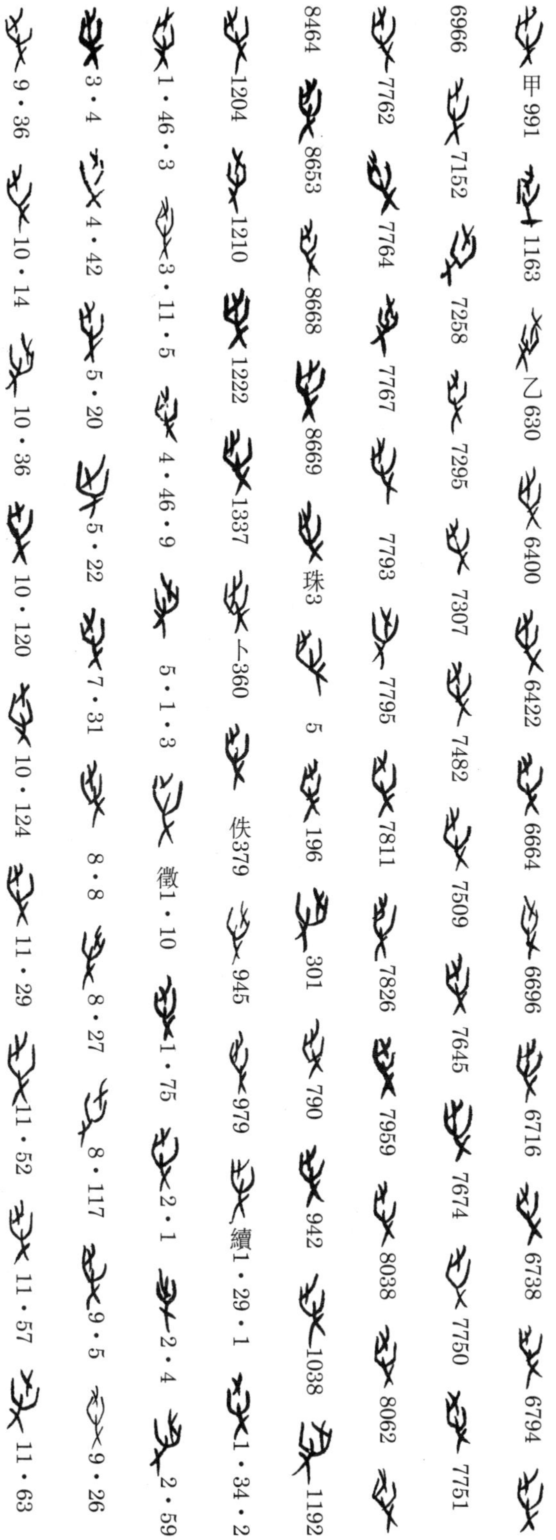

11·67　11·75　11·77　11·79　11·92　京1·32·4　3·30·3　4·18·2　4·24·4　4·26·3　凡16·1　24·2　録316　341　367　372　536　577　589　627　746　天36　37　62　65　81　84　鄴三34·1　誠37　226　396　440　摭18　57　89　103　龜卜1　5　95　六中151　六清11外310　六清141外304　六曾14　續存600　外35　147　189　452　454　書1·5·e　粹52　187　1213　甲3598　乙8892　徵12·68　【續甲骨文編】

爭　語一一　三例　【睡虎地秦簡文字編】

爭同　【漢印文字徵】

古孝經　同上　【古文四聲韻】

◉許　慎　引也。从𠬪𠂆。臣鉉等曰。𠂆音曳。𠬪。二手也。而曳之爭之道也。側莖切。【說文解字卷四】

◉胡光煒　金文敢字至多。常形作。从从口。从二屮引𠂆。蓋爭之本字。說文𠬪部「爭引也。从𠬪𠂆。」青部靜从爭。毛公鼎靜作。與形近。又毫鼎敢作。从。則正合形。因疑卜辭中所最多之字。从凵。實爭之最古之形。故卜辭凡言「卜」者。其下多言征伐之事也。【說文古文考】

◉于省吾　栔文第一期貞人名有字。亦作形。余於駢枝釋曳。未可據。⊘按胡(光煒)謂敢字从爭待考。釋為爭是也。惟但引毛公鼎靜字从爭作為證。於爭字演變之迹猶不相銜。因毛公鼎係西周中葉以後之器。其文字形體之孳衍。有時未能盡與商代相接。又胡君不知爭為貞人名。亦其失也。金文無爭字。靜字所从之爭。如靜卣作。靜弔鼎作。靜毀作。靜卣靜弔鼎靜毀三器時期均在毛公鼎以前。之與惟其中閒向左迤之長畫略有變遷耳。至古文字从从一也。秦公毀靜字从爭作。已與小篆相仿。要之。爭字之演變。由而而而其遞衍之迹。至為明塙。既可糾余前此

釋曳之誤。又可完成胡説。使信而有徵矣。【釋爭　雙劍誃殷栔駢枝三編】

◉李孝定　按説文。「爭引也。从受厂。」栔文作爭。胡先生釋爭。極塙。劉釋𢦏。孫釋戈。均誤。字固不从戈也。葉釋殺亦非。説文殺古文作杀。乃假杀字為之。與此無與也。王襄釋爰。雖於字形差近。然栔文自有爰字作爰。爰爭均訓引。故其字形結構亦相近也。唐氏釋乎。謂是牽之初文。所據新一五九片之爭為貞人名。其辭云「□□卜爭☐弗其☐」。與它辭之作爭者為一字。恐係誤摹或誤刻。不然者此字纍千百見皆作爭或爭。不應此辭獨作爭也。唐氏據此唯一之例外以釋此為牽。説不可據也。于氏引金文爭字演變諸形以證此字為爭。其説可从。金文無爭字。惟偏旁中有之。已見于氏所引。不贅。【甲骨文字集釋第四】

◉楊樹達　爭引也。从受丿。側莖切。四下受部。徐鍇曰：「丿所爭也。」樹達按：受為基字，丿為假設之物，指事。【文字形義學】

◉許　慎　𢀩所依據也。从受工。讀與隱同。於謹切。【説文解字卷四】

◉林義光　按工象物形。見寊字條。𢀩象兩手據依之。【文源卷六】

◉馬叙倫　沈濤曰。一切經音義九引作有所依也。蓋古本如是。今本義不可通。孔廣居曰。同文集謂即㥯本字。是也。倫按依凭之隱。即借為依。依隱雙聲也。此蓋本作依也。謂有所依據也。或作依也謂有所依也據也。有所以下字林文或校者所加也。倫謂妥從爪。從又。從工。工巨一字。匠人所以制裁之器。今匠人裁大木為板。以兩人相對。持大巨裁之。此或會意字。其義可意而知之。或從爪從又。工聲。方音湖南江西讀工如根也。或從爪從又。從工。工玉一字。爰之異文。不從受。讀與隱同校語。字或出字林。【説文解字六書疏證卷八】

◉楊樹達　𢀩按：工象矩形，今之曲尺也。兩手持矩，依據之也。受為能名，工為所名。【文字形義學】

寽　孳乳為鋝　戴震謂鋝為六兩大半兩　三鋝而成二十兩　呂刑之鍰當為鋝　毛公厝鼎　取遺卅鋝　禽簋　錫金百鋝　商卣

𢓊絲廿鋝　商尊　師旂鼎　𪓐簋　趞簋　曶鼎　𩞁匜　楚簋　取遄五鋝　番生簋　取遺廿鋝

孳乳為捋　或簋　捋戎俘人　【金文編】

〔三六〕〔二五〕〔三九〕〔一九〕〔五八〕〔二〕〔二五〕〔三九〕〔二〕〔二五〕〔四〕〔三六〕〔一九〕〔二八〕〔三六〕〔三六〕〔三二〕〔二〇〕【先秦貨幣文編】

布方寀正尚全當寽　典二一八　仝上　典二二〇　布方寀㐱尚二全當寽　典二二一　布方寀㐱尚二全當寽　典二二二

布方寀亽釿全當寽　典二二三　仝上　典二二四　布方寀亽釿五十二當寽　典二二六　布方寀正尚全當寽　展拾柒

布方寀亽釿五十二當寽　展拾柒　布方寀亽釿五十二當寽　展拾柒　布方寀正尚全當寽　亞四·六三　仝上　布方當寽尚全寀正反書　亞四·六三　布方寀亽釿全當寽　亞四·六四　仝上　布方寀亽釿五十二當寽　亞四·六四　【古幣文編】

三：一九　二例　委質類被誅討人名　䖒寽　一五六：二一　四例　一七九：一五　三：二一　十例　㝷　一五　六：二三　四例　一五六：二五　遻　一五六：二〇三例　桴　一五六：一九　猼　【侯馬盟書字表】

◉許　慎　五指持也。从𠬪。一聲。讀若律。呂戌切。【說文解字卷四】

◉林義光　一非聲。寽。捋之古文。取也。从。从。亦又也。篆从寸之字古多从又。蓋與𠬪同形而聲義異。故變又為寸以別之耳。【文源卷六】

◉高田忠周　古文爰字。省略者亦多作。與此篆略同。然今依文義此當寽字。說文。。五指持也。从𠬪。一聲。讀若律。此一在𠬪閒。疑象所指持之意。實指事而非形聲。或移在下作。亦同意耳。又手部。捋。取易也。从手。寽聲。詩芣苢。薄言捋之。傳。取也。寽捋元同字無疑。𠬪手同意。已从𠬪。又从手。為複矣。【古籀篇六十一】

◉郭沫若　寽，説文𠬪部云：「五指持也，从𠬪，一聲，讀若律。」案金文均作一手盛一物，别以一手抓之，乃象意字，説為五指持甚是，然非从𠬪一聲也。金文均用為金量之單位，即是後起之鋝字。鋝字多異文，其輕重亦有三説。説文「鋝，十一銖二十五分銖之十三」，此一説也。又云：「周禮曰『重三鋝』，攷工記冶氏文。北方㠯二十兩為三鋝。」攷工記冶氏注：「鄭司農云『鋝，量名也，讀如刷。』玄謂許叔重説文解字云『鋝，鍰也。今東萊稱或以大半兩三分之二兩為鈞，十鈞為環，環重六兩大半兩。』鍰鋝似同矣，則三鋝為一斤四兩。」以六兩三分之二兩為一鋝，此二説也。小爾雅廣衡云「二十四銖曰兩，兩有半曰捷，倍捷曰舉，倍舉曰鋝，鋝謂之鍰。」以六兩為一鋝，此三説也。其異文則鋝鍰每不分，説文「鍰，鋝也。从金爰聲。書曰『罰百鍰』」。周禮職金正義云：「夏侯歐陽説『墨罰疑赦，其罰百率』，古以六兩為率。古尚書説『百鍰』，鍰者率也，一率十一銖二十五分銖之十三也。百鍰為三斤。鄭玄以為古文率多作鍰。」今尚書乃古文家本正作鍰，史記周本紀所引乃今文家本則作率。率則鋝之音讀也。此外則或作選，史記平準書、漢書蕭望之傳。或作撰，漢書食貨志。或作饌，尚書大傳。雖同屬今文派，然其音為率鍰之折衷。戴震云：「鍰鋝篆體易訛，説者合為一，恐未然也。鍰讀如丸，十一銖二十五分銖之十三，垸其叚借字也。垸見攷工記冶氏。鋝讀如刷，六兩大半兩，率、選、饌其叚借字也。」今案鍰實字誤，金文鋝字均作寽，與爰字形近，然有迥然不同之處，虢季子白盤「王各周廟宣廟爰卿」作，爰乃援之古字。象人溺而援之。可資比較。余意尚書古本鍰字必作寽，其晚出者或作鋝。今文家本出于口授，故以率字寫其音，古文家則誤讀寽若鋝為鍰也。此與古文「人鬲」字，今文家音讀為儀，古文家誤讀為獻者，正同。然自古文家本出，因字形既近，而音又有對轉之可能，今文家亦無力以剖辨之，乃用選撰饌等折衷之音以為牽就也。至寽之為量，在殷周之際已有今古之别，師旅鼎云「迺罰得𩁹古三百寽，今弗克氒罰」，古與今對言，知殷周之寽已有輕重之異。蓋重六兩大半兩者即殷之古寽，重六兩者舉其成數而言，重十一銖二十五分銖之十三者為周之今寽。兩者相差甚鉅，故言「今弗克氒罰」也。梁幣有(甲)「梁充釿金尚寽」，(乙)「梁充釿五二十尚寽」，及(丙)「梁半尚二金尚寽」之三種。權其重量，則甲幣約重四錢，乙幣倍之而有奇，丙幣約當其半。用知幣文「尚」字均讀為當，甲幣一釿當一寽，丙幣二金當一寽，乙幣五金當十二寽也。此寽即是周寽。攷工記冶氏戈戟各「重三鋝」，而殺矢則「重三垸」，此鋝當是殷之古寽，即重六兩大半兩者。垸，戴氏以為鍰，殊不必然。近年洛陽韓墓所出古器有銘載「四寽廿三」者。捊即捂字，與垸為雙聲而兼對轉，則垸與古鋝蓋三十與一之比。周人兼用二寽，特金文中所屢見之寽名，多不知為今為古耳。【禽𣪘　兩周金文辭大系考釋】

◉強運開　毛公鼎。取賣卅寽。戴震曰。鋝當為六兩大半兩。三鋝而成二十兩。呂刑之鍰當為鋝。運開按。金文多叚寽為鋝。戴説甚是。吳丁二氏仍認寽為爰之古文。殆未深攷也。禽𣪘。錫金百寽。趞鼎。取五寽。番生敔。取□廿寽。□散氏盤。寽千罰千。从爪从一从攴。仍係寽字。蓋从攴與从又無殊。而與爰之从于則異。容庚金文編認□為爰字。蓋亦未加深攷也。【說文古籀三補卷四】

◉馬叙倫　嚴章福曰。一宋本李燾本及類篇集韻六術引持作捋。此誤。段玉裁曰。聲字疑衍。一謂所寽也。王筠曰。寽蓋捋之古文。寽音律。以手理線謂之寽。吾鄉俗語也。葉德輝曰。寽律一聲之轉。寽古通爰。周禮考工記。冶氏為殺矢。重三鋝。注。鄭司農云。鋝。量名也。玄謂許叔重説文解字云。鋝。鍰也。又書呂刑。其罰百鍰。疏引馬融云。鋝。量名。當與呂刑鍰同。是寽爰古通矣。爰又通曰。書洪範。土爰稼穡。史記宋微子世家作土曰稼穡。曰又通聿。詩小雅角弓。見晛曰消。釋文引韓詩曰作聿。又大雅抑。曰喪厥國。釋文引韓詩曰作聿。又豳風七月。曰為改歲。漢書食貨志作聿為改歲。聿通曰。曰通爰。爰通寽。故寽讀若律。劉秀生曰。寽聲在來紐。律從聿聲。亦在來紐。故寽得讀若律。倫按段謂一所捋也。朱駿聲以為指事。然一不在兩手之中。且訓五指捋或五指持。與從𠬪之義皆不合。尋手部。捋。取易也。當作取也易也。易謂交易。乃此字之義。而五指捋或五指持乃捋字義。五指持故校者加取也。本書鋝鍰兩收。而金文有□無鋝。亦無寽字。蓋寽本作□。或□。傳寫置一於又下。遂為寽耳。或曰。一聲是也。然本書無從一得聲之字也。寽讀若律。而律從聿得聲。聿音喻紐四等。此當訓易也。易音亦喻四。以聲訓。亦以假借字釋本字。左僖十五年傳。晉於是作爰曰。服虔注。爰。易也。此與爰一字。爰音喻紐三等。古音喻紐三四等蓋竝歸於定紐。定泥最近。此音呂戌切在來紐。古讀來歸泥也。説解疑本作捋也。校者加謂五指捋也。今有捝耳。字或出字林。趞敔作□。毛公鼎。取□卅□。【説文解字六書疏證卷八】

◉陳仁濤　寽之本字見於殷虚卜辭者凡六：即□殷虚書契後編下第三十葉□同第三十三葉□殷虚書契前編卷七第二十一葉□後編下第十四葉□前編卷六第二十八葉。商承祚殷虚文字類編於此二字均作貞。非□前編卷六第十葉。是寽字羅振玉商承祚均釋爰，並以古罰鍰之鍰亦作爰，殷虚文字類編第四葉十三。非。何故?以寽乃重量單位之名稱，爰之本義並無可採作重量單位之意味故。

説文：「寽，五指捋也，从爪，从又，从一。一者物也。」段注：「用五指持物引取之曰寽。」正字通：「一手持物，一手取之也。」曰持曰取，稱量之意味，躍然紙上。重量之專名，因以派生。而上舉卜辭寽字，如段註所謂用五指持物引取之之義以為構造主體者，凡三字。即□□□。□或□者，五指也。五指作三者。許君所謂指之列不過三也。○者，則所持之物亦即□之省文也。卜辭貝字多下缺。如□□。如正字通所謂一手持物一手取之之義以為構造主體者，亦三字。即□□□。□或□者，手也。□者，具之省文也。一者，貝之代表，亦即貝之側面象形，側面象形不見體，唯見線也。是則寽之本義實賴説文而存，而寽之被採為重量單位，其原因亦於此鑿然可見。

抑又不特卜辭之寽字以兩手持物實即持貝為其構造主體也，金文亦然。金文之寽字，禽鼎作，毛公鼎作，趞鼎作，番生𣪘作，散氏盤作，叒當寽作作，鄦或作專寽作，郘寽作。此諸字筆畫雖或大同小異，而其構造主體皆以兩手持物取義，則初無二致。從知金文造形實沿商契，而此字因乃殷周重量單位之名稱業與日常經濟生活打成一片，其淵源脈絡尤為鮮明也。

依上所述可知羅商所謂古罰鍰之鍰亦作爰云云，實沿東漢古文家之錯誤以為說，東漢古文家誤鋝為鍰，又創罰鍰之説以文其誤，而不知鋝即寽，寽乃殷商之世用以稱量貝貨之單位也。

寽之本義既為貝貨之單位，於是卜辭復有从貝之䝼字作前編卷七第三十六葉，或前編卷五第二十二葉，或前編卷八第三葉，或前編卷四第二十八葉。羅振玉初釋賤，殷虛書契考釋第七十葉。後釋贂，商承祚以為即鍰之本字，殷虛文字類編第十四第一頁。均非。殷虛書契前編有上缺曰侯虎䝼母受卷七第三十六葉及上缺受䝼卷五第二十二葉語。侯虎乃帝乙時之重臣，與西伯昌即周文王並世。參閱安陽發掘報告第一期董作賓新獲卜辭寫本後記。侯虎之䝼而由母受之，其為贈賜性質而無罰金意味實至明顯，是則僅憑卜辭此一斷語，亦可知東漢古文家罰鍰之説之為謬説矣。

及周，寽更兼為稱量金屬之單位，周初禽鼎有王易(錫)金百寽語。於是而有小篆从金之鋝()字，金文仍作寽。鋝云䝼云實皆寽之本字因應貨幣交易之演化而孳乳而已。【釋寽　金匱論古初集】

◉張光裕　關於寽的重量，我們只能從周禮及説文等後代文獻中窺知一二，究竟當日一寽是否如此，卻是很成問題的。近世學者曾因説文對鋝字的解釋，並證以考工記冶氏鄭注六兩大半兩之説，遂得出鋝之重量有輕重不同二制，重十一銖二十五分之十三的小鋝是黄金之重量單位，重六兩大半兩的大鋝是銅的重量單位。王毓銓(一九五七)葉九〇引郭氏及加藤繁氏説。如果這種推論是正確的話，大概也只能符合戰國中葉以後的重量單位制度的事實，未必能符合西周年間寽的單位重量。在後起字中又有一個重量單位的鍰字，它和鋝的用法相同。説文云：

鍰，鋝也。从金爰聲。書曰，罰百鍰。

但是戴震考工記圖補注卻説：

鍰鋝篆體易譌，説者合為一，恐未然也。

於是鋝和鍰同是一字抑有所分別，便成了後人爭論的焦點。其實從字形嬗變的痕跡看來，寽和爰應該是同出一源，鋝和鍰更只是它們後來的孳乳而已。現在我們再來看爰字，說文云：

爰，引也。从受从亏。籀文以為車轅字。

引本是爰字的初誼，可是自爰借為語辭之後，便別作援來代替它的本字了。爰，契文作□（後下三十·十六）□（乙八七三〇）□（摭續二七〇）、□（簠徵帝五五）諸形。後世皆以為象二手相引，即爰引字的初形。契文又有□（前四·二八·七）□（前八·三四），羅振玉增考中釋作㬉，以為即後世重量單位的鍰字。可是我們在卜辭中無論爰或㬉，都看不到用作重量單位的痕跡，而且契文的㬉也只是斷片上的單字而已。在金文裡爰字作

□辛伯鼎（商周金文録遺八八）：宦絲五十爰

□虢季子白盤（三代十七·十九）：王各周廟宣廟爰鄉

□散盤（三代十七·二十）：余有爽竊爰千罰千

等形。爰既用為語詞，亦用為單位名詞，後起的鍰字大概是因此而孳生的。拿契文的□（爰）字和金文□（寽）字作比較，只是中間所从意符形體略有不同，而毛公鼎的□變●為一，字形又竟然和契文完全沒有分別。如果根據契文字形的隸定，把毛公鼎的寽讀作爰，亦無不妥，因此，從這點現象來看，是否契文的爰字到了金文，字形和字義都分成了兩個系統，變／為●的寽在用途上做了單位名詞，有時候則因筆勢的關係又變●為一，而假借為語詞的爰字則增加了筆劃以示和寽字分別。但從前引辛伯鼎稱宦絲五十爰和曶鼎稱⊘絲三寽的比較，寽和爰又同是絲的單位名詞，卻說明了在西周年間它們彼此還是相通用的。這種爰寽用法並不一致的現象，或許可以解開後代對爰寽二字爭論的癥結。書呂刑曰：「墨辟疑赦其罰百鍰」，釋文引馬注云：「鍰，鋝也」，也和說文之說相同。現在復由金文寽、爰用法的相同證明，稱鍰和稱鋝並沒有兩樣，而非是鍰、鋝二字篆體易譌的緣故了。所以馬融和說文謂鍰鋝也的說法也成了最好的佐證。

爰、寽二字除字形的釐定產生不同的意見外，南北的間隔和方言的不同，恐怕也是造成異議的關係，甚至促成了兩者制度的分歧。因為周禮既言北方以二十兩為三鋝，南方便可能並不如此。蔡雲癖談曾說：

「尚書大傳：『夏后氏死辠罰二千饌。』周本紀：『黥辟疑赦，其罰百率。』索隱云：『舊本率亦作選。』選、饌與鍰聲相近，故得通。漢武造白金三品，名曰白選，蓋本諸此。史記白選，漢書作白撰，音刷。鄭司農讀鋝為刷。其音同。則是選、饌、撰之音既通於鍰，又通於鋝。鋝與鍰音雖不得轉通，而義相同、形相近，其實非二字矣。布文□□以為鍰省文可，以為鋝省文可，即讀如白撰之撰亦無不可。」

蔡氏從音義上的求證，更使我們相信方音的差異是造成鋝鍰不同的主因。【先秦泉幣文字辨疑　中國文字第三十六册】

◉李孝定　高田氏説寽為指事，是也，林義光氏説誤。阮元氏釋爰，蓋沿呂刑「其罰百鍰」之誤，爰寽古文形近，故舊籍以寽為爰，又增金旁作鍰耳，郭沫若氏説此甚是。寽字从兩手持「●」、「●」即金之象形。陳仁濤氏引契文諸字，並以為寽字，其字或从○、或从丨、或从貝，或一手或兩手，實非一字，説不可从。陳氏又考寽銖之重量，列舉若干數字，其説甚辨，然所列同一重量單位之名稱，其實際重量，有相差百分之二三十以上者，倘非不同時代不同國家之度量衡單位未能統一，則此現象無由索解，然其格物致知之方法，實已較舊儒為優矣。高鴻縉氏釋此為爰，又謂鍰鋝一字，説並未審。張光裕君采許慎及馬融説，謂鍰鋝一字，意主調和，可備一説。【金文詁林讀後記卷四】

◉蔡運章　為了弄清一寽的較為准確的重量，我們需要對上引有關壺重的一句銘文作綜合分析。壺銘中的「四寽」、「五寽」，是壺重的整數，「寽」是其重量單位。寽後面的「廿三」、「廿二」等，是指不足一寽的零數，它們的重量單位應小于寽。這些零數後的字，作「□」、「□」、「□」、「□」諸形，郭沫若先生釋為「掊」字，朱德熙先生釋為「豕」，均未確。我們認為當是冢字，讀如重。如，戰國中山王譽器中「冢」（重）字的構形與此相近，可資佐證。「冢」後面的字，第二、四、七三條為「盌」（或隸寫作刉），第一、五兩條為「㒸」，第三條為「叺」，第六、八兩條没有字。一般説來，寽後面的零數的重量單位，不但應有統一的名稱，而且應寫在冢（重）字之前。然而，「盌（刉）」、「㒸」、「叺」並非一字，也不在冢（重）字之前。因此，把「刉」定為寽後面的零數的重量單位，是很不妥當的。

那末，「寽」后面的零數的重量單位是什麼？我們知道戰國時期兩周地區廣泛通行斤、兩的衡制單位，從銅方壺的銘文和重量來看，「寽」和它後面的重量單位的進位數值在「廿三」以上，説明這個重量單位的數值不會太大。因此，我們認為它可能是「兩」。

現在，我們仍以林巳奈夫先生據以推算的兩件銅方壺的銘文和實測重量為依據，來進一步測算一寽的重量。清華大學所藏的銅方壺自銘為「四寽廿三冢」，實測重量為5450克，説明當時的四寽廿三兩重，相當于5450克。假設一寽的重量為X，當時的一兩重為16.02克，那末：

$$4X + 23 \times 16.02 = 5450\text{克}$$

$$X = 1270.385\text{克}$$

同樣，用日本京都大學所藏銅方壺的銘文和實測重量推算，則：

因此，我們認為，戰國時期兩周地區一寽的重量接近于1253和1270.385克。

$$4X+13\times16.02=5220克$$

$$X=1253克$$

【寽的重量及相關問題　中原文物一九八二年第三期】

◉陳世輝　寽字與孚字金文有時混淆。但是，決不可以認為是一個字。《說文》：「寽，五指持也。从𠬪一。」「孚，卵孚也，从爪从子。」對字形的分析是很可取的。1975年出土的𢦏𣪘說：「寽戎孚人百又十又四人。」寽、孚二字同時見于一器，二字的區別非常明顯。𢦏𣪘的寽字作□，从𠬪，一在其中間。孚字作□，从爪从子。𢦏𣪘的作者似乎是著意寫出這二字區別，這是給我們提供了一個正確的例子。寽字中間的一筆，金文有時寫成扁圓形的實心點，作「□」形。孚字所从的子，有時則寫成□。這樣一來，寽孚二字有時就相同了，儘管如此，從二字的整體結構看，是有所不同的。那就是：寽字中間的實心點，不應當和上下邊接觸，子字的頭部決不能與下邊的筆畫分離。但是，製造銅器時並不能做到完全這樣嚴格。因此就造成了金文中這兩個字的混亂。其結果是使現在有些研究古文字的書籍也未分辨清楚。本銘文的寽作□，與孚字不同。寽讀捋，是獲取的意思。《說文》：「捋，取易也。」捋、擄、掠是一聲之轉，字義相近，本是一個來源。【師同鼎銘文考釋　史學集刊一九八四年第一期】

◉戴家祥　金文寽字作□，或作□。从𠬪从一或从●，●為玉璧正形，一為側形。寽的本義當為兩手執玉相授受。說文四篇「寽，五指捋也」，近是。寽借為金量單位詞之後，為了表示聲假意義，加金旁或貝旁作鋝、䞕。為了保留「取」的本義，重複添加手旁作捋，說文十二篇「捋，引取也。」【金文大字典中】

◉湖北省文物考古研究所　北京大學中文系　□（寽）　「齒」下一字亦見古璽文字，《古璽文編》釋「爰」（八九頁）。但鄂君啟節「爰」字作□，下二二號簡有一从「革」之字，即以之為聲旁，可見□字不宜釋作「爰」。古璽有□字（《古璽文字徵》附一二頁下）、□字（《古璽文編》四二三頁）。前一形之聲旁應為「寽」字，後一形之聲旁應為「埒」字，當即前一形之異體，字疑當釋為「痢」或「癘」（寽、列、癘聲母相同，均屬古祭部）。古璽又有□（《古璽文字徵》附一三上），所從之□應即□之變體，故簡文□字似應當釋為「寽」，所指未詳。古代稱象牙為象齒，亦簡稱齒。《尚書・禹貢》「齒革羽毛」，偽孔傳：「齒，象牙。」《荀子・王制》「南海則有羽翮齒革……」，楊倞注：「齒，象齒。」仰天湖五號簡「一齒□」，指象牙梳，信陽二〇二號簡以「一司（笥）齒珥」與「一司（笥）翠珥」對舉，指象牙耳飾，皆以「齒」稱象牙。簡文「齒寽」疑指用象牙裝飾的「寽」。《周禮・春官・巾車》記王之五路有「象路」。《楚辭・離騷》「雜瑤象以為車」，王逸注：「象，象牙也。」可知古人有時以象牙飾車。【二號墓竹簡考釋　望山楚簡】

敢 井侯簋 旂作父戊鼎 盂鼎 師遽方彝 鄘伯馭簋 耳卣 亳鼎 才盤

盠方彝 元年師旋簋 師虎簋 諫簋 休盤 大簋 召伯簋 毛公厝鼎

井人妄鐘 蔡侯𩔈鐘 中山王譽壺 盗壺 五祀衛鼎 朐簋 縣妃簋 媵虎簋

沈子它簋 令簋 矢尊 矢方彝 班簋 盠駒尊 召卣 易鼎 趩簋 静簋

師遽簋 農卣 彔伯簋 君夫簋 芇伯簋 師嫠簋 牆盤 趞曹鼎 輔師嫠簋

師訊鼎 㾓簋 三年㾓壺 㾓盨 㾓鐘 師睘鼎 卯簋 豆閉簋

駒父盨 無異簋 師袁簋 袁盤 頌鼎 頌簋 追簋 虢弔鐘

番生簋 鄂侯鼎 克鐘 虘鐘 㝬鐘 師𩓨簋 仲枏父簋 㝬簋 趞鼎

此簋 此鼎 善夫山鼎 兮甲盤 守簋 元年師兑簋

伯晨鼎 無叀鼎 康鼎 頌壺 禹鼎 邵鐘 齊陳曼簠 【金文編】

3·406 塙閭不敢 3·286 中蔞圖里司馬咸敢 3·740 不敢 3·1351 獨字 4·1 左匋攻敢 4·3

倕敢攸戭 4·34 左宮敢 【古陶文字徵】

一五六：一 四百三十四例 宗盟類序篇敢用一元 余不敢惕怒 宗盟類敢不閈其腹心 而敢不盡從嘉之盟 而敢或㪟改助及奂卑不守二宮者 而敢又志復趙尼及其子孫于晉邦之地者 委質類敢俞出入于趙尼之所 而敢不巫覡祝史 內室類敢不逵從此盟質之言而尚敢或內室者 詛咒類而敢 一：一三 四十三例 一：一九 九例 八五：一 七例 九二：二四 四例 七九：五 八例

九二：一八 六例 九二：四一 二例 八五：六 二例 三：一四 十九例 一：二 三：一三 七十六例 一：七四 三十五例 六七：二二 五十四例 一：一五 八十九例 三：四 十六例 三五：三 十四例 一：六八 一五六：三 九例 九二：五 二例 一五六：一三 三：一五 九例 一：二〇 五例 一九八：六 八五：八 九八：一一 七例 一七九：五 六例 一九四：六 一：三一 三五：一〇 一：八四 一：一〇四 六例 三：一 四例 一八：五 八五：一〇 八五：一四 八五：一〇 九二：一八 一五六：八 四例 二〇〇：二九 四例 一：九三 二例 九二：二七 三例 三五：六 九二：一六 二例 九二：一六 二例 八五：二四 三例 八五：二〇 一五二：六 一七九：四 一：九 三十二例 三：六 十二例 一：四七 七例 三：八 十例 一：五四 九例 一：五三 三例 一：一二 八例 一五六：四 二例 三：六 十一例 三：六 三例 三五：九 一六：三六 五例 二〇三：八 三例 九二：二七 二例 九八：一 三例 一五六：二二 一九四：一一 二例 一五六：九 九二：二二 二例 三六：一 十三例 一六：一〇 七五：六 六七：二八 三：一四 五例 一七九：一一 八五：一二 二例 一：七八 八例 一：一四 四例 一：七八 一：九五 三例 一九四：五 一九四：一〇 八五：一八 三例 九二：一一 九二：一一 一五六：一九 三例 一：五九 九二：一二 三例 二〇三：四 九二：六 九二：六 一五二：一 一九八：一九

【侯馬盟書字表】

15 224【包山楚簡文字編】

敢 秦六八 二十九例 為二 三例 日甲一一一背【睡虎地秦簡文字編】

則毋—叡天霝(乙6—29)【長沙子彈庫帛書文字編】

3404 井侯毁敢作 與璽文同 2539 齊陳曼簠敢作 與此形似【古璽文編】

真敢 毋留敢印 許敢生印 王敢私印【漢印文字徵】

蘭臺令史殘碑 石經無逸 不啻不敢含怒 說文古文同 汗簡引石經作 誤以榖為之 其字見隸釋 詛楚文 敢數 楚王熊相之倍盟犯詛【石刻篆文編】

敢見石經【汗簡】

古孝經 竝同上 石經 雲臺碑 竝說文【古文四聲韻】

◉許慎 進取也。从𠬪。古聲。古覽切。籀文𠭖。古文𠭖。【說文解字卷四】

◉吳大澂 敢。勇敢也。象兩手相執。有物格之。箝其口。毛公鼎。盂鼎。師龢父敦。師遽敦。靜敦。使夷敦。齊陳曼簠。伯晨鼎。無㠱敦蓋啇字。大敦蓋反文。召伯虎敦。寰盤。【說文古籀補卷四】

◉孫詒讓 「肆」下字,「毋」下字,舊無釋。兩篆形雖小異,似皆當為敢字。說文𠬪部「𠭖,从𠬪古聲」。籀文作𣪊,古文作𣪊。此皆其變體,似从甘从夂,後盂鼎敢字作三之三。與此相似,其變从甘亦畧同也。【古籀餘論卷三】

◉王國維 此字毛公鼎作。从口。盂鼎作。作。从甘。殆以甘為聲。籀文所从之月。乃甘之譌。篆文从古。非其聲類矣。【史籀篇疏證 王國維遺書】

◉林義光 古非聲。敢古作盂鼎。象手相持形。與爭同意。甘聲。或作師俞敦。作克鐘。省甘為口。【文源

卷六】

◉丁佛言　□無叀鼎。□旅鼎。□周公彝。追孝對不敢家邵朕福。□頌敢。□□縣妃彝蓋器。縣白萬年保肆敢隊。【說文古籀補補卷四】

◉商承祚　說文「□。古文𠭖。」案金文作□□。非从古也。石經古文作□。尚近似。【說文中之古文考】

◉馬叙倫　徐鍇曰。古敢旁紐也。說文疑曰。古非聲。當從甘聲。師秦公鼎牧敢俱從甘。可證。段玉裁曰。敢古雙聲也。翟雲昇曰。集韻類篇引竝無取字。商承祚曰。金文作□□。非從古也。石經古文作□。當近之。倫按金文敢字無從古者。毛公鼎作□。静敢作□。使夷敢作□。盂鼎作□□。大敢作□。兮甲盤作□。蓋從争。口聲。口音溪紐。故敢音入見紐。同為舌根破裂音也。如金文盂鼎等則從争甘聲。甘音亦見紐。然金文口字每作如□也。禮記內則。不友無禮於介婦。友蓋本作□。形近古文友而譌。亦敢不從古而從口之證也。敢為争之轉注字。敢音見紐。争音照紐。古讀歸端。端見同為破裂清音也。此猶諍諫之轉注矣。當以争為部首而屬之。玄應一切經音義引三倉。敢。必行也。不畏為之。正争字義。字亦見急就篇。

□　王筠謂□為甘之倒文。然金文敢字甚多。無從𠬪者。魏石經篆文敢字如此。疑籀文當作篆文。此江式據石經加之。抑或□之譌變也。

□　齊陳曼簠有□字。與此近。滕虎敢作□。亦略近。則此誤。魏石經敢字如此。吕忱據加也。【說文解字六書疏證卷八】

◉高鴻縉　□字从二手相隨。而另有外力㇒內犯而欲分離之。㇒為內犯之動象。可謂勇敢矣。㇒為意象。故為指事符。甘聲。動詞。後世形變。意不可說。今敢用為助動詞。【中國字例五篇】

◉沈之瑜　敌即敢字。《說文》「𠭖進取也，從𠬪古聲。」或有疑「古」乃占字之譌。秦《詛楚文》敢字从甘作□，「甘」「敢」平上同音，「占」「敢」疊韻，「古」「敢」雙聲。諸字形雖小異，聲實相通。此戈敢字，省甘為口，如《周公毁》、《師遽毁》之敢字然。敢戈者，明戈之用義而自勉也。【郳竝杲戈跋　文物一九六三年第九期】

◉嚴一萍　□　敢字無叀鼎作□，克鐘作□，說文之古文作□，形皆相近。疑繒書之□為「敢」之譌變。如以之當爾雅釋天五月之臯，則敢臯一聲之轉，尤為相近。此字原跡右下方稍有不明，據第二行補。商氏不知第一行之第一字，即第二行之第二字，故誤摹作□形，失之。【楚繒書新考　中國文字第二十六冊】

 # 𣦼

◉張政烺　敢明昜(陽)告：《說文》月部「明，照也」。又日部「昜，開也」。告者下告上之辭。《左傳》(哀公二年)記載「衛太子禱，曰：曾孫蒯聵敢昭告皇祖文王、烈祖康叔、文祖襄公，……敢告無絕筋，無折骨，無面傷，以集大事，無作三祖羞……」。這裏用的「敢昭告」三字也見于古代其它的禱告文辭中，如《論語·堯曰》記載商湯告天，說「敢昭告于皇皇后帝」。皇侃疏：「昭，明也。敢明告于大大君天帝也。」敢明陽告即敢昭告。告必有辭，《尚書·金縢》：「周公立焉，植璧秉珪，乃告太王、王季、文王」，孔氏傳：「告，謂祝辭」。下文「史乃册祝曰：惟爾元孫某……」至「我乃屏璧與珪」凡一百二十九字，即周公致告的祝辭。這篇壺銘自下句起，至末凡一百九十六字，是𧊒告中山王嚳的祝辭。【中山國胤嗣𡠀𧊒壺釋文　古文字研究第一輯】

◉李孝定　林義光氏謂敢字古文，乃从爭、甘聲，於義為長，甘、口古文相近，字變而从「口」，許君遂以為「古聲」耳。餘說均未安。
【金文詁林讀後記卷四】

◉曾憲通　 毋敢戠天霝　甲六·二九　此字筆畫模糊不清，諸家摹本多有訛誤。商先生釋作旱祭之雩，林巳奈夫氏從之。李零據紅外線照片釋作「敢」，甚是。「毋敢」云云，義亦通。【長沙楚帛書文字編】

 寧滬一·七〇　地名𣦼貝　 甲一六五〇　 甲二一五八　【甲骨文編】

 𣦼【汗簡】

 汗簡　 王存切韻　【古文四聲韻】

◉許　慎　𣦼殘穿也。从又。从歺。凡𣦼之屬皆从𣦼。讀若殘。昨干切。【說文解字卷四】

◉馬叙倫　桂馥曰。從歺當為歺聲。王筠曰。殘字句。謂兩字可通借也。六書故引作穿殘也。謬。朱士端曰。疑古音殘歺相近。歺讀若蘖岸之蘖。殘蘖雙聲。劉秀生曰。歺讀若蘖。在曷部。殘從戔聲。在寒部。曷寒對轉。故𣦼從歺聲得讀若殘。歺部。𣧑。禽獸所食餘。從歺。從肉。嚴可均謂歺亦聲。戈部戔歺部殘竝訓賊。是殘餘字正當作𣧑。殘賊字正當作殘。或戔。周禮考工記鮑人注。讀若羊豬戔之戔。地官槁人注。雖其潘瀾戔餘。呂氏春秋權勳。達子又率其殘卒。注。餘也。戔殘皆𣧑之借。是其證。倫按殘穿也當作殘也。穿也。殘也以聲訓。穿也呂忱或校者加之。𣦼。從又。歺聲。歺讀若蘖。蘖從薛得聲。薛音心紐。歺為死之初文。死音亦心紐。心從皆舌尖前音。故𣦼音入從紐也。讀若殘校者加之。古匋作。

【說文解字六書疏證卷八】

◉孫常叙　「𣪠」，《説文》説它的詞義是「殘，穿也」，説它的語音「讀若殘」。劉心源説「殘為殘破、殘毀字，非銘文所用義，此叚為餐」，並以「從𣪠」相屬，説「從餐者以膳飲从王備食也」。于先生説，「𣪠，通尸。此則借為事。」郭沫若則讀為「𣪠咸之日」，把「旹」分為「之日」兩字，説「日者，與下『巳夕』為對，當表時刻，疑指正午。」他認為「咸，讀為『克減韓宣多』之減，《書・君奭》『咸劉厥敵』，《逸周書・世俘》『咸劉商王紂』。」

常叙按：在「在辟雍」、「為大豐」、「王射」的制約下，「時」應是《詩經・賓之初筵》「酌彼康爵，以樂爾時」的「時」，毛氏傳「中者也」。「中」，《釋文》「張仲反」。《大戴禮・虞戴德》説，「教士……履物以射，……時以斆伎。時，有慶以地；不時，有讓以地。」馬瑞辰説它「以『時』為『中』，與毛傳合」。這樣看來，「咸時」也就是皆中，都射中正鵠，也就是《齊風・猗嗟》「終日射侯，不出正兮」之意。

「□」或釋「𣦼」或釋「𣦻」。劉心源説「此字从□从又，篆形明是𣦼。若歺字則从□从□，大相徑庭矣。」按周金文「𣦻」作「□」，與「□」近似而有別。在尚未發現拓本以前，只能就摹本及其在銘文中的語文對立統一關係立説。

《説文》：「𣦼，殘，穿也。讀若殘。」王筠説它是「穿墉、穿屋之穿。部中『叡』『䜭』二字可證。吾鄉凿井謂之穿井」。《説文》又云，「穿，通也。」「穿」有刺破穿入透過之義。「𣦼」《刊謬補缺切韻》「昨干反」，齒頭音，「穿」，「昌緣反」，正齒音。古音齒頭與正齒無別，而「𣦼」「穿」古音同在元部，當是同一詞的或體字。（今音「穿」屬舌上，而發音仍或與齒頭混同。）

又按：古音齒頭之音與舌根——牙音有時相轉，如「耕，古莖反」，牙音；而「井，子郢反」，齒頭音。「告，古到反」，牙音；「造，七到反」，齒頭音。考《廣雅・釋言》，「貫，穿也。」《易・剥》「六五，貫魚，以宮人寵，無不利」，《釋文》，「貫，徐音官，穿也。」「貫，古丸反」，與「𣦼」同義，一在牙音，一屬齒頭，兩字當是同一詞的音變。《詩・行露》，「誰謂雀無角，何以穿我屋。」「誰謂鼠無牙，何以穿我墉。」《説文》，「毌，穿物持之也。」孳乳為「貫」，成「錢貝之貫」，以繩穿物之貫，（《詩・小雅・何人斯》「及爾如貫」。箋云，「其相比次，如物之在繩索之貫也。」）以矢穿侯之貫，（《詩・猗嗟》，「射則貫兮。」）穿洞之「穿」和穿物之「貫」是用改變輔音的方法來完成的分化造詞。在没分化之前，原詞是混淪不分兼有兩義的。

麥尊，「𣪠，咸時」的「𣪠」應該如何理解？

「王射」「為大豐」事情是射禮。射禮必有侯。《周禮・冬官》，「梓人為侯，廣與崇方。叄分其廣，而鵠居一焉。」「侯中有鵠，又有正。……正在鵠中，言鵠則正可知。」（金鶚：《求古彔禮説六・正鵠考》。）侯，大射則是用皮作的。《周禮・天官・司裘》，鄭氏注說，「凡大射，各於其射宮。侯者，其所射也。以虎熊豹麋之皮飾其側，又方制之以為辜，謂之鵠，著於侯中，所謂皮侯。」孫詒讓說「侯側之飾及鵠並以皮為之。」（《周禮正義·梓人疏》。）

凡射以中為功。「中正中鵠皆可謂中。」所謂「射不主皮」，唯在正鵠。著侯而矢在正鵠之外。在側皮，也不得為中。《齊風·猗嗟》，「終日射侯，不出正兮」，正反映射侯求中的具體要求。中鵠，矢必然貫革穿侯；可是貫革穿侯之矢卻不一定就射中正鵠。故宮博物院所藏戰國宴樂銅壺敘事畫紋様圍繞壺頸一欄所畫射侯圖，三矢著侯，而有兩矢偏上偏下，未能中鵠。它正好以實例證明了這一事實。

知道這一事實之後，回到銘文，再看「叡」字。古音「叡」與「穿」音近，與「貫」同韻。它們又都是同義詞。推其語原，「叡」可能是它們尚未分化為「穿」為「貫」的原詞。它的詞義是：刺破表面，穿進內裏，透過物體。

這個詞在銘文裏，前有「王射」「為大豐」，後有「咸時」——皆中。在這些互相制約，互相依賴的依存關係中，「𣦼」以其內部因素（詞的音義及其書寫形式和語法功能）和語法規律，把它和有關詞句取得了形式與內容，部分與整體的對立統一。因此，「𣦼」在麥尊銘文中有貫革着侯射到靶上的意思。

這樣，可以説「𣦼，咸時」這句話是説「貫，皆中」。換成現代漢語則是：箭射在侯上，都完全中鵠。【麥尊銘文句讀試解　松遼學刊一九八三年第一期】

◉戴家祥　[古文字]麥尊　奴咸之　麥尊奴借用作殘，「奴咸」即「殘滅」之意。【金文大字典中】

[古文字]叡

[古文字]壑古爾雅【汗簡】

[古文字]古爾雅【古文四聲韻】

◉許　慎　[古文字]溝也。从奴。从谷。讀若郝。呼各切。[古文字]叡或从土。【説文解字卷四】

◉馬叙倫　鈕樹玉曰。繫傳韻會作[古文字]。下放此。苗夔曰。谷亦聲。劉秀生曰。苗説可通。谷聲在屋部。郝從赤聲。在鐸部。屋鐸旁轉。故叡從谷聲得讀若郝。淮南原道訓。蹟路於汙壑穽陷之中。注。壑讀赫赫明明之赫。漢書古今人表馮赫。國策楚策作馮郝。是其證。倫按王筠謂許以經典多溝壑連文。故以溝釋壑。爾雅釋詁。壑。虛也。當是正義。倫謂溝非叡字本義。叡壑異字。壑是溝壑字。叡從𣦼谷聲。即史記刺客傳矐其目之矐本字。集解。矐音海各反。音正同也。矐其目謂去其目精餘空匡耳。則叡亦穿義。字故從𣦼也。溝也非本訓。字或出字林。

[古文字]　鈕樹玉曰。繫傳韻會作[古文字]。倫按從土。叡聲。鄭伯有為窟室飲酒。人謂之壑谷。明穿土為室如壑形也。當入土部。【説文解字六書疏證卷八】

◉黃錫全　[古文字]壑古爾雅　馮本作[古文字]，此脱一畫。鄭珍云：「當作叡，寫谷不完，夏沿之。《説文》叡，壑之正篆。《爾雅·釋詁》釋文壑本或作叡，郭氏猶見其本。」按《説文》叡从奴从谷，此从㕣，類似金文衮字作[古文字]吴方彝，或作[古文字]舀壺。郭見本蓋作叡。【汗簡注釋卷二】

𣦿 貿 儹匜 [bronze form] 从死从貝　師旂鼎　【金文編】

◉許　慎　𣦿奴探堅意也。从奴。从貝。貝。堅寶也。讀若概。古代切。【説文解字卷四】

◉孫詒讓　斲乃邦𦋣斲字。吳亦闕釋。當即説文奴部𣦿字之異文。𣦿從奴。貝聲。古字通退。説文辵部。退。毄也。【古籀拾遺卷下】

◉吳式芬　（師寰𣪕）斲即𣦿字。説文。𣦿。奴探堅意也。讀若概。集韻作貿。音殘。害物貪財也。𣦿餐實一字。篆文作𣦿而隸作奴也。【攈古録金文卷三之二】

◉劉心源　斲即𣦿。从斤者變文。説文。𣦿。探堅意也。从奴。从貝。貝。堅寶也。讀若概。斲𠬝邦者。謂探其國也。【奇觚室吉金文述卷四】

◉林義光　貝無堅實之義。奴。穿也。𡚁𣦿皆从奴。藏貝其中。為深堅象。【文源卷八】

◉丁佛言　斲師寰𣪕。或从斤。斲古鉨。右司徒𢔶爵逸斲之鉨。【説文古籀補補卷四】

◉高田忠周　𣪕字金文从斤作斷。而古文殳又或通。𣦿。亦當作斲矣。又二家引説文不同。而突堅探堅並與字形不合。或當有轉寫之誤也。若夫以字形論之乎。从奴从貝與敗字同意。𣦿有壞敗義。故𡑫訓囟突出也。从土𣦿聲。愚竊謂𣦿𡑫元同字。猶叡壑同字也。突突字形尤近。故此誤突為突。突堅者。衝堅侵之也。即與敗相似。又突堅義當用説銘意。然則此或从奴省。从貝。又从斤。斤亦所以敗之具也。與賊字从戈同意。【古籀篇四十二】

◉吳其昌　（白懋父師旅鼎）貿。師寰𣪕作貿。實為一字。從斤。與從刃意義全同。斧斤。即刃屬也。其義則為誓。師寰𣪕云。即貿乃邦。謂即誓於乃邦也。此鼎銘云。使盡旅對厥貿於䵼彝。謂使盡旅立誓對此䵼彝為信也。【金文曆朔疏證卷一】

◉郭沫若　貿字亦見師旅鼎，即説文「𣦿奴突堅意也，讀若概」之貿。𦋣乃酋首字，見小盂鼎。𥝢、𥬶、鈴、達均淮夷之酋長。貿之者，謂殘害之。【師寰𣪕　兩周金文辭大系考釋】

◉郭沫若　貿即賓字，説文「賓讀若概」，此即讀為梗概之概，言師旅受罰，遂鑄器以紀其梗概也。受罰而銘器，此例僅見。【師旅鼎　兩周金文辭大系考釋】

◉馬叙倫　鈕樹玉曰。集韻類篇引探作深。嚴可均曰。毛本於奴上刓補𣦿字。蓋依小徐。按皆有誤。劉秀生曰。嚴可均朱駿聲苗夔並謂貝亦聲。貝聲曷部。概從既聲。亦從曷部。故𣦿從貝聲得讀若概。韭部。䪢。菜也。從韭。𣦿聲。史記司馬相如傳。澎湃沆溉。索隱。溉。亦作瀣。瀣蓋從水。㲋聲。省貝為𦔮耳。是其證。倫案𣦼字蓋隸書複舉叡字之壞文。探堅意也明非許文。本書說解中言某某意者皆然也。字則從𣦼貝聲。【說文解字六書疏證卷八】

◉楊樹達 「旅對氒」三字為句，金文氒字用法與之字同，畧毀云：「畧作氒」，可證也。⿱𣦼貝於尊彝者，⿱𣦼貝當讀為契，刻也。【師旅鼎跋 積微居金文說】

◉周法高 鼎銘的「⿱𣦼貝」字。郭于謂即說文的「⿱𣦼貝」字。按「⿱𣦼貝」假為「質劑」之「質」。左傳昭公六年「由質要」。杜注。「質要。契券也。」師寰毀「即⿱𣦼貝氒邦嚚」。

大系頁一四六。「⿱𣦼貝字亦見師旅鼎。即說文⿱𣦼貝奴突堅意也。讀若概之⿱𣦼貝。嚚乃酋首字。見小盂鼎。……⿱𣦼貝之者謂殘害之。」

楊樹達云。「郭則讀嚚為酋。余謂酋與嚚同屬幽部字。韻相近而聲則遠。余謂嚚當讀為首。廣雅釋詁云。首君也。然則銘文之邦嚚即尚書之邦君也。」楊樹達積微居金文說(四)師寰毀跋。學原三卷二期。

按⿱𣦼貝嚚即盂鼎的「折嚚」。也就是不嬰毀「折首執噝」虢季子白盤「折首五百執噝五十」的「折首」。「⿱𣦼貝」「折」古音同隸祭部。「概」「質」古音同隸脂部。四字同屬段氏的第十五部。音俱相近。所以能够相通。關於質字。丁山說文闕義箋(民國十九年一九三○)頁三○至三二論之頗詳。【師旂鼎考釋 金文零釋】

◉于省吾 甲骨文⿱𣦼貝字作[illegible]或[illegible]，舊不識，甲骨文編割裂為𣦼、貝二字。周初器師旅鼎稱「對揚氒⿱𣦼貝於尊彝」。⿱𣦼貝字作[illegible]，右上从丮，金文編摹作[illegible]，誤以為从死之⿱歺貝字。按古文字从丮與从又有時同用，金文對字本从又，師旅鼎和召伯虎簋均从丮，是其證。說文：「叡，深堅意也，从𣦼从貝，貝堅實也。讀若概。」甲骨文稱：「弜田叡，其雨」(寧滬一·七○)。又「丁亥卜，狄貞，其田⿱𣦼貝，叀辛洫日亡[illegible]，不雨」(甲一六五○)。以上兩條屬於第三期卜辭，均以⿱𣦼貝為地名。【釋⿱𣦼貝 甲骨文字釋林】

◉李孝定 本書隸定作⿱𣦼貝，以為从歺(死)，从貝，是也，郭沫若隸定作貭，吳其昌氏隸定作貿，並誤。此字定為許書之⿱𣦼貝字，殊之佐證，銘辭語意，亦不顯豁，諸說並未安。【金文詁林讀後記卷四】

◉唐 蘭 [三]原作「叡」字。又見師旂鼎，是判詞。《說文》叡字讀若概，《切韻》叡、概都是古代反，而劾字胡概反，兩字音近通用，那末，叡就是漢代法律上專用名詞的劾。《周禮·鄉士》：「辨其獄訟，異其死刑之罪而要之。」鄭玄注：「要之，為其罪法之要辭，如今劾矣。」今，指漢代。《尚書·呂刑》正義說：「漢世，問罪謂之鞫，斷獄謂之劾。」【陝西省岐山縣董家村新出西周重要銅器銘辭的譯文和注釋 文物一九七六年第五期】

◉許　慎　𣦼坑也。从𣦵。从井。井亦聲。疾正切。【說文解字卷四】

◉馬叙倫　桂馥曰。井亦聲當為井聲。倫按本書無坑字。當作阬。十四篇。阬。閬也。本書亦無閬字。蓋當作㝗。七篇。㝗。康也。康。屋康㝗也。康㝗謂空也。𣦼當從丼𣦵聲。𣦵音從紐。故𣦼音亦從紐也。蓋丼之同舌尖前破裂摩擦音轉注字。此字見李彤字指。字蓋出字林。【說文解字六書疏證卷八】

叡　从睿从見　中山王䀇鼎【金文編】

◉許　慎　叡深明也。通也。从𣦵。从目。从谷省。以芮切。睿古文叡。壡籀文叡。从土。【說文解字卷四】

◉林義光　从壑省。从目。壑中極目所及。故為深明為通。與睿同意。【文源卷八】

◉丁佛言　叡古鉨慎叡。睿古鉨叡眛。【說文古籀補補卷四】

◉高田忠周　从目。从悊。甚明哲者。然字書無之。此當睿字異文。古音折叡同部。此从目。从悊。悊亦聲。濬明故从目。周書。叡。聖也。又悊訓敬也。又哲訓昭明也。疑悊哲元同字。應劭云。悊。明也。書呂刑馬注。悊。智也。又金文有悊聖語。此叡悊正同義字。故此篆从目悊以會意。亦為至順矣。由是觀之。叡字元謂眼明。字當屬於目部。从目。从叡省者耳。【古籀篇四十二】

◉商承祚　說文「睿。古文叡。」案王國維史籀篇疏證壡注云。「玉部璿。美玉也。从玉睿聲。壡籀文璿。案壡从玉叡聲。是籀文固有叡字及睿字。乃𣦵部叡下出古文睿。籀文壡。蓋史篇壡字雖从叡作。而於當用叡字處又用壡字。亦从叡作。而無叡字。蓋古人字書亦多異文。非若後世之謹嚴矣。」壡从土。必玉字之寫譌。遂分入兩部。此古文睿。从叡省也。古籀文及小篆疑皆有壡叡睿。而各出一體。故不重見。如敢。籀文作𠭥。篆文亦作𣪊見石經。可以類例。古鉨文作叡。與篆文近。亦其證。【說文中之古文考】

◉馬叙倫　鈕樹玉曰。韻會無通也二字。玉篇亦不訓通。錢坫曰。深明也當是深也明也。倫按鍇本無通也一訓。是也。蓋校者旁注語。傳寫譌入正文。叡從目㕡省聲。㕡音曉紐。故叡音入喻紐四等。同為摩擦次清音也。明也是本義。深也是容字義。校者加之。當入目部。古鉨作叡。

睿從目叡省聲。或容省聲。容音心紐。故叡音入喻紐四等。同為摩擦次清音也。

從目叡省聲。從土二字校者加之。【說文解字六書疏證卷八】

◉嚴一萍 商氏釋叡，是。案說文𣦼部叡古文作睿，古壑作𡑉與睿。【楚繒書新考 中國文字第二十六册】

◉徐中舒 伍仕謙「觀弇夫痦」，觀與睿同，智也。【中山三器釋文及宮室圖說明 中國史研究一九七九年第四期】

◉戴家祥 （觀）字从睿从見。說文四篇「叡深明也，通也。从𣦼从目从谷省。睿古文叡。」睿有明義，故从目，觀字再加見旁，為形義偏旁重複之例。例如新字从木，再加艸旁作薪；隺字从隹，再加鳥旁作鶴，皆屬此例。觀的下文弇，說文訓作「蓋也」。張政烺認為，廣雅釋詁「叡智也」，文選四子講德論「鄙人黯淺」，注，「不明也。」「觀弇」是說聰明受到蒙蔽。古文字研究第一輯，中山王嚳壺及鼎銘考釋。从銘義上看觀為叡的異體。【金文大字典下】

歺

甲三四六 地名 在歺穴陳　甲四七五　　乙八七二二　乙八七九四　乙八八一二　乙八八二八　前四·三三·六　林一·三〇·五　京津四一九　京津二四六〇　京津二七〇九　戩二三·八　京都三一七〇　京都三二三九【甲骨文編】

甲346　475　乙1962　8722　續1·28·8　2·28·4　徵3·181　乙4743　録785　新419【續甲骨文編】

歺五達切【汗簡】

汗簡　說文　崔希裕纂古【古文四聲韻】

◉許　慎 歺剡骨之殘也。从半冎。凡歺之屬皆从歺。讀若櫱岸之櫱。徐鍇曰。冎。剔肉置骨也。歺。殘骨也。故从半冎。臣鉉等曰。義不應有中一。秦刻石文有之。五割切。𣦵古文歺。【說文解字卷四】

◉羅振玉 歺說文解字。歺。剡骨之殘也。从半冎。古文作𣦵。此與篆文同。【殷虚書契考釋卷中】

◉林義光 形與半冎不類。歺。凡毀裂者之稱。从冂。轉注。冂即ㅂ之倒文。象物形。見合字條。卜象其毀裂處。【文

◉唐　蘭　第四十片甲

□

弓于□來十

□丑卜，古貞

□字極奇詭，昔人未釋。前編四卷七葉八片云：「癸未卜，貞，來于□，十小宰，卯十牛，季十月用。」殷契卜辭五九二片云：「貞，帝龕于□，于土。」當是人名。既與土同列，其祭禮又頗隆重，蓋大示也。余頗疑□即□之本字。古□形多變作□者。晚期卜辭有□字，前四・十九・三。或變□□□等形，為用牲之名。又早期卜辭有□方，晚期則恒見伐□，或為□□等形，疑為一國。□者，從人戴□，□則□之變也。□當即說文歺字古文之□，□則即說文死字古文□。其用為祭法之□當讀為詩生民「載燔載烈」之烈。其用為國名之□若□，則當讀為列。

□既即歺古文之□，則本象骨形，以字形察之，殆是獸頭之骨，而□之從□殆象人戴獸首。卜辭□在祭禮中既占重要之地位，則或即卤之本名，歺卤聲相近，故後世叚卤契等字為之。【天壤閣甲骨文存考釋】

◉馬叙倫　姚文田曰。櫱岸當為櫱牙之誤。米部。櫱。牙米也。倫按列骨之殘也之列字。蓋校者記以釋歺字之音者也。骨之殘也非本訓。冎為骨之初文。詳冎字下。此從半冎而內多一畫。徐鉉以為義不應有。然甲文作□□□。其死字偏傍作□□。毛公鼎死字偏傍與此同。盂鼎死字偏傍作□。齊鎛作□。與此古文略同。本部所屬諸文。其義類為病與死。屬死者為多。死為屍之初文。詳死字下。然死者不必列其骨也。則列骨之殘義不可通。骨之殘也。亦非其義。且從半冎。亦背六書大例。倫謂甲文作□。齊鎛作□。其上所從之□。與甲文鬼字所從之□師□敨鬼字所從之□同。□為□之反文即八篇之□。甲文或作□。其下所從之□。即牀之初文作□者之異文。倒人為□。明死者不能立也。□在牀上即死。禮記曲禮。在牀曰尸。隋書。附國即漢之西南夷。有死者無服制。置屍高牀之上。蓋是也。此死之初文。故本部屬字皆死義。死音心紐。櫱從辥得聲。辥音亦心紐。故讀若櫱。會意。

□李杲曰。齊鎛死字作□。從□。知□為壞形矣。倫按此由□變譌也。王筠據鍇本篆作□。【說文解字六書疏

證卷八】

◉李孝定　栔文歺作□。而此作□。歺字説見下。正从半冎。與許説合。卜辭歺為地名。如云「癸亥卜在歺𠔁餗貞王旬亡禍」甲編三四六是也。它辭疑又假為死。如云「庚辰卜貞寧□魚帚不歺在茲」前四・三三・六。續二・二八・四「壬辰貞羌𣪕不歺　其歺」乙八七二二是也。死。古音在十五部紙韻。歺。古音在十五部曷韻。古籍中死字常與去聲寘韻霽韻入聲錫韻之字相叶。如詩陟岵叶「弟」字。楚辭九辨叶「濟」「至」。管子心術叶「利」字。鬼谷捭闔同。家語觀周叶「敵」字。足徵死歺兩字聲韻並不相遠。而死又从歺。是形亦相同。故得相叚也。又辭歺字辭意不明。辭云「戊申卜王御㕚父乙庚戌歺㕚八月。」續一・二八・八與簠徵帚一八一重。它辭殘泐不可考。【甲骨文字集釋第四】

◉于省吾　甲骨文歺字作□、□、□等形，即歺(列)字的初文。又甲骨文的□字或作□，商承祚同志「疑即洌字之省」(類編一一・三)，陳邦懷同志謂「此即説文解字□之古文」(小箋七)。按商和陳説頗有道理，但商説應改為「桌即洌之古文」。説文：「歺，剹骨之殘也，从半冎。讀若櫱岸之櫱。」歺字的造字本義還不可知，但許氏从半冎之説殊不可信。漢碑的列和烈字有的从歺，猶存古文。説文：「剹，分剹也，从刀𡿪聲。」詛楚文光列(烈)之列作剹，為小篆所本。詩大叔於田「火烈具舉」之烈，魯詩作列，是列與烈古通用。

甲骨文稱：「貞，其亦桌雨〇貞，不亦桌雨」(京津四一九)。楊樹達甲文説訓亦為又，是對的。桌即洌字，應讀作烈，就雨言之故桌字从水。烈雨猶言暴雨。説文訓洌為水清，乃後起之義。

甲骨文中訓為並列的歺字僅一見，屬於第二期，它和第三期的□□□等字同用。□□□三字隸定作𣦻𣧊𣧇。甲骨文編附録於口部，續甲骨文編誤釋𣦻𣧊二字為𣧊。郭沫若同志謂「𣧇當即盧字」(粹考九六八)。非是。按𣦻𣧊𣧇都是以𣦸或歺為音符的形聲字。古文字的偏旁往往單複無別。甲骨文歺即列字的初文，从刀作列乃後起字。禮記服問的「上附下附，列也」，鄭注謂「列，等比也」。按訓列為等比，具有相並之義。又廣雅釋詁謂「併，列也」，釋文「併本作並」。説文謂「竝(隸變作並)，併也，从二立」。按竝字契文屢見，竝與併乃古今字。然則併之訓列，足以證明列有相並之義。

今將甲骨文中訓為並列的歺、𣦻、𣧊、𣧇等字的辭例較為完整者，擇録於下，並予以闡釋。

一、戊㒳卜，𡧊貞，王曰，余其曰多尹，其歺二侯——上𢇛眔𢀛侯，其☐周(通别二桃山)。

二、☐𣧊令二人(甲五四二)。

三、豚眔羊𣦻用(甲六七五)。

四、𧆛𩅰二田喪、盂，又大雨(粹九六八)。

五、𩁹眔門𧆛酌，又雨(金一八九)。

六、其𧆛用雀眔貝(甲七七七)。

七、其𧆛取二山，又大雨(後下二三・一〇)。

以上第一條的末句已殘缺，辭義不詳。自王曰以下三句是説，王告多尹，並及上𧅎和𡰥侯。末一侯字也承上𧅎為言，故上𧅎下省侯字。第二條的𦟤令二人即並令二人，意思是説令二人一起從事某項工作。自第三條以下均就祭祀為言。第三條的豚眔羊𠬝用，是説豚及羊並用；第四條的𧆛𩅰(雩)二田喪、盂，又大雨，是説並用雩祭於喪、盂二田，則有大雨；第五條的𩁹眔門𧆛酌，又雨，是説於𩁹及門兩地並用酌祭，則有雨；第六條的其𧆛用雀(當是祭品名)眔貝，是説並用雀及貝；第七條的其𧆛取(焣，祭名)二山，又大雨，是説應該並用焣祭於二山，則有大雨。總之，上列七條全是兩種事物並舉。驗之於辭例和文義，則𣦼、𠬝、𦟤、𧆛等字之讀為列訓為並，都是脗合無間的。

在上述之外，甲骨文後期以𠧒、虐、虞、夒等字為地名。西周金文以櫨或櫨為方國名。這類字已不見於後世字書，但均以𣦼字為聲符，其應讀如列，是没有疑問的。【釋𣦼、泉、𠬝、𦟤、𧆛　甲骨文字釋林】

◉饒宗頤　于老認為𣦼字為烈，因釋泉雨為烈雨，按古籍只見烈風、風烈，而未聞有烈雨者，于氏推而謂𠬝，虐、𦟤諸字為烈，其説非是。于氏蓋混𣦼與𡿧為一字，甲骨文𣦼字，以死字之作𣦵證之，許君「骨殘」之説實可信，从𣦼之字絶無一作冎形者，故不宜釋為列，又从𣦼諸字，皆與孽義有關，可讀為孽，卜辭習語如「不𣦼」即不孽，為不害之意，亦作「不𣧃」，字又益爿旁，知從疾病取義。《呂覽・遇合》：「反以孽民」，高注：「病也。」卜辭屢言「馬其利，不𣦼」(合29418)。𣦼讀如䮞。《晉世家》「惠公馬䮞不行」，《索隱》謂：「馬重而陷於泥。」馬不𣦼，意謂不重也。《説文》：「䮞，馬重貌。」又云：「固我」，即孽我，至於「𣦼雨」、「大泉」諸語：

(1)貞：其亦𣦼雨

貞：不亦𣦼雨　(合6589正)

(2)貞：𢼂，其大泉　(合18772)

大泉謂大孽，泉雨謂雨為孽。《漢書・息夫躬傳》：「孽杳冥兮未聞」，如淳注：「虹蜺覆日月光明謂之孽」，師古曰「邪氣也」，均可通，不必讀為烈雨。洌訓水清，無暴雨義。

𣨙　殙

又㫗、𧇡、虘諸字，于說均以列訓之，亦有未安，按《中山王譽壺》「諸侯虘賀」及秦殘陶量，均以𧇡為皆字。卜辭云：「豚眔羊㫗用」（甲675），即「皆用」。「霸眔門虘彭，又雨」（金189），意即「皆彭」；「其虘用，雀眔貝」（甲777）亦即皆用。又如：

（1）𧇡令二人（合27749）

（2）辛巳卜王其奠元眔永，𧇡在盂奠（南地1092）

釋為皆令、皆在，均通，較釋「列」為勝，而𧇡之為皆，戰國與秦文字即取自殷契，正一脈相承也。因論卤字，附糾于說於此。【釋紀時之奇字：卤、㬥與𡵂（埶）　第二屆國際中國文字學研討會論文集】

◉許　慎　𣨙病也。从歺。委聲。於為切。【說文解字卷四】

◉馬叙倫　今杭縣謂花色謝而將枯者曰蔫。則𣨙為病而近死之時之名。艸曰蔫。人曰𣨙。語原然也。或病也非本訓。【說文解字六書疏證卷八】

◉許　慎　殙瞀也。从歺。昏聲。呼昆切。【說文解字卷四】

◉馬叙倫　翟雲昇曰。莊子達生釋文引瞀作矜。倫按鍇本篆作𣩡。說解曰。昏聲。則篆當同鉉。特未追改耳。瞀也者以聲訓。殙得聲於昏。昏得聲於民。民每一字。每瞀古音同明紐也。此猶敄敏之轉注矣。七篇。昏。日冥也。十一篇。惛。不憭也。則殙是將死時知慮漸失之名。語原同也。或瞀也非本訓。呂氏春秋仲秋紀注。殙。音悶。殙殟脂真對轉轉注字。【說文解字六書疏證卷八】

◉朱芳圃　𤕦陳侯因𬋺錞　按上揭奇字，當為殙之初文。說文歺部：「殙，瞀也。从歺，昏聲。」字下从𠃌乀，考金文婚字所从之偏旁作𠂤，即此字，形較完整，象人張口撟舌手足失措之形。上从𣎳，𣎳與爾同，金文𡠗一作𡚸，篆文邇古文作迩，是其證。𣎳爾並檷之初文。說文木部：「檷，絡絲柎也。从木，爾聲。讀若柅。」𣎳象絡絲之架，爾象架上纏絲。絡絲必速轉其器，因以象徵病人神志昏亂，舉動失常也。經傳作昏，左傳哀公十六年：「失志為昏」；國語周語：「無夭昏札瘥之憂」，韋注：「狂惑曰昏」；晉語：「君子失心，鮮不夭昏」，韋注：「昏，狂荒之疾。」孳乳為惛，說文心部：「惛，怓也。从心，昏聲。」玉篇心部：「惛，亂也。癡也。」為怋，說文心部：「怋，不憭也。从心，民聲。」玉篇心部：「怋，悶也。不明也。」今本說文惛怋二字互譌，玆依玉篇校改。為顧，說文頁部：「顧，繫頭殟也。从頁，昏聲。」

殙古音Xuen muen，孳乳為眩泯，漢書司馬相如傳：「視眩泯而亡見兮」，顔注：「眩泯，目不安也」。倒之為瞑眩，孟子滕文公上：「若藥不瞑眩，厥疾不瘳」，趙注：「瞑眩，藥攻人疾，先使瞑眩憒亂，乃得瘳愈。」為冥眴，漢書揚雄傳：「目冥眴而亡見」，顔注：「冥眴，視不諦也。」重言之為泯泯芬芬，逸周書祭公解：「汝無泯泯芬芬」，孔注：「泯芬，亂也。」書呂刑：「泯泯棼棼」，孔傳：「泯泯為亂，棼棼同惡。」轉幽，孳乳為溝瞀，荀子儒效篇：「甚愚陋溝瞀而冀人之以己為知也，是衆人也」，楊注：「溝瞀，無知也。」為㝅瞀，説文子部：「㝅，乳也。从子，殸聲。一曰，㝅瞀也。」徐鍇曰：「㝅瞀，愚闇也。」為怐愗，玉篇心部「怐，怐愗，愚皃。」

孫詒讓曰：「陳侯因資敦云『淳朝□者諸侯。』□，舊釋昏，近是。朝昏，猶言朝朝莫夕也。」名原下二。按孫説是也。□假為昏，説文日部：「昏，日冥也。从日，民聲。」依唐本改。【殷周文字釋叢卷下】

◉許　慎　殰胎敗也。从歺。賣聲。徒谷切。【説文解字卷四】

◉馬叙倫　禮記樂記釋文引字林。殰。胎敗。則此為字林訓。本訓亡矣。胎敗疑亦非本義。【説文解字六書疏證卷八】

歾 歾 歾 歾 竝崔希裕纂古【古文四聲韻】

◉許　慎　歾終也。从歺。勿聲。莫勃切。⿰歺旻歾或从旻。【説文解字卷四】

◉馬叙倫　終也非本訓。此今言物故本字。

⿰歺旻　朱駿聲曰。旻聲。倫按歾殁雙聲轉注字。【説文解字六書疏證卷八】

◉許　慎　⿰歺卒大夫死曰⿰歺卒。从歺。卒聲。子聿切。【説文解字卷四】

◉馬叙倫　死音心紐。⿰歺卒音精紐。皆舌尖前音。轉注字也。卒勿聲同脂類。亦轉注字。大夫死曰⿰歺卒。此校語。本訓捝矣。【説文解字六書疏證卷八】

殊　殊

□ 義雲章　□ 古尚書【古文四聲韻】

◉許　慎　殊死也。从歺。朱聲。漢令曰。蠻夷長有罪當殊之。市朱切。【說文解字卷四】

◉馬叙倫　沈濤曰。左昭廿三年傳釋文引死也下有一曰斷也。蓋古本如是。廣雅釋詁。殊。斷也。正本許書。古以斬刑為殊死。亦謂斷頭。倫按殊音禪紐。死屍一字。屍音審紐三等。同為舌面前音。故死轉注為殊。一曰斷也者。斷音定紐。古讀禪歸定。故借殊為斷。此蓋字林文。或校者依廣雅加之。漢令以下校語。餘見藾字下。玉篇引倉頡。殊。異也。此借殊為異。實借為冀。異音喻紐四等。古讀歸定也。莊子在宥釋文引字林。殊。死也。蓋許訓而陸每以字林為說文以說文為字林。所據本為說文字林合和者也。而或題為說文。或題為字林。各如所題而名之。知是許訓者。死是本義。字林多戴異義也。字亦見急就篇。【說文解字六書疏證卷八】

◉金祥恆　□疑為殊字。說文：「殊，死也。从歺朱聲。一曰斷也，漢令曰，蠻夷長有罪當殊之。」甲骨文从□从□聲。□，死也。□，鼄也。金文邾公華鐘(三代一・二四頁)之邾作□，邾公牼鐘(蹇齋集古録)作□，其字从□，朱聲。□即蜘蛛之象，即甲文□，朱為後加之聲符。而甲文為不加聲符之原始象形，兆語有「不啎鼄」之鼄亦如是。而篆文殊从□，□乃□之省。觀說文殂之古文作□，从□从作(小徐本作□，段注非之)，□之古文作□，而說文□(死)之古文作□，則知古文殂(□)从古文死乍聲，篆文从歺或死之省。殪之古文作□亦然，朱為鼄之省如金文邾公釛鐘(蹇齋集古録一・二一)之邾作□，从邑从朱，不从朱黽之□，是其證，故□為殊之本字，而殊為後起，其義為誅殺死亡也。【加拿大多倫多大學安達黎奧博物館所藏一片牛胛骨刻辭考釋　中國文字第三十八册】

◉鍾柏生　卜辭云：

(1)癸亥卜，㱿貞：旬亡禍？王占……其亦有來艱。五日丁卯，子□□不死。

(2)……旬□……六日壬……夕□……(《甲》一一六五)

(3)丙☒卜，㱿貞：乎自圭見出自。王固曰：隹□隹人途冓。兹□卜，隹其□。

二旬出八日□壬☒自夕□。(《懷》B九五九)

(4)……□……(《懷》九六〇)

例(2)《綜類》二四五頁讀為「……六日壬……夕□……□……」，《殷虛文字甲編考釋》屈師讀為：「……旬亡……六日壬……夕死……黽……」皆誤，「□」為一字，不能分開為二字，例(3)可證。「□」字，金師於《中國文字》三十八輯《加拿大多倫多大學安達黎博物館所藏一片牛胛骨刻辭考釋》即例(3)一文中，釋「□」為「殊」，並引《說文》云：「殊，死也……从歺，朱聲。」又云：「其義為誅殺死亡也」；許進雄先生於《懷》B九五九、B九六〇釋「□」為「死」；李棪於《北美所見甲骨選粹考釋》第一片考釋云：

「『黽奴』二字橫書，非合文也。……按□字……其為小動物之象形字，字在此辭，當解為人名或地名。……□字……予隸定為□，通為尸，蓋記卜尸之事也。」

按：《懷》B九五九(《北》一)為一大骨版，例(3)為相當完整的卜辭，整段卜辭至「□」字終止皆是由上直讀而下，不當至「□」字時突然橫讀為「□」「□」二字，何況「□」字下，可供刻字之空白骨版甚寬，也不需要如此橫刻卜辭，因此筆者並不贊同李氏所釋。上引三家之釋當以金師所釋字形為「殊」最為恰當，字義金師所言與許先生相同，但筆者認為尚有可商榷之處。

卜辭又云：

(5)☐亥卜，爭貞：旬亡𡆥？王𡆥曰：㞢希！旬壬申□自□。四月。(《合集》五八〇七)

(6)丙辰卜，㞢貞：帝令隹□？

貞：帝弗令隹□？(《丙》五二一)

例(5)之「□」字，《殷墟甲骨刻辭摹釋總集》隸定為「□」，例(6)之「□」，張秉權師隸定為「□」。筆者認為不論「□」「□」「□」或「□」，其實都是同一字。⊘我們分析「□」「□」「□」「□」四個字形，可以發現：這其中唯一不可變動減省的偏旁即是「□」，「□」如李師所釋為象形，乃「蛛」之本字，而這四形筆者認為它們都是六書中之形聲字，「□」為其聲符，其餘「□」「□」「□」「□」皆為其形符，一字多形乃古文字中極為普遍的現象，「□」字亦不例外。因此「□」「□」「□」「□」雖可隸定為「□」「□」「姝」「□」，其實即是金師所釋的「殊」字。

「殊」字字義，金師言「為誅殺死亡」，但用此說讀例(1)則扞格不通，卜辭不可能既言「誅殺死亡」而後又言「不死」，因此「殊」字在卜辭中應該有其他的意義。《周易・雜卦》：「晉晝也。明夷誅也。」注云：「誅，傷也。」《廣雅・釋詁一》：「誅，殺也。」以此二義讀例(1)至例(5)皆可通，「殊不死」其義即是「受傷(或被殺傷)但未死」。胡厚宣先生釋「□」為「□」，字形上筆者並不同意，其字義對例(2)(3)(4)(5)亦不合適，故不從其說。【釋「□」 中國文字新十五期】

殟

◉許　慎　殟胎敗也。从歺。昷聲。烏没切。【説文解字卷四】

◉馬叙倫　王筠曰。胎敗也當依玄應一切經音義引改為暴無知也。蓋謂中痰中惡。卒然昏不知人也。今本作胎敗也。誤用殰字解也。蓋古本殟殰兩字本相連。音義於殟殙字烏殟字殟殟字各一見。皆引説文暴無知也。又引聲類。烏殟。欲死也。蓋烏殟雙聲。殟殙疊韻。殟殟重言。故皆同義。二字蓋本以連語類聚。後人離析之也。朱駿聲曰。一切經音義引説文。殟。暴無知也。凡三見。聲類。殟。欲死也。廣雅釋詁一。殟。病也。楚詞九思。悒殟絶兮咶復蘇。皆同義。説文頣下曰。繫頭殟也。當據以訂正。翟雲昇曰。暴無知也是。作胎敗者。傳寫者誤引殰字注也。丁福保曰。慧琳音義廿八引胎敗也。五十七引作暴無知也。是慧琳時已有一本説文誤以殰字説解入殟下矣。倫按此篆本在殙下。傳寫與殰篆互譌。殰篆既譌於前。校者以殰為胎敗。乃補胎敗也之訓而删本訓。此則未删原訓。亦未補暴無知也之訓耳。玄應據本蓋猶未譌也。文選舞賦注引字林。殟殁。烏踰跳也。倫謂殟蓋本訓殁也。烏踰跳也當有誤。此字林文。然則暴無知也蓋庾儼默注。或校語。【説文解字六書疏證卷八】

殤

殤　日甲五〇背【睡虎地秦簡文字編】

◉許　慎　殤不成人也。人年十九至十六死為長殤。十五至十二死為中殤。十一至八歲死為下殤。从歺。傷省聲。式陽切。【説文解字卷四】

◉馬叙倫　鈕樹玉曰。韻會引八歲下無死字。當脱。王筠曰。不成人也句意不完。呂覽注。未成人夭折曰殤子也是也。徐灝曰。説文無⿱𠂉易字而傷從⿰矢易省聲。矢部⿰矢易篆乃從易。無作⿰矢易者。疑⿱𠂉易即易之重文而今失之。角部觴重文從易。可證也。倫按傷當從⿰矢易省聲。𠂉即矢之省。而移在易上者。然殤⿰矢易音同。則從易得聲可也。殤為死之轉注字。死音心紐。殤音審紐。同為摩擦次清音也。今上海或謂死曰殤。亦曰壞。説解非許文。疑此字出字林。王筠據鍇本無年上人字。【説文解字六書疏證卷八】

◉劉彬徽等　殤，借作裼，《禮記·郊特牲》："鄉人裼"，注："裼，彊鬼。"【包山楚簡】

殂　同上　殂【汗簡】

並王存乂切韻【古文四聲韻】

◉許　慎　殂往死也。从歺。且聲。虞書曰。勛乃殂。昨胡切。古文殂。从歺。从作。【說文解字卷四】

◉商承祚　說文「。古文殂。从歺作聲。」案鍇本作。非是。。古文𣦵字。當云从𣦵。又亾乃亾之古文。鉩文亾字每作亾。後誤仞為亾矣。𣦵亾。殂意也。【說文中之古文考】

◉馬叙倫　鈕樹玉曰。集韻類篇引作放勛乃殂。桂馥曰。往死者。本書。𠭥。且往也。馥謂當為殂往也。莊有可曰。往死也太簡不詞。當云神往而死也。王筠曰。當以殂往為句。殂之言徂也。徂。往也。倫按蓋往下捝也字。此徂字義。或往為徂之譌。校者記以釋音者也。或以聲訓。傳寫捝也字。死也字林文。亦疑此字出字林也。殂音從紐。死音心紐。皆舌尖前音。轉注字也。

鈕樹玉曰。繫傳作。桂馥曰。從古文死。乍聲。宋保曰。且乍同部聲相近。倫按桂說是也。乍亾皆為足之初文。足且精紐雙聲。又聲同魚類。故殂轉注為殝。從歺從作四字校者加之。【說文解字六書疏證卷八】

◉黃錫全　殂　夏韻模韻録《汗簡》作是，此少一横。石經虍旁均作。古且、虘、虡字可互作，如詛作⿰礻虘。組作⿰糹虘、⿰糹虡，詳前示部⿰礻虘。《尚書》衹《舜典》一見殂，敦釋，薛本均作殂。郭見本當作⿰歹虘或⿰歹虡，以隸作古。

上同　敦釋「殂，本又作殝」，即《說文》殂字古文，郭見本同。薛本書作，誤當「殂落」之落。【汗簡注釋卷二】

◉許　慎　殛殊也。从歺。亟聲。虞書曰。殛鯀于羽山。己力切。【說文解字卷四】

◉馬叙倫　鈕樹玉曰。玉篇韻會引無虞字。倫按殛音見紐。殊從朱得聲。朱音照紐。古讀歸端。殪音影紐。端見影皆破裂清音。是轉注字也。疑此即禮記夫子之病革矣之革本字。亦殆之聲同支類轉注字。【說文解字六書疏證卷八】

殪【汗簡】

古尚書　並崔希裕纂古【古文四聲韻】

◉許　慎　殪死也。从歺。壹聲。於計切。𡔷古文殪从死。【說文解字卷四】

◉商承祚　說文「𡔷。古文殪。从𣦵。」案此从𣦵不省。从壹省聲。鍇从篆文𣦵。誤。【說文中之古文考】

◉馬叙倫　殪殌歾殁卢死聲皆脂類。相為轉注字也。

𡔷宋保曰。壹省聲。倫按從死二字校者加之。鍇本無之。是也。【說文解字六書疏證卷八】

⿱莫歺

◉許　慎　⿱莫歺死宋⿱莫夕也。从歺。莫聲。莫各切。【說文解字卷四】

◉馬叙倫　王筠曰。疑即夕部⿱莫夕字重出。倫按今謂不有為無而⿱莫夕為死宋⿱莫夕。嘆為無聲。則語原同也。死宋⿱莫夕也非本訓。疑本訓死也。呂忱加死宋⿱莫夕也。或此字出字林。【說文解字六書疏證卷八】

殯

◉許　慎　殯死在棺。將遷葬柩。賓遇之。从歺。从賓。賓亦聲。夏后殯於阼階。殷人殯於兩楹之閒。周人殯於賓階。必刃切。【說文解字卷四】

◉馬叙倫　鈕樹玉曰。韻會殷作商。王筠曰。說解死在棺將遷葬柩有奪譌。倫按六篇。賓。所敬也。從貝。𡧍聲。七篇。𡧍。冥合也。從宀。丏聲。倫謂冥合也者。瞑字義。𡧍為賓客本字。故盧鐘作𡧍。甲文賓客字無從貝者。可證也。賓之本義或為客所執之贄。即頒賜之頒本字。且字為形聲。不得會意。殯自從歺賓聲。穀梁僖九年傳注。櫕本如椁。塗之曰殯。疏曰。檀弓云。天子之殯也。菆塗龍輴以椁。鄭玄云。菆木周龍輴如椁而塗之也。蓋殯屏雙聲。未葬而有所屏於棺。故即名其事曰殯。殯殣聲同真類轉注字。詩小弁。行有死人。尚或墐之。毛傳。墐。路冢也。墐為殣之借字也。史記孔子世家。殯於五父之衢。此殯為路冢之證。今南北通俗。未葬。置柩路側或野中。以土或塼為之椁。貧者止以艸蔽之。亦古之遺俗矣。杭縣舊俗非巨室於未葬前出殯於櫕基。櫕基者。為小屋以厝棺也。櫕基率在城郭外路側。亦可證。賓遇之者。禮家以遷之稍遠曲為此說。說解為校語所究。夏后以前為校語明甚。【說文解字六書疏證卷八】

殔

◉許　慎　殔瘞也。从歺。隶聲。羊至切。【說文解字卷四】

◉郭沫若　第一二四七片「丙子貞王叀□令⿴口歺我」。（右行）

⿴口歺字僅見。疑是殔之古文，从口从歺，歺亦聲。歺，說文云「讀若櫱岸之櫱」，與隸音相近。字在此當是善意，蓋假為辪，毛公鼎

「命汝辥我邦我家內外。」【殷契粹編考釋】

◉馬叙倫　殔為殯之脂真對轉轉注字。殔從隶得聲。隶音定紐。殣音羣紐。定羣同為破裂濁音。隶及一字。及音亦羣紐也。瘞也非本訓。字或出字林。【説文解字六書疏證卷八】

殣

◉許　慎　殣道中死人。人所覆也。从歺。堇聲。詩曰。行有死人。尚或殣之。渠吝切。【説文解字卷四】

◉馬叙倫　沈濤曰。左昭三年傳釋文引死人作死者。蓋古本如是。翟雲昇曰。左昭三年傳釋文引不重人字。倫按詩小弁釋文引無中字。倫謂説解非許文。疑字出字林也。殣之語原或即是墐。【説文解字六書疏證卷八】

殠

◉許　慎　殠腐气也。从歺。臭聲。尺救切。【説文解字卷四】

◉馬叙倫　腐也或非本訓。殠為屍腐。實與腐同語原。或轉注字。腐從府得聲。府音非紐。殠從臭得聲。臭從獸或狩得聲。狩獸音在審紐。非審同為摩擦次清音也。【説文解字六書疏證卷八】

殨

◉許　慎　殨爛也。从歺。貴聲。胡對切。【説文解字卷四】

◉馬叙倫　似當作死爛也。或此非本訓。本書有婁字。倫證為從貴得聲。而婁音轉入來紐。古讀歸泥。與爛雙聲。是屍腐為殨。語原同爛也。【説文解字六書疏證卷八】

㱙

㱙　説文或从木作朽　鼎　康侯在朽㠯【金文編】

㱙　效二二　通朽　倉庫—禾粟　秦一六四

秦一六四【睡虎地秦簡文字編】

朽竝見林罕集綴【汗簡】

林罕集

王存乂切韻【古文四聲韻】

◉許　慎　㱙腐也。从歺。丂聲。許久切。㱙或从木。【説文解字卷四】

◉高田忠周　按説文。㱙。腐也。从歺。丂聲。或从木作朽。禮記月令。其臭朽。鄭注亦作㱙。廣雅釋詁。㱙。敗也。又論語。朽木不可彫也。蓋人謂腐㱙。木謂腐朽。其字元當分別。許以艸木兼於人也。然丂字解曰。氣欲舒出。勹上礙于一也。考字从之。取于衰朽之義。然則最古文字。唯當以丂兼㱙朽兩字。腐爛亦衰丂一義之轉耳。釋名。老。朽也。此合古義矣。【古籀篇四十二】

◉馬叙倫　殨亦匣紐。㱙音曉紐。同為舌根音轉注字也。殠㱙則聲同幽類轉注字。禮記月令釋文引。㱙。腐也。則此字林訓。或此字出字林。

朽或文皆出字林。禮記月令釋文引説文云。㱙或為朽字。是陸見本字林實附説文。然亦或字林字亦有正重也。【説文解字六書疏證卷八】

殆

周殆【漢印文字徵】

殆亦慢【汗簡】

古老子　並同上【古文四聲韻】

◉許　慎　殆危也。从歺。台聲。徒亥切。【説文解字卷四】

◉馬叙倫　徐灝曰。殆。病危也。倫按殆為殔之轉注字。殆音定紐。殔音喻紐四等。古讀歸定。殆從以得聲。以音亦喻四也。此猶隶之轉注為隸逮之轉注為迨矣。迨字見廣雅。危也非本義本訓。【説文解字六書疏證卷八】

◉黄錫全　殆亦慢　夏韻之韻録王存乂《切韻》怡作，與此形同。中山王壺怠作。班毁始（姒）字从㚸作，屬似毁作，此即形譌變。《説文》「怠，慢也。」《説文》怡、殆、怠諸字音近義別。此宜注「怠」。【汗簡注釋卷四】

殃

殃　从心不从歺　中山王嚳兆域圖　恣[辶兹]子孫【金文編】

古老子【古文四聲韻】

殘　殄

◉許　慎　殃咎也。从歺。央聲。於良切。【説文解字卷四】

◉馬叙倫　沈濤曰。易坤卦釋文引作凶也。蓋古本如是。丁福保曰。慧琳音義三引。凶也。倫按玉篇作凶咎也。或本説文。則今本奪凶也二字。此二訓均非本義。或均字林訓。殃為殀殪之雙聲轉注字。【説文解字六書疏證卷八】

殘 無殘良【漢印文字徵】

◉許　慎　殘賊也。从歺。戔聲。昨干切。【説文解字卷四】

◉馬叙倫　惠棟曰。戈部有戔字。訓為賊。此字别無異訓。明後人增入。古殘字皆作戔。朱駿聲曰。殘即戔之或體。倫按殘字出蒼頡篇。見顔氏家訓引。此殲之同舌尖前破裂摩擦音轉注字。賊也非本義本訓。【説文解字六書疏證卷八】

[glyph] 殄【汗簡】

◉許　慎　殄盡也。从歺。㐱聲。徒典切。[glyph]古文殄如此。【説文解字卷四】

◉馬叙倫　盡也者。人死後肉化盡也。然非本訓。殄為殫之同舌尖前破裂音轉注字。殄音定紐。殫音端紐也。[glyph]蓋從反匕。[glyph]為死之最初文。[glyph]則一字也。此從[glyph]㐱聲作[glyph]。今篆奪㐱旁耳。如此二字校語。【説文解字六書疏證卷八】

◉高淞荃　説文以[glyph]為古文殄字。爾雅釋詁。殄。盡也。釋言。殄。絶也。殄有盡絶兩意。故从倒人。古文變化之[glyph]亦从倒人。而[glyph]與[glyph]為相對同形之字。蓋以[glyph]反轉書之。雖向左向右不同。皆可謂之倒人也。皆取人死消亡滅絶之誼。故[glyph]字亦象臥人。雖臥形與倒形有别。而誼皆相近。以例推之。與[glyph]字同體相反之文當有匕字。蓋側臥之人上下體皆見。故下體尻居之類从尸。上體𡿺頂之類从匕也。匕首之名蓋取此字。與匕柶之匕不同。因字形近似為其所奪。而音義遂不著。而臥人之形。人亦只知有尸而不知有匕。説文解匕為相與比叙。是以比釋匕。非本誼也。古音支與真相通轉。故旂有芹音。寅有宜音。尸之與[glyph]不止其誼相近。古音蓋亦相通。左向之匕疑與[glyph]音誼相同。故真字从之。而讀為顛倒之顛。與尸之訓陳為同音之相釋。皆一例也。【説文别釋　古學叢刊第三期】

◉楊樹達　[glyph]从[glyph]之反文，人盡為[glyph]，物盡為殄也。【文字形義學】

殲

◉許　慎　殲微盡也。从歺。韱聲。春秋傳曰。齊人殲于遂。子廉切。【說文解字卷四】

◉馬叙倫　鈕樹玉曰。繫傳韻會無傳字。倫按微盡也當作微也盡也。此二訓皆非本義。微也乃纖字義。殲殄轉注字。殲音精紐。殄從㐱得聲。㐱音照紐。同為破裂摩擦清音也。本訓失矣。或字出字林。【說文解字六書疏證卷八】

殫

◉許　慎　殫殛盡也。从歺。單聲。都寒切。【說文解字卷四】

◉馬叙倫　鈕樹玉曰。韻會殛作極。沈濤曰。殛當從宋本作極。文選赭白馬賦注引無殛字。爾雅釋木釋文引字林。殫。極盡也。倫按玉篇止訓盡也。則殛盡也當作殛也。盡也。從歺當以殛也為本訓。殫音端紐。殛音見紐。同為破裂清音。蓋轉注字。或古借殫為殛。而殫為殘之聲同元類轉注字。【說文解字六書疏證卷八】

殬

◉許　慎　殬敗也。从歺。睪聲。商書曰。彝倫攸殬。當故切。【說文解字卷四】

◉馬叙倫　鈕樹玉曰。宋本作彜。譌。倫按敗也乃斁字義。今書正作斁。三篇斁下一曰終也。乃此字義。歾從歺訓終也可證。殬殫音同端紐轉注字。詩雲漢釋文。斁。說文字林皆作殬。則敗也蓋字林訓。字或出字林。【說文解字六書疏證卷八】

⿰歹羸

◉許　慎　⿰歹羸畜産疫病也。从歺。从羸。郎果切。【說文解字卷四】

◉馬叙倫　嚴可均曰。宋本作從𣎆。脱聲字。王筠曰。鮑刻大徐本作⿰歹羸。說曰。從歺羸。鈕樹玉謂繫傳篆作⿰歹羸。則其說解作羸聲誤。是鈕據本繫傳亦作羸聲。朱士端曰。當從小徐作羸聲。倫按畜産疫病也校語。或字林文。此羸字義。本義失矣。疑⿰歹羸為殬之同舌尖前音轉注字。字或出字林。【說文解字六書疏證卷八】

⿰歹豈

◉許　慎　⿰歹豈殺羊出其胎也。从歺。豈聲。五來切。【說文解字卷四】

◉馬叙倫　殺羊出其胎。於古無徵。桂馥據徐幹七喻。熊蹯豹胎。謂古人以胎為美食。然禮記王制有不殺胎之文。或謂禮有此禁。明古自有殺胎之俗。然豈獨殺羊胎或獨為殺羊出其胎而制⿰歹豈字。且於字形無殺義。廣雅釋親。⿰歹豈。腜。胎也。則借⿰歹豈為胎。廣韻。⿰歹豈。羊胎也。似本許書而無殺而而出之義。本書。刉。讀若⿰歹豈。而刉或借為幾。周禮犬人。凡幾珥沈辜以幾為刉。注。幾或為刉。是其證也。刉即釁廟釁鼓之釁本字。孟子有以羊易牛之說。而釁固不止以牛犬也。疑殺羊出其胎蓋為錢及胎二義之誤合。然皆非本義。豈之轉注為殲。故殪亦得借為錢。豈聲與歺死殰殁等字聲皆同脂類。蓋亦轉注字。或為殆之轉注字。猶借殪為胎也。古讀豈音蓋如殲。音在羣紐。殆音定紐。同為破裂濁音也。字或出字林。【説文解字六書疏證卷八】

𣧠 2144 説文歺古文作𣦵，與此偏旁形近。【古璽文編】

◉許　慎　𣧠禽獸所食餘也。从歺。从肉。昨干切。【説文解字卷四】

◉林義光　从肉歺。經傳以殘為之。【文源卷十】

◉馬叙倫　從歺從肉安得義為禽獸所食之餘。周禮槁人注。潘瀾戔餘。錢坫謂戔餘即𣧠餘。玉篇。㱾。獸食之餘也。皆可證從肉主義。廣韻。獸食之餘也。齾。齾從獻得聲。獻戔聲同元類。六篇。欁或體作櫱。櫱從辥得聲。歺讀若櫱牙之櫱。櫱亦從辥得聲。皆可證歺聲也。禽獸所食餘也既非本義。亦非本訓。蓋𣧠從肉歺聲。義得於肉。若為殘餘之肉。亦不得專為禽獸所食之餘肉。古書以𣧠為禽獸所食餘者。蓋就其本文詞意為解。詩毛傳鄭箋每有此例。不盡為文字本義也。倫疑𣧠是死者殄滅未盡之肉。故有殘餘之義。而字從歺肉也。死者之肉。聲亦得於歺耳。字當入肉部。【説文解字六書疏證卷八】

殖 廣殖【漢印文字徵】

殖 殖説文亦作戠【汗簡】

殖 説文【古文四聲韻】

◉許　慎　殖脂膏久殖也。从歺。直聲。常職切。【説文解字卷四】

◉馬叙倫　段玉裁曰。久下當有曰字。國語舊音引説文。殖脂膏久也。考工記故書脈或作樴。注。樴讀為脂膏膱敗之膱。膱即殖字。字林。膱。膏敗也。亦作膱。廣雅。膱。臭也。玉篇廣韻皆云。膱。油敗也。今俗語謂膏油久不可用。正讀職之平聲也。朱駿聲曰。蘇俗謂燭久而敗曰蚩。即殖之音轉。倫按久為敗之爛文而又譌者也。殖字則誤乙於下者。此校者據禮記加之也。本訓捝矣。殖亦謂死者之脂肪腐敗者也。故從歺。殖為殰之轉注字。殰音匣紐。聲在脂類。膱音禪紐。聲在真類。禪匣同為摩擦次濁音。脂真對轉也。廣雅訓職為臭。而殠音穿紐三等。與禪同為舌面前音。則殖殠亦轉注字也。文選甘泉賦注引倉頡。殖。種也。然則倉頡無植字。或倉頡之殖為誤字。此字出字林。【説文解字六書疏證卷八】

◉黃錫全 戠 殖説文亦作戠 後戈部録《説文》戠作戠，今本《説文》戠字古文作戠。鄭珍認為今本「音旁不完，當以此正之。古戠加中於上，未詳何字之省。」按戠字古作戠(後上29・6)、戠(趩毁)、戠(免毁二)、戠(璽彙2147)等，从戈音，此增从中，與敔毁「戠首百」之戠形類似，似戠字又一古文(鍇本作戠)，《演説文》以為殖之古文。鄭珍云：「庾儼蓋以古戠為生植字，為字从中。經典植殖通用，非以為貨殖字也。《禹貢》『厥土赤埴墳』，釋文：『埴，鄭作戠。』徐、鄭、王皆讀曰戠。既戠古與埴通，則戠故可通植，殖，庾氏殆有所本。然是戠借作植，不得徑以古戠為植本字。」鄭説當是。楚簡戠字或作戠，此形原蓋作戠或戠，鍇本類似。【汗簡注釋卷四】

⿰歺古

⿰歺古 217 ⿰歺古 248【包山楚簡文字編】

◉許慎 ⿰歺古 枯也。从歺。古聲。苦孤切。【説文解字卷四】

◉丁佛言 ⿰歺古 古鈢殆□殆易。横豎从告。告亦有古音。【説文古籀補補卷四】

◉馬叙倫 鄧廷楨曰。殆枯疊韻。倫按語原一也。水曰乾。乾音見紐。殆音溪紐。同為舌根音。語原然也。古鈢有⿰歺古。從告得聲。猶枯槁矣。【説文解字六書疏證卷八】

⿰歺奇

◉許慎 ⿰歺奇 棄也。从歺。奇聲。俗語謂死曰大⿰歺奇。去其切。【説文解字卷四】

◉馬叙倫 鈕樹玉曰。玉篇引無謂字。倫按⿰歺奇蓋𣦶之同舌根音轉注字。然字失次。又疑字出字林。【説文解字六書疏證卷八】

⿰歺卜

⿰歺卜 甲一一六五 𣦼死 ⿰歺卜 乙一〇五 从卩 羅振玉説象生人拜於朽骨之旁 死之義也 ⿰歺卜 前五・四一・三 ⿰歺卜 後二・四・一六

【甲骨文編】

甲37 166 2124 2996 3080 3166 3367 3480 3510 乙2373

4697 6016 6691 6928 7121 7535 7797 珠175 285 福11 佚

525 619 續3·26·1 4·28·3 5·1·2 5·4·3 5·6·3 徵4·55 8·122

11·57 11·69 11·97 12·13 古2·8 録558 620 622 誠345 346

六清33 續存837 新1685 【續甲骨文編】

死 吳大澂曰 經傳通作尸主也 書太康尸位 猶言太康即位也 盂鼎 廼釁夾死𤔲戎 曌簋 卯簋 追簋 毛公厝鼎 令簋 競簋 遹甗 頌鼎 頌簋 頌壺 伯寛父盨 兮甲盤 黿乎簋 𬎆鎛 哀成弔鼎 中山王譽鼎 中山王譽壺 中山王譽兆域圖 死亡若 【金文編】

一七九：一八 委質類所見而不之死者 詛咒類眾人惌死 一〇五：三 【侯馬盟書字表】

27 54 123 151 241 【包山楚簡文字編】

死 為四四 四例 通屍 男子—在某室南首 封五六 日甲二 六十八例 日乙一八三 五十四例 雜三七 五例 日乙八九 十五例 編七 三例 日乙八八 五例 秦一五四 二例 法六八 八例 秦八四 二十六例 日乙一八九 【睡虎地秦簡文字編】

馮辟死 薛死 【漢印文字徵】

泰山刻石 昧死言 【石刻篆文編】

□𣦵　□𣦵見石經　□𣦵見尚書【汗簡】

□古孝經　□汗簡　□古老子　□同上　□石經　□籒韻　□崔希裕纂古【古文四聲韻】

◉許　慎　□澌也。人所離也。从歺。从人。凡死之屬皆从死。息姊切。□古文死如此。【說文解字卷四】

◉吳大澂　□使夷敦。既死霸。□𠂔白盤。□古文以為屍字。主也。盂鼎。【說文古籀補卷四】

◉吳大澂　𡰥字从尸。从𣦵。主也。古文省作𣦵。自後人避生𣦵之𣦵。遂省𡰥為尸。書康王之誥序。康王既尸天子。傳云。尸。主也。詩采蘋。誰其尸之。傳云。尸。主也。左氏成十七年傳。殺老牛莫之敢尸。穀梁隱五年傳。卑不尸大功。注皆訓尸為主。皆當作𡰥。不當作淮尸之尸夷。盂鼎迺召夾𣦵。即夾𡰥之省。言夾輔其主也。說文。𡰥。終主也。引伸之凡為主者皆為𡰥。書太康尸位亦當作𡰥位。言太康主天子之位。猶言太康即位也。乃後人誤解以尸位為不事事之義。而𡰥字之古義廢矣。【字說】

◉劉心源　（盂鼎）𣦵為屍省。即尸字。主也。【奇觚室金文述卷二】

◉羅振玉　□□　說文解字。𣦵。从歺。从人。古文作□。此从□。象人跽形。生人拜於朽骨之旁。𣦵之誼昭然矣。【殷虛書契考釋卷中】

◉林義光　人卢為死。古作□頌鼎。作□邾公誠鼎。【文源卷十】

◉商承祚　□說文。「苂。古文𣦵如此。」按。甲骨文作□。象人拜于朽骨之旁。𣦵意也。金文整齊之為□。與篆文同。【說文中之古文考】

◉王國維　死。古文以為屍字。屍。主也。盂鼎云。迺紹夾死𤔲戎。追敦云。追虔夙夕卹厥死事。【毛公鼎銘考釋　王國維遺書】

◉胡光煒　毛公鼎。雩三方□毋動。盂鼎。王曰盂迺紹夾□。以□為屍。而其誼皆訓主。又祭主為尸。死既通屍。亦通為尸。卜辭之死字。皆為尸。蓋記卜尸之事也。其字皆从卢。从人。同小篆。知古文作□之為譌變矣。【說文古文考】

◉丁　山　𣦵本作□，象人在棺槨之中。【釋疒　歷史語言所集刊第一本第二分】

◉商承祚　𣦵四□□　說文𣦵。澌也。人所離也。从歺人。□古文𣦵从此。此象生人拜于朽骨之旁。𣦵之誼昭然矣。金文

齊鎛作。遇鼎作。頌鼎作。省跽形為立人。誼遂不顯白。【甲骨文字研究下編】

◉楊樹達　說文四篇下死部云：「死，澌也，人所離也。从歺，从人。」自來說者皆以死為生死之死，認為動字，其實非也。今按死為名字，謂屍體也。字从歺者，說文四篇下歺部云：「歺，列骨之殘也。」蓋精魂與體魄合則為人，精魂去而體魄殘存則為死，故字从歺人，此徵諸本字之構造者一也。一篇下茻部云：「葬，藏也。从死在茻中。一其中，所以薦之。」一以薦死，茻以藏死，皆謂屍體也。此徵諸他文之構造者二也。左傳哀公十六年云：「白公奔山而縊，其徒微之生拘石乞而問白公之死焉。王君靜安謂此死假為屍，非也。對曰：余知其死所，而長者使余勿言。」呂氏春秋離謂篇云：「鄭之富人有溺者，人得其死者，富人請贖之。」又期賢篇云：「野人之用兵也，流矢如雨，扶傷輿死。」史記秦本紀云：「晉楚流死河二萬人。」又淮南厲王長傳云：「開長死埋此下。」漢書五十三廣川惠王傳云：「即取他人死與都死並付其母。母曰：都是，望卿非也。」又卷七十陳湯傳云：「漢遣使三輩至康居求谷吉等死。」又卷九十酷吏尹賞傳云：「安所求子死？桓東少年場。」諸死字皆即今屍字，故顏師古於三傳皆以尸訓死，是也。此徵諸經傳子史之義訓者三也。近人端方陶齋藏甎記載漢城旦張護葬甎云：「城旦張護永元六年十二月十四日物故，死在□下。」缺字是此字。又東門當葬甎云：「永元二年九月二十日，潁川武陽髡鉗東門當死在此下。」死亦皆謂屍。此徵諸漢代實物之用字者四也。端書全載此類甎，茲第舉二事為例。余四年前跋陶齋藏甎記，即明此義，惟未據死字形義為說，故今復為此文焉。至說文八篇上尸部有屍字，云：「終主也，从尸死。」夫死从歺人，而復以卧人形之尸字會合成文，殊為重累。蓋死本謂屍，後為生死之義所奪，故復造从尸死之屍，猶之益之形義為水溢出於皿上，後為增益之義所奪，故復制从水益聲之溢而訓為器滿，其例正相類爾。乃慧琳一切經音義卷二十九引說文死字，不憭从歺人之義，謂死為从歺从化省，真野言不值一笑者爾。

文成後，偶檢說文詁林，見所引饒炯說文部首訂之說，謂死為尸之或體，亦據葬字字形為證，與余說頗同。惟饒云：人離氣則骨肉朽腐，故死从人从歺會意。立義未精，而死為尸或體之說亦未審諦也。【釋死　積微居小學金石論叢】

◉馬叙倫　丁福保曰。慧琳音義廿九引澌也。人所離也。言人神識化。往而不返。遺殘體骨。故從歺從化省。會意字。案。言人以下十三字疑為慧琳引申之語。惟從歺從化省會意。極合六書。蓋古本如是。倫按甲文死字作。毛公鼎作。盂鼎作。齊鎛作。宇敦作。蓋從歺而人跽其旁。今杭縣人死時正如此。此歺之異文。或校後起。慧琳謂從化省會意。非是。知者。化若為教化字。則形聲字。從人。匕聲。不得會意。若為匕之異文。則即死之異文。從人。從。但不在牀耳。既從歺。又從化。不亦複耶。死是屍之初文。呂氏春秋離謂。鄭之富人有溺者。人得其死。期賢。扶傷輿死。史記秦本紀。晉楚流死河二萬人。漢書酷吏傳。安所求子死。諸死字皆謂屍也。蓋死者為屍。故即以屍為死生字。澌也以聲訓。人所離也校語。字見急就篇。

𣦸 此由𣦸而譌也。如此二字校者加之。【說文解字六書疏證卷八】

◉胡厚宣 𡆥字仍當釋為生死之本字。唐、葉、郭氏均不足以破丁說也。唐氏謂甲骨文自有死字，不知死字之義，實為屍，詳見後，與生死之𡆥字並不衝突。葉氏謂「井□如象棺槨，𠂉非生人，則棺與人均不應作立形。」然井□乃象棺槨之側剖面，並非立形。卜辭疾字作𤕫（六三），象人臥病於牀，由側面觀之，其臥病之人，正作𠂉𠃌，亦決不能以立形視之也。葉氏又謂「𠂉首與足更露出于棺之上下，甚至露及其背，如𡆥，或毀棺之一面，如𡆥形。恐無此理。」但𠂉首與足露出于棺之上下者，乃以刀筆刻字，易於滑出之故，甲骨中此例甚多，並不足奇。又露及背者，僅後編一例（六四），且與其同文之三片（六五），其𡆥字所從之𠃌，皆不露背，知亦偶然之筆誤而已。「至所謂毀棺之一面如𡆥形」者，當指前編之一片（六六），然細審之，原文實作𡆥，以拓本不清，葉氏誤以為「毀棺之一面」耳。郭氏謂囚字從井中有人，「古者囚人于坎陷，故古文以井為刑」，唐蘭先生亦有此說（六七），辭多揣測，難以確信。郭氏又謂「不𡆥」猶言「亡𢦏」，似以𡆥為抽象名詞，有𢦏害之義。然就前引卜辭考之，言𡆥者十九，言不𡆥者三十四，言其𡆥者十七，言不其𡆥者一，言亡其𡆥者一，言勿𡆥者一，言㞢𡆥者僅二見（六八），是亦明明為自動詞，而非抽象名辭。故釋囚，而以為𢦏害之義，亦不通也。

民國十八年，山東滕縣安上村曾出土大批銅器，其時代當屬於西周之末季，其墓中之槨，即作井形（六九）。民國二十三四年，殷墟發現殷王陵墓，規模宏偉，其墓與槨，多作亞形（七〇）。井者連其四邊，則為卄為亞，成亞形矣。余疑古者一般之棺槨皆作井，殷王過奢，乃有作亞形者。是囚字所從之井，固不必為井，而所從之𠃌，由疾字作𤕫，知其當為臥於棺槨之死人也。

茲再就前引卜辭考之，如第六五、六八、六九、七〇、七一、七二、七三等七辭，𡆥字作𡆥，象人死後臥於棺槨之形，周圍加∴者，象土所以埋之。又如第一九辭𡆥字作𡆥，第五辭𡆥字作𡆥，則象人死葬埋，封而樹之。倘釋為囚，則土與樹者，將何以說之。

前引二辭言「☐疒（疾）☐𡆥」，一一辭言「貞㞢（有）疒（疾）年，其𡆥。」三二辭言「☐鬲妹子疒，（疾）不𡆥。」五八辭言「貞㞢（有）疒（疾）羌其𡆥」。因疾而𡆥，其為死字至明。

且觀𡆥之主詞，為王者二，為帚者十二，為王子者二十一，為王之師傅近臣者九。其非王者，亦皆與王之關係最為密切，則其疾病生死，自為王所關心，而必見之貞卜。如前引十四辭「□丑卜，貞王𡖅㞢𡆥」，言王夢，有死也。一五辭「丙子卜，宁，貞令𡆥我于㞢自，𡆥告不𡆥，十二月。」𡆥疑葬字，疑此辭蓋謂殷戰事失利，恐身死於戰陣之間，遺命武將𡆥，使葬之，𡆥則告王不致於死也，其意至明。倘釋為囚，安有為王者亦自受其刑獄之苦乎？

又如七四辭言「馬𣦵」，七五辭言「馬不𣦵」，七六辭言「馬其𣦵」，七七辭言「七白馬一𣦵」。夫人者固可以囚之矣，畜馬有廐，(七一)，亦可以囚之乎？倘釋為生死之死，則一切釋然矣。

考卜辭别有□字(七二)，象人跽而拜于朽骨之旁，當即後世之死字。説文「歺，澌也。人所離也，從歺從人。」然其義實為屍體之屍，饒炯曰：

死即尸之或體，人氣滅則身僵卧，故尸從人横之指事。人離气則骨肉朽腐，故死從人從歺會意。如葬下説「藏也，從死在茻中，一其中所以薦之」。其説藏也者，非以死即尸，何得云藏？其説從死在茻中者，非以死即尸，何得云在？其説一其中所以薦之者，非以死即尸，何得云薦？自以尸專名已死之軀，又因其身没不覺，如器物之設列，而又訓為陳也，則死亡之死，遂於尸身之尸，同字分義，即人遂不知死即尸字或體，屍又合二為一也(七三)。

今人楊樹達氏作釋死，(七四)凡舉五證，以明死為屍體之義，其説尤為辨悉。又胡光煒曰：

毛公鼎「雩三方□母動」，盂鼎「王曰盂！迺紹夾□」，以□為屍，而其誼皆訓主，又祭主為尸。歺既通屍，亦通為尸，卜辭之死字，以文誼求之皆為尸。(七五)

蓋𣦵字本為生死之本字，及本義湮晦，乃借屍體之死字當之，别造一從尸從死之屍，以為屍體之字。然在甲骨文字之中，生死之本字，皆作𣦵，則至為明顯。【釋𣦵　甲骨學商史論叢】

◉董作賓　死字从井。為棺木。从人在棺木中。此字周圍又多了四點。更表示着棺木埋入土中。【殷墟文字乙編序】

◉陳夢家　(大盂鼎)「死司」西周金文習見，如康鼎「王命死司王家」，蔡毁「死司王家……司百工……」。死有永義：毛公鼎「死毋童余一人才立」，文侯之命「予一人永綏在位」，可以為證。「死司戎」即終身管理諸戎之事。【西周銅器斷代(三)　考古學報一九五六年第二期】

◉高鴻縉　按此(□)為屍體之屍之初文。字倚□(裂骨)畫人俯首無生氣之形。由物形□生意。故為死屍之意。名詞。後人通叚用為生死之死(動詞)。乃加尸聲作屍。以還其原動詞之死。古原作□。从人在墓井中會意。自以□代□。而□字廢。又説文□。人之終所存形骸也。从死尸。尸亦聲。誤以後起字為初字矣。【中國字例二篇】

◉屈萬里　卜辭□字，羅振玉釋死，是也。本辭之□與金文及説文死字同。當亦死字。【殷墟文字甲編考釋】

◉姚孝遂　卜辭曾見「死」字，其形體作□或□；其辭例為：「隹死」(《前》5·41·3)；「不隹死」(《下》4·16)；「不死」(《乙》4860)。

胡光煒認為「以文誼求之，皆為尸，蓋記卜尸之事。」今據圖四所見的「子敉不死」觀之（未曾著録），其誼仍當為「死亡」之「死」。固然金文中的「死」字都作「尸」字用，但金文所記，从未牽涉到有關生死的事情，不能因此就斷言古代的「死」字僅用作「尸」。何況金文中「生霸」和「死霸」，「生」與「死」也是相對為言。此片的「死」字作□，所从之小點，象人死後以土覆蓋之形，而所从之「□」，則示死後化為朽骨之意。這與□之象人跪禱于朽骨之旁的形體稍有不同，而與□形相似，只是繁簡有別而已。《續甲骨文編》誤將□字混入□字（孫詒讓曾釋□為「設」）。□、□、□都毫無疑問應當是「死」字，其本義乃指死亡而言，用作「屍」或「尸」，乃其引申義。後世文字孳化，「死亡」之「死」作「死」，「屍體」之「屍」則另作「屍」字以當之。至于「尸」字則本作「□」，即「夷」之初文。

【吉林大學所藏甲骨選釋　吉林大學社會科學學報一九六三年第四期】

◉李孝定　胡氏推衍丁氏之説。釋𣦵為死。其説甚是。惟謂卜辭之□為屍體之本字。則有可商。卜辭□字仍為自動詞。非名詞也。原文見前引。屍體字本無正字。漢人多叚死字為之。漢葬磚中常見「某人死在此下」即屍在此下也。許書葬下説解以死為屍。乃漢人通習。至尸字乃象人坐形。與席地而坐者不同。殆古東夷坐姿如此。故古文以尸為夷也。故許書引申訓陳屍則後起之屍體專字。卜辭亦叚□為屍。

◉李孝定　契文死字作□前五・四一・三一、作□後下・四・十六，羅振玉釋死，云：

「此从□，象人跽形，生人拜於朽骨之旁，𣦸之誼昭然矣。」見增訂殷虚書契考釋中，五十三葉下。

各家从之，均無間言。字又有異體作□藏四十・四，極多見；又作□續存二二一八，亦數見。又作□甲編一一六五、又三八三七，凡二見。其作□者，丁山釋死，云：

「𣦸本作□，象人在棺槨之中。」見釋疒，載集刊一本二分。

董彦堂先生、殷虚文字乙編序十七頁。胡厚宣商史論叢初集第四册釋丼從之。此外諸家說者紛紜，商承祚釋囚，見殷虚文字類編卷六第六葉下。葉玉森殷虚書契前編集釋一卷一二一葉下郭沫若卜辭通纂考釋別一第二葉下從之。孫詒讓釋刱，見契文舉例下卷十葉下。唐蘭從之，見古文字學導論下卷六十八葉上。謂从人之字，古每誤為从刀。屈萬里釋困。見殷虚文字甲編考釋八葉。其作□者，羅振玉釋因，無說，見增訂殷虚書契考釋中七十四葉上。諸家皆从之。魯實先則於□□二形皆釋因，謂即詩皇矣「因心則友」之因，其義為親、為至；另一義則為方名。見殷契新詮之一第十七至二十三葉。胡小石先生謂卜辭死□通屍，亦通祭主為尸之尸。見說文古文考。楊樹達謂□為屍之本字，為名詞。見積微居小學金石論叢二二葉釋𣦸。按說文：

「𣦸，澌也，人所離也，从歺，从人。□，古文𣦸如此。」

此契文作上出四形，□、□二形，从歺相同，一从卩，一从人，古文偏旁人卩無別，羅振玉釋𣦵為𣦸，屈萬里謂□亦𣦸字，見殷虚文字甲編考釋一六九葉。其說均是。其作□者，商釋囚，孫釋刱，屈釋困；作□者，羅釋因，均誤。當从丁說釋𣦸，作□者，即□之異構，古文偏旁从人从大每亦無別也。此字就字形言，當分為二系：□□為一系，象人拜於朽骨之旁；□□為一系，象人在棺槨之中；其形雖有別，然以辭例考之，固是一字。至何以一字而衍為二系，其間蓋亦有故，今請舉其辭例之尤要者，略申論之。卜辭作□者僅二見，其形與篆文同，其辭云：

「己酉卜，王不□，隹死？九月。」前五・四一・三。

又一云：

「己酉卜，王不□，不隹死？」後下四・十六。

此二辭為對貞，均於「王不」下有闕文，就字體及原片在龜甲上所應居之位置覘之，當為一甲之折裂為二者。其作□者，似亦僅二見，辭云：

「☐六日壬☐，夕𣦸，☐𦍒鼄☐？」甲編一一六五。

「卜𣦼？」甲編三八三七。

作𣏟者無慮數十百見，大抵均為「某人名其𣏟。」「某不𣏟。」以其辭例過簡，釋死、釋囚、釋因訓至、釋困、釋荆，似均可通讀，凡此均不贅引，今僅舉就其辭意可以確證必為死字者數條如下：其一云：

「□丑□卜，貞，王夢有𣏟大虎，隹□？」拾・十・七。

乃紀夢之辭，隹下闕文當為「禍」、「祟」、「壱」之同義字，謂王夢有一大死虎，其為禍祟乎？𣏟字在此為狀詞，舍釋死外，均不可通。

「貞有疒疾，羌其𣏟？」前六・一・五。

上言有疾，下言其死，文義相因，如云其困、其囚、其刑、其因，均與有疾之辭不相應也。

「☐母☐子疒，不死？」藏一六八・一。

「貞王𠿬硈疒，隹有𡆥，其死？」甲編三〇八〇。

「□丑卜，☐有疒，死？」甲編三三六七。

「乙丑□卜，□貞，雍弖疒，貞今般死？」佚五二五。

「☐疒☐死？」録五五八。

凡此均以疒字與𣏟字連言，可以證其必為死字。

「馬死？」續五・六・三與簠徵・人名・五五重出，又簠徵・文字・十三辭同。

「𣪊殘文，疑龍字。馬不死？」簠徵・雜事・九七與續・五・六・三重出。

此貞馬之死不死，豈囚、刑之施，亦及牛馬乎？或謂馬乃官名或人名，然它辭有云：

「丙午卜，爭貞，七白馬，一𣏟，隹丁取？二月。」甲編・三五一二。

它辭馬字，尚可解為官名或人名，此則必為牛馬字無疑也。又云：

「癸丑卜，㱿貞，旬亡禍？王占曰：『有祟。』五日丁巳，阱死。」藏二四・七二。

「貞，旬亡禍？旬火，讀為禍。帚妊子死。」前六・四九・三。

「癸未卜，㱿貞，旬亡禍？王占曰：『徃，迺兹有祟。』六日戊子，子敄死。」菁一・一。

此數辭上言有禍或有祟,下言某死,乃紀驗之繇辭,其文義相應,如釋為因或刑,則因刑之施,所以當其辠,不得與有禍或有祟相應。如釋為因訓為至,則子某之來,何以遂為祟禍乎?又云:

「庚辰卜,王,朕敂羌,不㞗死☐?」前四・三八・七。

王下省一貞字,卜辭常例。敂有殺義,于省吾説,見殷契駢枝四六葉。上言殺而下言死,其義亦相屬也。又云:

「丙子卜,賓貞,令𡿧⿻井死我于有𠂤,冎告不⿻井死?」續五・四・三與簠徵・人名・五五重出。⿻井死疑葬字之異構,𢪒即葬字。从死,从爿,象人臥床上,即許訓「一其中所以薦之」之「一」,爿亦聲也。我,人名。有𠂤,地名。葬、死並見,亦可證也。又云:

「□甲申卜,貞,𧊒冎骨□同有疾,旬又二日,□乙未,𧊒允冎□同□有□疾,百日又七旬又□六□日,□庚寅,𧊒亦有疾,□之夕𥁕,丙申⿻井死。」藏五・三所闕之字,除末段「之」字,係據它辭辭例逕為補足外,餘據唐蘭天壤閣甲骨文存考釋六葉下所補迻録。「冎同有疾」,唐釋「卣同有疾」,讀作「攸同」。

此片歷述𧊒獲疾之經過,先後凡百九十五日,為一頗為完整之病歷紀録,其結果,𧊒仍不免於死亡之命運,此辭之⿻井死,舍釋死外,固無一能與辭意相當者,更足以證其必當釋死也。作因者辭云:

「癸未卜,貞,戠不因。」前五・三八・三。

「□子卜,子貞,□翌啓因。」後下・四三・三。此辭漫漶。

「辛囧,壬午,王貞,旨不因。」佚五七七。

「壬子卜,☐其大☐⿱⺊⿴囗十☐因。」續存二二一八。

字象人臥棺中,除第四辭闕文較多,辭意不明外,餘辭辭例均與⿻井死字同,釋為死,於辭意亦甚順適,且古文偏旁从人、从大每無别,故知為⿻井死之異構也。因字羅釋因,非是,因與小篆之因,形體雖同,實非一字,説文云:

「因,就也,从□大。」

自來解許書者,均囿於許説,就字形从□大以求其所以訓就之故,其説往往支離牽傅,殊不足以饜人意,惟朱駿聲説文通訓定聲引江永説曰:

「因象茵褥之形,中象縫線文理。」

朱氏復申其説曰:

「按即茵之古文,江説是也。席篆古文作⿸厂因,蓋从因厂象形,廣雅釋器:『因,席也。』正因字之誤文。」

按二氏之説是也，因丙囦異名同實，字形亦極相近，以方言殊異，遂衍而茵簟席三字耳。至訓就之因，古無正字，乃假因茵席字為之，然則因本非「从□大」則契文之因之不當釋因，昭然甚明也。此四形既本為一字，何以分為二系，蓋亦有説。卜辭[illegible]字所見二辭，上均言「王不☐」，其下殘泐，當為「不豫」之同意語，言王有疾，貞其死不死也。而其它作「[illegible]」諸辭，凡數十百見，絶無一辭與王之本身有關，因疑[illegible]為王死之專字，象人拜於朽骨之旁，所以示崇異，王以外諸人之死，其字則衹象人臥棺槨中之形，所以別尊卑也。禮記曲禮云：

「天子曰崩，諸侯曰薨，大夫曰卒，士曰不禄，庶人曰死。」

此雖後世彌文之制，然殷時用形體不同之二死字以別尊卑，宜不足異也。[illegible]行而[illegible]因廢者，以[illegible]因二形與後起之囚因形近易混，遂廢不用耳。【讀契識小録之二　歷史語言研究所集刊第三十六本】

◉商承祚　第五七簡簡足

☐死，又敓，㠯亓古敓之，與禱犬繡玉一環，矦土司命，各一少環。大水，葡玉一環。鼉齣

有編組刻口。

死，即死，與《古文四聲韻》引古文《老子》之死、中山王譻兆域圖之[illegible]形同。犬，遬禱對象，亦見第八五簡。甲骨文有此字，為貞人名，或釋扶，説見後。繡，備之異體。葡，備之省。《集韻》卷七至韻：「葡，通作備。」字形或作犕，《字彙·用部》：「犕，俗作葡。」按葡、備為本字，通作佩。《史記·魯周公世家》謂周公因武王有疾而自以為質，「北面立，戴璧秉圭，告于太王、王季、文王。」《集解》引孔安國曰：「璧以禮神，圭以為贄。」此謂繡玉一環，即指以一枚繡玉禮神。《禮記·祭法》所記次第：先天地山川，次祖考宗廟，再次社祀。此簡所述，先父犬，次后土，司命，先小後大，與之相反，次第與第四一及四二簡相同。大水之神置於後，當與其祭祀目的有關，為祈求消除疾病，而先內後外。【江陵望山一號楚墓竹簡疾病雜事札記考釋　戰國楚竹簡匯編】

◉張政烺　死字銅器銘文中常見，除生死一義（如「既死霸」）外，皆讀為尸，其義為主，吳大澂《字説》中之《死字説》曾評論之，學者信之無異詞。尸是動詞，其前當有句主，即哀成叔，从習慣省略，金文中多有此例。【哀成叔鼎釋文　古文字研究第五輯】

◉李孝定　吳大澂氏謂死即屍，是也，古有死無屍，至漢猶然，屍字合尸死二文成字，例屬後起，劉心源氏之説誤。高鴻縉氏説[illegible][illegible]二字，可商，殷人[illegible][illegible]二字並行，[illegible]似為王者之專用字，猶後世之言崩言薨，[illegible]則為凡死之偁，説詳集釋。楊樹達氏説死字甚精當。【金文詁林讀後記卷四】

薨

◉湖北省文物考古研究所　北京大學中文系　[四八]簡文「死」字大致可以分為兩體。「之」字作止者，「死」字作□(三九號)或□(四七號)。「之」字作止者，「死」字作□(五四號)、□(一七六號)或□(四八號)。後一體「人」寫在「歺」的下方，與《說文》「死」字古文□及三體石經《多方》「喪」字古文□所從之「死」相同。「歺」旁寫法亦與之相近。四八號簡的「死」字重二「人」字，隸定當作「□」(五八號「死」字與此同)。前一體「歺」旁作□，寫法較特殊，但據下七八號簡「殆」字作□，可知確是「歺」字。古人占卜疾病吉凶之辭，常言「無(毋)死」、「不死」，見《史記·龜策列傳》。【一號墓竹簡考釋　望山楚簡】

□袁安碑　癸丑薨薨之誤字　□□石經僖公　公薨于小寢　【石刻篆文編】

◉許　慎　□公侯𣨛也。从死。瞢省聲。呼肱切。【說文解字卷四】

◉馬叙倫　鈕樹玉曰。廣韻引𣨛作卒。倫按從瞢省聲而音在曉紐者。瞢從旬得聲。旬音匣紐。曉匣皆舌根摩擦音也。薨為死之轉注字。同為摩擦次清音也。公侯𣨛也乃緣春秋書法而為詞。非本有此別也。或本訓𣨛也。校者加公侯𣨛也。傳寫如此。【說文解字六書疏證卷八】

◉徐中舒　伍仕謙　庿，从苗，當即薨之省文。人死曰薨。《禮記·曲禮》「公侯曰薨」，以此為公侯死之專稱，乃經師強為分別之詞。【中山三器釋文及宮圖說明　中國史研究一九七九年第四期】

薧

□薧　說文从死蒿省聲　此為从土蒿聲　盗壺　以取鮮薧　周禮庖人作鱻薧　鄭司農云　鮮謂生肉　薧謂乾肉　【金文編】

□袁敞碑　碑誤薨為薧　薧字重文　【石刻篆文編】

◉許　慎　□死人里也。从死。蒿省聲。呼毛切。【說文解字卷四】

◉馬叙倫　王筠曰。死人里也此說不合。周禮鱻薧。此古義也。薤露蒿里出於田橫門人。是漢義也。蒿里者。蒿萊所生也。改之為薧。則薤露又當如何改之乎。倫按薧為薨之雙聲轉注字。死人里者。附會蒿里之說。校者加之。轉捝本訓。或字出字林也。【說文解字六書疏證卷八】

𣨙　𣨙　冎　冎

◉許　慎　𣨙戰見血曰傷。亂或為惽。死而復生為𣨙。从死。次聲。咨四切。【說文解字卷四】

◉馬叙倫　鈕樹玉曰。廣韻引惽作惛。玉篇引無亂字。惽亦作惛。錢坫曰。𣨙即死而復生謂之蘇之蘇。蘇𣨙聲之轉。王筠曰。惽當為㱪。呂氏春秋仲秋紀。則知兔起凫舉死㱪之地矣。注。㱪音悶。謂絶氣之悶。此借惽為㱪。倫按此字疑出字林。本訓亦捝矣。【說文解字六書疏證卷八】

 粹一三〇六　金文魚匕䏌字骨旁从此　知々為古冎字　 掇一・四三二【甲骨文編】

 冎古瓦切【汗簡】

◉許　慎　冎剔人肉置其骨也。象形。頭隆骨也。凡冎之屬皆从冎。古瓦切。【說文解字卷四】

◉陳夢家　過伯毁从冎不从咼，知古文咼本作冎，口乃後加，猶卜辭商周二字本不從口也。故知說文之過禍皆當从冎，而過禍實冎之孳乳字也。冎為卜骨之形，引申為骨，故小篆骨字从冎有肉者亦冎字之孳乳字也，骨之从肉乃其義符，說文又有肯字，作肎，注曰，「骨間肉肎肎箸也，从肉咼省，」與骨字註「肉之覈也从冎有肉」相同，莊子養生主「技經肯綮之未嘗」，釋文引字林「作肎，口乃反」，其音與骨亦近，是骨肎實即一字，說文于肯字下別注「一曰骨無肉也」，而古文肯字作冐，冐者亦从冎所譌變，漢華山亭碑綏民校尉熊君碑肯字作𦙶，从囚乃卜辭作囚之省，是肯骨皆从囚。

篇海「囚音骨」，龍龕手鑑「囚，其九反」，骨與咎聲近相叚。說文「咎災也」，易繫辭「无咎者善補過也」。洪範「其作汝用咎」，疏「咎是過之別名」，詩北山「或慘慘畏咎」，箋「猶罪過也」，是咎與過同義。說文：「禍，害也，神不福也。」禍即過也。卜辭凡言「亾囚」皆謂亾咎亾禍亾過也，凡言「鳳不隹冎」（鐵一八八・一）、「今日鳳冎」（上三一・一四）、「今辛未大鳳，不隹冎」（前八・一四・一），皆謂風不隹禍風禍也。

卜辭冎或从丂作冎丂，戩壽堂（四六・八）「子又冎丂甫今……」，疑即歺之別構，說文，「歺，腐也，从𣦵丂聲。」而𣦵「从半冎」，是𣦵冎同為骨類；又習見一術語曰「今冎㞢九𡿺」（前三・廿八・一及四・三七・五）从止冎，疑即過字，卜辭𧺆作𣦻，與此同例。

卜辭冎又叚作器名，戩四六・三「……寅三旬冎三」，明義士藏骨「癸丑三冎一槃一口」，冎即楇也。說文，「楇，盛膏器，从木咼聲，讀若過。」方言九，「車釭，齊燕海岱之間謂之鍋，或謂之錕，自關而西謂之釭，盛膏者乃謂之鍋。」史記孟荀列傳「炙轂過髡」，集解云，「劉向別録過字作輠，輠者車之盛膏器也。」索隱云，「盛脂之器名過，與鍋字相近。」卜辭謂三楇一槃，與槃對言，必器名無疑，竊疑骨本中空，古或有以之盛膏者（猶今人以羊角盛物），故謂之冎也。

卜辭又有冎字，見甲骨文編坿録十七頁，象卜骨上有黑點，疑是點或墨。辭云「冎犬」者黑犬也，又云「冎雨疾」謂點雨急也。周禮卜師「揚火以作龜，致其墨」，注，「揚猶熾也，致其墨者熟灼之明其兆。」又占人，「凡卜筮，君占體，大夫占色，史占墨，卜人占坼。」卜辭此字象致墨于卜骨之形，故疑是墨字也。

後編下（十七・九），「己卯卜口貞今日啓。王冎曰：其啓？隹其晦？大啓。」與卜辭習見之「王固曰：其雨」（戩一四・七及前四・二五・二等）同例，是固字亦或作冎，明固之音讀亦同于𡆥。𡆥讀若咎，則固聲亦當近之，然則固者卟字也。説文，「卟，卜以問疑也，从口卜，讀與稽同。」又曰「稽，留止也」，「䅲，䅲䅳而止也，从稽省咎聲。」是稽與䅲一字而稽亦咎聲，故卜辭固从冎（咎）聲，與説文卟讀若稽同。又卜辭屢言「王固曰其雨」，皆問疑之辭，故固卟應是一字。

晚期卜辭「王固曰」之固皆作𡆥，从冎从乂（甲骨文編坿録三五）。案卜辭骨凶辭云「帚杞示，七乂又一（，賓」（後下三三・一〇）。又云「文示，四乂出又一冎，口」（林二・三〇・一二）。是冎即（，（者象卜骨横剖面之形，殷之晚世合二者為𡆥，其字仍讀若咎，即説文之卟，尚書之稽。（日本東洋文庫藏未改字，古文尚書盤庚篇兩稽字作各，又宋牛鼎銘「帝若稽古」之稽作𠧟，皆从占。）又骨臼辭之「一冎」疑亦檛字，器名。（又）與冎或為同音叚借字，𡆥則為从冎）聲。）

又晚期卜辭「亾𡆥」之𡆥皆作䏶，从冎从犬（甲骨文編卷十頁六），犬即狗也，狗咎音近，犬（狗）為聲符，故亾䏶之䏶仍讀若咎。

總上所述，卜辭之冎象卜骨之形，讀若咎，故同音叚借為咎，孳乳為過為禍，加義符肉為骨為肯，又孳乳為檛為鍋，為器名。卜辭「亾冎」、「出冎」（林二・廿七・一二）、「降冎」（前四・三九・一及佚存三六）為名詞，「風不隹冎」者風不隹又禍也，冎仍名詞，其用與動詞同。冎加口為固，為問疑之卟（稽）之專字，為動字。晚期卜辭，固字增）以為聲符，）或象骨臼横剖面。𡆥字增犬（狗）為聲符作䏶。卜辭𡆥又有作乃者（甲骨文編坿録十七），象龜殼之形（參看卜辭龜字及鼀字甲骨文編坿録二三），讀若龜，龜咎音亦近。

【釋冎　考古社刊第五期】

◉郭沫若　第一四二片「癸卯……乙……允……癸丑貞旬亡𡆥。癸酉貞旬亡火。癸卯貞旬亡𡆥。癸酉貞旬亡𡆥」。（右行）

𡆥字余舊釋為繇，以其字象卜骨呈兆之形。後于骨臼刻辭得「四乂出一冎」之一例，林二・卅・一二。釋冎為冎謂即骨棄。冎即此冎乃字之草率者，其字簡畧出之則為冎乃諸形，因疑凡卜辭「亡𡆥」字均是「亡冎」，讀為無禍，但苦無確證。今得本片，此疑乃斷然證實矣。卜辭「貞旬亡𡆥」之辭不計其數，然本片第三辭獨云「貞旬亡火」。火禍同紐，而音亦相近，古音火蓋讀如huau（燬），禍蓋讀如hua（化），故得通假。是則𡆥之為冎、為禍，確不可易矣。𡆥字入帝乙時代則代以嗀字，其字从一獸形，似犬而實非犬，余初釋為猷，今案實象形冎聲，乃猓然之猓也。文選吳都賦「狖鼯猓然」，劉注：「猓然猿狖之類。」狖之為物仰鼻長尾，與所从象文形正相當。故必為猓，而以同音假借為猧。如此，則字字順適矣。莊子逍遥遊篇：「適莽蒼者三飡而返，腹猶果然。」言腹如猓然之肥滿也，舊未得其解。

右自一五二四片以下凡十一片，其文均自成一例，與尋常之卜辭不同，與骨臼刻辭亦复不同。此外尚有所見，如「……矣三圓，冎三」，續六·一四·一。如「乙丑矣三……」，續六·廿七·三，凡將齋藏。如「……圓，冎二」。林一·七·三。余意此等當是治作龜骨之紀録。矣殆鑴之初文，後人以鑽為之。从矢从口，示以刃器穿孔也。冎字作動詞用。即今俗所作剮。「矣若干，冎若干」者，前者蓋就龜言，後者蓋就骨言，即謂鑽若干龜，鑿若干骨也。就龜骨本身考之，均先施鑽鑿而後供燋爇，而骨多用鑿，龜必鑿而後施鑽，蓋龜堅于骨也。故古人言作龜，每僅言鑽龜，莊子外物篇「刳龜，七十二鑽而無遺策」，荀子王制篇「鑽龜陳卦」。此于「矣若干」之下又有繫以圓字者，蓋殷人于龜甲亦稱圓也。有于「矣若干冎若干」之下繫以「自□」，蓋志龜骨之所自來。

【殷契粹編考釋】

◉馬叙倫　鈕樹玉曰。剮當作𠛙。説文無剮。韻會引無形字。篆作。饒炯曰。冎即骨之象形本字。因形不顯。乃加肉以箸之也。唐蘭曰。過伯毁之即過也。從辵。從。即冎也。魚匕字所從之即骨字。卜辭之即歄字。倫按饒唐二説是也。初文骨字本象形作。此上之象骨之耑處也。金甲文則象兩耑之也。説解本作骨也。以今釋古。校者不知。則以剮人肉置其骨説之。自後世有剮刑外寧有此忍事乎。頭隆骨也亦校語。【説文解字六書疏證卷八】

◉李孝定　説文「冎。剮人肉置其骨也。象形。頭隆骨也。」卜辭作上出諸形詭變至多。諸家之釋此者亦紛紜糾纏。誠如唐氏所言。極魚龍曼衍之觀。如釋悔。釋胸。叚為凶。胸上而呈卜兆殆為龜胸之專字乎。可發一笑。諸説之誣可以無辨。郭釋冎。陳氏於冎字形體之演變復舉例加以證明。其説極是。而唐氏疑之。謂字當釋卣。或讀為攸。或讀為卟。或讀為咎。或讀為繇。其意蓋謂卜辭之均為一字。以其所居辭例之不同。而音讀各異。按。當釋占。當釋卟。字並从冎。而實非字。已詳三卷占卟二字條下。實象卜用牛肩胛骨之形。其與原物最肖者作。自餘詭變雖繁。大抵為筆畫繁簡曲直小異。而其形則仍與牛胛骨相似。字上从象骨臼。象骨臼下就牛身之生理部位言實當云骨臼上經整治後所具之坎陷。其右側或左側作形者。卜用牛胛均於骨臼下之一側鋸去直角形一小塊。故作以象之也。其下作。均下侈上斂。亦胛骨之自然形狀。今舉卜骨之照片一幀見下圖以與卜辭諸冎字相較。則無待繁言而解矣。其中从卜亦象卜骨呈兆形。唐氏謂卜為枚卜。其説亦非。已詳之卜字條下。至唐氏謂骨肉毛羽隨所見而象之。豈必有卜用之牛胛骨。始制冎字。是亦不然。蓋骨之為物。既有人獸之別。復隨其部位而異形。長短方圓。殊難畢肖。惟牛胛骨既用於卜事。為當時習見。習用之物則先哲制骨字即於此取象。實不足異。所謂近取諸身。遠取諸物也。冎即骨之初字。小篆作骨為後起卣字。許訓列骨之殘。卜辭作□。作□。正□□之殘體。此亦可為□當釋冎骨之左證也。占卟二字既皆卜事。則其字从卜骨取象。正理所宜。然其字从口从冎。卜骨。小篆从口从卜。則从冎之省也。冎或不从卜。象未用之骨。从卜者。則已卜之骨。二者實為一字。字在卜辭凡數百見。間嘗徧檢其辭例。其絕大多數皆當讀為禍。唐氏謂王固曰之固亦作□後・下・十・二。或作□後下・十七・九。即據以斷言□冎與□占為一字。惟細審影本後下・十・二片之固作□。疑是□字之未刻全者。

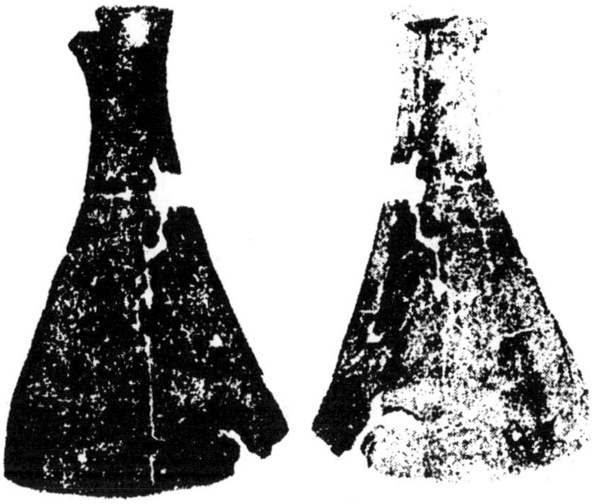

後・下・十七・九片之固作□。實不作□。仍是固字漏刻一橫畫一直畫者。二者皆非冎字。自餘諸冎字絕無一用為王固曰之固者。足證固字雖以冎為旁。从而二者絕非一字也。◎綜之。卜辭諸□字。釋為冎骨。讀為禍。於諸辭均可通。讀至固□二字。則為从冎之字。當釋占。若卟與冎。非一字也。【甲骨文字集釋第四】

◉于省吾　甲骨文冎字作□或□形。晚周器魚鼎匕「䈠出䈠入」的䈠字，舊不識，余在雙劍誃吉金文選始隸作䈠，並謂「䈠當讀滑，同扣，小爾雅滑，亂也」。金文編曾引用余說。甲骨文編又根據金文編謂：「金文魚匕鋗（按本應作䈠）字骨旁从此，知□為古冎字。」至于𩨷讀滑的義訓，在此附帶加以訂正。說文謂「滑，利也」。周禮食醫的「調以滑甘」，賈疏：「滑者通利往來。」用匕以取實于魚鼎，取其出入滑利，如讀滑為抇訓亂，則于文義不符。

說文：「冎，剮人肉置其骨也，象形頭隆骨也。」按許說不盡可據，象形頭隆骨之解尤誤。饒炯說文解字部首訂：「冎即骨之象形本字，因形不顯義，而骨乃加肉以箸之也。人身惟頭多骨，故篆象人頭隆骨，以為凡肉覈之稱。」饒氏以為冎即骨象形本字，這是對的。但饒氏未見古文初形，故仍附會許說。

甲骨文▢字本象骨架相支撐之形，其左右的小豎劃，象骨節轉折處突出形。金文𩨷字从骨作▢，係从肉冎聲的形聲字。象形字再加形符變作形聲，乃文字孳乳之慣例。說文謂骨「从冎有肉」，誤以形聲為會意。西周器過(過)伯簋和過伯爵的過字所从的冎，與甲骨文同形。冎既為古文骨字的初形，骨過雙聲(並見紐一等字)，故過从骨聲。古鉨文「陰滑」之滑右从骨作▢，為小篆所本。

甲骨文𡆥字作▢(佚九五〇)，舊誤釋為𣣏或𣣤。說文：「𡆥，逆惡驚詞也，从𣎵冎聲，讀若楚人名多夥。」段注：「史記漢書多假𣣏為禍，𣣏即𡆥也。」又甲骨文的別字作▢(乙七六八)，右从冎。

商器父□斝有▢字，舊不識，金文編入于附録。以甲骨文網字作▢也作▢以及車字縱列橫列無別證之，則▢字自係冎之橫書者。至于其篆劃稍有繁簡，自是古文字的常例，不足為異。

總之，前文既闡明了▢為骨字的初文，象骨架相支撐形，其左右小豎劃象骨節轉折處突出形，後來冎字孳乳為骨，遂成為从肉冎聲的形聲字，這就糾正了說文的誤解。至于商代金文中舊所不識的▢字，以古文字橫列豎列往往無別證之，無疑它也是冎字的古文。古文字中冎和从冎的字既然常見，則甲骨文的▢▢▢▢▢▢等字，舊釋為禍、冎或骨，又釋迵或𠱠為過，都是主觀臆測，毫無根據的。【釋冎　甲骨文字釋林】

◉徐中舒　▢象卜用之牛肩胛骨形，即《說文》冎字初形。上部之▢象骨臼之下凹，下部之▢象牛肩胛骨上斂下侈之形。又卜骨整治時於骨臼一側鋸去一直角形之骨塊，故復於骨版上部骨臼旁特別描繪▢形之缺口而作▢形。甲骨文冎或又作▢，乃由▢形簡化為▢，進而簡化為▢、▢形。【甲骨文字典卷四】

◉丁　驌　▢字各片均如一。一般均長過于寬。下端最寬，上端收窄，中部最窄，故成▢形。此牛胛骨倒轉之形也。字隸冎，實即骨字。骨上記之數為某日啓用各物件數。骨數多為三，亦見有六、十、十五者。皆指大胛骨。他骨有二種：一為▢骨，一為▢骨。【東薇堂讀契記　中國文字新十二期】

別

乙七六八　貞王往犬戋至于賓別【甲骨文編】

別 秦三四　五例　法一　五例【睡虎地秦簡文字編】

別火丞印　別部司馬　別部司馬　別部司馬　別秦　別趙　別成【漢印文字徵】

祀三公山碑　山三條別【石刻篆文編】

◉許　慎　分解也。从冎。从刀。憑列切。【説文解字卷四】

◉林義光　古作。吳尊彝裂字偏旁。作攈古録格仲尊裂字偏旁。从斤。轉注。象分別形。説文云。𠔁分也。从重八。孝經説曰。故上下有別。按經傳以別為之。疑𠔁古亦有作者。形譌為𠔁耳。【文源卷三】

◉馬叙倫　翟雲昇曰。當入刀部。吳大澂曰。疑別從𠔁從刀。𠔁即𠔁之變體。𠔁。分也。倫按從刀。𠔁聲。𠔁譌為𠔁。因改為冎耳。𠛱為分之異文。或從刀骨聲。骨別聲同脂類。分解也當作分也解也。一訓校者加之。當入刀部。字見急就篇。【説文解字六書疏證卷八】

髀

◉許　慎　別也。从冎。卑聲。讀若罷。府移切。【説文解字卷四】

◉馬叙倫　劉秀生曰。卑聲在幫紐。罷聲在並紐。皆脣音。故髀從卑聲得讀若罷。周禮夏官司弓矢。痺矢。注。鄭司農云。痺讀為人罷短之罷。釋名釋典藝。碑。被也。施鹿盧以繩被其上引以下棺也。周禮春官典同。陂聲散。注。陂讀為人短罷之罷。立部。竧。短人立竧竧皃。從立。卑聲。罷短字即竧之聲借。並其證。倫按別也以聲訓。此髀之異文。【説文解字六書疏證卷八】

骨

152【包山楚簡文字編】

骨　日甲五五背　封三五　二例　法七五【睡虎地秦簡文字編】

1672 3432【古璽文編】

骨【汗簡】

古老子 汗簡 竝崔希裕纂古 古老子【古文四聲韻】

◉許 慎 肉之覈也。从冎。有肉。凡骨之屬皆从骨。古忽切。【說文解字卷四】

◉林義光 者骨形。象肉附於。【文源卷二】

◉明義士 未詳。卜辭屢見，與同字。按象肩胛骨及骨臼之形，其中之與，則象骨之紋理及卜兆之形，疑即骨字，假借為罪辜之辜。其簡字也。卜辭之「囚」、「亡囚」，疑即「辜」、「亡辜」，與周易之「无咎」、「无尤」同義。【柏根氏舊藏甲骨文字考釋】

◉馬叙倫 沈濤曰。御覽三百七十五引。骨。體之質也。肉之核也。是古本有體之質也四字。今奪。倫按體之質也肉之覈也皆校語。或字林文。本訓捝矣。此冎之後起字。從肉。冎聲。今杭縣謂體格壯大者曰杜過頭。北平曰大過兒。杜過頭即大骨頭也。字見急就篇。【說文解字六書疏證卷八】

◉饒宗頤 卜人異形頗多，有作(屯乙八八九九)(明義士一二五八)(屯甲八〇八)者，而以作為最多。由卜「疾」之辭，證知即骨字(屯乙三八六四)。【殷代貞卜人物通考卷四】

◉李孝定 說文「骨。肉之覈也。从冎有肉。」絜文不从肉。象牛胛骨之形。即許書冎字。亦即骨之古文。說見前冎字條下。不从肉。冎字重文。【甲骨文字集釋第四】

◉白玉崢 ：未詳；或疑為骨之象形字。【契文舉例校讀 中國文字第三十四册】

◉張秉權 ，未詳，疑是骨的象形字，有時則假借為禍，這與「火」假借為禍，同樣是音近的關係。【殷虛文字丙編考釋】

髑

部昭卿字指【古文四聲韻】

◉許 慎 髑髏。頂也。从骨。蜀聲。徒谷切。【說文解字卷四】

◉馬叙倫 桂馥曰。御覽引作髑髏。頭也。廣雅。頊顱謂之髑髏。干寶晉紀。有謡云。南風烈烈吹白沙。千歲髑髏生齒牙。

髏　髆　髃　骿

據此知髑髏是頭。非頂。丁福保曰。慧琳音義五及十三及七十五希麟續音義三引。頂骨也。考韻會髏下。首骨也。今本奪骨字。倫按頊顱即髑髏之聲轉。髑髏為頭之緩言。莊子至樂。莊子至楚。見空髑髏。空髑髏正謂頭骨。然則髑髏止是頭耳。髑髏二字疑並出字林。【說文解字六書疏證卷八】

◉許　慎　髏髑髏也。从骨。婁聲。洛侯切。【說文解字卷四】

◉馬叙倫　髑髏聲同矦類連緜詞。【說文解字六書疏證卷八】

◉許　慎　髆肩甲也。从骨。尃聲。補各切。【說文解字卷四】

◉馬叙倫　鈕樹玉曰。韻會引作肩甲髆也。非。沈濤曰。御覽三百六十九引作膊。肩胛也。膊胛皆俗體。錢坫曰。漢書武帝紀。立皇子髆。孟康音博。晉灼曰。許昚以為肩髆。倫按肩甲。髆之俗名也。蓋非本訓。此今杭縣謂肩髈之髈本字。【說文解字六書疏證卷八】

◉丁　驌　□此字未見單用。武丁骨臼所刻者有「□示」，有「□」，單用。小屯南地骨上恆是「□骨」二字連文。當是骨之名稱。字前賢釋⿰貝勺。有賄賂之義。此等刻辭，□字絕非「賄」義，必是假借同音字以名骨。

「⿰貝勺」字从貝从勺。如字从貝从包，則其音讀當為「寶」。此字或如前賢所言有珍貴之義，但如稱肩胛骨為「寶骨」當是古之膊或髆字，皆肩胛骨也。契文未有「髆」字，借音同之□字為之耳。【東薇堂讀契記　中國文字新十五期】

◉許　慎　髃肩前也。从骨。禺聲。午口切。【說文解字卷四】

◉馬叙倫　春秋公羊桓四年釋文引字林。髃。肩前兩乳骨也。則此尚有挩文。為字林訓。蓋許於髑髏以下訖骸字皆止訓骨也。骨也謂骨名。艸也木也之例也。字見急就篇。【說文解字六書疏證卷八】

◉許　慎　骿并脅也。从骨。并聲。晉文公骿脅。臣鉉等曰。骿胝字同。今別作胼。非。部田切。【說文解字卷四】

◉馬叙倫　沈濤曰。左僖廿三年釋文引作脅并也。義亦得通。正義引作脅并榦也。廣雅。榦謂之肋。韋昭晉語注。骿。并榦也。是古本亦有作并榦者。倫按左僖廿三年傳作駢脅。此晉文體骨之異徵。而實病狀也。豈為此而作骿字乎。倫謂骿為髆

髀 髁 𩪘 髖 髕

或髀之轉注字。此字或出字林。【說文解字六書疏證卷八】

淮南子上升記 淮南子上升記又旁禮切 𨂂崔希裕纂古 【古文四聲韻】

●許　慎　髀股也。从骨。卑聲。并弭切。𨂂古文髀。【說文解字卷四】

●商承祚　𨂂說文。「𨂂。古文髀。」案。髀者。股也。足與股近。故从足。【說文中之古文考】

●馬叙倫　沈濤曰。爾雅釋畜釋文。文選七命注。一切經音義三及十二及十四十九及二十四。御覽三百七十二皆引。髀。股外也。是古本股下有外字。今奪。丁福保曰。慧琳音義四及九及十二及七十二希麟續音義六引作股外也。倫按儀禮士昏禮釋文引字林。骸骨也。任大椿謂骸為股譌。倫疑字出字林。【說文解字六書疏證卷八】

●許　慎　髁髀骨也。从骨。果聲。苦臥切。【說文解字卷四】

●馬叙倫　玄應一切經音義引三倉。髁。尻骨也。玄應又引字林。髁。𩨂也。罯骨也。口亞反。髀骨也非本訓。【說文解字六書疏證卷八】

●許　慎　𩪘臀骨也。从骨。厥聲。居月切。【說文解字卷四】

●馬叙倫　本書尸部屍之重文作臀。重文呂忱所加。然則此字林訓。或字出字林也。【說文解字六書疏證卷八】

●許　慎　髖髀上也。从骨。寬聲。苦官切。【說文解字卷四】

●馬叙倫　字見急就篇顏師古本。皇象本作寬。然則此字或出字林。【說文解字六書疏證卷八】

●許　慎　髕厀耑也。从骨。賓聲。毗忍切。【說文解字卷四】

●馬叙倫　鈕樹玉曰。韻會厀作膝。沈濤曰。一切經音義三及七及十二皆引作膝骨也。華嚴經音義七十三引亦同。是古本不作厀耑。以本部髀骨髎骨脛骨諸解例之。則作厀骨為是。今本乃涉下文骺字解骨耑而誤。翟雲昇曰。孝經五刑疏引亦作膝

䯏

骨。六書故引作厀耑盖骨也。丁福保曰。慧琳音義三十八及四十三引厀骨也。倫按玄應一切經音義引三倉。髕。膝盖也。字見急就篇顔師古本。皇象作臏。傳寫易之。【説文解字六書疏證卷八】

◉許　慎　䯏骨耑也。从骨。𠯑聲。古活切。【説文解字卷四】

◉馬叙倫　段玉裁曰。骨當是骸之誤。骨空論云。膝解為骸關。關䯏雙聲。倫按以從𠯑得聲求之。此活動字。盖今之脂真對轉轉注字。骨耑也非本訓。或字出字林。【説文解字六書疏證卷八】

䯊

◉許　慎　䯊厀脛間骨也。从骨。貴聲。丘媿切。【説文解字卷四】

◉馬叙倫　桂馥曰。或通作跪。荀子勸學篇。蟹八跪而二螯。王筠曰。髟部。鬢。屈髮也。䯊亦可以屈曲之物。故兩字同音。倫按王蓋知求語原矣。跪之初文為㔾。篆當作厶。詳㔾字下。象屈膝之形。音轉為跪。貴跪㔾皆舌根音。㔾其語原也。䯏䯊同舌根破裂音又聲同脂類轉注字也。厀脛間骨非本訓。字或出字林。【説文解字六書疏證卷八】

骹

◉許　慎　骹脛也。从骨。交聲。口交切。【説文解字卷四】

◉馬叙倫　脛也當作脛骨也。廣雅釋器。骹。骨也。玄應一切經音義一。骹。脛厀骨也。故字從骨。此非本訓。【説文解字六書疏證卷八】

骭

◉許　慎　骭骹也。从骨。干聲。古案切。【説文解字卷四】

◉馬叙倫　骭為骹之同舌根破裂音轉注字。史記鄒陽傳索隱引字林。骭。下諫反。【説文解字六書疏證卷八】

骸

◉許　慎　骸脛骨也。从骨。亥聲。户皆切。【説文解字卷四】

◉馬叙倫　骸訓脛骨。自非許文。然骸与骹骭同為舌根音。是轉注字也。【説文解字六書疏證卷八】

髓

髓茅君別傳文【汗簡】

茅君傳【古文四聲韻】

◉許　慎　骨中脂也。从骨。隓聲。息委切。【説文解字卷四】

◉馬叙倫　骨中脂也蓋呂忱文。【説文解字六書疏證卷八】

䯛

◉許　慎　骨間黄汁也。从骨。易聲。讀若易曰夕惕若厲。他歷切。【説文解字卷四】

◉高田忠周　元用為賜字。然字明从肉从易聲。但説文肉部無腸。腸當䯛字。説文。䯛。骨閒黄汁也。从骨易聲。讀若易曰夕惕若厲。蓋許公傳讀如此。而字元以易為聲。古音䯛賜同音可識矣。又省骨作肉。猶髕字或省作臏。臏見周禮注。【古籀篇四十二】

◉馬叙倫　徐灝曰。鍇本無讀若二字。鍇曰。當讀若易曰夕惕。然則此二字乃鼎臣據楚金説增之。是也。劉秀生曰。汗簡古文四聲韻皆云䯛出古周易。盖此本作易曰夕䯛若厲。後人據今本易及夕部夤下引改作惕。小徐復以䯛惕異文。非引經例。故曰當言讀若。大徐更據鍇語增讀若二字也。倫按骨間黄汁也盖字林訓。䯛從易得聲。易音喻紐四等。髓音心紐。同為摩擦次清音。語原同也。或本轉注字。汪中以夕部夤下引易夕惕若夤。以證彼文引孟氏易。此引費氏易。朱士端因謂費易作夕䯛若厲。故許引以證䯛字也。倫按此字當出字林。匡謬正俗引字林。䯛。丑庪反。【説文解字六書疏證卷八】

體

體　从身　中山王譽壺　上下之體【金文編】

體　不从骨　日乙二四六　四例　法七九【睡虎地秦簡文字編】

體崇私印【漢印文字徵】

泰山刻石　男女體順　史記誤作禮【石刻篆文編】

髍　骾　骼

體 古孝經 古老子 【古文四聲韻】

◉許　慎　體總十二屬也。从骨。豊聲。他禮切。【説文解字卷四】

◉馬叙倫　體實骨之轉注字。骨豊聲同脂類。體從豊得聲。豊音來紐。骨音見紐。又闌與柬之例也。總十二屬也字林文。許蓋以聲訓。【説文解字六書疏證卷八】

◉戴家祥　廣韻「體，俗作軆。」从骨从身義近，故可交換。説文四篇：「體，總十二屬也。从骨豊聲。」段玉裁注釋曰：「首之屬有三：曰頂、曰面、曰頤；身之屬三：曰肩、曰脊、曰尻；手之屬三：曰厷、曰臂、曰手；足之屬三：曰股、曰脛、曰足。合説文全書求之，以十二者統之，皆此十二者所分屬也。」按段注可从，體字原意蓋取之于身。故金文从身。【金文大字典下】

◉許　慎　髍㾓病也。从骨。麻聲。莫鄱切。【説文解字卷四】

◉馬叙倫　惠棟曰。晉灼以髍為骨偏髍之髍。故云㾓病。倫按許訓不當有病字。髍㾓同為脣音。蓋轉注字。此下諸文疑皆出字林。【説文解字六書疏證卷八】

◉許　慎　骾食骨畱咽中也。从骨。叓聲。古杏切。【説文解字卷四】

◉馬叙倫　食留咽中為骾。是為動詞。然從骨不見食及留咽中之意。口部。哽。語為舌所介也。引申則骨留咽中亦當為哽。今骾從骨而上下文皆是名詞。不得此獨為動詞。若以為骾是留咽中之骨。豈獨為此而造骾字乎。倫謂骾骨音同見紐。轉注字也。古音骨骾之臣。猶今言此人有骨子。固不取乎食骨留咽中之義。此非本訓。或此字乃呂忱校古文官書加之。玄應一切經音義引官書。骾。哽噎也。忱以字從骨。故加此説耳。【説文解字六書疏證卷八】

◉許　慎　骼禽獸之骨曰骼。从骨。各聲。古覈切。【説文解字卷四】

◉馬叙倫　鈕樹玉曰。玉篇引無之字。倫按骼蓋骨骾之雙聲轉注字。後乃以為禽獸骨名耳。非本訓。【説文解字六書疏證卷八】

骴 骫 𩪓 肉

【肯】4013 說文：鳥獸殘骨曰骴，或从肉。玉篇：胔，人子腸。【古璽文編】

◉許　慎　骴鳥獸殘骨曰骴。骴。可惡也。从骨。此聲。明堂月令曰。掩骼薶骴。骴或从肉。資四切。【說文解字卷四】

◉馬叙倫　鈕樹玉曰。韻會引明堂作禮記。非。薶作埋。骴或從肉四字繫傳無。蓋後人增。段玉裁曰。假令許有此四字。則當先冠以篆文胔。孔廣居曰。五音韻譜有重文胔。注。骴或從肉。在資四切之下。倫按周禮蜡氏。除骴。注。曲禮。四足死者曰漬。故書骴作脊。鄭司農云。脊讀為殰。死人骨也。漢書食貨志。國亡捐瘠。瘠借為骴。骴亦謂骨。蓋骴本是骨之轉注字。骴得聲於匕。匕骨聲同脂類也。後人別之耳。鳥獸以下十字明非許文。蓋字出字林。【說文解字六書疏證卷八】

◉許　慎　骫骨耑骫奊也。从骨。丸聲。於詭切。【說文解字卷四】

◉馬叙倫　段玉裁曰。丸聲在十四部。此合韻也。倫按鍇本無聲字。非是。丸聲。元類。骫聲當在歌類。歌元對轉也。文選舞賦注引倉頡。骫。曲也。骨耑骫奊也非本訓。【說文解字六書疏證卷八】

◉許　慎　𩪓骨擿之可會髮者。从骨。會聲。詩曰。𩪓弁如星。古外切。【說文解字卷四】

◉馬叙倫　鈕樹玉曰。玉篇引無之字。王筠曰。今詩淇奧作會。鄭注。弁師引亦作會。許引此謂借𩪓為會。與骨擿無涉也。知然者。弁師。王之皮弁會五采玉璂。正詩所云會弁。其下文云。玉笄。若會是骨擿。豈不複乎。彼注云。故書會作𩪓。則亦借字也。故先鄭後鄭説雖不同。而皆破為會以説之。司農又引士喪禮曰。檜用組。乃笄。檜讀與𩪓同。書之異耳。説曰。以組束髮乃箸笄。謂之檜。沛國人謂反紒為𩪓。許君之説詩也。雖未知同先鄭與否。然必本之檜用組。上文骨擿則本之鬠笄用桑。是皆可以意揣而知之矣。倫按本部所屬諸文。皆系人體。惟骾為事。而𩪓則為物。以骨為物。必不止𩪓。而獨載𩪓字乎。詩禮之𩪓。義止會髮。無涉骨擿。而𩪓訓骨擿之可會髮者。可疑也。本書會昏二聲之字每為轉注。則𩪓或䯤之轉注字也。傳寫捝失。校者補之部末。為造此説解耳。亦或字出字林也。【說文解字六書疏證卷八】

甲一八二三　乙一八八　乙二一五　佚一一　佚九一五【甲骨文編】

刀弧背右肉　亞五・五〇　仝上　【古幣文編】

255【包山楚簡文字編】

肉　法一八　十四例　秦七　七例　日甲四五背　四例　【睡虎地秦簡文字編】

肉【汗簡】

汗簡　崔希裕纂古　【古文四聲韻】

◉許　慎　胾肉。象形。凡肉之屬皆从肉。如六切。【說文解字卷四】

◉林義光　古作曆尊彝鬻字偏旁。作邾公華鐘祭字偏旁。象臠形。生人之肉曰肌。俗亦或稱肉。【文源卷一】

◉馬叙倫　鈕樹玉曰。玉篇引作胾肉也。倫按胾肉者。胾下曰。大臠也。臠下曰。切肉也。倫謂本作柔也。以聲訓。胾肉也蓋本作胾也。此字林文。明肉之為象形。乃象已切之肉。初文當作。本書肰之古文肉旁作乃象股肉之形。胾下肉字為隸書複舉之譌乙者也。【說文解字六書疏證卷八】

◉屈萬里　（第一八二三片）以卜辭膏字作及衛鼎胤字作證之。當是肉字。【殷墟文字甲編考釋】

◉李孝定　說文「肉。胾肉。象形。」小篆象胾肉連髀之形。象牲之半體。中者其肋也。栔文與小篆相近。屈說可从。【甲骨文字集釋第四】

◉金祥恆　肉，說文「胾肉，象形。」簡文隸寫之，與月作異。【長沙漢簡零釋　中國文字第五十二冊】

◉姚孝遂　合集六五〇七辭云：「貞，呼取。」乃「肉」字。【甲骨文字詁林】

◉許　慎　腜婦始孕腜兆也。从肉。某聲。莫桮切。【說文解字卷四】

◉馬叙倫　段玉裁曰。當依廣韻作婦孕始兆也。倫按本作胎也。婦孕始兆也。腜字則隸書複舉之誤乙者。婦孕始兆也蓋字林文。或校語。字亦或出字林。【說文解字六書疏證卷八】

◉朱芳圃　屯乙八七一二　屯乙八八九三　屯乙八八九八

上揭奇字，从女，从肉，當為腜之初文。說文肉部：「腜，婦孕始兆也。从肉，某聲。」廣雅釋親：「腜，胎也。」考古文女母無別，从女猶从母也。母與某音同字通，如篆文謀，古文作𢘓，作𧦝，又梅从每聲，其或體作楳，是字之从某作者，猶从母作矣。肉之初形本義，原指禽獸之肉言之，惟創人體之字，皆用肉為偏旁，因之胚胎亦借肉字為之，如甲文前三・三一・一象懷孕之豕，是其證也。腜从女、肉，結構與豚相同。說文豚部：「豚，小豕也。从古文豕。从又，持肉以給祠祀也。豚，篆文从肉豕。」小豕謂之豚，其字从豕从肉，或增又，所以持之，是胎謂之肗，猶小豕謂之豚矣。許君云：「从又持肉以給祠祀」，其失也迂。【殷周文字釋叢卷中】

肧

◉許　慎　肧婦孕一月也。从肉。不聲。匹桮切。【說文解字卷四】

◉馬叙倫　婦孕一月也蓋字林文。或校語。字亦或出字林。餘詳胎下。【說文解字六書疏證卷八】

胎

◉許　慎　胎婦孕三月也。从肉。台聲。土來切。【說文解字卷四】

◉馬叙倫　嚴章福曰。一切經音義七及十三引作二月。諸書皆作三月。淮南云。三月而胎。文選江賦注引淮南。三月而肧胎。文子。一月而膏。二月而脈。三月而胚。四月而胎。據此似玄應誤。沈濤曰。一切經音義七及十三皆引作二月。是古本不作三月。淮南精神訓作二月而胅。三月而胎。文子九守作二月而脈。三月而肧。四月而胎。皆不相同。後人習見三月為胎之語。遂據鴻烈以改許書。誤也。丁福保曰。慧琳音義卅引婦孕三月。與二徐合。六引作女人懷妊未生也。二引蒼頡篇。女人懷妊未生曰胎。倫按婦孕三月也蓋字林訓。或校語。腜肧胎聲同之類。胎肧又同為破裂次清音。腜肧同為雙脣音。是本一字之轉注也。後人乃以腜為始孕肧為一月或三月。胎為二月或三月或四月。故無定說。然胎之初文為已。準初文為始。則腜肧又由胎而轉變。胎音透紐。始音審紐。古讀審歸透。則胎為初音。始為轉音矣。餘詳已下。【說文解字六書疏證卷八】

肌

 2471  2454【古璽文編】

◉許　慎　肌肉也。从肉。几聲。居夷切。【說文解字卷四】

◉丁佛言 古鉢長肌。古鉢陳肌。古鉢肌。【説文古籀補補卷四】

◉馬叙倫 肉為切肉。乃總偁。故字象有脂肪肌腠之形。肌則今所謂肌肉也。肉也上似捝一字。然亦字林文。許當以聲訓。字見急就篇。古鉩作。【説文解字六書疏證卷八】

甲2902 乙1062 1615 1621 3521 4911 4925 5394 5596 8661 8951 佚31 383 392 續1·44·7 凡11·3 粹934 【續甲骨文編】

臚 説文籀文作膚 弘尊 九年衛鼎 【金文編】

布尖 膚俿 晉高 頜按籀文臚字作此 通于盧慮 膚俿漢志作慮俿 建初銅尺作 音驢夷 布尖 膚俿 晉高 仝上 反書 晉原 布方 膚俿 晉原 布尖 膚俿尗 晉高 布尖 膚俿 晉高 仝上 晉原 布方 膚俿 晉原 布尖 膚俿 晉高 仝上 晉原 布方 膚俿 原為倒書 晉高 布尖 慮俿 省體 晉高 布尖 慮俿尗 省體 晉高 布尖 慮俿尗 省體 晉朔 布尖膚俿 典四五〇 仝上 省體 典四四九 布尖 膚俿 亞三·九 布尖 膚俿 原倒書作 典三九九 仝上 倒書 亞三·一〇 仝上 布方 膚俿 史第七圖 【古幣文編】

84 191 193 243 243 261 【包山楚簡文字編】

臚 説文 籀文臚 秦一三 雜二九 二例 【睡虎地秦簡文字編】

大鴻臚丞 馮膚 諸膚 【漢印文字徵】

祀三公山碑 興雲膚寸 石經僖公 盧字重文 【石刻篆文編】

膚 古孝經 【古文四聲韻】

◉許　慎　臚皮也。从肉。盧聲。力居切。膚籀文臚。【説文解字卷四】

◉吴大澂　[glyph]弘尊。[glyph]或不從肉。耶膚盤。【説文古籀補卷四】

◉方濬益　(邾公牼鐘)膚即鑪。説文鑪。厝銅鐵也。左傳鑪金。漢書古今人表作鑪金。鑪鑪亦聲近相通。故疑膚即鑪也。【綴遺齋彝器款識考釋卷二】

◉強運開　[glyph]嬰次盧。丁佛言容庚二氏均釋為盧字。按从肉从盧。當為臚之古文。【説文古籀三補卷四】

◉馬叙倫　鈕樹玉曰。韻會引作臚省聲。蓋意改。倫按皮也者。以假借字為訓。詳皮字下。臚即膚字。乃皮之本字。盧聲而今音入敷紐者。盧從盧得聲。盧從虍得聲。虍音曉紐。敷曉皆摩擦次清音也。字見急就篇。

[glyph] 從肉。盧聲。弘尊作[glyph]。【説文解字六書疏證卷八】

◉馬叙倫　(弘尊)邵鐘作為余鐘。玄鏐鏞鋁。鏞從金膚聲。蓋鑪之異文此省耳。説文膚為籀文臚字。從肉盧聲。盧從由虍聲。盧為盧之初文。此從[glyph]即盧之異文。其[glyph]與金文卣字同。蓋本作盧。古借[glyph]為酉。此遂用借字。説文。鑪錯銅鐵也。然鑪即今木工鐵工所用以錯金工之錯字。今借錯字為之。非動詞也。此疑借為錯。錯鑪聲同魚類也。説文錯。金涂也。【讀金器刻詞卷下】

◉蔡運章　[glyph]字的上部從虎,下部從[glyph]。「虎」,可省作虍。如甲骨文盧字作[glyph](《拾》四一八),亦作[glyph](《佚》九三五);金文虒字作[glyph](《𣪘司土虒簋》),亦作[glyph](《己灰虒鐘》);胡光煒先生指出:「虎在商周古文本象形作[glyph],形長不利書,故省之作[glyph]。」皆是其證。「[glyph]」,當是肉字。如甲骨文肉字作[glyph](《粹》五一八),豚字的肉旁作[glyph](《粹》一五四〇),都與其相近,可以為證。故此字當是從肉虍聲的形聲字,應隸定為膚。

膚字或作[glyph]形,從虍從卢,當隸定為虐。「卢」,《説文》謂「剔骨之殘也,從半冎,讀若蘖岸之蘖」。徐鍇曰:「冎,剔肉置骨也。卢,殘骨也。」可見,「卢」為剔肉所餘殘骨之義。因卢與肉字的含義相近,在古文字的形旁裏可以通用。例如,殰,通作膹,《禮記·樂記》載:「胎生者不殰」,《管子·五行篇》作:「毛胎者不膹」,《集韻》曰:「殰,古作膹。」膚字的別體臚,《字彙》作「殰」,《康熙字典》歺部説:「殰,本作臚。」《字彙》和《康熙字典》雖是較晚的字書,但它們仍保存了膚字中肉、卢通用的寫法。這些都是其絶好的旁證。故「虐」當是膚字的別體。

金文膚字《弘尊銘》作，平首布文作，《曾伯匿銘》鑪字的膚旁作，都與肩(或虐)字的構形相近。唯肩(或虐)字的中間不從田，猶如《甲骨文編》卷五盧字作(《拾》四・一八)、(《佚》九三五)、(《京津》七一)諸形，也不從田一樣。西漢劉勝墓出土銅壺上鳥蟲書「簡式的膚字作『肩』，中省田、二」，更是其直接的佳證。肩字後纍增田符作膚，於是膚遂行而肩、虐漸廢。可見，肩(或虐)與膚字的構形相近。

從肩(或虐)字的構形來看，它上部所從的「虍」旁當是聲符，下部所從的「月」或「𠙵」旁當是義符。肉字的含義很明顯。𠙵，于省吾先生指出「甲骨文𠙵即列字的初文」，當是。《説文》刀部：「列，分解也。」可見，肩字讀虍聲，含有肉、列二義。

膚，或作臚。《説文・肉部》：「臚，皮也。從肉，盧聲。膚，籀文臚。」又，《皿部》説：「盧，飯器也。從皿𢖅聲。」又，《甾部》云：「𢖅，𤮿也。從甾，虍聲。」是膚亦從虍聲。可見，肩與膚字的音讀相同。

《廣雅・釋器》：「膚，肉也。」《儀禮・聘禮》説：「膚鮮魚鮮腊設扃鼏」，鄭氏注：「膚，豕肉也。」《少牢饋食禮》載：「雍人倫膚九」，鄭氏注：「膚，脅革肉也。」説明「膚」有「肉」字的含義。同時，《廣雅・釋言》説：「膚，剥也。」《釋詁》云：「剥，膚皮離也。」王念孫《疏證》：「《説文》云，剥取獸革者謂之皮。《韓策》云，因自皮面抉眼，自屠出腸。鄭注《內則》云，膚，切肉也。是皮膚皆離之義也。」于省吾先生説：「按王説是也。皮與膚皆係名詞，作動詞用則有剥離之義。《禮記・內則》之『麋膚』，鄭注：『膚或作胖。』按膚與胖雙聲，故通用。《周禮・腊人》之『几祭祀共豆脯薦脯膴胖』，鄭《注》：『鄭大夫云，胖讀為判。』是胖與判通，乃割裂之義。」説明膚字亦有「列」的含義。可見，肩與膚字的含義相同。

，當隸定為𠥭，應是肩字的異構。在古文字中，常在其下增寫旁，如甲骨文膏字作(《前》一・二九・四)，亦作(《後》下五・一)，寐字作(《前》六・二九・二)，亦作(《乙》九〇七〇)；金文𣓁字作(《𣓁伯毁》)，亦作(《𣓁仲毁》)，都是其證，當隸定為𠥭，與𠥭相同。因在古文字中，、通用無别，如金文曰字，《剌鼎》作，《曶鼎》作；魯字下所從的「曰」旁，《井侯簋》魯字作，《魯伯鬲》魯字作，《頌簋》魯字作、，可資佐證。、，當隸定為𧇡、𧇡，與𠥭𠥭相同。因在古文字中，構形的單雙每無别，如甲骨文𣎆字或作𣑬(《拾》五・一三)，逐字或作𨔣(《佚》九七七)，家字或作𡨦(《乙》四二九三)；金文楚字或作查(《酓肯鼎》)；《三體石經》征字或作徰；《説文》宜字或作𡧱，皆是其例證。這裏需要説明一點，就是𠥭字下部所從的旁，與金文魯字下部所從的旁相同，頗象器皿之形。郭沫若先生指出：「魯字下部，金文多從，這不是口字，而是器物之象形文，與皿同意」，甚是。肩字含有「肉」及「切肉」之義，其下置，用器以盛之，因此郭老將此字隸定為𠥭，是很正確的。膚字後來演變為臚，當是由𠥭發展為𢾰，或書寫作臚而來的。這種寫法猶如《㝬敖簋銘》中的魯字書寫作𩵋一樣，都是由「」演變為「皿」

肫 䐟 脣

的結果。

□、□，舊多隸寫為虞、虡，未確。在卜辭裏「山字跟火字不分」，從此字在卜辭中均用作地名來看，當以隸定作虘、𪊄為宜。虘、𪊄，乃是虘字在其下增寫山符的結果。這種用增加形旁來區別詞義的書寫特點，在古文字中屢見不鮮。如霍、鮮、喬、疑諸字，用作山名時常寫作嶉、𡾐、嶠、嶷等形，均是其證。因此，島邦男先生在《殷墟卜辭綜類》中將虘、虘列為一字，是很正確的。

綜上所述，我們認為將甲骨文和金文中的膚、虘、盧、虘、𪊄、𪊄、虘、𪊄諸字，釋為膚字的初文及其異體，從形、音、義三方面來考察，都是較為妥當的。【釋膚 古文字研究第十輯】

◉睡虎地秦墓竹簡整理小組 膚，即臚字，《爾雅·釋言》：「敘也。」在這裏的意思是評比。【睡虎地秦墓竹簡】

◉劉彬徽等 膚，借作盧，古國名，在今湖北省南漳縣境內，後入楚。膚，借作艫。【包山楚簡】

◉許 慎 肫面頯也。从肉。屯聲。章倫切。【説文解字卷四】

◉馬叙倫 段玉裁曰。此史記高祖隆準字。翟雲昇曰。集韻引作面須也。譌。倫按面頯也當作面□也頯也。此捝二字。儀禮士昬禮釋文引字林。肫。之閏反。疑此字出字林。【説文解字六書疏證卷八】

◉許 慎 䐟頰肉也。从肉。幾聲。讀若饑。居衣切。【説文解字卷四】

◉馬叙倫 段玉裁曰。今作胲。倫按字蓋出字林。【説文解字六書疏證卷八】

□ 同上【古文四聲韻】

脣 脣 法八三 四例 通脣 嗌斷人鼻若耳指若— 法八三 【睡虎地秦簡文字編】

□ 脣並出王存乂切韻 【汗簡】

◉許 慎 脣口耑也。从肉。辰聲。食倫切。□古文脣从頁。【説文解字卷四】

脰 

◉商承祚 說文「顧。古文脣。从頁。」案辰之古文作𠨷。則此不當从篆之體。右从頁。頁。頭也。頁从百儿。百。亦頭也。面字从之。是从頁猶从面也。惟面上不止脣。猶脣之从肉。其義皆不相切也。今改从口。是矣。【說文中之古文考】

◉馬叙倫 二篇。吻。口邊也。脣吻蓋轉注字。吻聲脂類。脣聲真類。脂真對轉也。口耑也或非許文。字見急就篇。

 桂馥曰。本書古文辰作𠨷。倫按從頁二字校者所加。【說文解字六書疏證卷八】

【金文編】

 脰 吳王孫無土鼎 脰鼎   鑄客鼎 集脰  酓肯鼎  大子鼎  大子鎬  大㢈鎬  酓忎鼎

 194 【包山楚簡文字編】

  竝籀韻 【古文四聲韻】

◉許慎 項也。从肉。豆聲。徒候切。【說文解字卷四】

◉馬叙倫 鈕樹玉曰。繫傳項作頂。誤。倫按今杭縣謂頸猶曰脰頸。公羊莊十二年傳。絕其脰。何休注。脰。頸也。齊人語。然脰頸項為轉注而頸項同為舌根音。脰獨為舌尖前破裂濁音。似不可通。儀禮士虞禮取諸脰膉。注。膉。脰肉也。徐灝謂膉與嗌同。鄭訓膉為脰肉。是脰謂喉前非頸後也。倫疑脰為喉之聲同矦類轉注字。本書。喉。咽也。釋名。咽。青徐之間謂之脰。物投其中受而下之也。可證。此字或出字林。【說文解字六書疏證卷八】

◉周法高 脰疑皆解為廚。尌聲豆聲同隸侯部。脰屬定紐。廚屬澄紐。古聲母同為d-。郤脰者。郤廚也。郤脰𥘅鼎。郤廚之供鼎也。脰官者。廚官也。【釋侃帀 金文零釋】

◉戴家祥 說文第四篇「脰，項也。从肉豆聲。」與周法高所釋不同。劉節曰：「脰字，从肉豆聲。廣雅釋言：『脰，饌也。』」古史考存一一五葉，壽縣所出楚器考釋。與周法高所釋類同。周釋可備一說。【金文大字典下】

肓

◉許　慎　心上鬲下也。从肉。亡聲。春秋傳曰。病在肓之下。呼光切。【說文解字卷四】

◉馬叙倫　嚴可均曰。心上鬲下誤。左成十年傳疏引作心下鬲上。肓之下亦誤。當依今傳作肓之上。桂馥曰。成十年左傳正義引作心下鬲上也。李君威曰。案鍼灸圖經。椎骨諸穴。心腧二穴在第五椎下。鬲腧二穴在第七椎下。是鬲下於心間一椎。又第四椎下謂之膏亡腧。第七椎下謂之鬲關。是肓在鬲上甚明。翟雲昇曰。後漢書鄭玄傳注引作隔也。御覽人事部引肓作胷。鬲作隔。無下字。倫按心上鬲下疑是校語。本訓挩矣。字或出字林。【說文解字六書疏證卷八】

腎

腎　法二五　二例【睡虎地秦簡文字編】

崔希裕纂古　王惟恭黃庭經【古文四聲韻】

◉許　慎　水藏也。从肉。臤聲。時忍切。【說文解字卷四】

◉馬叙倫　鈕樹玉曰。說文無藏。字當作臧。下放此。倫按字見急就篇。水臧也疑非許文。【說文解字六書疏證卷八】

肺

肺徐邈集古文【汗簡】

徐邈集【古文四聲韻】

◉許　慎　金藏也。从肉。市聲。芳吠切。【說文解字卷四】

◉馬叙倫　段玉裁曰。當云。火藏也。博士說以為金藏。下文脾下當云。木藏也。博士說以為土藏。肝下云。金藏也。博士說以為木藏也。乃與心下土藏也博士說以為火藏一例。玄應兩引。肺。火藏也。其所據當是定本。嚴可均曰。一切經音義四及二十引作火藏也。最是舊本。許君用古文說。故心部云。土藏也。博士說以為火藏。今此肺脾肝三篆下皆校者擅改耳。月令。祭先脾。疏引五經異義云。今文尚書歐陽說。肝。木也。心。火也。脾。土也。肺。金也。腎。水也。古尚書說。脾。木也。肺。火也。心。土也。肝。金也。腎。水也。謹案月令。春祭脾。夏祭肺。季夏祭心。秋祭肝。冬祭腎。與古尚書說同。說文與五經異義互相表裏。皆主古文說。呂氏春秋十二紀注云。一說。脾屬木。肺火。心。土也。肝。金也。腎屬水。淮南時則訓精神訓注皆同。是高誘亦用古文說。精神訓云。肺主目。腎主鼻。膽主口。肝主耳。故膽為雲。肺為氣。

脾為風。腎為雨。肝為雷。而心為之主。與古文説亦同。鄧廷楨曰。心下曰。土藏也。博士以為火藏。前説依古文也。後説兼存今文。而於腎云。水藏也。肺云。金藏也。脾云。土藏也。肝云。木藏也。則專用今文而不復用古文。不當自亂其例。衆經音義兩引説文。肺。火藏也。蓋玄應所見脾肺肝下皆先説古文。後存今文。博士説與心字下一例。今本容有改竄。倫按許蓋从聲訓。吕忱兼列古今文説為説。先古而後今。忱亦古文家也。今捝本訓。吕説亦或存或缺。蓋唐人習明字科者所誤删也。肺之初文蓋本作

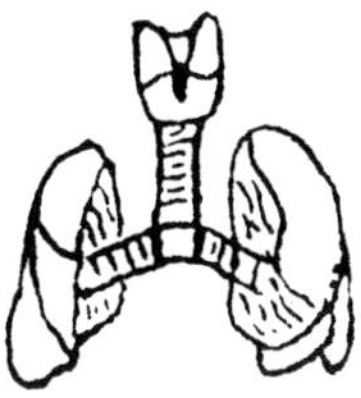

象形。變為篆文。則與從中八聲之市相似。遂加肉以定之。而後人以肺市音近。遂以為從肉市聲矣。倫因疑諸藏之初文皆然。心之為象形文可證也。上文之腎。初文蓋象形而近於臣之篆文。因失其字。⊘肺字見急就篇。【説文解字六書疏證卷八】

脾

5·471　獨字【古陶文字徵】

□ 王惟恭黄庭經【古文四聲韻】

◉許　慎　脾土藏也。从肉。卑聲。符支切。【説文解字卷四】

◉馬叙倫　嚴可均曰。當作木臧也。倫按字見急就篇。土臧也非本訓。【説文解字六書疏證卷八】

肝

◉許　慎　肝木藏也。从肉。干聲。古寒切。【説文解字卷四】

◉馬叙倫　嚴可均曰。當作金臧也。倫按字見急就篇。木臧也非本訓。【説文解字六書疏證卷八】

◉劉　釗　《文編》附録一〇二第五欄有字作「□」，按字从肉从干，應釋作肝。金文干字作「□」、「□」，古璽作「□」，與「□」所从之「□」形同。【璽印文字釋叢　考古與文物一九九〇年第二期】

膽 膽

膽 李膽 【漢印文字徵】

◉許　慎　膽連肝之府。从肉。詹聲。都敢切。【説文解字卷四】

◉馬叙倫　鈕樹玉曰。韻會府下有也字。繫傳韻會脱聲字。倫按連肝之府也蓋字林文。本訓捝矣。【説文解字六書疏證卷八】

圀 胃

胃 胃　孳乳為謂　吉日壬午劍　謂之少廣　【金文編】

胃 89 胃 96 胃 122 【包山楚簡文字編】

胃 胃 法一〇八　三十例　通謂　是—家罪　法一〇八　胃 日甲一　二例 【睡虎地秦簡文字編】

胃 讀為謂　是—孛(甲2—28)、是—遊終亡(甲3—31)、是—嬰絽亡(甲4—11)、是—悳匿(甲9—22)【長沙子彈庫帛書文字編】

胃 杜胃 【漢印文字徵】

◉許　慎　胃穀府也。从肉。圀象形。云貴切。【説文解字卷四】

◉林義光　石鼓作胃謂字偏旁。圀象穀在胃中。【文源卷六】

◉高田忠周　説文。胃穀府也。从肉圀象形。葢謂圀即最古胃字。〇為象形。中有粒穀而潰化之意。从米小變也。後世嵤字是也。又从肉以會意。唯菌字從圀。【古籀篇四十一】

◉馬叙倫　莊有可曰。説文無圀字。亦脱文也。圀即古胃字。加肉後增也。龔橙曰。圀見李登集古文。倫按莊説是也。圀本作

象形。變為篆文作圀。以與鹵形相近。加肉為胃。今當為形聲字矣。字見急就篇。穀府也非本訓。圀象形當作圀聲。【説文解字六書疏證卷八】

●饒宗頤　武威漢簡胃今本作謂。陳直云。少虡劍銘及戰國帛書皆以胃為謂。【楚繒書疏證　歷史語言研究所集刊第四十本上】

●丁山　卜辭：

……勹□……　文録八〇四

丁酉卜，亞𠂤以衆涉于□，若。　粹一一七八

□，當即胃字初寫。説文肉部，「□，穀府也。从肉，圀象形。」胃，石鼓文謂字偏旁作□，其上之□，當是□□直接的形變。然則辭云，「亞𠂤以衆涉胃」，決是周人所居的渭水；此辭正是「武乙獵於河渭之間」的記事。換言之：武乙晚年，用兵于渭水流域，這是鐵證。其死于戰爭，或為周人所殺，自是意中之事。【武乙死於河渭之間　商周史料考證】

●唐健垣　甲篇二行　是□□歲

嚴先生讀作是冐季季歲，云冐即猒字。商氏讀作孛孛歲，云孛即悖字。

按繒書甲篇七行亦有□字，嚴先生亦釋季，但第七行末「歲季」之季作□，所从禾字頂筆向左，兩旁二畫亦不折，似與此□不同也。余意本句讀孛為是。歲字下文有另一字之殘文，歲字本身不作重文，竊疑□歲仍當讀悖歲，不讀悖悖歲，㕢叔多父盤「百子千孫」孫字亦有重文符號，但不可讀作百子千孫孫，是其例。讀「是胃（謂）悖歲」甚通。

補：□字，饒師「長沙楚墓時占神物圖卷考釋」（一九五四年）釋冐，讀為猒。嚴先生亦釋冐而讀猒。商承祚釋胃，讀作「謂」。饒師新釋亦已改釋胃，讀作謂。我以為讀作謂極正確。淮南天文訓：「日出于暘谷，浴于咸池，拂于扶桑，是謂晨明……是謂朏明……是謂旦明……是謂蚤食……是謂晏食……是謂隅中……是謂正中……是謂小還……是謂餔時……是謂大還……是謂高春。」繒書本文及淮南天文訓皆論及天文者，而二者内容又頗有相同之跡。據此而以為繒書「是□」即是胃即是謂，非誣也。【楚繒書文字拾遺　中國文字第三十册】

●許學仁　楚繒書中□字凡三見，其上皆加繫詞，作「是□」之詞結出現，如：「是胃孛歲」、「是胃亂紀」、「是謂德慝」。□字，饒宗頤「長沙楚墓時占神物圖卷考釋」釋冐，讀為猒；嚴一萍氏從之。商錫永釋「胃」，讀作謂；林巳奈夫作冐，無釋。上半从□，或釋目，或謂□之訛變。説文（四上）：「□，穀府也。从肉，□，象形。」石鼓文謂字偏旁作□，今省作田，而繒書作□，借為

「謂」字。説文(三上)：「䛠，報也。」廣雅釋詁：「謂，説也。」「是謂」連文，先秦典籍如：老子、莊子、淮南子、墨子、左傳、論語等習見，而老子一書尤多。以胃為謂之例，吉日壬午劍銘云：「(朕)余名之，胃謂之少虡」，字作，不從言，近年所出先秦兩漢之帛書竹簡，觸目皆是。【楚文字考釋 中國文字新七期】

◉曾憲通 乙二・二八是胃孛歲。帛文胃字皆借為謂。乙三・三一是遊終。依文義疑是胃字之殘。乙四・一一是胃亂紀。乙九・二二是胃悳匿。【長沙楚帛書文字編】

脬

3・484 袏子里脬【古陶文字徵】

◉許 慎 膀光也。从肉。孚聲。匹交切。【説文解字卷四】

◉丁佛言 古鉨脬。孚古文作。省作。古器刻保字从之。【説文古籀補補卷四】

◉馬叙倫 鈕樹玉曰。韻會引脬字同此。嚴可均曰。小徐一切經音義三及十一引。旁光也。膀非此義。丁福保曰。慧琳音義二引。膀胱。水器也。考廣韻。脬。膀胱。水府。據此知古本當有水器一訓。今奪。倫按旁光。脬之俗名。水器疑當作水府。與穀府同例。此亦非許本訓。玄應一切經音義引倉頡。脬。盛尿者也。又引三倉。盛尿處為脬。【説文解字六書疏證卷八】

腸

166【包山楚簡文字編】

裴光遠集綴【古文四聲韻】

◉許 慎 大小腸也。从肉。昜聲。直良切。【説文解字卷四】

◉馬叙倫 大小腸也非許文。字見急就篇。【説文解字六書疏證卷八】

後二・五・一 京津二七六九 前一・二九・四 或從高省 前二・一五・一 明二二九一 陳七二

【甲骨文編】

前1・29・4 2・15・1 後下5・1 新2769 【續甲骨文編】

3・240 蒦圆匋里人膏 3・241 同上 【古陶文字徵】

◉許　慎　肥也。从肉。高聲。古勞切。【說文解字卷四】

◉羅振玉　說文解字。膏。从肉。高聲。此从高省聲。【殷虚書契考釋卷中】

◉商承祚　其从口者。亦膏字。與篆文畧近。【殷虚文字類編第四】

◉丁佛言　古匋。蒦陽匋里人膏。【說文古籀補補卷四】

◉馬叙倫　段玉裁曰。肥當作脂。沈濤曰。後漢書鄭玄傳注引。心下為膏。蓋古本之一解。今奪。倫按肥蓋脂之捝譌。膏為脂肪之轉注字。膏音見紐。肪音非紐。古讀歸幫。脂音照紐。古讀歸端。幫端與見同為破裂清音也。玄應一切經音義引三倉。無角曰膏。字見急就篇。甲文作。【說文解字六書疏證卷八】

◉李孝定　說文「膏。肥也。从肉。高聲。」契文从高省聲。或又从口字。在卜辭為地名。【甲骨文字集釋第四】

◉姚孝遂　肖丁　「其奉于膏土」　卜辭為地名，或作。「膏土」謂膏地之社。【小屯南地甲骨考釋】

◉于省吾　甲骨文稱：「戊寅□，王獸(狩)膏魚，卑(擒)。」(前一・二九・四。又前四・五五・五膏魚的膏字已殘缺。)膏字本作，从肉高省聲，舊誤釋為亳或京。甲骨文高字省作高者屢見，舊不識。又甲骨文膏字也作(後下五・一，京津二七六九)，从高不省，但从口已移于下部，古文字偏旁部位每變動不居。膏與膏乃膏字的初文。膏與高古通用，膏魚為地名，典籍作高魚。左傳襄二十六年的「遂襲我高魚」，杜注：「高魚城在廩丘縣東北。」水經注瓠子河注：「京相璠曰，高魚魯邑也，今廩丘東北有故高魚城，俗謂之交魚城。」按高交疊韻，故通用。高魚後世也作高梧(見資治通鑑唐乾寧二年)。魚與梧古通用，國語晉語的「暇豫之吾吾」，韋注謂「吾讀如魚」。列子黃帝的「姬，魚語汝」，張注謂「魚當作吾」，是其證。高魚又作高吳(見舊五代史梁太祖本紀)。總之，典籍的高魚或作高梧、高吳、交魚，音有通轉，地望不殊，但據甲骨文則本作膏魚。【釋膏魚　甲骨文字釋林】

◉于省吾　說文膏「从肉高聲」。按契文膏字有省口作膏者，漢曹全碑作膏，魏崔敬邕墓志銘膏作膏，與契文合。【論俗書每合

于古文 中國語文研究第五期】

肪 □

◉許 慎 肪肥也。从肉。方聲。甫良切。【説文解字卷四】

◉馬叙倫 沈濤曰。一切經音義十六引。肪。肥也。脂也。是古本有一曰脂也。今奪。倫按蓋本作脂也。捝譌為肥。校者據一本作脂也者記之耳。肥字轉寫又為肥。膏肪二字失次。【説文解字六書疏證卷八】

膺 □

□ 膺 不从肉 毛公厝鼎 雁字重見 【金文編】

□ 曲周□膺 【漢印文字徵】

◉許 慎 膺胷也。从肉。雁聲。於陵切。【説文解字卷四】

◉吳大澂 膺受大命。□與雁膺為一字。【毛公鼎釋文】

◉王國維 雁受大命 史記周本紀。王再拜稽首曰。膺受大命。此本逸周書克殷解。今克殷解奪此語。鼎文膺作□。即説文雁字。其字从𠂆下隹。𠂆从人从丨。亦之側視形也。何以證之。如昊字殷虚卜辭作□殷虚書契前編卷四弟九葉。作□同上卷七弟四十三葉。皆从日从矢。日在人側。日昊之意也。而鄂侯馭方鼎之□字。則从□作。□之本誼為朝宴。从昊从女會意。是□字亦作□。篆文之□則由□而變匽與宴。亦由□而變也。又此鼎□字即説文医字。説文医从匚。然石鼓文汧殹之殹从□。其直上出乃□之變形。篆文之□則又由□而變。猶匽之由□而變矣。古象形之字或作正視形。或作側視形。往往隨意。且視字之結構而變。知□□之可作□。則無惑乎□之可作□矣。□从亦下隹。古人養雁常在臂亦閒。故从此會意。且亦雁雙聲字。謂之亦亦聲。亦可。篆文作雁乃有瘖省聲。人聲之説失之遠矣。鼎文假為應字。益公敦應受大命亦如此作。【毛公鼎銘考釋 王國維遺書】

◉馬叙倫 嚴可均曰。後漢書張衡傳注一切經音義十二引作匈也。勹部。匈。膺也。或作胷。無胷字。丁福保曰。慧琳音義十四引或從骨作膺。考漢繁陽令楊君碑。膺天鍾慶。蓋古本有或體膺字。十七引謂乳上骨也。與蒼頡篇合。今本逸或體膺字。乳上骨也句亦奪。倫按王筠謂乳上骨也句蓋庾注。倫謂此呂忱依蒼頡解詁加之。膺肊音同影紐轉注字。胷字當依音義作匈。傳寫加肉字。肊下同。字見急就篇。【説文解字六書疏證卷八】

肊

◉于豪亮　「金雁(膺)」。《詩・采芑》:「鉤膺鞗革」,《崧高》:「鉤膺濯濯」,《韓奕》:「鉤膺鏤鍚」,傳並云:「鉤膺,樊纓也。」《小戎》:「虎韔鏤膺」,傳:「膺,馬帶也。」箋:「鏤膺有金飾。」《左傳・哀公二十三年》:「其可以稱旌繁乎?」注:「繁,馬飾,樊纓也。」《周禮・巾車》:「王之五路,一曰玉路,錫,樊纓,十有再就。」注:「樊讀如鞶帶之鞶,謂今馬大帶也。鄭司農云:纓謂當胸。《士喪禮下篇》曰:『馬纓三就。』禮家説曰:『纓,當胸,以削革為之。三就,三重三匝也。』玄謂:纓,今馬鞅,玉路之樊及纓皆以五采罽為之。十二就,就,成也。」賈疏云:「賈、馬亦云:鞶纓,馬飾,在膺前,十有二帀;以旄牛尾金塗,十二重。」《續漢書・輿服志》云:「天子五路,以玉為飾,錫,樊纓十有再就。」劉注引《乘輿馬賦》注云:「繁纓飾以旄牛尾,金塗,十二重。」蔡邕《獨斷・下》云:「繁纓在馬膺前,如索裙者是也。」按鄭玄與賈逵、馬融之説不很相同,把他們的説法和漢代之制綜合在一起考察,可以這樣認為,樊纓是馬胸前的裝飾。【陝西省扶風縣強家村出土虢季家族銅器銘文考釋　古文字研究第九輯】

◉許　慎　肊胷骨也。从肉。乙聲。於力切。臆肊或从意。【説文解字卷四】

◉馬叙倫　鈕樹玉曰。韻會引作胷肉也。文選登樓賦注引作胷也。玉篇注亦作胷也。翟雲昇曰。六書故引作匈骨也。田吳炤曰。大徐作胷骨也。小徐作胷肉也。炤案嚴可均説五音韻譜御覽集韻類篇引均作胷骨也。則大徐本是。倫按沈濤以為肊祇當訓胷。大小徐本皆誤。倫按字在肉部。宜指肉言。然韋昭漢書注謂胷四面高中央下曰膺。今俗謂兩肋骨交會之下凹處為胷口。是胷以肋骨交會處定其位。故膺字亦從骨作𩪃。説解本作匃也。校者加肉字。因譌為胷也。後校者據一本加肉字。則作胷肉也。胷骨也又校語。

臆乙意音皆影紐。故肊轉注為臆。【説文解字六書疏證卷八】

背

◉許　慎　背脊也。从肉。北聲。補妹切。【説文解字卷四】

◉馬叙倫　脊也非本訓。字見急就篇。【説文解字六書疏證卷八】

◉丁　驌　「日又戠□丹隹若」中的□字是兩個相背的及字所成。契文字構造如□、□,二人相偕,一作从,一作比,都是相偕之含義。如寫成□二人相背,就是北字。□為及字,相逮也。故□字疑即背字。惟於文字無徵。其義則為乖,為背馳。故意譯契辭,或可作「遠禍維若」。

背,从月。今之服字亦从月。𠬝為偏旁,契文从卩又,□是立人,□是跪人,故𠬝與□字構造同,而𠬝今作服,𠬝亦可成

脅 膀 脟

背了。【東薇堂讀契記 中國文字新十一期】

1566【古璽文編】

◉許　慎　兩膀也。从肉。劦聲。虚業切。【説文解字卷四】

◉丁佛言　古鉢。湯脅。【説文古籀補補卷四】

◉馬叙倫　丁福保曰。慧琳音義一及五及十二及三十一五十三九十四引。肚兩旁也。蓋古本如此。二徐奪肚字。於義不明矣。翟雲昇曰。御覽人事部引作兩脅膀也。倫按本書無肚字。恐乃胠字之譌。胠下曰。亦下也。通俗文。腋下謂之脅。腋即亦也。蓋許訓胠也。胠脅聲同談類轉注字。莊子胠篋。史記作脅篋。是其例證。兩膀也有捝譌。字見急就篇。古鉩作。【説文解字六書疏證卷八】

◉銀雀山漢墓竹簡整理小組　脅生於恿　十一家本作「怯生於勇」。「脅」、「怯」音近字通。《釋名・釋言語》:「怯,脅也,見敵恐脅也。」「恿」即「勇」之古文。《説文・力部》:「恿,古文勇從心。」【銀雀山漢墓竹簡】

◉許　慎　脅也。从肉。旁聲。步光切。膀或从骨。【説文解字卷四】

◉馬叙倫　沈濤曰。御覽三百七十一引作兩脅膀也。膀字當是衍文。上文脅兩膀也。此云膀兩脅也。正許書互訓之例。今本奪兩字。倫按廣雅釋親。膀。胠。胉。脅也。本書無胉字。蓋即髆之轉注異文。猶淺泊字今皆作薄也。莊子田子方。槃礴羸。借槃為膀。借礴為髆。膀髆連文。髆是肩甲。膀是自肩甲下至要際也。其骨皆連。故通俗文。腋下謂之脅。廣雅膀胉胠並訓脅也。膀脅蓋轉注字。脅音曉紐。膀從旁得聲。旁從方得聲。方音非紐。非曉皆摩擦次清音也。

今俗言脅膀骨。故膀或從骨。【説文解字六書疏證卷八】

◉許　慎　脅肉也。从肉。寽聲。一曰脟。腸間肥也。一曰膫也。力輟切。【説文解字卷四】

◉馬叙倫　王筠曰。蓋一曰本一而校者二之也。後文膫下云。牛腸脂也。脂下云。戴角者脂。無角者膏。而膏肪下皆曰肥也。然則脂膏肪肥皆同物也。蓋説文兩本。一本作一曰脟腸間肥也者。別其義也。一本作一曰脟膫也者。通其名也。實是一説而校者以為異而並存之。膫脟雙聲。故膫亦名脟也。倫按脟為膂之轉注字。膂從劦得聲。膂之本音亦在來紐。詳膂字下。膂肉也校者加肉字。或此字林文。一曰以下皆校語。膫脟雙聲。故或借脟為膫。膓間肥也即膫字義。字或出字林。【說文解字六書疏證卷八】

肕

◉許　慎　肕膂骨也。从肉。力聲。盧則切。【說文解字卷四】

◉馬叙倫　翟雲昇曰。一切經音義十四引無膂字。脫。倫按骨字羡。膂脟肋三字實轉注也。膂之本音在來紐。則與脟為雙聲。劦從力得聲。則與肋同聲。廣雅釋親。榦謂之肋。公羊莊元年傳。搚幹而殺之。釋文。幹。膂也。倫又疑膂肋實異文。劦力固一字也。【說文解字六書疏證卷八】

胂

◉許　慎　胂夾脊肉也。从肉。申聲。矢人切。【說文解字卷四】

◉林義光　說文云。夤。敬惕也。從夕。寅聲。易曰。夕惕若厲。按從夕。夕惕之義不見。夤當即胂之或體。從肉寅聲。□以形近譌為□也。易。列其夤。艮卦。馬注。夾脊肉也。正以夤為胂。鄭本作䐜。【文源卷十一】

◉高田忠周　□秦公簋　嚴龏夤天命　按舊釋作寅。非。說文。夤。敬惕也。從夕。寅聲。⊘易曰。夕惕若。故字從夕為義。此從肉。以䐜為夤。䐜即胂字也。【古籀篇二十四】

◉馬叙倫　胂為寅之轉注字。易艮。列其夤。虞翻曰。夤。夾脊肉。王弼曰。當中脊之肉也。釋文。馬融云。夾脊肉也。鄭本作䐜。本書無䐜。而夤義為敬惕。字從夕寅聲。邵瑛謂易之夤即䐜之變體。加肉於上耳。而今又誤為夤。其說是也。䐜為寅之俗字。蓋以寅為干支字所專。故加肉旁。寅申聲同真類。故寅轉注為胂。夾脊肉也疑字林訓。字見急就篇。【說文解字六書疏證卷八】

脢

◉許　慎　脢背肉也。从肉。每聲。易曰。咸其脢。莫桮切。【說文解字卷四】

◉馬叙倫　沈濤曰。易咸卦釋文云。脢。鄭云。背脊肉也。說文同。則古本背下有脊字。今奪。倫按廣雅釋親。胂謂之脢。是脢為胂之轉注字。胂音審紐。初文為寅。音在喻紐四等。疑古讀脢與誨音同。誨音曉紐也。審曉與喻四同為摩擦次清音。脢或作脄。灰每聲同之類。而灰音亦曉紐也。背脢聲同之類。或脢本背之轉注字。或語根為背也。後漢書音義引字林。脢。

徵視。美目貌。任大椿謂此膴字義。【說文解字六書疏證卷八】

肩

肩 日甲七五背　二例【睡虎地秦簡文字編】

肩崇　田青肩印　司馬肩　桑肩私印　肩翁中印【漢印文字徵】

肩出徐邈古文【汗簡】

徐邈集【古文四聲韻】

◉許　慎　髆也。从肉。象形。古賢切。俗肩从户。【說文解字卷四】

◉林義光　石鼓作豣字偏旁。从肉。象形。幵省聲。【文源卷一】

◉丁佛言　古鉢公孫肩。【說文古籀補補卷四】

◉馬叙倫　徐鍇曰。象肩形。指事也。孔廣居曰。象肩與臂形。或象肩上低窪處。醫書所謂肩井也。王筠曰。俗肩从户。嶧山碑所字作。所從户聲。則户一字。肩肩所從之户户。則皆係象形。並非門户字。乃象肩上方闊而下迆也。倫按肩音見紐。户音匣紐。肩似可從户得聲。見覞一字。覶從肩得聲。為覞之轉注字。可為例證。抑亦可從肉閒省聲。說文。顧。頭鬢少髮也。然頭鬢少髮者。鬜字義。顧即莊子德充符其脰肩肩之肩。周禮梓人注。顧。長脰貌。是也。亦可為證。然石鼓文豣字所從之肩作。明不從户。蓋肩之初文。乃象肩骨之形。以象鎖骨為臂首。象肩甲骨也。變為篆文。其形近户。乃增肉以為辨耳。如今篆為從肉聲。髆也者。髆以骨言。肩以肉言。髆音幫紐。肩音見紐。同為破裂清音。蓋轉注字。今杭縣謂肩曰肩邦。即肩髆也。字見急就篇。作肩。蓋傳寫省之。

俗字蓋江式所加。見請書吏表。【說文解字六書疏證卷八】

胳

◉許　慎　亦下也。从肉。各聲。古洛切。【說文解字卷四】

◉馬叙倫　胳為膀之魚陽對轉轉注字。亦下也非許文。或字出字林也。【說文解字六書疏證卷八】

胠 狡胠巳【漢印文字徵】

◉許　慎　胠亦下也。从肉。去聲。去劫切。【說文解字卷四】

◉馬叙倫　胳胠同為舌根破裂音。又聲同魚類轉注字也。然字或出字林。【說文解字六書疏證卷八】

◉商承祚　医，从匚，去聲。医，假為胠。《說文》：「胠，亦(案，古腋字)下也。」本義取人體的兩腋，引申為翼、為旁、為邊。《莊子·胠篋》：「將為胠篋探囊發匱之盜。」釋文引司馬彪注：「從旁開為胠。」胠篋，謂從旁竊開箱篋。㖃，从㠯，咸聲，即今之椷。《說文》：「椷，篋也。」簡文胠㖃，即邊箱，在墓內槨與外槨之間，四周均有邊箱。在医㖃，指器物放置於邊箱中。下簡文同。【長沙五里牌四〇六號楚墓竹簡遺策考釋　戰國楚竹簡匯編】

◉李今庸　《文物》1975年第6期發表了長沙馬王堆三號漢墓出土的帛畫《導引圖》。其中第12圖「引胠積」(積，原作「責」)，作「一男子，著冠，低頭，垂臂拱立，若步行狀。」引胠積，即用導引的方法治療「胠積」的疾病。胠積，為一古代病名，殆無疑義。然「胠積」的「胠」字，釋文把它解釋為「側胸部」，解釋為「胠脅」的「胠」，這似乎是不恰當的。因為「若步行狀」的導引方法與側胸部郁積病的治療並無多大關係。

考：這裏「胠」字，當讀為「脚」。「胠」乃「脚」之省文。這個帛畫《導引圖》前面的帛書《却穀食氣篇》所載「却穀」的「却」字省「卩」作「去」，這裏「脚」字省「卩」作「胠」也就是很自然的事情了。其實，在古代，「脚」每省作「胠」，而「胠」作「脚」用並不是絕無僅有的，如《金匱要略·腹滿寒疝宿食病脈證第十》「必便難兩胠疼痛」，《諸病源候論·大便病諸候·大便難候》及《外臺秘要·淋并大小便難病門·大便難方》則均作「必大便難而脚痛」。

這裏「胠」字，既然是讀「脚」字，然「脚」是指人體的某一部位也須弄清，才能有益于正確發揮這一導引方法的治療作用。《玉篇·肉部》說：「腳，足也；腳，脛也。」是「脚」字本有二義：一指足部，如《靈樞·經脈》所謂「……脚皆痛」和《素問·氣交變大論》所謂「脚下痛」者是；二指整個下肢，如上述《金匱要略》所謂「必便難兩胠疼痛」者是。脚指足部，較易理解，而脚指整個下肢，尚有待于闡述清楚：

一、顔師古注《漢書·高五王傳》「股戰而栗」說：「股，脚也。」許慎注《淮南子·地形訓》「有脩股民」、「奇股民」說：「股，脚也。」

二、《韓非子·難言》：「孫子臏脚於魏。」《荀子·正論篇》：「捶笞臏脚。」楊倞注說：「臏脚，謂刖其膝骨也。」

三、《素問・骨空論》：「膝痛，痛及拇指，治其膕。」王冰注説：「膕，謂膝解之後、曲脚之中委中穴。」

從上引之文可以看到，脚是整個下肢的總稱，指整個下肢，殆即今之所謂「腿」也。

脚指下肢，古或寫作「胠」。這裏「胠積」之病，就是「脚積」。惟其「積」在于「脚」，故其圖作「若步行狀」，用特殊方式行步的導引方法來治療。

「脚積」一詞雖不見于現存古書，但其醫學內容則早有記載，如《呂氏春秋・季春紀・盡數》説：「形不動則精不流，精不流則氣鬱，鬱處頭則為腫為風，處耳則為挶為聾，處目則為𥌚為盲，處鼻則為鼽為窒，處腹則為張為疛，處足則為痿為蹷。」「鬱」本有「積」義。氣鬱，即「氣積」。據上引《呂氏春秋》之文看，精氣不流可以鬱積在人體的任何一個部位，當然也就可以鬱積在人體下肢而形成所謂「胠積」之病，或者《呂氏春秋》所謂「鬱……處足則為痿為蹷」就是這個「胠積」的疾病。這病是由于人體精氣鬱積不流所使然，故用「若步行狀」的導引方法使下肢適當運動，以促進下肢精氣的正常流通而愈病。【談帛畫《導引圖》中的「胠積」　文物一九七八年第二期】

臂 

 臂　封八八　二例　通壁　西一　日甲三五背　 日乙八一 【睡虎地秦簡文字編】

 畢臂私印　 田青臂印　 蘇青臂印　 左臂 【漢印文字徵】

 天台經幢 【古文四聲韻】

◉許　慎　臂手上也。从肉。辟聲。卑義切。【説文解字卷四】

◉馬叙倫　此八之轉注字。見八字下矣。手上也非許文。字見急就篇。【説文解字六書疏證卷八】

◉張政烺　臂，从辟，从肙，音義無徵。按「大臂不宜」的句法和毛公鼎「𤔔𤔔四方，大從不静」相同。毛公鼎的從字吳大澂讀為縱，《爾雅・釋詁》：「縱，亂也」（參考郝懿行《爾雅義疏》），與不静之義相合。壺銘不宜之宜讀為義，嚳壺、嚳鼎中四五見，確鑿無疑，那麽臂字之義也就可推想了。如果是从辟，肙聲，可讀為姦。如果是从肙，辟聲，可讀為僻。兩相比較，以後者義長。僻之義為邪，經籍亦以辟為之，如《詩・大雅・板》：「民之多辟」（鄭玄箋：「民之行多為辟者」），《荀子・宥坐》「行辟而堅」，是辟為一種惡行。《荀子・正名》「凡邪説辟言之離正道而擅作者」，又《成相》「邪枉辟回失道遠」，《賈子・道術》「襲常緣道謂之道，反道為辟」，是辟為一種邪道。這類例句可以舉很多，大都是邪僻之意。辟（或僻）與「不義」詞義相關，因此推斷，𨸏从𠂤，辟聲，義為回邪。
【中山國胤嗣好盗壺釋文　古文字研究第一輯】

臑　臑　日甲七〇背　二例　【睡虎地秦簡文字編】

◉許　慎　臑臂羊矢也。从肉。需聲。讀若襦。那到切。【說文解字卷四】

◉馬叙倫　鈕樹玉曰。儀禮鄉射禮釋文云。臑。說文讀為儒。字林云。臂羊豕也。禮記少儀釋文引說文曰。臑。臂羊犬。讀若儒。犬矢字形相近。史記龜策傳。臑骨。徐廣引說文解字云。臑。臂羊矢也。則矢字是。釋文兩引作儒。當不誤。錢坫曰。考素問。羊矢。脈穴之名。翟雲昇曰。集韻引作羊豕臂也。是言羊矢臂謂之臑。章炳麟曰。甲乙經云。陰廉在羊矢下。素問三部九候論注。肝脈在毛際外。羊矢下一寸半。陷中五里之分。卧而取之。是股內廉近陰處曰羊矢。為漢人常語。遂以言臂內廉。則曰臂羊矢。倫按儀禮鄉飲酒釋文引字林。臑。臂羊矢也。人于反。周禮祭僕釋文引羊吳反。六經正譌引又羊矣反。任大椿謂豕為矢譌。矣為吳譌。倫謂此字出字林。羊矢為臑之緩言。字林每以俗名為釋。臑為臂羊矢者。臂節向內處。【說文解字六書疏證卷八】

肘　肘　封五三　【睡虎地秦簡文字編】

◉許　慎　肘臂節也。从肉。从寸。寸。手寸口也。陟柳切。【說文解字卷四】

◉林義光　肉寸非義。當从肉討省聲。疛紂酎說文以為肘省聲。實皆討省聲也。【文源卷十一】

◉馬叙倫

父乙角

舊釋　為手形。　為兩手執中形。於　無釋。倫檢金文九字每作　。九實肘之初文。　蓋即說文之寸字。乃肘之次初文也。[illegible]猶手也。故説文專為布手之布本字而從寸作。從寸有持執及為義。此似當以[illegible][illegible]連讀。即作柘者也。[illegible]與[illegible]同。父乙豈作柘而兼作中或執中者耶。或[illegible]其族徽與。【讀金器刻詞卷中】

◉李孝定　説文「肘。臂節也。从肉。从寸。寸。手寸口也。」小篆从寸。許既云寸為寸口。按寸為指事字。从「一」指手腕上一寸處。即醫家所云寸口也。引申為尺寸字。則肘字从之無義。又不可以為寸聲。蓋[illegible]字本為肘之古象形字。徒以假為數字之九。假借之義專行而本義湮。故更於本字加乚以示肘之所在。於是本為象形者轉為指事矣。至小篆更加肉字偏旁。於形益複。許君復不曉[illegible]乃肘之指事字。遂以寸字解之。从肉。从寸。以説肘字。於六書不知居於何等也。[illegible]形與寸易混。辭云「□爭貞☒𠄙行从☒戠湔前肘。」其義未詳。【甲骨文字集釋第四】

𩐁 齎

[illegible]齎　从次从肉　猶餈之或从齊作饝　齎之或从次作粢也　陳侯因資錞　因資史記作因齊　齊威王名　【金文編】

[illegible] 2829　[illegible] 1336　【古璽文編】

◉許　慎　𩐁肶齎也。从肉。齊聲。徂兮切。【説文解字卷四】

◉吳大澂　[illegible]陳侯因資敦。左傳作因齊。資當即齎。【説文古籀補卷四】

◉徐同柏　(周陳因侯敢)史記作因齊。説文餈或作饝。齎或作粢。𩟄或作䶒。周禮外府注。先鄭云齎或為資。後鄭謂以齊次為聲。又左莊六年傳。噬齊。釋文齊臍通。是資為臍之異文。齊為臍之叚借。古人名子不以國。竊意史記威王因齊之齊當依是銘讀為臍爾。【從古堂款識學卷十五】

◉馬叙倫　鈕樹玉曰。繫傳作肶齊也。韻會引作肶臍也。沈濤曰。一切經音義廿五廣韻十二齊皆引作䏶齎。蓋古本如是。囟部。䏶。人齊也。正與此互訓。肶為牛百葉。非此之用。御覽三百七十一引作肚齎。許書無肚字。乃傳寫之誤。倫按肶齊也蓋字林文。齎蓋䏶之聲同脂類轉注字。字見急就篇顔師古本。一本作齊。宋太宗本同。則此字疑出字林。顔本急就篇多用字林字易之也。古鉨作[illegible]。【説文解字六書疏證卷八】

◉于省吾　陶文有[illegible]字。陶文舂録入於附編。按脊字从欰从肉。即欰字。从欰聲與从次聲一也。儀禮大射儀釋文。絺劉作綌。按綌即説文紋字。陳侯因資鐘。資字作[illegible]。因資史記作因齊。容庚以資字當説文之齎。是也。【釋脊　雙劍誃古文雜釋】

腹 腹

◉李孝定 脊从肉，次聲，徐同柏氏釋臍，形音皆合，是也。劉心源氏釋資，音固可通，而形體不合，徐說為長。【金文詁林讀後記卷四】

◉戴家祥 脊，疑為臍之別構，次齊古同讀，常作聲旁交換，構成異體。如說文禾部穧或體作䆇，說文食部餈別體作饝，均為此例。說文四篇「齋，肶齋也。从肉齊聲。」脊，从肉次聲。古本一字。金文用作人名。【金文大字典下】

□ 九二：二〇 二例 宗盟類 敢不閛其腹心 □ 三：一八 □ 一六：一五 二例 □ 三：九 □ 一：五二 □ 一：三一 二例 □ 一：四九 □ 一：一二 五例 □ 一：八二 □ 一六：二 □ 二〇〇：二七 □ 一六：三〇 □ 一六：四 □ 一五六：四 □ 一：一二 二例 □ 一：六八 □ 九二：一六 九例 □ 二〇〇：三一 九例 □ 一：三 十二例 □ 三：八 二例 □ 九二：三五 □ 一九八：一二 □ 一九八：五 □ 五〇：一 □ 九二：二三 □ 一五六：一十一例 □ 九二：一二 □ 九八：四 五例 □ 九八：五 二例 □ 九八：一三 □ 九八：一〇 □ 一：八七 □ 二〇〇：一六 □ 一九八：一二 □ 一六：六 □ 三：一三 □ 一六：七 □ 一六：二三 □ 一六：二八 二例 □ 四九：一 □ 一五六：一五 □ 一六：一三 □ 一九八：一六 □ 一：三〇 □ 一九五：七 六例 □ 一：七 五例 □ 一：六三 二例 □ 一六：一 □ 一五六：二 二例 □ 一：五九 二例 □ 二〇〇：一八 □ 四九：二 二例 □ 三：一五 二例 □ 二〇〇：一 □ 一五六：一六 □ 一：四一 □ 三：一 二例 □ 二〇〇：三六 □ 九二：三三 □ 一九八：一 九例 □ 一五三：一 二例 □ 一五六：一七 四例 □ 二〇〇：一〇 □ 一七九：一一 □ 一九四：一 二例 □ 一六：三二 □ 九二：三三 二例 □ 一：五 □ 二〇〇：六九 □ 一：四三 □ 一：三三 二例 □ 二〇〇：四六 □ 一：四 □ 一：七一 □ 一九四：三 □ 一五六：八 二例 □ 一：九三 □ 七七：一二

一：七六 二例 復二〇〇：五四 二〇〇：五三 一：二 六例 九二：九 四例 一五六：三 三例 一：七七 二例 八五：一四 二例 一：二八 七例 九二：一五 八五：一二 八五：八 一五六：九 一：二九 一六：一二 七七：二〇 二〇〇：五九 七七：一 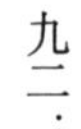九二：三四 【侯馬盟書字表】

139 207 【包山楚簡文字編】

腹 日甲一五九 背 【睡虎地秦簡文字編】

1505 【古璽文編】

張腹已 【漢印文字徵】

古老子 【古文四聲韻】

◉許　慎　厚也。从肉。复聲。方六切。【說文解字卷四】

◉馬叙倫　段玉裁曰。腹厚疊韻。此與髮拔也尾微也一例。倫按今通用肚字。肚古音蓋如牡。牡腹古音當同在幽類。則肚為腹之轉注字。今南北通言肚矣。腹字見急就篇。【說文解字六書疏證卷八】

◉楊樹達　簠室雜事九二片云：「癸酉，卜，爭貞，王復不安，亡徏？」樹達按：復字作，左从复，右疑从人，字蓋叚為腹，不安謂有疾。徏與止同，卜辭於病愈恆云徏。【卜辭求義】

◉李孝定　說文「腹。厚也。从肉。夏聲。」上出第一形()从身夏聲。第二形()从人夏聲。並是腹之本字。从身从人義同。楊說是也。惟謂假為腹則稍有未諦耳。有身者腹部隆然墳起。故腹字从之取義。篆文改為从肉。不如从身於義較洽矣。从身复聲者。當為腹之初文。非叚字也。辭云「癸酉卜爭貞王𦢊不安亡徏」。徏即延字。辭言王腹有疾。其不纏綿不愈乎。楊氏謂徏與止同亦似有未安。第二文从人與从彳者有別。屈氏云「疑是復之異體」似有可商。从人與从身義同。當是之異

構。仍當釋腹。此辭言「弜復」當讀為「弗復」。言弗返也。段復為復。【甲骨文字集釋第四】

◉劉釗 《文編》附録三六第1欄有字作「」，按字从肉从复，應釋為腹。古璽腹字作「」，與「」形近，應為一字。【璽印文字釋叢 考古與文物一九九〇年第二期】

◉徐中舒 一期 續五·六·一 三期 甲五八七 從身從复，或作人，同。當為腹之初文。【甲骨文字典卷四】

◉劉彬徽等 腹，簡文作，為腹字異體。【包山楚簡】

◉高智 《古璽彙編》著録如下一印：

3174

此印第二字作「」，《古璽彙編》缺釋，《古璽文編》入於附録，按此字左从是「肉」無疑，右之所从「」形中的「」為古璽文中「目」形常見的寫法，故「」當與楚帛書中「復」作「」（丙六·二），曾侯乙墓竹簡「復」作「」（一六〇）所从近同。原字形又與「腹」包山楚簡作「」（二四五）、江陵天星觀楚簡遣策作「」、古璽作「」（1505）形相同，故此字當釋為「腹」字。【古璽文徵十則 第三届國際中國古文字學研討會論文】

◉許慎 腹下肥也。从肉。臾聲。羊朱切。【説文解字卷四】

◉馬叙倫 沈濤曰。止觀輔行傳四之三云。肥腴者。説文云。腹下肉也。蓋古本肥字亦有作肉字者。文選七發七命兩注引作腹下肥者。倫按本作腹下肉也。校者以腹下肥者也釋之。傳寫如今文。然許當以聲訓。今捝矣。字見急就篇。【説文解字六書疏證卷八】

脽 从鳥 高景成釋 脽公劍 閵丘隹脽戈 鄂君啟舟節 【金文編】

3·1035 獨字 【古陶文字徵】

4128　1745　1165　【古璽文編】

◉許　慎　脽𡱂也。从肉。隹聲。示隹切。【說文解字卷四】

◉馬叙倫　鈕樹玉曰。廣韻引同。繫傳及集韻類篇韻會引𡱂作尻。是也。玉篇亦作尻。漢書武帝紀。元鼎元年。立后土祠于汾陰脽上。師古曰。脽者。以其形高起如人尻脽。故以名云。段玉裁曰。𡱂。鍇本作尻。非也。東方朔傳。臣觀其啚齒牙。樹頰胲。吐脣吻。擢頷頤。結股腳。連脽尻。每句二字皆相為屬別。師古曰。脽。臀也。本說文。渾言則𡱂脽為一。析言則𡱂統之。尻乃近穢處。今北俗言溝子是也。桂馥曰。本書。𡱂。或從肉隼。疑䐈即脽之重出字。變從隼以就𡱂聲。尻也者。徐鍇本及韻譜御覽玉篇類篇皆作尻也。廣雅。臀。謂之脽。漢書東方朔傳。連脽尻。注云。脽。臀也。田吳炤曰。廣雅。臀謂之脽。臀即𡱂之重文。玉篇引聲類。臀。尻也。是作𡱂者亦是。倫按尻字是也。若作𡱂則是臀省。蓋𡱂為今坐人之檇古字。非後竅之名。殿從𡱂得聲。臀從殿得聲耳。臀為𡱂之重文。然重文非許書原有也。脽即臀之轉注異文。脽音牀紐三等。古讀歸定。臀音定紐也。八篇𡱂下說解非說文。則此自作尻為長。尻音見紐。脽從隹得聲。隹音照紐三等。古讀歸端。端見同為破裂清音。又隹鳥一字。鳥尻聲同幽類也。古匋作脽。【說文解字六書疏證卷八】

◉饒宗頤　癸卯卜，穷貞：𢦏(將)雈，𦎫于京。(前編五・八・四)

按雈疑脽字。漢書武帝紀：「祠于汾陰脽上。」師古曰：「地本名鄈，蓋借脽為鄈。」卜辭凡言「將某」即指帥某地之人。如云：「將戈人」是(珠四五八)。則此之「將脽」，殆謂將脽地之人。𩫏即庸，與用同，謂用人于京。【殷代貞卜人物通考卷五】

◉戴家祥　䳗，字書不見，疑即脽之異文。說文四篇，「脽，𡱂也。从肉隹聲。」博雅，「臀謂之脽。」前漢書東方朔傳「連脽尻」，注：「脽，臀也。」又引伸為地名。史記孝武紀「始立后土祠汾陰脽上」，注：「脽者河之東岸特堆堀，長四五里，廣二里餘，高十餘丈，汾陰縣在堆之上。」顏師古曰：「以形高起如人尻脽也。」金文為人名，脽公或以居某高地命名。【金文大字典下】

肤

◉許　慎　肤孔也。从肉。決省聲。讀若決水之決。古穴切。【說文解字卷四】

◉馬叙倫　段玉裁曰。叏聲。徐灝曰。俗謂臀孔為窟。即肤之聲轉也。倫按當訓臀孔也。然非許文。字或出字林。此𩩲之雙聲。亦疊韻轉注字。或語原同而非轉注字。【說文解字六書疏證卷八】

胯 股 腳 脛

胯 跨 竝籀韻【古文四聲韻】

◉許 慎 胯股也。从肉。夸聲。苦故切。【說文解字卷四】

◉馬叙倫 沈濤曰。五經文字上云。胯。胯。∅是古本從夲不從夸。今本作胯。乃後人以隸變改篆文也。倫按本書無夲。胯為夸之後起字。詳夸字下。奎之轉注字。股也當作兩股間也。蒼頡篇。胯。兩股間也。蓋傳寫者以今字易之。胯字或出字林。
【說文解字六書疏證卷八】

股 股 封八八【睡虎地秦簡文字編】

◉許 慎 股髀也。從肉。殳聲。公户切。【說文解字卷四】

◉馬叙倫 沈濤曰。一切經音義十六及廿引髀下有脛本曰股。蓋古本有之。今奪。倫按或庾儼默注。髀者。股之上或為股外。股者。髀之下或為髀肉。今俗呼臀部曰屁股。屁即髀之俗字。屁股者。並股內外或上下言之。或股為髀之轉注字。以骨言為髀。以肉言為股。股音見紐。髀音幫紐。同為破裂清音也。字見急就篇。【說文解字六書疏證卷之八】

腳 腳 日甲一五九 背【睡虎地秦簡文字編】

◉許 慎 腳脛也。从肉。却聲。居勺切。【說文解字卷四】

◉馬叙倫 釋名。腳。卻也。以其坐時卻在後也。是腳即足。為足之轉注字。足止一字。止乍亦一字。乍卻聲同魚類也。今俗謂足曰腳。足腳非脛也。脛下疑有奪字。或非本訓。字見急就篇。【說文解字六書疏證卷八】

◉許 慎 脛胻也。从肉。巠聲。胡定切。【說文解字卷四】

◉馬叙倫 沈濤曰。一切經音義十八及十一皆引作腳胻也。上文。腳。脛也。則脛即是腳。此處不應有腳字。蓋傳寫誤衍。翟雲昇曰。一切經音義三引作腨也。丁福保曰。慧琳音義五十七及七十二引作腳胻也。倫按今紹興縣謂脛曰腳廣。廣即脛之音變。則腳胻蓋晉時俗名。此字林訓。見玄應一切經音義引。腨也蓋本訓。字見急就篇。【說文解字六書疏證卷八】

◉朱歧祥 18.[glyph] 从人。[glyph]示大腿股脛之間，指事。或即脛字初文。

《遺899》癸卯子卜，至小牢，用豕[glyph]。

言小牢用豕脛以祭。

《合117》☐寅卜，𡆥貞：[glyph]其㞢疾。

☐貞：[glyph]亡疾。

卜問腿患是否無恙。

字又借用為地名。

《乙4017》貞：今般取于[glyph]。王用。若。

復作為子名。

《乙5633》：☐子[glyph]☐。【殷墟甲骨文字通釋稿】

䏰

䏰 日甲七五 背 【睡虎地秦簡文字編】

◉許 慎 [seal]脛耑也。从肉。行聲。户更切。【說文解字卷四】

◉馬叙倫 徐灝曰。䏰者。行也。似不得但指近䣛處而言。疑耑字涉下文腨而衍。脛䏰異名耳。倫按史記龜策傳。壯士斬其䏰。索隱曰。䏰音衡。腳脛也。廣雅釋親。䏰。脛也。玄應一切經音義十八曰。今江南呼脛為䏰。䏰脛雙聲轉注字。不應有耑字。倫謂涉古文腓字説解中腨字而衍。又挩肉旁也。玄應引脛腨也可證。【說文解字六書疏證卷八】

腓

◉許 慎 [seal]脛腨也。从肉。非聲。符飛切。【說文解字卷四】

◉馬叙倫 丁福保曰。慧琳音義三十七引。腨腸也。考本書。疋。足也。上象腓腸。廣雅。腓。腨也。易咸卦。咸其腓。鄭注。腓。膞腸也。腨與膞同。足徵今本脛腨也之誤。宜據改。倫按御覽卷三七二引亦作腓腸也。腓音奉紐。䏰音匣紐。同為摩擦次濁音。是轉注字也。腓從非得聲。非音古在幫紐。脛音匣紐。然從巠得聲。巠音見紐。幫見同為破裂清音。亦轉注字也。脛腨也當作脛也腨也。一訓校語。【說文解字六書疏證卷八】

腨

◉許　慎　腓腸也。从肉。耑聲。市沇切。【說文解字卷四】

◉馬叙倫　翟雲昇曰。一切經音義引三倉腓腸。御覽人事部引作腓脹也。倫按玄應一切經義三引無腓字也。又引字林同。然則此是呂忱據三倉為訓。非許文也。玄應謂江南言腓腸。中國言腨腸。腓音奉紐。腨音禪紐。同為摩擦次濁音。又古讀非歸幫。腨從耑得聲。耑音端紐。幫端皆破裂清音。是腨腓為轉注字。腨與脛胻亦同為摩擦次濁音轉注字也。字見急就篇。【說文解字六書疏證卷八】

胑

◉許　慎　體四胑也。从肉。只聲。章移切。胑或从支。【說文解字卷四】

◉馬叙倫　體四胑也非本訓。字或出字林也。只支音同照紐。故胑轉注為肢。【說文解字六書疏證卷八】

胲

呂胲【漢印文字徵】

◉許　慎　足大指毛也。从肉。亥聲。古哀切。【說文解字卷四】

◉馬叙倫　嚴可均曰。衍毛字。一切經音義二引作足大指。無毛字。莊子庚桑楚注亦無。王筠曰。毛下當有肉字。玉篇廣韻皆有之。倫按疑字出字林。【說文解字六書疏證卷八】

肖

肖　孳乳為趙　大梁鼎　大鄒司寇趙亡智【金文編】

9·94肖坔　9·95肖旗【古陶文字徵】

肖　為二【睡虎地秦簡文字編】

1020　0991　1019　0986　0995　0994　0996　0997　0989　1015　1037

1056　1001　1005　1017　0890　1043　0967　0923　1003　0922　0898

104810600902089510471053098009651057【古璽文編】

肖德肖利印【漢印文字徵】

竝古老子【古文四聲韻】

◉許　慎　骨肉相似也。从肉。小聲。不似其先。故曰不肖也。私妙切。【説文解字卷四】

◉馬叙倫　鈕樹玉曰。韻會引作人言不似其先故曰不肖。張文虎曰。不似以下九字疑後人增。王筠曰。蓋庾注也。倫按一切經音義九。説文。骨肉相似曰肖。字從肉小聲。今言不肖者不似也。謂骨肉不似其先。故曰不肖。禮記。其子不肖。是也。謂儜惡之類也。然不引本書。則此蓋校語或庾儼默注。本訓捝矣。肖音心紐。胤從幺得聲。幺絲一字。絲音亦心紐。胄音曉紐。胄從由得聲。由音喻紐四等。心曉喻四同為摩擦次清音。並轉注字也。【説文解字六書疏證卷八】

◉顧廷龍　肖鉢印以為趙字。周肖旗。【古匋文孴録卷四】

◉徐中舒　，从小，从反人，當為肖或俏之異文，仦與肖並从小聲。从人與从肉同意。肖，法也，似也，類也。【禹鼎的年代及其相關問題　考古學報一九五九年第三期】

◉張政烺　肖有足，乃皇田。（前編五・二七・六）

一九六三年夏我曾寫過一篇《釋甲骨文肖與肖田》（未刊），對於這條卜辭已作了一番解釋，為了避免繁瑣，這裏只作簡單説明。卜辭中肖字都應當讀作趙，最常見的用法是「肖田」當讀作《詩・周頌・良耜》「其鎛斯趙」的趙。據毛氏傳、鄭玄箋、孔穎達正義，鎛是鋤類，趙是「刺地」即剗除草。唐宋時期韻書如《刊謬補缺切韻・廣韻》（平聲，肴韻，所交反）有「捎」字，注「芟也」。現在河北省南部廣平、新河一帶，春夏間田間除草叫作「捎地」，所用農具叫作「捎」，似鋤而小。也叫小捎。在這條卜辭里肖是名詞，即肖田的農具，猶如鋤地的農具叫鋤，捎地的農具叫捎。卜辭肖田在年底進行，是耕休田的准備工作。就是《管子・中匡》説的「及寒擊槁除田」，《荀子・富國》説的「刺草殖穀」。其所使用的工具不外鋤捎之類。這條卜辭説的意思是，捎子具備了纔裒田，可見裒田也是要「擊槁」、「刺草」。這雖然不一定是裒田的唯一的勞動，但也應當是主要的内容之一。【卜辭裒田及其相關諸問題　考古學報一九七三年第一期】

◉張政烺　今按當是形聲字，从人是形，小或少是聲。甲骨文小和少通用無別。是小，也是小，如少牢即小牢，少臣即小臣，少雨即小雨。這個字或从小，或从少，事實上是一樣的。説文無仦（或仯）字，依形、音、義求之當即肖字。説文（第四篇下）

肉部：「骨肉相似也。从肉小聲。」

□从□，小聲。□从□，小聲。聲既相同，形亦近似，故疑□即由□演變而來。⊘□變為□猶□變為□，其演化完全相同，所以我們有可能定□即肖字。

卜辭中□字皆可釋為肖，讀為趙。如：

「貞：于翌乙丑肖㠱，不遘雨？乙丑〔允肖㠱？不遘雨〕。」

「翌乙〔丑〕肖㠱？〔允〕肖㠱，不遘雨。」（殷契卜辭六三四）

㠱是地名，甲骨金文常見之，其地在今山東省境內。卜辭「肖㠱」之肖當讀為趙，說文（第二篇上）走部：

「趙，趨趙也。从走，肖聲。」

廣雅釋言：

「遝，趙，及也。」

趙之義猶到，上舉卜辭是占王在第二天乙丑到達㠱地途中是否會遇着雨。

肖字在卜辭中更常見的用法是「肖田」，也當讀為趙，如：

「庚辰卜，貞：翌癸未肖西單田，受有年？十三月。」（甲骨續存下一六六）

西單在殷代都城西郊外，這附近有田稱西單田。肖是動詞，說明一種農業生產技術，所以占問是否能「受有年」（得到好收成）。按詩周頌良耜：

「畟畟良耜，俶載南亩。播厥百穀，實函斯活。或來瞻女，載筐及筥。其饟伊黍，其笠伊糾。其鎛斯趙，以薅荼蓼。荼蓼朽止，黍稷茂止。」

這裏⊘「其鎛斯趙」的趙字，毛氏傳說是「刺也」。鄭玄箋說：

「以田器刺地，薅去荼蓼之事。」

刺是一種什麽動作，過去注家解者不多，而以陳奂詩毛氏傳疏（卷二十八）的說法為較好。刺即「刺草」，儀禮士相見禮：「凡自稱於君……庶人則曰刺草之臣。」鄭玄注：「刺猶剗除也。」

鄭玄在這裏解釋刺草是對的，詩箋說「以田器刺地」，乃隨文敷衍，顯然有些莫名其妙。據此可知，趙之一義是剗除草。「刺草」也見於其它的古書，如荀子富國篇（楊倞注）：

「掩地表畝，刺草殖穀(刺，絶也)，多糞肥田，是農夫衆庶之事也。」這裏講「刺草」在「殖穀」之前，是春種以前的除田工作。⊘肖田是清理來年要種的田，是春種的準備工作，是一個新的農業生產周期的開始，所以當時特别着重，殷王要為此事占卜是否「受有年」。

卜辭又有：

「肖又足，乃哀田。」(殷虚書契前編五·二七·六)

肖在這裏是名詞，即肖田的工具，猶如鋤田用鋤，犂田用犂，勞動和工具的名稱一致。⊘這條卜辭是説，肖這種工具齊備了才開荒。⊘在河北省南部(廣平、新河一帶)叫做捎，也叫捎子，形狀和鋤差不多，惟刃小而柄短，所以也叫小捎，是一種田間去草的工具。用鋤除草必劃破地面，同時可以疏鬆土壤。用捎則貼地鏟草，並不鬆土，春末夏初草小根淺用捎，叫做捎地。【甲骨文「肖」與「肖田」　歷史研究一九七八年第三期】

◉于豪亮　古璽中有以「迭痟」為名者，如《夢庵藏印》有「石迭痟」，《伏廬藏印》有「肖迭痟」，《碧葭精舍印存》有「韓迭痟」，現分别摹寫如下：

《夢庵藏印》

《伏廬藏印》

《碧葭精舍印存》

其中「肖迭痟」之肖字當讀為趙。【古璽考釋　古文字研究第五輯】

◉湯餘惠　需要稍做補充的是，戰國文字的「月」或「夕」旁也有類似的情況，只是點的位置異乎前者，中山方壺「氏以遊夕歓飤」的夕字寫作夕，古璽从月的閒字寫作閒(1756)，又从月的明字寫作明(0961)，都清楚地表明，「月」和「夕」在戰國文字都可以寫作月形。反之，「肉」却從來没有這樣寫的，這意味着「月」和「夕」左下方所加的「/」和「肉」旁右上方所加的「/」都是一種特定的標志，借此便可以把它們區别開來了。

三晉和燕國的器物銘文時常見到「工肙」、「大工肙」的職官稱謂，柯昌濟釋「肙」，高田忠周謂「《説文》尹古文作𠕓，疑有寫誤」，於字形全不合。李孝定「疑从尹、从肉」。其説雖是，然苦于無證。按古璽此字或作：

(2768)　(2788)

字下从肉完全可以肯定，字不見後世字書，疑从肉，尹聲，戰國文字用為「尹」。《説文》肉部：

肖，骨肉相似也。从肉，小聲。

清代的《説文》注家都對許慎的這一説法堅信不疑。西周金文有宵字，見於宵簋銘文，字下从月清晰可辨，可是還有人用「古文不最古者，亦自有誤」迴護許説：林義光謂宵字「从月在宀下，小聲」。其説雖然不無可議，但至少已注意到从月這一事實，肖字从月，不从肉，戰國文字提供了堅確的例證：

（戈　《文物》1972年第10期第40頁圖二八）

（《璽》1053）

（《璽》0895）

月旁的標志「ノ」加在左下方，説明直到戰國時代人們還曉得肖字的構形原理，對肖字的誤解，大約是秦代「書同文字」以後的事情。【略論戰國文字形體研究中的幾個問題　古文字研究第十五輯】

◉金國泰　《説文解字·肉部》：「肖，骨肉相似也。从肉，小聲。不似其先，故曰『不肖』也。」段玉裁注：「骨肉相似者，謂此人骨肉

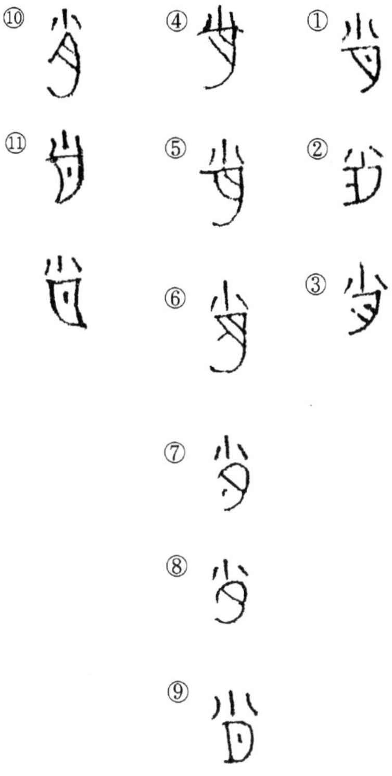

與彼人骨肉狀貌略同也。故字从肉。」二千年來，人們都隨從許説，並無異議。然而，求證於古文字材料，分析詞義內部系統，就

不難發現，許慎的字形分析及本義訓解，都是錯誤的。「肖」字原本从月，小聲，詞本義當是月光消減得微小。

從字形方面分析，許慎據小篆得出的結論是不足據的。古文字材料可以充分證明「肖」字本从月，不从肉。戰國大梁鼎、十一年庫嗇夫鼎和王立事劍所見「肖」字分別作下列①②③形，古璽「肖」字多見，主要有下列④⑤⑥⑦⑧⑨幾種形式，春秋末期趙孟壺「趙」字和商末或周初器肖簋「肖」字的聲符「肖」分別作下列⑩和⑪兩種形式：

如果單把其中的義符「月」演變的痕迹描寫出來，大致如下：

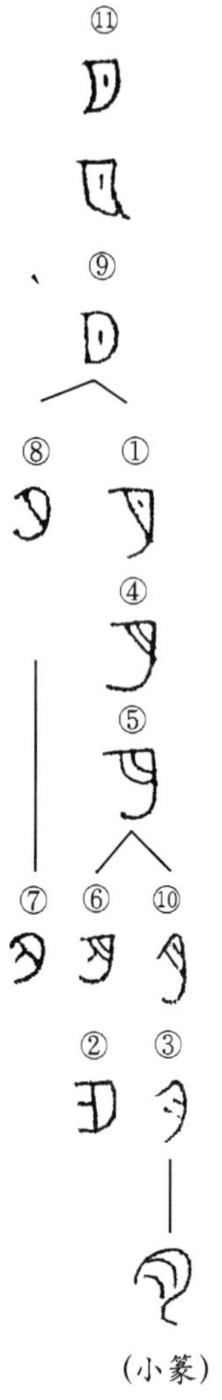

所舉11種字形中，⑪是最早的，分明从象形的「月」，不从「肉」。⑨形雖時代已晚，而「月」的象形輪廓還鮮明如初。①④⑤⑧各形變化不一，但與「肉」的寫法都还明顯有別。②⑥⑦三形在原字形左側增一短劃，這並非飾筆，而是避免與「肉」的象形文混誤而有意增添的區別性記號；同理，戰國文字「肉」(所見都是義符)的寫法有

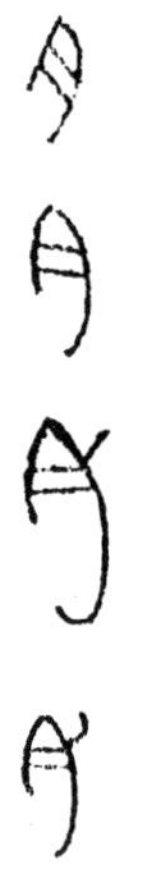

後面二形在象形文右側增一短劃，以作為明顯區別於「月」字的標記。上舉「肖」字11種形式中，只有③、⑩二形的義符介乎於「月」「肉」二形之間，看上去模棱兩可，實屬特例，當然，在其他合體字中，還有「月」「肉」疑似的情形。

小篆把「月」「肉」都寫作，二形混同歸一，已經沒有區別，這是戰國文字漸變的結果。許慎無法擺脱認識的局限，對本來从月與从肉的字，不能完全辨別準確，因此，有歸部和説解的失誤，「肖」字就是一例，但却不是僅見的一例。其他如：「有」字，金文本从又(手)持肉，《説文》單立有部，「據形系聯」列月部之後，並引《春秋傳》「日月有食之」，勉強解為从月，又聲。「散」字，金文本从月，《説文》卻收録到肉部，解作：「雜肉也。从肉，椒聲。」

類似許慎的失誤在現當代考釋古文字的學者筆下也有發生。如戰國楚系文字中从月的「散」，是「歲(岁)」字異體，已往學者或隸定為从肉的「𦞠」；又有从月的「肯」，是「朏」字異體，已往學者或釋為「肯」，現在也仍有持釋「肯」之説者。又如新出《古文字類編》已冲出許慎540部首的舊框式，但还是把「肖」字收入肉部而不入月部，這正是在《説文》影響下一時疏忽的反映。

從詞義方面分析，許慎把後發生的意義作為「肖」的詞本義，這是本末倒置。

「肖」這個詞的語源是「小」。「肖」字是「小」字的孳乳字。以文字聲義關係推論，「肖」的本義當是月光消減得微小，可指月盈後漸趨消減虧衰小弱直至晦滅的現象，雖然現在還没有發現「肖」字用這一本義的材料，但在典籍中一些用「消」字表示的減削、衰退和滅亡的意義，完全可以認為是从「肖」的本義直接引申來的，其中有的用例與月光消減義十分接近。如：《易・泰》象曰：「君子道長，小人道消。」《易・豐》象曰：「日中則昃，月盈則食，天地盈虚，與時消息。」《莊子・田子方》：「消息滿虚，一晦一明。」《淮南子・原道》：「此膏燭之類也，火逾然（燃）而消逾亟。」《漢書・李尋傳》：「觀日月消息，候星辰行伍。」《釋名・釋言語》：「消，削也，言減削也。」以字形而論，「消」字本當是表示水消，即水由滿盈盛大漸趨衰退消竭的古字，與「渴」（「竭」的古字）在《説文・水部》同訓為「盡」。「消」是「肖」的孳乳字，而從語言方面看，水勢消竭之「消」本源於月光消減之「肖」。

如果把觀察的範圍稍擴大些，可以看到，從「肖」得聲的字多有漸小、漸末和末尾、消失等意義，它們與「消」同源，都是「肖」的直接或間接孳乳字，而在語言上，是「肖」的直接或間接派生詞，這也很有助於探尋「肖」的本義。如「削」有刻削、削減、削弱、削除、侵削和剥削義，這些意義都涵有漸小義：「陗」「峭」是山峻義，高峻的山，山麓廣大，随着山勢增高而逐漸鋭小；「梢」，既是「艄」的古字，指船舵尾，又與樹木枝梢的專用字同形，兼有漸小和末尾義；「稍」本義是「禾末」，俞樾曰：「稍之為禾末，猶杪之為木末，从肖與从小同」；「髾」本義為頭髮末梢，《廣韻》謂「髮尾」；「鞘」有鞭梢義，是鞭頭的細皮條；「銷」、「焇」有熔化和銷毁義、耗盡義，因此涵有漸小和逐漸消失義。又如「宵」的意義是夜，追尋稱夜為宵的原因，大概是源於專指月光消減或不見月光的夜晚。夜的概念在卜辭中所見是用「夕」表示的，見陳夢家《殷虛卜辭綜述》七章三節。「夕」「月」古同字，見孫常叙《以齒音和牙音疑母構成的複輔音初步探索》（中國語言學會第二届年會論文）38至40頁。因此，夜的概念最初也就是用「月」表示的。在書寫形式上，「夜」字後出，是「夕」的加聲分化字。可以推測，古人最初把看到月亮的夜晚稱為「月」（即夕），是因為夜與月的直接關聯；同理，古人又把一部分夜晚或夜晚的某一時段稱為「宵」（即肖），是因為那時候月光正處於顯著消減形勢，或已完全消失，或一時还没出現。「宵」「夜」是語源不同的近義詞。如果不拘於書寫形式，那麽還可以舉一個現代東北（其他地區可能也有）方言詞的例子：一步一步逐漸向後倒退的動作，口語裏説「shào」，但却没有專用字，它大概是「消」的派生詞，可以給它造一個書寫形式——「踃」。《廣韻》以來的一些字書中收有「踃」字，但并不是本文所説的涵義。

在典籍中，也可以看到作為「消」「削」等字字根的「肖」還有小弱、細微、衰微和没落等意義遺存。《方言》卷十七：「肖，小也。」《莊子・列御寇》：「達生之情者傀，達於知者肖。」王念孫《讀書雜志》：「肖與傀正相反，言任天則大，任智則小也。」《史記・太史公自序》：「申、呂肖也，尚父側微，卒歸西伯，文武是師。」裴駰集解引徐廣曰：「肖音痟，痟謂衰微。」司馬貞索隱：「肖謂微弱而省少，所謂申、呂雖衰也。」

「肖」在典籍中的常用例，是肖似義，這一意義可以認為是由刻削義展轉引申來的。殷周時代刻削藝術已很普遍，《論語・公冶長》有「朽木不可雕也」的話，《韓非子・説林》有論「刻削之道」的事，先民不僅早就能用刃器在不同質地上刻鏤平面圖畫，而且，也早就能雕刻人、物的立體形象。立體刻削工藝，總是把被刻材料漸削漸小，逐漸肖似所比照仿效的人物模樣，削的過程就是肖的過程，所以，從語義分析，肖似的「肖」實從刻削的「削」引申，而「削」很可能是從更古老的意義減削（典籍寫作「消」）引申，不過，也不能排除另外一種可能，即「削」也可能是從月光消減的意義直接引申而出。古人曾把日月逐漸虧食的自然現象稱為食，因為「稍稍侵虧如蟲食草木葉也」（《釋名・釋天》），如果反其道，古人又用月光逐漸消減的自然現象比擬漸刻漸小的刻削行為，也是完全符合思維邏輯的。

由此，戰國秦漢間已經很流行的習語「不肖」的本義也可以更明確了。《小爾雅・廣訓》解「不肖」為「不似」，鄭玄注《禮記》説：「肖，似也。不似，言不如人。」見《雜記下》「某之子不肖」注。唐顏師古注《漢書》，解「不肖」為「無所象似」。《吴王濞傳》：「吴王不肖。」注：「凡言不肖者，謂其鄙陋無所象似也。」《刑法志》：「夫人宵（肖）天地之貌。」注：「庸妄之人謂之不肖，言其狀貌無所象似也。」這都是符合「不肖」本義的解釋。「不肖」一語大概源於刻削出的成品偶像不肖似所比擬仿照的對象模樣，引申為不合乎典範、準則的意義，它大致相當於現代口語「不像樣」或「不像樣子」，所説「不像樣子」，就是不合乎人們心目中認同的樣子。因此，「不肖」引申有不成器、不賢、不才的意義。許慎所言「不似其先」，並不是「不肖」的本義，而是後起的引申義，許慎把這一意義作為原義，是基於「肖」字「从肉」，乃至「肖」本義為「骨肉相似」的誤解。《老子》六十七章：「天下皆謂我大，大而不肖。夫唯不肖，故能大。若肖，久矣其細也夫！」章內「不肖」與「肖」對舉。所言「我大」，即「道」大，所言「大而不肖」，即言「道」廣大却不像任何具體事物。這是符合老子思想的，因為老子認為「道」「視之不見」，「聽之不聞」，「搏之不得」，是「無狀之狀」，「無物之象」（十四章）。把顏師古「無所象似」的注釋移用於《老子》此章，若合符節。而這一用例早於所見其他用例，是否定許説的有力證據。

上文論及「肖」的肖似義源自刻削義，刻削義又源自更早的減削義或月光消減義。但今天所見文字材料，刻削義未見用「肖」或「消」字的（減削義典籍作「消」），而肖似一義也未見用「削」字的，但這並不足以否定上文的推測。現今所見涉及到「肖」「削」等字的材料，主要是傳世文獻，有些文字真迹已被改動而淹没了，而出土材料所見「肖」及其諧聲字材料又極有限，這對追尋「肖」的同源字譜系是很大局限，不過，依據文字和詞彙的發展演變規律，完全可以堅信，月光消減、減消、夜晚、刻削等義最初一定都有過用「肖」字的歷史，刻削義或還有過用「消」字的歷史，後來受漢字字形發展區別律及詞的使用頻率等因素多方共同作用，逐漸分化，大致情形可擬示如下：

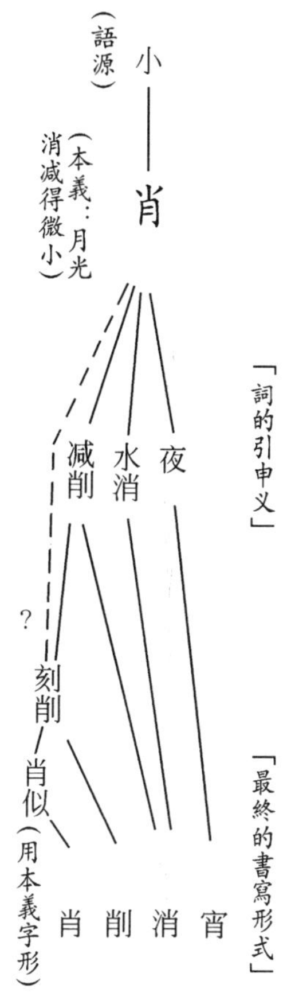

「肖」字雖早於「削」字，但語言中由刻削之「削」展轉引申出的肖似義却最終占據了「削」字賴以產生的「肖」字，並把距「肖」本義最近的直接引申義，即減削義，永遠排擠到水消一義的專字「消」上。這并不奇怪，文字與語言互為表裏而終究不是一回事。漢字是詞的書寫形式，受詞的制約，但字形也有着相對的獨立性，字與詞并不完全如影隨形那樣一對一地分布，其間有很多錯綜複雜的情形，由於種種原因和機遇，後起義用古字，古義反倒用晚出字的例子屢見不鮮，無須贅述。

但應該提到的是，戰國乃至秦漢間肖似一義的書寫形式還没有最終固定，其間用「宵」字的情況也是很常見的。如上舉《老子》六十七章的三個「肖」字，在馬王堆漢墓帛書甲乙兩本中都作「宵」，《戰國策·趙策》：「老臣賤息舒祺，最少，不肖。」帛書本《戰國策縱橫家書》「肖」作「宵」。馬王堆漢墓帛書《十六經·本伐》：「起賢廢不宵。」《淮南子·要略》：「浸想宵類。」《漢書·刑法志》：「夫人宵天地之貌。」以上三「宵」字都用同「肖」。這麼多用「宵」寫「肖」的事實，反映出這不能簡單地用「倉卒無其字，或以音類比方為之」的說法作解，可以認為，這是肖似義書寫形式還没穩定時期在某些範圍內相對穩定過的一種寫法。【釋肖　吉林師範學院學報一九九四年第一期】

 胤

 胤　遡鼎

 遡簋

 秦公簋

 秦公鐘

 晉公盞

 蚉壺　【金文編】

 張胤印信

 楊胤印信　【漢印文字徵】

胤 天璽紀功碑　梅胤【石刻篆文編】

◉許　慎　胤子孫相承續也。从肉。从八。象其長也。从幺。象重累也。羊晉切。胤古文胤。【説文解字卷四】

◉孫詒讓　(周敦)胤字吳釋為卿。案此當為胤。説文肉部胤。子孫相承續也。從肉從八。象其長也。從幺。象重累也。此從八從幺皆明甚。惟肉微有缺畫。盄咊鐘云。咸畜百辟胤士。是其證也。胤士之義。薛尚功諸人皆未釋。以聲音攷之。當讀為尹士。儀禮士虞禮。酌酒酳尸注。古文酳作酌。錢大昕經史荅問及段玉裁説文注桂馥説文義證。并謂酌即説文酉部酌字之誤。玉篇謂酌酳同字。其塙證也。以形聲言之。酳從胤省聲。酌從勻聲。古尹聲勻聲字多相通。禮記聘義。孚尹旁達。注。讀如竹箭之筠。胤之讀為尹。與尹之讀為筠。其例正同。廣雅釋詁。尹官也。尹士猶言官士矣。【古籀拾遺卷下】

◉林義光　按从肉。轉注。从八幺。八分也。幺繫也。見八字各條。古作胤。晉公盦。【文源卷十】

◉高田忠周　按説文。胤子孫相承續也。从肉从八。象其長也。从幺。象重累也。胤古文胤。此解似未妥當。愚謂从幺。幺。小子也。亦子也孫也。从肉。系統之意。从廾。相承之意。又或从八。八者。別也。骨肉相承。子孫分別。所以承續蕃殖也。朱駿聲云。按从八猶从分。分祖父之遺體也。从幺如絲之繼續也。會意。亦可通矣。書堯典。胤子朱啓明。高宗肜日。罔非天胤。傳。嗣也。左隱十一年傳。太岳之胤也。注。繼也。詩既醉。永錫祚胤。傳。習也。習亦因襲承續之謂也。銘義疑叚借為尹。尹士。實治事者也。【古籀篇四十一】

◉郭沫若　孫詒讓云。胤士之義。以聲音攷之當讀為尹士。廣雅釋詁尹官也。尹士猶言官士矣。余意胤殆叚為俊。禮王制。司徒論選士之秀者而升之學曰俊士。書臯陶謨。俊乂在官。語意相近。【秦公段　兩周金文辭大系考釋】

◉商承祚　説文「胤古文胤。」案金文秦公段晉邦盦作胤。與篆文同。【説文中之古文攷】

◉馬叙倫　鈕樹玉曰。韻會幺上無從字。下有亦字。王筠曰。字林。胤。嗣也。用釋詁毛傳。倫按從肎。幺聲。為肎之轉注字。廣韻。滑。羊晉切。玉篇同。正與此音同。可證也。肎從八得聲。八音幫紐。幺音影紐。幫影皆破裂清音。幺丝一字。丝音心紐。屑音曉紐。同為摩擦次清音。亦可證也。幺音入影紐者。古讀曉歸影。由心而曉而影也。故胤仍轉入喻紐四等。亦同為摩擦次清音。又可證也。當立肎為部首而胤屬之。説解皆非許文。秦公敢作胤。衛鼎作胤。

胤倫按朱駿聲謂從臼。然篆體作胤。從竦手也之廾。即如朱説。則從㬰省聲。倫謂或從□得聲。□為幼之異文。金文諸胤字皆同篆文。【説文解字六書疏證卷八】

◉林潔明　胤士之義。孫詒讓以為當讀為「尹士」。郭沫若則以為胤叚為俊。按胤字上古音在真部喻紐rien。尹字亦在真部喻紐ɣriwen。而俊字則在文部讀tsjiwən（上古音據周法高師擬音）。則知俊胤上古音韻部既異。聲復不同。胤尹則為開合口之異。胤叚為尹是也。郭氏蓋未通古音之學。釋詁：「尹官也。」尹士猶言官士。孫説是也。【金文詁林卷四】

◉戴家祥　朱駿聲云：「從八猶从分，分祖父之遺體也，从幺如絲之繼續也，會意。」金文胤與篆書同。古文八與仌同，八訓「別也」，仌訓「分也」，故金文胤或从仌作⿱仌月。古籍胤訓嗣訓繼，如書高宗肜日「罔非天胤」，傳「嗣也」。左隱十一年傳「太岳之胤也」，注「繼也」。胤與嗣義同，故好蚉壺「胤⿱司廾嗣」連語。秦公器胤字借作尹。【金文大字典下】

胄

胄　王胄印信【漢印文字徵】

伷出説文【汗簡】

◉許　慎　胄胤也。从肉。由聲。直又切。【説文解字卷四】

◉馬叙倫　鈕樹玉曰。廣韻引及玉篇注並作裔也。倫按由音喻紐四等。是胄為胤之轉注字也。廣韻引作裔也。裔借為胤。此校語。玄應一切經音義引字林。胤也。則胤也蓋許訓。裔也字林文。玄應所據本為字林中之許訓。故引字林。廣韻所引乃字林訓而書名説文。故引説文。【説文解字六書疏證卷八】

◉張秉權　冑或作冑，从冖，甾聲，疑即胄字。説文七下月部：「胄，兜鍪也，从月，由聲。直又切。」此字所從的甾，即説文十二下甾部「甾，東楚名缶曰甾」的甾字，王國維即釋甾為由。見王國維觀堂集林卷六釋由。後世從由的字，在金文中往往作甾，與甾字的形狀一樣，譬如：番生簋的甹字作甹，毛公鼎的㽕字作㽕，㽕爵的㽕字作㽕，它們所從的由字都作甾形，與冑字所從的由很相近，或竟完全一樣，所以我們把甾楷定為由字，可無問題。至于冖，原與説文五下冂部的冂字形近，但冂字的古文作同、坰，反而與此字所從之冖形不類，倒是从冖得聲的冃字在金文中作：冃（毛公鼎）、冃（系伯簋）、冃（䢵侯鼎）、冃（師兑簋）、冃（番生簋）等形，其所從的冂作冖、冖、冖諸形，與冑字所從的冖很相近，或竟完全一樣。但冂部無從由得聲之字，而胄字在説文月部，那是因為冂、冃、月（説文此三部相連）形近易混的緣故。

胄字在卜辭中，不是常見的字，如：

□丑卜，内，我弗其𢦏胄？（後下三六・五）

似乎與此版事類相同。在那裏，胄，也是一個地名（即國或族名），和它們文例相同的，有：

(1) 乙酉卜，丙貞：子𢀛𢦏基方？（前·五·一·三；通五二六）

(2) 王固曰，吉，𢦏。之日允𢦏𢦏方。十三月。（乙編四〇六九）

(3) ☐東啚：𢦏二邑。……（菁·六）

(4) 壬辰卜，㱿貞：戉𢦏𡆥方？（綴·三一）

(5) 貞：我史弗其𢦏方？

貞：方弗𢦏我史？（本編圖版陸玖）

(6) 丙辰卜，宁貞：甾[正]化𢦏𢽍？

貞：甾[正]化弗其𢦏𢽍？（本編圖版陸玖）

(7) 壬辰卜，㱿貞：雀𢦏祭？

壬辰卜，㱿貞：雀弗其𢦏祭？（乙編五三一七）【殷虚文字丙編考釋】

◉黃錫全  伷出說文　夏韻臻韻録《説文》作燊是，此寫誤。徐鉉本與鍇本「燊」注有别，鉉本云：「盛貌，从焱在木上。讀若《詩》『莘莘征夫』。一曰役也。」鍇本云：「盛貌，從焱在木上。讀若《詩》『莘莘征夫』。莘，古文伷，一曰嶷，一曰役。」此同鍇本。段玉裁據鍇本去掉「夫」下「莘」字。鄭珍認為「鍇本當原是『或以為古文伷，一曰嶷，一曰役』。與『疋』下『囱』下注文法正同。言此燊字或以為伷字及嶷字、役字也，郭氏所見《説文》與鍇本同，惟鍇本傳寫譌脱，遂不可解。然賴有鍇本及此注，可推知許君之舊。鉉本『一曰役也』，竟作字義，非是；『伷』在許君元當是『胄』，傳本从俗書之。」【汗簡注釋卷四】

 樂肸私印【漢印文字徵】

◉許　慎　肸振肸也。从肉。八聲。許訖切。【説文解字卷四】

◉林義光　从肉無振肸之義。肸八亦不同音。肸本義為碎。即儀禮醯醢屑既夕之屑。从肉八。八者。分也。見八字條。屑从肸得聲。古與肸同音。【文源卷十】

◉唐桂馨　按説文無佾字。肸即佾之本字。佾舞名。有六佾八佾之别。佾列而振動之。故謂之振佾。既奏音樂。復作踊舞。所以祀神。祀畢。頒胙佾舞者皆得受焉。分肉於佾舞者。即肸之本義也。許釋其後起義。而肸字之所以為肸則未明。【説

膻　䑋

文識小録　古學叢刊第一期】

◉馬叙倫　嚴可均曰。六書故引唐本作脹肸也。從肉。從八。説文無脹。丁福保曰。慧琳音義八十一及八十九引作血脈在肉中肸肸而動。故從肉從八。倫按振肸或振皆非本義。乃肩字義也。説解本作肸振也。肸為隷書複舉字。傳寫倒之。鍇本無肸字。蓋刪之者也。肸音曉紐。曉與喻紐四等同為次清摩擦音。是肸胤肎皆轉注字。肸從肉。八聲。八音幫紐。古借八為分。分音非紐。非曉同為摩擦次清音。故肸從八得聲而讀許訖切也。心曉亦同為摩擦次清音。故肖轉注為肸。【説文解字六書疏證卷八】

◉黄錫全　□肩裴光遠集綴　《説文》肸字正篆作□，「振肸也。」肩从肸聲，此當是假肸為肩。古陶有□字(陶附)，从八从□。□應是肉，如胥作□(陶4·27)、亂作□(遫鼎)、脩作□(陶4·28)等。【汗簡注釋卷一】

◉許　慎　膻肉膻也。从肉。亶聲。詩曰。膻裼暴虎。徒旱切。【説文解字卷四】

◉馬叙倫　肉膻也當作肉羶也。或本作膻肉口也。傳寫捝譌耳。此蓋羶之異文。詩借為但耳。羶音式連切。在審紐三等。胜從生得聲。生音亦審三。是羶為胜之轉注字。字失次。或字出字林也。或曰。膻為但之異文。【説文解字六書疏證卷八】

◉許　慎　䑋益州鄙言人盛。諱其肥。謂之䑋。从肉。襄聲。如兩切。【説文解字卷四】

◉馬叙倫　鈕樹玉曰。韻會引謂之作曰。桂馥曰。本書。孃。肥大也。廣雅。䑋䑋。肥也。方言。䑋。盛也。秦晉或曰䑋。梁益之閒。凡人言盛及其所愛曰諱其肥膩謂之䑋。馥案曹毅之本作偉。李善文選注引方言。瑋其肥盛。王筠曰。今説解似後人據誤本方言改之。方言又曰。凡物之壯大而愛偉之謂之夏。愛偉連文。則曰諱之曰誤衍。諸書引亦無。當刪。謂愛而偉之。故别為美詞以褒大之。不謂之壯大而謂之夏。不謂之肥而謂之䑋也。倫按十三篇。孃。一曰肥大也。即䑋字義。可證非諱避肥大而謂之䑋也。䑋壯聲同陽類。皆為大義。亦可證也。此捝本訓。僅存校語。又有譌耳。字或出字林。【説文解字六書疏證卷八】

𦛢

◉許　慎　𦛢臞也。从肉。皆聲。古諧切。【説文解字卷四】

◉馬叙倫　𦛢臞轉注字。臞音羣紐。古讀歸見。𦛢音見紐也。【説文解字六書疏證卷八】

臞

臞 碭臞【漢印文字徵】

◉許　慎　臞少肉也。从肉。瞿聲。其俱切。【説文解字卷四】

脱

脱 效五八　三例　封七一　封一一【睡虎地秦簡文字編】

李脱　吕脱之印　馮脱之印【漢印文字徵】

竝古老子【古文四聲韻】

◉許　慎　脱消肉臞也。从肉。兑聲。徒活切。【説文解字卷四】

◉馬叙倫　消肉下捝也字。此二訓。而此蓋出字林。脱𦛢聲同脂類轉注字。臞音羣紐。脱音定紐。同為破裂濁音。亦轉注字。捝脱同語原。字見急就篇。【説文解字六書疏證卷八】

脙

◉許　慎　脙齊人謂臞脙也。从肉。求聲。讀若休止。巨鳩切。【説文解字卷四】

◉馬叙倫　脙臞音同羣紐轉注字。脙𦛢同舌根破裂音轉注字。脙脱同破裂濁音轉注字。讀若休止者。劉秀生曰。求休聲並在蕭部。故脙從求得聲得讀若休。言部。訄。從言。九聲。讀若求。本部。肍。從肉。九聲。讀若舊。萑部。舊。或從鳥休聲作鵂。求聲如九。九聲如舊。舊聲如休。是其證。日部。旭。從日。九聲。讀若好。蓐部。薅。從蓐。好省聲。或從艸休聲作茠。求聲如九。九聲如好。好聲如休。亦其證。【説文解字六書疏證卷八】

石碣汧殹　之隻隻　【石刻篆文編】

◉許　慎　臞也。从肉。䜌聲。一曰切肉臠也。詩曰。棘人臠臠兮。力沇切。　【説文解字卷四】

◉趙烈文　薛作𦡆。郭云籀文臠字。鄭云謨官反。施網也。潘作羉。云或作𦡆。吳東發作𦡆。烈按。薛潘吳皆見闕泐本。郭説是。【石鼓文纂釋】

◉羅振玉　音訓。籀文臠字。箋曰。與臠不殊。但移肉於上耳。　【石鼓文考釋】

◉强運開　薛尚功趙古則均釋作𦡆。非是。郭云籀文臠字。楊升庵亦作臠。運開按。説文。臠臞也。从肉䜌聲。一曰切肉。段注。切肉曰臠。臠之大者曰胾。此篆作。移肉於上。亦籀文。筆迹小異耳。　【石鼓釋文】

◉馬叙倫　沈濤曰。廣韻廿八獮引切肉下無臠字。蓋古本如此。切肉為臠之一解。不必更言臠矣。王筠曰。當作一曰臠切肉也。説文一曰之下。多再出本字而後説之。倫按疑一曰切肉是本義。蓋校者記異本也。臠肉古音並在泥紐。蓋轉注字。古書多以臠為切肉。惟詩素冠。棘人臠臠兮。傳曰。臠臠。瘠皃。然毛以急訓棘。故以臠臠為瘠皃。其實棘為瘠之借字。此下文。膌。瘦也。瘠。古文膌。七篇。瘦。臞也。瘦脥疊韻轉注。是瘠人即臞人。臠臠雖或為形容其臞。然古人傳注。往往就詞為義。不必臠即是癯皃。特今不能遽證臠之為何字之音借耳。此下文訓瘦諸文。皆屬轉注。而臠字音聲俱遠也。則臞也者。校者依詩傳加之。傳寫譌為本訓。字或出字林。石鼓作。　【説文解字六書疏證卷八】

◉裘錫圭　古印裡有一個跟「」字很相似的字：

伏選1·10下

湃　同上

這個字所從的「□」顯然是「䜌」的省文，東周時代的欒季陶罍刻銘有字，吳大澂方濬益都釋作「欒」。這個字的省略方法跟「□」字相似，彼此可以互證。上引印文的兩個「□」字都用作姓氏。漢印裡也有用作姓氏的「𨏔」字：

𨏔冣衆　漢徵14·8上

這也是「□」當釋「𨏔」的一個證據。

「𨏔」字不見於《説文》。《賓釋》認為「鑾、𨏔一字」，其説可從。《説文·金部》：「鑾，人君乘車，四馬鑣八鑾鈴，象鸞鳥聲和則敬也。從金，鸞省。」鑾是附着於車馬上的金屬物品，所以其字既可從「金」，也可從「車」。

「纞」字在古印裡用作姓氏，上引的幾個「輦」字，絶大多數也都用作姓氏。它們的字形和用法都這樣相似，應該是一字的異體。「纞」既然確是「轡」字，黄氏釋「輦」為「轡」就應該是正確的。如果把古印裡其它幾個從「絲」之字一起考察一下，釋「輦」為「轡」的正確性就完全可以肯定下來。【戰國璽印文字考釋三篇　古文字研究第十輯】

◉尤仁德

郅䜌

銀質，鼻鈕。璽面長、寬各1.5釐米。黄浚《衡齋藏印》及《尊古齋古璽集林》著録。

璽文第一字是郅，與《彙編》所收戰國姓名私璽類「郅衍」璽(1979號)郅字寫法相同。《玉篇》：「郅，鄉名，在高密。」地望在今山東省高密縣西南。古時以地名取姓者不乏其例，此其一也。

璽文第二字从絲从肉。《説文解字·耳部》：「聯，連也。从耳从絲，从耳，耳連于頰也，从絲，絲連不絶也。」段玉裁注：「周人用聯字，漢人用連字，古今字也。」據知，聯連二字音義皆通。又《系部》：「系，繫也。」《廣雅·釋詁》：「系，連也。」系字甲骨文作(《鐵雲藏龜》2·2)，象手提携相連系的二束絲形。而璽文的「」，實際與甲骨文系字中的相同。《説文解字·言部》：「䜌，……一曰不絶也。从言絲。」(同書《絲部》：「絶，……，古文絶，象不連體絶二絲。」所謂「不絶」者，即二絲相連也。)又《子部》：「孿，一乳兩子也。从子䜌聲。」段玉裁注：「孿之言連也。」以二束絲相連義，引申為兩子連(孿)生。聯、連、䜌古音同屬來母元部韻，所以，聯、連、䜌、孿四字聲義相通。臠字石鼓文作，从肉䜌聲。據此，璽文所從的(絲)，就是䜌字省文。那麽，璽文即是从肉䜌省聲的臠字。《説文解字·肉部》：「臠，臞也。一曰切肉也」(據段玉裁本)。

《彙編》釋此璽(1983號)第二字為䏚，不確。

璽文臠字肉旁作，右側横出一短畫。這種寫法，大約起源于春秋時期，如吉日壬午劍銘胃字作。到戰國時，這種現象就相當普遍了，特别是在璽印中，則比比皆是。肉字羨筆的結構，大概意在與日月字相區别，它在研究古文字的斷代方面，是有特殊意義的。【館藏戰國六璽考釋　考古與文物一九九〇年第三期】

瘠 膌秦昔切 瘠 上同竝出義雲章 【汗簡】

裴光遠集綴 【古文四聲韻】

◉許　慎　膌瘦也。从肉。脊聲。資昔切。㾊古文膌。从疒。从朿。朿亦聲。【説文解字卷四】

◉馬叙倫　翟雲昇曰。一切經音義十一引瘦也有薄也二字。倫按瘠㾊聲同支類。轉脂近轉。則瘠㾊亦腊脱之轉注字也。

　　㾊李杲曰。古鉩朿嚌㾊作（古鉩字）。更從廿。丁佛言謂朿口。蓋食少也。許書從朿蓋朿之譌。倫按從疒。朿聲。朿音清紐。脊音精紐。同為舌尖前破裂摩擦音。故膌轉注為㾊。詩節南山。不敢不蹐。本書趚下引作不敢不趚。是其例證。古鉩文多不可信。古書朿朿二字形亦多互譌。從廿者。即本書説解中所謂古文疾字。其實非也。從疒以下七字校者所加。玄應一切經音義引古文官書瘠㾊膌三形同才亦反。此字呂忱依官書加也。【説文解字六書疏證卷八】

◉商承祚　説文「㾊。古文膌。从疒朿。朿亦聲。」案从朿者。凡瘦則露骨如朿也。故篆文作膌。从仌以象之。而與朿異形同意也。【説文中之古文攷】

◉黄錫全　㾊瘠　《説文》膌字古文作㾊，此同。鄭珍云：「瘠乃膌俗，合㾊，膌字為之。」

　　㿉上同並出義雲章　《説文》迹字籀文从朿作䢕，或體从足、从責作蹟，三體石經責字古文作（古文字）。此蓋古文㾊字異構。鄭珍云：「因朿增从責。《一切經音義》屢云『瘠古文㿉』，蓋漢後字書有之。《義雲》所本。」【汗簡注釋卷三】

◉朱德熙　帛書C20：

　　曰臧（壯）。《爾雅・釋天》：「八月為壯。」不可以簐（築）室，不可以出帀（師），脨（脨）不遉（復），其邦有大亂。取（娶）女凶。

　　脨就是膌字。《説文・肉部》：

　　膌，瘦也。从肉脊聲。㾊，古文膌从疒从朿，朿亦聲。

《公羊・莊公二十年》：「大災者何？大瘠也。大瘠者何？痢也。」何休注：「瘠，病也。齊人語也。痢者，民病疫也。」《釋文》：「瘠，一本作漬。」《曲禮》：「四足死者曰漬。」《漢書・鼂錯傳》：「起兵而不知其埶，戰則為人禽，屯則卒積死」，《廣雅・釋詁一》：「殰，病也。」瘠、漬、積、殰並通。

　　帛書「出帀」二字筆畫殘泐，據文義，此二字下似當有重文號。原文的意思是説在臧（壯）這個月裡，不可以蓋房子，也不能出兵，如果出兵，軍隊要發生疫病，回不來。【長沙帛書考釋（五篇）　朱德熙古文字論集】

脀 □

胗 □

●許　慎　□騃也。从肉。丞聲。讀若丞。署陵切。【説文解字卷四】

●馬叙倫　嚴可均曰。韻會引作升也。按特牲饋食禮疏。脀者。升也。蓋用許義。讀若丞。蓋校者所加。倫按廣雅釋詁。脀。癡也。此借脀為癡。之蒸對轉也。則騃為癡騃義。然經傳無徵。此亦非本訓。疑脀為胗之轉注字。脀音禪紐。胗音照紐三等。同為舌面前音也。字或出字林。【説文解字六書疏證卷八】

●趙世綱　劉笑春　「□」,《説文》所無。此組銅鼎,腹銘自銘為「□鼎」,蓋銘自名為「□鼾」。安徽壽縣蔡侯墓出土同形銅鼎銘文無「□」字,僅自名為「鼾」。容庚《金文编》中收集有兩器,一器自名為「□鼎」,一器自名為「□簠」。1956年南陽市西關出土一批春秋銅器,其中一器自名為「□簠」,銘文為:「隹王十又一月辛子,□公彭宇,自作□簠……」1978年筆者赴襄樊參觀,見到地區博物館藏有銅簠一件,自名為「□簠」,銘文為:「隹正月初吉,丁亥,上□府,擇其吉金,鑄其□簠……」□、□、□、□、□,應是一字的不同寫法,我們認為應釋為脀。

《説文》:「脀,从肉丞聲,讀若丞(署陵切)。」

《周禮·天官·內饔》:「王舉,則陳其鼎俎,以牲體實之。」鄭玄注:「取于鑊以實鼎,取于鼎以實俎,實鼎曰脀,實俎曰載。」

「□」、「□」均是从肉从丿。

《説文》:「丿,右戾也,象左引之形。」徐鍇曰:「其為文舉首而申體也。」

「□」,从丿,以示取肉于鑊以實鼎的動作,从肉以象形。脀,可能為後起字,猶如「吕」,演變為膂。【王子午鼎銘文試釋　文物一九八〇年第十期】

●許　慎　□脣瘍也。从肉。㐱聲。之忍切。□籀文胗。从疒。【説文解字卷四】

●馬叙倫　鈕樹玉曰。文選風賦注引瘍作傷。蓋誤。倫按玄應一切經音義引三倉。胗。腫也。脣瘍也非本訓。

□倫按從疒二字校者所加。五經文字引字林。疹。居忍反。此吕忱加重文之證也。篆當作□。【説文解字六書疏證卷八】

腄　胝　肬　肒　腫

腄　腄丞【漢印文字徵】

◉許　慎　腄瘢胝也。从肉。垂聲。竹垂切。【説文解字卷四】

◉馬叙倫　鈕樹玉曰。玉篇引作瘢腄也。倫按鍇本作跟胝也。疑當作跟瘢也。胝也。跟瘢也字林訓。玉篇引作瘢腄也。腄蓋隸書複舉字誤乙於下也。【説文解字六書疏證卷八】

◉許　慎　胝腄也。从肉。氐聲。竹尼切。【説文解字卷四】

◉馬叙倫　胝腄音同知紐。轉注字也。文選難蜀父老注引三倉。胝。躪也。馬國翰引作躪也。倫謂躪躪皆躪之譌。【説文解字六書疏證卷八】

◉許　慎　肬贅也。从肉。尤聲。羽求切。䵡籀文肬。从黑。【説文解字卷四】

◉馬叙倫　沈濤曰。一切經音義十六引贅也。下有小曰肬大曰贅六字。段玉裁曰。贅也當作贅肬也。倫按六篇。贅。以物質錢也。與肬義無關。非本義。亦非本訓也。釋名。贅。屬也。横生一肉屬箸體也。肬。丘也。出皮上聚高如地之有丘也。莊子騈拇。附贅縣肬。附贅與縣肬對文。或贅借為腄。贅音照紐三等。腄音知紐。皆舌面前音也。如釋名説。則當有本字。古即失之矣。肬為瘤之轉注字。詳瘤字下。

䵡　倫按從黑二字校者加之。䵡蓋黝之聲同幽類轉注字。【説文解字六書疏證卷八】

◉許　慎　肒搔生創也。从肉。丸聲。胡岸切。【説文解字卷四】

◉馬叙倫　搔生創也不似許訓。【説文解字六書疏證卷八】

0623【古璽文編】

腫　甘腫行事【漢印文字徵】

◉許　慎　腫癰也。从肉。重聲。之隴切。【説文解字卷四】

◉馬叙倫　腫癰疊韻為訓。餘詳癰下。字見顔師古本急就篇。皇象本作種。蓋此字出字林也。【説文解字六書疏證卷八】

胅

胅

胅　法七九【睡虎地秦簡文字編】

◉許　慎　胅骨差也。从肉。失聲。讀與跌同。徒結切。【説文解字卷四】

◉馬叙倫　讀與跌同校者加之。然骨差而字從肉。可疑。或字出字林也。【説文解字六書疏證卷八】

◉蕭　璋　段玉裁注曰：「謂骨節差忒不相值，故胅出。蘇林漢書注云：『窅胅，窅謂入，胅謂出。』倉頡篇作容胅。葛洪字苑作凹凸。今俗通用作坳突。」又注垤字曰：「垤之言突也。」王氏曰：「胅之言胅起也。」垤亦胅起之義，故毛傳云：「垤，蟻冢也。」廣雅疏證釋詁「胅，腫也。」按垤之為義，正如字苑凸字之形，蓋由內衝突而出。是以其意不重高而重突，正如小𠂤之𠂤，亦不重高而重突，故與追琢之追同語。段注𠂤字曰：「詩『追琢其章』，追亦同𠂤，蓋古治金玉，突起者為𠂤，穿穴者為琢。」又如堪堀之為地突。説文：「堪，地突也。」「堀，突也。」廣雅釋言：「趉，衝也。」又釋詁：「衝，揬也。」揬猶突也。趉猶堀也。諸字之義與琢相反而相成，均含刺意。而瘠瘦之瘠，説文：瘠為膌之古文。與棘人欒欒之棘，皆有肉消脱骨突出之義，一為朿之孳乳，一以竝朿見意。畧本章氏説。見文始四陰聲朿字。又其明證也。【釋至　國立浙江大學文學院集刊第三集】

◉睡虎地秦墓竹簡整理小組　胅(音迭)，《説文》：「骨差也。」段注：「謂骨節差忒不相值，故胅出也。」意即脱臼。【睡虎地秦墓竹簡】

脪

◉許　慎　脪創肉反出也。从肉。希聲。香近切。【説文解字卷四】

◉馬叙倫　凡創平後其肉皆鼓起。必踰時而平。其實與瘢痕無殊。脪音曉紐。下為胢篆。胢音喻紐四等。同為摩擦次清音。脪聲脂類。胢聲真類。脂真對轉。是轉注字也。胢訓瘢也。則此字或出字林。【説文解字六書疏證卷八】

◉戴家祥　宋時出土文王命厲鼎「王乎呼號父召[illegible]」，薛尚功歷代鐘鼎彝器款識法帖卷第十。[illegible]當釋㾾，不能釋厲。㾾即説文四篇肉部之脪字，形聲符號更旁字也。説文「脪，創肉反出也。从肉，希聲。」唐韻「香近切」，曉母文部。古音希讀「香衣切」，曉母脂部。脂文陰陽對轉，故脪亦可作脠。集韻二十四焮云：「脠，説文創肉反出，一曰瘨脪，熱氣箸膚中。」或作脠、㾾、瘠、疕、䐈。」興、欣聲同，故脠亦可作䐈。疒、肉義近，故膌之或體作瘠，胗之或體作疹。䐈之作㾾，亦猶脠之更旁作㾾，脪之更旁作瘠也。【金文

大字典下】

◉許　慎　朋瘢也。从肉。引聲。一曰遽也。羊晉切。【説文解字卷四】

◉馬叙倫　桂馥曰。廣韻。朋。説文音酳。馥案凡言説文音某者。皆讀若之字。疑引聲下有讀若酳三字。朱駿聲曰。遽也疑臄也之譌。倫按朋為痕之轉注字。聲同真類。亦痍之音同喻紐四等轉注字。一曰四字校語。義未詳也。【説文解字六書疏證卷八】

臘

王臘【漢印文字徵】

◉許　慎　臘冬至後三戌。臘祭百神。从肉。巤聲。盧盍切。【説文解字卷四】

◉劉心源　巤即臘。石鼓文君子員邋。辵旁从𡿺。即此字。此為臘之省文。臘祭之器故云臘。尊敢也。或曰臘始於秦。此周器何云臘也。不知左氏已云虞不臘矣。五經要義。夏曰嘉平。殷曰清祀。周曰大蜡。總謂之臘是也。或曰此為角之象形字。今款識中有角皆金器。此云作角尊敢三器也。説亦通。舊釋引龔氏説云。籀文子字與巤同字。叔重之意。蓋曰巤本非子。而籀文以為子。今案。説文囟部。巤毛巤也。象髮在囟上及毛髮巤巤之形。此與籀文子字同。子下云。𢀈籀文子。囟有髮臂脛在几上也。許蓋謂巤所从之𡿺與𢀈之上體同形。故云與籀文子字同。曰同則非籀文用巤為子也明矣。龔説殊失叔重之意也。【古文審卷八】

◉馬叙倫　鈕樹玉曰。玉篇引作冬至後三戌為臘祭百神也。繫傳無聲字。沈濤曰。後漢書明帝紀注引曰。臘。冬至後祭百神。始皇更臘曰嘉平。今奪始皇以下七字。段玉裁曰。玉篇引三戌下有為字。非也。臘本祭名。因呼臘月臘日耳。月令。臘先祖五祀。左傳。虞不臘矣。俗傳之自古。其義不可深考。然臘本非祭名。則可決也。蓋祭名字必從示矣。今南北之俗。於歲終大祀神示先祖。會親戚飲食。皆示一歲之事已畢。樂成功也。故秦名臘曰嘉平。廣雅釋天。臘。索也。夏曰清祀。殷曰嘉平。周曰大䄍。秦曰臘。䄍蓋為臘祭而作之字。禮記作蜡。然蜡為蠅蛆。而字從昔得聲。七篇昔之重文作腊。為乾肉也之本字。詳昔字下。倫謂臘腊為轉注字。腊從昔得聲。昔音心紐。臘從巤得聲。巤從翼之初文作𡿺者得聲。翼音喻紐四等。同為摩擦次清音。昔從巛得聲。詳昔字下。巛巤聲同之類。其明證也。故禮記借蜡為臘。疑古於夏暴肉為腊。而備冬食。故

名食乾肉之時為臘月。以此時及以此祭。因名曰臘祭。然此説解冬至上當挩本訓。今存者校語。【説文解字六書疏證卷八】

□膢

◉劉　釗　〔二七〕釋「臘」　《文編》附録三六第6欄有字作「□」，按字从肉从巤，應釋為「臘」。金文巤字形體作「□」、「□」、「□」（鑞所从）、「□」（躐所从）、「□」（獵所从），與「□」所从之「□」形近，應為一字。臘字見于《説文》肉部。【璽印文字釋叢（一）　考古與文物一九九〇年第二期】

◉劉彬徽等　（368）䐶，簡文作□，讀作腊。《周禮·天官·臘人》注：「小物全乾也。」《儀禮·既夕禮》：「魚臘鮮獸」，注：「士臘用兔。」簡文龍禱夫人之臘則用豕。【包山楚簡】

◉湖北省文物考古研究所　北京大學中文系　三七號簡「胸肋疾」之「肋」，原文作□，中山大學中文系古文字研究室的同志釋為「臘」，謂借為「脅」（《戰國楚簡研究（三）》二一頁，一九七七年油印本），可從。「胸脅疾」指胸脅處有疾病。【一號墓竹簡考釋補正望山楚簡】

◉許　慎　□楚俗以二月祭飲食也。从肉。婁聲。一曰祈穀食新曰離膢。力俱切。【説文解字卷四】

◉高田忠周　□按右作□與□自異。況□明是女字非夂字也。劉説遂非。因謂此膢字異文。説文。□。楚俗以二月祭飲食也。从肉婁聲。御覽引作十二月一日祈穀食新曰離膢。字亦作䄻。廣雅釋天。䄻祭也。改肉為示。以泥祭義。與胙或作祚同。又説文婁古文作□。籀文作□。知此□即□□小異耳。釋膢文義亦順。【古籀篇四十一】

◉馬叙倫　鈕樹玉曰。韻會無離字。沈濤曰。説解有奪誤。御覽卅三引曰。膢。楚十二月祭飲食也。一曰。嘗新馨食曰貙膢。初學記八引曰。冀州北部以月月上奪八字朝作食為膢祭。漢書武帝紀曰。太初二年三月。行幸河東。祠后土。令天下大酺五日。膢五日。祠門户。比臘。注引如淳曰。膢音樓。漢儀注。立秋貙膢。云云。御覽引此注。尚有許慎曰。俗以十二月祭飲食。冀州北部或以八月朝作飲當奪食字為膢。其俗語曰膢臘社伏。云云。此即如氏引説文以注漢書。後漢書劉元傳注引前書音義。冀州北部云云。其語略同。章懷所引。即如氏之音義也。續漢書禮儀志注引風俗通曰。楚俗常以十二月祭飲食也。又曰。當當作嘗新始穀食曰貙膢。仲遠書皆襲用説文。可見今本之誤。合諸書互訂之。古本當作膢。楚俗以十二月祭飲食也。從肉。婁聲。一曰。嘗新始穀食曰貙膢。冀州北部或以八月朝作飲食為膢祭。其俗語曰膢臘社伏。唐類範引亦作十二月。倫按臘膢雙聲轉注字。二月上當有十字。然楚俗以下九字及一曰以下皆校語。本訓當作臘也。今挩也字。玄應一切經音義

引三倉。膢。八月祭名也。【説文解字六書疏證卷八】

脁

竝籀韻【古文四聲韻】

◉許　慎　脁祭也。從肉。兆聲。土了切。【説文解字卷四】

◉馬叙倫　桂馥曰。祭也者。集韻作祭肉。倫按蓋本作祭肉也。此字或出字林。【説文解字六書疏證卷八】

胙

開母廟石闕　胙日新而累熹　胙祚一字【石刻篆文編】

◉許　慎　胙祭福肉也。从肉。乍聲。臣鉉等曰。今俗别作祚。非是。昨誤切。【説文解字卷四】

◉馬叙倫　王筠曰。祭福肉也似當作福祭肉也。福字句絶。倫按祭字涉上文脁下説解而衍。脁胙轉注字。脁音從兆得聲。兆音澄紐。胙從乍得聲。乍音牀紐。古讀並歸於定也。本書。祳。社肉盛以蜃。故謂之祳。左成十三年傳作脤。脤音禪紐。古亦歸定。亦轉注字。【説文解字六書疏證卷八】

膸

3·938【古陶文字徵】

22　62　163　167【包山楚簡文字編】

隋　為三〇　三例　通惰　善言—行　為三〇　通墮　丈夫女子—須臝髮黄目　日甲四四背　日乙二四九　二例【睡虎地秦簡文字編】

趙嬰隋　魯隋　隋丞之印　趙隋【漢印文字徵】

◉許　慎　膸裂肉也。从肉。从隓省。徒果切。【説文解字卷四】

◉馬叙倫　段玉裁曰。隓省聲。王筠曰。六書故引唐本作列肉也。歺部。列骨之殘也。知殘物皆謂之列。周禮守祧。既祭則臧其隋。注。隋。尸所祭肺脊黍稷之屬。案祭之地者零星殘餘。故曰列肉。倫按裂肉當依六書故引作列肉。謂分肉也。然非本訓。隋為胙朓之古音同定紐轉注字。周禮小祝。贊隋。注。隋。尸之祭也。守祧。既祭則臧其隋。注。尸所祭肺脊黍稷之屬。此鄭皆依文義生訓。其實以胙説隋。其義自顯。由鄭已不明隋之本義與胙同。然大義尚可尋也。列肉之義。由受福分胙而引申。今浙江開化縣俗。歲終祀神。以豕首。此古用少牢之義。祀畢。徹而各以手裂肉食之。即杭縣之所謂散福。唯杭縣不以手裂矣。以手裂肉而食。古之遺俗。古匋作[古文]。【説文解字六書疏證卷八】

◉劉釗　《文編》十四·七第6欄有字作下揭形：

[古文](2772)　[古文](2769)　[古文](0831)

字還見于《古璽滙編》2937號璽。《文編》隸作「陏」，以不識字列阜部後。按字从阜从「[古文]」，「[古文]」字从土从肉，侯馬盟書隋字作「[古文]」，去掉所从之「[古文]」，與古璽「[古文]」字形同。古璽「[古文]」即應為「[古文]」之省體，戰國文字中省去「又」旁者習見，例不贅舉。故古璽「[古文]」字可釋為「隋」。

《文编》附録十六第3欄有字作「[古文]」，按字从辵从「[古文]」，「[古文]」疑為阜字形變，字應釋作「隨」。

《文编》十·四第1欄有字作「[古文]」，字从犬从「[古文]」，按「[古文]」似為「[古文]」字形變，字似可釋為「猜」。「隋」从育聲，故「猜」可从育作。猜字見于《廣韻》、《集韻》。【璽印文字釋叢（一）　考古與文物一九九〇年第二期】

◉劉彬徽等　(64)隋，簡文寫作[古文]、[古文]、[古文]、陏，《汗簡》隋字作[古文]王子庶碑，《説文》有隓、墮均與簡文所見第一、二形相似。第三形為第一形之省。第四形將从邑改作从田。【包山楚簡】

◉湯餘惠　[古文]22　陏鬹(隋)　《説文》：「隓，敗城自曰隓。从自，𡉚聲。墮，篆文。」簡文此字从邑隓聲，當即古隋字。簡中用作姓氏應源於地名。【包山楚簡讀後記　考古與文物一九九三年第二期】

膳 膳

[古文] 膳　不從肉　大簋　饍字重見　[古文] 齊侯敦　【金文編】

[古文] 膳出義雲章　【汗簡】

[古文] [古文] 竝崔希裕纂古　【古文四聲韻】

腬 肴

◉許　慎　膳具食也。从肉。善聲。常衍切。【説文解字卷四】

◉高田忠周　[glyph]　按膳从善。善正文作譱。从誩。凡金刻古文皆然。即知膳亦本作䐶。作膳者小篆省文。説文。膳具食也。从肉善聲。此肉移在下。下形上聲與左形右聲同意無異。【古籀篇四十一】

◉馬叙倫　王筠曰。天官膳夫。膳用六牲。廣雅釋器。膳。肉也。此似字之正義。許君何以不用。倫按具食也者。饔字義。周禮膳夫。注。膳。牲肉也。然則膳者牲肉中食之名。故莊子至樂。具太牢以為膳。然倫以膳音在禪紐。疑亦朓胙膌之轉注字。具食也蓋字林文。齊侯匜作[glyph]。【説文解字六書疏證卷八】

◉李孝定　[glyph]膳字所从肉旁，與所从善聲連書，乃作字者任意為之，非正例也，如重字金文作[glyph]，後合而為[glyph]，亦變例，文字衍變類此者甚少。【金文詁林讀後記卷四】

◉黄錫全　[glyph]膳出義雲章　齊侯敦膳作[glyph]，《説文》正篆省變作膳。此言形同本書[glyph]，多一横當是寫誤。【汗簡注釋卷二】

◉許　慎　腬嘉善肉也。从肉。柔聲。耳由切。【説文解字卷四】

◉馬叙倫　鈕樹玉曰。當連篆讀。惠棟曰。當云。腬嘉。善肉也。脱腬字。桂馥曰。當作柔嘉善肉也。錢坫曰。此云腬嘉者。善肉也。内則。柔其肉。詩。無不柔嘉。國語。無亦擇其柔嘉。無亦晉之柔嘉。以生柔嘉材等。皆當用此字。倫按桂説為長。錢以為經傳柔嘉字皆當作腬。倫謂彼文止取柔剛義耳。不必盡作腬也。腬是肉之柔者。或為肉之雙聲轉注字。或曰。腬本訓膳也。傳寫譌為善肉二字。校者因增柔嘉二字。或柔嘉善肉也。並字林文。腬訓膳者。膳得聲於羊。羊之本音為芊。音在微紐。古讀歸明。腬得聲於矛。矛音明紐也。是腬膳為轉注字。故次膳下。字或出字林。【説文解字六書疏證卷八】

◉許　慎　肴啖也。从肉。爻聲。徐鍇曰。謂已修庖之可食也。胡茅切。【説文解字卷四】

◉馬叙倫　錢坫曰。肴訓啖。非古也。乃後人所改。初學記引作襍肉也。是。特牲饋食禮注。骨有肉曰肴。沈濤曰。初學記廿六引。肴。襍肉也。蓋古本如此。廣雅釋器。肴。肉也。止觀輔行傳四三云。肴。葅也。説文從肉者啖也。似湛然所見本與二徐同。疑古本作一曰啖也。二徐誤以别解為正解耳。王筠曰。啖也者。蓋本作腅。廣雅。肴。腅。肉也。玉篇。腅。肴也。倫按本書無腅。此校者以廣雅加之。肴之義當為葅也。國語晉語。飲而無肴。賈逵注。肴。葅也。本書。葅。酢菜也。周禮醢人。掌四豆之實。朝事之豆。其實韭菹醓醢。昌本麋臡。菁菹鹿臡。茆菹麋臡。然則菹必伴以醢。如今之裸拌以配飲者也。詩賓之初筵。殽核維旅。傳。肴。豆實也。箋。豆實。菹醢也。今俗宴客先進冷食。其盛以盤。即古豆實也。所以侑酒。繼以正菜盛以碗者。如古鼎實矣。今鎮江有肴肉。亦冷食。宴中以為侑飲之物。其肉無骨。則正蔡邕所謂肉曰肴也。然實肴之一耳。肴之為名。義取相裸。初學記引此作雜肉也者。當為裸也肉也二義。雜也之本字為爻也。肉也之訓則本之廣雅。肉也者謂肉曰肴。非謂切肉之肉也。此挩本訓。【説文解字六書疏證卷八】

◉金祥恆　説文：「肴，啖也。从肉爻聲。」今經傳皆作殽，亦作餚，非古經之舊。詩大雅韓奕：「其肴維何，炰鼈鮮魚。」既醉：「既醉以酒，爾殽既將。」鄭箋云：「殽謂牲體也。」故段注謂「豆食謂之肴。見毛傳，凡非穀而食謂之肴。」簡謂卵、羊、兔肴笥三。出土殘骨中有牛、鹿、猪、狗、兔、鷄和鳥類、魚類，雖無羊骨，恐骨之未易辨也。【長沙漢簡零釋　中國文字第四十六册】

腆

⿰土典 腆【汗簡】

⿰土典古尚書　⿰土典　⿰土鼎　⿰玉典　⿰玉典　竝崔希裕纂古　⿱典日説文　【古文四聲韻】

◉許　慎　腆設膳腆腆多也。从肉。典聲。他典切。⿱典日古文腆。【説文解字卷四】

◉馬叙倫　鈕樹玉曰。韻會引同。繫傳不重腆字。蓋脱。倫按腆為腯之雙聲兼疊韻轉注字。詳獻字下。設膳腆腆多也校語。本訓挩矣。

⿱典日段玉裁曰。從日蓋誤。玉篇作⿱典月。桂馥曰。本書肰字古文亦從⊙。嚴可均曰。義不當從日。汗簡引作⿰土典。從土。疑是也。或謂⊙即肉。則與正篆重出。必非。蕭道管曰。⊙即肉也。倫按⊙象切脊肉之形。⊙則象切股肉也。玄應一切經音義引古文官書。腆。古文⿱典月同。他典反。然則此字呂忱依官書加之。【説文解字六書疏證卷八】

◉商承祚　説文「⿱典日。古文腆」。案从日。猶金文期之作⿱其日齊侯段夆叔盤等也。玉篇作⿱典月。移肉于下。與篆文不殊。【説文中之古文攷】

◉黄錫全　⿰土典腆　雲、豐本腆作⿱典日，内本作⿱典日，雲本又作⿱典日，薛本作⿰土典。《説文》腆字古文作⿱典日。此从土。鄭珍云「未詳所出」。《集韻》⿰土典同倎，通作腆。【汗簡注釋卷六】

腯 腯

腯 林腯子　腯 腯㾮之印　腯 張腯私印　腯 史腯　【漢印文字徵】

◉許　慎　腯牛羊曰肥。豕曰腯。从肉。盾聲。他骨切。【説文解字卷四】

◉馬叙倫　翟雲昇曰。詩我將箋釋文引無牛字。倫按腆腯音同透紐轉注字。腆從典得聲。典音端紐。肥從卪得聲。卪飛非皆一字。詳非字下。古讀非音在幫紐。幫端同為破裂清音。肥腆亦轉注字。肥腯亦脂真對轉轉注字。此説解捝本訓存校語耳。牛羊曰肥。豕曰腯。後人別之。王筠謂蓋據左桓六年傳牲牷肥腯立説。【説文解字六書疏證卷八】

䏟 䏟

◉許　慎　䏟肥肉也。从肉。必聲。蒲結切。【説文解字卷四】

◉馬叙倫　肥䏟古同並紐轉注字。䏟腯脂真對轉轉注字。肥肉也蓋字林文。【説文解字六書疏證卷八】

胡 胡

胡 5·254　左胡　胡 5·257　獨字　胡 5·256　同上　胡 9·76　胡蒼【古陶文字徵】

胡 1302　胡 1301　胡 0561　胡 2464　胡 3282　胡 3691【古璽文編】

胡 胡仟長印　胡 定胡軍司馬　胡 傅胡放印　胡 梁破胡　胡 胡毋去　胡 胡駟　胡 胡樂　胡 漢歸義胡佰長【漢印文字徵】

胡 胡出王庶子碑【汗簡】

胡 王庶子碑　胡 王存乂切韻【古文四聲韻】

◉許　慎　胡牛顫垂也。从肉。古聲。户孤切。【説文解字卷四】

◉方濬益　(𥫗簠)簠銘□皆向右。此向左作□。即小篆胡字之所本。説文。胡牛顫垂也。从肉古聲。詩狼跋其胡。爾雅釋鳥。鵜鴮鸅注。今之鵜胡也。頷下胡大如數斗囊。漢書金日磾傳。捽胡投何羅殿下注。頸也。亦指頷下而言。今以彝器文證之。古胡實从□。小篆因形變而从肉為胡。豈以牛顫鵜胡皆有容受之誼歟。左哀公十一年傳。胡簋之事。賈服注并云。

夏曰胡。杜元凱因之。論語。瑚璉也。包咸注則云。夏曰瑚。殷曰璉。周曰簠簋。以瑚璉簠簋為一器而三代異名。不知瑚簠一器。璉與簋自為器。是又沿賈服注而重誤者。瑚璉从玉。并俗字。【綴遺齋彝器款識考釋卷八】

◉柯昌濟 㝬字从夫从害。説文所無字。當與師雍父鼎㝬字為一字。从夫从害聲。舊釋舒。余釋為胡字。【㝬鼎 韡華閣集古録跋尾】

◉郭沫若 㝬字當从害聲。與胡嘏等音當相近。㝬章疑是大璋。【大𣪘 兩周金文辭大系考釋】

◉楊樹達 按胡之為言下也。爾雅釋水云。胡蘇。詩周頌般正義引李巡注云。其水下流。故曰胡蘇。胡。下也。蘇。流也。是也。胡之言下。故凡下垂之物皆謂之胡。禮記深衣篇云。袂圜以應規。鄭注。謂胡下也。釋文云。下垂曰胡。釋名釋衣服云。褠。禪衣之無胡者也。言袖夾直形如溝也。此袖之下垂者謂之胡也。國語吳語云。建肥胡。韋注云。肥胡。幡也。説文七篇上㫃部云。旛。幅胡也。謂旗幅之下垂者。此旗幅之下垂者謂之胡也。段君不詳胡為下垂之義。因不識旗幅下垂句正所以釋胡。乃謂胡為旗之正幅。誤矣。周禮秋官大行人云。立當前侯。鄭司農注云。侯。輈前胡下垂柱也。此車輈之下垂者謂之胡也。考工記冶人云。戈廣二寸。内倍之。胡三之。援四之。宋黄伯思東觀餘論云。戈之制。兩旁有刃横置而末鋭若劍鋒。所謂援也。援之下如磬折。稍刓而漸直。若牛頸之垂胡者。所謂胡也。清程瑤田通藝録云。戈之制有援。援其刃之正者。衡出以啄人。其本即内也。内衡貫於柲之鑿而出之。故謂之内援。接内處下垂者謂之胡。胡上不冒援而出。故曰平頭戟也。近見山東顔崇槼所藏銅戈。以證冶氏。制度無不相合。此戈援之下垂者謂之胡也。凡此四事。皆由牛顄之義引伸而來。而牛顄垂所以名胡之故亦以互證而益明矣。惟許君以牛顄垂為釋。而考諸經傳所用胡字之義。不限於牛。詩豳風狼跋篇云。狼跋其胡。載疐其尾。疏以頷下垂胡為釋。是狼頷下垂名胡也。史記封禪書云。黄帝采首山銅鑄鼎於荆山下。鼎既成。有龍垂胡髯下迎黄帝。索隱引釋名胡在咽下垂者為釋。漢書郊祀志文同。注云。胡謂頸下垂肉也。是龍頸下垂肉名胡也。漢書金日磾傳云。日磾捽胡投何羅殿下。晉灼注。胡。頸也。此則以人頸在頷下。亦名為胡。為胡之引伸義矣。按轅前下垂柱周禮大行人謂之侯。鄭司農注謂之胡。漢書金日磾傳謂人頸為胡。通語謂之喉。(説文二篇上口部云。喉。咽也。从口。侯聲。)疑問詞何謂之胡。(詩邶風日月云。胡能有定。毛傳。胡。何也。)又謂之侯。(呂氏春秋恃君覽觀表篇云。今侯渫過而不辭。漢書司馬相如傳云。君乎君乎。侯不邁哉。注並云。侯。何也。)此知古人聲轉義通。若隱有一自然之條理寓於其閒者。故能雜而不越如此矣。【語源學論文七篇 師大月刊第十四期】

◉強運開 [illegible]鑄子叔黑⿷匚古从匚古聲。舊釋為簠之古文。蓋亦延誤匪伊朝夕矣。吳窓齋瑚字説以虢叔作叔殷敦。⿷匚古作[illegible]。反文正與胡字相似。疑□即胡字。胡簠即簠簋。但按説文。簠黍稷圜器也。从竹皿甫聲。匩古文簠。从匚夫。是知簠簋皆以竹木為之。故其字从竹。今北京古物陳列所保藏古代之簠簋亦皆編竹為之。若彝器所傳範銅之匿。侈口而長方。既與許説不合。當别為一器。其篆文變體或作□□□□□□等形。要均从古从故从吾得聲。可即形以定其聲。當讀公户切。而未可認匿即簠之古文。竊謂匿之為器。實即胡槤之胡。匿為正字。而胡瑚則藉字也。又按説文有盬無匿。盬篆下云。器也。从缶皿古聲。匿蓋有以瓦為之者。故或从缶又从皿之字每多易皿為匚。如簋之古文作匭匭。簠之古文作医皆是。而匜之古文則又从皿作□。作□。是从皿从匚誼無殊也。由是以觀盬與匿。形音義三者俱屬相近。故敢審定匿為盬之古文而辨正之如此。【説文古籀三補卷五】

◉馬叙倫　嚴可均曰。當作牛頷垂下也。此脱下字。一切經音義一及十二及十三及廿四引皆有下字。沈濤曰。史記封禪書索隱引。胡。牛垂頷也。蓋古本如是。傳寫誤倒。又一切經音義十引曰。胡謂牛頷垂下者也。當是庾氏注語。鈕樹玉曰。繫傳及玉篇廣韻引頷作頜。非。頜訓面黄也。倫按胡實頷之音同匣紐轉注字。本非專以名牛垂頷也。特牛之頷垂下耳。説解蓋本訓頷也。或以聲訓。今捝。字見急就篇。古鉩作□。【説文解字六書疏證卷八】

◉裘錫圭　關於《左傳》胡國的地望，主要有兩説。比較常見的是汝陰説。《漢書・地理志》汝南郡屬縣有女陰，下注「故胡國」。後漢《郡國志》「女陰」作「汝陰」，亦有「本胡國」之語，劉昭注引杜預曰「縣西北有胡城」。汝陰即今安徽阜陽縣。柯、唐二先生都認為西周的㝬國就在這裏，李學勤同志也這樣主張。

另一説是郾城説。《史記・楚世家》記楚昭王二十年「滅胡」，《正義》引《括地志》云：「故胡城在豫州郾城縣界。」《老莊申韓列傳》「昔者鄭武公欲伐胡」句《正義》同。郾城之名今仍而未改。

此外，還有一種調和的説法。《路史・國名紀丁》胡國條認為胡有歸姓、姬姓之别，歸姓胡國在汝陰，姬姓胡國在郾城：「古胡子國歸姓。范史汝陰本胡國。汝陰，今潁治，西二里有胡故城。……而《盟會圖》胡在豫之郾城。此姬姓胡，楚所滅之。」楊伯峻先生《春秋左傳注》(襄公二十八年)有類似的説法：「胡有二，一為姬姓之國，《韓非子・説難篇》鄭武公謂胡為兄弟之國，哀八年傳齊侯殺胡姬是也，為鄭武公所滅，故城當在今河南漯河市東(引者按：漯河市是一九五〇年分郾城縣地建立的)。此胡子(引者按：指見于《左傳・襄公二十八年》的胡子)則歸姓國，三十一年傳胡女敬歸可證(引者按：《世本》亦謂胡歸姓，見《史記・陳杞世家・索隐》、《老莊申韓列傳・正義》)。故城在今安徽阜陽縣治。定十五年為楚所滅。」楊説較《路史》詳密。

但是，關于姬姓之胡的史料，實際上是不充分的。《韓非子・説難》：「昔者鄭武公欲伐胡，故先以其女妻胡君以娛其意。

因問於羣臣：『吾欲用兵，誰可伐者？』大夫關其思對曰：『胡可伐。』武公怒而戮之，曰：『胡，兄弟之國也，子言伐之何也。』胡君聞之，以鄭為亲己，遂不備鄭。鄭人襲胡取之。」「胡，兄弟之國也」這句話，被當作胡為姬姓國的主要根據。然而《韓非子》還曾説武公「先以其女妻胡君」。古代同姓不婚，鄭是姬姓，如果胡也是姬姓，鄭武公怎麼能以其女妻胡君呢？陝西所出㝬器銘文中，㝬叔與㝬姬或仩姬並稱，可見媿姓之㝬是與姬姓通婚的。鄭武公妻之以女的胡君很可能也是歸姓的，「兄弟之國」一語不宜死看。《史記·老莊申韓列傳》抄録了《説難》篇，《正義》在「昔者鄭武公欲伐胡」句下引《世本》説「胡，歸姓也。」可見《史記正義》認為鄭所滅的胡是歸姓的。至于《春秋左傳注》提到的齊的胡姬，來歷不明，跟郾城或阜陽之胡究竟有没有關係，還有待研究。

所以郾城和阜陽很可能是歸姓之胡先後所居之地，並非一為姬姓之國，一為歸姓之國。古代國滅後又恢復的情況很常見。就拿春秋後期的胡國來説。《春秋·昭公二十三年》説「吳敗頓、胡、沈、蔡、陳、許之師於雞父，胡子髡、沈子逞滅。」《定公十五年》又説「楚子滅胡，以胡子豹歸」。可見胡國在昭公二十三年為吳所滅以後，曾經復過國。春秋初年鄭武公取胡時，恐怕也没有做到把胡國完全消滅。春秋後期的胡很可能就是由這個胡國延續下來的。

由于史料不足，以上所説的當然只不過是没有多大根據的推測。但是從春秋初年的形勢來看，鄭武公所伐的胡應該在郾城而不在阜陽，卻是完全可以肯定的。西周金文中所見的㝬(胡)國，其所在地自然也以定在郾城為宜。郾城在葉縣之東，二地相距一百餘里。棫林故地也在葉縣之東，跟郾城相距更近。所以，我們對棫林和胡二地的考定，跟㦰簋所説的郾戎于棫林搏戎于胡的情況完全相合。

最後附帶説一下鄭桓公所居的棫林的地望問題。《世本》説鄭桓公居棫林（《史記·鄭世家·索隱》、《左傳·昭公十六年·正義》等引）。傳統的説法認為棫林在漢代京兆尹鄭縣境（今陝西華縣），是鄭國的始封之地。唐蘭先生不同意這種説法。他認為桓公所居的棫林，就是他所説的在涇水之西今扶風、寶雞一帶的棫林。他還認為周代的西鄭也在這一帶。不論是傳統的説法，還是唐先生的説法，都認為鄭桓公所居的棫林在宗周畿内，并認為鄭這個國名在桓公封于宗周畿内時即已確定。但是古本《竹書紀年》卻説「晉文侯二年，周宣王子多父伐鄶，克之，乃居鄭父之丘，名之曰鄭，是曰桓公」（《水經注·洧水》引），認為鄭國一開始就是在東方建立的。《漢書·地理志》京兆尹鄭縣下顔師古注引臣瓚曰：「周自穆王以下都于西鄭，不得以封桓公也。初桓公為周司徒，王室將亂，故謀於史伯而寄帑與賄於虢會（鄶）之間。幽王既敗二年而滅會。四年而滅虢。居於鄭父之丘，是以為鄭桓公。無封京兆之文也。」瓚説顯然本于《竹書紀年》。按照這種説法，鄭桓公所居的棫林似乎也應該在東方，會不會就是葉縣附近的棫林呢？這個棫林離「虢會之間」的確遠了一些。但是桓公之子武公曾襲胡而取之，而胡就在這個棫林旁邊。這樣看來，桓公

曾居於葉縣附近的棫林的可能性，似乎也不能完全排除。【論𢦏簋的兩個地名——棫林和胡　考古與文物叢刊第二號】

◉陳秉新　《説文》宀部：「害，傷也。从宀从口，宀口，言从家起也，丰聲。」金文害字有以下各形：

a_1□　師害簋　　a_2□　害叔簋
a_3□　㠱伯盨　　a_4□　伯家父簋
a_5□　㕍弔多父盤　　a_6□　牆盤
a_7□　無叀鼎割字偏旁　　a_8□　彔簋㝬字偏旁
a_9□　㝬鐘㝬字偏旁　　a_{10}□　㝬叔匡㝬字偏旁

上揭各形都不从宀从口，也不从丰聲。近年出土的牆盤銘文中「舒遅」一詞作「害屖」，曾侯乙編鐘「姑洗」作「割肄」，進一步證明害字在上古是魚部字而非月部字。許慎説害字形音俱失，「傷」是不是「害」的本義也就成了疑案。對害字形、音、義問題曾有文論及，但迄今未得出滿意的結論。

郭沫若先生説：「害乃古蓋字，象缶上有罩覆蓋。傷害字當作割，假害為之，而害之本義失。」

周法高先生説：「害會字同意，都象下器上蓋中有器實之形，害會蓋（盇）古音同屬祭部，聲紐同屬舌根音，義也相近。《説文》四下刀部：『割，剥也。从刀，害聲。』段注：『《釋言》曰：蓋、割，裂也。《尚書》多假借割為害，古二字音同也。《釋言》舍人本蓋作害。明害與割同也。鄭注《緇衣》曰：割之言蓋也。明蓋與割同也。』」

田宜超先生謂「㝬」與「害」（田先生摹作□與□）的字源是「□」，□字不見于古代銘刻，田先生以為即甲骨文之「□」，□與疾音同義近，「㝬」和「害」皆从□（□）省，古聲，本義為傷，古音讀為胡。

于省吾先生根据牆盤和曾侯乙編鐘提供的新材料，論定害和割本从余聲，古音隸魚部。

今案：周法高先生説害字古文「象下器上蓋中有器實之形」是對的，郭沫若先生謂害字象缶上有罩覆蓋，亦近是。但金文自有會和蓋，會字作□、□、□、□等形，蓋字作□、□等形，單用和作為偏旁使用，均與害字不混，而新近出土的古文字資料表明害字古音隸魚部，會、蓋均古月部字，音亦不同。害蓋雖可通假，但説害即古蓋字是缺乏説服力的。害與會在構形上確有相似之處，然亦非一字。

田宜超先生説㝬與害古音讀胡是對的，但説㝬與害為从□省，古聲，就不確當。首先，上列害字各形上部均不象矢鏃形。其次，害字除a_1、a_2兩例可勉強説是从古聲外，其餘各形均不从古。害字下部a_3作□，a_6作□，a_8作□，下象器，上象器實，a_1、a_2

之，是上三形的變體，不能視為「古」字。再次，如果說害字是省，古聲，與同義，本義為傷，那麼，這個意義與胡聲是什麼關係，田文也未作交代。

于省吾先生說害字古音隸魚部，「害㕑」讀為「舒遲」，「割𧻚」讀為「姑洗」(割從害聲)，都是不易之論。然說害从余聲，驗之金文害字諸形，其上部所从，似亦不可遽定為余字。

對金文害和从害諸字的形、音、義進行綜合研究的結果表明，害字既不是傷害本字，也不是古蓋字，更不是迄未發現的「」的孳乳字，而是一個象器形的獨體符号，是典籍「胡簋」之「胡」的本字。胡與簋皆器名，《左傳》哀公十一年：「仲尼曰：『胡簋之事，則嘗學之矣。甲兵之事，未之聞也。』」杜注：「胡簋，禮器名。」字或作「瑚」，《禮記·明堂位》：「夏后氏之四璉，殷之六瑚，周之八簋。」鄭注：「皆黍稷器，制之異同未聞。」《論語·公冶長》：「子貢問曰：『賜也何如？』子曰：『女(汝)器也。』曰：『何器也？』曰：『瑚璉也。』」包注：「瑚璉，黍稷之器。」高明先生認為典籍「胡簋」之「胡」或「瑚璉」之「瑚」，同為一種黍稷方器，其說甚是。胡器自名多从害，因此，考察胡器自名有關各形的結構，是解決害字本義問題的關鍵。胡器自名變體甚多，主要有下列各形：

b_1　薛子仲安簠　　b_2　交君簠

b_3　旅虎簠　　b_4　鑄公簠

b_5　奢虎簠　　b_6　魯士簠

b_7　季宮父簠　　b_8　劉伯簠

b_9　鑄子簠　　b_{10}　商丘叔簠

b_{11}　西林簠　　b_{12}　鄀公簠

b_{13}　伯公父簠

以上各字，舊多釋簠，並把這類方形黍稷器同圓形黍稷器都定名為簠。強運開曾指出：「若彝器所傳範銅之⿷匚古，侈口而長方，既與許說(指許慎《說文》訓『簠，黍稷圓器也』，引者注)不合，當別為一器，其篆文變體或作、、、、、等形，要均从古，从故、从五得聲，可即形以定其聲，當讀公户切，而未可認⿷匚古即簠之古文。竊謂⿷匚古之為器實即胡槤之胡，⿷匚古為正字，而胡、瑚則借字也。又按《說文》有⿱𦈢皿無⿷匚古，⿱𦈢皿篆下云：『器也，从缶、皿，古聲。』……⿱𦈢皿與⿷匚古形音義三者俱屬相近，故敢審定為⿱𦈢皿之古文，而辨正之如此。」強運開釋以上各字及所名之器為胡槤之胡，是正確的，但他對後三形只說从五聲，而未說明所从之或為何物，所謂尚差一間也。高明先生《𥂴、簠考辨》一文，從文字、器物形制等方面詳細論證了𥂴、簠的區别（簠器銘文自名為笧、甫、鋪、圃等，均以甫為聲，舊歸入豆類，或釋為籩，均非），他把白公父𥂴自名「𥂴」，同典籍之胡、銅器銘文之⿷匚古、《説文》之𥂴聯繫起來，從而論定「經傳中所載『胡簋』之『胡』和銅銘中之⿷匚古，本當作𥂴，或寫作𥂴，並非如宋代所謂之簠。」「此種禮器一般皆作長方形如斗狀，侈口兩耳，器與蓋同形，可互相扣合。」對b_3之⿷匚㝬，高明先生認為是从㝬得聲，又引唐蘭先生之説謂㝬讀為胡，但未作進一步分析。

對上舉b_1—b_7各形，郭沫若、唐蘭、周法高三位學者發表過不同的見解。

郭沫若先生説：「考金文簠字，鑄公簠作□，旅虎簠作□，交君簠作□，乃象下器上蓋，而中从五聲。」

唐蘭先生説：「郭氏援簠作□、□等形，為下器上蓋之證，然據季宮父簠之□从匚、㝬聲，則□為□即□之變，當釋為害，非器形。」又説：「季宮父簠自稱其器為□，其所从之□，亦即㝬字也。銅器之簠，銘中多作⿷匚古字，从匚古聲，即經傳瑚璉之瑚也。季宮父簠以⿷匚㝬為⿷匚古，則㝬可讀為胡也。」

周法高先生認為：「唐讀□為害是也，然謂□為害則非，害和簠聲韻俱隔，不能通假，當釋為从害五聲，而害則象下器上蓋之形，和會同意。」

今案：郭氏謂□形諸字象下器上蓋，而中从五聲，近是。但他未明□為何字，而且又沿襲舊説，誤認□為簠字。唐氏以為「□為□即□之變，當釋為害」，定□為⿷匚㝬，从㝬聲，即經傳瑚璉之瑚，㝬亦讀胡，都是對的。但他没有把簠和⿷匚古（字又作⿷匚㝬）區别開來，不適當地否定害象器形説，亦未對□字作進一步的解釋。周氏説害象下器上蓋之形是對的。但他不同意唐氏釋□為害，認為害和簠聲韻俱隔，不能通假，也失之不審。儘管如此，他們的探索，對於我們進一步研究害字本音本義，他們的探索，對于我們進一步研究害字本音本義，仍然是有啟發意義的。

古文字中記録古器名的字，或為象形，如鼎、鬲、豆、壺等；或為形聲，如匜、𦉜、釜、鐘等。記録器名的形聲字，多以金、缶、匚、皿等為形符。⿷匚㝬字从匚、㝬聲，□字从匚、□聲，《説文》謂匚為「受物之器」，故器名多有从匚者。□字从害、五聲，如果按《説文》的解釋，以為害的本義是傷，那麽，胡簋字為什麽从害，這是無法解釋的。郭沫若、周法高都認為害象下器上蓋之形，但害字所象之器也不可能是蓋或會。因為形聲字通例，凡是記録名物的形聲字，均以表示事物品類或材質的名字作為形符。蓋和會都不具備作為形符的條件。另有一種疊加聲符的雙聲字，它是以一個表事物或表動作、性狀的字為主體，另加一個與主體字音近的字作為聲符，而讀音、意義都不變。這種疊加聲符的雙聲字，是累增字的一種。□字是于害形上疊加五作為聲符，是一個疊加聲符的累增字。如果説□是蓋或會的累增字，那麽，疊加的聲符應與蓋或會音近，而□字亦當讀蓋或會。然而，事實上這個疊加的聲符「五」既與蓋或會聲韻俱不同，而且疊加了聲符的□字也不讀蓋或會，這就足以證明害不是蓋或會的古字。現在，□字已可確釋為胡簋之胡的古體之一，「五」是疊加聲符，那麼，其所从之害就應與□字同音同義。□字是疊加聲符的雙聲字，□（害）字是□所由孳乳的母字，象下器上蓋之形，也就是胡簋之胡的本字，□則是□（害）的累增字。「舒遲」之「舒」，金文作「㝬」或「害」，「姑洗」之「姑」，金文或作「割」，又是「害」古讀如胡的最好旁證。

害字直接用為器名的例子古文未見，但有一個从金、从害的鎋字，在銘文中用為胡簋之胡。鎋字見于劉伯𠤳，其形作□，文為「劉伯乍（作）孟姬鎋」。器形和銘拓見羅振玉《夢郼草堂吉金圖續編》十一頁，羅氏定此器為簠。器作長方形，與「黍稷圓器」之簠不合，自名亦非簠字，據器形當定為𠤳。其自名□字右旁之□，象下器上蓋之形，b₁□字去掉疊加聲符「五」即成□，與此形相近，可證□即害字。劉伯𠤳「𠤳」字作「鎋」，是于𠤳的本字「害」之外疊加形符「金」，是疊加形符的累增字，與會器之會作鐬，鬲或作鎘（季鼎隮鎘）同例。胡吉宣以為「□即《說文》『筥，箾也』之筥，通作簠」。考呂字金文作□或□（中子化盤梠字偏旁），中無豎畫相連，而且上部不作□，下部也不作□，與□絕不相類，因此，胡吉宣先生釋□為筥，通作簠，是不可从的，鎋字不見于《說文》，《廣韻》有鎋字，訓「車軸頭鐵」，乃後起字，與金文時代的鎋並非一字。劉伯𠤳「𠤳」字作鎋，是疊加形符的累增字。按累增字通例，害與疊加形符後的鎋音義全同。而不加形符的害（□）則是早期象形字，即胡簋之胡的本字。

綜上所述，害是胡簋之胡的本字，□、□、□、鎋均是害的累增字，𠤳、□、盬、□、□等字是害的異體形聲字。至於㝬，也是一個雙聲字，讀為胡，金文用為國族名或人名，又音假為舒，金文「㝬遟」即典籍中的「舒遲」。

害本為胡簋之胡的本字，古音屬匣紐、魚韻，擬音為ha。金文讀本音的辭例如：害叔簋「害叔作尊𣪕」之「害」，當讀胡；牆盤「害屖文考乙公」之「害」，當讀為舒，舒古音屬審紐、魚韻，與害（讀胡）疊韻；□弔多父盤「用錫屯录（祿）、受害福」之「害」，當讀為嘏，訓為大；毛公鼎「邦□（將）害吉」之「害」，當讀曷，訓為何；伯家父簋「用錫害眉壽黃耇」、□伯盨「害眉壽無彊（疆）」之「害」，當讀為匄，訓為予。古音曷屬匣紐、月韻，匄屬見紐、月韻，害本屬匣紐、魚韻，與曷字為匣紐雙聲、魚月通韻，與匄字為匣見鄰紐、魚月通韻，故可通假。

害字後來假借為患害字，音也轉為匣紐、月韻，擬音為hat，這是由于音變的關係。王力先生曾提出收—t及收—k的上古韻和純元音韻母相對應的音理，按照這一原理，收t尾的月部和純元音韻母的魚部也是相對應的。害本是胡簋之胡的本字，拟音為ha，屬匣紐、魚韻，與患害之「害」，聲紐為匣紐雙聲。韻部為魚月通轉，因此有音變為hat的可能。古音魚月通轉是不乏其例的。如閼从於聲，本魚部字，與淤音近。《漢書・溝洫志》：「渠成而用溉注填閼之水，溉潟鹵之地。」顏師古注：「閼，讀與淤同。」

填閼，謂壅泥也。」是閼和淤古音同隸魚部。閼又與堨通。《漢書・召信臣傳》：「開通溝瀆，起水門提（堤）閼，凡數十處。」師古注：「閼，所以壅水。」此閼即借為堨，義與堤同。閼與提（堤）連舉，可知在這裏當讀堨而不當讀淤。堨，古音屬影紐，月韻。又如：賒屬審紐，魚韻，貰屬審紐，月韻。《説文》：「賒，貰買也。」段注：「貰買者，在彼為貰，在我則為賒也。」徐灝《説文段注箋》云：「賒貰實一字，因聲轉歧而為二，與買賣、糴糶、貸貣之類皆同例。」再如：去屬溪紐，魚韻，朅屬溪紐，月韻。《説文》：「朅，去也。从去，曷聲。」徐鍇云：「張衡賦曰：『回至朅來。』『朅來』，去來也。」去、朅亦同一語源。以上都是魚月通轉的例證。語言中意義比較抽象的詞，往往借一個音同或音近字來記録，不另造專字，這就是許慎説的「本無其字，依聲託事」的假借。有些字由于長期被借義所專，久假不歸，而字之本義轉晦。如鷬本鳥名，今作難（鳥與隹同義互代），後長期被借為艱難字而難之本義晦；舊本亦鳥名，後長期被借為新舊字，而舊之本義晦；凡字甲骨文作H，是盤的本字，後長期被借為最凡字，而凡之本義晦。上舉前兩例為同音假借，盤與凡並母雙聲。元侵通轉（韻尾同收鼻音），是音近假借。「害簋」之「害」（讀胡）借為「患害」之「害」，也是音近假借。

總之，金文害字象下器上蓋的器物形，即胡簋之胡的本字，本讀匣母，魚韻，後借為患害之害，音亦轉為月部。對害字本義的研究進一步證明：文字因形變、音變而失其本義者，可以通過對有關字形的綜合研究，把失落的本義找回來。【害即胡簋之胡本字説　考古與文物一九九〇年第一期】

◉張亞初　从古从月（肉）的胡字，目前只見于戰國文字。羅福頤主編的《古璽文編》92頁收有6個胡字，大多呈上古下月的結構，只有一例是右古左月。左古右月的胡字曾見于戰國陶文。高明《古陶文匯編》5・254、5・255、5・257。

从古从月的胡字，在西周至春秋時期，均書作㝬（以下寫作胡Ⅱ）。

从害从夫的胡Ⅱ，在殷代古文字中目前尚未見到（周原甲骨刻辭中有與此相類的形體，但年代屬西周早期，詳下）。我們不能因此而説殷代没有胡字，只因為由于文字形體變化較大，我們暫時还没有把它認出來。在殷代銘文中，多次見到寠字（下面寫作胡Ⅰ）。這個字過去讀為召夫或宪夫，以為是兩個字。孫詒讓始疑其非，以為是一個字，并且認為它與胡Ⅱ是同一個字。《名原》下24頁；《古籀餘論》卷一召夫角。這是頗具卓識的。胡Ⅰ上从宪字初文（不从心）下从夫。《説文》「憲，敏也，从心、从目，害省聲」，以為憲从害聲。宪、害都以丰為基本聲符，所以在古文字中宪、害聲符可通。可見胡Ⅰ與胡Ⅱ是同一個字在不同時代的不同構形。它們是一而不是二。有的同志對憲从害聲之説尚持懷疑態度。《史徵》147頁認為《説文》説憲字从心从目害省聲是錯的。春秋晚期蔡侯盘銘害字上都从憲，下部从口（《殷周金文集成》16・10171，下面引用此書時只寫器號）。此从于省吾先生釋害，參《古文字研究》1輯45頁。戰國早期曾侯乙墓編鐘姑洗之姑从割。割字所从的害旁有十多個例子都寫成憲(2、305—309、313、314、316、317、318、320)。這正是害、憲音同字通的佳證，許慎憲从害省聲之説，是保存了古音的。

由此可見，胡字在殷代、西周和春秋，以及戰國時期，有三種不同形體。殷代作胡Ⅰ，西周、春秋作胡Ⅱ，戰國時期才寫成今天所寫的樣子。胡Ⅰ、胡Ⅱ和胡是胡字遞嬗演變過程中的早晚字，不能分别當作三個不同的文字。胡Ⅰ與胡Ⅱ的差别只是聲符的轉换。同時，也是出于書寫方整美觀的考慮，才把上下結構改變成左右結構。西周成王時期的周原甲骨刻辭胡作[害夫]，陳全方《周原與周文化》圖版76・3，113頁H11:232。正是由胡Ⅰ向胡Ⅱ轉變過渡的形體，上𡗜下夫變成左𡗜右夫，而且𡗜下加口，實際上是从𡗜聲从口的害字，與蔡侯盤銘文中害字的寫法相同。這個古文字結構在从胡Ⅰ向胡Ⅱ轉變過程中起到承上啟下的聯接作用。由此可證，胡Ⅰ、胡Ⅱ毫無問題是一個字。至于胡Ⅱ之作胡，有可能它們原本是一個字，也可能胡Ⅱ假借从肉从古聲的胡。胡Ⅱ在戰國時期都采用胡字之後，這種古老的形體便棄而不用，遂告消亡。胡Ⅱ被胡字取代，它們也應該稱為古今字。講清了這種淵源關係，下文胡Ⅰ、胡Ⅱ都使用胡字就可以理解了。【從古文字談胡、胡國與東胡　文博一九九二年第一期】

胘

◉許　慎　胘牛百葉也。从肉。弦省聲。胡田切。【説文解字卷四】

◉馬叙倫　嚴可均曰。五經文字上云。字書無此字。見春秋傳。據此。則胘篆似後人補入。倫按胘音匣紐。聲在真類。膍音奉紐。聲在脂類。奉匣同為摩擦次濁音。脂真對轉。轉注字也。胃音喻紐三等。聲亦脂類。喻三亦摩擦次濁音。是相為轉注字也。牛百葉也非本訓。或字出字林。【説文解字六書疏證卷八】

膍

◉許　慎　膍牛百葉也。从肉。𣬈聲。一曰鳥膍胵。房脂切。肶膍或从比。【説文解字卷四】

◉高田忠周　按毗字説文所無。且 與 小異。此 蓋肉字也。説文。膍牛百葉也。从肉𣬈聲。一曰鳥膍胵。或从比聲作肶。是也。但銘意叚借為比字轉義。又爾雅釋詁。比俌也。易象。比輔也。親昵接比。以輔翼也。此義可以解銘意。【古籀篇四十一】

◉馬叙倫　廣雅釋器。胃謂之胘。人曰胃。鳥獸曰百葉。百葉謂之膍胵。下文。胵。鳥胃也。然則一曰鳥膍胵者。特牛鳥之異。其實方音轉注字耳。牛百葉也非許文。字見急就篇。【説文解字六書疏證卷八】

胵

◉許　慎　胵鳥胃也。从肉。至聲。一曰胵。五藏總名也。處脂切。【説文解字卷四】

◉馬叙倫　鈕樹玉曰。繫傳韻會無名字。朱文藻曰。汪刻繫傳有名字。錢坫曰。此即脾析之析。段玉裁曰。此單呼胵。不連膍。五藏亦謂禽獸。倫按膍胵皆胃之疊韻轉注字。初無人獸之分也。一曰以下校語。鳥胃也亦非本訓。【説文解字六書疏證卷八】

◉楊樹達　甲文有雉字，从隹从至，舊無釋，余疑當為胵字。説文四篇上肉部云：「胵，鳥胃也，从肉，至聲。」義為鳥胃，故字从隹，非鳥莫屬也。篆文變為从肉，則人與禽獸皆可通矣。【釋𣪘　積微居甲文説】

膘

◉許　慎　膘牛脅後髀前合革肉也。从肉。㬥聲。讀若繇。敷紹切。【説文解字卷四】

◉馬叙倫　沈濤曰。詩車攻公羊桓四年釋文皆引作脅後髀前肉也。蓋古本如是。車攻傳云。故自左膘而射之。達於右腢。為上殺。則非專指牛矣。合革二字亦不可解。劉秀生曰。讀若繇者。王筠謂當作讀若旚繇。按㫃部。旚旌旗旚繇也。旚繇雙連語。王説則未是。票聲在豪部。繇當從䍃聲。在蕭部。蕭豪旁轉。故膘從票聲得讀若繇。左襄元年傳。公孫剽。史記衛世家作秋。詩商頌長發。百禄是遒。手部揫下引作揫。釋名釋天。秋。緧也。緧迫品物使時成也。禮記雜記。猶是附於王父也。注。猶當為由。檀弓下。咏斯猶。注。猶當為搖。聲之誤也。秦人猶搖聲相近。易豫。由豫。釋文。由。馬本作猶。戰國策許由。漢書古今人表作許繇。票聲如秋。秋聲如酉。酉聲如由。又如䍃。是其證。倫按牛脅後髀前合革肉也非本訓。讀若繇亦校者加之。本書無繇篆。詩釋文引三倉。小腹兩旁邊肉也。【説文解字六書疏證卷八】

𦞚

◉許　慎　𦞚血祭肉也。从肉。帥聲。呂戌切。膟𦞚或从率。【説文解字卷四】

◉馬叙倫　翟雲昇曰。禮祭義疏引作血祭也。沈乾一曰。廣韻。膟。血祭肉也。又作𦞚。是古本𦞚為膟之重文。考玉篇亦以𦞚為膟之重文。當本説文。又祭義疏引説文字林。膟。血祭。足徵今本為後人誤倒。倫按段玉裁謂肉是衍字。膟膋為一物。倫謂血祭非𦞚字本義。𦞚。從肉。帥聲。絶無血祭之義。此禮家緣詩小雅取其血膋。而以膟當詩之血。為此説耳。本段玉裁説。尋禮記郊特牲。取膟膋燔燎。升首。報陽也。血𦞚聲同脂類。詩或借血為𦞚。血膋即膟膋也。郊特牲鄭注。膟。膋。腸閒脂也。是鄭以膟膋為一物。倫謂此蓋本訓脂也。捝爛為肉。血祭則字林文。𦞚從帥得聲。帥從申得聲。詳帥字下。申音審紐三等。脂音照紐三等。同為舌面前音。聲又同脂類也。是轉注字。取膟膫燔燎。以脂可助然。若血則不可然也。故鄭注膟膋皆為腸閒脂。

倫按帥音審紐。率音亦審紐。故膋轉注為膟。據禮記祭義釋文引字林。膟。血祭。明此字字林加之。與江式言合。陸兼引説文者。字林先列許文。故或題説文也。【説文解字六書疏證卷八】

籀韻 籀韻 【古文四聲韻】

◉許　慎　膫牛腸脂也。从肉。尞聲。詩曰。取其血膫。洛蕭切。膋膫或从勞省聲。【説文解字卷四】

◉馬叙倫　沈濤曰。禮記祭義正義引作牛腸閒脂也。是古本多一閒字。倫按禮記祭義正義引字林。膋是牛腸閒脂也。則此是字林訓。膫似今所謂膠之本字。

膋倫按俞先生樾疑許以三家詩借膫為膋。而誤合膫膋為一字。膫當為獠之古文。倫謂膋之轉注。不妨從尞聲作膫。勞從燎之初文作聲也。然據禮記正義引。則此字出字林也。【説文解字六書疏證卷八】

脯 日乙 一八七 秦一三 二例 【睡虎地秦簡文字編】

◉許　慎　脯乾肉也。从肉。甫聲。方武切。【説文解字卷四】

◉馬叙倫　腊音心紐。脯音非紐。同為摩擦次清音轉注字也。字見急就篇。乾肉也非本訓。【説文解字六書疏證卷八】

◉高　明　「□脯不復」;□字過去釋脨,不確。此當為脯字,假為逋,亡也。如戰國時代的「甫反布」之甫寫作「[ ]」,「莆子布」之莆寫作「[ ]」,皆可為證。【楚繒書研究　古文字研究第十二輯】

◉劉彬徽等　(507)脯,簡文作[ ],父聲。【包山楚簡】

9·55脩口 9·54李脩 香録4·1 獨字 【古陶文字徵】

255 【包山楚簡文字編】

脩 日乙一八七 六例 通滫 以―康寺其來也 日甲五九背 【睡虎地秦簡文字編】

0302 3980 【古璽文編】

脩合縣宰印 邯鄲脩印 涉脩之印 魯脩之印 張脩君印 董脩 脩勝之 張脩 楊禹

脩印 脩武丞印 脩故亭印 趙脩式印 脩身私印 脩仁之印 王脩私印 方脩之印 脩躬德

以侯賢世興顯令名存 【漢印文字徵】

開母廟石闕 九域心其脩治 禪國山碑 執金吾脩 【石刻篆文編】

◉許　慎　脯也。从肉。攸聲。息流切。【說文解字卷四】

◉馬叙倫　鈕樹玉曰。繫傳作膊也。誤。倫按脯音非紐。脩音心紐。心非皆次清摩擦音。故脯轉注為脩。脩亦腊之音同心紐轉注字。字見急就篇。古鉩作。【說文解字六書疏證卷八】

◉劉彬徽等　(505)脩，簡文作，與金文「攸」字形近，攸鼎之攸作。《說文》：「脩，脯也。」《儀禮·有司徹》：「取糗與腶脩」，朱駿聲以為脩即腶脯，「捶而施薑桂乾之」。【包山楚簡】

◉戴家祥　張政烺曰：䭫，从食攸聲，說文所無，疑即滫之異體，在此讀為修。禮記中庸「修道之謂教」，注：「修，治也。治而廣之，人放傚之，是曰教。」古文字研究第一輯第二三〇葉。按䭫字从食攸聲，古文从食从肉可通，如說文五篇飪古文作肚等等。䭫當為脩的更旁字。張釋滫字異體，恐非。【金文大字典下】

◉許　慎　脯也。从肉。奚聲。户皆切。【說文解字卷四】

◉馬叙倫　膎音匣紐。胸音羣紐。皆舌根音。膎為胸之轉注字。【說文解字六書疏證卷八】

脼

◉許　慎　脼膎肉也。从肉。兩聲。良獎切。【説文解字卷四】

◉馬叙倫　王筠曰。玉篇廣韻皆曰。膎。脼也。蓋膎一字為句。倫按脼音來紐。然從兩得聲。兩丙一字。丙音幫紐。脯音古亦幫紐。是轉注字也。膎肉也當作膎也乾肉也。一訓校者加之。今捝乾字。【説文解字六書疏證卷八】

膊

◉許　慎　膊薄脯。膊之屋上。从肉。尃聲。匹各切。【説文解字卷四】

◉馬叙倫　嚴章福曰。影宋書鈔百四十五御覽八百六十二引屋上下皆有也字。校議據初學記廿六引膊作搏。謂當作膊。按書鈔御覽皆不作搏。沈濤曰。釋名。脯。搏也。乾燥相搏箸也。則作搏為是。翟雲昇曰。初學記器物引膊作搏。薄脯搏之屋上。搏之之搏字疑當作傅謂附箸也。倫按膊實脯之異文。凡脯皆暴乾之。膊之屋上即暴之屋上。方言。膊。暴也。燕之外郊朝鮮洌水之閒。凡暴肉發人之私披牛羊之五藏謂之膊。是其證。則膊字不必改為搏。然説解蓋本作暴也。或作脯也。薄之屋上。校者釋文也。薄之猶暴之也。膊字為隸書複舉字。亦或薄字為校者注以釋音。原文當作膊薄。脯也。暴之屋上也。傳寫捝誤耳。字或出字林。【説文解字六書疏證卷八】

脘

◉許　慎　脘胃府也。从肉。完聲。讀若患。舊云脯。古卯切。【説文解字卷四】

◉馬叙倫　沈濤曰。初學記廿六引府作脯。蓋古本如此。廣雅釋器。脘。脯也。漢書貨殖傳。濁氏以胃脯而連騎。晉灼曰。今太官常以十月作沸湯。燖羊胃。以末椒薑坋之。暴使燥。是也。此字小徐本不誤。舊云脯三字乃校書者之語。嚴可均曰。篆在脯醢類。作府誤。舊云脯三字是校語。謂府字舊本作脯也。朱文藻曰。徐鉉校定時改脯為府。謂舊云脯者。即指繫傳之舊本也。王筠曰。胃即是府。故胃下曰。穀府也。不得如大徐作胃府也。胃脘雙聲。故醫方連言之。翟雲昇曰。集韻引作胃府也。一曰即胃脯。劉秀生曰。心部。患。憂也。從心上貫吅。吅亦聲。段玉裁謂當作從心毌聲。是也。毌讀若冠。冠完並從元得聲。倫按脘從完得聲。完毌皆舌根音也。説解蓋本作胃也脯也。胃也校者據醫方加之。古或借脘為胃也。脘為膎之同舌音轉注字。漢書言胃脯者。以胃為脯。而可為脯者不止胃也。字或出字林。【説文解字六書疏證卷八】

胊　膴　胥

朐長之印　臨朐丞印　朐讓　臨朐丞印　朐都　朐少卿　馮朐　朐中伯印　【漢印文字徵】

◉許　慎　胊脯挺也。从肉。句聲。其俱切。【説文解字卷四】

◉馬叙倫　鈕樹玉曰。韻會引挺作脡。非。説文無脡。玉篇。脯也。沈濤曰。初學記引作脯脡。士虞禮。脯四脡。注。古文脡為挺。則作挺為是。倫按朐為脩之轉注字。攸句聲同幽類。句為丩之轉注字。本書脩或作[月丩]。是其證。脯挺也當作脯也挺也。挺也校語。【説文解字六書疏證卷八】

◉許　慎　膴無骨腊也。楊雄説。鳥腊也。从肉。無聲。周禮有膴判。讀若謨。荒烏切。【説文解字卷四】

◉馬叙倫　劉秀生曰。無聲莫聲並在明紐模部。故膴從無聲得讀若謨。林部。𣞤。豐也。或説古規模字。是其證。倫按無骨腊也蓋字林訓。腊字出字林也。楊雄説亦校者加之。此非專指鳥者。周禮腊人。掌乾肉。凡田獸之脯腊膴胖之事。不得專為鳥腊也。膴為脯之同摩擦次清音又聲同魚類轉注字也。【説文解字六書疏證卷八】

3・696　王胥坤豆　3・697　同上　【古陶文字徵】

3554　3587　2177　【古璽文編】

胥農之印　楊胥私印　箸胥欬　杜胥私印　胥于毋智　莽胥　【漢印文字徵】

開母廟石闕　于胥樂而罔極　禪國山碑　子胥王□　石經無逸　猶胥訓告　【石刻篆文編】

◉許　慎　胥蟹醢也。从肉。疋聲。相居切。【説文解字卷四】

◉馬叙倫　唐寫本切韻殘卷九魚引蟹醢也又相也。相也蓋校語。胥相音同心紐。古書通借也。蟹醢也當作蟹醬也醢也。蟹醬也字林文。見周禮庖人釋文引。胥為醢之轉注字。醢音曉紐。同為摩擦次清音也。十四篇。醢。肉醬也。故胥字從肉。叔妊槃字丁佛言誤釋胥。與[月辛]矦槃之是一字也。古鉩作。【説文解字六書疏證卷八】

◉陳偉武　9.胥　《文字徵》第230頁「跀」字下：「《秦》429，獨字。」今按，此字當釋胥。足符與疋符通作可以楚簡為證，仰天湖楚簡「綖」字凡四見，湯餘惠先生認為就是後世字書上的「綖（疏）」字。《文字徵》第194頁「胥」字下録《陶匯》3·696□和3·697□，與□當係一字異體。《古璽匯編》3554□，釋胥，不釋朗。【《古陶文字徵》訂補　中山大學學報一九九五年第一期】

腒

●許慎　腒北方謂鳥腊曰腒。从肉。居聲。傳曰。堯如腊。舜如腒。九魚切。【説文解字卷四】

●馬叙倫　沈濤曰。禮記内則釋文引曰作為。丁福保曰。穀梁莊廿四年傳釋文引二如字作始。是也。言堯始以獸為腊。舜始以鳥為腒也。倫按廣雅釋器。腒。脯也。腒與脯膴皆聲同魚類轉注字。朐腒同舌根音轉注字。説解北方謂鳥腊曰腒。及傳曰以下皆校語。許無但引傳曰之例。況此明是論衡語增所記也。字或出字林。【説文解字六書疏證卷八】

●楊樹達　按居聲字多含直義，腒為鳥腊，蓋言其直也。知者：釋名釋衣服云：「裾，倨也。倨倨然直也。」此裾有直義也。又釋用器云：「鋸，倨也。其體直，所截應倨句之平也。」按成國云鋸體直，是也，云所截應倨句之平，非也。鋸形直，即以直為義而云鋸也。此鋸有直義也。史記司馬相如傳云：「据以驕驁。」索隱云：「据，直項也。」此据有直義也。説文八篇上人部云：「倨，不遜也。從人，居聲。」按不遜與直義相因，釋名裾下云倨倨然直，是也。此倨有直義也。居聲字有直義，往往與曲義之句對言。禮記樂記云：「倨中矩，句中鉤。」大戴禮記曾子立事篇云：「與其倨也，寗句。」考工記冶氏云：「已倨則不入，已句則不決。」此皆以倨句為對文，是其例也。故考工記鄭注云：「已倨謂胡微直而邪多也，已句謂胡曲多也。」荀子宥坐篇云：「夫大水，其流也埤下，裾拘必循其理，似義。」裾謂直，拘與句同，謂曲也。楊倞訓裾為方，非也。水豈有方流者乎！

凡物乾則直，故乾腊之物皆受義於直。儀禮聘禮記云：「薦脯五職。」鄭注云：「職脯如版然者，或謂之挺，皆取直貌焉」，是其義也。肉之乾者謂之職，或謂之挺，鳥之乾腊謂之腒，其語源一也。【釋腒　積微居小學述林】

肍

●許慎　肍孰肉醬也。从肉。九聲。讀若舊。巨鳩切。【説文解字卷四】

●馬叙倫　段玉裁曰。廣韻訓乾肉醬也。疑乾是。劉秀生曰。九聲在蕭部。舊從臼聲亦在蕭部。故肍從九聲得讀若舊。莊子至樂。黄軦生乎九猷。釋文。九當為久。釋名釋疾病。鼻塞曰鼽。鼽。久也。涕久不通。遂至窒塞也。書無逸。舊勞於外。舊為小人。史記魯世家舊皆作久。匚部。柩。從匚。從木。久聲。籀文從匚舊聲作匶。九聲舊聲音並如九。是其證。周兆沅曰。肍舊音並羣紐。倫按肍脩聲同幽類轉注字。乾肉醬也蓋字林訓。王筠謂許書無醬。當作牆。今作醬者。皆後人改。倫謂呂時作醬也。【説文解字六書疏證卷八】

䐹

◉許　慎　（篆）乾魚尾䐹䐹也。从肉。肅聲。周禮有腒䐹。所鳩切。【説文解字卷四】

◉馬叙倫　䐹䐹錢抄鍇本作捘捘。按鍇曰。言其尾乾宜捘捘猶歷歷也。詩曰。束矢其捘。則鍇本自作捘捘。捘䐹皆次清摩擦音通借字耳。䐹䐹捘捘皆言其乾瘦。䐹為脩之同摩擦次清音及聲同幽類轉注字。乾魚䐹䐹也似校語。周禮庖人。腒䐹。注。鄭司農云。鱐。乾魚。今加尾字不可通。周禮以下亦校語。或字出字林。【説文解字六書疏證卷八】

腝

◉許　慎　（篆）有骨醢也。从肉。耎聲。人移切。（篆）腝或从難。【説文解字卷四】

◉馬叙倫　爾雅釋器釋文。臡。字林作腝。謂有骨醢也。然則此亦字林訓。或字出字林也。

（篆）段玉裁曰。五經文字曰。臡見禮經周禮。説文字林皆作腝。則説文本無臡字。後人益之也。倫按而難音同日紐。聲同元類。轉注字也。【説文解字六書疏證卷八】

脠

◉許　慎　（篆）生肉醬也。从肉。延聲。丑連切。【説文解字卷四】

◉馬叙倫　鈕樹玉曰。五音韻譜作脠。廣韻作脠。引説文云。肉醬。則作脠非。沈濤曰。廣韻但引作肉醬。乃陸孫所删。倫按鍇本作（篆）。説解作從肉延聲。然王筠據鍇本作延聲。則鍇本篆誤耳。篇韻皆作脠。釋名釋飲食。生脠。以一分膾二分細切和合挺攪之也。則當從延甚明。石鼓文。其鱻氏鮮。鱻即筵之異文。從竹。盜聲。盜為盜之異文。從皿。㳄聲。為脠之轉注字。㳄之今字作涎。亦可證也。生肉醬也蓋字林訓。【説文解字六書疏證卷八】

腤

◉許　慎　（篆）豕肉醬也。从肉。否聲。薄口切。【説文解字卷四】

◉馬叙倫　鈕樹玉曰。否當作杏。倫按豕肉醬也非本義。亦非本訓。知者。魚部。鮨。魚腤醬也。雖亦非許訓。然知腤是通名。王筠説。腤從杏得聲。杏音透紐。脠音徹紐。古讀徹歸透。是轉注字也。【説文解字六書疏證卷八】

胹

◉許　慎　（篆）爛也。从肉。而聲。如之切。【説文解字卷四】

◉馬叙倫　鈕樹玉曰。爛即爤省。倫按爛也蓋字林文。此字蓋出字林。胹腝宜為一字。左宣二年傳正義引字書。過孰曰胹。不引説文。是許書本無此字。此輒硬字。【説文解字六書疏證卷八】

◉郭沫若　郳王𦞫鼎「用⿰𣱱羔𥸤腊」字例亦同，當從采聲，蓋胹字之異。說文「胹，爛也。从肉而聲。」廣韻作「臑」，云「籀文作⿰鬲而」。从鬲與此同。而聲與采聲古同在之部也。左傳宣二年「宰夫胹熊蹯不熟」，𥸤疑即番古蹯字之異，下象獸掌及指爪形，與番同意，厂聲也。金文厈作⿸厂干趞卣若⿸厂丰睘卣，故⿸亦是厂。【釋𩰫鬻鬻鬻・金文餘釋之餘　金文叢考】

◉戴家祥　（鬻）按細審字形，下部从⿰火火，乃鬲下着火形，絶非羔字。上部兩邊之⿰，乃炊蒸之氣，此字當从䰜从采。說文：「䰜，歷也，古文亦鬲字。」又「䰙，漢令鬲从瓦厤聲」。又鬲部「鬻，籀文作鬻」。䰜部「鬻或作羮」。古文鬲與䰜通，郭沫若釋此銘為胹字，並引廣韻臑籀文作⿰鬲而，以而采聲同在之部為證。說文四篇「胹，爛也」，玉篇「煑熟也」，左傳宣公二年「宰父胹熊蹯不熟」，楚辭招魂「胹鼈炮羔有柘漿些」。胹的對象是肉食，故字改从肉旁。從銘文看，「用鬻𥸤腊」，腊為干肉。知鬻為胹字異體，確實無誤。又陳公子甗「用鬻稻沙」，鬻字義為煑稻沙，故从米，是其證也。【金文大字典下】

䐑

◉許　慎　䐑切孰肉内於血中和也。从肉。員聲。讀若遜。穌本切。【說文解字卷四】

◉馬叙倫　鈕樹玉曰。繫傳遜作選。當不誤。錢坫曰。此即膜字。劉秀生曰。遜。小徐作選。姚文田桂馥汪本作還。員聲在痕部。遜從孫聲。亦在痕部。故䐑從員聲得讀若遜。釋名釋飲食。肺膜。御覽引盧諶祭法四時祠皆用肺䐑。肺䐑即肺膜。周禮春官典庸。器謂筍簴。杜子春云。筍讀為博選之選。論語鄉黨。恂恂如也。劉脩碑。於其鄉黨遜遜如也。恂恂作遜遜。員聲如巽。巽聲如旬。旬聲如遜。是其證。倫按廣雅釋器。䐑。臛也。臛即此下文之𦞦。肉羹也。則此切孰肉内於血中和也乃校語。或此字出字林。䐑音心紐。𦞦音曉紐。同為摩擦次清音轉注字也。讀若遜者。心同心紐。鍇本作選。亦心紐也。

【說文解字六書疏證卷八】

◉戴家祥　鼏，李孝定謂「當即許書肉部之䐑」。此說可从。說文六篇員之籀文从鼎作鼏。金文偏旁上下左右可移動而不影響字義，故䐑可寫作鼏。說文四篇：「䐑，切孰肉内于血中和也。」許氏訓義與文字結構相符。金文不知作何用。【金文大字典下】

胜

◉許　慎　胜犬膏臭也。从肉。生聲。一曰不孰也。桑經切。【說文解字卷四】

◉馬叙倫　許當以聲訓。犬膏臭也蓋字林文。不孰也字林文。見論語鄉黨釋文引。餘詳臊下。【說文解字六書疏證卷八】

臊

◉許　慎　臊豕膏臭也。从肉。喿聲。穌遭切。【説文解字卷四】

◉馬叙倫　鈕樹玉曰。韻會引作犬豻臭也。倫按胜臊雙聲轉注。不必别犬豕。故周禮庖人。膏臊。注。鄭司農云。豕膏也。杜子春以為犬膏。今俗言胜臊亦多不别。杭縣於魚鼈言胜。羊豕言臊。十一篇。鮏。魚臭也。鱢。鮏臭也。亦不别矣。此蓋字林訓。據方言有異耳。【説文解字六書疏證卷八】

膮

◉許　慎　膮豕肉羹也。从肉。堯聲。許幺切。【説文解字卷四】

◉馬叙倫　據義膮當次胜上。然倫疑膮本為臊之轉注字。臊音心紐。膮音曉紐。同為摩擦次清音。又聲同宵類也。豕肉羹者蓋臛字義。音同曉紐。且此字林訓。見禮記内則釋文引。【説文解字六書疏證卷八】

◉楊樹達　説文四篇下肉部云：「膮，豕肉羹也。从肉，堯聲。」許幺切。按儀禮公食大夫禮注謂膮亦香美之名者，膮音與蒿同。説文一篇下艸部云：「蒿，菣也。菣，香蒿也。」釋名釋飲食云：「臛，蒿也，香氣蒿蒿也。」禮記祭義云：「君蒿悽愴。」鄭注云：「君謂香美也。蒿謂氣烝出貌也。」按説文云：「歊，氣上出貌。」臐膮同義，猶君蒿連用矣。【字義同緣於語源同例證　積微居小學金石論叢】

腥

腥出字略【汗簡】

李商隱字略　字略【古文四聲韻】

◉許　慎　腥星見食豕。令肉中生小息肉也。从肉。从星。星亦聲。穌佞切。【説文解字卷四】

◉馬叙倫　鈕樹玉曰。繫傳不重星字。韻會作從肉星聲。桂馥曰。食當為飤。息當為瘜。翟雲昇曰。韻會引豕下有肉字。倫按周禮内饔。豕盲眡而交睫。禮記内則。盲眡作望視。鄭注破腥為星。謂肉中有如米者似星。而此則據傳説星見飤豕令肉中生小息曰腥。倫謂徐鍇曰。今人謂腥肉堅也。爾雅釋器。米者謂之檗。郭注。飯中有腥。然則豕肉中有堅如瘜者謂之腥。其實星瘜雙聲。本字即瘜。腥乃借字。鄭必破腥為星。所以明聲之誤。而實未明乃聲之借耳。腥為胜之異文。從肉。星聲。星見十二字蓋字林説。禮記内則釋文引字林。腥。先定反。或此字本出字林也。急就篇。肌膃脯腊魚臭腥。依義合是胜字。此傳寫者以字林字易之證。【説文解字六書疏證卷八】

◉劉昭瑞　甲骨文有一字作等形，从自从魚，應隸定作⿱自魚。自即鼻的象形初文，《説文》自下説「鼻也，象鼻形。」後世作鼻，从自畀聲，變象形為形聲字。自字本義古書中不見用，甲骨文中有「疾自」(乙26385)的用例，疾自即患鼻疾，可證《説文》對自的説解是正確的。王宇信等同志在《試論殷墟五號墓的「婦好」》一文中，解釋「己卯卜𡧊貞：勿⿱自魚婦好□御□」這條甲骨文時説：「字舊無識。此字鼻下有魚，當即腥字，《一切經音義》引《通俗文》曰『魚臭曰腥』。」王宇信、張永山、楊升南《試論殷墟五號墓的「婦好」》《考古學報》1977年第二期。説此字為魚臭的會意字，這是很正確的。察《通俗文》「魚臭曰腥」之腥當為腥字的後起義，本字應作鮏，《説文》鮏下説「魚臭也，从魚生聲。」甲骨文字上从自，下从魚，象以鼻就魚而嗅之，會鮏意，鮏為後起形聲字，鮏行而⿱自魚不傳，後世又以同音字腥代鮏而用之。大徐説鮏俗又作鯹，从星聲，星本又从生聲，是腥、鮏、鯹皆以生為聲符，腥行而鮏、鯹皆廢。由會意字的⿱自魚變而為形聲字的鮏，這猶如耤字，耤字在甲骨文中本象「人手持耒耜而耕」，郭沫若《甲骨文字研究·釋耤》。隸定作⿰耒丮，因字的音讀同昔，所以後來加昔以為聲符而省去作為意符的「丮」，由會意字變為从耒昔聲的形聲字。同例，甲骨文⿱自魚音讀應同生，後省去作為意符之一的「自」，由會意字轉化為从魚生聲的形聲字。

甲骨文又有一字，上从自，即鼻；下所从乃肉的初文，肉旁有點狀物，象肉的血液或表示肉的氣味。此字王國維曾釋為鼻液之涕字，《甲骨文編》⿱自肉下所引，1965年中華書局版。不確。字从自从肉，和⿱自魚字从自从魚構形同意，以鼻就肉而嗅之，會肉臭之意。《説文》胜下説「犬膏臭也，从肉生，一曰不孰也。」這種説解不准確。經傳中胜都作腥。《禮記·內則》「秋宜犢麛膳膏腥」，《釋文》引鄭玄説「腥音星，鷄膏也」，又説「《説文》作胜，云犬膏臭也」，「杜子春又謂之豕膏」，説解紛紜，可見漢儒當時對此字就没有一個清楚、統一的認識。清儒段玉裁説許慎之説本之于其師賈逵，所以《説文》所説，也不過是一家之言，不足為據。實際上，胜字本義應為肉臭，从肉生聲，是⿱自肉的後起形聲字，和鮏字演變之迹相同。肉臭曰胜，《周禮·內饔》「辨腥臊羶香」，又《史記·晉世家》「犯肉腥臊何足食」，都指肉的氣味為言。《禮記·禮器》「郊血，大饗腥……至敬不饗味而貴氣臭也」，腥與氣臭並見。《集韻》腥「或作胜」，上舉訓氣味之腥，本字均應作胜。《説文》訓胜的別一義為「不孰也」，不孰即生肉，與鄭玄注「大饗腥」之腥為生肉一樣，應為胜的後起義，肉生而有腥臭，二義本相涵。《説文》説字「从肉生」，生下當有聲字，疑乃傳寫脱字。从⿱自肉而至于胜，又从胜而至于腥，胜出而⿱自肉不傳，腥行而胜字本義又不傳。

如上所述，甲骨文⿱自魚字應為魚臭的會意字，⿱自肉應為肉臭的會意字，二字音讀都同生，後世分別代之以形聲字鮏、胜，經傳中又以腥兼二字之義而用之。【釋甲骨文腥胜二字　河南師範大學學報一九八四年第二期】

◉黄錫全　腥出字略　鄭珍云：「《説文》胜乃腥臭腥熟本字，與从星之腥訓『星見食豕令肉中生小息肉』不同。」此假胜為腥，與

馬王堆漢墓帛書《老子》乙本卷前古佚書假胜為姓類似。【汗簡注釋卷三】

脂 脂 秦一二八 四例 **□** 秦一三〇 【睡虎地秦簡文字編】

□ 3972 □ 1273 □ 2735 【古璽文編】

□ 王存乂切韻 【古文四聲韻】

◉許 慎 □戴角者脂。無角者膏。从肉。旨聲。旨夷切。【説文解字卷四】

◉馬叙倫 嚴章福曰。影宋書鈔百四十七引。戴角者曰脂。無角者曰膏。此少兩曰字。沈濤曰。止觀輔行記七之三引作有角曰脂無角曰膏。倫按唐寫本切韻殘卷六脂引作戴角者脂無角者膏。然疑戴角上捝説解。而此兩句乃校語。字亦失次。經典釋文引三倉。有角曰脂。無角曰膏。餘見膏下。字見急就篇。【説文解字六書疏證卷八】

◉裘錫圭 戰國印文裏有一個从「肉」从「□」的字：

半□ 簠集下52上

胸疑「胸」即「胞」字，讀作「鮑」。齊鎛有「□」字，即《説文》「鞄」字，鎛銘用作鮑氏之「鮑」（《金文編》3·15上）

不□ 尊集一5·9

空侗□ 娑羅2

《古徵》附録收有□字（《古徵》附5下）。未注出處，疑即上引第三例的誤摹。《三補》收入上引第一例，誤摹為□，釋作「胎」（《三補》4·7下）。

這個字所从的「□」跟《釋胎……》篇所引諸「胎」字所从的「㠯」，字形差別很明顯。並且古印「胎」字都用作姓氏，上引諸例則都用作人名。可見它們决非一字。

根據偏旁分析，□字無疑應該釋作「旨」。《説文·旨部》：「□，美也。从甘，匕聲。□，古文旨。」古印「甘」字或作□（《古徵》5·1下），□字下部正與之同形。□字上部的□，近于「人」字，但字形方向跟一般「人」字相反，正是《説文》所謂「從反人」的「匕」。

《說文》「旨」字古文所從的「匕」，字形方向跟上引諸印文和小篆相反。《金文編》收有八個「旨」字、六個「嘗」字。《金文編》5・15上—下。它們所從的「匕」字的方向全都跟印文和小篆相同。不過在地下發現的古文字資料裏，也能夠找到少數「匕」形方向跟《說文》古文相同的「旨」字。例如：齊國陶文「旨」字或作《香録》5・2上，秦印「嘗」字所從的「旨」作《十鐘山房印舉》3・4下「百嘗」印。可見《說文》「旨」字古文雖然不合于正規的寫法，但也並非後人所臆造。

上引印文第三例所從的「旨」作，「匕」形直筆上加了一道近乎小點的短橫。國差𦉜「旨」字作《金文編》5・15上，蔡侯盤「嘗」字所從之「旨」作《金文編》5・15下，齊國陶文「旨」字或作《香録》5・2上，「匕」形上也都加有短橫或小點。上引《說文》「旨」字古文同樣是加短橫的。

既知即「旨」字，上引印文就可以確定為「脂」字了。古印「脂」字的偏旁配置不采取並列式而采取重疊式。這跟《釋䏿……》篇裏講過的古印「胡」字作「肓」、「䏿」字作「魯」等現象是一致的。【戰國璽印文字考釋三篇　古文字研究第十輯】

𦞠

◉許　慎　𦞠𦚏也。从肉。𧴪聲。穌果切。【說文解字卷四】

◉馬叙倫　桂馥曰。本書無𦚏字。玉篇。𦞠。膏𦚏。𦚏。膏𦞠。廣韻。𦞠。𦚏膏也。𦞃。膏膜。又云。膏肥皃。本書脱𦞃字。倫按本書無𦚏𦞃二字。玉篇訓膏𦞃。蓋本許書而此説解本作膏也𦞃也。𦞃蓋膏之異文。校者據字書加之。𦞠音心紐。肪音敷紐。蓋同摩擦次清音轉注字。字或出字林。【說文解字六書疏證卷八】

膩

◉許　慎　膩上肥也。从肉。貳聲。女利切。【說文解字卷四】

◉馬叙倫　王筠曰。上肥二字文不成義。倫按上或也字之爛文。上有挩字。字或出字林。【說文解字六書疏證卷八】

◉張政烺　貳，从肉弍聲。當是膩之異體，在此讀為貳。【中山王𰯼壺及鼎銘考釋　古文字研究第一輯】

膜

◉許　慎　膜肉閒胲膜也。从肉。莫聲。慕各切。【說文解字卷四】

◉馬叙倫　沈濤曰。一切經音義廿引無胲字。本部。胲。足大指毛也。則與膜義不同。蓋古本無此字。玉篇亦無胲字。音義十八引仍有胲字。疑後人據今本改。倫按此非本訓。胲蓋為膈譌。本作膈也肉閒膜也。【說文解字六書疏證卷八】

䐞

◉許　慎　䐞肉表革裏也。从肉。弱聲。而勺切。【說文解字卷四】

◉馬叙倫　肉表革裏謂膜也。故廣雅釋器曰。䐞。膜也。䐞為膜之轉注字。膜音明紐。䐞音日紐。古讀日歸泥。明泥同為邊音也。然此非本訓。字見急就篇。【說文解字六書疏證卷八】

𦞦

◉許　慎　𦞦肉羹也。从肉。隺聲。呼各切。【說文解字卷四】

◉馬叙倫　翟雲昇曰。一切經音義十二引𦞦作臛。肉羹也。倫按𦞦音曉紐。膹從賁得聲。賁從卉得聲。卉音亦在曉紐。𦞦從隺得聲。隺音匣紐。膹音奉紐。同為摩擦次濁音。是轉注字也。爾雅釋器釋文引字林。臛。肉羹也。儀禮聘禮釋文引字林。𦞦。火沃切。然則此有重文。疑臛為正。今失之矣。肉羹也字林訓。李璧王荆公詩注引作臛肉羹也。與爾雅釋文引字林同。即李濤所謂字林附見說文也。【說文解字六書疏證卷八】

膹

◉許　慎　膹𦞦也。从肉。賁聲。房吻切。【說文解字卷四】

◉馬叙倫　膹䐜疊韻轉注字。太平御覽八百六引倉頡。膹。𦞦。多汁也。字見急就篇。【說文解字六書疏證卷八】

臇

◉許　慎　臇𦞦也。从肉。雋聲。讀若纂。子沇切。熼臇或从火巽。【說文解字卷四】

◉馬叙倫　劉秀生曰。雋聲在寒部。纂從算得聲亦在寒部。故臇從雋得聲得讀若纂。臇或從火巽聲作熼。食部。籑。從食。算聲。或從食巽聲作饌。詩齊風猗嗟。舞則選兮。文選日出東南隅行注引韓詩選作纂。禮記喪大記。食於簋者盥。釋文。簋。本亦作撰。是其證。倫按雋纂旁紐雙聲。然𦞦也是䐜字義。䐜讀若選。此重文作熼。可證也。雋部。雋。肥肉也。是臇字義。故字次胾上。肥肉之義誤入雋下。而䐜臇音近。因以䐜義訓之。桂馥疑䐜為臇之重文。熼變而從肉。文選名都篇注引倉頡。臇。少汁𦞦也。讀若纂校者加之。

熼倫按巽聲也。雋巽旁紐雙聲。然疑臇熼非一字。熼蓋饡之轉注字。借以為臇耳。【說文解字六書疏證卷八】

胾

佚739【續甲骨文編】

胾 从肉才聲 高景成釋胾 二年宖鼎【金文編】

3562 與𣪘肯盤胾字形近。【古璽文編】

胾【汗簡】

郘知玄朱箋【古文四聲韻】

◉許　慎　胾大臠也。从肉。𢦏聲。側吏切。【説文解字卷四】

◉吴大澂　□古戟字。本作戛。許氏説。戛。戟也。讀若棘。戟有枝兵也。師奎父鼎。□寰盤。□無惠鼎。此與小篆从百相近矣。【説文古籀補卷四】

◉劉心源　(無叀鼎)□乃戛字。説文戛。戟也。【奇觚室吉金文述卷二】

◉高田忠周　按字(⿰百戈)明从肉从戈。□亦月之省。與□别。蓋⿰百戈字書所無。胾之省文也。胾戟古音同部。故諸器皆借胾為戟也。

按説文戛戟也。从戈从百。讀若棘。戛戟同義。音亦同部。而字義與百無相涉者。戛字疑矣。愚謂□□至近。況□亦有省作□者。殆相同耳。蓋漢人淺于古文之學。誤認□為百。又移百在上。作戛字。實□字之譌文也。□即戠。戠即胾字省文。胾戟古音同部。故經傳及金文皆借胾為戟。漢人不覺。妄别為戛字。而後戛亦特立矣。【古籀篇二十六】

◉高田忠周　按説文戈部肉部並無戠字。然此篆與下見諸金文。皆明从肉从戈。而金文用為戛若戟。因謂此胾字古文。説文胾大臠也。从肉𢦏聲。戴籀文作□从弋。又古文弋戈通用。□當□省。而□亦戴省。亦與胾或作□同例也。古音戛戟胾皆在同部。故金文以胾為戛為戟。固為至當矣。【古籀篇四十一】

◉郭沫若　彝銘中每見「𢼛必彤沙」等字樣，且必與「戈琱⿰百戈」三字連文，自來尚無定説。

「⿰百戈」字自宋以來釋戟，然以寰盤休盤師奎父鼎銘按之，確係從戈從肉。無惠鼎作□，似從目作，然此銘全體均有簡畧急就之弊，當亦肉字形之譌變也。師毁毁文雖近此，然乃翻刻之餘，不足據證。伯姬鼎與宰辟父毁文則均從肉作。字形之非戟字，較然可見。吳大澂説文古籀補則以戟戛二字當之，蓋以字為戛，而許書訓戛為戟也。然戟自戟，戛自戛，許書並未以戛為戟之重文，何得云「古戟字本作戛」耶？

積古、攈古有所謂「龍伯戟」者，文曰：「龍伯作奔戈」，二家均釋為戟，然所據者乃他人之拓片，並不知原器之作何形，恐更不知原器之為何器。二家因宋人書中此字釋戟，故相沿以為戟耳。陶齋吉金録（三册，四十五葉）有「龍伯戟」，及竊取此五字銘陽刻於戈內之上，王國維已辨其譌。王説見所著金文著録表第五表第二十一葉。周金文存乃轉録之，並多揭一同性質之偽器以為配，疏之甚矣。

以字形按之，余疑戜乃胾之初字。胾乃從戜才聲，許書誤以為從肉𢦏聲也。「琱戜」恆與戈連文，知必屬於戈。胾許訓「大臠」，於此自不適，疑當讀為戛，或逕是戛之本字，訓「大臠」者，其後起之義也。許書云「戛讀若棘」，棘聲與胾聲同在之部，音同可通。然經典中用戛字者多在至部，若脂部。如尚書皋陶謨「戛擊鳴球」，禮記明堂位作「揩擊」，楊雄長楊賦作「拮隔鳴球」。禹貢「三百里納秸服」，漢書地理志上作「三百里内戛服」。又康誥「不率大戛」，爾雅釋詁「戛常也」，書疏謂「戛猶楷也」。是均同音通假之例，字與皆聲吉聲俱近，故其讀當在脂部或至部。然許慎謂讀若之部之棘。字音相去甚遠，故段玉裁已疑之，謂「疑本作讀若孑而誤」。余則疑讀棘者本是戜字，因與戛字形近（如無惠鼎戜字其形尤近），故小篆遂混而為一也。古書則多逕作棘。小雅斯干「如矢斯棘」，鄭箋云：「棘戟也。」禮記明堂位「越棘大弓」，鄭亦以棘為戟。周禮掌舍「為壇壝宮棘門」，先鄭云：「棘門以戟為門。」左氏隱十一年傳「子都拔棘以逐之」，杜注亦以棘為戟。棘或作材，或作朸；周官之「棘門」，杜子春云：「或為材門」；斯干之「如矢斯棘」，韓詩作「如矢斯朸」。棘材朸古音同部，皆借用字也；其本字當作戜，後人誤為戛。

然彝銘以「戈琱戜」連文，將戈與琱戜為二事耶，抑琱戜為戈之一部分耶？此事須待「戢必彤沙」四字能得其正解之後方能斷定。【戈琱戜戢必彤沙説　殷周青銅器銘文研究】

◉郭沫若　戜字舊釋為戟，非是。彝銘每以「戈琱戜」連文，乃屬于戈體之事物。以字形而言，當是胾之古文。胾當从戜才聲，此省去聲符也。古文有以胾為幟者，見「鄉射禮」注。此蓋假戜為識，「戜戈」謂有琱識之戈也。【小盂鼎　兩周金文辭大系考釋】

◉唐　蘭　胾崇二字，至難解釋。如讀胾，如本字，則何以與崇連文。且三鼎、三簠、一盤，其銘俱云：「以共胾崇。」古者盛胾以豆。鼎與簠、盤，均非盛胾之器也。郭氏又云：「胾與崇連文，則胾殆又假為蒸。胾蒸乃陰陽對轉之聲也。故『以共胾崇』即是『以供蒸嘗』。」郭氏之觀察，每極敏鋭，其謂胾之不能讀如字，甚是。然謂讀如蒸，則亦有誤。蓋金文蒸嘗之語習見。如姬𩰫彝鼎云「用䊝用嘗」陳侯午錞及陳侯因資錞并云「以𢍜以嘗」，皆是。蒸字以𢍜或䊝為之，其用法則均以為動詞。與此銘均迥異也。余意此胾崇二字當讀為粢盛。粢盛之語習見於左傳、國語、周禮等書。蓋春秋以後之通語也。周禮甸師云「以供齍盛」，孟子滕文公下云「以共粢盛」，穀梁傳桓十四年云「以供粢盛」，禮記・祭統云「以供齊盛」，其句法並同。然則此云「以共胾崇」，當即「以共粢盛」，胾與粢，崇與盛，並語聲之轉耳。經傳所言粢盛，俱指祭祀之黍稷。而此以胾崇為之者，似已為泛義之祭物矣。【壽縣所出銅器考略　國學季刊第四卷第一期】

◉馬叙倫　字見急就篇。古鉩作𢦏。大臠也蓋字林文。本訓捝矣。【説文解字六書疏證卷八】

◉楊樹達　□字羅振玉無釋。今按字从肉从才，當即説文之胾字。四篇下肉部云：「胾，大臠也，从肉，𢦏聲。側吏切。」此文作財，與胾異者，胾从𢦏聲，此省从才聲耳。𢦏本从才聲，才𢦏二音無異也。胾在此當讀為容載之載。【盄△子鼎跋　積微居金文説】

◉饒宗頤　甲辰卜，貴貞：王空，戚，亡尤。（佚存七三九）

按戚即説文訓大臠之胾，肉祭也。胾與殽別。曲禮：「左殽右胾。」鄭注：「殽，骨體也，胾，切肉也。」孔疏：「熟肉帶骨而臠曰殽，純肉切之曰胾。」詩閟宮：「毛炰胾羹。」荀子非相篇：「啜其羹，食其胾。」亦以胾與羹對言。胾為切臠之乾肉，羹則和菜之湆，是其別耳。佚周書嘗麥：「乃命少宗祠風雨百享，士師用受其胾。」則以祀肉分饋也。【殷代貞卜人物通考卷四】

◉李孝定　商承祚曰「□从肉从戈。殆即説文訓大臠之胾肉祭也。」見佚考八六葉下。按説文「胾。大臠也。从肉𢦏聲。」栔文从戈。疑當以會意解之。大臠者切肉之大者也。以戈加肉。割切之事也。辭云「甲辰卜□貞王宂胾亡尤。」商説是也。【甲骨文字集釋第四】

◉曹錦炎　吳振武　《鄂君啟節》銘文首云：「大司馬邵鄢敗晉師於襄陲之𢧢。頣(夏)尿之月，乙亥之日，王尻(居)於茖郢之游宮。」《考古》1963年8期。與此銘中𢧢字用法相同的，又見于下引材料：

《大府鎬》：「秦客王子齊之𢧢，大府為王僉晉鎬。集脰。」《考古通訊》1955年2期。

《望山楚簡》：「𠭯郙王於莪郢之𢧢，䎽层之月，癸未之日……。」「☐於莪郢之𢧢，獻馬之月，乙酉之日……。」轉引自曾憲通《楚月名初探》，《中山大學學報》1980年1期。

上引材料中的𢧢(𢧢)字，考釋諸家多釋為「歲」，惟李學勤同志釋為「載」，他指出：「散从戈从月。應為載的本字。……意均為年。」李學勤《戰國題銘概述・下》，《文物》1959年9期。按此字釋「歲」于形于音均不合，只有釋「載」是對的。但由于李學勤同志没有進一步提出證據，且此字又不从月，因此這一意見未能得到大家的重視，直到最近發表的有關研究文章中仍釋此字為「歲」。所以，對此字有重加考釋的必要。

在上引材料中「戢」字既作□又作□，戰國文字中的止或可作𡳿，如齒字仰天湖楚簡作□，戰國陶文作□（《古陶文舂録》2·4）可證。所以□也就是□，隸定作戢。

戢，應从月（肉）𢦏聲。古文字从𢦏與從𢦏本通，如𢦏字。《説文》謂：「故國在陳留，从邑𢦏聲。」戰國陶文中此字既作□又作□顧廷龍《古陶文舂録》6·4，即其證。因此，戢即《説文》的胾字。秦篆作□，《説文》謂「从肉𢦏聲」。正因𢦏是从才得聲，所以胾字在金文中又可省作□（《二年盜鼎》《金文編》4·21）、□（《平安君鼎》《文物》1980年8期），其基本聲符和義符不變，只是將戈旁省去，古文字中每有此省作，如甲骨文「伐」字或省戈作□（粹249、丙1），金文「載」字或省戈作□（《中山王方壺》）等等。高景祥曾釋《二年盜鼎》中的□為胾字是正確的。容庚《金文編》4·21。

《説文》：「胾，大臠也。」按《説文》之訓是其本義。在上引《鄂君啟節》等材料中，此字處于記時地位，顯然不能用其本義。根據銘文上下內容的聯繫來看，字在此只能用「年歲」義解。據此，各家在考釋中便釋此字為「歲」。釋□為歲在通讀銘文上雖然没有什麽問題。但兩者在形體上的聯繫，從未有人提出過確切有力的證明。因為兩者不僅義符不同，聲符也不同：歲字甲骨文作□或□，金文作□□，从步戉聲，《説文》以為从戌聲，誤。于省吾《雙劍誃殷栔駢枝續編·釋戉》。而□字卻从月（肉）𢦏聲。所以我們認為□字根本不能釋為歲。

戢字明確作為年歲義，據目前所能見到的古文字材料來看，似乎僅見于楚器。其以大事紀年，稱為「某某之戢」，如同齊國銅器紀年稱「國差立事歲」（《國差𦉜》）、「陳喜再立事歲」（《陳喜壺》）等一樣。正因為楚文化不同于中原文化，有其自己的特色，故以「戢」作為年歲義，猶如商之稱「祀」、周之稱「年」（西周銅器銘文中也偶見稱「祀」，當是受商的影響），名雖不一，義本相同。

「戢」字在此應讀為「載」。《爾雅·釋天》謂：「夏曰歲，殷曰祀，周曰年，唐虞曰載。」可見年歲可稱為「載」。「殷曰祀，周曰年」不僅在典籍中可以得到證明，而且更可從出土的大量古文字材料中得到證明。《爾雅》的「唐虞曰載」是根據《禹貢》而來的，《禹貢》雖是戰國晚期作品，但這至少可以證明在戰國晚期「年」可稱為「載」。《爾雅》中記載的十二月名與長沙所出楚帛書相合，也説明了它的記載是有一定根據的，並非向壁虚構。轉引自曾憲通《楚月名初探》，《中山大學學報》1980年1期。《書·堯典》「朕在位七十載」，《史記·文帝本紀》「漢興，至孝文四十有餘載」等載字都是年歲之意。因此，年歲可稱「載」，應無異議。

載字也見于《鄂君啟節》，作𨌲；長沙楚帛書作載，皆從車𢦏聲。字在文中均為容載之義。上面我們已論證了戢即胾字，而胾與載聲符相同。例可通假，這在古文字材料中是可以得到證明的。

上引《二年盄鼎》中的𢦔(𢦔)字，據銘文應假為容載之載。又新出土的《平安君鼎》銘曰：「廿八年，平安邦𠫑(司)客，枏(𢦔)四分齋，六益半釿之冢(重)。」《文物》1980年9期。另外有一件傳世的《平安君鼎》銘曰：「卅二年，平安邦𠫑(司)客，㝐(容)四分齋，五益六釿四分釿之冢(重)。」羅振玉《三代吉金文存》4・20。兩器銘文格式全同，相互比勘。一為「枏(𢦔)四分齋」，一為「㝐(容)四分齋」，容、載義本相同。因此新出《平安君鼎》銘中的「枏」(𢦔)字只能讀為「載」，此是假𢦔為載之例。

長沙馬王堆一號漢墓出土遣册中第62號簡云：「牛載一笥。」63號簡云：「犬肩一器與載同笥。」《長沙馬王堆一號漢墓》。簡文中的「載」字均假為「𢦔」，即《説文》所説的「大臠也」。這可和長沙砂子塘西漢墓出土的封泥木匣題記：「牛肩𢦔□□炙，□牛」《文物》1963年2期相互印證。此是假載為𢦔之例。

另外，由于𢦔字在古文字中可从止(之)聲，而止(之)、才、兹古聲韻並通，所以典籍中又借兹為載，如《左傳》僖十六年「今兹魯多大喪，明年齊有亂」，杜注：「今兹，此歲」；《孟子・滕文公下》「什一，去關市之征，今兹未能，請輕之，以待來年然後已」，趙岐注：「今兹為今年。」楊樹達曾指出：「兹字無年歲義。凡年歲之兹者，皆假為載，《爾雅・釋天》云：載，歲也。兹載古同音，故得通假矣。」《之部古韻考》。

由此可知，𢦔載二字本可互假，在上述材料中凡作為年歲義的「戠」字均應讀為「年載」之載。

戠字既然可讀為載，那麼另外一些銅器銘文也可得到正確釋讀。

壽縣楚器上常見「以供戠祟」一語，祟為祭名，「戠」字前人雖知不能釋為「大臠」，但或讀為蒸，或讀為栥，均不確。亦有人讀為歲，仍誤。今知戠可讀為載，則「戠祟」猶言歲祭。壽縣楚器「以供戠(載)祟」一語可與長沙楚帛書言「戠(載)則無繇祭」交驗互證，新出楚《郪陲君》三器銘稱「攸立(莅)戠(載)祟」，《文物》1980年8期。也可證明這一點。

又《商周金文録遺》578戟銘云：「陳睳𢦔〻□廥之戟。」𢦔〻乃「之戠(載)」二字合文，字下兩小横劃為合文符號，這種寓一字于另一字中的合文形式也見于其他戰國文字，如「大夫」合文作夫〻，即其例。

總之，年載之載「本無其字」，在戰國文字中借戠(𢦔)為之，在典籍中又借載或兹為之。因古文字中戠載二字可互假，後世用作「年歲」一義的「載」字便由載行而戠廢。【釋戠　吉林大學社會科學學報一九八一年第二期】

◉李孝定　𢦔字以釋𢦔為是，六國文字每多艸率，作𢦔，其左上固近於止，然从止與歲義無涉。歲字从步者，以見運行之意，不能省為从止也。𢦔祟連文，唐氏讀為栥盛，於義為長。【金文詁林讀後記卷四】

◉陳漢平　甲骨文有𢦏字，字舊不識，甲骨文編收入附録。卜辭曰：

䐑 膾 腌 脃

甲辰卜嗄貞王賓𢦏

字在卜辭為祭名。按此字从肉从戈作，與西周金文「戈琱胾緱必彤沙」之胾字為一字。又古文字戈𢦏通用，故此字即說文胾字。說文：「胾，大臠也。从肉𢦏聲。」甲骨此辭乃卜貞王以胾肉為祭之事。【古文字釋叢　出土文獻研究】

◉黄錫全　胾胾　二年盜鼎省作胾，古璽作胾（璽彙3562），《說文》正篆變作胾，「从肉，𢦏聲。」《說文》𢦏，「从戈，才聲。」三體石經才字古文作才（假為在），此才形同。【汗簡注釋卷二】

◉許慎　䐑薄切肉也。从肉。枼聲。直葉切。【說文解字卷四】

◉馬叙倫　薄切肉也蓋字林文。字或出字林。【說文解字六書疏證卷八】

◉許慎　膾細切肉也。从肉。會聲。古外切。【說文解字卷四】

◉馬叙倫　細切肉也蓋字林文。䐑膾聲同脂類。疑轉注字。字見急就篇。【說文解字六書疏證卷八】

◉許慎　腌漬肉也。从肉。奄聲。於業切。【說文解字卷四】

◉馬叙倫　玉篇引倉頡。腌。酢淹肉也。漬肉也非本訓。【說文解字六書疏證卷八】

脃 竝古老子【古文四聲韻】

◉許慎　脃小耎易斷也。从肉。从絕省。此芮切。【說文解字卷四】

◉馬叙倫　鈕樹玉曰。韻會引耎下有物字。非。李注文選魏都賦及一切經音義婁引小並作少。則少當不誤。沈濤曰。一切經音義十二及十三皆引作少血易斷也。少血故易斷。今本小耎二字乃形近而誤。莊有可曰。或從危省聲也。桂馥曰。血為耎譌。王筠曰。脃字見考工記及公食大夫禮。二經釋文不言有別本。而小宗伯釋文云。字書無此字。但有膬字。今本注或有作膬字者。然則脃即膬之俗字。此篆作脃。從色。非從絕省。即其篆文之譌亦可知為後增矣。丁福保曰。慧琳音義十四五十七六十二皆引作小耎易斷也。倫按色蓋毳之譌。不然。則絕省聲也。絕脃同為舌尖前破裂摩擦音也。莊說亦通。此字見

臇 臇

廣雅。呂忱據加也。【說文解字六書疏證卷八】

◉許　慎　臇耎易破也。从肉。毳聲。七絶切。【說文解字卷四】

◉馬叙倫　鈕樹玉曰。文選七發注引耎作腝。非。沈濤曰。脃臇本一字。周禮小宗伯注。今南陽名穿地為竁。聲如腐脃之脃。釋文。字書無脃字。但有臇字。音千劣反。今注本或作臇字者。則與劉音清劣反為協。據此。則元朗所見說文等書有臇無脃。文選七發前云。甘脃肥醲。後云。温滴甘臇。明本一字。玉篇。脃字引說文曰。小耎易斷也。脆同上。俗。臇亦同上。足徵臇脃為一字。王筠曰。老子。其臇易判。傅奕本作脃。即以俗字改之也。丁福保曰。慧琳音義三及五及七引有或作臇三字。是臇為脃之或體。倫按脃臇雙聲轉注字。然以說解作耎易破也。雖校脃下說解少一小字。然可證知此二字實一正一或。傳寫譌為二文。又倒脃字於前。臇下又增說解耳。【說文解字六書疏證卷八】

散 𢽳

甲1360　佚292　【續甲骨文編】

散　散伯簋　散伯卣　五祀衛鼎　散盤　羊𠂤亲戈　陳𩰫寇戈　散姬鼎

陳散戈　散伯車父鼎　散車父簋　散車父壺　【金文編】

散　秦一一七　【睡虎地秦簡文字編】

尚書散郎田邑　散督之印　【漢印文字徵】

㪔見石經　【汗簡】

古老子　石經　說文　崔希裕纂古　【古文四聲韻】

◉許　慎　𢽳雜肉也。从肉。㪔聲。穌旰切。【說文解字卷四】

◉林義光　按散為雜。無雜肉之義。古作[glyph]散氏器。作[glyph]散伯敦。作[glyph]陳散戈。从月。轉注。不从肉。月即夕字。象物形。

見互字間字各條。从攴。亦轉注。⺮象分散形。本義當為分散之散。說文云。㪔分離也。从林。从攴。林分散之意也。按經傳皆用散字。㪔即散之偏旁。不為字。【文源卷三】

◉高田忠周　按⺮即竹也。余初謂此散字涉𥳑字而為形。从肉𥳑省聲。𥳑㪔古音同部故也。其後見字作𥳑者。因沈思再攷。筬即筋字異文。古文往往借攴代力。此亦其一。或作𥳑者。力攴並从也。但古姓聞有㪔氏。而未聞有筋氏。此筋或借為散。散筋古音轉通。荐字借薦為之可證。薦與散。荐與筋。皆同部也。古文形近者通用恆例。況筬散形音並近。其通用不為異矣。【古籀篇四十一】

◉于省吾　(羊角戈)筬字古兵中習見。彝器亦作㪔。方言三。散殺也。東齊曰散。散殺一聲之轉。【雙劍誃吉金圖録卷下】

◉馬叙倫　翟雲昇曰。一切經音義二引無肉字。初學記器物部引散作肴。雜肉也。倫按雜肉也疑當作離肉也。離借為㔸。古書離別字皆㔸之借。可證也。離肉如今剁肉為末。今杭縣謂之斬肉醬。故字次臚膊之間也。離雜形近致誤耳。七篇。㪔。分離也。然散不必從㪔得義。蓋古謂分離為散。散得聲於林。林為麻之初文。麻音明紐。㔸音來紐。古讀歸泥。同為鼻音。然則語原然也。以是分離之肉亦曰散。七篇。䊝。糅也。䊝。䊝䊝。散之也。䊝䊝散音同心紐。是使散從肉悉聲或殺聲。義亦當為離肉也。下文。膞。切肉也。而膞之重文作剸。即從刀專聲。然不必膞從剸省會意兼聲也。正可為例。散盤作𢽳。【說文解字六書疏證卷八】

◉高鴻縉　𢽳分離也。从攴竹會意。竹攴。則分離也。月聲。月古音夜聲之諧散猶霰聲。亦猶之射(讀僕射之射)聲之諧榭聲(今榭與霰為陰陽對轉)。後變作𢿫。見石鼓文𢿫字偏旁。从攴𣏟(麻字之次初文)。其意亦得為分離。月聲。至許書訓𢿫為雜肉。从肉。㪔聲。蓋字形譌失。一筆中連。由月變肉。說解遂相别異。隸定為散。其下仍作月也。【散盤集釋】

◉高鴻縉　說文𢿫。雜肉也。从肉㪔聲。穌旰切。又㪔。分離也。从攴林。林。分㪔之意。穌旰切。按字从攴竹會意。竹攴則分散也。月聲。動詞。後或變為攴林。意亦不殊。仍為月聲。散从月聲。亦猶之僕射之射之諧弓射之射也。𢽳字見散盤。𢿫見石鼓文𢿫字偏旁。說文無𢽳而增㪔。訓分離而誤書𢽳之異文𢿫為𢿫。中筆聯邊。生雜肉之訓。千載而後之今日。人遂莫能明矣。【中國字例五篇】

◉林清源　(099.陳𡫸戈)内末銘文四字，云「陳(陳)𡫸散戈」。陳字从土，知此為田齊器。「陳𡫸」乃本戈之器主或督造者。第三字作𥬔，舊或釋「節」、或釋「筬」。金文「節」字作「𥫔」(子禾子釜)，从竹、即聲，與本銘結體懸遠。金文「筬」字作「𦥑」(戊父癸甗)，乃「葡」之後起形聲字。此銘當釋為「散」，金文「散」字作「𢽳」(五祀衛鼎)、「𢽳」(散盤)，古文字从戈、从攴每多互用，如「启」字启卣作「啓」、攸簋作「啓」，「鬼」字盂鼎作「䰠」、梁伯戈作「魁」，「散」字見於戈銘者，如陳御寇戈（貞松11・27）作「□」，左下从夕，與本銘同。

□疑為「散」之異文。「散戈」一詞，齊戈銘文習見。「散」字形體多變，如陳㝬寇戈（貞松11・27・3）作「□」、例087陳散戈作「□」、例099陳窒戈作「□」、例100陳□戈作「□」，本銘第四字疑亦為「散」之異文也。

「□」亦見於散伯簋，當釋為「散」，「散戈」一詞，為齊戈銘文特徵（詳例087「陳散戈」），因疑此亦齊器也。【兩周青銅句兵銘文彙考】

膞

◉許　慎　膞切肉也。从肉。專聲。市沇切。【説文解字卷四】

◉馬叙倫　膞臠聲同元類轉注字也。切肉也非本訓。字或出字林。【説文解字六書疏證卷八】

◉楊樹達　説文四篇下肉部云：「膞，切肉也，从肉，專聲。」市沇切。按膞从專聲，訓切肉者，專假為斷也。九篇上首部云：「𩠐，截首也，从斷首。」按斷亦聲。旨沇切。或作剸，从刀，專聲。从斷之字或从專作剸，此斷專二字通作之證也。【釋膞　積微居小學述林】

腏

□ 腏　日甲一五六背【睡虎地秦簡文字編】

◉許　慎　腏挑取骨閒肉也。从肉。叕聲。讀若詩曰啜其泣矣。陟劣切。【説文解字卷四】

◉馬叙倫　挑取骨間肉也蓋字林文。字亦或出字林。【説文解字六書疏證卷八】

◉蕭　璋　按説文：「抉，挑也。」又「穾，穿也。」「窫，探抉也。」王氏以為竝與抉同。見廣雅疏證釋詁：「抉挑穿也。」挑與穿同義，蓋段氏所謂有所入以出之也。抉字注。挑取骨間肉，與「以杙抉其傷而死」之意相近也。襄十七年左傳。【釋至　國立浙江大學文學院集刊第三集】

◉劉　釗　《金文編・附録下》二〇六號字作：

 鑄客鼎

朱德熙、裘錫圭兩先生釋為「腏」。所據以比較的字形材料是下列幾字：

〼東陵鼎　〼壽春鼎　〼叔夷鎛

从形體上看，「〼」所從之「〼」與上列三字所从之「〼」有些不同，二者似乎不存在是一個字的可能，又上列三字另有學者釋為「剏」或「刱」，从形體上看，似乎也更為可信。

金文有下列字：

〼〼交君子〼匜　〼逌盂　〼季受尊

同事湯餘惠先生據秦簡叕字的寫法分別釋為「叕」「㕙」「敪」，十分正確。戰國文字中从叕的字還有

〼陶文　〼古璽　〼古璽　〼望山楚簡　〼天星觀楚簡

叕从貝，綴从口皆為羨符。其中楚簡綴字所从之「叕」的寫法比較特殊，大字被割裂成上下不連的兩部分，叕字所从的四筆連寫成兩筆或寫成並列的四筆，這是楚文字特有的寫法。楚簡綴所从之叕作「〼」，與金文「〼」所从之「〼」顯然是一個字。因此「〼」應隸作「剟」，釋為「腏」。《說文》：「腏，挑取骨間肉也。」腏字从刀作，大概與訓為「挑取骨間肉」有關。腏字典籍又通作「餟」或「醊」。《說文》：「餟，祭酹也。」《玉篇》：「餟，張芮切。祭酹也，餽也。」慧琳《一切經音義》引《字林》：「醊，謂以酒澆地祭也」。楚器銘文中「集某」之「某」皆指機構名或官吏名，如集尹（鄂君啟節），集廚（大子鎬）。故「集腏」就是指主管祭酹的機構或官吏。【《金文編》附録存疑字考釋　人文雜志一九九五年第二期】

◉許　慎　𩚵食所遺也。从肉。仕聲。易曰。噬乾𩚵。阻史切。胏楊雄說。𩚵从𠂹。【說文解字卷四】

◉馬叙倫　鈕樹玉曰。玉篇引易在胏下。王筠曰。鍇本篆作𩚵。是也。今易作胏。釋文云。緇美反。馬云。有骨謂之胏。鄭云。簀也。字林云。含食所遺也。一曰脯也。子夏作脯。案𩚵字與脯遠隔。是許解易與馬不同。段氏疑許本孟說。亦或然有。抑字林有一曰脯也一句。未必不本之許君。則食所遺為正義。脯為兼義。而引易以實之。亦非不可通。但食所遺義他無佐證。朱駿聲曰。純肉切之曰胾。切肉有骨曰胏。薄切曰脯。而含食所遺一訓。疑脯之借字。脯胏雙聲。倫按從肉仕聲。不能含食所遺義。含食所遺亦不可解。含食形近。蓋字誤而校者注之。又誤入正文也。上文膞音禪紐。腏音知紐。此音照紐三等。又胾音亦照紐三等。䐑音澄紐。同為舌面前音。義亦類近。蓋語原同。或本是轉注字也。字林又一曰脯也。疑脯也是本訓。食所遺為校語之有挩譌者也。脯蓋又膊之譌。此字或出字林。

胏段玉裁曰。蓋訓纂篇中字如此作。周兆沅曰。仕聲壯紐。轉入照紐。胏當取𠂹聲。精紐同類也。倫按胏從肉。𠂹

䏸

聲。𣎵音精紐。㑹音照紐。精照同為破裂摩擦音。故㑹轉注為胏。楊雄說者。蓋雄說易噬乾㑹字作胏。非其所作訓纂篇中字如此也。【説文解字六書疏證卷八】

◉許　慎　䏸食肉不猒也。从肉。臽聲。讀若陷。户猪切。【説文解字卷四】

◉馬叙倫　鈕樹玉曰。繫傳猒作㕅。誤。倫按釋名釋飲食。䏸。銜也。銜炙細密肉和以薑椒鹽豉。乃以肉銜裹其表而炙之也。然則即今所謂餡子。食肉不猒也蓋本作猒也以聲訓。呂忱或校者加此語。或尚有捝譌也。古鉨作。【説文解字六書疏證卷八】

◉裘錫圭　戰國印文裏有一個寫作、等形的字：

(1)　古徵附5下，補補4・7下

(2)　痔　古徵附5下

(3)　沽　擷華1・57

(4)　遙　娑羅1

(5)　豜　古徵附5下　此字右旁本作。「」、「豣」疑本一字，參看拙作《史墻盤銘解釋》《文物》1978年3月32頁注13)。《集韻・去聲・禂韻》以「豣」、「豜」為一字，疑此「豣」字即由「」變來。

(6)　坲　尊集一3・17

(7)　秦　古徵附5下

(8)　訞　昔則9・10

(9)　栖　古徵附5下

丁佛言《補補》收入(1)，釋為「䏸」。《古徵》把(1)、(2)、(5)、(7)、(9)收入附録，但是把(9)單列一行，大概表示它跟(1)、(2)、(5)、(7)可能不是一個字。其實(9)跟其它各例不但字形很接近，在印文裏的用法也完全相同——都用作姓氏，它們顯然是同一字的異體。

丁氏釋「」為「䏸」是正確的，可惜他没有加以論證，因此没有得到大家的重視，我們應該為他申述一下把這個字釋為「䏸」的理由。

根據上面所引的各種寫法來看，這個字可以分析成上下兩部。下半顯然是「肉」字。上半又可以分析成上下兩部。下部的

「□」没有問題可以釋作「臼」。上部的那個偏旁作「□」、「□」、「□」、「□」等形，而以作「□」的為最常見。侯馬盟書「及」字作□、□、□等形。《侯馬盟書》300頁。所從「人」旁與此同形。戰國古印「疲」《古徵》附13上，《三補》7·11上，「汲」《尊存三》1·32「衛加汲」印，「鈒」《集林》1·23上「公孫鈒」印，「郟」《古徵》附10上。「郟」字應是為汲邑、汲氏之「汲」而造的專用字。戰國人喜歡在用作地名、姓氏的文字上加注「邑」旁，參看後《釋「繇」……》篇等字所從的「及」，「頫」字《尊存二》1·24「鄐遽餚頫」印，2·10「頫」字印所從的「府」，其「人」旁也都如此作。又古印「長」字多作□、□等形。《古徵》9·3下，又12·5上「張」字偏旁。下部人形寫法也與此相近。由此可知□確是「从人在臼上」的「臽」字。□或作□，正是「人」的本形，或作□、□、□，則跟□同樣是「人」的變形。

《説文·肉部》：「脂，食肉不猒也。从肉，臽聲。」小篆裏兩個偏旁左右並列的字，在先秦古文字裏往往可以寫作上下重疊式，下面僅就戰國文字的範圍舉幾個例子：

戰國文字		小篆
□	舂録2·1下	唯
□	同上11·1上	漸
□	同上11·1下	沽
□	古徵4·2下	肌
□	同上4·2下	朔
□	同上4·3上	胡

古印「胡」字收入《古徵》的共六個，全都寫作上下重疊式。所以古印的「□」字没有問題就是小篆的「脂」字。

上引各印的「脂」字全都是用作姓氏的。「脂」氏應該就是「閻」氏。戰國時代（主要指東方六國）通行的姓氏字，往往跟秦漢以下的不同。例如戰國古印裏幾乎不見「趙」氏而常見「肖」氏，看《古徵》4·3上「肖」字下所引各印。《補補》2·6上收了兩個「古印」裏當姓氏用的「趙」字，從字體看不是六國印。顯然就是「趙」氏。劉向《戰國策叙録》説他所校的「中戰國策書……本字多誤脱為半字，以『趙』為『肖』，以『齊』為『立』，如此字者多」。其實「以趙為肖」乃是用字的不同，並不是「誤脱」。古印又常見「君」氏，看《古徵》附6上「君」字下所引各印。戰國兵器銘文裏「工尹」的「尹」多寫作「君」，陶文裏「陶尹」的「尹」也多寫作「君」，兵器銘文如「大攻（工）君（尹）」（《三代》20·34上大工尹劍）、「右攻君」（《三代》19·52下燕王詈鈹）。陶文如「十七年八月右匋君」、「廿二年五月左匋君」（《季木藏陶》61下）。「君」

氏應該就是「尹」氏。古印又有「閔」氏，看《古徵》10·2下「閔」字下所引印文。戰國錢幣裏有「閔」布，閔即趙邑藺，劉心源《奇觚室吉金文述》12·15上。「閔」氏應該就是「藺」氏。「閻」、「䏔」二字都从「臽」聲，古印的「䏔」氏應該就是古書裏常見的「閻」氏。【戰國璽印文字考釋三篇 古文字研究第十輯】

肰

◉許　慎　肰犬肉也。从犬肉。讀若然。如延切。𦝠古文然。𦝫亦古文然。【説文解字卷四】

◉商承祚　𦝠𦝫説文「𦝠古文肰𦝫。亦古文肰。」案段氏謂第二文乃㸐之譌。非是。乃火部㸐之古文誤移于此耳。【説文中之古文攷】

◉馬叙倫　犬肉為肰而即從犬肉。與犬從穴出為突何異。且犬肉為肰。義無他證。為犬肉而製肰字。亦所未諭。廣雅。𦝠。孰也。王筠謂𦝠即古文肰作勠者之譌。桂馥則謂從犬從肉。犬當為火。倫謂如王説。可證犬肉非本義。犬肉二字蓋本作肰。為隸書複舉字誤分。亦或從犬肉之誤衍。要之説解有捝譌矣。如桂説。則火肉會意。然倫疑字從肉尨省聲。肰音日紐。古讀歸泥。尨音明紐。明泥同為邊音也。古文作𦝠。撪蓋𦝫之譌。甲文尨作𦝫也。肰次䏔下。或為䏔之轉注字。肰從尨得聲。尨從彡得聲。臽彡聲同侵類也。上文䏔下或本作肰也。或誤為取。或改為猒也。或曰。肰從肉。犬聲。犬肰聲同元類。鍇本作從肉犬聲今奪聲字耳。肰為肉之轉注字。

𦝫鈕樹玉曰。玉篇廣韻並無。疑肰之俗體。後人增。王筠曰。玉篇不收。恐即火部之然。誤逸於此。朱駿聲曰。疑為肰之古文。劉秀生曰。⊙者。肉之誤。即然字。倫按腆之古文作㙉。其肉字亦作⊙。肉之異文也。此即然字。古文經傳以為肰字。

𦝠倫按篆形未能詳也。【説文解字六書疏證卷八】

◉楊樹達　犬為領名，肉為屬名。【文字形義學】

䐜

◉許　慎　䐜起也。从肉。真聲。昌真切。【説文解字卷四】

◉馬叙倫　段玉裁曰。當云肉起也。素問曰。濁氣在上則生䐜脹。王砅注。䐜。脹起也。倫按七篇瘨下一曰腹張。即䐜字義。䐜脹雙聲。轉注字也。本書無脹耳。今杭縣謂食飽腹張曰撐飽了。猶言腹脹了。字當作䐜。起也似非本訓。字或出字林。【説文解字六書疏證卷八】

䏲　[glyph]

◉許　慎　[glyph]肉汁滓也。从肉。冘聲。他感切。【説文解字卷四】

◉馬叙倫　段玉裁曰。此監之正字。倫按肉滓汁也當作肉汁也肉滓也。一訓校者加之。字蓋出字林。【説文解字六書疏證卷八】

膠　[glyph]

[glyph] 膠　日甲三四背　[glyph] 秦一二八　四例【睡虎地秦簡文字編】

[glyph] 膠東相印章　[glyph] 膠東中廄　[glyph] 膠西侯印　[glyph] 膠西司馬　[glyph] 膠東令印【漢印文字徵】

◉許　慎　[glyph]昵也。作之以皮。从肉。翏聲。古肴切。【説文解字卷四】

◉馬叙倫　鈕樹玉曰。繫傳韻會作䵒也。非。説文無䵒。倫按昵也非本義。亦非本訓。蓋與作之以皮皆字林文或校語。此疑為膫之轉注字。字見急就篇。【説文解字六書疏證卷八】

𦝫　[glyph]

[glyph] 从𠤎不从丮　曰故☐—霝虘(乙1—4)【長沙子彈庫帛書文字編】

◉許　慎　[glyph]或曰嘼名。象形。闕。郎果切。【説文解字卷四】

◉林義光　考工記云。厚脣弇口。出目短耳。大胷燿後。大體短脰。若是者謂之𦝫屬。則𦝫為虎豹貔貙之屬淺毛者之總名。古作[glyph]庚嬴尊彝嬴字偏旁。作[glyph]鄦子妝匿嬴字偏旁。象骨節裸露之形。从能省。轉注。从能者。取其堅中多肉。贏為財有餘。而从貝𦝫。則𦝫有堅中多肉之象。經傳以嬴為之。果聲。【文源卷一】

◉馬叙倫　嚴可均曰。此蓋裸蟲之本字。集韻卅果引作獸名。玉篇亦作獸名。今作嘼。爛文也。或曰上象形上皆有闕文。桂馥曰。或曰上當有脱文。闕字後人加之。莊述祖曰。月令。其蟲蠃。當作𦝫。錢桂森曰。象形當連上句讀。皆或曰也。許則但云闕也。丁山曰。𦝫字先秦典籍及器物銘識皆未之見。從以為聲者。若嬴卣之[glyph]。鄦子簠之[glyph]。大氏作[glyph][glyph]諸形。與毛公鼎之[glyph]字形近。[glyph]即許書熊屬足似鹿從肉以聲之能字也。則周豫才先生謂𦝫即能之别體。是已。能。故書或作熊。春秋左昭七年傳。晉侯夢黄能入于寢門。釋文。能。亦作熊。述異記。黄能即黄熊也。陸居曰熊。水居曰能。逸周書王會。東胡黄羆。白帖九十七熊下引作東胡獻黄能。是能與熊古常相誤也。而春秋宣八年。夫人熊氏薨。左氏熊作嬴。左傳云。

葬我小君敬嬴。公穀則嬴並作熊。證之釋文白帖。知公穀頃熊。熊皆能字之誤。證之嬴卣無子簠左傳。知敬嬴之嬴又為熊字篆變之譌。嬴上之㕣。本[glyph]上所從之[glyph]。其下之丮。則[glyph]下[glyph]形之詭更。倫按丁以嬴為十篇能熊屬之能字。非也。能熊兩篆當互易。熊是三足鼈。音仍奴登切。能是熊羆之熊本字。詳能字下。篆形極異。物亦不同。至嬴乃[glyph]之譌。[glyph]即龍字也。詳龍字下。故嬴音亦在來紐。而此有或曰獸名之訓。古讀來紐歸泥。熊音奴登切正在泥紐。故敬嬴亦作頃熊也。抑倫以為古有從女龍聲之孋。亦有從女熊聲之嫨。詳嬴字下。故敬嬴亦可作頃熊也。然則此龍之異文。吕忱不能辨而加之。或曰嘼名校語。【說文解字六書疏證卷八】

◉商承祚　第三簡

一羸徔，又蔓，竺鈁骨交鑣于屯。已有編組刻口。

羸，即𣎆，《說文》釋為獸名，郎果切（音羅）。羸徔，是一種名物。

第三簡羸、第五簡羸及本簡羸，筆畫繁簡不同，或从非，或从ƎE的平列，相背書寫，皆同義。由金文而至漢代整齊為𣎆，以此為輪廓，繼續產生了羸、嬴、贏、贏、蠃、驘等字。【長沙仰天湖二五號楚墓竹簡遣策考釋　戰國楚竹簡匯編】

◉于省吾　《說文》𣎆字作[glyph]，並謂：「𣎆，或曰嘼（獸）名，象形，闕。」段注：「云獸名，蓋𣎆為嬴之古字，與驢嬴皆可畜於家，則謂之畜宜也。象形二字淺人所增。闕，謂闕其形也。其義則畜名，其音則以𣎆聲之字定之，其形則从肉，以外不能強為之說也。」邵瑛《說文解字羣經正字》：「《周禮·大司徒》，其動物宜嬴物注，嬴物虎豹貔貙之屬，淺毛者。《考工記·梓人》嬴者注，謂虎豹貔貙為獸淺毛者之屬。𣎆，郎果切，𣎆既為聲，而又加果聲，無義。」林義光《文源》：「按《考工記》云，厚脣弇口，出目短耳，大胷燿後，大體短脰，若是者謂之嬴屬，則𣎆為虎豹貔貙之屬，淺毛者之總名。古作[glyph]作[glyph]，象骨節裸露之形，从能省。从能者取其堅中多肉。嬴為財有餘而从貝𣎆，則𣎆有堅中多肉之象，經傳以嬴為之，果聲。」按以上所引段、邵、林三家之說，附會《說文》，都不可據。又王筠《文字蒙求》𣎆字注：「案此字从肉可解，餘皆不可解。」按王說尚能闕疑。現在擇引金文中「𣎆」和「从𣎆」的字列之于下，然後加以闡明。

（一）[glyph] 鄦季卣　[glyph] 鄦季簠

（二）[glyph] 樊君鬲　[glyph] 樊夫人匜

（三）[glyph] 伯衛父盉　[glyph] 嬴霝德簋

 鑄弔簋　 京弔盤

 鄦子簋　 嬴氏鼎

 庚嬴卣（嬴通嬴）

（四） 嬴霝德鼎　 筍伯盨

 𩉋同簋　 子弔嬴芮君簋

以上所列四條，都是周代金文。第一條的兩個䣀字，右从卩，罕見。第二條的樊君鬲銘文：「樊君作弔（叔）羸𡣍媵（媵）器寶𩰬。」樊夫人匜銘文：「樊夫人龍羸自作行它（匜）。」以上兩銘文的羸字作□形，均借為嬴，前一羸字《金文編》入于附録。上引二器雖然時期較晚。但兩個篆文的結體則介于能、羸之間，乃從「能」過渡到「羸」的中樞階段。周代晚期金文有時也保存着初文的構形，例如伯作蔡姬尊的世字作□（世字本由□字孳乳為□或□，乃指事字，但較為晚期的金文也有省作□者。詳《甲骨文字釋林・釋古文字中附劃因聲指事字的一例》）。第三條的前六個嬴字均从女。第七個字从貝，即贏字，與嬴通用。這些字各有不同的變化，但是，其由能字所滋化的迹象，是宛然可尋的。第四條的四個嬴字構形奇詭，雖然均从女，但其由能字所滋化的迹象，如果不以同類字以及同類詞義相參驗，幾乎難以辨識。此外，戰國文字中也有「羸」和「从羸」之字，例如：長沙出土的楚簡中羸字作□或□，古鉨文的嬴字作□，又鄂君啟節的羸字作□，其所从的能字，猶不失原形。總之，羸為能的孳乳字，是十分明顯的。

孔廣居《説文疑疑》：「《説文》中以羸為聲者六，郎果切之臝，洛戈切之蠃，力卧切之嬴，皆一韻之轉也。力為切之羸，同母諧也。若嬴與贏皆以成切，而一則注云羸聲，一則注云羸省聲。嬴、贏與羸、臝韻母皆別，如何可諧，安得起古人而問之？」王筠《説文釋例》：「羸，郎果切，從其聲者贏、嬴、蠃、羸、臝，轉遞從羸聲者，瀛、籯、鸁皆同。而嬴、贏從羸聲，及轉遞從羸聲之籯，自為一類。」按孔氏所提出的疑問，説文學家無從作答。王氏把从羸聲之字分為兩類，而不能得其會通。實則，這兩類字在典籍和秦簡中是相通的。《莊子・田子方》的「則解衣般礴羸」，《釋文》謂「羸本又作臝，同力果反」。《史記・信陵君傳》的「侯嬴」，《索隱》謂「曹植音嬴瘦之羸」。《易・大壯》的「羸其角」，《釋文》謂「羸，鄭、虞作纍」。孔疏謂「羸，拘纍纏繞也」。《睡虎地秦墓竹簡・秦律十八種》的《釋文》，有的借嬴或羸以為累（纍之省體）。以上是从羸聲的嬴、羸、贏、臝等字音近通假的例證。

現在先就从羸聲諸字的聲紐來説，羸與嬴字均屬「喻四」，古讀「喻四」為舌頭定紐。至於羸或從羸聲之字均屬舌頭來紐。準此，則定紐和來紐由于同屬舌頭音而往往相通。例如：从樂聲的藥、濼本屬「喻四」，但从樂聲的櫟、轢、皪等字則屬「來紐」。這對前文王筠所分的兩類，在聲紐上已經得到相通的佐證。近年來湖北省隨縣出土編鐘銘文的樂律中有□字（依橅本，下同），

隸定作蠃，即《説文》嬴（郎果切）字的古文。《説文》訓嬴為「蜾蠃」。《爾雅·釋魚》的「蚹蠃，螔蝓」，郭注謂「即蝸牛也」。又隨縣編鐘銘文有[illegible]字，隸定作蠃，从羸角聲。古讀角如祿，商器鑰爵的鑰字作[illegible]，即《魏書·江式傳》「宫商龣徵羽」的「龣」字，以从龠彔聲的「龣」字為「角」。唐李匡乂《資暇録》謂：「漢四皓，其中一號角里先生，角音祿。」又《别雅》「祿里，角里也」條，祿與角之音通有一系列證據，不煩詳引。然則角之通祿，也是由于同屬「來紐」的緣故。此外，《玉篇》魚部的蠃字，鳥部的蠃字，木部的羸字，立部的嬴字，禾部的羸字，糸部的纍字（《集韻》作「蠃」），也都屬于「來紐」。再就古韻來説，嬴和从羸聲的字屬脂部，轉為「郎果切」則屬歌部。依據王念孫《古韻譜》，則脂部與歌部往往合韻，例如：《詩·玄鳥》以祁與河、宜、何為韻；《楚辭·九歌·東君》以雷、懷、歸與蛇為韻；《遠遊》以妃、夷、飛、徊與歌、蛇為韻。總之，從上舉的一系列例證來看，王筠所區分的兩類「从羸」之字，無論在聲紐方面還是在韻部方面都可以通其郵。

《武英殿彝器圖録》的𣪘季鼎銘文：「𣪘季作蠃氏行鼎。」已故楊樹達同志以為「蠃从呈，呈為今之呈字」，並謂：「此銘乃假蠃為嬴，嬴之古讀當與呈同，不如今以成切之音也。亡友曾君星笠深通古聲韻之學，嘗謂喻母四等字古皆讀定母，今嬴字假以呈為聲之蠃字為之，恰足證成曾君之説。」又謂：「銘文之蠃字當為何字乎？余以為蓋裎之或作也。知者，《孟子》言袒裼裸裎，裸裎為同義字。《説文》八篇上衣部云，嬴，袒也，从衣羸聲，或作裸。又云，裎，袒也，从衣呈聲。蠃字蓋从嬴省，呈聲，為裎之或作也」（增訂本《積微居金文説》𣪘季鼎跋）。按楊説頗有道理，但謂「蠃為裎之或作」，未免本末倒置。蠃乃裎之本字，裎為後起字。楊同志又謂：「蠃字蓋从嬴省，呈聲。」這也是誤解。其實，蠃字本應从羸呈聲。《説文》嬴之或體作裸，裸字在典籍中往往作嬴。嬴為裸之初文，嬴為裸之或體。《説文》段注謂：「俗作嬴，致為不通。」按嬴為从衣羸聲的形聲字，其作嬴，則又以果為聲符。這和嬴之以立為聲符，蠃之以呈為聲符。嬴之以角（音祿）為聲符是相同的，立、呈、角三字均與羸為雙聲。由此可知段説之不足據。又金文有蠃字，為楊同志所未及見。近年安徽省宿縣出土的喬君鉦（《文物》一九六四年第七期），喬字舊誤釋為嵩，郘鐘的喬字作[illegible]，可證，喬君鉦有舊所不識的[illegible]字，即古蠃字，其从[illegible]，乃[illegible]之省文。【釋「能」和「羸」以及「从羸」的字　古文字研究第八輯】

◉李　零　羸，原文作[illegible]，巴納德隸定為䏍，舊多釋能讀熊，連下字説為楚先祖名。嚴一萍、唐健垣連上字讀為黄熊（黄熊是伏羲之號），但上字殘劃與「黄」字不類。唯商承祚釋嬴，較為近是。按《詛楚文》嬴字作[illegible]，與此相似，但所從羸右下从丮不从𠤎，羸字是否有從𠤎作的呢？過去一直不能肯定，只是最近見到湖北出土的子季青嬴匜銘，其嬴字所從羸，從𠤎不從丮，正與此同，這才證明此字確實應釋為羸。【釋文考證乙篇　長沙子彈庫戰國楚帛書研究】

◉李　零　「龍」，子彈庫楚帛書「贏」字作，湖北山灣M33出土子季贏青匿「贏」字作皆從能，此從于省吾先生說讀為贏（通盈），意思是滿一年要交還此節，即所謂「皆有期以反節」（《周禮·地官·掌節》），這是舟節的使用時限。【楚國銅器銘文編年滙釋　古文字研究第十三輯】

◉黄錫全　戈銘的贏，我們認為應假為熊。《左傳·宣公八年經》：「夫人贏氏薨。」《公羊傳》、《穀梁傳》贏作熊。「葬我小君敬贏」，《公羊傳》、《穀梁傳》敬贏作頃熊。前列第一字膚，應假為虜即擄。《說文》「虜，獲也」。「膚贏」應讀「擄熊」，即「獲熊」。「擄熊之歲」，是以「獲熊」這件難遇或者特別之事作為紀年。【湖北出土商周文字輯證】

◉曹錦炎　湯餘惠　贏，舊釋為龍，讀為寵，殊誤。此字卜辭習見，繁寫或作（戩五一·五）、（巴一五），與金文贏字所从略同。字象一巨口蜷身之動物，本義待考。卜辭或用為方國名稱，疑即贏姓國族生息繁衍之地；用于卜疾之辭，應讀為贏，意指病情加重。淮南子時則訓「孟春始贏」，注：「長也。」廣雅釋詁一：「贏，益也。」【古文字學概要】

◉許　慎　胆蠅乳肉中也。从肉。且聲。七余切。【說文解字卷四】

◉馬叙倫　丁福保曰。慧琳音義二及十四及七十六胆注引說文。蠅乳肉中蟲也。考通俗文。肉中蟲曰胆。可證古本當有蟲字。倫按蠅乳肉中生蟲而肉敗為胆。故字從肉不從虫也。十三篇。蜡。蠅胆也。朱駿聲謂胆即蜡之或體。倫謂蜡即蠅乳肉中所生蟲之名。字從虫。主蟲言也。今作蛆字。仍從虫也。蛆蜡同為舌尖前音又聲同魚類。故蜡得轉注為蛆。釋文引三倉。蠅乳肉中曰胆。玄應一切經音義引字林。胆。千餘反。【說文解字六書疏證卷八】

3·1094　肙畏【古陶文字徵】

◉許　慎　肙小蟲也。从肉。口聲。一曰。空也。烏玄切。臣鉉等曰。口音韋。【說文解字卷四】

◉劉心源　（師酉鼎）說文作肙。小蟲也。从肉。○聲。據此則○即圓字。或是圈字。段氏删去聲字。以許書無○字也。不知部首口即○。後人篆異讀異。員下亦云○聲可證也。篆法○D殊形。亦有不能拘者。如倉舍邑谷呂等篆皆从○。亦有从者。攷宗周鐘。倉倉忽忽。公違鼎。王在新邑。又矢人盤邦字之邑从。宗周鐘邦字从。居彝。君舍余三鏞。說文谷作。呂作。竝可證此肙从即○也。肙人。涓人也。吳語。乃見其涓人疇。注。涓人。中人也。漢書陳勝傳注。涓人。

主涓除之人。史記曹參世家。參以中涓從。注。中涓。如中謁者。蓋內庭小臣也。【奇觚室吉金文述卷二】

◉林義光 按口非聲。象頭身尾之形。即蜎之古文。【文源卷一】

◉馬叙倫 朱駿聲曰。當作水蟲也。象首尾可接之形。即蜎之古文。倫按肙象形。不從肉口聲也。○象其首。象其身。篆譌耳。許誤屬肉部。或字出字林也。當入虫部。為蜎之重文。一曰空也者。段玉裁謂甑下孔謂之窒。窒亦作瓹。是其義也。桂馥曰。本書。稍從肙者。麥莖中空也。朱駿聲曰。借為削。倫檢削下曰。一曰。窒也。窒肙音皆影紐。七篇。窒。甑空也。鍇本無甑字。則空也即窒字義。又詳削下。今杭縣謂器中無物曰肙光。亦空義也。然此校語。【説文解字六書疏證卷八】

腐

◉許 慎 爛也。从肉。府聲。扶雨切。【説文解字卷四】

◉馬叙倫 桂馥曰。爛當為爤。倫按爤也非本訓。爤也者謂肉敗也。故廣雅釋詁三。腐。敗也。腐胆聲同魚類轉注字。蜡從昔得聲。昔音心紐。腐從府得聲。府音非紐。非心同為摩擦次清音。然則腐蜡同語原也。【説文解字六書疏證卷八】

肎

肯 梁鼎【金文編】

肯 封九二 二例【睡虎地秦簡文字編】

3963 與梁鼎肯字同。4045 禽肯鼎肯字亦从止从肉。2134 2564 0896 2160 2545 2036 1473【古璽文編】

肎竝尚書【汗簡】

古尚書 竝籀韻【古文四聲韻】

◉許 慎 骨閒肉肎肎箸也。从肉。从冎省。一曰骨無肉也。苦等切。古文肎。【説文解字卷四】

◉林義光 按从肉附冂，冂象骨肉之閒。【文源卷一】

◉唐　蘭　肯字作□及□，則各家異釋甚多，其所當之王，亦不一致。

胡光煒氏釋□為「脂」，郭沫若氏釋「肯」，劉節氏釋「背」（六月二日大公報圖書副刊廿九期），友人某君釋「肓」。蘭謂釋「脂」、「背」及「肓」均非也。「脂」當从月从出，而□字下實从肉。故胡氏之說無足取。「此」字从止匕聲。余所得陶器拓本有云：「蒦易南里人背」，背字作□，而亡字古鉨習見，作□、□等形，與此作□形者並不類。余所見鼎二器，簠三器，其簠之戊己二器，並作□，則字之上半實从止。又古鉨有長□，舊不識其字，余謂即光字，汗簡作□在止部，然則□或作□者，並止之變體無疑也。□字既从止从肉，則與今隸之肯字全同。按肯字《說文》作肎，古文作肎。漢人隸書亦作肎（見石經魯詩殘碑），或作肎（見綏民校尉熊君碑及華山亭碑），無作肯者。然則作肯字者，自別有來源，故與小篆殊異。按六國古文，每有異於小篆，而轉為魏晉後俗書所本者，則此□字當依郭氏釋肯為是。

郭氏謂肯，悍同聲，因疑畬肯與楚王畬忎為一人（古代銘刻彙攷續編三十八葉），徐中舒氏以畬肯為楚哀王（六月十六日大公報圖書副刊三十一期），而胡光煒、劉節二氏則以為楚王負芻。蘭謂皆非也。古人自書其名，決無用聲近之字假借為之者。今所見畬肯與畬忎之器甚多，截然兩系，其為兩人可知。哀王據《世家》名猶，《六國年表》作郝，與「肯」字形聲俱不類。【壽縣所出銅器考略　國學季刊第四卷第一期】

◉郭沫若　□即隸書肯字所从出，小篆作□。說文云「骨閒肉肎肎箸也」，字乃象形。此从止从肉，从止即肎肎箸之意，則會意字也。畬肯畬忎自是一人，肯忎聲之轉也。忎屬見紐(k)，肯屬溪紐(k')，二者古為雙聲，而文〔'ən〕元〔'an〕音亦相近，疑楚人讀肯直如忎，故幽王于己名或書忎，或書肯也。字號以音近之字作種種變異者，今人多有之，得此知古亦猶是。【壽縣楚器之年代・金文續考　金文叢考】

◉郭沫若　肯字从止从肉，與隸書同，與小篆之作肎者異，足證隸書每有所本。【畬肯鼎　兩周金文辭大系攷釋】

◉商承祚　□于思泊云。此字楚器中凡數見。鉈鼎又增一筆作□。从匕从肉。乃肎字也。或釋肯。以為上从止。非是。古鉨匕字作□□□。筆畫微有變化。又案各器楚字下从□之字作□。與此迥然有別。案于說甚確當。肎小篆作□。訓骨閒肉。肎肎箸也。从肉从冎省。後世寫作肎肯。仍不離其形義。作肯則愈變愈遠。形義俱乖矣。【楚王畬肯盡　十二家吉金圖錄】

◉商承祚　□說文「肎。古文肎。」案鉨文作□。【說文中之古文攷】

◉李景聃　畬肯之器，各家異釋甚多，其所當之王，亦不一致。

（一）楚文王——天津某公釋為肯字，以為楚文王器。蓋釋肎為胔，而通作肯。壽縣王松齋先生亦如其說。

（二）楚考烈王——馬衡氏嘗推測為考烈王，唐蘭氏主其說。據史記楚世家，考烈王名熊元，世本作完。按從元聲之字多讀如昆。元說文阮字，徐鍇本云，讀若昆，髡從元聲，而讀苦昆切。皆其證。元肯一聲之轉。考烈王之本名是肯，而史借元或完字以代之耳。

（三）楚幽王——郭沫若氏釋肎為肯。酓肯酓忎自是一人，肯忎聲之轉也。忎屬見紐(k)，肯屬溪紐(k‘)，二者古為雙聲，而文('an)元('an)音亦相近，疑楚人讀肯直如忎，故幽王於己名或書忎或書肯也，字號以音近之字作種種變異者，今人多有之，得此知古亦猶是。

（四）楚哀王——徐中舒氏亦以肎為肯，肯疑為哀王名。史記楚世家哀王名猶，六國年表作郝，郝猶均誤字，史記載楚王名多誤字。如楚懷王名相，見詛楚文，史記作槐；幽王名悍，年表亦誤作悼。哀王肯史記誤作猶者，猶之偏旁酉，古文作酉，與肯字形近。

（五）楚王負芻——胡光煒氏釋肎為朏，錢生小雲謂上作出，乃出，下從月為月，蓋即朏字。案以字形言之，出確是出，其下之月，不必為肉。幽王悍鼎言五月吉日，月形作月，與𢦏下所從之月，兩形全同。越絕書記地傳述秦滅六國事曰：政使將王賁攻楚，得楚王成。所云楚王成即楚世家之王負芻，而鼎文所云熊朏者，即楚王成之本字。古朏讀可同蠢，而蠢成聲韻又並同也。楚之先世，凡殺君而繼位之王屢有易名之事，負芻所以又為成。劉節氏釋肎為胔，説文，此也，以聲為訓。又曰，從止從匕，其字實從止得聲，故説文部首次於止字後也。古文諧聲每以聲轉，且有省文之例，由是知从此从肉為胔，从止从肉亦為胔，酓胔即負芻，蓋負芻者乃酓胔字形之誤。且哀王名猶，此猶字亦酓字之誤，楚器酓作酓，胔字作肎，其字與負芻之古文作負芻者相似。漢人但知楚王以熊字為名，不識酓胔，而知六國之君如曹成公名負芻。故讀為負芻。猶之古文作酉，與酓字亦相似，哀王必名酓口，漢人不識，但著一猶字，此酓胔變為負芻，酓口變為猶之故也。

壽春為楚都之後，僅歷四王。考烈王墓，據壽州志所載，墓在州南九十里茶菴集西里許，冢形猶在，哀王立僅二月餘，被襲殺，豈得厚葬。負芻為秦將王賁所虜，國滅，自不葬於楚。即葬於楚，其墓絕不得偉大富厚如此。則此為幽王之墓可知。越絕書卷二云：幽王在位十年卒，葬壽春鳧陵亢。李三孤堆殆即其地也。戰獲兵銅用以作鑄之紀功品，裏以入葬，亦情理之所近。至以酓肎為酓胔，以為即楚文王，其年代殊不免過於懸遠。楚文王元年都郢為西紀前六九〇年，而考烈王徙都壽春為西紀前二四八年，相差四百五十年矣。楚自秦將白起拔鄢郢、燒夷陵，頃襄王兵散自郢遷陳，考烈王十年又南徙鉅陽，二十二年復東徙壽春，宗社屢覆，奔竄倉皇，郢都早成失地。其重器未必能輾轉遠載至此。非若酓章劍長不過尺五，重不及二斤，曾姬無卹壺高亦僅三尺七寸，底徑僅一尺一寸，而鑄工又甚精，一則便於攜帶，一則視同玩好，故雖值流離播遷之際，亦裹載以去也。且酓肯酓忎諸器，其文字皆具戰國晚年型笵，而造語又若出於一口，其年代之接近可知。酓忎既為幽王，則酓肯非考烈即哀王與負芻也，哀王立國僅二月餘，被襲殺於庶兄負芻之徒，豈容鑄爾許銅器。負芻立二年，秦大破楚十城，四年秦破其將項燕，明年秦遂滅楚，虜王負芻。此五年之中內則兄弟爭立，外則再蹙於秦以至亡虜，夫豈作銅器之時乎。墓既為幽王，則哀王負芻之器，亦萬萬不得入葬也，以此知酓肯諸器作於考烈為較信。蓋考烈王八年東滅魯，國力尚充，二十二年五國攻秦實為從長，雖不利而去，東徙壽春，然秦方有事三晉，未暇南顧，而太后及呂不韋用事勢亦少衰，故楚得暫安，而鑄爾許銅器也。【壽縣楚墓調查報告　考古學報第一册】

◉馬叙倫　鈕樹玉曰。玉篇引箸作著。韻會引譌作等。韻會曰作説。沈濤曰。莊子養生主釋文云。肯。骨閒肉。説文作肎。字林同。云。箸骨肉也。一曰。骨無肉也。骨肉閒乃元朗隱括節引。或字林之語。下文又引崔云。許叔重曰。骨閒肉肎肎箸也。則與今本同矣。翟雲昇曰。九經字樣引作骨閒肉肎箸骨者。張文虎曰。華亭山碑綏民校尉熊君碑並作肻。韻會云。肎。一作肻。其所本也。蓋肎篆本作肻。從內。從骨省。書者又省作肎也。倫按從肉冎省聲。鍇本作從肉冎省。捝聲字耳。説解本以聲訓。字林作骨閒肉肎肎箸也。崔譔引許叔重者。崔見字林坿於説文而題為説文者也。肎為箸骨之肉。其語原與堅同。一曰六字校語。字見急就篇。品分鼎肎字。强運開釋肎。

肎鈕樹玉曰。玉篇廣韻並無。朱駿聲曰。從𠧪省。俗誤作肯。倫按爾雅釋言釋文引字林肯字作肻。疑即此譌。【説文解字六書疏證卷八】

◉楊樹達　謂肉箸於骨閒也。冎，骨無肉也。【文字形義學】

◉李孝定　（肯）此字从止从肉，酓肯盤一文可證，以郭説為長；劉節氏説肯字隸變之由，至為詳悉，遂若與此六國文字之肯，了不相涉者，然諸碑文作肻者，寧非胎息於此肯字？蓋肯字上从止，倒之則作止，變之則作止，更增之「肉」則作肻矣，文字衍變，近親遠祖，往往一系相承，未可以分割論之也。【金文詁林讀後記卷四】

◉劉　節　胡光煒氏釋肯為胐，郭沫若氏唐蘭氏釋為肯，唐氏引或説釋為肓，余前釋𦘒，以今觀之，釋𦘒之説仍未可破。胐當从月从出，金文中實有其字。吳尊作肯，晉鼎作肯，未有从止作肯者，釋胐之説自不可信。釋肓之説亦未確。古器中亡字皆作止，璽印中有作止者，此所从之止實即之字，或以本器楚字所从之止字作止，而之字作止，謂作止者非止字也，此不知古器中往往同器同文而有別體羅振玉齊侯壺跋：古文往往任意增減，以古器之蓋器同文或數器同文者相校，每有異同，此二壺同字而異形者凡數字。第二行齊侯命太子，此壺太子作孑；第四行𢀓，此壺作旨，幾不可識為受字；至六行之受，又變作𦥑；而行中齊侯拜嘉命之拜字全不可識；第七行用璧之璧字，此壺變从夕為从卩；第八行兩嗣字，此壺一變作絽，一變作紈；第十行玉下他器作二，此器則作于，如是之例不勝指屈，使非兩器互證，則文之不可識者多矣之例也。唐蘭氏據古匋文「蔓易南里人⿱止月」，其字作⿱止月，以為古文胔字从此作，而此字从止匕聲。唐氏據說文通訓定聲立言，故有此說。按此語實誤。說文：「此，止也」，以聲為訓；又曰：「從止，從匕；匕，相比次也。」許氏以為會意字，非形聲字也。如以為形聲字，亦當云从匕止聲。其字實從止得聲，非從匕得聲。止，諸市切，照母；此，雌氏切，清母。同屬齒音，而二字與匕字聲類甚遠，匕，卑履切，非母字也。故說文部首次於止字後也。古文諧聲每以聲轉，且有省文之例，求之古金不可枚舉。𠫑羌鐘昭于天子，字作⿰口邵；而又一鐘省日作邵，即其一例。由是知从此从肉為胔，从止从肉亦為胔。故銘文之肯字，實即胔字也。唐氏曰：「⿱止月字既从止从肉，則與今隸之肯字全同。」又曰：「六國古文每有異於小篆，而轉為魏晉後俗書所本者，則⿱止月字當依郭氏釋肯為是。」按唐氏所謂今隸者，楷書也。求楷書致誤之由，不於六朝別字，而遠溯六國古文，竊以為求之過深。以節所知，肯字之來源與⿱止月字絕無關係。肯字說文作肎，骨間肉也。莊子養生主篇：「枝經肎綮之未嘗。」是肎為骨間肉之說先秦已有之。古文肎作肎，象形。漢石經魯詩殘石：「莫我肎顧」，字作肎。西嶽華山碑，綏民校尉熊君碑，皆作肎。是漢隸未變小篆之法。六朝之世，肎字作宵，未有作肯者。玉篇第八十一肉部肎字下曰：今作肯。此陳彭年等重修時之按語，非顧野王原本也。顏氏家訓書證篇言：漢書田肎江南本作田宵，惟劉顯本作田肎。顏氏家訓書證篇：漢書田肎賀上，江南本皆作宵字。沛國劉顯，博覽經籍，偏精班漢，梁代謂之漢聖。顯子臻，不墜家業。讀班史，呼為田肎。梁元帝嘗問之，答曰此無義可求，但臣家舊本以雌黃改宵為肎。元帝無以難之。吾至江北，見本為肎。可證其時肎字作宵，故與宵字致誤也。肎之變為肯，當在初唐以後，楷法溯源引開元四年殘墓誌，正作肯。而其變在隋唐之間，九成宮醴泉銘肎字作肯。肯之與肯相差一間耳。其變乃在近親，非關遠祖也。【壽縣所出楚器考釋　古史考存】

 肥

 202  250【包山楚簡文字編】

 肥　為三五　二例  日乙一八五　二例  日甲一五七背【睡虎地秦簡文字編】

 肥當時印

 肥泄之印

 肥駿私印

 肥福私印

 肥仁之印

 肥定國印

 肥君光

 肥少孺

肥少孺【漢印文字徵】

肥【汗簡】

裴光遠集綴【古文四聲韻】

◉許　慎　多肉也。从肉。从卪。臣鉉等曰。肉不可過多。故从卪。符非切。【説文解字卷四】

◉林義光　按即人字。見卩字條。从肉旁人。多食肉者肥也。【文源卷六】

◉馬叙倫　徐鍇曰。疑當從已或從卪。不得云聲。皆誤也。王念孫曰。肥非已妃配皆從聲。古飛字。王筠曰。此字蓋捝譌在此。篇海引作身從多也。丁福保曰。慧琳音義二十九引。肉多也。二徐本誤倒。倫按王説是也。水經注廿一引字林。肥水出良餘山。餘詳侑字配字下。

王筠曰。老子。未知牝牡之合而全作。釋文。全如字。河上作峻。子和反。本一作朘。説文。子和反。又子壘反。云。赤子陰也。王玉樹曰。玉篇廣韻並云。赤子陰也。不引説文。或陸氏誤以他書當説文耳。張行孚曰。陸氏所引。或出説文。倫按朘字蓋出字林。玉篇引聲類。朘又作屡。子雷切。赤子陰。字林每本聲類。故據以增入。陸所據本書一本為字林。而題為説文。故亦稱説文。【説文解字六書疏證卷八】

◉楊樹達　卪即㔾。㔾上下皆多肉，故肥从卪肉。卪為領名，肉為屬名。【文字形義學】

◉黃錫全　肥　鄭珍云：「此俷之誤。當作。《史記・三王世家》『無俷德』，裴氏所采。俷蓋背别，以為肥非。」《史記》集解引徐廣曰「俷，一作非。」肥非均為俷之音近假借字。此假俷為肥。【汗簡注釋卷二】

䏿

3217　1411【古璽文編】

◉徐　鉉　肥腸也。从肉。啓省聲。康禮切。【説文解字卷四新附】

朘　腔　胊

朘 天台經幢 【古文四聲韻】

◉徐　鉉　□赤子陰也。从肉。夋聲。或从血。子回切。【説文解字卷四新附】

◉鍾柏生　(60)戊寅卜：在韋㯺，𠂤人生異，其□(人二一四一)

「□」从「□」从「□」、「□」見于甲骨文「□」(續一・一・五)、「□」(陳二四、明一五八六、京二一二)。這二字中的「□」，皆象「截肉」之形。「□」，説文云：「□，行夋夋也。一曰倨也，从夊，允聲。」段注：「夋夋，行皃。」而「□」，説文有「朘」字，段注本説文云：「□，赤子陰也。从肉，夋聲。」甲骨「□」字，从肉，从允，从止，正是段注本説文的「朘」字。然而在人二一四一片中，顯然不作「赤子陰」解。漢書董仲舒傳：「民日削月朘」，蘇林曰：「俗語謂縮朒為朘縮。」王先謙補注云：「集韻：『朘，縮也。』」此外爾雅釋言：「逡，退也。」方言十二：「逡，循也。」朘、逡皆从夋聲，人二一四一「其朘」便是「其縮」，賈誼過秦論：「逡巡遁逃而不敢進。」所以「其朘」當是「其退不前」的意思。【説「異」兼釋與「異」並見諸詞　歷史語言研究所集刊第五十六本第三分】

□ 腔　封五三 【睡虎地秦簡文字編】

◉徐　鉉　□内空也。从肉。从空。空亦聲。苦江切。【説文解字卷四新附】

◉邵笠農　説文無腔字而列入新附。云内空也。从肉。从空。空亦聲。苦江切。按本是青字。从月从屮。月象帷帳下垂形。屮其飾也。俗變作売。失象形之意矣。帳四旁垂下則其内空。後遂造肉空字。以控字从木空例之。亦頗有意義。較借用㱿字猶易瞭解。㱿从殳青聲。俗作殼。轉音苦角切。從上擊下也。與擊頭之㲄音同義近。一曰素也。素即樸。樸亦稱空。則屬後起之義。實借為青。殊非从殳之義。加入偏旁。遂令後人讀作㲄音而用為空義。致眩惑不解耳。【一圓闇字説　文風學報第二、三期合刊】

◉徐　鉉　□胊䏰。蟲名。漢中有胊䏰縣。地下多此蟲。因以為名。从肉。句聲。考其義當作潤蠢。如順切。【説文解字卷四新附】

◉徐　鉉　䏰胸䏰也。从肉。忍聲。尺尹切。【説文解字卷四新附】

筋 筋　秦一七　二例　筋 日甲三九背　二例【睡虎地秦簡文字編】

筋 筋【汗簡】

筋 汗簡【古文四聲韻】

◉許　慎　筋肉之力也。从力。从肉。从竹。竹。物之多筋者。凡筋之屬皆从筋。居銀切。【説文解字卷四】

◉楊樹達　肉力之多筋，似竹之多筋，故筋从力从竹。力為本名，竹為喻名。【文字形義學】

◉馬叙倫　鈕樹玉曰。玉篇廣韻引同。一切經音義廿一引作肉之有力者。廿二引作肉之力曰筋。翟雲昇曰。御覽人事部引作體之力也。龔橙曰。劤字李登集古文作𥫗。筋為𥫗之俗。加肉。丁福保曰。慧琳音義二及五及卅八四十三七十八希麟續音義二引説文。肉之力也。從肉。從竹。竹者。物之多筋也。從力。力者。象筋也。九經字樣亦同。可證慧琳希麟及小徐所引之説文尚屬古本。馮振心曰。筋始但作肋。以肉力會意。與從肉力聲訓脅骨之肋形同而音義並殊。後以形易殽捪。則又加竹以别之。倫按十三篇。力。筋也。象人筋之形。是力乃象形筋字。段玉裁謂筋力同物。氣力不可象形為字。因借力為氣力之力。而力遂為氣力之義所專。别造從力簡省聲之筋。筋簡音同見紐。可證也。力音來紐。古讀歸泥。簡從閒得聲。閒從月得聲。詳閒字下。月音疑紐。泥疑同為邊音。是筋為力之轉注字也。説解當作力也。肉之力也以下蓋皆字林文。許文闕矣。觀玄應及御覽引。可證劤為力之茂文。則龔説似可從。但以笏字證之。知其非耳。

笏桂馥曰。從筋者。當作從筋省。王筠曰。各本篆皆如此。或從夗右半之㔾。非從左半之夕。取其配合。故不作㔾而小變之。徐灝曰。筋腱一聲之轉。笏即筋之小省。非有二字二義也。倫按不從夗省聲也。夕為夕之譌。夕月一字也。集韻。笏。一音斤。與筋同。古書多作腱。建音見紐。與筋正雙聲。是腱為筋之轉注字。則徐説是也。然當為筋之重文。字亦出字林。㨗車鍵作𥳑。【説文解字六書疏證卷八】

䈥　⿱竹肑　刀

◉許　慎　䈥筋之本也。从筋。从夗省聲。渠建切。腱䈥或从肉建。【説文解字卷四】

◉馬叙倫　桂馥曰。六書故引作籒文。段玉裁曰。建聲也。【説文解字六書疏證卷八】

◉許　慎　⿱竹肑手足指節鳴也。从筋省。勺聲。北角切。肑⿱竹肑或省竹。【説文解字卷四】

◉馬叙倫　田吴炤曰。小徐本鳴下衍之者二字。倫按據鍇本作手足指節之鳴者也。則是吕忱文或校語。字亦或出字林。筋為力之轉注字。⿱竹肑從筋而訓手足指節之鳴。亦非。集韻⿱竹腱字下引字林。筋鳴也。其實筋不能鳴也。手足指節亦不自鳴。而此篆次筋之重文作腱者下。集韻⿱竹腱字從竹。疑此篆與腱互譌。腱當作⿱竹腱。從筋省。建聲。故曰。䈥或從建。此篆當作肑。廣雅。肑謂之腴。篇韻皆訓腹下肉。腴肑古聲同幽類。是轉注字也。字當入肉部。【説文解字六書疏證卷八】

甲三〇八五　方國名　刀人　甲三〇九二　甲三一六四　前八・一三・二　粹一一八四　叀王自征刀方　粹一一八五　粹一一八六　粹一一八八　掇一・四六・三　存下八〇四　明藏六一七　粹一一八六　刀方　見合文一五【甲骨文編】

甲3092　掇436　新4029【續甲骨文編】

1・1　獨字【古陶文字徵】

〔三六〕　〔四二〕【先秦貨幣文編】

144【包山楚簡文字編】

刀　日甲二六背【睡虎地秦簡文字編】

刀信都印　刀豪　刀左車　刀澤　刀堯之印【漢印文字徵】

刀【汗簡】

汗簡【古文四聲韻】

◉許　慎　刀兵也。象形。凡刀之屬皆从刀。都牢切。【説文解字卷四】

◉吳其昌

1 2 3 4 5 6 7 8 9

10 11 12 13

14 15 16

1且乙卣　嘯堂卷一頁三十
2庚瞿　攈古卷一之三頁三十七
3且乙卣　攈古卷一之二頁七十二
4剌肇艮鼎　貞松補遺卷一頁十
5邾公牼鐘　周金卷一頁三十七
6盂鼎　周金卷二頁十
7曶鼎　周金卷二頁六
8曶鼎　周金卷二頁六
9夾卣　貞松卷八頁二十三
10剛爵　窓齋册二十三頁二十一
11嗽尊　貞松卷七頁十八
12剾鼎　貞松卷二頁二十九
13鬲攸比鼎　周金卷二頁二十一
14宗周鐘　攈古卷三之二頁五十六

15兮甲盤　周金卷四頁二

16手執刀形刀　周金卷六頁一百三十六

以上各字，其第二字，為單獨刀形。第一字，第三字，第十六字，則為有人手執刀形。（第一字，人手執刀形，見上節。第三字，凡二形，皆作人手執刀形，見下。第十六字，手執刀形，亦見下。）其餘各字則因金文中無單獨之「刀」字，故不得已，皆假之金文中從「刀」旁之字者，計第五字，第十一字，第十三字，第十五字，為「初」旁所從「刀」。第六字，第七字，為「罰」旁所從「刀」。第五字，為「剌」旁所從「刀」。第八字，為「則」旁所從「刀」。第十字，為「剛」旁所從「刀」。第十二字，為「劃」旁所從「刀」。第十四字，為「琍」旁所從「刀」。綜合比次，依其程序而通觀之，則從原始刀形之[illegible]，遞漸演化而至小篆刀字之[illegible]，可以不費一詞而得其故矣。

第三字，凡兩形，皆象有人手執刀形，如圖甲圖乙。執于人手，故決知其為刀形至碻，而其狀與小篆之刀字無異，是即小篆刀字之初文矣。

第十六字，亦象有人手執刀形，如圖丙。且此手執刀形，即銘于一刀上。此刀之全形周金文存曾著录其拓本（如下圖）。為一袖藏行刺之匕首，而其字作[illegible]，則[illegible]殆古時「刀」字之奇文矣。

刀之為用，除戰爭，刑殺，宰牲，及以後變為錢布以外，尚用以削治簡牘。漢書蕭曹傳贊「刀筆吏」注：「刀，所以削書也。」又

賈誼傳「刀筆」注：「刀，所以削書札。」是也。此外，更有用以刻罪人之面者，國語周語「有斧鉞刀墨之民」，韋昭注：「刀墨，謂以刀刻其額而墨窒之。」今按此刀銘一手執刀形，文字簡古，顯為殷或周初之器，其時文字銘于宗彝，尚無簡札，知不為刀筆。如為刑殺宰牲之刀則過小；如為錢布之刀，則又過大。然則此刀殆不以行刺，卽以刻額者歟？【金文名象疏證】

◉馬叙倫　當作兵器也。依許例止當訓器也。或以聲訓。此字林文。字見急就篇。【說文解字六書疏證卷八】

◉吳振武　　字的形體結構應分析為從刀從乇，當是一個在本為象形字的「刀」上又加注音符「乇」的「注音形聲字」，可隸定作「⿰刀乇」，也就是「刀」的異體字。其構形原理和古文字中其它象形字上又加注音符的字是完全一樣的。

古代金屬貨幣中的刀形幣當是從青銅小刀（或稱削）演變而來，這一點已是大家所熟知的。因此，貨幣稱「刀」乃是沿用了真正的實用工具——刀的名稱——「刀」。貨幣最初稱「刀」者當是指的刀形幣，後遂成為一部分貨幣的通名，所以《史記・平準書》云：「農工商交易之路通，而龜貝金錢刀布之幣興焉。」《索隱》謂：「刀卽錢，以其形如刀，故曰刀，以其利於人也。」貨幣稱「刀」，這在典籍中不乏記載，《管子・地數》：「出銅之山……出鐵之山……戈矛之所發，刀幣之所起也。」《國蓄》：「五穀食米，民之司命也，黃金刀幣，民之通施也。」又：「先王……以珠玉為上幣，黃金為中幣，刀幣為下幣。」《荀子・榮辱》：「餘刀布，有囷窌（窖）。」注：「刀布皆錢也。」《漢書・食貨志》：「利於刀。」注：「如淳曰：名錢為刀者，以其利於民也。」在戰國時期，貨幣名稱和貨幣單位、重量單位往往是相同的。上引（九）～（十二）「賹⿰刀乇（刀）」、「賹二⿰刀乇（刀）」、「賹☰（四）⿰刀乇（刀）」、「賹六⿰刀乇（刀）」和（二十四）「一刀」等貨幣銘文中的「刀」，顯然是作為貨幣單位出現的。因此「刀」既是貨幣名稱，又是貨幣單位。雖然貨幣銘文中的「刀」字在最初不一定就是貨幣單位，但當它自名為「刀」的時候，它自身的重量也就決定了一「刀」的重量。馬克思曾經說過：「貨幣標度或價格標度，最初都是用重量標度的原名作名稱。」而在我國古代，則有可能是最初的某些重量單位是以貨幣或貨幣單位的原名作名稱。所以「刀」又能是一種重量單位。在一個長久的歷史過程中，貨幣「刀」的重量一定會有變化，根據上引齊國貨幣的實測重量推算，一刀的重量最大時可達五十克左右，最小時却衹有一點五克左右。用「刀」作為重量單位，曾見於下引二件中山國銅器，河北平山出土的《妤蚉壺》：

「十三枼（世？），左使車嗇夫孫固，工滇（？）。冢（重）一石三百三世〓（三十）九刀豪〓（之重）。」

陝西鳳翔出土的《十四枼鼎》：

「十☰（四）枼（世？）右使車嗇夫郝痹，工簡（？）。冢（重）二百卒〓（六十）二刀豪〓（之重）。」

在這二件銅器上，「刀」字都是重量單位。【戰國貨幣銘文中的「刀」　古文字研究第十輯】

𠛁 𠛁

◉許　慎　𠛁刀握也。从刀。缶聲。方九切。【説文解字卷四】

◉馬叙倫　錢坫曰。𠛁即少儀削授拊之拊。倫按刀握在刀之下者。刀握為𠛁。弓把曰弣。闌足曰柎。花足曰帝。語原然也。

【説文解字六書疏證卷八】

㓵 㓵

◉許　慎　㓵刀劒刃也。从刀。咢聲。臣鉉等曰。今俗作鍔。非是。五各切。㓺籀文㓵。从㓞。从各。【説文解字卷四】

◉孫詒讓　(不嬰敦蓋)㓺為地名。舊釋為洛。蓋隱據虢盤為釋。但雍州之洛與西俞相距絶遠。雖於聲類可通。而字書無此字。不知从何形。竊疑當為㓺之異文。説文刀部。㓵。从刀咢聲。籀文作㓺。从㓞各。丯部又有挌。此疑當从刀挌聲。此似从各从咢省。但經典亦未見㓺地。史記正義引世本唐叔居鄂宋忠注云。鄂在大夏。括地志曰。故鄂城在慈州昌寧縣東二里。㓺鄂聲同。或即其地。但唐慈州在今山西平陽府境。已在太原之東南内地。距西俞甚遠。恐非玁狁之所得而至耳。【古籀餘論卷三】

◉王國維　案爾雅釋詁。㓺。利也。詩周頌。有畧其耜。毛傳。畧。利也。釋文。畧。字書本作㓺。顔師古匡謬正俗引張揖古今字詁云。畧。古作㓺。利之訓由刀劒刃引申。㓺為㓵之籀文。其形與讀均與畧近。故經典或作畧也。周不嬰敦有㓺字。借為雍州浸之洛。上同咢而下同畧。殆為㓺㓵之初字矣。【史籀篇疏證　王國維遺書】

◉高田忠周　按此(㓺)地名也。他器文作𢀟。下唯从口。此即从各。各咢古音同部。此从各聲也。集韵𨟠字或作𨟠。亦罕異文。固當从各聲之證。又説文㓵籀文作㓺。从㓞各聲。此亦可互證矣。【古籀篇五十】

◉馬叙倫　鈕樹玉曰。韵會引也作鋒。非。翟雲昇曰。文選聖主得賢臣頌注引作劍刃也。倫按㓵為刃之轉注字。㓵音疑紐。刃音日紐。古讀日歸泥。皆邊音也。亦鋻之同舌根音轉注字。刀劍刃也。非本訓。知者。刃不別刀劍。疑此字出字林。

㓺段玉裁曰。各咢聲同部。釋詁。剡。㓺。利也。陸德明本作㓺。顔籀孔穎本作略。周頌。有略其耜。毛云。略。利也。張揖古今字詁。略。古作㓺。承培元曰。當作從刀挌。挌見丯部。倫按承説是也。從刀。挌聲。咢挌聲同舌根音。又聲同魚類。故㓵轉注為㓺。亦疑籀篇借㓺為㓵。㓺為禮記大學致知在格物之格本字。乃刳剳㓥之聲同魚類轉注字。【説文解字六書疏證卷八】

削　削　雜五　三例　通宵　丨盜　法一七　【睡虎地秦簡文字編】

◉許　慎　[篆]鞞也。一曰析也。从刀。肖聲。息約切。【說文解字卷四】

◉許敬參　說文解字四篇刀部。削鞞也。从刀肖聲。一曰析也。禮內則。左佩紛帨刀礪小觿金燧。右佩玦捍管遰大觿木燧。鄭注曰。刀礪。小刀及礪礱也。遰。刀鞞也。按鞞即削。孔穎達疏引皇侃曰。左佩用力不便。故佩小物。右廂用力為便。故佩大物。今輝縣甲墓出銅製用器二。刀形偃曲却刃。正一大一小。與佩玉礪礱雜置體旁。或即削歟。大者長一七公分。背厚四公分。前二公分。刃寬八公分。背寬七公分。中斷。柄長七・五六公分。柄端環飾金質。長一・三公分。寬三・一公分。肉三公分。好寬二・五公分。長一・七公分。刃銹蝕殘甚。疑為鋼質。見輝縣報告器物清册第一册一五三號。小者長三・四公分。背厚三公分。刃寬五公分。背寬五公分。柄長二・二五公分。柄端環飾銅質。長一公分。寬一・二公分。肉一二公分。好寬八公分。長六公分。刃頗整好。前斷。見輝縣報告器物清册第一册一六一號。二物有環。當為佩戴品。周禮考工記。築氏為削。長尺博寸。合六而成規。鄭注今之書刀。博古圖録卷二七。收漢器一。長一六公分。背厚一公分。寬一・六公分。柄長四・八公分。柄端突廣。可以置綬。全體穹曲。似亦佩戴之削而尺寸異。或漢制有更歟。定為漢刀筆。非是。說文解字三篇聿部曰。所以書也。金文作[金文]父辛觶[金文]父辛卣。前即刀筆象手持刀。直垂狹刃。便於刻契。後即漆筆。象手持丨。末端注漆。持刀者無作偃曲廣刃。蓋筆用在直而深。削用在頗而平。功用不同。形製亦異。故筆不从勹。而削不作[古文]若丨也。甲文[甲文]象手持兩刃中柄鋭末物。郭沫若釋剞劂。或亦即筆。度之事理。亦應如此。今筆削混稱,未免貽譏。說文解字四篇刀部曰。兵也。象形。金文雖未見刀字。其从刀諸偏旁。十九皆作偃曲却刃。與削形正同。無垂直者。可知削本為刀之一種。初未有專名。今字从刀肖聲。蓋起於創器之有鞘。說文解字四篇肉部肖曰骨肉相似也。从肉小聲。削。言其肖於創器之刃也。今字以其形言。則為刀。以其用言。則為削。以其偃曲却刃與創器之鞞同。又引申為鞘鞘。為鞞。為劍室。刀為古用器之一。施於物而非施於人。後因製刀劍戟戈矛別為創器。用器遂為專屬。又另以偃曲却刃。合六成規之刀。其形其用。有別於他刀。故又以創器削鞞之削屬之。而創器削鞞之削。則以其為皮製。別作鞘鞘鞞諸字。以其用在藏刃。又名劍室。皆示與削刀有別。其後輾轉引申。初誼益晦。今出土二器。雖俱殘缺。頗能合於偃曲却刃。合六成規之制。用以持證。得究前失。良可寶矣。

削既為平迹之用。其製必適於其物體。考漢書司馬相如傳。揚衪戌削。注引張揖曰。削者謂有所删去。以刀削簡牘也。

禮喪服小記。削杖。孔穎達疏曰。削平也。韓非。諸微物必以削削之。說苑理政篇。削雕。削毀其雕功之具也。此皆言其本義。他如尚書序夫子作春秋筆則筆削則削。則又引申用之矣。簡策為竹而穹窿。削刃亦穹窿。今製竹之刀。雖大小與昔不同。其形猶為穹窿偃偃刃。理仍不變。斧刃反張。適於削木。與此有別。【說削——輝縣發掘報告之一　河南博物館館刊七、八期合刊】

◉馬叙倫　鈕樹玉曰。韵會從刀肖聲在一曰上。沈濤曰。一切經音義十七引。削。刀鞞也。蓋古本如此。按削為鞞之轉注字。鞞音非紐。削音心紐。心非同為摩擦次清音。三篇。鞞。刀室也。鞞音非紐。削音心。革為之。故從革。一曰析也者。蓋粲字義。削粲雙聲。呂覽審時。大雨而莖殺。注。殺或為小。傳記殺青或作削青。此其證。七篇。粲。糂粲散之也。然此校語。玄應一切經音義引倉頡。削。盛刀者也。【說文解字六書疏證卷八】

𠛎

◉許　慎　鎌也。从刀。句聲。古侯切。【說文解字卷四】

◉馬叙倫　沈濤曰。廣韵十九矦引。關西呼鎌為𠛎也。今本奪此七字。方言云。刈鉤。自關而西或謂之鉤。或謂之鎌。或謂之鍥。正許君所本。鉤當作𠛎。倫按廣韵所引疑字林文或庾注。十四篇。鎌。鍥也。鍥。鎌也。鎌音溪紐。𠛎音見紐。皆舌根破裂音。轉注字也。【說文解字六書疏證卷八】

剴

◉許　慎　大鎌也。一曰摩也。从刀。豈聲。五來切。【說文解字卷四】

◉馬叙倫　鈕樹玉曰。韵會引無大字。倫按剴音疑紐，亦舌根音。蓋𠛎之轉注字。又與鎌同為邊音。亦轉注字。集韵引字林。剴。鎌也。此字蓋出字林。大鎌也校語。一曰摩也者。疑當作礲也。乃磑字義。九篇。磑。礲也。古或借剴為磑。此亦校語。【說文解字六書疏證卷八】

剞

◉許　慎　剞𠟯。曲刀也。从刀。奇聲。居綺切。【說文解字卷四】

◉馬叙倫　鈕樹玉曰。韵會引𠟯作劂。非。說文無劂。沈濤曰。御覽三百四十五引。剞劂。曲刀也。不重剞字。倫按剞劂曲刀也蓋字林文。【說文解字六書疏證卷八】

◉許　慎　劂剞劂也。从刀。屈聲。九勿切。【說文解字卷四】

◉馬叙倫　漢書楊雄傳注。應劭曰。剞。曲刀也。劂。曲鑿也。則剞劂非一物。音同見紐。語同原也。倫疑剞劂二字或出字林。【說文解字六書疏證卷八】

甲一六四七　甲二一三七　甲三九一四　河六〇八　前二・三・一　前二・一八・二　前五・三二・五　後二・一三・六　粹六七三　弗利　粹一一六二　亞立其于右利其于ナ利　粹一五〇五　人名　利示六屯　粹一五八八　存二〇三六　亡戈利　誠四四五　亡巛利　明藏八三四　珠六七五　明一六八七　金五二一　佚四五七　佚八七八　燕七三一　京都一〇九四A　【甲骨文編】

甲1647　2137　3914　珠318　675　佚457　續2・25・11　徵9・38　凡14・3　録608　誠445　摭88　粹673　1162　1588　【續甲骨文編】

利　从勿　利簋　師遽方彝　利簋二　利鼎　𠪚弔多父盤　从工　㝬鐘　參壽隹利　【金文編】

9・36　利𥙆　5・373　任巨利　【古陶文字徵】

一〇五：一　詛咒類　不利于　一〇五：二　【侯馬盟書字表】

122　141　171　【包山楚簡文字編】

利　秦二　七十例　語一　十二例　【睡虎地秦簡文字編】

—戠伐(丙11：1—3)　【長沙子彈庫帛書文字編】

2710　2711　2558【古璽文編】

孔利之印　楊利　新成日利　李氏大利　王利　杜利　日利　日利　大利槵敞

司馬駟大利　今日利行　利出　日利　王常利　出入利　利行　日利　日利【漢印文字徵】

泰山刻石　建設長利　詛楚文　母相為不利【石刻篆文編】

利見說文【汗簡】

古孝經　並天台經幢　崔希裕纂古【古文四聲韻】

◉許　慎　銛也。从刀。和然後利。从和省。易曰。利者。義之和也。力至切。古文利。【說文解字卷四】

◉吳大澂　古利字。从工从喇。喇疑剌字之省文。宗周鐘參壽惟喇。阮相國釋作利。【說文古籀補卷四】

◉吳大澂　疑古利字。不从刀。師遽方尊。【說文古籀補附錄】

◉吳式芬　(宗周鐘)許印林説⊘喇與福或韻。薛書晉姜鼎三壽是利與亟德韻。於古音屬之部。皆不應是利字。或即域本字。喇从工从刀。朿則刻木彔彔之形。疑即刻字。刻克通。【攈古録金文卷三之二】

◉羅振玉　說文解字利从刀从和省。古文作。此或與許書古文合。或與篆文合。又或从秉與从禾同意。許君云从和省。殆不然矣。【殷虛書契考釋卷中】

◉林義光　按刀和與刀利異義。利本義為贏。从刀刈禾。古作利鼎。作遽尊彝。作多父盤。中點象穀實。【文源卷六】

◉商承祚　卜辭中數見其利不利之語。作。亦知其為利者。文與前同。殆繁文耳。【殷虛文字類編卷四】

◉高田忠周　說文。利。銛也。从刀。从和省。易曰。利者義之和也。此和即龢字叚借。和龢省文皆唯作禾同。禾字亦自有調龢意。又說文古文作。勿為刀𢿱文。⊘但刀部字多古文。而利字獨多从勿。未詳矣。

(喇)按依文義釋利是。然審篆形。此明从黎从工。黎从黍从𥝢省。𥝢即聲也。黎省文與利字最近。黎利形音相近通用

也。又从工。良工先利其器之意。从工會意尤顯然矣。【古籀篇二十八】

◉胡光煒　案卜辭利字从勿者與古文合。其省勿作刀者與篆文合。實為一字也。勿為雜帛。王國維斷卜辭勿牛為物牛之省。蓋本雜色牛之名。後推之以名雜帛。統觀卜辭用□之文。如云。乙未卜□貞□入赤□其□不用□。後、下、十八。以□與赤馬相對為文。又云。庚戌卜王曰貞其□又馬。後・下・五。亦以□馬對文。又或以犅利連文。前・二・十八。犅為特牛。觀此數文皆祭時卜牲之毛色。疑□本為雜色之牲。故其字从□。由利之音推之。又知其與驪為一。【說文古文考】

◉徐中舒　利所从之□□諸形即力形之變，象用耒端刺田起土形，銅器將力旁土移於禾旁，故小篆利或从刀。但古文利及從利之黎梨犁諸字仍是从□，可證从刀乃是省形。利來母字，自是从力得聲，刺地藝禾故得利義。利所从之□□，或讀為勿，勿利古韻脂部字，國語越語以一物失利相叶故得相通。勿之本義當為土色，經傳多借物為之。【耒耜考　歷史語言研究所集刊第二本第一分】

◉葉玉森「其伐□□」□之異體作□□□□□等形。胡氏油墨印本所舉三辭間有譌奪。如第一辭夫字下誤釋馬□。亦誤釋六日。第二辭馬上奪一又有字。第三辭貞上奪一犅字。犅利上漏釋□美二字。鵦昆釋唯。衆氏謂秎即驪字。尚待商榷。本辭之秎似釋為吉利之利。【殷虛書契前編集釋卷二】

◉郭沫若　許翰云，㓒与福或韵，薛書晉姜鼎三壽是利，与亟德韵，於古音屬之部，皆不應是利字。㓒从工从刀，朱則刻木彔彔之形，疑即刻字，刻、克通。據古三之二引。案釋刻近是，疑讀為晐備之晐。【宗周鐘　兩周金文辭大系考釋】

◉郭沫若　剢字羅振玉收為利字，案字左旁从采，采字一作穗，从禾惠聲。此言「剢左馬」，上片言「叀左馬」，同屬田獵之卜，則剢蓋从刀采聲之字也。叀古文以為惠及剢字疑均假為䌛。【卜辭通纂】

◉商承祚　說文秎。古文利。案甲骨文作□□。象以刀割禾。彡者。禾之皮屑。示刀利意也。寫失則為□。金文師遽尊作□。利鼎作□。意更明白。【說文中之古文攷】

◉商承祚　金文師遽尊作□。利鼎作□。宗周鐘作□。說文利「銛也。从刀。和然後利。从和省。易曰。『利者義之和也。』□古文利。」甲骨文作以手拔禾于地而刀割之。宗周鐘从□微誤。許君謂利从和省。非是。【甲骨文字研究下編】

◉馬叙倫　鈕樹玉曰。韵會引刀上無從字。俞樾曰。從刀從禾會意。非從和省也。成二年左傳。先王疆理天下。物土之宜。而布其利。蓋利之本義。謂土地所出者。土地所出。莫重於禾。以刀刈禾。利無大於此者矣。倫按王筠亦疑及此字之搆造。倫檢甲文作□□諸形。金文師遽尊作□。利鼎作□。皆從禾。從耒之初文作□或犁之初文作□者。蓋犁之初文。聲亦得於ㄔ也。甲文又有[glyph]字。從禾。從土。從又。從ㄔ。以手握ㄔ而植禾土中。會意。此當是犁田之犁初文。利其省也。刀銛也者。鉌字之義。金部。鉌。利也。以假借字釋本字。利鉌聲同脂類也。銛也非本訓。從刀下有挩文。和然後利以下蓋字林文或校語。字當入禾部。或曰。此從刀。[glyph]省聲。為鉌之轉注字。字見急就篇。

[glyph]李杲曰。書契作[glyph]。師遽尊作[glyph]。與此近似。倫按[glyph]當為[glyph]。傳寫之譌。【説文解字六書疏證卷八】

◉楊樹達　利謂以刀割禾，非從和省。許説非是。【文字形義學】

◉饒宗頤　𥝤即利之繁形。易坤卦：「利牝馬之貞。」此辭言：「赤馬其𥝤」，其語可與易互證。【殷代貞卜人物通考卷四】

◉屈萬里　(二一三七片)卜辭有[glyph][glyph]等字，羅振玉釋利，其説甚諦，本辭作[glyph]，當亦利字。按：利，當是犂之初文，從禾从刀，其小點蓋象犂出之土由也。【殷虚文字甲編考釋】

◉姜亮夫　从禾之字，還有一個重要的「利」，利即「秎」變體。「秎」者初民耕種之器也，「勿」即象耒耜，即甲文耤字。所从之[glyph]省寫，也就是耒字的繁文，耒单體象形，「秎」則象形兼會意，言耒耜所施，以禾為貴也。甲文有[glyph][glyph]或省作[glyph]，加「[glyph]」(實即工字)與「[glyph]」(即手)，則複體會意矣。【漢字結構的基本精神　浙江學刊一九六一年第一期】

◉李孝定　説文「利銛也。从刀。和然後利。从和省。易曰。利者義之和也。[glyph]古文利。」此从段桂之説。各本古文作[glyph]。栔文利从勿實不从刀。屈氏謂當是犂之初文。其説是也。許訓銛乃由犂之利引申為凡器之利也。卜辭利字。其義當為吉利。辭云「其伐𣿅利不利其伐[glyph]利不利。」前一・三・一。言伐某方利不利也。「甲寅王卜貞余其伐口方口口利。」前・五・三二・五。同片它辭云「王卟弘吉」。利吉對文。可證當吉利之意。字又作𥝤。其辭皆與用馬之事有關。如云「癸丑卜暊貞左赤馬其𥝤不[glyph]」。藏十・六。「庚戌卜王曰貞其𥝤左馬。庚戌卜王曰貞其𥝤右馬」。後下・五・十五。「乙未卜暊貞自[glyph]入赤瑪其𥝤不[glyph]吉」。「乙未卜暊貞□子入馭馬名上乙𥝤」。「乙未□貞馭口利」。後・下・十八・八。「乙未卜暊貞舊乙左馭其𥝤不[glyph]」。甲・二・二六・七珠・三一八重出。後下・十八・八辭。其𥝤與吉連文。知仍利字。郭讀為[glyph]。李釋為制。似有未安。金文作[glyph]師遽尊[glyph]利鼎[glyph]㝬弔多父盤[glyph]鄀王喜矛[glyph]宗周鐘。【甲骨文字集釋第四】

◉朱芳圃　甲文又有作左列形者：

[glyph]藏一〇・二　[glyph]後下五・一五　[glyph]後下一八・八　[glyph]菁九・五　[glyph]菁一〇・一五　[glyph]林二・二六・七

从[glyph]，勿聲。[glyph]一作[glyph]，从[glyph]，从土，當即采若采之繁文。説文禾部：「采，禾成秀，人所收者也。从爪禾。穗，俗从禾，惠聲。」木部：「采，捋取也。从木，从爪。」段玉裁謂「二字同意」，是也。賓虹草堂鉨印釋文載左揭朱文小鉨：

黃質謂「堇，正字通，『采官食地，故曰采邑。』菜、采通。」其字从□，與甲文同。下从土，即書洪範「土爰稼穡」之意。【殷周文字釋叢卷下】

◉李孝定　高田氏説利字从工，𥝢省聲，甚是，非从刀也，它文皆从□，當釋勹，即犂之初文，利字从勹，會意兼聲也，高田氏以為𥝢省，未達一間耳。許書利古文从勿，勹之譌也。【金文詁林讀後記卷四】

◉徐中舒　從□從□禾從□又從□土，□非刀形，乃□力，象耒形形之變。象以耒刺地種禾之形。□上或有點乃象翻起之泥土。或省□、□。利字從力得聲。藝禾故得利義。《説文》：「利，銛也。刀和然後利。从刀，和省。」《説文》所説形義皆不確。

【甲骨文字典卷四】

◉曾憲通　□利戩伐丙一一・二　《説文》利古文作□，許氏謂从刀从和省。過去以為帛文利字从木，今審視放大照片，仍以从禾為是。【長沙楚帛书文字編】

◉戴家祥　説文四篇「利，銛也。从刀，和然後利，从和省。易曰：利者，義之和也。□，古文利。」徐中舒謂利所从之□□諸形即□形之變，象用耒端刺田起土之形，銅器將□旁土移於禾旁，故小篆利或从刀，但古文𥝢及从利之黎、棃、犂諸字，仍是从勹，可證从刀乃是省形。利，來母字，自是从□得聲。刺地藝禾，故得利義。中央研究院歷史語言研究所集刊第二本一分册十五至十六葉耒耜考。按徐説近是。□，古文犂，象犂端形。加旁从禾，其義為耕。字亦作𥝢。説文「黍，禾屬而黏者也。」从黍與从禾同義。同聲通假，字亦訓黑。堯典「黎民於變時雍」，蔡仲默尚書集傳：「黎，黑也。」字亦同黧，玉篇三二九：「黧，黑也。亦作黎。」論語雍也「犂牛之子騂且角」，何晏集解：「犂，雜文也。」黧犂皆表義加旁字。後世畜力用於甽畒之勤，从牛之犂成為牛耕之專字，説文「□，耕也。」孔子弟子冉耕字伯牛，司馬耕字子牛。釋名釋用器：「犂，利也。利發土絶草根。」此皆字之後起義。後之學者數典忘祖。而不知利𥝢為犂耕之原始字矣。唐韻𥝢犂並讀「郎奚切」，來母支部。廣韻又音「力脂切」，韻在脂部。支脂韻近，古多合韻，王念孫又分脂至為二。利讀「力至切」，韻在至部。脂至韻近，支至隔部，古人亦有借韻，故𥝢亦讀利。林義光文源朱芳圃殷周文字釋叢卷下第一八五葉雖各引用金文，率拘泥許氏一家之言，無精到之見。【金文大字典上】

□

剡左尉印【漢印文字徵】

◉許　慎　□銳利也。从刀。炎聲。以冉切。【説文解字卷四】

◉馬叙倫　丁福保曰。慧琳音義八十一引作銳使其利也。盖古本如是。二徐本奪使其二字。倫按文選長笛賦注引字林。剡。銳也。周易繫辭傳釋文引字林。剡。銳也。因冄反。然則銳利也當作銳也利也。利也非本義。或如慧琳引。乃校者注以釋銳也者。此銳利之銳本字。金部。銳。籒文作𠠎。𠠎即從剡得聲。籒篇借𠠎為剡也。【説文解字六書疏證卷八】

◉張桂光　□字見包山楚簡第2及165、166、168等簡，説者或釋㓹，或釋份，本人疑即《説文》訓「銳利也，從刀炎聲」的剡字。字之左旁從大從八，大上之八當為銳上的指事符號，其右從刀，正好會「銳利也」之意，□字訛作□，除了與□字訛作□相類似的軌迹外，尚有一個聲化的因素：□與炎形近，□與炎音通。□字在簡文中均為地名，其地或即《漢書・地理志》所載會稽郡二十六縣之一的剡縣，在今浙江省嵊縣西南位置。【古文字考釋六則　于省吾教授百年誕辰紀念文集】

◉李運富　包山簡3有「𢧜」字，原未釋。黄錫全《〈包山楚簡〉部分釋文校釋》釋為「㦰」，其注云：「□，簡10作□，170作□，從医從戈，可隸定作戭或戭。頗疑戭為『㦰』字别體，如同《説文》湛字古文作□。作為地名的戭(㦰)當即湛。」

今按，原字左上一横乃屬火字，右下乚形疑為飾筆，並無構形功能，故當楷定為從炎從戈或𢧜，而不宜「隸定作戭或戭」。又「甚」字甲骨文未見，金文甚鼎作□，詛楚文作□，説文古文作□，從無作□者。商承祚《説文中之古文考》：「案甚之古文作□，則此不應從□，或當有誤。金文毛公鼎(湛)作□，與篆文同。」商氏所疑有理。考甲骨文炎字或作□(粹)，金文令簋作□，召尊作□。此形稍加變化，就跟《説文》所謂湛字古文所從的□相近同，疑□本從炎，即淡字。湛字古文作淡者，大概是借淡為湛，非同一字也。此猶《汗簡》古文借竆為宫、借備為服、借聞為問(參黄錫全《汗簡注释》)，所謂「古文」，本有假借之例，不必盡為同字。湛字古音在侵部，淡在談部，旁轉可通。因疑□字所從亦為□字所變，即□→□→𡆧，其它各形，筆畫或多或少，皆其異寫變體，所以都應該楷定為𢧜。簡文又有□字，見60、142等簡，作姓氏字用，原未釋。按此字亦當楷定為㓹而釋為剡。古文字從刀從戈其意相通，故𢧜、剡疑為同詞異構字，因而𢧜亦當釋為剡。《説文・金部》「銳」字下存籒文作□，亦當為𢧜、剡同詞字，其左部也是𡆧之變體。《説文・刀部》：「剡，銳利也。從刀，炎聲。」是㓹、𢧜、𠠎同詞而與銳異詞同義。可見《説文》所收重文並未嚴格遵守異體字的標準，除雜有假借字外，還包括記録同義詞的「同義字」，前人將説文重文一律視為異體字(完全同功能字)是不妥的。李天虹《包山竹簡釋文補正》將簡文㓹字楷定為斷，並據《説文》釋為「銳」，就是由於把籒文𠠎看作「銳」字異體而誤釋了「剡」字的。

簡文剡(戱)用作地名或姓氏，古代地名與姓氏常相因同字。《漢書・地理志上》：「會稽郡有剡縣。」剡縣在今之浙江嵊縣西南，戰國時或曾屬楚。簡中之剡(戱)究竟所指何處，尚可進一步研究，但其字從「炎」似足信從。

我們説剫、戱等字右部所從乃炎字的傳承變體，其「乚」形可以看作飾筆，其實是可有可無的。所以㷊與炎在楚簡文字構形中並行共處，但似有較明確的分工，凡在字的左邊，一般作㷊，如戱、剫共出現38次而從不作炎；凡在字的右部，則一般作炎，如郯、錟、緂等也多次出現而從不作㷊。這種互補現象的形成，除了傳承的因素之外，恐怕與書寫配形也有一定的關係。【楚國簡帛文字叢考(一)　古漢語研究一九九六年第三期】

初

前五・三九・八　後二・一三・八　京津四九〇一　【甲骨文編】

新4901　後下13・8　【續甲骨文編】

初　古者蓋分一月之日為四分　一曰初吉　謂自一日至七八日也　二曰既生霸　謂自八九日以降至十四五日也　三曰既望　謂十五六日以後至二十二三日　四曰既死霸　謂自二十三日以後至于晦也　王國維説　旂鼎　唯八月初吉　杳父乙簋　盂爵　次卣

趩簋　嗀尊　匽侯鼎　大作大仲簋　伯羨鼎　𣪕簋　命簋　静卣　静簋　賢簋

鼂簋　召尊　君夫簋　不𢼸簋　免盤　免卣　免簋　免尊　巨尊　𪓐盤　呂壺

師趛鼎　師湯父鼎　仲枏父鬲　仲枏父簋　永盂　無㠱簋　公貿鼎　康鼎　𢆶大子鼎

諫簋　王中嬀匿　公父宅匜　宴簋　師嫠簋　同簋　善鼎　鬲攸比鼎　克鐘

格伯簋　克盨　柞鐘　弭伯簋　弔專父盨

伯吉父鼎　伯吉父簋　元年師兑簋　虢季子白盤　不嬰簋　兮甲盤　弔上匜　虘鐘　曾伯霥匿

鄧伯氏鼎 鐘伯鼎 囂伯盤 殷敦盤 陳侯鼎 陳侯匜 陳子〓匜 陳公子甗 𢦏弔鼎

邾大宰匿 邾公華鐘 齊鞄氏鐘 黝鎛 余卑盤 晉公𥂴 邵鐘 鄭師□父鬲

孫弔師父壺 鄦子匿 楚王領鐘 楚子匿 申鼎 子璋鐘 王孫鐘 沇兒鐘 寬兒鼎

郐諧尹鉦 儌兒鐘 蔡侯䌛鐘 王孫𢍏鐘 蔡大師鼎 申簋 夆弔匜 弔皮父簋 邾公

牼鐘 𡴫子中盆 華母壺 王子午鼎 曾子原彝 格伯作晉姬簋 楚嬴匜 散伯車父鼎 鄀公

鼎 黃韋俞父盤 光伯簋 王孫壽甗 姑□句鑃 其次句鑃 【金文編】

5·384 瓦書「四年周天子使卿大夫……」共一百十八字 【古陶文字徵】

初 法一四五 六例 日甲一五〇背 二例 秦一一一 【睡虎地秦簡文字編】

王初 許初私印 宮初黽印 鄭初私印 綦毋初印 【漢印文字徵】

袁安碑 建初八年 袁敞碑 元初二年 祀三公山碑 元初四年 【石刻篆文編】

初 【汗簡】

義雲章 同上 【古文四聲韻】

◉許 慎 初始也。从刀。从衣。裁衣之始也。楚居切。【説文解字卷四】

◉方濬益 （邾太宰樸子耕簠）筠清館録此文斠孔㠱等字皆有闕誤。今補正。初右从刃亦誤摹。王菉友大令曰。有形不可象。轉而為指事者。乃指事之極變。刃字是也。夫刀以刃為用。刃不能離刀而成體也。顧刃之為字有柄有脊有刃矣。欲別作刃字不能不从刀而以、指其處。謂刃在是而已。此初字偏旁从刃者。説文初始也。从刀从衣。裁衣之始也。裁衣亦必以刃。故从刀之字亦可从刃。以見義也。【綴遺齋彝器款識考釋卷八】

◉孫詒讓　錢衎石給諫紀事稿有此盤。跋據毛詩傳初吉為朔日謂當以月朔丁亥求其年。然王文簡經義述聞詳辨月朔不得稱吉。謂日之善者即謂之吉日。其在月之上旬者謂之初吉。㡿毛傳及論語孔注周官鄭注國語韋注之非。余謂古書初吉有二義。一為月朔。毛鄭所說是也。一為節氣之始。國語周語云。先立春九日。大史告稷曰。自今至于初吉。陽氣俱烝。土膏其動。稷以告王曰。距今九日。土其俱動。是其義也。【周虢季子白盤拓本跋　籀廎述林】

◉高田忠周　初與裁造字之意相似。裁者制衣也。从衣𢦏聲。𢦏者傷也。𢦏亦才也。才者艸木之始也。蓋制衣必先前斷布帛。初字从刀。猶从前也。前即剪本字。前斷之者。所以𢦏傷也。裁亦制衣之始也。裁初義相近矣。【古籀篇二十八】

◉吳其昌　初字從衣從刀。初民之衣，大氐皆獸皮以刀割裁而成。衣之新出于刀，是初義也。故初碻係從刀。【金文名象疏證】

◉馬叙倫　鈕樹玉曰。韻會作從刀衣。王筠曰。嫌於刀衣無由得始義。故申說之曰。刀衣者。裁衣也。裁衣乃作衣之始也。倫按唐寫本切韻殘卷八微引。始也。從刀。裁衣之始。然從刀衣無由得始義。初次剡前之閒。其義必與剡前相近。亦不當訓為始也。始也者。非初字本義。亦非本訓。由借初為祖。祖訓始廟。故經傳訓初為始。方言十三。鼻。始也。嘼之初生謂之鼻。梁益之閒謂鼻為初。或謂之祖。檢鼻為自之轉注字。古讀鼻如自。自音從紐。從且得聲之徂殂音皆從紐。盖且音精紐。由精以同為舌尖前破裂摩擦音轉從也。祖亦從且得聲。故鼻或謂之祖。從且得聲之䏣入清紐。而初音穿紐。清穿同為破裂摩擦次清音。故或謂鼻為初。初之本義。當由其冓造而定。使從刀從衣則為裁之初文。然裁衣者謂度其幅員以就長短耳。則不必從刀也。初蓋從刀祖省聲。甲文有☐。蓋即初字。其本義亡矣。或㓡之同破裂摩擦次清音轉注字。㓡音穿紐也。裁衣之始也五字校語。字見急就篇。郘華公鐘作☐。郘太宰簠作☐。【說文解字六書疏證卷八】

◉楊樹達　持刀裁衣，刀為具名，衣為賓名。以下至刵凡十字，皆以刀為具名也。【文字形義學】

◉李孝定　栔文與篆文同，辭多殘泐，其義未詳。前五·三九·八辭云「☐王初☐賓☐改」。同片它辭「利令其唯太史賓令」。其義似亦當訓始。金文初字多見。☐與栔文小篆並同，例多不具舉。【甲骨文字集釋第四】

◉黃錫全　☐初　初字本作☐(旂鼎)☐(孫弔師父壺)☐(王孫誥鐘)，从衣从刀。此刀形作☐，與利字作☐(粹673)☐(利鼎)☐(詛楚文)又作☐(利毁)☐(侯盟)☐(楚帛書)☐(璽彙2710)☐(說文古文)，則字作☐(㫚鼎)☐(中山王壺)又作☐(曾侯乙鐘)☐(楚帛書)☐(三體石經)等字類同。【汗簡注釋卷三】

◉戴家祥　說文四篇「初，始也。从刀从衣，裁衣之始也。」裁字从衣从𢦏，𢦏亦聲。𢦏刀義近，裁初二字造字之意相似。裁訓才，

𠝣 歬

大師軍壘壁前和門丞　前將軍司馬　新胡胡小長　前鋒司馬【漢印文字徵】

石經君奭歬字重文【石刻篆文編】

剪出史書【汗簡】

◉許　慎　歬齊斷也。从刀。歬聲。子善切。【說文解字卷四】

◉馬叙倫　齊斷也當作齊也斷也。齊借為劑。或以聲訓。一訓校者加之。前劑同舌尖前破裂摩擦音轉注字也。字見急就篇。然疑急就本作歬。傳寫易之。【說文解字六書疏證卷八】

◉黃錫全　鐕剪出史書　《說文》：「鐕，可以綴著物者。从金，晉聲。」鄭珍云：「史漢無以鐕為剪字者，惟《漢書·嚴助傳》『劗髮文身』，以劗作翦，已見勿部，此不知本何書。」鄭說是。參見勿部翦。或許史漢注文中有以鐕為古翦者。【汗簡注釋卷六】

則 𠟭

則　說文籀文則从鼎　何尊　隹武王既克大邑商則廷告于天　㦰鼎　盠駒尊　𪓑盤

格伯簋　𦾔鼎　鬲攸比鼎　𩟄匜　散盤　瘐鐘　召伯簋　兮甲盤　洹子孟姜壺

曾子𠤳　𠫑羌鐘　鄂君啟舟節　鄂君啟車節　中山王𰯼壺　𣪕簋

曾侯乙鐘【金文編】

5·394　秦詔版殘存「相狀綰灋度量則不壹」九字　5·398　秦詔版「廿六年皇帝盡并兼天下諸侯……」共四十字　秦1590　秦詔版殘存「詔丞相狀綰灋度量則」九字【古陶文字徵】

一五六：一九　十九例　委質類　則永亟硯之　一九四：一二　二例　一八五：四　一五六：二二　一五六：二

一 一五六：二五 戝 【侯馬盟書字表】

則 為三八 四十例 通叚 日一 日乙二三三 日甲三九背 三十例 【睡虎地秦簡文字編】

—經絀不旻亓崇(甲1—6)、屑㠯為—毋童(甲8—18)、神—各之(甲10—10)、神—惠之(甲10—18)、民—又鼓(甲12—2)、是—鼠至(甲12—14)、—無絫祭(甲12—22)、☐—刡民(甲12—27)、—毋敢𢿝天霝(乙6—27)、☐□神—閏四☐(乙7—16)、乙—至(丙1:1—4) 【長沙子彈庫帛書文字編】

弘睦子則相 麗茲則宰印 徐則 虖則 沐生則 董則 辛則私印 李則之印 【漢印文字徵】

石碣遊水 嘉尌劃里 說文之籀文同 開母廟石闕 劃文燿以消揺 石經僖公 石經借為敗敗字重文 玉篇古文作劃劃 詛楚文 外之劃冒改氒心 石經君奭 則商實 汗簡引義雲章从 隸續从 為鼎之省 詔權 劃不壹 【石刻篆文編】

則 則 則說文續添 則 則 【汗簡】

古孝經 古老子 竝雲臺碑 義雲章 同上 並雲臺碑 並籀韻 說文 【古文四聲韻】

◉許 慎 等畫物也。从刀。从貝。貝。古之物貨也。子德切。古文則。亦古文則。籀文則。从鼎。【說文解字卷四】

◉劉心源 則。从鼎鼎。說文則籀文作。此更繁耳。【奇觚室吉金文述卷四】

◉劉心源 則。从即貝。从即刀。說文利从刀。古文作。一本作。蓋从刃也。此則字亦然。【奇觚室吉金文述卷九】

◉王國維 格伯敦散氏盤則字皆从鼎作。畢仲孫子敦作𠟭。與古文同。【史籀篇疏證 王國維遺書】

◉林義光 按从刀者分之意。古作□召伯虎敦。作□段敦。變貝為鼎。猶寶或作□𢓊盨。又鼎為分器。亦可等畫之物也。【文源卷六】

◉郭沫若 則讀為載，古音則載相同，故虛字多用載為則。詩載馳鄭箋：「載之言則也」，廣雅：「載，則也。」文選高唐賦注所引。周語韋注亦同。是載可讀為則，則則亦可讀為載矣。載者，記也，識也。【驫羌鐘銘考釋・器銘考釋 金文叢考】

◉郭沫若 𠟭即則字。說文：「則，等畫物也，从刀貝，貝，古之物貨也。𠟭，古文則，鼎，籀文則，从鼎。」實則古文則字均从鼎作，其从貝者乃後起之譌變，从重貝者亦从重鼎之譌變也。从刀从鼎，當是宰割之宰之本字。唯本銘則字當即周官大宗伯五命賜則之則。鄭玄云：「則，地未成國之名。王之下大夫四命，出封加一等五命，賜之以方百里、二百里之地者。方三百里以上為成國。王莽時以二十五成為則，方五十里。合今俗說子男之地。獨劉子駿等識古有此制焉。」案此所言里數，在古已有異說，自難憑。唯謂地之未成國者為則，舉莽制見漢書王莽傳為證，則無可易。余意則即采地，謂宰割土地也。土地之宰割有大有小。故此言大則也。【宗周鐘 兩周金文辭大系考釋】

◉商承祚 案金文皆从鼎。與籀文同。石經古文作□。第二文汗簡引作說文續添。段氏古文刻注云。即古文刻之譌而誤系。故刪之。【說文中之古文考】

◉強運開 段注云。等畫物者。定其差等而各為介畫也。今俗云科則是也。介畫之。故从刀。引伸之。為法則。叚借之。為語詞。則字見於金文者。曶鼎散氏盤作□。召伯虎敨鬲攸比鼎俱作□。段敨作□。从重鼎。據此則古籀本相同也。【石鼓釋文】

◉馬叙倫 鈕樹玉曰。韻會作從刀貝。孔廣居曰。貝亦聲。倫按為硎之本字。與前為音同精紐轉注字。從刀。貝聲。貝聲脂類。則聲之類。之脂通轉。從貝得聲之負𠬝亦在之類。敗。從攴。貝聲。見敗字下。而魏石經以則為敗之古文。可證。詩召南。勿翦勿敗。借敗為拔。亦或借敗為則也。等畫物也者。當作等也。畫物也。畫當作劃。一訓校者加之。等聲之類。是以聲訓。以法度為義若詩之其則不遠是則是效者。皆借為範。則從貝得聲。故得借為範。字見急就篇。

□李杲曰。段敦作□。仍從二鼎。倫按與□同。皆從重貝耳。□非鼎鬲字。貝之異文。

□嚴可均曰。汗簡上之二引此以為說文續添。按續添者書名。據此。知亦古文三十一皆校者附記。故加亦以別之。傳寫誤入。然鳥部之鵬。木部之捽。實非續添。後人例加亦字。沈濤曰。說文續添不見隋唐志。而亦不類書名。即汗簡中亦僅此一見。蓋怨先刀部已出古尚書二則字於前。而又引説文制斷二古文於前。此字復綴於部末。故謂之續添。嚴以為書名。非。王筠曰。字林續添。陸善經作也。説文續添未聞誰所作。李杲曰。玉篇廣韻並無。而汗簡以為説文續添。非許書之舊明矣。倫按部末曰重九。可證此字非説文及字林所原有。説文續添即字林續添。蓋本如徐鉉新附。但曰新附而已。故本書題曰説文者後人即名曰説文續添。本書題曰字林。則名字林續添也。魏石經作[古文]。

[古文]惠棟曰。詛楚文。內之𠟭暴虐不辜。用籀文也。倫按金文皆如作。鼎非鼎鼒字。貝之異文。從鼎校者加之。【説文解字六書疏證卷八】

◉李旦丘　畢段𣪘銘云：「命龏𡚬遣饋大則于段（人名）」（據于省吾氏釋文，雙，上之三，第四頁）。于氏釋[古文]為則而無説。

凡是研究古文字學的人，誰都知道貝鼎貞三字，在古往往混用。即如畢段𣪘的𠟭字，即是應該作劓的。因為貝鼎二字之混同，雖為古代的事實，然而當其創字之初，卻應有所區別。説文云：「則，等畫物也。从刀貝。貝，古之物貨也。劓，古文則。𠟭，籀文則，从鼎。」許説支離得厲害。正因其説之滅裂，我們可以從中尋出則𠟭二字的區别來。

許氏謂劓為古文則字。然其所謂古文，實即六國的文字（海寧王氏説），而籀文卻作𠟭，可見从鼎之𠟭，實為則之正字。則字也須要从鼎，然後可以理解它的意義。

許氏云：「則，等畫物也。」此蓋以刀畫分鼎中之物而分之於食者之意。當其畫分之時，尊者長者與卑者幼者之間，必有等級，故段注云：「等畫物者，定其差等而各為介畫也。」因畫分常有一定的差等，故則又得引申為法則之誼。

真正的則字，本來从鼎，但許氏以習見六國時人之誤劓為𠟭，因而附加上兩句，曰：「从刀貝，貝，古之物貨也。」這簡直是畫蛇添足。刀加於貝，貝且毀矣。破破爛爛的貨幣，恐非古人所歡迎，焉有引申為法則之理。

那末，劓字的朔誼究竟是什麼？

考説文收有籀文敗字作䙵。許氏云：「敗，毀也。」攴（即殳）加于貝則貝毀，而刀加於貝，也可以表示相同的意象，故劓實應為䙵之别構，這和殺（即殺）之别構之作剎者，完全為同樣的情形。

劓既為敗的别構，而集韻又説敗古作貝，是敗貝古可互通。故「遣大則於段」，即饋大貝於段也。豐鼎銘云：「大子易錫東大貝」，可見大貝為寵錫臣下時所習用之物。【釋則　金文研究】

◉嚴一萍　[古文]金文皆从鼎作，⊘皆與繒書異。三體石經書無逸：「不則用口詛祝。」則之古文作[古文]，與汗簡所引義雲章作[古文]，皆从鼎省（王國維説），與繒書同。孫海波謂：「石經以[古文]當敗字古文（僖二十八年），故譌[古文]為則。」案敗字説文之古文及汗簡並作𠟭，與余𣏟鉦作𠟭同。汗簡勿部又出則字作𠟭。鄭珍箋正曰：「仿古文彩為彡形，疑是重刀，古文喜重形。」今繒書有[字形]字，知石經譌𠟭為敗，而非譌𠟭為則也。說文古文第二體𠟭，汗簡載之，注曰：「說文續添。」乃後人所竄入也。【楚繒書新考　中國文字第二十六册】

◉商承祚　金文則字皆从鼎作𠟭，秦詛楚文、石碣皆然。後漢安帝延光二年之開母廟石闕亦如此作，乃知兩周戰國時代之古文而保存於漢篆中者此其一也。秦始皇統一六國，統一文字，罷其不與秦文合者，但則字見於秦權、量、詔版百分之九十九作𠟭，其从貝作則者百不及一。我懷疑此則字並未簡，至於从貝作者，當為民間簡體，而影響至上層者。【石刻篆文編字說　古文字研究第五輯】

◉李孝定　郭沫若說則字古文从鼎之意，頗有理致，蓋鼎所从烹物，物熟則以刀等畫之以分食，故許訓等畫物，其引申誼也。【金文詁林讀後記卷四】

◉孫常叙　說文解字：「𠟭，等畫物也，从刀从貝。貝，古之物貨也。𠟭，古文則；𠟭，亦古文則；𠟭，籀文則从鼎。」𠟭，是楚帛書和魏三字石經所反映的六國文字𠟭若𠟭之類的「則」字形變。「从刀从貝」，許慎是从已變字形立說的。朱駿聲說：「按，貞字籀亦从鼎。貝者，鼎省，刀者，刻畫鼎文也。」說文通訓定聲頤部。他這個見解，从古金文看，是完全符合實際的。許氏以「从刀从貝」說「則」，據簡變之字立說，是不可信的。

則的古義既然如此，那麼，作為名詞使用，它是所比照之樣，是製器的樣子或器樣。詩豳風伐柯在「伐柯如何，匪斧不克」之後，說「伐柯伐柯，其則不遠。」毛氏傳「柯，斧柄也。」「執柯以伐柯，睨而視之」。禮記中庸。「其則不遠」這個則就是用作斧柯的器樣來使用的。作動詞使用，「則」是照樣子作。詩小雅鹿鳴「我有嘉賓，德音孔昭，視民不恌，君子是則是傚。」論語泰伯「唯天為大，唯堯則之。」「則」有照「樣」作，倣傚，效法之意。

兩周金文「則」字从兩鼎一刀，化一般為具體，以鼎代器。上一鼎是所比照的器樣，下一鼎是比照器樣倣製出來的模型母胎，从刀，表示對它照器樣進行整形雕飾。把古「則」字字形結構所反映的詞義特點和說文所記「等畫物」的「則」字古義統一起來，可以使我們在商周青銅器鑄造工藝程序上又看到一道工序。

「則」為器樣，在周金文和古文獻都有所反映：

段簋「王蔑段曆，念畢中仲孫子，令命龏𡚬遀饋大則于段。」「遀」，容先生據汗簡引林罕集字釋「饋」。「禮與人物曰饋」。左傳文公十六年「無不饋詒」孔疏。「古者致物於人，尊之則曰獻，通行曰饋」。周禮天官玉府「凡王之獻金玉兵器文織良貨之物」疏。廣雅釋詁三，「饋，遺也。」「則」，郭沫若據周禮鄭注「則，地未成國之名」以為采地。大系攷釋。按：饋遺之事主要指物，與采地不很相應，況且采地之上著以「大」字，在語意上也似有未安。

段簋「則」字从兩鼎一刀，正是照器樣作器之意。它所寫的詞作名詞使用有器樣或樣器之義。「大」是一種尊的名稱。禮記明堂位「泰，有虞氏之尊也。山罍，夏后氏之尊也。著，殷尊也。犧象，周尊也。」「泰」，釋文作「大」，云「音泰，本又作泰。」周禮春官司尊彝「其朝踐用兩大尊，其再獻用兩山尊，皆有罍。」鄭氏注「大尊，太古之瓦尊；山尊，山罍也。」直用明堂位說。釋文「兩大(尊)」的「大音泰」。可見「大」是一種尊的名稱。「大」為尊名，那麼「大則」就是大尊的樣器。這在段簋銘文語言上是完全可通的。

這是「則」為器樣在周金文中的證據。

周禮又有「受器」「賜則」之事。

春官大宗伯之職「以九儀之命，正邦國之位：壹命受職，再命受服，三命受位，四命受器，五命賜則，六命賜官，七命賜國，八命作牧，九命作伯。」這九命實有三類：四受為一類，職位服器只能受成，不得以自己的意志更動；三賜為一類，可以在規定的「國」土之內，按自己的意志置官治國，行使統治權力；兩作為一類，可以超出自己國土行使一定的權力。

三類性質不同，而「賜則」上與「受器」相接。「則」是製模器樣。「受器」是受成，不能自造。「賜則」則賞給器樣，可根據需要依式自鑄。三賜之命，明授權力：得以自作器，得以自置官，鄭玄謂「賜官者，使得自置其官」。得以自治其國。

「賜則」一事，鄭衆以為「則者，法也。」鄭玄以為「則，地未成國之名。」他的根據只是「王莽時，以二十五成為則，方五十里，合今俗說子男之地」。王莽託古改制，說本劉歆。而「獨劉子駿等識古有此制焉」，這句話卻透露了其中消息。經典釋文序録「王莽時，劉歆為國師，始建立周官經以為周禮」，那麼，與「今俗說子男之地」相合的「以二十五成為則」的「地未成國」為「則」之說，實際上是劉歆對這段周官九命的誤解。

這是「則」為器樣在古文獻中的證據。【則、灋度量則、則誓三事試解　古文字研究第七輯】

◉胡平生　韓自強　阜陽漢簡裏有「卅步為則」的記載。

記有「卅步為則」的殘簡，殘長約10厘米，下端從中間裂開，上下各有數字因殘破嚴重而無法辨識。殘簡的內容是：

〔□□〕十步為巷卅步為則方則以為□

看來似乎是講營建制度的。前面的兩個字，據這片殘簡反印在另一片殘簡上的印痕可以補出是「為甫」二字。「甫」，在阜陽漢簡及漢代文獻中常常是「市」、「朩」、「齊」等字之訛。可參看《說文》段注「柿」字條，《武威漢簡》及《阜陽漢簡〈詩經〉》有關內容。「為甫」，也許是「為市」之訛。

我們在清理殘簡的過程中，還發現了一片殘簡，與此簡有關，簡文曰：

里八則為田十則

該簡右半部殘缺，但基本上都可以補足筆劃。唯不知該簡是否可與前述一條綴合。從意思上看，我們認為是連貫而下的。根據這兩片殘簡的內容和字體，我們將它們收在《作務員程》裏。《作務員程》，阜陽漢簡中有關器物制造、建築工程、農產品加工等的規格、標準、以及工作量規定方面的內容，書名已不可考，今整理時採用雲夢睡虎地秦簡《為吏之道》中「作務員程」一語為篇名。

以「則」為度量單位，後代已失傳。秦始皇廿六年詔書云：「法度量則不壹歉疑者皆明壹之。」這句話裏的「則」字，意思長期被誤解了。《文史》第五輯駢宇騫同志的文章《始皇廿六年詔書「則」字解》始指出「則」字應與度量衡有關，所言甚是。不過，他根據宋代銅權銘文自稱為「銅則」，把「法度量則」解釋為「法度量權」，似乎不够妥當。現在，從阜陽漢簡的材料看，把「則」字解釋為長度單位顯然與秦代制度更為接近。駢文曾引用《史記·律書》語「王者制事立法，物度軌則，壹稟於六律，六律為萬事根本焉」作為旁證。按，「軌則」二字連用，意義應當相近。「軌」，指車子兩輪之間的寬度。秦始皇實行「車同軌」，以減少道路壅塞等交通事故。「軌」實際上也成了一種長度單位。又，「六律」之所以不同音者，乃因律管之長度不同。因此，「軌則」之「則」也必指長度無疑，可與阜陽漢簡的內容相互證成。

值得注意的是，「則」字作為長度單位的意義雖然後代失傳了；但是，這個意義却仍保留在「測」字中。《說文》：「測，深所至也，從水則聲。」段注云：「深所至謂之測，度其深亦謂之測，猶不淺曰深，度深亦曰深也。今則引申之義行而本義隱矣。《呂覽》曰：『昏乎其深而不測。』高云：『測，盡也。』此本義也。」段玉裁認為測量深度才是「測」字的本義，這是正確的。《國語·晉語》：「抑欲測吾心也。」注：「測，猶度也。」《周禮·大司徒》：「測土深。」注：「測，猶度也。不知度深，故曰測。」這裏都用的是「測」字的本義。由表示長度單位的名詞「則」，引申而為表示度、量行為的動詞「測」，其內在的聯繫是不言而喻的。【解讀青川秦墓木牘的一把鑰匙　文史第二十六輯】

◉黄錫全 □則並尚書 嚴本作劕。則字古本从鼎。如□（何尊）、□（舀鼎）、□（中山王壺）等，《説文》正篆變从貝，籀文仍从鼎作□。此同籀文。

□則 段毁則作□，本从二鼎，《説文》古文作□，變从二貝。薛本作劕，此同。

□則説文續添 今本《説文》則字古文一形作□，此同。鄭珍云：「續添繼後添也，非書名，蓋上已録《説文》兩古文，未及此字，書成後乃補綴部末，故注如此。今徐本有□□兩古文，意郭氏初見本止有□，上已録為《古尚書》則，未注《説文》，後見一本有此形，故續録之。乃近代嚴可均據此謂有《説文續添》之書，以定《説文》凡注亦古文者皆後人援此書所增，是真卮言日出矣。」按鄭説甚是。胡光煒以為□字「不可考，《汗簡》録，以為出《説文續添》」（見其著《説文古文考》）。舒連景亦謂「□字，《汗簡》載之，注『説文續添』，則□乃後人竄入也」（見其著《説文古文疏證》）。其實，□字不但非後人竄入，而且其字形來源甚古，演變軌跡可尋。則字古本从鼎作□（舀鼎）、□（中山王壺），後來省變从貝或从目，類似具字，本从鼎作□（甲3365）、□（函皇父盤），變从貝作□（弔具鼎）、□（㝬鐘）、□（鬲攸比鼎），又省變从目作□（九年衛鼎）、□（秦公鎛）、□（石鼓文）、□（孫弔師父壺）等。作册大鼎之鼎字一形作□，象鼎置於「禁」上之形，下部□與册字或作□（趩毁）、□、□（塱毁）、□（師酉毁）等形類似，因此，□乃由□形省變，□實為則之古文。【汗簡注釋卷二】

◉黄錫全 □則 刀部録《尚書》則字作□、□，貝部録王存乂《切韻》作□（誤則為敗）。則字本从鼎作□（段毁）、□（牆盤），變从貝作□（侯盟）、□（《説文》古文）。此形刀作□，與下「則」字同，例見下。

□則 曾侯乙編鐘則字作□、□，楚帛書作□、□等，此形類同，但□形作□，似為郭氏變改。【汗簡注釋卷四】

◉劉彬徽等 (420)剆，則字異體。【包山楚簡】

◉曾憲通 古文出□、□二形，皆與帛文異。三體石經古文作□，《汗簡》引義雲章作□，均與帛文同。王國維《魏正始石經殘石考》于古文□下云：「此从□亦鼎之省，夜君鼎鼎字作□，裹鼎名鼎曰□□，从□、或从□皆鼎之省也。」則右从□，古惟利字為然，魏石經刀部字無不从□者，蓋以是為刀字也。」按楚文字之鼎如□（酓肯鼎）、□（酓忎鼎）、□、□、□（俱見楚簡）等，皆省作□或□，可為王説佐證。又楚簡則字有□、□二體，後者與帛書全同。【長沙楚帛書文字編】

剛

甲三五一〇 从岡省 前四・三〇・三 掇一・四三一 後一・二三・四 戩四八・四 後二・一八・一 二 粹一九一 粹一二二一 【甲骨文編】

甲3510 續6・23・9 掇365 432 京3・30・1 續存141 外454 粹191 450 1039 1221 1306 新765 4207 【續甲骨文編】

剛 从二刀 剛爵 牆盤 散盤 説文古文作 古文四聲韻引古尚書作 但勺 會志鼎 會志盤 但痹戈 禹鼎 剛馭百 【金文編】

3・1164獨字 説文剛古文作 3・1165獨字 3・151 蒦圖南里人剛 【古陶文字徵】

〔五二〕【先秦貨幣文編】

一：四一 宗盟内室類 參盟人名剛 仁柳剛 剛梁 一六：九 四例 一：九九 【侯馬盟書字表】

剛 為三五 二例 日乙一二六 日甲七九背 日甲一五九背 【睡虎地秦簡文字編】

剛瓶右尉 □剛之印 高剛之印 李剛之印 侯剛 公孫剛 王剛 【漢印文字徵】

剛 【汗簡】

古老子 同上 古尚書 竝籀韻 説文 【古文四聲韻】

◉許　慎　彊斷也。从刀。岡聲。古郎切。古文剛如此。【説文解字卷四】

◉王　襄　（）古剛字。省山。古與犅通。⊘文曰剛于伊。禮記明堂位。殷白牡。周騂剛。疏。騂赤色。剛壯也。騂言剛則白亦剛。按剛指牲體而言。剛于伊。即用剛牲祭伊也。【簠室殷契類纂卷四】

◉林義光　説文云。㓻彊斷也。从刀岡聲。㟠山脊也。从山网聲。按网岡不同音。古犅字作[古文]静敦。从牛剛聲。剛當即剛之古文。从刀斷网網。岡字古作[古文]散氏器陟剛三封。从山剛聲。【文源卷六】

◉高田忠周　説文。㓻彊斷也。从刀岡聲。古文作[古文]。蓋从人不从刀。此為叚借字。疑是侃字。侃鐘鼎古文作[古文]。此移二在上。為小異。侃訓剛直也。義近。音亦應轉通。又段説云。按信从㐰。㐰古文信。信者必剛也。从二者。仁從二之意。仁者必勇也。侃。剛直也。亦從㐰。此説亦通。【古籀篇二十八】

◉孫海波　[古文]説文云：「彊斷也，从刀岡聲。」按卜辭俱从网，象以刀斷网，网亦聲。左傳昭六年：「斷之以剛。」荀子臣道：「撟然剛折。」是剛本訓當為芒刃堅利。故引申之訓強。【甲骨金文研究】

◉馬叙倫　彊斷也當作彊也斷也。彊也即彊字義。聲同陽類。通借。此校者所加。然疑斷也亦非本訓。剛字見急就篇。玉海本作岡。散盤作[古文]。剛爵作[古文]。

[古文]鈕樹玉曰。玉篇廣韻並無。王筠曰。許云如此者。右半難為識别也。李杲曰。古匋有[古文]字。與此同。倫按十一篇。侃。剛直也。從㐰。㐰。古文信。從川。其實從川㐰聲。詳侃字下。兮仲鐘。用[古文]喜前文人。而侃口戈作[古文]。古字偏傍或上或下無定程。則[古文]蓋即侃字。古書或以侃為剛耳。此呂忱或校者據石經加之。【説文解字六書疏證卷八】

◉楊樹達　但字郭君沫若無釋，劉體智釋為剛，蓋據説文刀部剛古文作信為説。余昔年釋為侃，惟未及舉證，亦未明其義。今考説文侃字从㐰，古文信，从川。而兮仲鐘猶鐘侃字皆作但，从横川；叔氏鐘云：「用喜侃皇考」，字作但，視兮仲猶二鐘省去一畫，而與此銘文字正同，則此為侃字無疑。劉氏釋剛，誤也。侃師無義，余疑侃當讀為鍊或煉。説文云：「鍊，冶金也，从金，柬聲。」「煉，鑠冶金也，从火，柬聲。」二字今皆讀即甸切，然字从柬聲，柬讀古旱切，本見母字也。諫字从柬聲，讀古晏切，亦讀見母音。鍊煉古音蓋與諫同，故銘文假侃為之，侃溪母，與見母音近。侃師即鍊師或煉師也。【楚王酓忎鼎跋　積微居金文説】

◉朱德熙　酓忎鼎(《三代》四・一七)

蓋銘　但帀史秦差苛膽為之。

器銘　但帀盤埜差秦忑為之。

酓忎盤(《三代》一七・一六)

但帀紹圣差陳共為之。

但勺之一(《三代》一八・二七)

但史秦苛膉為之。

但勺之二(同上)

但史秦苛膉為之。

但勺之三(《三代》一八·二八)

但盤埜秦忑為之。

但勺之四(同上)

但盤埜秦忑為之。

但勺之五(同上)

但紹圣陳共為之。

但勺之六(同上)

但紹圣陳共為之。

郭沫若先生《兩周金文辭大系》楚王酓忎鼎考釋說：

「器與蓋于正銘之外，各有副銘一行，蓋『物勒工名』之意。但殆職名。卒即帀字，師之省文。(原注：叔夷鐘師字作𠂤，省之則為卒矣。或釋為平，非是。)差借為佐，言同官之副貳。盤埜、秦忑(熙案當作忑，下詳)、史秦、苛燕(熙案當作膉，下詳)均人名。別有但勺，銘為『但史秦苛燕為之』，無卒差二字，乃省其職名，足為余說之證」(改訂本頁一七)。

這個解釋是完全正確的。文中没有提到上引但勺五六兩器，根據他的說法，可知紹圣和陳共也是人名。

金文帀字寫作不(如《三代》四·三鐘伯鼎，又同書九·二八師寰毀)。如果在橫畫上加一畫，竪筆上加一點(這都是從商代到戰國文字演化的通例)，點又變為畫，就寫作卒了。

但就是剛字，《說文解字》卷四刀部剛字古文作𠛕，《集韻》引作但，《汗簡》三人部剛作㐰，並可證。剛帀當讀為工師。剛工雙聲，並屬見紐。工東部，剛陽部，東陽二部通轉是古代楚方言的特徵，如《老子》十二章：

「五色令人目盲，五音令人耳聾，五味令人口爽，馳騁畋獵，使人心發狂，難得之貨，令人行妨。」

以盲、聾、狂、妨為韻。《莊子·天地》：

「一曰五色亂目，使目不明；二曰五聲亂耳，使耳不聰；三曰五臭薰鼻，困㥄中顙；四曰五味濁口，使口厲爽；五曰趣舍滑心，使性飛揚。」

以明、聰、顙、爽、揚為韻。《楚辭·卜居》：

「夫尺有所短，寸有所長，物有所不足，知有所不明，數有所不逮，神有所不通。」

以長、明、通為韻。這些韻脚裡，聾、聰、通三字東部，其餘都是陽部。

工師一詞，戰國兵器銘文屢見，一般都寫合文作：

或作：

右下方的兩點是合文符號，有時省略不寫，例如朝謌戈（《三代》一九·四六），高望戟（《三代》二〇·二二），卅三年戟（《三代》二〇·二三），四年戟（《三代》二〇·二五），七年矛（《三代》二〇·四〇，羅氏誤名為十年上軍矛），十二年矛（《三代》二〇·四〇），八年相邦劍（《三代》二〇·四六），十五年劍（《三代》二〇·四七）等等。此外國差鑰（《三代》一八·一七）有「攻帀」，長沙出土漆奩（《長沙古物聞見記》，卷上，頁一六；又蔣玄佁：《楚民族及其藝術》，卷一，圖版九）有「右工帀」，古璽文有「東武城攻帀鉨」（《十鐘山房印舉》一·六），「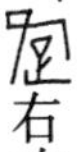右攻帀」（《尊古齋古鉨集林》，二集，卷一），「右攻帀鉨」（《陳簠齋手拓古印集》一·一八）。例證極多，茲不贅舉。

跟漢代的銅器銘文一樣，戰國時期的兵器銘文往往列舉監造官吏及鑄工之名。一般的格式是先舉監造官名（相邦、郡守或縣令），次舉工師名，最後是工名。例如：

「廿五年上郡守□造，高奴工師窑，丞申，工鬼薪戠。」（郭沫若：《古代銘刻彙考·金文續考》引朝鮮平壤中學藏上郡戈）

「五年相邦呂不韋，詔吏圖，丞□，工寅。」（《三代》二〇·二八呂不韋戟）

再如：

「十三年□陽命（讀為縣令之令）每戲、工帀□冒壘，佀黃。」（《三代》二〇·二〇）

「十二年少命（令）邯邢□，右軍工帀□□，佀□□。」（《巖窟吉金圖録》，卷下，五六邯鄲戟）

「七年□陽命（令）□□，右軍工帀□，佀□。」（《周金文存》六·九五）

這三條銘文以佀與工帀對舉，而在上引楚器銘文中以之與佀帀對舉，可見佀帀就是工帀，因之佀也就等於工。再如：

「齊城右造車鉞，佀昔。」（《三代》二〇·一九齊城右戟）

「伹溤。」(《三代》二〇・五伹溤戟)

這兩個伹字也應讀為工，茾和溤都是工人之名。

工師之名也見於典籍，《禮記・月令》季春之月「命工師令百工審五庫之量」。又孟冬之月「命工師效功，陳祭器，案度程。毋或作為淫巧，以蕩上心。必攻致為上。物勒工名，以考其誠。功有不當，必行其罪，以窮其情。」《孟子・梁惠王下》：「孟子謂齊宣王曰：『為巨室則必使工師求大木，工師得大木則王喜，以為能勝其任也。匠人斲而小之則王怒，以為不勝其任矣。』」《國策・東周策》：「周相呂倉見客于周君，前相工師籍恐客之傷己也……」《月令》孟冬之月鄭注：「工師，工官之長也。」季春之月鄭注：「工師，司空之屬官也。」《孟子》趙注：「工師，主工匠之吏。匠人，工匠之人也。」【壽縣出土楚器銘文研究 歷史研究一九五四年第一期】

◉周法高 案伌帀當假為工師。江有誥古韻凡例頁六云。晚周秦漢多東陽互用。楚方言如老子楚辭。東部字可與陽部字叶韻。江有誥復王石臞先生書。東每與陽通。冬每與蒸侵合。此東冬之界限也。檢江氏先秦韻讀陽東通韻者抄列下方(東部字下加橫線)。老子檢欲十二。盲。聾。爽。狂。妨。歸根十六。常。明。常。凶。容。公。王。苦恩二四。行。明。彰。功。長。行。重德二六。行。重。三寶六七。勇。廣。長。楚辭卜居。長。明。通。惜誓。狂。長。功。七諫。庯。明。翔。通。董同龢先生與高本漢先生商榷自由押韻說兼論上古楚方音特色說。

在楚方音中假如東部的主要元音還是u或o。則陽部的主要元音決不會是âa或ɐ。或者假如陽部的主要元音還是âa或ɐ。則本部的主要元音決不會是u或o。不然兩部的音值差太遠了。決不能押韻。依我的揣測。至少東部的主要元音得讀如江韻的ä。而陽部則是比較靠後的à。如此才有押韻的可能。這種假定並不是不可能的。因為現代湖南方音中就有把切韻東鍾(冬也在內)韻的字讀成ang的。如道縣汝城寧遠等地是。而陽唐韻的字也有讀成à的。如耒陽是。我們雖不可附會其詞以為這些便是古代湘沅之間之遺音。可是這也夠啟示我們的了。歷史語言研究所集刊七本四分頁五四三。民國二十七年。

在說文。伌為剛之古文。剛工聲母同屬見紐。因為楚方音東部陽部音近的緣故。剛(陽部)可假為工(東部)。工師連文之例如。

孟子梁惠王下。為巨室。則必使工師求大木。趙岐注。工師。主工匠之吏。

禮記月令。季春之日……命工師令百工審五庫之量。鄭注。工師。司空屬官也。

又。孟冬之月……命工師效功。鄭注。工師。工官之長也。

齊國差鐈。攻𢀜(工師)俉𥂴(鑄)西𩫏寶鐈四秉。

十六年左軍戟。十六年喜倫旃[glyph]左軍工帀(師)司馬裕[glyph]何。

商承祚長沙古物聞見記卷上頁十六。季襄舊藏殘匜底一……納文四行。曰。廿九年[glyph](六)日□月乍(作)告(造)。吏丞向。右工帀(師)象。工[glyph](六)人臺……視其書勢。非懷王即頃襄王時器……向為吏丞姓。象為右工師姓。臺工人姓。六人中舉其首一人也。

可見工師為戰國時通稱。

如讀為侃字。則當假為官。侃官古音同為元部牙音字。官工義同。朱駿聲説文通訓定聲工下云。

工假借……又為官。書堯典。允釐百工。詩臣工。嗟嗟臣工。魯語。夜儆百工。小爾雅廣言。工官也。工官雙聲。

侃得為剛之古文。猶官工互訓之比。故此處當讀為工師。或官師。亦即工師。【釋侃帀　金文零釋】

◉劉　節　但即侃字，𠂇仲鐘侃字作但，古鉢文作[glyph]，説文古籀補卷十一。説文：「侃，剛直也」，又刀部，剛古文作[glyph]，集韻引作但，然則剛之古文借侃為之，則但為侃無疑矣。【壽縣所出楚器考釋　古史考存】

◉饒宗頤　劉字从剛从矢，乃剛之繁形。剛，與㓞義同，謂用牲于河也。

按剛字，亦作㓻。从牛(前二·一七·六)，為地名。羅氏釋犅。説文犅訓特牛。静𣪘犅作[glyph]，从牛剛聲，林義光謂剛當即剛之古文(文源)。卜辭云「取剛」，即「取犅」，剛殆謂牡，如禮記明堂位「周騂剛」。後編上二三·四：「己未卜，其剛羊十于西南。」説文：「剛，彊斷也。」又「㓞，一曰斷也。」廣韻：「㓞，斷切也。」此「剛」用作動詞，與㓞義同，則有斷割之義。【殷代貞卜人物通考卷四】

◉李孝定　説文。「剛。彊斷也。从刀。岡聲。[glyph]古文剛如此。」此从刀网聲。岡字亦以网為聲。各家收此作剛是也。卜辭剛或為人名。辭云「癸酉卜貞剛其有疾」。前·六·三八·一。或以為祭名。辭云「壬申剛于伊奭」。後·上·二一·四。或為用牲之名。辭云「己未卜其剛羊十于西南」。後·上·二三·四。此與剛于伊奭之剛其義當同。殆即剛牲以祭伊奭。卜辭剛疑亦訓斷也。金文作[glyph]散盤[glyph]剛爵[glyph]但勺[glyph]楚王酓忎鼎[glyph]楚王酓忎盤[glyph]但瘼戈。前二形或从土。或从火。為小篆从山所自譌。後數形為六國古文。許書古文所自昉也。【甲骨文字集釋第四】

◉李孝定　但當釋侃，侃[glyph]讀為「工師」，周法高氏之言是也。朱德熙氏从李學勤氏之説，釋但為冶，謂許書古文不可據，許書古文，多經傳寫，固有不盡可信者，而此字與金文侃字，形體全同，侃剛音義並近，許書又明列此為剛之古文，何能一筆抹殺，獨取諸六國文字之治字，以相比傅？考治字从火為主要義符，朱氏所舉第二式，雖簡化已甚，然火字猶存「[glyph]」形，他式另一偏旁作[glyph]者，「[glyph]」實[glyph]之譌變，以為聲符，非从刀从口，蓋治字从刀从口，無所取義，从「二」則繁文耳，篆文治字變从「二」為从「[glyph]」，蓋冶者必以水為冷却劑，故誤以古文从「二」為从「[glyph]」也，「台」聲則為故，今「[glyph]」字从「[glyph]」从「口」，猶可謂為从「台」之譌，然絶無从「火」之痕跡，徒以與「冶」字涉形似，遂相牽合，且置許書以但為剛之古文於不顧，實未足以取信也。【金文詁林讀後記卷四】

◉朱歧祥　1439.[glyph]从网牛从刀。為剛字繁體，即剛字。晚期卜辭用為屯兵地名。習稱：「[glyph]師」與湡地同辭。

《寧2・148》甲寅卜，在[glyph]貞，今夕𠂤不踬。

《前2・18・1》☐在[glyph]師貞，今夕亡畎。寧。在十月又☐。

《前2・18・3》☐在[glyph]師貞：☐于湡，亡災。【殷墟甲骨文字通釋稿】

◉朱歧祥　188.[glyph]，从网刀，隸作剛，即剛字。《説文》：「強斷也。」卜辭作動詞，表示兼用刀、網捕獸，字與擒字連用。卜辭又習稱「剛于某先祖鬼神」，用為祭儀，意指宰殺網獲的野獸，用以獻祭。字有更刀為戉，或增束囊作[glyph]，或增矢作[glyph]，皆見於晚期卜辭。由辭例見諸形用法皆同。

《粹1039》辛酉卜，[glyph]于父乙？

《鄴3・42・4》辛亥卜，[glyph]于父庚？

《後上5・15・4》王其王田，[glyph]于河？

河：[glyph]一牛？【甲骨學論叢】

◉徐中舒　[glyph]从刀从⊠，或从[glyph]戌[glyph]戈从⊠，並同。舊釋[glyph]為剛，謂⊠為网，剛字从刀岡聲，岡亦从网得聲，故[glyph]釋剛。今按[glyph][glyph][glyph]等字字形構造相近，在卜辭中用例略同，當是一字。疑非形聲而應為會意。金文有[glyph]父癸卣字，與[glyph]等構形略同，象刀砍於俎上之形，[glyph]疑象俎上之砍痕。故疑[glyph]等與[glyph]同意。【甲骨文字典卷四】

◉黄錫全　[glyph]剛　夏韻唐韻録《古尚書》作[glyph]是，此少一畫。敦釋、雲本作但，豐、內、薛本作但、信，與侯馬盟書[glyph]、古陶文[glyph]（𠫑録4・2）、《説文》古文[glyph]類同。【汗簡注釋卷三】

◉戴家祥　説文剛古文作[glyph]，字書亦無网字，唐韻剛讀「古郎切」，見母陽部，网讀「文兩切」，明母陽部，同部不同母。林説网岡不同音，非是。牆盤「左右綬敏剛鯀」，「剛鯀」即剛果，周書謚法解：「猛以剛果曰威，彊毅果敢曰剛。」【金文大字典上】

◉許　慎　剬斷齊也。从刀。耑聲。旨兗切。【説文解字卷四】

◉馬叙倫　鈕樹玉曰。韻會引作剸齊也。沈濤曰。一切經音義十一云。剬。聲類作剸。説文。剬。斷首也。亦截也。段玉裁曰。齊字衍。王筠曰。盖玄應所據説文𣃔字分為斷首二字。故自加也亦二字。使之成文。知然者。首部𣃔下云。截也。戈部。截。斷也。斤部。斷。截也。則𣃔即是截。即分為斷首。亦仍然是截。不得區別之而言亦也。今本作斷齊也者。寫説文者所據之本。蓋亦誤分為斷首截也。其識不及玄應。遂以前下齊斷也之文易之。而又不敢倒斷字於下。遂作斷齊。不成語矣。于鬯曰。剬即今制字也。隸變省誤耳。張守節史記論字例曰。制字作剬。是史記尚依本體作剬不作制。未省誤也。後人以下文從刀未之利字為即制字。不可通。張文虎謂漢碑未字無作耑者。其書制字亦無作利者。鬯謂利下曰。裁也。從刀。從未。未成物滋味可裁斷。語本難解。滋味何以可裁斷。殆後人牽合制字而為之説。遂迂曲如此。然則利字當自成別字。書傳少用。不可深求。制字即剬字而今書剬字。則本首部之剸字也。倫按剬制形近。音亦同在照紐。故易相譌。亦得相借。剬當訓斷也。故次剛下劊上。史記屈原賈生傳。何足控摶。索隱。一作控揣。禮記襍記。至於家而説輤。載以輲車。注。輲。或作摶。此古耑專聲同之證。故聲類作剸。為剬之雙聲疊韻轉注字。惟本書自無剸字。詳剸字下。斷齊也當作斷也齊也。一訓校者所加。【説文解字六書疏證卷八】

◉陳世輝　一九七五年山東省博物館等在莒南大店公社發掘春秋時古墓兩座，其中一座墓葬出土編鐘九件。鐘為「簷叔之中(仲)子平」所作，其上有銘文七十一字(算重文在内)。《莒南大店春秋時期莒國殉人墓》，載《考古學報》1978年3期。這篇銘文提供了不少有價值的古文字資料。銘文中有：

=雍=

一語。這是形容鐘聲的一句常用語，又見於一九七八年陝西寶鷄太公廟出土的秦武公鐘銘文，《陝西寶鷄太公廟發現秦公鐘、秦公鎛》，載《文物》1978年11期。文字略有差異。秦武公鐘作：

=雍=

在傳世的鐘銘中，也曾兩見此語，宗周鐘的寫法是：

=雍=　《兩周金文辭大系圖録》(新版)25頁。

秦公鐘為宋人所摹，其偏旁結構與秦武公鐘相同：

=雍=　同上，291頁。

簷仲平鐘的發現，對解決這一常用語中的難字很有啟發，下面試圍繞這個問題談一些看法。

□字在簷叔之仲子平鐘銘中凡三見，另一處作□，還有一處隱約可辨作□。此字在宗周鐘作□，在秦武公鐘作□。很明顯地可以看出：這些字有一個共同的偏旁。這個共同的偏旁必是聲符。據此，□一定是從戈□聲之字。現在把這個共同的偏旁摘録出來以資比較：

□　□　□（簷仲平鐘）

□（宗周鐘）

□　□（秦武公鐘、鎛）

□（秦公鐘摹本）

這個字上部或從□或從□，從□者當是一種變體。下體所從之□，當以帶點為正規寫法。中間的一劃當具有一定含義，但可以省略。從這個字的結構看來必然是一個象形字或會意字。根據這些特點來探求，這個字應當就是耑字。金文與甲骨文中的耑字，其字形如下：

甲骨文

□（《前》四・四二・一）

□（《前》四・四二・二）

□（《後》下七・三）　可參考《甲骨文編》卷七14頁。

金文

□（郤王義楚鍴鍴字偏旁）

□（義楚耑）

□　□（郤王耑）　可參考《金文編》（新版）404頁。

小篆

□（《説文解字》）

徐器耑字有兩種形體，郤王耑字與小篆基本相同，郤王義楚鍴的偏旁，則與宗周鐘、秦武公鐘的偏旁基本相同。它們的上體是歧出的三劃，下體是□，帶有點飾。這種構形的相似，決不能認為是偶然的。再看甲骨文的耑字，上體作□、□，與宗周鐘、秦武公鐘所從的□、□是十分相似的。這種字形構造的特徵，説明它們確係一字。

如果我們結合耑字的字義來考察，就會對這一問題有更明確的認識。《説文》：「耑，物初生之題也。上象生形，下象其根。」小篆的字形雖然和甲骨文有很大的不同，但是，許慎的解説却是很正確的。題就是頭，指植物初生露土冒頭。這個耑字，就是開端、發端的端本字。甲骨文的耑字，正象草卉初生的形狀，用六書來説，這是一個會意字。甲骨文耑字可分解為兩個部分，分別相當於甲骨文的之字與不字。甲骨文之字作：

□（《前》四・三四・七）　□（《前》七・二〇・一）同上，卷六4頁。

不字作：

□（《藏》二・一）　□（《拾》一〇・一五）

□（《前》一・二七・四）　□（《戩》四八・一）同上，卷十二1—2頁。

把這二者結合起來即為耑字（見前引甲骨文）。《説文》：「□，出也。象艸過屮，枝莖益大有所之。一者地也。」這和許慎對耑字的解釋可以相互印證。甲骨文耑字的上體所從即是之字。之字甲骨文作□，而小篆作□，這是字形相近的訛變。猶如甲骨文先字作□，小篆作□，□也變為□。宗周鐘、秦武公鐘耑字所從的□、□也即之字，只是省略了下面象徵地面的一横劃。它的形體似止又似□，介於甲骨文和小篆之間。簷仲平鐘寫作□，上面所從多至五筆，這又是□、□形象的一種變體。

更當説明的是，之字在耑字偏旁中可以寫作□□，省去象地的一横劃，作為文字而單獨使用時，之和止絶不混淆。甲骨文□字本象足形，是趾的初文。足趾向前與草卉初生向上都有前進的意思，所以止既是足趾，同時又用這種形象表示草卉初生向上。

耑字的下體是植物的根形，它所從的□□即不字。甲骨文不字上面的一横劃有很多是省略的，耑字中間一横劃也正如此。由此可見這部分確是不字。《説文》：「不，鳥飛上翔，不下來也。」還有人以為不是花柎的柎本字。這都是靠不住的。不象植物之根，乃茇字的初文。《説文》：「茇，草根也。從艸發聲。」《方言》：「荄，根也，東齊曰杜或曰茇。」茇就是不字的後起形聲字。由於不字借作否定詞用，後來就另造一個形聲字來代替它。古文字中這種情形多得很。《金文編・附録》收有一個近似圖畫的爵文□（上三七），是一個很原始的象形不字，結合甲骨文就可以看出此字逼肖根形。我們對不字的解釋足以糾正舊説。

甲骨文耑字所從的不字，一般都為三筆，更有一例寫做五筆，象植物的根形更為明顯。此外還加有幾個不規則的點飾以表示土顆。金文中的耑字下面雖然有的變作□、□，但是表示土顆的點被保存着，這是一個重要的特徵。表示土地的一横劃可有可無，這也是和甲骨文一致的。根據上面的分析，金文中偏旁的□、□、□是確為耑字無疑的。

更進而考察，甲骨文象植物根形的不字，倒轉來即象人髮之形。甲骨文若字作□或□，同上，卷一8頁。象人雙手上靠頭髮的形狀。髮形的□部分，倒之即為不字。可以認為，甲骨文耑字作□、□，正是把人體的最上端(髮)和最下端(止)接合在一起而倒置之。這是一種把自然界和人體相比附的造字方法；它不僅是方法，而且是反映了造字思想。《淮南子・原道訓》：「倒生挫傷。」高注：「草木首地而生故曰倒生。」古人就是根據這種認識論建立起造字思想，是這種思想支配他們使用一定的方法去創造文字。他們認為植物和人相比是倒生的，所以耑字頭朝下，脚向上。古文字中這種現象很耐人尋味。回顧起來，我們現在對甲骨文有很多字不能辨認，其主要原因就是我們還没有系統地研究當時的造字思想。

根據上面的研究，所揭示的鐘銘各字可隸定作：戕(篖仲平鐘)、雑(宗周鐘)、錨(秦武公鐘和秦公鐘)。現在就來討論一下哪一字含義適合鐘銘。戕、雑、錨三字並從耑聲，在銘文中都有重文。戕字不見於字書，當是剬的異體字。《説文》：「剬，齊也。」從刀耑聲。」從戈與從刀偏旁是類似的，可以認為戕、剬同字。戕當剪斷講，戕戕在鐘銘中無法講通。雑字也不見於字書，這應是鵻字的異體字，從隹與從鳥是相通的。《玉篇》：「鵻，鳥名。」雑是鳥名，雑雑在鐘銘中也無法講通。錨字見於《玉篇》，説是「鑽也」。《方言》也説：「鑽謂之錨。」這是方言的音變，把鑽字讀為錨(端)音。錨字還有一種講法，讀音含義與鍴相同。《釋觶觛卮䏌鍴》，見《觀堂集林》卷六。錨字的這兩種講法也都和銘文無關。戕、雑、錨的原義既然講不通，那麼它們一定都是假借字。在從耑聲之字中，只有端字合於文義。《説文》：「端，直也。」典籍中也做端正講。凡從耑聲之字可以相互通假。銘文的戕、雑、錨三字相通，所以也可以與從耑聲的端字相通。鐘銘中的一句常用語戕〻雍〻、雑〻雍〻和錨〻雍〻，都當讀為端端雍雍。端端形容鐘音純正，雍雍形容鐘聲和諧。雍字單言當和講，重言雍雍也當和講，端字也是這樣。鐘銘中端字的用法，與典籍中肅字的某些用法很相似。《詩・召南・何彼襛矣》：「曷不肅雍，王姬之車。」《傳》：「肅，敬；雍，和。」肅雍也可用來形容音樂聲的諧和，《周頌・有瞽》：「喤喤厥聲，肅雍和鳴。」肅雍的含義與端雍相似，肅是整肅、嚴敬，端是端直、嚴正。肅雍可以形容和鳴，端雍當然也可以形容和鳴。肅字重言為肅肅。《詩・小雅・黍苗》：「肅肅謝功。」《箋》：「肅肅，嚴正之貌。」這猶如端訓端正，重言端端也是端正之義。另外，鐘銘中這一描寫鐘聲的重文句式，如依孫常叙先生的讀法，《秦公及王姬鐘、鎛銘文考釋》，載《吉林師大學報》1978年4期。將「端〻雍〻」念成「端雍端雍」，那也可講通。【釋戕——兼説甲骨文不字　古文字研究第十輯】

◉許　慎　劊斷也。从刀。會聲。古外切。【說文解字卷四】

◉馬叙倫　劊剛音同見紐轉注字。劊剬同破裂清音轉注字也。【說文解字六書疏證卷八】

切【汗簡】

義雲章【古文四聲韻】

◉許　慎　切刌也。从刀。七聲。千結切。【說文解字卷四】

◉馬叙倫　鈕樹玉曰。繫傳韻會篆作　。沈濤曰。一切經音義十九引作割也。刌也。是古本尚有割也二字。廣韻十六屑引作折也。乃古本一曰以下之奪文。王筠曰。慧苑引說文一切普也。申之曰。普即遍具之義。故切字宜從十。說文曰。十謂數之具也。有從七者俗也。案此說甚怪。倫按下文。刌。切也。刌切雙聲轉注字。然許書大例。本無刌字。則玄應引刌也上有割也二字。當是本訓。刌也蓋字林訓。廣雅釋詁二。切。割也。廣韻引作折也者。蓋亦字林訓。慧苑引者蓋庾儼默語。至其謂切字宜從十。有從七者俗也。則所據本切字作切耳。餘詳七下。字見急就篇。【說文解字六書疏證卷八】

◉高鴻縉　按十為切斷之切之初文。近人丁山說。是也。一為物之通象。丨為切物之動象。言用此力以切之為兩段也。故十為指事字。動詞。後世(殷代已然)借用為數目六七之七。又借為天干第一名。乃加刀為意符(言刀所以切也)。作　。以還其原。秦時六七之七由十變為七。故　字亦變為切(今隸作切者存古文也。非本於小篆)。而天干第一名。則商代已另造田為專字。似从口(甲骨文字之丁字。即頂字之象形文)十(古文切字)聲。蓋十已借為天干第一名。殷人嫌其與七切無别。乃加意符口(頂)作田。以示不同也。殷先公上甲微之甲作田。周兮甲盤之甲亦作田。秦篆本之。作甲。後人誤篆為甲。隸楷沿之作甲。甲亦通叚以代介。故介胄亦稱甲胄。介殼亦稱甲殼。介蟲亦稱甲蟲。龜介亦稱龜甲。【中國字例三篇】

◉黄錫全　　切　《説文》㓞字正篆作　，讀若切。夏韻屑韻録作　，此誤　為　。鄭珍認為「移篆」。【汗簡注釋卷一】

◉許　慎　刌切也。从刀。寸聲。倉本切。【說文解字卷四】

◉馬叙倫　任大椿曰。宋祁漢書王莽傳校本引字林。刌。切也。倫按七寸一字。詳七字下。則切刌實一字。蓋作此字時。已不明七寸之為一字。就聲為之耳。疑此字出字林。【說文解字六書疏證卷八】

⿰辥刀

◉孟祥魯　《泗水尹家城》一書釋陶方鼎銘文的倒數第二個字為「刀」。但其右側還有一個偏旁「乂」，筆者承山大歷史系考古專業的專家們相助，曾細審鼎銘，覺得此「乂」字偏旁筆畫雖細，但仍清晰可見，其形體已見於上面筆者的臨本。此字从「刀」从「乂」，可隸寫作「刈」，即《説文》刀部的「刋」字。「乂」演化為「寸」，是文字學中習見的通例，如《説文》中的「專」字从「寸」，但在《粹》一一二一中却從「乂」；《説文》中的「專」字从「寸」，但在《鐵》一三三・四中亦从「乂」。故筆者釋「刈」字為「刋」。《説文》刀部云：「刋，切也。」《廣雅・釋詁》云：「刋，割也。」則「刋」為有切割義的動詞。此字未見於孫海波先生編撰的《甲骨文編》，尹家城陶鼎銘文之釋讀，當為甲骨文中增加一個可識的新字。【甲骨刻辭有韻文　文史哲一九九二年第四期】

◉許　慎　⿰辥刀斷也。从刀。辥聲。私列切。【説文解字卷四】

◉馬叙倫　承培元曰。此即左定九年傳鍥其軸之鍥。倫按類篇⿰辥刀與刹同。是⿰辥刀為切之同舌尖前音轉注字。切音清紐。⿰辥刀音心紐也。【説文解字六書疏證卷八】

◉彭邦炯　甲骨文中有□、□、□諸形的字。這個字很有意思，它本身就是一條重要的農業史料，通過對它的正確釋讀，我們可以了解到商代農業生產過程中一個重要環節的具體情況。

這個字孫詒讓在《契文舉例》中曾釋作「秅」，也有人曾釋作「枿」即蘖（余永梁《殷虚文字考》）。孫海波在《甲骨文編》卷七・一四第〇八七八號隸定為⿰禾亐，並稱：「從禾從亐，《説文》所無，地名。」陳夢家則認為是「蘖」字，「指作造酒蘖」（《殷墟卜辭綜述》，第五三九頁）。香港學者饒宗頤讀為「蘖」，以為指禾害而言（《殷代貞卜人物通考》，第四五頁）。近有裘錫圭同志提出新解，以為即「刈」的異體（《甲骨文字考釋》，古文字研究，第四輯）。我以為裘説近是，但仍有可商。

甲骨文的⿰禾亐字構形，一旁的「禾」，當指收取過穗頭的黍、稷、麥等類作物剩下的稭稈形，而非一般的禾苗形。甲骨文的禾苗之禾，一般多作「□」形，而⿰禾亐的禾旁則多為□或□形，像割去穗頭的□（黍）、□（來）、□（稷）□、□等形。而這些個字一般又多指農作物長大抽穗，或果實成熟的意思（説詳後），割去其穗頭則成為「⿰禾亐」字的「禾」旁形。

另一邊的「亐」旁，裘錫圭同志以為甲骨文中還有下從刀的「□」字，當是鐮刀一類收割工具。王國維在《釋薛》（《觀堂集林》卷六）中認為「亐」讀為從薛得聲的「蘖」，而薛即「經典中乂、艾之本字」。裘錫圭同志也認為「亐」是「乂」的初文。我以為「亐」是一種農具是對的，但絶非鐮類農具，而應該是鎛類農具的側視形。比如《商周考古》第三八頁圖二〇・四所刊一九五三年在安陽大司空村發掘的一件青銅鎛，其側視圖形，就與甲骨文的「□」極為相似（見上圖）。

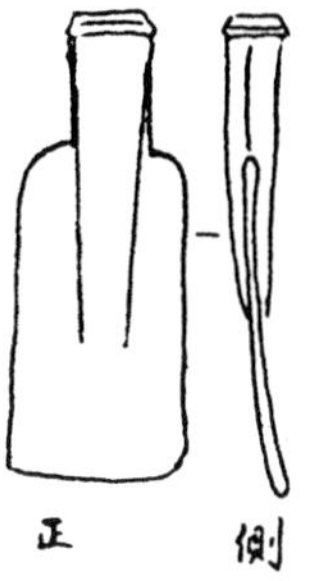

對於甲骨文中有少部份下從刀的「□」，我認為是因為鎛器的口似刀刃，可起刀的砍斷物的作用之意。甲骨文的「秺」字構形是從鎛這種工具鏟斷已收取過穗頭的稭稈形。稭稈形的「禾」下近根部一横劃與鏟相近，這是示意鏟從「禾」的這個部位砍斷。它有如刀字加點為刃，示意刀口這個部位為刀刃一樣。由上可見甲骨文的「秺」字就是從㚘，從禾，㚘是表聲兼表意字無疑了。

甲骨文還有個「□」字，此字當為《說文》口部的「咢」字，許慎雖入口部，但謂「讀若櫱」。我們知道《說文》的「櫱」、「孼」、「糵」、「薛」等字，雖然許慎將它們分別入了木、子、米、刀各部，可都是從薛得聲的字。「咢」字讀若櫱，也明顯地是薛聲之字，這就是說，這些字都應該是從「㚘」得聲的。然而，《說文》把「薛」字放在「辛」部，並說「從辛，㠯聲」（讀私列切，今音niè）。不知許慎根據什麼說的，我懷疑許氏此說有誤。因為甲骨文的薛字寫作「□」（《前編》六・四・一）或□（如《粹》四八七）等與咢字寫作「□」都是從「□」，而不是從「辛」。甲骨文的□、□（□）兩個字相近，但有區別，不應相混：前者下作曲筆，天干的辛下作直筆。薛、咢既然都是從㚘得聲的字，則後來薛寫作從辛當為㚘之形近而譌變的結果。這也和「辟」字一樣。甲骨文本寫作「□」，偶有作□（金文寫作□同），本來都是從㚘，後來也誤作從辛了。（甲骨文的辟，多作□，偶有作□（如《甲》一〇四六）的，與金文全同。李孝定的《甲骨文字集釋》不少誤摹作從「□」，細審原書，其實是從「□」，下面是曲筆，個別有直筆似辛的，當是契刻的筆誤，甲骨文中筆誤是常有的。）這就告訴了我們，從甲骨文看，薛、咢、辟都是從㚘得聲的字。

然而，「㚘」恐非王國維說的讀若「櫱」，王氏這裏大概受許書所惑。我認為「㚘」應該讀為《國語・齊語》的「庤乃錢鎛」的鎛（音博bó）。㚘為鎛形，大概讀音與鎛剌地之聲有關。薛、咢、辟三字，我以為只有辟字後來才真正保留了從㚘得聲的古音。辟讀為必益切，今音bì，鎛、辟一聲之轉，都是邦母字（發音都是b，即聲母相同或者叫同紐）。由此可見，我們從形、音、義三者看，「㚘」都是指的農具鏟形的鎛無疑。

「㚘」既為鎛，則甲骨文的「秺」字就應為從禾（無穗之稭稈），從㚘（農具鏟形），㚘亦聲，讀如鎛，為以鎛器鏟斷收取過穗頭的稭稈的表意字。此字當為《説文》刀部「劈」字的初文。（《説文》刀部還有「劈」字，從刀辟聲。作破講，根據本文的釋讀，也自應為從辛得聲，辛也是㚔之譌。劈字是一個後起字，後來人不知甲骨文的辟是從鎛器，有刀之義，另加一刀，其實辟字構形就是以鎛器從背後劈殺跪着的人形，已是古代刑法的寫照。）《説文》曰：「劈，斷也，從刀辟聲」。前已論及，辟古當讀為鎛聲；今讀劈為陧(niè)音，照古代應讀為鎛(bó)音。《説文》劈字大致由下從刀的「[glyph]」衍變而來的。【從甲骨文的「秎」字說到商代農作物的收割　甲骨文與殷商史第二輯】

刏

◉許　慎　劃傷也。从刀。气聲。一曰。斷也。又讀若殪。一曰。刀不利。於瓦石上刏之。古外切。【説文解字卷四】

◉馬叙倫　錢坫曰。讀若殪者。殪應作磑。謂磨也。今俗於瓦石上刏刀。聲如避者。即此字也。張楚曰。讀若殪一曰刀不利於瓦石上刏之者。乃磑字義。磑下曰。䃺也。刏磑聲同脂類。劉秀生曰。小徐無又字。气聲在曉紐。殪從豈得聲。豈聲亦在曉紐。故刏從气聲得讀若殪。周禮秋官犬人。凡幾珥沈辜。注。幾讀為刏。夏官小子。祈于五祀。注。祈或為刏。或為幾。荀子榮辱。幾直夫芻豢稻粱之縣糟糠爾哉。大略。幾為知計哉。注並云。幾讀為豈。史記黥布傳。人相我。當刑而王。幾是乎。徐廣曰。幾。一作豈。气聲豈聲古並如幾。是其證。一曰刀不利於瓦石上刏之。當即磑字義。亦其證。倫按或謂廣韻。刏。刺也。封。傷也。吳都賦。所以挂扢而為創痏。挂扢即封刏。此劃傷當作封傷。封劃形音並近而譌也。倫謂本部諸文獨此及劌刺訓傷。餘均為器名。或齊斷之義。而刺實切之轉注字。刏劌音同見紐。聲同脂類。字復相次。亦同訓傷。是轉注字也。禮記聘義。廉而不劌。注。傷也。廉借為剡。故知劌為傷也。然廣雅劌。利也。此下文。劌。利傷也。亦當作利也傷也。傷也蓋校者加之。劌之訓傷。蓋以聲同脂類借為痍。刏之訓傷亦然。廣韻訓刺也者。即借為封。同舌根破裂音。支脂又近轉也。下文。封。刺也。其封傷也一訓即本諸此。而此實校語。知者。下文。刺。君殺大夫曰刺。刺。直傷也。亦非本訓。封刺為聲同支類轉注字。則封傷非刏之本義明矣。疑封傷也或本是封也傷也二訓。均校者加之。若以下文劌訓利傷為字林文。則封傷也或亦字林訓也。一曰斷也為本義。校者記異本耳。一曰以下校語。餘詳劌下。【説文解字六書疏證卷八】

劌

◉許　慎　利傷也。从刀。歲聲。居衛切。【説文解字卷四】

◉馬叙倫　王筠曰。利字句。廣雅。劌。利也。朱駿聲曰。字林亦作利傷也。廣雅釋詁及釋言皆作利也。恐傳寫誤。方言三。凡草木刺人。自關而東或謂之劌。廣雅釋詁二。𠜾。箴也。利傷自當作刺傷。禮記聘義。廉而不劌。注。傷也。家語問王。

刻

注。割也。倫按利傷也當作利也傷也。利也者。剡字義。劌聲脂類。從炎得聲之欻讀若忽。亦在脂類。銳聲脂類。籀文作劂。劂從剡得聲。從劂得聲之罽瀱綱皆當在脂類。是其例證也。傷也者。借為痍。聲同脂類。又歲音心紐。夷音喻紐四等。同為摩擦次清音。利也傷也皆字林訓。劌之本義當為刺也。方言。凡草木刺人。自關而東或謂之劌。歲音心紐。刺音清紐。同為舌尖前音也。廣雅之翽即借為劌。其訓箴也者。箴猶刺也。【說文解字六書疏證卷八】

刻 秦一〇二 三例　為一九 【睡虎地秦簡文字編】

單尉為百衆刻千歲印 【漢印文字徵】

天璽紀功碑 發刻廣省　泰山刻石 臣請具刻詔書　郎邪刻石 金石刻 【石刻篆文編】

刻並義雲章　刻又列字 【汗簡】

義雲章　並同上 【古文四聲韻】

◉許　慎　鏤也。从刀。亥聲。苦得切。【說文解字卷四】

◉馬叙倫　刻為扨之音同谿紐聲則之脂近轉轉注字。此字失次。鏤也當作録也。然似非本訓。字見急就篇。【說文解字六書疏證卷八】

◉夏　渌　甲骨文☰，舊釋三或川，于省吾教授釋氣，用為乞求、起迄和終訖三意，《甲骨文編》加以著録，遂為定論。但聯繫甲骨語言，還有一類詞例，不能概括于以上三種義項的：

王☰正河新圩？允正。（後2·16·2）

☰命伐邛方受有〔佑〕？（戩12·10）

☰命受田于夷侯？（前2·28·2）

☰呼祼河，不潛，正？（甲3660＋3665）

亞☰致衆人小丁彔，呼保我？（前7·3·1）

今日其雨？王固曰：「疑茲日雨。之日允雨。」（前7·36·2）

從甲骨語言中可以看出「三」是「立刻」「即刻」的語氣，是殷王直截了當下命令「馬上就幹」的意思，決不是向下屬「乞求」辦什麼事情。從而推知它是「刻」和「契」的初文，用長短長三道刻畫表意。人們習慣在起點和終點刻上記號，所以它有「迄」和「訖」的含義，也通假為乞求意，以上文例當讀「刻」，是立刻、即時的意思。【甲骨語言與甲骨文考釋　甲骨語言研討論文集】

 韓副私印  副部曲將【漢印文字徵】

【汗簡】

 籀韻【古文四聲韻】

◉許　慎　判也。从刀。畐聲。周禮曰。副辜祭。芳逼切。籀文副。【說文解字卷四】

◉王國維　案今《周禮·大宗伯》副辜字作疈。疈乃副之譌。【史籀篇疏證　王國維遺書】

◉馬叙倫　鈕樹玉曰。詩生民釋文引作分也。又引字林。判也。蓋誤以說文為字林。繫傳辜作事。沈濤曰。下文判即訓分。蓋古本亦有如是者。倫按副為分之雙聲轉注字。判也字林訓。今本轉捝分訓耳。引經校者加之。今周禮大宗伯。以疈辜祭四方百物。注。故書疈作罷。則無作副者。周禮多古字。當作疈也。此詞又不具。蓋校者以其所憶率尔書之。未核重文。

徐鍇曰。今周禮作此字。倫按鍇本有從畐二字。本書無畐。蓋籀文體多茂密也。鉉本無此二字。明此校者所加。鉉所據本已刪之也。【說文解字六書疏證卷八】

◉許　慎　判也。从刀。咅聲。浦后切。【說文解字卷四】

◉馬叙倫　沈濤曰。一切經音義十六引作判分也。一引無分字。倫按蓋本作判也分也。其一蓋字林訓。剖副雙聲轉注字。文選七命注引倉頡。剖。拆也。玄應一切經音義引倉頡作析也。【說文解字六書疏證卷八】

◉于省吾　甲骨文利字作或，杈字作或（从又即古手字），怀字作，伓字作（从彳从人古同用）。以上四個字均為舊所不識。其从不作，乃早期的構形。甲骨文無否字，以不為否，否乃不的後起字。早期甲骨文的語尾以不為問詞者習見，例

如：「今日方其至不？」（乙一七七）「㞢咸戊牛不？」（綴合六）是其證。西周金文不字有的已孳乳為否。甲骨文有杯字（拾一四・一六），西周金文不杯二字連文者屢見，守宮盤作不㕻，可見杯字已孳乳為㕻。

否與音本為同字，後來分化為二。說文音字作𠰻，並謂：「音，相與語，唾而不受也，从丶，从否，否亦聲。」林義光文源：「从丶聲義俱非是。古不或作𠀚（宋公戈）作𠀚（陳曼簠），則音與否同字，音即否，故棓即桮。海內北經，蛇巫之山有人操杯而東立，操杯者操棓也。」按許說殊誤，林說明確無疑。但陳曼簠的不字，上部本从一小橫，非从圓點。蔡侯盤的不字作𠀚，上从一，可以為證。近年來南北各地出土的秦漢簡牘，以音或梧為杯，以䛒為㕻者，數見不鮮，是从音从不通用之證。又元刻本詛楚文亞駝的倍字作倍，右从否，這也是从音从否同字之證。根據以上對于不否音三個字分析驗證的結果，很明顯，利、杈、炋、伓乃剖、掊、焙、倍的初文。由于以上所引幾個甲骨文从不即从音的字，文辭或簡略或殘缺，因而義訓不詳。其用作人名者，如「王令利出田」（粹九三三），「子杈出」（乙九〇九一），是其例。其用作地名者，如「貞，乎比奠取炋、旻、啚三邑」（前七・二一・四），是以炋為邑名。朱駿聲說文通訓定聲，謂說文𤍽字「俗作焙」，未免本末倒置。甲骨文的「貞，于伓南夆奠」（前四・三六・七），是又以伓為地名。總之，本文考證出利、杈、炋、伓即剖、掊、焙、倍的初文，否則，這四個字容易被人認為後世字書所無。【釋利、杈、炋、伓
甲骨文字釋林】

辨 辨

辨 辨簋　作册䖒卣　【金文編】

辨 秦八〇 四例　語一〇　【睡虎地秦簡文字編】

討蔵辨軍印　下辨令印　田辨　富左壽辨　辨安國　馮辨之印　【漢印文字徵】

竝古老子　李商隱字略　【古文四聲韻】

◉許　慎　辨判也。从刀。辡聲。薄莧切。【說文解字卷四】

◉馬叙倫　辨亦分之轉注字。亦別之轉注字。古皆雙脣音也。周禮小宰。聽稱責以傅別。注。故書別為辨。史記秦始皇本紀。別黑白而定一尊。李斯傳別作辨。此其證。字見急就篇。【說文解字六書疏證卷八】

◉高田忠周　按說文辨判也。从刀辡聲。又辡訓辠人相與訟也。从二辛會意。然則斷訟獄曰辨。辨从辡聲。形聲而包會意

也。其引伸之義。為凡分別之義。字或作辦。爾雅釋木注。辦。半也。是也。論語曰。片言可以折獄者。鄭注。半也。此辨字所因起乎。【古籀篇二十八】

判

◉許　慎　分也。从刀。半聲。普半切。【説文解字卷四】

◉馬叙倫　判為半之後起字。見半字下。【説文解字六書疏證卷八】

剫

剫徒各切【汗簡】

義雲章【古文四聲韻】

◉許　慎　判也。从刀。度聲。徒洛切。【説文解字卷四】

◉馬叙倫　辨音並紐。剫音定紐。同為破裂濁音。轉注字也。尸部屠字。古書皆以屠刳字。其實屠刳字從刀作⿰者刂。見散盤。剫⿰者刂亦雙聲轉注字也。今字作剁。【説文解字六書疏證卷八】

◉黄錫全　剫　徒各切　夏韻鐸韻録作，原形當作，左同《説文》宅字古文。宅度古通，如中山王鼎「考宅隹形」之宅即讀為度。夏韻鐸韻又録裴光遠《集綴》度作，雲臺碑作。《義雲章》⿰忄度作，古蓋有𠛕或⿰宅刂字，《義雲章》以為剫之古文。鄭珍認為此形是「更篆」。【汗簡注釋卷二】

刳

◉許　慎　判也。从刀。夸聲。苦孤切。【説文解字卷四】

◉馬叙倫　沈濤曰。書泰誓正義引作刲也。蓋古本如是。一切經音義九及十四及十五及十六及二十引作判。是古本亦有如是作者。王鳴盛曰。上文副剖辨皆訓判。次以判訓分。次以剫及刳亦訓判。則書疏不可信。倫按刳剫聲同魚類轉注字也。玄應一切經音義引倉頡。刳。屠也。屠當作⿰者刂。刳⿰者刂亦聲同魚類轉注字。【説文解字六書疏證卷八】

列 秦六八 二例 通裂 車蕃蓋強折—— 秦一二七 秦六八 【睡虎地秦簡文字編】

列寶私印 【漢印文字徵】

詛楚文 【石刻篆文編】

列並見史記 列亦尚書 列出碧落文 列 列出義雲章 【汗簡】

古史記 古尚書 碧落文 並義雲章 雲臺碑 並崔希裕纂古 【古文四聲韻】

◉許 慎 𠛱分解也。从刀。㓫聲。良薛切。【說文解字卷四】

◉馬叙倫 邵瑛曰。川部。𡿪。水流𡿪𡿪也。從川。列省聲。徐鉉曰。列從此。此疑誤。當從歺省。良辥切。說文又有歺字。列骨之殘也。從半冎。讀若櫱岸之櫱。今經典凡從歺之字多作歹。而從𡿪之字亦作歹。此甚謬。由隸變也。漢碑凡㔁字多作列。見景君史晨劉熊等碑。又往往作𠛲。見尹宙等碑。此㓫歺不分。統省變為歹所由始。丁佛言曰。古鉨有字。從朿。從歺。刺列古本一字也。倫按𡿪當從歺省聲。詳𡿪字下。此從刀𡿪聲。分解也當作分也解也。一訓校者加之。列剝轉注字。剝從录得聲。录列音皆來紐也。列聲脂類。䰞聲之類。劈聲支類。之支脂皆通轉。亦轉注字也。列字見急就篇。秦詛楚文作。古鉨文從朿從歺。蓋合刺列兩字而一之。金文有此例。然刺列聲近不如刺列。鉨文多譌省。蓋為朿之譌。【說文解字六書疏證卷八】

◉黄錫全 列亦尚書 小本作𠝣，薛本作剬。歺古本作，後變作、、(說見前歺)。巛乃由、而譌，誤似水。詛楚文列作，《說文》正篆作。此形巛下多一横。郭見本當作𠝣或剬，以隸作古。【汗簡注釋卷二】

◉黄錫全 列 夏韻薛韻録《義雲章》作、，上形即此文，下形即文部「列」。、即歺形譌誤，从歺从水即㳉字。甲骨文歺字作、等形，即列(列)字的初文。又有(前4·33·7)、(菁11·6)、(京津419)等字，即㳉，亦即洌之古文(詳《釋林》)。此假㳉為列，猶如卜辭㳉通烈、雲夢秦簡裂作列。即形再譌，後增補《碧落文》，亦即㳉，假為烈。【汗簡注釋卷三】

◉睡虎地秦墓竹簡整理小組 列，市肆。《漢書·食貨志》：「小者坐列販賣。」注：「列者，若今市中賣物行也。」賈市居列者即市

肆中的商賈。【睡虎地秦墓竹簡】

刊

 秦下表59 咸郦里刊 【古陶文字徵】

 刊 日甲六六背 二例 【睡虎地秦簡文字編】

 天璽紀功碑  祀三公山碑 刊石紀焉 【石刻篆文編】

◉許 慎 刊剟也。从刀。干聲。苦寒切。【説文解字卷四】

◉馬叙倫 字見急就篇。文曰。𣫔刊將。顏師古本作干將。【説文解字六書疏證卷八】

剟

◉許 慎 剟刊也。从刀。叕聲。陟劣切。【説文解字卷四】

◉馬叙倫 鈕樹玉曰。繫傳作判也。韻會引同此。爾雅序釋文引作利也。判利並譌。田吳炤曰。小徐本作判也。炤按廣韻引作刊也。可證大徐本是。大徐以類從。小徐既失其次。故説解亦誤。倫按爾雅釋文引作刊也。作利者本譌。剟刊轉注字。刊從干得聲。干音見紐。剟音知紐。見知皆破裂清音也。【説文解字六書疏證卷八】

◉蕭 璋 刊剟本與彫椓義通。説文「删，剟也。从刀册。册書也。」「刊，剟也。」刊剟與剞劂字竝从刀。義皆相近。淮南子叔真訓「鏤之剞劂」，高注：「剞，巧工鈎刀也。劂者，規度刺畫墨邊箋也。所以刻鏤之具也。」而剟之義又同檇箠。説文：「檇箠也。一曰檇剟也。」刊之訓又近斲斫。周禮秋官柞氏「夏日至令刊陽木而火之」，鄭注云：「刊謂斫去次地之皮。」皆含刺擊義也。【釋至 國立浙江大學文學院集刊第三集】

删

◉許 慎 删剟也。从刀册。册。書也。所姦切。【説文解字卷四】

◉馬叙倫 宋保曰。王先生曰。删從册聲。説文删珊狦姍四字皆從册得聲。册在支部。删珊狦姍四字皆在元部。支與元通故也。今本説文作刀册册書也。而珊狦姍三字皆從删省聲。皆由後人不知古音妄改也。章炳麟曰。删寒部。對轉泰。斂為舌音。變為剟。倫按玄應一切經音義引三倉。删。除也。删。從刀。册聲。册音穿紐二等。為舌尖後音。删音審紐三等。為舌面前音。古讀皆歸於透。是删得從册得聲也。今本奪聲字。校者因加册書也。或如王説。然倫謂册為栅之初文作侖者之省。删刻轉注字。刻音知紐。删音審紐三等。同為舌面前音也。刊刻删三字失次。餘詳侖下。【説文解字六書疏證卷八】

◉李孝定 按説文「删刻也。从刀册。册。書也。」栔文亦从刀册會意。辭云「甲戌卜余删于□」。字為動詞。其義未詳。【甲骨文字集釋第四】

劈

劈 劈【汗簡】

義雲章 同上【古文四聲韻】

◉許 慎 劈破也。从刀。辟聲。普擊切。【説文解字卷四】

◉馬叙倫 劈為分必之雙聲轉注字。亦與剥為雙脣破裂音轉注字。破也或非本訓。【説文解字六書疏證卷八】

◉黄錫全 劈 鄭珍云：「右从𠂢，《玉篇》、《廣韻》𤗈字也。按劈之别體作釽，从木，見《方言》及漢《藝文志》，字譌作鋠。《玉篇》鋠訓裁名，即是本《方言》裁木為器曰釽。因裁木故又有从片𤗈字。《説文》新附作釽，不誤。鋠、𤗈皆譌。《一切經音義》卷十四云『劈古文𤗈、鋠』，蓋漢後字書有之，義雲所本。金部亦收義雲『鋠』。」【汗簡注釋卷三】

剝

甲三一五三 説文剝之或體从卜作𠞐 此與之同【甲骨文編】

古尚書 籀韻【古文四聲韻】

◉許 慎 剝裂也。从刀。从录。录。刻割也。录亦聲。北角切。𠞐剝或从卜。【説文解字卷四】

◉馬叙倫 鈕樹玉曰。繫傳作從刀從录聲。一曰。录。剋割也。韻會引同繫傳而剋作刻。是。沈濤曰。此解傳寫譌誤。遂不可通。書泰誓正義引作剝。裂也。一曰。剝。割也。下文。割。剝也。割剝互訓。是古本作剝。裂也。從刀。录聲。一曰。剝。割也。小徐本從刀录聲一曰六字尚未譌。而誤剝為刻。又衍录字。則與大徐同。倫按慧琳音義六十四引作裂也。剋割也。從刀。录聲。則此字説解傳寫多譌。以書正義所引為是。剝從录得聲。录音來紐。故訓裂也。裂當作列。為列之雙聲轉注字。一曰剥割也者。下文。割。剥也。割音見紐。剥音幫紐。同為破裂清音也。剥割亦轉注字。疑裂也是字林文。割也是本訓。校者記異本。录刻也則校語。校者以录下曰。刻木录录也。誤認剥從录得義。改录聲為從录录亦聲。而增录刻也三字於從录之下。今捝也字耳。甲文作[glyph]。

[glyph]录卜聲同矦類。故剥轉注為刂。【說文解字六書疏證卷八】

割 [glyph]

[glyph] 割 不从刀假借為匄 㠱伯盨 害字重見 [glyph] [glyph] 㠱伯盨 割眉壽無疆 [glyph] 無叀鼎 用割眉壽 [glyph] [glyph] [glyph] 曾侯乙鐘 割肄即姑洗 【金文編】

[glyph] 割 為一六 二例 【睡虎地秦簡文字編】

[glyph] [glyph] 石經多士 有命曰割殷 汗簡引尚書割从[glyph] 滄从[glyph] 此與說文奇字倉同 倉害二字未知其宲 創字重文 【石刻篆文編】

[glyph] 割 【汗簡】

[glyph] 古老子 [glyph] 古老子 [glyph] 籀韻 【古文四聲韻】

◉許慎 [glyph]剥也。从刀。害聲。古達切。【說文解字卷四】

◉劉心源 割即害即介。釋名釋天。害割也。如割削物也。書大誥。天降割于我家。釋文。割。馬本作害。宗周鐘。[glyph]其萬年。多父盤。受[glyph]福。召伯父辛敢。[glyph]萬年。是割害介古皆通用矣。【奇觚室吉金文述卷二】

◉高田忠周 此割叚借為匄也。說文。[glyph]剥也。从刀害聲。周禮內饔。割亨煎和之事。注。肆解肉也。此割字本義也。秦策。必割地以交于王矣。注猶分也。此等為轉義。而割从害聲。害字經傳多叚借為曷。从曰匄聲也。匄割通用。固為至當矣。【古籀篇二十八】

◉馬叙倫 鈕樹玉曰。繫傳作問也。譌。倫按鍇本作開也者。校者所加。傳寫轉失本訓耳。字見急就篇。無叀鼎作[glyph]。【說文解字六書疏證卷八】

◉黃錫全 [glyph]割 九本作劊，刣、刣，武本作刣，薛本作刨，三體石經《多士》古文作[glyph]。割从害聲，害从丰聲。此字本應作創，省作釗，譌變作𠜲或㓣。𠜲字所從之仝與倉字省作仝形近而字形演變實別。倉字是由[glyph]（通别2·8·8）變作[glyph]（楚帛書）、[glyph]（古璽蒼旁），省變作[glyph]（倉字布）。害字則是由[glyph]（師害毁）、[glyph]（毛公𢉩鼎）、[glyph]（伯家父毁）省變作[glyph]（石經割旁）。《玉篇》割字古文创，疑创為创形誤變，如敦釋、內本割就作创。【汗簡注釋卷二】

●許進雄　割所含的部分害，一向没有很好的解釋。⊘如果從鑄範的角度來看，似乎還可以找出一些關係。在鐵的鑄範未使用前，澆鑄後的鑄型一定要被破壞才能把裏頭的鑄器剔出，故割字就以刀剔剥套合的模與範取意。那麽，害就是被刀剔割的模型了，因此取以表達傷害的意義。它好像要較其他的説法合理些。害字與金字的主要分别是三角的部分多一横劃，可能那就是表現切割後的形象。金文害字的一形作[glyph]，中線中斷，也許也不是無意義的，乃是表現外範已被剥開，與模分離的現象。【談與金有關的字　殷都學刊一九九二年第二期】

●湯餘惠　[glyph]122　割（割）　曾侯乙墓編鐘、編磬銘文「割肄」二字屢見，害旁寫作[glyph]、[glyph]，乃商周金文[glyph]形之變，字中原非從羊。字下從[glyph]與口同，右從刃與從刀通，應釋為「割」。【包山楚簡讀後記　考古與文物一九九三年第二期】

剺

●許　慎　剺剥也。劃也。从刀。𠩺聲。里之切。【説文解字卷四】

●馬叙倫　段玉裁曰。劃也上當有一曰。玄應引三倉。𠩺。劃也。文部。嫠。微劃也。音同義近。倫按劃也校者所加。剺為分離之離本字。聲在之類。劃聲支類。之支近轉。轉注字也。亦剥之轉注字。剥從录得聲。录音來紐。與剺雙聲。【説文解字六書疏證卷八】

劃

●許　慎　劃錐刀曰劃。从刀。从畫。畫亦聲。呼麥切。【説文解字卷四】

●馬叙倫　嚴章福曰。但當作畫聲。劑下刺下放此。倫按錐刀曰劃不可通。鍇本作錐刀也亦不可通。如鍇本則是名詞。古書益無徵矣。蓋兩本皆有捝文。尋今杭縣以錐刀剺物曰劃。其意當如是。文選游天臺山賦注引字林。錐刀曰劃。疑此乃字林中字。急就篇止作刻畫。劃剺聲同支類轉注字。玉篇訓以刀劃破物也。此今言分化之化本字。【説文解字六書疏證卷八】

剈

◉許　慎　剈挑取也。从刀。肙聲。一曰窐也。烏玄切。【説文解字卷四】

◉馬叙倫　王筠曰。朱文藻朱筠本作𠛟。朱文藻云。未詳。田吳炤曰。小徐窐作窒。按穴部。窐。甑空也。窒。塞也。肉部。肙。一曰。空也。此從肙訓窐。疑大徐不誤。倫按挑取也者。當作挑也取也。玄應一切經音義二。剈。挑也。皆非本義。亦非本訓。剈為刳之轉注字。同為破裂清音。又聲同脂類也。此今杭縣北平謂以刀去果皮曰選之選本字。亦杭縣謂以刀去耳内毛曰卷之卷本字。蓋剈為以刀旋而分物。如杭縣之去梨皮然也。一曰窐也者。窐訓甑空。鍇本無甑字。玉篇有瓳。瓮底孔下取酒也。倫謂瓳窐雙聲。許書無瓳字。以窐為瓳。蓋本方言。此一曰窐也。謂借剈為瓳也。然是校語。此字或出字林。【説文解字六書疏證卷八】

劀

◉許　慎　劀刮去惡創肉也。从刀。矞聲。周禮曰。劀殺之齊。古鎋切。【説文解字卷四】

◉馬叙倫　王紹蘭曰。剈劀雙聲。義近。倫按剈音影紐。劀音見紐。同為破裂清音。又聲同脂類。轉注字也。爾雅釋器。環謂之捐。捐借為鐍。是其例證。今説解捝本訓。字或出字林。故引經。【説文解字六書疏證卷八】

劑

詛楚文　克劑楚師【石刻篆文編】

◉許　慎　劑齊也。从刀。从齊。齊亦聲。在詣切。【説文解字卷四】

◉馬叙倫　鈕樹玉曰。韻會作從刀。齊聲。倫按齊也以聲訓。爾雅釋言。劑。翦。齊也。翦借為前。則劑剪同義。前音精紐。劑音從紐。皆舌尖前破裂摩擦音。是劑為剪之轉注字。從刀。齊聲。失次。【説文解字六書疏證卷八】

◉戴家祥　説文四篇「劑，齊也。從刀從齊，齊亦聲。」按周禮地官司市「以質劑結信而止訟」，鄭玄注：「質劑謂兩書一札而別之也。若今下手書言保物要還矣。」賈公彦疏：「質劑謂券書，恐民失信，有所違負，故為券書結之，使有信也。大市以質，小市以劑，故知質劑是券書。」麥尊「侯易者⿰女卂臣二百家劑，用王乘車馬」，劑即契券也。唐蘭曰：劑讀為賫。説文「賫，持遺也。」儀禮聘禮記：「問大夫之幣俟於郊為肆，又賫皮馬。」注：「肆，猶陳列也。賫，猶付也。」這裏主要是賞錫「者⿰女卂臣」，車馬是附加的，所以稱劑。古文字研究第二輯六十一葉，論周昭王時代的青銅器銘刻上編，二七，作册麥尊，劑用王乘車馬。唐蘭讀賫「祖雞切」，精母支部，支脂韻近，可備一説。【金文大字典上】

刷　刮　剽

◉許　慎　刷刮也。从刀。㕞省聲。禮。布刷巾。所劣切。【說文解字卷四】

◉馬叙倫　鈕樹玉曰。韻會引布作有。段玉裁云。有字是也。禮有刷巾。蓋指内則左佩紛帨。注云。紛帨。拭物之佩巾也。帨與帥同。帥刷聲相近。沈濤曰。一切經音義九引刮作拭。蓋古本如是。又部。㕞。飾也。飾即今之拭字。文選吳都賦注引作括也。疑即拭字之譌。然赭白馬賦注沈休文和謝宣城詩注爾雅釋詁釋文皆引同今本。是古本亦有如是作者。倫按刷次刮上。刷刮聲同脂類。是轉注字也。禮有刷巾校語。詩釋文引三倉。刷。埽也。倫疑三倉本作㕞。傳寫易之。此字出字林。【說文解字六書疏證卷八】

◉許　慎　刮掊把也。从刀。𠯑聲。古八切。【說文解字卷四】

◉馬叙倫　鈕樹玉曰。繫傳掊作棓。譌。玉篇作刮摩也。段玉裁曰。把當作杷。手部。掊。杷也。木部。杷。收麥器。凡掊地如杷麥然。故纍言之曰掊杷。倫按玉篇作刮摩也。摩當作𥕐。考工記。刮摩之工五。刮𥕐事相類。𥕐杷同為脣齒音。其語原或同。此或本作刮。摩也。杷也。刮為隸書複舉字。本訓捝矣。摩也杷也並字林文。亦或字出字林也。掊則字譌。刷刮音同見紐。轉注字。【說文解字六書疏證卷八】

剽　日乙三七　十六例【睡虎地秦簡文字編】

剽妾

麗剽君

蘇剽客印【漢印文字徵】

南嶽碑【古文四聲韻】

◉許　慎　剽砭刺也。从刀。票聲。一曰。剽。劫人也。匹妙切。【說文解字卷四】

◉馬叙倫　鈕樹玉曰。韵會引無一曰句。沈濤曰。史記酷吏傳索隱。一切經音義十及十一皆引剽刺也。蓋古本無砭字。索隱又引一云劫。是古本亦無剽人二字。王筠曰。一曰剽劫人也者。恐不分刀力者所加也。力部。勡。劫也。晉書音義引字林。剽。劫人也。丁福保曰。慧琳音義四十九引作刺也。八十一引作劫奪人財物也。史記酷吏傳索隱引亦作刺也。是今本衍砭字。奪財物二字。倫按砭字或讀者旁注以為剽音。傳寫譌入正文。剽訓刺也而不與刺字類次。疑亦非本訓。一曰以下校者

加之。玄應一切經音義引倉頡。剽。截也。【說文解字六書疏證卷八】

刲

◉許　慎　刲刺也。从刀。圭聲。易曰。士刲羊。苦圭切。【說文解字卷四】

◉馬叙倫　鈕樹玉曰。韵會引刺也下有割下二字。倫按剽音滂紐。刲音溪紐。皆破裂次清音。或轉注字。刺也非本訓。或字出字林。故引經。【說文解字六書疏證卷八】

剉

汗簡【古文四聲韻】

◉許　慎　剉折傷也。从刀。坐聲。麤臥切。【說文解字卷四】

◉馬叙倫　鈕樹玉曰。一切經音義廿引同此。廿一引作斫也。蓋誤引他書。玉篇訓斫也。倫按折傷也非本義本訓。或折傷也當為折也傷也。然亦非本義本訓。而折義近是。【說文解字六書疏證卷八】

剿

◉許　慎　剿絶也。从刀。喿聲。周書曰。天用剿絶其命。子小切。【說文解字卷四】

◉馬叙倫　鈕樹玉曰。周當作夏。今甘誓作剿。倫按本書灑下引周書作夏書。此字蓋出字林。故訓絶也。【說文解字六書疏證卷八】

刖

粹1223【續甲骨文編】

116【包山楚簡文字編】

刖　為九【睡虎地秦簡文字編】

◉許　慎　刖絶也。从刀。月聲。魚厥切。【說文解字卷四】

◉余永梁　書契卷一二十八葉　案此事從刀肉會意。殆即刖字。說文。「刖。絶也。从刀月聲。」月聲乃肉之譌。刖从刀肉。與刵从刀耳劓从刀鼻正同例。肉月二字。形極相似。篆幾無別。故許君誤作月聲。後乃更通作跀趴二字矣。【殷虛文字

刜

續考】

◉馬叙倫　嚴章福曰。篆當作月。不從肉。丁福保曰。慧琳音義十三引。絶也。截手足也。从刀。月聲。今本捝四字。倫按截手足也校語。字或出字林。甲文有。余永梁釋刖。謂月為肉誤。【説文解字六書疏證卷八】

◉李孝定　郭沫若曰。「辭云。甲子貞于下尸刖坚井□　□甲子貞于口方坚井□。下尸刖以口方例之。當是地名。」見粹考一五八葉下一二二三片釋文。

按説文。「刖。絶也。从刀。月聲。」契文从刀从肉會意。非从月聲。嚴章福説文校議議云。「此从月。不从肉。篆體當作。」以契文例之。殆不然也。卜辭刖為地名。無義可説。【甲骨文字集釋第四】

◉胡厚宣　殷武丁時甲骨卜辭中，有字作、、、、、、等形。字的一旁象鋸，或以手持鋸。象鋸形，示鋸形而屬于刀類，所从之又即手，象以手持鋸形。一旁从正面人形「大」，一足長，一足短，有的僅長足有趾，另一短足的趾没有了。爾雅釋言：「趾，足也。」字林：「趾，足也。」詩麟之趾毛亨传：「趾，足也。」整个字，象用鋸或以手持鋸，截斷人的一足之形。用文字學上「三書」的結構分析起來，應當是一种象意文字。

但甲骨文這個字，我以為當是説文尣字的古文𡯁，也就是尣字的重文，乃是刖形字的最原始的文字。【殷代的刖刑　考古一九七三年第二期】

◉王　輝　所謂「肵」字，拓片看不清楚，摹本作，大概近是，惟釋肵解作俎則殊誤。按此字左旁應為刀字，刀字早期金文作，晚期金文作，此為反書。右旁月應為肉，此字从刀从肉，應即刖字。刖字甲骨文作，《睡虎地秦墓竹簡》5・29作，與劍銘同。《説文》：「刖，絶也，从刀月声。」許慎混淆月与肉，解刖為形声字，非是。【關于「吴王胋發劍」釋文的幾個問題　文物一九九二年第十期】

乙三五七　刜每　乙四七八　刜云　乙二二六二　乙八三三九　前四・三二・八　摭續三一九　乙八八九六　【甲骨文編】

乙2262　8896　外439　摭續319　【續甲骨文編】

⿰桼刀

刜 刜 父辛卣　刜 晉公盦【金文編】

◉許　慎　刜擊也。从刀。弗聲。分勿切。【説文解字卷四】

◉柯昌濟　刜。説文。擊也。與此文訓不屬。疑刜字从刀。古訓或引申為絶斬之誼。不刜猶云不絶矣。【父辛卣　韡華閣集古録跋尾】

◉高田忠周　説文。刜擊也。从刀。弗聲。廣雅釋詁一。刜。斷也。又釋言。刜斫也。銘云不刜。亦繼續不斷之謂乎。【古籀篇二十八】

◉馬叙倫　擊也者。拂字義。疑刜為刎之轉注字。左昭廿六年正義釋文引並同此。正義曰。字從刀。謂以刀擊也。今江南猶謂刀擊為刜。倫謂兵器皆先擊。不獨刀也。江南謂刀擊為刜者。字仍為拂也。擊也非本義本訓。字或出字林。父辛卣作刜。甲文作刜。【説文解字六書疏證卷八】

◉戴家祥　⿰費刂　孫籀公小盂鼎考釋云：「三門□中廷，北鄉，盂告⿰費刂。案此下尚有一⿰費刂字。説文刀部：『刜，擊也。』⿰費刂當即刜之異文，前晉邦盦云『刜興未塙震彊』，似皆克伐寇敵之義。」古籀餘論卷三第五十五頁。按孫説是也。唐韻弗讀「分物切」，幫母脂部。費讀「房未切」，並母脂部。韻同聲近。集韻入聲八勿弗費俱音「分物切」，故字之从弗得聲者亦或更旁从費。玉篇一二五八沸⿰氵費同字，左傳成公六年鄭伯費穀梁傳同卒，史記鄭世家作「⿰氵費」，索隱云：「鄒本一作沸，一作弗，音扶味反。」史記十二諸侯年表「晉穆侯公弗生」，索隱云：「按世家名費生，或作⿰氵費生，世本名弗生。」史記魯周公世家：「幽公十四年，幽公弟⿰氵費殺幽公而自立。」索隱云：「世本⿰氵費作弗，音沸。」漢書律曆志下「及微公茀立⿰氵費」，顔師古曰：「茀音弗，⿰氵費古沸字。」是⿰費刂刜同字焯然無疑。日本高田忠周讀費古籀篇九十第三十一頁，林潔明缺疑金文詁林六篇零八四一頁，皆不識弗費同音故也。【金文大字典下】

寧滬三·七六　方國名　王伐⿰桼刀【甲骨文編】

◉許　慎　⿰桼刀傷也。从刀。桼聲。親結切。【説文解字卷四】

◉馬叙倫　⿰桼刀蓋切之雙聲轉注字。玉篇訓割也是也。傷也蓋字林訓。字或出字林。【説文解字六書疏證卷八】

劖

◉許　慎　斷也。从刀。毚聲。一曰剽也。釗也。鉏銜切。【說文解字卷四】

◉馬叙倫　鈕樹玉曰。繫傳作一曰剽也釗。韻會引作一曰剽釗也。廣韻引無釗也二字。倫按一曰剽也釗也皆校語。廣韻引無釗也者。所據本無此校語。或有之而為旁注。故易識别而去之也。剽釗聲同宵類。爵聲亦宵類。言部。訬。讀若毚。周禮巾車儀禮士冠禮皆借為纔。是此蓋亦假借也。【說文解字六書疏證卷八】

刓

◉許　慎　剸也。从刀。元聲。一曰齊也。五丸切。【說文解字卷四】

◉馬叙倫　刓剸聲同脂類轉注字。本書無剸字。文選長笛賦注玄應一切經音義引字林有剸字。則此字亦出字林。齊也當作劑也。乃校者記異本。【說文解字六書疏證卷八】

釗

釗釗釗 竝籀韻【古文四聲韻】

◉許　慎　刓也。从刀。从金。周康王名。止遥切。【說文解字卷四】

◉馬叙倫　段玉裁曰。刓訓未聞。爾雅釋詁。釗。勉也。又見也。則借釗為昭。鈕樹玉曰。韻會引作從金刀聲。當是從刀金刀亦聲。王筠曰。周康王名者。後人增也。倫按釋詁釗勉也者。借釗為劭。又釗見也者。注引逸書曰。釗我周王。偽書武成正作昭。孟子作紹。皆借為覞。又方言七。釗。遠也。燕之北郊曰釗。朱駿聲謂借為超。倫謂即今迢字義也。凡昭紹超迢諸字皆從召得聲。召從刀得聲。則韻會引作刀聲疑是。然從金主義不當訓刓。若謂會意。金刀亦不定是刓義。倫謂從刀鎦省聲。即劉之異文。鎦從留得聲。留從丣得聲。丣聲幽類。釗聲宵類。古讀宵歸幽也。劉聲亦幽類。蓋釗其更省者耳。此訓刓也。刓剸轉注字。剸斷亦轉注字。義與殺通。亦可證也。【說文解字六書疏證卷八】

制

制　說文　古文制如此　王子午鼎　子孫是制　【金文編】

新安外右西千羌小國制佰長【漢印文字徵】

泰山刻石　作制朙法　詛楚文　變輸盟制　【石刻篆文編】

制制義雲章 制制制 【汗簡】

制古孝經 制義雲章 【古文四聲韻】

◉許　慎　制裁也。从刀。从未。未。物成有滋味。可裁斷。一曰。止也。征例切。制古文制如此。　【説文解字卷四】

◉商承祚　制説文「制。古文制如此。」案鍇本作制當是寫失。玉篇作制。　【説文中之古文攷】

◉楊樹達　説文四篇下刀部云：「制，裁也。从刀，从未。物成有滋味，可裁斷。一曰：止也。」按八篇上衣部云：「裁，制衣也。」「製，裁衣也。」通觀諸訓，制之訓裁，正謂裁衣。裁衣以刀，故從刀。其不从衣者，以初字从衣从刀，不可複也。然从刀从未，裁衣之義終嫌不顯，故後起復有從衣之製字。段君謂裁衣為裁之本義，制訓裁之裁為引伸義，殆非也。果如段君之説，則許君不當云一曰止矣。何者？以裁制卽含止義，不容贅舉也。愚按詩東山篇云：「制彼裳衣。」春秋鄭石制字子服。韓非子難二篇云：「管仲善制割，賓胥無善削縫，隰朋善純緣，衣成，君舉而服之。」此皆用制字本義者也。裁衣者必量布帛之長短，故引伸之，制又訓匹長。周禮天官內宰云：「出其度量淳制。」又地官質人云：「壹其淳制。」杜子春訓制為匹長，是也。裁衣又必量布帛之廣狹，故制又訓布帛幅廣狹。禮記王制云：「度量數制。」鄭注云「制謂幅布帛廣狹」，是也。匹長必有定數，故或云四丈，淮南子天文篇云「四丈而為匹，一匹而為制」，是也。或云丈八尺，鄭注內宰引天子巡狩禮「制幣丈八尺」，是也。緣其表長度，故制又為表示單位之名，與言匹言端言兩言純為類。如管子乘馬篇云「季絹三十三制當一鎰」，韓非子外儲説右上篇云「終歲布帛取二制焉」，説苑復恩篇云「吳赤市使於智氏，假道於衛，甯文子具紵絺三百製，將以送之」，是也。制與製同。凡此皆由裁衣本義所得引伸之義也。如制之本義不為裁衣而為裁制之通言，則諸經注諸子所稱制字之義皆不得其源，用字展轉引伸之跡亦無由獲見矣。　【説制　積微居小學金石論叢】

◉馬叙倫　鈕樹玉曰。韻會引篆作制。非。斷下有也字。沈濤曰。廣韵引無成字。不重未字。蓋傳寫奪一成字。錢坫曰。一曰止也者。易既濟字也。干寶以未濟征凶為未成。詩。不能旋濟。傳亦云濟為止。濟之為止。猶制之為止。古濟制同字。莊有可曰。有滋味如何可裁斷。義不貫也。孔廣居曰。從刀。未聲。物有滋味云云太曲。張文虎曰。未篆説解云。味也。六月滋味也。語亦當有脱文。此是一義。又云。五行木老於未。象木重枝葉也。此文又云可裁斷。但當用木老重枝葉之義。若物成有滋味。不可云裁斷。疑是許書從未下有裁斷上有爛文。而後人妄補之也。俞樾曰。從未即從木也。倫按裁也者。乃製字義。八篇。製。裁衣也。裁衣謂度量衣之長短。而合於布帛之員幅。故製有制度之義。韓非難二。管仲善制割。賓須無善削縫。隰朋善純緣。衣成。君舉而服之。此以為衣方治國。而管仲出其製度也。淮南主術。猶巧工之制禾也。高注。制。裁也。言巧工。明非斷木之謂。巧工製木。正猶縫人之裁衣也。禮記禮器。君親制祭。此制則借為宰。制蓋耒之異文。以古文作□證之。從耒之初文作丿者。未木則一字也。耒制聲同脂類。亦其證也。未物以下皆校語。惠謂制即易之既濟字。非也。止義之濟。字借為霽。或借為此。此為止住之止本字。雨部。霽。雨止也。而古書皆借濟為越。本書。越。渡也。是其證。未齊匕聲皆脂類。此則從匕得聲也。

□席世昌曰。應如利字從勿作□。二徐本皆誤。王筠曰。五經文字曰。從古未字。未詳其說何本。未部無此古文。許於古文凡云如此者。亦大都是不可解者也。倫按王謂許書凡言古文如此亦大都不可解者。蓋未悟乃校者所增耳。此篆或校者據石經增之。然石經字體亦絕非無本也。此篆鍇本作□。倫謂本作□。譌為□也。或□從刀□聲。為制斷字。【說文解字六書疏證卷八】

◉李旦丘　□師遽尊銘云：「王呼宰□(人名)錫師遽瑀圭一，環章璋四。」□舊釋利，獨許翰郭沫若兩氏反對此說。郭氏云：「晉姜鼎是下一字似有缺畫，舊釋為利，亦不確。許翰云：『□與福或韻，薛書晉姜鼎「三壽是利」與亟德韻，於古音屬之部，皆不應是利字。□从工从刀，□則刻木彔彔之形，疑即刻字。刻，克通』(攈古三之二引)。案釋刻近是，疑讀為晐備之晐」(兩周·第五十三頁)。

許郭兩氏，一反衆說，獨倡異議，可謂卓識。今案□確非利，然亦非刻，實為制字。前人均釋為利者，完全由於誤認□傍。在一般的場合上，□自然是禾字，但□禾□木二字，亦間有混用的時候，緣禾木形近，禾字不過是木上多一丿耳。關於這一點，瑞安孫氏早已言之(見名原上，第十五頁)甚詳，而古文尤其是甲骨文又是木未不分的，故□字得隸化為利，此即小篆之□制字。又許書收有古文制字作□，从彡，此即金文□，甲骨文□(前，第二卷，第三頁，第一片)之嫡系子孫(說詳拙著殷契摭佚)。許云：制，裁也。裁即裁木之意。至於古文所从之彡，殆為木鋸末之象形。

宗周鐘銘云：「參壽唯制。」

晉姜鼎銘云：「三壽是制。」

禮曲禮云：「士死制。」注：「制謂君命士受命致死也。」又禮禮器云：「大廟之內，敬矣，君親制祭。」制祭亦即致祭。註謂「朝踐進血之時，君自斷制牲肝，洗於鬱鬯，祭神於室也」。注的說法，未免太曲折。至於三壽是制或參壽唯制，即致壽於參星之高的意思。【釋制　金文研究】

◉李孝定　□前·五·三·九·八　此辭云。「□令其唯太史賓令。」葉玉森前釋以此辭與上辭連讀。釋□為利。按本片兩辭中有間隙。不當連讀。字影本不晰。其左旁當為字。利字从禾當作。中直畫不當透出上左斜畫之上。故知非利字也。辭云「制令」。當即王所作「教令」。曲禮「士死制」注。「謂君教令所使為之。」越語「君行制」注。「法也。」獨斷。「制書者制度之命也」。此均制令之意也。此言「制令」。猶後世稱「詔曰」也。葉以「王初利令」連讀。或分上下辭以「利令」連文。均覺不辭。且字形亦與利字不合也。【甲骨文字集釋第四】

◉劉　釗　《金文編・附録上》五三六號字作：

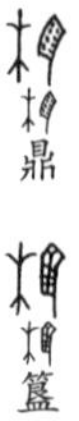

舊不識，李孝定以為此字「從木，右一文似刀，然與刀字微異，當為斤字初文，金文斤作，應即之省變，然則此『析』字也」。按金文斤字作，乃是因割裂筆劃沿着形演變而成，謂乃之省變，甚為荒謬，不過李孝定懷疑「右一文似刀」，則可謂得之。刀字寫作、，是早期銅器銘文慣用的對文字進行美化裝飾的結果，其形體可與早期銅器銘文刀字及從刀之字進行比較：

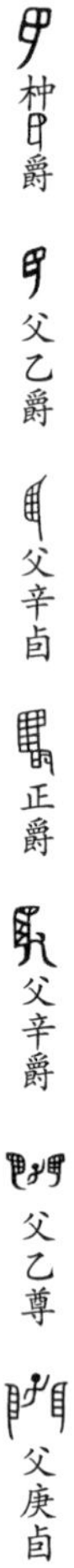

故字可隸定作「利」。《説文》「制，裁也。從刀從未，未，物成有滋味可裁斷，一曰止也」。按《説文》對制字從「未」的説解牽強附會，大有問題。甲骨文木字作，未字作，未字也應象木形，木、未形體接近，極易相混。金文未字或作「」（《金文編》三八九頁），《金文編》列于木字下，就是將未字混成了木字。所以制字所從之未，應是木字之譌。《汗簡》引古《孝經》制字作「」，引《義云章》制字作「」，皆從木作，木旁三筆，是因為刀字可作「」「」，筆劃脱離並移位造成的。王子午鼎制字作「」，仍從木作可證。秦代權量上的制字作「」、「」，木旁已斷成三截，裘錫圭先生認為古文字「折」字象以斤斫斷樹木，制字應是象以刀截割木材。所論極是。制字從木從刀，象以刀截割木材，所以《説文》訓為「裁」，制字與折字音義皆通，折字訓「斷」，與制字訓「裁」義本相因，秦簡製字從折作「」，制折皆照母脂部字，聲音全同，二字應是一組同源字，上列金文結構為從木從刀，故字應該釋為「制」字。

金文還有下列字：

從木從刀從又，《金文編》誤釋為「枚」（三九五頁）。按古文字中從又表示某種動態的字，從又與否常常只是繁簡體的不同，故字可隸作「」，也應釋為「制」。【《金文編》附録存疑字考釋　人文雜志一九九五年第二期】

◉許　慎　㓠缺也。从刀。占聲。詩曰。白圭之㓠。丁念切。【說文解字卷四】

◉馬叙倫　玉篇。鉆。缺也。是缺也乃鉆字義。本義亡矣。或為刔之侵談近轉轉注字。字蓋出字林。【說文解字六書疏證卷八】

罰　盂鼎　狃伯卣　師旂鼎　鬳簋　吕鼎　儹匜　散盤　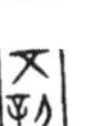盗壺　【金文編】

罰　為四　二例　語一三　秦一四　【睡虎地秦簡文字編】

石經多士　罔非有辭于罰　𠘧乃冈譌　汗簡引石經作　又此寫誤　【石刻篆文編】

罰竝石經　【汗簡】

石經　【古文四聲韻】

◉許　慎　罰辠之小者。从刀。从詈。未以刀有所賊。但持刀罵詈。則應罰。房越切。【說文解字卷四】

◉方濬益　(伯罰卣)罰。辠之小者。从刀从詈。未以刀有所賊。但持刀罵詈則應罰。按网同為網之象形。古文又作。【綴遺齋彝器款識考釋卷十二】

◉高田忠周　初學記云。元命包曰。网言為詈。刀守詈為罰。注。詈从刀守之則不動矣。此言字當作罰也。此為俗說。【古籀篇二十八】

◉馬叙倫　鈕樹玉曰。韻會引辠作罪。沈濤曰。初學記廿引作网言為詈。刀字詈為罰。罰之為言内也。陷於害也。蓋古本如此。字從刀守詈。今本作從刀從詈。誤矣。此解本春秋元命苞。廣韻引春秋元命苞曰。网言為詈。罰言网陷於害。知初學記内字為冈字之誤。又一切經音義一及六及十四皆引辠之小者曰罰。蓋古本作一曰辠之小者曰罰。孔廣居曰。持刀罵詈之說。俚鄙穿鑿。昭孔謂從刀詈聲。罰轉去則房處切。故與詈諧。張文虎曰。疑從刀從网從言。网者法网。言從辛。辛亦辠也。非取罵詈之義。刀者。刀布。非刀刃之刀。徐灝曰。罪之小者。不獨持刀罵詈一事。其說不確。且字形但從刀從詈。則用法之義亦未顯。未下十四字疑後人所增。元命苞尤穿鑿不足辯也。灝謂刑者。法也。從刀井聲。罰亦法也。從网。從

刵

言。從刀。网者。罪之省也。言者。爰書定罪之意。刀者。自大辟以至劓刵髡黥之屬。皆刑其肢體也。析言之。則重者為刑。輕者為罰。林義光曰。刀詈不詞。從言网。网。古剛字。倫按諸説皆致疑於罰字之構造。其創解則皆未通。林謂從网。不明從网為義。抑取其聲。檢罰音房越切。廣雅釋詁四以伐釋罰。是罰當得聲於网。罰网皆脣齒音也。三篇言部之詵誅討諸文。於經傳皆有罰罪之義。疑罰從言剛省聲。剛亦得聲於网也。書吕刑有墨罰劓罰剕罰宮罰大辟之罰為五刑。是五刑之屬皆為罰。罰非專屬辠之小者。甘誓。恭行天罰。啟所以伐有扈。伐國亦非小辠也。周禮職金有金罰貨罰。罰不必皆用刀。蓋罰之本義為因其辠而定其刑。即今之判詞也。罰正判詞之判本字。墨子經。罰。上報下之罪也。是其證。罰為報之轉注字。報之者為𠬝。詳報字下。罰𠬝音同奉紐。又可證也。許不知罰從剛得聲。而誤入刀部。讀者復以春秋元命苞説注之。遂成今文。不悟許不用緯書説字也。或本在言部。説解捝失。後人不能所從。謬移之刀部。當入言部。或曰。從訓。网聲。為詵之轉注字。罰音奉紐。詵音喻紐三等。同為摩擦次濁音。訓字本書不收。玄應一切經音義兩引古文官書討訓同。蓋從言刀聲。為訃之轉注字。罰字見急就篇。盂鼎作。散盤作。𤞷伯卣作。【説文解字六書疏證卷八】

◉石志廉　將客釋作人名是對的，但應釋為罰字。罰，散氏盤作、𢧵殷作、㫚鼎作，為罰之變體字，按客應釋作罰客，罰客与鑄客性相類似，乃掌冶鑄的職官，稱罰客者疑其本身係出自刑徒。【陳喜壺　文物一九六一年第十期】

◉銀雀山漢墓竹簡整理小組　賞訓孰明　十一家本「訓」作「罰」。「訓」當是「罰」之古字或簡體。【銀雀山漢墓竹簡】

◉許　慎　斷耳也。从刀。从耳。仍吏切。【説文解字卷四】

◉馬叙倫　鈕樹玉曰。韻會作從刀耳。桂馥曰。一切經音義二引字林。斷耳也。丁福保曰。慧琳音義四十一及九十二希麟續音義一皆引作從刀耳聲。倫按嚴可均苗夔朱駿聲並謂耳亦聲。徐灝謂康誥之劓刵人吕刑之劓刵椓黥。王念孫以為刵字皆刖之譌。斷耳非五刑所有。倫謂從刀耳聲。劓之轉注。刵音日紐。古讀歸泥。劓音疑紐。泥疑皆鼻音次濁音也。刑耳刑鼻。蓋附會字刑分別之。劓固從臬得聲也。廣雅釋詁一。刵。斷也。又四。刵。截也。斷耳也字林訓。字林蓋本吕刑鄭注。然吕刑及康誥以劓刵連文。王引之謂刵皆刖之譌。是也。古書無以言斷耳為刑者。惟於俘有之。非常刑也。字或出字林。【説文解字六書疏證卷八】

乙三二九九 卜辭𠜾從刀從自 象以刀割鼻 鐵二五〇・一 前四・三二・八 燕一七三 【甲骨文編】

前4・32・8 藏250・1 【續甲骨文編】

𠜾 辛鼎 【金文編】

3・1024 獨字 【古陶文字徵】

𠜾 法一二〇 二例 說文劓 臬或从鼻 封四三 【睡虎地秦簡文字編】

劓 【汗簡】

◉許慎 𠜾刑鼻也。从刀。臬聲。易曰。天且𠜾。魚器切。劓臬或从鼻。【說文解字卷四】

◉羅振玉 說文解字。𠜾。刑鼻也。从刀。臬聲。或从鼻作劓。 此作[自刂]。與說文或作合。自即鼻之初字也。【殷虛書契考釋卷中】

◉高田忠周 說文。𠜾刑鼻也。從刀臬聲。或从刀鼻作劓。為會意。但臬訓射準的也。从木自。亦會意。葢其狀如鼻在面中央也。臬轉義為法式。小爾雅廣雅皆云。臬。法也。然則𠜾字形聲包會意明矣。【古籀篇二十八】

◉馬叙倫 鈕樹玉曰。集韻類篇韻會引作刖鼻也。一切經音義十五及十九及廿一引並云。決鼻也。沈濤曰。音義廿一引又有割也二字。其古本之一解乎。桂馥曰。刑當作刖。字林亦作刖。丁福保曰。慧琳音義五及八及廿八並引作訣鼻也。倫按玄應一切經音義引字林。刖鼻也。又作割鼻也。倫謂本作刖也。為刖之轉注字。刖從月得聲。月𠜾音同疑紐也。字林有刖也割鼻也二訓。今并之耳。字亦出字林。辛鼎作。甲文作。

劓王筠曰。臬當作𠜾。宋保曰。臬聲鼻聲同部相近。倫按臬從木自聲。詳臬字下。鼻為自之轉注字。故𠜾劓轉注。甲文作。【說文解字六書疏證卷八】

◉徐中舒 一期 前四・三二・八 從刀從自，象刖鼻形。《說文》：「𠜾，刖鼻也。从刀，臬聲。」臬當為自之譌。疑為用牲法。【甲骨文字典卷四】

刑

刑 从土 盜壺 大去刑罰 【金文編】

文字 5·22 刑口 【古陶文字徵】

詛楚文 荆戮孕婦 【石刻篆文編】

刑 刑華岳碑 【汗簡】

古孝經 同上 古尚書 雲臺碑 【古文四聲韻】

◉許 慎 刑 剄也。从刀。幵聲。户經切。【説文解字卷四】

◉馬叙倫 朱駿聲曰。并省聲。倫按。并從幵得聲。詳并字下。荆刑一字。詳荆字下。或此自從幵得聲。為荆之轉注字。音同匣紐。然金文伐荆字作。則自無刑字。字見急就篇。顔師古本作形。疑急就篇故書作荆。傳寫易之。則此字或出字林。【説文解字六書疏證卷八】

◉張書嚴 傳統看法認為:「刑」字有兩個來源——「荆」和「刑」,「荆」字的「井」旁和「刑」字的「幵」旁都演變為「开」,合成了一個「刑」字。這種説法是否合理呢?通過對有關材料的分析,我們得出這樣一個結論:「刑」的來源其實只有一個,即「荆」字。所謂「刑」,是因誤解而産生出來的一個訛字。【試談「刑」字的發展 文史第二十五輯】

◉黄錫全 刑 《隸續》録石經荆字古作,薛本作型,此同。刑字古作(散盤)、(子禾子釜),又从土作型,如楚帛書「刑首事」之刑作,盜壺「大去刑罰」之刑作等。《説文》刑當是荆字形譌,本為一字,許氏分列二部。【汗簡注釋卷二】

◉戴家祥 古文汲井之井,陷阱之阱,模型之型,形聲相近,典籍每相借用。説文五篇「井,八家一井,象構韓形。●,罋之象也。」段玉裁云:「韓,井上木闌也。其形四角或八角,又謂之「銀床」。説文解字注。是井之本義為汲井,象井闌形,中注一點指清泉,在六書為「指事」,許謂「罋之象」,非是。引伸為井田,地官小司徒:「乃經土地而井牧其田野,九夫為井。」鄭玄注:「立其五溝五塗之界,其制,似井之字,因取名焉。」唐韻井讀「子郢切」,精母耕部。

井亦讀阱,説文:「阱,陷也。从𨸏,从井,井亦聲。穽,阱或从穴,汬,古文阱从水。」按秋官雍氏「春令為阱,擭溝瀆之利于民者」,鄭玄注阱:「穿地為塹,所以禦禽獸,其或超踰則陷焉,世謂之陷阱。」井中一點,與汲井之井同義,阱、穽、汬皆井之加旁

剄 𠟭

字。唐韻阱讀「疾政切」從母耕部。

模型之型，字亦象形，近代手工冶鑄者，尚以連接木板四塊成井字形，用為翻砂框架。説文「型，鑄器之法也。」集韻下平十五青引舊説「以土為法曰型，以金為法曰範，以木為法曰模。」冶鑄必用砂土，故表義加旁作型。模具能使鑄件成形，故型又有成義。禮記王制：「大司徒以獄之成告於王，王命三公參聽之，三公以獄之成告於王，王三又，然後制刑。凡作刑罰，輕無赦：刑者，侀也；侀者，成也。一成，而不可變。」尚書堯典「觀厥刑于二女」，大雅文王「儀刑文王，萬邦作孚」，偽孔毛鄭並訓刑，法也。唐韻侀刑俱讀「户經切」，侀即刑之加旁字也。成讀「是征切」禪母耕部，「刑」「成」同部，故刑有成義。左傳昭公六年鄭簡公鑄成文法於刑鼎，晉叔向使詒子産書曰：「夏有亂政，而作禹刑；商有亂政，而作湯刑；周有亂政，而作九刑。」杜預注：「鑄刑書於鼎，以為常法」。「刑」當讀侀。

同聲通假字亦讀剄，説文四篇：「刑，剄也。」又云：「剄，刑也。」剄讀「古零切」，見母耕部，古牙音見溪兩紐每與喉音曉匣互諧，刑與剄，為同義互訓，在六書為「轉注」。漢書淮南厲王傳「命從者刑之」，又「太子自刑不殊」，又「王自刑殺」，史記刑並作剄，史記項羽本紀「皆自剄汜水上」，集解引「鄭玄曰：以刀割頸為剄」。刑之本義為犯重罪者之極罰，其後用為泛指一切犯法者之懲罰，乃引伸義也。

牆盤銘文借㓝為荆，荆讀「舉慶切」，見母陽部，陽耕韻近，故得通假。【金文大字典上】

◉許　慎　剄刑也。从刀。巠聲。古零切。【説文解字卷四】

◉馬叙倫　㓝剄同舌根音轉注字，禮記月令。百官静事毋刑。注。今月令刑為經。淮南時則訓亦作徑。經徑皆借為剄。是其證。史記淮南王傳索隱引三倉。剄。刺也。【説文解字六書疏證卷八】

◉許　慎　𠟭減也。从刀。尊聲。兹損切。【説文解字卷四】

◉馬叙倫　減也非本義。廣雅釋詁一。𠟭。斷也。則合從刀之義。𠟭蓋刑之轉注字。𠟭音精紐。刑從井得聲。井音亦精紐也。減也者。即減字義。減得聲於戌。戌音心紐。與𠟭同舌尖前音。本書𢦏讀若咸。𢦏音亦精紐。古書亦借損為減。損音亦心紐。餘詳損下。【説文解字六書疏證卷八】

魝 魝

◉許　慎　魝楚人謂治魚也。从刀。从魚。讀若鍥。古屑切。【説文解字卷四】

◉馬叙倫　鈕樹玉曰。玉篇。山俱切。又公節切。割也。按玉篇山俱切者當是魚聲。後人疑不近而去聲字。劉秀生曰。走部。趨。從走。薊聲。讀若髮結之結。詩天保。吉蠲惟饎。盧辯大戴禮諸侯遷廟注。作絜蠲惟饎。絜亦從㓞聲。此魝讀若鍥之證。倫按魚音疑紐。鍥從契得聲。音在谿紐。谿疑皆舌根音。是魝從魚聲。或從刀鮚省聲。鮚契聲同脂類。廣雅釋詁。魝。割也。盖本義。今奪。但存楚人六字校語耳。魝讀若鍥。或為㓞之轉注字。【説文解字六書疏證卷八】

券 券

券　秦八〇　四例

法一七九　二例【睡虎地秦簡文字編】

◉許　慎　券契也。从刀。𢍏聲。券別之書。以刀判契其旁。故曰契券。去願切。【説文解字卷四】

◉馬叙倫　沈濤曰。御覽五百九十八引作以刀刻其旁故曰契也。一切經音義十三引作以刀判其旁故曰契也。止觀輔行傳七之四引作以刀判其旁故謂之契。三引小異。然可見古本判下無契字。契下無券字。嚴可均曰。券契字疑當作絜。章炳麟曰。契對轉寒為券。倫按券㓞雙聲轉注字。券別以下校語。【説文解字六書疏證卷八】

◉劉彬徽等　(235)　笶⿱竹侍，讀如券等。《説文》：「券，契也。」《釋名·釋書契》：「券，綣也，相約束繾綣以為限。」券等似指文書。【包山楚簡】

刺 刺

刺　日甲三五背　十例

日甲六二

法一七三　三例【睡虎地秦簡文字編】

徐州刺史

冀州刺史【漢印文字徵】

素下殘石

魏元丕碑領

朱龜碑領

詛楚文　幽刺敍戚

石經僖公　不卒戍刺之【石刻篆文編】

◉許　慎　刺君殺大夫曰刺。刺。直傷也。从刀。从朿。朿亦聲。七賜切。【説文解字卷四】

◉楊樹達　説文七篇上朿部云：「朿，木芒也。象形。讀若刺。」四篇下刀部云：「君殺大夫曰刺。刺，直傷也。从刀朿，朿亦聲。」按通語云箴規，云諷刺，義相近。諫字説文訓數諫，為諷刺之本字，字亦从朿聲。箴朿皆鋭鋒，以具體假為抽象之用也。【字義同緣於語源同例證　積微居小學金石論叢】

剔

◉馬叙倫　鈕樹玉曰。韻會引作從刀朿。段玉裁曰。剌。直傷也。當為本義。今倒。倫按考工記分兵為句兵剌兵。剌兵為直傷。剌從朿得聲。朿為木之有剌者。蓋得聲朿。語原然也。説解蓋本作朿也。以聲訓。今捝。君殺大夫十字字林文或校語。從朿朿亦聲亦校者改之。本作朿聲也。傷害字當作刅。刅音穿紐。剌音清紐。同為破裂摩擦次清音。轉注字也。亦刲之聲同支類轉注字。劀下三字失次。字見急就篇。【説文解字六書疏證卷八】

□ 剔【汗簡】

□ 義雲章　⿱狄刀 崔希裕纂古　⿱狄刀 同上【古文四聲韻】

◉許慎　剔解骨也。从刀。易聲。他歷切。【説文解字卷四】

◉黄錫全　□剔　豐、內本《尚書》剔並作⿱狄刀，《一切經音義十一》剔又作⿱狄刀。易狄音近互作不別，如《説文》逖字古文作逷、惕字或作悐，雲夢秦簡惕作悐。⿱狄刀當是剔字古體或別體。《説文》有鬄無剔，徐鉉增補。璽彙0337□字，何琳儀釋為⿱狄刀（剔）。【汗簡注釋卷二】

刎 剜 劇 刹

◉徐　鉉　刎到也。从刀。勿聲。武粉切。【説文解字卷四新附】

◉徐　鉉　剜削也。从刀。宛聲。一丸切。【説文解字卷四新附】

◉徐　鉉　劇尤甚也。从刀。未詳。豦聲。渠力切。【説文解字卷四新附】

◉徐　鉉　刹柱也。从刀。未詳。殺省聲。初轄切。【説文解字卷四新附】

刃

前四・五一・一 【甲骨文編】

刃 法九〇 四例 封六七 【睡虎地秦簡文字編】

刃 【汗簡】

古老子 汗簡 【古文四聲韻】

◉許 慎 刀堅也。象刀有刃之形。凡刃之屬皆从刃。而振切。 【説文解字卷四】

◉馬叙倫 徐鍇曰。李陽冰以為會意。鍇謂刃在刀前。即是象形。縱使以一示其處。即為指事。非會意也。段玉裁曰。堅當作鋻。金部曰。鋻。剄也。吳穎芳曰。此象形。象事形也。象意形也。指事説為視而可識察而見意。與會意相近。王筠曰。刀以刃為用。刃不能離刀而成體也。顧刀之為字有柄有脊有刃矣。欲别作刃字。不能不從刀而以丶指其處。謂刃在是而已。刀豈突出一鋒乎。倫按徐鍇祛妄篇引作刃刀之鋻利處。象有刃之形。刃從刀。丶以識其鋻也。指事。倫謂刃鋻聲同真類。鋻為刃之轉注字。止當訓鋻也。刀字或本是隸書複舉刃字之誤。或刀堅也為字林文。本訓失矣。字見急就篇。【説文解字六書疏證卷八】

刅

刅 刅壺 刅觶 從立 中山王𧊒壺 創明封疆 【金文編】

3・865獨字 説文所無 古文四聲韻引古尚書倉作 則此應即創字 3・870同上 3・868同上 3・866獨字 3・867同上 3・869同上 【古陶文字徵】

石經多士 【石刻篆文編】

創孫強集字 【汗簡】

孫彊集 竝崔希裕纂古 【古文四聲韻】

◉許　慎　刅傷也。从刃从一。楚良切。創或从刀。倉聲。臣鉉等曰。今俗别作瘡。非是也。【説文解字卷四】

◉高鴻縉　王筠曰。當入刀部。左右兩一。則傷痕也。按王説是也。傷痕本不在刀。兹姑誌其意象而已。從丶表傷痕之假象。故為指事字。名詞。至於創造之創。古原作刱。後世通叚創字為之耳。【中國字例三篇】

◉馬叙倫　鈕樹玉曰。韻會作刅。段玉裁曰。當作刅。沙木曰。從一指事。一者。刃所傷也。王筠曰。刅以會意定象形。收於刃部。非也。當入刀部。左右兩丶則傷痕也。倫按刅篆本作刅。從刀。丶象刀所通過之物體。或象傷物所著之血。如前説為指事。如後説為會意。倫謂前説理校成也。當入刀部。鍇篆作刅。譌。

創此刅之聲同陽類轉注字。玄應一切經音義引古文官書戧刅二形同。疑本作創。傳寫之譌。吕忱據官書加此字。王筠據鍇本刅作刃。刅創為傷害之傷本字。【説文解字六書疏證卷八】

◉朱芳圃　按馬説非也。刅,割也。象用刀刈艸之形。許君訓傷,引伸之義也。孳乳為戕,説文戈部:「戕,槍也。它國臣來弑君曰戕。從戈,爿聲。」為愴,心部:「愴,傷也。從心,倉聲。」對轉鐸,孳乳為斮,斤部:「斮,斬也。從斤,昔聲。」為惜,心部:「惜,痛也。從心,昔聲。」

又按刅,古讀複音tsʻiang lʻiang,故從之得聲之字,分為二系:如刱讀tsʻiang,梁粱讀lʻiang是也。【殷周文字釋叢卷中】

◉趙世綱　《説文》刑字作㓝,從刀從井。此畱從刃從井,與刑字不合。《説文》創字作刱,從井刃聲,讀若創。訓為造法創業也。畱字從刱、從田。可能為創的異體。⿱⺮刱可能為年字,《孝成鼎》年字作⿱⺮刱與「⿱⺮刱」字相似。畱⿱⺮刱即創年,即開創之年或創業之年,也就是元年之意。【信陽長臺關一號墓的年代與國别　考古與文物一九八三年第四期】

◉戴家祥　此字僅見中山王嚳方壺。張政烺謂:「竕,從立,刃聲,疑讀為創。」見古文字研究第一輯二一九葉中山王嚳壺及鼎銘考釋。商承祚亦云:竕可能是創字,汗簡創作釖,兩形近似。古文字研究第七輯六九葉。戴家祥曰:説文四篇「刅,傷也。從刃,從一,創或從刀,倉聲。」徐鉉曰:「今俗别作瘡,非是也。」集韻下平十陽刅、創、刱、㓡、刅、戧同字。同聲通假,用為創業之創。論語憲問「裨諶草創之」,孟子梁惠王下「君子創業垂統,為可繼也」,即其義也。壺銘竕字從刃從立,與釖形絶異,未可混淆。以聲義審之,字當讀立,加旁從刃者,東周之異體字也。立有速義,史記平原君列傳「錐處囊中,其末立見」,又刺客列傳「劍堅,故不可立拔」,其義猶「立即」也。壺銘「竕闢封疆」,猶國語魯語云:「今一言而辟境也。」辟闢同字。唐韻立讀「力入切」,音力,來母緝部。

【金文大字典上】

劍

劍　不从刃　戉王劍　僉字重見　从金　吳季子之子劍　富奠劍　師同鼎　【金文編】

劍　法八四　三例　日乙三八　九例　【睡虎地秦簡文字編】

古老子　王庶子碑　籀韻　【古文四聲韻】

◉許　慎　人所帶兵也。从刃。僉聲。居欠切。籀文劍。从刀。【說文解字卷四】

◉馬叙倫　當依籀文從刀。入刀部。人所帶兵也非許文。本訓挩矣。劍字見急就篇。

鈕樹玉曰。繫傳作。倫按從刀二字校者加之。【說文解字六書疏證卷八】

◉金祥恒　近來籀讀羅氏所輯之三代吉金文存，發見一斷劍之銘文，分載二處。一載於卷二十第四十五頁，名為鵰公劍，九字；一載卷二十第四十三頁，名為劍，五字。鵰公劍並見於貞松堂集古遺文卷十二第十九頁第二器，其釋文為：

鵰公口

乍元劍

寶用之

茲將二銘拼挩如後：

其銘文當作：鵙公□自乍元⿰金斂，永匋(寶)用之。

鵙說文所無，亦不見於其他字書。但亦見於其他戈銘，如三代卷十九第三十九頁第一戈「□□雁戒戗」及第三十八頁第三戈「□□□□□」。或釋為雁字(金文編第四部二十一頁)。公作□，從八從曰，蓋春秋戰國時之文字。如虢文公鼎、邾公華鐘蔡公子果戈及古璽匋文等公均是。□，不識。乍，即作；⿰金斂，即劍。說文刃部：「劍，人所帶兵也；從刃僉聲。□籀文劍從刀。」此從金從斂，劉熙釋名：「劍，檢也；所以防於非常也。」又云：「斂也，以其在身，拱時斂在臂內也。」此劍字從斂，或即此意。字或從金從僉，如富奠劍(録遺五八九)、郾王職劍(録遺五九五)、齊良劍(兩罍軒卷八)等。而鐱，玉篇訓金也，集韻訓臿也，蓋別一義。或作僉，如越王劍(録遺五九二)、成妻劍(奇觚室卷一〇第二頁)。由是言之，劍之字有五體：劒、劍、鐱、⿰金斂、僉。惟劍銘作鐱為最多，僉則次之，作⿰金斂者，僅此一見。

劍之名，見於載籍者，曰輕呂，(佚周書克殷解，武王答拜先入，適王所，乃克射之，三發而後下車，而擊之以輕呂，斬之以黃鉞。孔曰輕呂劍名，史記周本作輕劍。)曰徑路，(漢書匈奴傳下：刑白馬單于，以徑路刀金留犁撓酒。)曰屬鏤，(左傳哀公十一年王聞之，使賜之屬鏤以死)。曰鹿盧，(古樂府：腰間鹿盧劍，可直千萬餘。)曰檑具。(漢書雋不疑傳：帶檑具劍。)其呂、路、盧，古為魚部字。鏤、具，古為侯部字。魚侯旁轉，可通。乃語原相同之故？【說劍　中國文字第三十二册】

◉商承祚　鐱，即劍，字形與郘鐘鉦之□及越王句踐劍之□近似，此增加一曰字。鐍鐱，是指長柄劍的一種專名，而非指全劍之長。此墓於棺內發現一柄附有漆鞘的劍在墓主身旁，此劍為越人所鑄，故稱邸鐍劍，吳與越鑄劍聞名於時，故史稱吳越劍。生絇以下，皆為劍上之附飾名。【長沙仰天湖二五號楚墓竹簡遺策考釋　戰國楚竹簡匯編】

甲一一七〇【甲骨文編】

攻敔王光劍　越王勾踐劍　郤諧尹鉦儆至劍兵　郾王職劍　𢍮公劍　㓞　師同鼎【金文編】

㓞口八切【汗簡】

汗簡【古文四聲韻】

◉許　慎　巧㓞也。从刀。丰聲。凡㓞之屬皆从㓞。恪八切。【說文解字卷四】

◉馬叙倫　莊有可曰。丨。木也。彡象刻形。馮振心曰。丰㓞栔一字。丰象從橫刻鍥形。刻必以刀。故加刀作㓞。刻之於木。故又加木作栔。倫按如莊說。則丰為栔之初文。亦契券之契本字。㓞則㓞刻字。從刀。丰聲。從丰得聲者。語原然也。巧㓞也非本訓。字或出字林。餘詳丰下。馮說亦通。【說文解字六書疏證卷八】

◉李孝定　說文。「㓞。巧㓞也。從刀丰聲。」此與小篆同。惟原辭殘泐且漫漶不明。不詳其義以字形言之。丰當即象㓞刻之齒。從刀所以栔之也。地官質人鄭注云。「書契取于市物之券也。其券之象書兩札刻其側。」易繫辭注。「書之於木。刻其側為契。各持其一。後以相考合。」此從丰即其象也。徐灝段注箋丰下云。「戴氏侗曰。『丰即契也。又作㓞加刀。刀所以契也。又作契。大聲。古未有書。先有契。契刻竹木以為識。丰象所刻之齒。』灝按戴說是也。後漢書張衡傳曰。『斯契船而求劍。』李注。『契猶刻也。』契尚訓為刻。㓞從刀自是刻畫之義。而丰為刻齒之形可觸類而知。⊘丰音古拜。㓞音恪八。契音苦計，一聲之轉也。」徐說是也。㓞栔當為古今字。【甲骨文字集釋第四】

◉陳漢平　五八、釋㓞契　栔、契二字古代通用，如《易・繫辭》：「易之以書契。」注：「契，刻也。」《釋名・釋書契》：「契，刻也。刻識其數也。」《爾雅・釋詁》：「契、滅、殄，絶也。」注：「今江東呼刻斷物為契斷。」《淮南子・說山》：「至伐大木，非斧不剋。」注：「剋，截。」《列子・湯問》：「剋臂以誓。」釋文引《淮南子》許註：「契臂，剋臂出血也。」

杕氏壺銘：「可(荷)是金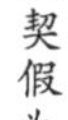(契假為挈)，[虘灬](吾)台(以)為弄壺。」契字作，臨潼秦始皇陵趙背户村刑徒墓出土板瓦刻字契字作。《汗簡》、《古文四聲韻》潔字作。據此可知。丰字可作丯，短畫可多可少；㓞字可作，丰形與刀形可分可合。知此，則可辨識一批前人未釋之古代漢字。【屠龍絶緒】

◉黃錫全　㓞口八切　㓞即古契字，甲骨文作(甲1170)，師同鼎作，《說文》正篆作。【汗簡注釋卷二】

◉徐中舒 [glyph]三期 甲一一七〇 從[glyph]刀從丰，象以刀鍥刻之形。丰象所刻之齒，古人用以記事。【甲骨文字典卷四】

◉戴家祥 [glyph]字从丣从丰，前人缺釋，説文七篇害，从宀、从口，丰聲。師害𣪘作[glyph]，毛公鼎作[glyph]，叔多父盤作[glyph]，聲符「丰」與此左半形近。从丣丰聲，字當釋㓞。説文「㓞，巧㓞也。从刀丰聲。」六書正譌音器，約也。从刀丰象刀刻竹木以記事者，别作契栔，後人所加。按从丣與从刀同，表義更旁字也。唐韻㓞讀「恪八切」，溪母祭部。【金文大字典上】

◉許　慎 [glyph]齘契。刮也。从㓞。夬聲。一曰契。畫堅也。古黠切。【説文解字卷四】

◉馬叙倫 鈕樹玉曰。繫傳作斷𢍶刮也。蓋傳寫之譌。桂馥曰。畫當作劃。徐灝曰。齘。玉篇作骱。皆扴之借。手部。扴。刮也。齘𢍶蓋漢人語。王筠曰。齘𢍶疊韻連語。倫按刀部。刷。刮也。刮。掊杷也。不當從㓞。刮也者。蓋扴字義。説解齘字疑乃校者注以釋𢍶字之音者也。𢍶則隸書複舉字誤乙於齘下耳。𢍶為㓞之同舌根破裂音又聲同脂類轉注字。然或此字出字林。齘𢍶為吕忱述方語。一曰畫堅也又校者加之。莊子養生主。砉然嚮。或當作此字。【説文解字六書疏證卷八】

◉許　慎 [glyph]刻也。从㓞。从木。苦計切。【説文解字卷四】

◉馬叙倫 鈕樹玉曰。韻會引作从木㓞聲。非。當作从㓞。从木。㓞亦聲。倫按此實丰之後起字。从木。㓞聲。當入木部。【説文解字六書疏證卷八】

[glyph]丰　丰己觚　[glyph]乙亥簋　玉十丰章【金文編】

[glyph]丰【汗簡】

◉許　慎 丰艸蔡也。象艸生之散亂也。凡丰之屬皆从丰。讀若介。古拜切。【説文解字卷四】

◉吳大澂 [glyph]乙亥敦。玉十丰。象三玉相連之形。二玉曰珏。三玉曰丰。許氏説王象三玉之連。丨其貫也。知古有三玉一貫者。【説文古籀補附录】

◉郭沫若 「帝五丰臣」或省作「帝五丰」，其文云「癸酉貞帝五丰，其三牢」。後・上廿六・一五。以其字形及日辰觀之，與此乃一時所卜。丰字羅振玉釋玉，以乙亥𣪘「玉十丰」為證。實則彼𣪘玉字作王，與丰字不同。金文從玉之字頗多，無一從丰作者。且此如讀為「帝五玉臣」亦大不辭，故丯絕非玉字。余意當即小篆丯字，讀介。秦誓「若有一介臣」，據禮大學引。公羊傳文十二年引作「惟一介」，猶此「五丯臣」亦省稱「五丯」也。介今作个，故「帝五丯臣」又省稱作「帝五臣」。見下片。帝自上帝，五臣不知何所指。

【殷契粹編考釋】

◉馬叙倫　王筠曰。生當作丯。徐灝曰。艸蔡之訓。書傳無徵。顧實曰。丯。古契字。—象契形。彡所刻之齒也。劉秀生曰。丯。象形之字。本音蓋即如介。㓞部。㓞。從刀。丯聲。大部。契。從大。㓞聲。邑部。郋。從邑。契聲。讀若薊。走部。趨。從走。薊聲。讀若髽結之結。儀禮士冠禮。采衣紒。注。古文紒為結。是其證。宀部。害。從宀。從口。丯聲。爾雅釋言。蓋。割。裂也。釋文。蓋。舍人本作害。大部。奔。從大。介聲。讀若葢。亦其證。倫按丯為象形文。其實物乃以木刻成齒形。列子說符。宋人遊於道。得人遺契者。歸而臧之。密數其齒。契券之契蓋如下圖。[glyph]去其■即成[glyph]。篆變為[glyph]。諸母卣有[glyph]字。其中之[glyph]即丯字。母卣之[glyph]為㓞字所由來。其[glyph]為契券之契甚明。今篆作丯。不可知其形矣。艸蔡也非本義本訓。象艸生之散亂也本作象形。校者誤改之。餘見蔡下。【說文解字六書疏證卷八】

◉于省吾　甲骨文丯字作[glyph]、[glyph]、[glyph]、[glyph]等形，在偏旁中則省作[glyph]或[glyph]，王襄「疑玉字」（簠類存疑一・一）。按甲骨文玉字作王、丯，其三横劃皆平，與丯字截然不同。玉字之作[glyph]者，郭沫若同志謂「當即小篆丯字」（粹考一二），也不可據。實則，甲骨文[glyph]字的三邪劃，大多數作彎曲形，說文譌變作丯，並謂：「丯，艸蔡也，象艸生之散亂也。讀若介。」說文的讀音是對的，而訓為艸蔡，則純係臆說。

戴侗六書故：「丯即契也。又作㓞，加刀，刀所以契也。又作契，大聲（按契字本從㓞聲）。古未有書先有契，契刻竹木以為識，丯象所刻之齒。」按戴說甚是。墨子公孟：「是數人之齒而以為富。」列子說符：「宋人有游於道得人遺齒者。歸而藏之，密數其齒，告隣人曰，吾富可待矣。」釋文：「刻木以記事者。」刻木為契之事，典籍習見（詳桂氏說文義證契字下）。在未有文字的時代，初民往往刻木為齒以記事，這當在商代以前。但就甲骨文之刻木為齒以及墨子和列子有數齒的記載來看，則商周時代仍保存着刻契的遺風。近代有些少數民族還用木片或木條刻齒記事。

甲骨文的[glyph]字，就其構形來說，中劃直，三邪劃作彎環之勢，象以木刻齒形。就其音讀來說，說文謂「丯讀若介」。孟子萬章的「為不若是恝」，恝字說文作忿，可以互證。後世典籍均借介為丯，介與害、割、匃（丐）古通用。易晉的「受茲介福」，㝬弔多父盤作「受害福」。詩七月的「以介眉壽」，無叀鼎作「用割釁壽」，師奎父鼎作「用匃釁壽」，是其例證。

有關丯字的甲骨文已多殘缺。「沚戓其作[glyph]」（簠・地五三），「囗不作[glyph]」（拾一四・一）。以上兩个丯字均應讀為介，訓為輔助，爾雅釋詁謂「介，助也」。又「疒雨亡匄」(前四・九・七)，「亡匄」即「亡𡿧」(京津四七五七)，均應讀為亡害。

甲骨文有衸字(後下二九・一)，當係說文「衸，袥也，從衣介聲」的古文。又甲骨文從丯的字，有的作地名用，如「于𩰫彔」(前六・一・八)。有的作人名用，如「𢎘令𩏑」(前八・二・三)，「叀𩏑乎往」(前七・六・四)，「叀𩏑令往于刀」(續三・二七・一)。有的作雚名用，如「西方曰彝，雚曰𣏟」，(彝與𣏟原互倒，詳釋四方和四方雚的兩個問題。又下文所引大龜和王、胡之說，同上，不另注明。)「𩏑觏，叀豚又大雨」(前四・四二・六)，「其㽙，叀日彝韋用」(京津四三一六)。以上所述，除表𦔶二字外，雖然有人名雚名之別，字形也頗有變化，但均係同字。其中雚名作𩏑、𩏑或𣏟，另外一版大龜的雚名作丯。因此可知，大龜省為獨體字既然作丯形，則其他各種異構，顯而易見都是以丯為聲符的形聲字。因為形聲字的通例，凡由一個聲母所孳乳的形聲字，如果省化為獨體字時，不會省去聲母而只存形符，是可以斷定的。王國維謂𩏑即說文𩏑字，而未說明𩏑字為形誤。胡厚宣同志誤認韓𩏑俱從韋聲。按說文耒字和𩏑字所從的耒，都是𣏟字的形譌。甲骨文𣏟字，戰國時的𧊒料盆已譌作耒，為說文所本。第三期甲骨文的韓字右從丯，足徵丯字的二邪劃和三邪劃互作無別。而韓字左從耒，即𣏟字的省變。至于第一期大骨刻辭的𣏟字，加彡形于木字中部，借用其直劃。然則𣏟即栔或栔字的初文，是毫無疑問的。

說文：「栔，刻也。」釋名釋書契：「契，刻也，刻識其數也。」栔與契古通用，字也作鍥。契即古刻字，刻為後起的代字。說文以㓞為巧㓞之㓞，契為契約之契，栔為栔刻之栔，由於後世用各有當，因而分化。甲骨文編所録的契字作㓞(甲一一七〇)。按原版誤倒，字體也較為模糊，殊不足據。

再就商代晚期金文來說，女𡨄彝的𡨄字作𡨄或𡨄，父丁爵作𡨄。其中劃作乚者，姿勢彎宛，與二邪劃相適應。𡨄即說文「𡨄，静也，從宀契聲」的初文。

商代晚期金文還有以下等字。

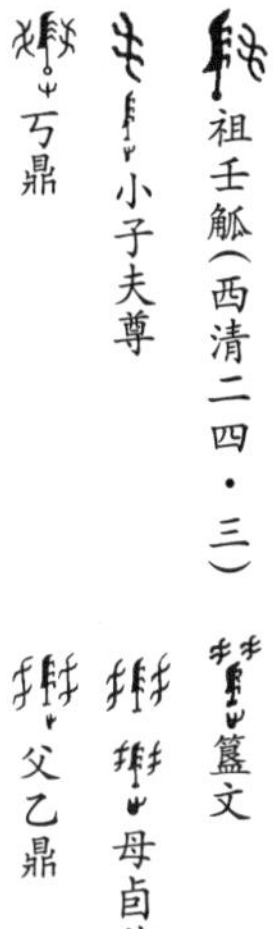

以上所列七個字，從前有的學者以為文字畫，其實都是㓞的原始字，只是文有繁省，偏旁部位變動不居而已。又以上所列七個字，金文編除祖壬觚和簋文未録外，均入于附録。馬叙倫讀金器刻詞，謂金文偏旁所從的「丯丯」，皆契約書契之契本字，而說文契之初文」，這是對的。但馬氏既不知道甲骨文已經有此字，而且于金文只引諸婦卣(按即女𡨄彝)和母卣二器。既割裂𢀜為二

挌 耒

字，又以止為氏族之名；既謂「蓋製此器者，古皆婦女任之」，又以宇字為「造契之家」。這都是臆為之解。上列諸字，其從或象刀形，即刀之初文。刀背有三折劃，俗名「腓子」。刀柄下端作圓形，即刀環。這種類型的刀，近年來多出于殷虛。上列諸字，刀的左右或上部所從的丯或丯，即丯字，也即丰字的省劃。又上列諸字，下部有五個從止者，而母卣的荄和器從止與否互作。至于刀之從止，是表示動用之意，但也與不從止者同用。甲骨文與字習見，多用為人名或地名。舊釋為刀和丒是對的。【釋丯　甲骨文字釋林】

◉高鴻縉　按丯甲文見戩三三·九。金文屢見。用為陳蔡之蔡。正象艸散亂形。孟子：君之視臣如艸芥。以芥代丯。（說文芥。菜也。從艸。介聲。與艸蔡之意別。）一介不取。一介不與。以介代丯。（介為介胄之介。與艸蔡之意亦別。）均同音通叚。秦人造蔡字。說文蔡。艸也。從艸。祭聲。後世蔡行而丯廢。【中國字例二篇】

◉許　慎　挌枝挌也。从丯。各聲。古百切。【說文解字卷四】

◉馬叙倫　挌為丯之音同見紐轉注字。當訓丯也。枝挌也者。蓋本作格也。以聲訓。校者增枝格也。傳寫以隸書複舉字誤入枝下而後校者轉去格字。猺獞傳。刻木為齒。與人交易。謂之打木格。即此挌字之借。格之語原蓋即挌也。【說文解字六書疏證卷八】

耒　耒【汗簡】

◉許　慎　耒手耕曲木也。从木推丯。古者垂作耒梠。以振民也。凡耒之屬皆从耒。盧對切。【說文解字卷四】

◉馬叙倫　鈕樹玉曰。廣韻引無手字。韻會引丯作手。梠作耜。並非。沈濤曰。易繫辭釋文云。為耒。京云。耜上句木也。耜說文云。耜曲木。垂所作。後漢書列女傳注引。耒。耜曲木。四字皆隱括節引。非古本如是。然手耕二字古本當作耜。耜之曲木為耒。即京所謂耜上句木。禮記月令注曰。耒。耜之上曲也。許鄭之說正同。二徐疑耜曲木三字為不詞。故妄改如此。耜即枱字。廣韻十八隊引作耕曲木也。蓋陸氏本作耜曲木也。後人習見今本說文。以為耕字之誤。而妄改之耳。文選潘岳河陽縣作詩注引同今本。亦後人據今本改。任大椿曰。周易繫詞釋文引字林。耒。耜曲木。垂所作。禮記月令釋文引作耕曲木。按耜曲木與京說合。耕曲木與許說合。宋保曰。丯聲。阮元曰。丯雖未見於詩。而害字從丯得聲。耒部次於丯部。許云。從木推丯。此下當有丯亦聲三字。徐氏不知而刪之耳。耒與豊同部相近。從丯得聲者。尚有夆刧二字。從刧得聲者。有𨤲挈挈絜契㓞六字。皆同部。孫濟世曰。耒為耕曲木。耒即犁也。耕曲木也即犁曲木也。觀易釋文引而此誤衍手字。觀此作耕不作耜。而釋文耜字為耕之譌亦可見。徐灝曰。耒之初制。蓋其末為岐頭。後人易以鐵齒。說文所謂六義犁也。耒與耜異。易繫詞。斲木為耜。楺木為耒。釋文引京房云。耜。耒下耓也。耒。耜上句木也。耒耜本二物。京氏誤合為一。考工記匠人。為溝洫。耜廣五寸。二耜為耦。一耦之伐廣尺深尺。謂之甽。是耜為伐地起土之器。記又曰。車人為耒。疵長尺有一寸。中直者三尺有三寸。上句者二尺有二寸。堅地欲直疵。柔地欲句疵。直疵則利推。句疵則利發。此則為耕犁之用。鄭司農云。疵謂耒下岐。許云。梠。臿也。耒。手耕曲木也。蓋臿本耜類。故以臿訓梠。而耒則自為一物。不可強同。後鄭云。疵讀為棘刺之刺。刺。耒下前曲接耜。亦誤以耒下鐵齒為耜。蓋由耒耜連文。遂相沿誤。獨許說與考工記並以互證。丯。許訓艸蔡。耒用犁田。與艸蔡之義不協。戴侗以為丯聲是也。古音丯耒皆在齊部。阮元亦曰。耒從木推丯下當有丯亦聲三字。又楷妃彝有□字。阮釋耒。象曲木之形。倫按耒與丯義不相協。自不能會意。且耒為純名詞。亦不能以會意形式造字。戴侗以為丯聲。檢頁部。頛。讀若𨤲。𨤲亦得聲於丯。則其說可從。然甲文有□□。郭沫若釋耤。倫以耤令鼎。王□農於諆田。京叔彝。官司□田。證知甲文二字即犁之初文。從丮。從□。□則耒之初文象形者也。山海經海內經曰。稷之孫曰叔均。是始作牛耕。然則其前皆人耕也。人耕最初必以手發土。甲文有□字。亦作□。董作賓釋黎。郭沫若謂是犂字。以郭為長。倫謂□□即本書制之古文作□者所從之□。蓋從□從土。為犁之最初文。故犁從利得聲。而利即從□得聲。可證也。□即本書之□字。爪□一字。金甲文每作□□。□從□土。明有事於田植也。後則或以蜃甲發土。則有辰字。進而以木之岐頭者為器。其形猶取於□。楷妃彝之□。蓋其遺制。本書㮶訓六爪犁。㮶實耒之脂真對轉轉注字。亦可證也。及發明制金之術。則範銅鐵為耒耜。耒敦之□。即甲文之□。其所從之□。即金屬所為之耒。甲文斤字作□。可互證也。其□即考工記所謂中直者三尺有三寸上句者二尺有二寸者也。以木楺曲為之。□即金屬所為之疵。長尺有一寸者也。鄭玄讀疵為棘刺之刺。棘刺之刺字當為朿。朿即今杭縣有木名虎刺者也。其葉形頗類於□。金文朿字作□□。可證也。棘朿一字。棘聲在之類。變為朿。入支類。又變為耒。入脂類。今浙江開化縣謂犁如來亦如雷。倫謂耒之音蓋得於朿。以其為刺土之具也。朿聲支類。故對轉轉注為耕。以同支類轉注為桂。是其證也。□為金屬時代之耒。甲文作□□。金文亦或作□□。蓋仍甲文之舊。據甲文之形。或當如徐說耒之初制其末為岐頭者也。今之農具。倫嘗問之諸暨農家。謂始耕用犁。以鐵造之方形者一。上方而下微為橢圓形者一。各傅於曲木。置於牛後。

人持其木。而以繩左右分。前繞於牛首。方者在上。上方而下微為橢圓形者在下。以微為橢圓形之一頭剌入土內發土。土入兩噐之閒。惟所發之土。仍為緊結大塊。故繼必以持頭鬆散之。持頭者其形為[glyph]。長尺許。寬五寸許。前方而後圓。有穿以安柄。此與考工記所謂梠者相合。持頭俗名耳。梠持聲同之類。持從寺得聲。寺音邪紐。梠從㠯得聲。㠯音喻紐四等。古讀邪與喻四皆歸定紐也。梠音亦邪紐。是其證矣。通俑曰鋤。本部之耡為其初文。金部之鉏為其異文。以金為之。故從金耳。耡音牀紐。古讀亦歸於定。然則耡為梠之轉注字也。梠所散者猶大。故又必以持把均而鬆之。乃可下種。持把以木為之。似今食西菜所用取食之叉。本部。桂。冊叉。可以劃麥。廣雅釋地。桂。耕也。玉篇。桂。田噐。倫謂田噐是也。亦可用以劃麥耳。冊叉俗名。桂之緩言。桂與揮蓋一物。方言轉注。因為異名。耒者。[glyph]之後起字。以形有所疑。故增木字。以木貫[glyph]。篆形政齊。遂成耒矣。如今篆當曰從木[glyph]聲。説解當曰噐也。或以聲訓。今捝。所存者字林文。字見急就篇。【説文解字六書疏證卷八】

◉戴家祥　[glyph]當為耒之初字，象手握耕具形。説文四篇：「耒，手耕曲木也，從木推丯，古者垂作耒梠以振民也。」按許慎謂「從木推丯」，差矣。字當從又持[glyph]，[glyph]即曲木耕具形。從又，[glyph]象手握之。[glyph]與[glyph]結合，[glyph]漸漸變作耒上三筆。見此字乃知「耒」之源。否則，不知耒之所從。【金文大字典上】

耕 [glyph]

畊 [glyph] [glyph] 竝崔希裕纂古【古文四聲韻】

◉許　慎　[glyph]犂也。从耒。井聲。一曰古者井田。古莖切。【説文解字卷四】

◉馬叙倫　鈕樹玉曰。繫傳作[glyph]。沈濤曰。齊民要術一引作耕種也。蓋六朝本如此。止觀輔行傳宏決一之四引。耕。犂也。是唐本已與今本同矣。輔行傳又引云。人曰耕。牛曰犂。六字今奪。王筠曰。一曰古者井田。此語不了。段氏依韻會引增故從井句。文義少完。竊謂此捝畊而説故存也。玉篇田部畊下云。古文耕字。或所據者為説文完本乎。丁福保曰。慧琳音義四十一希麟續音義一引有或作畊古字也。考集韻引與音義合。蓋古本當有重文畊字。今奪。而猶存其説解於耕下。倫按段玉裁謂耕為田噐。即以為治田之偁。是也。王紹蘭非之。以為自古無以耕為田噐者。倫謂治田謂之耕者。以名詞為動詞也。猶耡鉏一字異形。釋名釋用噐。鋤。助也。去穢助苗長也。一切經音義引蒼頡。鉏。茲其也。皆謂田噐也。而音義引三倉則曰。鉏。犁也。漢書。非其種者鋤而去之。則皆以為動詞矣。犁也當作耒也。要術引作耕種也。蓋字林文。一曰古者井田者。邦大宰簠有[字形]字。從田。荆聲。此從田井聲。或治田曰耕之本字。一曰六字疑本作苗古文耕四字。傳寫脱衍。並誤苗為井田二字。遂不成詞。餘見耒下。【説文解字六書疏證卷八】

◉溫少峰　袁庭棟　甲文有[字形]字，黃綺先生謂「象人拉犁之形」（《説文部首講解》），其説是。此字從「子」從「[字形]」，「[字形]」當即犁之象形，直到現代，一些少數民族中所使用的木犁仍為[字形]形（參見《農業考古》一九八一年二期八十一頁插圖），與卜辭中之[字形]相仿。[字形]字象以人負引犁而耕之，可釋為「耕」之初文。人拉犁而耕，可稱之為「人耕」。《説文》：「耕，犁也。」《齊民要術》卷一引《説文》則作：「人耕曰耕，牛耕曰犁。」[字形]字象人負犁而耕，正是「人耕曰耕」之義，其為耕之初文，當無疑義。此字以後方變為從耒井聲之耕字。卜辭云：

(101)□□卜，亙貞：乎（呼）[字形][字形]𠂤……（《前》六·五五·七）

此辭中之「[字形]」，本義為「竦手也」（《説文》），即「拱」之初文。卜辭中之「[字形]人」、「[字形]衆人」、「[字形]牛」、「[字形]羊」，皆當讀為「共」。《説文》：「共，同也。」由「同」義引申有「召集」之義。「共人」即召集人，「共牛」即「收集牛」。「𠂤」在卜辭中有師次屯駐之義。故此辭乃卜問是否召呼集合人耕于某地之事。此辭當為殷代存在人耕之證。

最早的犁耕，應當是以人力牽引之人耕。《新唐書·北狄傳》：「剡木為犁，人挽以耕，田獲甚褊」，即記此事。清人阮福有《耒耕考》（見《皇清經解》卷一三八四），其中説「今黔中斧頭苗，……耕田全用人力，不用牛。其法：一人在後推耒首，一人以繩繫磬折之上肩，負其繩向前曳之，共為力。此即耦耕之遺歟？《夏小正》曰『農緯厥耒』，玩『緯』字似有繩以為用也。」可見人耕之源遠流長。近年來，殷代的青銅犁已在考古材料中發現（參《濟南市發現青銅犁鏵》，載《文物》一九七九年十二期），所以殷代之犁耕是有可能用青銅犁進行的。當然，殷代有了人耕，也就可能有牛耕，只是目前尚無確證，還有待進一步的考察。【殷墟卜辭研究——科學技術篇】

[字形]

耦　日甲九　通遇　四方野外必—寇盜【睡虎地秦簡文字編】

◉許　慎　[字形]耒廣五寸為伐。二伐為耦。从耒。禺聲。五口切。【説文解字卷四】

◉馬叙倫　桂馥曰。耒當為耜。考工記。匠人為溝洫。耜廣五寸。二耜為耦。一耦之伐。廣尺深尺。謂之甽。倫按此説解與考工記不同。蓋本訓捝失。但存校語耳。廣雅釋地。耦。耕也。耕為耒之轉注字。耒音來紐。耦音疑紐。同為邊音。是耦為耒之轉注字。周禮匠人。耜廣五寸。二耜為耦。則耦之廣倍於耜也。同器而廣不同。此猶戈戟同器而小異也。字或出字林。【説文解字六書疏證卷八】

◉黨明德　中國最早的農具是單齒木耒，木耒本是一條稍稍加工的尖頭木棒。甲骨文中的「□」「□」等形，即是古耒的象形。後來，單齒木耒向兩個方向演化，一是將耒尖加寬，形狀略同後世的鍬頭，稱為耜，甲骨文中作「□」「□」。(《殷墟書契後編》下卷25·7；《殷墟文字甲編》1268。)一是增加耒尖，變單齒耒為方形雙齒耒或多尖耒。金文中「耒」字作「□」「□」「□」等形，字的上端表示持耒柄的手，剩下的部分就是「耒」的象形。(《三代吉金文存》卷6頁213；卷2頁24。)

《説文解字》耒部説：「耒廣五寸為伐，二伐為耦，從耒。」賈公彦在《周禮·考工記·匠人》的「一耦之伐」句下作疏説：「伐，發也，以發土于上。」可見二耒尖發土為耦。此二耒尖是一具兩歧頭呢？還是兩耒兩尖呢？《周禮·考工記·匠人》：「一耦之伐，廣尺深尺謂之甽。」這是説用一具發土，正好作廣深各一尺的甽。

古代布錢「□」正反映了耦的造型。「伐」與「戈」二字相關聯，將二戈綁縛正是一個歧頭兩金的耦，這也是一個很重要的啟示。上舉金文中的古耒字係兩歧頭，耦當由雙尖耒發展而成。

農具耦有考古遺物，筆者認為，河南安陽小屯西地殷代305號灰坑木耒痕跡所反映的農具，漢武梁祠石刻上神農和夏禹所執的農具，就是農具耦的器形(圖1至5)。江蘇銅山漢墓石刻上的兩歧頭農具，有人稱作臿，實際也是耦(圖6)。一九八〇年七月北京農展館舉辦的《中國古代農業科學技術成就展覽》中，叫「耒」的西周銅器，也是一個金屬耦(圖7)。

1　2　3　4　5　6　7

農具耦其功用如何？《周禮》上説「為溝洫」，《詩經》上説「播厥百穀」，《國語》上説「以耦艾殺四方之蓬蒿」，《論語》上説「耦而耕」，可知耦是墾荒耕播的多用農具。由于耦兩歧頭，既便于破土，耕翻面積又大，具有耒、耜的雙重優點，是古農具中的重要的一種，所以史書中常常提及。

歷代學者釋耦正講了耦在不同時期不同地區的各種操作方法。在開墾土質堅硬、雜草橫生的生荒土地時，需要兩人各執一耜(或耦)，或夾掘一穴或並力發土。陸懋德、孫常叙二先生講的操作法，反映了由蹠耒向犁耕農業過渡時的情形；萬國鼎先生講的耦耕應該説是耕、耰相間的耕作法；（一般情況下耕者總比耰者慢，不能一比一的配搭，《論語》所述，不能代表一般操作法。）江寧生先生講的勞動協作，也是常見的現象，但已不屬于操作方式的範疇了。

綜上所述，耦是由雙尖耒演化而成的農具，多用二人配合操作，久而久之，耦就有二人配搭的含義。所以「耦」字在先秦文獻中：

第一，如上所舉釋為農具，這是本意。

第二，釋為二人配合耕作，即二人耕，歷代學者釋耦所引證的史料中的多數作此解。

第三，釋為伴侶、配對、合夥。此又是第二義的引申，後來用「偶」字代替。【説「耕」及其演變　中國農史一九八四年第二期】

耤 藉

甲一三六九　甲三四二〇　乙二一一一　乙三一五四　乙三一五五反　乙三二一二　乙三二九〇　乙三九八三　乙四〇五七　乙四三〇六　乙七八〇八　乙八一五一　前六・一七・五　前六・一七・六　前七・一五・三　後二・二八・一六　菁一一・一九　佚七〇〇　乙七三九六　存一〇一三　京都七〇五【甲骨文編】

甲615　1369　3420　乙3154　3289　3983　4057　4306　7396　7808　佚700　966　續5・6・4　續存1013【續甲骨文編】

耤　令鼎　王大耤農于諆田　弭伯簋　師耤人名【金文編】

1・48　獨字　此與殷墟甲骨文耤字同【古陶文字徵】

耤　法二〇四　二例　通藉　—牢有六署　法一九六　日甲八一背　二例【睡虎地秦簡文字編】

耤林罕集字【汗簡】

◉許　慎　[glyph]帝耤千畝也。古者使民如借。故謂之耤。从耒。昔聲。秦昔切。【說文解字卷四】

◉劉心源　[glyph]耤。余向釋䎙。擄古云。耤上作人推耒形。下從昝。今從之。其實從[glyph]即[glyph]即丮。以古刻揚字從丮例之。此為措字。原可讀耤也。【奇觚室吉金文述卷二】

◉孫詒讓　金文大耤鼎云：「王大耤農𨓑于諆田。餳，王射。」耤字作[glyph]，緐縟奇譎，舊釋為「上從人推耒形」，或釋蒐尤誤。殊無義據。今諦審之，此古文奇字，實當為從「㚖」「昝」聲。耤之從㚖，義蓋取於早，說文夕部「㚖，早敬也。」猶農之從晨，說文晨部「晨，早昧爽也。從臼辰。」夙夕為㚖，臼辰為晨，皆同意。又「𨓑，耕也。從晨，囟聲。」意恉並同。王耕耤，蓋亦以昧爽，故下云：「餳，王射。」餳即饎，晝食也。說文食部饎，或作餳。餳即餳之省。王既耤而後晝食，明耤在晝前矣。經典「耤田」字，多叚「藉」「籍」為之，此文獨詭異罕見，故為疏通證明之。【名原卷下】

◉高田忠周　筠清館釋此篆（[glyph]）為蒐字。以偁大蒐鼎。殊誤。說文。[glyph]帝耤千畝也。古者使民如借。故謂之耤。從耒昝聲。然則此銘正字正用也。凡經傳借藉為之。又後人所用借字。亦耤省文。此篆從丮。丮人有所持之象。故造字之法。人丮互通用。即知借字從人與從丮同意。亦合上文耕作借也。然則六書云叚借。亦耤字轉義異文耳。周語。宣王不藉千畝。又詩韓奕。實畝實籍。以籍為之。又劉氏心源云。此字從[glyph]即小篆之[glyph]。隸書之丮。今俗作丸。執孰等字之所從也。本銘中揚字從此。下從合。乃䎙字。左旁從豕。則合豦字為之。說文合重文臄。知合豦古音同也。說文䎙。相踦䎙也。𢓜。儌𢓜受屈也。𢓜。㔙也。此以䎙與農連文。蓋用為𢓜。謂㔙苦也。今俗所用之劇亦此義。此攷雖精。頗為迂曲。不逮吳（式芬）釋迥遠矣。【古籀篇八十三】

◉陳邦懷　按耤鼎。耤字作[glyph]。從昝即昝字。則所從之[glyph]。必為耒字無疑。卜辭極肖。第于人下增足形耳。卜辭及鼎文人手所持握者即許君說耒字。所謂手耕曲木也。段氏據廣韻刪手字。大失許君之意矣。急就篇顏注。手耕曲木也。古者倕作耒。當即本之許君。益足證段氏刪手字未可信。卜辭所記耒臣。蓋殷之農官也。【殷契拾遺】

◉余永梁　[glyph]此耤字。其諆鼎大耤農之耤可證。象人執耒之形。新獲卜辭寫本之[glyph]亦同字。【新獲卜辭寫本跋】

◉徐中舒　甲骨銅器中之耤字，就是象人側立推耒，舉足刺地之形。故耤之本義應釋為蹈、為履：

耤，蹈也。言親自蹈履于田而耕之也——後漢書明帝紀注引五經要義。

藉謂蹈藉也——顏師古漢書文紀注引臣瓚說。

籍、藉、耤，古通用字。或轉為蹠：

一人跖耒而耕，不過十畮——淮南子主術訓。

脩脛者使之跖钁（钁太平御覽引作鏵）——淮南子齊俗訓。

從容房闈之間，垂拱持案食者，不知蹠耒躬耕者之勤也——鹽鐵論取下篇。

民蹠耒而耕，負擔而行，勞罷而寡功——鹽鐵論未通篇。

跖、蹠古通用。淮南高誘注：跖，蹈也。此可證蹈履為耤字正解（論語民無所措手足即從此義引伸），後來耤字為借義所奪。

籍之言借也，借民力治之，故謂之藉田——詩載芟序鄭箋。

古者使民如借，故曰籍田——風俗通祀典。

因別造一踖字，以為蹈履之踖。【耒耜考　歷史語言研究所集刊第二本第一分】

◉郭沫若　按羅說於字形不合。卜辭帚字作[illegible][illegible]諸形，決無作[illegible][illegible]之形者，且以埽字按諸原辭實無一例可通，所謂「小埽臣」，所謂「王其觀埽」，其不辭之尤者也。余謂此乃耤之初字。象人持耒耜而操作之形。金文令鼎耤字，其字作[illegible]，象形昔聲，彼所从之象形文即此字也。耤字形雖畧變，然與令鼎文正相仿佛。卜辭與金文之異，僅在一為象形文，一為形聲字耳。象形之文，例先於形聲，故[illegible]實即耤之初字也，字形既有說，按諸原辭亦一律可通。「令[illegible]耤臣」「令[illegible]小耤臣」者，猶令鼎之「耤農」也。[illegible]乃人名，「□耤受年」「王其觀耤」，其為耕耤之義自明。【釋耤　甲骨文字研究】

◉葉玉森　森按。陳氏（邦懷）釋耒已近。余氏（永梁）釋耤較塙。惟謂[illegible]為同字似非。徐氏（中舒）耒耜考說耒形尤精鑿。舉證亦六通四闢。郭氏（沫若）證明金文諸耤字。使宋以來之聚訟一埽而空。洵為妙悟。惟謂卜辭帚字多叚作婦。不知所指何辭。金文從[illegible]者悉從[illegible]譌變。從[illegible][illegible][illegible]悉從[illegible]譌變。從井悉從口譌變。似非[illegible]井會意。疑古文必有作[illegible]而省其耒形者。愈變愈譌。始從[illegible]井耳。又按甚諆鼎令鼎竝即耤鼎。【殷虛書契前編集釋卷六】

◉郭沫若　耤字多見，蔡𣪘、師嫠𣪘、師𩛥𣪘、諫𣪘、大克鼎、微𢿌鼎、伊𣪘、毛公鼎、師兌𣪘、叔夷鐘等器均有之，宋人釋為繼，不識何所據。余疑耤之異文，從丘井從丮，會意也。耤字卜辭作耤，令鼎𢦏𣪘作𦔳，均從丮作。【走𣪘　兩周金文辭大系考釋】

◉郭沫若　[illegible]殆耤字之異，卜辭耤字作[illegible]若[illegible]。「卜辭通纂」四五六——七片。此右側所從者即是，象人有毛髮鬣鬣操耒而作之形，從馬者古耕耤亦用馬也。有是[illegible]𣪘者，周金文存三·七五。是下一文象手持二耒御馬而耕之形，亦足證古人耕亦用馬。彼文與此殆是一字。【皇盨　兩周金文辭大系考釋】

◉馬叙倫　鈕樹玉曰。廣韻引畝作畮。席世昌曰。漢書文紀。其開耤田。應劭曰。帝王典籍之常也。韋昭曰。借也。臣瓚曰。

景帝詔曰。朕親耕。后親桑。為天下先。本以躬親為義。不得以假借為稱也。藉謂蹈藉也。師古曰。瓚説是也。國語。宣王不藉千畝。虢文公諫。藉則非假借明矣。昌按盧植曰。耤。耕也。左傳曰。鄅人耤稻。蓋出履行之。沈濤曰。初學記十四引。藉田者。天子躬耕。使人如借。故謂之藉。是古本有藉田者。天子躬耕七字。今本奪。民作人。避唐諱。翟雲昇曰。藝文類聚禮部御覽禮儀部並引作帝藉千畝者。使民如借。故謂之藉。倫按帝藉千畝也非本義。本義當如盧説。耤從昔得聲。昔音心紐。耕從井得聲。井音精紐。同為舌尖前音。是耕耤為轉注字也。亦耡之聲同魚類轉注字。帝耤千畝以下十五字皆校語。本訓捝矣。餘見耒下。耤令鼎作[glyph]。【説文解字六書疏證卷八】

◉高鴻縉 按[glyph]字原倚[glyph](古耒字)畫人持之而耕之形。由文[glyph]生意。故託以寄耕田之耕。動詞。甲文前七・一五・三片。丙子呼[glyph]受年。周人加昔為音符。如令鼎。王大[glyph]農于諆田。載簋。命女作司土管司[glyph]田。是也。後人用字。亦通叚以代借。秦人另造耕以代耤。耕行而耤少用矣。後又有畊字。【中國字例二篇】

◉唐 蘭 王大𦔳農于諆田 𦔳字卜辭本作耤,象一人持耒,以一足踏耒,使耒尖入土,用以耕耤的形狀。此銘和薛氏鐘鼎款識

並加昔字為聲符,作𦔳,其後又省去丮旁(即人形)而作耤字。《説文》:「帝耤千畝也。古者使民為借,故謂之耤」,已經完全失去

圖畫文字的原意了。耤本是原始農業的一種耕種方法，《漢書・文帝紀》引臣瓚説：「藉謂蹈藉也。」是比較接近原意的，但以為是皇帝親自耕種的解釋就不對了。【論周昭王時代的青銅器銘刻　古文字研究第一輯】

◉温少峰　袁庭棟　甲文之「耤」字作、，象人手持耒而足踏之，本義為「蹠耒而耕」。

耒耕在我國有很古老的歷史，陝西臨潼姜寨的新石器時代遺址中就已發現了幾組清晰的木耒的掘土痕跡（見《陝西臨潼姜寨遺址第二、三次發掘的主要收穫》，載《考古》一九七五年五期）。著名的山東嘉祥武梁祠東漢畫像石中夏禹手中所持的，前人釋為「規」，其實也是耒的變體。在殷墟發掘中，更多次發現清晰的雙齒木耒痕跡（見《1958—1959殷墟發掘簡報》，載《考古》一九六一年二期）。木耒，應當是殷代大量使用的翻地農具。至于殷代的耒是否已經安上了金屬的刀刃，出土的青銅器中哪些可能是耒的鋒刃或耜的耜冠，這一問題考古學界長期有所争論。從考古材料來看，殷代農耕的主要農具是石鏟、骨鏟和蚌鏟，但也有用以鋤土的銅钁和用以翻土的銅鏟，所以，説殷人以石、木、骨器為主，但已開始使用青銅農具，這應是比較合乎實際的結論（參《商周考古》第三七——三九頁）。【殷墟卜辭研究——科學技術篇】

◉朱歧祥　51.字又作、作。隸作耤。從人持耒耕耨也。《説文》：「帝耤千畝也，古者使民如借，故謂之藉。從耒昔聲。」周禮有天子親往「耤田」之説，與卜辭合。

《後下28・16》庚子卜貞：王其觀。叀往。十二月。

《甲340》己亥卜貞：王往觀。祉☐。

殷人耤田的人力來源，主要是用衆，

《旅順博物館》☐卜貞：衆☐喪。

和用師旅。

《人2141》戊寅卜在韋師，自人亡戈。戴其。

「戴其耤」，言翼助耤田之意。殷王有令小臣統轄農事，曰「小耤臣」。

《前6・17・6》己亥卜貞：令吳小臣。

殷民耤田之地甚夥，如：

(1)北洮

《乙8151》☐呼鄙北洮，不☐。

(2)陮

《合220》丙辰卜,爭貞:呼于陮,受㞢年。

(3)名

《乙7808》己卯卜,㱿貞:雹于名。吉。

(4)娟

《合222》丁酉卜,㱿貞:我受苗在娟年。三月。

《乙3212》☐苗于娟,受年。

苗耤,言娟地所耕耘之田屬苗圃。殷人卜問該地得享豐收。

(5)生

《乙7396》☐申卜賓貞:呼生。

卜辭又有「」即「雹耤」,天凍極而降雹霜,此蓋指冬耕。

《乙3290》☐雹耤,在名。受㞢年。【殷墟甲骨文字通釋稿】

◉黃錫全 耤見史記 鄭珍云:「《前漢·游俠傳》『以軀耤友報仇』,師古曰『耤古藉字』。郭蓋采此,誤作《史記》,又誤從禾。或所見本是禾亦未定。」耤字古作(前6·17·6)、(前7·15·3),從昔作(令鼎)、(弭伯簋)。「禾」乃「耒」譌誤;從古昔,如(徐王鼎)、(古陶字表7·2)、(說文籀文)等。是郭見本作耤,以隸作古。【汗簡注釋卷三】

◉劉 釗 甲骨文「耤」字一般作「」(《合集》八)、「」(《合集》一四正)、「」(《合集》九五〇八正),象人踏耒而耕狀。古文字凡從人形表示某種動作的字,常常可以省去人形大部而衹保留手形。以甲骨文為例,如寇字作「」(《合集》五五九正)又作「」(《合集》五五五正),再字作「」(《合集》一〇四〇五反)又作「」(《合集》三二四二〇)。甲骨文有字作「」(《合集》三一二五四),結構為從「耒」從「又」,應該就是簡體的「耤」字。

《金文編》有下列字(新版《金文編》一一四〇頁):

簋 觶 父己鼎 作父己簋

字皆從「耒」從「又」,可隸定作「[耒又]」。以往考釋諸家多將其釋為「耒」,祇有高鴻縉認為是古耤字,可謂慧眼獨具。按金文有獨立的「耒」字,作「」(父己觶)、「」(父乙爵),「[耒又]」字從「又」應包含意義在內,故字以釋「耤」為是。

下面我們談到的是「耤」字的一種特殊的異體。《合集》六二六片有下列三條卜辭：

(1A) 㞢伐。

(1B) 㞢□。

(1C) 貞□多臣……□羌……其得。

其中(1B)的「□」字從「叔」從「巛」。「□」從「耒」從「又」，前面説過應是「耤」字的簡體。「巛」即「災禍」的「巛」字，甲骨文耤字的繁體發展到金文寫作「□」(令鼎)、「□」(弭伯簋)，已是在「□」字上加注「昔」聲的形聲字。這裡我們先拋開「耤」字，來看看作為耤字聲符的「昔」字。《説文》：「昔，乾肉也，從殘肉，日以晞之。」從古文字「昔」字形體看，《説文》的説解是錯誤的。昔字甲骨文作「□」，金文作「□」，皆從「日」從「巛」。葉玉森認為昔字所從之「巛」即古巛字，本象洪水，字從日從巛意為不忘洪水之日。這個將「昔」字視為會意字的解説早已被古文字學家所接受，多年來似乎已成定論。其實這個説解是錯誤的，昔字應是從日巛聲的形聲字。古音昔在心紐，巛在精紐，皆為齒頭音。從昔得聲的踖即在精紐。故昔、巛聲近，昔從巛應該是起聲符的作用。甲骨文有下列二辭：

(2A)庚申卜㱿貞□且丁……黍隹南庚蚩。

(2B)庚申卜㱿貞□且丁不……不隹南庚蚩。　《合集》一七七二正

(2A)與(2B)對貞。上作「昔」，下作「巛」。從形聲字可省去形符而保留聲符的規律看，更可證明「昔」字本從「巛」聲。現在讓我們回過頭來看「□」字。金文「□」字從昔聲，而昔從巛聲，故甲骨文「□」應該就是「耤」字。即在「□」字上加注「巛」聲的形聲字。在耤字繁體「□」上加注昔聲作「□」與在耤字簡體「□」上加注巛聲作「□」，可以看作是耤字繁簡兩體平行的發展演變。

甲骨文有下列一條卜辭：

(3)……乍洹隹㞢□　勿隹洹隹㞢□　《合集》七八五四反(《續》五・三〇・八)

(3)之「□」字，《甲骨文編》、《甲骨文字集釋》、《殷墟卜辭綜類》皆失收。字從「叔」從「巛」，與《合集》六二六的「□」顯然是一個字。

甲骨文還有下列二辭：

(4A)其㞢□。

(4B)……(上部殘)。

于西□南。（《合集》八七二五《存》二・四九〇、二・四九一）

其中「□」字從「□」從「□」，所佔位置易使人認為是兩個字。島邦男《殷墟卜辭綜類》列有「□」字條（一八五頁），顯然就是將「□」字看作兩個字了。其實甲骨文有些字因為上下結構的原因寫得很長，有時佔了兩個字的位置，很容易使人誤認為兩個字。「□」字所從之「□」即「耒」字，「□」則是加口為繁飾的「□」字。加口為繁飾與甲骨文族字又作「□」（《合集》三三〇一七），才字又作「□」（《合集》一四二〇一）相同。如此則「□」字同前面談到的「□」、「□」兩字一樣，也應是「耤」字的異體。「□」、「□」、「□」三字從構形上看，因為有由「叔」（或「耒」）與「□」組合的限定，故是「耤」字的可能性非常大。不過這三個字在辭例中的用法則還不能確定。【釋甲骨文耤、羲、蟺、敖、栽諸字　吉林大學社會科學學報一九九〇年第二期】

䎎

◉許　慎　䎎册叉可以劃麥。河内用之。从耒。圭聲。古攜切。【説文解字卷四】

◉馬叙倫　鈕樹玉曰。集韻引作卌叉。説文無卌。王筠曰。册叉當依集韻作卌叉。蓋䎎一名卌叉也。倫按廣雅釋地。䎎。耕也。玉篇。䎎。田器也。卌叉。䎎之緩言。俗名也。然本書無卌字。則本訓捝矣。或字出字林。䎎即今耕具中之持杷而以鐵為之者。形與今食西菜所用取物之叉同。廣雅訓耕也者。耕䎎支耕對轉轉注字也。册叉可以劃麥河内用之。明是校語。本書説解每言河内。蓋校者河内人也。古以木為耒而發土。後易以金而木耒猶用以劃麥。至今南北農事皆然。六篇。杷。收麥器。即所謂可以劃麥者也。杷字從木。明收麥之器不必以金為之也。杷從巴得聲。巴音幫紐。䎎音見紐。同為破裂清音。實轉注字。後以金製者為發土之器。木製者為收麥之具耳。餘見耒下。【説文解字六書疏證卷八】

䎥

□　耘朱育集字【汗簡】

□　朱育集字【古文四聲韻】

◉許　慎　䎥除苗間穢也。从耒。員聲。羽文切。□䎥或从芸。【説文解字卷四】

◉馬叙倫　鈕樹玉曰。韻會引無間字。穢當作薉。説文無穢。沈濤曰。御覽八百廿三引苗間作田間。蓋古本如此。䎥與薅字義相近。薅為除田間艸。䎥為除田間穢。知作田者是。倫按廣雅。耘。除也。詩甫田。或耘或耔。傳。除艸也。此言除苗間穢蓋字林文。字或出字林。䎥為蓐辱辰之轉注字。辰音禪紐。䎥音喻紐三等。同為次濁摩擦音。辱音日紐。日與喻三同

耡 耡

囧 𠕎

為舌前音。䎣當從彡。彡來音同來紐。今失彡字。遂以耒代彡。或以彡多形近。字誤為多。多皆增木。故此亦從耒矣。

䒳段玉裁曰。當云。或從耒艸。云聲。朱駿聲曰。芸聲。倫按朱説是也。論語微子。植其杖而芸。可證也。䎣䒳雙聲轉注。十三篇妘之籀文作𡠋。與此同。【説文解字六書疏證卷八】

◉黄錫全　耘朱育集字《説文》䎣字或體作䒳，云字古文作。此形省艸，云同古文。石經《論語》殘碑「置其杖而耘」之耘作耘，三公山碑作耘。【汗簡注釋卷二】

◉許　慎　耡商人七十而耡。耡。耤税也。从耒。助聲。周禮曰。以興耡利萌。牀倨切。【説文解字卷四】

◉馬叙倫　鈕樹玉曰。韻會引同。繫傳及玉篇引商作殷。並缺末筆。集韻韻會引萌作甿。倫按周禮考工記匠人注引孟子。殷人七十而莇。是孟子本作殷。説文原本亦作殷。故鍇本殷字缺末筆。鉉本作商。蓋鉉避宋諱改之。由鉉乃奉勅校定也。殷人七十而助。孟子滕文公文。又曰。助者。藉也。治地莫善於助。惟助為有公田。雖周亦助也。請野。九一而助。公孫丑。耕者助而不税。禮記王制。古者公田。藉而不税。此皆言田制與税法。與耕事無干。耡音牀紐。耤音從紐。同為破裂摩擦濁音。又聲同魚類。是耡耤為轉注字。故周禮遂人興鋤。注。鄭大夫讀為藉也。錢坫朱駿聲謂即鉏字。十四篇。鉏。立薅所用也。今農家言耕耡。則耡為耕器。即以為耕名。從耒。助聲。不兼義也。商人以下十字及周禮七字皆校語。或字出字林也。【説文解字六書疏證卷八】

乙二〇四八　乙三〇〇五　乙三三六八　乙三五〇七　鐵七一·三　鐵六二·三　前四·三五·二　前四·三五·三　菁一·一　林二·二二·五　粹一二四四　京津一五九六　明藏一七五　掇一·一一八　七S三〇　佚九一　陳九七　【甲骨文編】

乙3005　佚15　91　續5·20·10　6·17·8　掇118　古2·6　粹1244　新1596　【續

甲骨文編】

角 角戊父𡿺鼎 鄂侯鼎 伯角父盉 弔角父簋 牆盤 瘨鐘 翏生盨 曾侯乙鐘 【金文編】

5·70咸鄗里角 5·122咸少原角 5·266右角 5·267獨字 秦645右角 3·802王角 【古陶文字徵】

布空大 典六四二 【古幣文編】

二〇〇：二〇 宗盟類參盟人名 【侯馬盟書字表】

18 86 180 【包山楚簡文字編】

角 日甲 五五 十例 日乙九一 二例 秦一八 四例 封五七 【睡虎地秦簡文字編】

2495 2494 4116 1728 3306 1659 3520 【古璽文編】

高角 杜角 庚角霸印 王角之印 【漢印文字徵】

石碣遊車 牸牸角弓 【石刻篆文編】

角 【汗簡】

古老子 汗簡 並崔希裕纂古 【古文四聲韻】

●許　慎　獸角也。象形。角與刀魚相似。凡角之屬皆从角。古岳切。【説文解字卷四】

●張燕昌　郭氏曰。恐當作鹵。薛氏作首。鄭氏作酋。潘氏作鹵。皆非。趙氏宧光釋角。昌按。石本作　。尚可辯。當以趙氏為正。【石鼓文釋存】

⿰角雚 ⿰角雚

●孫詒讓　龜文自有「角」字，如云：「丙申卜□虎令□[字形]□矦丞」、六十二之三。「庚申卜[字形]其夷」，又云「丁卯卜[字形]其夷」。七十一之三。《説文·角部》：「[字形]，獸角也，象形。」角與刀、魚相似。此省作「[字形]」，上象其耑及腮理，下象其柢，于形最切，勝於篆文。金文叔角父敢、伯角父盉角並作[字形]，此亦與彼略同，與「⿱山魚」字絕不相似也。【栔文舉例卷上】

●羅振玉　説文解字。[字形]。獸角也。象形。角與刀魚相似。石鼓文作[字形]。此作[字形]。皆象角形。[字形]象角上横理。横理本直文。作曲形者。角為圓體。觀其環形則直者似曲矣。許君云與刀魚相似。蓋未知[字形]象角之横理也。【殷墟書契考釋卷中】

●商承祚　[字形][字形][字形]此象角形。[字形]象角上横理。横理本直文。作曲形者。角為圓體。觀其環形。則直者似曲矣。説文以篆文[字形]為刀。[字形]為魚身。遂有刀魚名之訓。失之弥遠矣。【甲骨文字研究下編】

●强運開　[字形]薛尚功釋作首。鄭作酋。郭云當作鹵。趙古則楊升庵吴玉搢俱作鹵。運開按。諸家所釋並誤。惟張德容云石本是角字。下不連。江氏德地校正薛本亦作角字。且鹵字之首右引。此篆之首左引而下闕。實為角字無疑。【石鼓釋文】

●馬叙倫　沈濤曰。一切經音義二及廿二及廿四引。角。平斗斛也。與今本大異。蓋古本此字之一解。平斗斛為斗部斠之訓。倫按甲文作[字形][字形]。象形。初文漸變。則如伯角父盉作[字形]。石鼓文作[字形]。又其變也。角與刀魚相似非許語。張文虎説是也。玄應所引蓋校語。古借角為斠也。字見急就篇。【説文解字六書疏證卷八】

●唐　蘭　角字象形。由[字形]形而變為[字形]，見雍邑刻石。更變而為小篆之[字形]，説文遂誤謂「與刀魚相似」矣。【殷虚文字記】

[字形]　⿰角雚病已【漢印文字徵】

●許　慎　⿰角雚揮角皃。从角。雚聲。梁⿰阝焉縣有⿰角雚亭。又讀若繘。況袁切。【説文解字卷四】

●馬叙倫　鈕樹玉曰。説文無⿰阝焉。地理志作傿。屬陳留。郡國志。梁國⿰阝焉。故屬陳留。嚴可均曰。揮。小徐作撣。⿰角雚撣以同聲為義。太玄經。撣繫其名。撣。觸也。疑撣是。段玉裁曰。揮⿰角雚雙聲。錢坫曰。此疑即考工記之淵字。考工記。角之中恒當弓之畏。杜子春曰。畏謂弓淵。角之中央與淵相當。王筠曰。糸部。繘。蜀細布也。虫部。蠸。讀若蜀都布名。蠸亦從雚聲。劉秀生曰。⿰角雚從雚聲。讀如讙。則在曉紐。繘從彗聲讀如嘒。亦在曉紐。故⿰角雚得讀若繘。走部。⿺走瞏。從走。瞏聲。讀若讙。言部。譞。慧也。人部。儇。慧也。並以聲訓。雚慧聲皆如瞏。是其證。虫部。蠸。從虫。雚聲。讀若蜀郡布名。繘為蜀細布。蠸蓋讀若繘。與此同。倫按揮當依鍇本作撣。疑撣乃校者注以釋⿰角雚字之音者。⿰角雚訓角皃。疑觠之同舌根音又聲同元類轉注字。梁陽六字校者依郡國志加之。此亦本書邑部以外凡引地名者皆校者所加之證也。又字疑羨。字或出字林。【説文解字六書疏證卷八】

觻

◉許　慎　觻角也。从角。樂聲。張掖有觻得縣。盧谷切。【説文解字卷四】

◉馬叙倫　桂馥曰。角也者。角下有闕文。集韻。獸角鋒曰觻。段玉裁曰。張掖有觻得縣。二志同。倫按疑觻為角之轉注字。觻從樂得聲。樂本音在疑紐。與角同為舌根音。漢書地理志孟康音鹿。蓋以同為邊音轉入泥紐。桂馥據玉篇麋角有枝曰觡。無枝曰角。謂有枝曰觡。即觻字義。其説可從。則觻觡為轉注字。張掖以下六字校語。字或出字林。【説文解字六書疏證卷八】

䚡

◉許　慎　䚡角中骨也。从角。思聲。穌來切。【説文解字卷四】

◉馬叙倫　段玉裁曰。骨當為肉。字之誤也。王筠曰。牛羊之角。外骨冒內骨。雖相附麗而不能合一。其內骨名曰䚡。徐灝曰。骨謂角中胞骨也。倫按角中骨也非本訓。或字出字林。【説文解字六書疏證卷八】

觠

◉許　慎　觠曲角也。从角。𢍏聲。巨員切。【説文解字卷四】

◉馬叙倫　詳觭字下。曲角也非本訓。【説文解字六書疏證卷八】

觬

◉許　慎　觬角觬曲也。从角。兒聲。西河有觬氏縣。研啓切。【説文解字卷四】

◉馬叙倫　段玉裁曰。觬氏前志有。後志無。前志氏作是。倫按角觬曲也當作觬角曲也。觬為隸書複舉字也。玉篇。觬。角不正也。目部。睨。衺視也。是古謂不正為兒。角曲也非本訓。西河五字校者加之。【説文解字六書疏證卷八】

觢

◉許　慎　觢一角仰也。从角。㓞聲。易曰。其牛觢。臣鉉等曰。當从契省乃得聲。尺制切。【説文解字卷四】

◉馬叙倫　徐鍇曰。爾雅。牛角。一俯一仰。觭。皆踊。觢。注。豎角也。疑此注誤。段玉裁曰。一當作二。釋噐。角。一俯一仰觭。皆踊。觢。皆踊謂二角皆豎也。蒙上文一俯一仰。故曰皆。許一俯一仰之云在下文。故云二角。俗誤為一。鈕

䚪

樹玉曰。易睽釋文引作角一俯一仰。蓋誤記觭字。桂馥曰。一角仰者。周易音訓引作角一俯一仰。釋畜。角。一俯一仰。觭。皆踊。觢。郭注。觭。牛角低仰。觢。今豎角牛。釋文。觭。郭去宜反。字林。丘戲江宜二反。云。一角低一角仰。樊云。傾角曰觭。觢。字林或作犎。郭常弋反。字林之弋反。丁君杰曰。釋文引字林。觢。之世反。觭。丘戲江宜二反。一角低。一角仰。按易睽六三。其牛掣。鄭玄作挈。云。牛角皆踊曰犎。即爾雅所謂皆踊觢。而字林音之世反者也。釋文。觢。字或作犎。可證也。子夏傳作㸷。一角仰也。即爾雅。所謂角一俯一仰觭。而字林音邱戲江宜二反者也。荀爽易作觭。可證也。惟説文觢下云一角仰也。引易其牛觢以實之。觭下文又云。角一俛一仰也。玉篇從之。則混觢觭為一訓。蓋觢字從古文易。觭字從爾雅。而不悟爾雅又皆有踊觢之文也。倫按易義自取於一俛一仰。字當作觭為正。觢為借。蓋一俯一仰既合乎睽義。而奇為跛𡯁之轉注字。𡯁為曲脛。從大。象偏曲之形。凡從奇得聲之字。如掎為偏引。騎為跨馬。皆取乎二手二足不同之義。可證也。則觢自如段説。當作二角仰也。或一字涉下文觭字説解譌衍。角曲角仰角傾角一俛一仰詞例同。角仰也非本訓。字或出字林。【説文解字六書疏證卷八】

◉許　慎　䚪角傾也。从角。虒聲。敕豕切。【説文解字卷四】

◉馬叙倫　角傾謂兩角皆俛也。非本訓。【説文解字六書疏證卷八】

◉楊樹達　虒訓委虒，虎之有角者，無傾邪之義。今謂䚪之為言迆也。《二篇下辵部》云：「迆，衺行也，从辵，也聲。」按衺字經傳通作邪。䚪訓角傾，迆訓邪行，傾邪義相近。尋虒聲與也聲古多通作。説文十二篇下弓部云：「弛，弓解弦也，从弓，也聲。」或從虒作㢮。《左傳昭公八年》云：「於是晉侯平公方築虒祁之宫」，《韓非子十過篇》云：「衛靈公之晉，晉平公觴之於施夷之臺」，按施夷即虒祁也。《説文二篇上走部》云：「𧼴讀若池」，《八篇上衣部》云：「褫讀若池」，《淮南子時則篇注》云：「篪讀池澤之池」，此皆也聲字與虒聲字相通之證也。《説文》迆訓衺行，《周官考工記》云：「戈柲六尺有六寸，既建而迆。」鄭衆注謂著戈於車邪倚也。《孟子離婁篇》云：「施從良人之所之。」趙岐注云：「施者，邪施而行。」《淮南子齊俗篇》云：「去非者，非批邪施也」，按邪施連文，施亦邪也。故高誘注云：「施，微曲也。」《漢書》司馬相如傳載《子虛賦》云：「登降阤靡。」顔注云：「阤靡，旁衺也。」阤《文選》作陁，司馬彪云：「陁靡，邪靡也。」按也聲字多有邪義，以弛或作㢮，虒聲字與也聲字多相通例之，䚪之从虒，猶之从也也，故訓為角傾矣。【釋䚪　積微居小學述林】

觭 觓 䚟 𧢼

笱㤅觭 燕觭 觭閆【漢印文字徵】

◉許 慎 觭角一俛一仰也。从角。奇聲。去奇切。【説文解字卷四】

◉馬叙倫 鈕樹玉曰。韻會引無也字。倫按本書無俛字。亦無俯字。蓋許於觠觤䚢觿觭皆止訓皃。下文觓。角皃。可證也。今所存者字林文。或校語。豈字出字林耶。爾雅釋畜釋文引字林。觭。邱戲江宜二反。一角低。一角仰。【説文解字六書疏證卷八】

◉陳漢平 古璽文有人名字作𧢽(1496：畋△，1850：史△，2958：長△，4073：米险△)，《文編》隸定為𧢽而無説。按此字從角，從可，從可乃奇字之省，故此字當釋為觭。《説文》：「觭，角一俯一仰也。」【屠龍絶緒】

◉許 慎 觓角皃。从角。丩聲。詩曰。兕觵其觓。渠幽切。【説文解字卷四】

◉馬叙倫 觓從丩得聲。以音求之。蓋角曲也。詩曰六字校語。或字出字林。【説文解字六書疏證卷八】

◉劉 釗 《漢徵》附録八第五欄有字作「」，《漢徵》不釋，按字从角从丩，漢印收字作「」、「」可證。故字應釋為觓。觓字見于《説文》角部。【璽印文字釋叢（一） 考古與文物一九九〇年第二期】

◉許 慎 䚟角曲中也。从角。畏聲。烏賄切。【説文解字卷四】

◉馬叙倫 王筠曰。玉篇無䚟字。不應説文收之。考工記。角之中恆當弓之畏。注。故書畏作威。杜子春曰。威謂弓淵。鄭君謂畏讀如秦師入隈之隈。記又曰。長其畏。疏曰。畏謂柎之下。按其説角曲中之意相當。然則增此字者。欲考工之畏有專字也。倫按朱駿聲亦同王説。水曲曰隈。角曲曰䚟。夗為卧息之卧本字。畏夗音同影紐。是古謂曲為畏也。角曲中也非許文。【説文解字六書疏證卷八】

◉許 慎 𧢼角長皃。从角。爿聲。士角切。【説文解字卷四】

◉馬叙倫 段玉裁曰。此字見於經史者皆譌為觕。從牛角。公羊傳曰。觕者曰侵。精者曰伐。何曰。觕。麤也。公羊隱元年注曰。用心尚麤觕。漢書尚麤觕。曰。庶得麤觕。以麤觕連文。則觕非麤字也。麤觕若今言粗糙。雙聲字也。𧢼。從角。

爿聲。古蓋讀如倉。轉寫誤其形作觕。讀才古反。又或讀七奴反矣。其義則本訓角長。長。引申之為鹵莽之義。因之觕與精為對文。月令。其器高以粗。呂覽粗作觕。鍇本有讀若租觕四字。租當作粗。觕字衍文。讀若粗。則徂古切。經典釋文所由才古反也。今字別𧤗觕為二。觕音士角切。孔廣居曰。爿聲者。同母諧。錢坫曰。繫傳下有讀若租觕四字。依此讀。則公羊傳觕者曰侵精者曰伐即此字。淮南氾論訓。陰陽麤𧤗。是其本。王筠曰。段改租為粗。是以觕為衍文。非也。倫按角長皃蓋字林文。字亦或出字林。古書字作觕者。行草書爿字同牛。猶將字作牰也。鍇本讀若粗𧤗者。讀若粗𧤗之粗。粗𧤗魚陽對轉聲也。又粗音從紐。爿音清紐。爿、金文作爿為戕之初文。同為舌尖前破裂摩擦音。若從牀之初文得聲。爿音牀紐。古讀從牀並歸於定也。【說文解字六書疏證卷八】

◉許　慎　𧤲角有所觸發也。从角。厥聲。居月切。【說文解字卷四】

◉馬叙倫　九篇。厥。發石也。此言角有所觸發也。蓋語原然也。然此非本訓。字或出字林。𧤲蓋牴之聲同脂類轉注字。西都賦。窮虎奔突。狂兕觸蹷。蹷蓋借為𧤲。【說文解字六書疏證卷八】

觸　丞相觸戟　【金文編】

3·820貯𧢳　說文所無　玉篇𧢳抵也　與觸同　5·287左𧢳　鐵雲142·3　【古陶文字徵】

馬觸　張觸龍　張觸　鄭觸　【漢印文字徵】

李商隱字略　觕　崔希裕纂古　【古文四聲韻】

◉許　慎　觸抵也。从角。蜀聲。尺玉切。【說文解字卷四】

◉陳邦懷　後編卷下第二十一葉　箋曰。此字從𦥑從角從牛。疑即觸字。玉篇。集韻。觸字古文皆作𧢳。𧢳字又見赫連泉館藏小璽及涼王大且渠安周造象記。按𧢳字從角從牛。觸誼未顯。疑已省𦥑。卜辭作。當為𧢳之初字。從角從牛象形。從𦥑會意。蓋牛角觸人。人以兩手拒之。觸誼乃顯。𦥑亦聲也。羅參事云。象取牛角。見殷虛書契待問編。僅以意說字形。未得其誼與音矣。此條新補當附考釋疾字條後。【殷墟書契考釋小箋】

觲 觲

◉馬叙倫　鈕樹玉曰。五音韻譜韻會引及玉篇並作牴也。嚴可均曰。抵當依小徐作牴。牛部。牴。觸也。倫按牴觸轉注字。字見急就篇。【説文解字六書疏證卷八】

◉林清源　198.丞相觸戈(邱集8382、嚴集7509)　本戈僅存殘体，銘文首端數字殘闕，羅振玉釋為「年丞相造戍市葉工。武。」《貞續》下22・2。「市」當為「帀(師)」字殘文，此據秦戈辭例可正。造下之字作「咸」，當釋為「咸」，秦公鎛咸字即作此體。「咸」、「師」二字不可連讀，其間當有闕文，李學勤補為「咸陽工師」，李學勤：「戰國時代的秦國銅器」(文物參考資料，1957年第8期)，頁37。文通辭順，今比對例175：「十三年，相邦義之造，咸陽工帀(師)田，工大人耆，工積。」二者辭例相近，用知李説可從。戈銘「丞相觸」，陳邦懷謂即秦昭王時代魏冉為相之壽燭，陳邦懷：「金文叢考三則」，(文物，1964年第2期)，頁50。觸與燭韻同聲近，或借燭為觸；或因字形相近，訛角旁為火旁。《史記穰侯傳》載秦昭王十五年：「魏冉謝病免相，以客卿壽燭為相。其明年，燭免，復相冉。」壽燭為相在秦昭王十五至十六年(公元前292—前291年)，戈銘鐫刻當在此時也。

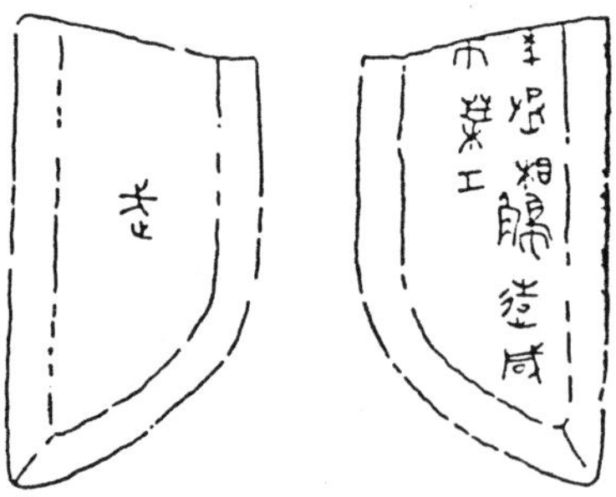

【兩周青銅句兵銘文匯考】

石碣避車　牸＝角弓　【石刻篆文編】

◉許　慎　觲用角低仰便也。从羊牛角。詩曰。觲觲角弓。息營切。【説文解字卷四】

◉馬叙倫　嚴可均曰。説文無低字。當作氐。桂馥曰。牛羊角者後人改之。徐鍇疑義云。案説文垟字注云。從土。騂省聲而無騂字。脱譌。馥謂觲亦從騂省聲。承培元曰。用字當作牛羊二字。徐灝曰。觲取義於牛角。不當從羊。羊疑辛之譌。以辛為聲也。字省作觪牸。通作騂。林義光曰。從牛羊角於氏仰義不顯。羅振玉曰。今詩作騂。周禮草人亦作騂。故書作挈為𦍌之譌。甲文有𦍌字。金文亦有𦍌字。許不知騂有本字作𦍌。故於觲注從牛羊角。垟注從騂省。注經家皆謂周尚赤。故用騂剛。然甲文用𦍌者不一二見。知周亦因殷禮耳。倫按今本書無𦍌字。𦍌為騂之本字。從牛。羊聲。羊音喻紐四等。故𦍌音息營切入心紐。同為摩擦次清音也。騂。從馬。辛聲。辛音亦心紐。詩角弓。騂騂角弓。毛傳訓調利。即謂用角氏卬便也。然詩借騂為觲。而觲當從角𦍌聲。從角而訓用角氏卬便也。似非本義。角一俯一仰觭。何以能用為氏仰便也。其說本不可解。蓋本訓捝失。存者校文。或更有譌耳。引詩校者所加。或如鍇本作讀若詩曰觲觲角弓。至詩釋文引說文作弲者。嚴章福謂陸謂說文訓弓角字作弲。非謂許引詩作弲弲也。字或出字林。【說文解字六書疏證卷八】

◉許　慎　⿰角公舉角也。从角。公聲。古雙切。【說文解字卷四】

◉馬叙倫　嚴可均曰。疑⿰角公即釋嚳皆踊幫之踊。倫按舉角謂牴觸時舉其首邪。此非許文。字或出字林。【說文解字六書疏證卷八】

◉朱芳圃　屯乙七二〇四　屯乙七七九三　屯乙四〇六二　上揭奇字，象兩手奉角形，結構與象兩手奉瓮相同，當為⿰角公之初文。說文角部：「⿰角公，舉角也。從角，公聲。」兩手舉角謂之⿰角公，因之凡舉一切之物亦謂之⿰角公，魏大饗碑：「上索蹹高，⿰角公鼎緣撞」，是也。一作扛，作舡，又作掆，史記項羽本紀：「力能扛鼎」，集解：「韋昭曰：『扛，舉也。』或作掆。」文選西京賦：「烏獲扛鼎」，李注「扛與舡同」。按扛舡皆⿰角公之異文，掆，後起之俗字也。【殷周文字釋叢卷中】

◉許　慎　觷治角也。从角。學省聲。胡角切。【說文解字卷四】

衡　輈前橫木縛軛者　詩采芑　約軝錯衡　傳　錯衡　文衡也　毛公𢉜鼎　金甬道衡　番生簋　【金文編】

衡　法一四六　四例　秦一九四　二例　效三　二例　為二七　【睡虎地秦簡文字編】

□衡里附城 衺衡子家丞 張衡 費衡君 衡行印 涂人衡 董子衡 隋衡 【漢印文字徵】

祀三公山碑 治東就衡山 【石刻篆文編】

衡出尚書 【汗簡】

義雲章 古尚書 竝崔希裕纂古 【古文四聲韻】

◉許 慎 牛觸。横大木其角。从角从大。行聲。詩曰。設其楅衡。户庚切。古文衡如此。【説文解字卷四】

◉商承祚 説文。古文衡如此。案古文省行耳。金文毛公鼎作。番生𣪘作，與篆文近。據此則鹵乃之寫譌。玉篇作奐。是也。【説文中之古文攷】

◉馬叙倫 鈕樹玉曰。韻會引作牛觸横大木從角大行聲。莊有可曰。詩乃禮之譌。否則設其當作夏。而從角從大從行會意。翟雲昇曰。集韻引大木下有著字。六書故引觸上有好字。倫按説解當作横也。從奐。行聲。牛觸横大木其角者。本作牛觸横木其角。此校者所加以釋横也之義。大即人也。牛觸人。故横木其角以梏之。此謂字也。倫謂衡之初文為奐。從角。從大。有角者非徒牛也。從牛而楅其牛。則視而可識察而見意。若奐既不見横木之事。亦不顯觸人之意。豈初文本作一牛以角觸人。變為篆文乃省作奐耶。若然。止見觸義無梏意也。猶止見梏義無觸意也。蓋圖語之遺。象徵而不具也。周禮封人。設其楅衡。鄭玄注。楅設于角。衡設于鼻。如椵狀也。則衡非横木於角矣。廣雅釋嚚。衡。栁也。栁者。本書。角械也。又與鄭異。莊子在宥。桁楊相推。桁楊即衡之緩。桁楊則連綿詞也。桁亦從行得聲。周禮玉府注引詩傳。上有蔥衡。今詩作蔥珩。然則角械之義。字本作桁。本書無桁。栁即其字。桁栁為魚陽對轉轉注字。衡則為奐之轉注字。奐蓋從角大聲。其義亡矣。或為觸之轉注字。觸從蜀得聲。蜀音禪紐。古讀歸定。大音定紐也。由定轉喻紐三等而入匣耳。字見急就篇。

鈕樹玉曰。蓋仍從角大。王筠曰。玉篇作奐。是也。鹵。角之古文也。石鼓作。古文不論反正。此向右者變而向左耳。商承祚曰。毛公鼎。金甬錯。番生敦作。據此。則鹵乃之譌。又省行耳。倫按此之譌。伯角父盉角字作□。可證也。説解有如此二字者校者所加。文選注引魯連子。伊尹佩刀以干湯。得意故尊為宰舍。宰舍不可通。蓋宰奧之譌。知古自有此字。【説文解字六書疏證卷八】

◉周秉鈞　《説文》四篇下云：「衡，牛觸，横大木其角。從角從大，行聲。《詩》曰：設其楅衡。□，古文衡如此。」

王筠《説文釋例》云：「衡之古文□，《玉篇》作奧，是也。㕯，角之古文也。石鼓作□，古蓋作□，向右者變而向左耳。」毛公鼎之衡字作□，其中之□亦從角從大，與《玉篇》合。然則衡之古文□原是□之變體，是從角從大的會意字。

它為什麼從大呢？段玉裁説：「云大木者，字從大也。」徐灝説：「然猶有不可曉者，義取大木而其字但從大，不成造字之法，闕疑可也。」對于這個問題，前輩語言學家没有很好的説明。

今按《説文》四篇上説：「□，目衺也。從䀠從大，大，人也。」可見在古代「大」有「人」的意思。《説文》四篇下角字，段玉裁注解説：「人體有稱角者，如日月角，角犀豐盈之類，要是假借之辭耳。」角就是額角，又叫顔角。《漢書・諸侯王表》：「漢諸侯厥角詣首」，應劭説：「厥者，頓也；角謂額角也。」《國語・鄭語》「惡角犀豐盈」，注：「角犀，謂顔角有伏犀。」《詩經・鄘風・君子偕老》：「揚且之顔也。」毛傳：「廣揚而顔角豐滿。」桂馥説：「顔角即額角也」（見《説文解字義證》）。段玉裁説：「顔角蓋指全額而言，中謂之顔，旁謂之角」（見《説文解字注》）。可見在古代「角」又指人的額角。

又按《漢書・王莽傳》：「盱衡厲色。」孟康注説：「眉上曰衡。」眉的上部也就是額角部分，古人叫做衡。然則衡之古文□從大從角，正是指的人頭上的額角部分，可無疑問。

由此可以得出這樣的結論：奧字的本義是指眉的上部，它的結構是從大從角會意。

「眉上曰衡」既是衡字的本義，許君誤以它的後起義當作本義，所以在字形上得不到滿意的説明。【釋□　湖南師範大學學報一九八〇年第三期】

◉高鴻縉　按衡字本義即後世縱横之横。牛角矢行聲。小篆變作角大。意稍晦。角大不必横也。縱衡字本如此。詩南山衡從其畝是也。後以天枰之衡桿亦曰衡。又與其銓連稱銓衡。稱權衡。久為所專。乃另叚横以代衡。其實横闌木也。（闌門遮也）。前人僅以同音通叚以代衡。【中國字例五篇】

◉黄錫全　□衡出尚書　薛本作奧，與今本《説文》衡字古文□形類同。敦、巖、小、豐等本作奧，與此形同。番生𣪘衡作□，毛公鼎作□，思泊師曾認為象人項角而行。《説文》正篆作□。鄂侯鼎角作□，伯角父盉作□，石鼓文作□。《説文》古文□當是誤角為西，應以此正作□。郭見本作奧，仿《説文》作古。【汗簡注釋卷四】

䚢 䚢

◉許　慎　䚢角䚢獸也。狀似豕。角善為弓。出胡休多國。从角。耑聲。多官切。【說文解字卷四】

◉馬叙倫　嚴可均曰。事類賦注引作出胡尸國。藝文類聚六十引作出胡休夕國。御覽三百四十七引作出胡尸國。注。一曰出休尸國。休尸疑即休屠。又後漢郊祀志。祭休屠王。蓋北狄古國號也。鈕樹玉曰。休多即休屠。地理志屬武威郡。倫按前後文皆言角事。不得忽閒以獸名。且獸名亦不得但從角也。蓋說解捝本訓。今存者校語耳。休多自即休屠。檢漢書地理志。武威郡。注。故匈奴休屠王也。武帝太初四年開。莽曰。張掖。許漢人。故休屠王地於漢已為郡縣。安得曰胡休屠國。此盖呂忱或校者所加。諸若此者皆然也。字或出字林。【說文解字六書疏證卷八】

觰 觰

◉許　慎　觰觰拏。獸也。从角。者聲。一曰下大者也。陟加切。【說文解字卷四】

◉馬叙倫　觰為䚢之轉注字。䚢音端紐。觰音知紐。同為破裂清音也。一曰下大者也者。蓋奢字義。十篇。奢。張也。從大。者聲。此校語。字或出字林。餘見䚢下。【說文解字六書疏證卷八】

觤 觤

◉許　慎　觤羊角不齊也。从角。危聲。過委切。【說文解字卷四】

◉馬叙倫　章炳麟曰。觭。旁轉支為觤。倫按如章說。觤為觭之同舌根裂音轉注字。爾雅釋獸。角不齊。觤。郭注。一角長一角短也。然則長短俛仰皆為不齊。此羨羊字。玉篇正作角不齊也。字或出字林。【說文解字六書疏證卷八】

觟 觟

◉許　慎　觟牝牂羊生角者也。从角。圭聲。下瓦切。【說文解字卷四】

◉馬叙倫　嚴可均曰。韻會廿一馬引作牝羊角。無牂生也三字。王筠曰。釋畜。羊。牡羒牝牂。夏羊牡羭牝羖。詩箋。羖羊之性。牝牡有角。故牂羊之生角者別之為觟。倫按牂字涉牝羊傳寫誤羨。牝羊生角者也。非本訓。如此訓則觟為羊名矣。羊名安得從角。且上下文均無以為牛羊之名詞者。倫謂觟為觤或觡之轉注字。觤觟又聲同支類。古鉩作觟。【說文解字六書疏證卷八】

骼

◉許　慎　骼骨角之名也。从角。各聲。古百切。【説文解字卷四】

◉馬叙倫　徐灝曰。漢書司馬相如傳。犧雙觡共抵之獸。蓋謂角有岐。故郭璞云。麋鹿角曰觡。玉篇云。有枝曰觡。是也。樂記。角觡生。正謂角生岐視。説解疑有誤。倫按骨角之名也不可通。淮南原道注。角觡。猶言骨骼也。疑此本作骨也。角之名也。傳寫如此。骼為角之有枝者。其語原同格挌。亦為觻之轉注字。字蓋出字林。【説文解字六書疏證卷八】

觜

◉許　慎　觜鴟舊頭上角觜也。一曰觜觿也。从角。此聲。遵為切。【説文解字卷四】

◉馬叙倫　鈕樹玉曰。韻會引作鴟奮頭上角觜也。又觜觿。星名。非。王筠曰。史記天官書。觜觿。虎首。徐灝曰。觜之本義為角之鋭者。因之為毛角之偁。又為鳥咮也。凡物隅而鋭者謂之觜觿。天官書。參為白虎。小三星。隅置曰觜觿。為虎首。爾雅。䨠龜。郭云。即今觜蠵龜。一名䨠蠵。蓋其形三角而鋭也。倫按一曰觿也者。本義本訓也。鴟舊頭上角觜也。校語。傳寫一本奪本訓。僅存校語。一本猶作觿也。校者注之。觜之語原即朿。朿此聲同支類可證也。【説文解字六書疏證卷八】

解

後二・二一・五【甲骨文編】

解　説文從刀判牛角　此從臼牛角　國名　馬國權説　解子甗　從殳　解子鼎　孳乳為懈　中山王嚳鼎　夙夜不懈　中山王嚳壺　夙夜篚懈【金文編】

198　241　248【包山楚簡文字編】

解　秦一三〇　封六六　二例　日甲六八背　三例【睡虎地秦簡文字編】

解尊　解蘗　解僕私印　孔解　解莫如印　遂解　解止　解得之印　笘解非　乃始解　常解之印　徐解　州解事印　牟解中印　解定　皇解　解子賓印【漢印文字徵】

天璽紀功碑　遺□□解文字　【石刻篆文編】

古老子　同上　南嶽碑　【古文四聲韻】

◉許　慎　䚷判也。从刀判牛角。一曰。解廌。獸也。佳買切。又户賣切。　【説文解字卷四】

◉馬叙倫　商承祚曰。卜辭解字作。象兩手解刀角。八象其殘靡。卜辭从之字或省作。與刀形相似。而非刀字也。倫按殷器文有。蔣善國謂手執刀解割牲體之象形也。後變從刀牛角。倫謂如器文從又持刀以判牛。此圖語也。會意之文由此出。今篆牛與角複。蓋角實牛之象形。變為篆文而誤同角。牛則之誤也。然觀甲文。則其譌已久。甲文中之八乃血字。非象其殘靡。一曰解廌獸也者。借解為廌。聲同支類也。此字林文。見廣韻引。解當入刀部。字見急就篇。　【説文解字六書疏證卷八】

◉楊樹達　《説文四篇下・角部》云:「解，判也。從刀判牛角。」按析解二文皆會意字，以斤破木謂之析，以刀解牛角謂之解，義相同則組織同也。　【字義同緣於語源同例證　積微居小學金石論叢】

◉商承祚　説文解字。「解。判也。從刀判牛角也。」此象兩手解牛角。八象其殘靡。卜辭從之字或省從。與刀形相似而非刀字也。卜辭從。篆文又省從。由又省作。遂與刀形相混矣。　【殷虚文字類編卷四】

◉魯實先　字隸定為𦥑。其辭殘闕。文義未詳。高田忠周釋𦥑。古籀篇卷九十三第三一葉。陳邦懷疑觸。見小箋。説並非是。商承祚釋觸解其説幸中矣。而其釋義亦誤。以愚考之𦥑字不見於它辭。則其非動辭與祭名甚審。蓋為方名也。金文有子甗。録遺一〇〇圖。子鼎。三代三卷一六葉。是皆解方所作之器。隸定為𢿚。其字乃從攴從牛角以會意。與𦥑之從臼從牛角以會意其例相同。良以臼義為手。而從手與從攴義可互通。證之説文。是猶抉之古文作𢻱。揚之古文作敭。播之古文作敽也。見説文手部。篆文從刀作解者。證之重文。是猶㪟之作𠜂。見攴部。證之轉注。是猶拂之作刜也。蓋以剖判牛角。必須以手。故其字從臼作𦥑。攴義為杖。杖與刀所以供手使用。故其字又從攴作𢿚。或從刀作解。以此證之。𦥑𢿚並為解之異體。其義甚審。商氏之説。是未知𦥑之從臼。其義為説文訓叉手之臼。而從手與從刀義可相通也。證之典記。解方當即周之解邑。左昭廿二年。在今河南洛陽縣。若晉之解梁在今山西臨晉縣。距殷虚懸遠。當非卜辭之解方也。　【殷契新詮之三　幼獅學報三卷一期】

◉李孝定　栔文此字商氏釋解。甚是。唐氏謂牛作。已象雙角。不應更作角形。是有蔽之言也。如人作。象人側立之形。其上已象頭形。遂得謂頁字之上不應更作百首形乎。解之從角。蓋與頁字從百見字從目□字從耳事出一例。乃就字義之重要部分加以強調耳。至從刀之解。是否為從□之譌。抑本為從□。後乃更制從刀之字。説俱可通。勿泥可也。魯氏謂從手從刀者是一字之異體。似有未安。拂剕二字。謂其義近則可。謂是一字之異構則有可商也。本辭殘泐。解字是否方國之名。亦未可必也。【甲骨文字集釋第四】

◉馬國權　于思泊前輩《商周金文録遺》100有《𦥑子甗》。銘云：「𦥑子作⿱旅車甗。」一九五九年版《金文編》二三二頁收有「𦥑」字，注曰：「《説文》所無」，字之下並録《𣪠子鼎》之□字。于、容兩公對□字均據形隸定，下端作「干」，雖未加言説，然以其非「解」字則甚明。余以為□乃解字。知者，《殷虛書契後編》(下·二十一·五)有解字作□，與此結構正同，衹少解牛時散溢之殘靡二點，及牛旁之中豎未上穿而已。然《𣪠子鼎》之□其所從之牛極完整，因推知□字所從之牛中豎未貫其上者，乃鑄範殘損所致。同銘之「⿱旅車」字，「旅」與「車」之間離析達六公釐，一若兩字，足見是器範鑄之欠善。或云：□即干，為解牛之先所以斃牛之器，角殆表牛，□則以手判之之意，説亦可通。然仍以前説為勝。□亦解字，其所從之「殳」乃棒狀利器，蓋宰牛之先，必以利物擊斃之也。兩字乃同義而異構。考解之為姓氏，屢見古文，宋人邵思所撰《姓解》卷二云：「河東解氏，《左傳》有晉大夫解揚，又有解狐。」史籍所載，兩人已屬其先。按解為古地名，在今河南洛陽，乃周成王弟叔虞裔食邑，後因以為氏。《左傳》昭公二十二年：「王師軍於解」，即其地焉。解子者，乃采食於解之貴胄也。解子甗器形未見，惟以文字核之，應屬西周中期遺製。則是器之存也，可為解氏姓源之時代問題得一佳證矣。【金文札存二則　古文字研究第八輯】

◉朱歧祥　15.□，從双分角，或即解字省。卜辭用為武丁時西邊的附庸族名。由辭例見此字從手從廾無別。

〈丙65〉　辛酉卜，賓貞：甾、疋、化戋□？

〈乙2327〉　辛酉卜，㱿貞：☐疋、化戋□？【甲骨學論叢】

◉戴家祥　此字(𣪠)疑是解字。象手持刀剖析牛形。説文四篇「解，判也。從刀判牛角。一曰解廌獸也。」以刀剖牛角，意義不清。初義當為宰殺剖析牛形。金文用作人名。【金文大字典中】

◉許　慎　觿佩角鋭耑。可以解結。从角。巂聲。詩曰。童子佩觿。户圭切。【説文解字卷四】

◉馬叙倫　鈕樹玉曰。廣韻引作角鋭耑可以解結也。沈濤曰。御覽七百十四引無佩字。倫按佩角非本訓。鋭耑可以解結及詩曰以下皆校注。已訓佩角。明為解結之用。古時此類日用之器。通俗皆曉。不須申説。故知此類皆非許文。字或出字林。

觵 觵

【説文解字六書疏證卷八】

◉許 慎 觵兕牛角可以飲者也。从角。黄聲。其狀觵觵。故謂之觵。古横切。觥俗觵从光。【説文解字卷四】

◉王國維 凡傳世古禮器之名。皆宋人所定也。曰鐘。曰鼎。曰鬲。曰甗。曰敦。曰簠。曰簋。曰尊。曰壺。曰盉。曰盤。曰匜。曰盦。皆古器自載其名。而宋人因以名之者也。曰爵。曰觚。曰觶。曰角。曰斝。古器銘辭中均無明文。宋人但以大小之差定之。然至今日仍無以易其説。知宋代古器之學。其説雖疏。其識則不可及也。若國朝人所命名則頗有可議者。如阮文達元所藏器有子燮兕觥。其器今在吴縣潘氏。不可得見。據文達所記則云。器制似爵而高大。蓋作犧首形。有兩角。文達名之曰兕觥。又為之説曰。毛詩卷耳。我姑酌彼兕觥。傳云。角爵也。毛説蓋以兕觥為似角之爵。其制無雙柱無流同於角。有三足同於爵。詁訓甚明。非謂以兕角為之也。云云。案阮釋毛傳非是。然由其所説。足知此器無雙柱而有三足。又比爵為高大。與宋以來所名為角者無一不合。惟蓋作牛首形。與他角蓋異。余謂此亦角也。其蓋作牛首者。亦由湏陽端氏所藏飛燕角。其蓋作燕張兩翅形。皆古人隨意象物。未足為兕觥之明證也。揅經室四集(七)。賦得周兕觥詩注云。觥高七寸。下器皆如爵。上有蓋。蓋作犧首。其詩云。兕觥高似爵。有蓋制持強。蓋流作犧首。觓然額角長。蓋葉亦如葉。相合誠相當。左右各有缺。雙柱居其旁。則又有流有柱。與積古齋款識跋中所記互異。去歲見貝子溥倫延鴻閣所藏父丙角。蓋亦作犧首形。有流無柱。端氏飛燕角則並無流。不知阮氏器究何如也。又濰縣陳氏有婦闟兕觥。未見原器及全形拓本。其制或與阮氏器同。然則傳世古器中無兕觥乎。曰有。兕觥之為物。自宋以來冒他器之名。而國朝以後又以他器冒兕觥之名。故知真兕觥者寡矣。案自宋以來。所謂匜者有二種。其一器淺而鉅。有足而無蓋。其流狹而長。其一器稍小而深。或有足。惟博古圖之文姬匜有之。他器則否。或無足。而皆有蓋。其無蓋者乃出土時失之。其流侈而短。蓋皆作牛首形。估人謂之虎頭匜。實則牛首也。博古圖十四匜中之啟匜鳳匜三夔匜父癸匜文姬匜偏地雷紋匜鳳夔匜七器。西清古鑑三十匜中之司寇匜祖匜伯和匜女匜山匜般匜利匜擧匜二犧匜饕餮匜十一器。及端氏所藏諸女匜責弘匜甫人匜三器。皆屬此種。餘如積古齋著録之父辛匜父癸匜。蓋筠清館著録之奉冊匜父辛匜冊父乙匜。攈古録著録之亞匜。蓋从匜文父丁匜諸女匜。並予所見拓本中之折子孫父乙匜父戊匜作父乙匜。雖未見原器。然觀其銘文屬乙類無疑。中有二匜。蓋尤其證也。余以為此非匜也。何以明之。甲類之匜。其銘皆云某作寶匜。或云作旅匜。或云作賸匜。皆有匜字。而乙類三十餘器中絶無匜字。惟端氏之甫人匜銘云。甫人父作旅匜。其萬人用。然其銘後刻乃摹吴縣曹氏之甫人匜為之者。曹匜有圖乃甲類。非乙類也。此一證也。匜乃燕器。非以施之鬼神。而乙類之器。其銘多云作父某寶尊彝。如父辛匜乃與吴縣曹氏諸城劉氏之父辛尊同文。諸女匜亦與洹陽端氏之諸女方爵同文。皆祭器之證。其為孝享之器。而非沃盥之器可知。此二證也。古者盥水盛於盤。洗匜惟於沃盥時一用之。無須有蓋。而乙類皆有之。此三證也。然則既非匜矣。果何物乎。曰。所謂兕觥者是已。何以明之。曰。此乙類二十餘器中。其有蓋者居五分之四。其蓋端皆作牛首。絕無他形。非如阮氏兕觥僅有一器也。其證一。詩小雅周頌皆云兕觥其觩。毛於觩字無訓。鄭惟云觩然陳設而已。案觩。說文作觓。當與朻木今詩作樛木之朻音義同。觓者曲也。從丩得聲之字如句茾糾等皆有曲意。今詩作觩。又假借作捄。以詩證之。則大東云有捄棘匕。又云有捄天畢。良耜云有捄其角。泮水云角弓其觩。凡匕與角與弓。其形無不曲者。畢之首有歧亦作曲形。則兕觥形制亦可知矣。今乙類匜器蓋皆前昂後低。當流處必高於當柄處若干。此由使飲酒時酒不外溢而設。故器蓋二者均觩然有曲意。與小雅周頌合。其證二。詩疏引五經異義述毛說並禮圖。皆云觥大七升。是於飲器中為最大。今乙類匜比受五升韓詩說若六升說文引或說之斝尤大。其為觥無疑。斝者。假也。觥者。光也。充也。廓也。皆大之意。其證三。觥有至大者。所容與尊壺同。詩卷耳。我姑酌彼兕觥。與上章我姑酌彼金罍文例正同。金罍為尊。則兕觥亦尊也。七月。稱彼兕觥。則為飲器。蓋觥兼盛酒與飲酒二用。與斝同也。立此六證。乙類匜之為兕觥甚明。然此說雖定於余。亦自宋人發之。宋無名氏續考古圖有兕觥二。其器皆屬匜之乙類。此書偽器錯出。定名亦多誤。獨名乙類匜為兕觥。乃至當不可易。今特為疏通證明之。然則古禮器之名。雖謂之全定自宋人。無不可也。【說觥　觀堂集林】

◉郭沫若　「亡得鬳復□，隹□又(有)□。」

□與鬳為對文，當是器物之名，而形亦象器物，上為牛首，下象尊卣。余以為此乃觵之古字也。王國維《說觥》謂觥似匜，「稍小而深，或有足，或無足，而皆有蓋。其流侈而短，蓋皆作牛首形。」據此說，則此字乃有足觵之象形文矣。亦有象無足觵者，則戊辰彝之□字是也。許書㯻部諸字其編製實甚牽強。如部首之□謂從束圂聲，□□□□均謂從㯻省某聲。然由字形覘之，實皆從□某聲之字也，㯻說為豖聲或圂省聲均無不可。由此可知古當有㯻字，特字早失，故許君創為異解。□字即此□字若□字，腹中之有繁紋者示器體之有花紋耳。【大豐殷韻讀　殷周青銅器銘文研究】

◉郭沫若　「賁貝」之賁，余以為乃觵之本字（此於大豐殷中將得其證明），觵貝疑是大貝，庚午父乙鼎亦有「作册友史錫賁貝」語。見薛尚功《歷代鐘鼎彝器款識》卷二，二十七葉。【戊辰彝考釋　殷周青銅器銘文研究】

◉馬叙倫　王筠曰。其狀觵觵故謂之觵蓋庾注。故綴黃聲之下。倫按飲器字從角者。初俗以角盛酒。金甲文酉字或銳底作□。猶循其狀也。經傳以觵為飲器。實觴之聲同陽類轉注字。今捝本訓。僅存校詞。字或出字林。□此篆及說解蓋江式加之。【說文解字六書疏證卷八】

觶 觶

◉徐中舒 □四期後上二一・一三 象牛角杯之形，當為觵之初文。【甲骨文字典卷四】

◉許 慎 觶鄉飲酒角也。禮曰。一人洗舉觶。觶受四升。从角。單聲。臣鉉等曰。當从戰省乃得聲。之義切。 䚐觶或从辰。 觗禮經觶。【說文解字卷四】

◉馬叙倫 鈕樹玉曰。禮記鄉飲酒釋文引饗作鄉。韻會作鄉飲酒觶。禮下有記字。倫按說解本作器也。今捝。飲酒角也當作觶鄉飲酒角也。觶為隸書複舉字。鄉飲酒以下至受四升皆校語。觶音照紐。爵音精紐。同為破裂摩擦清音。轉注字也。尋爵之初文作□。為象形。變為□。又變為□。增鬯又為爵。轉注為觶。觶從單得聲。單旦音同端紐。聲同元類。故又轉注為觛。觶音照紐三等。與襌同為舌面前音。故又轉注為䚐。為觗。單聲元類。氏聲歌類。歌元對轉。故觶觛亦轉注為觗。觚觵音同見紐。端見同為破裂清音。故觶又轉注為觚為觵。觚聲魚類。觵聲觴聲並陽類。又魚陽對轉轉注也。觵從黃得聲。黃音匣紐。襌匣同為摩擦次濁音。則觵與䚐觗亦轉注字也。後以所受升數為別。初無是也。故儀禮奠禮。主人坐。奠觚。注。古文䚐皆為觶。又賓洗南坐。奠觚。注。今文從此以下觚皆為爵。有司徹。舉觶于其長。注。古文觶皆為爵。而此下文觴。籀文作□。從爵也。禮記檀弓釋文引字林。飲器也。音支。儀禮士冠禮釋文引作音至。倫疑此字及重文並出字林。急就篇。卮觛。顏師古本。皇象本作簞。則倉頡無觶。

䚐觗林頤山曰。周禮考工記梓人疏。鄭云。觶字角旁著氏。汝潁之閒師讀所作。謂說文諸聲用方言也。故說文所采方言。汝南居多。倫按言禮經者。鄭玄駁五經異義曰。觶字角旁著氏。汝潁之閒師讀所作。今禮角旁單。古書或作角旁氏。可證此凡一義而數字者。皆由方言轉注。然此篆呂忱據鄭說加之。故曰禮經觶。本書所言方言。蓋多為後人所加。許所著書。汝南人自必先有見之者。或其書後後汝南人讀而加以當地之方言。【說文解字六書疏證卷八】

觛 觛

◉許 慎 觛小觶也。从角。旦聲。徒旱切。【說文解字卷四】

◉馬叙倫 沈濤曰。御覽七百六十引作小卮也。玉篇亦云。小卮也。王國維曰。觶觛卮膞腨五字實一字也。說文觶之重文作䚐觗。漢書高帝紀注引應劭曰。卮。鄉飲酒禮器也。古以角。受四升。古卮字作觗。其說本於說文。是卮觶為一之證也。說文。觛。小觶也。急就篇顏師古本。蠡斗參升半卮觛。皇象本觛作簞。蓋借簞為觶。是觛觶為一之證也。說文。卮。一名觛。又卮觛為一之證。膞腨二字亦本一字。古書多以耑為專。急就篇顏古本之䠣踝。皇象本作踹踝。賈誼鵩賦。何足控搏。史記文選作搏。漢書作揣。又急就篇皇象之槫榼。宋太宗本作槫榼。而搏即⿸卮專揣即⿸卮耑。尤為⿸卮專⿸卮耑為一之證。此五字之音又同出一原。觶觛⿸卮專⿸卮耑四字於形聲皆在元部。⿸卮耑。説文讀為棰擊之棰。於古音在歌部。今在支部。觶之重文作觗。氏聲。今與觶卮亦皆在支部。支部之音與歌部最近。歌元又陰陽對轉。單聲之字如鄲癉驒鼉等字古多轉入歌部。幝字又轉入支部。漢書地理志樂浪郡黏幝縣。服虔音提。耑聲之字亦然。此五字同聲。則亦當為同物。許君因其字不同。乃以形之大小與有耳與蓋否別之。其實一而已矣。倫按九篇。卮。圜器也。一名觛。所以節飲食。象人卪在其下也。夫圜器而從人卪在其下。不可通。故王筠謂卮字會意可疑。他器皿字非象形即形聲。恐此字義失傳。許君姑以為説耳。倫按王説是也。卮司一字。詳卮字下。古書借卮為觶。⿸卮專⿸卮耑二字則觶觛之轉注俗字。猶皮部之皰皯也。觛為觶之聲同元類轉注字。周禮廬人。句兵欲無彈。故書彈作但。矢人。雖有疾風。亦弗之能憚。故書憚作但。是其例證。玄應一切經音義引三倉。觛。勺也。疑此字或出三倉之滂喜中。字林入之。急就篇卮觛。顏師古本。皇象本作簞。則倉頡無觛觶。【説文解字六書疏證卷八】

觴 仲多壺

觴 姬作旛嫖簋 【金文編】

觴 汗簡入部釋為觴 見義雲切韻 假借為唐國名

觴 觴義雲切韻 【汗簡】

義雲章 王庶子碑 並崔希裕纂古 【古文四聲韻】

◉許　慎　觴觶實曰觴。虛曰觶。从角。煬省聲。式陽切。籀文觴。从爵省。【説文解字卷四】

◉劉心源　觴。或釋韓。非。説文。觴。籀文作。從爵省。此從爵不省耳。觴者。飲人以酒也。左襄二十三年傳。觴曲沃人。秦策。秦王觴將軍。即此銘所用義。【奇觚室吉金文述卷六】

◉王國維　觴。韓中多壺作。韓姬敦蓋作。从古文爵。吳氏大澂釋為韓。失之。【史籀篇疏證　王國維遺書】

◉馬叙倫　鈕樹玉曰。韻會引實上無觶字。煬當作鴙。省者。省矢為人也。丁福保曰。慧琳音義八十七引觶下有也字。煬省聲作殤聲。倫按觶下七字蓋字林文。許訓捝矣。字見急就篇。顏師古本。皇象作解。譌。

倫按從爵之初文作者。非爵省也。觴仲多壺作。瀡嫖敨作。晉邦盦作。其從者。與殳良父壺歸夆敨婚字所從之□同。但省一女。然□為毛公鼎□勤大命之□異文。從丮與從収同也。從□者。與歸夆敢婚作□盂鼎聞殷隊命之聞作□者其□同。而□又與毛公鼎□字所從之□同。□蓋本書之𢍏所從之豆。乃豆而非爵。是金文傳寫有誤也。金文每多譌別之字。昔人已言之矣。或謂此爵之無足者也。從爵省校者加之。餘詳鬯下。【説文解字六書疏證卷八】

◉許學仁　仰天湖楚簡有□□二字,史氏隸定為「□」,釋為「觴」,讀簡文為「羽觴」「龍觴」;李學勤釋「龍觴」為「龍盧」,謂盧即説文飯器之「盧」;饒氏釋「𦉶」,讀為物名之「𦉶」,或借為獻。按:羽觴乃楚地習見之副葬品,盧則未見,且出土物中有朱繪龍文羽觴殘片,見長沙仰天湖出土楚簡研究,第三十二頁。史氏之説殆近實情。

羽觴之名,始見楚辭招魂。曰:「瑤漿蜜勺,實羽觴些。」王逸注云:「羽,翠羽也;觴,觚也。言食已復有玉漿,以蜜沾之,滿于羽觴以漱口也。」叔師去先秦未遠,已不諳器用。迨漢魏間劉德、如淳、孟康諸人注釋羽觴,言各互歧,或謂生爵,或稱行酒如羽,劉德曰:「酒行疾如羽也。」孟康曰:「羽觴,爵也,作生爵形,有頭尾羽翼。」説並見漢書卷九十七下外戚傳班倢伃賦注。如淳曰:「以𤩽瑁而翠羽於下,徹上見。」見演繁露。於羽觴之實,相去愈遠。降及唐宋,注楚辭者,則相沿其誤。洪興祖本劉德之説曰:「杯上綴羽以速飲也。」朱熹集注本孟康之説,解為「飲酒之器,為生爵形,似有頭、尾、羽翼也。」推源其故,皆以不及目驗。

原夫古人製器之始,其形象多摹仿自然物,如壺昉自瓠;爵始于角;羽觴之制,原始於㔶。觀周禮地官,有掌㔶之官,司祭祀供㔶器之㔶,而春官鬯人有「山川四方用㔶」之語,鄭注云:「㔶,桼尊也,畫為㔶形。」近人商錫永氏據傳世古器犧尊、象尊、虎尊、鳥尊等器,皆實物之象,非畫文器上,以驗周禮所謂㔶器,亦必作如㔶形,後加改異,遂成羽觴,説見「長沙古物聞見記」卷上,廿一下——廿三上。總八十四——八十七頁。已正舊説之非也。民國十餘年,長沙一地出土大批羽觴,考古論史者,乃得目驗,以定其制度;經籍所載,至此亦得實物之證驗。

今觀田野考古出土實物,羽觴之胎,係用木或夾紵製成,輕巧而易執持,橢圓、淺壁,狀似㔶蛤,厚亦如之,便於以勺取酒食。兩旁有耳,呈新月形,間有作束腰而兩角挑出之翼形,近歲長沙馬王堆一號西漢墓出土耳杯九十件,亦即羽觴,其兩羽均作新月形。束耳挑角者見「長沙出土楚漆器圖録」圖版二十四、二十五、二十六。而一九五四年八月,長沙北郊楊家灣六號墓所出羽觴,兩羽作新月形及挑耳者各十具。故名羽觴。現存「刻紋燕射畫像橢桮」,乃戰國時物,兩羽已演為環耳,見「古代青銅器彙編」第九十四頁。圖版九〇。兩耳之用雖存,而羽觴稱名之軌跡,遂寖堙滅。此乃羽觴形制流變之大較也。至其用途遭遞之跡,初為酒器,降及兩漢,兼而為食器。據近歲馬王堆一號漢墓出土耳杯,其器形與先秦無異,而其上漆書一曰「君幸酒」,一曰「君幸食」,參漢墓。頁一二五——一二七。明其器用已分為酒食二類。【楚文字考釋　中國文字第七期】

◉許　慎　觚鄉飲酒之爵也。一曰觴受三升者謂之觚。从角。瓜聲。古乎切。【說文解字卷四】

◉馬叙倫　鈕樹玉曰。韻會引無謂之二字。倫按上文觶訓鄉飲酒角也。此訓鄉飲酒之爵也。明皆非許文。本訓捝矣。一曰以下十字校語。字見急就篇。【說文解字六書疏證卷八】

◉孫德成　觚，三升酒器也。見考工記梓人及説文。論語雍也集解引馬注同。儀禮特牲記注引舊説作二升曰觚。此其容量多少之别，今無從定。

觚既為酒器，則容器乎？抑飲器也？曰飲器。何以知之，論語雍也釋文：「觚酒爵也。」儀禮燕禮，大射，特牲，少牢，皆載其用。燕禮：「主人獻賓，賓酢主人，主人自酢於公，（經云更爵，疏以為仍是用觚。）主人酬賓，主人獻卿，主人獻大夫。」大射：「主人獻賓，賓酌主人，主人自酢於公，（本疏）主人酬賓，主人獻卿，主人獻大夫，司射獻釋獲者。」特牲：「加爵用觚。少牢，觚亦與觶爵同篚。」大戴記曾子事父母篇：「執觴觚杯豆而不醉。」凡秦先後典籍，無不以觚與飲器並舉，絶無與容器相厠，且觀夫儀禮中觚之為用，亦皆以直飲，並無取酒於觚之文，如此，則觚之為飲器也，無疑義矣。

觚既為飲器，其形若何？按觚方也。（漢書酷吏傳集注觚既作方解，其形可得而知矣。）至春秋時必一大變，故孔子有不觚之歎。是則觚之形，只少可分為二期，以春秋之時為界者也。文獻之徵，其知如此。再徵之實物。後以為觚，自宋以來，未之改也，今日所當考者，此形之器，是否即觚之問題是矣。

余以為宋以後之所謂觚者决非也。觚之為形，果如宋以所定器，試問何以飲酒？且殷墟所出，與周代之器，其形無異，則不觚之歎，由何而興？是器也，恐非如宋人所定者矣。余以為觚者，方爵也。觚作方解，且觚既為飲器，當於同類者求之。儀禮燕禮：「賓洗南坐奠觚。」注：「今文從此下皆為爵。」特牲：「加爵用觚。」説文：「觚，鄉飲酒爵也。」且少牢觚觶爵同用，而經文只云用爵，觚觶未一見，則爵為統名，觚觶乃分言之耳。然則今世所傳之形似爵而有棱者（張尗未藏有諸女方爵），或其遺器歟？惜無銘文得而證之也。

儀禮又有象觚。燕禮：「主人獻公用象觚」。大射：「主人獻公用象觚」。鄭康成以為有象骨飾者。唯今之遺器，無以象骨為飾之器，則象者，或鑄象首于上歟？（故宫藏一犧尊有松緑石鑲飾，則鄭説以象骨飾觚或有可能，惜今尚無其器之發現耳。）【簠簋觚觶説　説文月刊第四卷】

觵 觵　鬵 鬵　觼 觼

◉許　慎　觵角匕也。从角。亘聲。讀若讙。臣鉉等曰。亘音宣。俗作古鄧切。篆文有異。況袁切。【説文解字卷四】

◉馬叙倫　劉秀生曰。亘聲在寒部。讙從雚聲。亦在寒部。故觵從亘聲得讀若讙。火部。爟。從火。雚聲。或從亘聲作烜。左昭元年傳。不得惡讙譁之聲。釋文。讙。本作諠。宣亦從亘聲。是其證。倫按字或出字林。【説文解字六書疏證卷八】

◉許　慎　鬵杖耑角也。从角。敫聲。胡狄切。【説文解字卷四】

◉馬叙倫　杖耑角也非本訓。字或出字林。【説文解字六書疏證卷八】

鐍古穴切【汗簡】

王存乂切韻【古文四聲韻】

◉許　慎　觼環之有舌者。从角。敻聲。古穴切。鐍觼或从金矞。【説文解字卷四】

◉吳大澂　金觼金膺徐同柏釋作觼。説文。觼。環之有舌者。或作鐍。詩小戎。鋈以觼軜。箋云。觼以白金為飾。大澂按。象環下有舌形。即扃鐍之鐍。如今鐵鎖帶環者。上有缺口。可啟閉。此則置于軾前。以繫驂內轡。徐釋是也。詩小戎傳。膺。馬帶也。采芑崧高傳皆云鉤膺樊纓也。在馬膺前。故曰膺。【毛公鼎釋文】

◉馬叙倫　環之有舌者校語。本訓捝矣。

鐍桂馥曰。敻矞聲近。本書瓊或從矞作璚。龔麗正曰。爾雅。環謂之捐。捐即觼也。敻古音讀居員切。是以宋玉作招魂與安軒山連寒潺蘭筵為韻。爾雅觼作捐。元寒部字也。其入聲與脂微同入。是以或體作鐍。而今音皆古穴切。倫按敻音曉紐。矞音喻紐四等。同為摩擦次清音也。故觼轉注為鐍。本書二篇趨讀若繘。亦其例證也。【説文解字六書疏證卷八】

◉黃錫全　《説文》觼字或體作鐍。夏韻屑韻録作。鄭珍認為「此以古矛更篆」。通叚通作，善夫克鼎作，此矞形類似，應有所本。【汗簡注釋卷六】

䚯　䚨　䚘　觳

◉許　慎　䚯調弓也。从角。弱省聲。於角切。【説文解字卷四】

◉馬叙倫　錢坫曰。廣雅。䚯。出也。玉篇廣韻竝以䚯為正。䚯為重。疑此省非也。亦傳寫之譌耳。倫按調弓而從角。疑非本義。或字出字林也。【説文解字六書疏證卷八】

◉許　慎　䚨惟射收繁具也。从角。發聲。方肺切。【説文解字卷四】

◉馬叙倫　鈕樹玉曰。廣韻引惟作弋。沈濤曰。一切經音義七引無惟射二字。倫按字蓋出字林也。【説文解字六書疏證卷八】

◉許　慎　䚘惟射收繳具。从角。酋聲。讀若鰌。字秋切。【説文解字卷四】

◉馬叙倫　段玉裁曰。䚨䚘兩字同義。蓋其物名䚨䚘。上字當云。䚨䚘。惟射收繳具也。下字當云。䚨䚘也。今本恐非舊。但無證據。未敢專輒。倫按䚨䚘二字同訓惟射收繁具。必有一譌。且䚯觳二字説解亦有譌奪。可證也。字疑出字林。【説文解字六書疏證卷八】

◉許　慎　觳盛觵卮也。一曰。射具。从角。㱿聲。讀若斛。胡谷切。【説文解字卷四】

◉葉玉森　商承祚氏疑即觳字之省。類編第三第十五葉。森按。從角從殳。象持物擊角形。説文殳部。觳。盛觵卮也。一曰射具。從角。㱿聲。又㱿。從下擊上也。從殳。声聲。般觳為古今字。初誼當為擊角。本辭不完。他辭云。「庚子卜賓貞其令般又右商。」甲骨文字一第廿六葉之八。曰令般。則般似為商臣名。或官名。【殷虛書契前編集釋卷一】

◉唐　蘭　般字即觳字，商云「疑是觳之省」，非是。觳為般之增，非先有觳而省為般也。以字形言之，般象以殳擊角。以象意字聲化例推之，則當讀角聲。般變為觳者，猶玟變為瑴，角玉與㱿，聲皆相近也。説文：「觳，盛觵卮也。一曰，射具。從角㱿聲。讀若斛。」今按觳即經典習用之「角」，為酒器之卮，其變則又為量器之斛也。上古器用未周，或以獸角為酒器，故後酒器之名多從角，如觚觶觛觴觵皆是。角為酒器，其字或作般，猶皀為食器，字或作𣪘矣。特牲饋食禮記：「二爵，二觚，四觶，一角一散。」禮器云：「尊者舉觶，卑者舉角。」許慎五經異義引韓詩説，鄭玄注特牲記引舊説，並云：「爵一升，觚二升，觶三升，角四升，散五升。」此五器中所謂「角」，則酒器之專名，非角製酒器也。此「角」字，説文以「觳」字為之，蓋許以角為獸角，觳為酒器耳。如許意是經典借角為觳也。角觳通用。李斯傳觳抵即角抵。許訓觳為盛觶卮者，卮即觶也，觳為卮屬而能盛觶觥酒，故玉篇云：「盛酒卮也。」昔儒因此猶遂訓觳為盛器，而不知其即角，亦蔽甚矣。⊘觳為盛觥之卮，則即五器中之角，無疑也。自宋以來，考古者以角形為爵屬，其實誤也。往時所稱為角者，當是古爵，故有三足一耳。蓋禮五器中可分為二類，爵與散，即斝。有三足者為一類，皆有象形文字是以象其器形；觚觶與角當為一類，其字並從角，當由角製之飲器演變而來也。

酒器與量器易混用，「酌以大斗」，酒器也，勺所以酌也，而斗勺皆用為量器。考工記匋人：「鬲實五觳，庾實二觳。」注：「鄭司農云：『觳讀為斛，受三斗。』玄謂豆實三而成觳，則觳受斗二升。」是觳又為量器也。觳本作斛，又變從斗作斛，猶斝本作而變從斗也。量器所容，大率隨時遞增，故聘禮記以十斗為斛，較考工記為多。段玉裁因此謂「謂觳即斛者謬」，甚矣其固也。【殷虛文字記】

◉馬叙倫　鈕樹玉曰。集韻韻會引無也字。玉篇。盛酒卮也。疑本說文。段玉裁曰。盛字衍文。觶卮謂大卮。朱駿聲曰。一曰射具。集韻云。所以盛帷。疑借為韇。徐灝曰。盛下疑奪酒字。商承祚曰。卜辭有字。疑即觳之省。劉秀生曰。㱿聲屋部。斛從角聲。亦在屋部。故觳從㱿聲得讀若斛。周禮考工記陶人。鬲實五觳。鄭司農云。觳讀為斛。石部。确。從石。角聲。或從㱿聲作㱿。並其證。倫按觶為兕牛角之飲器。豈復有大於兕牛角之角以為盛器。疑徐謂奪酒字是也。倫按觶卮也者有上文觶字說解譌入。或本作盛酒器也觶也卮也。一曰射具。未詳。此校語。字或出字林。【說文解字六書疏證卷八】

◉陳漢平　卌九、釋觳　古璽文(5511)字舊未釋，《古璽文編》隸定作觳。按從角從殳之字僅觳字可當之，《說文》：「觳，盛觶卮也。一曰射具。從角㱿聲，讀若斛。」古璽文觳字從角從㱿省，乃觳字異體。【古文字釋叢　考古與文物一九八六年第四期】

◉朱德熙　《三代》18·15著録有繖安君鉼，銘文如次：

劉氏（心源）讀銘文為「繁窓君大鉼弌年」。亓是「其」字，劉氏誤釋為「大」，應釋「享」，即「穀」字之偏旁。殷穀盤（《三代》17·12）穀字作：

豎筆拉長，省去一橫畫，就寫作𠧪了。重金罍（《三代》11·43）銘曰：

百卌八重金鈄□一𠧪六□

𠧪應釋作㖤，《説文》口部「㱿，歐貌。從口㱿聲。」「㖤」和「㖤」都是「觳」的假借字。《説文》角部「觳，盛觵巵也。一曰射具。從角㱿聲，讀若斛。」又鬲部「鬲，鼎屬也。實五觳，斗二升曰觳。」《考工記》陶人「鬲實五觳」，注：「鄭司農云『觳讀為斛，觳實三斗。《聘禮記》有斛。』玄謂豆實三而成觳，則觳受斗二升。」許慎和鄭玄都説觳受一斗二升，該是可以相信的。【戰國記容銅器刻辭考釋四篇　朱德熙古文字論集】

觱 觱

觱 一五六：二〇　二例　宗盟類參盟人名　宗盟委質類被誅討人名　司寇觱　觱 一五六：二三　三例　觱 一九四：四　二例　觱 八六：一四例　觱 二〇三：一　觱 九八：二八　觱 一九五：一　觱 一九四：一一　觱 一九五：七　觱 一五六：二四　五例　觱 九一：五　三例　觱 一五六：二一【侯馬盟書字表】

◉許　慎　觱羌人所吹角屠觱。以驚馬也。从角。𤇾聲。𤇾。古文誖字。卑吉切。【説文解字卷四】

◉馬叙倫　鈕樹玉曰。廣韻引屠作𩓗。譌。繫傳作從角。𤇾。古文誖。嚴可均曰。𤇾。古文誖字。當是校語。言部以為籀文。未知孰是。倫按言部誖下火部𤇾下。均謂𤇾籀文悖字。此均校者所加。故忘其抵誤也。羌人所吹角下衍屠觱以驚馬也六字。校者所加也。倫又疑此篆後人加之。史漢中皆無此字。詩之觱發。亦後人加之。羌人所吹角即漢鹵簿圖之篳。竹部。篳。吹鞭也。晉先蠶儀注。車駕住。吹小篳。發。吹大篳。今杭縣則吹銅篳。【説文解字六書疏證卷八】

◉朱德熙　司寇觱的「觱」字，《説文·角部》作：

觱

隸變省作「觱」。戰國璽印文字有：

觱《徵》附35上　觱《徵》附35下

前人未釋，根據盟書「觱」字可以認出前一字是「觱」的簡體，後一字從水從觱，疑是「觱沸」（見《詩·大雅·瞻卬》，泉水湧出貌）之「觱」的專用字。（裘錫圭、李家浩按：《集韻》入聲質韻壁吉切「必」小韻，有「滭」字，異體作「滭」，訓「泉沸也」。本文討論從「水」從「觱」之字時漏引。）又《説文》以「𧮯」為「誖」的籀文，所以「觱」也可能是「渤」的異體。司寇觱的「觱」字，第一種盟書（《侯馬東周盟誓遺址》圖九）從邑從舍，疑是「郣」字。《説文・邑部》：「郣，郣海地。從邑孛聲。一曰地之起者曰郣。」【馬王堆一號漢墓遣策考釋補正　朱德熙古文字論集】

◉陳漢平　七九、釋觱古璽文有人名字作（0484：王△），（1111：高△），（1760：史△），《文編》隸定為觱而無説。《説文》：「觱，羌人所吹角屠觱以驚馬也。從角，𧮯聲。𧮯，古文誖字。」古璽文此字為觱字之省，當釋為觱。字在文獻亦訛作觱。【屠龍絶緒】

竹

竹　盜壺　【金文編】

9・27　司左□竹　【古陶文字徵】

〔六八〕【先秦貨幣文編】

布空大　豫孟　　布空大　典六六〇　【古幣文編】

150　【包山楚簡文字編】

竹　封八一　通箕　中冬—　日甲五背　　日甲五背　【睡虎地秦簡文字編】

緜竹長印　　文竹門掌户　　竹乘成　【漢印文字徵】

竹　【汗簡】

汗簡　【古文四聲韻】

◉許　慎　竹冬生艸也。象形。下垂者。箁箬也。凡竹之屬皆从竹。陟玉切。【説文解字卷五】

◉林義光　説文云。竹象形。按象莖葉形。古作伯筍父盨筍字偏旁。【文源卷一】

◉葉玉森　□諸家釋□為□。森疑即竹之古文。篆作□。分為二个。契文象二小枝相連。上有个葉形。從竹之字。契文不多見。如□疑筅。□疑笶。或□。又後編卷下第二十七葉「甲子帚歸□□示四茅缺中。」□□疑竹婦二字。竹國名。言歸婦於竹國。猶他辭言「帚歸羊妻。」前編卷五第十七葉。羊亦指羊方也。【說契　學衡第三十一期】

◉馬叙倫　王筠曰。初學記引無艸字。冬生者。猶經冬猶綠林耳。象形下垂者箁箬。誤。今人畫竹口訣曰。个个个。个个破。蓋竹葉異於他物。其形左右紛披。故以个字寫之。篆文象在竿上之葉。非象包筍之箁箬也。徐灝曰。下垂者箁箬似未安。若然。則是筍而非竹矣。疑象竹竿有葉之形。饒炯曰。箁箬之箬當作葉。集韻所謂箬蒲口切竹葉也。倫按冬生艸者。艸至冬而死。經冬猶生者竹耳。竹非木質。故爾雅屬於釋草。初學記引自捝艸字。竝捝垂字。可證也。然許本作艸也。或以聲訓。冬生艸蓋字林文。【說文解字六書疏證卷九】

◉李孝定　說文「竹。冬生艸也。象形。下垂者。箁箬也。」又「□。毛□□也。象形。」金文竹字偏旁作□□□諸形。□則作□南彊鉦□師寰簋□冄鼎□庚壺。契文□字與金文竹字偏旁全同。惟契文象二枝相連。金文分列為二為異耳。□字金文均從□。從重。∧象毛□□之形。與契文此字不類。竹枝皆對出。契文作□。為原始象形字。金文分列為二。例當晚出。蓋象形字文字化之自然過程也。葉氏釋此為竹。是也。卜辭言「令竹」。前・八・十四・二。佚、七三六。「取竹」。粹九一八。「竹入十」。乙・四五二五。「竹歸」。徵・人・九二。似為人名或方國之名。它辭竹字則辭義不詳。【甲骨文字集釋第五】

◉裘錫圭　出組卜人吴的卜辭曾提到卜人竹：

丙寅卜吴貞：卜竹曰其㞢于丁宰，王曰弜疇，翌丁卯□若。八月。　河519

而賓組卜人爭曾與竹共貞：

丁巳卜，竹爭貞：令𤉲以子商于蓋。　前2・37・7　【論「𣪘組卜辭」的時代　古文字研究第六輯】

◉李學勤　殷墟甲骨卜辭也有「竹」，其中有些可能是孤竹的省稱。⊘我們可以想象，孤竹，令支及山戎都是今河北、遼寧間的古代土著民族。商周兩朝在此都曾建立諸侯國，傳入了中原的文化。商朝分封有中心在盧龍的孤竹國，周初分封有中心在北京的燕國，對當地少數民族進行統治。同時，一部分仍處于游牧狀態的少數民族人民，則流動于其周圍，特別是以北的遼闊原野上，形成許多部落，即文獻所稱的戎狄。現在我們所發現的夏家店下層和上層文化，正反映了夏商以至春秋時期當地的歷史。【試論孤竹　社會科學戰線一九八三年第二期】

◉姚孝遂　肖丁　1116：「己亥卜貞，竹來以召方，于大乙……」。「以」讀為「與」，謂「竹」與「召方」聯合來犯，祭告于太乙湯以祈求祐護。

過去所見之卜辭資料，「竹」曾臣服于商，乙4525有「竹入十」，對商有所進納。又粹918：「……取竹芻于丘」，是商對「竹」有所求索，「芻」指牲畜而言。【小屯南地甲骨考釋】

箭 𥲤

[古文字] 箭 鄂君啟車節 毋載金革黽箭 【金文編】

[古文字] 汗簡 【古文四聲韻】

◉許 慎 𥲤矢也。从竹。前聲。子賤切。【說文解字卷五】

◉馬叙倫 沈濤曰。藝文類聚八十九御覽九百六十三皆引作矢竹也。是古本矢下有竹字。今奪。初學記武部御覽三百四十九引同今本。蓋傳寫偶奪耳。矢竹蓋竹材之堪為矢者。嚴可均曰。小徐篆作[古文字]。前聲作歬聲。倫按太平御覽三百四十九引字林。矢竹也。韻會引字林。笴也。蓋字林例有異訓也。然則矢竹是字林訓。許止作竹也。箭止是竹名。而可為矢材耳。竹音知紐。矢音審紐三等。同為舌面前音。則矢之語原或即竹也。箭從歬聲。古讀歬蓋如先。先音心紐。心與審紐同為次清破裂音。則箭之音或以堪為矢材而得之。箭筱為同舌尖前音轉注字。字見急就篇。【說文解字六書疏證卷九】

◉戴家祥 [古文字]鄂君啓節 毋載金革黽箭 字從竹歬聲，即箭字。于省吾認為黽應讀作篃，篃或作𥳑，是一種箭竹，厚裏而節長。古籍中有以「箭篃」連言的，篃箭是一種軍用物資，故在禁用之例。詳見考古一九六三年第八期。【金文大字典中】

箘 𥯈

[古文字] 箘 【汗簡】

箟古文 [古文字]古尚書 【古文四聲韻】

◉許 慎 𥯈箘簬也。从竹。囷聲。一曰。博棊也。渠隕切。【說文解字卷五】

◉馬叙倫 段玉裁曰。當作箘簬竹也。桂馥曰。博當為簙。方言五。簙。或謂之箘。倫按箘簬連緜詞。說苑正諫。荆文王得如黃之狗。箘簬之矰。戰國策趙策。其堅則箘簬之勁不能過也。箘或作箟。楚詞七諫。箟簬雜於黀蒸兮。書禹貢。惟箘簬楛。鄭注。箘簬。聆風也。箘音羣紐。古讀歸見。簬得聲於各。各音亦見紐也。一曰博棊也者。簙音幫紐。幫見同為清破

裂音。故方言借箘為簙。此校語。【説文解字六書疏證卷九】

◉商承祚　箬，《玉篇》卷十四、《集韻》卷二諄韻皆云同箘。《説文》：「箘，箘簬也。」段注：「箘簬二字，一竹名。《吴都賦》之射筒也。劉逵曰：射筒，竹細小，通中，長丈餘，無節，可以為矢笴。……單呼為箘。」(原作「通長」，今從高步瀛説改。)《書・禹貢》：荆州「惟箘簬楛」。《考工記》「妢胡之笴」。注：「妢胡，胡子國。在楚旁。」《説苑・正諫》：楚文王得「箘路之增」，是楚地盛産箘為箭。《廣雅・釋草》：箘，「箭也」，乃假借為箭。箭小，故《説苑》又稱細箭。《説文通訓定聲・小部》：鈔，假借為眇。眇，《方言》卷十三、《廣雅・釋詁》、《釋名・釋疾病》皆訓為小。此鈔箬即言小箭也。【信陽長臺關一號楚墓竹簡第二組遺策考釋　戰國楚竹簡匯編】

簬　古文【古文四聲韻】

◉許　慎　簬箘簬也。从竹。路聲。夏書曰。惟箘簬楛。洛故切。簬古文簬。从輅。【説文解字卷五】

◉商承祚　簬　説文「簬，古文簬，從輅。」案簬從輅聲。輅。經典多作路。詩汾沮洳。「殊異乎公路。」傳。「路。車也。」周禮春官巾車「王之五路」注。「王在焉曰路。」左傳桓二年「大路越席」。注。「大路。玉路。祀天車也。」皆即後世之輅字。釋名。「天子所乘曰玉輅。謂之輅者。言行於道路也。」輅雖兼路義。然不能古于路，故段氏疑此非古文也。【説文中之古文攷】

◉馬叙倫　嚴可均曰。楛字涉今書改也。木部引作枯。倫按本訓竹也。竹也者謂竹名也。猶艸部諸艸名皆曰竹也。箘簬也蓋字林文。亦或此二字皆出字林也。

簬鈕樹玉曰。玉篇不云古文。宋保曰。輅聲。倫按從輅二字校者加之。【説文解字六書疏證卷九】

筱　篠【汗簡】

筱　古尚書　筱　古文【古文四聲韻】

◉許　慎　筱箭屬。小竹也。从竹。攸聲。先杳切。【説文解字卷五】

◉馬叙倫　桂馥曰。小竹也。爾雅釋文引字林曰。倫按箭屬亦字林文。字林每言屬也。字或出字林。【説文解字六書疏證】

卷九】

簜

賈簜 【漢印文字徵】

簜 【汗簡】

古尚書 【古文四聲韻】

◉許　慎　簜大竹也。从竹。湯聲。夏書曰。瑤琨筱簜。簜可為幹。筱可為矢。徒朗切。【說文解字卷五】

◉馬叙倫　鈕樹玉曰。繫傳韻會筱作篠。繫傳不重簜字。嚴可均曰。釋艸釋文引作尚書曰。筱簜既敷。是也。按偁尚書。知六朝舊本未加虞夏商周字。引書未有是也。許書語例如此。校者概删之。沈濤曰。釋艸釋文引作筱簜既敷。是也。蓋古本如是。今本乃傳寫之譌。段玉裁曰。大射儀。簜在建鼓之間。注。簜。竹也。笙簫之屬。按簜者竹名。以竹成器亦曰簜。笙簫皆用小竹而云簜者。大之也。承培元曰。大射儀及周禮英簜之簜皆竹器名。宜用⿱竹昜字。大竹箭也。倫按書禹貢鄭注。簜。大竹也。爾雅釋艸。簜。竹。郭璞引大射儀為注。疏引李巡曰。竹節相去一丈曰簜。孫炎曰。竹闊節者曰簜。郭氏即云。竹別名。無大小之異。故引禮經為證。彼鄭注。簜。竹也。謂笙簫之屬。以笙簫之屬非大竹。故郭引之也。倫謂古之簫編管也。其材與笙同。今驗笙所用竹。其材細而闊節。然竹無論何種。無節相去至一丈者。李說一丈當是一尺之譌。則與笙材相合。笙簫如以簜為之。則簜非大竹也。鄭玄注禮止以竹釋簜。而注書則言大竹。疑大字後人據偽孔傳加之。或鄭以筱簜連文。筱材中矢為小竹。故以簜為大竹耶。或簜比於筱為大耶。倫謂簜為竹之轉注字。簜從湯得聲。湯音牀紐二等。古讀歸定。故簜音入定紐。古讀知歸端。竹音知紐。端定同為舌尖前破裂音。亦或古讀湯為傷。傷音審紐三等。與知同為舌面前音也。字蓋出字林。簜可為榦筱可為矢者。校者加之。周禮考工記。弓人。凡取榦之道七。竹為下。然不言以簜。古鉩作簜。【說文解字六書疏證卷九】

⿱竹微

⿱竹微竝演說文 【汗簡】

 筍

演説文 王存乂切韻　【古文四聲韻】

◉許　慎　䉠竹也。从竹。微聲。無非切。籀文。从微省。　【説文解字卷五】

◉馬叙倫　段玉裁曰。䉠。竹名。䉠篃古今字也。如禮經古文眉作微。爾雅湄作溦之比。西山經。英山。其陽多箭多篃。郭云。今漢中郡出。厚裏而長節。根深。筍冬生。戴愷之云。生非一處。江南山谷所饒也。故是箭竹類。一尺數節。葉大如履。可以作篷。莖中作矢。俗謂之⿱竹敝笴。按既云中矢。則一尺數節當作數尺一節也。倫按䉠得聲於微。微得聲於耑。然則䉠為竹之轉注字。

王筠曰。繫傳作籀文䉠省。以艸部⿱竹敝下云。籀文薇省例之。小徐是也。若言從微省。不如言從𢼸矣。宋保曰。𢼸聲。倫按古文簵作。從⺮。則籀文未必從⺮。金器文字多同籀文。亦無竹字從⺮者。此當依鍇本作。或籀為古之譌。籀文下捝䉠字。從微省校者加之。【説文解字六書疏證卷九】

筍　伯筍父盨
伯筍父鼎
筍伯盨
多友鼎　戎伐筍
鄭伯筍父甗
鄭伯筍父鬲
筍侯匜

【金文編】

180　【包山楚簡文字編】

段筍之印信　筍侯　【漢印文字徵】

筍　【汗簡】

石經　義雲章　崔希裕纂古　【古文四聲韻】

◉許　慎　竹胎也。从竹。旬聲。思允切。　【説文解字卷五】

◉高田忠周　按此篆形與下文匋字勹形相合。而勹內從目。此從竹從旬也。然説文無筍。旬與旬古音同部。知筍即筍。銘意借為郇乎。説文竹胎也。從竹旬聲。古字省文。唯當借旬為之。字亦作笋。吳都賦。苞筍抽節。注。苞笋冬筍也。

【古籀篇八十】

◉馬叙倫　竹胎也蓋字林文。伯筍父簋作。筍父甗作。【說文解字六書疏證卷九】

◉戴家祥　說文五篇竹部「筍，竹胎也。從竹，旬聲。」今字作笋。又六篇邑部「郇，周文王子所封國，在晉地。從邑，旬聲。讀若泓。」而二篇艸部無荀字，大徐謂「今人姓荀氏本郇侯之後，宜用郇字。」按唐韻筍讀「思允切」，心母文部，郇荀俱讀「相倫切」，不但同母，而且同部，故經傳郇亦作荀，金文作筍。水經注汾水又西逕郇城東，古郇國也。汲郡古文晉武公滅郇以賜大夫原氏也。卷六汾水條。按晉武公公元前七零六年周桓王十四年即魯桓公六年即位，公元前六七八年周釐王四年即魯莊公十六年崩。酈注又說涑水又西逕郇城。詩云：郇伯勞之，蓋其故國也。杜元凱春秋釋地云：今解縣西北有郇城。服虔曰：郇國在解縣東，郇，瑕氏之墟也。余按竹書紀年云：晉惠公十有五年公元前六三六年秦穆公率師送公子重耳圍令狐，桑泉臼衰皆降為秦師，狐毛與先軫禦秦，至于廬柳，秦穆公使公子縶來與師言退，舍次于郇，盟于軍。京相璠曰：春秋土地名。桑泉臼衰並在解東南，不言解，明不至解可知，春秋之文與竹書不殊。今解故城東北二十四里有故城，在猗氏故城西北，鄉俗名之為郇城。考服虔之說又與俗符，賢于杜氏單文孤證矣。卷六涑水條。按解縣一九五四年與虞鄉合併為解虞縣。一九五八年又合安邑縣為運城縣。猗氏與臨晉一九五四年合併為臨猗縣，並受運城地區管轄。【金文大字典中】

箈

◉許慎　箈竹萌也。从竹。怠聲。徒哀切。【說文解字卷五】

◉馬叙倫　沈濤曰。爾雅釋文引。箈。竹萌生也。倫按竹萌也非許文。箈胎竝從台得聲。是語原同也。筍音心紐。台音喻紐四等。同為次清摩擦音。是轉注字也。【說文解字六書疏證卷九】

箁

◉許慎　箁竹箬也。从竹。音聲。薄侯切。【說文解字卷五】

◉馬叙倫　鈕樹玉曰。玉篇注同。廣韻引作竹箬也。非。倫按女部婄讀若竹皮箁。然則此本作竹皮箬也。竹皮蓋箬下說解中字誤入。【說文解字六書疏證卷九】

箬

石碣乍邍　亞箬其⿱𥫗⿱弓亏　【石刻篆文編】

◉許　慎　楚謂竹皮曰箬。从竹。若聲。而勺切。【説文解字卷五】

◉強運開　薛郭趙作若。潘迪云籀文若字。張德容云。按陸德明經典釋文。周易離卦。出涕沱若之若作䈮。釋云。古文若字皆如此。惟鼓文從竹。説文訓竹皮。與從艸訓杜若擇菜者異耳。王國維曰。亞箬與猗儺音義俱近。亞箬其⿱𥫗⿱弓亏猶詩言猗儺其⿱𥫗⿱弓亏。運開按。鼓文從竹作箬。自不必與若字相牽混。説文。竹。冬生艸也。象形。下𠂹者箁箬也。箁下云。竹箬也。箬下云。楚謂竹皮曰箬。竊疑箁箬即指竹葉而言。竹葉下𠂹。故曰象形。至以竹皮為箬。蓋楚人方言如此。非箬乃竹皮之專偁也。鼓言亞箬其⿱𥫗⿱弓亏。正狀⿱𥫗⿱弓亏之茂者枝葉緐生參差下𠂹也。是王氏國維之説固自可從耳。【石鼓釋文】

◉馬叙倫　按箁從杏得聲。杏從否得聲。否從不得聲。不音非紐。箬得聲於若。若得聲於叒。叒為桑之初文。音在心紐。非心同為次清摩擦音。杏音透紐。箬音日紐。古讀歸泥。透泥同為舌尖前音。則箬箁為轉注字。楚謂竹皮曰箬非許文。字或出字林。石鼓文作箬。【説文解字六書疏證卷九】

節

節　陳猷釜　子禾子釜　鄂君啟舟節　鄂君啟車節　中山王嚳壺　節于醒醑　【金文編】

3・691　節墨之亓坤工　【古陶文字徵】

〔三九〕〔六〕〔四九〕〔一四〕〔三二〕〔二三〕〔二〕〔三八〕〔二五〕〔三五〕〔四二〕〔二〕〔一九〕〔四二〕〔三九〕〔一九〕〔一九〕〔二〇〕〔四二〕〔三二〕〔二三〕〔一九〕〔一九〕〔三九〕〔八〕〔二〕〔一九〕〔五〇〕【先秦貨幣文編】

刀大節嫼之厺化　魯海　仝上　仝上　鄂天　刀大　節嫼之厺化　魯濟　刀大節嫼之厺化　魯博

仝上 仝上 刀大節罌之夻化 典九八四 仝上 典九八八 仝上 典九九一 刀大節罌之夻化 典九九四 仝上 典九九七 仝上 亞六・一五 刀大節罌之夻化 典九九五 仝上 亞六・一五 刀節罌夻化 典一〇一三 刀節罌夻化 典一〇一四 仝上 亞六・一六 仝上 亞六・一八 刀大節罌之夻化 亞六・一六 刀節罌夻化 典一〇二二 刀大節罌之夻化 亞六・一七 刀節罌夻化 典一〇二七 仝上 典一〇二八 仝上 典一〇二九 刀節罌夻化 典一〇二九 仝上 典一〇三一 刀大節罌之夻化 亞六・一七 刀大節罌之夻化 典九九〇 仝上 典一〇〇九 刀節罌夻化 典一〇一六 刀大節罌之夻化 典九九六 仝上 典一〇一一 刀節罌夻化 典一〇一九 刀大節罌之夻化 典九八一 仝上 典九八三 仝上 典九九〇 刀節罌夻化 亞六・一八 刀節罌夻化 典一〇二五 仝上 典一〇二六 刀節罌夻化 典一〇三二 仝上 典一〇三三 【古幣文編】

152 【包山楚簡文字編】

節 秦一六一 六例 通即 後—不備 秦二五 日乙一三四 三例 效四九 六例 法二〇三 【睡虎地秦簡文字編】

守節男家丞 趙雝節印 張節 張節私印 同節 韓節印信 【漢印文字徵】

節出義雲章 【汗簡】

古孝經 義雲章 汗簡 【古文四聲韻】

◉許　慎　節竹約也。从竹。即聲。子結切。【説文解字卷五】

◉薛尚功　亞形觚

亞中節

亞形內一字曰莭。以示莭飲之戒。亞形者皆廟器也。蓋亞形所以象廟室耳。【歷代鐘鼎彝器款識法帖卷五】

◉馬叙倫　字見急就篇。陳猷釜作節。子禾子釜作節。【説文解字六書疏證卷九】

◉黄盛璋　(3)節:「世世毋節」,朱、裘、李均釋「犯」,于釋「替」,張釋「夌」,李據戰國古印釋「犯」,頗有佐證,但義不可通,同時所引《古徵》附録諸字未必都是范,亦未必與此為一字。《汗簡》有:「節」節,出義雲章」,右從「卩」與此字同,左上從「山」與此字上所從皆為「艸」頭的簡化。《侯馬盟書》茀字上亦簡化為「山」,「節」從「竹」,秦漢已變從「艸」,本銘與《汗簡》之「節」,皆從艸從卩,應為一字,「節」經典有「已、止」等意,「世世毋節」即「世世毋已」,完全講通。【中山國銘刻在古文字、語言上若干研究　古文字研究第七輯】

筡

筡 2267　筡 2666　筡 2158　筡 2116　筡 1491　筡 1080　筡 1872　筡 2988　筡 1975　筡 1762【古璽文編】

筡止之印　麗筡私印　蓋温筡印　衛長筡【漢印文字徵】

◉許　慎　筡折竹筤也。从竹。余聲。讀若絮。同都切。【説文解字卷五】

◉丁佛言　筡古鉨都筡。許氏説。折竹筤也。案今竹茹字作此。原書入艸部。【説文古籀補補卷五】

◉馬叙倫　段玉裁曰。折當作析。方言十三。筡。析也。析竹謂之筡。朱駿聲曰。此醫經竹茹字。余作茹。劉秀生曰。余聲在模部。絮從如聲。亦在模部。故筡從余聲得讀若絮。春秋定五年經。齊侯次于渠蒢。左傳作次于蘧挐。是其證。倫按玄應一切經音義引字林。篿。竹篾也。又引作折竹筤也。折竹筤也蓋筡字訓。誤引耳。然則此字林文。方言十三郭注。今江東呼篾竹裏為箁。亦名為笢也。是析竹與笢當為二訓。笢是竹膚。今謂之篾。而箁為醫經之笳。笳乃郭所謂篾竹裏。但以皆為析竹。故郭注今名為笢耳。析竹俗名。析竹也笢也皆非許文。字或出字林。古鉩作[seal]。【說文解字六書疏證卷九】

⿱竹臱

◉許　慎　⿱竹臱箁也。从竹。臱聲。武移切。【說文解字卷五】

◉馬叙倫　桂馥曰。一切經音義十二引字林。⿱竹臱。竹篾也。十五引字林。⿱竹臱。析竹笢也。聲類。⿱竹臱。篾也。倫按⿱竹臱非箁也。⿱竹臱從臱得聲。臱從自得聲。自聲脂類。笢聲真類。脂真對轉。⿱竹臱笢音同微紐。是轉注字。箁也非本訓。或字出字林。【說文解字六書疏證卷九】

笢

◉許　慎　笢竹膚也。从竹。民聲。武盡切。【說文解字卷五】

◉馬叙倫　王筠曰。本書不收筠。笢即筠也。倫按今作篾字。【說文解字六書疏證卷九】

笨

◉許　慎　笨竹裏也。从竹。本聲。布忖切。【說文解字卷五】

◉馬叙倫　按竹裏也非本訓。字或出字林。【說文解字六書疏證卷九】

䈵

◉許　慎　䈵竹皃。从竹。翁聲。烏紅切。【說文解字卷五】

篸

◉許　慎　篸差也。从竹。參聲。所今切。【說文解字卷五】

◉馬叙倫　嚴章福曰。差上疑脱篸字。縒下曰。參縒也。倫按古語不齊為參差。參音審紐二等。差音穿紐二等。同為舌面前音。故每為連語。在天則參為參星。在竹為篸為竹之不齊。在絲則縒為絲之不齊。而參為語原。然參差也蓋字林文。字或出字林。【說文解字六書疏證卷九】

篆 篆　籀 籀　篇 篇　籍 籍

◉許　慎　篆引書也。从竹。彖聲。持兖切。【説文解字卷五】

◉馬叙倫　引書也當作引也書也。引也以聲訓。書也校者加之。或字林文。或引書也字林文。本訓挩矣。篆之義止為書。周禮巾車。孤乘夏篆。鄭注。五采畫轂約也。以畫説篆是也。餘詳籀下。【説文解字六書疏證卷九】

  竝籀韻【古文四聲韻】

◉許　慎　籀讀書也。从竹。擂聲。春秋傳曰。卜籀云。直又切。【説文解字卷五】

 禪國山碑　不在瑞命之篇者【石刻篆文編】

◉許　慎　篇書也。一曰。關西謂榜曰篇。从竹。扁聲。芳連切。【説文解字卷五】

◉馬叙倫　鈕樹玉曰。韻會引從竹扁聲在一曰句上。倫按書也當作書版也。篆籀篇籍字皆從竹者。以書於竹也。篇為扁之後起字。書版也者。簡字義。或篰字義。一曰關西謂榜曰篇者。榜音幫紐。扁音非紐。古讀歸幫。故得借篇為榜。此校語。餘見嗣下。【説文解字六書疏證卷九】

 籍　效二七　通藉　八例　或欲一人與并居之　秦一三七　 秦三七　十例【睡虎地秦簡文字編】

 籍憲信印　 籍莫偃　 籍賞　 侯籍【漢印文字徵】

 林罕集【古文四聲韻】

◉許　慎　籍簿書也。从竹。耤聲。秦昔切。【説文解字卷五】

◉馬叙倫　沈濤曰。左傳序正義引作部書也。部乃篰之省。許書無簿字。倫按簿書也當作簿也書板也。成二年左傳。非禮也勿籍。言非禮之事勿書於籍也。疑許以聲訓。此二訓皆字林文或校語。字見急就篇。玉海皇象本作藉。隸書竹艸相似也。【説文解字六書疏證卷九】

篁　篁　　䉃　䉃　　䈎　䈎　　籥　籥

篁190【包山楚簡文字編】

◉許　慎　篁竹田也。从竹。皇聲。户光切。【説文解字卷五】

◉馬叙倫　任大椿曰。竹譜注引三倉。篁音皇。王筠曰。此字失次。倫按篁訓竹田。豈為竹田而造篁字邪。楚詞九歌。余處幽篁兮終不見天。注。篁。竹叢也。漢書嚴助傳。處谿谷之間。篁竹之中。服虔曰。篁。竹叢也。是漢人均謂竹叢為篁。蓋篁之義為盛也。杭縣謂大盛曰旺。旺即皇也。唯史記樂毅傳。薊丘之植。植于汶篁。西京賦。篠簜敷衍。編町成篁。似可為竹田之證。然篁從竹自當以竹為義。樂傳之篁字。正謂竹叢而非竹田。于當讀為為字。于為音同喻紐三等。植于汶篁謂所植為汶篁也。賦言編町成篁。町自謂田。篁亦正謂竹叢。然則竹田乃引申義。此訓蓋字林文。或字出字林也。【説文解字六書疏證卷九】

◉許　慎　䉃剖竹未去節謂之䉃。从竹。將聲。即兩切。【説文解字卷五】

◉馬叙倫　桂馥曰。未當為笨。䉃所以為席。如今綫席亦剖竹去其裏。廣雅。䉃。席也。莊述祖曰。既夕禮。茵著用荼。夏小正傳。采荼以為君薦蔣。當從竹作笨䉃。馥案晉陽秋。蔣。薦也。蔣薦一聲之轉。故易曰殷薦。詩曰祼將。又廣雅。䉃。箛也。箛謂小兒學書之觚。本書當有此義。今闕。王筠曰。竹未二字當作笨。倫按以字次言之。䉃當為小兒學書之觚義。觚䉃聲為魚陽對轉也。觚為借字。然篁䉃相次而聲同陽類。則未嘗不可為轉注字。廣雅觚也之訓。或借為觚。席也之訓。或借為薦。䉃薦音同精紐也。刻笨去節謂之䉃明非許文。然疑篁䉃二字並出字林。【説文解字六書疏證卷九】

◉許　慎　䈎籥也。从竹。枼聲。與接切。【説文解字卷五】

◉馬叙倫　䈎為枼之後起字。【説文解字六書疏證卷九】

籥　籥　法三〇　三例　通籥　抉—　法三〇　【睡虎地秦簡文字編】

籥古老子　籥王惟恭黃庭經　【古文四聲韻】

鐂 簡

◉許　慎　籥書僮竹笘也。从竹。龠聲。以灼切。【說文解字卷五】

◉馬叙倫　鈕樹玉曰。繫傳笘作箈。譌。任大椿曰。一切經音義引字林。籥。書童笘也。倫按䈎籥雙聲轉注字。笘當為䈎。笘音審紐。䈎音喻紐四等。皆次清摩擦音。故借笘為䈎也。此字林文。玄應一切經音義引纂文。關西以書篇為書籥。【說文解字六書疏證卷九】

◉裘錫圭　上引《居》1635釋文「門(户)戊二」後面的一項是「篇一」。「篇」本作萹。隸書從「艸」從「竹」往往不分，釋「䒑」為「竹」是可以的，但釋「品」為「扁」則不可從。「萹一」與「户戊二」緊接，很可能也是跟門户有關的東西。根據這一線索，這個字似可分析為從「竹」從「龠」省聲，釋作「籥」。《禮記・月令》「修鍵閉，慎管籥」，鄭注：「鍵，牡。閉，牝也。管籥，搏鍵器也。」146・20「▨塢户萹一」，《居》1073釋為「候户扁一」，「扁」當是「龠」的誤釋，「龠」也應讀為「籥」，與上引守御器簿的「籥」可以互證。【漢簡零拾　文史第十二輯】

◉許　慎　鐂竹聲也。从竹。劉聲。力求切。【說文解字卷五】

◉馬叙倫　嚴可均曰。此及瀏皆從劉聲。說文無劉篆。必轉寫脱之。或謂即金部之鎦。非也。劉為國姓。必非近字。顧命。一人冕執劉。鄭云。蓋今鑱斧。孔云。戉屬。小徐疑義篇云。從刀。鎦省聲。倫按本部無涉竹聲之字。竹下蓋有捝字。或本訓籀也。籀字爛捝成竹。聲字涉劉聲而誤羨。疑鐂籀一字。字或出字林。【說文解字六書疏證卷九】

竻　說文所無　從竹從閒省　閒為古文閒　中山王嚳壺　載之竻簡　【金文編】

簡　為九　【睡虎地秦簡文字編】

簡崙私印　上官簡　【漢印文字徵】

石碣田車　□□既簡　【石刻篆文編】

簡亦柬字　【汗簡】

義雲章亦蘭字 崔希裕纂古 【古文四聲韻】

◉許　慎　簡牒也。从竹。閒聲。古限切。【説文解字卷五】

◉強運開　説文。簡牒也。從竹。閒聲。張德容云。按此引申為簡閱之義。運開按。周禮春官。大田之禮。簡衆也。郊特牲。簡其車賦。是此簡字之義也。【石鼓釋文】

◉于豪亮　「簡笄(策)」的簡字作節,曾姬無卹壺「閒」字作「閒」,《説文·門部》「閒」字的古文作「閖」,知節字乃是「簡」的省文,就是簡字。【中山三器銘文考釋　于豪亮學術文存】

笎 

◉許　慎　竹列也。从竹。亢聲。古郎切。【説文解字卷五】

◉馬叙倫　沈濤曰。一切經音義十一云。笎。筣。笎。胡當反。下。力折反。説文云。竹次也。言竹有笎次。謂之笎筣也。是古本作笎筣竹次也。今本既奪筣篆。遂改次為列。倫按王筠謂自篆至籛皆書籍事。恐所謂竹次與糸部編次簡也同意。則或簡之雙聲轉注字。竹列也蓋本作筣也。傳寫誤析為二字。又挩筣篆。笎筣二字蓋竝出字林。【説文解字六書疏證卷九】

篰 

◉許　慎　萠爰也。从竹。部聲。薄口切。【説文解字卷五】

◉馬叙倫　徐鍇曰。字書。萠爰。簡牘也。倫按萠爰者。版之緩言。七篇。牘。書版也。篰即今之簿字。萠爰俗名非本訓。字蓋出字林。【説文解字六書疏證卷九】

等 

132反【包山楚簡文字編】

等　秦五五　六例　封九二　六例　效六〇【睡虎地秦簡文字編】

弗等　楊等【漢印文字徵】

天璽紀功碑　尉番約等　祀三公山碑　工宋高等　禪國山碑　史瑩覈等【石刻篆文編】

等王庶子碑【汗簡】

王庶子碑【古文四聲韻】

◉許慎　䇳齊簡也。从竹。从寺。寺。官曹之等平也。多肯切。【説文解字卷五】

◉林義光　从竹寺聲。寺之韻等今讀蒸韻雙聲對轉。待从寺得聲。今俗語亦謂待為等。等本訓簡整齊。故從竹。【文源卷十一】

◉馬叙倫　鈕樹玉曰。韻會作從竹寺。嚴可均曰。等平也下當有亦聲二字。校者疑其非聲。輒删之。廣韻多改切。管子。視其不可使。固以為民等。韓非子。主妄無等。必危嫡子。賈子新書。兩者不等。各由其如。等與使子如協韻。是寺聲也。嚴章福曰。從寺二字疑當作寺聲。倫按從竹寺下挩聲字。或為校者妄删也。今俗謂待為等。待亦寺聲。等為嗣之音同邪紐聲同之類轉注字。亦扁之轉注字。扁為編篇之初文。編訓次簡。此訓齊簡。禮記聘禮。問歲月之資。注。故書資作齊。此齊次聲通之證。則次簡即齊簡。次為借字。齊簡謂編服為册。史記留矦世家。皆陛下故等夷。等夷即次弟。後世率言等弟。齊簡也蓋字林文。許止以聲訓。寺官以下校語。字見急就篇。【説文解字六書疏證卷九】

◉孫常叙　「等」,説文説它是「齊簡也」。「齊簡」之「齊」,以許書語言例之,當是刀部「𠜵齊,斷也」之「齊」,亦即爾雅釋言「劑,翦,齊也」之「齊」。詛楚文「克劑楚師」即「克翦楚師」。王厚之音釋引爾雅云「翦,齊也」,正以「劑」為「翦」字。爾雅釋言郭注:「南人呼翦刀為劑刀。」太玄·永「其命劑也」,宋衷解詁云:「劑,剪也。」玄應一切經音義十四「以斤」下云:「説文『釿,劑也。』劑,音子隨反,剪刀也。」前是剪的初文,而齊是前(剪)因方言音變而借字。劑是在這個音變借字基礎上造成的後起形聲字。現代漢語「齊」北京説tɕi,而蘇州説zi;温州説zei;「剪」北京説tɕian,而蘇州説tsi;温州説tɕi。蘇州温州「齊」「剪」音近,也在反映這種方言音變事實。「前」被借出作前後字,由于它的使用頻率較高,在當時還没有「剪」字的情況下,為了使它和前後之「前」相區别,借用「翦」字來寫它。那麼,説文所説的「齊簡」就是「翦簡」,也就是「剪簡」——用剪刀來剪簡。

剪簡而使之同長,必須用已經制定的標準簡作「樴子」,把它疊放在新製簡上,比而同之,剪掉它多餘的長度。這樣一簡一簡地「齊簡」,可以使新簡個個與標準簡——樴子同長,從而達到簡簡同長。這種工作叫作「齊簡」。

「齊簡」為「等」,那麼,比照標準樣子作出同樣東西就是「等」的詞義的基本内容了。【則、灋度量則、則誓三事試解　古文字研究第七輯】

笵 

丙笵 笵我之印 笵宜馬 笵裔 笵海 笵壽印 笵恭 笵猗印 笵口印 笵漢私印 笵通私印 【漢印文字徵】

笵式碑領 【石刻篆文編】

◉許　慎　笵法也。从竹。竹。簡書也。氾聲。古法有竹刑。防妥切。【說文解字卷五】

◉馬叙倫　嚴可均曰。當言竹型。王筠曰。刑當作荆。上文是鑄器之法。此乃荆法。是引申之義。大徐移竹簡書也於從竹下。則不倫矣。丁福保曰。慧琳音義五十四引作法也。古法有竹刑。以竹簡書之。故言法也。與二徐本詳略稍殊。沈乾一曰。五音集韻引作法也。從竹。氾聲。竹。簡書也。古法有竹刑。一曰模。倫按竹簡書也古法有竹刑蓋校語。笵法也者。以雙聲為訓。古冶鑄必先有模笵。故十三篇。型。鑄器之法也。十四篇。鎔。冶器法也。明模笵以金土為之。今猶有存者。而笵從竹。未聞古有竹型。謂從竹為取於竹刑。而因有法訓。則正如王說荆法乃引申之義。造字不得取引申之義。固有大齊可證也。若以荆法為本義。則鄧析竹荆雖杜預謂析改鄭所鑄舊制。而私造刑法書之竹簡。然笵字豈作於析造竹荆之後也。竹荆疑是笞法。玉篇。笵。楷式也。蓋笵為簡書之楷式。故從竹。而字次篰等之後也。古謂物型。其音如笵。故簡書之楷式為笵。模笵皆脣音。故定之楷式為模。六篇。模。法也。法也或非模字本義。笵音奉紐。奉匣皆次濁摩擦音。故鑄器之楷式曰型。見匣同為舌根音。故冶器之楷式曰鎔。法笵亦雙聲。故行為之楷式曰法。法借字。此字蓋出字林。古匋作。【說文解字六書疏證卷九】

◉銀雀山漢墓竹簡整理小組　漢代隸書,「竹」頭、「艸」頭往往通用。姓氏之「范」,漢代篆書(如漢印等)多從「竹」作「笵」。【銀雀山漢墓竹簡】

箋 

張震白箋 【漢印文字徵】

箋義雲章 【汗簡】

義雲章 【古文四聲韻】

符 

◉許　慎　箋表識書也。从竹。戔聲。則前切。【說文解字卷五】

◉馬叙倫　王筠曰。詩音義引字林。箋。表也。識也。按陸氏分其句讀。而傳寫捝書字。當以表字絕句。說箋以表者。漢末人上書曰箋。亦曰表也。文心雕龍。牋者。表也。識其情也。倫按玄應一切經音義引字林。箋。表識書也。證以詩釋文引。則本是表也識也書也之訓。傳寫者並之。此皆字林文。廣雅。箋。書也。然此三訓皆非箋之本義。本部字無一直訓為書者。書為史之轉注字。而史為記事。識為知之轉注字。而箋從竹戔聲。亦不得記事之義。或知識義也。表則更非其義矣。倫謂箋為簡之聲同元類轉注字。故今字又作牋。明其為版也。以箋為表者。蓋漢時官府治事。於章程之外別有所聲說。則附簡記之。在本簡之外。猶今官府之公文有簽注然。鄭玄敬毛公為其鄉宦。故注詩偁箋以示謙。蓋亦記於別簡矣。漢官儀。孝廉先試箋奏。蓋箋猶簽注。奏則猶今擬公文矣。字或出字林。【說文解字六書疏證卷九】

◉黄錫全　歬箋義雲章　前字本作歬(瘐編鐘)、歬(今仲鐘)、歬(三體石經)，從止從舟。此舟形譌作月，如同俞字從舟作俞(不𡢁毁)，譌從月作俞(侯盟)。鄭珍不必正作歬。《說文》有箋無𣐡。《玉篇》：「𣐡，古文牋」。𣐡、牋應是箋之音近假借字。鄭珍認為「𣐡、牋皆俗」。【汗簡注釋卷三】

 符　雜四　二例　 日乙一〇四　三例　 法一四六　二例【睡虎地秦簡文字編】

 尚符璽之印　 鴻符世子印　 符子翁　 符武【漢印文字徵】

 開母廟石闕　貞祥苻瑞　說文有符無苻　此用為符　尔疋　苻鬼木【石刻篆文編】

◉許　慎　符信也。漢制以竹長。六寸。分而相合。从竹。付聲。防無切。【說文解字卷五】

◉馬叙倫　沈濤曰。史記文紀索隱引作分符而合之。乃司馬禎隱括其詞。文選過始寧墅詩注引無長六寸三字。桂馥曰。一切經音義十引字林。符。信也。謂分而合之曰符。字從竹。漢制以竹長六寸分而相合為信。竹歲寒不變以布德也。王筠曰。周禮有符而舉漢制者。許君不見古符之狀。故以漢制明之。倫按說解書如玄應引。今為傳寫者刪節。然皆字林文。字或出字林也。漢書文紀。始與郡國守相為銅虎符竹使符。應劭曰。銅虎符一至五。國家當發兵遣使至都合符。符合。乃驗受之。竹使符皆以竹箭五枚。長五寸。鐫刻篆書第一至第五。漢官解詁。衛尉主宮闕之內。出入以籍。後有符。用木長二寸。以所長两字為鐵印。分符。當出入者。按籍畢。收齒符。乃引内之也。是符不盡以竹為。豈竹為者其始制與。倫疑符本笟之

簭 簭

轉注字。筮音襌紐。符音奉紐。同為次濁摩擦音也。信之義即得於筮。而符節之義取於徵信。則符之本義非為符節也。
【說文解字六書疏證卷九】

筮 筮 三字石經古文作筮 史懋壺 【金文編】

筭 三〇三：一 三例 卜筭類筭 宗盟類參盟人名 筭 一九四：三 【侯馬盟書字表】

筮 筮 日甲一〇七 筮 日乙二二六 【睡虎地秦簡文字編】

簭 筮 石經君奭 若卜筮 【石刻篆文編】

簭 筮 【汗簡】

簭 裴光遠集綴 簭 義雲章 【古文四聲韻】

◉許 慎 簭易卦用蓍也。从竹。从𢍰。𢍰。古文巫字。時制切。【說文解字卷五】

◉林義光 從巫持竹。段氏玉裁云。從竹者。蓍如筭也。從巫者。事近於巫也。【文源卷八】

◉高田忠周 按說文。簭。易卦用蓍也。從竹𢍰。𢍰古文巫字。段氏云。從竹者。蓍如筭也。筭用竹為之。從𢍰者。事近於巫也。九簭之名。巫更。巫咸。巫式。巫目。巫易。巫比。巫祠。巫參。巫環。字皆作筮。段考為是。而解云𢍰為古文巫字。從吅巫。不啻以舞事神也。蓋謂從吅與從口同。周禮筮作簭。即簭之省。是可以為證據也。巫必有神託。以告生人。從口固其理也。然則簭實從巫。又從筭省也。占筮之事。元出於算數明矣。故筮從筭從晉。會意之恉尤顯然也。後或省作筮。筮亦為古字省文。故噬澨字皆從以為聲。今見此篆。從艸與許書合。中從巫。即巫字。詛楚文巫咸之巫作巫。正與此合可證。此唯不從吅口耳。徐籀莊誤認為筭字。云筭射筭。咸讀為函。甲革之屬。周禮太史。凡射事。飾中。舍筭。執其禮事。蓋陳禽習射。而命懋正其事也。此說斷非。此咸亦和協之意。凡金文恆例也。又見口部咸下。又或謂。銘云筮咸即九簭之巫咸。字形字義近而通用。又按說文作簭。與經傳作簭。均皆噬字。叚借為筮耳。【古籀篇八十】

◉馬敘倫 鈕樹玉曰。韻會作從竹𢍰。莊有可曰。卦始伏羲。而巫興殷世。筮之從巫。以巫咸始為筮也。周官九筮皆巫。與筮之成文由巫。皆可證也。倫按周禮龜人注引世本。巫咸作筮。呂氏春秋勿躬同。禮曲禮。龜為卜。策為筮。故筮從竹。以巫咸所作。故從巫聲。巫音微紐。而其轉注字作覡。覡音匣紐。奉匣同為次濁摩擦音。則巫音古或在奉紐也。周禮筮人乃筮之名皆作巫。亦筮從巫得聲之證。說解當曰從竹弄聲。策為筮。則此訓易卦用著也與造字之意與字形皆不合。且當曰卜所用也。不得曰易卦用著。明非許文。或字出字林也。筭古文巫字校語。魏石經古文作□。篆文作□。【說文解字六書疏證卷九】

◉楊樹達　筭字吳氏(大澂)缺釋。劉體智小校經閣金文肆卷九三葉上同。自餘諸家如徐同柏從古堂款識學卷壹六葉吳式芬攈古録金文卷叁之壹十八葉上孫詒讓古籀餘論卷三一葉下吳闓生吉金文録肆卷十八葉下于思泊吉金文選下弍卷五葉上柯昌濟韡華閣集古録跋尾庚編卷中一葉上郭沫若兩周金文辭大系考釋九葉下皆釋為筭。余按筭字從竹從弄，而弄字從玉，今筭字從王，不從玉也，諸家誤釋明矣。惟方濬益綴遺齋彝器考釋拾叁卷八葉上釋為篳，說之云：「說文，篳，易卦用著也。從竹，從弄，弄，古文巫字。此銘叩從羿。儀禮少牢饋食禮：史朝服，左執筮，右抽上韇，兼與筮執之。路筮猶言露筮。」今按方說皆是也。惜未能詳證，今為明之。按甲骨文有□字，即今巫字也。知者，殷虛書契後編上卷五葉云：「其用□奉且戊，若？」此卜用巫奉且戊也。文云用巫，猶易巽卦九二爻辭言用史巫紛若也。又下卷四二葉云：「癸酉卜，田咢鳳」，此卜巫寧風也。知□之為巫，□為古文巫，則筭之為筮乃確實無可疑矣。露筮也，謂露蓍也，古人將筮，必先露蓍。知者，漢書卷九十一張禹傳云：「禹見時有變異，若上體不安，擇日絜齊露蓍，正衣冠，立筮。」服虔注云：「露筮易蓍於星宿下，明日乃用，言得天氣也。」此露蓍之說也。所露者為蓍，而銘文云露筮者，古人用蓍為筮，即稱蓍為筮，此語言名動相因之例也。周禮春官簭即筭字人云：「上春相簭」，鄭注云：「相謂更選擇其蓍也。」儀禮士冠禮云：「筮與席所卦者具饌於西塾」，鄭注云：「筮所以問吉凶，謂蓍也。」此皆稱蓍為筮之例也。著可稱筮，故漢書云露蓍，而銘文云露筮也。【史懋壺跋　積微居金文說】

◉郭沫若　小盂鼎「卜有戕，王□，□從」。□字舊未識。以文義推之，當是筮字。□蓋盛著之器，從収以奉之。【周彝中之傳統思想考　金文叢考】

筓 笄

□ 古文【古文四聲韻】

◉許慎　筓簪也。从竹。幵聲。古兮切。【說文解字卷五】

笸 笸

◉馬叙倫 王筠曰。不用先字者。簪乃時行字也。倫按蓋本作先也。傳寫易之。或此字出字林。笄簪當為轉注字。然未詳所由。蓋尚有為此媒介之轉注字也。【說文解字六書疏證卷九】

◉董作賓 古者男女成年,皆有笄,男子冠而用笄,女子十五許嫁而笄。於文字則夫為首上帶笄之男,而母為首上帶笄之女。

[glyph]前編卷二,第二十葉。 [glyph]後編上,第六葉。

[glyph]前編卷四,第二十五葉。 [glyph]前編卷一,第三十一葉。

其笄,看似一支,實則兩端皆露於外,為左右各一笄也。若止有一笄,則不能於左右皆露其刻首矣。【說笄 中國文字第十八册】

◉許 慎 笸取蟣比也。从竹。叵聲。居之切。【說文解字卷五】

◉馬叙倫 王筠曰。笸者古名。比者漢名。篦者六朝字也。倫按笸音見紐。比音幫紐。幫見皆清破裂音。故漢語謂笸為比。許從當時假借之字釋本字。蓋本作比也。吕忱加取蟣比也。然笸以取膩。非為取蟣而作也。字或出字林。【說文解字六書疏證卷九】

篗 篗

[glyph] 篗 【汗簡】

[glyph] 王存乂切韻 【古文四聲韻】

◉許 慎 篗收絲者也。从竹。蒦聲。王縛切。𧤗篗或从角。从閒。【說文解字卷五】

◉馬叙倫 李枝青曰。吾鄉織具中有一器。規木板為圓底。約徑五寸許。刻竹六七條架版上。略如籠形。而殺其上。高尺許。以纏收絲縷。俗呼如無字入聲。蓋即篗也。倫按段玉裁於收絲上補取以二字。是也。此蓋字林文。字或出字林。餘見爾下。

𧤗鈕樹玉曰。廣韻引有。玉篇無。沈濤曰。御覽八百二十五引作從角閒聲。篗與閒聲不相近。聲字恐譌。王筠曰。吾鄉篗以木為。若以角為。似於物情不合。倫按許書重文諧聲之聲。然篗得聲於萑。萑聲歌類。𧤗得聲於閒。閒聲元類。歌元對轉。故篗得轉注為𧤗。然倫謂𧤗非篗之轉注字。古或借為篗耳。或曰。古皆以角為器。篗蓋初以角。後易用竹木。故形猶與角同。【說文解字六書疏證卷九】

筳

◉許　慎　維絲筦也。从竹。廷聲。特丁切。【説文解字卷五】

◉馬叙倫　宋祁漢書王莽傳校本引字林訓同此。則此是字林文。或字出字林也。【説文解字六書疏證卷九】

筦

◉許　慎　筟也。从竹。完聲。古滿切。【説文解字卷五】

◉馬叙倫　字見急就篇皇象本。顏師古本作管。【説文解字六書疏證卷九】

筦椄　筦光　筦剛印【漢印文字徵】

筟

◉許　慎　筳也。从竹。孚聲。讀若春秋魯公子彄。芳無切。【説文解字卷五】

◉馬叙倫　劉秀生曰。魯公子彄見春秋隱五年經。缶部。瞉。從缶。㱿聲。讀若筟。㱿聲在溪紐。彄從區聲亦在溪紐。故筟從孚聲得讀若彄。手部。捊。從手。孚聲。或從包聲作抱。网部。䍖。從网。包聲。或從孚聲作罦。方言八。北燕朝鮮洌水之閒。謂伏雞曰抱。注。江東呼蓲。夏小正。雞桴粥。傳。桴。嫗伏也。淮南原道訓。羽者嫗伏。注。嫗伏。以氣剖卵也。嫗伏即抱伏。孚聲區聲竝如包。是其證。倫按孚音敷紐。古讀歸滂。彄音溪紐。皆次清破裂音。故筟得讀若彄。彄音谿紐。筦音見紐。同為舌根破裂音。筟從孚得聲。孚音古在幫紐。幫見皆清破裂音。故筦筟轉注。筳音定紐。孚為捕之初文。捕音並紐。竝定同為濁破裂音。故筳筟轉注。蓋此有音因時地而變後之轉注也。【説文解字六書疏證卷九】

笮

◉許　慎　迫也。在瓦之下。棼上。从竹。乍聲。阻厄切。【説文解字卷五】

◉馬叙倫　鈕樹玉曰。韻會引作屋笮在瓦之下棼上。沈濤曰。一切經音義十一引。窄。壓也。謂窄出汁也。窄乃笮字之誤。是古本尚有壓也一訓。謂字以下當是庾注。倫按笮迫以疊韻為訓。或非本訓。笮者。徐鍇引爾雅注。屋上薄謂之屋笮。是也。以竹為之。韻會引棼上有之字是。在瓦七字及壓也七字皆校語。【説文解字六書疏證卷九】

笮建【漢印文字徵】

◉晏炎吾　笮之制，《釋名》言之悉矣。《釋名·釋宮室》：「笮，迮也，編竹相連迫迮也。」是笮之制乃「編竹相連」，同於「簀」矣。唯視簀為長大，所用異也。簀施於牀，夜眠七尺，是其度也。笮則施之瓦下棼上，自下蔽瓦，以飾觀瞻，以屋為度，或又名筄。《爾

簾 簾

雅・釋宮》：「屋上薄謂之筄。」郭璞注：「屋笮也。」郝懿行義疏曰：「薄即簾也，以葦為之，或以竹。」其尊貴者或以版，則字從爿而作「⿰爿兆」。王念孫《廣雅疏證》曰：「筄與⿰爿兆同。古者屋笮亦謂之版。《楚辭・招魂》：『紅壁沙版，元玉梁些。』王逸注云『以丹沙畫飾軒版，承以黑玉之梁。』是也。」然則，屋笮之用，蓋略同於後世之所謂「望板」。笮之制既為「編竹相連」，如竹簾然，唯粗壯為異。其非如席、簟之織竹篾作方文者，亦已明也。《辭海》釋為「葦簾」「竹簾」，誤矣。

今農村用以晾曬棉花之具，其制猶如此作，其名亦曰「笮子」。惜乎《辭海》《現代漢語詞典》均漏收此一詞條。此又一失也。

【「簀」與「笮」 華中師範學院學報一九八四年第一期】

◉傅熹年 《説文解字》竹部有笮字：「笮，迫也。在瓦之下，棼上。」棼是檩的一種，將來探討召陳遺址時我們要詳細討論。按一般屋頂做法，檩上應架椽，椽上鋪席、箔、笆或木板，其上鋪苫背泥，泥上鋪瓦。笮既在瓦之下，檩之上，應是兼有椽、望板和泥背的功用，這正和遺址中所見葦束抹泥的屋頂做法相合，可證葦束即笮。笮在檩上互相擠緊，上面又承受泥背和瓦的壓力，故曰「迫也」。《爾雅・釋宮》：「屋上薄謂之筄。」郭璞注：「屋笮。」則笮又稱筄或薄。段氏《説文解字注》艸部薄字：「《吳都賦》：『傾藪薄』。劉注曰：『薄，不入之叢也。』按：林木相迫不可入曰薄，引伸凡相迫皆曰薄。」可見笮、筄、薄都表示擠得很緊的狀態。

從遺址出土草泥塊看，葦束做的屋面層內外兩面都抹草泥、罩白灰砂漿面。《説文》有墍字：「墍，仰涂也。」段注：「……《周書・杍材》曰：『既勤垣墉，惟其涂墍茨。』按以草蓋屋曰茨，涂墍茨者，涂其茨之下也，故必仰涂。」則屋頂裏面的抹泥叫墍。

這種做法目前還在一些農村中使用，稱為「條束」。豫北修武、獲嘉一帶用高粱或玉蜀黍秸做條束，用草葽捆綁，根部向下，順坡面搭在檩上，逐條擠緊，使頂面近於平面，再用草墊平凹處，用木拍打齊檐口，上加草泥，再鋪瓦。陝西、甘肅等地也有此做法，多用細竹綁紮條束。古代木材資源豐富，但工具落後，砍伐和加工都較困難。從這遺址所出少量用於木椽上的泥塊來看，椽用樹枝或劈開的木條，斷面頗不規整，轉不如采用直徑相同、強度相等的葦束為好。這大約是葦束在當時流行的原因。

【陝西岐山鳳雛西周建筑遺址初探 文物一九八一年第一期】

◉許 慎 簾堂簾也。从竹。廉聲。力鹽切。【説文解字卷五】

◉馬叙倫 王筠曰。恐即是堂廉。若是大夫以簾之簾。則當曰帷薄也。何故連堂言之。徐灝曰。古無竹簾。以布為之。故從巾作㡘。後人易之以竹。簾㡘古今字。倫按堂簾字當作廉。此自是㡘之後起字。非書傳所謂堂廉曰屺之堂廉也。堂簾也非

本訓。字見急就篇。疑急就本作廉。傳寫以通用字易之。顔師古本作㡘。此字蓋出字林。【説文解字六書疏證卷九】

◉許　慎　牀棧也。从竹。責聲。阻厄切。【説文解字卷五】

◉馬叙倫　牀棧非本訓。餘詳笫下。【説文解字六書疏證卷九】

笫

◉許　慎　牀簀也。从竹。𠂔聲。阻史切。【説文解字卷五】

◉馬叙倫　牀字涉上文簀下説解而譌羨。此簀之轉注字。責音照紐。𠂔音精紐。皆清破裂摩擦音也。【説文解字六書疏證卷九】

筵

◉許　慎　竹席也。从竹。延聲。周禮曰。度堂以筵。筵一丈。以然切。【説文解字卷五】

◉張燕昌　⿱竹盜。郭氏作盜。吾邱氏云。此鼓甚完。句曰其籃氏鮮。鄭音是矣。施云。説文。側余反。醢也。錢云。鄙意當是筵字。説文。次即涎字。則筄與筵通。籀文加皿。又加一水耳。【石鼓文釋存】

◉馬叙倫　段玉裁曰。周禮曰。度九尺之筵。此云一丈。未詳。王筠曰。筵一丈句恐後人加之。倫按筵為因之脂真對轉轉注字。亦席之轉注字。筵音喻紐四等。席音邪紐。古讀皆歸於定也。儀禮大射儀。賓升就席。注。今文席為筵。是其證。考工記匠人。堂上度以筵。此校者所加。石鼓文。其⿱竹盜氏鮮。錢大昕釋筵。倫謂從竹盜聲。筵之轉注字。盜從次得聲。而㳄為涎之轉注字也。竹席也非本訓。簟下同。【説文解字六書疏證卷九】

簟

簟　番生簋　簟弼魚葡　詩載馳作簟茀　从皿　毛公㞒鼎　【金文編】

〔五二〕　〔三五〕　〔三六〕　〔五〇〕　〔七九〕【先秦貨幣文編】

一：五七　宗盟類參盟人名　【侯馬盟書字表】

簟【汗簡】

籧　篨

◉許　慎　簟竹席也。从竹。覃聲。徒念切。【説文解字卷五】

◉吳大澂　𥁕古簟字。从西。从皿。今俗从覃。簟。方文席也。詩。簟茀朱鞹。毛公鼎。簟弼魚葡。【説文古籀補卷五】

◉高田忠周　按説文。簟竹席也。从竹覃聲。覃从鹹省。鹹从鹵。鹵从西也。故此以卤為鹵。下亦从皿。此从鹽省也。古音鹹鹽轉通也。故从鹽聲。此與从覃聲者別自一體耳。詩斯干。下莞上簟。箋。竹葦曰簟。禮記內則。斂枕簟。注。席之親身者。喪大記。君以簟席。注。細葦席也。【古籀篇八十】

◉張之綱　徐(同柏)釋簟云字作𥁕。簟从皿者。皿以覆器。簟亦覆也。二吳孫並从之。愙齋云𥁕即簟。詩簟茀錯衡。箋。簟茀。漆簟以為車蔽。今之藩也。又簟茀朱鞹。傳。車之蔽也。孫(詒讓)云。説文。簟。从竹。覃聲。此从卤。簟之異文。疑从鹽省。與説文覃从㫗鹹省意同。徐云从皿非是。【毛公鼎斠釋】

◉馬叙倫　詩禮筵簟襍見。而金文多作簟。蓋轉注字也。簟音定紐。筵音喻紐四等。古讀歸定也。初文為㐭。象形。讀若三年導服之導。見㐭字下。導音亦定紐。導服本字為禫。亦从覃得聲。是簟亦㐭之轉注字。字見急就篇。番生𣪘作𥁕。毛公鼎作𥁕。【説文解字六書疏證卷九】

籧 籧護印【漢印文字徵】

◉許　慎　籧籧篨。粗竹席也。从竹。遽聲。彊魚切。【説文解字卷五】

◉馬叙倫　嚴可均曰。一切經音義十七韻會引粗作麤。倫按方言五。簟。宋魏之間或謂之籧筁。其粗者謂之籧篨。倫謂籧筁雙聲連緜詞。籧篨疊韻連緜詞。是雖有粗細之分。而音特轉迻之異。簟謂之籧篨者。籧音羣紐。篨音澄紐。古讀歸定。簟音定紐。羣定同為濁破裂音。是則籧篨為簟之長言耳。粗竹席也蓋字林文。許當作席也。或以聲訓。籧篨二字竝見急就篇。【説文解字六書疏證卷九】

◉許　慎　篨籧篨也。从竹。除聲。直魚切。【説文解字卷五】

簏

◉許　慎　簏竹器也。可以取粗去細。从竹。麗聲。所宜切。【説文解字卷五】

◉馬叙倫　鈕樹玉曰。韻會引作可以除粗取細。沈濤曰。一切經音義六引作除麤取細。簏今作簁。正為取細之用。玉篇亦云。可以除粗取細。段玉裁曰。漢書賈山傳作篩。倫按史記周本紀。其罰倍簏。徐廣曰。簏。一作簁。沈謂今作簁。是也。今杭縣呼此音如衰弱之衰。字從鹿得聲。鹿麤一字。而麤音如粗。是以去粗為用。音即得於粗也。竹器以下九字蓋字林文。【説文解字六書疏證卷九】

籓

◉許　慎　籓大箕也。从竹。潘聲。一曰。蔽也。甫煩切。【説文解字卷五】

◉馬叙倫　籓音非紐。古讀歸幫。蓋簸之轉注字。聲亦歌元對轉也。一曰蔽也者。蔽借為箄。即箄字義或楙字義。下文。箄。藩落也。三篇。楙。藩也。一篇。藩。屏也。此字據集韻則出韻集。蓋吕忱加之。【説文解字六書疏證卷九】

籅

◉許　慎　籅漉米籔也。从竹。奥聲。於六切。【説文解字卷五】

◉馬叙倫　本訓籔也。漉米籔也字林文。見史記司馬相如传索隱引。御覽七百六十引篆文。籅淅箕也。一曰籔。字見急就篇。【説文解字六書疏證卷九】

籔

◉許　慎　籔炊籅也。从竹。數聲。蘇后切。【説文解字卷五】

◉馬叙倫　炊字校者加之。或此字林文。籅籔轉注字。籅得聲於宷，宷音審紐。籔音心紐。心審同為次清摩擦音也。十二篇。匴。漉。米籔也。匴籔音同心紐。亦轉注字。【説文解字六書疏證卷九】

箅

◉許　慎　箅蔽也。所以蔽甑底。从竹。畀聲。必至切。【説文解字卷五】

◉馬叙倫　蔽也以聲訓。所以五字蓋字林文或校語。字見急就篇。【説文解字六書疏證卷九】

䈰

◉許　慎　飯筥也。受五升。从竹。稍聲。秦謂筥曰䈰。山樞切。【說文解字卷五】

◉馬叙倫　鈕樹玉曰。此字後人增。下文筥訓𥳓。是其證。博雅有𥳓無䈰。廣韵亦無。玉篇䈰雖引說文而在俗字中。亦後人增也。故音均同。倫按蕭該漢書音義引字林。筲。飯筥也。受五升。與此說解同。疑字林筲為𥳓之重文。今𥳓篆譌為䈰。筲篆之位。又為𥳓篆所據矣。餘詳𥳓下。【說文解字六書疏證卷九】

𥳓

◉許　慎　陳畱謂飯帚曰𥳓。从竹。捎聲。一曰。飯器。容五升。一曰。宋魏謂箸筩為𥳓。所交切。【說文解字卷五】

◉馬叙倫　孔廣居曰。䈰𥳓明是一字。誤分兩音。王筠曰。似說文本秪一字。別本譌手為禾。而說解亦小有改易。校者集録一處。今當仍合為一。其字作𥳓。說解曰。飯筥也。受五升。從竹。捎聲。秦謂筥曰𥳓。陳畱謂飯帚曰𥳓。宋魏謂箸筩為𥳓。而音釋則用所交切。蓋以玉篇廣韵及筥下𥳓也推之。知其當從捎而義為筥。至秦謂以下三句則別異名也。所交切則以稍所教切捎所交切定之。凡從肖者不得入虛模部也。倫按玄應一切經音義引字林。筥。𥳓也。飯器。受五升。秦謂筥也。任大椿謂謂筥下奪為𥳓二字。今筥下訓𥳓也。或字林訓。或字林中許訓也。然無飯器受五升秦謂筥為𥳓十字。上文䈰下曰。飯筥也。受五升。秦謂筥為䈰。飯筥也當是飯器也之譌。此十一字即玄應所引者也。玄應蓋以筥訓𥳓。故并𥳓字說解引之。非筥下有此十字也。然則上文䈰篆本作𥳓。本訓器也。或筥也。或以聲訓。字林作飯器也。受五升。秦謂筥曰𥳓。傳寫篆譌為䈰。校者記異本。遂分為二字。校者復加陳畱宋衛兩句。𥳓為筥之轉注字。然未詳所由。【說文解字六書疏證卷九】

筥

筥　國名　三字石經作筥　今經傳作莒　筥小子簋　从膚　三字石經古文作　汗簡作　古文四聲韻引石經作　申鼎

簷平鐘　从邑　鄘侯簋　从木　中子化盤　中子化用保楚王用正筥　梠字重見【金文編】

刀弧鄘　典一一九二　按鄘矦盤銘文作　申鼎作　三体石經作　皆筥字之古文　刀弧鄘　省体　典一一九四

仝上　魯博　按此幣疑偽　刀大篕邦口口　展啚版貳捌2【古幣文編】

筥丞　筥少翁　筥解非　筥子仲印　筥莫如印　筥牵印【漢印文字徵】

筥【汗簡】

筥石經【古文四聲韻】

◉許　慎　筥箱也。从竹。吕聲。居許切。【説文解字卷五】

◉柯昌濟　莒作筥。即春秋之莒國也。莒字叚作筥。考羅氏璽印姓氏徵載漢印有筥姓。復有莒姓。疑作筥者西周時代之字。作莒者東周時代之字。而漢姓之筥莒二姓既同出一國。所从異文亦非漫然假借。必以其文字時代為先後也。【莒小子筥敔韡華閣集古録跋尾】

◉馬叙倫　十二篇。匡。飯器也。匡為匚之轉注字。筥為匚匡之轉注字。筥聲魚類。匚匡聲同陽類。魚陽對轉。又筥匡音同見紐也。筥亦為凵之轉注字。同舌根破裂音。聲同魚類。方言。筥。南林謂之筲。筲得聲於小。小為沙之初文。沙音審紐。古讀歸透。凵音溪紐。溪透同為次清破裂音。然則筥之轉注為箱。由凵為之媒介與。字見急就篇。【説文解字六書疏證卷九】

◉陳　槃　莒，蓋本作筥，古文作筥，或作鄘。王國維曰：「隸釋作録，魏三字石經春秋筥之古文作筥，篆隸二體作筥。槃案：熹平石經殘字均作筥，然小子敦銘亦如此作，是筥本亦古文。筥者，籚字之譌略。上虞羅氏藏鄘侯敦，鄘侯亦即筥侯。又藏闖丘□□戈，闖丘亦即閭丘。足證筥、廬之為一字矣。」詳觀堂集林十八王子嬰次廬跋。楊樹達以壽考孝三字説文謂从老省，而山東諸國所製器則作𠂇形，書法特殊，因曰：「小校經閣金文捃卷四十葉上載籚侯少子乍皇妣居君中妃段有鄘侯少子析乙孝孫丕巨云云，孝字作𡥈，與此齊大宰歸父盤銘及陳侯午鐘同。按鄘字，孫仲容説為牧誓微盧彭濮之盧，王静安謂鄘侯即莒侯，郭沫若兩周金文辭大系考釋録此段引徐中舒説，亦謂鄘為山東之莒，與王説同，蓋徐用其師説也。⊘今以其銘孝字觀之，又足為王徐之説添一證明矣。」詳齊大宰歸父盤跋，積微居金文説增訂本葉二四三。又漢志琅邪郡莒縣莒字从艸。楊氏曰：「齊魯封泥集存及周明泰再續封泥攷略並有筥丞之印，字从竹作筥，志文从艸作莒蓋誤。」漢書窺管，世界書局本葉一五四。今案从竹之字漢隸並从廾，然則筥字作莒，漢人之書則然耳。

或作梠。中子化盤：中子化用保楚王用正征梠。大系攷釋：「本銘中字，余謂即楚簡王名。楚世家：『惠王卒，子簡王中立。簡王元年，北伐滅莒。』此言征梠，事亦相合。」【春秋大事表列國爵姓及存滅表譔異】

笥

◉許　慎　笥飯及衣之器也。从竹。司聲。相吏切。【説文解字卷五】

◉馬叙倫　沈濤曰。一切經音義四及十三引。盛衣器曰笥也。十二引作盛衣器也。今本飯及二字誤。下文簞亦訓笥。曲禮曰。簞笥盛飯食者。是笥亦可為飯器也。然連簞言之。則為盛飯之器。析簞言之。則為盛衣之器。衣裳在笥。簞及壺漿。凡字各有本訓。不得渾而一之也。又音義十二引下有亦盛食器也圓曰簞方曰笥也。亦字以下乃玄應引申笥字之義。非所校説文有此數語。又御覽七百十一引簞笥飯及衣之器也。蓋古本簞字注作飯器也。笥字注作盛衣器也。故引書者隱括言之如此。淺人即以此語單屬之笥。遂改簞字注為笥耳。七百六十引。簞。飯器也。可證。鈕樹玉曰。音義引當不譌。玉篇注。盛飯器。圓曰簞。方曰笥。蓋本鄭注檀弓。倫按笥為盛飯及衣之器。雖各有事證。然盛衣与飯必不同器。習俗可諭。理亦不得朝以盛衣夕以盛飯。蓋許以聲訓。或作器也。呂忱加盛衣器也或盛飯器也。校者加一曰盛飯器也或一曰盛衣器也。傳寫并如今文。笥為箭之轉注字。音同心紐也。儀禮士冠禮釋文引字林。先字反。禮記曲禮釋文引字林。先自反。餘詳簞下。【説文解字六書疏證卷九】

◉金祥恆　笥，説文：「笥，飯及衣之器也。」尚書説命「惟衣裳在笥」者，盛衣笥也。禮曲禮：「苞苴簞笥。」鄭注：「圓曰簞，方曰笥。」飯食之笥也。呂氏春秋士節篇：「北郭騷謂其友曰：盛吾頭於笥中，奉以託」，盛頭於笥也。【長沙漢簡零釋　中國文字第四十六册】

簞

◉許　慎　簞笥也。从竹。單聲。漢律令。簞。小筐也。傳曰。簞食壺漿。都寒切。【説文解字卷五】

◉馬叙倫　沈濤曰。一切經音義引。簞。笥也。一曰。小筐也。則小筐乃簞之一訓。今本奪一曰二字。簞小筐也亦不似律令之語。且律與令不同。許書或偁漢律。或偁漢令。無兼偁漢律令者。令字乃傳寫之誤。而令簞二字之下亦必有奪文也。御覽引簞為飯器。見笥字下。而玄應書引同今本。疑古本飯器二字在小筐下。許引傳文以證飯器之訓。玄應御覽各有節取。倫按東觀記。馮異進一笥麥飯。後漢書第五倫傳。上問第五倫。聞卿為市掾。人有遺母一笥餅者。樊曄傳。餽餌一字。是東漢時已借笥為簞。故鄭玄注禮記。凡以弓劍苞苴簞笥問人者。謂簞笥盛飯食者。圜曰簞。方曰笥。然曲禮弓劍苞苴簞笥皆對文。則非同一用器也。經傳亦皆以笥為盛衣器。簞為盛飯器。然則東漢時謂簞音有如笥者。故借笥為簞。蓋簞斳同從單聲。而斳音入從紐。笥音心紐。同為舌尖前音。單車一字。車音穿紐三等。然讀如舍則入審紐。心審同為次清摩擦音。此其得相通假之由也。笥也非本訓。漢律以下亦非許文。字見急就篇。顏師古本作觛。【説文解字六書疏證卷九】

簁 箄 篿 箸

◉許　慎　簁箄。竹器也。从竹。徙聲。所綺切。【説文解字卷五】

◉馬叙倫　許蓋訓器也。簁箄竹器也字林文。【説文解字六書疏證卷九】

◉許　慎　簁箄也。从竹。卑聲。并弭切。【説文解字卷五】

◉馬叙倫　徐灝曰。籭即簁箄之合聲。倫按急就篇。簁箄箕帚筐篋簍。簁箄疊韻連緜詞。【説文解字六書疏證卷九】

◉許　慎　圜竹器也。从竹。專聲。度官切。【説文解字卷五】

◉馬叙倫　王筠曰。特言圜者。音相近也。倫按急就篇。槫榼椑榹匕箸籫。字從木。傳寫易之。本作篿也。或本作專。藉為篿。則篿字出字林矣。圜字蓋校者注音者也。或本訓圜也。吕忱加竹器也。【説文解字六書疏證卷九】

4　14　139反【包山楚簡文字編】

箸胥欸　漢休著胡佰長　漢休著胡佰長【漢印文字徵】

泰山刻石　大義箸明　史記作休　禪國山碑　周易實箸　詛楚文　箸諸石章【石刻篆文編】

箸【汗簡】

古孝經　王庶子碑【古文四聲韻】

◉許　慎　飯敧也。从竹。者聲。陟慮切。又遲倨切。【説文解字卷五】

◉馬叙倫　鈕樹玉曰。説文無敧。當從支作攲。倫按攲當訓持也。飯攲謂飯時所持也。然此非本訓。王筠據本敧作攲。字見急就篇。【説文解字六書疏證卷九】

◉劉　雨　1-03：「□教箮晶歲，教言三歲」。

如果「壹」釋為「者」能够成立，那麽，「箮」釋為「箸」當不成問題。詛楚文有「箸諸石章」。簡文「教箮晶歲」可能是指用「晶

歲」的時間教小孩子寫字記事。「教言三歲」可能是指用三年的時間教小孩子言辭、文采。【信陽楚簡釋文與考釋 信陽楚墓】

簍

◉許　慎　簍竹籠也。从竹。婁聲。洛侯切。【説文解字卷五】

◉馬叙倫　倫按竹籠也者謂笭也。籠下曰。一曰。笭也。古或藉籠為笭也。籯下曰。笭也。簍籯轉注。籯得聲於羸。羸婁音皆來紐也。爾雅釋蟲。果臝。括樓。是其例證。與笭亦雙聲轉注字。然竹籠也非本訓。簍之語原與冓同。字見急就篇。【説文解字六書疏證卷九】

箟

◉許　慎　箟籃也。从竹。良聲。盧黨切。【説文解字卷五】

籃

◉許　慎　籃大篝也。从竹。監聲。魯甘切。□古文籃如此。【説文解字卷五】

演説文

同上

義雲章
【古文四聲韻】

◉馬叙倫　朱駿聲曰。蘇俗謂熏篝為烘籃。倫按杭縣語亦然。箟籃簍竝音同來紐轉注字。玄應一切經音義引字林。籃。大篝也。則大篝也非本訓。

□鈕樹玉曰。玉篇廣韻並無。汗簡厂部有□云。藍。出義雲章。倫按未詳。如此二字校者加之。【説文解字六書疏證卷九】

◉商承祚　□説文「□古文籃如此。」案此字玉篇不收。汗簡有□字注藍。則此乃藍之古文。而誤入竹部者也。【説文中之古文攷】

篝

◉許　慎　篝笿也。可熏衣。从竹。冓聲。宋楚謂竹篝牆以居也。古侯切。【説文解字卷五】

◉馬叙倫　嚴章福曰。當作可以熏衣。今挩於此而衍於墻居二字間。方言五。篝。陳楚宋魏之間謂之牆居。廣雅。篝。籠也。熏篝謂之牆居。上文。籭。可以除粗取細。下文。笪。可以收繩。同此語例。倫按校廣雅則説解中可以熏衣及宋楚謂竹篝

為牆居皆非許文。篗篣聲同矦類轉注字。字見急就篇。餘詳籠下。【説文解字六書疏證卷九】

笿 223【包山楚簡文字編】

◉許　慎　笿栝笿也。从竹。各聲。盧各切。【説文解字卷五】

◉馬叙倫　任大椿曰。一切經音義引字林。笿。杯籠也。倫按蓋本作笿杯籠也。笿乃隸書複舉字。譌乙於下。轉捝籠字。字或出字林。笿亦篗篣之轉注字。笿篗音同來紐。笿從各得聲。各冓音同見紐也。【説文解字六書疏證卷九】

◉許　慎　⿱竹夆栝笿也。从竹。夆聲。或曰。盛箸籠。古送切。【説文解字卷五】

◉馬叙倫　⿱竹夆訓栝笿。栝笿者。方言郭璞注曰。盛栝器籠也。倫謂栝笿蓋連緜詞。如部落培塿然。部落或作附落。培塿或作附塿。附落培塿皆連緜詞。此一證也。方言。栝落。陳楚宋衛之間謂之栝落。又謂之豆筥。自關而西謂之栝落。豆筥必不謂盛豆之器。丨部否或從豆作音欠。可證也。此二證也。然則栝笿非盛栝器之籠也。⿱竹夆篣蓋音同見紐轉注字。笿⿱竹夆亦轉注字。各夆皆舌根音也。栝笿也蓋字林文。字或出字林。或曰五字校語。簁筥及篗箆以下諸文。其為器或一者為轉注字。相似而小異者。則其名即由同一語原而轉變。【説文解字六書疏證卷九】

◉朱德熙

圖一一　圖一二

信陽206號簡(圖一一)云：

□□□□笲四十又四，□□十又二，四檮笲，二豆笲，二笅笲四十笅屯緅紫之幅(幂)

笲字又見仰天湖3號簡(圖一二)：

□笲一十二笲皆有絵纏

簡文「四櫋笲，二豆笲，二筊笲」説的是笲數，「四十筊」説的是筊(匵)數。據文義推勘，笲肯定是盛桮豆的容器的名稱。我們認為笲就是古籍的箁。共、夅都是見系字，共在東部，夅在中(冬)部，古音極近。《孟子・滕文公下》：「書曰洚水警余。洚水者，洪水也。」又《告子下》：「水逆行謂之洚水。洚水者，洪水也。」《説文》洪洚二字相次，洪下云「洚水也。」洪與洚是一語之轉，笲與箁也是一語之轉。《説文・竹部》箁下云：「桮落也」。《廣雅・釋器》：「箁、豆篆，桮落也。」落即《説文》之笿。《方言五》：「桮落，陳楚宋衛之間謂之桮落，又謂之豆筥。自關東西謂之桮落。」郭璞注：「盛桮器籠也。」案箁可以盛桮，也可以盛豆，所以既名桮落，又名豆筥(篆)。簡文籩、豆、筊(匵)三者均以箁為盛器，與文獻記載若合符節。笲、箁和籠大概也是屬於同一語源的。

【信陽楚簡考釋　朱德熙古文字論集】

籢

◉許　慎　籢鏡籢也。从竹。斂聲。力鹽切。【説文解字卷五】

◉馬叙倫　鏡籢也非本義。亦非本訓。蓋字林文。急就篇。鏡籢疏比各異文。乃以鏡籢疏比四揚竝舉。玉篇引列女傳。置鏡籢中。不曰籢中而曰鏡籢中。明非置於常籢中也。以籢為藏鏡之器。出倉頡篇。見玄應一切經音義之引。蓋倉頡故或倉頡訓詁中義。籢得聲於僉。僉音清紐。與籫音從紐者。同為舌尖前破裂摩擦音。實轉注字也。【説文解字六書疏證卷九】

籫

◉許　慎　籫竹器也。从竹。贊聲。讀若纂。一曰叢。作管切。【説文解字卷五】

◉馬叙倫　桂馥曰。竹器也者。急就篇。槫榼椑榹匕箸籫。顔注。籫。盛匕箸之籠。方言。籫。箸筩。廣雅。籫。箸筩也。讀若纂者。字或作篹。喪大記。食於篹者盥。注。篹。竹筥也。明堂位。薦用玉豆雕篹。注。篹。籩屬也。以竹為之。又通作算。史記鄭莊傳。其餽遺人不過算器食。集解。算。先管反。竹器。王筠曰。一曰叢者。疑是校者之詞。謂讀若纂。別本作讀若叢也。徐灝曰。籫之別義或訓為叢。非音叢也。劉秀生曰。贊聲算聲竝在精紐寒部。故籫從贊聲得讀若纂。釋名釋典藝。偁人之美曰讚。讚。纂也。纂集其美而叙之也。讚纂以同聲為訓。是其證。又釋飲食。䐣。饡也。以米糝之如膏饡也。䐣饡亦以同聲為訓。肉部。臇。從肉。雋聲。讀若纂。或從火巽聲作熼。亦其證。張楚曰。一曰叢者。乃儹字義。人部。儹。最也。段玉裁改作冣也。廣韻。儹。聚也。本書。冣。積也。與聚義合。公羊隱元年傳。會猶最也。注。聚也。最乃冣之誤字。本書。叢。聚也。與冣義同。疑後人以籫儹聲同。遂誤以儹義附於籫下。倫按一曰叢者。謂為音則同為舌尖前音。謂為義則即叢字義。古或以雙聲借籫為叢也。詳欑字下。竹器也非本訓。或許作叢也。以聲訓。今挩。校者以別

籯 籯 𥳑 𥳑 簋 簋

本作叢也而捝也字者補注於下也。字見急就篇。【説文解字六書疏證卷九】

◉許　慎　籯笭也。从竹。嬴聲。以成切。【説文解字卷五】

◉馬叙倫　鈕樹玉曰。廣韻引作籝。玉篇亦作籝。漢書。遺子黄金滿籝。籝竹器也。博雅籝訓箳。則廣韻引不譌。倫按疑本訓器也。或以聲訓。笭也者。字林文。或字出字林。籝即今之籮字。【説文解字六書疏證卷九】

◉許　慎　𥳑竹器也。从竹。删聲。蘇旰切【説文解字卷五】

◉馬叙倫　錢坫曰。廣雅。𥳑。筍也。玉篇。似箱而粗。倫按此蓋今呼盛衣之器曰箱之箱本字。𥳑筍音同心紐轉注字。【説文解字六書疏證卷九】

簋　从皀从殳　説文黍稷方器也　周禮舍人鄭注圓曰簋　今證之古器　其形正圓　與鄭説合　不嬰簋　抧簋　作父乙⊕簋

貞簋　且戊簋　小子𩰫簋　作寶簋　沈子它簋　果簋　伯者父簋　鄂侯弟厝季簋　令簋

毛公旅鼎　同自簋　周㝬鼎　遹簋　詰簋　彔簋　彔作乙公簋　彔作乙公簋二　免簋

毳簋　大作大仲簋　競簋　伯簋　城虢遣生簋　作父乙簋　事族簋　虘簋　向

簋　牧師父簋　休簋　跳簋　仲⋈父簋　伯闢簋　格伯作晉姬簋　格伯簋

静簋　諫簋　卯簋　芇伯簋　妣甖母簋　叡吾妊簋　大師虘簋　仲叡父簋二

無㠱簋　仲辛父簋　弔宔簋　杲同簋　師酉簋　師虎簋　季[illegible]父遐簋　弔侯父簋　倗伯

簋　師遽簋　德克簋　兮仲簋　史寏簋　邿季簋　余睽簋　伯到簋　伯[illegible]簋

訇伯簋 鄭虢仲簋 畢鮮簋 段簋 弔向父簋 散伯簋 啇簋 番生簋 吳彡父簋

師袁簋 仲𣄰父簋 仲殷父簋 周棘生簋 弔皮父簋 伯中父簋 虢季氏簋

伯田父簋 豐兮尸簋 守簋 元年師兑簋 魯司徒仲齊簋 司寇良父簋 頌簋

弔多父簋 追簋 圅皇父簋 圅皇父盤 瘨簋 散車父簋 己侯貉子簋

章敄伯簋 嬴霝德簋 觴姬作旛嫼簋 噩侯簋 大簋 弔咢父簋 師寏父簋 伯嘉父簋

卓林父簋 魯伯大父簋 封仲簋 伯椃虘簋 秦公簋 𢑚作北子簋 強伯作旅簋 強伯自為簋

伯喜簋 伯𡨦簋 从食敔簋 牧共簋 伯簋 姞氏簋 晉人簋 衛始簋 欶簋

師𨘏簋 己侯簋 魯遵父簋 魯伯大父作季姬簋 杞伯簋 鄦

侯簋 芇侯簋 芮公簋 霝簋 陳眆簋 井姬鼎 从广 邵王簋 从宀 伯御簋 从

皿 㕓簋 舟簋 蔡侯䲨簋 量侯簋 敀弔簋 弔狀簋 吅簋 買簋 栽姬

簋 毁字之省 四年瘨盨 形為盨 名為簋 【金文編】

3・1020 獨字 説文杋 古文簋 从木九聲 此从皿九聲 疑亦簋字 【古陶文字徵】

杋壽之印 杋憲 杋春 杋餘間印 杋道 杋長功 【漢印文字徵】

簋郭顯卿字指 簋 上同竝見尚書 【汗簡】

古尚書 古孝經 崔希裕纂古 古尚書 郘昭卿字指 【古文四聲韻】

◉許　慎　簋黍稷方器也。从竹。从皿。从皀。居洧切。匭古文簋。从匚飢。𠥩古文簋。或从軌。朹亦古文簋。【説文解字卷五】

◉劉心源　𣪕舊釋眉。非。詳古文審。鑄公簠此作□。即索姬盤□字之省。考魯伯俞父盤頪字作□。从皿。从水。頿聲。説文。頿。昧前也。讀若昧。此古文𣪕所从。其非𩒨𩓪䪈可知矣。又案。□亦是古刻簋字。古文省變往往涉於它字而不覺。當以文義讀之。【奇觚室吉金文述卷二】

◉吳大澂　□楊沂孫説簋从須从皿。沐器也。簠簋不飭。不潔也。鄭義姜父簋。□項𦃃簋。□或从米。史克簋。□或从金。叔姞簋。□或从木。鄭邢叔簋。□或不从皿。□叔簋。□叔班簋。□仲義父簋。□立簋。□易叔簋。【説文古籀補卷五】

◉林義光　説文云。簋黍稷方器也。从竹皿皀。按。从皀。轉注。皀。古與享同字。見皀字條。从竹皿。與簠同意。【文源卷十】

◉高田忠周　説文有敦無𣪕。朱駿聲云敦器字。叚借以敦為𠂤也。穆天子傳。六敦壺尊四十。注。敦似盤音堆。周禮玉府。珠盤玉敦。禮記内則。敦牟卮匜。按盤取圜義。敦取高義。敦有足有蓋。受斗二升。無足者謂之廢敦。敦以盛黍稷。盟則盛血。或用木。飾以金玉。或用瓦無飾。字亦作𥂴。廣雅釋器。𥂴盂也。敦𠂤一聲之轉。此攷甚精。然今依金刻文字。敦器字作𣪕為正。作敦為叚借也。因謂敦器。以盛黍稷。故字从支皀。皀者嘉穀之馨香也。支所以用手盛之之意乎。又或从敦省聲。敦聲。故作𥂴者从皿敦聲也。經傳直以敦為之。正與省形存聲例合矣。黍稷者飤食也。故字亦作飤。會意之恉無異。又有作𣪘𣪕𣪘𣪕者。㿝㿝並古文叀。叀从屮皀。⊘㿝元从皀。故借用為皀。此為籀增例也。然至从殳者。明是㱿字。此别為一文。説文殳部。㱿揉屈也。从殳从㿝。㱿居誘切。而敦从𦎧聲。𦎧常倫切。㱿𦎧古音為轉通。朱氏駿聲云。詩棫樸。敦琢其旅。敦為琱字叚借可證矣。然則𣪕㱿形音並近而通用。【古籀篇八十八】

◉商承祚　説文「匭。古文簋。从匚飢。匭。古文簋。从匚軌。朹。亦古文簋。」案史記秦本紀。「飯土塯。」李斯傳作匭。司馬遷自序作簋。徐廣注云。「簋。一作塯。」經典又或作軌。公食大夫禮。「宰夫設黍簋於俎西。」注。「古文簋皆作軌。」易損。「二簋可用享。二簋有時應。」蜀才本作軌。朹。桂氏義證謂當「从几俎之几。譌从八九之九。易涣。『奔其机。』王注。『机。承物者也。』釋文音几。周禮小史。『以書叙昭穆之俎簋。』故書簋或為几。春秋繁露祭義云。『春上豆實。夏上尊實。秋上机實。冬上敦實。豆實韭也。尊實醴也。机實黍也。敦實稻也。』机實即簋實。黍稷器也。」案桂説非也。證之古文。求之經義。

凡机皆當作杋。从几者誤也。惠棟九經古義。亦謂易渙之机當作杋。今由軌杋證之。弟一文之匭。亦當从飢。段氏本改作匭。謂「从匚从食九聲。」是也。匭匭軌杋。皆簋之借字。【説文中之古文攷】

◉馬叙倫　鈕樹玉曰。韻會皿下無從字。錢坫遲簋説云。依鄭玄周禮注及舍人爾雅注。則方者曰簠。圓者曰簋。此名為簋而形方。與説文合。樹玉按玉篇簠訓黍稷圓器。簋訓黍稷方器。廣韻訓內圓外方曰簋。其非圓器明矣。徐松曰。簋當從日部之皀。皀讀若窕。音轉為九。于鬯曰。簠簋蓋皆方器。觀古文皆從匚可悟。説文以簋為方器簠為圓器。周禮舍人鄭注又謂方曰簠圓曰簋。是許鄭説既歧異。後人又有內圓外方內方外圓之説。蓋支離矣。簠簋皆方器。則其形制同。竊疑簠簋直是一器。論語公冶長。何晏集解引包注。夏曰瑚。殷曰璉。周曰簠簋。此三語未知所本。似不本於明堂位而別有所出也。簠簋與瑚及連竝偁。瑚一器也。璉一器也。則簠簋亦一器可知。兼言之則曰簠簋。單言之則但曰簠。亦但曰簋。易損卦。二簋可用享。儀禮聘禮。勞以二竹簠。方。易之二簋即禮之二簠。或疑以禮之簠為當作簋者。亦不必矣。徐灝曰。簠圓簋方。當從許説為正。聘禮。二竹簋。方。經有明文。鄭云。狀如簋而方。自護其説耳。且凡從甫聲之字皆有圓義。如誧為鍑屬。鋪。著門鋪首。𨏒。人頰車。皆圓形。則簠之為圓器可知。金錫齡曰。周禮舍人。凡祭祀供簠簋。鄭注。方曰簠。圓曰簋。盛黍稷稻粱器。與説文互異。段氏玉裁以為師傳各異。按詩小雅伐木篇。陳饋八簋。毛傳。圓曰簋。毛在許鄭之前。所説較古。其以簋為圓器與鄭合。可知許説不如鄭之碻也。周易。二簋可用享。鄭注。離為日。日離圓。巽為木。木器圓。簋象此。據易象言之。説最當。然則簋為圓器而非方器。了無疑義。聘禮以二竹簋。方。鄭注。竹簋方者。器名也。以竹為之。狀如簋而方。如今寒食筥。筥者圓。此方耳。案簋圓而竹簋不圓。故云簋方。若簋本方。經不必贅言方矣。又漢書賈誼傳。簠簋不飾。注。方曰簠。圓曰簋。戴震攷工記圖亦謂方曰簠圓曰簋。皆宗鄭説。倫按朱駿聲以簠簋古文皆從匚。疑其器皆外方。又謂聘禮之二竹簋方者。疑簋蓋筥之借字。或方之為言並也。非方圓字。要之非禮器之簋。倫謂今傳古器之形名。率本於宋人之三禮圖。實多不足據。今雖古器日出。而學者考證亦尚不足盡為定論。許書傳寫多譌。亦有為校者增加。多有其證。若簠簋之為一器與否。亦有可舉為于説之證者。聘禮。竹簠。方。釋文。簠。本或作簋。雖簠簋字形相近。或傳寫之誤。然簠音非紐。古讀歸幫。簋音見紐。幫見同為破裂清音。則簠簋或為轉注字。故簠或可作簋也。左哀十一年傳。胡簋之事。注。殷曰胡。周曰簋。胡即本書之𥂴。𥂴簋見紐雙聲。則殷曰胡周曰簋。實同器而因時代或殷周方言而異名。𥂴為㔶之俗字。金文簠率作㔶。則簠簋即胡簋也。史記秦始皇本紀。飯土塯。李斯傳塯作匭。太史公自序作簋。徐廣曰。簋。作塯。簋或作塯者。如殷曰胡而夏曰璉也。塯從留得聲。與璉雙聲。璉從車得聲。車古夫聲同魚類。車讀如居。

則音在見紐。簋音亦見紐。胡從古得聲。古音亦見紐。此則夏殷周一器而異名之所由也。周禮考工記。陶人為甗盆甑鬲。旅人為簋。而不言為簠。或亦簠簋本一器故也。然爾雅舍人注已有方者曰簠圓者曰簋之說。詩伐木傳亦言圓曰簋。則二器又自各有其形製。今見金器有𠥓字者。率為侈口而長方形。則舍人之説蓋有據。鄭玄注周禮所以本之也。簋字金文不見。杞伯之字。王國維釋為卣。倫謂此即簋字所從之𥁑。實簋之初文。猶簠字漢孔宙碑作盙。本書鋪之重文作𥂴。曰。籀文。然則史籀篇簠字作𥂴。從皿。浦聲。而借為鋪。字皆不從竹也。然未見其器。金器文多𣪘字。錢坫嚴可均竝釋為簋。而矢令𣪘令𣪘等器。皆為圜形。然則簠方而簋圜。有古之實器可證也。唯錢所舉遲簋形方。蓋其始或方或圜。止一名也。後乃別之。此類事例極廣也。聘禮勞以二竹簋方者。倫謂以詞義言當無方字。蓋經文本是勞以二簠。玄被熏衰。有蓋。簠字誤為竹盙二字。校者以一本作簠者注之。遂誤為二竹簠。簠字又本或作簋。釋文本作簠。云。本或作簋。可證也。校者又以譌本竹字增竹。而方字乃古注以釋此簋字當讀為方。因而誤入正文。鄭玄時已然矣。簠之初文本即匚字。故其異文作𠥓或医。匚讀若方。方盙音同非紐。故匚轉注為盙。其音初猶讀若方也。或經文本作匚字。故讀者注方字以釋其音也。鄭玄依譌本為注。乃為以竹為之狀如簋而方之說矣。此及下文簠字說解中方圓字。亦校者所加。許或以聲訓。或止作器也。鄭玄注周禮掌客。簠。稻粱器也。亦不言方圓。此上文諸器名。亦俱不言其形。則黍稷方器黍稷圜器蓋呂忱誤記舍人鄭玄之說。乃方圜互易矣。至其所盛。則詩秦風傳。四簋。黍稷稻粱也。鄭玄周禮掌客注。簠。稻粱器。簋。黍稷器。段玉裁謂鄭據公食大夫禮分別之。倫謂此類器所以盛物。本不分別所盛。況以分盛黍稷稻粱而各為一器。亦初無此情理也。可知皆非許文矣。簋為𥁑之後起字。𥁑。從皿。皀聲。鍇本作從皿皀。下捝聲字耳。下文簠下作從皿甫聲可證也。鉉本則校者所改也。金器文以𣪘為簋同從皀聲也。戴家祥以皀為飯具。而謂皀即𣪘。𣪘即簋。未是。餘見𣪘下。如今篆當為從竹𥁑聲。

鈕樹玉曰。玉篇匚部𠥩為匭之重文。匭訓匣。段玉裁曰。篆當作。从匚。從食。九聲。徐承慶曰。周禮小史。以書叙昭穆之俎簋。鄭注。故書。簋或為几。几簋在五旨。飢在六脂。是漢讀几簋飢聲相類。王筠曰。朱筠本作。凡器名從匚。不從匸。邵瑛曰。疑周禮故書本用古文朹。而省其偏傍木字。几九形聲俱近。傳寫亂之。倫按從匚飢聲也。飢簋音同見紐。故簋轉注為𠥩。或從匚。𠊊聲。寫譌為𠥩。從匚飢校語。

徐鍇曰。軌聲。倫按簋軌同音。故簋又轉注為匭。周禮小史。俎簋。故書簋或為几。鄭司農讀几為軌。几蓋九之譌。則𠥩匭亦轉注字。几九音同見紐也。或從軌三字校語。

徐鍇曰。九聲。桂馥曰。篆當作机。從几俎之几。易渙九二。渙奔其机。王注。机。承物者也。釋文音几。周禮小

史。以書叙昭穆之俎簋。故書簋或為几。春秋繁露祭義。春上豆實。夏上尊實。秋上机實。冬上敨實。豆實。韭也。尊實。麷也。机實。黍也。敨實。稻也。倫按机朹或是二字。机為几之後起字。朹為簋之轉注字。以木為則從木耳。繁露之机。疑為朹譌。或机借為簠。猶簠轉注為簋也。知者。敨即𣪘也。經文作敦者。由皀亯一字。敦𣪘亦一字也。金文以𣪘為簋。則敦即簋。而机不得亦為簋矣。汗簡引䄙字指。簋字作朹。字指盖本古文官書。則此字蓋呂忱依官書加之。【說文解字六書疏證卷九】

◉孔德成　簋制誤也久矣。世皆以似圓非圓，似方非方之器屬之。此器之文，明明曰盨，不有簋名。而傳世金文中，又無簋字之跡，則簋之器也，究何屬焉？按黃紹基氏翠墨園語以傳世之敦為簋(陳介祺始以彝為𣪘)，𣪘為簋之本字，錞為敦之本字，千古之疑，於焉以釋。容希白氏殷周禮樂器考略亦論及之。其說皆頗精審，茲再檢于禮中之資以實之：

儀禮士喪、士虞、特牲、少牢，黍稷皆盛以敦。敦簋并互見于公食(有簋無敦)及士昏、士喪、既夕、士虞、少牢(有敦而無簋，特牲敦七見而一簋見)，則簋之盛也黍稷，而儀禮之敦同之。其與周禮所載，若合符節。是則由敦簋之名，可以徵其所容何物者也。觀夫儀禮所載，敦簋之用同矣，何其名之相渾也？若黃氏所言，則敦之遺器，只見于齊。蓋齊魯接壤，禮俗定多相同，故皆一盛黍稷之器，而有兩稱。敦簋之用既同，且其形亦皆圓制(後世所設之簋，作橢圓)。宜乎其糾葛不清，而名之不定矣。

至其容量，考工記瓬人：「瓬人為簋，實一觳，崇尺，厚半寸，脣寸。」周禮一書，固不能代表一代一時之制，唯以傳世之器證之則皆有脣，此更可為黃氏添一有力之左證焉。

儀禮士喪，廢敦亦盛黍稷。鄭以廢敦，敦無足者，其瓦敦(見同上篇)蓋對少牢之金敦而言者也。【簠簋觚觶説　説文月刊四卷上期】

◉高鴻縉　按周禮舍人鄭注。方曰簠。圓曰簋。盛黍稷稻粱也。今驗之實物。皆簠方而簋圓。則鄭是而許非矣。字原象器形。後又加殳。象手持勺於簋中取食之形。故作𣪘。金文變形甚多。而大致類此。小篆始於原字加竹加皿為意符。則知周秦間簋有以竹為之者。原字皀。今惟於食既即簋等字之偏旁中見之。小篆簋字通行而𣪘字亦廢。宋以來金文學者誤釋𣪘為敦(音對)。而以器之名盨者當簋。自錢坫嚴可均許瀚韓崇等疑𣪘非敦。黃紹箕作説𣪘一文詳述𣪘即簋而非敦。容庚復博引其例。於是皀也𣪘也簋也為一字之古今異形始得正。是説解於皀字形音意全誤。【中國字例二篇】

簠 

新1532 前6·35·4【續甲骨文編】

簠 從竹甫聲 不從皿 說文黍稷圜器也 出土物為圓盤形高圈足器 㾟篖 又省竹 曾仲斿父甫 甫字重見  從匚

厚氏匩【金文編】

2750 5313 3891 從匚從古 與大賡簠簠字同【古璽文編】

簠竝說文【汗簡】

古孝經 說文 同上【古文四聲韻】

◉許　慎　黍稷圜器也。从竹。从皿。甫聲。方矩切。古文簠。从匚。从夫。【說文解字卷五】

◉薛尚功　(太公簠)簠張仲簠作。史黎簠作。此簠作。張仲從夫。史黎從古。此從缶者。皆缶字也。即古簠字。缶與簠聲相近。故古人皆同為簠字爾。【歷代鐘鼎彝器款識法帖卷十五】

◉阮　元　(䣄君簠)簠字作。從古。從匚。古聲。通作胡。左哀十一年傳。胡簋之事則嘗學之。胡簋即簠簋也。禮明堂位。殷之六瑚與敦簋並列。明為盛黍稷之器。瑚之為簠異名無疑矣。【積古齋鐘鼎彝器款識卷七】

◉吳大澂　或從。借為簠。筐字重文。尹氏簠。伯其父簠。借祜為簠。【說文古籀補卷五】

◉劉心源　。鄀公緘簠作。知此從即金。從古。是其聲也。定為簠字。魯士浮父簠作。亦此字。古聲。即胡。字一作瑚。左傳胡簋之事。亦簠字也。明堂位。殷之六瑚。亦簠字也。說文皿部。盬。器也。從皿。從缶。古聲。亦簠字也。又考古圖所載杜嬬鋪。其器為簠。其字作鋪。亦簠字。【古文審卷八】

◉劉心源　㔲從籀文匚從故。即固。佗器有從匚從鈷者。伯其父簠作祜。弡仲簠作。從匚。從矩。古刻簠字皆以聲同者為之。如鋪医笑胡瑚鍸盬祜鈷峜?

◉吳式芬　(敔彝)翁祖庚說⊘鏞即簠字。易。剥牀以膚。釋文。膚。京作簠。謂祭器。是簠可從膚之證。曰君舍予三膚者。言君賜以三簠也。【攈古録金文卷二之三】

◉羅振玉　□□無子簠簠字作□。從匚。從□。此從□。□即□之省。【殷虚書契考釋卷中】

◉商承祚　說文解字。簠。黍稷圜器也。從竹皿。甫聲。古文作医。魯士浮簠作□。從□。旅虎簠作□。無子簠作□。從□。後遂由□變古。蓋象蓋器相切之形。□象蓋。□象器。卜辭從□。又□之省也。【殷虚文字類編卷五】

◉高田忠周　按說文。簠黍稷圜器也。從竹從皿甫聲。古文作医。從匚夫聲。□為籀文匚。医亦籀文簠字也。又按許氏簋下曰。黍稷方器也。古文作匭匦朹三形。然鐘鼎古文簋字無從匚者。而簠字皆從匚。匚者方器也。周禮舍人注。方曰簠。圓曰簋。此注為是。許氏為誤。又款識文。簠多云用盛粱。疑說文元簠下云稻粱方器也。又簋下云黍稷圜器也。今本即係後人改竄耳。又詩釋文云。外圓內方曰簠。亦妄誕不稽之說也。【古籀篇八十】

◉強運開　□陳逆笑。鑄茲□笑。阮文達云。笑當即簠字。【說文古籀三補卷五】

◉馬叙倫　段玉裁曰。簠盛稻粱。見公食大夫禮。經文云。左擁簠粱。是也。此云黍稷者。統言則不別也。高田忠周曰。金文簠多云。用盛粱。周禮掌客注。簠。稻粱器也。疑許本作稻粱方器也。簋下本作黍稷圜器也。今本為後人改竄。容庚曰。今證之古器。侈口而長方。與周禮舍人注方曰簠之說同。倫按如今篆當為從竹盙聲。餘見簋下。

　医徐鍇曰。夫聲。鈕樹玉曰。繫傳作□。疑後人增。朱士端曰。甫夫聲同。許書之例。古文從匚。籀文從□。周留君簠作□。從古聲。陳逆簠作笑。夫聲。皆與甫聲同。阮氏款識云。左哀十一年傳。胡簋之事。則嘗學之。胡簋即簠簋。禮明堂位殷之六瑚與敦簋竝列。明為盛黍稷之器。瑚之為簠異名無疑。士端謂從甫從夫從古。皆與瑚聲同。商承祚曰。甲骨文作□□。從□□象器蓋之相切。季宮父盙作□。從夫聲。與此同。魯士浮盙作□。或省作□。公鑄盙。則僅示器蓋。邾太宰簠作□。從古聲。倫按甫夫雙聲亦疊韻。故簠轉注為医。金文多從□內古。從□古聲也。商丘叔簠作□。則從□故聲。故聲猶古聲矣。商所舉之□□。蓋從午得聲。午音疑紐。與簋同為舌根音。與簠則聲同魚類也。其從□□者。□從舍五聲。□從舍夫聲。詳害字下。五音亦疑紐。聲亦魚類。亦簠簋之轉注字。【說文解字六書疏證卷九】

◉楊樹達　說文五篇上竹部云：「簠，黍稷圜器也；從竹，從皿，甫聲。」或作医。又云：「簋，黍稷方器也，從竹皿皀。」或作匭匦朹。按周禮地官舍人云：「凡祭祀，共簠簋。」鄭注云：「方曰簠，圓曰簋。」此與許君說正相反。今驗之古器，簠形侈口而長方，簋形斂口而橢圓，與鄭注說合。事經目驗，許君誤記，不待論矣。試更以簠字之聲音求之，亦有足證明者。說文簠從甫聲，或作医，從夫聲，金文季宮父簠簠字作□，亦從夫聲，知許君簠或從夫作医之說為有據。甫夫古音同，與方為對轉，字從甫聲而義為方，此猶水旁為浦，面旁為酺，旁為溥，榜為輔弓弩也，此一說也。金文簠字多□，從匚，古聲；商丘叔簠作□，從匚，故聲：故簠字經典或作胡，或作瑚。左傳哀公十一年曰：「仲尼曰：胡簋之事，則嘗學之矣」，胡簋即簠簋。左傳之以胡簋為連文，猶周禮舍人之以簠簋為連文也。禮記明堂位曰：「有虞氏之兩敦，夏后氏之四連，殷之六瑚，周之八簋」，亦以瑚簋為對文。爾雅釋丘云：「方丘，胡丘。」胡字本從古聲，胡丘為方丘，知𠥍字當為方器也：此又一説也。然鄭君注周禮云：「方曰簠，圓曰簋。」於簠簋之制分别甚明。而注明堂位則云：「皆黍稷器，制之異同未聞」，明於彼而闇於此者，以未目覩實物，不知胡簋即簠簋也。清儒儀徵阮氏著鐘鼎彝器款識，始據金文銘辭謂胡簋即簠簋，匡鄭君之未逮，見卷七留君簠跋文。信哉金石文字之有裨於文字也。

說文五篇上皿部有𥁕字，云：「器也，從皿，從缶，古聲。」自來説者皆不詳其用，竊疑其為金文𠥍字之或體也。字從皿與簠同，從古聲與𠥍同，從缶表其初器之質，猶簠之從竹也。【釋簠 積微居小學述林】

◉高明 銅簠也是一種盛飯食的禮器，但不是方形，而作圓形，正如許慎所講：「簠，黍稷圓器也。」具體形狀，上部為一淺腹圓盤，下部作一喇叭形鏤空花紋样，因與豆形相近，過去多以豆類視之。據目前資料所見，最早的銅簠出現在西周中葉，象陝西扶風莊白出土的「微伯㾓簠」即是。稍晚的如上村嶺虢國第1820號墓出土的「穌貉甫」，湖北京山蘇家壠出土的「曾仲斿父甫」，1932年山東曲阜林前村出土的春秋「魯大司徒厚氏匯」。在過去著録中所見之「杜嬬鋪」、「德人旅甫」等，皆屬于此一類器物。

此種禮器附有銘文的不多，據現有資料所見，其銘中自名為簠、甫、鋪、匯等，同經傳所載之簠，音形極近。過去高亨作《説鋪》，謂此器為籩，高亨《説鋪》，《河南博物館館刊》第5集，1936。陳夢家從其説，陳夢家《壽縣蔡侯墓銅器》，《考古學報》1956年第2期。唐蘭認為這些圓形自名為簠的禮器，是古代真正的銅簠。他説：「『㾓簠』似豆而大，淺腹平底，圈足鏤空，銘作簠，是簠的本字。宋代曾有『劉公鋪』，1932年出土的『厚氏元簠』，過去都歸入豆類是錯了。《説文》：『簠，黍稷圓器也』，就是這類器。」唐蘭《略論西周微史家族窖藏銅器的重要意義》，《文物》1978年第3期。應該認為過去釋甫為籩的意見是不足信的。甫籩二字聲紐雖合而韻部相隔甚遠。又自「白公父𥁕」出土之後，澄清了𥁕與簠的關係，那種斗形方器既然自名為𥁕，而簠必然是與之同名的豆形圓器，非此而莫屬。

《攈古録金文》卷三第一分册所收之「匡簠」，據吴式芬考訂器為方𠥍一類而自名為「甫」，此當作何解釋？這裏吴氏不僅把銘文內容讀錯了，而且將器名也搞錯了。郭沫若曾在《兩周金文辭大系》中指出：「匡甫」之甫不是名詞而是動詞，在此當假為「撫」，它不是盛食的銅簠，而是盛酒的銅卣。又「陳逆簠」自銘為笶，從竹夫聲，同《説文》簠字古文「医」兩字相應，歷來學者就把它歸于𠥍一類的方器之中。今天既將𥁕、簠分辨為兩種不同的器物，那麼「陳逆笶」的歸屬，是需要重新研究的問題。據我們了解，此器最初為江蘇甘泉汪中惌家所藏，不幸毁于火中；傳世拓本甚少，各家著録多為該器銘文的翻刻，關于形制均無説明。

究竟是方形的簠，還是圓形的簠，現已無法了解，不過根據自名笑字推測，應當是圓形的簠，不可能是方形的簠。【簠、簠考辨 文物一九八二年第六期】

籩 □

◉戴家祥 王孫鐘「余弦龔□犀」，□字從夫。按季宮父簠簠字作□，魯士浮父簠作□，鑄公簠作□，是「□犀」即「□犀」。竊疑□象兩簠俯仰相合之形。◇示其形方，殆即簠之初文。說文簠，古文作医，從匚夫聲；楚王酓簠作固，從古得聲；商丘叔簠作□，從故得聲；鄀公簠作□，從鈷得聲；從象形變為形聲，亦古文變化之通例也。甫、夫、古、故聲韻相同或相近，故聲符可以互易，亦可通假。左傳哀公十一年仲尼曰：「胡簋之事，則嘗學之矣。」「胡簋」即「簠簋」，左傳之以「胡簋」連文，猶周禮舍人之以「簠簋」為連文也。金文西啉簠以鈷為簠，集韻鈷「音胡，盛黍稷器。」亦簠之假借，從形聲變為假借，亦古文變化之通例也。□既讀甫字，又作□，甫、夫聲同，聲符重複字也。鑄公簠作□，奢父簠作□，其下從古，甫古聲近，古亦坿加聲符，□之為□，益可信矣。【金文大字典上】

◉許 慎 □竹豆也。从竹。邊聲。布玄切。□籀文籩。【說文解字卷五】

◉馬叙倫 許當以聲訓。或作器也。竹豆也蓋字林訓。或校語。

□倫按鍇本下有從匚。校者加之。【說文解字六書疏證卷九】

◉高鴻縉 □前人釋豐。就秦漢以後言之。似也。衡之周文則不然。此乃籩豆之籩之初字。倚文畫物象形。倚豆而畫篋編為籩之形也。籩豆形相似。惟籩較大而卑。豆為木製。籩為竹製。豆以盛葅醢。籩以盛果品。籩豆上古皆食器。中古(周)漸變為祭器。籩商周兩代皆用象形字。秦漢始用從竹邊聲之籩字。其象形字古者變形不一。意亦多用叚借。

此籩之象形字傳至秦。分為兩體。一作□。一作□。說文分釋之曰。□行禮之器也。從豆。象形。讀與禮同。盧啟切。□豆之豐滿者也。從豆。象形。敷戎切。本一字之形變。不應分為二字。漢人於此似乎若明若暗。漢碑中豊與豐每互作。即許氏此二釋。亦可視為皆是釋籩字之初文。籩為行禮之器。此第一釋是。籩盛果品。豆盛葅醢。葅醢有漿。故豆不能過滿。滿則溢。果品可以堆纍。故籩可滿。籩為豆之可滿者。此第二釋是。況句尾有者字。更是名詞之證。至於釋構造。二者相同而均是。從豆者。明籩為豆屬也。象形者。謂字之上體乃象篋編為籩之形也。至於豐茂之豐。周人只作□。(象艸之多枝葉。)艸曰□。木曰□。(象木之多枝葉。故曰六月滋茂。說文作六月滋味。味通未。未即茂。而後人自不知也。)後以未借為午未之未。乃另造□(楙)字。從林。矛聲。秦漢人以豐代□。又另造□(茂)。□與茂為古今字。而意無別。抑凡稱滿周人只

𥬔

篅

稱盈。或連稱盈滿。漢人始稱豐滿。於此知許氏用漢人語以說字也。又丰之為字。周人或變其形作丰。籀文或複之作丰丰。則秦漢瓦文作丰丰。原不足異。而籩字古文變至周秦間。既已作豐。則勿妨就地一歪。變作豐。以取丰丰聲。以與其他文字聲化之例合。（唐蘭古文字學導論以為古文字之變化。原為某形某意者往往變為聲符。名之象意聲化。說甚是。）雖然。就地一歪。究是為例不純。豐字若以丰丰為聲。尚有山形無著。於是好為彌縫者乃以山形為山。又惡其不古。又改作山。（其實仍是不古。山字周人作山或山（見周彝銘）。秦人始作山（見繹山刻石）也。）而改篆豐為豐。而說之曰。豐。山名。豐水所出。從山。丰聲。豐以豐為聲。非從山又從丰也。似此臆造豐字。改豐字為形聲字。仍是似通不通。豐意若為豐滿。今僅從豆。何能得豐滿之意。若謂豆盛菹醢必豐滿。則豆亦可不滿。而仍不失其為豆也。是與形聲字意符派生新意之例不合。【散盤集釋】

◉劉彬徽等　(503)鑴，讀如籩。《說文》：「竹豆也。」簡文字從金，當指銅豆。【包山楚簡】

◉許　慎　𥬔，篅也。从竹。屯聲。徒損切。【說文解字卷五】

◉朱德熙　「𠥩」象禾在匚中，疑是「囤」之表意異體字。「囤」亦作「𥬔」。《說文》：「𥬔，篅也。從竹屯聲。所以盛穀，高大之器也。」方壺銘「余知其忠信也而專任之邦」與鼎銘此句相當。「屯」「專」古音相近（「篿」亦作「蒓」可證），「囤任」疑即「專任」。【平山中山王墓銅器銘文的初步研究　朱德熙古文字論集】

◉許　慎　篅以判竹圜以盛穀也。从竹。耑聲。市緣切。【說文解字卷五】

◉楊樹達　說文五篇上竹部云：「篅，以判竹圜以盛穀也，從竹，耑聲。」市緣切。倉頡篇云：「篅，圜倉也」，此許義所本。按耑聲字多含圜義。九篇上卮部云：「䏶，小卮也，從卮，耑聲。」旨沇切。尋卮下云：「圜器也」，䏶從卮從耑，以器圜受名也。孟子告子篇云：「夫性猶湍水也。」趙岐注云：「湍者，圜也。」論衡變動篇云：「果蓏之細，圓圌易轉」，皆其證也。專與耑古音同，二字同端母寒韻。故專聲字亦多含圜義。六篇下口部云：「團，圜也。從口，專聲。」五篇上竹部云：「篿，圜竹器也，從竹，專聲。」度官切。十二篇上手部云：「摶，以手圜之也，從手，專聲。」度官切。九篇上卮部云：「䏝，小卮有耳蓋者，從卮，專聲。」市沇切。䏝受名之故與䏶同，亦疑二文為一字也。十四篇上車部云：「轉，還也，從車，專聲。」按車輪圜故轉，此由圜義引申者也。

說文專從叀聲，袁從叀省聲，睘從袁聲，故睘聲之字亦多具圜義。璧肉好若一謂之環，圜案謂之檈，天體謂之圜，皆其例也。竹部又云：「𥬔，篅也，從竹，屯聲。」按篅𥬔二文同義。淮南子精神篇云：「守其篅𥬔」，以二文連用。四篇下肉部云：「膞，切肉

簏　簜

也，從肉，專聲」，市沇切。儀禮字作肫。屯古韻在痕部，耑在寒部，二部音近，故其孳乳字笹篅同義，膞肫通作也。屯象屮木之初生，耑訓物初生之題，義亦近。【釋篅　積微居小學述林】

◉馬叙倫　沈濤曰。一切經音義四及十二及十四及十六及十七及二十及廿四引判竹上皆無以字。四及十二及十七及廿四穀下尚有者字。集韻引亦無以字。嚴可均曰。韻會一先引判上無以字。倫按笹音定紐。篅音禪紐。古讀禪歸定。是笹篅為轉注字。抑屯耑實一字。則笹篅亦一字。蓋造字者依聲作字。已不知屯耑之為一字矣。説解蓋本作圓倉也。判竹為之以盛穀者也。圜倉也見倉頡解詁。郭璞每依字林為義。則此字林文。判竹為之以盛穀者也。亦字林文。見玄應一切經音義引。倫謂許當以聲訓。或止作器也。字見急就篇。【説文解字六書疏證卷九】

◉戴家祥　中山王嚳鼎　氏以寡人𠥩賃之邦　張政烺曰：𠥩從禾在匚中，匚音方，受物之器。按説文「囷，廩之圜者，從禾在口中。」𠥩小於囷，疑即篅之異體。説文「篅，判竹圜以盛穀也。從竹耑聲。」篅讀如顓，「顓賃之邦」與壺銘「𨐨賃之邦」音義相符。古文字研究第一輯，中山王嚳壺及鼎銘考釋。　按篅篿同字，説文誤分為二，集韻下平二甎甗塼同字，湍漙同字。一切經音義十二引倉頡篇「篅亦作圌，圓倉也。」唐韻篿讀「度官切」，定母元部。篅讀「市緣切」，禪母元部。韻同聲異。困稛同字，説文誤分為二。唐韻稛讀「苦本切」，溪母文部。困讀「去倫切」，不但同部，而且同母，與篅篿聲韻俱異，張説可商。【金文大字典上】

簏　籠【汗簡】

裴光遠集綴【古文四聲韻】

◉許　慎　簏竹高篋也。从竹。鹿聲。盧谷切。箓簏或从录。【説文解字卷五】

◉馬叙倫　本訓器也。竹高篋也蓋字林訓。

箓宋保曰。录聲。鹿录古同聲而通用。倫按鹿录雙聲。故簏轉注為箓。【説文解字六書疏證卷九】

◉許　慎　簜大竹筩也。从竹。昜聲。徒朗切。【説文解字卷五】

◉馬叙倫　桂馥曰。一切經音義十四引無竹字。倫按蓋本作器也。大竹筩也蓋字林訓。筩簜音同定紐。語原然也。或轉注字。【説文解字六書疏證卷九】

筩　箯　笯　竿

◉彭　浩　八號墓第160、161、162、163簡的簡尾二字均為「一傷」。傷字的竹頭靠得很近，原誤釋作傷。第170簡的「傷」字亦應為傷之誤。傷應是簜字之别體。《説文》：「簜，大竹筩也」，是一種容器。一六八號墓中曾發現過一些彩繪的竹提筒，一端開有小口，上書有「苦酒」、「鹽」、「月(肉)醬」。八號墓也有相似的竹提筒，用來盛調味品。對照竹簡的記載可知它們稱作「簜」或「器」。雲夢大墳頭一號墓的木方記有「竹簜四」，與之相對應的有三件竹筒。原釋作「傷」，恐不妥。【鳳凰山漢墓遣策補釋　考古與文物一九八二年第五期】

◉許　慎　筩斷竹也。从竹。甬聲。徒紅切。【説文解字卷五】

◉馬叙倫　玄應一切經音義引三倉。筩。竹管也。倫謂此本訓簜也或器也。或以聲訓。斷竹也蓋字林文。急就篇。蕡熏脂粉膏澤筩。則是盥沐梳飾時用具。【説文解字六書疏證卷九】

◉劉彬徽等　(591)銅，讀如筩。鉼筩，指椁室內的一對深腹高腳鉼。【包山楚簡】

◉許　慎　箯竹輿也。从竹。便聲。旁連切。【説文解字卷五】

◉馬叙倫　史記索隱引郭璞蒼頡解詁。箯。轝土器。疑此本訓器也。竹輿也或字林訓。字見急就篇。與笓篅筥籅箅簍為類。則非竹輿也。【説文解字六書疏證卷九】

◉許　慎　笯鳥籠也。从竹。奴聲。乃故切。【説文解字卷五】

◉馬叙倫　段玉裁曰。方言。籠。南楚江沔之間謂之篣。或謂之笯。懷沙曰。鳳皇在笯。洪興祖補注引説文曰。笯。籠也。南楚謂之笯。豈洪氏所見本異與。倫按笯音泥紐。籠音來紐。古讀歸泥。故古或借笯為籠。洪引戚學據以為乃方言文。非説文。倫謂即是説文。其南楚句是呂忱或校者加之。鳥籠也或亦字林文。字或出字林也。【説文解字六書疏證卷九】

芊 開母廟石闕　木連理　于芊絛　芊為竿誤　説文無芊　【石刻篆文編】

◉許　慎　竿竹梃也。从竹。干聲。古寒切。【説文解字卷五】

◉馬叙倫 文選劉越石答盧諶詩注引字林。木梃也。謝靈運憶山中詩注引字林。竹梃也。古寒切。則木是竹之譌。此字林文。或字出字林也。【説文解字六書疏證卷九】

籱 籱

◉許 慎 籱罩魚者也。从竹。靃聲。竹角切。籗籱或省。【説文解字卷五】

◉馬叙倫 七篇。罩。捕魚器也。爾雅釋器。籗謂之罩。籗即籱之異文。是籱罩為轉注字。籱音知紐。罩音端紐。皆清破裂音也。説解本作罩也。捕魚者也。傳寫刪省。字或出字林。

籗鈕樹玉曰。鍇本籗下更有篧。注云。籱或從隺。按玉篇正作籗。引爾雅云。籗謂之罩。重文作籱。竝無篧字。廣韻四覺止收籗。鐸韻有篧。引爾雅注云。捕魚籠。亦作篧。然則説文篧當本作籗。為後人改。故繫傳多出也。田吳炤曰。承培元謂鉉本改篧為籗。後人又將篧篆入鍇本。故重文總數鉉鍇皆十五也。如鍇本有篧篆。則當云十六矣。嚴可均謂小徐又有篧篆。蓋兼收異本。又謂霍乃隸省。當以篧為是。據上説則大徐本頗無譌謬。倘改大徐本之籗為篧。而删小徐本之篧。斯兩本俱無舛錯矣。倫按本書靃下無霍。嚴謂隸省是也。然則當删籗而存篧。隺從靃省得聲。故籱或從隺作篧。【説文解字六書疏證卷九】

箇 箇

◉許 慎 箇竹枚也。从竹。固聲。古賀切。【説文解字卷五】

箇【古文四聲韻】

◉林義光 竹字象林立之形。其一竿則一个也。史記木千章。竹竿萬个。貨殖傳。凡物一枚亦謂之竿謂之个。禮記某賢於某若干純。投壺。干即竿。若干猶言如此箇也。儀禮俎釋三个。有司徹。注云。枚也。書一介臣。左傳一介行李。以介為之。介泰韻个歌韻雙聲旁轉。亦干寒韻之雙聲對轉也。【文源卷九】

◉吳其昌  23.个彝 攈古卷一之一頁五

以上皆矢鏃之形也。像形宛肖，不煩訓詮。

今攷第五類第二十三字个，此即「个」字也。此即儀禮射禮之「个」也。儀禮鄉射禮云：「……遂授矢，三耦皆執弓，搢三而

挾一个。」又云：「司射立于三耦之北，搢三而挾一个。」大射禮云：「司射入于次，搢三挾一个。」又云：「遂適堂西，改取一个挾之。」又鄉射禮、大射禮並云：「上射横弓，卻手自弓下取一个，兼諸弣順羽。」「下射横弓覆手，自弓上取一个。」又鄉射禮、大射禮並云：「若中，則釋。獲者坐而釋獲，每一個釋一算。」又鄉射禮云：「司射猶袒決，遂左執弓，右執一个；兼諸弦，面鏃。」其他經文涉及「个」字，及「搢三挾一个」之語，尚不勝舉。此「个」義之為「矢」，固前人所盡知。夫既云「兼諸弣，順羽」。又云「兼諸弦，面鏃」。上有鏃，下有羽者，豈非矢乎。既云「左執弓，右執个」，與弓並執將射者，豈非矢乎。故云「搢三挾一个」者，鄭注：「搢，插也。插于帶右。」鄉射禮三耦俟射節。又經文云：「凡挾矢，于二指之間横之。」鄉射記。言取三矢插于帶右，以一矢，挾于二指之間也。云「每一个，釋一算」者，謂射畢計算勝負之時，以每中侯之一矢為一算也。故「个」誼為矢，諓露易明，人人共喻。然而「个」何以而為矢，則前人殆從未知之，亦天下至異之事也。鄭玄于大射禮注曰：「个，猶枚也」，此真倒果為因極矣。尤傎憒者，乃反以後起「一箇」以解「一个」，此殆不辨祖孫之長幼也。惟明郝敬云：「一个謂一矢。」此其語幾似矣；而又云：「凡奇，曰个。」則其瞢焉如故也。解儀禮者盈庭，而二千年來竟無一人知「个」之何以為矢，深可悲也。今日觀之，則「个」↑乃象形字耳，所象何形，可以不一言而婦孺共曉焉。

一矢為一↑，由此義而引伸之，故一↑猶一枚也：「↑，猶枚也。」又方言十二：「个，枚也。」國語齊語：「鹿皮四个」，韋昭注：「个，枚也。」个既引伸義同于枚，則固不必限于矢，故齊語以指鹿皮，而儀禮特牲饋食禮、士虞禮、有司徹……諸篇，並有「俎釋三个」之文，此三个，自當指牲體之肩臂臑……等也。

↑義既引伸而同于枚，後之人求其故而不得，乃猥睹竹葉如「↑」，而遂訓「↑」為竹枝。史記貨殖列傳：「竹竿萬个。」正義引釋名佚文：「竹曰个，木曰枚。」而説文遂云：「箇，竹枝也。」夫竹葉誠亦似「↑」，然原始「个」字，實象矢鏃之形，非欲以象竹葉，此足以證漢時「↑」之古文已不傳，但見隸體之个矣。【金文名象疏證】

◉馬叙倫　鈕樹玉曰。繫傳聲下有讀若箇三字。蓋傳寫有譌。後人輒删之。則非。王紹蘭曰。戴侗六書故引唐本説文曰。箇。竹枝也。今或作个。半竹也。按説文凡有重文。皆注云。某或從某。如有个字為箇重文。則當云。箇或作半竹。乃合全書之例。今戴氏所引則云。今或作个。半竹也。細審其文。乃後人私記於箇字注末。自道其當時有此字。而又臆為之説耳。如説文箇下果有今或作个半竹之訓。則玉篇廣韻亦當存此一説。乃玉篇个字不列竹部箇字之下。亦不以為半竹。廣韻竝列箇个二字。於箇則云。箇。數。又枝也。凡也。於个字則云明堂四面偏上曰左右个也。而不云同上。亦無半竹之解。且説文果有今或作个之説。陸德明賈公彦孔穎達諸人不應不見。乃陸氏屢為个字作音。而無説文箇或作个之説。賈孔作疏。亦

笅 𥫗

筰 𥫗

不言說文有个字。二徐所據說文。亦是相傳舊本。而箇下俱無今或作个之說。鼎臣至列之俗書譌謬中。而云个不見義。無以下筆。則說文箇下無今或作个云云矣。單行本史記索隱引釋名曰。竹曰箇。木曰枚。又引方言曰。箇。枚也。則竹一枚方言曰一箇。若以為半竹。則不足一枚矣。蓋个為介之隸省。漢祝睦後碑。夰然清皓。夰字作㚘。可證也。介字隸書作亽。省丿則為个矣。介音古拜反。又音古賀反。後人於古拜反者則作介。於古賀反者則作个。而不知个即介之隸省。非兩字也。王筠曰。个直是介之譌字。而其所以譌者。則以介个雙聲。其聲既不難遂易。依𠆤之從人從八。而變為隸則為介。依𠆤之形而變為隸則為个。其形尤不難遂易也。秦誓。一介臣。大學引作个。此其確證。吳語。一介嫡男。一介嫡女。韋昭注。一介。一人。方言曰。介。特也。故謂之介。左昭三年傳。又弱一个焉。與之同意。儀禮注。个猶枚也。與吳語一介同意。且有單言介而其義即是一个者。左哀十四年傳。逢澤有介麇焉。疏引方言。畜無耦曰介。劉炫以為一麇。是也。月令。左个右个。鄭注以偏釋之。高注淮南呂覽則以隔釋之。竊謂个猶三間五梁之間。个與間介雙聲。屋宇不可言一枚。知左右个即左右介。讀若箇者。大徐無此說。箇或固之譌。承培元曰。讀若箇者。箇當作个。个字見禮經。許無个篆而存之於注。全書多有此例。倫按六篇。枚。榦也。榦。築牆耑木也。然則箇是無竹葉者。今言竹竿。是也。故此訓竹枚也。漢書功臣表曰。楊僕入竹二萬箇。箇即竿之雙聲轉注字。疑箇本是竿之重文。傳寫間入籠篆。後人補於此而為之說解。要之字必出字林。【說文解字六書疏證卷九】

◉許　慎　𥫗竹索也。从竹。交聲。胡茅切。【說文解字卷五】

◉馬叙倫　嚴可均曰。韻會三肴引。竹索也下有一曰簫之小者曰笅。倫按竹索也非許文。爾雅釋樂。大簫謂之筃。小者謂之笅。一曰簫之小者曰笅。即簫字義。疊韻假借也。校者依爾雅加之。字或出字林。【說文解字六書疏證卷九】

◉許　慎　𥫗笅也。从竹。作聲。在各切。【說文解字卷五】

◉馬叙倫　筰笅為轉注字。然未詳其由。【說文解字六書疏證卷九】

箔

◉許　慎　箔蔽絮簀也。从竹。沾聲。讀若錢。昨鹽切。【說文解字卷五】

◉馬叙倫　鈕樹玉曰。繫傳絮作絮。譌。桂馥曰。蔽當為潎。本書。潎。於水中擊絮也。廣韻。箔。漂絮簀。讀若錢者。錢當為棧。簀。棧也。錢坫曰。此即今氊字。王筠曰。漚絮既成。作紙乃用箔。絮在水中。以箔自下承之。故許以簀譬況之。簀者。棧也。在下承上之物也。錢當作鐵。省作戔。因誤為錢。集韻。霰或作[illegible]。是其例。劉秀生曰。沾從占聲。讀若枮。則在心紐。錢從戔聲。在精紐。精音皆齒音。故箔從沾聲得讀若錢。目部。睒。從目。炎聲。讀若白蓋謂之苫。木部。棪。從木。炎聲。讀若三年導服之導。導服即禫服。禫從鹹省聲。鹹從咸聲。戈部。𢦏。從从持戈。古文讀若咸。一曰讀若詩曰。攕攕汝手。金部。鐫。從金。雋聲。讀若瀸。肉部。臇。從肉。雋聲。或從火巽聲作熼。書堯典。汝能庸命巽朕位。史記五帝紀作汝能用命踐朕位。占聲如炎。炎聲如導。導聲如咸。咸聲如韱。韱聲如雋。雋聲如巽。巽聲如戔。是其證。倫按蔽絮簀也非許文。字或出字林。箔棧同語原。與笮亦同語原。【說文解字六書疏證卷九】

箑

箑 260【包山楚簡文字編】

◉許　慎　箑扇也。从竹。疌聲。山洽切。篓箑或从妾。【說文解字卷五】

◉馬叙倫　十二篇。扇。扉也。此曰扇也者。以雙聲為訓。方言五。扇。自關而東謂之箑。自關而西謂之扇。即借扇為箑。字或出字林。

篓宋保曰。妾聲。疌妾同部。倫按疌妾同為舌尖前破裂摩擦音。聲亦同談類。故箑轉注為篓。【說文解字六書疏證卷九】

籠

籠　籠朱育集字【汗簡】

籠　朱育集字【古文四聲韻】

◉許　慎　籠舉土器也。一曰。笭也。从竹。龍聲。盧紅切。【說文解字卷五】

◉馬叙倫　桂馥曰。舉當作轝。倫按本訓器也。舉土器也蓋字林訓。一曰笭也者。即笭字義。笭籠雙聲。古或借籠為笭也。

古書靈令通借。而本書龍之轉注字作龗。可證也。此蓋校語。【説文解字六書疏證卷九】

䉖

◉許　慎　䉖褱也。从竹。襄聲。如兩切。【説文解字卷五】

◉馬叙倫　朱駿聲曰。褱疑笥之誤。廣雅釋器。䉖。筬也。纂文。筬。淅箕也。魯人謂之淅䉖。然説文䉖篆不與筬籔連屬。而側於籠𥫍之間。雖未詳何器。要不以為淅器矣。倫按褱也乃襄字義。蓋非本訓。或此字出字林。䉖次𥫍上。似為魚陽對轉轉注字。廣雅釋器。軖謂之𥫍。通俗文。繅車曰軖。軖。𥫍也。本書。軖。紡車也。軖䉖聲同陽類。軖音羣紐。𥫍音匣紐。同為舌根音。是相為轉注字。然疑䉖軖為轉注字。𥫍則語原同者也。故古或借𥫍為軖。餘詳杘下。【説文解字六書疏證卷九】

𥫍

◉許　慎　𥫍可以收繩也。从竹。象形。中象人手所推握也。胡誤切。互𥫍或省。【説文解字卷五】

◉陳獨秀　按互為初形，非𥫍省，小篆加竹作𥫍。互為糾繩之器，中象兩繩交纏，非象人手推握，二象二木相反轉動以糾之，引伸為交互、相互字。【小學識字教本】

◉馬叙倫　段玉裁曰。收繩下當補者字。收當作糾。聲之誤也。鈕樹玉曰。互者。紐繩器也。翟雲昇曰。九經字樣引也作者。王筠曰。可當作所。繩當作絲。此直是梐枑之枑。古但作互。倫按説解本作器也。或以聲訓。可以收繩者也及象形以下皆校者所增改。當作互聲。校者以重文作互而改為象形。梐枑之枑初文為㐅。詳五字下。王説非是。倫謂所以收繩者也乃互字義。𥫍為籆之同次濁摩擦音轉注字。𥫍音匣紐。籆音喻紐三等。也字或出字林。

互徐鍇曰。此直象形。鈕樹玉曰。玉篇無。嚴章福曰。𥫍下象形十字蓋謂互也。據許書大例。𥫍下當作從竹互聲。互。古文𥫍。象形。中象人手所推握也。王筠曰。互字象形。當是古文。𥫍加竹。非互省竹也。蓋此器即吾鄉之絡絲枲子。其形正似工字。倫按互為鹿盧之合音。糾繩及收放繩之器均如此形。與𥫍異字。王説乃𥫍字義。【説文解字六書疏證卷九】

◉楊樹達　互𥫍例與朮秫𦣝𦣞同。中象繩繞束互上聳起之形，許云象人手所推握，恐非是。【文字形義學】

簝

◉許　慎　簝宗廟盛肉竹器也。从竹。尞聲。周禮。供盆簝以待事。洛蕭切。【說文解字卷五】

◉馬叙倫　鈕樹玉曰。韻會引作宗廟盛食器。玉篇注。宗廟盛肉器。又竹也。倫按周禮牛人。凡祭祀共牛牲之互。與其盆簝以待事。鄭司農注。簝。受肉籠也。倫謂簝亦籆之雙聲轉注字。此字蓋出字林。吕以牛人文故次笪下。其實牛人之互乃枑之省借。字蓋出字林。說解當如玉篇。【說文解字六書疏證卷九】

簴

◉許　慎　簴飲牛筐也。从竹。豦聲。方曰筐。圜曰簴。居許切。【說文解字卷五】

◉馬叙倫　沈濤曰。御覽七百六十引作飼牛筐也。蓋古本作飤。篇韻亦皆作飤。飼即飤之俗字。筐非飲器。今本之誤顯然。左傳隱三年正義引作飯牛筐也。飯乃飤字形近而誤。鈕樹玉曰。集韻引飤字不誤。類篇韻會引作飯。非。倫按簴亦筥之音同見紐聲同魚類轉注字。詩召南。維筐及筥。傳曰。方曰筐。圓曰筥。淮南時則訓。具撲曲筥筐。高注。圓底曰筥。方底曰筐。均以筥為圓筐。即筥簴實一義轉注字之證。飲牛筐也及方曰六字非許文。或字出字林也。【說文解字六書疏證卷九】

篼

◉許　慎　篼飲馬器也。从竹。兜聲。當侯切。【說文解字卷五】

◉馬叙倫　沈濤曰。飲亦飤之誤也。方言五。飤馬橐。自關而西謂之稐囊。或謂之稐篼。或謂之幓篼。玉篇云。飼馬器也。飼即飤之借字。倫按篼簴雖有飤馬飤牛之別。然篼音端紐。簴音見紐。兜兆一字。兆讀若瞽。音亦見紐。是轉注字也。字或出字林。【說文解字六書疏證卷九】

籚

◉許　慎　籚積竹。矛戟矜也。从竹。盧聲。春秋國語曰。朱儒扶籚。洛乎切。【說文解字卷五】

◉孫詒讓　金文⿱竹⿰膚阝鼎⿱竹⿰膚阝作[金文字形]，又⿱竹⿰膚阝侯敔則作[金文字形]，其字从「竹」从「邑」从「膚」，攷說文邑部未載，竹部亦無⿱竹⿰膚阝字，唯有籚字云：「積竹，矛戟矜也。从竹，盧聲。」國語曰「朱儒扶籚」，⿱竹⿰膚阝，當即籚之變體。說文肉部臚，籀文作膚。是「膚」即臚之省，與盧聲類同，古字可通。⿱竹⿰膚阝國侯爵，當即書牧誓之盧，亦見左傳桓十二年，陸氏釋文「本或作盧」。考工記「盧人，為盧器。」即說文之籚，是其證也。⿱竹⿰膚阝亦國名，故注邑於其旁矣。【名原卷下】

◉柯昌濟　⿱竹⿰膚阝。國名。有二說。一說⿱竹⿰膚阝即筥之叚字。一說⿱竹⿰膚阝自是春秋末葉之一國。特不見載籍耳。以⿱竹⿰膚阝字音聲求之。字當从

⿱竹膚聲。與鄺鼎⿱竹膚字為一字而加从邑旁。説文竹部有籚無⿱竹膚。⿱竹膚籚一聲之轉。即説文籚字也。考尚書有微盧之盧國。左傳有盧戎。又楚有盧戢黎。國語周語。盧由荆媯。韋昭注。盧。媯姓之國。盧女為荆夫人也。孫仲容謂即左傳各書之盧國是也。案國語似言盧曾滅亡者。或其滅亡後。又有續封之事也。【鄺侯敨　韡華閣集古録跋尾】

◉高田忠周　按説文有籚字。考工記。輪輿弓以盧。盧為之。葢⿱竹膚亦籚字也。用為人地之名者叚借為盧字也。説文膚為臚之異文。盧膚固同聲也。朱氏駿聲云。考工記秦無盧。借盧為籚。左傳成十三年。曹伯盧釋文本作盧。考工記秦無盧。本作蘆。莊子盧水本作膚。然則膚盧盧籚蘆皆同聲互相通用。即⿱竹膚為籚不容疑也。或借為地名。故字加邑作鄺。下篆是也。周語。盧由荆嬀。注嬀姓之國。下文籚矦。疑此國之謂乎。【古籀篇八十】

◉馬叙倫　鈕樹玉曰。繫傳亦作矜。説文有矜無矜。繫傳扶作夫。倫按當作矜也。以假借字釋本字。矛部。矜。矛柄也。借矜為籚。矜從令得聲。詳矜字下。盧令音同來紐也。籚是本字。積竹矛戟矜也。謂其不止為矛柄耳。然非本訓。或字出字林。故引國語。⿱竹膚鼎作[古文]。從竹。膚聲。【説文解字六書疏證卷九】

箝

◉許　慎　箝籋也。从竹。拑聲。巨淹切。【説文解字卷五】

籋

籋女涉切出郭知玄字略【汗簡】

林罕集【古文四聲韻】

◉許　慎　籋箝也。从竹。爾聲。臣鉉等曰。爾非聲。未詳。尼輒切。【説文解字卷五】

◉馬叙倫　箝聲談類。十篇。卒讀若籋。而卒聲之執鷙等字皆在談類。籋聶竝音尼輒切。聶聲談類。則籋聲亦當在談類。故箝籋轉注。【説文解字六書疏證卷九】

簦

◉許　慎　簦笠蓋也。从竹。登聲。都滕切。【説文解字卷五】

◉馬叙倫　本訓器也。或笠也。或以聲訓。笠蓋也當作笠也蓋也。蓋也校語。字見急就篇。【説文解字六書疏證卷九】

◉施謝捷　甲骨文中有辭稱：叀王射□鹿，亡戈？禽。（《金》401）

「□」字,《甲骨文編》歸于附録,為舊所不識者。此字上從竹,是没有疑問的。欲釋此字,關鍵在于確定下所從之「□」究竟為何字。「□」字甲骨文中習見,用為祭名。柯昌濟謂「□、□為一字,疑即古升字。」陳邦福釋曰:「□當釋為升,蓋古之升祭也。」李孝定則謂,「有點者為升字,作□、□(《友簋》)、□(《秦公簋》)。」近聞于省吾先生亦曾專門寫過一篇釋□為升的稿子,惜未刊布,研究甲骨文的學者有一些在徵引有關材料時也將□字釋為升。我們認為釋□為升是正確的。後世金文中「升」字在偏旁裏亦作□、□諸形。且從升從斗可通作。「斗」字在金文中可作□、□二形。據此,甲骨文中「升」字作□的情形,猶「斗」字可作□形,其中的道理是一樣的。不過柯氏以為□、□為一字,失之。甲骨文有二字同見于一辭之例,如:

王其又,□于武乙□,正,王受又?(《前》1·20·7)

貞:昔乙卯武[乙]□□……(《南明》785)

知二形決非一字。□字,于省吾先生釋「必」,可從。「升」字在金文中用同甲骨文,如:

升于厥文祖考。(《友簋》)

亦為祭名,為進獻物品之祭。甲骨文□字釋為升,當無疑矣。或有釋為「久」,不確。

然則,甲骨文「□」字可隸定為「笄」,從竹,升聲。而「笄」字不見于後世字書及文獻中,以聲求之,當即「簦」字。《說文·竹部》:「簦,笠蓋也。從竹、登聲。」《史記·虞卿列傳》「躡蹻擔簦」《集解》引徐廣說:「簦,長柄笠。」又:「笠有柄者謂之簦。」是簦之義也。從升從登通用,在古文字和文獻中亦有徵,如《侯馬盟書》中的「阩」字,既從升作,又從登作,《說文·手部》「抍」字或作「撜」,從登,是其例。《禮記·玉藻》「登席不由前為躐席」,《曲禮》疏上引作「升」;古注習訓「登,升也」,亦登、升通用之證。因此,我們釋「笄」為「簦」字,是有根據的。

甲骨文中又有辭曰:

乙巳卜,貞:王其田□,亡𢦏?(《綴》174)

辭中「□」字,《甲骨文編》也歸于附録,不識。此字上從竹,下從登從升,我們認為此與前文「□」為一字,亦可釋為「簦」字。從「登」「升」均為聲符,唯繇簡之別耳。屬一形二聲字。這種構造形式在甲骨文中可以找到相類似的例子。

「簦」字,在甲骨文中為商王的一個田獵場所,地名。或即金文所見之「登(鄧)」國所在地之古稱,後世作「鄧」,從邑登聲。《說文·邑部》:「鄧,曼姓之國。今屬南陽。」其地今亦在河南境內,商王田獵至此是有可能的。這只是我們的設想,尚待證明。

【甲骨文字考釋十篇　考古與文物一九八五年第六期】

笠 𥫗

◉許 慎 笠簦無柄也。从竹。立聲。力入切。【説文解字卷五】

◉馬叙倫 笠音古在泥紐。簦音端紐。皆舌尖前音。轉注字也。簦無柄也蓋字林文。或曰。簦即今之傘。笠則箬帽。傘有柄之笠。故笠為簦無柄。語原同耳。字見急就篇。【説文解字六書疏證卷九】

箱 箱

箱 箱尊之印 【漢印文字徵】

箱 【汗簡】

箱 裴光遠集綴 【古文四聲韻】

◉許 慎 箱大車牝服也。从竹。相聲。息良切。【説文解字卷五】

◉馬叙倫 考工記。大車牝服。鄭司農注。牝服謂車箱。服讀為負。詩大東。睆彼牽牛。不以服箱。傳。服。牝服。箱。大車之箱。倫謂詩之服箱。服當讀為負重之負。服箱謂負車也。考工記之牝服。即車箱。鄭司農説是也。下文。箙。弩矢箙也。古謂藏物之具曰服。故箙從服得聲。⿰王車為車笭閒皮篋。讀與服同。車箱所以藏物。故謂之牝服。牝服謂之箱者。箱音心紐。方言。箱謂之棐。棐從非得聲。非音非紐。與服為同脣齒摩擦音。與箱同為次清摩擦音。漢書食貨志。歲入貢棐。注。應劭云。方曰箱。撱曰棐。棐亦非聲也。然則箱為篚之轉注字。大車牝服也字林文或校語。字見急就篇。空海本作廂。傳寫者易之。父辛尊字。丁佛言釋箱。從匚。⿰青欠聲。⿰青欠從大。青聲。青相同為次清摩擦音。蓋轉注字而非即箱矣。【説文解字六書疏證卷九】

篚 篚

篚 假借為匪 中山王嚳壺 夙夜篚懈 【金文編】

◉許 慎 篚車笭也。从竹。匪聲。敷尾切。【説文解字卷五】

◉馬叙倫 俞樾曰。篚者。匪之或體。匚部。匪。如匧。從匚。非聲。其或體當從竹作篚。為與匧或體作篋匡之或體作筐者一律。經傳匡匪字皆作筐篚。可證也。箕部籀文箕作𠥩。本部。簠。籀文作𠤱。蓋古本從匚。而後人以其為竹器。變而從竹。匪之為篚。亦猶是也。筐篚同類。許君知匡筐之為一字。而不知匪篚之為一字。何邪。鄭注儀禮士冠禮。篚。竹器。

如笭者。是鄭以篚與笭為二物。且笭之名亦不專屬車。說文。笭。一曰籯也。廣雅釋器。笭。籠也。鄭君謂篚如笭。非必車笭。經傳篚字無訓車笭者。足知許説之非。倫按俞先生説。車笭也疑涉下文笭字説解而譌演。轉挩本訓。字蓋出字林。【說文解字六書疏證卷九】

◉徐中舒　伍仕謙　《詩・大雅・蕩》:「夙夜匪解。」一九五九年武威出土《儀禮》寫本，其中《燕禮》、《特牲》中之匪字均作篚。【中山三器釋文及宮室圖説明　中國史研究一九七九年第四期】

笭　征簋　訇簋【金文編】

◉許　慎　笭車笭也。从竹。令聲。一曰。笭。籯也。郎丁切。【說文解字卷五】

◉高田忠周　按說文。笭車笭也。從竹。令聲。一曰笭籯也。朱駿聲云。按車前後兩旁禦風塵者。即詩之茀。周禮之蔽。說文之篚也。此攷恐非是。車笭之笭。疑櫺字義。或亦軨字轉義。若夫笭字本義即籯也。朱氏又云。廣雅釋器。笭籠也。又方言。箸筩亦謂之籯也。又廣雅釋器。笭篁。按竹席。集韻。車中筵也。亦疊韻連語。又通俗文。竹器謂之笭箵。按漁具也。亦疊韻連語。又釋名釋船。舟中牀以薦物者曰笭。言但有簀如笭牀也。又釋名釋采帛。笭辟。經絲貫杼中。一間并。一間疏。疏者苓苓然。并者歷辟而密也。叚借為軨。廣雅。覆笭謂之幦。按式下縱横交結之木。釋名釋車。笭横在車前。織竹作之。孔苓苓也。豈軨亦有織竹者歟。【古籀篇八十】

◉馬叙倫　鈕樹玉曰。韻會引籯作籯。倫按上文。籯。笭也。笭音來紐。籯得聲於嬴。嬴音亦來紐。是笭為籯之轉注字。車笭也者。軨字義。十四篇。軨。車轖閒横木也。輒為車笭閒皮篋。明車笭是軨矣。然釋名。笭。横在車前。織竹為之。孔笭笭也。則是籯也。與軨義異。豈車前自有此物名笭邪。今不得證。此蓋字林文。許當止訓器也。或以聲訓。一曰笭籯也者。校者記異本作籯也。或許訓乎。字見急就篇。譌為苓。顏師古本作軨。征簋作　。【說文解字六書疏證卷九】

◉許　慎　⿱竹剡搔馬也。从竹。剡聲。丑廉切。【說文解字卷五】

◉馬叙倫　段玉裁曰。搔馬上當補所以二字。倫按廣韻訓刮馬篦。朱駿聲謂即曲禮之策彗。倫謂此蟄之同舌面前音又聲同談類轉注字。搔馬也當如段說。或俗名也。此字林文。或字出字林。【說文解字六書疏證卷九】

策 策

筋 筋 說文所無 義為策 中山王譽壺 載之笷筋 又使其老筋賞仲父 【金文編】

策 260 【包山楚簡文字編】

策 策 出王庶子碑 策 策 又丑列切 竝出義雲切韻 【汗簡】

策 古老子 策 王庶子碑 策 義雲章 【古文四聲韻】

◉許 慎 策馬箠也。从竹。朿聲。楚革切。【說文解字卷五】

◉張燕昌 策 鄭云即策字。與上策字並見義雲章。蘇州陸貫夫曰。策字石本無闕泐。中有二小畫。諸模本作策非。【石鼓文釋存】

◉吳大澂 策古策字。不從竹。寡子卣。策乃邦。【說文古籀補卷五】

◉馬叙倫 玉篇。敇。擊馬也。從攴。朿聲。音與策同。蓋策是擊馬之具。故擊馬即謂之敇。語原是朿。馬字演。或非本訓。寡子卣。策乃邦。吳大澂釋策。古鉩有毄策。【說文解字六書疏證卷九】

◉嚴一萍 策商釋亂，誤認。汗簡有策字作策，形略近，疑為「策」字。【楚繒書新考 中國文字第二十六册】

◉于豪亮 天子不忘其有勛，使其老筋(策)賞仲父，者(諸)侯虘(皆)賀。

筋即策字，《老子·第二十七章》：「善數者無籌策」，馬王堆帛書甲本《老子》作「善數者不以檮𥳑」，乙本作「善數者不用檮笲」，𥳑笲是策字，則筋也是策字。因為片為半木，斨或析都是表示以斤劈木的會意字，故都是析字，因此𥳑字就是筋字，笲字則為筋字之省。由此知𥳑、笲、筋都是策字。【中山三器銘文考釋 于豪亮學術文存】

◉湖北省文物考古研究所 北京大學中文系 「笶」上一字從「艸」「𠂤」聲。馬王堆帛書《老子》乙本「籌策」之「策」作「𦬆」，甲本作「筋」，故知「𠂤」即「木」字之半，為「析」字異體。《說文》「片」字亦從半「木」，古代一字兩用的情況頗多，不足為異。漢隸「析」字或作「㭊」，尚存以「𦬆」為「析」之意。「析」、「朿」音近，故「策」或作「𦬆」。此簡「𦬆」字疑當讀為「簀」。「責」亦從「朿」得聲。簀莞蓋謂牀簀所用之莞席。仰天湖八號簡有「𦬆柜」，疑亦當讀為「簀虡」，指牀簀所用之几。【二號墓竹簡考釋 望山楚簡】

箠 䈐　筞 䉎　笍 笍　籣 籣

箠 箠 日甲五〇背　通垂　—延　【睡虎地秦簡文字編】

◉許　慎　箠擊馬也。从竹。垂聲。之壘切。【説文解字卷五】

◉馬叙倫　段玉裁曰。擊馬上當補取以二字。倫按策音穿紐二等。古讀歸透。箠音照紐三等。古讀歸端。同為舌尖前破裂音。轉注字也。擊馬也當如段説。或俗名也。此字林文。【説文解字六書疏證卷九】

◉許　慎　筞箠也。从竹。朵聲。陟瓜切。【説文解字卷五】

◉馬叙倫　沈濤曰。華嚴經音義云。檛。陟苽切。説文曰。檛。箠也。是慧苑所見本有檛字矣。古本當為筞之重文。又一切經音義二云。檛又作筞。同竹瓜反。字體從木過聲。亦當本説文。倫按筞箠聲同歌類。轉注字也。左文十三年傳釋文引字林。筞。箠也。竹瓜切。急就篇。鐵垂棰杖梲柲殳。顔師古本棰作檛。然則本書自有重文作檛。急就篇多本書重文。傳寫者以為通用字。故用字林字易之。然則急就棰字涉上垂下檛而譌。急就故書則作筞。【説文解字六書疏證卷九】

◉許　慎　笍羊車騶箠也。箸箴其耑。長半分。从竹。内聲。陟衛切。【説文解字卷五】

◉馬叙倫　十四篇。⿱剡金。羊箠耑有鐵。讀若止。止音照紐三等。笍音知紐。同為舌面前音。聲亦同脂類。轉注字也。⿱剡金剡聲同談類。亦轉注字。從剡得聲之劂聲在脂類。則剡笍亦轉注字。笍筞音同知紐。亦轉注字。羊車騶箠也箸箴其耑長半分。蓋字林文。字或出字林。【説文解字六書疏證卷九】

◉許　慎　籣所以盛弩矢。人所負也。从竹。闌聲。洛干切。【説文解字卷五】

◉馬叙倫　漢書韓延壽傳。抱弩負籣。如淳曰。籣。盛弩箭箙也。顔師古曰。其形如木桶。此下文。箙。弩矢箙也。甲文作。父癸甗作。父辛卣作。其即箙。而形與顔説合。然函箙為同次濁摩擦音轉注字。而函字從。形與異。定器不一形乎。蘭為函之轉注字。籣得聲於柬。柬音見紐。函音匣紐。同為舌根音也。亦韇之轉注字。古讀籣音在泥紐。韇音定紐。同為舌尖前音。韇得聲於𧶠。𧶠音古亦在泥紐也。所以盛弩矢人所負也蓋字林文。字或出字林。餘詳箙下。【説文解字六書疏證卷九】

箙 箙

鐵二·四 【甲骨文編】

葡之重文 【續甲骨文編】

箙 羅振玉云象盛矢在器中形 盤文 箙 父乙簋 父乙尊 戉箙卣 箙 參父乙盉 戉父癸甗 隹父己尊 啟卣 父庚鼎 朋子壺 箙𡧍爵 冊戉父辛卣 且乙卣 戈文 【金文編】

◉許 慎 箙弩矢箙也。从竹。服聲。周禮。仲秋獻矢箙。房六切。【說文解字卷五】

◉方濬益 (立鉞雙矢父癸甗)今按儀禮鄉射禮。設楅于中庭南注。楅猶幅也。所以承笴齊矢者。此正福之象形。又說文有医字。解云。盛弓弩矢器也。从匚。从矢。國語曰。兵不解医。則似矢箙之屬。與此非一器。【綴遺齋彝器款識考釋卷九】

◉劉心源 上為箙受雙矢形。攷廣雅釋器。掤医韇𩎟鞴靫矢藏也。鄭風毛傳。掤。所以覆矢。左傳作冰。賈逵注。冰櫝。丸蓋也。說文。医。盛弓弩矢器也。引齊語。兵不解医。王氏廣雅疏證云。韇𩎟。矢箙之圓者。韇或作櫝韇。𩎟通作丸。後漢書南匈奴傳。弓鞬韇丸。李賢注引方言。藏弓為鞬。藏矢為韇丸。集韻引埤蒼云。鞴靫。箭室也。亦作步叉。釋名。步叉。人所帶。以箭叉其中也。續漢書輿服志引通俗文云。箭箙謂之步叉。鞴即箙。此銘象形會意。義可說。音不可定。吳侃叔釋復𠫓款識子父己爵為族。亦未碻。【奇觚室吉金文存卷五】

◉王國維 葡。鼎文作。古箙字。殷虛卜辭作。丙申角作。象矢在器。此作。亦矢之變形。其形似葡字。故易傳服牛乘馬。說文引作犕牛。左傳伯服。史記引作伯犕矣。【毛公鼎銘考釋 王國維遺書】

◉高田忠周 阮氏說。吳侃叔曰雙矢有架。竊謂棲矢之器。稽諸六書。象形族字。即其形。疑即其器之名。南宮中鼎族作。即二矢形。所以幹矢。其用當與同。旌旗之幹也。族屬也。以其為矢鏃所聯屬。故謂之族。亦讀如泰蔟之蔟。說文。族。束矢族族也。元謂格上三矢或二矢。古人銘器。用以旌武功。吳說洵可補釋名釋器之闕。按吳說非。此即他器之也。作者為韇字。而與此同意。从一矢與从二矢三矢。元同意無異。又變為諸形。亦自相同。說文。箙弩矢箙也。从竹服聲。周禮司弓矢。其矢箙從其弓。然則古文作者。象形也。後世變為形聲作箙。古今文字之變。往往有如此者也。⊘按(劉心源)攷精則精。然掤為形聲字。且从手。取所以覆之意。與此篆全別。唯医从匚。櫝韇蓋與匵同字。與此篆作稍似。然亦自別。愚又按。此等篆文所从諸形。與亦別此為籣象形。籣所以盛弩矢之物。

故从竇从矢為箙字。箙。備矢之名。【古籀篇八十】

◉羅振玉 説文解字。箙。弩矢箙也。从竹。服聲。周禮司弓矢鄭注。箙。盛矢器也。詩小雅。象弭魚服。箋。服。矢服也。是古盛矢之器。其字作箙作服。卜辭諸字。盛矢在器中。形或一矢。或二矢。古金文畧同。作[illegible]丙申角[illegible]番生敦[illegible]毛公鼎[illegible]爵[illegible]父癸甗[illegible]子父已爵諸形。且有中盛三矢作[illegible]者。博古圖卷十父辛卣。番生敢文曰。簟弼魚[illegible]。毛公鼎文亦同。是[illegible]與[illegible]确即毛詩及許書之服箙。其字本象箙形。中或盛一矢二矢三矢。後乃由从一矢之[illegible]變而為[illegible]。於初形已漸失。而與葡字形頗相近。古者犕與服相通假。易。服牛乘馬。説文解字犕注。引作犕牛乘馬。左傳。王使伯服如鄭請滑。史記鄭世家作伯犕。後漢書皇甫嵩傳注。犕。古服字。此犕服相通假之證。矢箙之初字全為象形字。乃由[illegible]轉寫而為[illegible]。由[illegible]又轉譌而為葡。為犕。又由犕而通假作服。又加竹而為箙。於是初形全晦。而象形乃變為形聲字矣。【殷虚書契考釋卷中】

◉商承祚 金文作[illegible](箙宂爵)[illegible](參父乙鼎)[illegible](父癸甗)[illegible](隹彝)[illegible](父乙尊)，又或从三矢作[illegible](冊戈父辛毁)，皆象盛矢器中，且不限矢數。考説文箙，「弩矢箙也，从竹服聲。」周禮『仲秋獻矢箙』。」周禮鄭氏注，「箙。盛矢器也。」又或作服。國語「檿弧其服」，韋昭曰：「其，木名。服房也。」詩小雅「象弭魚服」，疏：「服，矢服也。」以箙服之語解證古文之字形，乃相脗合，知甲金文之[illegible]為箙為無疑。今作箙者乃形之譌也。然此字在周時已寫誤，因一矢之[illegible][illegible]譌變而為[illegible][illegible](番生毁毛公鼎)，後世又因與葡近，遂以葡字當之。葡，孳乳為犕。犕服雖可通叚，因犕字非習見，遂以服代之，並加竹而為箙，于是初形全晦，無一筆近似，遂以為形聲字矣。【甲骨文字研究下篇】

◉孫海波 甲金文之[illegible][illegible]為箙無疑，其初形作[illegible]，象矢插于用中，譌變為[illegible]，于[illegible]之上端加二横。再變作[illegible]，與小篆葡字之形甚近，故説文遂誤以為从苟省，支曲而不得其解矣。葡箙聲本相近，易「犕牛乘馬」，今作「服牛乘馬」，是其證，後世遂假箙為葡，箙行而葡廢矣。【甲骨金文研究】

◉蕭　璋 考古代盛藏弓矢之物，為名繁多，要皆各有其聲義之所受。單以矢藏而論：箙為通名，箙，説文訓為「弩矢箙也」，系兼弓矢而言。但亦有專稱矢室者。周禮夏官司弓矢曰「仲秋獻矢箙」，鄭注：「箙，盛矢器也。」其字古通作服。荀子議兵篇：「操十二石之弩，負服矢五十箇。」聲義與𤪌同。説文：「𤪌，車笭間皮篋。古者使奉玉以藏之。讀與服同。」漢書張安世傳注：「𤪌以盛弩。」是與箙通用。章太炎以為宲之旁轉孳乳，文始七陰聲勹字下。實則即與勹宲聲義相近，勹宲古聲皆屬幫紐，箙、𤪌古聲皆屬並紐，幫、並同位，古多通轉。如布从父聲，即由並轉幫是也。故均有包藏之義。説文：「掤，所以覆矢也。」亦與勹宲聲義相近。章氏以為箙之對轉(同上)。此外尚有諸多專名。就其翳蔽而言，則有医字。說文訓医為「盛弓弩矢器」，系兼弓矢而言。案医字从矢，實當訓為盛矢器也。故廣雅釋器以医訓為矢藏，得之。医者，王念孫所謂医之言蔽翳也(原條疏證)。以圓形而言，則有韇丸之名。方言以藏弓為韇丸。鄭玄注士冠禮，以藏弓為韇丸。王念孫以廣雅釋器訓韥𩎟為矢藏，並引後漢書南匈奴傳「弓鞬韇丸」、李賢注引方言藏箭為韇丸、及賈逵馬融服虔並以掤為櫝丸，蓋以證韇丸為矢箙，其說是也。矢箙之名韇丸者，正王氏所謂蓋矢箙之圓者也。自其插刺而言，則又有步叉之名。釋名釋兵曰：「步叉，人所帶，以箭叉於其中也。」字又作鞴靫。集韻引埤蒼云：「鞴靫，箭室也。」廣雅釋器：「鞴靫，矢藏也。」按說文：「叉，手指相錯也。」亦有插刺義。周禮天官鼈人：「从時簎魚鼈龜蜃凡狸物」，鄭司農注云：「簎，謂以杈刺泥中搏取之。」杈叉聲同而聲近，皆有插刺義。又說文「簎刺也」，章太炎以為叉之旁轉孳乳(文始一叉字下)，又云：「矠為矛屬，其用為簎刺也。與叉相係」(文始五冄字下)。叉簎古雙聲(僅分清濁)而義相近，釋名之箭叉於中，即以箭簎插於中也。晉之初文，正象衆矢倒插木箙之狀。疑晉之原始象形義當為箭插。雖原物形象不得詳，要為承笴齊矢之用，亦鄉射禮所言楅之類也。儀禮鄉射禮「命弟子設楅」，鄭注：「楅猶幅也，所以承笴齊矢者。」說文：「楅，以木有所逼束也。」【釋至　國立浙江大學文學院集刊第三集】

◉馬叙倫　孫詒讓曰。絜文□字即矢服之服。金文丙申父癸角有□字。子父己爵有□字。似並即此字。而甲文從二矢在服中。形尤明晰。毛公鼎。魚□。亦即詩之魚服。古服葡聲通。說文犕下。易曰。犕牛乘馬。從牛。葡聲。今易作服牛。是其例證。羅振玉曰。金文且有盛三矢作□者。博古圖十父辛鼎其字本象箙形。中盛一矢二矢三矢。後乃由一矢之□□變而為□□。于初形已失。漸而與葡形近矣。劉心源曰。參尊□字為箙。變雙矢形。然字音不可定。倫按箙之初文蓋作□或◯。後以疑於他字之形。而增矢為別。則甲文之□□是也。今之戲中武士盛矢器如□。盛弓器如◯。而此及籣下說解中皆兼弩矢言之。清之矢囊形亦近◯。蓋◯中亦或竝盛弓矢也。若甲文之□金文之□。則从矢葡省聲。毛公鼎徑借□字為之。□即葡也。參尊之□。從二矢在宁中。宁叕一字。□即本書之□字所由來也。金文每於宁字中作戈形。蓋初止以宁盛兵器。後乃分別作之。此字疑出字林。【說文解字六書疏證卷九】

◉楊樹達　簠室人名三片云：「△午，△大貞，翊癸未，出于小丮，三宰，□一牛。」王襄云：「□，古箙字，疑與疈通，披牲胸曰疈，或同于周世疈牲之禮與。」周禮大宗伯：「以疈辜祭四方百物。」考釋四之一下。【卜辭求義】

□ 筞

◉許　慎　□桻雙也。从竹。朱聲。陟輸切。【說文解字卷五】

◉馬叙倫　朱駿聲曰。桻雙疊韻連語。廣雅釋器。袶詞謂之筞。倫按廣韻四江。䉶者。帆也。桻雙者。帆未張也。倫謂雙當作雔。雔音禪紐。桻音匣紐。同為次濁摩擦音。故為連緜詞。筞音知紐。知禪同為舌面前音。故桻雔即筞。單言則雔亦可

為筞。故玉篇。篗。梌篗也。梌雙也蓋字林訓。或此字出字林。【説文解字六書疏證卷九】

笘

◉許　慎　笘折竹箠也。从竹。占聲。潁川人名小兒所書寫為笘。失廉切。【説文解字卷五】

◉馬叙倫　桂馥曰。寫當為⿱竹為。玉篇。⿱竹為。笘⿱竹為。王筠曰。漢時有⿱竹為之名而無其字。借寫為之。倫按折竹二字疑衍。或字林訓也。箠音照紐三等。筞音知紐。笘音審紐三等。同為舌面前音轉注字也。潁川人名小兒所書寫為笘者。⿱竹枼之借字。⿱竹枼音喻紐四等。與審同為次清摩擦音也。此蓋校者所加。或字出字林。【説文解字六書疏證卷九】

笪

◉許　慎　笪笞也。从竹。旦聲。當割切。【説文解字卷五】

◉馬叙倫　嚴可均曰。小徐笞也作竹也。蓋爛文。一切經音義十七十八引作箬也。又申説云。箬音若。竹皮名也。則舊本是箬字。今作笞。蓋校下文即笞篆。廣雅。笪。擊也。因改耳。嚴章福曰。疑笞字不誤。且上下文皆竹器。若訓為箬。當與箬節為伍。則此箬也二字。恐是笪下別義。倫按笪音端紐。笞音徹紐。古讀歸透。⿱竹殿音定紐。皆舌尖前破裂音。是相為轉注字也。玉篇笪字亦在笞上。訓笞也。可證笞字不誤。箬字誤也。【説文解字六書疏證卷九】

笞

◉許　慎　笞擊也。从竹。台聲。丑之切。【説文解字卷五】

◉馬叙倫　段玉裁曰。擊也上挩所以二字。倫按笞本析竹為擊具。引申為擊。史漢皆用為擊。然擊也或所以擊也皆非許文。爾雅釋草釋文引字林。笞。大才反。字見急就篇。笞亦箠笘筞之同舌面前音轉注字。【説文解字六書疏證卷九】

籤

◉許　慎　籤驗也。一曰。鋭也。貫也。从竹。韱聲。七廉切。【説文解字卷五】

◉馬叙倫　鈕樹玉曰。一切經音義十四引作貫也鋭也。無驗訓。據玉篇止訓貫也。則玄應引當非脱。驗乃讖訓。或後人誤認而加。姚文田曰。此尖細之尖正字。丁福保曰。慧琳音義八十及八十七引作驗人也。倫按驗也以聲訓。一曰鋭也者。十三篇。孅。兑細也。蓋古語謂鋭細者為籤。故女子之瘦削者為孅。絲之細者為纖。手之鋭細者為攕。以竹為器而鋭細者為籤。然亦非本訓。貫也者。籤可以貫物。故引申有貫義。此蓋校語。籤為箴之轉注字。箴音審紐。籤從韱得聲。韱音心紐。同為次清摩擦音。本書𢦏讀若咸。是其證。【説文解字六書疏證卷九】

⿱竹殿　⿱竹殿

◉許　慎　⿱竹殿榜也。从竹。殿聲。臣鉉等曰。當从臀省聲。徒魂切。【說文解字卷五】

◉馬叙倫　榜借為搒。或傳寫譌也。十二篇。搒。格也。格下曰。擊也。然此非本訓。或字出字林。【說文解字六書疏證卷九】

◉楊樹達　段氏注云：「史漢多言榜笞榜箠。殳部曰：殿，擊也。按說文云：殿，擊聲。此形聲包會意。」按段君以史漢之榜笞榜箠證⿱竹殿訓之榜，是矣；而釋殿聲為殿擊，非也。今按說文八篇上尸部云：「屍，髀也。从尸下丌居几。」或體作脾，又作臀，从骨，殿聲。按殿字从屍聲，屍或體之臀又从殿聲。⿱竹殿訓榜，字从殿聲者，殿即屍也。从竹，榜所用之具也；从殿，所榜之體也。榜為以竹加屍，故制文者以竹表其施，以殿表其受，義確而明。若如段說，殿為表業，受象不明，非勝義也。按古人鞭撻之所施今可考見者，一則於背：莊公九年左氏傳記齊襄公誅屨於徒人費，鞭其背，見血。莊子則陽篇云：「忌也出走，然後抶其背，折其脊。」漢書賈誼傳云：「行臣之計，請必係單于之頸而制其命，伏中行說而笞其背。」說文十二篇上手部云：「撻，鄉飲酒罰不敬，撻其背」是也。一則於臀：急就篇云：「盜賊繫囚榜笞臀」，是也。問者曰：漢書刑法志載漢景帝中六年箠令云：「當笞者笞臀。」如淳注謂「先時笞背」。據如說，則景帝以前笞背，景帝以後始笞臀，不當於制字時便有笞臀之義也。曰：非也。試觀史記張耳傳記吏治貫高，榜笞數千，身無可擊者，然則漢初凡身可擊之處皆加笞擊，不限於臀，而臀固在所擊之中。景帝之令，乃限此後非臀不得笞，不足證前此之不笞臀也。且許君以榜詁⿱竹殿，榜正笞臀之義也。觀漢書東方朔傳載武帝令倡監榜郭舍人，舍人不勝痛，呼謈，朔笑之曰：「咄！口無毛，聲謷謷，尻益高。」說文：「尻，脾也。」口無毛，謂後竅也。此榜為笞臀之確證也。蓋自景帝定箠令以後，武帝遵而行之，許君生當東漢之初，榜為笞臀，已為定制。故挨下則曰擊背，敲下則曰擊頭，⿱竹殿下第詁曰榜，不曰榜臀，以人所習知，不煩詳說也。夫求之於聲類則如彼，證之以義訓又如此。然則⿱竹殿文之制，義為笞臀，復何疑乎？段氏以殿擊為言，斯為疏矣。【釋⿱竹殿　積微居小學金石論叢】

箴　箴

箴　法八六　二例　同針　隸妾及女子用━為緡繡它物　秦一一〇　 秦一一〇【睡虎地秦簡文字編】

◉許　慎　箴綴衣箴也。从竹。咸聲。職深切。【說文解字卷五】

◉馬叙倫　翟云升曰。御覽資產部引作綴文也。徐灝曰。鍼所以縫也。箴鍼一字。倫按箴之俗名古蓋為綴衣。猶今上海紹興名鍼曰引線也。綴衣箴也箴乃隸書後舉之譌乙者。字見急就篇。顏師古本作鍼。【說文解字六書疏證卷九】

箾 箾

◉許　慎　箾以竿擊人也。从竹。削聲。虞舜樂曰箾韶。所角切。又音簫。【説文解字卷五】

◉馬叙倫　沈濤曰。廣韻四覺引。箾。以竿擊人。又舞者所執。王筠曰。西京賦。飛竿潚箾。薛綜曰。潚箾。罘形也。與此文不合。箾或今之槊字。倫按漢書司馬相如傳。捎鳳凰。莊子胠篋。削格羅落罝罘之知多。則獸亂於澤矣。本書。捎。自關而西取物之上者為撟捎。撟。舉手也。是撟捎為轉注字。相如賦上下文皆捕格之意。莊子之削亦捕獸器。然則箾非以竿擊人也。箾音審紐二等。笞從台得聲。台音喻紐四等。以竿擊人蓋笞之引申義。審與喻四同為次清摩擦音。故古或借箾為笞。字或出字林。【説文解字六書疏證卷九】

竽 竽

 156【包山楚簡文字編】

 0346  0283【古璽文編】

◉許　慎　竽管三十六簧也。从竹。亏聲。羽俱切。【説文解字卷五】

◉馬叙倫　許當以聲訓。或作器也。管三十六簧也蓋字林文。字見急就篇顔師古本。【説文解字六書疏證卷九】

笙 笙

◉許　慎　笙十三簧。象鳳之身也。笙。正月之音。物生故謂之笙。大者謂之巢。小者謂之和。从竹。生聲。古者隨作笙。所庚切。【説文解字卷五】

◉馬叙倫　鈕樹玉曰。初學記十六引作笙。正月之音。物生故謂之笙。有十三簧。象鳳之聲。韻會引正月上無笙字。生下無聲字。古者上有徐曰二字。恐非。翟雲昇曰。爾雅釋樂疏引十三簧作有三簧。文選笙賦注引作十二簧。一切經音義七引作生也象物負地而生也。倫按藝文類聚四四文選笙賦注皆引作十三簧象鳳之身。倫按許蓋作生也。以聲訓。十三簧至謂之和及古者五字皆字林文。玄應引負字蓋貫字之譌。然此句雖釋生也。而於今存説解中不相連屬。或在十三簧上也。倫又疑笙簫諸樂器名。初皆象形為文。笙之象形文變省為篆文。形與㞢土近。因加竹以别之。古之簫乃編管。其象形文當與冊相似。今金文當存冊字。而本書作龠。為形聲字。金文或增手於冊上而簫從肅得聲。倫疑肅猶龠也。初文簫形與冊近。後增手以别之。又混於肅字。則增竹而成簫矣。笙簫同語原。皆次清摩擦音也。【説文解字六書疏證卷九】

◉郭沫若　第一二六七片「癸丑貞亡至囚。癸未卜王弗[illegible]歆。」

簧　[seal]

右二片歆字一作□，一作□，从欠从□，□者眚之初文也。金文「既生霸」生字每作□，揆其初意實象種子迸芽之形，即生之象意字。後世誤以為从目而書作眚，字乃分化。故此从欠从眚，眚或是聲，蓋是笙之初文而讀為眚災之眚也。【殷契粹編考釋】

[seal]簧　㝬簋　簧黹朕心　【金文編】

◉許　慎　[seal]笙中簧也。从竹。黄聲。古者女媧作簧。户光切。【説文解字卷五】

◉馬叙倫　當為管樂中簧。簧非獨笙中有之也。然此非本訓。古者以下亦非許文。急就篇顔師古本有簪簧。皇象本止作黄。疑此字出字林。【説文解字六書疏證卷九】

◉張亞初　「簧」字在古籍中係指樂器或樂器中的金屬薄片與竹册，于此銘不適用。按此「簧」字應為「黄」字的假借字。伯公父簠「亦白亦黄」之「黄」就作「簧」，説明「黄」「簧」二字可相通假。「黄」字在文獻上可作「美」和「光」解。《風俗通皇霸》引《尚書大傳》：「黄者，光也。」《吕氏春秋功名》「缶醯黄蜹」，注云「黄，美也。」「光」和「美」可能都是從黄金（青銅）或玉璜演繹引申出來的。又「黄」字在文獻上與「皇」字也是音義並通的，「簧」假為「皇」，義也可通。【周厲王所作祭器㝬簋考　古文字研究第五輯】

◉戴家祥　按經典亦多作笙中簧解。如詩車鄰「並坐鼓簧」，箋：「笙中金葉，吹簧則鼓動之以出聲者也。」詩君子陽陽「左執簧」，傳：「笙也」，此乃轉假為笙，已非初義。簧初義僅指吹奏樂器中的發聲部位，遠古當以竹片為之。現在也有少數民族用竹片含在口中吹奏優美的曲調，即所謂口笛，其發聲原理同笙竽，以簧鼓動出音，故簧从竹，其意明矣。【金文大字典中】

箟　[seal]

◉許　慎　[seal]簧屬。从竹。是聲。是支切。【説文解字卷五】

◉馬叙倫　倫按箟音禪紐。簧音匣紐。同為次濁摩擦音。箟簧實轉注字也。簧屬者字林文。字或出字林。【説文解字六書疏證卷九】

簫　[seal]

◉許　慎　[seal]參差管樂。象鳳之翼。从竹。肅聲。穌彫切。【説文解字卷五】

◉高田忠周　齊侯鎛。余命女。政于朕三軍。簫成朕師旟之政德。⊘劉氏心源云。簫从竹从肅。蓋叚用簫為肅字也。球釋作綴。非。師旗即師旅。字肅猶愛威。陸績周易述。字愛也。此說似是。此省聿形者也。孫氏詒讓又以此字為肅通假。且以簫義政齊侯左右母从母已為句。云簫即肅字。宣和圖及孫苑並不誤。王録釋為綴。薛从之。與前釋舛互不合。亦其疏也。又齊侯鐘。此字有重文。此無之。疑亦冶鑄偶奪之。肅肅敬也。又恭也。義法也。肅義政。言敬恭于法政也。其說益精。說文。簫參差管樂也。象鳳之翼。从竹肅聲。周禮小師。簫管絃歌。注。編小竹。釋名。簫肅也。其聲肅肅然清也。肅簫音義並近通用也。【古籒篇八十】

◉馬叙倫　王筠曰。風俗通同。參差者。謂簫一名參差也。楚詞。吹參差兮誰思。是也。丁福保曰。慧琳音義廿五引作編管為之像鳳之翼。倫按許以聲訓。或作器也。參差以下蓋字林文。字見急就篇。【說文解字六書疏證卷九】

◉戴家祥　按說文三篇：「肅，持事振敬也。从聿在𣶒上，戰戰兢兢也。」又五篇：「簫，參差管樂，象鳳之翼。从竹，肅聲。」唐韻肅讀「息逐切」心母幽部。簫讀「蘇彫切」，不但同部而且同母，同聲必然同義。釋名釋樂器：「簫，肅也。其聲肅肅而清也。」白虎通禮樂篇云：「簫者，中呂之氣也。萬物生於無聲，見於無形，勠也，肅也。」考大雅烝民「肅肅王命，仲山甫將之」，鄭箋：「肅肅，敬也。言王之政教甚嚴謹也。」鏄銘「簫簫義政」，其義亦猶是也。【金文大字典中】

◉許　慎　筒通簫也。从竹。同聲。徒弄切。【說文解字卷五】

◉馬叙倫　沈濤曰。一切經音義二引作無底簫也。蓋古本如是。後漢書章帝紀。吹洞簫。注引如淳曰。洞者。通也。簫之無底者也。古人但云洞簫。無云通簫者。洞即筒之假借。王筠曰。玄應引作謂無底簫也。蓋庾注。倫按本作通也。以聲訓。謂無底簫也字林文或校注。筒聲侵類。簫聲古讀歸幽。幽侵對轉。則其語原同也。字或出字林。【說文解字六書疏證卷九】

◉許　慎　籟三孔龠也。大者謂之笙。其中謂之籟。小者謂之箹。从竹。賴聲。洛帶切。【說文解字卷五】

◉馬叙倫　鈕樹玉曰。韻會引龠作籥。從竹句在大者上。笙作生。蓋產之譌。大者云云蓋本爾雅釋樂。而釋樂笙作產。籟作仲。王筠曰。笙字譌。釋樂作產。籟字作仲似非。而御覽引舍人云。仲。其聲適中呂也。蓋許所據與魏晉本不同矣。倫按龠為管樂。二孔以和眾聲。蓋是定器。不得復有三孔之龠。莊子齊物論。人籟則此竹是已。蓋止是管樂。說解本作器也。或以聲訓。校者據風俗通呂氏春秋淮南鴻烈解高注加三孔籥以釋之也。大者謂之笙。當依釋樂作產。產從彥得聲。產音疑

紐。籟音來紐。古讀歸泥。泥疑同為邊音。小者謂之箹者。箹籥疊韻。字或出字林。【説文解字六書疏證卷九】

◉許　慎　箹小籟也。从竹。約聲。於角切。【説文解字卷五】

管永私印　管合　管況　管定　【漢印文字徵】

禪國山碑　玉琯　説文管古从玉作琯　【石刻篆文編】

王惟恭黄庭經　【古文四聲韻】

◉許　慎　管如篪。六孔。十二月之音。物開地牙。故謂之管。从竹。官聲。古滿切。琯古者玉琯以玉。舜之時。西王母來獻其白琯。前零陵文學姓奚。於伶道舜祠下得笙玉琯。夫以玉作音。故神人以和。鳳皇來儀也。从玉。官聲。【説文解字卷五】

◉郭沫若　「丹一析」：丹，丹砂。析字从木斤聲，疑即管之異文。丹砂之單位以析言，猶貝以朋言，車以輛言，馬以匹言。故丹砂一稱丹干荀子王制篇或丹矸同正論篇，猶言貝朋、車輛、馬匹也。【庚贏卣　兩周金文辭大系考釋】

◉馬叙倫　段玉裁曰。風俗通曰。管。漆竹。長一尺。六孔。十二月之音也。物貫地而牙。故謂之管。物開地牙四字有挩譌。倫按開當為闢。字之誤也。闢借為貫。儀禮鄉射禮。不貫不釋注。古文貫作闢。是其例證。貫為毌之後起字。七篇。毌。持物穿之也。物毌地而牙。言艸本穿地而出也。如篪以下十七字非許文。字見急就篇。皇象本作筦。

琯　鈕樹玉曰。集韻韻會引玉琯以玉。琯上無玉字。伶作泠。與地理志合。韻會引舜下無之字。白上無其字。無夫字也字。此注疑經後人增損。重文不應有從玉官聲。嚴可均曰。疑當作古文管從玉。韻會無從玉官聲。蓋小徐舊本無此句。段玉裁曰。舜之時云云見大戴禮尚書大傳。前零陵文學云云見風俗通。疑此出後人用風俗通沾綴。許祇當作古者管以玉或從玉。倫按風俗通孟康漢書注宋書樂志皆云零陵文學奚景。此言姓奚。亦後世校注語。疑呂忱止作管或作琯。餘文皆校者增也。【説文解字六書疏證卷九】

◉于省吾　(闌)闌乃闌的繁構。商器闌卣作闌。宰椃角的「王才闌」本作𨳿,為會意字,孳乳為闌,加束為音符。闌、闌、闌後來又省化為束。成王時器新邑鼎的「王自新邑于訓往束」,闌、闌、闌或束均應讀為管蔡之管。古文無管字,管為後起的借字。从閒从束古通字。荀子修身的「束,理也」,楊注謂「束與簡同」。詩溱洧的「士與女方秉蕑兮」,毛傳謂「蕑,蘭也」。按齊詩蕑作菅。玄應一切經音義十二引聲類訓蕑為蘭,並謂「蕑又作菅蕑二形」。按从束从閒从官之字同屬見紐,又係疊韻,故知闌、闌、闌或束為管之初文。後世管字通行而古文遂廢而不用。管之稱管𠂤,猶「成周」金文稱「成𠂤」。管為管叔所封地,括地志謂在「鄭州管縣」。周書大匡和文政在武王克殷以後,均言「王在管」,可以參證。【利簋銘文考釋　文物一九七七年第八期】

◉許　慎　篎小管謂之篎。从竹。眇聲。亡沼切。【說文解字卷五】

◉馬叙倫　爾雅釋樂。大管謂之簥。其中謂之篞。小者謂之篎。篎簥疊韻。喬音羣紐。古讀歸見。管音見紐。是簥音由管而轉。又由簥而轉為篎。篎音微紐。篞得聲於涅。涅音泥紐。微泥同為邊音。是其音轉之蹟。蓋本是一器。各地因其材之大小而體制殊。又以方音或異。遂改數名。後乃因其體制之疏而即以其方言為之定名耳。字或出字林。【說文解字六書疏證卷九】

義雲章【古文四聲韻】

◉許　慎　笛七孔筩也。从竹。由聲。羌笛三孔。徐鍇曰。當从胄省乃得聲。徒歷切。【說文解字卷五】

◉馬叙倫　鈕樹玉曰。一切經音義十六引作七孔籥也。初學記十五引作七孔龠也。龠當不誤。段玉裁曰。文選長笛賦李注引說文。笛。七孔。長一尺四寸。今人長笛是也。此蓋以注家語益之。倫按七孔筩也。筩字自譌。然非本訓。據選注引蓋本作笛某也七孔長一尺四寸今人長笛是也。筩為笛譌。龠籥亦譌字也。羌笛三孔校者加之。七孔以下十三字亦字林文或校語。笛得聲於由。由音喻紐四等。則或與笙簫同語原也。【說文解字六書疏證卷九】

筑　日乙一二五　四例　同築　春三月庚辰可以—羊卷　日甲八七　日甲一四二背　日甲一六　二例　【睡虎地秦簡文

字編】

◉許　慎　筑以竹曲五弦之樂也。从竹。从巩。巩。持之也。竹亦聲。張六切。【說文解字卷五】

◉林義光　按古作筑子和子釜築字偏旁。【文源卷十】

◉馬叙倫　鈕樹玉曰。廣韻引曲作為。王念孫曰。當從文選吳都賦注引改從竹巩聲。築字從此得聲。沈濤曰。文選吳都賦注引。筑。似箏。五弦之樂也。蓋古本如是。今本似字誤以。又以箏字分為竹曲二字。段玉裁曰。當作筑。曲以竹。鼓弦之樂也。殆筑下鼓弦與箏下五弦互譌耳。嚴章福曰。當作筑曲以竹鼓弦之樂也。高誘注淮南泰族訓云。筑。曲二十一弦。則此曲字不譌。釋名。筑。以竹鼓之也。御覽引樂書以竹尺擊之。則此以竹二字亦非誤。古文。箏。御覽五百七十六引作五弦。徐本作鼓弦。與此互誤。翟雲昇曰。後漢書延篤傳注文選吳都賦注引竝無以竹曲三字。廣韵六書故引曲竝作為。丁福保曰。慧琳音義六十二引作以竹擊之成曲五弦之樂。倫按以二徐本及選注等所引互譌。可證說解傳寫有捝譌。然許當以聲訓。或作器也。從竹。巩聲。巩音見紐。筑音知紐。見知同為清破裂音。故筑音入知紐。字見急就篇。餘見箏下。【說文解字六書疏證卷九】

◉陳漢平　三、釋筑　甲骨文有地名字作[竹丮]，舊未釋，《甲骨文編》入于附録。卜辭曰：丙戌伐及方于[竹丮]，吉。

按此字从竹，从丮，欲釋此字，當自从竹，从丮文字中求之。《說文》：「丮，持也。象手有所丮持也。凡丮之屬皆从丮。讀若戟。」「巩，褎也。从丮，工聲。𢀜，巩或加手。」「筑，以竹曲五弦之樂也。从竹，从巩。巩持之也。竹亦聲。」可見筑字工傍不為聲符，字以丮為形符，以竹為聲符。故甲骨文[竹丮]字當釋為筑。字象人以手持竹制樂器狀。【屠龍絶緒】

箏

◉許　慎　箏鼓弦竹身樂也。从竹。爭聲。側莖切。【說文解字卷五】

◉馬叙倫　沈濤曰。御覽五百七十六引作五弦筑身樂也。風俗通。箏。謹按禮樂記。五弦筑身也。此樂記蓋漢博士所作。非小戴之樂記。乃許君所本。今本作鼓弦竹身。誤。鈕樹玉曰。御覽引五字恐非。宋書樂志作瑟身。玉篇。似瑟。十三弦。丁福保曰。希麟續音義二引作鼓弦筑身樂也。本大瑟。二十七弦。秦人無義。二子爭父之瑟。各得十三弦。因名為箏。又互見慧琳音義廿六引。攷韻會引作秦人薄義。父子爭瑟而分之。因以為名。倫按風俗通。謹案禮記。箏。五弦筑身也。今並源二州箏形如瑟。不知誰作也。然則漢末箏有二種。一為五弦筑身。一形如瑟。曹植與吳質書。斬泗濱之梓以為箏。蓋如瑟者木身。與今所謂箏者同。而五弦筑身之箏。則與筑同。而今不可證其異同。尋箏音照紐。筑音知紐。古讀皆歸於端。

疑五弦筑身之箏實即筑而弦或有多寡。方言音又小異。遂誤與似瑟之箏同名耳。倫幼時見道中賣藝者。持一樂器。以大竹筩長約今尺三尺許。圍踰横把。有二竹。曲其頭。擊之為節。説者謂是筑也。史記刺客傳。高漸離置鉛筑中。擊秦始皇。正當是此器。若似瑟之箏。不可置鉛。亦不能持以擊人矣。此挩本訓。急就篇顏師古本有箏字。而皇象本作鉗。王國維謂鉗為錚誤。借為箏字。則本書無箏。此字出字林矣。【説文解字六書疏證卷九】

箛

◉許　慎　箛吹鞭也。从竹。孤聲。古乎切。【説文解字卷五】

◉馬叙倫　桂馥曰。六書故笳箛一物。今人亦謂之角。倫按本訓器也。或以聲訓。吹鞭也蓋字林文。急就篇菰萩連文。艸書艸竹相似。則菰萩或本是箛篍。或急就借菰萩為之。則箛篍二字出字林。【説文解字六書疏證卷九】

篍

◉許　慎　篍吹筩也。从竹。秋聲。七肖切。【説文解字卷五】

◉馬叙倫　沈濤曰。龍龕手鑑引筩作簫。乃傳寫之誤。錢坫曰。周勃吹簫給喪事。當是此。倫按吹筩也蓋字林文。此今軍隊中放哨之哨本字。以呱啾為轉注字例之。則箛篍亦轉注字。【説文解字六書疏證卷九】

籌

古老子【古文四聲韻】

◉許　慎　籌壺矢也。从竹。壽聲。直由切。【説文解字卷五】

◉馬叙倫　嚴可均曰。壽聲當作𠷎聲。心部。⿱⿱竹𠷎心。從心⿱竹𠷎。則此當有重文作⿱竹𠷎。桂馥曰。⿱⿱竹𠷎心。從心。⿱竹𠷎聲。則此篆當作⿱竹𠷎。倫按壺矢謂投壺之矢也。非本訓。字或出字林。急就篇投筭。顏師古本作籌。【説文解字六書疏證卷九】

◉湖北省文物考古研究所　北京大學中文系　「周」「壽」古音極近，「篙」疑是「籌」字異體。九號簡有「少敞」，似亦應讀為「小籌」。關於「周」字字形，參看二號墓竹簡考釋〔二六〕。《楚辭·離騷》「索藑茅以筳篿兮，命靈氛為余占之」，王逸注：「筳，小折竹也。楚人名結草折竹以卜曰篿。」《文選》五臣注：「筳，竹筭也。」疑所謂小籌即筳之類。【一號墓竹簡考釋　望山楚簡】

簺

◉許　慎　簺行棊相塞謂之簺。从竹。从塞。塞亦聲。先代切。【說文解字卷五】

◉馬叙倫　沈濤曰。後漢書梁冀傳注引行棊相塞謂之簺。廣韻引行棊相塞。故曰簺也。桂馥曰。從竹。塞聲。倫按本作塞也以聲訓。吕忱或校者加行棊相塞故謂之簺也。字或出字林。【說文解字六書疏證卷九】

簙

◉許　慎　簙局戲也。六箸十二棊也。从竹。博聲。古者烏胄作簙。補各切。【說文解字卷五】

◉馬叙倫　沈濤曰。六箸。一切經音義二引作六箭。八及廿五引仍作箸。華嚴音義引作六簙。箭字是。韓非外儲說。以松柏之心為博箭。嚴可均曰。烏胄當作烏曹。論語疏藝文類聚七十四一切經音義二及廿五韻會十藥引作烏曹。按世本作胡曹。倫按古書止作博塞。急就篇亦止作博。疑簙簺二字均非許書所有。公羊莊十二年傳與閔公博。釋文。博。字書作簙。簙蓋簙之譌。然不引本書。亦不引字林。豈出陸尊經新字林耶。或如錢大昕說字書即謂字林耶。【說文解字六書疏證卷九】

篳

篳 華闇苑監【漢印文字徵】

◉許　慎　篳藩落也。从竹。畢聲。春秋傳曰。篳門圭窬。卑吉切。【說文解字卷五】

◉馬叙倫　嚴可均曰。廣韵引作籓落也。鈕樹玉曰。韻會引窬作竇。蓋本今左傳改。倫按此屏蔽之蔽本字。亦棥之轉注字。以木為棥。以竹為篳耳。藩落也非本訓。且當作藩也落也。字蓋出字林。【說文解字六書疏證卷九】

⿱竹愛

◉許　慎　⿱竹愛蔽不見也。从竹。愛聲。烏代切。【說文解字卷五】

◉馬叙倫　⿱竹愛音影紐。篳音幫紐。同為清破裂音。是轉注字也。蔽不見也當作蔽也不見也。字或出字林。【說文解字六書疏證卷九】

⿱竹嚴

◉許　慎　⿱竹嚴惟射所蔽者也。从竹。嚴聲。語杴切。【說文解字卷五】

◉馬叙倫　鈕樹玉曰。韻會引惟作弋。沈濤曰。漢書元帝紀注晉灼引許慎云。嚴。弋射者所蔽也。今本誤。倫按惟射者所蔽也。非蔽身之具。乃以遮鳥者也。故漢書元帝紀。詔罷嚴籞池田。假與貧民。嚴即韓非外儲說弋者奚貴。在于謹廪。時射雉賦飛鳴薄廪之廪。廪聲侵類。嚴聲談類。侵談近轉。故韓非以廪為籞。雉射者所蔽也非本訓。字或出字林也。【説文解字六書疏證卷九】

◉許　慎　[seal]禁苑也。从竹。御聲。春秋傳曰。澤之目䱙。魚舉切。[seal]䱙或从又。魚聲。【説文解字卷五】

◉馬叙倫　段玉裁曰。自當作舟。左昭二十年傳。澤之萑蒲。舟鮫守之。鮫當是䱙誤。魯語有舟虞同也。鈕樹玉曰。玉篇止作禁苑也。無下文。倫按禁苑也非本訓。苑䱙亦不得互訓。王筠謂禁字當絶句。是也。䱙蓋是水中守魚之箄。其音則得於䲃。字或出字林。

[seal]鈕樹玉曰。玉篇廣韻竝無䲃字。王筠曰。䱙訓禁苑。從又。殊難黏合字形。又與敏字相近。或後人附也。倫按䱙者漢書宣帝紀注。蘇林曰。折竹以繩。緜連禁禦。使不得往來。律名為䱙。則或體不得作䲃。䲃當是漁之異文。故從又魚。甲文作[glyph]。【説文解字六書疏證卷九】

◉饒宗頤　䰻从手丮持捕魚，疑是䲃字，讀為禦。古漁字本亦作鮁。説文竹部䱙或體作䲃，从又从魚。段注：从又者，取扞衛之意。此云「其䰻」，猶言「其禦」，謂其往禦方夷也。【殷代貞卜人物通考卷十七】

◉李學勤　广右毅鈑剛鮁　鮁，卜辭作執竿釣魚形，本銘只是把象釣絲的一筆用「糸」表示，並不是從緐的字。《説文》䱙字或體作䲃，所以這裡鮁讀為御。剛御，也就是強御，《左傳》、《國語》都有「軍帥強御」的話，意思近於威武。【論史墻盤及其意義　考古學報一九七八年第二期】

筭

筭　日乙一九一　【睡虎地秦簡文字編】

◉許　慎　[seal]長六寸。計歷數者。从竹。从弄。言常弄乃不誤也。蘇貫切。【説文解字卷五】

◉馬叙倫　張文虎曰。從弄未然。從竹其物也。[glyph]其事也。王。天地人三才也。三才既箸。則筭數之術生矣。徐灝曰。筭算一字。倫按文選運命論注引倉頡。算。計也。疑此本有計也一訓。長六寸計歷數者即釋此文。經傳多言歷數。歷即本書之歷。其字當從又。最初屈指為數。故歷數字皆當從又作也。筭算一字。儀禮禮記論語爾雅始箸算字。然論語何足算也。漢書車丞相傳作何足選也。則算字或後人易之。鄭玄六藝論。黄帝佐官七人。隸首造算數。然世本止言容成作歷。隸首作數。

算

不審以何物為算具。以竹為籌而布算。當起於周末。故漢人始多言算。數音審紐。算音心紐。同為次清摩擦音。是語原同。或轉注字也。筭從竹。蓋以籌為具也。然不必又從玉。或謂玉是貿易所用。倫謂竹玉不能比類合誼。蓋竹在為名詞之從竹某聲之形聲字中。即為代表其物質。若在會意字中。則仍用其本義。而竹為植物。非即計數之籌也。倫以為原始計數之字。算是結繩之遺俗。至以手計者則為𢿙數。而數之作用起於分配與貿易。貿易以貨。古者以玉貝為貨。故造從玉𠬞聲之弄。或從貝𠬞聲之具。從𠬞得聲者。𠬞古音如竦。故三篇𠬞下曰。竦手也。竦音心紐。故灷從𠬞得聲。送從灷得聲。送音亦在心紐。送之轉注字為選。而古書以撰或選為算。皆可證也。後以弄具二字與奉之初文作弄共之轉注字作具者相混。而時以竹籌為數之具。乃加竹如今篆耳。如今篆筭當從竹弄聲。算當從竹具聲。後起字例也。筭算一字。猶玩之或作貦矣。其加竹亦猶簠簋矣。筭算蓋本一正一重。説解許當以聲訓。從竹從弄。鍇本作從竹弄。蓋本作弄聲。呂忱或校者不知弄聲所由。改之。並增言常七字。長六寸七字亦字林文。算下本作筭或從貝。傳寫譌重文為正文。因加數也之訓。又增從竹及讀若算。筭字亦見急就篇。則倉頡本作筭。諸引倉頡作算者。皆傳寫者易之。【説文解字六書疏證卷九】

◉湖北省文物考古研究所　北京大學中文系〔四〕漢簡「筭」字或作𦬧、𦬧等形（《居延漢簡甲編》一一三二、一三八七），張遷碑「筭」字作𦬧，除去「艹」頭後，與簡文此字相近。漢隸所從的「廾」當即簡文所從的「𣏟」的簡化。《説文》：「祘，明視以算之也。……讀若筭。」玄應《一切經音義》卷三：「筭，古文祘。」疑簡文所從的「𣏟」與「祘」本為一字。古代稱帳目一類文書為算，居延漢簡中有「簿算」、「四時簿算」、「功算」等文書名稱可證。望山二號墓所出竹簡都是記隨葬器物的名稱和數量的，是遺册的性質。此簡當是遺册首簡。車與器之筭意即隨葬的車和器物的帳目。一説「與」當讀為「輿」，則此簡只與遺册中記車馬器的部分有關。仰天湖二五號楚墓遺册四〇號簡有殘文曰「□□般之年……」，大概也是遺册的首簡。

一號簡的「筭」字原文作𦬧。此字亦見於包山楚簡，字或寫作𦬧（《包山楚簡》圖版一三三），《包山楚簡》釋為「典」。【二号墓竹簡考釋　望山楚簡】

◉許　慎　算數也。从竹。从具。讀若筭。蘇管切。【説文解字卷五】

◉馬叙倫　張文虎曰。從具亦未然。倫按文選李蕭遠運命論注引蒼頡。算。計也。玄應一切經音義引三倉。算。選也。【説文解字六書疏證卷九】

古老子 並籀韻【古文四聲韻】

◉徐　鉉　笑此字本闕。臣鉉等案。孫愐唐韻引說文云喜也。从竹。从犬。而不述其義。今俗皆从夭。又案。李陽冰刊定說文。从竹。从夭。義云。竹得風。其體夭屈。如人之笑。未知其審。私妙切。【說文解字卷五新附】

◉林義光　按从犬非義。九經字樣作笑。从竹从夭。艸即散省。見散字條。人笑其體夭屈。其情舒散。故从夭从散省。【文源卷十】

◉馬叙倫　按鉉據孫愐唐韻引說文補笑字。而玄應音義則引字林曰。笑。喜也。字從竹從犬。犬聲。竹為樂器。君子樂然後笑也。任大椿謂犬為夭譌而不引本書。沈濤王紹蘭以來諸家紛紛辯訟。錢大昕鈕樹玉桂馥以為當是芺之譌。張行孚以為娱之省。而譌為笑。丁福保據慧琳音義云說文闕。而希麟音義則引說文。欣笑也。從犬戴其竹。君子樂然後笑也。謂許書原本當有其字。倫謂孫愐引作喜也從竹從犬明是字林文。希麟所引亦字林文。而有增改。尋哭笑為日用之字。自不得無。玄應一切經音義引倉頡。笑。喜也。既見倉頡。又見急就。許書安得無笑字。倫謂本書笑蓋本不在竹部。嚴可均據漢書薛宣傳。壹关相樂。叙傳。談关大噱謂蓋從八象形。夭聲。俞先生樾據漢書作关。而漢碑多作咲字。詩終風釋文有咲字。謂咲為咲之譌。而咲則俗體。經典原有咲字。即笑之本字。倫謂二家之說較為近理。而嚴說尤允。然嚴謂從八象形。八於笑字象何形耶。蓋未之思耳。八者。气之異文。关。從八。夭聲。從八與兮從八同。今漢書作关。关之誤也。作咲者。由隸書关字與𡗜之隸書同。故加口為別耳。或借芺字為之。隸書艸竹相似因誤為笑。倉頡篇當本作关。傳寫者以通行字易之。【說文解字六書疏證卷九】

◉徐　復　段玉裁謂笑字固執難通。誠然。朱駿聲曰。笑古从犬。犬狎人聲也。从犬箾省聲。蘇東坡亦謂以竹擊犬。有何可笑云云。雖戲譏王氏字說之言。實則犬聲與笑聲。相越甚遠。不得以哭字之从犬附會之也。（查哭。哀聲也。从吅。獄省聲。非从犬會意。）九經字樣引笑。从竹从夭。楊承慶云。竹得風。其體夭屈。如人之笑也。李陽冰仍之。一切經音義引字林云。笑喜也。字从竹。夭聲。竹為樂器。君子樂然後笑也。

按以上二說。从夭固為穿鑿。从犬亦未免武斷。查漢書薛宣傳注。晉灼據今本壹关相樂。关字作笑。毛居正六經正誤。遂謂从八。象眉目悦皃。語亦難通。請仍證之說文。木部枖下引詩桃之枖枖。女部娱。巧也。一曰。女子笑皃。詩曰。桃之娱娱。从女。芺聲。再考艸部芺。艸也。味苦。江南食以下气。从艸。夭聲。王玉樹曰。芺本艸名。古借為喜笑字。是許氏即以芺為笑也。再證以嘉定錢氏之言。則笑之从艸不从竹。益明。謂古从艸之字。與从竹者多相混。如小豆从艸作荅。今誤作答。因隸書竹艸兩形相近之故。莞爾之莞亦从艸。（說文。莞。艸也。可以作席。）明芺即古笑字矣。又漢書薛宣傳。作关。从𠂇。隸書艸變為艹也。考谷永傳。罷歸倡優之关。又敘傳。談关大噱。師古皆曰。关古笑字。（此說王棻友主之。上半象形。下半會意。）又楊雄傳。樵夫咲之。加口為咲。蓋关字之或體。足證錢說之確。（俞曲園謂古笑字本作㗛。从口。芺聲。謂漢書咲字。即㗛字之俗體。）據此說則說文芺下脱喜也之訓耳。口部咥嚔唪。並云大笑也。啞唏。並云笑也。听。笑皃。欠部欣。笑喜也。弞。笑不壞。顏曰弞欽。含笑也。歋。人相笑曰歋瘉欰。欰欰。戲笑皃。欨。指而笑也。歔。一曰小笑。注中小字。並當作芺。芺从夭。夭从大。象形。而芺字之形得矣。其聲亦即从夭而得。易萃叶號笑。同人叶咷笑。旅叶鳥巢笑咷。詩終風叶暴笑敖悼。板叶寮囂笑蕘。泮水叶藻蹻笑教。證以合韻。而笑字必从夭聲無疑矣。【小學折中記　金陵大學文學院季刊二卷一期】

◉白玉崢　□。前賢未有釋者，文編之書亦未之著録。察其結體，蓋从竹从矢，隸古定之，當作笑。考經韻樓刊説文段氏注本，字作□，从竹从犬，今隸當作笑。宋刊説文徐鉉校定本字作□，从竹从夭，今隸當作笑。若契文所从之□釋竹為是，則其當隸作笑。笑、笑宜為一字，从犬之笑，宜為字書之譌誤。經韻樓所刊説文段注，其从犬之説解，校之契文所从之□，宜為未當。再據宋刊徐校本與契文校之，則其从夭之説為優。三者互校，段氏从犬之説則為非是矣。此無他，蓋緣徐氏雖去古稍遠，但尚能及見李陽冰之刊本，且未經纂改譌誤之善本。段氏不僅去古已遠，且及見契文，亦未善納金文、古文，或善本古本之典籍（若古文本老子字作□，是其例）也。就今楷通行之笑字言，蓋原於宋刊之□字也。夭，契文作□；契文□，今楷作矢。但□、□二文在契辭中之用法、字義等相同。若乙五三二七有辭曰：「王□」，同片又作「王□」是其例。據此，證知契文之□，殆即今字之笑當無疑也。【勿勿不因説　中國文字新十七期】

◉曾憲通　□為邦芺丙四・三　此字當从艸从犬，即今之笑字。笑在先秦至兩漢有芺、笑兩種寫法，楚帛書作□，秦簡馬王堆帛書《老子》作□，《縱横家書》作□，臨沂漢墓竹書《孫子》佚文作□，皆从艸从犬。戰國至秦漢从艸从竹往往易混，如楚簡笑又作芺，笑又作茣，秦漢隸書更加竹艸不分。據《唐韻》所引，《説文》當有从竹从犬的笑字，《玉篇》同，唐以前字書皆如是作，至《九經字樣》才據楊承慶《字統》將笑、笑二體並列。唐以後則為从竹从夭之笑字所專。朱德熙先生以芺為莽之省而讀為墓。【長沙楚帛書文字編】

簃 筠 笏

篦

◉徐　鉉　簃閣邊小屋也。从竹。移聲。説文通用誃。弋支切。【説文解字卷五新附】

◉徐　鉉　筠竹皮也。从竹。均聲。玉春切。【説文解字卷五新附】

◉徐　鉉　笏公及士所搢也。从竹。勿聲。案。籒文作□。象形。義云。佩也。古笏佩之。此字後人所加。呼骨切。【説文解字卷五新附】

◉郭沫若　勿者笏之初文也。禮玉藻「笏，天子以球玉，諸侯以象，大夫以魚須文竹，士竹本象可柯也。……凡有指畫於君前，用笏，造受命於君前則書於笏。」又云「天子搢珽，方正於天下也。諸侯荼，前詘後直，讓于天子也。大夫前詘後詘，無所不讓也。」鄭注珽荼均為笏。廣雅釋器「璪珽，笏也」。又大戴禮虞戴德篇「天子御珽，諸侯御荼，大夫服笏」。荀子大畧篇又同。逸周書王會篇「天子搢珽，唐叔荀叔周公大公搢笏」。是知笏之為物其用甚古，其形除天子珽直外，餘均前詘，而大夫士多於諸侯，則前詘後詘者必尤多。鄭注絀為圜殺其首，蓋因「珽方」，故以圓為説。实則方猶直也，詘殳為屈非謂角之方圓。知此，則□□之為勿，勿之為笏，可以誂然而解。蓋□即前詘後詘之笏形，□□□乃笏上之彣彰也。説文篆文□及籒文□均从此出，前詘後詘之度過甚，中間之彡畫太長，竟使許慎以為「象气出形」，从曰，从口，而以「出气𧦝」解之，其引或説「一曰佩也象形」，自較許説為得其正鵠也。

許慎不知勿□古書多作曶為一字，又未曉勿□即笏，故于曰部既出□字以「出气𧦝」解之，又於勿部以勿為㫚之初文，謂「州里所建旗，象其柄，有三游，雜帛幅半異，所以趣民，故遽稱勿勿」。以契文之□□當之固不象，而以周文之作□□者當之則尤異，蓋周人雖誤以勺為勿，然並不以勿為㫚也。許慎去古已遠，殷周古文又未多見，故其字源説多未得當，然其苦心之處不失為後人楷範也。【釋勿勿　甲骨文字研究】

◉徐　鉉　篦導也。今俗謂之篦。从竹。毘聲。邊兮切。【説文解字卷五新附】

◉商承祚　齒䈛即齒篦，為一把篦子，出土於前室。【信陽長臺關一號楚墓竹簡第二組遺策考釋　戰國楚竹簡匯編】

篙 篙 ⿱竹⿱㐅廾 ⿱竹⿱㐅廾

◉徐鉉 篙所以進船也。从竹。高聲。古牢切。【說文解字卷五新附】

甲六六二 甲六六三 甲七五一 甲八六二 甲二〇〇七 甲二三六六 乙三四〇〇 骨橋朱書 乙七二八五 朱書 乙七六七二 乙八六八五反 鐵三四・三 鐵四六・四 鐵一一七・二 鐵二一八・二 餘一五・四 前一・一二・七 前一・一八・一 前二・三〇六 前三・一・一 前四・三八・三 前五・六・一 前六・二〇・二 後一・一一・四 後一・一四・三 後一・一五・二 後一・二三・四 後一・二六・一五 後一・三三・二 後二・一九・一一 後二・二一・二 後二・三六・五 佚一一六 佚二三〇 佚一三 福八 京津三〇〇〇 佚九八八 其雨 見合文 二五 前六・三四・七 或从匚與說文籀文同 京都九三四A 京都二六三 从収 與說文古文同 地名 掇二・三九九 京都一八四五 掇二・三九九反 佚二六九 【甲骨文編】

甲7 29 37 257 279 353 363 427 522 1506 2366 3640

乙127 190 1071 4507 4508 5405 6370 6382 6385 6400 6406

6407 6422 6664 6668 6690 6696 6702 6725 6728 6738 6819

6877 6878 6896 6915 6964 7012 7126 7142 7153 7258 7288

7289 7310 7348 7385 7425 7490 7731 7746 7751 7762 7795

7797 7799 7801 7817 7889 7909 7940 7955 7961 7985 7998

8669　8685　9066　珠189　193　244　340　443　633　772　1144

卜259　零45　佚37　54　104　148　197　247　323　340　380

405　435　519　523　534　537　549　662　860　870　874　878

981　982　995　續1·26·4　2·1·1　2·6·3　3·28·7　4·9·3　4·21·10

4·28·4　4·32·3　4·34·2　掇400　418　徵1·7　1·15　1·73　1·75

2·40　2·46　2·50　2·58　2·60　3·27　3·37　3·91　3·92　3·111

3·131　3·202　4·7　4·46　4·75　4·100　4·101　4·102　4·105　4·111

5·5　5·9　5·10　8·10　8·16　8·22　8·34　8·36　8·72　8·97

8·101　8·102　8·105　8·115　8·116　8·120　9·9　9·15　9·20

9·26　9·40　9·49　10·66　10·69　10·123　10·127　11·58　11·62　11·

69　11·80　11·88　京1·23·1　3·30·4　4·12·4　古2·6　2·9　卜龜6　粹

297　322　【續甲骨文編】

箕　說文古文作𠀠𠁾𠀠　籀文作𠁾匩　汗簡于竹部下別立𠀠部　母辛卣　其侯父己簋　沈子它簋　趠鼎　盂鼎

周窓鼎　彔作乙公簋二　遹簋　同自簋　休盤　𤔲盤　伯晨鼎　師奎父鼎　縣妃簋

啇簋　卯簋　城虢遣生簋　芇伯簋　伯盂　師酉簋　敔簋　舀鼎　舀壺　大鼎

克鼎 兮仲鐘 畢鮮簋 鬲攸比鼎 師嫠簋 㝬鐘 弔咢父簋 翏生盨 姞氏簋 頌鼎 師𩛥鼎 無㠱簋 追簋 仲殷父簋 南姬鬲 弔上匜 杜伯盨 魯伯匜 湯弔盤 郘鐘 魚顛匕 周𡠨壺 䢅伯匜 邛君壺 格伯簋 从鼎 作父己鼎

樊夫人龍嬴壺 用其吉金 㪤鼎 㢴尊 單子伯盨 元年師旋簋 史問鐘 弔向父簋 作册𣪘卣 王孫鐘 南皇父盤 睘簋 𤔲鼎 弔高父匜 弔姞盨 䢅伯𩏩盤 䢅仲鬲

邕子甗 師同鼎 衛盉 師虎簋 仲師父鼎 史頌匜 善夫克鼎 師寰簋 函皇父簋 仲殷父鼎 毛弔盤 兮甲盤 虢季子白盤 𠭯季良父壺 伯孝𥎦盨 弔姬匜 虢文公鼎

虢季氏簋 魯邍父簋 己侯簋 姬鼎 齊巫姜簋 申鼎 鄀公華鐘 黃韋俞父盤 伯者君盤 伯者君匜 哀成弔鼎 西替匜 㝬壺 命瓜君壺 褱鼎 寡兒鼎 商丘弔匜

沇兒鐘 者沪鐘 會章作曾侯乙鎛 曾侯乙鐘 中山王嚳鼎 中山王嚳壺 盗壺 鄂君啟舟節 欒書缶 王子午鼎 从丮 剌鼎 其孫=子=永寶用 師旂鼎 其又內于師旂 弔趯父卣 女其用饗乃辟 𣪕伯簋 其萬年孫=子=其永用 王子午鼎 敃䢼趩= 誼與忌同 𥁕子臣匜

从𡜮 不諆簋 不諆簋二 秦公簋 諆嚴□各 秦公鎛 具即其服 又秦公諆畯𡠦在位 子可戈 王孫鐘 敃諆趩= 誼與忌同 乙簋 釁壽無諆 誼與期同 汗簡引尚書作䈞 甘䈞鼎 【金文編】

陶文編5·30 文物1966:1 【古陶文字徵】

〔三九〕〔一九〕〔七五〕〔五八〕〔三六〕〔五三〕〔三六〕〔四〕〔三六〕
〔二八〕〔一九〕〔四七〕〔三六〕【先秦貨幣文編】

一：一 一百一十二例 盧君其明亟覨之 宗盟類 敢不閈其腹心以事其宗 宗盟委質類 某某及其子孫 三：一三 十五例
一五六：一六 七例 一六：三五 二〇〇：二二 一九八：一六 二十七例 一八一：一 六例 一九
四：五 十三例 一：三〇 十一例 一：四七 一：三 一千二百二十一例 三：一〇 三例 九二：一五
十九例 一：四六 四十七例 【侯馬盟書字表】

138 220 【包山楚簡文字編】

箕 日甲二五背 四例 效一 二百二十一例 秦八四 一百七十五例 效四一 四十七例 效一七 八例
日乙四八 為一八 【睡虎地秦簡文字編】

同其 綒絀不旻—祟(甲1:11)、矚遊—行(甲1—26)、降于—〔四〕方(甲2—16)、山陵—婁(甲2—21)、不旻—參職(甲3—11)、奉▨□—邦(甲4—4)、▨于—王(甲5—8)、乍—下凶(甲7—20)日為—斌(乙3—22)、武▨□▨—斂(丙1:4—2)、少杲—▨(丙4:1—11)、▨龍—▨(丙4:2—4)、—攱亓邊(丙6:1—11)、亓攱—逿(丙6:2—1)、至于—▨▨(丙6：2—4)、—邦又大嬰(丙8:2—8)【長沙子彈庫帛書文字編】

3108 汗簡引尚書作亓與璽文同 【古璽文編】

箕胡臣 呰箕光印 箕定居 箕克 箕慶 箕大 箕恭 箕須之印 魏其邑丞
不其國丞 令其安漢 公其壽王 【漢印文字徵】

泰山刻石　其於久遠也　郎邪刻石　其於久遠也　祀三公山碑　神熹其位　其靈尤神　本祖其原　開母廟石闕　九域乂其脩治　袁敞碑　其辛酉葬　石碣汧殹　黃帛其鱮　避車　其來遺〓　田車　其□䕶□　禪國山碑　其餘飛行之類　延光殘碑　祝其卿墳壇題字　石經多士　予其曰　說文古文作　汗簡引作　【石刻篆文編】

其　箕　上同並說文　箕並尚書　亓出史書　其碧落文　其並林罕集字　其　【汗簡】

古孝經　汗簡　道德經　碧落文　林罕集　道德經　王存乂切韻　古尚書　並義雲章　【古文四聲韻】

◉許　慎　簸也。从竹。𠀠象形。下其丌也。凡箕之屬皆从箕。居之切。𠀠古文箕省。亦古文箕。亦古文箕。籀文箕。籀文箕。【說文解字卷五】

◉徐同柏　⿰其丮。其箕本字。從丮。取簸揚之義。【從古堂款識學卷十】

◉吳大澂　為其之變體。它器未見。亦字書所無。說文箕古文作𠀠。又作。象兩手奉箕形。象兩手持箕形。義亦相類。【愙齋集古録第四册】

◉方濬益　（王孫遣諸鐘）⿱⿰其丮女疑娸之異文。說文。娸人姓也。杜林說。娸醜也。段氏注曰。按頁部䫁醜也。杜說蓋以娸為䫁頭字也。【綴遺齋彝器款識考釋卷二】

◉劉心源　（箕鼎）箕舊釋作棊。觧為棊國。案曲禮。凡為長者糞之禮。加帚於箕上。以袂拘而退。此篆从𠀠。即古文箕。从衣。即以袂拘退之義。是箕字也。【古文審卷一】

◉劉心源　（不⿱⿰其丮女敦）⿱⿰其丮女即欺。從。以本銘執字及齊侯鎛夙執恐揚執字例之。知為之别體。【奇觚室吉金文述卷四】

◉王國維　⿱⿰其丮女從其。從⿱丮女。⿱丮女古文丮字。象人跪而執事之形。古文以為忌字。王孫遺諸鐘云。畏⿱⿰其丮女趩趩。與邾公華邾公牼二

鐘之翼龔威忌。齊子仲姜鎛之彌心畏認。語意正同。知㛸即忌字。【不㛸敦蓋銘考釋　王國維遺書】

◉王國維　𠔿疑即其字,《説文》𠥱,籀文箕。【觀堂書札　中國歷史文獻研究集刊第一集】

◉王國維　𠔿　𠥱　説文解字箕部。箕。簸也。从竹。𠀠象形。丌。其下也。𠀠。籀文箕。𠥱。籀文箕。案。籀文既作𠀠。復作𠥱者。籀篇有複字也。倉頡篇複字至揚雄始盡易之。急就篇亦有複字。據此及𤖊𤖊二字。知史篇亦然。且多用假借字矣。【史籀篇疏證　王國維遺書第六册】

◉王　襄　𠀠。象箕編插之形。從艹有簸之誼。【簠室殷契類纂卷五】

◉林義光　按古作𠀠鄭媿鼎同。作𠀠六邾公華鐘。【文源卷一】

◉葉玉森　𠀠象揚箕。不㛸敦之㛸。从女从㙷。知古本有㙷字。王徵君不㛸敦蓋銘攷釋謂。王孫遺諸鐘之戴㛸。即邾公華邾公牼二鐘之威忌。齊子仲姜鎛之畏認。㛸即忌字。按乙彝。眉壽無㛸。段㛸為期。則作忌似亦段用。剌鼎之𠀠即其。與卜辭同。殆「其」之緐文邪。又按𠀠字疑一人跽而揚箕。或古簸字。又𠀠羅參事釋僕。余疑為𠀠之緐文。【鐵云藏龜拾遺考釋】

◉高田忠周　按銘意人名。音義無徵。然此銘執字作埶。此从丮从其甚明。而較之下文。其為聲丮為義亦甚明矣。集韻。掑渠之音其。亦作𢪛。扲掑堅勇也。依揚作𢼸之例。㙷即掑字也。説文無之。古字逸文。又按古手心兩部有通用者。此㙷亦惎異文。故或通認。小爾雅廣言。惎教也。左宣十二年傳。晉人或以廣隊不能進。楚人惎之脱扃。少進馬還。又惎之拔旆投衡。乃出。注。惎教也。是也。説文畀下引之曰。晉人或以廣隊。楚人畀之。黄灝説。廣車陷。楚人為舉之。此謂畀為正字。然則惎畀通用。故泥畀字。亦或從丮。古文丮廾亦通用也。不敢妄肊。存疑云爾。劉氏心源云㛸即欺。而無引證。固不可為據矣。【古籀篇三十六】

◉羅振玉　説文解字。箕從𠀠。象形。下其丌也。古文作𠀠𠀠𠀠三形。籀文作𠔿𠥱二形。卜辭作𠀠。作𠀠。許書之𠀠乃由𠀠而譌。與許書古文合。此字象𠀠形而假為語詞。卜辭中諸其字亦然。其字初但作𠀠。後增丌。於是改象形為會意。後又加竹作箕。則更繁複矣。許君録後起之箕字而附𠀠𠀠諸形於箕下者。以當時通用之字為主也。【殷虚書契考釋卷中】

◉陳　晉　其為期之省文。云「卜其」即卜期也。【龜甲文字概論】

◉商承祚　𠀠𠀠𠀠　説文「箕。簸也。從竹𠀠。象形。下其丌也。𠀠。古文箕省。𠀠。亦古文箕。𠀠。亦古文箕。」案𠀠象箕形。甲骨文金文多作𠀠𠀠又或作𠀠。上為舌。下及左右為郭。其交叉者。以郭含舌。舌乃固也。亦象其編織之文理。

甲骨文又作□王孫鐘同□。一者地。□者室隅也。所以示地及隅者。箕用以糞穢。明其設置之處也。又作□。從廾。象以手簸也。金文整齊之作□殳季良父壺沇兒鐘。以為从丌。遂有下基之訓。□乃□之寫析。故嚴可均疑為續添。是也。玉篇作筃□。五音韻譜作□。汗簡引說文作□□。並誤。易。箕子。古本及蜀才作其。蓋未借其為語詞之先。其為箕字。既借之後。箕始加竹。甲骨文已借其為語詞。則由來遠矣。【說文中之古文考】

◉明義士　按□象簸箕形，與古文□略同。西周金文其大抵作□，亦與甲骨文同。古文之□□，疑為□字傳寫之譌。籀文之□，與甲骨文之□。亦相同。卜辭之其。多假借為擬議未定之詞。爾雅釋詁「其詞也」，尚書盤庚「天其永我命于茲新邑」，毛詩國風「其雨其雨」，語法與卜辭同。因其皆假為語詞，象形之義，晦而不明，後世乃又增竹，以別于語詞之其也。【柏根氏舊藏甲骨文字考釋】

◉強運開　□按說文古文箕作□□□。籀文箕作□□。此字本為箕字。所以簸者也。自經典多通用為語詞。小篆乃製从竹之箕字以示區別。金文中其多作□。古文也。他如兩邾公鐘王子申盞蓋沇兒鐘曾伯霥匿皆作□。與鼓文同。又按秦權及嶧山會稽諸刻。其字作□。蓋從古文者。碣石頌男樂其疇女脩其業兩其字作□。蓋从籀文者。說文箕篆下列古籀重文至五字之多。而獨無□□二形。是搜集尤未備也。【石鼓釋文】

◉馬叙倫　鈕樹玉曰。韻會引作丌其下也。翟雲昇曰。以本書偏傍與古籀諸篆及見於古款志者證之。當作從竹從其。其古文箕。其亦聲。徐灝曰。古文𠀠□皆象形。□從収持之。其從丌聲。因為語詞所專。故加竹為箕。易明夷釋文。箕子。蜀才作其子。是其箕古今字。倫按甲文作□□。多作□□。純象形也。此從古文箕之作□者。□即□□之變也。後加丌聲作其。此齒從止得聲之例。為𠀠之轉注字。而箕則以竹為箕復之後起字。如今篆當為從竹其聲。箕簸轉注字。箕音群紐。簸得聲於皮。古讀皮音在竝紐。竝羣同為濁破裂音也。今紹興謂箕曰簸箕。𠀠象形。下其丌也非許文。急就章。請道其章。省竹。蓋傳寫易之。其箕帚字則仍作箕。

𠀠徐鍇曰。此直象形。商承祚曰。𠀠象箕形。甲骨文金文多作□□。或作□。又作□。從収。象以手簸也。金文整齊之作□□。倫按此頌鼎作□者之變也。象形。省字校者加之。

□李杲曰。疑本如石經作□。與史頌匜之作□者近似。倫按甲文有□字。倫謂□之譌。金文□□二字多互譌。如巽奠典諸文是也。此亦□之譌也。

□王筠曰。石鼓□字上半同此。即其之變體。嚴可均曰。疑出說文續添。李杲曰。頌鼎作□。與此形近。此以八虛懸。傳寫之譌。倫按此初文。史籀篇。非出説文續添也。然為古文。則出經記或衛恆書。
□倫按亞形父己鼎有□字。與此上略同。蓋象編竹之多寡不同耳。此□之轉注字。從竹。□聲。
□倫按甲文作□。本書□下曰。□。古文曲。此後起字。從□。其聲。【説文解字六書疏證卷九】

◉陶北溟 （王孫遺者鐘）畏□趩趩 □。古其字。讀為諆。恐懼也。【舊雲盦金文釋略 古學叢刊第五期】

◉郭沫若 第八行□亦□字，讀為其，古文每多羨筆，不足異。【丘關之釜・器銘考釋 金文叢考】

◉高鴻縉 按□原象編竹之形。後加丌為聲符作□。後□字又借為語詞。或代名詞。乃加竹為意符作箕以別之。故□其箕實古今字。【中國字例二篇】

◉朱芳圃 王筠曰：「箕之古文□，五音韻譜作□，皆譌字也。當作□，上象形，下從収，兩手簸之也。」説文釋例補正。按從甲文證之，王説甚碻。余謂□與□實二字。□揚米以去糠粃之器也。□象兩手奉之以簸揚。其上之□象糠粃。一象其形，一言其用。其結構與□□之為二字相同。許君混而為一，失之。

甲文又有作左列形者：

□後下八・一四 □後下八・一五

箕所以簸揚，帚所以掃除。世本云：「少康作箕帚」，可證二物相將為用，與字形密合。

漢書高帝紀：「高祖為亭長，」顔注引應劭曰：「舊時亭有兩卒，一為亭父，掌開閉埽除；一為求盜，掌逐捕盜賊。」考近世出土之漢代畫像石有亭父像，左手執箕，右手持帚，聞囿四川漢代畫象選集第六三圖。與高紀所載，正可互證。箕帚除為農具外，兼作埽除之器，蓋一物不妨兩用也。【殷周文字釋叢卷中】

◉李孝定 契文亦象箕形。而其義則均叚為語詞。作□者與許書籀文第二形同。作□者與古文第二形同。或作□从廾从収偏旁得通也。篆作箕者。盖以象形之□既叚為語詞。本義轉為借義所奪。遂更製从竹之形聲字以代本字耳。金文有叚其為期者。其字作□。乙彝眉壽無□。陳氏云卜辭云「卜其」即卜期。蓋誤。此下當有殘泐。如其雨其徃之比也。金文作□□父辛卣□沈子簋□頌鼎□師趛鼎□盂鼎□鄦侯鼎□南姬鬲□格伯簋□□商丘叔簠□仲師父鼎□者沪鐘□□敔鼎□叔向父簋□仲殷父鼎□毛叔盤□白者君匜□邕子甗□王孫鐘□父己簋□亯共鼎。其形體大抵上承栔文。下啓許書。古文籀文篆文諸體之漸其遞嬗之迹可概見也。【甲骨文字集釋第五】

◉李孝定 方濬益氏謂□疑娸之異文，説誤，字从女乃足形□之形譌，非真从女也，金文中此例甚多。【金文詁林讀後記卷五】

◉于豪亮　《甲編》五三二一A：

赤墨畫代二，一枚破。

簡中的字，《甲編》釋奚，勞榦《居延漢簡釋文》第二三二葉四二二八（八九・一三A）釋為巠，均非是。按勞榦《居延漢簡》第一五五葉（一二三・三五）簡云：

郵書失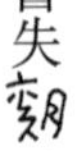，前檄召候長詣官對狀（勞榦誤釋檄為赦，召為名）。

期字左偏旁與同，知乃是其字。

從文義上考察，這個字也應該是其字。代當以音近讀為瓵，因為代和瓵都是之部字，可以通假。《爾雅・釋器》：「甌瓿謂之瓵。」注：「瓿甊，小甖，長沙謂之瓵。」《史記・貨殖列傳》：「糱麴鹽豉千荅。」集解：「徐廣曰：或作台，器名有瓵。孫叔然云：瓵，瓦器，受斗六升合為瓵。音貽。」因此瓵乃是一種陶容器。「赤墨畫代（瓵）」乃是代（瓵）上施以赤色和黑色的繪畫。「赤墨畫代（瓵）二，其一枚破」，意思是以赤色和黑色畫的瓵一共二件，其中一件已破。文義清楚。釋為奚或巠均不可通。【釋漢簡中的草書　于豪亮學術文存】

◉于省吾　甲骨文的其字作、、等形，均作虛詞用。在甲骨文中其字是最常見的字，但它的音義和用法，自來還沒有明確的詮釋。現在僅就一時繙檢所及，選録十餘條，並略加闡述。

一、貞，今夕不其征攸（啓）（京津三一六二）。

二、庚其㞢設，吉，受又，其隹壬不吉（簠典一〇五）。

三、貞，來庚寅其雨〇不其雨（乙四五一一）。

四、翌癸亥其雨　癸亥允雨（前六・五五・四）。

五、其桒于上甲，其兄（祝）（粹三三〇）。

六、癸丑貞，其又匚于甲，其卯于大乙□□（珠六三三）。

七、辛丑卜，𣪊貞，吕方其來，逆伐（前四・二四・一）。

八、壬辰卜，𣪊貞，雀弋祭〇壬辰卜，𣪊貞，雀弗其弋祭。三月（乙五三一七）。

九、壬寅卜，王其逐在萬鹿，隻。允隻五（乙三二〇八）。

十、翌壬戌其雨。壬戌雚（後上三二・一）。

十一、貞，方允其來于沚〇不其來（前七·二九·一）。

十二、丙戌卜，㱿貞，或允其來。十三月〇丙戌卜，㱿貞，或不其來〇貞，或允其來〇貞或不其來〇貞，或允其來〇貞，或不其來〇丙戌卜，㱿貞，或其來（乙六六六八）。

說文：「該，軍中約也，从言亥聲。」段注：「凡俗云當該者皆本此。」按俗語當該也作該當或應該。又典籍中每訓該為該備，該乃借字，依說文則該備字本作晐。古文字中無該字，那末，古代應該之該本作何字，這是一個令人迷惑莫解的問題。其實，該乃虛詞，無本字，甲骨文中的其字，除去在句首有時用作發語詞外，均當讀作該。古音从其从亥之字往往由于雙聲而通用。例如：易明夷的「箕子」，釋文引劉向作「荄滋」；孟子萬章的「亥唐」，抱樸子逸民作「期唐」；老子二十章的「如嬰兒之未孩」，孩字應讀作期年之期（詳老子新證）；淮南子時則的「爨其燧火」，高注謂其讀該備之該。以上是其亥通用的例證。甲骨文的貞卜，是以卜兆為依據。但兆象的吉凶是否和事實相符，事前也不能立即判定，事後要以追記的驗辭為準，當然缺記驗辭者仍佔多數。

前引第一條的今夕不其征攺，其字應訓為該。這是說，今夜不該延續晴啓。第二條的庚其㞢設，吉，受又，是說庚日該有天神所設施的兆象，是吉利而能受到保佑的。下言其隹壬不吉，其為發語詞。這是說，在壬日有兆象，則是不吉利的。第三條至第九條的各個其字，也均訓為應該。至于第四條的癸亥允雨和第九條的允獲五，都是事後追記的驗辭。第十條的壬戌雚，雖然沒有允字，但也當是事後追記的驗辭。第十一條以方允其來于沚和不其來為對貞。這和第十二條屢次以或允其來和或不其來為對貞的語法相同，乃是甲骨文中不常見的例子。雖然上舉兩條的前一句都言允，但驗辭的通例，既不在前一句言允，而且也沒有以允其二字連言者。典籍中多訓允為信。允其來猶言信乎應該來，這不過是加重語氣，傾向于它來的可能性較大而已。

綜上所述，甲骨文的其字除去用作句首發語詞外，其餘的均作助動詞的該字用。王引之經傳釋詞謂「其猶將也」，並引「盤庚曰，天其永我命于兹新邑，微子曰，今殷其淪喪」，以及其它一些典籍詞例為證。按訓其為將，義尚可通。但王氏是用歸納法尋出它們的抽象含義，而代之以擬定之詞。本文係根據契文和典籍、方言以追求其字本來的音讀，然後才斷定它的詞義，自以為較之王說更為明確。【釋其　甲骨文字釋林】

◉戴家祥　汗簡引尚書的其字作笄，笄从竹丌聲，是其的後起形聲字。其的本字作□，象簸之形，後加丌聲作其。其借作代詞之後，又加表示材質的竹旁作箕。笄字乃箕之省。【金文大字典中】

◉戴家祥　□象簸箕形，□為匡郭，中象編織紋，父己段作□，父己獻作□，筆畫稍繁。注音加旁，字又作□，丌□通讀。古文期作□，六國古鉨作□，金文作𣅀，或作朞。□為竹編器，形符加旁，字又作箕，汗簡引古尚書作笄。丌基從其聲，故丌亦通

丌　簸

基，説文丌，下基也。古𣪕有名無𠚤者，或作，或作，或作。以聲義求之，無𠚤當讀無忌，與魏信陵君名同。今音忌在羣紐，𠚤在見紐，古見羣不分，故無忌或作無𠚤。十篇心部「忌，憎惡也。从心己聲。」字亦作諅。三篇言部「諅，忌也。從言，其聲。周書曰上不諅于凶德」，今書多方作「不忌于凶德」。禮記禮器「夏父弗綦」，左傳文公元年作「夏父弗忌」。王風揚之水「彼其之子，不與我戍申」，鄭玄箋：「其或作記，或音己，讀聲相似。」曹風候人「彼其之子，不稱其服」，左傳僖公廿四年引「其」作己。鄭風羔裘「彼其之子，邦之司直」，左傳襄公廿七年引「君子曰彼己之子」。是「其」、「己」互通之證。明乎此，知十四篇己部「曩，長踞也」，即二篇足部跽之或體，非別有一字也。【金文大字典下】

◉許　慎　簸揚米去糠也。从箕。皮聲。布火切。【説文解字卷五】

◉馬叙倫　倫按簸為籓之歌元對轉轉注字。今俗呼簸箕。簸箕不專以揚米去糠也。此非本訓。餘見籓下。字見急就篇。【説文解字六書疏證卷九】

丌　三字石經君奭以為基字古文　欽罍　𢦓匽君鉼　　子禾子釜　中山王䁒兆域圖【金文編】

秦419　獨字　秦418　同上　秦841　同上　6·7　上丌□【古陶文字徵】

〔五〇〕〔一二〕〔一二〕〔三六〕〔三五〕〔一九〕〔一〕〔一九〕【先秦貨幣文編】

刀弧背　冀滄　仝上　刀弧背　丌　冀靈　仝上　右丌　仝上　刀弧背　冀滄　仝上　仝上

仝上　仝上　倒書　仝上　横書　布方北丌　典六三　刀尖　亞五·八　仝上　倒書　亞五·七

布方北亓　晉高　説文無　應同丌　讀若其字　丌字另見　仝上　布方北亓邑　晉高【古幣文編】

丌　日乙二五七　日乙二二三　二例【睡虎地秦簡文字編】

5203　與𢦓匽君鉼丌字同　三字石經君奭以為基字古文　0253　5204　4718　4722　4725　4716

4724　4717【古璽文編】

石經君奭　亓基同字　基字重文【石刻篆文編】

丌 丌基【汗簡】

◉許　慎　丌下基也。薦物之丌。象形。凡丌之屬皆从丌。讀若箕同。居之切。【説文解字卷五】

◉劉心源　(釿罍)丌為記數七字。案王莽布貨十品。其中布六百之六作丅。壯布七百之七作丌。弟布八百之八作𠆢。次布九百之九作𠘧。如今之馬子。今六作⊥。七作⊥。八作⊥。以一二三承一為之。惟九作㐅為異。然仍是以四承一。一為五省。從五以上皆變五為一而橫書之。著數於下以足之。九為一下四竪筆。八七六以次遞減一畫也。【奇觚室吉金文述卷六】

◉林義光　按古作八 鄁公華鐘其字偏旁。作一 曶鼎萁字偏旁。【文源卷一】

◉馬叙倫　徐灝曰。丌與几形聲義皆相近。疑本一字。因草跡小異。岐而二之。倫按徐説是也。下為丌譌。丌為隸書後舉字。基也以聲訓。薦物之丌校語。讀若箕者。箕得聲於丌也。穆天子傳赤烏之人其。凡二見。赤烏之人丌。一見。墨子書多作亓。亓亦丌之譌。本書娸讀若近。下文。近。從辵。丌聲。然此校語。欽罍作八。微□君鈚作亓。蓋□之變譌。墨書所以作亓也。【説文解字六書疏證卷九】

◉盛子敬　表意

1.哲理方面　古歷史哲學家的理想：以為世界上無論什麼幾微的物，它的成因没有不是由於陰陽兩性化合的。丌，便是他表示兩性(=)化合為一(一)比方兩電子(=)化合而為元子(一)的基本觀念。

2.歷史方面　丌，是古史家記原始民族的史蹟。他説母系社會的原始民族，便由男女兩性(=)結合為一(一)，以圖孳生蕃息；我族類得以保世而滋大者，實基於此。

訓義　説文：「丌，下基也。」因為丌是記人類最初的史蹟，算是人類的始基，所以可訓下基。段玉裁注：「字亦作亓，古多用為今『渠之切』之其；墨子書其字多作亓，亓與丌同也。」按亓從二，恐是傳寫錯了；應該從一作丌，意纔顯然易見。丌其兩字意同，不過有繁簡的分别罷了，後人通用其字。考後人所用其字，只是用來記語音的，至多只是訓作代名詞用的。總而言之，脱不了只是用為記音的工具；卻又捨丌不用而偏用其，捨簡就繁，在寫字時間上算是不經濟吧！説文丌篆下又説：「薦物之丌象形。」但我以為造字在先，後人仿字形來造器；並不是先有這種器具，而古史家仿器形來造字。縱然在造象形字的時候，已有丌

䢋

字，那麼丌字便是象形的了；但是經哲學整理後，已成為指事的丌了。【釋丌　學風七卷五期】

◉高鴻縉　按甲文真字作□。典字作□。𠭯鼎奠字作□。其他金文奠字作□。小篆奠字作□。然則丌者。薦物之具。由一變為=。變為一丷。變為一八。再變為丌。其跡可尋。殆由平墊漸變為有足者歟。【中國字例二篇】

◉馬承源　此劍所鑄越王的名字劍格銘文作丌北古，劍首銘文作丌北，省古字，是丌北古為越王的全名。□字，去其上部裝飾，即《說文》丌字，子可戈⿰其丌字作□，所從之丌，與此相近，鳥書是藝術字，稍有變化。【越王劍、永康元年羣神禽獸鏡　文物一九六二年第十二期】

◉李孝定　劉心源氏引王莽布，謂丌是七字，說非；按金文小篆已有丌字，其時代均在王莽之前，寧得見其布文乎？至布文之「七」，為特定符號，亦與訓下基之丌無涉。亓當即几之古文，形音皆同，許訓下基，其引申義也。【金文詁林讀後記卷五】

◉許　慎　䢋古之遒人以木鐸記詩言。从辵。从丌。丌亦聲。讀與記同。徐鍇曰。道人行而求之。故从辵。丌。薦而進之於上也。居吏切。【說文解字卷五】

◉馬叙倫　王引之曰。遒人當作䢋人。許所校左傳作䢋人。故於䢋下引之。若作遒人則當述於辵部遒下矣。朱駿聲曰。從辵。丌聲。當入辵部。劉秀生曰。丌聲己聲竝在見紐咍部。故䢋從丌聲得讀若記。詩崧高。往䢋王舅。箋。䢋聲如彼記之子之記。今本䢋並譌為近是其證。王風揚之水。彼其之子。箋。其。或作記。或作己。讀聲相似。女部。娸。從女。其聲。讀若䢋。亦其證。己部。曩。從己。其聲。讀若杞。其從丌聲。杞從己聲。與此同。倫按玉篇引詩作時。從丌丌亦聲作從丌聲也。以詩崧高往䢋王舅證之。䢋蓋近之轉注字。䢋音見紐。近音羣紐。古讀羣歸見。近從斤得聲。斤音亦見紐也。左襄十四年傳注。計其城。是也。釋文。漢書其作斤。是其例證也。說解蓋作記也以聲訓。呂忱或校者加古之遒人以木鐸記詩言。或本作遒也。故忱加此說也。遒人字當作輶。所謂輶軒之使也。遒䢋則竝借字。然則不必許所校左傳為䢋人也。讀若記者。玉篇引聲類此古文記字也。益證讀若亦出呂忱矣。二呂所作多本聲類也。此字或出字林。【說文解字六書疏證卷九】

珠244 495 佚931 續1·4·3 1·5·1 掇450 録760 粹784 1027 新2530 4852 京4·24·3 【續甲骨文編】

典 召伯簋 格伯簋 陳侯因資錞 克盨 王命尹氏友史趛典善夫克田人 以典為册 井侯簋 用典王令 弔父丁觶 【金文編】

3 8 16 【包山楚簡文字編】

典 雜三三 八例 法九八 二例 【睡虎地秦簡文字編】

3232 【古璽文編】

成紀子典祠令 典虞司馬 典祠令印 廣典衛令 王典私印 【漢印文字徵】

天璽紀功碑 典校臯儀 禪国山碑 率按典緐 品式石經咎緐謨 勑我五典五惇哉 説文之古文同 汗簡引石經同篆文非也 謝君神道闕 【石刻篆文編】

典 【汗簡】

古尚書 裴光遠集綴 【古文四聲韻】

◉許　慎　典五帝之書也。从册在丌上。尊閣之也。莊都説。典。大册也。多殄切。古文典。从竹。【説文解字卷五】

◉郭沫若　「箕其先舊」，箕即典之緐文，説文以為古文典，其實竝不古。此典字當是稽攷之意，所謂數典不忘祖也。【叔夷鐘兩周金文辭大系攷釋】

◉林義光　按古作召伯虎敦。作格伯敦。作陳侯因資敦。【文源卷六】

◉商承祚　案甲骨文作。金文召伯虎毁作。陳矦因資錞作。皆不從竹。今傳世有木簡。則其物不皆竹。故古文不

應從竹。以手奉册而讀其文曰典。從丌乃廾之誤。説文「尊閣」之訓。乃依後形立説也。【説文中之古文考】

◉馬叙倫　章敦彝曰。丌聲也。商承祚曰。甲骨文作[glyph][glyph]。以手奉册而讀其文曰典。從丌乃収之譌。説文尊閣之訓。乃依形立説也。葉玉森曰。卜辭爯册二字屢見。亦作爯[glyph]。是册𢍋塙為一字。陳邦懷謂𠬝是典之古文。非。倫按玉篇引尊作奠。莊都説作一説。克簋。王命尹氏友史趛[glyph]善夫克田人。典善夫克田人即册善夫克田人。以金甲文證之。字從収。册聲。蓋敟之初文。敟當從又典聲。即今言指點之點本字。典從廾即二手。非竦手也之[glyph]。册音穿紐。古讀歸透。透端同為舌尖前破裂音。故典音入端紐。而金甲文得借典為册也。説解盡非許文。或字出字林。召伯敦作[glyph]。格伯敦作[glyph]。

䈀商承祚曰。甲骨金文皆無從竹者。今世傳有木簡。則簡不皆從竹。李杲曰。陳矦因資敦作[glyph]。此從竹。由[glyph]譌也。倫按[glyph]即[glyph]之譌。散盤[glyph]即封字可證。從竹二字校者加之。【説文解字六書疏證卷九】

◉于省吾　卜辭工𢍋習見。工亦作[glyph]。𢍋亦作𢍋。葉玉森謂工古為一字。集釋二·六九。郭沫若云。工字與金文之作[glyph]者相同。工𢍋殆猶楚茨工祝致告之意。作古者當是[glyph]之異。猶[glyph]之作[glyph]。[glyph]之作[glyph]也。第三零一片工𢍋刻倒。不足異。通纂攷釋六三。陳邦懷謂𠬝為典之古文。殷契拾遺五。按葉郭二氏釋古為工是也。陳氏釋𠬝為典之古文未塙。佚存九三一有[glyph]字。商器弜父丁觶有[glyph]字。與𢍋係同字。从又从収一也。早期金文邢侯𣪘。用典王命之典作[glyph]。時期較晚者。如召伯𣪘作[glyph]。叔弓鎛。䈀字从竹作[glyph]。與説文之古文合。前四·四三·四。𢍋字作[glyph]。尤其塙證。栔文爯册之册。惟前七·六·一作𠬝。餘均作册。葉玉森引殷虚卜辭七百八十九版工𠬝。𠬝作[glyph]。按殷虚卜辭為摹本。當係誤奪二横畫。且爯册之册作𠬝者祇一見。册下亦無二横畫。是卜辭𢍋與册𠬝。義雖相仿。而於詞例中之用法則有別矣。説文。典从册在丌上。尊閣之也。揆厥名始。由册字孳乳為典。因而岐為二字也。

工𢍋之工。從無塙詁。郭沫若引詩工祝致告為説。不知工官也。係名詞。𢍋亦名詞。於文理實不可解。工應讀作貢。猶古文穷之作竆。内之作賫。賸之作朕。見弔上匜。化之作貨。古化貨字不从貝。易繫辭。六爻之義易以貢注。貢告也。釋文。貢京陸虞作工。荀作功。是其證。禮記曲禮。五官致貢曰享注。貢功也。廣雅釋言。貢功也。金文功字多省作工。是又貢功為音訓功同工之證。廣雅釋言。貢獻也。獻與告義相因。栔文言貢𢍋。𢍋即今典字。典猶册也。貢典猶言獻册告册也。

前二·四十·七。工𢍋其□。三·二八·五。工𢍋其右。四·四三·四。工𢍋其雚。後上十·九。工𢍋其彰。二一·三。工𢍋其□其昔。下二十·七。工𢍋其彰彡。工𢍋倒刻。殷虚卜辭七八九。工𢍋其劦。凡工𢍋均應讀為貢𢍋。謂祭時貢獻典册於神也。金文匕戊鼎有工册二字。父己𣪘有工册合文。工册猶工典也。書金縢。周公立焉。植璧秉圭。乃告太王王季文王。史乃册祝曰。史記魯周公世家册作策。洛誥。王命作册逸祝册。惟告周公其後。周禮春官大祝。六曰筴祝注。筴祝遠罪疾也。筴俗策字。左定四年傳。祝宗卜史。備物典策。國語鄭語。乃布幣焉。而策告之。晉語。故川涸山崩。君為之降服出次。乘縵不舉。策於上帝。韋注。策於上帝。以簡策之文告天也。策册古籍同用。經傳言册祝祝册策告。其義一也。左昭十五年傳。忘經而多言。舉典將焉用之。此雖非就祭祀為言。然以辭例考之。典可言舉。自可言貢矣。

綜之。栔文之工𢍰。工應讀為貢。𢍰即古典字。典亦册也。書祝告之辭於典册。祭而獻於神。故云貢𢍰也。【釋工𢍰　雙劍誃殷栔駢枝續編】

◉高鴻縉　按典為書册之尊貴者。故曰高文寶典。説解謂尊閣之也。即尊擱之也。甲文从□(拱)册擱於物上。其下畫二畫。即所以擱之之物(或架或兀)之通象也。故為指事字。名詞。金文以降變為从册在丌上會意。古人用字亦借為典守之典。動詞。後雖另造典守之典之正字敟。(从攴典聲。)而敟卒以不用而廢。【中國字例三篇】

◉李孝定　栔文□从册从𠬞。陳于二家釋典是也。葉氏引卜辭爯册亦作爯𢍰以證册𢍰為一字實誤。蓋册典同意。自得通用也。許君亦謂典為大册。足證二者古本同意。金文作□□召伯簋□□□格伯簋□陳侯因資錞□克簋□齊侯鎛□周公簋□弜父丁觶。觶文从二从又。猶與栔文相同。餘則同於小篆矣。【甲骨文字集釋第五】

◉中國社會科學院考古研究所　3848(T_{21}Ⓐ:8)　骨☐典☐?□:可能為典之異構。【小屯南地甲骨】

◉商承祚　□即典,从册从六,即《説文》:「典,从册在丌上。」【江陵望山二號楚墓竹簡遺策考釋　戰國楚竹簡匯編】

◉劉彬徽等　(10)典,簡文寫作□,《陳侯因資敦》典字作□,與簡文形近。典,典册。【包山楚簡】

◉許　慎　顨巽也。从丌。从頭。此易顨卦為長女為風者。臣鉉等曰。頭之義亦選具也。蘇困切。【説文解字卷五】

◉馬叙倫　翟雲昇曰。頭聲。徐灝曰。顨即巽之異文。倫按徐説是也。頭與弜同。詳弜字下。巽也者以異文為釋。從頭當作頭聲。鍇本作從丌頭。捝聲字耳。此易以下校語。餘詳巽下。字或出字林。【説文解字六書疏證卷九】

𢌿 畀

□畀 與𢌿為一字 李旦丘釋 班簋 否畀屯陟 □鬲比盨 □唐蘭釋畀像畀矢形 永盂 錫畀師永氒田 【金文編】

□畀 法一九五 八例 □法五 □法一七一 二例 【睡虎地秦簡文字編】

□畀口 【漢印文字徵】

□□石經多士 惟天弗畀 【石刻篆文編】

◉許 慎 𢌿相付與之。約在閣上也。从丌。由聲。必至切。【說文解字卷五】

◉林義光 按由字聲義不可據。見甶字條。从丌付與之義亦不顯。□有下基。本義當為蔽甑底之箅。□象甑。底下基屬也。付與之畀。本字為八。曾尚余㒸䖍。皆从八而有付與之義。詳見各條。八畀古同音。亦分頒文韻之雙聲對轉。因常用為數名。經傳乃借畀字為之耳。【文源卷二】

◉商承祚 □後編下第十九葉 祚案。王徵君說此殆畀字。與與受諸字同意。字亦作𢌿。鼻尊□字从此為聲。說文分𢌿畀為二字。或失之。【殷虛文字類編第五】

◉馬叙倫 段玉裁曰。疑此有奪文。當云相付予也。付予之物在閣上。从丌。王筠曰。馬本繫傳作由聲。案傳曰。囟。毗之左字。音信。是小徐本篆作⊗六也。商承祚曰。卜辭有□字。王國維說此殆𢌿字。與與受諸字同意。亦作𢌿。鼻尊□字從此為聲。說文分𢌿𢌿為二字。殆失之。林義光曰。由字聲義不可據。見甶字下。從丌付與之義亦不顯。倫按閣字似當作丌。蓋傳寫涉上文典字說解而誤。然此非許文。𢌿訓相付與而字從丌。義不可通。以□□二字證之。字從二手。不從丌也。由聲。玉篇引作由聲。由即由也。由音照紐。古讀歸端。幫端同為清破裂音。𢌿音所以入幫紐也。又由為缶之初文。缶音非紐。古讀歸幫。則𢌿音亦得入幫矣。付音非紐。則本訓付也。𢌿即付予之本字也。【說文解字六書疏證卷九】

◉唐 蘭 銘文中錫畀的畀字，像一支箭，但是比一般的箭頭大，是弩上用的。在《周禮》司弓矢裡的庳矢，故書(舊抄本)作痹矢。畀就是痹矢之痹的原始象形字。小篆往往把古文變錯了，如異字本像人高舉兩手過頂似翼，亢字本像人一條腿偏大，乘字本像人站在樹上面，小篆都把它們分成兩截了，這種例子是很多的。畀字像畀矢形，小篆分成兩截，許慎已不知道，在《說文解字》裡說成從丌由聲，解為「相付與之物在閣上也」。實則把象形的畀字假借為付與之義，其來已古，在這個器銘裡和廿五年尉从盨，還有宋代出土的中方鼎裡都是把它當作付與田邑的意思的。在金文裡還有萛字，就是《說文》的箅字，用以蓋蒸飯的甑底的，從草從竹都通用，箅可以用草做。甲骨文有鼻字和濞字，過去因把畀釋成矢，這些字就都不認識了。【永盂銘文解釋　文物一九七二年第一期】

◉唐　蘭　錫和畀意義相近。《尚書·洪範》：「鯀陻洪水……帝乃震怒，不畀洪範九疇。……禹乃嗣興，天乃錫禹洪範九疇。」説明錫與畀兩個詞可以互用。《爾雅·釋詁》：「畀、予……賜也。」所以「錫畀」等于「錫予」。《詩經·采菽》：「君子來朝，何錫予之。」古書通常寫作「賜予」或「賜與」。《左傳·僖公二十八年》：「(晉公)分曹衛之田，以畀宋人。」中方鼎説：「畀汝福土。」𩰫从𤔲説：「復慭言二邑，畀𩰫从。」都是畀予田邑土地的意義。

「畀」字像痹矢形，假借為畀予的意義。前文漏舉了一些重要的例證。其一是甲骨文常見的「畀」字，羅振玉《殷虛書契考釋》誤釋為「矢」字，而不知道甲骨刻辭裡自有「矢」字。《甲骨文编》(中華版)卷五把「畀」和「矢」混在一起，都釋作「矢」。其實像《殷虛書契後編》卷上第十七頁第四片的卜辭説：「于王曰匄𢀛方畀。」意思是向王曰這個祖先乞求把𢀛方畀予他，如果把「畀」字釋為「矢」就講不通了。其二是《西清古鑒》卷十一的班簋銘文説：「三年静東或(國)，亡不咸𢍏(眷)天畏(威)，否(丕)畀屯陟。」也用了「畀」字。《尚書·多方》：「刑殄有夏，惟天不畀純。」舊訓純為大，可見「畀純」兩字是周初經常聯用的。只是《多方》是「不畀純」，而班簋則相反，「否」字與上面「亡不」的「不」不同，應讀「丕」，「丕畀純陟」是頌揚之辭了。(《立政》説：「亦越成湯陟，丕釐上帝之耿命」，陟是升的意思。)其三是孟淠父鼎(《三代吉金文存》卷三)和遅作姜淠簋(同上卷十)，都有「淠」字，容庚《金文编》都放在附録下，作為不可認識的字。那末，我把「畀」字從舊時誤釋為「矢」字裡區別出來以後，在甲骨金文裡，就有了新認識出來的畀、箅、淠、鼻、濞五個字了。除箅就是《説文》箅外，餘四字也都見于《説文》。【永盂銘文解釋的一些補充　文物一九七二年第十一期】

◉裘錫圭　唐蘭先生認為「畀」是「痹矢之痹的原始象形字」(《文物》1972年1期60頁)。其實，「畀」應該是古書中叫作「匕」的那種矢鏃的象形字。

「」字的字形跟「」(矢)字相當接近，但是它們的區別仍然是很明顯的。「矢」字只是一般地象矢形，「畀」字則特別突出矢鏃部分。古人造字的時候，由于有的物體孤立地畫出來不容易被人們認識，就在這些物體的象形字裏連帶畫出它們所附着的主體。例如：造(眉)字時為了表示眉毛而連帶畫出眼睛，造(枼=葉)字、(果)字時為了表示樹葉或果實而連帶畫出樹木。「畀」字的構造顯然跟這些字同類。它應該是一個為了表示矢鏃而連帶畫出矢身的象形字。

從字形上看，「畀」字所象的矢鏃是扁平而長闊的一種。這種矢鏃古代叫做「匕」。《左傳·昭公二十六年》：

齊子淵捷從洩聲子，射之，中楯瓦，繇朐汏輈，匕入者三寸。杜預注：「匕，矢鏃也。」《正義》：「今人猶謂箭鏃薄而長闊者為匕。」「畀」和「匕」都是幫母脂部字，古音非常接近。王力先生認為「畀」是質部字（《古韻脂微質物月五部的分野》，北大《語言學論叢》第五輯），質部是脂部的入聲。或以「畀」為微部字，脂、微音亦相近。當矢鏃講的「匕」字應該就是「畀」的假借字。《莊子·天地》：「不推誰其比憂」，《釋文》：「比，司馬本作鼻。」《類篇》、《集韻》以「疕」為「痹」字異體。「匕」、「比」同音。「鼻」從「畀」聲，跟「畀」字可以通用。從語音上看，「匕」假借為「畀」，與「比」或作「鼻」、「痹」或作「疕」，是同類的現象。

漢以後，一般把扁平而長闊的矢鏃叫做「錍」。《方言》卷九：「凡箭鏃……其廣長而薄鐮謂之錍。」《廣雅·釋器》：「平題、鈀、錍……鏃，砮鏑也。」「錍」有「鈚」、「錃」、「鎞」等異體，讀音跟「畀」、「匕」很接近。它顯然是由「畀」（匕）這個詞轉化而成的。《方言》卷九「鉀鉾」郭璞注：「今箭錍鑿空兩邊者也。」箭錍即箭頭。唐蘭先生認為郭注「箭錍」當作「錍箭」（《文物》1972年11期56頁），恐非。

古書裏的「畀」字一般當「付與」講，這是假借義。「畀」字的字形在小篆裏已經變得不很象形，所以《說文》便把「畀」字的假借義誤認作本義了。

甲骨卜辭裏的「畀」字，用法跟古書裏的「畀」字差不多，幾乎都是當「付與」講的。《殷契佚存》510片著録的一條卜辭說：

鼎（貞）：翼（翌）辛卯  桒雨夓，畀雨？

夓是殷王的一個先祖。「桒」有祈求的意思。「桒雨夓」應該理解為「求雨于夓」。在甲骨卜辭裏，像「桒雨夓」這一類，間接賓語置于直接賓語之後，而前面又不加「于」字的雙賓語句式，是相當常見的。上引這條卜辭裏，「桒雨」、「畀雨」前後呼應，「畀」正應該解釋為「付與」。

有些卜辭先言「匄」，後言「畀」：

鼎：王其㞢（有）匄于大甲，畀？（殷虛文字乙編7257）

丁丑卜，賓，鼎：匄于（？）何，㞢（？）畀？（殷虛文字甲編3421）

乙未卜：余匄小母，畀？

乙未〔卜〕：不其畀？（乙編131＋221）

「匄」就是「丐」的古體，跟它前後相呼應的「畀」字，顯然也應該解釋為「付與」。

在某些有「匄」、「畀」二字前後呼應的卜辭裏，「匄」字之後是某個方國或氏族的名稱：

丁丑〼王其匄〔下〕□，帝畀我？（戰後京津新獲甲骨集2294）

于王曰匄舌方，畀？（殷虛書契後編上・17・4）

辛□〔卜〕，㱿，鼎：乎（呼）匄陕于方，畀？（殷虛書契前編5・7・6）

鼎：匄陕于方，□畀？（甲骨文録・曾・7）

這些方國或氏族，是殷王所丐求的事物，而不是接受殷王丐求的對象。他辭或言「𠦪舌方于岳」（殷虛書契續編1・49・1），意義與「匄舌方」相類。下□和舌方常見于卜辭，是殷人的大敵。殷王在和敵人作戰之前，有時先向鬼神祈求戰争中的擒獲。《續編》3・41・7著録的一條卜辭説：「王其𠦪羌方禽（擒），王受〼」，可證。「匄下□」、「匄舌方」，大概也都是向鬼神祈求戰争中的擒獲。上引諸辭中的「帝畀我」和「畀」，似乎可以理解為「帝畀我下□」和「畀舌方」等語的省文。上引第二辭的王曰有人認為可能是一個先公的名稱。殷的先公以王名的頗多，如王亥、王恆、王矢等。見于第三、第四兩辭的「陕」，是卜辭常見的人名。他辭或言「呼陕往」前編7・21・2）、「甶讀為「惠」，用法與虛詞「唯」略同陕令𡧊𡆥」（前編7・32・1），可知他是殷王的一個臣屬。卜辭所見人名大都就是這個人的族氏。「匄陕于方」可能是要求某個方國放回所俘虜的陕族人的意思。但是也有可能陕族曾背叛殷王，「匄陕于方」是丐陕于四方神的意思，與「𠦪舌方于嶽」同例。

此外，在卜辭裏還可以找到很多當「付與」講的「畀」字。例如：

鼎：乎畀㝵牛？（乙編3631）

鼎：牛畀佣、□（足？）？（乙編6399）

鼎：羊畀舟？（乙編7142）

鼎：而任𩃬畀舟？（乙編7746）

㝵、佣、□都是卜辭屢見的人名。「牛畀佣、□」應是「畀佣、□牛」的另一種説法。他辭或言「三百羌用于丁」（續編2・16・3）、「三羌用于祖乙」（前編1・9・6），意即「用三百羌于丁」、「用三羌于祖乙」，文例與此相類。羊是卜辭里常見的國族名。「而任𩃬」之「任」是一種身分或官職的名稱。《殷契粹編》1545B：「〼以多田、亞、任〼。」《京津》799片有「多任」。田、亞都是卜辭裏常見的職名，任的性質當與之相類。而任𩃬即而地或而族之任名𩃬者。在上引二辭裏，他們大概都是被付以舟的對象。他辭或言「嶽𠦪年」（前編6・24・4）、「嶽燎五牢，宜五牛」（佚存146），意即「𠦪年于嶽」、「燎五牢宜五牛于嶽」，文例與此相類。

鼎：丁畀我束？（續編5·13·2）

庚辰卜，鼎：㞢畀束？（歷史博物館藏骨）

第一辭的「丁」是殷王的先人的廟號。「束」似指一種災害。

鼎：畀帚（婦）井攺（啟）？（殷契遺珠278）

戊戌鼎：[glyph]異隹（唯）其亡（無）畀攺？（甲骨綴合編附圖40，戰後南北所見甲骨録·明·418）

他辭或言「以啟」（續編5·15·3）、「勿呼以啟」（續編6·12·1）。卜辭的「以」有「帶來」、「送致」一類意思，被「畀」和被「以」的「啟」應該是同一種東西，可能是指先行部隊。上引第二辭的「畀」字作[glyph]，字形比較特殊。

甶[glyph]畀中（仲）帚（婦）？（京都大學人文科學研究所藏甲骨文字417，粹編1483同文）

鼎：甶般畀？

鼎：甶[glyph]畀？這兩條卜辭在「畀」字下也許尚有一字，拓本模糊，難以確定。

己卯卜，厎，鼎：畀小[glyph]？（前編5·7·5）

鼎：亡其畀？（甲編2129）

鼎：㢧（勿）畀？（甲骨文録543）

以上各辭裏的「畀」字，也都可以解釋為「付與」。

把祭品獻給鬼神也可以叫作「畀」，例如《詩·周頌·豐年》和《載芟》的「為酒為醴，烝畀祖妣」。這種用法的「畀」字在甲骨卜辭裏也能找到：

丁丑鼎：畀丁羌八□牛一？（殷契摭佚續編86）

「畀丁羌八」，意思就是獻給稱作「丁」的先人以八個羌族的人牲。這條卜辭的「畀」字作[glyph]，據文義可以確定為「畀」字異體。

鼎：小母畀奚？（前編1·3·4）

戊寅卜，鼎：𡠗畀兟？（前編4·51·4）

以上兩條卜辭裏的小母和𡠗，大概都是被畀以祭品的對象。這兩條卜辭的文例跟前面所引的「羊畀舟」等辭相類。第一辭的「奚」指用為人牲的奚奴。

鼎：甶□畀□堯？(前編4·51·3)

☐畀米？(南北·坊三·92)

以上兩條殘辭裏的「畀」字，似乎也都是跟祭祀有關的。

甲骨文裏，「矢」、「畀」二形在用作表意偏旁的時候，偶有通用的現象。例如從「矢」的字，有時也可以寫作。但是這種現象並不能證明獨立的、等字是「矢」字的異體。唐蘭先生在《古文字學導論》裏曾經指出：「凡同部(即由一個象形文字裏孳乳出來的)的文字，在偏旁裏可以通用——只要在不失本字特點的時候。例如大、人、女全象人形，所以在較早的圖形文字常可通用。欠、丮、卩、尾、企等字本是有區別的，在偏旁裏卻常可通用……」(40頁)。「矢」、「畀」二形在偏旁裏可以通用，是同類的現象。甲骨文的「采」字有時从「枼」作(《甲骨文編》262頁)，這跟或作尤其相似。【畀字補釋　語言學論叢第六輯】

◉戴家祥　按周書多士「惟天不畀」，三體石經篆文作，古文作。金文為人名，字當讀畀或婢，公羊傳襄公二十三年「邾婁鼻我來奔」，左傳穀梁作畀我。左傳定公四年「楚子取其妹季芈畀我以出」，釋文云：「世族譜季芈畀我皆平王女也。服云：『畀我季芈之字。』」唐韻鼻讀「父二切」，並母脂部；淠讀「匹制切」，滂母祭部；釋文畀讀「必利切」，幫母至部；婢讀「便俾切」，並母支部。聲韻俱近。故得互通。禮記曲禮下「自世婦以下自稱曰婢子」，鄭注「婢之言卑也。」左傳僖公二十二年嬴氏對太子圉曰，「寡君使婢子侍執巾櫛，以固子也。」杜注：「婢子，婦人之卑稱。」劉釋於字形較近，阮元釋淠，積古齋鐘鼎彝器款識卷七遲盨。柯昌濟釋淠，韡華閣集古録跋尾第九十五葉。或釋漁，說文古籀補卷十一第三葉。皆非是。【金文大字典中】

◉徐中舒　一期　乙七二五七　象矢上有扁平之鏃形。金文作班簋永盂。後《說文》篆文譌作。《說文》：「畀，相付與之約在閣上也。从丌，由聲。」《說文》說形不確。【甲骨文字典卷五】

任巽印信【漢印文字徵】

巽亦撰字　巽並說文【汗簡】

說文　李商隱字略又王庶子碑【古文四聲韻】

◉許　慎　具也。从丌。巴聲。臣鉉等曰。庶物皆具。丌以薦之。蘇困切。古文巽。篆文巽。【說文解字卷五】

◉唐桂馨　𢀩　説文。二卪巽从此。闕。

巺　説文。具也。從丌。𢀩聲。巺古文。巽籀文。

按此二字許君皆説从二卪。實皆二人竝立也。兩人順位而立於丌。象相巺讓形。古文作巺。謂二人並也。巺卦字從此。再證以巺字異體顨。頁者。人也。二頁並立於丌。則巺為兩人。非从兩卪益明。【説文識小録　古學叢刊第二期】

◉羅振玉　説文解字。𢀩二卪也。巽从此。闕。案。易雜卦傳。巽伏也。又為順。漢書王莽傳下集注。為讓。書堯典馬注。為恭。論語子罕集解。故从二人跽而相从之狀。疑即古文巽字也。【殷虚書契考釋卷中】

◉馬叙倫　巽為奠之轉注字。具也者。本書。饌。具食也。置酒為奠。置食為饌。語原然也。奠聲真類。巽從𢀩得聲。𢀩為遜讓之遜本字。遜聲亦真類。故奠得轉注為巽。禮記少儀。僎爵。注。古文禮僎作遵。史記周本紀。遵修其緒。徐廣曰。遵。一作選。遵從尊得聲。尊奠一字。詳尊字下。是其例證。字從二手。不從丌也。古文巽作巺從𠬞。即𠬞之異文。𠬞是左右二手。即竦手也之𠬞。是其證。

巺巽段玉裁曰。汗簡古文四聲韻載此體各乖異。疑此篆當作籀。朱駿聲曰。從𠬞從丌。𢀩聲。朱珔曰。古文為巺。篆文轉為巽。恐不免傳寫之誤。倫按𢀩𠬞之譌也。玉篇。説文此篆文顨字也。然字蓋江式據石經加之。【説文解字六書疏證卷九】

◉饒宗頤　𢀩人名，契文作𢀩，亦作𢀩(屯乙六六九七)。説文卪部：「𢀩，二卪也。巽从此，闕。」廣韻：「𢀩，具也。士戀切。」丌部：「巺，具也。从丌己聲。」𢀩蓋巽字，又與顨同。許書丌部：「顨，巽也。」从丌从頭从𢀩與从頭同意。又頁部：「頭，選具也。」人部：「僎，具也。」𢀩、巺、顨、僎四字俱一義，今字巺作巽。【殷代貞卜人物通考卷十二】

◉黃錫全　顨巽亦撰字　《説文》：「顨，巽也。从丌，从頭。此《易·顨卦》為長女為風者。」鄭珍云：「是孟氏古文《易》巽作顨字。此形當本作顨，蓋書百形為𦣻，升見下儿于上。此與夏並誤。」按古頁可省作𦣻，如郘鐘頡作𩓍，秦陶文顛作𩕢等。頁又可作𦣻，如五祀衛鼎顏作𩔈，古璽頭作𩑶等。𦣻當頭之省變，原蓋作𦣻。夏韻慁韻注出李商隱《字略》又王庶子碑。此脱。

巺巽並説文　今本《説文》正篆作巽，古文作巺，「篆文」作巽。段玉裁據本書認為「篆」當是「籀」字，並改巺為巽。曾侯乙編鐘銘文巽作𢀩(竹簡繏作𦃀)，古璽作𢀩(字表5·4)，漢印作巽(漢印徵5·4)，馬王堆漢墓帛書《老子》甲本卷後古佚書作巽，乙本卷前古佚書作巽。巽或巺當是由𢀩形演變。【汗簡注釋卷二】

甲一六九一　甲二四一八　甲二四六四　甲三五一〇　甲三九一三　乙六七六反　乙一〇七八反　乙六五八三　乙六七三九反　乙六八八二反　拾一〇・二　前二・一五・二　前六・五七・五　後二・二四・一　後二・三六・三　林一・二一・七　佚一六三　佚一九〇　掇二・一八〇　摭續一四三　京都二三六八　【甲骨文編】

乙455　1102　2836　4065　4543　4761　6583　6724　6729　6882　7268　7772　8417　8461　8686　珠163　577　零2　佚163　90　9・83　續2・16・1　4・11・4　4・46・5　5・3・1　5・10・1　徵2・24　2・31　2・33　11・104　京4・7・1　摭9・1　外9　摭續143　粹305　1059　1285　新3286　4254　【續甲骨文編】

奠　弔向簋　用奠保我邦我家　矢簋　免簋二　曶鼎　克鐘　秦公鎛　容鼎　富奠劍　曾子斿鼎　孳乳為鄭　國名　姬姓　伯爵　宣王封厲王少子友于鄭　戰國時為韓所滅　鄭同媿鼎　大作大仲簋　師晨鼎　訇簋　牧馬受簋　鄭義羌父盨　康鼎　鄭井弔鬲　寰盤　召弔山父簠　鄭伯筍父鬲　鄭大師甗　孟鄭父簋　鄭楙弔壺　弔上匜　鄭興伯鬲　鄭登弔盨　鄭虢仲鼎　鄭虢仲簋　弔專父盨　趩鼎　隮子鬲　陳章壺　从⋯鄭伯筍父甗　【金文編】

3・95　繇衢杏匋里奠　3・123　蒦圆南里奠　3・148　蒦圆南里人奠　3・124　蒦圆南里奠　3・19　陳旱三奠

易 3·20 导盦奠易 9·60 王罿□奠【古陶文字徵】

2 186【包山楚簡文字編】

—三天(乙6—11)、—四亟(?)(乙6—17)【長沙子彈庫帛書文字編】

1617 奠孳乳為鄭 鄭字重見【古璽文編】

祀三公山碑 □奠不行 石經僖公 奠鄭古今字 鄭字重文【石刻篆文編】

◉許 慎 奠置祭也。从酋。酋。酒也。下其丌也。禮有奠祭者。堂練切。【說文解字卷五】

◉羅振玉 从酋从六並省。象尊有薦。乃奠字也。从酋之字。古金文多从酉。如隮从酉。鄭作奠之類。从丌之字。古金文或省从一。如其字作从一虢叔鐘邿遣敦之類。【殷虛書契考釋卷中】

◉王 襄 古奠字。鄭字重文。奠或从A。A下基也。與丌同誼。【簠室殷契類纂卷五】

◉葉玉森 按卜辭尊亦从酉作。其亦从一作。羅氏說良信。固不必證之古金文也。【殷虛書契前編集釋卷一】

◉鄒 安 此小鼎古謂之齋。形與尚齋同。或釋為尊。證以父丁方鼎作。父丁尊作。文雖小異。大致相同。按尊。說文从酋収以奉之。酋。說文繹酒也。又奠下。酋酒也下其丌也。禮有奠祭者。竊謂此為酋之變。其中之丌即丌。宜為奠祭之奠。字非尊形。以尊形當用之酒器。鼎非酒器。小鼎並非炊食之器。自是用之奠祭。故有此字。未知當否。【商酉齋 夢坡室獲古叢編】

◉馬叙倫 鈕樹玉曰。切韻引無者字。錢坫曰。此云置也祭也。詩。于以奠之。是置也。書。奠高山大川。孔傳。祭也。山海經奠皆謂祭。王筠曰。置字為句。詩。于以奠之。毛傳。奠。置也。是知置為奠之義。故內則曰。奠之而後取之。注。奠。停地也。然則凡置皆謂之奠。而字从酋。則本非泛言。故申之曰祭也。謂奠祭禮中之一名也。翟雲昇曰。當入酋聲。林義光曰。鄭同媿鼎鄭字作。从酉在丌上。羅振玉曰。卜辭作諸形。从酋之字古金文多从酉。如隮作隮。鄭作奠之類。从丌之字。古金文或省从一。如其字作之類。倫按金文奠字皆作。無一从丌者。甲文从酉在一上。一為地之初文。書禹貢詩雲漢禮檀弓疏皆謂置之於地為奠。从一。酉聲。酉音喻紐四等。古讀歸定。故奠音入定紐。倫謂此奠定字。與定同語原也。奠當依金文从酉作。然从収。不从竦手也之収。今譌為丌。金文為六。兩手奉酉。與䣽同意。義為設酒。聲即得於酉。故奠音亦入定紐也。奠奠一字。酋為酒之異文。未造酋字即借酉為酒。金甲文無奠字。知奠為後作矣。置下挩也字。廣雅釋詁。奠。置也。釋名。表祭曰奠。祭也蓋字林訓。置也从聲訓。亦以假借字釋本字。从酋以下呂忱或校者所改增。亦或字出字林也。鄭虢仲鼎作奠。㽙鼎作奠。宊鼎作奠。【說文解字六書疏證卷九】

◉董作賓　奠字在卜辭中有兩義：其一為地名，如云「㠯在之奠」。鐵・一六八・三。「奠示十ㄑ」。一二三。當即鄭地。其一則叚借為甸，禹貢：「禹敷土，隨山刋木，奠高山大川。」小雅：「信彼南山，維禹甸之。」傳一云「定也」，一云「治也」，是奠甸通用之一證。周禮天官甸師注：「郊外曰甸。」卜辭中亦多叚為郊外之甸，如云「我奠受年」，拾・十・二。言殷王畿之郊甸受年也。如云「在云，奠河邑」，金・七二八。言王在云，此云者，乃郊甸濱河之邑也。【殷曆譜上編】

◉高田忠周　說文。奠置祭也。从酋。酋酒也。下其丌也。按說文酋下云。繹酒也。从酉。水半見于上。酉下云。就也。八月黍成。可為酎酒。酒下云。就也。所以就人性之善惡也。从水从酉。酉亦聲。然則酉酒酋三字義相近。奠置酒祭祀也。其字从酉。義近。蓋古文从酉。籀篆从酋茂密取巧耳。要酉酒古今字。从酉猶从酒也。【古籀篇十六】

◉林義光　按古作奠鄭同媿鼎。从酉在六上。說文云。真僊人變形而登天也。从匕目乚。八所以乘載之。按說不可曉。古寘字作寘楚曾侯鐘。从宀奠聲。眞蓋與奠同字。以形譌分為兩字也。真實之真。為奠字之借義。或借慎字為之。詩予慎無罪。予慎無辜。巧言。爾雅。慎誠也。是也。慎顛瑱填諸字。以寘字作寘例之。並當从奠。眞奠古同音。【文源卷六】

◉陳夢家　除「鄙」以外，卜辭尚有一些指邊域的名詞：

長、戈、化告曰：邛方𢀛于我奠

𠂤乎告曰〔邛方〕𢀛我奠，𢦏四〔邑〕　綴117　武丁卜辭

長友角乎告曰邛方𢀛于我示　菁5

……邛方𩰫我示……　前7・17・1

長友角告曰邛方出侵我示㯥田七十五人　菁2

𠂤告曰……邛方𩰫𢦏𠂤示易　珠1182

來𠣞陟于西示　前7・32・4

才云奠河邑　金728　乙辛卜辭

「邛方凷于我奠」「邛方凷于我示」與「土方凷于我東鄙」是同其文例的，所以奠、示、鄙都指區域。卜辭有「我奠受年」，則奠當在殷王國範圍之內，疑即郊甸之甸。

周語上祭公謀文曰「先王之制，邦內甸服」，左傳襄十五襄王曰「昔我先王之有天下也，規方千里以為甸服」，王制「千里之內為甸」，爾雅釋地「邑外謂之郊，郊外謂之牧」，牧釋文引李巡作田，周禮載師「以牧田任遠郊之地」。西周金文則有奠：

容鼎　趞仲命容□司奠田

免簠　王才周令免乍司土，司奠、還、𢿢眔吳眔牧

師晨鼎　司邑人，隹小臣、善夫、守□、官犬；眔奠人、善夫、官守友

免為周之司徒，所司之還（苑）、𢿢、吳、牧相當於周禮之囿人、廩人、山虞、澤虞、牧人。他與同毀「司昜、林、吳、牧」相近，同毀之昜、林相當於周禮之場人、林衡。由此可推免所司之「奠」相當於周禮之甸師，注云「郊外曰甸……主共野物官之長」。師晨鼎「邑人」之官下有善夫，「奠人」之官下亦有善夫，邑與奠即國與郊，都與鄙的對立關係。由此可推容所司之「奠田」乃趞仲采邑的牧田。

由於西周金文奠之為甸，可上推卜辭奠之為甸。武丁卜辭云：

収衆人立大吏于西奠玫白　林2・11・16

……不其……南奠　珠577

𠂤般以人于北奠𠂤　下24・1

亦𠂤般才誩，乎𠂤才止奠　鐵5・4,168・3

凡此西、南、北奠亦指各方之甸。由後二辭，似「𠂤」是動詞，謂乎𠂤般駐師於此奠，而此奠即北奠。卜辭有「誩受年」之辭，則「我奠受年」當指殷王國的郊甸之受年。

卜年辭中的「我北田」「西田」與「我奠」不同，與「多田」亦不同，後者是侯伯之名。北田、西田當指耕種的一片田地，多侯與多田則在邊上，如西周金文大盂鼎所說「殷邊侯田」。【殷虛卜辭綜述】

◉朱歧祥　1373.禊　从示奠，隸作禊。字乃𠀠、𡰪之繁體。

隩　从阜奠，隸作隩。卜辭用為動詞，乃禊字異體。

奠　从雙手持酉，亦隸作奠。卜辭有用作動詞，祭獻之意。

象二人持酉，與字同。从人、从手通用。當隸同奠字，為奠字的繁體。⊘卜辭中奠字字形的簡繁衍變可歸納如

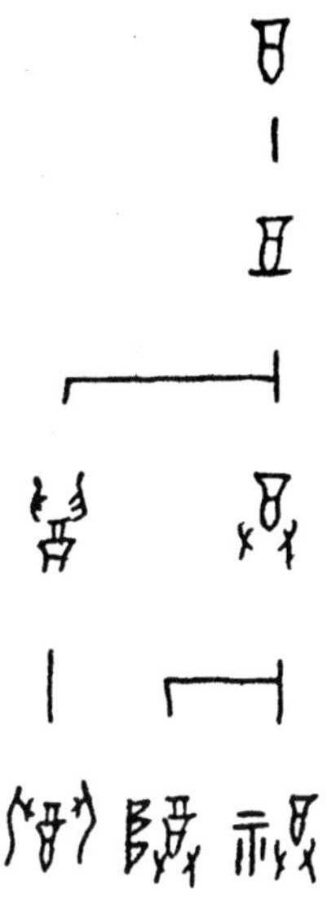

【殷墟甲骨文字通釋稿】

◉黄錫全　《甲骨文編》附録上一二九有字作，即卜辭奠字，吅當是所加之聲符。奠屬定母真部，鄰屬來母真部，二字不僅疊韻，而且聲母同屬舌尖音。因此，就是奠字異體，《甲骨文編》應歸入奠字條下。　【甲骨文字釋叢　考古與文物一九九二年六期】

◉高鴻縉　徐灝引戴侗曰。奠措酒於丌上也。古之命爵者必相授受。其不授者與受而未飲者則皆奠之。禮所謂奠爵。奠酬也。奠幣奠雁皆此義。引之為奠定。引錢坫曰。此云置也。祭也。

按戴錢之説皆是。此字本意專指置酉於丌上而言。酉為盛酒之尊。底形尖圓。必須置於有圓孔之小丌上。乃能平穩。⊘置酉必於丌上。而酉必置於丌上。始謂之奠。字原倚酉畫其置於丌上之形。一非文字。乃丌之形也。由物形一生意。故託以寄奠置之意。動詞。又凡以酉享神者必奠置。故奠又引借為祭。亦動詞。詩采蘋。于以(何)奠之。宗室牖下。即用祭義也。毛傳謂奠置。乃探其本義言之。又以酉必奠置。乃能穩定。故奠又借為定。亦動詞。書禹貢。奠高山大川。是也。

【中國字例二篇】

◉戴家祥　孫詒讓云：「金文楚曾侯鐘云：『楚王能章作曾侯乙宗彝，之于陽。』塙是寘字。諦審其文，上塙从宀，不从穴，下从者，即古文酉字，金文多借酉為酒，如沇兒鐘作，齊侯甗作，與此略同，是即奠字也。考説文丌部『奠，置祭也。从酋。酋，酒也。丌，其下也。』金文鄭同媿鼎奠作，亦省酋為酉，與此正同。依許説奠有置義，寘字从之，於字例亦合，疑古文正如是作矣。」名原下第三十葉。按孫説近是，然尚未盡其義。攷古人作字，欲示其活動在屋內者每加宀作為表義偏旁。如金文牆盤「禋祀」作「⿱宀禋祀」，邾大宰鐘「多福」作「多⿱宀福」，以是知寘即奠之表義加旁字。禮記內則男女相受器，「則女受以篚，其無篚，則皆坐，奠之，而後取之。」意謂若無篚，則授者置諸地，受者亦就地取之。此即許訓「奠置祭也」之所本也。同聲通假字亦

同窴。唐韻奠讀「堂練切」，定母元部。窴从真聲，讀「待年切」，定母真部。聲同韻近，故窴亦通奠。說文「窴，塞也」，乃填之假字。十三篇「填，塞也」。一切經音義二「填古文，窴同」。禮記檀弓上「主人既祖，填池」。鄭玄云：「填池，當為奠徹聲之誤也。奠徹，謂徹遣奠？設祖奠。」是窴、填、奠聲同字通之證。

說文宀訓「交覆深屋也，象形」。穴訓「土室也，从宀，八聲」。宀穴義近，故凡字之从穴者，亦或更旁从宀。邵鐘「竈」作竃，叔宿簋「宿」作宿。玉篇一五四「弦」作弦，「宏」亦作宖。漢書功臣表「室中」，顏注引徐廣曰一作室中。窴寘同字，其例亦猶是也。左傳桓公二年臧哀伯諫曰：「今滅德立違，而寘其賂器于大廟。」又定公十三年邯鄲午之父兄曰：「衛是以為邯鄲，而寘諸晉陽。」兩寘字當即窴之更旁字，文例與鐘銘同。陸德明讀寘「之豉反」，照母支部，訓「置也」，大徐收入宀部新附字，云「置也。从宀，真聲」，音支義切，照母歌部。置，讀涉吏切，知母之部。寘之聲原為真，韻部與置絕遠。此蓋元朗因時人俗書以寘為置之譌，鼎臣又从而襲之，而不知其非也。

金文奠皆从酉，象酒尊形，用同酋，表示酒。奠的本義是置酒祭神或祖先，古人認為祭祀能得福祛災，帶來安定的生活，奠而後心定，因此奠又引申為定義。金文奠字除了上述兩種意義之外，還被用作國名，通作鄭。

湏　字从酒从丌。說文五篇：「奠，置祭也。从酋。酋，酒也。下其丌也。禮有奠祭者。」酋从八酉，酒从……酉，八……皆象水酒之形。酋通酒，知湏即奠之異體也。金文酉字作酉酉等形，象器內有酒之形，與酋酒不同者僅在於無重複偏旁八或……而已，酉當為酋或酒之本字。金文酉字常作酒義用，尊字亦常作隮，是知酉酋酒古本一字，在金文中作為偏旁是通用的。袁鼎之「奠伯」，隮子鬲之「奠伯」，鄭伯筍父甗之「湏伯」即一字也，用作地名，讀作鄭。【金文大字典上】

◉金祥恒　戩壽堂殷虛文字第二十六頁第三片（即殷虛書契續編二卷一頁第一片）：

辛亥卜，貞：其衣，翌日其征，隮于室？

王國維考釋：「辛亥卜貞其衣翌日其止尊于室。」征誤為止，釋隮為尊。王先生誤征為止，因原片漫漶糢糊所致，今得續編，其字跡清晰可辨。至於隮釋為尊，雖無考釋，然殷虛書契考釋尊字下云：

隮隮隮尊尊，說文解字：「奠，酒器也。从酋，廾以奉之；或从寸，作尊。」卜辭象兩手奉尊形，或从𠂤，與古金文同。又古金文或从酉，或从酋。从酋者是許君所本矣。

因古金文作「某寶尊彝」或作「尊鼎」、「尊壺」、「尊𣪘」、「尊爵」、「尊觶」等之尊，或書尊尊，或書隮隮，與甲骨文同。而考釋金文者自宋薛尚功以來，皆釋尊隮為尊。說文解字：「周禮六尊，犧尊、象尊、著尊、壺尊、大尊、山尊，以待祭祀賓客之禮。」案釋尊為盛酒之器，乃名詞，後起之義。用以待賓客，或供祭祀。當言奠。說文解字：「奠，置祭也，从酋，酋酒也。丌其丌也。禮有奠祭者。」奠祭如儀禮士喪禮：「奠用特豚魚腊……其序醴酒菹醢黍稷俎。」既夕禮：「席升設于柩西，奠設如初。賓奠幣如初。」禮記文王世子：「凡始立學者，必設奠于其先師。」檀弓：「奠以素器。」曾子問：「諸侯適天子，必告于祖，奠于禰。其奠，先重而後輕，禮也。」大傳：「設奠於牧室。」

金文之「尊鼎」、「尊壺」、「尊毀」、「尊爵」之尊，如以盛酒之器釋之，鼎非盛酒，則不詞，若以尊大釋之，銘文無卑小，名鼎爵毀壺者，亦不詞。如以奠釋之，為祭器，則「奠鼎」、「奠壺」、「奠毀」……無不理達詞順矣。

尊與奠本為一字。儀禮士喪禮：「冪奠用功布。」鄭玄注：「奠，古文尊字。」特牲饋食禮：「舉觶者洗，各酌于其尊。」「其尊」，阮元校勘記云：「唐石經、徐、陳閩葛集解、通解，楊敖同毛本，尊作奠。」最近新出土之儀禮武威漢簡，其尊奠鄭三字混用。如今本特牲禮：「明日卒奠，冪用綌，即位而徹之。」而武威漢簡甲本「奠作尊」。今本士相見禮：「賓入奠摯。」而武威漢簡甲本「奠作鄭」。今本特牲禮：「祝洗酌，奠于刑南。」而武威漢簡甲本「奠作鄭」。今本少牢禮：「乃啓二尊之蓋冪，奠于棜上。」武威漢簡甲本「奠作鄭」。今本燕禮：「公又舉奠觶。」武威漢簡甲本「奠觶作鄭觗」。今本燕禮：「司正洗角觶，南面坐，奠于中庭。」武威漢簡「奠作鄭」。其例甚夥，不勝枚舉。武威漢簡奠之作鄭，猶甲骨金文□之與□。將□隸定為阝，遂與後世鄭字相同。

古書尊奠鄭互用，亦因其本為一字。奠雖从酋从丌，尊雖从酋从丌从廾，截然有別，然甲骨文之典作□或□，象雙手奉册之形。而小篆作□，「从册在丌上」，蓋小篆始分廾丌。奠亦然。卜辭之□，从□，□乃俎也。側視之形，置尊豆之屬。卜辭金文之□，當釋為奠。如戩壽堂殷墟文字「辛亥卜，貞：其衣，翌日其征，奠于室」。

商周金文録遺第二七五之二邲其卣：「乙巳王曰，□文武帝乙俎，在□(召)大□(廳)。遘乙翌日，丙午□，丁未□，己酉王在梌，邲其易貝，在四月，隹王四祀，翌日。其「□文武帝乙俎」之□，亦為奠字。

殷虛書契後編上三十一頁第一片：乙亥卜，貞：其□，衣于亘，冓雨，在甾魚？十一月。其□，亦奠也，移廾於上。其文例與戩壽堂殷虛文字二十六頁第三片似。「乙亥」下殘缺卜，其下殘缺勿。

卜辭通纂第三七二片：貞：帝，弗其□，王□亦奠也。□乃□省，象兩人奉尊進獻之義。

然甲骨金文又有□，或□，與說文小篆之奠同。甲骨金文之□或□，紬繹其義，多為地名，乃鄭之重文。容氏金文編奠字下輯録弔向父簋「用奠保我邦我家」，奠似為副詞。檢其原拓銘文為「□明德，秉威義，用□(緟)□(造)奠，保我邦我家」。奠

為奠定之義。非奠祭也。【釋[glyph] 中國文字第二十三册】

◉丁驌 辭曰：「勿乎取奠女子」，此辭可釋為「取鄭地之女子」或「取（人名）奠母子」，未能明也。但非帚名。他辭有「奠來」「奠入」數目二、四、五、十不等。奠為人名，男女不知。簠帝二〇二之辭云：「帚奠𩰫其用于丁」「奠𩰫」一詞，非帚奠也。【諸帚名 中國文字第三十四册】

◉裘錫圭 甲骨文「奠」字作[glyph]、[glyph]等形（《甲骨文編》206頁），表示放置酒尊之意。《説文》訓「奠」為「置祭」。《詩·召南·采蘋》：「于以奠之，宗室牖下。」毛傳：「奠，置也。」卜辭中有些用為動詞的「奠」字，大概就是當置祭講的，例如：

(9)貞：勿于□（原空一字）宜奠。 合2137

(10)☐奠鬯，卯牢，王受有祐。 小屯南地甲骨（以下簡稱「屯南」）2983

(11)王其鑄黄吕，奠衁，惠今日乙未利。 英國所藏甲骨集（以下簡稱「英」）2567

但是多數用為動詞的「奠」字，其意義已由對祭品或其他東西的放置引申為對人的安置。

《京都大學人文科學研究所藏甲骨文字》2512（即《合》32010）的一條卜辭説：「于京其奠[glyph]芻。」貝塚茂樹、伊藤道治解釋這條卜辭的意義為：「配置[glyph]（引者按：以下將此字隸定為「勅」）芻之民于京地」（《甲骨文字研究·本文篇》607頁，同朋舍，1980）。他們對「奠」字的解釋是可信的。根據我們的觀察，殷墟卜辭中用作動詞的「奠」，大部分是指對人的安置而言的。【説殷墟卜辭的「奠」 歷史語言研究所集刊第六十四本第三分】

左

左 虢季子白盤 師袁簋 魯左司徒元鼎 秦公鎛 陳喜壺 晉公盞 陳猷釜 東周左師壺 徨公壺 左關鉌 左戹壺 盗壺 从言 矢方彝 爽厝右于乃寮 矢尊 从口 班簋 左比毛父 鄦左戹戈 【金文編】

3·10 華門陳棱叄左里敀亳豆 3·27 昌櫅陳𬊤南左里敀亳區 3·30 陳𬊤立左☐☐ 3·501 王卒左敀𨜔圆櫨里定 3·503 同上 3·505 王卒左敀𨜔圆櫨里× 3·476 左南𩫖衢辛匋里䝱 3·672 左里敀 3·703 平

都𨛰𨛰左安□男鉢 3·711 □臧西左廩峹 4·1 廿二年正月左匋君 4·1 左匋倕湯敀國 4·8 左匋君鑄疋匋攻
黑 4·7 左匋君鑄疋哭鍴 4·7 左匋攻敢 4·131 左𨛭都𣐺司馬之鉢 4·133 左軍 4·44 左宮𦎧
4·34 左宮敢 4·50 左宮寇 5·237 左司空 5·303 左司 5·253 左索 5·246 左水
5·247 同上 5·242 同上 5·268 左如 5·304 左司涓瓦 5·277 左☐ 5·278 左試 5·
254 左胡 5·255 左胡 5·272 左𤎼 5·258 左貝 5·259 同上 5·250 左監 5·287 左韋
5·230 左廄容八斗 6·176 獨字 【古陶文字徵】

〔五五〕〔四二〕〔二二〕〔二二〕〔五〇〕〔四五〕〔一九〕〔四七〕〔一〕
〔一九〕〔一九〕〔一九〕〔一九〕〔四五〕〔一〕〔三六〕〔四五〕〔五三〕〔二〇〕
〔五五〕〔四〕〔一九〕〔五五〕〔一九〕〔一九〕〔一九〕〔一九〕〔一〕
〔四二〕〔四二〕〔四五〕〔一九〕〔三六〕〔三六〕〔一九〕〔三五〕〔二八〕〔一
九〕〔五三〕〔二〕【先秦貨幣文編】

刀弧背 左二 冀靈 刀折背 冀靈 仝上 背 左丌 冀靈 刀弧背 左口 冀靈 仝上 左𠦃 仝上
左三 刀弧背 左𠂇 冀靈 仝上 左口 仝上 左太 刀弧背 左𠂇 冀靈 仝上 左𠂇 仝上 左十
刀弧背 左〇 晉原 仝上 左𠂇 仝上 左乙 刀弧背 左七 晉原 仝上 左𠂇 仝上 左止
刀弧背 左昌 晉原 仝上 左二 仝上 左𠂇 京朝 刀弧背 左丨 京朝 仝上 左介 仝上 左𠂇 京德

刀弧背 左ナ 京德 仝上 左上 刀折 京德 刀弧背 左廿 冀靈 仝上 ナ口 冀靈 布方圁昜背 典一七〇 仝上 典一七一 刀折背 典一〇七九 刀折背 典一〇八〇 仝上 典一〇八一 仝上 典一〇八二 刀弧背 左巛 典一〇八三 仝上 左× 典一〇八四 仝上 左六 典一〇八五 刀弧背 左十 典一〇八六 刀折背 左廿 典一〇九一 仝上 左口 典一〇九九 刀折背 左吕下 典一一〇三 刀弧背 左九 典一〇九四 布方圁昜背 左一 亞四・一二頁 刀折背 左ヰ 典一〇九〇 【古幣文編】

116 228 232 【包山楚簡文字編】

左 法一 六例 法五二 四例 日甲一四背 二例 【睡虎地秦簡文字編】

1644 1647 1645 1649 1651 2149 1650 1652 0087 0257 0255 0256 0037 1646 0313 0227 0195 0126 0114 0044 0047 0054 0020 0049 0296 0298 0307 0300 0215 0308 0285 0052 0051 0050 0053 0038 0088 0254 2227 【古璽文編】

左府 三封左尉 左欽 左章之印 左吉 左纍 左戎私印 左長孫印 左朝 【漢印文字徵】

石碣田車 左驂旛旛 古先左七磬 漢四时嘉至磬 品式石經 咎繇謨 予欲左右有民 【石刻篆文編】

左 左 佐林罕集字 【汗簡】

左 汗簡 左 左 比干墓銘 左 古老子 左 同上 𠂇 左 左 汗簡 【古文四聲韻】

◉許　慎　左手相左助也。从𠂇工。凡左之屬皆从左。則箇切。臣鉉等曰。今俗別作佐。【說文解字卷五】

◉高田忠周　按說文。左。手相左助也。从𠂇工。會意字也。朱駿聲云。𠂇亦聲。𠂇手所以助又手者也。據隓篆。當補籀文差。此說為是。又當補古文𠂇。見下。又右下曰。手口相助也。从又口。𠂇又為轉注字。左右亦當轉注。右字从口。口者。言也。言可以為利。又可以為害。若唯右字从又口。助意未完。故先造左字。工者規矩也。所以正直也。左字从𠂇工。助意甚完。故右字受意於左字。而从口亦所以為助之意。始得完全也。左右兩字相須而助義無不備矣。周人已借左右字為𠂇又字。兩義稍混。漢人專以左右為𠂇又字。又別製佐佑字為左右義專字。而後𠂇又二字形義殆亡矣。易象上傳。以左右民。詩長發。實左右商王。周禮士師。以左右刑罰。禮記檀弓。左右就養無方。注謂扶持之。又爾雅。左右導也。又勴也亮也。此皆本義也。又叚借為𠂇者。易師。師左次。荀注。陽稱左。書君奭序。相成王為左右。釋文。東為左。禮記少儀。軍尚左。注。陽也。內則。凡男拜尚左手。老子。吉事尚左。注。生位也。又左昭四年傳。不亦左乎。注。左不便也。又魏策。必右秦而左魏。注。疏外也。之類是也。然冣古文。唯當以𠂇又為左右。𠂇手又手。所以相助也。不从工口而義自顯矣。故金文又多以又為右。又以𠂇為左。古字正文之存者也。【古籀篇五十六】

◉強運開　左段注云。左者。今之佐字。說文無佐也。𠂇者。今之左字。𠂇部曰。左手也。謂左助之手也。以手助手曰左。以口助手曰右。是左實為佐之正字矣。又按。穆公鼎。左方。齊侯鐘。左右余一人。均作左。與鼓文同。是左叚為𠂇固自古已然也。【石鼓釋文】

◉馬叙倫　鈕樹玉曰。繫傳及韻會引作手左相佐也。說文無佐。段玉裁曰。當作𠂇手相助也。倫按玉篇引作手相佐也蓋本作左。助也。手相助也。左乃隸書複舉字。手相助也蓋字林文。佐字則傳寫者改之。左。從工。𠂇聲。工巨一字。即今匠人所用裁木之器。俗謂鋸子者是也。見工字巨字下。左從工義當生於工。助也者即助字義。古多假左為助。而左之本義亡矣。疑是鋸木聲。如所為伐木聲也。字見急就篇。陳猷釜作左。石鼓作左。【說文解字六書疏證卷九】

◉郭沫若　第一三一七片「貞令从沚戠示左，七月。」(右行)

古人以東為左、西為右，「示左」蓋謂巡視東方也。示讀為視。【殷契粹編考釋】

◉陳煒湛　卜辭中屢見𠂇和又，即今之𠂇(左)和又(右)。本來，𠂇就是左，又就是右，一目了然，没有什麽可「説」的。但是，甲骨文字尚未固定，大都可以反書，而又反書即成𠂇、𠂇反書便為又；因而在不少情況下，見到𠂇、又，容易使人疑惑：究竟是左、又的正書，還是又、左的反書？有些學者為了避免麻煩，便斷言，甲骨文中別的字都可反書，唯獨左右字「例外」，「正反不能通融」。這種否認反書的說法既不合當時文字的一般規律，也不合這兩個字的實際情況，所以遇到類似這樣的卜辭就無法解釋了：

冊至𠂇雨。《甲》1560

其受𠂇年。《甲》1369

𠂇年（合文）《後》(上)21·6

王受又又？壬戌卜貞：弗受𠂇𠂇？《甲》3913

「左雨」、「左年」、「左它」、「受左左」是什麼意思呢？顯然，以上四例中的𠂇，皆為又字反書，而假借為有無之有及保祐之祐。

承認了反書，就牽涉到這樣一些問題：殷人的左右觀念如何？左右字的反書是隨便反來反去呢，還是有所限制？

就現有資料分析，可以肯定，殷人確有鮮明的左右觀念，正如其有鮮明的四方觀念、上下觀念、前後觀念一樣。

既然如此，那又為什麼有以左為右或反右為左的現象呢？二者豈不矛盾麼？表面看來，這確是矛盾，但若仔細分析一下反書的具體情況，就不難發現，這種矛盾實際上并不存在。⊘左用為又，并非左右之右，而是假借作有無之有、祭祀之侑或保祐之祐。可見，這種反書，并不涉及在當時本來意義上的左右觀念問題，兩者并不矛盾。

值得注意的是，卜辭中還未發現反左為右，或以右為左的現象，而這種現象在西周金文中倒出現過，如元年師兌簋：「嗣又右走馬」，是左右反寫作又右，另一同銘器及蓋皆作「嗣𠂇右走馬」可證。又如甶季鼎：「用又右俗父嗣寇」，左亦反寫作右。論理，既然可以反又為左，似乎也同樣可以反左為又，而卜辭中竟無此例，不能不令人感到奇異。

綜上所述，關于卜辭「左」「又」二字，可得出如下幾點初步看法：

一、殷人有明確的左右觀念。

二、廩、康以前，除個別例外，「左」「又」分用，不相混雜。

三、廩、康以後，以左為右或反右為左之例漸多，然多屬假借用法。尚未發現以右為左或反左為右之例。

四、𠂇除用作左右之左外，還可假借為輔佐之佐，并可作人名和地名。【甲骨文字辨析　中山大學學報一九八〇年第一期】

◉連劭名　《H一一：八四》二：「貞，王其桒又大甲，𠭯周方伯，𧍸，由？不左於受又又？」

「不左於受又又」，周原卜辭又有：「亡左……王受又又。」

殷墟晚期卜辭有：

「丁卯王卜貞：𠂤巫九𠂤，余其比多田于多白，正盂方白炎，叀衣翼日步，亡左自上下于禣示，余受又又？」《甲》二四一六

「甲戌王卜貞：𠂤……鼀屯盂方……西戉，嬰西田……方，妥余一人……比多田甾正……左自上下于禣……？」《陳》九二

「亡左」，當讀為「天差」。左、差古音相近，差字亦從左。《說文解字》：「差，貳也。差不相值也，從左、從𠂹。」差訓僭。《廣雅·釋詁四》：「僭，差也。」《廣雅·釋詁二》：「差，僭也。」《詩經·大雅·抑》：「不僭不賊。」毛傳：「僭，差也。」是知僭、差可以互訓。所以，「亡左」亦可訓釋為「亡僭」。

古人占卜，乞佑於神，如得吉兆，則認為合於天命。《左傳·昭公廿五年》：「以卜為信與僭。」僭與信相反，僭者，不信也。《左傳·昭公元年》：「楚又行僭。」杜預注：「僭，不信也。」信，當指天神的孚佑，《周易·需》：「有孚，光亨。」《釋文》：「孚，信也。」所以，《尚書·湯誥》曰：「上天孚佑下民，罪人黜伏，天命弗僭。」【讀周原出土的甲骨刻辭 古文字研究第十三輯】

◉李 義 趙世超 卜辭中的左，寫作，有表示左方位一義，與右相對。我們對卜辭中左的用法進行了深入的考察，發現左除了上一義項外，還有「不祐助」一義，這是以前未曾有人道及的，現申論如下，先看下例：

貞。王𢧐多屯，不左，若于下上。

貞。王𢧐多屯，不𡆥，左于下上。（《甲骨文合集》809正 下略書名）

己未……貞。旨……人，若于帝，右（祐）。

貞。旨……人，囷若于帝，左。（14199正）

以前把上辭中的左均釋為右，解為祐助，解字似可通，但與整個辭意不協。如第一辭既言「被下和上的神祇所若（順）」，則不當言「不祐助」；既言「不若」，則不當又言「被下和上的神祇所祐助」。第二辭反面對貞句既言「不被帝所若」，則下不當言「祐助」。由此可見，釋上辭中之左為右解為祐助顯然是不妥的。

《左傳·襄公十年》：「范宣子曰：『天子所右，寡君亦右之；所左，亦左之。』」疏：「人有左右，右便而左不便，故以所助者為右，不助者為左。」孔疏所解，為名詞之右和左，動詞之義亦如之。「右之」為「祐助之」，「左之」為「不祐助之」。如以「不祐助」解上兩辭中之左，則文从字順，甚為妥貼。第一辭對貞前句意為「不不祐助（即祐助），被下和上的神祇所若」，對貞後句意為「不若，不被下和上的神祇所祐助」。第二辭的反面對貞句意為「不被帝所若，不祐助」，其正面對貞句意義與反面對貞句正好相反，

為「被帝所若，祐助」。

另外，占辭中「勿左」等否定句常和「吉」連言，亦可證左有「不祐助」一義，如：

癸巳卜，爭貞。侑白彘于妣癸，不(左)。

王固曰：吉，勿左。(2496)

貞。河有左。——河亡左。

王固曰：吉，勿左王。(2002正、反)

貞。王疒，不惟有左。——貞，王疒，惟有左。

王固曰：吉，勿有左。(17397正、反)

貞。我家祖乙左王。——貞。㞢(似為我字之誤)家祖乙弗左王。

王為，我家祖辛左王。——王為，我家祖辛弗左王。

王固曰：吉，祖辛勿左。(原辭勿和辛二字刻倒)(13584)

上占辭意為「吉利，(某某)不要不祐助(王)」或「吉利，不要有不祐助」。如果釋左為右解為祐助，經否定後和吉利之義就大相徑庭了。

從字的寫法上觀察，這類卜辭中的左字也是有其特點的。第一期㱿組卜辭刻在龜腹甲左右兩邊的對貞句。很多字有對稱的寫法。如「受有右(祐)」之右可對稱寫作又、𠂇。由于具體語言環境的限制，這裏的𠂇必須讀作右，不會有任何誤解產生。但是，上引諸辭例凡具有對稱格局的，左字一律寫作𠂇，沒有一例左、右混用現象。由此亦可證明上辭中的左必須釋為「不祐助」。

據此，卜辭中的「示弗左王」(10613正)、「王往于敦，不左」(7945)、「我逐豕，有左」(10252)等辭的左最好不要輕易定為右(祐助)，它們很可能也是「不祐助」的左字。【甲骨文字補釋四則　考古與文物一九九〇年第三期】

◉戴家祥　按金文左亦有从𠂇从口。師兌毁器名作「左走馬」，蓋銘作「右走馬」，班毁「王令吳伯曰：『以乃自左，从毛父。』」一左一右，字均从𠂇口。且金文雖大部分左从𠂇，右从又，但仍有左右交錯字例，如師兌毁等，屬文字未定型的現象。

【金文大字典上】

差　經典通作佐　佐　說文所無　國差罎　國差立事歲　國差即齊之國佐也　王子午鼎　不戲不差　末距悍　國差貣末　不昜戈　攻吳王夫差監　攻敔王夫差劍　𠫑志鼎　𠫑志盤　从車　假借作左　蔡侯𩕲鐘　𨊠右楚王　从犬　中山王𧊒壺　受賃𤞤邦　義如佐　蚉壺　或貝賢𤞤司馬貫　假借作左　中山王𧊒鼎　以𤞤右寡人　【金文編】

3·824　差里　說文所無　古文四聲韻引石經作　與此同　4·121　士匋差　【古陶文字徵】

108　138　【包山楚簡文字編】

賈差　貫差　趙差　【漢印文字徵】

差　差朱育集奇字　【汗簡】

朱育集字　汗簡　竝王存乂切韻　石經　同上　朱育集字　【古文四聲韻】

◉許　慎　貳也。差不相值也。从左。从𠂹。徐鍇曰。左於事是不當值也。初牙切。又楚佳切。籀文差。从二。【說文解字卷五】

◉王　筠　齊侯甔差字上半作。乃真如華葉𠂹形。小篆整齊之。不甚象矣。【說文釋例卷一】

◉吳式芬（齊國差甔）許瀚謹案。說文齒部𪗨下引春秋傳曰。鄭有子𪗨。今左氏昭十六年傳作齹。釋文云。齹。字林才可士知二反。說文作𪗨。云。齒差跌也。在河千多二反。惟差佐通用。故字林從差。說文从佐。並諧聲也。呂氏春秋仲秋紀。禦佐疾以通秋氣。高注。佐疾謂瘵也。案佐不可訓瘵。蓋瘥之借字。瘥瘉也。故又訓瘵。瘥古書傳多作差。桂氏說文義證歷引方言。差。愈也。南楚病愈者謂之差。或謂之瘳。書金縢。王翼日乃瘳。傳云。瘳。差也。論語。病閒。孔安國曰。少差曰閒。襄十年左傳。晉侯有閒。杜云。閒。疾差也。昭十三年傳。其何瘳於晉。注云。瘳。差也。二十年傳。爾其勉之。相從為愈。注云。愈。差也。魏志張遼傳。疾小差。通鑑。北齊楊愔曰。陛下若用高德政為冀州刺史。病當自差。注云。病差猶言病瘳也。是皆瘥差通用之證。亦即差佐通用之證。瀚曩在濟寧。甘泉汪仲恪延熙得宋公差戈。瀚釋為宋公佐即宋元公。得此銘互證而益信。今之左右。古為。今之佐佑。古為左右。說文不收佐佑。而齒部有佐聲之字。徐鼎臣以為當從𠈇傳寫之誤。戴氏六書故則以鄭公孫嬰齊字子齹繫齹篆下。注云別作⿱左齒。不更出⿱左齒字。段氏注則存⿱左齒刪齹。據左傳釋文所引。云字林始有齹。各本說文乃以齹篆先⿱左齒而別為音義。誤甚。案三說大徐最為肊斷。後來篆書六書統反因之硬造籀字。嚴氏說文校義說文聲類亦為所惑。戴氏合齹⿱左齒為一字。當矣。而又省工作齹。未免任意。段氏謂䶩下音義後人加增。實為卓識。然輒謂齹出字林。逕刪䶩篆。亦未深考。古文四聲韻齹下引王存乂切韻有□□二篆。差下引石經有□□二篆。是□□即古差字。从齒差聲。其字已古。說文不應無此字。疑說文以⿱左齒為正。字林以齹為正。故釋文分引。唐人合字林於說文。妄有刪並。乃如今本不必說文本無齹字。廣韻⿱左齒下云。齒⿱左齒跌出字統。又豈得據此謂⿱左齒出字統非說文所有乎。至於佐字雖不見說文。然據薛氏款識。則漢上林鼎齊安鏞皆有篆文佐字。上林鼎無年月。齊安鑪乃神爵四年。是遠出許君前。據婁氏漢隸字源劉氏隸韻馬氏漢隸分韻顧氏隸辨等書。則趙君羊竇道碑。永和六年。北海景君碑陰。漢安二年。楊統碑陰。建寧元年。夏承碑。建寧三年。魯峻碑。熹平二年。繁陽令楊君碑。熹平三年。樊毅復華下民租碑。光和四年。郭究碑。中平元年。皆有佐字。是在許君說文既出以後。而佐字亦不廢。古文四聲韻引古老子林罕集籀韻。皆有从人之佐。疑其字在秦前。秦篆用制⿱左齒字。不違六書。故許君取之。而不以未收佐字為嫌。說文偏旁有而無其字者衆矣。不獨一佐字也。【攈古録金文卷三之一】

◉方濬益　(國佐𦉜)許印林論差佐二字辯說文齒部䶩之重文作⿱左齒。徐鼎臣說與戴氏六書故。段氏說文注三家得失至為允當。又以說文無佐字而偏旁有之。據薛氏款識。漢上林鼎齊安鑪皆有篆文佐字。古文四聲韻引古老子林罕集籀韻。亦有从人之佐。疑其字當在秦前。今以劉方伯所獲秦瓦當文曰佐弋證之。是秦時已有佐字。蓋二字古通用。故彝器作□。而經傳作佐也。【綴遺齋彝器款識考釋卷二十八】

◉吳大澂　□古文以為佐字。齊侯甑。國佐立事。阮相國釋作差。□宋公佐戈。佐亦从□。與距末佑作□同意。【說文古籀補卷五】

◉強運開　□不易戈。經典通作佐。說文左即佐。又按。說文。□貳也。左不相值也。从左𠂹。段注云。韻會作𠂹省聲。疑是𠂹省聲之誤。運開按。古𠂇字作□。从古文手。是□實即古左字。自後世專以為參差字。本義遂廢。【說文古籀三補卷五】

◉高田忠周　說文。□貳也。差不相值也，从左从𠂹。籀文从𠂇从二作□。朱駿聲云。按弍也忒也。左不相值也。从左猶从𠂇也。凡又便而𠂇不便。故為不相值之義。从𠂹聲。左文二年注。忒差也。釋文差二也。廣雅釋詁二。差衺也。又僭也。

三。次也。又爾雅釋詁。差擇也。皆一誼之相生。【古籀篇五十六】

◉商承祚　差作差。末距悍作差。下皆从右。羅師云。即左字。古左右本作𠂇又。或作左右。今右存而左廢。貞松堂集古遺文卷十一弟十七頁。差在此讀佐。【楚王酓忎鼎　十二家吉金圖録】

◉馬叙倫　段玉裁曰。貳當作貣。借為忒也。嚴可均曰。韻會引作𠂹省聲。均謂𠂹聲。桂馥曰。差不相值也。差字衍文。九經字樣集韻並無之。丁福保曰。慧琳音義十六引。貳也。不相值也。今本衍差字。章敨彝曰。從𠂹。象艸木花葉𠂹。有參差之義。左聲。倫按章説是也。玉篇引作貳也。不殖也。從左。從𠂹聲也。左無參差之義。齊國佐鑰作差。不易戈左右字作差。釋名。嗟。佐也。皆差從左得聲之證。此訓貣也。段謂借為忒。忒為失當。故此又言不相值也。𠂹部。𠂹。行不正也。亦不相值義。亦可為善得左聲之證。蓋語原同也。然貳也不相值也皆非許文。差則隸書複舉字之譌乙者也。當入𠂹部。為𠂹之聲同歌類轉注字。參差字借為縒。

差嚴可均曰。自部隓從差聲。疑此部舊有差篆。嚴章福曰。當曰籀文𢀩。從二左。王廷鼎曰。説文無差。左右古止作𠂇又。又有重文作又又。則𠂇亦當有重文作𠂇𠂇。古疊文多作二。則左即𠂇𠂇矣。倫按王謂又有重文作又又者。即又部之友字。然又又實當如金文作艸。象左右兩手之形。蓋𠂇又為人之左手右手。象形字。人安得有二右手二左手耶。特據本書及金文多茂文。茂文不合六書。乃書者率意為之者也。此篆作𢀩。譌變為𢀩。或籀文變體如此。【説文解字六書疏證卷九】

◉夏　渌《説文》:「差,貳也,差不相值也。从左从𠂹。」已經説不明白「差」字的形義來源了。从𠂹或𠂹省,均不能説明「差錯」「差次」的含義。《中國語文》1978年第1期《釋差字的形義來源》一文,認為「差」是「搓治加工麥粒」的本字,字書或作「𪍿」,字从左从麥省,既有精選的含義,又有相反的「差次」的含義。

作為「差次」、「差錯」的一義,為人們所習知,今从略。單就「精選」「完善精致」的對立含義作一些介紹。《詩·小雅》:「吉日庚午,既差我馬。」注:「差,擇也。」是精選良馬的意思。《墨子·非攻》:「故差論其爪牙之士。」《梁書·劉顯傳》:「尚書令沈約命駕造焉,於坐策顯經史十事,顯對其九。……陸倕聞之,嘆曰:『劉郎可謂差人。』」

「差」有精選、美善意,也反映在一系列从差得聲的形聲字中。如「瑳」釋「玉色鮮白」。「縒」釋「鮮潔皃」。「瑳」意為「明朗」。「鬔」訓「髮好」。「瘥」訓「病好轉」。【古文字的一字對偶義　武漢大學學報一九八八年第三期】

◉劉　釗《金文編·附録下》二五五號字作:

□官□父簋

舊不識。按字从木从𠂇，𠂇即左字初文，字應隸定作「杢」。

金文差字作：

□國差罎　□不易戈　□攻敔王夫差劍　□嗇志鼎

从𠂹从左，𠂹左皆聲，很可能是個雙聲字。古文字中𠂹形和木在用作偏旁時時常混用，如金文𢼸字作「□」又作「□」（《金文編》二二〇頁），釐字作「□」又作「□」（《金文編》八九〇頁），即是例證。中山王器差字作「□」，正从木作，這是差字可變為从木作的確證。故上舉金文「□」字無疑應釋為「差」，官□父簋應改稱官差父簋。【《金文編》附録存疑字考釋　人文雜志一九九五年第二期】

◉戴家祥　□字从𠂹从𠂇。𠂇古文左，字當釋差。說文五篇「差，貣也，左右不相值也。从𠂇𠂹，𠂹左，籀文差从二。」段玉裁云：「韻會作『𠂹省聲』，疑是𠂹省聲之誤。」說文解字注。金文借用為左右之左，周書文侯之命「克左右昭事厥辟」，偽孔傳云：「左右，助也。」「左右吳大父」，猶云助吳大夫也。唐韻差讀「初牙切」，穿母魚部。又讀「楚佳切」，穿母支部。聲同韻近。

按玉篇四四四：「𧺆，古文蹉。」許（印林）說至確。金文國差罎為齊國佐所作器，國佐即仲孫嬰齊，國歸父之子，又稱賓媚人，事跡見左氏公穀三傳成公二年、成公十五、十六年、十八年，公元前五七三年。為齊靈公所殺。宋公差戈為平公成之子元公佐所作。吳王夫□鑑為吳王闔閭之子夫差所作器。□亦作□，从𠂹从□。羅振玉謂古左右作□□，或作□□，今□□存而□廢矣。貞松堂集古遺文卷十一第十七葉□馬銜。唐韻差讀「楚佳切」，穿母支部。廣韻佐讀「則箇切」，精母魚部。聲韻不同。殆即許慎所謂言語異聲歟。【金文大字典下】

工

□甲一一六一　武丁時工字作□　□甲一一六七　㠯工　衛官名　□乙一一　□乙一一五五　□乙三三一七多工　□拾一四・七　□前四・二八・七　□後二・一八・八　□後二・二〇・七　□續五・二六・九　地名　貞勿令在北工叒人　□京津三一五五　□京津三七八二　□粹一二一七　貞令在北工叒人　□河六五二　□佚七　□前二・四〇・七　祖庚祖甲以後工字作□　工冊　□前三・二八・五　□前四・四三・四　□後一・二一・三　□續一・五・一　□珠二四四　□河

六五一 工 粹一二七一多工 工 京都六〇作學工宮若 【甲骨文編】

乙222 珠244 續1·5·1 録651 粹1271 甲1161 1167 乙1155 3317

4657 6315 7955 9036 佚7 續5·4·6 續5·10·4 徵11·95 續5·147 續5·26·9

徵2·23 掇389 鄴三46·5 誠227 續存70 外3 452 粹1216 1217 1284

新4386 4844 甲332 3173 乙113 1417 4055 珠170 171 172

173 174 175 177 178 179 345 462 483 484 707 958

1188 1189 1196 福7 佚13 17 18 19 21 28 51 60

66 116 328 379 380 862 續1·4·6 1·7·2 1·10·3 1·19·4

1·36·4 1·40·6 1·49·1 3·1·1 3·1·2 3·1·3 3·2·1 3·2·3

3·3·1 3·3·2 3·3·3 3·4·1 3·4·2 3·4·3 3·4·4 3·5·1 3·6·5

3·6·6 3·7·4 3·7·9 3·10·2 4·18·5 4·31·1 4·33·1 4·35·4

5·32·1 6·23·12 徵2·46 2·55 2·56 2·58 3·9 3·28 9·1

9·3 9·4 9·5 9·8 9·9 9·12 9·13 9·14 9·15 9·16 9·17

9·18 9·19 9·20 9·21 9·22 9·23 11·51 京2·25·2 3·13·4

4·6·1 凡18·1 18·2 18·3 18·4 古2·6 録637 天67 摭93 續存

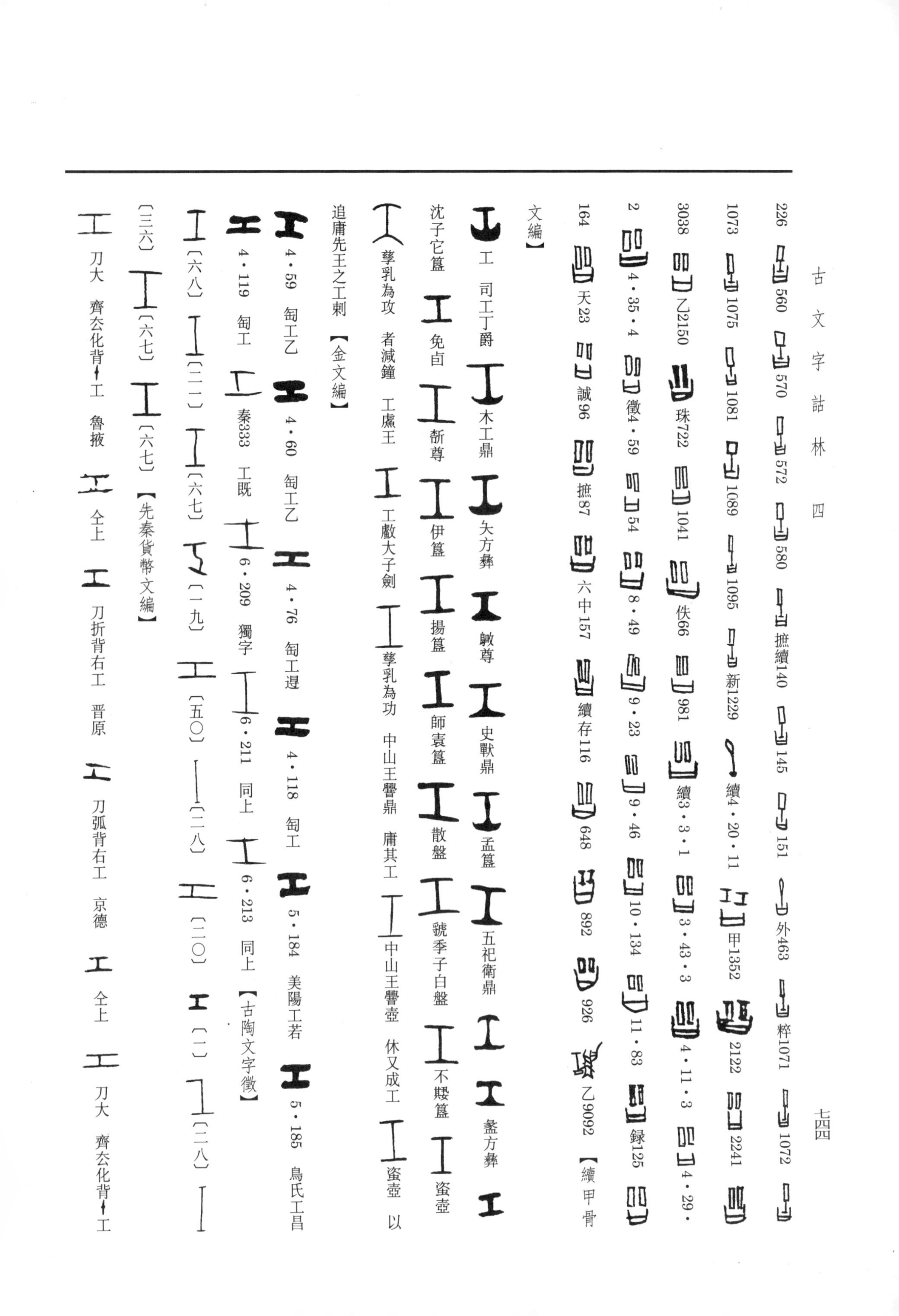

226　560　570　572　580　摭續140　145　151　外463　粹1071　1072　1073　1075　1081　1089　1095　新1229　續4・20・11　甲1352　2122　2241　3038　乙2150　珠722　1041　佚66　981　續3・3・1　3・43・3　4・11・3　4・29・2　4・35・4　徵4・59　54　8・49　9・23　9・46　10・134　11・83　録125　164　天23　誠96　摭87　六中157　續存116　648　892　926　乙9092　【續甲骨文編】

工　司工丁爵　木工鼎　矢方彝　駇尊　史獸鼎　盂簋　五祀衛鼎　盠方彝　沈子它簋　免卣　斱尊　伊簋　揚簋　師袁簋　散盤　虢季子白盤　不𡢁簋　盗壺　孳乳為攻　者減鐘　工盧王　工𠭯大子劍　孳乳為功　中山王譽鼎　庸其工　中山王譽壺　休又成工　盗壺　以追庸先王之工剌　【金文編】

4・59　匋工乙　4・60　匋工乙　4・76　匋工遅　4・118　匋工　5・184　美陽工若　5・185　鳥氏工昌　4・119　匋工　秦333　工既　6・209　獨字　6・211　同上　6・213　同上　【古陶文字徵】

〔六八〕　〔二二〕　〔六七〕　〔一九〕　〔五〇〕　〔二八〕　〔二〇〕　〔二〕　〔二八〕　〔三六〕　〔六七〕　〔六七〕　【先秦貨幣文編】

刀大　齊厺化背‡工　魯掖　仝上　刀折背右工　晋原　刀弧背右工　京德　仝上　刀大　齊厺化背‡工

魯廣 刀弧背 左工 冀靈 刀大齊厺化背ᚌ工 魯濟 仝上 魯海 仝右 左大工 刀弧背 右工廿橫書

冀靈 刀折背UU工 典一一四一 【古幣文編】

工 秦九九 二十九例 效四六 二例 秦一〇三 五例 法一三 日乙二三八 【睡虎地秦簡文字編】

0085 0086 0167 0082 0083 【古璽文編】

左工室印 工倩私印 工師長孫 巧工司馬 【漢印文字徵】

開母廟石闕 石經無逸 說文古文同工功通功字重文 天璽紀功碑 【石刻篆文編】

工 工 【汗簡】

汗簡 說文 【古文四聲韻】

◉許 慎 工巧飾也。象人有規榘也。與巫同意。凡工之屬皆从工。徐鍇曰。為巧必遵規矩法度。然後為工。否則目巧也。巫事無形。失在於詭。亦當遵規榘。故曰與巫同意。古紅切。古文工从彡。【說文解字卷五】

◉馬 昂 又背文一字曰工。按工者。上下合一也。上下古作丄丅。工。古或作王。此識曰工。與作合亗字者同意。

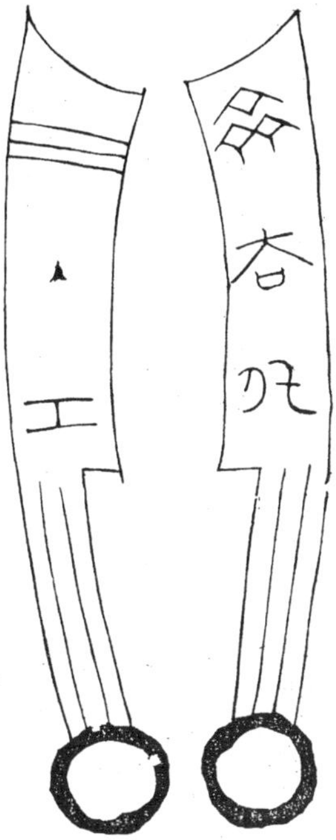

【貨布文字考卷一】

◉吳大澂　⿰宀工。古工字。漢書女工多作女紅。即此字之譌。周官有𤔲工。無司空。或古書工字有作⿱宀工者。漢時釋為司空。并以司空名官。漢人習見。漢官有司空之職。遂將經典𤔲工悉改讀為司空。後人見古器𤔲工字。轉以工為空之叚借字。不知古人命官必有所指之事。司空則所司何事也。【愙齋集古録釋文賸稿上册】

◉劉心源　工即功。益稷。弗即工。史記夏本紀作不即功是也。【奇觚室吉金文述卷八】

◉強運開　⿰工彡趙古則云。與攻通。張德容云。説文工。古文⿰工彡。此當是籀文工。叚借為攻耳。運開按。小雅。我車既攻。毛傳訓攻為堅。正義引申為堅緻。説文訓攻為擊。是擊為本義。堅則引申之義也。工下云巧飾也。象人有規榘。與巫同意。古文工從彡。工巧飾與堅緻義合。是工為正字。詩作既攻。轉為工之叚字。金石文字可以證經。正此類也。【石鼓釋文】

◉林義光　按工非人形。工。事也。小爾雅廣詁。功。事也。以功為之。象構作之形。古作工。不𣪘敦同。【文源卷三】

◉葉玉森　工典　森按王氏類纂釋工為工。類纂第五第一葉。是也。惟王氏未知⿱口工⿱工口竝工之異體。卜辭工典連文者屢見。如「癸巳卜永貞王旬亡𡆥在六月甲午工典其⿰乂丨」。卷三第二十八葉之五。「癸未卜王在⿱冊𠷎貞旬亡𡆥在六月甲申⿱工口典其彡□」。後上第十葉之九。「癸酉卜貞王旬□亡𡆥在十月又二甲戌工典其□其⿰从回」。又第二十一葉之三。「▨貞旬亡𡆥在三月甲戌⿱口工⿰冊冊其彡彤」。又下第二十葉之七。「▨在正月甲辰▨、工典其劦𦎫」。殷虛卜辭第七百八十九版。「癸卯卜貞王旬亡𡆥在六月乙巳工典其隺」。卷四第四十三葉之四。則工工與⿱工口⿱口工竝為一字可證。金文史獸鼎之工與工合。公伐郤鐘。攻字偏旁作⿱工亼。㝬鼎作⿱工亼。竝由⿱工口譌變。卜辭亦叚工為攻。如云。「貞勿令在北⿱工口廾人。」徵文地望第二十三版。即云勿令北攻且集師也。「己巳卜㱿貞犬征其⿱工口。」後下第三十七葉之三。即云犬方緩攻也。曰「貞𠦪亡其⿱工口。」徵文雜事第九十五版。即云勿攻𠦪也。紅崖碑。「王其還⿱工口。」似亦叚工作攻。卜辭亦云。「多⿱工口。」拾遺第十四葉。或即書堯典之百工。傳曰。工。官也。又羅振玉氏釋𠬞為册。謂增廾象奉册形。書契考釋。陳邦懷氏謂係典之古文。殷契拾遺。予按。卜辭爯册二字屢見。亦作「爯⿱冊⿰乂乂」。卷七第六葉之一。是册𠬞塙為一字。陳氏釋典仍非。惟卜辭言工册。乃殷禮之一。殷器銘亦間見工册二字。于甲日或乙日行之。或先彡。或後彡。或兼彤祭。或為⿰乂丨⿰从回𦎫。諸祭且必于癸日卜。其誼則不可知矣。

又按。羅氏集古遺文録。左攻弩牙。右攻弩牙。攻字均从工从支。惟左⿱口工矢鏃之⿱口工。羅氏闕釋。予疑即卜辭⿱口工字。叚作攻。仍左攻也。右攻矢鏃。攻字作⿱目工。又⿱口工之譌變。其下仍从工。【殷虛書契前編集釋卷二】

◉商承祚　⿰工彡飾物皆從彡。彡。毛飾畫文也。如𦘔。「聿飾」。彤。「丹飾」。彰。「青飾」。故工之解為「巧飾」。徐鍇曰。「為巧必遵規榘法度然後為工。否則目巧也。巫事無形。失在於詭。亦當遵規榘。故曰與巫同意。」段氏曰。「⿰工彡有規榘。而彡象其善飾。巫事無形。亦有規榘。而彡象其兩褎。故曰同意。凡言某與某同意者。皆謂字形之意有相似者。」金文與篆文同。石經古文與此同。則作𢀜者。晚周之别字。徐段二説。失之于鑿。未可準也。【説文中之古文攷】

◉馬叙倫　徐灝曰。與巫同意四字。疑後人所增。于鬯曰。工蓋即孟子離婁篇徒杠成之杠本字。二象兩岸。岸即象橋形。與𢀜為二字。訓巧飾者當作𢀜。彡部。彡。毛飾畫文也。古文借工為𢀜。必今文經作工古文經作𢀜。故許即以𢀜為工之古文耳。倫按工為巨之省。叀中鐘。巨戰無敵。以巨為攻。金文攻字所從之工。有作巨巨巨者。其巨巨二形與巨古文巨作巨者近。巨字甲文作巨巨。金文榘字作𢀖伯矩簠。𢀖矩盤。巨形均與此篆文同。巨即𢀖省也。工巨象匠人所用制木之器。今俗謂之鋸子。工音見紐。巨音羣紐。古讀羣歸見。亦可證其本是一字。説解巧飾也當作巧也飾也。飾也蓋字林文或校語。象人以下十字本作象形。吕忱或校者改之。字見急就篇。師寰敢作工。史獸鼎作工。鄦矦敦作工。石鼓文作工。

𢀜鈕樹玉曰。韻會作𢀜。商承祚曰。石經古文與此同。倫按玉篇引作𠥻。從分。倫謂蓋本作巨從手持工。如鍇本則本作𢀜。皆𢀖之異文。餘詳巨下。【説文解字六書疏證卷九】

◉吳其昌

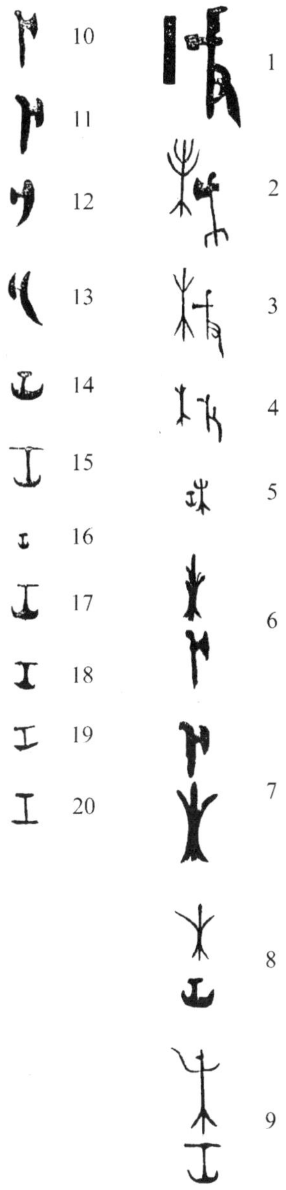

1父乙尊　貞松堂卷七頁四

2父已觚　殷文存卷下頁二十六

3父丙卣　殷文存卷上頁三十四

4枝家卣　殷文存卷上頁三十八

5母甲觶　殷文存卷下頁三十
6祖戊觚　殷文存卷下頁二十五
7卣　窸齋册十八頁七
8母已鼎　窸齋册三頁八
9木工册鼎　窸齋册三頁九
10卽6
11卽7
12父已爵　薛尚功薛氏鐘鼎款識法帖卷四頁九
13父丁爵　王俅嘯堂集古録卷上頁四十四
14卽8
15卽9
16𤬪父癸尊　奇觚堂卷五頁八
17矢　彝　貞松堂卷四頁四十九
18史獸鼎　鄒安周金文存册六補遺卷二頁三
19史獸鼎　鄒安周金文存册六補遺卷二頁三
20師袁敦　周金卷三頁十六

第二第三第四諸形，左有木，右執斧柯以伐之，形義顯了。故吳式芬吳大澂羅振玉諸氏，皆釋為伐木形，是也。因此以推第一形，則知亦斧柯之類琢木之形也。因此以推第五形，右有木，左有斧，但横置而不直立，然意義相同，至淺顯也。因此以推第六第七第八第九四形，或木在上，斧在下；或斧在上，木在下；其斧或横或立，而意義相同，可類知也。此等用以伐木而置于木旁之斧形，皆「工」字也。如第十一至第十六等七字，皆為木下之斧形，而其中第十四第十五第十六三字，與第十七第十八第十九，三字全同；然第十七字在矢彝云：「衆里君，衆百工。」第十八字在史獸鼎云：「咸獻工。」第十九字在史獸鼎云：「史獸立工于成周。」皆碻為「工」字，亦皆碻為斧形，故知「工」字最初之夙義，為伐木之斧之遺形也。

以斧伐木，是人類原始之工作也，故「工」之本義為斧，而引申之第一義，則衍為「工作」。周禮天官序官玉府賈疏云：「工，謂

作工。」是其證也。以斧伐木,是功役也,故「工」義又衍而為「功」。號季子白盤:「庸武于戎工」即「庸武于戎功」也。史獸鼎:「立工于成周」,即「立功于成周」也。書臯陶謨,「天工其代之」,漢書律麻志引作「天功」。又「苗頑弗即工」,史記夏本紀引作「不即功。」又周禮肆師:「凡師不功」,鄭注「古者工與功同字。」是其證也。以斧伐木,是「斬之」「析之」之義也。師寰毁云:「工首執訊」,此即號季子白盤銘之「折首執訊」也。此又「工」之本義為斧之一證也。握斧在手,斯可以攻人矣。故攻從「工」從「攴」。攴,象手有所執也。叔弓鐘:「汝肇敏于戎攻」,攻作「[glyph]」(宋本嘯堂集古録卷下頁七十六),其所從之「工」,正作斧形,尤為顯據。此「工」之本義為斧之又一證也。以斧伐木,而百物漸興,於是遂衍為今義。考工記云:「審曲面勢,以飭五材(古者材皆謂木材),以辨民器,謂之百工。」又周禮太宰:「五曰工事之式」,鄭注:「工,作器物者。」又漢書食貨志:「作巧成器曰工。」又何休注公羊傳成公元年云「巧心勞手,以成器物曰工。」此又引伸之義也。引伸之義愈衍而愈遠,以至于為「巧飾」,(說文「工,巧飾也。」)為能事,(大戴禮文王世子「進退工故」,盧辯注:「工,能也。」)為百官,(廣雅釋詁四:「工,官也。」)為樂人,(大戴禮保傅「工誦正諫」,注:「工,樂人也。」)而「工」之本義,遂晦霾千載無人知矣。【金文名象疏證】

◉孫海波　前編卷二第四十葉七版:「□亥王卜貞旬亾畎口一月甲子酚妹工冊□[glyph]餗王正人口」,又卷三第二十八葉五版:「癸巳卜沠貞王旬亾畎在六月甲午工冊其祐」,卷四弟四十三葉四版:「癸卯卜貞王旬亾畎在六月乙巳工冊雚」,後編卷上,第二十一葉三版:「□酉卜貞王旬□畎在十月又二□戌工冊其□其[glyph]」,諸工字,舊皆釋壬,今審確是工字,象玉連之形。惟玉之德,可以祀神,故曰工冊。知工象玉連形者,古者貝與玉皆以一貫五枚,二貫為一玨,就其枚言之,則曰玨朋區,就其貫言之則曰玉曰攻。淮南子道應篇:「元玉百工」,注「三玉為一工也」。巫卜辭作[glyph],象巫在神幄,兩手奉玉以事神,是知工即玉也。引申之治玉之人為工。周禮天官序官:「玉府工八人」,注:「工,能攻玉者。」受工意義者:曰攻,治也。書甘誓:「左不攻于左」,周禮瘍醫:「凡瘡瘍以五毒攻之」,皆訓治。曰功,釋名釋言語:「功攻也,攻治之乃成也。」治玉以技蓺箸,以技功稱,引申之凡執技蓺者偁工(儀禮燕禮「席工于西階上」注),作巧成器亦曰工(漢書食貨志),再變,善其事者曰工,「審曲面埶,以飭五材,以辨民器,謂之百工。」工亦訓官,書堯典:「允釐百工」,詩臣工:「嗟嗟臣工」,周書大戒:「維時兆厥工」,國語魯語:「夜儆百工」,鄭語:「擇臣取諫工」,註皆訓官也。司水土之官亦謂司空,則皆後起義也。由是言之,工之初文,本象玉連之形。孳乳為攻,金文不燬毁「肇敏于戎工」,號季子白盤「[glyph]武于戎工」,蓋由治玉之義之所引申。散盤之「嗣工」,乃空字之所浸假。許君訓工「巧飾也,象人有規榘也,與巫同意」,非其朔矣。(郭沫若先生亦釋工,見卜辭通纂攷釋。)【卜辭文字小記　考古社刊第三期】

◉陳夢家　卜辭言「帝工」(《存》一·一八三·二),「帝五工臣」(《粹》一二),除「帝工」之工作[glyph]外,其他「帝五工臣」之工則作[glyph]。金文《章殷》(《三代》七・三四・六)「玉五工」，玉、工均作丰。丰乃工字，工為玉之單位詞，《淮南子・道應編》「玄玉百工」，注云「三玉為一工也」，丰象三玉成串之形。【殷墟卜辭綜述】

◉楊樹達　說文五篇上工部云：「工，巧飾也，象人有規榘也，與巫同意。」樹達按許君謂工象人有規榘，說頗難通，以巧飾訓工，殆非朔義。以愚觀之，工蓋器物之名也。知者：工部巨下云：「規巨也，从工，象手持之。」按工為器物，故人能以手持之，若工第為巧飾，安能手持乎？此一說也。五篇上左部云：「左，手相左助也，从𠂇工。」尋二篇上口部云：「右，助也，從口從又。」三篇下又部重見此字，云：「手口相助也，從又，從口。」按左右二字義同，右為以口與又手相助，左為以工與𠂇手相助，若工第為巧飾而非器物，安能助𠂇手乎！此二說也。四篇下𢀩部云：「𢀩，所依據也，從𠬪工。讀與隱同。」按𠬪从爪从又，皆謂手也，手持工有所依據，故𢀩訓為所依據。若工第為巧飾，不惟从𠬪从工之義不明，所依據之訓不將浮泛不切乎！此三說也。又工部式下云：「法也，从工，弋聲。」按工必係足為模範之器物，从工之式，乃有法式之義，若工為巧飾，事屬技巧，安能為人法式乎！此四說也。然則工究當為何物乎？以字形考之，工象曲尺之形，蓋即曲尺也。巨所以為方，說文字或作榘，經傳通作矩，史記禮書索隱訓矩為曲尺，而巨字形為手持工，此工即曲尺之明證也。蓋工與巨義本相同，以造文之次第論，初有工文，雙聲轉注，後復有巨。制字者以巨工同物，故即就工字之形為巨字，後人習用巨字，致曲尺之義為巨所獨據，工字之初義不明。今據工字之本形及巨左𢀩式四文之形義以推求工字之朔義，俟世之精於小學者正焉。

工部又有巧字，云：「技也，从工，丂聲。」或當有據此證工訓巧飾為審諦者，此大不然。蓋技巧必生於規矩，故巧字從工，非工即技巧也。【釋工　積微居小學述林】

◉于省吾　甲骨文工字作□、□、工等形。工字有幾種用法，舊多不得其解，現在分別加以闡述。

一，工與貢字古通用，但甲骨文有工無貢，貢乃後起之分別文。易繫辭之「六爻之義易以貢」，釋文：「貢，京、陸、虞作工，荀作功。」管子君臣下之「而賢人列士盡功於上矣」，俞樾管子平議謂：「功當作貢。」廣雅釋言：「貢，獻也。」貢訓獻古籍習見。甲骨文稱：「工典其酌彡」(後上一〇・九)，「工典其萑」(前四・四三・四)，「工典其幼」(前三・二八・五)，「工典其翌」(南北師二・二三七)，「工典其𧴪」(明七八九)。以上各條工字皆應讀為貢。典即古典字，指簡冊言之。其言貢典，是就祭祀時獻其典冊，以致其祝告之詞也。商器天工冊父己毁工冊二字合文作□，工冊即貢冊，古文偏旁往往單複無別。此器乃祭父乙而貢獻其冊告。又商器父丁盤豆冊二字合文作□，豆乃登之省文。登冊與貢典同義，此器乃祭父丁而進獻其冊告。以上二器之工冊與豆冊合文，為舊所不解，前者，金文編附于冊字下，後者，金文編入于附録。

二，甲骨文亦有祭祀用牲時以工為貢者，例如：「工乙豭」（乙九〇三七）。此條為第一期非王卜辭，乃祭祀某乙而貢獻牡豕也。「其兄（祝），工父甲三牛」（掇三八九），此條為第三期卜辭，乃康丁祭父甲而貢獻三牛也。又：「㞢戠于受，𠙵牢」（乙四八五七）。𠙵牢即貢牢也。

三，甲骨文有以工為貢納者，例如：「貞，我吏亡其工〇貞，我吏㞢工」（丙七八）。「戉其㞢工」（佚七）。「貞，𠂤亡其工」（續五・一〇・四）。「今萅（春）眾㞢工」（外四五二）。以上四條，是商王剥削其臣僚與衆庶，因而從事能否貢納貨賄之貞。又甲骨文亦言司工，例如：「貞，叀弖令司工」（續存上七〇）。「王其令山司我工」（掇四）。弖與山均為人名。此乃商王令弖或山主管貢納之事。

四，工亦讀如字，指官吏言之。書堯典之「允釐百工」，偽孔傳謂「工，官也」；詩臣工之「嗟嗟臣工」，毛傳謂「工，官也」。工訓官古籍習見。甲骨文稱：「帝工壱我」（續存上一八三一）。「帝工壱我，又（侑）卅小宰」（鄴三下四六・五）。以上兩條之帝工即帝官，指上帝之僚屬言之。帝工亦作帝臣，甲骨文有關帝臣、帝五臣、帝五玉臣之貞屢見，可資互證。【釋工　甲骨文字釋林】

◉李孝定　栔文作工工𠙵諸形。葉郭于諸家之説是也。吴氏謂工之夙義為斧。恐未必然。以時代言。栔文之工𠙵應早於吴氏所舉金文諸器之作工者。則金文之工乃由𠙵所譌變。非本象斧形也。至訓功。乃由工作一義所引申。用為攻。則同音通叚耳。孫氏謂象玉連之形。以玉作「丰」。工作「工」。觀之其説。似可信。惟工亦作𠙵。如謂象玉之連。則何以一作「二」而一作「口」。許云「象人有規矩也」。因疑工乃象矩形。規矩為工具。故其義引申為工作。為事功。為工巧。為能事。金文矩字作矩伯矩盉矩伯矩簋矩伯矩鼎矩伯矩卣。象人持矩形。其所持正作工也。金文工作工司工丁爵工矢彝工作妣戊鼎工史獸鼎工沈子簋工不㝨簋工散盤工虢季子白盤工師寰簋工免卣工新尊工伊簋工揚簋。又許書巨下解云。「規。巨也。从工。象手持之。」象手持之者。謂从𠃌也。是許君明謂工乃巨矩之象形字也。【甲骨文字集釋第五】

◉連劭名　《H一一：一〇二》九・一一：「見工于洛☐」

「見工」一辭曾見於陝西藍田出土的《應侯鐘》，是應侯的名字，「工」當讀為「功」。《詩經・七月》：「載纘武功」，毛傳：「功，事也。」《詩經・崧高》：「世執其功」，毛傳：「功，事也。」《小爾雅・廣詁》：「功，事也。」所以「見工」可以釋為「見事」。

「見事」一辭見於青銅器銘文。西周初期青銅器《匽侯旨鼎》：「匽侯旨初見事於宗周，王商旨貝廿朋，用乍□父寶隫彝。」《貞松堂集古遺文》三・一六。《玐鼎》：「己亥，玐見事於彭，叀叔商玐馬，用乍父庚隫彝。」《窓齋集古録》五・一四。

「見事」，文獻中或作「見士」，《説文解字》：「士，事也。」《尚書・康誥》：「惟三月哉生魄，周公初基，作新大邑於東國洛，四方民大和會。侯甸男邦采衛，百工，播民和，見士於周。」過去多在見字後面斷句，現在看來是錯誤的。「見工」、「見事」，疑即後來文獻中的「獻功」、「奏功」。《周禮・天官・大宰》：「歲終，則令百官府，各正其治，受其會，聽其致事，而詔王廢治。」鄭玄注：「平其事來至者之功狀，而奏白王。」《禮記・曲禮》：「五官致貢曰享。」鄭玄注：「貢，功也，享，獻也。致其歲終之功於王謂之獻。」

見，《廣雅・釋詁》四：「示也。」《漢書・外戚傳》上：「及愈見馬」，顔注：「見，謂呈見之。」所以，見工，見事，可能就是獻功、奏功。

殷墟卜辭中有「告事」一辭：

「庚申卜貞：雀亡咎，在南土，囚告事？

庚申卜貞：雀亡咎，南土囚告事？

庚申卜貞：雀亡咎，囚告事？

辛酉卜貞：雀亡咎，南土囚告事？

辛酉卜貞：雀亡咎，南土囚告事？

壬戌卜：……咎，南土囚告？

貞：雀亡咎，囚告事？」《甲》二九〇二

雀是商代一位善戰的武將，上版卜辭即是卜問他出征南方的事情，「告事」與「見事」，含義相近，但這裏並不是指歲末的獻功。該版中的「告事」可能是卜問雀是否有捷報傳來。

古代天子於歲末大會羣臣諸侯，論功行賞，以觀政治之得失。這一制度起源甚早，《大戴禮記・盛德》：「古者，天子常以季冬考德，以觀治亂得失」。【讀周原出土的甲骨刻辭　古文字研究第十三輯】

◉何金松　甲骨文工字有兩種形體：武丁時期，上面一短横畫，中間一豎畫，下面是一方框形；祖庚祖甲以後，與現在的形體相同。

《説文》：「工，巧飾也，象人有規矩也。」規是畫圓的工具，矩是畫方的工具。工字象規，還是象矩？許説含糊。後之學者作了許多不同的解釋。

清于鬯《香草校書・説文二》：「工字無巧飾之義，蓋即橋杠之本字……二象兩岸形，丨即象橋形。」孫海波《甲骨文編》：

「工字象玉連之形。」吳其昌《金文名象疏證・兵器篇》：金文「工象斧形」。康殷《文字源流淺説》從其説，認為金文甲骨文工字之形體「都是斤（錛）頭刃部分之形的旋轉，正視即斤頭」。楊樹達《積微居小學述林・釋工》：「工象曲尺之形，蓋即曲尺。」《漢語大字典》從其説。馬叙倫《説文解字六書疏證》：「象匠人所用制木之器，今俗謂之鋸子。」以上諸説均誤。

按：甲骨文工字象築墻杵，本義是工程。除據形直觀外，并可從建築發展史及從工之字證明。

人類房屋的形制，由簡單到複雜，由粗陋到精美，經歷了與文明史等時的漫長過程。最初在樹上構木為巢，是最原始的房屋。下地以後，用幾根木料作柱子，上搭斜梁，蓋上茅草，成為錐形窩棚式的茅屋。接着就是版築了。上古未發明磚時，牆壁由泥土築成。先打好牆基，再安夾版築土為牆。築牆工具是夾版和杵。夾版約三尺長，一尺高，兩版相對固定，中間填土，用杵搗築，使之堅實。殷代武丁時期的甲骨文工字便是築墻杵的象形，方框象杵頭，豎畫象杵身，短横畫象杵柄。築牆杵的杵身有四尺左右。作為文字，不能與築墻杵的實物比例相等，必須將杵身縮短，于是字形的逼真程度大大降低，而難以解釋了。

我國的夯築技術出現于龍山文化時期，屬于新石器時代父系制社會，距今四千五百年左右。到奴隸社會初期，大約距今四千年，版築城牆和版築房屋已經盛行，一直延續到戰國。《詩・大雅・綿》是一首叙述周代古公亶父從豳地遷到岐山，建造宮室，建立周國的史詩，繪聲繪色地描寫了版築的動人情景：「乃召司空，乃召司徒，俾立室家。其繩則直，縮版以載，作廟翼翼。築之登登，削屢馮馮。」

再用幾個從工之字為證。

巩，從工，右邊的構件本象人兩手執持之形，表示版築時人持築牆杵搗築，使之堅固。

攻。《説文》：「攻，出也，一曰治也。」用築牆杵築搗夾板中的土，故訓「擊」。因造字意如此，故引申為建造。《詩・大雅・靈臺》：「經始靈臺，經之營之。庶民攻之，不日成之。」

功。《説文》：「功，以勞定國也。從力，從工，工亦聲。」本義應為致力于土木建築之事。《詩・豳風・七月》：「我稼既同，上入執宮功。」即建造宮室之事，故以築墻杵為代表，從工得聲，表示從事建築取得了成績。「以勞定國」是引申義，合稱「功勞」。

式。《説文》：「式，法也。從工，弋聲。」建造房屋，必須按設計的樣式、形式進行。式字從工，取其版築意，表示一般的「樣式」、「法式」。

工字用築牆杵的象形表示土木建築工程。甲骨文中的「司工」即主管建築工程。先秦典籍中作「司空」。《管子・度地》：

「濡濕日生，土弱難成，利耗十分之六，土工之事亦不立。」土工指挖土填土工程。《北史·隱逸傳·馮亮》：「宣武給其工力，令與沙門統僧暹、河南尹甄琛等同視嵩山形勝之處，遂造閑居佛寺。」朱熹《西原崔嘉彥書》：「向説栽竹木處，恐亦可便令施工也。」《兒女英雄傳》第二回：「果然在一月限內，便修築得完工。」

《漢語大字典》將本義「工程」列為第九項，用清代林則徐《豫東黄河凌汛安瀾摺》一例，將子虚烏有的「曲尺」當作本義，是不明工字形義來源的結果。　【漢字形義考源　華中師範大學學報一九九四年第四期】

◉劉　恒　甲骨文工字，早期作形，後期作形。此字所象何形釋者意見不一。孫海波以「工字象玉連之形」；吴其昌以西周金文「皆象斧形」；李孝定不從吴説，謂孫説「似可信」，而仍有問題，提出「工乃巨(矩)之象形字也」。(參看《甲骨文字集釋》一五八九至一五九四頁)諸説皆不可信。

實象夯築之夯，口為夯所為之石形，上端丅則象連石夯之把。此種樣式之夯，今天在一些地區猶可見到。夯在古代謂之杵，再古則謂之築。《左傳·宣公十一年》：「稱畚築」，疏：「築者，築土之杵也。」《史記·黥布傳》：「身負板築」，集解引李奇曰：「築，杵也。」工既象夯杵之形，故從工之字多有堅固義，如《詩·小雅·車攻》：「我車既攻」，毛傳：「攻堅也。」《管子·七法》：「器械不功」，尹注：「功謂堅利。」《詩·大雅·瞻卬》：「無不克鞏」，毛傳：「鞏，固也。」牆盤銘：「永不巩」，巩當讀為鞏，固也。此義實來自夯築使堅固。夯築為自上古以來中原建築所習見，如殷代「傅説舉于版築之間」(《孟子·告子下》)。蓋房、築墻乃至築城皆離不開夯築。古代之「工」，本由建築勞動産生，「工」之最初應指建築工人，後所指漸廣，及於各行業，「百工」皆包括其中。　【殷契偶札　于省吾教授百年誕辰紀念文集】

◉戴家祥　按楊(樹達)説至確。金文工用作人名，如雁侯編鐘等；或用作官名，如盠尊等；或用作職業，表示某種社會階層，如令彝等；或借作功，如沈子簋等。　【金文大字典上】

式 

 式　秦六六　二例　 封九八　三例　【睡虎地秦簡文字編】

 封式之印　 謝式　 李式之印　 趙脩式印　 丁式私印　【漢印文字徵】

 式褖殘石　【石刻篆文編】

六書疏證卷九】

古老子　同上　【古文四聲韻】

◉許　慎　法也。从工。弋聲。賞職切。【説文解字卷五】

◉馬叙倫　丁福保曰。慧琳音義十二引作法也用也。倫按法也非本義。或非本訓。用也者。試字義。校者加之。【説文解字六書疏證卷九】

巧 巧

巧　秦一一三　七例　日乙　九八　【睡虎地秦簡文字編】

巧工司馬　【漢印文字徵】

天璽紀功碑　【石刻篆文編】

巧　【汗簡】

竝古老子　張揖集　孫彊集　【古文四聲韻】

◉許　慎　技也。从工。丂聲。苦絞切。【説文解字卷五】

◉馬叙倫　技也非本義。亦非本訓。三篇攻攷為轉注字。則巧亦工之雙聲轉注字耳。或曰。此今言工匠之工本字。倫謂匠人為器。必先制木。故即以工為工匠字。鍇本作巧技也。巧乃隸書複舉字。【説文解字六書疏證卷九】

◉黄錫全　巧　鄭珍認為「因技巧、巧拙字从手，竝巧亦改从手配之，俗書似此不少」。按即扝字，《玉篇》「扝，古文巧」。鄭説當誤。【汗簡注釋卷五】

巨 巨

甲216　2356　2416　2877　3659　乙152　6109　6390　7661　8878　珠190　零23　佚884　續5·12·7　5·26·11　徵11·49　天52　録602　六清162　六

曾1　外410　鄴三46·5　摭續91　粹56　1036　1268　1311　新2926　乙1336

3428　5328　新2829【續甲骨文編】

巨　鄦侯簋　不巨　說文巨或从木矢作榘　金文皆像人持矩形　不从木从矢亦非　伯矩盉　伯矩盤　矩尊　伯矩簋　伯矩尊　伯矩卣　伯矩鼎　伯矩鬲　矩弔壺　登卣　衛盉【金文編】

5·373　任巨利　5·107　咸陽巨鬲　3·736　巨䍐　3·833　敪巨☒　4·33右宮巨心　說文　古文巨　4·45左宮巨隼【古陶文字徵】

〔六七〕【先秦貨幣文編】

刀弧背　冀滄【古幣文編】

巨　語五　通歫　毋—於罪【睡虎地秦簡文字編】

3881　與伯矩尊矩字相近【古璽文編】

巨矦万匹　史巨兄印　巨炅千万　巨韋季春　郭巨言事　趙巨君　翏巨君印【漢印文字徵】

巨竝說文【汗簡】

說文　郃昭卿字指【古文四聲韻】

◉許　慎　巨規巨也。从工。象手持之。其呂切。榘巨或从木矢。矢者。其中正也。古文巨。【說文解字卷五】

◉徐同柏　(周矩槃)古規矩字作巨。或从木矢。是文正合許氏。矢者。其中正之意。【從古堂款識學卷七】

◉劉心源　(張仲簠)弡仲。人名。非張字。玉篇弓部弡。巨勿切。彊勇。案。从弓。从巨。當以巨為聲。不得讀掘。巨勿必係

勿巨誤倒也。余並謂即矩之別體。从矢从弓義同耳。【奇觚室吉金文述卷十七】

◉孫詒讓 (伯侯父盤)□阮款識釋為槼。舊釋从之。然篆文从二巨相背。與臣字不同。必非槼字。攷後弡中簠弡中作寶簠。簠字作□據古三之一。正从此為聲。槼與甫古音甚遠。其誤益明。竊謂當从兩巨相背。大即矢之省。當為榘之異文。後矩叔壺矩作□。蓋作□本卷。前矩父敔據古一之二伯矩尊伯矩彝又卣矩並作□據古一之三。並省矢為大。此但增反巨形耳。巨與甫聲古音同部。故可相通。借以諸器互證。足以明之矣。【古籀餘論卷二】

◉高田忠周 按說文。□規巨也。从工。象手持之。或从木矢作□。矢者中正也。古文作□。蓋許說有誤。象手持之者。當以解□篆形。若夫□與工。非手持之也。蓋□亦□之省。孟子曰。規巨。方圓之至也。周髀算經。員出于方。方出于巨。工字。兼有天地人道。方正之至也。又依以得正圓。故巨从工。又从○也。會意之旨。尤顯然矣。若或作□作□□。皆出指事。與○自別。經傳皆借巨為鉅剛字。凡訓大義者是也。銘云丕巨亦其義。翁祖庚云疑秠秬非是。【古籀篇八】

◉林義光 按古作□伯矩尊彝。作□伯矩歆彝。象人手持工。□與□。皆象人形。工事也。變作□毛公鼎□字偏旁。作□吳尊彝□字偏旁。說文云。□巨或从木矢。矢者其中正也。按从矢非義。矩即□之譌變。或又加木耳。【文源卷六】

◉商承祚 □古文與篆文相差一間。疑後人以誤本而加入之者。金文鄦侯少子𣪕作□。伯矩尊作□。伯矩鼎作□□。大夫皆人形。象人持巨。以證說文或作。矢乃夫之譌。木則後增。後以省體之巨。大學「絜矩之道」注。「矩。或作巨。」為巨大字。遂以矩為矩規之專字矣。

又案。規从夫。其字雖不見于甲骨文金文。證之矩而益明其誤。北海相景君銘。矩作榘。从夫。是也。孔龢碑鄭固碑。規从矢。則又蒙矩而誤。【說文中之古文攷】

◉馬叙倫 金甲文□字往往作□。則此中之□即□。故說解曰。從工。象手持之。金文巨字若矩盤作□。伯矩簠作□。從大執工。金文中從大有所執者。亦往往作□或□。則謂矩盤諸器文皆從□從工。可也。如伯矩鼎作□。正象以手執工。於六書為會意。然實工之後起字。工為刀鋸之鋸本字。鋸是器。故工為象形之文。不得復加□也。由工形與玉之作工壬之作工者相混。乃加□以別之。而巨其省也。規巨也者。非本義。亦非本訓。規矩異器。復與巨不同物。安得以規巨釋巨。玄應一切經音義引字林。巨。大也。疑此字出字林。

□商承祚曰。以金文作□□證之。矢乃夫之譌。倫按矢夫二字形近易譌。毛公鼎吳尊彔伯戎敔□字均從夫。格伯敔殹字作𢼸殹。從大。夫大一字。周禮樂師注。故書射夫為射矢。此其證。此當從夫。以此從木。益明巨即今之鋸子矣。此矩之異文。矢者六字校語。【說文解字六書疏證卷九】

◉高鴻縉　周髀算經。商高曰。數之法出於圜方。圜出於方。方出於矩。矩出於九九八十一。故折矩以為句廣三。股修四。徑隅五。既方其外。半之。一矩環而共盤。得成三四五。兩矩共長二十五。是謂積矩。按工與㕚一字。工象榘形。為最初文。自借為職工百工之工。乃加畫人形以持之作㕚。後所加之人形變為夫。變為矢。流而為矩。省而為巨。後巨又借為巨細之巨。矩復加木旁作榘。而工與巨復因形歧而變其音。於是人莫知其朔矣。觀算經折矩以為句廣三。股修四。經隅五之折字。則知古之矩不折者。其形不如今日木工所用之曲尺也。曲尺之形雖不折而自有句股徑。唯古矩為工形。乃必須折之。此明證也。近人馬氏以工為巨初文。得之。【中國字例二篇】

◉劉彬徽等　(165)𢼸，讀如巨，《說文》：「規巨也。」字亦作矩。【包山楚簡】

㠭 㠭

㠭　㠭展【汗簡】

㠭　汗簡【古文四聲韻】

◉許　慎　㠭極巧視之也。从四工。凡㠭之屬皆从㠭。知衍切。【說文解字卷五】

◉丁　山　其字(㠭)則由㠭或省為㠭，㠭上所从之Ⅱ，當是㠭字的初文。說文：「㠭，極巧視之也。从四工。」按，四工與兩工之誼同，皆謂善其事也。疑㠭，从口，从Ⅱ，即詩小雅所謂「巧言如簧」，其音則讀與展同。展，孳乳為䘸。左思吳都賦：「東吳王䘸然而咍。」劉淵林注：「䘸，大笑貌。莊子曰，齊桓公䘸然而笑。」䘸然，今本莊子達生作𤗃。𤗃，釋文猶音「敕然反」，與李善文選注云「䘸，勑忍反」音同。則今本莊子「𤗃然」，實「䘸然」傳寫之誤。䘸然，既為「大笑貌」，意其字本當从口作㕞，而㠭實其本字。周官司徒充人：「展牲則告牷。」鄭司農注云：「展，具也；具牲，若今時選牲也。」鄭玄注云：「展牲，若今夕牲也。」按，儀禮聘禮，「展幣」，注：「展猶校録也。」左傳襄公三十一年：「各展其物。」哀公二十年：「敢展謝其不恭。」杜注則云：「展，陳也。」

卜辭：

……虫㠭㠭五月。前・4・13・5

此「㠭㠭」，正與展牲，展幣，展物同誼；此㠭之所以必讀為展也。左傳成公四年：「鄭師疆許田，許人敗諸展陂。」春秋彙

 𡨄

纂：「展陂，在今河南許州西北。」此其因高㗊氏所居而名歟？【晌氏、雩氏、㗊氏 殷商氏族方國志】

◉馬叙倫 王筠曰。説文有疊四成文者。茻㗊㠭三部。然茻㗊皆言讀若。獨不言㠭讀若某。而唐韻知衍切。則是依𧝓展作音也。且本部秖一塞字從其義。説曰。窒也。㠭猶齊也。夫申之曰猶齊。則不取極巧視之之義矣。夫依從之之字以作音。是無音也。從其義者。當別立義。是本字無義也。經典又無此字。是非字也。非字為許收之者。直以前人率然作之。而適有他字形與相近。非此無以統之。遂不得不收耳。林義光曰。極巧乃望文生訓。實非本義。馮振心曰。説文所載四疊之字。止有茻㗊㠭之字。然除㠭字外皆有二疊三疊之字。今無𢀜𢀝而有㠭。安見二工三工之不巧於一工。而必待四之乎。且从㠭之字不過𡨄𧝓二字。其實𡨄中之㠭象博形。𧝓中之㠭象穀形。皆非從㠭也。則此字可疑。倫按字不從目而曰極巧視之。義不可通。經傳展訓省視者。皆䁪或瞻之借。展音知紐。䁪音照紐。古讀照歸端。周禮内司服注。展衣以禮見王及賓客之服。字當為襢。詩君子偕老箋。展衣依字誤。禮記作襢衣。緑衣箋釋文。展。本作襢。襢從亶得聲。可證也。然則㠭本訓極巧也。視之也疑本作視止也。䁪下曰。目有所限而止也。是䁪字義也。然㠭從四工而訓極巧。義亦難通。且本書屮艸芔茻中一字。吅品㗊亦一字。則㠭亦工之異文茂體也。㠭音知紐。工音見紐。知見同為破裂清音。蓋展𧝓從㠭得聲而音轉入知紐。後人不知工㠭一字。乃以㠭之轉音為其本音。因切為知衍耳。【説文解字六書疏證卷九】

◉李孝定 字(𢀜口)从口从𢀜。説文所無。王筠説文釋例説㠭字。以為小篆但有从四工之㠭。而無从三工二工之字為可異。殊為卓識。卜辭此字正从二工。當與㠭字同意。从口。即許書訓為飯器之凵盧。唐蘭説。象以器貯二玉之形。後下二文作𢀜口。正从二玉。古文从工从玉同意。丁讀為展。可从。然謂即大笑貌之䁪則仍待商。蓋字所从固非口耳之口也。【甲骨文字集釋第五】

 𡨄 𡨄公孫𥳑父匜 【金文編】

◉許 慎 窒也。从㠭。从廾。窒宀中。㠭猶齊也。穌則切。【説文解字卷五】

◉阮 元 (豐姞敦)𡨄疑即𡨄字。許氏解云。窒也。从㠭。从廾窒宀中。㠭猶齊也。𡦂。説文訓為到。晉字从之。易晉卦釋文云。孟本晉作齊。蓋取𡦂為齊到之義。義與㠭字同。徐音𡦂為人質切。字以此得聲。是𡨄字也。【積古齋鐘鼎彝器款識卷六】

◉孫詒讓 「㘨□」,疑「侶」字。百四十三之一。「□㘨□三百□允侶□侶人立□」,百八十八之三。「㘨」當為「塞」之省。《說文・㠭部》:「𡫳,窒也。从㠭,从廾窒宀中,㠭猶齊也。」此省四工為一工,于字例亦通。𡫳、塞字通用,此疑地名。【栔文舉例卷下】

◉林義光 說文㠭下云。極巧視之也。此云齊也。皆非塞義。工即𠃓之變。猶𢀳古作𢀳。象物形。見章字條。尋从工口。亦皆象物形。古作㝯寋匿。象手推物窒穴中形。【文源卷六】

◉馬叙倫 孔廣居曰。正譌謂㠭象疊物形。愚謂象牆壁甎縫與罅隙形。況祥麟曰。當作𡫳。从宀。象兩手以石窒塞形。翟雲昇曰。九經字樣引作塞窒也。當入宀部。徐灝曰。𡫳塞一字。倫按九經字樣引塞字乃校者注以釋音者也。此窒塞之窒本字。窒為室之異文也。字从宀。從二手象疊甓於宀中也。指事。不从㠭。當入宀部。從工以下蓋校者改之。或字出字林。𡫳篚作㝯。【說文解字六書疏證卷九】

◉于省吾 甲骨文稱:「□𡧊卜,才𣃔田龍𢓊湈𡨄其□」(粹九四五)。此段辭義難通。但其中𡨄字作㝯,為舊所不識,甲骨文編謂「說文所無」。按近年湖北枝江出土的𡫳公孫詒父𥁁,𡫳字作㝯。㝯為初文,說文:「𡫳,窒也,从㠭从廾窒宀中,㠭猶齊也。」段注:「穴部曰,窒,塞也。此與土部塞音同義異,與心部𡫳音同義近。塞,隔也,隔,塞也,與𡨋窒訓別。𡫳,實也,實,富也,與𡨋窒訓近。凡填塞字皆當作𡨋。自塞行而𡨋𡫳皆廢矣。」按說文之𡫳,來源于周代金文。𡫳又孳乳為塞與𡫳或賽,由于用各有當,遂致分化。但文字學家皆知從𡫳之字隸變作寒,今驗之于甲骨文,才知道𡫳之初文本作𡨄。【釋𡨄 甲骨文字釋林】

巫 巫

甲二一一六 與詛楚文巫字同 甲二三五六 女巫 甲二三九五 甲二四一六 甲二八七七 甲三六五九 乙二五一九 餘一五・三 拾一・一 後二・四二・四 粹一〇三六 巫帝 粹一二六八 續五・二二・七 燕二二八 存一七七八 京都三三二一 【甲骨文編】

乙1800 5545 佚636 961 976 新2807 新166 【續甲骨文編】

巫 齊巫姜簋 【金文編】

一五六:二二 十例 委質類 而敢不巫覡祝史 一五六:一九 十八例 九一:五 【侯馬盟書字表】

□ 巫 日甲一二〇 十七例 【睡虎地秦簡文字編】

□ 巫息私印 □ 巫信平印 □ 巫馬禹印 □ 巫訢私印 □ 巫左 □ 巫馬口印 【漢印文字徵】

□ □ 石經君奭 巫咸乂王家 說文古文作𢒱汗簡引作□□ □ 詛楚文 大神巫咸 【石刻篆文編】

□ 巫 【汗簡】

□ 說文 □ □ 竝王存乂切韻 □ 說文 【古文四聲韻】

◉許 慎 巫祝也。女能事無形以舞降神者也。象人兩褎舞形。與工同意。古者巫咸初作巫。凡巫之屬皆从巫。武扶切。𢒱古文巫。【說文解字卷五】

◉羅振玉 □說文解字巫古文作𢒱。此从冂。象巫在神幄中而兩手奉玉以事神。許君謂从𠃊象兩褎舞形。𠃊與舞形初不類矣。【殷虛書契考釋卷中】

◉陳邦懷 箋曰。羅說是也。按說文解字靈巫也。以玉事神。可證卜辭第一字從玉者塙為巫之古文。其第二字從玉省作工者。是說文古文𢒱字及小篆巫字從工之所由出也。【殷虛書契考釋小箋】

◉林義光 字形與兩袖不類。从工。轉注。𠃊象二人相向形。巫祝常以二人對列也。說文以𢒱為古文巫。从□。與祝从□同意。【文源卷六】

◉商承祚 甲骨文作□□。羅師云。「象巫在神幄中。而兩手奉玉以事神。許君謂从𠃊。象兩褎舞形。𠃊與舞形不類。」是巫从玉不从工。作□者。乃□之省。而形與工同。後據之以傳。又誤□為𠃊。古文猶从廾。可證。中从𠃊象兩人相對。从□。象口有所祝。形畧䌛瑣。汗簡引作𢒱。𠬞當是寫失。石經古文作□。【說文中之古文攷】

◉馬叙倫 段玉裁曰。祝也當作覡也。周禮巫祝分職。不得以祝釋巫也。祝乃覡之譌耳。鈕樹玉曰。一切經音義十六引無女字。韻會無神下者字。沈濤曰。一切經音義十六御覽七百三十四引降神下皆無者字。王筠曰。當依玄應引無女字。是也。春官有男巫有女巫。羅振玉曰。卜辭巫字作□。从冖。象巫在神幄中。而兩手奉玉以事神。許謂從𠃊象兩褎舞形。初不類矣。唐蘭曰。□是□之殊文。倫按靈字從玉或从巫作靈。則巫字自如甲文从𠬞从玉。但非竦手也之𠬞。乃左右兩手耳。

金甲文𢀜字亦多省作⺀。故此从⺀。金甲文玉字每作工。淮南原道。玄玉百工。注。三玉為一工也。王即象三玉之連。是淮南之工即王也。玉本从三◎而貫之。◎為璧之初文。見玉字下。周禮大宗伯。以蒼璧禮天。周禮男女巫屬大宗伯。大宗伯即書舜典之秩宗。秩宗掌辨神祇尊卑之序。巫之以玉事神。此其證也。然以古文巫字證之。此蓋其省。甲文𩆜字。唐謂𩆜者。是也。然謂冂𡿧為神幄。似未然。倫謂蓋从巫。吅聲。吅為嚴之初文。見嚴字下。音在疑紐。是𩆜為靈之同邊音轉注字。亦巫之同邊音轉注字。或謂金文有𩆜字。其上从霝。其下之𢪏為兩手無疑。山海經海外西經。巫咸國在女丑北。左手操青蛇。右手操赤蛇。此中𠃜形與𠃜正近。赤亦近似赤字。然不合六書。疑从赤。𩆜聲。𩆜。从𩆜。霝聲。𩆜即龜字。此為龜之轉注字也。古者巫咸初作巫者。檢巫咸作巫不見他書。巫咸見於經者。書君奭。在太戊時。則有巫咸乂王家。為殷中宗時人。而書伊訓已有時謂巫風之辭。墨子非樂引湯宮刑同。必非殷時巫咸所作也。歸藏言。黃帝將戰。筮於巫咸。郭璞巫咸山賦序言。巫咸以鴻術為帝堯醫。是巫咸非人名。如三苗然。皆以國名為人名。則作巫者或為黃帝時之巫咸。然山海經大荒西經言十巫有巫咸巫彭。本書醫下曰。古者巫彭初作醫。蓋巫本上古宗教中事神者之名。而咸彭皆事巫之族。古即以族為國。故巫咸為國名。巫咸作筮見於世本。疑此乃校者誤以作筮為作巫。妄增者耳。巫之原始極遠。未必能知其作者。凡本書古者云云皆校語。此説解盡非許文。疑本作舞也。以聲訓。呂忱或校者增男女能以舞降神者也。無形二字涉下文舞形而誤演。象人以下亦經改增矣。會意。秦詛楚文不顯大神巫咸。

𡙇莊有可曰。象兩人對歌對舞之形。篆文省也。商承祚曰。石經作𡙇。倫按此篆下从艸。中人从吅。倫謂艸蓋㞢之譌也。金文奔字。盂鼎作𡕒。即石鼓其口𡕒大之𡕒。而省二大者。今篆誤㞢㞢為屮屮。正其例也。書伊訓。有恆舞于宮酣歌于室者。是謂巫風。周禮女巫。旱暵則舞雩。凡邦之大烖。歌哭而請。此从吅與哭從吅同。以吅表聲之繼續。从㞢即二止。與武从止同。以㞢表舞蹈之情。然則吅㞢所以表歌哭與舞。而工収所以表奉玉以事神也。會意。【説文解字六書疏證卷九】

◉高鴻縉　巫字古文橫直从工。工。百工百官也。故巫字橫直皆為工。名詞。説文工下謂與巫同意。巫下謂與工同意。其意可驗。甲文後上五·二。其用巫𥝌且戊若。後下四二·四。癸酉卜巫𦉪風。粹五六。癸巳巫𦉪土河𡵂。郭氏曰詛楚文巫字如是作。古形可確證。周變為𡙇者。⺀為工形之變。增二𠬞二手者以其善舞也。【中國字例四篇】

◉饒宗頤　甲申卜,穷貞:勿于東亍,告。(南北師二·五六)

按卜辭言亍與巫同例,他辭云:「帝東巫」(粹編一三一一)、「帝北巫」(鄴三下四六·五)、「四戈　四巫」(戩壽一·九,續編一・二・四及佚存八八四重)。[巫]為巫字,東[巫]即東巫,四方巫之一。[方]乃「方」字省筆,故帝方亦作[字形](殷綴三五),東[方]即東方也。詩:「來方禋祀」,曲禮:「天子祭天地,祭四方祭山川,祭五祀,歲徧。」鄭注謂祭四方及五祀蓋殷時制。【殷代貞卜人物通考卷五】

◉李孝定　許君此解乃就篆文為説。从[字形]。象二人相嚮立。亦與褎形不類。言與工同意。語意亦殊曖昧。王筠句讀云。「人謂工也。」又云。「不云从工而云同意則工字象形可知。」説更支離。難以徵信。工字何得象人形乎。自來解許書者於巫字説解皆囿于許説。殊不足以厭人意。絜文作[巫]。唐氏以詛楚文巫字作[巫]證此為巫字是也。戩・一・九「曰示」字作[巫]。釋巫不可解。當係偶誤耳。惟巫字何以作[巫]。亦殊難索解。疑象當時巫者所用道具之形。然亦無由加以證明。亦惟不知蓋闕耳。卜辭巫字辭意亦不甚明。辭云。「巫帝一犬。」甲・二一六。言帝于巫用一犬乎。「☐亥[字形]屈翼鵬釋用巫今☐與母庚允史。」甲・二三五六。「丁卯王卜貞今冎巫九咼余其从多田于多白正盂方白[字形]甶惟衣翌日步亡𠂇自上下于祭示余受又又不啚𢦏告于茲大邑商亡徭在禍弘吉在十月遘大丁羽翌。」甲編・二四一六。今冎巫九咼為卜辭成語習見。甲編二八七七。三六五九。珠一九〇均省此語。不贅引。唐蘭寫作「卟巫九备」。謂當讀為今卟巫九繇或今卟巫九占。巫九占當為占法之一種也。天壤文釋十二葉上。郭沫若初寫作囚巫九备。以為人名。甲研釋繇。及卜通考釋五九一片。繼則釋备為咎。粹考一一八九片。後又謂未能明。殷絜餘論十九。于省吾則讀咼為搖。按乃从唐説讀冎為繇。云「九搖即九舞。九伐之謂。今囚九备者。即今用巫九搖也。」駢枝二八葉釋巫九备。諸説並未當意。蓋嘗苦思未得善解。姑存以俟考。「丙戌卜□貞巫曰禳☐于帝用叒口月。」零・二三。當即巫祝之意。「巫曰」者。巫某所言也。「癸卯卜貞酒𡴘乙巳自上甲廿示一牛二示羊Δ𡨦三示彘牢四[巫]亍之誤豕。」戩・一・九。佚八八四。此當如王説釋示。蓋[字形]之筆誤。非示有此異體也。「癸巳巫甹土河岳。」粹・五六。甹當為祭名。言巫祭土河岳也。「大雨巫不出。」外・四一〇。巫即巫祝。「甲子☐巫帝☐。」粹・一〇三六。「丁酉卜☐巫帝☐。」粹・一二六八。「帝東巫。」粹・一三一一。此蓋當如屈氏之説。它辭巫字則辭義不明。「乙巳卜巫[字形]卜□□。」乙・一五二。「取巫于☐。」乙・六一〇九。「癸巳卜☐天☐[字形]省☐巫。」乙・六三九〇。「貞異[字形]巫。」乙・七六六一。「巫□[字形]。」乙・八八七八。「丙申卜巫[字形]不[字形]五月。」續五・二六・十一。「□酉卜王貞卜巫羘三☐鳳一。」天・五二。「巫子娘[字形]。」簠・雜・四九。陳夢家謂巫戊絜文形近。故巫咸卜辭作咸戊。説似未安。如咸戊即古籍所偁之巫咸。亦當以巫戊音近通用説之也。金氏收此為巨。亦有可商。工當即巨之古象形文。説見前工字條。此自是巫字也。金文作[巫]。巫姜簋。詛楚文作[巫]。均與此同。三體石經古文作[字形]。隸體作巫。均與此近。至篆體則譌變滋甚矣。【甲骨文字集釋第五】

覡

◉嚴一萍　□唐立厂曰：「舊不識，余以詛楚文巫咸字定為巫(詳古文字學導論)。然則羅振玉取□之殘文作□者，釋為巫，其誤自易見也。(一萍案：後下第四葉、鐵一一三・一、及佚六三六同，皆是□之殘去上部者。)彼為𢍰字，當是弄之古文」(天壤閣甲骨文存考釋)。古文字學導論曰：「□字在甲骨文和銅器裡常見，向來没有人認得。(有人釋做「癸」非是。)假如我們去讀詛楚文就可以知道是『巫咸』的『巫』字。説文作□，反不如隸書比較相近(□誤為巫)。金文有□字，以前也不認識，由此就可知道是筭字了(史懋壺「親命史懋路筭」昔人或釋做筭字非是)。」

案釋巫可从。卜辭之巫，非僅「巫者」一義。唐氏又曰：「巫者筮也。筮及毉同，皆巫術，故字並从巫耳」(天壤考釋十二葉眉批)。此又一義。玄應一切經音義卷三道行般若經卷十巫下曰：「事鬼神曰巫」，此為事鬼神之事。其三也。本版「巫帝一犬」，亦見於甲編二一六版，係第一期卜辭。意為「事鬼神，帝以一犬也。」蓋泛指鬼神，未有專屬，巫殆祭名耳。【美國納爾森藝術館藏甲骨卜辭考釋　中國文字第二十二册】

□ 一五六：二二　三例　委質類　而敢不巫覡視史　□ 一八：五　□ 一五六：二四　四例　□ 三：二四　□ 一五六：二一　六例　□ 一五六：二〇　五例　□ 一五六：一九　□ 一八：三　【侯馬盟書字表】

□ 覡義雲章　【汗簡】

□ 義雲章　【古文四聲韻】

◉許　慎　覡能齋肅事神明也。在男曰覡。在女曰巫。从巫。从見。徐鍇曰。能見神也。胡狄切。【説文解字卷五】

◉馬叙倫　鈕樹玉曰。韻會引也字作者。一切經音義三引作在男曰巫在女曰覡。丁福保曰。慧琳音義九及九十七引與二徐同。其九引即玄應音義。則玄應引亦自與二徐同。今二十五卷乃傳寫之譌耳。倫按在男曰覡在女曰巫。本於國語楚語。然周禮男巫無數女巫無數。不別巫覡也。倫謂巫音微紐。覡為巫之轉注字。蓋从覛省得聲。覛音明紐。明微皆邊音也。鍇本作从巫見。蓋覛壞為見。又捝聲字耳。或曰。荀子王制。傴巫跛擊之事也。楊注。擊讀為覡。倫謂擊繫皆从毄得聲。繫為系縛之系本字。而系音匣紐。覡音亦匣紐。則古讀系覡擊繫音殆同。又系糸一字。系讀若覛。益可證覡之从覛省得聲。而得借擊為覡矣。能齋肅以下十四字校語。或字出字林也。【説文解字六書疏證卷九】

乙二〇一〇 地名 乙一六三四 乙五六一二 乙五八五九 乙六三二〇 乙六二七三 乙七二九八 乙七七六二 乙九〇二六 前一・五二・五 後一・一二・四 後一・一二・五 京津一五七四 京津二九二〇 存下九一五甘京 師友二・一三三 明藏二二六 明七一六 乙四六二七反 【甲骨文編】

甲1422 乙1010 6273 【續甲骨文編】

秦1047 獨字 【古陶文字徵】

〔一九〕 〔五〇〕 〔二八〕 〔五〇〕 〔三六〕 〔三五〕 〔五五〕 〔七九〕 〔二八〕 〔二〕 〔四二〕 〔一八〕 〔二〇〕 〔三六〕 〔三六〕 〔五〇〕 〔三九〕 〔四〕 【先秦貨幣文編】

刀直 甘丹 冀靈 全上 刀直 甘丹刀 冀平 刀直 甘丹 冀靈 全上 刀直 甘丹刀 冀靈 刀直 甘丹 冀靈 全上 全上 刀直 甘丹 冀靈 全上 布空大 豫洛 布空大 甘丹 晉稷 布尖大 甘丹倒書 晉原 全上 布空大 典六〇〇 布尖 甘丹倒書 典三八七 全上 典三八八 刀直 甘丹 典一一七七 全上 典一一八〇 布尖大 展版貳壹 刀直 甘丹 典一一七八 刀直 甘丹 展版叁玖 【古幣文編】

139 247 【包山楚簡文字編】

3089 3567 5263 3260 【古璽文編】

甘陵廐丞　甘承私印　甘常　甘丹大利　【漢印文字徵】

祀三公山碑　甘雨屢降　石經君奭　時則有若甘盤　【石刻篆文編】

甘【汗簡】

汗簡　古孝經　古老子　同上　竝崔希裕纂古　【古文四聲韻】

◉許　慎　甘美也。从口含一。一。道也。凡甘之屬皆从甘。古三切。【説文解字卷五】

◉馬　昂　趙地貨刀文字

右面文二字曰甘井。

按。甘井。史記索隱。屬涿郡。戰國時為趙地。其範制身形較挺於他種。質薄遜明。貨鏝亦別致。其作二直文。則同是亦趙地所鑄之物。【貨布文字考卷二】

◉林義光　古作　趧尊彝曆字偏旁。一以記甘美之處。非謂道也。【文源卷七】

◉馬叙倫　徐鍇曰。指事。俞樾曰。許説此字甚迂。甘之本義當為含。一即所含之物也。美也者甘字義。章炳麟曰。道即覃之借。長味也。猶禫服作導服矣。倫按甘為含之初文。論衡是應。雨霽而陰曀者謂之甘雨。蓋雨雖止而未放晴。空氣中猶含大量水分足以潤物。故謂之甘雨。此甘字本義之存於方語者也。從口。一象所含之物。齊刀背文作　。　亦象所含者也。指事。美也非本義。亦非本訓。從口含一當作從口象形。校者改之。一道也亦校語。甲文作　　。古匋作　。字見急就篇。【説文解字六書疏證卷九】

◉于省吾　甘城右戈。甘字作　。金文編入於坿録。按古陶文亦有　字。古化甘丹即邯鄲。甘字作　。古文虛匡與填實同。其上之横畫左右出與否一也。又按甘口初本同名。後以用各有當。因而歧化。古文从　與从　一也。【釋甘　雙劍誃古

文雜釋】

◉于省吾　説文：「甘，美也，从口含一，一道也。」按許説不足為據，而自來解者又附和之，訓道為味道。甘字説文繫傳以為指事，這是對的。王筠説文句讀謂「以會意定指事字」，朱駿聲説文通訓定聲謂「會意兼指事」，俞樾兒笘録以為象形。以上各説，無一可通。甲骨文甘字作日，用作地名。甘之訓美見于周代典籍。古化文甘丹(邯鄲)之甘作日。甘字的造字本義，系于口字中附加一劃，作為指事字的標志，以別于口，而仍以口字以為聲(甘口雙聲)。【釋古文字中附劃因聲指事字的一例　甲骨文字釋林】

◉楊樹達　甘美也。从口含一，一，道也。章炳麟曰：「道即覃，長味也。」樹達按：章説是也。道即是味。味無形可象，以一表之，口為基字，一指味，為確定無形之物。【文字形義學】

◉蔡運章　1957年以來，中國科學院考古研究所洛陽發掘隊和洛陽市文物工作隊等單位，在洛陽西郊金谷園和七里河村一帶，清理發掘了二百餘座兩漢時期的墓葬。這批漢墓出土的陶器上有許多書寫、刻劃或模印的文字，中國科學院考古研究所洛陽發掘隊：《洛陽西郊漢墓發掘報告》，《考古學報》1963年第2期；洛陽市文物工作隊：《洛陽金谷園車站11號漢墓發掘簡報》，《文物》1983年第4期。為研究漢代的食品、葬制和陶器制造等問題，提出了重要的新資料。黄士斌、陳直、張勛燎等先生曾對其中的大部分陶文作了考釋，黄士斌：《洛陽金谷園村漢墓出土有文字的陶器》，《考古通訊》1958年第1期。陳直：《洛陽漢墓羣陶器文字通釋》，《考古》1961年第11期。張勛燎：《〈洛陽金谷園村漢墓出土有文字的陶器〉補正》，《考古》1964年第5期。他們都提出了許多有益的見解。但是，目前對這些陶文的解釋，還存在不少問題。本文僅就其中未釋或釋之不妥的若干陶文，試作補釋，以供參考。

在M3009:14號陶壺上有朱書「日酒」二字，M3087:8、M3119:9號陶壺上亦分別粉書「日酒百石」、

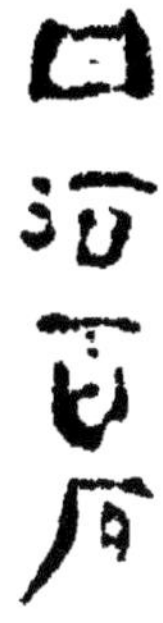

「日酒一器」四字。其中的「ㄩ」、「日」，《洛陽西郊漢墓發掘報告》(以下簡稱《報告》)表一，均隸定為「日」字，誤不可解。我們認為，它們都是甘字。因為「ㄩ」、「日」在古文字中通用無別，例如，《説文·甘部》篆文作甘，《金文編》卷五·九曆字所從之甘、《先秦貨幣文編》第五卷的甘字，都多作ㄩ或日，皆與此相同，可資佐證。古代的「甘酒」即醴酒。《尚書·五子之歌》載：「甘酒嗜音。」《漢書·楚元王傳》説：「元王每置酒，常為穆生設醴」，師古曰：「醴，甘酒也。少麴多米，一宿而孰，不齊之。」《玉

甛

篇》：「醴，甜酒也。」甜，與甛同。《廣雅·釋器》謂「甛，甘也。」《說文·酉部》云「醴，酒一宿孰也。」段玉裁注：「《周禮·酒正》注曰：『醴，猶體也，成而汁滓相將，如今恬酒矣。』按汁滓相將，蓋如今江東人家之白酒。滓即糟也。滓多，故酌醴者用柶。醴甘，故曰如今恬酒。恬即甛也。」由此可見，「甘酒」就是甛酒，它與今天老百姓家庭釀造的甛酒（亦稱米酒）相似，因其味道甛美，故稱「甘酒。」【洛陽西郊漢墓陶器文字補釋　中原文物一九八四年第三期】

◉蔡運章　余扶危　坩　，多釋為口，未確。我們以為當是甘字。例如，《說文》甘字篆文作，、在古文字中通用無別，「甘丹」空首布「甘」字作，與此相同，是其佐證。坩，通作甘。《後漢書·郡國志·雒陽縣》有甘城，注引杜預曰：「縣西南有甘泉。」《左傳》有甘昭公，《史記·周本紀·索隱》云：「惠王子，襄王弟，封于甘，故《左傳》稱甘昭公。」《正義》引《括地志》云：「故甘城在洛州河南縣西南二十五里。《左傳》云甘昭公，王子叔帶也。《洛陽記》云，河南縣西南二十五里，甘水出焉，北流入洛。山上有甘城，即甘公采邑也。」《春秋大事表》卷七說：「甘鹿。杜注：周地，今河南府宜陽縣有鹿蹄山，甘水所出。」地在今河南省宜陽縣東北。【空首布初探　中國錢幣論文集】

甜【汗簡】

華嶽碑【古文四聲韻】

◉許　慎　甛　美也。从甘。从舌。舌。知甘者。徒兼切。【說文解字卷五】

◉馬叙倫　鈕樹玉曰。韻會引作從舌從甘。宋保曰。舌亦聲。猶銛從舌聲也。恬從舌得聲亦其例。今本云舌知甘者。明為不知音者所改。翟雲昇曰。甘亦聲。徐灝曰。舌當為聲。絬括銛皆從舌聲也。倫按從甘。舌聲。舌音牀紐三等。古讀歸定。故甛音入定紐也。舌從干得聲。干音見紐。甘音亦見紐。可證也。校者不達音理。以舌所以辨味。改增如今文。美也亦非本義本訓。字或出字林。此甘之轉注字。或借甘為甘苦字後所造之轉注字。文選長笛賦注引字林云。醰甜同。長味也。則當有長味也一訓。餘詳酟下。【說文解字卷五】

◉黃錫全　甜　夏韻添韻録《華嶽碑》甜作，録《古老子》恬作，均从人从舌。此應是佸（與佸有别），蓋恬字別體，假為甜。《說文》「恬，安也，从心，甜省聲」。恬甜並屬定母談部。恬字作佸，類似《說文》信字古文从心作，態字或从人作。【汗簡注釋卷三】

㽁

[seal form] 㽁

[glyph] 曆　从厤　彔簋　[glyph] 彔尊　[glyph] 𢽾鼎　[glyph] 遇甗　[glyph] 長甶盉　[glyph] 再簋　[glyph] 敔簋　[glyph] 師𩛥鼎　[glyph] 小臣謎簋

[glyph] 从口　大作大仲簋　[glyph] 从厤　尹姞鼎　[glyph] 競卣　[glyph] 屯鼎　[glyph] 牆盤　[glyph] 次卣　[glyph] 趩簋　[glyph] 曆盤　[glyph] 曆鼎

[glyph] 免卣　[glyph] 師遽方彝　[glyph] 段簋　[glyph] 嬴氏方鼎　[glyph] 𩁹卣　[glyph] 保卣　[glyph] 曆鼎　[glyph] 封簋　[glyph] 省厂　友簋　【金文編】

[glyph] 陶文編5·31　【古陶文字徵】

◉許　慎　㽁和也。从甘。从厤。厤。調也。甘亦聲。讀若函。古三切。【説文解字卷五】

◉吳式芬（趩尊）許印林説。蔑曆婁見古器銘。薛書於淮父卣曆釋為歷。於敔敦曆釋為曆。阮書於邑尊邑卣臤尊稛卣即薛書淮父卣並依薛釋為歷。云古器銘每言蔑曆。案其文皆勉力之義。是蔑歷即爾雅所謂蠠没。後轉為密勿。又轉為黽勉。小雅十月之交云。黽勉從事。漢書劉向傳作密勿從事。是也。瀚案。諸器銘篆皆作曆。其下體从甘。雖筆畫或小異。要非从日从止也。説文甘部有㽁字。和也。从甘从厤。厤。調也。甘亦聲。讀若函。各本如是。小徐本亦同。而鍇云。厤音曆。稀疏勻調也。案。厤不得音歷。亦不得訓稀疏勻調。説文。秝。稀疏適也。讀若歷。是知小徐本作曆。今本作曆。由後人誤改。諸器銘上體皆作厤。獨臤尊作厤。葢本从兩禾省。筆作兩木耳。曆以甘為聲。讀若函。則非歷字。又敔敦銘云。王蔑敔曆事。則蔑曆非蠠没密勿黽勉之比明矣。【攈古録金文卷三之一】

◉劉心源（录敔）蔑曆。余已攷入古文審庚嬙鼎。然承謞讀曆為歷。尚未切合。此二字古刻習用之。有二字連文者。有蔑下曆上參以人名者。則訓為黽勉揚歷明試者皆非也。攷叡尊叡。蔑曆。師俞尊。俞其蔑曆。師遽方尊。蔑曆差。趩尊。趩蔑曆。叉卣。厥叉蔑曆。稛卣。稛茂師淮父戍于古𠂤蔑曆。封敔。王使艾伯蔑曆。此二字連文者。庚嬙鼎。蔑庚嬙曆。季日彝。刀生蔑曆。友敔。王蔑友曆。畢段敔。王蔑段曆。敔敔。王蔑敔曆。此二字中參以人名者。合觀諸篆。从ㅂ从ㅂ皆甘字。非从日也。日篆作⊙。不得作ㅂㅂ。此篆法之決無可混者。説文甘作ㅂ。从口含一。一。道也。是也。其从山者。古文旨字。旨原从ㅂ也。其从田者。變而涉於它字。古文往往如此。其从口者。ㅂ省也。説文甘部。㽁盉也。从甘。从厤。厤調也。甘亦聲。讀若函。大徐作古三切。音甘。是則讀曆為歷者。非也。據許説。曆者。調味甘美。音義同甘蔑。周語注云。猶滅也。蔑曆者。言分其甘也。蔑某曆者。言分某以甘也。漢書司馬遷傳。絶甘分少。辯亾論分滋損甘。唐書李光弼傳。棄甘均少。皆蔑曆義也。【奇觚室吉金文述卷三】

◉強運開　𠪚彔敢。蔑彔曆。按。說文。曆。和也。从甘厤。厤。調也。甘亦聲。讀若函。孫詒讓云。曆之本義為和。金文則為歷之藉字。歷訓為行。凡言某蔑曆者。猶言某勞于行也。云王蔑某曆者。猶言王勞某之行也。【說文古籀三補卷五】

◉高田忠周　說文此條今本甚誤。篆作曆。注亦作从厤。厤。調也。前人皆言其誤。今徵于金文。其从厤尤顯然。但依字或以曆為之。曆即秝字。其音為甘。甚疑矣。然依霸以雨為之。季以禾為之。省文叚借字。未必同其音。亦不為異。獨如穆公鼎。似以歷為曆者。如此與甘音遂乖矣。或亦為形近通用之例乎。若夫銘文曰蔑曆。曰穠曆。未知孰正字。其義亦不可攷。【古籀篇五十一】

◉馬叙倫　嚴可均曰。篆當作曆。說解當作從厤。厤。調也。通釋。厤音歷。今此從厤則無調義。王筠曰。繫傳曰。厤音歷。稀疏勻調也。則篆當作曆。說解厤字當作厤。廣韻三見皆作曆。亦多一點。倫按金文多言蔑曆。或言蔑某曆。其字彔敢蔑生敢封敢皆從厤。免卣師遽尊叚敢皆從厤。然無從厤者。可證此篆亦本作曆。故鍇本言厤音歷也。曆從甘厤聲。甘亦聲蓋㽈字下文傳寫誤入。讀若函本甘下文。甘為含之初文。含。從口。今聲。七篇圅下曰。肣。俗圅。蓋從肉今聲。含亦從今得聲。禮記月令。羞以含桃。釋文。含。本作圅。是古甘圅同音。故甘讀若圅也。亦傳寫譌入。今音古三切亦誤。厤調也校語。由厤聲誤為從厤。故校者釋之。然厤從厂秝聲。無調義也。厤音來紐。古讀歸泥。定泥同為舌尖前音。豈曆為甜之轉注字耶。和也非本訓。字或出字林。敔敢作𠪚。競卣作𠪚。【說文解字六書疏證卷九】

◉蔣大沂　我認為曆字實從口，從厤，厤亦聲。義為時間方面的經歷。歷字在甲骨文作𣏟，所以厤字在較早時間實僅作秝，友簋曆字上半部僅作秝，所保存的乃厤字較早的形態。說文：秝，稀疏適秝也。從二禾，〇讀若歷。廣雅釋詁：秝，疏也。段玉裁說文解字注秝字下云：凡言歷歷可數，〇皆當作秝。歷行而秝廢矣。這使我們知道秝的從二禾，是因禾和禾之間行列疏朗，故用以象徵歷歷可數之義。禾字和木字古文結體相近，木(𣎳)字中筆頂端稍曲，即成禾(禾)字，二字常因形近相混。上舉甲骨文𣏟字，亦或作𣏟，故秝字自甲骨文起已有作二禾及二木二型，後來又於𣏟上增厂，表示這歷歷可數者孳生在山崖的旁側，而由於秝字的已歧而為從二禾及二木二型，所以或增厂於從二禾的秝而成厤。這就是長由盉等曆字上半部所從。或增厂於從二禾的秝而成厤，這就是免卣曆字上半部所從。由於厤的有厤厤二型，其後遂歧之又歧，禾應生於田中，故或增田於厤而成曆，表示這歷歷可數者孳生於山崖旁側的田中，這就是燹簋曆字之形。說文林部下云：平土有叢木曰林。木應生於土中，故又或增土於厤而成歷，表示這歷歷可數者孳生於山崖旁側的土中，這就是小子畬卣及本銘曆字上半所從之型，所以秝或林的增厂僅在表明這歷歷可數者孳生的地位。而厤或厤的增田或土，也僅在表明這歷歷可數者孳生的土地增益以後對歷歷可數的形象並未破壞，而且更為具體更為顯明。故秝林厤厤曆歷的為形雖有繁簡，而音的方面也都仍讀若歷，義的方面也都仍是歷歷可數。郭沫若先生謂上半從歷的曆，謂殷末周初的正體。以為上半是從厂從埜(古文野)，遂不見歷歷可數之義。這怕是未必然的。秝林厤厤曆歷既同為秝字，而我們在這裏寫曆的時候，寫這字的上半部卻都寫作厤而不寫作秝，這是因金文中曆字上半有厂者較多，故依于先生在釋蔑曆文中已經寫定之體，不另事更張。

引申歷歷可數義為以前所經過歷歷可數的事實，則厤即增時間方面的經歷義。殳簋穢曆的作曆，即是其例。諸家都以曆下的田為口的變形，實則曆的有田和歷的有土同意。田並不是由口變化而來的，經歷既屬過去，傳述有賴口舌，故或增口於經歷義的厤，以求經歷義的益加顯明，遂孳金文中從口的諸曆字。曆由厤孳，其初義為口傳的以前所經過的歷歷可數者，所以字的厤形實不僅為聲符而亦和口形同為義符。若僅以聲符說之，實在還有未盡，曆字所從的口中或有小點小橫，于省吾先生以因空加飾說之，是也。但這也很可能像口中舌形，口的見舌和不見舌二型也同是口的一形之歧。曆字口中加小點小橫則孳曆或曆型，由於篆文甘字的形體亦作ㄩ·，所以曆的曆型和說文甘部曆字之形相同，頗類一字。但說文曆字訓和，與甘義相應，讀若函，與甘音相應。很顯然這字是由甘所孳。說文訓厤為治，加厤僅所以示這甘和之味係由人工所調治，而同這從秝從口秝亦聲的曆字實在並沒有什麼關連。各有本源的二字在不同的道途上發展後，雖形體偶而相同，但實在並不是一字。

曆是時間方面經歷的本字。曆傳乎口，故從厤從口。史書於册，故從又持中。曆是傳述的，史是記録的，這便是曆和史在昔的區别，而也是我們認識了這曆字以後新明瞭的事實。大徐本說文止部：歷，過也。從止，厤聲。廣雅釋詁：歷，行也。釋言：歷，逢也。歷的初義本是足行所逢到的歷歷可數者，即指空間方面的經歷。字的結構和曆字彷彿，為從厤從止厤亦聲。說文僅說是從止厤聲，也尚有一間之隔。由於口所述的時間方面的經歷和足所過的空間方面的經歷同為經歷，故典籍中的曆即假歷為之，歷既通行而曆字遂廢棄了。小徐本說文止部在「歷過也」下又增「傳也」二字，歷的在訓過以外又訓傳，這正是歷到後來既代表了空間方面經過的經歷，又代表了時間方面傳述的經歷所遺留下來的一點痕跡。【保卣銘考釋　中華文史論叢第五輯】

◉李孝定　曆字以从「ㄩ」或「ㄩ·」為正體，从「田」或「土」者絕少，蔣大沂氏謂字之聲義並主於厤，田若土為後加，以示空間之經歷，其增「口」者則表時間之經歷，其增「甘」者則别是一字，與从「口」之「曆」無關，此說甚辨，然在此字音讀未能確切證明以前，殊難否定說文从甘聲之說，且金文以从口从甘者為主，而口甘同源之說又不容否認，則蔣氏曆厤形體偶同而非同字之說，自亦難以成立矣。李亞農氏讀蔑為勉，讀曆為焉，謂與他銘「敬夙夕毋廢朕命」一語之意相當，此說似較他說為優，然亦鮮確證。總

之，二字連文，其意為嘉勉，然欲取一後世辭彙以當此二字，則實難以確指，亦惟不知蓋闕已耳。【金文詁林讀後記卷五】

猒 □

□ 猒 孳乳為厭 沈子它簋 □ 毛公厝鼎 □ 商𠭰簋 【金文編】

□、古老子 □ □ □ □ □ 竝籀韻 【古文四聲韻】

◉許 慎 □飽也。从甘。从肰。於鹽切。□猒或从㠯。【説文解字卷五】

◉唐 蘭 第八十一片甲

癸未卜，𠂤貞，王才丝𢽠咸戰。

𢦏一羊。今乘……辛卯……羌

□為卜辭奇字。徐中舒釋麗耒耜考。按麗實從鹿，金文自有其字，與此從犬形者迥異，其説非也。郭沫若寫為𤟽，今無其字。余按此當是猒及肰之本字。卜辭字或作□粹五五，從一犬。金文或作□沈尊，從三犬。或作□秦公鐘，亦從三犬而變□作□。或作□者滅鐘，變□作□。或作□□夷鎛，則從言□聲。考□雖耒形，其字易與肉混。金文或作□□，與從肉無異。□形如更省□為□，則為□，即後世之肰字。説文訓肰為犬肉，則已不知其本義而望文生訓矣。卜辭又有□字鐵遺十四十五，當即金文□□等形所從出，其作□形如省為□如□又為□，則有似於從甘從肉，金文作□形者亦然，此皆□字之形所從出，説文以為從甘從肰者也。至常見之□□□，則有似於從□從肉。□為㠯字，故説文猒字重文作□，從㠯從肰矣。凡古文繁縟者，後世恆變為簡易，□□篆析為二，則為肰為猒為猷。金文之作□者，省之當為説文肰字。古文之□，□蓋□形之譌，□則□之變也。秦公鐘云：「𤟽龢萬民」，𤟽即肰字，亦即猒字，猒讀如厭，合也，安也。猒協聲相近，是𤟽龢猶協和也。尸鎛云：「𧫷龢而九事」，𧫷為從言𤟽聲，當為説文𠸿之本字，其讀亦同。尸鎛又有猒字，則春秋以後，已不知𤟽猒之為一字矣。【天壤閣甲骨文存考釋】

甚

甚　師謹鼎⿰鼎冊字所从相同　甚鼎　【金文編】

甚　為二　二例　日甲四九背　語四　【睡虎地秦簡文字編】

◉馬叙倫　沈濤曰。文選琴賦注引猒從甘肉犬。會意字也。今本作從肰。又删去會意二字。誤矣。嚴可均曰。甘亦聲。丁福保曰。慧琳音義一引作從肉從甘從犬。犬甘肉也。倫按選注會意字也四字蓋校語。或李所誤也。鍇本作從甘肰。挩聲字耳。毛公鼎作。商𠭯敢作。竝從口。金文口或作或作。故誤為甘。猒。從口。肰聲。肰音日紐。古讀歸泥。猒音影紐。而從肰得聲者。猶安委之從女得聲也。此噫之音同影紐轉注字。亦或餶之聲同元類轉注字。故訓飽也。或曰。與嗛一字。當入口部。

朱駿聲曰。以甘形近。誤體也。【説文解字六書疏證卷九】

◉郭沫若　烏虖。乃沈子妹救克蔑，見猒于公……猒猶今言滿足也。書洛誥「萬年猒于乃德」，毛公鼎「皇天弘猒氒德」，叔夷鐘「余弘猒乃心」。【沈子簋銘考釋·器銘考釋　金文叢考】

◉陳夢家　厭字省厂。毛公鼎：「皇天弘厭厥德」。洛誥：「萬年厭于乃德。」叔弓鐘：「余弘厭乃心。」周語下：「克厭帝心。」韋昭注云：「厭，合也。」【西周銅器斷代(五)　考古學報一九五六年第三期】

◉高鴻縉　猒為饜足之本字。从犬含甘肉會意。後加厂岸為音符作厭。及厭借為厭惡之厭乃又加食為意符作饜。故猒厭饜為古今字。【毛公鼎集釋】

◉張　頷　(沁陽盟書甲)第三行第五字「」，其基本組成部分為「」和「」即「甘」、「肉」，與「猒」字的基本組成部分同。「毛公鼎」銘文「猒」字作「」即可印證。《禮記·曾子問》：「祭殤必厭。」注：「厭飫而已。」又「攝主不厭」注：「飫神也……尸謖之後徹薦俎敦設于西北隅是陽厭也。」《説文》：「猒，飽也。」故「猒」字有對鬼神薦祭飫飽之義。第六字為「者」()，陳文摹本作「」釋為「時」非是。此句當為「薦口而不猒者」。接其下句「丕㬎晉公口逐覛口」。「晉公」二字下當為「明」字，「覛」字下當為「之」字。接第四行「麻夷非是」，辭句全意蓋為「如果在祭祀時薦享不豐富的話當受晉之先君英靈絶滅之誅」。【侯馬盟書叢考續　張頷學術文集】

詛楚文　淫泆甚亂　【石刻篆文編】

甚　【汗簡】

古孝經   竝古老子 林罕集 崔希裕纂古　【古文四聲韻】

◉許　慎　尤安樂也。从甘。从匹。耦也。常枕切。古文甚。【説文解字卷五】

◉高田忠周　按説文。尤安樂也。从甘。甘匹耦也。古文作。从口。即从甘省也。徐鍇曰。禮曰。子甚宜其妻。會意。葢匹耦。配也妻也。夫婦相和。人生之尤安樂者也。又女部曰。媅。樂也。从女甚聲。甚媅元同字無疑。匹為女。又从女作媅。即為複矣。轉義。凡淡極也。厚多也。皆謂之甚。【古籀篇五十一】

◉商承祚　金文甚諆鼎作。毛公鼎湛字偏旁作。與此同。【説文中之古文攷】

◉馬叙倫　鈕樹玉曰。韻會引作從甘匹匹耦也。是。龔橙曰。尤安樂非本形。俞樾曰。甚即媅之本字也。女部。媅。樂也。從女。甚聲。甚即匹。即從女之意也。而媅又從女。於義複矣。林義光曰。甘匹義迂曲。甚為彝作。諶鼎諶字偏傍作。實斟之古文。為勺之反文。象引勺於口之形。倫按玉篇引倉頡。甚。孔也。安樂也者。媅字義也。尤葢孔之譌字。又挩也字耳。然孔也非本義本訓。甚為饞之古字。老子。去泰去甚。王注。甚謂貪淫聲色。食部。饕餮皆訓貪也。饕從號得聲。號音匣紐。甚音禪紐。同為次濁摩擦音。實轉注字。本書無饞字。字從毚得聲。毚甚古音同在定紐。而聲同侵類。饞為甚之轉注字也。甚從口。古文作。可證。匹聲。匹從八得聲。八音幫紐。從甚得聲之字。覘媅音入端紐。戡音知紐。斟音照紐。古讀知照皆歸於端。幫端同為清破裂音。是甚得從匹為聲也。荀子性惡。闔閭之干將莫邪鉅闕辟閭。皆古之良劍也。楊注。辟閭未詳。或曰。即湛盧也。倫謂或說是也。閭盧雙聲。辟音幫紐。甚之本音亦在幫紐。故辟閭或作湛盧也。是其例證。十二篇。戕。殺也。從戈。今聲。尚書。西伯既戡黎。字作戡。呂氏春秋審已。齊攻魯。求岑鼎。韓非說林作饞鼎。則古甚今毚音通。亦甚為饞之古字之證也。韻會引作從甘匹。葢鍇原本如此。匹下原有聲字。校者不達音理。改匹聲為匹匹耦也。當入口部。

李杲曰。諶鼎諶字作。所從之與此同。倫按玉篇引作晉。【説文解字六書疏證卷九】

◉高鴻縉　　按象口含食物。復有匙引物而食之形。由文口生意。故託以寄太甚(口食不止)之意。副詞。【中國字例二篇】

◉楊樹達　説文五篇上甘部云：「甚，尤安樂也，从甘，从匹，匹，耦也。」常枕切。按十二篇下女部云：「媅，樂也，从女，甚聲。」丁含切。尋二字義同，實一字也。異者：甚為會意字，媅加義旁女耳。甚从甘匹，與好从女从子者意同，造字之意甚顯。别如女旁，則於義為贅矣。抑男女互相謂為匹，甘匹則所從言之者不問男女也。别加女旁，則於義又偏而不全矣。許君不瞭此，故析為二字。後世二字音讀殊異，甚字為尤甚義所專，益無知其當為一字者矣。【釋甚　積微居小學述林】